Böhlau

Matthias Messmer

China
Schauplätze
west-östlicher Begegnungen

Böhlau Verlag Wien · Köln · Weimar

Bibliografische Information Der Deutschen Bibliothek:
Die Deutsche Bibliothek verzeichnet diese Publikation in der Deutschen Nationalbibliografie;
detaillierte bibliografische Daten sind im Internet über http://dnb.ddb.de abrufbar.

ISBN 978-3-205-77594-2

Das Werk ist urheberrechtlich geschützt. Die dadurch begründeten Rechte,
insbesondere die der Übersetzung, des Nachdruckes, der Entnahme von Abbildungen,
der Funksendung, der Wiedergabe auf fotomechanischem oder ähnlichem Wege, der Wiedergabe
im Internet und der Speicherung in Datenverarbeitungsanlagen, bleiben,
auch bei nur auszugsweiser Verwertung, vorbehalten.

© 2007 by Böhlau Verlag Ges.m.b.H. und Co.KG, Wien · Köln · Weimar
http://www.boehlau.at
http://www.boehlau.de
Umschlagabbildung: Steffan Michelspacher, SPIGEL DER KVNST VND NATVR, Augsburg 1616.
Gedruckt auf umweltfreundlichem, chlor- und säurefreiem Papier.
Druck: druckmanagment, CZ-69201 Mikulov

Inhalt

Vorbemerkung. 9

Einleitung 13
   Entzauberung – Klippen von Ethnozentrismus und Exotik – »Jesus am Kreuz« –
   Stereotypisierung und Vorurteile – Bildung durch Bilder?

Orte und Zeiten west-östlicher Begegnungen

I. Vom Thron des Kaisers ins Reich der Kommunisten: Peking – Peiping – Beijing 27
    Eunuchen und Mandarine – Polyglottes Stimmengewirr – Gesandtschaftsviertel – Ponyfleisch
    – Kierulff: Kaviar und Hemdkragen – Grand Hôtel des Wagons Lits – Kleine Könige – »Peking
    Picnic« – Tempel des schlafenden Buddha – Singende Frösche – Gestank von Knoblauch und
    billigem Parfüm – »Howw« … die Audienz ist vorüber – Missionarslegenden – Laughing Di-
    plomat – Liulichang: Antiquitätengasse – Hundhausens Pappelinsel – Youyi Binguan: Freund-
    schaftshotel

II. Das Leben in den Vertragshäfen: Shanghai, Tianjin und Qingdao 58
    Bund (Waitan) – Concession Française – Dogs and Chinese Not Admitted – Kleiderapartheid
    – Universitäten: St. John's und Aurora – Shanghai-Lobby – »Shanghai Mind« – »The China Week-
    ly Review« – Malraux: Condition humaine – Opium – »Mat9hmaker« – Pidgin Englisch – China
    and Judea: The Awakening of Asia – Mrs. Levin: Soviet citizen of Jewish origin – Shanghaier
    Don'ts – Lloyd-Triestino Line – »Goethe-verbannte« Stadt – »Dich ruft der Schabbos!« – Nie-
    mande – Berglas-Plan: Juden in Yunnan? – Café Kiessling – Gershevich Bros. Fur Merchants
    – Tschechow und Somerset Maugham – Desire to leave urgently – Riviera des Fernen Ostens
    – Go native: ein Tabu?

III. Chinas Weiten oder die Wahrnehmung von Raum und Distanz: die Mandschurei 136
Honghuzi (rotbärtige Banditen) – Russen: kameradschaftliche Imperialisten? – Ostchinesische Eisenbahn – Reise der Sojabohne – Moja-twoja (Pidgin-Russisch) – Harbin: »Klondike des Fernen Ostens« – Östliches Zion – Kunst und Kultur: Pjerwaja Harbinskaja Musikalnaja Schkola – Krylow und Glinka – Old China Feets

IV. Revolutionen und Bürgerkrieg: Kanton, Hankou, Yan'an, Chongqing 159
Sun-Ioffe-Abkommen (1923) – Moskaus Sowjetniki – Shaji-Massaker (1925) – Das »neue Jerusalem« – Banque de l'Indochine – Post-Treaty Port Community – Yan'an: rote Gebiete und »neue« Menschen – Tanz mit Kommunisten – Chongqing: Hochofen und Hölle – U.S. Office of War Information

Individuen, Biographien und Lebenswelten

I. Die Alteingesessenen: jüdische Old China Hands
1. Abkömmlinge sephardischstämmiger Juden 192
Sir Victor Sassoon: »sein« China – Sir Elly Kadoorie: Rothschild des Ostens – Silas Aaron Hardoon: Begräbnis mit taoistischen Priestern – Arthur und Theodore Sopher: »The Profitable Path of Shanghai Realty« – N. E. B. Ezra: Konfuzius als Retter der chinesischen Nation

2. Aus dem Zarenreich stammende russische Juden 203
»Strangers Always« – »Law is Life« – »A Place in Time«: Moët Chandon und Beluga-Kaviar – Opernklänge: The Great Wall – Informationsbüro für Emigranten: Daljewcib – Mahjongg – Taiwan: Prize or Province? – »Peking Post«: kaiserliche Edikte und Halleyscher Komet

II. Jüdische Reisende: temporär und freiwillig im Reich der Mitte
1. Journalisten 225
George Ephraim Sokolsky – Nathaniel Peffer – Harold R. Isaacs – Theodore White – Emily Hahn – Gunther Stein

2. Kuriere, Abgesandte und Berater 290
Sir Matthew Nathan – Israel Cohen – Laura Margolis, Manuel Siegel, Charles Jordan, Adolph Glassgold – Hans Shippe – Max Granich – Ruth Werner – Ludwik Rajchman – Rudolf Katz – Michail Borodin

3. Abenteurer und Einzelkämpfer 319
Rayna Prohme – Milly Bennett – Ignácz Trebitsch Lincoln – Morris Abraham Cohen

4. Diplomaten 339
Samuel Sokobin – Lewis Einstein

5. Forschungsreisende und Reiseschriftsteller 346
Marc Aurel Stein – Carl Schuster – Richard Katz – Arthur Holitscher – Egon Erwin Kisch

6. Ärzte 361
Fritz Jensen – Walter Freudmann – Magdalena Robitscher-Hahn

7. Unabhängige und Freischaffende 371
Erwin Reifler – Olga Abramovna Lang – Friedrich Schiff – Julius Tandler –
Rudolf Löwenthal – Franz Weidenreich

III. Aus Europa nach Fernost vertriebene Flüchtlinge 382
Die Schule Shanghai – Mahnung für die Nachwelt – »Mango- oder Porzellansinologe« – »Fighting Scholar of Shanghai« – »1 Fußtritt = 10 Cents« – The Archaeology of Music in Ancient China – BLISS-Symbole – Beschmutzt und schlammig ist die Welt – »O China! Land auf alten Wegen« – »Kaiser, Kaufleute und Kommunisten« – Vertreter einer andern Welt – Wie ein Halbmond steht die Brücke – General Jakob Rosenfeld – »Schinesen mit Hochachtung« – »Philosophie des Als-ob«

IV. Foreign Experts und Unterstützer von Maos Revolution 427
Israel Epstein: »The Unfinished Revolution« – Sidney Shapiro: »I Chose China« – Sidney Rittenberg: »The Man Who Stayed Behind« – Solomon Adler: »The Chinese Economy« – David Crook: »Revolution in a Chinese Village« – Michael Shapiro: »Changing China« – Gerald Tannebaum: Foster Parents' Plan for War Children – Julian Schuman: »Assignment China« – Sam Ginsbourg: »My First Sixty Years in China« – Hans Müller: »Mi Daifu« – Richard Frey alias Stein: Marxist – Joshua Horn: »Away with all pests« – Eva Siao: »China – Mein Traum, mein Leben« – Ruth Weiß: »Am Rande der Geschichte« – Klara Blum: »Der Hirte und die Weberin«

Erinnerungen und Bilder: Themen der Wahrnehmung

I. Beobachtungen der äußeren Welt 452
Geographie, Landschaftsbeschreibungen – Schmutz und Hygiene – Künste: Theater, Architektur, Malerei, Musik – Sprache – Menschentypen: Amah, Boy, Politiker, Werktätige – Mode, Frauen, Liebe, Erotik und Sex

II.	Sitten und Gebräuche 461
	Familie, Beziehungen, Hierarchien, Pflichterfüllung, Altersverehrung – Ahnenkult und Aberglaube – Feiertage: Rummel und Lärm – Essen und Trinken, Kochkunst – Baby- und Kinderliebe
III.	Staat, Macht und Gesellschaft 471
	Primat der politischen Ordnung – Krieg und Frieden, Herrschaftsgewalt und Machtausübung – Staat versus Volk, Recht und Gesetz, Gerechtigkeit – Bauern, Studenten, Gilden, Geheimgesellschaften – Nationalismus, Korruption, Kommunismus – Ordnung als Prinzip: Stillstand versus Fortschritt
IV.	Mentalitäten und Charaktereigenschaften 486
	Mianzi (Gesicht), Prestige, Moral, »Guanxi«, Einstellung zum Tod, Naivität – Lächeln, Humor, Kompromissfähigkeit, Arbeitseifer, Toleranz und Gastfreundschaft – Klatsch, Talent für Umschweife, zur Täuschung, sowie das Motto »Gleichgültigkeit«
V.	Zur Essenz Chinas 504
	Foucaults Heterotopie, Chinas »Anderssein« und die »Rätselhaftigkeit« des Landes – »A Clash of Tempos«: Chinas Verhältnis zur Zeit – Individualismus und Kollektivismus – China als Ort der Exotik und der Utopie – Gelobtes Land statt »gelbe Gefahr«?

Schlussteil 513

» Thick and thin Description« (C. Geertz) – Engagement und Distanzierung (N. Elias) – »Fische im Ozean« (E.H. Carr) – Westliche China-Historiographie – Verfeinerte Wahrnehmung Chinas: ein »jüdisches Jahrhundert«?

Literaturverzeichnis 521

Anmerkungen 555

Namensverzeichnis 649

Abbildungsverzeichnis 659

Vorbemerkung

Das Zustandekommen dieses umfangreichen Werkes ist einem Zustrom von Dokumenten und Arbeiten von Gelehrten und »Normalsterblichen« aus aller Welt zu verdanken. Ohne die Hilfe und Unterstützung dutzender Freunde, Kollegen und sonstiger »guter Seelen« aus fast allen Kontinenten hätte der Leser heute kein solches Buch mit den vielfältigsten Beschreibungen aus dem China des 20. Jahrhunderts vor Augen. Es ist fast unmöglich, im Nachhinein festzustellen, wer den Autor über wen zu welcher Person geführt hat und wie die verschlungenen Wege der »Entdeckung« von China-Reisenden verlaufen sind. Was mit Bestimmtheit gesagt werden kann, ist, dass sich weder Computer noch andere technische Hilfsmittel als ausreichend erwiesen haben, um die Lebens- oder gar Überlebenssituation eines Samuel Sokobin in der Mandschurei oder die Abenteuer eines Harold Isaacs auf dem Yangtse-Fluss nachzuzeichnen.

In diesem Sinne ist der vorliegende Band ein Gemeinschaftswerk des Autors mit all denen, die ihm ihre individuellen Erfahrungen, ihre eigenen Schilderungen und Abhandlungen zum weiteren Studium überlassen haben oder die freundlicherweise bereit waren, im einen oder anderen Gespräch ihre Ansichten mit dem Autor zu teilen, ihn bei der bisweilen nervenaufreibenden Arbeit zu begleiten, oder ihn immer wieder ermutigt haben, während mehr als fünf Jahren an einem Thema zu forschen, das heute die ganze Welt angeht: unser (westliches) Verständnis von China.

Ebenso ist es fast nicht möglich, jedem Einzelnen der im Laufe der Entstehungsgeschichte dieses Buches beteiligten Helferinnen und Helfer zu danken. Und trotzdem sollen (in alphabetischer Reihenfolge) diejenigen Personen aufgelistet werden, denen der Autor seinen größten Dank im Zusammenhang mit der geglückten Fertigstellung dieses Buches aussprechen möchte: für die akademische Unterstützung, für Einladungen an Institute und Forschungseinrichtungen, für ein nie erlahmendes Interesses am Fortschritt dieser Arbeit, für die Zurverfügungstellung wertvoller Zeit oder persönlicher Dokumente, für das Bereithalten von Materialien aus Archiven und Bibliotheken, für Gespräche und Interviews, für sonstige Ratschläge aller Art, vor allem aber für die bei einer solchen Arbeit unerlässliche seelische Begleitung in schwierigen Zeiten:

Lydia Abel (Nürnberg); Wendy Abraham (Stanford University); Pat Adler (Beijing); Jacob Avshalomov (Portland OR); Olga Bakich (University of Toronto); Peter Berton (Los Angeles); Robert Bickers (University of Bristol); David L. Bloch (New York); Michael Blumenthal (New York); Heather C. Bourk (Georgetown

VORBEMERKUNG

University Library, Washington DC); Boris Bresler (Jerusalem); Alexander Buchman (Los Angeles); Ronald Bulatoff (Hoover Archives, Stanford); Jon Butler (Yale University); Rebecca Cape (Indiana University Archives IN); Yuanchi Chen Tannebaum (Santa Barbara); Nicholas Clifford (Middlebury College VT); Dierk Detje (Beijing); Albert Dien (Stanford); Kurt Duldner (New York); Irene Eber (Hebrew University, Jerusalem); Israel Epstein (Beijing); Morris Feder (New York); Antonia Finnane (University of Melbourne); Adam Frank (University of Texas); Richard Frey (Beijing); Esther Funk (New York); Robert Gassmann (Universität Zürich); Rene Goldman (University of British Columbia); Carol Goodfriend (New York); Gregory Großman (UC Berkeley); Tom Grunfeld (State University of New York); Ralph Harpuder (Los Angeles); Liu Jing He (Beijing); Geoff Heller (Berkeley); Marcus Hernig (Shanghai); Ralph B. Hirsch (Philadelphia); Steve Hochstadt (Bates College ME); Barbara Hoster (Sankt Augustin); Akira Iriye (Harvard University); Tess Johnston (Shanghai); Gerd Kaminski (Universität Wien); Teddy Kaufman (Tel Aviv); David Kranzler (New York); Rena Krasno (Palo Alto); Françoise Kreissler (Paris); Thomas Lahusen (University of Toronto); Ron Levaco (San Francisco); Changling Ma (Shanghai Municipal Archives); Josie O. Maltser (San Francisco); Brian Martin (University of Hongkong); Melinda McMartin (American Jewish Archives, Cincinatti OH); Misha Mitsel (AJDC Archives, New York); Sonja Mühlberger (Berlin); Nora Murphy (MIT Archives, Cambridge MA); Koyko Nakamura-Müller (Beijing); Johanna Nichols (UC Berkeley); Saul Nissim (San Francisco); Pat O'Donnell (Swarthmore College Archives PA); Jean Oi (Stanford University); Ulrike Ottinger (Berlin); Guang Pan (Shanghai Academy of Social Sciences); Patricia Polansky (University of Hawaii); Michael Pollack (Dallas); John W. Powell (San Francisco); Peter Rand (University of Boston); Henrietta Reifler (Holland PA); Marcia Ristaino (Library of Congress); Paul Rosdy (Wien); Arthur Rosen (Washington); Joanne Rudoff (Fortunoff Video Archive, Yale University); Vic Schneierson (Moskau); Otto Schnepp (Los Angeles); Vera Schwarcz (Wesleyan University, CT); Sidney Shapiro (Beijing); Frank J. Shulman, (College Park MD); Eva Siao (Beijing); Lois Snow Wheeler (Eysins); Jonathan D. Spence (Yale University); Alan M. Sokobin (Sylvania OH); Diane R. Spielmann (Leo Baeck, New York); Brian A. Sullivan (Harvard Archives); John Taylor (National Archives, Washington); Marvin Tokayer (Great Neck NY); Theodore Wahl (Media PA); Jian Wang (Shanghai Academy of Social Sciences); Bernard Wasserstein (University of Glasgow); Erhard Roy Wiehn (Universität Konstanz); Buzeng Xu (Shanghai); Hong Yang (Shanghai Municipal Archives); Varda Yoran (Great Neck); Jonathan Zatkin (Beijing).

Ein besonderer Dank gilt dem Schweizerischen Nationalfonds für seinen finanziellen Beitrag zu diesem Projekt. Ohne dessen großzügige Unterstützung hätte diese Arbeit nie geschrieben werden können. Für gewichtige Beiträge an die Druckkosten dieses Buches danke ich den folgenden Institutionen und Privatpersonen: Der Braginsky-Stiftung (Zürich), der Karl-Mayer-Stiftung (Triesen), der Kirschner-Loeb-Stiftung (Zürich) sowie Herrn Daniel Schluep (Evilard). Herr Professor Heiko Haumann (Universität Basel) hat mich sowohl akademisch wie menschlich in einer Art betreut, die sich wohl jeder Betreute von seinem Mentor nur im Traume wünschen darf. Auch ihm gebührt ein aufrichtiges und herzliches Dankeschön. Für das mir jederzeit entgegengebrachte große Verständnis, mich zwecks Konzentration auf dieses Buch von der beruflichen Arbeit an der Universität Fribourg entschuldigen zu lassen, danke ich Frau Prof. Lidija Basta und Herr Prof. Thomas Fleiner. Jeder Autor sollte über das Glück verfügen, einen hervorragenden Lektor wie Dr. Jürg Burkhard (NZZ, Zürich) zu haben: Seine Präzision in sprachlicher wie stilistischer Hinsicht trugen maßgeblich zur besseren Lesbarkeit dieses Buches bei. Dennoch sind allfällige Fehler und Irrtümer allein von mir zu verantworten. Dem Böhlau Verlag möchte ich für die jederzeit angenehme Zusammenarbeit herzlich danken, insbesondere Frau Dr. Reinhold-Weisz für das frühzeitige Interesse an dieser Arbeit sowie Frau Bettina Waringer für Gestaltung und Layout. Schließlich danke ich von ganzem Herzen meinen Eltern, die in Zeiten sowohl der Freude wie der Not ihrem Sohn jederzeit ein Ohr und, wenn nötig (und das war es), ihre fürsorglichen Hände geboten haben. Gewidmet sei dieses Buch meiner Partnerin Hsin-Mei Chuang, die mich mehr als einmal hat spüren und fühlen lassen, dass das, was sichtbar ist, nicht unbedingt das Wahre sein muss, dass das Ewige ganz einfach unsichtbar bleibt. Immer wieder zwang sie mich dazu, bewusst oder unbewusst, mir Fragen über die Bedeutung dessen zu stellen, was wir Westler in China zu sehen glauben.

In der Schreibweise chinesischer Orts- und Personennamen habe ich mich in den meisten Fällen an das heute von den Vereinten Nationen verwendete Pinyin-System gehalten. Häufig folgt allerdings in einem Klammerausdruck die im Westen übliche Form (beispielsweise Peking nebst Beijing). Manchmal gehe ich auch umgekehrt vor. Einige seit langem im Westen bekannte Namen werden allerdings überhaupt nicht in die Pinyin-Form umwandelt, wie z. B. Chiang Kai-shek (statt Jiang Jieshi), Sun Yat-sen (statt Sun Yixian oder Sun Zhong Shan) oder der Yangtse-Fluss (statt Chang Jiang). Russische Wörter werden – mit Ausnahme von im Original wiedergegebenen Namen – in der Regel in der leserfreundlichen Variante der Dudenumschrift wiedergegeben. Jüdische Ausdrücke folgen normalerweise der Schreibweise des »Neuen Lexikons des Judentums« (Hrsg. Julius H. Schoeps, 1992). Die meisten fremdsprachigen Zitate wurden vom Autor selbst ins Deutsche übersetzt, einige – wo es dem Verfasser wichtig erschien – im Originaltext belassen und teilweise übersetzt (im Fußnotentext wurde auf eine Übersetzung ins Deutsche verzichtet). Und schließlich: Der Begriff »Westler« meint Individuen aus dem westlichen Kulturkreis (Europa, inklusive Russland und der USA), also ganz einfach »Abendländer«. In diesem Buch ist häufig von »den Chinesen« die Rede. Dies geschieht aus rhetorischer Bequemlichkeit, wohlwissend, dass es »die Chinesen« ebenso wenig gibt wie »die Westler«.

Shanghai, im Frühjahr 2007

Einleitung

»The East is a University in which the scholar never takes his degree.
It is a temple where the suppliant adores but never catches sight of the object of his devotion.
It is a journey the goal of which is always in sight but is never attained.« (Lord Curzon)
»Rationalism is not sufficient for historical knowledge.« (Joseph Levenson)

Nichts ist gewisser als die Ungewissheit, welchen Weg das Reich der Mitte im einundzwanzigsten Jahrhundert einschlagen wird: Entwickelt sich China zu einem das Abendland konkurrierenden und Angst einflößenden Riesen mit Weltmachtstatus, oder ist das Land mit seiner Milliardenbevölkerung noch längere Zeit dazu verdammt, den beschwerlichen Pfad zu einer modernen Industrienation mit den Füßen eines Zwerges zu gehen? Die Antwort ist ungewiss, Spekulationen lassen sich – mit jeweils guten Argumenten – in diese oder jene Richtung anstellen. Optimisten wie Pessimisten verfügen über ihre eigenen, durchaus berechtigten Sichtweisen, die zwar meist mehr mit westlichen Auffassungen und Vorbehalten denn mit chinesischen Realitäten zu tun haben. Zu vielfältig nehmen sich Kontraste und Paradoxe in einem Land aus, das mehr Einwohner zählt als die USA, die Russische Föderation und die Europäische Union zusammen, als dass man einer einzigen Lehrmeinung anhängen könnte. Doch eines steht fest: Das China des 21. Jahrhunderts gründet auf den Fundamenten oder – je nach Standpunkt – den Ruinen des vergangenen Jahrhunderts, dazu gibt es selbst für solche, die allein die Visionen der Zukunft beschwören, keine alternative Sichtweise.

Entzauberung

Allzu offensichtlichem Zauber folgt gemeinhin die Ernüchterung, zumindest eine Entzauberung. Das ist der ganz gewöhnliche Zyklus von Zuneigung und Abstoßung im Rahmen selektiver Wahrnehmung. Auch im Umgang des Westens mit China, genauer mit den Vorstellungen, die sich das Abendland vom Reich der Mitte macht, ist dies nicht anders, hat sich dieser Mechanismus in ähnlicher Weise bereits seit Jahrhunderten eingespielt. Und daran änderte sich auch im 20. Jahrhundert wenig. Um China beobachten zu können, musste man sich persönlich dorthin begeben. Neu war deshalb, dass durch die Öffnung Chinas, aber auch infolge zeithistorischer Ereignisse mehr Westler direkten Zugang zum Reich der Mitte fanden als je zuvor, sich das imaginierte China, das manche bisher nur vom Hörensagen oder über die Literatur kannten, nun plötzlich dem reisenden Besucher ganz unmittelbar präsentierte. Das wiederum bedeutete nicht unbedingt, dass sich das überkommene Bild von China radikal verändern musste, denn: Wer nach China schaut, sieht, was er sehen möchte. Selbst bei den »Old China Hands«, denjenigen Westlern also, die sich für Jahre bequem in den extraterritorialen Konzessionsgebieten eingerichtet hatten, herrschte bis spätestens zur Gründung der Volksrepublik ein Kolonialdenken vor, will heißen ein auf einem Herrschafts- beziehungsweise Untertanenverhältnis gründendes Verständnis.[1]

Dieses Buch handelt von Orten, Menschen und Bildern. Letzteres mag erstaunlich klingen, doch stammen die Bilder nicht notwendigerweise aus der Malerwerkstatt, sondern sind von Personen geschaffen worden, die sich während ihres Aufenthalts in Fernost mehr oder weniger intensiv, freiwillig oder unfreiwillig mit einem ihnen anfänglich fremden Gegenstand – China, seiner Kultur und Gesellschaft – befasst haben. Bilder von der Fremde sind keine exakten Reflexe der Wirklichkeit, sondern sie gehen auf Beobachtungen von Realitäten zurück. Sie sind somit lediglich eine Annäherung an eine Wirklichkeit. Sie beinhalten gleichzeitig ergänzende Hinweise über den Bildschöpfer und die politisch-sozialen Umstände, welche der von uns wahrgenommenen Realität, beispielsweise historischen Ereignissen, erst einen gewissen Sinn zuschreiben. Es geht bei der Wahrnehmung Chinas deshalb nicht einfach um objektiv feststellbare Eigenschaften von Dingen oder um generelle Charakteristika, sondern, wie es Paul Watzlawick formuliert, zusätzlich um eine Wirklichkeit zweiter Ordnung, eine solche, die sozial oder gar durch ein einzelnes Individuum konstruiert wird (und in der es somit keine allgemeingültige Objektivität mehr geben kann).[2]

Wollen wir China trotzdem in Begriffen (er)fassen und verstehen oder zumindest den Versuch dazu unternehmen, bleibt einem der Weg über Wahrnehmungen, welche China-Reisende während ihres Aufenthalts oder nach ihrer Rückkehr den Zu-Hause-Gebliebenen und späteren Generationen im Abendland übermittelt haben, nicht erspart. Es geht nicht darum, ob diese Wahrnehmungen richtig oder falsch sind, sondern um deren Inhalt oder darum, weshalb und unter welchen Umständen sie gemacht worden sind. Mit zwei Theorien muss der Leser sich allerdings auseinandergesetzt haben, um sich der Gefahr bewusst zu sein, die von der Arbeit mit und der Kraft von Bildern im weiteren Sinne des Wortes ausgehen kann. Bei der einen geht es um die alte, unter anderem auch von Michel Foucault vertretene These, wonach Wissen eine Funktion von Macht darstellt. Dies spielt insbesondere dann eine Rolle, wenn es darum geht, Bilder über China in der Politik – als »set of policies« – nach eigenem Gutdünken und bei passender Gelegenheit einzusetzen.[3] Im Falle Chinas rückt diese Theorie etwa dann in den Vordergrund, wenn von – verzerrten – Schilderungen von Missionaren, westlichen Militärs oder anderen mit einem besonderen Auftrag nach China gesandten Personen die Rede ist. Die zweite Theorie stammt vom Kulturwissenschafter Edward Said, der behauptet, der Westen sehe das Morgenland ständig durch eine europäisch oder amerikanisch gefärbte Brille, konstruiere den Osten sozusagen nach Belieben. Diese heute unter dem Begriff Orientalismus-Theorie bekannte These will beweisen, dass eine solche begrenzte Sichtweise zu einer bewusst oder unbewusst falschen Auslegung gewisser Eigenschaften der östlichen Zivilisationen geführt hat.[4] Allerdings wird der Leser dieses Buches bemerken, dass diese Theorie keineswegs allgemeingültig ist.

Klippen von Ethnozentrismus und Exotik

Wer sich als Empfänger von China-Bildern dieser beiden Gefahren bewusst ist und sich über die verschiedenen Rollen des Eigenen und des Fremden Klarheit verschafft hat, dem mag es – um mit den Worten des Sinologen und Philosophen François Jullien zu sprechen – besser gelingen, die Klippen des »Ethnozentrismus (bei dem man seine Wahrheit projiziert) und die der Exotik (bei der man der Faszination einer erfundenen Differenz erliegt)« zu umfahren.[5] Beide Themen spielen auch im Theorie-Konzept der »Postcolonial Studies« eine Rolle, indem sie Fragen aufgreifen, welche die politischen und kulturellen Erfahrungen des Westens mit außereuropäischen Gesellschaften, in diesem Falle der chinesischen betreffen. Auch wenn China im 19. Jahrhundert keine Kolonie im engeren Sinne darstellte, ähneln sich durch die Berührung zwischen Orient und Okzident im Reich der Mitte gewisse Elemente dieses Zusammenpralls verschiedener Kulturen, die im Diskurs postkolonialer Theorien regelmäßig auftauchen.[6]

Im Grunde genommen stellt das vorliegende Buch den Versuch dar, China und seine Menschen uns Westlern verständlicher zu machen und näherzubringen, allerdings im Wissen darum, dass allein unser Bild von einem Gegenstand namens China und niemals eine wie auch immer veranschlagte »objektive« Sicht zur Diskussion steht. »Nur ein anderer kann mich verstehen, nur ein Nichtchinese kann China verstehen«, resümiert ein deutscher Sinologe zum philosophischen Problem eines Verständnisses zwischen Ost und West.[7] Ein anderer Ostasien-Experte vertritt die Ansicht, das Abendland dürfe das Reich der Mitte nicht mit westlicher, sondern müsse es mit chinesischer Begrifflichkeit zu verstehen suchen.[8] In dieser Debatte geht es letztlich um das Paradox, wonach Distanz einerseits Verständnis, anderseits Verklärung schafft. Doch ist diese Frage für den Leser des vorliegenden Buchs von zweitrangiger Bedeutung, denn viel eher muss ihn der Umstand berühren, dass durch die Beschäftigung mit dem Fremden das Eigene relativiert wird. Jede Begegnung mit China ist letztlich eine Begegnung mit sich selbst, mit der eigenen Geschichte und Biographie. Vielleicht berührt es einen bei Beschreibungen des von uns als »typisch chinesisch« empfundenen Lebensgefühls deshalb so sehr, weil in jedem Menschen – auch dem westlichen, vom Fortschrittsglauben überzeugten – trotz Modernisierung ein Teil dieser ursprünglichen Seelenbefindlichkeit übrig geblieben ist.

Einleitung

»Jesus am Kreuz«
Bilder bedürfen eines verständnisfähigen Subjekts mit offenem Geist, um entziffert und interpretiert zu werden, sonst ergeht es uns ähnlich dem chinesischen Bauern Wang Lung in Pearl S. Bucks »Die gute Erde«, der von einem Ausländer einen Papierbogen mit dem Bild von Jesus Christus erhielt:

> »[A]ls der Fremde weitergegangen war und er endlich wagte, es anzusehen, sah er darauf das Bild eines weißhäutigen Mannes, der an einem Kreuz hing. Außer einem schmalen Lendentuch war der Mann ohne Kleider, und allem Anschein nach war er tot, denn sein Kopf war auf die Schulter gesunken und die Augen in seinem bärtigen Gesicht geschlossen ... Und der alte Mann sagte: ›Er war sicher ein sehr böser Mensch, dass es so mit ihm endete.‹«[9]

Eine gewisse Portion Nachsicht ist das einzig Richtige, was der Leser angesichts solcher Interpretationen – der zweiten Stufe nach dem Beobachten an sich – auch denjenigen Westlern zugestehen muss, die im vergangenen Jahrhundert mit ähnlich unverständlichen Phänomenen konfrontiert waren wie umgekehrt der Chinese im Falle der Jesus-Abbildung. Ein Bild ist für einen Betrachter erst dann erklärbar, wenn die Legende dazukommt. Vieles an chinesischen Erscheinungen und Verhaltensweisen, was dem Abendländer heute dank Modernisierung und Globalisierung verständlich(er) erscheint, kam dem Reisenden zumindest in der ersten Hälfte des 20. Jahrhunderts buchstäblich chinesisch vor. Doch tut es immer gut, sich Fragen über die Bedeutung dessen zu stellen, was man zu sehen glaubt, mit anderen Worten, über unsere subjektive Wahrnehmung der Welt nachzudenken.

Klug ist, wer erkennt, dass die westliche Sichtweise Chinas nur eine von vielen ist und dass die dahinter stehende rationale Methode ebenfalls lediglich eine von vielen darstellt. Vielleicht wäre es sogar richtig anzunehmen, dass Bilder mehr den Betrachter widerspiegeln als das wie auch immer geglaubte »Leben an sich«. Jedes Geschehen wird zu dem, was der, der es betrachtet, aus ihm macht, was es ihm persönlich bedeutet. Überdies sehen wir immer das, wonach wir suchen, und wir suchen nach etwas, was bereits in unserem Geist vorhanden ist. Einem Individuum ist es nicht gegeben, sich mehr vorzustellen, als in seiner Vorstellungskraft vorhanden ist. Sich deshalb einzugestehen, dass der Spiegel des Fremden ein Mittel zur Erkennung der eigenen Begrenztheit ist, wäre ein großer Gewinn aus der Lektüre dieses Buches.

»China – Schauplätze west-östlicher Begegnungen« ist in drei eng untereinander verbundene Teile aufgebaut, die sich an den Vorgaben einer integrativen Sozialgeschichte orientieren.[10] Im Zentrum steht zwar die Alltagsgeschichte, also das ganz normale Leben in China im 20. Jahrhundert, wie es Ausländer erfahren und beschrieben haben. Dennoch soll die Sichtweise deshalb nicht auf einzelne Individuen beschränkt bleiben, sondern versucht werden, Verknüpfungen mit den über diese Lebenswelten hinaus relevanten oder dadurch erst signifikant erscheinenden Zeitströmungen herzustellen.[11] Es gibt keine Logik der Geschichte und damit auch keine nach logischem Muster operierende chronische

Abfolge von Zahlen. Die Analyse bleibt nicht punktuell begrenzt, sondern dringt in das Netz interkultureller gesellschaftlicher Beziehungen vor. Deren Resultat ist Scannen durch und gleichzeitig Ernten von Aspekten aus verschiedenen Teilbereichen der Geschichte: politischer Geschichte, Regionalgeschichte, Revolutionsgeschichte, Kulturgeschichte oder gar Musikgeschichte. Der alltagsgeschichtliche Ansatz hilft einerseits, ein ganzes Zeitalter (hier das 20. Jahrhundert) zu verdeutlichen, und anderseits, mittels Konzentration auf die Biographien eines Individuums das Interesse des Lesers am großen Thema (China) zu fesseln. Menschen sind in diesem Buch Objekt und Subjekt von Welt und Geschichte zugleich, sie erfahren eine Wirklichkeit, verarbeiten diese und geben sie (in einigen wenigen Fällen) als China-Bilder wieder. Es geht folglich darum, aus Biographien, Lebenszusammenhängen und Ereignisketten zugeschüttete Pfade freizulegen und allenfalls zu verbinden, um aus Tausenden von Knoten ein Gewebe zu festigen. Am chinesischen Gesamtteppich sollen sich Kenner der Zeitgeschichte wie Laien erfreuen, aber auch Politologen und Sinologen und gewiss, wer sich für die jüdische Präsenz im Reich der Mitte interessiert.

Im *ersten Teil* werden jene Orte und ihre atmosphärische Umgebung im Reich der Mitte beschrieben, in denen es im 20. Jahrhundert zu den häufigsten und engsten Begegnungen zwischen Chinesen und Westlern gekommen ist, sozusagen in Form einer westlich ausgerollten Landkarte der chinesischen Zeitgeschichte im letzten Jahrhundert. Zu diesen Orten gehören die einstige und heutige Hauptstadt Peking (Beijing), dann die so genannten Vertragshäfen Shanghai, Tianjin (Tientsin) und Qingdao (Tsingtao) wie auch das in der Mandschurei gelegene Ha'erbin (Harbin).[12] Ein weiteres Kapitel ist den Revolutions- und Bürgerkriegsstädten Kanton (Guangzhou), Hankou (Hankow), Chongqing (Chungking) und Yan'an (Yenan) gewidmet. Mag China für den Westen fast das gesamte 20. Jahrhundert hindurch lediglich die Rolle einer Nebenbühne im politischen Weltgeschehen gespielt haben, so ist es umso interessanter herauszufinden, inwiefern die Erfahrungen westlicher Ausländer damals im Umgang mit China auch in der Zukunft, die das Reich der Mitte auf eine Hauptbühne des Weltgeschehens katapultieren dürfte, von Nutzen sein können. Das Beispiel Yan'an etwa zeigt, wie subjektive Wahrnehmungen politische Fehleinschätzungen mit sich bringen, die auch Jahrzehnte danach noch wirksam sind.

Um Weltgeschichte und politische Umwälzungen zu verstehen, ist eine gute Kenntnis des Netzes von historischen, kulturellen, nationalen und religiösen Komplexitäten im China des letzten Jahrhunderts unerlässlich. Unentbehrlich ist auch das Wissen über die »Last der Vergangenheit«, um zu verstehen, weshalb China sich oft vom Westen über den Tisch gezogen fühlte. Dieser verhängnisvolle, bis zum heutigen Tag das Verhältnis zwischen China und dem Westen belastende »mentale Knoten« löst sich – zumindest für den Leser – im ersten Teil ebenso, wie etwa gewisse Fragen nach dem Zusammenhang zwischen Fakten und Mythen (»Dogs and Chinese are not allowed«) beantwortet werden. Für viele Chinesen bleibt allerdings ein bitterer Nachgeschmack. Mit dem Ende des Kalten Krieges sind nun neue Sichtweisen und Einschätzungen möglich – etwa über die Verbreitung des Marxismus in China, wobei jene europäische Ideologie im Reich der Mitte noch immer von den Herrschenden verehrt wird. Genau diese Ideologie ist es, welche die Brüche und Verwerfungen des 20. Jahrhunderts in Biographien und Bildern wie eine Folie widerspiegelt. Schließlich stellt der Leser dieses ersten Teils vielleicht mit Verwunderung fest, dass China für viele Westler im 20. Jahrhundert eine Art Fluchtort bedeutete, und zwar nicht nur für die Flüchtlinge aus Nazi-Deutschland, sondern auch für jene, die in China ihre zweite Heimat gefunden haben. Zeitliche Distanz ermöglicht neue, tiefer gehende Erkenntnisse. Das Epochenverständnis von Historikern unterscheidet sich gemeinhin stark von demjenigen der Zeitgenossen.

Der *zweite Teil* ist denjenigen Westlern gewidmet, die mit ihren individuellen Erfahrungen im Reich der Mitte dem heutigen Leser die einzigartige Möglichkeit bieten, ein Stück Zeitgeschichte des 20. Jahrhunderts unmittelbar nachzuerleben und dabei die bekannteren wie exotischen Früchte aus den Begegnungen dieser Abendländer mit China und seinen Menschen zu kosten. Ich habe mich entschlossen, bei der Auswahl der Protagonisten folgende – subjektive und objektive – Kriterien anzuwenden: Alle vorgestellten Persönlichkeiten sind jüdischer Abstammung und leisteten durch ihr Leben und Schaffen in irgendeiner Weise einen mehr oder minder gewichtigen Beitrag in China oder haben dank ihres Aufenthalts im Fernen Osten dem westlichen Publikum das Reich der Mitte näher gebracht und damit zu dessen Demystifizierung beigetragen.[13] Die Konzentration auf Personen jüdischer Abstammung erscheint neben einer gewissen Originalität auch plausibel: Erstens bringt dieser Personenkreis eine unübertreffbare Vielfalt an nationalen, kulturellen und ideologischen Hintergründen mit sich, welche wiederum in den jeweiligen Begegnungen mit China und seiner Gesellschaft ein ausnehmend abwechslungsreiches Mosaik entstehen lässt. Zweitens spielt in einer großen Anzahl von Fällen die »doppelte Exilfunktion« eine nicht unwichtige Rolle, denn diese Individuen sehen als Fremde in China aus der Perspektive ihres eigenen permanenten Exils ein Land im Umbruch, auf dessen Suche nach dem »richtigen« Verhältnis zum Westen. Drittens verfügen einige der ausgewählten Personen über ein besonders Maß an universalistischem Denken, das beim Pendeln zwischen verschiedenen Kulturen und Gesellschaften einen unermesslichen Vorteil mit sich bringt und eine differenzierte Wahrnehmung des Fremden ermöglicht, in manchen Fällen gar eine ausgeprägte Empathie fördert.

Unzählige der im zweiten Teil vorgestellten Biographien ließen sich lediglich durch größten Aufwand und nur dank zusätzlicher, bisweilen bruchstückhafter Informationen von anderen Forschern und Kollegen zu einem Ganzen rekonstruieren. Mit biographischer Statistik alleine ist etlichen dieser interkulturellen Lebensläufe nicht beizukommen. Einiges ist trotz größter Bemühungen verborgen geblieben. Bei vielen der vorgestellten Personen zeigten sich die Wirren und Brüche des 20. Jahrhunderts in ihrem Leben als bestimmende Faktoren. Und dennoch bedeutete für die meisten der Aufenthalt in China den Höhepunkt ihres Lebens. Bei der Darstellung ging es überdies nicht um die Aufdeckung von Schwächen oder politischen Fehlern einer Person, auf die der heutige Leser als Besserwisser rückblickend bequem verweisen könnte, sondern allein um die jeweilige individuelle Beziehung zu China. Auf den verschiedenen chinesischen Bühnen agierten einzelne Westler als Schwer-, andere als Leichtgewichte. Ob und, falls ja, wie einige von ihnen die dortigen Revolutionen mitgestaltet haben, gehört ebenfalls zum Forschungsgegenstand dieses Teils. Einige Abendländer spielten dabei Haupt-, andere

Nebenrollen. Die einen betätigten sich als Gestalter, andere waren lediglich Produkte dieses Begegnungsspiels zwischen Ost und West. Erst das Zusammenwirken aller Beteiligten ermöglicht uns heute ein besseres Verständnis des Verhältnisses von Chinesen und Westlern im letzten Jahrhundert.

Es gibt beim Geschehen auf einer Bühne nichts Besseres, als dabei zu sein, als Zeitzeuge und Betrachter von Geschichte, die manchmal mit einem und bisweilen um einen herum gemacht wird. In unserem Fall stehen Individuen im Vordergrund, nicht die Geschichte an sich. Diese wird lediglich durch Geschichten dieser Menschen mit- oder nacherzählt. Wir gehen davon aus, dass historisches Bewusstsein sich erst im Laufe der Zeit entwickelt und anschließend von der jeweiligen Gesellschaft erworben wird. Durch die Hervorhebung der persönlichen Lebensschicksale dieser Individuen wird versucht, deren Momentaufnahmen verständlicher zu machen, die während der Präsenz im Reich der Mitte entstanden sind. Der Historiker Carsten Goehrke nennt solche Rückblicke in das Alltagsleben vergangener Epochen »Zeitfenster«. Die Öffnung solcher Luken erlaubt es, sowohl charakteristische Veränderungen des täglichen Lebens zu registrieren als auch eine dem Westen fremde Umgebung zu beobachten, sie in Worten (oder Bildern) zu beschreiben. Erst dadurch entsteht mit der Zeit ein Gesamtbild, dem die Westler trotz unterschiedlicher Interpretationen den einen Namen, China, gegeben haben. Es geht bei diesem Weg weder um abstrakte Analysen noch um den Versuch, das »Phänomen China« unter allen Umständen theoretisch zu erklären, sondern um ein möglichst greifbares »Plastischmachen« subjektiver Erfahrungen von China-Reisenden. Einige der hier vorgestellten Persönlichkeiten waren nebst der Verwurzelung in ihrer Kultur besonders tief in ideologischem Denken verstrickt, das ihnen möglicherweise einen objektiveren Blick auf China verunmöglichte. Dadurch aber, dass sie ihren eigenen Geist so offen entblößten und ihre eigene Gesellschaft widerspiegelten, hoben sie gleichzeitig typisch chinesische Wertvorstellungen hervor.

Reisen nach China und in China gestalteten sich früher bedeutend schwieriger als heute, wo jeder Geschäftsmann und fast alle Touristen mit dem Flugzeug an- und weiterreisen. Der Vorteil vergangener Zeit bestand allerdings darin, dass sich der westliche Besucher dem Reich der Mitte mitunter behutsamer annäherte und die Perspektive dementsprechend eine andere sein konnte. Die Wege von vielen führten im 20. Jahrhundert ins Reich der Mitte, und es ist ebenfalls ein Anliegen des Autors, dass diejenigen, die damals das Abenteuer China – freiwillig oder unfreiwillig – auf sich genommen haben, in diesem Buch ihren verdienten Platz finden. Deren Lebensläufe wieder aufleben zu lassen – mit den Merkmalen eines »Who's who« jüdischer Präsenz im China des vergangenen Jahrhunderts –, verfolgt somit indirekt den Zweck, das Gedächtnis all jener Personen wachzuhalten, denen zu Lebzeiten keine oder nur wenig Ehre zuteil geworden ist.

Stereotypisierung und Vorurteile
Im *dritten Teil* schließlich wird aufgezeigt, wie die im vorangehenden Teil vorgestellten einzelnen Persönlichkeiten China, seine Kultur und seine Menschen wahrgenommen haben. Bis kurz vor Beginn

EINLEITUNG

des 20. Jahrhunderts wurde das China-Bild im Westen nebst der Vorstellung vom schwer arbeitenden Ameisenvolk nicht zuletzt von den kunsthandwerklichen Erzeugnissen aus diesem Land, den Chinoiserien, geprägt. Im Laufe der oberflächlichen westlichen Auseinandersetzung mit China entstanden stereotypenhafte, mit Vorurteilen behaftete Bilder, wie sie unter anderem auch in Comic-Heften des Westens verbreitet wurden: »Viele Europäer glauben noch … dass alle Chinesen gerissene und grausame Menschen sind, dass sie einen Zopf haben und dass sie nichts anderes tun, als faule Eier und Schwalbennester essen …«[14] Als typisch chinesisch galten alltägliche Dinge und Begriffe wie Essstäbchen, die Rikscha, der Qipao (das traditionelle, seitlich geschlitzte Mandschu-Kleid, das der chinesischen Frau zugeschrieben wurde) oder etwa der Nankingrock (kräftiges Gewebe aus Baum- oder Zellwolle). Was früher als »böhmisches Dorf« bezeichnet wurde, kommt einem heute chinesisch vor. Die Differenzierung der Wahrnehmungsfähigkeit setzte erst mit der Zunahme der Zahl westlicher Besucher im Reich der Mitte ein, wobei eine aus der direkten Begegnung mit China resultierende Anschauung nicht notwendigerweise eine geringere Stereotypisierung bedeutete, da sich aus direktem Einblick gewonnene Bilder und Stereotypen oft überschnitten.[15]

Stereotypen, mit anderen Worten feste, starre Kategorien, die wir in unserer Vorstellung bilden, sind nicht hinterfragte Hypothesen, die niemals wertneutral sind. Das Festhalten an Stereotypen erleichtert dem Menschen zwar die Kategorisierung, hat jedoch im Falle des Verhältnisses zu China im Laufe der Jahrhunderte zu unzähligen Missverständnissen geführt oder, wie der Germanist Ritchie Robertson schreibt: »Stereotypen sind keine Unwahrheiten, sondern vereinfachte Modelle, die nötig sind, wenn man mit einer Vielzahl an Erfahrungen fertig werden muss. Der Fehler liegt nicht darin, Stereotypen zu gebrauchen, sondern anzunehmen, dass diese Stereotypen völlig angemessene Darstellungen sind.«[16] So wie Generalisierungen den Zahn der Zeit nicht mehr treffen, ist es angesichts künftiger Herausforderungen dringend notwendig, sich über die negativen Stereotype betreffend China Gedanken zu machen. Einigen der im zweiten Teil vorgestellten Personen ist es mit ihren Darstellungen über chinesische Themen gelungen, zum Abbau dieser Stereotypen beizutragen, indem sie einerseits bisweilen ganz unterschiedliche Einschätzungen (etwa bezüglich der chinesischen Arbeitsleistung) vornahmen und anderseits im Westen über China zirkulierende Vereinfachungen durchschauten oder Vorurteile anprangerten.

Bildung durch Bilder?

Bildung durch Bilder könnte man den dritten Teil des vorliegenden Buches auch betiteln. Obwohl es sich um Momentaufnahmen aus einer anderen Zeit handelt, entsteht eine Sequenz von Bildern, die trotz zeitlicher Distanz Züge von Beständigkeit aufweist, ähnlich den unvergänglichen Arbeiten eines guten Fotografen. Die hier vorgestellten Bilder haben Äußerlichkeiten der chinesischen Welt, Sitten und Gebräuche, den Staat und die Gesellschaft sowie von Westlern als typisch empfundene Mentalitäten

Einleitung

zum Inhalt. Die Auswahl der Themen folgte denjenigen der China-Reisenden selbst. Von Interesse ist auch, was die Reisenden in ihren Bildern nicht dargestellt oder überhaupt nicht wahrgenommen haben. Die jeweilige Entscheidung, welcher Ausspruch schließlich Aufnahme in dieses Buch finden sollte, geschah nach subjektiven Gesichtspunkten, wobei die Schönheit der Darstellung eines Themas sowie deren unmittelbare Aussagekraft ganz wichtig waren. Bilder sind Einzelstücke einer Perlenkette, deren Gesamtwert man als Betrachter im besten Fall erahnen kann. Wer echte Perlen sammelt, hat es nicht nötig, den Verlockungen der »Billiganbieter« zu erliegen. In den meisten Bildern der im zweiten Teil vorgestellten Persönlichkeiten kommt eine große Liebe zu China zum Ausdruck, die auch dazu führt, dass sich das westliche Denken in Schwarzweiß-Kategorien allmählich auflösen kann.

Abschließend noch ein Wort zu den Quellen. Viele der in diesem Buch verwendeten Dokumente stammen aus sehr unterschiedlichen Beständen: Autobiographien, Memoiren, historische Abhandlungen, Zeitschriftenartikel oder Zeitungsbelege fanden sich in berühmten Bibliotheken auf der ganzen Welt verstreut. Persönliche Briefe, Aktennotizen oder Berichte an heimische Regierungsstellen wurden in Archiven und Dachstuben von Einzelpersonen entdeckt, nicht unbedingt wohlgeordnet und einfach einsehbar. Und schließlich sei an all jene erinnert, die dem Verfasser dieser Arbeit mit Gesprächen und in Interviews in dankenswerter Weise geholfen haben, Bilder »ihres« China aufzufrischen und gleichzeitig gelegentlich auftauchende Unklarheiten aus dem Weg zu räumen. Kurz zusammengefasst, bedeutet dies, dass die Quellen dieser Sammlung jeweils ganz verschiedenen Textsorten zugehören und überdies die Texte zu unterschiedlichen Zeiten und unter ganz ungleichen Bedingungen verfasst wurden: Im Falle des einen während einer feucht-schwülen Shanghaier Nacht unter dem fahlen Schein einer Taschenlampe in den 1930er Jahren, ein anderer Jahre nach der tatsächlichen Begegnung mit China im Rahmen einer für eine renommierte amerikanische Bildungsinstitution bestimmten wissenschaftlichen Arbeit in den 1960er Jahren, als der Bambusvorhang längst gefallen war. Der Autor ist sich dieser Heterogenität der Quellen durchaus bewusst. Gerade in dieser Vielfalt an Quellen dürfte der Gewinn jahrelanger Forschungsarbeit auch für den Leser mit begründet sein. Dieses Buch ist zum Nutzen des interessierten, differenziert denkenden Zeitgenossen geschrieben worden, vielleicht auch als eine Art Handbuch für Geschäftsleute und Touristen, die sich mit Gegenwart und Zukunft des Reichs der Mitte befassen wollen und die wissen, dass dieser Weg zuallererst über die vertrackte und leidvolle Vergangenheit der Begegnung zwischen Ost und West im China des 20. Jahrhunderts führen muss. Zugleich erhält der Leser bei der Lektüre auch einen Einblick in die Komplexität chinesischer Werte und Verhaltensregeln.

Orte und Zeiten west-östlicher Begegnungen

Fremdwahrnehmung ist notgedrungen mit der Suche nach der eigenen Identität verbunden, ist demnach auch Selbstwahrnehmung. Je nach der Gegenwart von Ort und Zeit weist die Beziehung zwischen Subjekt und Objekt die unterschiedlichsten Qualitäten auf. Ein Drehen am Kaleidoskop eröffnet unterschiedliche Perspektiven, abhängig von dem, der damit umgeht. Zeitbedingte Irrungen und Wirrungen, Launen von Politik und Macht, ideologische Strömungen sowie eigene Befindlichkeiten sind zusätzliche Elemente, die den Eindruck vom Andern trüben oder erhellen. Über Jahrhunderte hinweg präsentierte sich China dem westlichen Beobachter als starres Gebilde, als unbeweglicher und undurchschaubarer Koloss, weit entfernt im Morgenland. Zwar konnte sich das Reich der Mitte dank seiner nicht nur geographischen Größe über alle Zeiten hinweg einer Faszination und (je nach Zeitgeist) Attraktivität bei der Außenwelt sicher sein, doch nahmen sich verhältnismäßig wenige Zeitgenossen im Westen die Mühe, die Schattierungen und Feinheiten chinesischer Kultur und Gesellschaft sorgfältig zu ergründen und allenfalls gar zu verstehen. Das änderte sich erst allmählich im Verlaufe des 20. Jahrhunderts, als »der Riese erwachte« und den Rest der Erdbevölkerung dazu zwang, China und die Chinesen mit andern, differenzierteren Augen zu sehen.[17]

Dem Venezianer Marco Polo wird gemeinhin – ob zu Recht oder nicht, bleibt wohl für immer Gegenstand von Spekulationen – das Verdienst zugeschrieben, dem europäischen Publikum zum ersten Mal von chinesischen Sitten und Gebräuchen, d. h. von seinen angeblich persönlichen Erfahrungen und Eindrücken am Hofe des Mongolenherrschers Kubilai Khan, berichtet zu haben. Von dieser denkwürdigen Begegnung im 13. Jahrhundert, die möglicherweise nicht stattgefunden hat, bis hin zu Beziehungen zwischen dem Westen und China, die man gemäß heutigen Grundsätzen zumindest von der Form her als Dialog bezeichnen könnte, vergingen nochmals siebenhundert Jahre, die sich nicht eben durch gegenseitiges Vertrauen, Verständnis und Gleichberechtigung auszeichneten. Während das »katholische Jahrhundert«[18] (zwischen 1550 und 1650) in China geprägt war durch die Präsenz von Missionaren hauptsächlich jesuitischer Schulung und durch deren im Allgemeinen eher wohlwollende Darstellung chinesischer Verhältnisse, wich dieser vorwiegend positive Eindruck zu Beginn der mandschurischen Qing-Dynastie (ab 1644) im Zuge der Einrichtung diplomatischer Gesandtschaften europäischer, zumeist protestantischer Staaten realistischeren Einschätzungen. Dem Geist der Aufklärung entsprechend, nahm Skepsis überhand gegenüber der Faszination – Zynismus breitete sich aus. Von diesem wiederum war es nur noch ein kleiner Schritt zu Fiktionen, Stereotypenbildungen und nicht selten äußerst negativen Konnotationen. Ungefähr zur gleichen Zeit suchten westliche Philosophen nach einem System der Dekodierung, um die Gesellschaft Chinas zu verstehen, ein Unterfangen, das zwar vielversprechend erschien, jedoch zu zahlreichen Trugschlüssen führte. Johann Gottfried Herder bezeichnete das Volk der Chinesen als einen »abergläubischen Pöbel«, im »Knabenalter stehen geblieben, weil dies mechanische Triebwerk der Sittenlehre den freien Fortgang des Geistes auf immer hemmte«. Es fehle den Chinesen »am geistigen Fortgange und am Triebe zur Verbesserung«.[19] Solche von einigen philosophischen Denkern Europas – unter anderem auch von Hegel – verbreiteten Urteile über die angebliche chinesische Inferiorität prägten das Bild Chinas in der westlichen Hemisphäre über Jahrzehnte. Bis zu einem gewissen Maße aufgegeben wurden diese Auffassungen in der aufkommenden Chinoiserie-Kult-Epoche in Frankreich, welche mehr auf Emotionen gegenüber allem Chinesischen aufbaute und sich demgemäß das Exotische zum Thema machte.

Mit der europäischen Kolonialpolitik des 19. Jahrhunderts, insbesondere den sogenannten ungleichen Verträgen im Anschluss an den Opiumkrieg von 1839–1842, spitzten sich die Probleme zwischen dem Westen und China zu. Die Mandschu-Dynastie wurde im Vertrag von Nanking (Nanjing) 1842/43 sowie in darauffolgenden Abkommen stückweise gezwungen, die Exterritorialität von Staatsangehörigen ausgewählter westlicher Mächte (und später Japans) in China zu akzeptieren. Sie musste den »hongmaofan« (rothaarige Teufel) in einigen Städten vorwiegend an der Küste internationale Niederlassungen zugestehen und andere Arten geographisch begrenzter Konzessionen machen[20] sowie ihnen die freie Schiffahrt in chinesischen Binnen- und Hoheitsgewässern gestatten.[21] Von diesen mittels Waffengewalt eingeholten Sonderrechten profitierten indirekt auch die Missionare, die, eine Zeit lang von der chinesischen Bildfläche verschwunden, nun erneut und überdies unter französischem Schutz, neue Seelen zu gewinnen vorhatten, und in den Augen nicht weniger lokaler Behörden das Gift westlicher Ideen unter die einheimische Bevölkerung säten. Allerdings täte man vielen rechtschaffenen und ehrlichen Missionaren Unrecht, würde man ihre Aktivitäten im sozialen Bereich mit den gleichen Ellen messen wie diejenigen der Bekehrungsfanatiker oder Umsturzprediger. Die Bedeutung der Missionare in der Umgestaltung Chinas bleibt auch fünfzig Jahre nach dem Ende ihrer Aktivitäten auf dem chinesischen Festland umstritten.[22] Die unschöne, im neunzehnten und in der ersten Hälfte des zwanzigsten Jahrhunderts nicht übliche Verbindung zwischen Religion und Politik führte dazu, dass die Tätigkeit dieser Missionare von den Chinesen bedeutend kritischer und zunehmend argwöhnischer betrachtet wurde als die ihrer Vorgänger. Aus solchem Misstrauen, das schließlich in einen Hass auf alles Fremde mündete, resultierte der Boxeraufstand, der den Übergang des Reichs der Mitte ins 20. Jahrhundert einläutete und die Konturen des schwer belasteten Verhältnisses zwischen China und dem Westen in aller Deutlichkeit sichtbar werden ließ.

I. Orte und Zeiten west-östlicher Begegnungen

Ortsbestimmungen sagen für den nach dem Verhältnis von Raum und Zeit Suchenden deutlich mehr aus als die geografische Lage. Orte sind Sammelbecken kumulierter Zeitepochen, angefüllt in kondensierter Form mit Jahren wirtschaftlichen Aufschwungs oder Niedergangs, Perioden politischer Umwälzungen, Augenblicken menschlicher Begegnungen. Ein Ort bedeutet nicht nur einen Raum, er kennzeichnet die Verarbeitung des Rohstoffs »Raum« (»space«) durch humane oder auch inhumane Einwirkung. Orte (»places«) sind also Produkte aus geografischen Gegebenheiten und menschlicher Schaffens- oder Willenskraft.[23] Sie sind Stützen bei der Erinnerungsarbeit, Krücken für Forschende bei der Suche nach verborgenen Netzwerken, Anker für verloren geglaubte Beziehungen. Geschichte findet nie in einem luftleeren Raum statt. Sie ist immer an einen Ort geknüpft. Nachfolgende Generationen lernen nicht notwendigerweise aus der Geschichte: Sie können die Orte ihrer Vorgänger überdecken, verändern oder mit Absicht manipulieren; sie können, wenn sie nur wollen, historische Daten und Fakten herrschenden Ideologien anpassen und versuchen, auf die Vergesslichkeit des menschlichen Gedächtnisses zu setzen. Spuren aber finden sich immer – in Köpfen von Zeitzeugen, verstaubten Archivdokumenten, nicht publizierten Memoiren oder in gedruckter Form, auch in zerknitterten Stadtkarten und vergilbten Atlanten, Zeitungsausschnitten, Zugfahrplänen, Werbeanzeigen, Konzertprogrammen oder Hotelführern. Der an vergangenen Lebenswelten Interessierte muss versuchen, aus all diesen Stücken die ursprünglichen Bühnen wieder aufzubauen, auf denen sich im günstigsten Fall die Nähe, meist jedoch die Distanz zwischen Chinesen und Westlern im 20. Jahrhundert zeigte. Erst die Aufdeckung von sicht- und unsichtbaren Fäden ermöglicht das Erkennen einer zumindest noch in der Ferne wahrnehmbaren Kulisse, in der ausgewählte Charaktere – im vorliegenden Falle Personen jüdischer Herkunft – ihrer Wege gingen, sich mit China befassten oder einfach ihren Beruf ausübten, handelten, sich Gedanken machten und, wenn man Glück hat, Tagebuch für die nachfolgenden Generationen schrieben. Lediglich die präzise Rekonstruktion und das Zusammenspiel von Bühnenbild und Akteuren können zu einer Neuinszenierung führen.

Bühnen für das Verstehen oder Nichtverstehen zwischen China und dem Westen gab es verschiedene im Reich der Mitte des 20. Jahrhunderts. Zumeist waren es – mit Ausnahme Pekings, das seit Kubilai Khan die Aufmerksamkeit der Ausländer auf sich zog – »Wanderbühnen«, in denen Requisiten als Mikro-Drehbuchorte der Begegnungen zweier Kulturen dienten: Bahnhöfe, Hotels, Kaffee- und Teehäuser, Tempel, Geschäfte, Amtsstuben, Universitäten, Gerichte, Pärke, Straßen. Auch sie drehen sich wie auf einem Karussell, lassen wertvolle und einmalige Bilder, wenn auch häufig nur in einer Momentaufnahme, erscheinen. Bereits das ausgehende 19. Jahrhundert ließ die geografischen Orte künftiger Kontakte zwischen Ost und West auf der chinesischen Landkarte erahnen. Da waren zum einen die Relikte des 19. Jahrhunderts: die stummen, doch nicht minder mächtigen Zeugen westlicher Kolonialpolitik in den Vertragshäfen von Qingdao (Tsingtao), Tianjin (Tientsin) oder in der internationalen Metropole Shanghai, das mit zunehmender wirtschaftlicher Entwicklung die bis dahin führende Stellung von Guangzhou (Kanton) und seiner berühmten Kaufmannsgilden ablöste. Eine Sonderstellung

I. Orte und Zeiten west-östlicher Begegnungen

unter den Städten der Begegnung nahm seit je Hongkong (Xianggang) ein, welches seine koloniale Vergangenheit de jure erst 1997 ablegte. Eine ganz neue Funktion beim Aufeinandertreffen von westlicher und östlicher Kultur kam den verhältnismäßig neuen Städtegründungen zu, wie beispielsweise Ha'erbin (Harbin) in der Mandschurei. Die Lage dieser Städte in den Randgebieten des Riesenreiches ermöglichte Betrachtungsweisen, die denjenigen von Forschungsreisenden, Abenteurern oder Spezialgesandten im weiten Hinterland Chinas ähnelten, z. B. in Yunnan (Yünnan) oder Xinjiang (Sinkiang). Schließlich findet das Jahrhundert der Ideologien, Revolutionen und Kriege auch seine geografischen Entsprechungen in China: Ob in Hankou (Hankow), Chongqing (Chungking) oder Yan'an (Yenan) – in allen drei Städten wurde chinesische Geschichte geschrieben, unter einem *sub specie aeternitatis* geringen Einfluss ausländischer Zuschauer.

Wer denkt, Beziehungen zwischen Ost und West hätten im 20. Jahrhundert bereits zur Normalität gehört, irrt. Gewiss lebte in den genannten Städten für damalige Begriffe eine stattliche Anzahl Ausländer,[24] doch waren Konzessionen oder internationale Siedlungen kleine koloniale Inseln im Vergleich zu den chinesischen Siedlungsgebieten. Dass sich trotzdem überhaupt Beziehungsgeflechte und daraus resultierende China-Bilder ergaben, ist Ergebnis der Neugierde einer vergleichsweise kleinen Anzahl von Personen – von Westlern *und* Chinesen – für das Fremde, Unbekannte, Unverständliche.[25] An der Schwelle zum 20. Jahrhundert lag die Art der kommenden Begegnungen noch zum größten Teil im Dunkeln: Ob Konfrontation oder Kooperation, Dialog oder Streit, Verständnis oder Unverständnis vorherrschend sein würden, zeichnete sich erst im Laufe der nächsten Jahrzehnte ab. Chinesische Geschichte ist voller Wut, Trauer und Zerfall, aber auch geprägt von Freude, Hoffnung und Aufstieg. Die heutige Forschung hat es in vielem einfacher, sich rückblickend mit Ereignissen und Konstellationen im China des 20. Jahrhunderts zu beschäftigen. Sie ist nicht mehr gefangen in den Ideologien des Kalten Krieges, kann aus dem Schwarzweißdenken ausbrechen. Ein neuer Blick auf das Verhältnis zwischen China und dem Westen öffnet sich. An den einzelnen historischen Schauplätzen entwickelten sich nicht wenige westliche China-Bilder, die über lange Zeit den Anspruch auf Gültigkeit und Endgültigkeit erhoben und die westliche Politik gegenüber China beeinflussten. Die Darstellung der Atmosphäre eines Ortes und der verschiedenen Lebenswelten ist Voraussetzung zum Verständnis von menschlichen Erfahrungen, die dazumal oder später in Form von Erinnerungen in unsere westlichen Vorstellungen von China einflossen. Durch Einwirkung von Menschenhand erst konnten Städte zu Katastrophen- oder Jubelorten werden oder dann eben in Vergessenheit geraten. Auch im Reich der Mitte spiegelten sich die Verwirrungen und Epochenbrüche eines heillosen Jahrhunderts wider, das zu einem nicht geringen Teil seinen schicksalhaften Weg in Europa nahm und seine unübersichtlichen Schatten auch in den Fernen Osten warf.

京城　I.　Vom Thron des Kaisers ins Reich der Kommunisten:
　　　　 Peking – Peiping – Beijing

»It is the greatest contradiction of our times that Peking is Peking, that such a place can exist at the end of this century«, notierte Eliza Ruhamah Scidmore in ihrem Buch »China – The Long-Lived Empire«.[26] Die Stadt, jahrhundertelang Inbegriff für die Macht des Himmelssohns, gilt bei chinesischen Chronisten zwar nicht unbedingt als die bedeutendste Hauptstadt, für Ausländer hingegen war sie zweifellos die berühmteste in der dreitausendjährigen Geschichte des Landes, nicht zuletzt weil sich ihre aufsteigende Bedeutung in der Yuan-Dynastie (1271–1368) zeitlich etwa mit dem ersten Zusammentreffen zwischen China und dem Westen deckte. Ob Peking, Peiping, Beiping oder Beijing:[27] Mit diesem Namen verbanden die Fremden von jeher eine gewisse Ehrfurcht oder – je nach Rang, Herkunft und Auftrag des Besuchers – Respekt vor der Größe, der Kultur und Geschichte des Reichs der Mitte. Im schlimmsten Fall symbolisierte Peking in den Augen des Westens das gesamte Arsenal an Arroganz, Korruption und Heimlichtuerei der herrschenden Klasse oder – schlimmer noch – der Chinesen als Volk an sich. Solcherlei negative Assoziation war zum einen Ausdruck von Unverständnis gegenüber den chinesischen Verhältnissen, zum andern resultierte sie aus einer unbewussten »Psychologie der Dominanz«[28] des Westens gegenüber den »unzivilisierten Chinesen«. Bis weit ins 19. Jahrhundert hinein zeigten sich chinesische Herrscher an jeglichem Austausch mit dem Westen desinteressiert, sie misstrauten den Barbaren, die durch Erpressung und Feldzüge so viel Leid über ihr Land gebracht hatten. Die Öffnung Chinas war eine durch den Westen gewaltsam erzwungene, von den Chinesen lediglich erduldete. Was der Diplomatie mit friedlichen, manchmal auch weniger friedlichen Mitteln nicht gelang, sollte militärische Gewalt mit Waffen erreichen.

Eunuchen und Mandarine
Peking besaß nicht nur in den Augen der Chinesen einen anderen politischen Status und Stellenwert als die an der Küste und den Flüssen gelegenen Vertragshäfen. Die Bedeutung der chinesischsten Städte Chinas, in denen sich je Fremde angesiedelt haben, hat wenig mit wirtschaftlichem Aufstieg und Großkapital zu tun, mehr aber mit dem Nimbus und Glanz des Himmelssohns, in Zeiten der Unsicherheit und Ungewissheit verbunden mit der Aura des Magischen. In Peking manifestierte sich das in der Harmonie zwischen Architektur und Landschaft angelegte und in der Pracht der Paläste und Tempel ersichtliche Zentrum der Macht. In der Verbotenen Stadt fungierte der Kaiser als Stellvertreter des Himmels, im Labyrinth der Kaiserstadt brühten selbstgefällige Mandarine, schwache Prinzen und willfährige Eunuchen jahrhundertelang gemeinsam über der »Suppe« des Sinozentrismus, dessen Dünste die Vorstellung der Ausländer von China und Chinesen zuweilen arg verwirrten, ihre Eindrücke vernebelten und den Geschmack bequemer, weil bekannter Gewohnheiten verdarb. Der China wie so oft in der Ver-

I. Orte und Zeiten west-östlicher Begegnungen

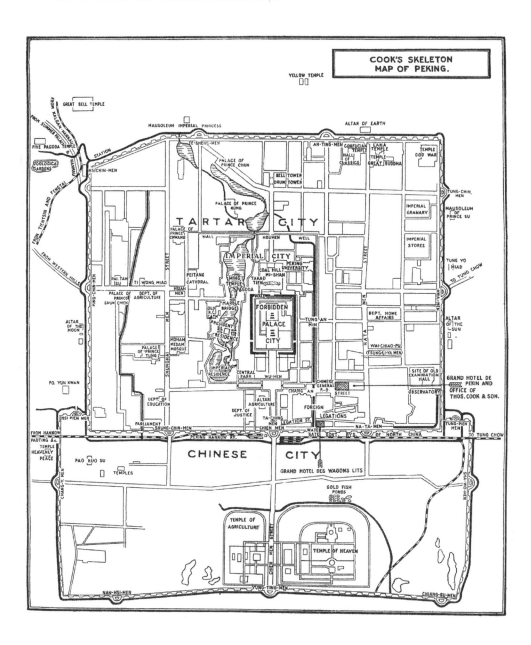

gangenheit durch Zwang auferlegte Vertrag von Tianjin im Jahre 1858 gab dem Westen die juristisch fragwürdige Berechtigung, sich nun ganz direkt (die chinesische Regierung hatte bis zum letzten Moment versucht, die Ausländer von der Stadt fern zu halten, indem sie ihnen Boden in der Nähe des alten Sommerpalastes anbot) im Hinterhof des Kaisers festzusetzen, zwar außerhalb der wuchtigen Mauern der Kaiserstadt, doch immerhin innerhalb der Tatarenstadt:[29] Diplomaten aus den Ländern des Okzidents – keine Botschafter, denn Chinas Bedeutung war in den Augen des Westens damals zu gering und die Beziehungen wurden als nicht gleichberechtigt betrachtet – sollten im Gesandtschaftsviertel (»Legation Quarter«) chinesische Politik deuten oder noch besser zu eigenen Gunsten ausnutzen, zumindest aber westliche Forderungen schnellstmöglich und wunschgemäß durchsetzen. Noch waren damals Kontakte ausländischer Gesandter zu Chinas Herrschern selten und – auch das keine Rarität – Gegenstand heftiger Kontroversen. Erst in den siebziger Jahren des 19. Jahrhunderts etwa verzichtete der Hof auf den bis dahin üblichen Kotau westlicher Besucher vor Chinas Herrschern. Kaiserinwitwe Cixi, der »alte Buddha«, ließ sich gar bis 1894 Zeit, einen Ausländer im Innern des Kaiserpalasts zu empfangen.[30] Erst die blutige Niederschlagung des Boxeraufstandes machte die Chinesen gegen ihren Willen gefügig: Das Boxer-Protokoll vom September 1901 sah nebst strengen Entschädigungsforderungen und anderen Strafbestimmungen auch die permanente Stationierung westlicher Wachmannschaften auf dem Gebiete des Gesandtschaftsviertels vor – eine Demütigung für Chinas Hof sondergleichen.

Noch bis zum Ende des 19. Jahrhunderts galt ohne Ausnahme auch für China, was Voltaire in seinem Essay über die Essenz des Verhältnisses zwischen West und Ost notierte:

»Nos peuples occidentaux ont fait éclater dans toutes ces découvertes une grande supériorité d'esprit et de courage sur les nations orientales. Nous nous sommes établis chez elles, et très souvent malgré leur résistance. Nous avons appris leurs langues, nous leur avons enseigné quelques-uns de nos arts. Mais la nature leur avait donné sur nous un avantage qui balance tous les nôtres : c'est qu'elles n'avaient nul besoin de nous, et que nous avions besoin d'elles.«[31] [Unsere Völker des Westens haben in all diesen Entdeckungen eine große Überlegenheit an Geist und Mut gegenüber den östlichen Nationen an den Tag gelegt. Wir haben uns bei ihnen niedergelassen, oftmals gegen ihren Widerstand. Wir haben ihre Sprachen gelernt und sie einige unserer Künste gelehrt. Aber die Natur gab ihnen einen Vorteil über uns, der all unsere Erfolge wieder aufwog: Sie benötigten uns überhaupt nicht, aber wir brauchten sie.]

Die gewaltsam und ohne große Rücksichtnahme auf örtliche Verhältnisse erfolgte Öffnung Chinas durch den Westen, verbunden mit der Präsenz seiner Diplomaten, Missionare und Handelsreisenden auf fremdem Boden, sowie der interne Druck zu Reformen politischer Strukturen ließen bei Chinas Herrschern immer mehr die Überzeugung wachsen, dass eine willkürliche Abkapselung des Reichs der Mitte von der übrigen Welt dem Land mehr schaden als nützen würde und dass Feindseligkeiten

I. Orte und Zeiten west-östlicher Begegnungen

gegenüber dem Ausland mit aller Härte vergolten würden. Einer der ersten Besucher Pekings nach der Niederschlagung des Boxeraufstandes durch alliierte Truppen, der amerikanische Reisende Burton Holmes, notierte im Anschluss an seinen Besuch in Peking im August 1901: »[A]ssaults upon the representatives of the foreigner's religious, governments, and enterprises, can avail nothing: cannot but bring humiliation to the Pekingese.«[32] [Angriffe auf Repräsentanten der ausländischen Religion, von Regierungen und Unternehmungen bringen überhaupt nichts, außer Erniedrigung für die Pekinger selbst.]

Noch während der Regierungszeit von Kaiser Guangxu (1889–1898), dem Neffen, Vorgänger und später Gefangenen Cixis, publizierte der Welt angeblich älteste Zeitung, die »Peking Gazette«, jeweils eine Proklamation, wonach sich Ausländer kaiserlichen Prozessionen fernzuhalten hätten.[33] Das änderte sich zu Beginn des 20. Jahrhunderts, als der Kaiserhof das wuchtige Himmelstor (»Tian'an men«) für einige wenige Ausländer öffnete. Cixi verstand es, gute Miene zum bösen Spiel zu machen. Sie gab nach ihrer Rückkehr aus Xi'an, wohin sie während des Boxeraufstandes geflohen war, für die Gattinnen der ausländischen Gesandten samt ihren Kindern einen Empfang und ließ sich zwei Jahre später gewiss nicht nur der eigenen Eitelkeit wegen von der Amerikanerin Katherine Carl porträtieren.[34]

Polyglottes Stimmengewirr

Auch wenn die Gegenwart nicht selten selbstgefälliger Diplomaten, eifriger Missionare und abenteuerlustiger Reisender in Peking in den letzten Jahren der Kaiserzeit ständig zunahm (und vom Mandschu-Hof immer als notwendiges Übel hingenommen wurde), sich folgerichtig farbenfrohe und amüsante, wenn auch nicht immer objektive Schilderungen über China und Peking häuften,[35] blieb die Stadt in ihrem Charakter chinesisch.

> »Peking is all that is characteristically Chinese in the superlative degree, and it goes along with its life in its own high tenor, oblivious to the little foreign colony in the Legation Quarter, and indifferent to the thoughts and ways of the Occidentals who come and go.«[36] [Peking ist all das, was in höchstem Maße typisch chinesisch ist. Das betrifft das Leben in seiner grundsätzlichen Einstellung, das die kleine ausländische Kolonie im Legationsquartier außer Acht lässt und das gegenüber Gedanken und Wegen der hierher kommenden und wieder gehenden Westler gleichgültig ist.]

Trotzdem staunte Burton Holmes bei seiner Ankunft wohl nicht schlecht, als er auf dem Bahnhof das große Schild mit den Aufschriften »Railway Staff Officer«, »Eisenbahn Stabsoffizier«, »Officier de l'etat-major de chemin de fer«, »zhel'zno-dorozhnaja staconyj oficier«, »ufficiale capo stazione«, »tiedao shi-wu guanshi tielu gongsi« sowie in zwei ihm unbekannten Sprachen, Hindu und Urdu, vor sich hängen

VOM THRON DES KAISERS INS REICH DER KOMMUNISTEN: PEKING – PEIPING – BEIJING

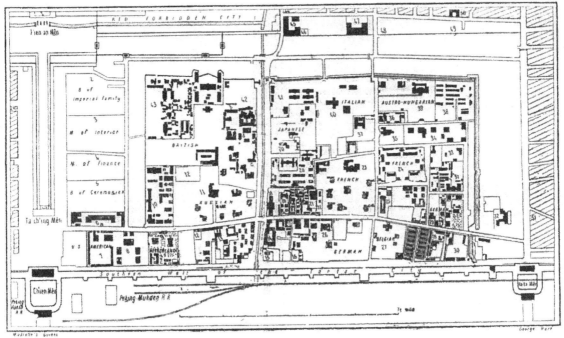

PEKING. — LEGATION QUARTER

1. Tzŭ-chin Ch'eng.
2. Tsung-jêu Fu.
3. Li-pu.
4. Tu-chih-pu (formerly Hu-pu).
5. Li-pu.
6. French Hospital (St-Michel).
7. U. S. American Guard.
8. U. S. American Legation.
9. Netherlands Legation and { a. Minister, Guard .... { b. Guard.
10. Russian Guard.
11. Russian Legation.
12. Russo-asiatic Bank.
13. Banque de l'Indo-Chine.
14. Hôtel des Wagons-lits.
15. German Post Office.
16. Russian Post Office.
17. Hongkong and Shanghai B. C.
18. Yokohama Specie Bank.
19. Spanish Legation.
20. Japanese Guard.
21. Japanese Legation.
22. French Post Office.
23. French Legation.
24. French Guard.
25. French Catholique Church (St-Michel).
26. German Legation.
27. Belgian Legation.
28. German Guard.
29. Deutsch-Asiatische Bank.
30. Stores.
31. German Lazaret.
32. Hopkins Memorial Hospital.
33. Electric Station.
34. Imperial Maritime Customs, Residences and Head Offices.
35. Peking Club.
36. Imperial Post of China, Secretary's Office.
37. Inspectorate General of Imperial Maritime Customs.
38. Austro-Hungarian Guard.
39. Austro-Hungarian Legation.
40. Italian Legation.
41. Italian Guard.
42. British Legation { a. Minister. b. 1st Secretary. c. 2nd Secretary. d. Church.
43. British Guard.
44. Portuguese Legation.
45. Chinese Post Office.
46. Hôtel de Pekin.
47. Peking Han-k'ou R. R., Head Office.
48. International Banking Corporation.
49. Mexican Legation.
50. Telegraph Office.
51. Hôtel du Nord.

sah.[37] Überhaupt fiel dem Erfinder des Begriffs »travelogue«, der via Schiff die Küstenstadt Tianjin und anschließend im bequemen – von den ausländischen Truppen vor wenigen Monaten gerade noch als Truppentransporter benutzten – Tianjin-Peking-Express Chinas Hauptstadt erreichte, zu Beginn das polyglotte Stimmengewirr auf. Dieses ging allerdings schnell einmal im marktschreierischen Treiben der Händler, in den Rufen von Kameltreibern und Rikschakulis und in der plötzlichen Umkreisung des Ausländers durch eine Lärm und Gedränge nicht eben scheuende Trauerprozession unter. Es muss dem »lebenslangen Vagabunden« und legendären Publikumsunterhalter Holmes eine Erleichterung gewesen sein, als er, auf einem unbequemen Pferdekarren durch dreckige und holprige Straßen fahrend, die stickige Luft Pekings und seiner orientalischen Gerüche einatmend, vorbei lediglich an einigen wenigen Symbolen westlicher »Zivilisation« in Form von Werbetafeln für Sodawasser, Bier oder Zigaretten, endlich die Gebäude des Gesandtschaftsviertels erreichte und sich hier im Hôtel du Nord niederließ.

Gesandtschaftsviertel

Das Legationsviertel war – bis zum Sieg der Nationalisten im Nordfeldzug (1926–1928) und zur Einnahme Pekings durch deren Truppen beziehungsweise bis zur Proklamation Nanjings (Nanking) als Hauptstadt Chinas – das sichtbarste Anzeichen ausländischer Präsenz in Peking, mit einem städtebaulichen Mix aus europäischer und japanischer Architektur. In Zeiten politischer Wirren füllte sich diese Miniaturstadt, die nach der Niederschlagung des Boxeraufstandes einem von Mauern umsäumten Wehrbezirk glich, mit in China tätigen Ausländern, jedoch nicht selten auch mit Chinesen, die sich vor ihren eigenen Landsleuten in Sicherheit zu bringen suchten.[38] Vor dem Boxeraufstand waren die Gebäude der ausländischen Gesandtschaften voneinander durch ein Labyrinth dazwischen liegender chinesischer Häuser oder Hütten getrennt, was den zumindest physischen Kontakt der Ausländer zu den Einheimischen ermöglichte. Nach der Strafexpedition des Westens vermittelte das Legationsquartier ein Bild der Sauberkeit und einer nicht zu leugnenden Pracht, die, so der aristokratische Vertreter der Zarenmacht, der russische Diplomat Dmitri Abrikossow, auch den Chinesen gut anstünde und sie lehre, ihre Abortgrube in einen Platz für zivilisierte Leute zu verwandeln:

> »The Diplomatic Quarter with its clean streets and magnificent Legations, built with the money taken from the Chinese after the Boxer Rebellion, contrasted sharply with the rest of Peking with its narrow, crooked and dirty streets, its noisy crowds, its beggars and its peddlars, who sold the most nauseous food.«[39] [Das diplomatische Viertel mit seinen sauberen Straßen und den prächtigen Gesandtschaften, gebaut mit dem Geld, das der Westen nach dem Boxeraufstand von den Chinesen genommen hat, kontrastierte scharf mit dem restlichen Peking mit seinen engen, verwinkelten und dreckigen Straßen, seinen lärmenden Menschenmengen, mit Bettlern und Hausierern, die ekelerregende Esswaren feilboten.]

Die erste westliche Nation, der es gelang, in Peking ein Grundstück zu erwerben, war Russland. Das Zarenreich unterhielt die längsten Beziehungen mit China, in erster Linie von seiner geographisch günstigen Lage herrührend. Die ersten russischen Karawanen erhielten bereits im 17. Jahrhundert das Recht, chinesischen Tee nach Europa zu transportieren, und später durften Missionare der russisch-orthodoxen Kirche aufgrund besonderer historischer Umstände in Peking eine Residenz unterhalten, die nach 1860 dem russischen Staat als Gesandtschaft diente. Dass die Tätigkeit russischer Missionare weniger die Bekehrung ungläubiger Seelen zum Ziel hatte (die wegen ihrer Nichteinmischung in chinesische Staatsgeschäfte sich häufig größerer Beliebtheit beim Kaiserhof erfreuten als ihre katholischen Glaubensbrüder), zeigt etwa die auch heute noch als einer der besten Stadtpläne Pekings hinsichtlich historischer Bauten geltende »Description of Peking« des heiligen Vaters Bichurin aus dem Jahre 1828.[40] Sie vermerkt unter anderem das kaiserliche astronomische Observatorium (das einst unter der Leitung des Jesuitenpaters Verbiest stand), die über das Stadtgebiet verstreuten Goldfischteiche oder die noch aus der Ming-Dynastie stammende Presse für tibetanische liturgische Texte und den daran sich anschließenden Lama-Tempel (»Yong he gong«) im Nordosten der Tatarenstadt, in dem es gemäß dem Bericht eines vielleicht etwas gar vorsichtigen westlichen Besuchers selbst im Jahre 1927 noch für einen Ausländer vorteilhaft war, zur eigenen Sicherheit einen Revolver bei der Besichtigung der Räumlichkeiten mit sich zu tragen.[41] Überhaupt schien die Entschlüsselung der Exotik Chinas beziehungsweise die ständige Suche nach einem besseren Verständnis der jahrtausendealten Kultur eine Passion derjenigen Gesandten gewesen zu sein, die in einem China-Aufenthalt mehr sahen als lediglich den Nutzen aus den als selbstverständlich hingenommenen Exterritorialitätsrechten. Die geographische und ethnographische Entdeckung der für Westler fremdartigen Umgebung Pekings war unter anderem Steckenpferd von Dr. Emil Bretschneider (1833–1901), der sich – ganz nach der Tradition des von Peter dem Großen gegründeten karthographischen Amts – während seiner Tätigkeit auf der russischen Gesandtschaft intensiv mit der einheimischen Botanik und Zoologie befasste. Seine »Originalkarte der Ebene von Peking und des Gebirgslandes im Westen und Norden der Capitale« aus dem Jahre 1875 (Gothaer Edition) weist neben den berühmten Tempelanlagen der Umgebung, der Großen Mauer, Pagoden, Kirchen, kaiserlichen Palästen, Ruinen und Lustgärten auch die exakte Lage majestätisch klingender Standorte wie etwa der kaiserlichen Ziegelei, des alten Jagdparkes oder der Rennbahn aus.[42] Russen oder in russischen Diensten stehende Gelehrte schienen seit Beginn der Missionstätigkeit der Orthodoxie die führenden Geister auf dem Gebiet der China-Wissenschaften zu sein, nicht nur im Bereich vergleichender Religionsstudien und Ethnologie, sondern auch in der Geschichte und Geographie Chinas, der Mongolei und Tibets sowie in der Gesellschaftsstruktur des Reichs der Mitte.

Ponyfleisch

Die französische Legation, an der Ecke von Rue Marco Polo und Legation Street gelegen, machte – wie viele andere Nationen auch – den Palast eines ehemaligen, inzwischen verarmten Herzogs zu ihrem Sitz, hauptsächlich wegen des schönen Gartens, in dem die noble chinesische Gesellschaft sich einst am Schauspiel von Grillenkämpfen ergötzt hatte. Auch die Engländer mieteten für viele Jahre die Residenz eines kaiserlichen Abkömmlings und bezahlten gemäß Überlieferung ihre Miete in Form von Silberbarren, die an jedem chinesischen Neujahrstag von einem Beamten des Außenministeriums, verladen auf Mauleseln, abgeholt wurden. Mehr als ein Dutzend Nationen waren im kaiserlichen und später republikanischen Peking vertreten, neben den großen auch kleinere Länder wie Portugal, Belgien oder die Niederlande. Und der Mehrzahl von ihnen dürfte gemeinsam gewesen sein, dass sie nicht unbedingt – wie der in China geborene Sensationsjournalist und wegen seines Agent-provocateur-Stils in Verruf geratene Brite Bertram Lenox Simpson alias Putnam Weale – zum sogenannten Tiffin (damals üblicher Ausdruck für ein Mittagessen oder einen leichten Imbiss) Ponyfleisch verspeisen wollten.[43] Gegenüber der spanischen Gesandtschaft wohnte ein muslimischer Metzger, der jeden Tag um vier Uhr nachmittags inmitten der Straße ein Schaf schlachtete, um anschließend frische Jiaozi, eine Art Ravioli, anzubieten, für westliche Diplomaten nicht eben das genüsslichste Spektakel. Kulinarische Vorlieben, den Chinesen keineswegs fremd, dürften deshalb das Erbarmen der Regierung erweckt und bei der Entscheidung mit eine Rolle gespielt haben, das ursprüngliche Verbot des Handels für Ausländer in Peking, das kein Vertragshafen war, zu lockern und ihnen im ausgehenden 19. Jahrhundert – unter Opposition chinesischer Geschäftskreise – die Eröffnung des berühmten Geschäfts Kierulff & Co. zu erlauben.

Kierulff: Kaviar und Hemdkragen

Kierulff war Lebensmittelladen und Kaufhaus in einem. Hier hätte sich Nähe zu Chinesen ergeben können; bei Kierulff stellte sich die Problematik des Fremden für die andere, die asiatische Seite, wurde doch das berühmte Geschäft des dänischen Händlers (und Managers des Globe Hotel) laut Überlieferung nicht nur von der Diplomatengesellschaft, sondern liebend gerne auch von Palasteunuchen sowie Mandschu- und Mongolenprinzen mit ihren Konkubinen vor der Revolution von 1911 fast täglich aufgesucht. Im Konsum ist der Mensch Mensch, ob Chinese oder Europäer. Niemand mochte es dem andern vergönnen, Wohnungs-, Küchen- oder Badeeinrichtungen zu besichtigen, Weine, Liköre und Zigarren zu kaufen oder sich für die nächste Reise mit Toilettenartikeln, Hüten oder frischen Hemdkragen einzudecken. Kierulff warb ganzseitig und modern mit dem einigenden und eingängigen Slogan «Where can we get these things and everything we need? – What a silly question! Of course at Kierulffs».[44] P. Cattaneo bot in seiner Anzeige »Just arrived« unter anderem feinste italienische Delikatessen, von Makkaroni aus Gragnano über Olivenöl aus Lucca bis hin zu Parmesankäse und sogar mehr noch – Marons Glacés, Choucroute garnie oder Nougat – an, während sich Th. Culty & Co. auf französische Käsesorten von Roquefort über Camembert bis hin zum Pont l'Eveque spezialisierte.[45] Selbst die Ankunft frischer sibirischer Butter und von Fresh Californian Apples (bei M. Krippendorff) wurde in der ausländischen Presse vermerkt oder die Möglichkeit für Ausländer, Zeitungen oder Bücher in Englisch, Französisch, Deutsch, Russisch oder Chinesisch zu drucken, »under European Supervision on the ›defy competition‹ basis«.[46] Jean Redelsberger verkaufte nichts Geringeres als »Automobiles«, Hirsbrunner & Co. wiederum warb mit »High-Class Tailors and General Outfitters«, M. Levy mit Diamanten, Gold- und Silberschmuck, und Grosjean's Gallery machte sich das zunehmende Interesse der Ausländer an chinesischen Antiquitäten zunutze.[47] Die French Bakery pries Wein aus den Pyrenäen an, Hans Bahlke Unterwäsche für Kinder, echten Kulmbach, Pilsner Bier, gefüllte Waffeln, eingemachte Feigen und Haselnüsse.[48] Jean Chrissafis wiederum ließ die Herzen russischer Gourmets höher schlagen mit seinem Angebot (»always fresh«) an Kaviar, Salzheringen, Wodka und russischen Zigaretten.[49]

Trotz formellen Handelsverbots für Ausländer waren in Peking die großen Bankhäuser der führenden Mächte vertreten: die Banque de l'Indo-Chine, in deren Gebäude vor dem Friedensvertrag von Tianjin die Botschaften der einst Peking gegenüber tributpflichtigen Vasallenkönigreiche Annam, Burma, Korea und der Mongolei untergebracht waren; die Banque Franco-Chinoise, 1920 als Nachfolgerin der Banque Industrielle de Chine gegründet, welche ihrerseits 1913 von Präsident Yuan Shikai den Zuschlag erhielt, Pekings erste Straßenbahn zu errichten; die 1865 gegründete britische Hongkong and Shanghai Banking Corporation Ltd.; die japanische Yokohama Specie Bank oder die Russo-Chinese Bank mit Vertretungen in den Weiten des Zarenreichs von Samarkand über Irkutsk bis nach Nikolajewsk in Sibirien sowie in Indien (Bombay), Mittelasien (Kashgar) und in der Mandschurei (Harbin).[50] Mit dem Kapital dieser und anderer Bankhäuser beherrschten Firmen wie das englische Handelshaus Jardine, Matheson & Co. (das ursprünglich im Opiumhandel, später unter anderem im Schiffswesen, Maschinen- und Textilgeschäft tätig war), die British-American Tobacco Corporation, die deutsche Firma Carlowitz (Verteter von Krupp im Bereich Schwermaschinen und Waffen), Japans Mitsui (im Versicherungswesen und in der Schifffahrt) oder Amerikas Standard Oil sowie Singer Sewing jahrzehntelang und bis in die Republikzeit einen großen Teil des ausländischen Marktes in China.[51]

Grand Hôtel des Wagon Lits

Westliche und chinesische Herrschaften, Fürsten, Minister, Generale und besser situierte Reisende oder Abenteurer logierten während ihres Pekingaufenthalts gewöhnlich im gediegenen Grand Hôtel des Wagon Lits, auf Chinesisch Liu guo fandian (»Sechs-Staaten-Hotel«), in unmittelbarer Nähe von Gebäuden der amerikanischen Gesandtschaft gelegen. Mit der Lage beziehungsweise den hygienischen Verhältnissen in Peking ließ sich besonders gut Werbung machen: »The only Hotel within the Legation Quarter, the healthiest and cleanest part of Peking. Entirely renovated and up to date. The leading

Family Hotel in the Far East with reasonable rates.«[52] Andere Besucher wiederum zogen das knapp außerhalb des Ausländerviertels gelegene Grand Hôtel de Pékin vor, das sich an der Morrison Street befand – benannt nach dem legendären Korrespondenten der Londoner »Times«, Dr. George Morrison, der an der Nummer 88 wohnte – und in dem auch das Reisebüro Thomas Cook & Son untergebracht war. Der Eigentümer und Manager des Hôtel de Pékin, D. Russo, auch er wie sein Kollege vom »Wagon Lits« offensichtlich auf Gesundheit bedacht – »located in the healthiest part of the town, between the Imperial Chinese Post and the Pei-han Railway Offices« –, bot seinen Gästen ausdrücklich das Privileg elektrischen Lichts, eines Ventilators und einer »Splendid Cuisine« an.[53] Zudem verfügte das Haus über einen Dachgarten, der sich besonders in lauen Sommernächten größter Beliebtheit erfreute. Sollten sich Pekings Hotelgäste eines Abends nach einem besonderen Digestif sehnen, bot sich als Alternative zur europäischen Hotelhalle immer noch J. Ginsbergs International Bar mit ihrem Angebot an Munro's Scotch Whiskies (»Sole Agent – wholesale and retail!«) an.[54] Ausländische Gäste waren noch in den Tagen der untergehenden Kaiserdynastie eine solche Seltenheit, dass selbst die englischsprachige »Peking Post« jeweils in ihrer Ausgabe die Namen der Hotelgäste bekanntgab.[55]

Die Mehrzahl der in der ersten Hälfte des 20. Jahrhunderts in Peking ansässigen Diplomaten und ihrer Angehörigen beschäftigte sich kaum mit der chinesischen Umgebung und den Eigenheiten einer fremd erscheinenden Gesellschaft, sondern mit sich selbst, was, wie der russische Diplomat Abrikossow (zwischen 1908 und 1912 in China) vermerkte, folgende Gründe hatte: »Most of the Legations had little to do and the chief occupation of their members was gossip. As there was nothing to prate about the Chinese, all gossip concentrated on the foreigners themselves. Reputations were ruined with great ease, but this was done in such a good-natured way that no one took offense. Horseback riding and dinner parties filled much of the Western life.«[56] [Die meisten Gesandtschaften hatten wenig zu tun, und die Hauptbeschäftigung ihrer Mitglieder war das tägliche Geschwätz. Da es nichts über die Chinesen zu plaudern gab, konzentrierte sich das Gerede auf die Ausländer selbst. Ansehen wurde dabei mit Leichtigkeit zerstört, aber da dies in einer solch gutartigen Weise geschah, störte sich niemand daran. Pferdereiten und Abendpartys machten den größten Teil des westlichen Lebens aus.]

Diese nach heutigen Maßstäben unverständliche Situation stellte in China nichts Ungewöhnliches dar. Die Lage, so sein italienischer Kollege Daniele Varè (1912–1920 sowie 1927–1931 in China stationiert), war ganz einfach anders als in Europa:

»Elsewhere, in Paris, Rome or London, the moment a diplomat passes out of the front door of his embassy, he finds himself in a foreign country and sees only the inhabitants of that country. In Peking, diplomats were surrounded by their own nationals and in constant contact with other foreigners like themselves. They lived a life of complete detachment from that of the Chinese, in a sort of diplomatic mountain-fastness. For the women and children, this was a good thing, if only from the point of view of hygiene. But most of the diplomats were isolated from and out of sympathy with the country they lived in.«[57] [Wenn anderswo, beispielsweise in Paris, Rom oder London, ein Diplomat seinen Fuß vor das Tor der Botschaft setzt, dann findet er sich alsbald in einem fremden Land und sieht lediglich die Einwohner jenes Landes. In Peking waren die Diplomaten von Angehörigen ihrer eigenen Nationalität umgeben und standen in ständigem Kontakt mit anderen Ausländern. Sie lebten ein Leben, das von demjenigen der Chinesen absolut losgelöst war, in einer Art bergiger Fluchtburg. Für Frauen und Kinder war das eine gute Sache, zumindest vom Standpunkt der Hygiene aus. Aber die meisten Diplomaten waren isoliert vom Land, in dem sie lebten – und sie hegten auch keine Sympathie für dieses Land.]

Kleine Könige

Die chinesische Umgebung hatte für viele westliche Diplomaten Vorteile, denen man den Beigeschmack kolonialistischer Mentalität nicht absprechen kann. Peking galt nicht mehr wie zu Beginn der Diplomatenpräsenz des Westens in China als »special punishment for diplomatic criminals«, wie das Sir Edmund Hornby, seines Zeichens Richter des British Supreme Court for China, in seiner Autobiographie vermerkte.[58] Nicht wenige genossen hier den Luxus des Andersseins in Form eines Superioritätsanspruchs, den abzustreiten man sich gar nicht erst die Mühe machte. Solcher verband sich häufig mit einem Sendungsbewusstsein in Form exportierter westlicher Zivilisation:

> »It may have been unfair toward the natives to put ourselves in the position of superior beings, but I must confess that the feeling of superiority was agreeable and was, I think, the chief reason most foreigners adored life in China and felt miserable when they retired and had to return to their own countries. Extraterritorialty allowed every little clerk to feel like a small lord ... I am glad that I was in China when the foreigners still could play a leading role in the introduction of European civilization. Even though in many cases such leadership went to the foreigners' heads, and they allowed themselves many things which reflected adversely on their civilization, they were far superior to the Chinese as leaders.«[59] [Es mag vielleicht unfair gegenüber den Einheimischen gewesen sein, dass wir uns in die Position höherer Wesen gestellt haben. Aber ich muss gestehen, dass das Überlegenheitsgefühl angenehm war und, so denke ich, auch ein Grund dafür, dass die meisten Ausländer das Leben in China über alles geliebt haben. Sie fühlten sich unglücklich, wenn sie in Ruhestand gingen und in ihre Heimat zurückkehren mussten. Die Exterritorialität erlaubte es jedem kleinen Angestellten, sich als kleiner König zu fühlen ... Ich bin froh, in China gewesen zu sein, als die Ausländer dort noch eine führende Rolle in der Einführung der europäischen Zivilisation gespielt haben. Obwohl manch einem Ausländer diese Führungsrolle in den Kopf stieg (und sie erlaubten sich viele Dinge, die negativ auf ihre eigene Zivilisation zurückfielen), so waren sie als Führer den Chinesen doch bei weitem überlegen.]

Führungsstil war tatsächlich gefragt, nicht unbedingt im politischen Bereich, sondern beim Umgang mit chinesischen Bediensteten, von deren Quantität – nicht Qualität, wie der italienische Diplomat Varè (er ist darin kein Einzelfall) in seinen literarisch-humorvollen Erinnerungen zu berichten weiß – westliche Diplomaten in anderen Ländern nur träumen konnten:

»Many foreigners go to China from countries where they are afflicted with a ›servant problem‹. For such as them it must be a relief to have a large domestic staff. And indeed they are loud in the praises of Chinese servants at home ... The vagaries of Chinese boys afforded me an inexhaustible fund of amusement. But I would not care to be at their mercy in my old age. Three or four Italian servants will run a big house better than twenty Chinese.«[60] [Viele Ausländer kommen nach China aus Ländern, wo sie mit einem ›Bedienstetenproblem‹ belastet sind. Für solche Leute muss es eine große Erleichterung sein, ein so großes Hauspersonal zu haben. Und in der Tat sind sie vollen Lobes über ihre Angestellten zu Hause ... Die Launen der chinesischen Boys boten mir einen unerschöpflichen Fundus an Vergnügen. Aber ich würde mich davor hüten, ihnen – wenn ich einmal alt bin – ausgeliefert zu sein. Drei oder vier italienische Bedienstete werden ein Haus besser verwalten als zwanzig Chinesen.]

»Peking Picnic«

Varè ist davon überzeugt, dass chinesische Bedienstete allzu stark ihren eigenen Gedanken nachhängen, als dass sie den Wünschen ihrer Arbeitgeber Aufmerksamkeit schenken würden. Sie überlegen sich nicht, ob das, von dem sie glauben, der Diplomat habe danach gefragt, Sinn macht, und so verwundert es den Vertreter seiner königlichen Majestät Italiens keineswegs, wenn ihm statt des geforderten Whiskys mit Sodawasser fünf Goldfische in einer Glasschüssel gebracht werden.[61] Auch Ann Bridge, Ehefrau eines britischen Diplomaten, die in den politisch unruhigen Jahren 1925–27 in der chinesischen Hauptstadt weilte, zweifelte an der Ergiebigkeit des Dialogs zwischen westlichen Diplomaten und chinesischen Dienern, wie sie in ihrem Roman »Peking Picnic« beschrieb:

»Once a Chinese servant understands – or rather agrees to carry out – oders, he will do so perfectly, but his contempt for the mentality of foreign devils is so engrained that it is usually some time before this stage of agreement is reached. He can always think of some new and more ingenious combination of his own, which he will employ unless ruthlessly prevented.«[62] [Wenn denn ein chinesischer Bediensteter Befehle versteht oder zumindest zustimmt, diese auszuführen, dann wird er es perfekt tun. Aber die Verachtung für die Mentalität des ausländischen Teufels ist so stark verankert, dass normalerweise einige Zeit bis zu diesem Zustand der Übereinkunft vergeht. Er kann sich immer neue und noch ausgeklügeltere Kombinationen ausdenken, die er anwenden wird, wenn er nicht skrupellos daran gehindert wird.]

Dmitri Abrikossow, Sprössling aus einer Kaufmannsfamilie, die im russischen Zarenreich berühmt war für ihre Konfekte, Marmeladen, Biskuits und eingemachten Früchte, drückt seine Meinung über den Boy noch eine Spur ordinärer aus, indem für ihn alle chinesischen Diener Diebe sind und es nur darum gehe, dass der Westler ihnen die erlaubte Obergrenze klarmache.[63]

Über den Mangel an Vergnügungen konnte sich die feine Gesellschaft in jenen Pekinger Jahren nicht beklagen. In frühen Morgenstunden ließen es sich viele nicht nehmen, einen scharfen Ritt auf der Rennbahn außerhalb der Stadtmauern zu machen oder – nach Ende der Rennsaison – ihr Pferd in den den Himmelstempel umgebenden Gärten galoppieren zu lassen, nachmittags spielte man eine Partie Polo oder hielt sich auf dem Tennisplatz fit, an dessen Stelle sich noch um die Jahrhundertwende der mongolische Markt befand, auf dem Angehörige dieses Steppenvolkes Gebetsmühlen, Teekrüge oder Silberwaren feilboten. Abends amüsierte man sich in den nach Nationalitäten verteilten Klubs innerhalb des Gesandtschaftsviertels, wobei angeblich die russische Vertretung vor der Oktoberrevolution für nicht wenige europäische Diplomaten ein Zentrum des gesellschaftlichen Lebens darstellte.[64] An den Wochenenden vertrieb sich die vornehme Gesellschaft ihre Zeit beim Golfspiel oder Picknick auf den Westbergen in unmittelbarer Nähe des »Ba da chu«, des Tempels der »Acht großen Orte«, oder besuchte den »Park der zehntausend Tiere«, den zoologischen Garten im Norden der Stadt, dessen Bestand sich seit den Jahren um die Jahrhundertwende, als ein Vizekönig aus Shanxi nach einem Besuch in Deutschland Kaiserin Cixi eine große Kollektion von europäischen Tieren als Geschenk nach Hause brachte, parallel zum Zerfall der Qing-Dynastie dezimierte.

Tempel des schlafenden Buddha

Auch bei solchen Vergnügungsfahrten blieb die westliche Gesellschaft in den meisten Fällen unter sich, obwohl man vielleicht gerade der erzwungenen Nähe wegen den engen, manchmal allzu engen Mikrokosmos des Gesandtschaftsviertels zu verlassen gedachte: In den heißen Sommermonaten traf sich das westliche Diplomatencorps in Tempelanlagen oder Wochenendhäusern in den schattigen und kühleren Westbergen wieder. Auf dem Weg dorthin ergötzte man sich an der lieblichen chinesischen Landschaft, die, so der Reise-

schriftsteller Graham Peck in seiner farbenfrohen Reportage aus den 1930er Jahren, zur »Freude des Menschen« erstellt sei und einem »geschmackvoll eingerichteten Zimmer« gleiche.[65] A. B. Freeman-Mitford (Baron Redesdale), dessen Tagebuchnotizen seine Erfahrungen in China und der Mongolei besonders malerisch wiedergeben, hatten es besonders die von Teichen und moosbewachsenen Steingärten umgebenen offenen Pavillons angetan, die ihn einmal an die Schweiz, ein anderes Mal an die Weinhügel des Rheinlandes und – nach einem Regenguss – an die Szenerie erinnerten, welche Lots Frau nach dem Untergang Sodom und Gomorrhas angetroffen haben mag.[66] Falls eine Begegnung mit Chinesen (abgesehen von den Bediensteten) dann doch einmal stattfand (wenn auch nicht unbedingt gewollt), geschah dies buchstäblich im Einklang mit östlichen Rhythmen:

> »I have friends among Peking residents who rent temples for their ›Summer Camp‹, and unbelievably charming places they are. ... One of these, the Wo Fo Ssu, has been rented by the American Y.M.C.A., and it is one of the very oldest and most interesting. At the same hour that Western voices are raised in the singing of Gospel hymns, you may hear the priests chanting their *sutras* in the great hall of the Sleeping Buddha.«[67] [Ich habe Freunde unter den Bewohnern Pekings, die Tempel für ihre ›Sommercamps‹ mieten. Und was sind doch das für unglaublich anmutige Plätze ... Einer von diesen, der Wo Fo Ssu (eines der ältesten Klöster in der Umgebung Pekings, zu Deutsch: Tempel des schlafenden Buddha – Anm. d. Verf.), wurde vom amerikanischen YMCA gemietet. Es ist einer der ältesten und interessantesten Orte. Zur gleichen Zeit, wenn westliche Stimmen sich zum Singen von Gospels erheben, ertönen die Sutras der Priester in der großen Halle des schlafenden Buddha.]

Singende Frösche
Für die Mehrzahl der westlichen Gesandten in Peking spielten Chinesen die Statistenrolle auf der eigenen Bühne. Man zeigte sich zwar an Mauern, Tempeln und Gärten nicht uninteressiert und dokumentierte damit seinen Respekt vor der Geschichte eines jahrtausendealten Volkes, doch war es einer Minderheit – zumeist nicht den Angehörigen des diplomatischen Dienstes – vergönnt, die inneren Schätze der fremden Kultur des Gastlandes (das bis weit in die Mitte des 20. Jahrhunderts von vielen gar nicht als solches wahrgenommen wurde) zu ergründen. Man schätzte – oder gab dies zumindest vor – die unbekannten, weil häufig pittoresk anmutenden Szenen oder drollig erscheinenden Phänomene des chinesischen Alltags: das Spazierenführen von Vögeln durch alte Männer, die Sitte der Unterhaltung durch und Begeisterung für Sing-Song-Mädchen oder die Abrichtung singender Frösche und ereiferte sich über die Unergründlichkeit der »chinesischen Seele«.[68] Man belächelte Aberglauben und machte sich über einen Alltag lustig, der noch nicht den Maßstäben europäischer Zivilisation entsprach. Man entsetzte sich beim Spaziergang durch die »Chinesenstadt« über das jeglicher Vergleiche mit dem Wes-

ten spottende Hygieneverhalten der Chinesen oder wies mit Nachdruck auf die Brutalität der chinesischen Strafrechtsordnung hin.

Solcherlei Verhalten, das die Einschätzung Chinas durch eine nicht wenig einflussreiche und das China-Bild im Westen bestimmende Schicht der damaligen Gesellschaft zum Ausdruck brachte, mag verzeihlich sein, wenn man sich aus heutiger Sicht des damaligen Kontakts mit dem Gastland und seinen Bewohnern bewusst ist. Bei häufig nicht einmal physisch stattfindenden Begegnungen entstanden die Perzeptionen des Fremden, es entwickelten sich Stereotypen. Selbst bei Partys blieb man als Westler unter sich, eilte von Gesandtschaft zu Gesandtschaft, von Ball zu Ball:

»Exiled from everything to which they were accustomed, and having little to do, the diplomats turned their lives in China into a perpetual merry-go-round of parties ... These parties were purely foreign affairs and unless it was an official dinner in honor of the Chinese Foreign Minister one hardly saw any Chinese guests among the crowd. One got the impression that the foreign diplomats had been sent to China for the sole purpose of amusing themselves.«[69] [Verbannt von all dem, woran sie gewöhnt waren, und ohne etwas zu tun, führten die Diplomaten in China ein Leben, das einem fortwährenden Party-Karussell glich ... Diese Partys waren eine reine Ausländerangelegenheit. Wenn es sich nicht um ein offizielles Nachtessen handelte, sah man kaum ausländische Gäste unter der Menge. Man gewann den Eindruck, dass die ausländischen Diplomaten lediglich deshalb nach China gesandt wurden, um sich zu amüsieren.]

Gestank von Knoblauch und billigem Parfüm

Chinesische Gäste waren bei Anlässen in westlichen Gesandtschaften meistens dann gefragt, wenn man sich als Gastgeber – so Dmitri Abrikossow in boshaft-scherzendem Ton – einer besonderen Attraktion in Form eines unbeholfenen, weil der englischen Sprache unkundigen Prinzen oder einer leicht zu ekstatischen Gefühlsausbrüchen neigenden chinesischen Dame gewiss sein wollte:

»The Chinese ladies with their painted faces and huge, flower-adorned Manchu hairdos, wore heavy, embroidered clothes. When they saw the foreign ladies in their décolleté dresses, with hardly anything on their backs, in the arms of men who turned them round and round, their excitement had no limit. They sat in corners, showed each other the couples that passed by, and laughed, having probably seen nothing so amusing in their theaters ... The party was considered a great success, although for days and days thereafter the Legation stank of garlic, cheap perfume, and special Chinese smells.«[70] [Die chinesischen Frauen mit ihren gemalten Gesichtern und ihren riesigen, blumengeschmückten Mandschu-Frisuren trugen schwere, bestickte Kleider. Als sie die ausländischen Frauen mit ihren Décolleté-Kleidern sahen, die kaum etwas Stoff auf ihren Rücken trugen und von Männern beim Tanz ein ums andere Mal herumgedreht wurden, da kannte ihre Aufregung keine Grenzen mehr. Sie saßen in Ecken und zeigten einander die Paare, die an ihnen vorbeiflogen. Und sie lachten, weil sie wahrscheinlich nie so etwas Vergnügliches in ihren Theatern gesehen haben … Die Party wurde als großer Erfolg angesehen, obwohl die Gesandtschaft auch Tage danach noch nach Knoblauch, billigem Parfüm und besonderen chinesischen Düften stank.]

»Howw« … die Audienz ist vorüber

Selbst bei offiziellen Anlässen schienen unterschiedliche Wertvorstellungen und das Unverständnis für die Lebenswelt des Gegenübers Annäherungen zwischen Ost und West wenn nicht ganz zu verhindern, dann zumindest zu beeinträchtigen. Dies lag keineswegs in der alleinigen Verantwortung der Europäer, auch die Mehrzahl der Chinesen schien in den Jahren vor dem Untergang der Kaiserdynastie wenig Interesse am Umgang mit Ausländern zu haben, außer es hätten sich dabei greifbare Vorteile ergeben. Auch Lewis Einstein, ein amerikanischer Diplomat und 1909 im Dienste seines Landes in Peking, berichtet in seinen Lebenserinnerungen nicht ohne Ironie über die hilflose und häufig sinnlose Art solcher Begegnungen, wobei selbst für den heutigen Leser die ganze Schwere und Schwierigkeit der Kontaktaufnahme zwischen zwei einander völlig fremden Welten spürbar ist:

»Among the less pleasant forms of Oriental hospitality is the practise of offering foreigners bad champagne at the most unseasonable hours, presumably under the impression that this is our customary beverage. After the glasses had been emptied with many appropriate smiles, Princess Pulun opened the conversation by touching my wife's sleeve and muttering *Howw!* ›His Highness says it is beautiful‹, the interpreter translated. My wife, to be no less polite, touched the Princess' skirt, exclaimed *Howw!* and admired the blooms of fresh double jasmine arranged as bangles in her hair. After more touchings of apparel and more exchanges of *Howw*, the audience was over. The Prince had remained silent, and in fact the only English word I ever heard him utter was ›dry‹ over a glass of champagne.«[7] [Zu den wenig angenehmen Formen orientalischer Gastfreundschaft gehört die Praxis, Ausländern schlechten Champagner zu den ungelegensten Stunden anzubieten. Wahrscheinlich tun sie das unter dem Eindruck, dass Champagner unser übliches Getränk ist. Nachdem die Gläser mit entsprechendem Lächeln geleert worden waren, eröffnete Prinzessin Pulun die Konversation, indem sie den Ärmel meiner Gattin berührte und ein ›Howw‹ murmelte. ›Ihre Hoheit sagt, dass es ihr gefällt‹, übersetzte der Dolmetscher. Meine Frau, nicht weniger höflich, berührte den Rock der Prinzessin und rief ein ›Howw‹ aus, gleichzeitig die Blüten von frischem Jasmin bestaunend, die sich auf deren Haar in der Form eines Reifens anordneten. Nach weiteren Berührungen der Kleider und dem Austausch von weiteren ›Howw‹

war die Audienz vorüber. Der Prinz verhielt sich die ganze Zeit über still, und in der Tat war das einzige Wort, das ich von ihm vernahm, ein ›trocken‹ – nach einem Glas Champagner.]

Gewiss stellten sich auch sprachliche Hürden einem reibungslosen Dialog entgegen. Noch besaß der Dolmetscher im Verkehr mit dem China von damals eine kaum zu überschätzende Bedeutung und ein Wissen, das der Westen brauchte, um mit dem Außenamt des Kaisers überhaupt zu verhandeln (alle Kommunikation fand lediglich in chinesischer Sprache statt). Doch dauerte es nochmals Jahrzehnte, bis sich in China in einer ausländischen Sprache verhandeln und über Politik und Gesellschaft sprechen ließ, was wiederum nicht automatisch bedeutete, dass damit alle Schwierigkeiten aus dem Wege geräumt waren, wie der französische Dichter und Romancier Abel Bonnard nach seinem zweijährigen Aufenthalt 1920/21 im China der Republikzeit vermerkt:

»One meets many young Chinamen who have studied in Europe or in America, who speak our languages and it seems, at first glance, as if they were the men we should get on best with in this country. But you are soon undeceived; as they use our words without giving them the sense we give them, such a conversation is nothing but one long misunderstanding ... Though it is not what you would expect, you soon find that these are the Chinese who make you realise most keenly the irreducible differences between the two races.«[72] [Man trifft viele Chinesen, die in Europa oder Amerika studiert haben und unsere Sprache sprechen. Auf den ersten Blick scheint es, dass sie die Leute sind, mit denen wir in diesem Lande am besten auskommen. Aber bald wird man aufgeklärt: Weil sie unsere Worte gebrauchen, ohne ihnen die Bedeutung zu geben, die wir damit verbinden, ist ein solches Gespräch ein einziges langes Missverständnis. Obwohl es nicht das ist, was man erwarten würde, findet man schnell heraus, dass es genau diese Chinesen sind, welche einen ziemlich deutlich die nicht reduzierbaren Unterschiede zwischen den beiden Rassen realisieren lassen.]

William J. Oudendyk, seines Zeiches »Her Netherland Majesty's Envoy Extraordinary and Minister Plenipotentiary in Persia, Russia, and China«, der zum ersten Mal 1894 chinesischen Boden betrat und insgesamt fast dreißig Jahre für sein Land in Asien Dienst tat, war einer der eher untypischen Repräsentanten seiner Zunft: Jeden Tag nahm sich der junge Diplomat vier bis fünf Stunden Zeit zum Studium der chinesischen Sprache, um seine Umgebung, den »Geist Chinas«, zu verstehen:

»Knowledge of the Chinese, of their ideas and principles, their customs and their beliefs, of their methods and character was a pre-requisite for friendly and satisfactory dealings with them ... I mixed as much as possible with men of every condition in life, and talked with them about the topics of the day, not only to practise my colloquial Chinese, but to acquaint myself with their views.«[73] [Das Wissen über die Chinesen, über ihre Ideen und Prinzipien, ihre Sitten und Überzeugungen, ihre Methoden und ihren Charakter, war eine Grundvoraussetzung für freundlichen und befriedigenden Umgang mit ihnen ... Ich mischte mich unter möglichst viele Menschen in jeder Lebenssituation und unterhielt mich mit ihnen über Themen des Tages, nicht nur, um meine Umgangssprache anzuwenden, sondern um mich mit ihren Vorstellungen bekannt zu machen.]

Dass selbst die Beherrschung der chinesischen Sprache nicht die vollständige Entschlüsselung chinesischer Wirklichkeiten und Widersprüche garantiert, davon war selbst Arthur H. Smith, einer der Altmeister der Missionarsbewegung und gewiss nicht einer mit den geringsten Chinesischkenntnissen, überzeugt. Nicht die exakte Übersetzung eines Textes sei das Problem, sondern das Decodieren von Verhaltensweisen, die sich über Jahrtausende hin fern der westlichen Gedankenwelt entwickelt haben. Erst wenn ein Westler auch diese Hürde genommen hat, kann vom Versuch, China zu verstehen, gesprochen werden. Dass dann allerdings auf diese Weise eine Verständnishürde zwischen des Chinesischen kundigen Westlern und solchen ohne derartige Sprachkenntnisse entsteht, steht auf einem anderen Blatt:

»Firmly are we persuaded that the individual who can peruse a copy of the Peking *Gazette* and, while reading each document, can form an approximately correct notion as to what is really behind it, knows more of China than can be learned from all the works on this Empire that ever were written. But is there not reason to fear that by the time any outside barbarian shall have reached such a pitch of comprehension of China as this implies, we shall be as much at a loss to know what *he* meant by what *he* said, as if he were really Chinese?«[74] [Wir sind fest davon überzeugt, dass ein Individuum, welches eine Kopie der ›Peking Gazette‹ durchgehen kann und, während es jeden Text liest, sich dabei eine einigermaßen richtige Vorstellung von dem machen kann, was hinter dem Geschriebenen steht, mehr von China weiß als all das, was in den Werken über dieses Reich je geschrieben worden ist. Aber gibt es nicht Grund zu fürchten, dass zu jenem Zeitpunkt, in dem ein auswärtiger Barbar eine solche Stufe an Verständnis von China erreicht haben wird, wie es die Lektüre der Peking Gazette erfordert, wir nicht ebenso stark in Verlegenheit sind zu verstehen, was *er* meinte, bei dem was *er* sagte, wie wenn er ein richtiger Chinese wäre?]

Missionarslegenden
Europäisches Leben in Peking beschränkte sich weitestgehend auf den verhältnismäßig kleinen Raum des Gesandtschaftsviertels. Als weitere Begegnungsorte zwischen Chinesen und Westlern boten sich – bis in die Republikzeit hinein, wenn es die politische Situation erlaubte – diejenigen offiziellen Gebäu-

de an, die in vergangenen Jahrzehnten zumeist in Verbindung mit der Tätigkeit der Missionare errichtet wurden: etwa die ursprünglich nahe der einstigen höfischen Seidenraupenzucht zu Zeiten Kaiser Kangxis (1662–1722) erbaute »Bei tang«, die Nordkathedrale, deren Geist später angeblich das Feng-Shui (chinesische Geomantie) von Cixis Gärten beeinträchtigte und deshalb abgetragen und etwas weiter westlich, noch immer innerhalb der Mauern der Kaiserstadt, wiederaufgebaut wurde – oder die »Nan tang« (die Südkathedrale), die 1650 an jener Stelle innerhalb der Tatarenstadt von Pater Schall errichtet wurde, an der sich die Wohnstätte des berühmtesten Jesuiten in China, Matteo Ricci, befunden hatte und welche in den verhängnisvollen Monaten des Boxeraufstands dem Erdboden gleichgemacht wurde. Matteo Ricci, Johann Adam Schall oder Ferdinand Verbiest sind Missionarslegenden, die das goldene Zeitalter der Jesuiten in China prägten, als diese durch verschiedene Taten im naturwissenschaftlichen, medizinischen oder gar diplomatischen Bereich die Gunst des Kaisers erlangten (Kangxi ließ es sich nicht nehmen, nach dem Tode von Schall und Verbiest für diese beiden Missionare teure Grabmale in chinesischem Stil zu erbauen) und nur gelegentlich das Missfallen und die Eifersucht einiger ausgewählter Mandschu-Hoheiten erregten.[75] In jener Zeit befanden sich unter den Missionaren zumeist ausgewiesene Kenner chinesischer Philologie, Literatur und Philosophie, eine Aussage, die für die Missionare im China des ausgehenden 19. und zu Beginn des 20. Jahrhunderts, mit einigen wenigen Ausnahmen, wie beispielsweise den Kulturvermittlern James Legge, W. A. P. Martin oder Gilbert Reid, so nicht mehr zutraf.[76] Den letztgenannten Missionsveteranen gemein war, dass sie um die Bedeutung Pekings als Zentrum Chinas, aber auch als Ort der Begegnung zwischen östlicher und westlicher Kultur wussten und darauf ihre Tätigkeitsperspektive und Schaffenskraft ausrichteten.

Im Zuge von Chinas Reformbestrebungen nach dem Untergang der Mandschu-Dynastie entstanden in Peking einige bedeutende, von Europäern und Amerikanern ins Leben gerufene Lehranstalten, die eine Förderung des west-östlichen Dialogs zum Ziel hatten und das gegenseitige Verständnis zwischen China und dem Westen erhöhen sollten. Noch war, trotz Boxeraufstand, der Geist der Missionarsbewegung an diesen Stätten in Form von Lehrkräften – ausländischen und chinesischen Christen – spürbar, doch galten Universitäten wie etwa die durch amerikanische Mittel finanzierte, von Chinesen geleitete Yanjing-Universität (Yenching) zumindest bis Ende der 1920er Jahre oder gar bis zur Machtübernahme der Kommunisten 1949 bei aufgeschlossenen und gebildeten Chinesen nicht als Werkzeug ausländischer Einmischung, sondern als Beitrag des Westens zur Modernisierung von Chinas Erziehungssystem und als wichtiges Sprungbrett für die eigene Karriere. Ähnliches lässt sich für das 1906 gegründete Peking Union Medical College feststellen, welches knapp zehn Jahre später durch Mittel der Rockefeller-Stiftung als Zentrum für die medizinische Ausbildung in China ausgebaut wurde: Im Zuge der zunehmenden Abwendung der protestantischen Mission in China von der ursprünglichen religiösen Tätigkeit und deren Konzentration auf eine eher soziale und medizinische Funktion taten sich neue Begegnungsfelder zwischen China und dem Westen auf. Diese Entwicklung verlief allerdings nicht geradlinig, kam es doch zu Beginn der 1920er Jahre im Rahmen der »Vierten-Mai-Bewegung von

1919« und des Versailler Vertrages zu Protesten und Angriffen national gesinnter Chinesen auf das christliche Missionswesen in ganz China.

Die Rezeption solcherlei Reaktionen wiederum eignete sich – man darf dies getrost annehmen – denkbar schlecht zur Wiedergabe »objektiver« China-Bilder durch die in Würde und Stolz gekränkten Missionare, die ja für die Chinesen nur das Allerbeste wollten und die zusammen mit den Diplomaten bis etwa 1920 eine Monopolstellung auf der China-Berichterstattung in der westlichen Hemisphäre besaßen. Diese Stellung wackelte in der Zeit der Militärdiktatoren (1916–1928), hauptsächlich wegen innenpolitischer Vorgänge in China. Das Land befand sich in einer Periode der Emanzipation und Selbstfindung, auf der Suche nach der eigenen Identität. Fortschrittlich denkende Gelehrte wie beispielsweise der in einer westlichen Schule in Shanghai und später in Amerika ausgebildete Schriftsteller und Philosoph Hu Shi, Professor an der renommierten Pekinger Universität Beida, befürworteten Besuche westlicher Gelehrter in China, um der eigenen Jugend fortschrittliches Gedankengut aus erster Hand zu bieten. So besuchten im Verlaufe ihrer unterschiedlich langen Reisen in China nacheinander der Pädagoge John Dewey (1919/20), der Philosoph Bertrand Russell (1920/21) oder die Feministin Margaret Sanger (1922) das ländliche, in westlichen Berichten und Eindrücken bisher so rückständig und fremd dargestellte Peking.

Im Gefolge solcher Besuche nahm das Interesse für China im Westen weiter zu, und Journalisten und Akademiker begannen, bisher nicht wahrgenommene oder unbekannte Bereiche des Landes und seiner Gesellschaft zu entdecken, verschwommene Konturen eines Bildes schärfer zu machen oder verschoben erscheinende Wirklichkeiten zu korrigieren. Dies stellte sich als dringend nötig heraus, denn vieles, was in Chinas Hauptstadt in den 1920er Jahren geschah, las ein in Peking stationierter Diplomat in der Zeitung nicht anders als sein Kollege in Paris, London oder Washington. Ob es sich nun um die sich wiederholenden Demonstrationen gegen die ungleichen Verträge, die Bevormundung durch den Westen, die japanische Expansionspolitik oder die Ermordung des marxistischen Theoretikers und Gründungsmitglieds der Kommunistischen Partei Chinas, Li Dazhao, im Jahre 1927 durch Schergen des Militärdiktators Zhang Zuolin handelte: All dies sind aus heutiger Perspektive zwar Schlüsselereignisse in der historischen Entwicklung Chinas, doch boten sie damals für den oberflächlichen Beobachter bei weitem nicht genügend Material, um chinesische Verhältnisse, Lebens- und Denkweisen auch nur annähernd zu verstehen.

»Laughing Diplomat«

Wenn Daniele Varè in »Laughing Diplomat« etwa das Erlebnis jener Ehefrau eines französischen Diplomaten beschreibt, die nach ihrer Entführung dem Kopf einer mandschurischen Bande entgegnet, es bestehe keine Chance, von ihrem Mann ein Lösegeld zu erhalten, da dieser ohnehin für eine »alte, zahnlose Frau« keinen Taler bezahle, und folglich freigelassen wurde, nimmt der Leser dies zwar mit einem

Schmuzeln hin.[77] Ebenso die Episode jenes diplomatischen Geschäftsträgers Chinas in Belgien, der als Vater von fünfzehn Kindern den deutschen Behörden – die lediglich ihm die Erlaubnis geben wollten, nach der Kriegserklärung seines Landes an die Mittelmächte Deutschland zu verlassen – kurzerhand anbot, einige seiner Nachkommen zu töten, und darauf von den verblüfften Beamten die Erlaubnis zur Ausreise für die gesamte Familie erhielt.[78] Beide Berichte – abgesehen von ihrem Wahrheitsgehalt – hinterfragen weder fremde Mentalitäten, noch versuchen sie, unterschiedliche Denkweisen zu deuten.

Jedoch werden Eindrücke von einem bestimmten Ort gerade erst dann interessant und berichtenswert, wenn unter der Oberfläche gegraben und Verborgenes zum Vorschein gebracht wird, im Falle Pekings vielleicht die Lebenswelt eines Rikschakulis und seine Reaktion auf die Inbetriebnahme der Straßenbahn im Winter 1924 nachgezeichnet werden. Wer die ummauerten Sicherheiten des Gesandtschaftsviertels nur zu offiziellen Besuchen ins chinesische Außenamt verlässt und dabei vor allem das traditionelle, ärmliche Peking in seinen Blickwinkel aufnimmt (und darüber in romantisierenden Gedanken meditiert), darf sich nicht wundern, wenn er dabei die gewaltigen Veränderungen im städtischen Leben Pekings übersieht, etwa den Bau von Fabriken, die Eröffnung von Kinos, die Aufstellung öffentlicher Toiletten und Briefkästen, die Publikation einer Reihe neuer Zeitungen oder die Installation von Straßenlampen. Er nimmt auch nicht wahr, dass Pekings Universitäten damals die besten Köpfe der kommenden Intelligenz hervorbrachten, dass sich in der späten Qing-Zeit bereits selbstregulierende Körperschaften und Organisationen bildeten, wie beispielsweise eine Handelskammer, eine Zunft der Anwälte oder eine Bankiervereinigung, die alle im neuen städtischen und gesellschaftlichen Umfeld für die Bewohner Pekings als feste Anker im Meer unstabiler nationaler Herrschaftsverhältnisse dienten.

Gewiss war Peking in den 1920er Jahren berühmt für korrupte Politiker, habgierige Militärdiktatoren, verbitterte Rikschakulis und raffinierte Taschendiebe,[79] doch war es irreführend und dem Verständnis des Fremden wenig dienlich, auf dieser oberflächlichen Grundlage basierend Pekings Niedergang mit einem allgemeinen Verfall des Orients in Verbindung zu bringen. Erst der Blick auf den Mikrokosmos und die Lebenswelt des einfachen Mannes – vielleicht auf diejenige eines idealistischen Studenten oder eines höflichen Polizisten (Pekings Polizei galt damals als eine der modernsten und bezüglich Umgangsformen bestausgebildetste), die im Schatten der großen Architektur und der großen Männer, abseits von Palästen und Sehenswürdigkeiten standen – ließe verstehen, auf welchen Wegen Rechtlose zu Bürgern wurden, eine Arbeiterklasse entstand oder westliche Ideologien Fuß fassten. Ein solcherlei geschulter Geist machte es einfacher, trotz immer neuer verwirrender Bündnisse, Einheitsfronten und Regierungswechsel, trotz Krieg und Revolutionen die wesentlichen Grundzüge des chinesischen Denkens, von Umgangsformen und Handlungsweisen des Fremden zu verstehen. Überraschungen geschehen dann seltener, der Augenzeuge ist eher vorbereitet auch auf einst als unmöglich erachtete oder nach westlichen Maßstäben wenig logische Phänomene; chinesische Wege ergeben dann plötzlich Sinn oder erwecken zumindest keine Ablehnung mehr.

I. Orte und Zeiten west-östlicher Begegnungen

Chinesische Geschichte in der ersten Hälfte des 20. Jahrhunderts wurde nicht nur auf dem geographisch begrenzten Terrain des Reichs der Mitte geschrieben, sondern häufig vom Ausland aus dirigiert und entschieden, mit oder zumeist ohne Konsultation über Chinas eigene Position. Etwa in Gestalt der Hay-Doktrin aus dem Jahre 1899 mit ihrer Befürwortung einer Open-Policy in China, beim Verrat der Großmächte bezüglich Shandong anlässlich der Verhandlungen der Versailler Friedenskonferenz 1919 oder auf der Washingtoner Konferenz 1921/22 betreffend westliche und japanische Einflusssphären und Sonderrechte sowie Fragen chinesischer Zollautonomie. Nicht alle internationalen Beschlüsse und Verträge gereichten China zum Nachteil, sie verzerrten jedoch oftmals Realitäten und trübten die Eindrücke aus China. Und so blieb das Verhältnis zwischen dem Westen und dem Reich der Mitte kompliziert, häufig zwiespältig. Zwar hatten die Vereinigten Staaten bereits gegen Ende der 1920er Jahre Verhandlungen mit China über die Aufhebung ihrer Exterritorialitätsrechte geführt, doch wurde diese erst – mit Ausnahmen – 1943 vollzogen. In den Jahren zuvor ereilte China das Schicksal der japanischen Aggression, zuerst mit der Besetzung der Mandschurei 1931 und sechs Jahre später mit der Einnahme Pekings und dem Beginn des Zweiten Weltkrieges auf den Schlachtfeldern des Fernen Ostens.

Das soziale Klima Pekings nach dem Nordfeldzug und der Einigung Chinas 1928 und vor dem Ausbruch des Japanisch-Chinesischen Krieges war, obwohl gewiss nicht großstädtisch, doch in seiner dörflichen Art teilweise kosmopolitisch. Nicht protzig und glimmernd wie das geschäftige Shanghai und auch nicht politisch drückend wie in der neuen Hauptstadt Nanjing. Seit den frühen 1920er Jahren schon bot es ausländischen Besuchern die Möglichkeit, ihren Feldforschungen nachzugehen. Paläonthologen aus aller Welt, darunter A. B. Grabau aus Amerika, J. G. Andersson aus Schweden und Franz Weidenreich aus Deutschland, stießen ganz in der Nähe Pekings, in Zhoukoudian, auf die Überreste des berühmten Homo erectus pekinensis, den Peking-Menschen. Mediziner untersuchten am Peking Union Medical College die Ursachen von Krankheiten, die ausschließlich oder vorwiegend in China verbreitet waren. Linguisten fanden sich hier mit kaum zu überblickenden Untersuchungsmöglichkeiten konfrontiert, von der Beschäftigung mit klassischem Chinesisch bis hin zur Erforschung der Ursprünge von Minderheitendialekten in Yunnan oder Sichuan. Ob Ethnologen, Anthropologen, Archäologen, Botaniker, Religionswissenschafter, Fotografen und Dichter, alle waren sie hier vertreten und labten sich an der Magie Pekings.

> »Many have been the changes and devastations that Peking has undergone, but even today, when shorn of all her glory she is but a city of the past, she remains the city of romantic legend, the Mecca of lovers of art from all over the world, and to tourists the chief attraction in China, if not in the whole of the East.«[80] [Es gab viele Veränderungen und Verwüstungen, welche Peking hat ertragen müssen. Aber selbst heute, beraubt von allem Ruhm und nur noch eine Stadt der Vergangenheit, bleibt sie die Stadt einer romantischen Legende, das Mekka für Liebhaber der Kunst aus aller Welt und für Touristen die Hauptattraktion in China, wenn nicht gar im ganzen Osten.]

Liulichang: Antiquitätengasse

Liebhaber von Antiquitäten oder anderen Raritäten kamen im »old curiosity shop«, wie Peking bei Reisenden einst genannt wurde, ganz auf ihre Rechnung: in den verschlungenen Ecken der einstigen »Spezialitätenstraßen«, so genannt, weil hier vor der Jahrhundertwende die Mitglieder derselben Gilde im gleichen Straßenviertel ihre Geschäfte hatten, oder in den verworrenen Vierteln der Hutong, denjenigen Gassen, die ursprünglich von Nicht-Han-Chinesen bewohnt waren, also außerhalb der Verbotenen Stadt lagen (»hu« als Bezeichnung für Völkerschaften in Chinas Norden und Westen). Hier wurde lautstark gefeilscht, nicht selten gefälscht, ganz nach orientalischen Gesetzen. Ausländer und Chinesen stöberten gleichermaßen in den Auslagen auf der Suche nach Porzellanvasen, Jaderingen, Emailemalereien, Lackwaren, Möbeln aus Sandel- oder Ebenholz, nach Pfauenfedern oder auch nach Fellen vom Zobel oder vom mandschurischen Tiger. Selten, dass es an der Liulichang, der einstigen Straße der Glasfärber, nichts gab, was des Käufers Herz begehrte. War dies einmal nicht so, wartete man auf den nächsten Krieg irgendwo in der Provinz, der gewiss einst reiche Familien in die Hauptstadt trieb, die, um nun zu überleben, auf den Verkauf ihrer Schätze angewiesen waren. Auch der Boxeraufstand beziehungsweise seine Niederschlagung überschwemmte Peking mit Kunstgegenständen, die auf dem Weg des Diebstahls ihre Eigentümer gewechselt hatten. Einen besonderen Namen hatte sich in diesem Zusammenhang der bei den Ausländern »Diebesmarkt« genannte, in der Chinesenstadt gelegene »Kleine Markt« gemacht, dessen Pforten ursprünglich mit dem Anbruch der Morgendämmerung schlossen.[81]

Die Kunstgegenstände lockten zunehmend auch professionelle Sammler an, zu einem Zeitpunkt, als das Studienfach »Asiatische Kunst« an einer westlichen Universität noch als Seltenheit angepriesen wurde (in den USA war Harvard die einzige höhere Lehranstalt, die in der Mitte der 1920er Jahre solche Kurse anbot). In jenen Zeiten schätzten sich diejenigen Museumsdirektoren in der westlichen Welt glücklich, die entweder bereits eine Abteilung für orientalische Kunst ihr Eigen nannten oder eben daran waren, eine solche zu gründen, denn mit verhältnismäßig geringen Mitteln – legale Überlegungen nicht immer als erste Priorität einstufend – war es damals noch möglich, unbezahlbare Schätze unter anderem aus China für die verhältnismäßig leeren Fernost-Bestände sich anzueignen. Neben europäischen und japanischen Kollegen war der Amerikaner Laurence Sickman, Schüler des berühmten französischen Sinologen Paul Pelliot, einer der bekanntesten und aktivsten Akquisitoren. Mit einem Harvard-Stipendium ausgestattet, begann er 1930 sein Studium an Pekings Yanjing-Universität und bot in den folgenden fünf Jahren mit seinem untrüglichen Kennerinstinkt für Trouvaillen dem Kuratorium der noch nicht gebauten Nelson Gallery in Kansas City seine Dienste für den Kauf unzähliger chinesischer Kunstwerke an, von Bronzeobjekten über Buddhastatuen bis hin zu Malereien aus der Song-Dynastie. Vieles stammte aus der Liulichang, einiges stammte von seinen Reisen in Chinas historische Provinzen im Tal des Gelben Flusses, weniges aus dem Hausrat ehemaliger Pekinger Prinzen, die eben mal dringend Geld benötigt hatten, bar oder in Silber – nicht selten zum finanziellen Ausgleich ihrer Pechsträhne beim »majiang« (Mah-Jongg), Chinas Nationalspiel Nummer eins.

I. Orte und Zeiten west-östlicher Begegnungen

Sickman schrieb Jahre später zusammen mit Alexander Soper den Klassiker »Art and Architecture of China«[82] und brachte damit zum ersten Mal einem breiteren Publikum im Westen ein Gebiet näher, das bisher lediglich für einige Sinologen und Kunsthistoriker von Interesse war. In Aufzeichnungen und Interviews berichtete Sickman, von Freunden als *der* »Connoisseur« chinesischer Kunst bezeichnet, gelegentlich über seine Erfahrungen und Erlebnisse in China, etwa über den Kauf von Gemälderollen im Hause des aus Peking nach Tianjin vertriebenen letzten Kaisers Pu Yi oder die unermüdliche und schließlich erfolgreiche Suche nach Fragmenten eines zirka 520 n. Chr. geschaffenen und von Vandalen geschändeten Reliefs (»The Empress as Donor with Attendants«) aus den buddhistischen Longmen-Höhlen in Henan.[83] Nicht selten musste er deswegen Jahre später wieder und wieder Anschuldigungen von staatlichen chinesischen Stellen widerlegen, durch Handlungen von Personen wie er sei China des eigenen Kulturschatzes beraubt worden. Das damalige Peking präsentierte sich Sickman als zentraler Kunstmarkt, als einzige Stadt in der Welt, wo tausendjährige Traditionen das 20. Jahrhundert überlebt hatten. Die Gassen und Hinterhöfe als Mikrokosmen des chinesischen Lebens und seiner Gedankenwelt, Beute für hungrige Gelehrte, Poeten und Maler.

Für renommierte Wissenschafter, selbsternannte Autodidakten oder lernbegierige Studenten stellte Peking ein lange Zeit für Westler zumeist verschlossenes Paradies dar, in dessen Labyrinth sie einen möglichen Schlüssel zum Verständnis chinesischer Lebensverhältnisse und Denkweisen vermuteten. Ihren Erfahrungsschatz nahmen die Daheimgebliebenen im Westen dankend auf. In der Tradition eines Standardwerkes wie »China and the Chinese«[84] von Herbert Allen Giles, seines Zeichens »Professor of Chinese in the University of Cambridge and some time H.B.M. Consul at Ningpo« und einer der anerkanntesten Sinologen überhaupt, versuchten Forscher wie Isaac Taylor Headland oder Edwin D. Harvey »Chinas Seele« zu entdecken und dem Westen näherzubringen.[85] Während der Soziologe Harvey, Dozent am College Yale-in-China, sich der Untersuchung des chinesischen Geisteszustandes beziehungsweise der diesen formierenden Sitten und Bräuche – vom angeblichen Fetischismus der Chinesen bis hin zum Schamanismus – zuwandte, machte sich Ersterer, in den Jahren des Untergangs der Qing-Dynastie Professor an Pekings größter Universität, der Beida, mit seinen Forschungen über die Familie und das Familienleben in China einen Namen. Taylor Headland ging es nicht um eine vergleichende Studie, sondern vielmehr um eine möglichst exakte Darlegung eines für den Westler fremden Gegenstandes:

»I have not hunted for comparison with our own which might appear often as odious to us as to them; I have not tried to find things to commend; I have simply tried to find them and to tell them as they are. But I have always done it in a kindly spirit.«[86] [Ich habe nicht nach einem Vergleich mit uns selbst gesucht, einem Vergleich, der für uns wie für sie abstoßend erscheinen könnte. Ich habe nicht nach Dingen geforscht, um sie zu loben. Ich habe lediglich versucht, sie zu finden und uns darüber zu erzählen, wie sie sind. Ich habe es immer in einem gütigen Geiste getan.]

Problematischer wurde es, wenn sich westliche China-Kenner (häufig selbsternannte) die Aufgabe stellten, über die reine Darstellung des Gesehenen hinaus zusätzlich zu kommentieren und annahmen, ihre Meinung sei für den westlichen Leser nicht nur die maßgebende zum Verständnis Chinas, sondern biete zugleich die Lösung aller im fernen Lande anstehenden Probleme. Um solche Eitelkeiten kam selbst ein A. H. Smith nicht herum, wobei das Allheilmittel für die Rettung Chinas nach seiner Ansicht die christliche Zivilisation darstellte.[87] Der amerikanische Missionar ortete beim Chinesen ein allgemeines Fehlen von »Charakter und Gewissen«.[88] In seinem Buch »Chinese Characteristics« nahm er sich nicht sonderlich die Mühe, dem unkundigen Leser die Hintergründe einer fremden Kultur zu erklären; allerdings machte er diese Unterlassung mit einer Portion Humor wieder wett, wie recht deutlich aus den Kapitelüberschriften hervorgeht, die eben gerade die angeblichen »Defekte« des Chinesen deutlich machen: »Gleichgültigkeit gegenüber der Zeit«, »Gleichgültigkeit gegenüber Pünktlichkeit«, »Talent zum Missverständnis«, »Flexible Unflexibilität«, »Intellektuelle Verworrenheit«, »Absenz von Nerven« usw.

Hundhausens Pappelinsel

Um eine wohlwollende Darstellung Chinas ging es dem Deutschen Vincenz Hundhausen, der als Anwalt 1923 nach Peking kam und erst mehr als dreißig Jahre später (von der kommunistischen Regierung ausgewiesen) als Dichter in seine alte Heimat zurückkehrte.[89] Hundhausen gehörte zu jener Sorte von Charakterköpfen, die ihren China-Aufenthalt ganz in den Dienst des Kulturaustausches und des Verständnisses für das Fremde stellten, Freiräume außerhalb der Politik suchten und meist auch fanden und deshalb näher in Kontakt mit den traditionellen, eigentümlichen Lebensweisen standen als die meisten Diplomaten und Missionare jener Zeit. Hundhausen, der auf der von ihm selbst so benannten Pappelinsel, die auf alten Stadtkarten als Lotosteich eingezeichnet ist, eine eigene Druckereiwerkstatt einrichtete, in der er eigene Werke, aber auch Hellmut Wilhelms »Deutsch-Chinesisches Wörterbuch« herausgab, widmete sich vorwiegend chinesischer Dichtung und Singspielen, deren Übersetzung ins Deutsche zu seinem Steckenpferd wurde. An der Pekinger Universität hatte er jahrelang einen Lehrauftrag für deutsche Literaturgeschichte inne, während des Zweiten Weltkrieges publizierte und unterstützte er die vom Journalisten Erich Wilberg herausgegebene Literaturzeitschrift »Die Dschunke«.[90] Hundhausen, ein dezidierter Gegner des Dritten Reiches, nahm in etlichen Artikeln sowohl Stellung zu politischen Themen wie dem Opiumproblem oder der zunehmenden Politisierung der Pekinger Studenten wie auch zum Tode des von ihm hochverehrten Philosophen und Theoretikers eines Kulturdialogs zwischen China und dem Westen Gu Hongming (Ku Hung-Ming), oder des allzu früh verstorbenen Dichters Xu Zhimo (Hsu Tsu-Mo). Der ausgebildete Jurist versuchte dem westlichen Publikum etwa die Besonderheiten chinesischer Theaterkultur anlässlich eines Besuchs einer Vorführung mit der Opernlegende Mei Lanfang im Pekinger Kaiming-Theater ebenso anschaulich zu erklären, wie er in feinen

I. ORTE UND ZEITEN WEST-ÖSTLICHER BEGEGNUNGEN

Worten den Zauber einer Begegnung mit einem sonnigen Wintermorgen in Pekings Hutong beschrieb.[91]

Das Flair des Pekinger Alltags in Straßen, Geschäften oder Restaurants spiegelten beispielsweise die Beobachtungen des Amerikaners Robert W. Swallows wider, bevor wenige Jahre später die Rezeption der Pearl S. Buck-Romane im Westen einsetzte (Pearl S. Bucks erster Roman »The Good Earth« erschien 1931), die an Popularität kaum mehr zu übertreffen waren. Der in China geborene Swallow belauschte buchstäblich die exotischen, manchmal von Instrumenten begleiteten Klänge der Straßenverkäufer, vom Schreien des Fischverkäufers bis hin zum Anbieter von Mandeltee, Kohlrüben oder Tofu, und kiebitzte dem Blick in einen Guckkasten gleich die sogenannte Blumenstraße außerhalb des Qianmen, des »Vordertores«, wo Mädchen ihre Dienste zumeist – »honi soit qui mal y pense« – als Sängerinnen, Tänzerinnen und Musikerinnen, als Begleiterinnen bei einem Geschäftsessen oder, bescheidener noch, bei einer Tasse Tee anboten.[92] Lesenswert ist Swallows Beitrag über die damals schon vom Aussterben bedrohten, heute überhaupt nicht mehr ausgeübten Tätigkeiten einiger einfallsreicher Pekinger. Von Trainern ist die Rede, deren Grillen zumeist in Gaststuben in die Ringe stiegen, oder von Beamten, die Nachrichten oder häufiger noch Enten aus der kaiserlichen Umgebung weitererzählten, dann von im Box- oder Ringkampf geübten Leibwächtern, die, das war ihr Hauptkapital, über beste Beziehungen zur Unterwelt verfügten, und schließlich von den von der Bettlergemeinde beauftragten Vertretern, die anlässlich von Hochzeits- oder Trauerumzügen dafür sorgten, dass den Feiernden der Tag nicht verdorben oder den Trauernden nicht zusätzlich verbittert wird. In der Grauzone zwischen Ehrlichkeit und Kriminalität agierten die »jia daoshi«, die falschen Priester, die als Bonzen verkleidet den unverdächtigen Tempelbesucher um eine milde Gabe baten, oder dann, hier ist die Grenze des Gesetzes allerdings bereits merklich überschritten, die gewöhnlichen Erpresser, deren eine Methode – zumindest sprachlich witzig, »fangying«, auf Deutsch »mit dem Falken jagen« genannt – einen besonders guten oder je nach Sichtweise schlechten Ruf besaß: Eine zumeist verheiratete Frau verführte einen anderen Mann, um später, nachdem sie ihr Ziel, zumeist Geld, erreicht hatte, diesen wieder zu verlassen.[93]

George N. Kates, Oxford- und Harvard-Graduierter, kam 1933 nach Peking, in dem er sieben Jahre seines Lebens verbrachte. Ähnlich wie Swallow fesselte ihn die traditionelle Lebensweise, die er in Dutzenden Spaziergängen in den Seitenwegen und Gassen der einstigen Hauptstadt zu ergründen suchte. Der Umstand, dass er außerhalb des westlichen Legationsviertels lebte, ermöglichte ihm differenziertere Einblicke in den Alltag und das Brauchtum des Gastlandes. Sein Fahrrad trug ihn innerhalb von Minuten von der westlichen in die östliche Welt, deren Bewohner, so Kates, von der Haltung eines »kosmischen Bewusstseins« geprägt waren. Auch Kates' Sinne waren gefangen von Pekings Klangwelt, von Geräuschen, die häufig einfacher zu verstehen waren als die Deutung menschlicher, sozialen Bedeutungsinhalt implizierender Laute:

»Then would begin the morning roar of Peking. One could listen for it, as for the roar of a distant lion. The din was greater than is easily described; for once the morning fires had been lighted in this unindustrialized city of a million and a half, everywhere near and far there began bargaining and buying, hawking and vending – all at once. It was a cacophony, a pandemonium, that had no counterpart in Europe, even in the noisiest southern marketplace ... Every edible product, every small necessary, had its peculiar cry, delivered with an intonation like no other. That for fresh persimmons was one thing; that for needles and skeins of thread completely different. There were also ingenious small instruments to produce odd penetrating noises, and thus help in the differentiation. At times the effects strikingly resembled modern music.«[94] [Dann begann das morgendliche Getöse von Peking. Man konnte ihm zuhören, wie man aus der Ferne einen Löwen wahrnahm. Der Lärm war größer als jeweils beschrieben. Sobald das morgendliche Feuer in dieser unindustrialisierten Stadt von einhalb Millionen Einwohnern angezündet war, begann überall von nah und fern das Handeln und Kaufen, das Hausieren und Verkaufen – alles zusammen. Es war eine Kakophonie, die Hölle, die keine Entsprechung in Europa kannte, selbst auf den lärmendsten südlichen Marktplätzen ... Jedes Essprodukt, jede kleine Notwendigkeit hatten ihren besonderen Schrei, vorgetragen meist mit einem Tonfall wie keinem anderen. Derjenige für frische Persimonen klang so; derjenige für Nudeln und Fadenstränge völlig anders. Es gab auch ausgeklügelte kleine Instrumente, die komischen, durchdringenden Lärm produzierten, was bei der Unterscheidung der Produkte half. Manchmal ähnelten die Effekte auffallend stark moderner Musik.]

I. Orte und Zeiten west-östlicher Begegnungen

Der Ausbruch des Japanisch-Chinesischen Krieges katapultierte Peking mit einem Schlag wieder ins politische Rampenlicht zurück, dessen dunkle Wolken sich schon seit geraumer Zeit am mandschurischen Horizont abgezeichnet hatten. Westliche Besucher der Stadt beobachteten allerdings noch vor dem Lugouqiao-Zwischenfall, dem Zusammenstoß zwischen Japanern und Chinesen an der Marco-Polo-Brücke in jenem Sommermonat des Jahres 1937, eine gewisse Gleichgültigkeit der Pekinger gegenüber dem sich drohend vor ihrer Haustüre abzeichnenden Konflikt. Der Schriftsteller Sir Osbert Sitwell vermutete hinter dieser Einstellung einen ausgeprägten Individualismus:

»All that the ordinary Chinese, and, not least, the ordinary citizen of Peking, demands or desires is to be allowed to proceed with his own life in his own way, and, further, to be allowed to adopt his natural artistry to his trade ... Thus no system can flourish here for long, unless it allow the average man sufficient scope for his instinct for profits, and for an individuality so intense that it makes itself felt in every child at the earliest age.«[95] [Alles, was der gewöhnliche Chinese und – nicht zuletzt – der gewöhnliche Bürger Pekings fordert oder sich wünscht, ist die Erlaubnis, mit dem eigenen Leben auf seine eigene Art und Weise fortzufahren. Und weiter, dass es ihm erlaubt ist, sein angeborenes künstlerisches Geschick auf den Handel zu verwenden ... Kein System wird hier lange blühen können, wenn dem Durchschnittsmenschen nicht genügend Raum für seinen eigenen Gewinninstinkt gestattet wird und nicht der Platz für eine solch intensive Individualität, wie sie in jedem Kind im frühesten Alter fühlbar ist.]

Selbst als die Besetzung der Stadt durch die kaiserlichen Truppen des Tenno Wirklichkeit wurde, schien der Alltag für die Pekinger, wie Graham Peck berichtete, unvermindert lebhaft und zwanglos weiterzugehen, im Bewusstsein, dass das Reich der Mitte schon viele Invasionen überlebt und Eindringlinge absorbiert hatte.[96] Für Ausländer dagegen änderte sich die Lage nach Pearl Harbor und dem Eintritt Amerikas in den Pazifikkrieg. Japan hob die besonderen Privilegien der Angehörigen feindlicher Staaten in Konzessionsgebieten und internationalen Siedlungen auf chinesischem Gebiet auf, doch war es ihnen zumindest bis Ende März 1943 teilweise noch erlaubt, ihr Studium weiterzuführen oder ihrem Beruf nachzugehen. Zu jenem Zeitpunkt wurden dann die meisten ausländischen Bewohner Pekings (mit Ausnahme der Deutschen und einiger anderer japanischer Alliierter) in einem Lager auf dem Gebiet einer früheren Missionsstation auf der Shandong-Halbinsel zwangsinterniert.[97]

Das Ende des Zweiten Weltkrieges beziehungsweise der unmittelbar sich daran anschließende Bürgerkrieg zwischen Kommunisten und Nationalisten verstärkte das Interesse ausgewählter westlicher Kreise, in der Mehrzahl Amerikaner, an den gesellschaftlichen Vorgängen Chinas. Einige Wissenschafter ließen es sich nicht nehmen, Augenzeuge einer im Untergang begriffenen Welt zu werden und Chinas Revolution direkt aus dem einstigen und zukünftigen Zentrum der Macht – Peking – zu verfolgen. Eine an der Schaffung neuer oder der Revision gängiger China-Bilder im Westen Beteiligte war Mary

Wright, in späteren Jahren Professorin für moderne chinesische Geschichte an der Yale-University. Zusammen mit ihrem Mann ergriff Wright nach der Freilassung aus einem japanischen Internierungslager die Chance des günstigen Augenblicks, der Forschungswelt einen alternativen Schlüssel zum Verständnis von Chinas lange Zeit vom Westen unbemerkten Wirklichkeiten zu bieten: Ähnlich wie Laurence Sickman zehn Jahre früher durchkämmte die junge Frau im Auftrag der Hoover Institution on War, Revolution and Peace Buchläden und Antiquariate in Pekings Liulichang (sowie entlegenere Gegenden des Reichs der Mitte), allerdings nicht auf der Suche nach Werken der traditionellen Kunst und Kultur, sondern nach Zeugnissen und Dokumenten einer vor aller Augen sich abspielenden Revolution. Wrights Arbeit stellte sich in der Tat bald einmal als äußerst wertvoll und einmalig heraus, denn nach Ausrufung der Volksrepublik am 1. Oktober 1949 durch Mao Zedong auf Pekings Tiananmen, dem Himmlischen Friedenstor, sollte sich der Vorhang für westliche Zuschauer für die nächsten Jahrzehnte schließen.

Trotz der Deklaration von Nanking als Hauptstadt Chinas im Jahre 1928 durch Chiang Kai-shek blieben die ausländischen Gesandten in ihrem seit der Niederschlag des Boxeraufstandes als uneinnehmbar geltenden Viertel in Peking wohnhaft; man trennte sich ungern von den Annehmlichkeiten eines gesicherten Elfenbeinturms.[98] Solch buchstäbliches Sitzenbleiben fiel im Jahre 1949 als Alternative weg. Zwanzig Jahre früher mochten ausländische Diplomaten noch die Hoffnung hegen, die neuen Herrscher würden irgendwann ihren Irrtum einsehen und den Weg zurück ins kaiserliche Peking finden. Dass dies erst eine Generation später und überdies mit einer anderen Regierung geschah, sah niemand voraus. Auch nicht, dass dann kein Legationsquartier mehr nötig sein würde, um den Chinesen klarzumachen, wie sie Politik und Gesellschaft ihres Landes zu gestalten hätten. Seit der Ausrufung von Maos »neuem China« war es unmöglich, mit einigen tausend Soldaten an oder, noch skrupelloser, innerhalb Chinas Grenzen aufzutauchen, um den »Chinamann« einzuschüchtern und irgendwelchen Forderungen mit Erpressungen oder Waffengewalt Nachdruck zu verschaffen. China nahm in der Mitte des 20. Jahrhunderts sein Schicksal in die eigenen Hände, und Peking sollte dabei erneut als Zentrum der Macht auftreten.

Youyi Binguan: Freundschaftshotel

In diesem äußerlich neu sich präsentierenden, innerlich noch sehr traditionell denkenden und agierenden Reich hatten Ausländer nichts mehr zu sagen. Die neue Führung lancierte kurz nach ihrer Machtübernahme im Gefolge des Koreakrieges 1950 unter dem Slogan »Kang Mei Yuan Chao« die Kampagne »Sich Amerika widersetzen, Korea unterstützen«, während der nicht nur Amerikaner als Imperialisten beschimpft, sondern auch in China lebende ausländische Staatsbürger, Geschäftsleute und ehemalige Missionare der Spionage und anderer Verbrechen angeklagt wurden.[99] In einem solchen Klima, in dem finanzielle Erpressung und psychischer Druck in Form von Gehirnwäsche wie Pilze nach einem warmen Tropenregen gediehen, wurde es für die Mehrzahl der Ausländer unmöglich, weiterhin in China tätig zu sein – womit die Führung in Peking ihr Ziel erreicht hatte, fremde Zuschauer, zumindest die kritischen, vom chinesischen Leben fernzuhalten. Bis Ende der 1950er Jahre hatten fast alle Westler das Reich der Mitte verlassen, und nur noch einem kleinen Kreis – fast ausnahmslos in Peking ansässig – war es vergönnt, beim Aufbau des »neuen China« unmittelbar mit dabei zu sein.

Den Auserwählten wurde ein neues Gebiet, kleiner als das des ehemaligen Gesandtschaftsviertels, zugewiesen. Es handelte sich um das zu Beginn der 1950er Jahre von der kommunistischen Führung speziell für »ausländische Freunde Chinas« in Pekings Haidian-Distrikt erbaute »Youyi Binguan«, das Freundschaftshotel, auf dem Weg zum Sommerpalast gelegen, wo sich früher ganz in der Nähe die Unterkünfte der kaiserlichen Palastwachen befanden. Das monumental erscheinende, in pompös-chinesischem Stil konzipierte Gebäude beherbergte für Jahrzehnte die sogenannten Foreign Experts, Experten aus aller Welt, die Mehrzahl aus befreundeten Bruderstaaten, von der chinesischen Regierung als Sprachlehrer, Übersetzer und manchmal auch als Berater in Fragen der Wirtschaft, Medizin und Technik eingestellt. Von den im Laufe der Zeit und nach diplomatischer Anerkennung der Volksrepublik China in die Kapitale (allerdings nicht ins später niedergerissene Gesandtschaftsviertel) zurückkehrenden westlichen Gesandten abgeschirmt oder häufiger noch gemieden, lebten sie ein Leben im Dienste Chinas oder – zutreffender – seiner Führung. Ihre Einschätzungen über das Reich der Mitte waren im Westen nicht gefragt, weil als Propaganda eingestuft. In den ersten Jahren der Kulturrevolution litten Chinas auswärtige Beziehungen schwer unter dem Fanatismus der roten Garden, die selbst vor der Verwüstung ausländischer Botschaften in Peking nicht zurückschreckten. Amerikanischen Journalisten wurde eine Einreise – mit ganz wenigen Ausnahmen China freundlich Gesinnter wie beispielsweise Edgar Snow – erst mehr als zwanzig Jahre nach der Gründung der Volksrepublik im Gefolge der Ping-Pong-Diplomatie Außenminister Kissingers 1971 gestattet,[100] wobei lange Zeit auch das State Department Reisen nach China verbot.[101]

Diese langjährige außenpolitische Abschottung hatte erheblichen Einfluss auf die westliche Perzeption Chinas und führte infolge häufig verzerrter Eindrücke zu Fehleinschätzungen, Verallgemeinerungen und Spekulationen, ähnlich der »Kremlologie« bezüglich der einstigen Sowjetunion. Die Prägung zumeist negativer China-Bilder im Westen war auch Resultat des politischen Klimas während des Kalten Krieges und des jeweiligen Buhlens der Supermächte in der internationalen Konstellation um die Gunst Chinas. Peking stellte in den Jahrzehnten vor Deng Xiaopings Reform- und Öffnungspolitik Ende der 1970er Jahre den für westliche Ausländer trotz größten Hindernissen beinahe einzigen Bezugsort dar, in dem unmittelbare Eindrücke über das Reich der Mitte gewonnen werden konnten. Peking, Symbol der Macht und Größe Chinas, war und blieb für den Westen der Kern zum Verständnis Chinas. Daran änderte auch die Tatsache nichts, dass Nanjing für zehn Jahre den Sitz der Hauptstadt übernahm.

Westliche Ausländer gelangten über den Land-, Wasser- und Luftweg nach Peking, nicht immer in der Absicht, China zu verstehen, doch zumindest um das andere, das Fremde kennenzulernen. Beides war nicht einfach. Seit Gründung der Volksrepublik musste der Westen froh sein, überhaupt eingelassen zu werden – als Bittsteller, wie es bereits zu Zeiten der Kaiserdynastien der Fall war. Die Stadt erlebte im 20. Jahrhundert ein Schicksal, das demjenigen Berlins oder Moskaus zumindest äußerlich nicht ganz unähnlich war – mit Straßenschlachten, Revolutionen, dem Sturz von Dynastien und einem anschließend sich aufdrängenden Make-up. Doch blieben die ursprünglichen Gesichtszüge für den Kenner unter der Maske verborgen. Totale Brüche gibt es selten in der Geschichte der Menschheit, vielmehr sind es langsam oder schnell sich anbahnende und später häufig wenig kontrollierbare, Eigendynamik erzeugende Entwicklungen, die den Gang des Lebens als Geschichte erscheinen lassen. Maos Peking war keine unbespielte, aber auch keine unbespielbare Bühne, auf der die Truppe des »neuen China« ihre Stücke zum Besten bot. Requisiten und Statisten bestanden noch Jahre nach der Premiere aus den alten Beständen des republikanischen Peipings. Die Zuschauer, einst selbst Theatermacher, wurden entweder zu boshaften Kritikern oder bedeutungslosen Beifallspendern. Dazwischen, mit Ausnahme der Distanz, wenig Raum.

通商口岸   II. Das Leben in den Vertragshäfen: Shanghai, Tianjin und Qingdao

Shanghai, für westliche Augen in der ersten Hälfte des 20. Jahrhunderts die unchinesischste aller Städte Chinas, war jahrzehntelang dessen wirtschaftlich blühendste. Am Yangtse-Delta gelegen, verband sich hier über die Küsten- und Binnenschifffahrt Nord- mit Südchina, wurde jahrhundertelang Reis über den Großen Kaiserkanal nach Peking transportiert. Die Entwicklung von Beziehungen zum Ausland setzte ähnlich wie bei anderen Küstenstädten 1842 mit dem Vertrag von Nanjing ein, und sie brachte der »Stadt über dem Meer« weiteren Aufschwung, eine Modernisierung und die Intensivierung des Außenhandels. Zwar trug sie nicht wie Hongkong den Titel einer königlichen britischen Kolonie, doch schmückte sie sich mit anderen Insignien fremder Macht: mit einem englischen und einem amerikanischen Siedlungsgebiet (ab 1863 als »International Settlement« vereint) sowie einer französischen Konzession, westlichen Enklaven, in denen Ausländer unter dem Patronat ihrer Konsule und Richter sowie im Schutze ihrer Kanonenboote ein privilegiertes Leben führten, von den Chinesen mehr erduldet denn willkommen geheißen. Die von der Melone »China« abgeschnittenen Stücke wurden größer und größer, bis schließlich der Erste Weltkrieg den ausländischen Vielfraßen die Gier nach mehr verdarb. Die meisten Ausländer fühlten sich in Shanghai als Herren der Schöpfung, den Einheimischen zumindest kulturell weit überlegen. Nicht dass die unfreiwilligen Gastgeber nicht auch von der Präsenz des westlichen Reichtums profitiert hätten, doch wurde das internationale Shanghai durchwegs von Ausländern und für diese regiert. Die ausländischen Staaten machten ihre Ansprüche aufgrund der ungleichen Verträge geltend, sie sogen für sich »Rechte« und Privilegien aus Paragraphen, die nicht einmal dem Buchstaben nach eine legale Basis hatten. Man machte Politik, zumeist ohne Konsultationen der chinesischen Seite, wie wenn man sich in heimatlichen Gefilden befände, auf Boden, der nicht der eigene war, und löste damit Konflikte aus, die nicht nur das Gastgeberland beeinflussten, sondern Parlamente und Regierungen in der ganzen Welt mit Arbeit eindeckten. Shanghais ausländische Bevölkerung errichtete eigene Verwaltungsapparate – die Engländer und Amerikaner in ihrem International Settlement den in zwölf Ämter aufgeteilten Shanghai Municipal Council (SMC), die Franzosen für ihre Concession Française den Conseil municipal –, organisierte eigene Polizei- und Verteidigungstruppen (die Shanghai Municipal Police, das Shanghai Volunteer Corps sowie die Garde municipale) und löste rechtliche Fragen in den jeweiligen Gerichten.

Kaum eine Nationalität, die nicht in Shanghai vertreten war. Wem danach war, konnte viermal pro Jahr Neujahr feiern, nach westlichem, chinesischem, russischem oder jüdischem Kalender. Kaum ein Beruf, legal oder illegal, der in Shanghai nicht ausgeübt wurde. Unter den Ausländern fanden sich neben Geschäftsleuten, Handelstreibenden, Anwälten, Ärzten, Immobilienhändlern, Versicherungs-

SHANG-HAI — The Settlements — The Chinese City.

agenten, Lehrern, Journalisten, Künstlern, Beamten und Missionaren auch Prostituierte, Erpresser, Opiumhändler, Waffenschieber, Diebe, Betrüger und Spione – das ganze Spektrum einer »Emigrantengesellschaft«, die von den sie umgebenden lockeren Herrschaftsstrukturen profitierte und deren rechtlich unklare Umgebung häufig genügend Spielraum offenließ, durch die laschen Maschen des Gesetzes zu schlüpfen. Die Gründe für Ausländer, ihre Heimat zu verlassen, um in diese Stadt des Fernen Ostens zu gelangen, korrespondierten mit dem ambivalenten Ruf, den Shanghai über Jahrzehnte hinweg besaß. Vom »Paris des Ostens« war die Rede, in Anlehnung an die Pracht und den Luxus der Metropole, die jegliche Erwerbs- und Aufstiegsmöglichkeit anzubieten schien. Oder vom »Paradies für Abenteurer« infolge ihrer Bekanntheit für Ruchlosigkeit, Dekadenz und Sittenlosigkeit – ein Nährboden, der jedes nicht ganz reine Herz höherschlagen ließ. Auch Flucht- und Exilort war die Stadt am Huangpu-Fluss: in erster Linie für Millionen bettelarmer, nach einem Auskommen suchender und vor Krieg und Verwüstung fliehender Chinesen aus den anliegenden Provinzen Jiangsu, Zhejiang und Anhui. Dann gewiss auch für Ausländer, etwa die »Weißrussen«,[102] die seit der Oktoberrevolution auf der Flucht vor den Bolschewiken hier eine neue Existenz aufzubauen suchten, oder für die ungefähr 18.000 jüdischen Flüchtlinge, die seit den 1930er Jahren vor Nazideutschland auf der Flucht waren.

Shanghai war, äußerlich betrachtet, *der* Ort für Begegnungen zwischen Ost und West im 20. Jahrhundert, zumindest was das Zahlenverhältnis zwischen Ausländern und Chinesen betraf. Im Vergleich zu Peking etwa lebten hier Mitte der 1920er Jahre fast fünfzigmal mehr Ausländer (obwohl diese wiederum lediglich etwas mehr als drei Prozent von Shanghais Gesamtbevölkerung ausmachten).[103] Allerdings war es auch hier, unter etwas anderen Vorzeichen, ein Leichtes, die chinesische Umgebung als exotisches Bühnenbild, als Hintergrund hinzunehmen, vor dem man seinen Geschäften nachging, für die man zwecks Profit auch gerne hinter den Vorhang lugte, ohne sich die Frage nach dessen Beschaffenheit stellen zu müssen (immerhin lebten und arbeiteten beispielsweise 1925 in den internationalen Vierteln Shanghais mehr als eine Million Chinesen).[104] Man war nicht wie in Peking in einem Gesandtschaftsviertel eingesperrt, musste sich nicht auf das eine Geschäft, Kierulff, verlassen. Es gab keine Ware, die nicht irgendwo in einem der zahlreichen westlichen Läden an der Bubbling Well Road zu kaufen war, bei Whiteaway Laidlaw, Kelly & Walsh, Hall & Holtz. Und gewiss in den erstklassigen Geschäften, etwa den diversen Hutläden, im Welcome Silk Co., im Art d'Orient oder im renommierten Siberian Fur Store des russischen Juden Klebanoff. Man aß italienische Spezialitäten bei Bianchi, schleckte »echtes amerikanisches Eis« im Chocolate Shop (»Air Conditioning is one of our features!«) oder hörte Musik bei Sam Lazaro, dem indischen Christen aus Goa, der eine eigene Klaviermarke unter seinem Familiennamen vertrieb. Auch in Shanghai spezialisierten sich gewisse Straßen auf bestimmte Angebote: Die Avenue Joffre (Huai Hai Lu) auf Herrenanzüge und -ausstattung (bei Baranovsky), die Fuzhou Road auf Bücherläden, Teehäuser und Sing-Song-Mädchen. Ladenschilder warben in westlichen, russischen oder chinesischen Lettern um die Gunst der Kunden. In der Reiseliteratur über Shanghai bekam der Leser, im Gegensatz zu ähnlichen Führern über Peking, zuerst die Eckdaten zu den »westlichen« Sehenswürdigkeiten geliefert, gefolgt vom »einheimischen chinesischen Leben«.[105] Dieses beschränkte sich keineswegs auf den von einer Stadtmauer umgebenen Bezirk von Nantao, die chinesische Altstadt. Einheimische, vor allem wohlhabendere, arbeiteten und lebten in den ausländischen Bezirken. Sie kauften in den großen Kaufhäusern der berühmten Nanking Road ein, bei Sun Sun, Sincere, The Sun oder Wing On, »the largest Department Store in the East«. In diesen legendären Big Four genossen Chinesen neben der Suche nach günstigen Schnäppchen ein Glas Tee, ein Eis, spielten eine Partie Billard oder Ping-Pong, besuchten Kalligraphieausstellungen oder entzückten sich an den Klängen einer Shaoxing-Oper.[106] Bettler, Straßenhändler, Lastenträger, Rikschakulis und fahrende Küchen bahnten sich gleichermaßen den Weg durch die Menschenmassen wie soeben vom Pferderennen zurückgekehrte Springreiter oder amerikanische Luxuslimousinen. Reguliert wurde der Verkehr von großstämmigen, den charakteristischen Turban tragenden Sikhs-Polizisten, mit schrillem Pfeifen und wenn nötig mit dem Stock. Impressionen über chinesische Verhältnisse besaßen hier einen anderen Akzent, hätten mannigfaltiger sein können. Sie waren jedoch auf ihre Art begrenzt, nicht wie in Peking geographisch (durch die abgesonderte Welt des Gesandtschaftsviertels) bedingt, sondern durch die Zusammensetzung der Ausländergemeinde. War Peking die Stadt für Diplomaten, so war Shang-

hai die für Geschäftsleute. Hier trafen zwei Zivilisationen aufeinander, die westliche, rationale, wissenschaftlich ausgerichtete, industrialisierte, kultivierte und die östliche, gefühlsmäßige, agrarische, nach Ansicht vieler barbarische Kultur – mit oberflächlich betrachtet wenig Aussicht auf Begegnung oder sogar einen Austausch:

»Shanghai was a place where two civilizations met and where neither prevailed. To the foreigners, it was out of bonds, beyond the knowledge or supervision of their own culture, where each man was a law unto himself, or where he easily adjusted to the prevailing mores with no qualms of conscience ... For the Chinese, Shanghai was equally off limits. Those who had chosen this new kind of life, like the merchants, were by that choice cut off from traditional China and from the sanctions which it imposed.«[107] [Shanghai war ein Ort, wo sich zwei Zivilisationen begegneten und keine von beiden sich durchsetzte. Für die Ausländer stand Shanghai außerhalb irgendwelcher Schranken, es lag über dem Verständnis oder der Kontrolle ihrer eigenen Kultur. Hier war jeder Mensch Gesetz für sich selbst, und hier passte er sich ohne Bedenken leicht an die herrschenden Sitten an ... Für die Chinesen war Shanghai ebenfalls tabu. Diejenigen, welche diese neue Lebensart ausgesucht hatten, wie beispielsweise die Kaufleute, waren durch ihre Wahl vom traditionellen China abgeschnitten, aber auch von den Lasten, welche dieses auferlegte.]

Bund (Waitan)

Das Antlitz des International Settlement war durch und durch britisch geprägt, ungefähr gleich international – gemäß den Worten eines amerikanischen Spötters – wie der Tower oder die Westminster Abbey in London.[108] Die britische Kolonialarchitektur spiegelte sich in den Prachtbauten am Bund, dem »Waitan«, wider,[109] beispielsweise in den Häuserfassaden der Hongkong and Shanghai Bank, des Customs House, von Jardine, Matheson & Co., dem Glen Line Building, dem British Consulate oder im zweitürmigen Gebäude der »North-China Daily News«, der berühmtesten, einflussreichsten und gleichzeitig eigensinnigsten ausländischen Zeitung Shanghais. Sie sollte, so ihr langjähriger Herausgeber O. M. Green, dazu beitragen, der Welt, die vom »faden Geschwätz« der Diplomaten in Peking, London und Washington hypnotisiert werde, eine andere, nicht immer schmeichelhafte Wirklichkeit Chinas zu präsentieren.[110] Die am Bund ankommenden Luxusdampfer trugen majestätische Namen aus aller Herren Ländern – »Empress of Canada«, »Empress of Japan«, »Empress of India«, »Khyber«, »Kashmir«, »President Jefferson«, »President Lincoln«, »Conte Verde«, »Conte Rosso« oder »M.S. Victoria« – und hatten Destinationen wie Honolulu, Havanna, Alexandria, Hongkong, Singapur, Bombay, Saigon oder Colombo, die die Spuren westlicher Kolonialpolitik über alle Weltmeere hinweg widerspiegelten, und die, falls gewünscht, nötig oder politisch möglich, eine Rück- oder Weiterreise nach Amerika oder Europa garantierten. Für die in umgekehrter Richtung nach Asien Reisenden lockte das Reiseprogramm der S.S. President Coolidge 1934 nebst unbeschränktem Luxus mit dem Genuss des angeblich unwandelbaren chinesischen Rhythmus:

> »China is the same today as it was centuries ago. You may walk along Peking's hutungs and hear the same clappers, bells, and street cries that were used three thousand years ago. Generations come and go but the customs of China, her art, and philosophies remain unchanged.«[111]
> [China ist noch gleich wie vor hunderten von Jahren. Sie können durch die Pekinger Hutongs spazieren und dabei die gleichen Glocken und Straßenschreie hören wie vor dreitausend Jahren. Generationen kommen und gehen, aber die Sitten Chinas, seine Kunst und Philosophie bleiben unverändert.]

Concession Française

Eine solche von westlichen Einflüssen unberührte Konstanz konnte man Shanghai schwerlich unterschieben. Auch in der Concession Française atmete seit dem »Verkauf« chinesischen Grund und Bodens an die Franzosen 1849 der Hauch europäischer Kolonialarchitektur.[112] Villen, Parkanlagen und Platanen säumten Straßen, die unter anderem die Namen französischer Bürger Shanghais, von Missionaren, ehemaligen Diplomaten oder Künstlern wie Corneille oder Molière trugen.[113] Die relative Bedeutungslosigkeit der Straßen mit dem Namen der beiden Letztgenannten ist gleichzeitig Symbol für die Präferenzskala der ausländischen Bewohner Shanghais: Westliche Militärführer und Herrscher schienen in beiden ausländischen Gebieten Shanghais bei weitem beliebter zu sein – Avenue Joffre, Rue Général Pershing, Avenue de Roi Albert oder Avenue Edward VII. Solch westliche Namensgebung verewigte (zumindest bis zur Einnahme Shanghais durch die Kommunisten im Mai 1949) einerseits den Ruhm des Westens im Fernen Osten, und anderseits vermittelte sie den ausländischen Bewohnern Sicherheit und eine gewisse Überlegenheit gegenüber den Chinesen, deren Straßennamen schlichte geographische Ortsbezeichnungen waren. In der Concession Française sah beziehungsweise hörte man nicht nur den letzten Schrei aus der Pariser Modewelt oder amüsierte sich im stilvollen French Club (Cercle Sportif Français) an der Rue Cardinal Mercier Nr. 290; hier lebte gleichzeitig das Gros der vor dem Bolschewismus geflohenen Russen in einer Art Klein-Moskau des Fernen Ostens.[114] Borschtsch, rote Rüben mit Kren oder Topfen stand auf den Speisezetteln ukrainischer Gaststätten. Arbeitslose Generale der Zarenarmee, Matrosen der kaiserlichen Pazifikflotte oder von der Entwertung ihres Adelstitels gezeichnete Prinzessinnen und Gräfinnen verdienten sich ihren Lebensunterhalt als Leibwächter, Türsteher beziehungsweise Bardamen und Prostituierte. Zum ersten Mal im 20. Jahrhundert konkurrierten westliche Ausländer, Staatenlose ohne Schutz und Rechte, mit dem Gros der einheimischen Bevölkerung der untersten Schichten, was – wie der »North-China Herald« schrieb – deren Vorstellung über ihre eigene Bedeutung übertrieben erhöhte und ein neues Element mit damals noch unabschätzbaren Folgen im Verhältnis zwischen China und dem Westen einbrachte.[115]

Die Concession Française war gleichzeitig *das* Paradies für die Unterwelt aus Ost und West, dank der zu Beginn der 1930er Jahre skandalträchtige Züge annehmenden Zusammenarbeit der französischen Behörden mit den chinesischen Geheimgesellschaften, hauptsächlich mit der »Qingbang«, der Grünen Bande des berüchtigten Drogenbosses Du Yuesheng, der in einem dreistöckigen Herrenhaus an der Rue Wagner residierte und sein Opiumlagerhaus im heutigen Donghu-Hotel an der Rue Doumer unterhielt.[116] Du, in einer Ausgabe von »Shanghai Who's who« als einflussreichster Bewohner der Concession Française bezeichnet,[117] häufte über Erpressung, den Drogenhandel sowie die Kontrolle der Prostitution ein Riesenvermögen an, das ihm unter anderem ermöglichte, im auch für die Ausländer Shanghais kritischen Jahr 1927 Chiang Kai-sheks Niederschlagung der kommunistischen Streikbewegung zu unterstützen. Wie groß die Verwicklung ausländischer Behörden in den Verrat der Revolution durch Chiang Kai-shek in jenen Frühlingstagen war, ist aus den Quellen kaum mehr rekonstruierbar.

Eine Mitwisserschaft wird allgemein angenommen, über eine aktive Mitbeteiligung scheint Unklarheit zu bestehen.[118] Die Exterritorialität der westlichen Gebiete ermöglichte es nicht wenigen chinesischen Politikern, sich dem Zugriff der jeweiligen Machthaber Chinas zu entziehen. Sun Yat-sen lebte beispielsweise in der Rue Molière, Zhou Enlai unter den Augen von Spionen der Guomindang in der Rue Massenet, und Mao Zedong arbeitete in einem Haus an der Route Vallon. Revolutionäre Zellen der 1921 gegründeten Kommunistischen Partei trafen sich regelmäßig in Wohnungen der Concession Française, inmitten eines Gebietes prächtiger Villen, die einst von Adligen oder solchen, die es gerne sein wollten, gebaut wurden. In der ersten Hälfte des 20. Jahrhunderts wohnten darin Seite an Seite chinesische Tycoons und ausländische Geschäftsleute und Beamte. Häuser, in denen Schriftsteller wie Lu Xun oder Mao Dun vor direkter Verfolgung sicher sein konnten, sind heute entweder abgerissen, dienen staatlichen Institutionen als Büroräume oder werden als museale Zeugen einer verschmähten Kolonialzeit unter Denkmalschutz gehalten. Das Paradoxe Shanghais jener Epoche: Westlicher Kolonialismus als Patronat für die Wegbereiter der Revolution, die Vergabe von Niederlassungsbewilligungen unter westlichem Schutz im Austausch für nicht immer ganz saubere Geschäfte.

Shanghais Kulturleben in den 1920er und 1930er Jahren konnte mit europäischen Städten nicht mithalten, was in einer Stadt, in der die Mehrzahl der Ausländer mit Handel und Geschäften beschäftigt war, nicht erstaunen mag. Trotzdem rühmte sich die Stadt beispielsweise eines eigenen Orchesters, seit 1919 unter der Leitung des Italieners Mario Paci, welches auch das chinesische Publikum mit seinen Konzerten erfreute. Im ersten Drittel des 20. Jahrhunderts machten berühmte Solomusiker während ihrer Fernost-Tournee Zwischenhalt in Shanghai, wie etwa Jascha Heifetz, Mischa Elman, Arthur Rubinstein, Fritz Kreisler oder Fjodor Schaljapin. Obwohl die Klänge aus dem »alten Kontinent« ursprünglich für die ausländischen Bewohner der Metropole gedacht waren, zeigten sich in einigen Fällen auch chinesische Ohren von westlichen Melodien höchst angetan.[119] Die Stadt am Huangpu-Fluss sah in jener für China schicksalsreichen Epoche auch den Besuch von Persönlichkeiten aus Wissenschaft und Literatur, von Albert Einstein (1922), Rabindranath Tagore (1923) oder George Bernard Shaw (1933). Charlie Chaplin und seine künftige Frau Paulette Goddard genossen 1936 ihre Ferien in der damaligen Trendstadt. Shanghai bot den »fremden Teufeln« nebst solchen außergewöhnlichen Ereignissen auch genügend Raum und Abwechslung für Unterhaltung in Klubs (vom legendären Shanghai-Club mit der angeblich längsten Bar der Welt über den deutschen Gartenklub bis hin zum Masonic Club) und zu Cabarets (von Ladow's Casanova über das Venus Café bis hin zum Vienna Ballroom), in Theatern, wie etwa dem berühmten Lyceum Theatre, auf Bällen, der Pferderennbahn, wo heute der »Renmin gongyuan«, der Platz des Volkes, liegt. Selbst über ein Canidrome, eine Bahn für Windhunderennen auf dem Champs de Courses Français, verfügte das europäische Shanghai. »Going to the dogs« war eine Lieblingsbeschäftigung für viele Shanghailänder, wobei Hunderennen im International Settlement verboten waren. Bei westlichen, hauptsächlich jedoch chinesischen Jugendlichen beliebt war das sechsstöckige Vergnügungszentrum Great World an der Ecke Avenue Edward VII und Tibet Road. Hier labte man sich an der ganzen Palette chinesischer Unterhaltungskultur, von Schießbuden über Peepshows bis hin zu mehr oder weniger anrüchigen Tanzetablissements. Eigentümer war ein Verkäufer chinesischer Medizin, der mit einem Wundermittel zur angeblichen Stärkung des Gehirns ein Vermögen gemacht hatte; zur besseren Vermarktung und als Echtheitsgarantie zierte ein Bild seines westlichen Freundes (eines Juden – wie man sagt) das Produkt mit dem Namen Yellow.[120] An Wochenenden oder Feiertagen machte die westliche Gesellschaft Exkursionen in die Umgebung Shanghais, die Wagemutigeren unter ihnen vielleicht auf den von E. S. Wilkinson anschaulich beschriebenen Wanderwegen ins »wahre China«, wo die Einheimischen dem Fremden entweder uninteressiert oder freundlich gegenübertraten, ganz im Sinne der Gegenseitigkeit.[121] Eher Bequemlichkeit bevorzugende Westler vertrieben die Mußestunden am idyllisch gelegenen Westsee in Hangzhou oder genossen die Flucht vor der Sommerhitze in den von Wäldern umgebenen Villen im höher gelegenen Kurort Moganshan, wo auch Chiang Kai-shek einen Landsitz sein Eigen nannte. Man lustwandelte in den Gärten- und Tempelanlagen von Suzhou oder vertrieb sich, falls die Zeit zu knapp war, die Stunden in den eigens für Ausländer angelegten Parkanlagen Shanghais, deren Zutrittsbestimmungen und bis heute darüber geführte Diskussionen eine der für das ambivalente Verhältnis zwischen China und dem Westen bezeichnendsten Gegebenheiten abgeben.

»Dogs and Chinese Not Admitted«

»Dogs and Chinese Not Admitted« soll es auf dem Schild am Eingang des am Bund gelegenen, 1868 eröffneten Huangpu-Parks (auch Bund Garden, Public Garden sowie Recreation Ground genannt) geheißen haben. Dass bereits in den 1920er Jahren die Ausdrucksweise dieses Verbots als höchst fragwürdig erschien,[122] nahm im damaligen Klima gegenseitiger Beschuldigungen kaum jemand zur Kenntnis (anstößig war nicht das Zugangsverbot für Chinesen und Hunde an sich, sondern die Erwähnung von beiden in einer einzigen Vorschrift). Zwar wurde die Existenz dieses Schildes unter der westlichen Fachwelt seit je bezweifelt, doch wurde die angebliche Gleichbehandlung von Chinesen und Hunden bei denjenigen, welche in diesem Schild das Symbol des westlichen Imperialismus schlechthin sahen, zu einem Topos, den man je nach internationaler Lage als politisches Mittel jederzeit wiederbeleben konnte und der ganz gut in das bekannte Bild von der Unterdrückung Chinas durch den Westen passte.[123] Nicht das Faktum der Nichtexistenz dieser Mahntafel ist diskussionswürdig, auch nicht die Popularisierung des Glaubens an die Existenz einer solchen. Interessant ist vielmehr die Rolle, welche diese Legendenbildung im Verhältnis und in der Perzeptionsgeschichte zwischen China und dem Westen spielte: Seit Beginn der Aufstellung von Schildern an den Eingängen zu verschiedenen Parks und Grünanlagen vom Jessfield Park im International Settlement bis hin zum Parc Kouzaka in der Concession Française kam es zu Irritationen und Streitigkeiten, wurden über Jahrzehnte hinweg offene und versteckte Diskussionen über kulturelle Differenz und Fremdwahrnehmung geführt.

Bis zur Entfernung der Schilder beziehungsweise zu deren Ersetzung durch die Einführung einer Benutzergebühr Ende der 1920er Jahre kam es zu Dutzenden von Briefwechseln zwischen Behörden des SMC, besorgten Ausländern, betroffenen Chinesen, Schuldirektoren und so weiter über mögliche Ausnahmeregelungen und Sondergenehmigungen.[124] Letztere wurden etwa dann bewilligt (und dies erst in späteren Jahren, um keine voreiligen Präzedenzfälle zu schaffen), wenn es sich um einen Ausflug einer chinesischen Schulklasse, den Spaziergang chinesischer Ehefrauen von Westlern, Fußballspiele zwischen einheimischen und ausländischen Mannschaften oder um eine Person handelte, welche angeblich die Gräber ihrer Vorfahren aufsuchen wollte.[125] In den Genuss von Sonderpässen kamen zumeist höhere Beamte der chinesischen Stadtverwaltung.[126] Ganze Leserbriefseiten zum Thema »Zutritt für Chinesen zu öffentlichen Parks« füllten die Spalten der »North-China Daily News«, der »Old Lady« am Bund, wie sie von den Briten zärtlich genannt wurde. Darunter fanden sich etwa die quälenden Gedanken eines »Plebeius Sinica«, der sein ganzes Volk mit seiner Stimme zu repräsentieren gedachte und der ironisch zugab:

> »I am a dilletante of western music, but Hausen and Rossini, Delibes and Wile this evening will sound to my ears like infernal horns from the innermost recess of *Pandemonium* itself. Every strain brings me shame, and every note vibrates with a mortal touch of humiliation.«[127] [Ich bin ein Dilettant in Sachen westlicher Musik, aber Hausen und Rossini, Delibes und Wile werden mir an diesem Abend in meinen Ohren wie teuflische Hörner aus dem innersten Schlupfwinkel der Hölle klingen. Jeder Klang bringt mir Schande, und jede Note vibriert mit einer tödlichen Berührung der Erniedrigung.]

An X.Y.Z., einem Vertreter der ausländischen Gemeinde, lag es, den Ausführungen des chinesischen »Volksvertreters« zu antworten. Mit nicht weniger Pathos und einem in jenen Jahren häufig verwendeten Seitenhieb als Erinnerung an den Zustand Shanghais vor Ankunft der Ausländer wies er darauf hin, dass einzelne Parks in Shanghai sowie die Pferderennbahn gerade deshalb von westlichen Mächten aus dem Häusermeer ihrer Niederlassung ausgezont wurden (immer gemäß den ungleichen Verträgen), um ihren eigenen Angehörigen Erholung zu bieten. Auch den Chinesen stünde eine solche Möglichkeit in ihren Gebieten offen, die sie – so die Meinung des anonymen Schreibers – nur deshalb nicht in Erwägung ziehen, weil die reichen Chinesen kein Gemeinschaftsgefühl zu ihren ärmeren Brüdern entwickelt hätten:

> »We are all very well aware of the love of the wealthier ... Chinese, for their own type of park and we are all well aware that the first essential of a park to the Chinese mind is its privacy. If he can afford it, he will have his park, with the emphasis on the ›his‹. Never, on the other hand, has there been the slightest indication of a public spirited feeling among Chinese in the Settle-

ment towards the provision of funds which would be set aside for the purchase of parks or open spaces for the use either of the community as a whole or for their own countrymen.«[128] [Wir sind uns alle der Vorliebe der reicheren ... Chinesen für einen eigenen Park bewusst. Und wir alle wissen, dass die Hauptursache dafür gemäß chinesischem Geist in dessen Zurückgezogenheit liegt. Wenn er es sich leisten kann, dann wird er seinen Park haben, mit Betonung auf ›seinen‹. Anderseits gab es nie die geringste Andeutung eines öffentlichen Empfindens von Seiten der Chinesen innerhalb der Niederlassung für die Einrichtung eines Fonds, aus dem man Mittel für den Kauf eines Parks oder anderer offener Räume – entweder für die gesamte Gemeinde oder für ihre eigenen Landsleute – hätte beiseite legen können.]

Kleiderapartheid

Ein durch die Parkregelung direkt in Mitleidenschaft gezogener Chinese, Dekan der School of Business, lobte zwar in einem Schreiben an Stirling Fessenden (den amerikanischen Vorsitzenden des SMC) den »herzlichen kosmopolitischen Geist« Shanghais, drängte ihn aber gleichzeitig, dieses dringliche Problem zu lösen. So schlug er gleich selbst vor, nebst Bettlern und Straßenhändlern auch denjenigen Chinesen Zutritt zu einem Park zu verwehren, die entweder ihr Haar zu einem Zopf zusammenbänden oder sich nicht respektvoll in langen oder ausländischen Kleidern zeigten; Chinesinnen sollten nur dann eine Ausnahmeregelung erhalten, wenn sie Röcke trügen oder als Begleiterinnen ausländischer Kinder aufträten.[129] Der Grad der Zivilisiertheit bestimmte sich demnach nicht nach der Art eines zivilisierten oder weniger zivilisierten Auftretens, sondern gemäß dem Ausmaß der äußerlichen Verwestlichung der Chinesen. Solcherlei Argumentation findet sich auch in dem Briefverkehr zwischen dem Gesundheitsamt des SMC und mehreren Chinesinnen, die sich über die Zutrittsverweigerung in Badeanstalten der Stadt beschwert hatten.[130] Auch in diesen Fällen erteilten die westlichen Behörden lediglich unter der Bedingung, dass die Bittstellerinnen westliche Badeanzüge trügen, eine Sonderbewilligung. Ein aufschlussreiches Detail zur Aussichtslosigkeit dieses Unterfangens: Im Laufe der Zeit wurde offenkundig, dass den westlichen Behörden die Unterscheidung zwischen Chinesinnen und anderen Asiatinnen allzu große Schwierigkeiten bereitete.[131] Das System der »Kleiderapartheid« wurde im Jahre 1929 abgeschafft und die öffentlichen Schwimmbäder für Mann und Frau, unabhängig von Farbe und Rasse geöffnet.

Das Postulat der Gleichberechtigung im Sinne von Gleichbehandlung nahm von jeher eine zentrale Stellung im Verhältnis zwischen Chinesen und Ausländern ein. Im Schulbereich beispielsweise, der, was ausländische Schulen betraf, mit Ausnahme zweier Institutionen (der Public Schools for Boys and for Girls sowie der Thomas Hanbury School) fast ausnahmslos in privater Hand war, verbanden sich praktische Fragen der Zulassung einheimischer Kinder in westliche Schulen häufig mit quasitheoretischen Erörterungen zur Perzeption chinesischer Andersartigkeit, die sich allerdings bald einmal als unhaltbar, weil auf die reine Blutsabstammung zurückführend, erwies. Noch 1924 musste ein chinesischstämmiger Vater (als amerikanische Familie im Konsulat registriert, Mitglied der amerikanischen Anwaltsvereinigung sowie anerkannter »Ratepayer«/Steuerzahler) alle Register ziehen, um seinem Sohn den Eintritt in eine der genannten öffentlichen Schulen zu ermöglichen.[132] Ähnliche Gründe, mit zusätzlichen Referenzen zur Tauglichkeit seines Sohnes als Spielkamerad auch im Umgang mit ausländischen Kindern, zählte ein anderer Vater auf und fügte an, er sei sehr stolz auf England und vertraue diesem Land am meisten.[133] Ob solche Schmeicheleien die Schulbehörden Ende der 1920er Jahre bewogen haben, die Eintrittsbeschränkungen für Chinesen aufzuheben, ist aus den Akten nicht ersichtlich. Außer den ausländischen Schulen existierten gemäß einer Auflistung vom September 1929 im International Settlement beispielsweise 270 Schulen (mit 29'897 Schülern) unter chinesischer Aufsicht.[134] In einem Bericht des Inspektors der Hygieneabteilung des Gesundheitsamtes aus dem gleichen Monat hieß es beispielsweise über die Zulässigkeit eines Vergleichs zwischen ausländischen und chinesischen Schulen:

> »I do not think that a very high standard should be adopted in critically considering these schools. To institute a comparison between them and foreign schools would be as unreasonable as to compare a foreign household with a Chinese one.«[135] [Ich glaube nicht, dass eine sehr hohe Messlatte angenommen werden soll, um diese Schulen kritisch zu betrachten. Einen Vergleich zwischen ihnen und unseren Schulen anzustellen, wäre genauso unvernünftig, wie einen ausländischen Haushalt mit einem chinesischen zu vergleichen.]

Universitäten: St. John's und Aurora
Zumindest keine auf rassische Herkunft basierenden Hürden hatten chinesische Studenten zu nehmen, wenn es um die Zulassung zu den bekannten Shanghaier Universitäten St. John's und Aurora (Zhendan Daxue) ging. Beide wurden im Rahmen ausländischer Missionarstätigkeit gegründet, Erstere von der amerikanischen Protestant Episcopal Church, Letztere von französischen Jesuiten, die in Ziccawei (Xujiahui), etwas außerhalb der Concession Française, ein meteorologisches Observatorium unterhielten. Dieses besaß mitunter die besten Verbindungen zur Außenwelt: Dank eines Netzwerkes von siebzig Stationen vom sibirischen Irkutsk über Nemura in Japan und dem Cap St. Jacques in Indochina bis hin zur Pazifikinsel Guam konnten die Jesuiten Sturmzentren und Taifune vorhersagen und trugen damit nicht unwesentlich zur Sicherheit der Schifffahrt an der chinesischen Küste bei.[136] Absolventen von St. John's waren unter anderem die bekannten, westlich orientierten chinesischen Politiker Wellington Koo (Gu Weijun) oder T. V. Song (Song Ziwen). Ein Ziel dieser ausländischen Universitätsgründungen war es dabei, Einfluss mittels Kulturvermittlung auf die künftige chinesische Führungsgeneration zu gewinnen. Dass eine solche Politik insbesondere im Falle christlicher Lehranstalten früher oder

später zu einer Interessenkollision zwischen China und dem Westen führen musste, war voraussehbar. Eine reine chinesische Universität stellte dagegen die 1905 gegründete Fudan-Universität dar, der Stolz von Befürwortern einer einheimischen höheren Bildungsanstalt. Hier unterrichteten zumeist Chinesen, doch wollte und konnte man in Kursen wie »Englische Literatur«, »Politische Wissenschaften« oder »Deutsch« zumindest in den 1920er Jahren nicht ganz auf die Hilfe von Ausländern verzichten.[137]

Auch die Tätigkeit verschiedener Gerichte schuf von ihrer Natur her einen Bereich kondensierter Beziehungen zwischen Chinesen und Ausländern. Das galt von Anfang an, und westliche Ansichten über die Fähigkeit chinesischer Beamter in der Rechtssprechung schienen von wenig Optimismus geprägt gewesen zu sein. Henry Cockburn, chinesischer Sekretär der britischen Gesandtschaft in Peking und englischer Gentleman par excellence, machte in einem um die Jahrhundertwende verfassten Memorandum geltend, dass einem westlichen Angeklagten vor einem chinesischen Gericht nie Gerechtigkeit widerfahren werde, da dieser nicht wie der chinesische Kläger über Möglichkeiten verfüge, den Richter zu bestechen. Zudem zweifelte er schlichtweg an der Fähigkeit der Chinesen, solche Probleme der Gerichtsbarkeit ernsthaft anzugehen, geschweige denn zu lösen.[138] Waren Chinesen innerhalb des International Settlement in rechtliche Auseinandersetzungen involviert, mussten sie sich seit den sechziger Jahren des 19. Jahrhunderts vor sogenannten Mixed Courts verantworten, deren Urteile – unter Beteiligung ausländischer Sachverständiger – immer wieder zu Kontroversen und Streitigkeiten führten.[139] Nach der Abschaffung der Mixed Courts 1927 und der Einführung der sogenannten Shanghai Provisional Courts (die ihrerseits 1930/31 wiederum durch sogenannte Districts Courts abgelöst wurden) nahm der Einfluss der nationalistischen Regierung in den ausländischen Gebieten Shanghais merklich zu, was auch für die Zusammensetzung des SMC galt, in dem die Chinesen in den 1930er Jahren ihre Anzahl der Sitze kontinuierlich erhöhten. In Memoranden, Schriftwechseln und Rechenschaftsberichten verschiedener Behörden innerhalb des SMC wurde die enge Verbindung zwischen Exekutive und Judikative im chinesischen Regierungssystem moniert, insbesondere die Unterordnung unter die Prinzipien der seit 1928 in ganz China herrschenden Staatspartei Guomindang. Man unterließ es nicht, dabei auf mögliche Konflikte entlang zivilisatorischer Trennungslinien hinzuweisen:

»The Settlement is administered largely along Occidental lines and it is difficult for Judges of the caliber now sitting in the Courts to understand the many complex and difficult problems which are constantly arising. Well-educated Chinese who have a working knowledge of Western and Chinese law and psychology, have demonstrated their ability when working in collaboration with foreigners and free from the shackles of the Kuomintang, to be independent and capable of resisting popular clamor in times of stress.«[140] [Die Niederlassung wird größtenteils nach westlichen Maßstäben verwaltet. Es ist schwierig für Richter dieses Kalibers, wie sie heute in den Gerichten sitzen, die komplexen und schwierigen Probleme zu verstehen, die ständig neu entstehen. Gut ausgebildete Chinesen, die Kenntnisse über westliches und chinesisches Recht sowie in Psychologie besitzen, haben ihre Fähigkeit bewiesen – wenn sie zusammen mit Ausländern und frei von den Fesseln der Guomindang arbeiten –, unabhängig zu sein und sich in Zeiten von Stress dem Volksgeschrei zu widersetzen.]

Shanghai bot bedeutend mehr Möglichkeiten als Peking, die unterschiedlichen Denk- und Lebensauffassungen zwischen China und dem Westen wahrzunehmen. Berührungspunkte zwischen den beiden Zivilisationen gab es hier mehr, nicht nur auf Straßen und im Geschäftsleben, sondern in Schulen, Gerichten oder anderen Behörden. Zahlreicher waren deshalb auch Missverständnisse, die sich aus möglichen unterschiedlich gewichteten Sinndeutungen eines bestimmten Sachverhalts ergaben. Allerdings weiteten sich solche Unterschiede nicht immer notwendigerweise in Konflikte und Streitigkeiten aus. Aus den heute zugänglichen Akten des Shanghai Municipal Council sowie des Conseil municipal wird ersichtlich, dass ein Großteil der gedanklichen Auseinandersetzungen mit dem chinesischen Anderssein nebst Schulbildung und Rechtsfragen aus Problemen des Alltags, des Umgangs zwischen Chinesen und Ausländern in praktischen Fragen resultierten. Anlass zu Gegenüberstellungen zwischen China und dem Westen gaben etwa die vergleichsweise niedrigen Löhne der beim SMC angestellten Chinesen.[141] Oder es werden in Briefen bei Lizenzvergaben an chinesische Laden- oder Restaurantbesitzer unterschiedliche Kriterien bezüglich Hygiene und Lärmvorschriften festgestellt.[142] Ein besorgter ausländischer Bürger machte beispielsweise in einem Brief an die Behörden des Conseil municipal geltend, dass, wenn einem Einheimischen denn schon eine Baugenehmigung erteilt werde, die Behörden doch bitte schön sicherstellen sollten, dass das westliche Anwesen nicht durch üble Gerüche, Abfälle und Wasserverunreinigungen in Mitleidenschaft gezogen werde, wie es normalerweise in der Umgebung chinesischer Wohnungen der Fall sei.[143]

Vermittelte Peking im ersten Drittel des 20. Jahrhunderts den meisten Ausländern ein Bild traditioneller Urbanität, architektonisch untergegangener Pracht und einer Unbeweglichkeit der chinesischen Gesellschaft, widerspiegelte das Shanghai der 1930er Jahre den Eindruck von China als aufstrebender Nation, zwar noch in Fesseln der Bevormundung und Unterlegenheit gefangen, doch sichtbar kämpfend auf dem langen und steinigen Weg zur Befreiung. Peking war die Stadt für Historiker, Archäologen und Nostalgiker, Shanghai diejenige für Geschäftsleute, Anpacker und Aufsteiger. Selbst in der Diplomatenwelt war es kein Geheimnis, dass beispielsweise in Chinas kritischen Jahren 1925–1927 Englands Vertreter in Shanghai, Sidney Barton, bei weitem eine gewichtigere Stellung einnahm als sein Vorgesetzter in Peking, Minister Charles Michael Palairet. Peking schien für Westler in der Zeit der Nostalgie stehengeblieben zu sein. Betrachtete der Ausländer in Peking eine Rikscha noch als exotisches Kuriosum, vielleicht als Symbol für die Rückständigkeit des Gastlandes, konnte das gleiche Gefährt in Shanghai eine Gefahr in Form gefährlicher politischer Allianzen bedeuten, dessen Geist sich jederzeit gegen ihn, den Fremden, entladen konnte. Nicht die Angst vor dem armen, zerlumpten, ohne Rechte dastehenden Individuum Rikschakuli stand im Vordergrund der Überlegungen des »fremden Teufels«, sondern die möglichen Konsequenzen aus der plötzlichen Bewusstwerdung seiner miserablen Lage und damit die Ungewissheit über die Dauer der Beibehaltung von Rechten und Privilegien des weißen Mannes auf einem Boden, der ihm nicht gehörte. Oder es plagte ihn die Unsicherheit über die ihm nicht bekannten Absichten des Rikschakulis, den er nicht verstand und der sich ganz plötzlich mit dem kommunistischen Gedankengut aus dem brodelnden Studentenmilieu infizieren konnte.

Spätestens 1927, das Jahr des Verrats Chiang Kai-sheks an der Revolution und gleichzeitig des Endes der ersten Einheitsfront zwischen Nationalisten und Kommunisten, beendeten die Chinesen in den Augen der Ausländer in Shanghai ihre Rolle als bloße Statisten. Zwar gärte es schon lange in China, seit den Versailler Verträgen und der Washingtoner Konferenz, deren Versprechungen einzulösen sich die westlichen Mächte viel zu viel Zeit nahmen. Man wog sich unter dem Schutz der Kanonenboote in Sicherheit und übersah dabei das immense Konfliktpotential in seiner direkten Umgebung oder man dachte, der gutmütige, individualistisch denkende und handelnde Chinese sei ohnehin immun gegenüber kommunistischem Gedankengut. Eine erste Vorahnung dessen, was in den folgenden Jahren geschehen sollte, hatten jedoch bereits die Ereignisse vom 30. Mai 1925 vermittelt, als Truppen der Shanghai Municipal Police auf Demonstranten schossen und dabei dreizehn Chinesen töteten. Eine Welle des Protestes ging durch ganz China, von Kanton über Hankou bis nach Chongqing. Zwei Jahre später kam es für die Ausländer noch schlimmer: Chinesischer Zorn entlud sich an Einrichtungen innerhalb der westlichen Gebiete in Hankou und Nanjing; mehrere Personen wurden getötet, die Mehrzahl wurde in die westlichen Gebiete Shanghais evakuiert. Bei all diesen Aktionen in den Städten des unteren Yangtse-Tals witterte die Mehrheit der Ausländer nicht zu Unrecht, doch im Ausmaß übertrieben, das Ergebnis bolschewistischer Propaganda, welche bis ins weit entfernte Sichuan reiche und vor der man sich wenn nötig mit militärischen Mitteln schützen müsse. Man verfocht die Meinung, der Chinese sei im Grunde seines Herzens ein friedlicher Mensch, der erst durch einige von Moskau ausgebildete Fanatiker irregeleitet worden sei. In öffentlichen Erklärungen, Kommuniqués und Leitartikeln warben die ausländischen Behörden des SMC und des Conseil municipal, oftmals im Wettstreit mit den eigenen Landsleuten auf dem Konsulat oder in der Pekinger Gesandtschaft, bei den jeweiligen Außenministerien und Parlamenten in London oder Paris um Verständnis für die rechtliche und politische Besonderheit der internationalen Lage Shanghais. Man versuchte die öffentliche Meinung im jeweiligen Heimatland davon zu überzeugen, China sei noch nicht reif für eine Republik, Sun Yat-sens Anhänger durch und durch von sowjetischem Gedankengut beeinflusst oder Chiang Kai-sheks Nationalisten würden lediglich auf den günstigsten Moment warten, China von der ausländischen Präsenz wenn nötig mit blutigen Mitteln zu säubern. In einem Memorandum des SMC zum Thema »Chinas Zukunft und die Zukunft Shanghais« bezeichnete ein unbekannter Verfasser das sogenannte Squeezen, das Herauspressen von Geld (eine Umschreibung für die moderne Form der Korruption), als das Hauptproblem chinesischer Regierungsstellen und rechtfertigte damit gleich selbst die andauernde Aufsicht des Westens über China:

»Until squeeze is banished China can never govern herself in a manner that will enable her to take her proper place among the nations of the world and, until then, China's only hope rests in government under foreign supervision.«[144] [Erst wenn finanzielles Auspressen verbannt ist, kann China sich selbst in einer Weise regieren, die geeignet ist, dem Land den anerkannten Platz in der Gemeinschaft der Nationen zu geben. Bis dahin besteht für China die einzige Hoffnung in einer Regierung unter ausländischer Aufsicht.]

Eine Spezialausgabe des »North-China Herald« mit dem Titel »China in Chaos« drückte im April 1927 eine Meinung gegenüber den Chinesen im Allgemeinen aus, wie sie bei der Mehrheit der Ausländer in Shanghai vorherrschend gewesen sein dürfte:

»The average foreigner has a respect and liking for the Chinese which no amount of organized bad treatment will quite wipe out. When the most amiable and kindly people in the world become, under alien tuition, highly truculent and barbarous over night, we naturally look abroad for the evil inspiration.«[145] [Der Durchschnittsausländer mag den Chinesen und hat Respekt vor ihm. Diese Haltung kann keine noch so schlechte Behandlung ausmerzen. Wenn das liebenswürdigste und freundlichste Volk in der Welt über Nacht – von außen angestachelt – wild und barbarisch wird, dann schauen wir naturgemäß ins Ausland, von wo die teuflische Eingebung kommt.]

Shanghai-Lobby

Die Ereignisse von 1927, die Einnahme der chinesischen Gebiete Shanghais durch die Truppen Chiang Kai-sheks beziehungsweise die Einigung des Landes unter der Herrschaft der nationalistischen Guomindang, bewirkten in der Perzeption Chinas durch den Westen dreierlei: Erstens wurde zum ersten Mal die in kommenden Jahren an Schärfung zunehmende Differenzierung zwischen guten und bösen Chinesen ersichtlich, eine Unterscheidung, die je nach politischem Standpunkt und Zeitpunkt mal diese, mal jene Gruppe von Chinesen bezeichnen sollte.[146] Die Zeit heilt bekanntlich Wunden: Kurze Zeit nach Chiang Kai-sheks »Triumph« versöhnte sich das westliche Shanghai mit den neuen Machthabern, nicht zuletzt deshalb, weil man an der Sicherung von »business as usual« interessiert war. Die Versöhnung mit ehemaligen Gegnern aus strategischen Überlegungen gehört von jeher zur Geschichte internationaler Beziehungen. In den 1920er Jahren zählte dazu auch die Pflege von Allianzen mit Shanghais Unterwelt zwecks Profit und Kommunismusbekämpfung. Zweitens führten die Ereignisse in der Mitte der 1920er Jahre zu deutlich politische Züge tragenden China-Bildern im Westen. Wo und wie auch immer chinesische Verhältnisse in der Zukunft durch ausländische Beobachter dargestellt wurden, sie entbehrten der Exotik und der Traditionalität vergangener Jahrzehnte. In diesem Falle nahm Shanghai die Vorreiterrolle in der Politisierung westlicher Impressionen Chinas ein. Drittens, und das war wohl am eindrücklichsten, demonstrierte das Beispiel der zunehmenden Emanzipation Chinas in der Mitte der 1920er Jahre die Vielfalt und Divergenz westlicher Meinungen und Vorstellungen über das Reich der Mitte. Von einer einheitlichen westlichen Einschätzung von China und dessen Zukunft war in den unruhigen Monaten der Jahre 1925–27 keine Rede mehr. Die einzelnen Mitglieder der »Shanghai-Lobby« warben, wo und wie sie nur konnten, um ihre eigenen Interessen sowie um Einflussnahme in der China-Politik ihrer jeweiligen Regierung. Geographische Herkunft und ideologische Ausrichtung galten als die beiden prägenden Komponenten.

Engländer und Amerikaner beispielsweise mutmaßten hinter vorgehaltener Hand, dass die Behörden des französischen Conseil municipal über gute Beziehungen zur chinesischen Unterwelt und gar zu reaktionären Gruppierungen verfügten, während die Franzosen ihrerseits der Ansicht waren, im Gegensatz zu den anderen westlichen »Verbündeten« frei von Rassismus und Chinesenfeindlichkeit zu sein.[147] Unterschiedliche Wahrnehmungen zwischen England und Amerika über China wiederum ergaben sich aus der Tatsache, dass sich, vereinfacht gesagt, die Mehrzahl der Engländer aufgrund von Geschäftsinteressen in China aufhielt, während die amerikanische Öffentlichkeit stark von Missionarseindrücken beeinflusst war. Um die Sache noch zu komplizieren: Selbst innerhalb der eigenen Nationalität waren die Meinungen über China und die Politik des Westens keineswegs einheitlich. Amerikanische Geschäftsleute im Wettstreit mit Missionaren; die französische Handelskammer in Shanghai in Rivalität mit dem eigenen Konsul; die britische Shanghai-Lobby in Konkurrenz zu Whitehall.[148] Es entstand eine Zersplitterung des über Jahrzehnte unter Ausländern einheitlich gehegten und gepflegten China-Bildes in seine Einzelteile, das nun vielfältig und unübersichtlich zugleich war, eine Herausforderung für alle an Chinas Zustand interessierten Beobachter. Der Vorteil einer solchen Shanghaier Perspektive war gleichzeitig ihr Nachteil: Ausländer betrachteten China durch die Linse der Stadt am Huangpu; nicht wenige glaubten, Shanghai sei gleichbedeutend mit China. Durch diese verzerrte Optik nahmen sie das Chaos, die Armut und den Dreck in den von Chinesen bewohnten Gebieten dieser Metropole als symbolisch für die generelle Unfähigkeit der Chinesen wahr, für Ruhe und Ordnung zu sorgen. Mit einem Wort: Sie sprachen den Gastgebern die Fähigkeit ab, eigene Herren im Haus zu sein, oder zumindest denjenigen, die »ungebildet«, »unzivilisiert« und »barbarisch« waren. Solcherlei Arroganz bis hin zur Verachtung war kein Einzelfall, wie in einem Memorandum der britischen Armee in Indien mit dem Titel »Notes on Shanghai 1928« zum Ausdruck gebracht wird:

»Probably the outstanding feature of the Chinese mind is its passivity. He is incapable of producing any active constructional doctrine and is full of contradictions ... It has been well said of the Chinaman that ›he is out of step with the world‹; western standards are inapplicable to him. Civic or national duties in the sense that we accept them are unknown to him ... Of the Chinese as a soldier, there is little to say, except that he is utterly useless compared with western standards. There is very little difference between the ordinary soldier and the ordinary bandit.«[149]

[Die womöglich herausragende Eigenschaft des chinesischen Geistes ist dessen Passivität. Er ist unfähig, irgendeine aktive, erbauliche Doktrin zu verfassen, und er ist voller Widersprüche ... Vom ›Chinamann‹ wurde oft gesagt, dass er ›außerhalb dieser Welt steht‹. Westliche Standards können nicht auf ihn angewendet werden. Bürgerliche oder nationale Pflichten in dem Sinne, wie wir sie akzeptieren, sind ihm unbekannt ... Über den Chinesen als Soldat ist wenig zu sagen, außer dass er gemessen an westlichen Maßstäben völlig unbrauchbar ist. Es gibt nur einen kleinen Unterschied zwischen dem gewöhnlichen Soldaten und dem herkömmlichen Banditen.]

»Shanghai Mind«

Selbst der spätere Herausgeber der »North-China Daily News«, der Amerikaner Rodney Gilbert, griff zum Mittel damals gängiger Rassentheorien, um die Überlegenheit des Westens gegenüber China zu rechtfertigen. Sein berühmtestes Werk mit dem Titel »What's Wrong with China« – wohlgemerkt ohne Fragezeichen – sollte der westlichen Leserschaft noch deutlicher als Smiths »Chinese Characteristics« die Eigenschaften »des Chinesen« vor Augen führen: In verächtlichem Tone überstülpte der ehemalige Arzneimittelverkäufer Gilbert seinem populäranthropologischem Theoriengebäude von der Ungleichheit zwischen Menschen und Rassen seine Einschätzung der Chinesen als eine »Nation widerspenstiger und unverschämter Schulkinder«.[150] Es wäre allerdings ungerecht und unzutreffend, würde man einer Mehrheit der ausländischen Bewohner Shanghais offenen Rassismus zuschreiben. Ein solcher manifestierte sich in Zeiten von Spannungen deutlicher, etwa in den Jahren 1925–1927. Notorischer Überheblichkeitsdünkel dürfte dagegen zu jeder Zeit verbreitet gewesen sein. Der »Shanghai Mind«, wie es in der 1927 erschienenen Publikation »The Chinese Puzzle« des Engländers Arthur Ransome hieß, bedeutete alles andere denn Schmeichelhaftes über die Old China Hands, die »Nordiren des Ostens«: Von anachronistischem und imperialistischem Gedankengut war die Rede; der britische Sonderkorrespondent warf seinen eigenen Landsleuten in Shanghai eine kriegerische Einstellung sowie die Absenz von englischen Manieren vor.[151] Insbesondere seit Beginn der 1920er Jahre prägte ein Klima des Misstrauens das Verhältnis zwischen den beiden Welten, ersichtlich in Dutzenden von Briefwechseln zwischen westlichen Behörden und chinesischen Bürgern. Merklich bessere Beziehungen dürften in der Geschäftswelt vorherrschend gewesen sein, was allerdings nicht darüber hinwegtäuscht, dass auch in dieser Gesellschaftsschicht das Verständnis für die fremde Welt im Allgemeinen nicht viel tiefer ging. Die Mehrzahl der Ausländer in Shanghai war, wie in Peking auch, mit sich und der eigenen Welt beschäftigt. Es war einigen wenigen vergönnt, das für das Verständnis Chinas und seiner Probleme nötige Gespür zu entwickeln. Prädestiniert für eine solche verantwortungsvolle Aufgabe wären an sich die Missionare – übrigens in ihrer Einschätzung der Lage Chinas keineswegs einheitlich – dank ihres täglichen Kontakts zu den Chinesen gewesen. Doch schlug ihnen mit zunehmendem Selbstbewusstsein der Chinesen ein kühler, manchmal gar eisiger Wind entgegen. Sie hatten gegen den Vorwurf des

»Kulturimperialismus« zu kämpfen, der nicht nur von rebellischen, antiwestlichen Studenten erhoben wurde, sondern auch von prominenten Persönlichkeiten des öffentlichen Lebens wie dem Philosophen Hu Shi oder den kommunistischen Theoretikern Chen Duxiu und Li Dazhao. Die Anschuldigung war nicht von der Hand zu weisen, wie ein Schreiben des französischen Ministers an seinen Konsul in Shanghai unmittelbar nach den Versailler Friedensverhandlungen beweist. In diesem Brief, untrüglich französisches Pathos akzentuierend, ging es um die Initiative zur Publikation einer medizinischen Zeitschrift in China:

> »[I]l faudrait en effet éviter de trop montrer aux yeux des Chinois que son but réel serait d'aider au développement de l'influence Française et de soutenir nos oeuvres contre la concurrence des Améericains et Japonais.«[152] [(M)an sollte in der Tat vermeiden, den Chinesen zu sehr zu zeigen, dass ihre tatsächliche Aufgabe darin bestehe, uns bei der Entwicklung des französischen Einflusses zu helfen und unsere Arbeiten gegen die Konkurrenz der Amerikaner und Japaner zu unterstützen.]

Amerikanische Missionare besaßen selbst nach den Ereignissen von 1927 den Ruf, das China-Bild in ihrem Land zu prägen.[153] Shanghai galt bei vielen als das wichtigste Zentrum des Missionarswesens in der Welt, mit beinahe sechzig Missionsschulen von ungefähr zweihundert in ganz China.[154] Allerdings ging es der Mehrzahl der Missionare nicht um ein tieferes Verständnis der chinesischen Kultur und Gesellschaft, sondern, nachdem sich das Tätigkeitsfeld insbesondere der Protestanten von theologischen Aufgaben hin zu sozialen, medizinischen oder bildungspolitischen verschoben hatte, allgemein gesagt um den Beitrag zur Modernisierung Chinas. Die zunehmenden antireligiösen Attacken von Mitgliedern der Guomindang-Regierung (Chiang Kai-shek selbst ließ sich 1930 in Shanghai als Christ taufen, nachdem er drei Jahre zuvor, ebenfalls in der Huangpu-Metropole, Song Meiling, die Schwester von Sun Yat-sens Frau Song Qingling, geheiratet hatte) erschwerten die Arbeit für Missionare, nicht zuletzt deshalb, weil auch sie – wie die Welt der Geschäftsleute und Diplomaten – gespalten waren in ihrer Wahrnehmung der politischen Verhältnisse im China der 1920er Jahre. Ein Memorandum, das nach der Einigung Chinas 1927 von einem unbekannten Vertreter der St. John's University, dem schulischen Ableger der American Church Mission of the Protestant Episcopal Church, verfasst wurde, zeigt deutlich das Bestreben innerhalb der Missionarsbewegung, Anpassungen an die neuen Gegebenheiten vorzunehmen, um nicht ganz so plötzlich das heikel gewordene Verhältnis zu den Chinesen aufs Spiel zu setzen. Dazu gehörten eine engere Interaktion und Auseinandersetzung mit der Kultur des Gastlandes:

> »WHAT SHOULD BE DONE? 1. We must emphasize the importance of the Department of Chinese, and we must endeavor to secure the best teachers possible for the courses in Chinese Literature, History, and Philosophy. This St. John has already done. 2. We must show we are in hearty sym-

pathy with the nationalistic aspirations of our students, but at the same time must make clear why it is that we cannot permit our institutions ... to become involved in political agitation. 3. We must move more rapidly in the direction of giving more control to the Chinese.«[155] [WAS SOLL GETAN WERDEN? 1. Wir müssen die Wichtigkeit des Departements für chinesische Sprache und Kultur betonen, und wir müssen uns bemühen, die besten Lehrer für die Kurse in chinesischer Literatur, Geschichte und Philosophie zu engagieren. Das hat die St. John's University bereits getan. 2. Wir müssen zeigen, dass wir für die nationalistischen Gedanken unserer Studenten volles Verständnis haben, aber gleichzeitig klarmachen, dass wir es unseren Institutionen nicht erlauben können, in politische Agitation involviert zu sein. 3. Wir müssen viel schneller in die Richtung gehen, den Chinesen mehr Kontrolle zu übergeben.]

Einige wenige aus der Zunft der Missionare – beispielsweise die berühmten Gelehrten Leonard Wieger und Joseph Dehergne an der Aurora-Universität oder Reverend F. L. Hawks Pott an der St. John's University – nahmen die Jahre ihrer irdischen Tätigkeit wahr, sich intensiver mit Chinas Geschichte und Kultur auseinanderzusetzen, um damit dem Westen ein differenzierteres Bild aus dem Reich der Mitte anzubieten. Allerdings kam auch ein Mann vom Format von Hawks Pott nicht darum herum, in erster Linie den Anteil des Westens am Aufstieg Shanghais zu Größe und Macht hervorzuheben.[156] Unter jenen, die einen großen Teil ihres Lebens in China verbrachten, ohne sich je mit dem Gastland intensiver auseinandergesetzt zu haben, stellten jedoch auch die Kirchendiener in der Regel keine Ausnahme dar. Für viele westliche Shanghailänder waren die politischen Wirren in China zu verflochten, um sich die Mühe ihrer Entwirrung zu machen. Für andere bedeuteten finanzielle Verlockungen und die Sicherheit eigener Interessen mehr als die Anreize zur Auseinandersetzung mit dem Fremden. Schließlich gab es auch nicht wenige, welche der Faszination Shanghais als Tummelplatz für Abenteurer und Gestrandete erlagen und keinen Gedanken darauf verwandten, in welchem Winkel der Welt sie sich befanden.

Die Zahl derjenigen, die das Fähnlein der aufrichtig an Chinas Zustand Interessierten hochhielten, war klein. Noch minimaler die Zahl derer, welche wohlwollend über chinesische Kultur und Gesellschaft zu berichten wussten. Auch die Shanghaier Diplomatengesellschaft war, ähnlich derjenigen in Peking, mit sich selbst beschäftigt, vor allem mit der zugegebenermaßen nicht minder dringlichen Aufgabe, das ausländische Shanghai vor dem Zugriff der Chinesen und später der Japaner zu bewahren. Eine Ausnahme bildete vielleicht Sidney Barton, der bereits erwähnte Konsul ihrer Majestät der Königin von England, zugleich Präsident der nordchinesischen Zweigstelle der Royal Asiatic Society, einer Gesellschaft, welche Ausländer zu Vorträgen einlud und eine Zeitschrift zum besseren Verständnis Chinas herausgab. Bedeutend mehr zur ausländischen Vorstellung über die Verhältnisse im republikanischen China (beziehungsweise in einem vergleichsweise winzigen Ausschnitt davon) haben die Berichte und Kommentare von Journalisten und Redakteuren beigetragen, welche sich in jener Epoche politischer Wirren in der kosmopolitischen Metropole aufhielten. Shanghai rühmte sich einer Flut ausländischer Presseerzeugnisse.[157] Nebst der »North-China Daily News«, die bei Ausländern (zumindest mit britischen Sympathien) mit Abstand den besten Ruf genoss, sind die 1911 von Amerikas China-Journalisten Nummer eins jener Tage, Thomas Millard, gegründete »China Press« erwähnenswert, sowie »L'Écho de Chine« in der Concession Française. Dem britischen und französischen Blatt gemeinsam war, dass sie zumeist in entsprechend patriotischem Ton berichteten, mit einem Hang zur Verachtung für jede Form von chinesischem Nationalismus. Von den Zeitschriften befassten sich die vom Amerikaner George Bronson Rea herausgegebene »Far Eastern Review« häufig mit den wirtschaftlichen Beziehungen Chinas zum Westen. 1932 musste Rea seine Tätigkeit einstellen, da seine Artikel deutlich projapanische Züge trugen. Als kurz darauf die Japaner den Satellitenstaat Manchukuo ausriefen, wurde Rea zu dessen Informationsbeauftragtem in den Vereinigten Staaten ernannt.[158] Eine ursprüngliche Schöpfung Millards, des Verfassers von »Our Eastern Question«[159], war die 1917 ins Leben gerufene und nach seinem Namen benannte »Millard's Review«, die fünf Jahre später vom nicht weniger berühmten John B. Powell übernommen wurde und den Namen »The China Weekly Review« erhielt.[160]

»The China Weekly Review«

»Mileshi pinglunbao« hieß es, in Anlehnung an den Initiator Millard, in chinesischen Lettern auf der Frontseite dieser nebst internationalen Fragen hauptsächlich chinesische Politik und Gesellschaft kommentierenden Wochenzeitung. Bei der Lektüre dieses Blattes spürte der Leser fast auf jeder Seite das Engagement des Herausgebers, China den Ausländern näherzubringen. Kommentare und Themenauswahl lassen die Anteilnahme einer ausgewählten Gruppe von Ausländern am Schicksal des Gastlandes und seiner Menschen erkennen. Das Blatt bedauert die Weigerung der chinesischen Regierung, der amerikanischen Fluggesellschaft Pan Am in der kritischen Zeit der japanischen Bedrohungslage um 1935 Landerechte zu gestatten[161] ebenso wie die Teilnahmslosigkeit westlicher Regierungen angesichts der japanischen Expansionspolitik seit 1932[162]. Mit Hunderten von Karikaturen aus amerikanischen, russischen und europäischen Zeitungen versucht Powell eindringlich, die ausländische Gesellschaft Shanghais aus ihrer Apathie gegenüber dem Los Chinas zu reißen. In einem Beitrag mit der Überschrift »How to Understand the Chinese« weist der populäre Autor Lin Yutang, damals Mitherausgeber der Zeitschrift »T'ien Hsia Monthly« (»China Monthly«), die Ausländer auf ihre selbstauferlegte Isolation hin:

> »This Great Wall of Shanghai is a magic wall which renders the Chinese invisible to the foreigners and renders the foreigners invisible to the Chinese, so that you see us every day and yet don't see us, and we see you every day and yet don't see you. It makes it possible for foreigners to walk through a densely crowded Chinese street as if the whole lot of us didn't exist ... Physically the Chinese and the foreigners are probably in daily contact, yet spiritually they don't see each

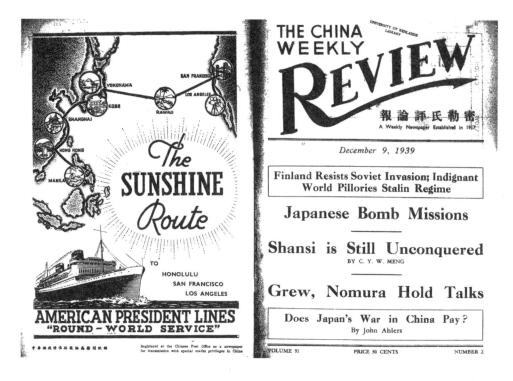

other. They ought to mix, but they don't.«[163] [Diese große Mauer von Shanghai ist eine magische Mauer, welche den Chinesen für die Ausländer unscheinbar werden lässt und umgekehrt. Man sieht uns jeden Tag und sieht uns doch nicht, und wir sehen sie jeden Tag und sehen sie doch nicht. Das macht es für Ausländer möglich, durch eine von Chinesen vollgestopfte Straße zu spazieren, als ob wir alle nicht existierten ... Physisch stehen Chinesen und Ausländer möglicherweise im täglichen Kontakt, aber geistig treffen sie sich nicht. Sie sollten sich vermischen, aber sie tun es nicht.]

Als Medizin, Chinesen besser zu verstehen, erteilt Chinas »Meister des Humors«, Autor von »My Country and My People« (1939), »With Love and Irony« (1945) und »The Importance of Living« (1937), den Westlern den nicht leicht zu befolgenden Ratschlag, sich einerseits kindlicher, aufgeschlossener zu geben und sich anderseits älter, weiser zu fühlen. Aspekte der Auseinandersetzung zwischen Ost und West werden in »The China Weekly Review« auf persönlicher Basis (»Rapid Increase in ›East-West‹ Marriages – Some Expert and Comment«[164]) ebenso wie auf zwischenstaatlicher Ebene erörtert, beispielsweise im Gefolge einer Vergewaltigung einer chinesischen Studentin durch einen Angehörigen der amerikanischen Marinetruppen in Peking.[165] Von unterschiedlichen Moralvorstellungen ist in diesem Zusammenhang die Rede oder von der »typisch chinesischen Art und Weise«, den Ausdruck von Flü-

Das Leben in den Vertragshäfen: Shanghai, Tianjin und Qingdao

chen mit sexistischen Bezügen zu unterlegen. Insbesondere während des Bürgerkrieges 1945–49 nahm die Berichterstattung über den zunehmenden Nationalismus und Ausländerhass in China zu, Resultat von Vorurteilen engstirniger Personen westlicher- wie östlicherseits.[166]

»The China Weekly Review« lässt Chinesen und Westler gleichermaßen zu Wort kommen, Politiker, Intellektuelle, Künstler, Schriftsteller und Journalisten berichten in ihrer je eigenen Sichtweise über ihr Verhältnis zueinander oder diskutieren die Zukunft westlicher Präsenz im Reich der Mitte. Das Blatt ist Schauplatz einer bis dahin unbekannten öffentlichen Auseinandersetzung zwischen Vertretern beider Kulturkreise, nicht nur über die politischen Vorgänge jener Zeit, sondern auch über Fragen der Fremdartigkeit und -wahrnehmung. Das breite Spektrum von Autoren unterschiedlichster Herkunft bietet in konzentrierter Form einmalige Qualität und eine bislang nie dagewesene Quantität an west-östlichen Begegnungen im verhältnismäßig kurzen Zeitraum der 1920er bis 1940er Jahre. Die westlichen China-Journalisten Edgar Snow, Agnes Smedley oder Anna Louise Strong vertreten darin ebenso ihre Meinung wie Mao Zedong oder Madame Sun (Song Qingling). John Leighton Stuart, ehemals Präsident der Yanjing-University in Peking und von 1947–49 Botschafter der USA in China, kommt darin mit seinem Vortrag »The Problem of China as I See It«[167] ebenso zu Wort wie Pearl S. Buck mit ihren Zeilen »China Needs Honest Enlightment«[168]. Anlässlich eines Symposiums zugunsten der Chinese Women's Relief Association erläutert die Nobelpreisträgerin die ihrer Meinung nach hervorstechenden Merkmale im Überlebenskampf der Chinesen: ihre Individualität, ihr humorvolles Gemüt sowie ihren Sinn für Proportionen.[169]

»Chinesische Themen« – zur Charakterisierung der Andersartigkeit Chinas im Vergleich zum Westen – finden sich offen oder verborgen in den Beiträgen des Wochenblattes, die nichts an Aktualität eingebüßt haben, beispielsweise in der Reportage über den Besuch des berühmtesten chinesischen Operndarstellers, Mei Lanfang, in Russland, dessen Auftritt in Moskau die vier Tugenden chinesischer Gesellschaft aufzeigte: Loyalität zum Vaterland, Treue der Ehefrau gegenüber ihrem Mann, Gehorsam der Kinder gegenüber den Eltern sowie Redlichkeit zwischen Freunden.[170] Oder in einem offenen Brief eines chinesischen Staatsbürgers an den neuen amerikanischen Botschafter Stuart, in dem der Diplomat darauf hingewiesen wird, dass in China das Gesicht immer auf Kosten von Wahrheit und Gerechtigkeit gewahrt werde.[171] Ein chinesischer Leserbriefschreiber notiert in unmerklich ironischem Ton, was normalerweise ins Repertoire der Mehrheit der westlichen Shanghailänder gehört, nämlich dass die Chinesen ein langsames Volk seien, bar jeglicher Initiativfreudigkeit, ineffizient und ohne jeglichen wissenschaftlichen Geist.[172]

»The China Weekly Review« stellte Lebenswelten dar, die heute so nicht mehr existieren. Ein Beziehungsgeflecht zwischen Ost und West, dessen Dichte sich bei der heutigen Monotonie rein politischer oder wirtschaftlicher Elemente im Dialog zwischen China und dem Westen wie »Alice im Wunderland« ausnimmt. Die Zeitung vermittelte eine Auseinandersetzung mit dem Fremden aus der Perspektive derjenigen, die China und seine Bevölkerung aus eigener Erfahrung und in direktem langjährigem

Kontakt gekannt haben, als ein positives Element einer im Allgemeinen von den Unterdrückten als Joch empfundenen kolonialistischen Vergangenheit. Die Zeitung schuf Nähe, wo Ferne vielleicht angebrachter, weil realitätsnäher gewesen wäre, und umgekehrt. Das internationale Shanghai als Zentrum einer vorweggenommenen Globalisierung. Hier warb die Firma Bata mit Schuhen aus Europa, American Express mit einer barbusigen Schönheit für »Beautiful Bali – Eden of the East«, die Resident Liners mit ihrer »Sunshine Route« für eine Reise in 27 Tagen über Honolulu, den Yellowstone Park, den Grand Canyon, die Niagara Falls und New York nach London oder Paris in einträchtigem Wettstreit mit den Fahrplanzielen des Shanghai-Peiping-Express, der Shanghai-Hangchow-Ningpo Railway oder der Nanking-Shanghai Line. Etwas Außergewöhnliches zur damaligen Zeit präsentierte sich auch in der Annonce für einen Flug über die Schluchten des Yangtse (und wie prophezeiend sie doch war: »Why not do it, while you are here? If you miss it this time, you may miss it for life.«) oder – gemächlicher – die einer Schiffsreise mit einem ausgewählten Besuchsprogramm in Nanking (Nanjing), Anking (Anqing), Kiukiang (Jiujiang), Hankow (Hankou), Shasi (Shashi), Ichang (Yichang), Wanhsien (Wanxian) und Chungking (Chongqing). Nach dem Krieg bot die vom einstigen amerikanischen Fliegergeneral Claire Chennault geleitete China National Aviation Corporation Ausländern wie Chinesen mit ihrem Angebot »Wings over China« Flüge von Shanghai ins Innere des Reichs der Mitte, nach Kunming, Taiyuan, Lanzhou oder gar nach Tainan auf Taiwan an. Allerdings kündigte letztere Destination gleichzeitig das Ende dieser unwiederholbaren chinesisch-westlichen Konstellation direkter Auseinandersetzungen mit dem jeweils Anderen an: »The China Weekly Review«, unmittelbar vor der Einnahme Shanghais durch die kommunistischen Truppen strikter Zensurmaßnahmen durch die Nationalisten ausgesetzt, begrüßte in ihrer Ausgabe vom 28. Mai 1949 den Einzug der Befreiungsarmee und drückte die Hoffnung aus, dass damit eine neue Ära im Verhältnis zwischen China und dem Westen eingeleitet werde. Gleichzeitig hörte das Blatt auf, die neue politische Lage kritisch zu kommentieren. Die beliebte Rubrik »Who's who« (ein biographisches Lexikon über chinesische Persönlichkeiten aus Politik und Wirtschaft) sowie die Spalte »Old China Hands« (Notizen über die westlichen Langzeitaufenthalter in China) – beide einst für den Leser vertraut miteinander verbunden – hatten aufgehört zu existieren.

Malraux: Condition humaine

Shanghai als Schauplatz von Revolution und Gegenrevolution, als Arena packender Leidenschaften und totaler Gefühllosigkeit, als Begegnungsstätte von Gräuel und Lieblichkeit in einem – die Existenz dieser Extreme auf kleinstem Raum machte die Stadt auch für Kunstschaffende im fernen Europa interessant. Sergei Alymow etwa schildert die Zerrissenheit der Stadt zwischen verbrecherischen kapitalistischen Ausbeutern, der vermoderten konfuzianischen Kultur und kommunistischen Machenschaften.[173] Vicky Baum machte den Ausbruch des Japanisch-Chinesischen Krieges im August 1937 zum Hauptthema ihres Romans »Hotel Shanghai«,[174] während Marlene Dietrich in »Shanghai-Express« der Metropole ein filmisches Denkmal setzte. Größtes Echo im Westen fand André Malraux, der im Shanghai des Frühjahrs 1927 genügend Material fand, um sein Buch mit dem schwergewichtigen Titel »La condition humaine« zu schmücken. Zum Leidwesen derer, die mehr über die einheimische Gesellschaft Shanghais in Erfahrung bringen wollten, weist Malraux den Chinesen in seinem Roman fast gänzlich Nebenrollen zu (was dazu führt, dass Chinas Rolle in jenen Tagen der Revolution und Gegenrevolution herabgesetzt und diejenige des Westens überbetont wird). Zur beinahe einzigen Begegnung zwischen Ost und West – abgesehen von der »erfolgreichen« Zusammenarbeit Chiang Kai-sheks mit dem französisch-asiatischen Konsortium – kommt es anlässlich des Besuchs des Vorsitzenden der französischen Handelskammer bei einer chinesischen Prostituierten. Dies ist insofern symbolträchtig, als dadurch die ganze Tragik und Qualität dieses Verhältnisses offenbart und dem westlichen Mann im Angesicht des Objekts seiner Begierde erst die Erkennung seiner selbst möglich wird:

»[I]l possèderait à travers cette Chinoise qui l'attendait, la seule chose don't il fût avide: lui-même. Il lui fallait les yeux des autres pour se voir, les sens d'une autre pour se sentir.«[175] [Er würde durch diese chinesische Frau, die ihn erwartet, die einzige Sache besitzen, auf die er so begierig ist: sich selbst. Er benötigte die Augen von anderen, um sich selbst zu sehen, die Sinne eines anderen, um sich selbst zu spüren.]

Man täte Malraux allerdings Unrecht, würde man sein Werk nach interkulturellen Maßstäben messen. Sein Roman war mehr gedacht als ein Aufschrei und ein Aufwerfen allgemein menschlicher, existenzieller Fragen und nicht als Beitrag zum Verständnis fernöstlicher Sitten und Lebenswelten. Mehr an westliches Mitgefühl gegenüber einem Land, das im Chaos zu versinken drohte, appellierten in Shanghai ansässige Wohltätigkeitsorganisationen. In einem Schreiben vom Frühjahr 1926 an die Behörden des SMC beklagte beispielsweise der Rotary Club das Los derjenigen chinesischen Kinder, die mittellos und verarmt im International Settlement wohnten, ohne die Möglichkeit irgendeiner schulischen Ausbildung zu genießen. Sollte für eine solche nicht innerhalb einer nützlichen Frist gesorgt werden, befürchteten die Verantwortlichen weitergehende Missverständnisse zwischen den Chinesen und der ausländischen Bevölkerung Shanghais.[176] Diesem Problem standen die westlichen Behörden keineswegs gleichgültig gegenüber. Bereits zwei Jahre zuvor hatte der SMC eine Kommission beauftragt, einen Bericht über Kinderarbeit in den Konzessionsgebieten der Stadt zu verfassen. In den abschließenden Bemerkungen dieses Reports, der unter anderem auch von Song Meiling als Vertreterin des Women's Club von Shanghai unterschrieben wurde, beschworen die Verfasser die für einen Erfolg unerlässliche Zusammenarbeit zwischen Chinesen und Ausländern:

»Reform of present industrial conditions and the consequent amelioration of the lot of the Chinese Child Worker, cannot be achieved unless it receives the moral and active support not only of the foreign residents, but of the vastly greater body of the Chinese public.«[177] [Eine Reform der gegenwärtigen Bedingungen in Industriebetrieben und eine konsequente Verbesserung des Schicksals chinesischer Kinderarbeiter können nur dann erreicht werden, wenn sie die aktive und moralische Unterstützung nicht nur von den ausländischen Bewohnern, sondern auch von der viel größeren chinesischen Öffentlichkeit erhalten.]

Auch der Völkerbund beschäftigte sich mit den Arbeitsbedingungen in China im Allgemeinen und mit der Kinderarbeit in Shanghai im Besonderen. In einem Beitrag der »North-China Daily News« aus dem Jahre 1926 werden zwar die neuen Vorschriften gelobt, die von Chinas Regierung für alle Fabriken unter chinesischer Jurisdiktion aufgestellt wurden, doch wird gleichzeitig festgestellt, dass sich in offiziellen chinesischen Kreisen, von wenigen Ausnahmen abgesehen, wohl niemand um das Schicksal der landseigenen Arbeiter kümmere. Der Artikelschreiber stimmt zwar dem Bericht der Internationalen Arbeitsorganisation des Völkerbundes grundsätzlich zu, verweist jedoch auf die Tatsache, dass dessen Verfasser die Situation in China aus westlicher Optik beurteilt, ganz im Sinne der »Orientalismustheorie« des amerikanischen Literaturwissenschafters Edward Said. Allerdings kommt der Ideologieverdacht in diesem Falle dem Reich der Mitte zugute: Der Weg zum Dialog mit der anderen Kultur scheint für die westliche Öffentlichkeit außerhalb Chinas mit der Unterschrift unter das Dokument durch die chinesische Regierung angefangen zu sein, das Stereotyp von der orientalischen Heuchelei und Täuschung wird einigen wenigen, Unverbesserlichen angehängt (»Welche Fabrik im Shanghai der 1920er Jahre wird es sich schon leisten, den täglichen Arbeitseinsatz von Kindern auf acht Stunden zu begrenzen?«, mögen westliche Shanghailänder gedacht haben.) Es liegt nun am Korrespondenten der »North-China Daily News«, eben gerade diesen Vorwurf zu entkräften und Betrachtern aus der Ferne – insbesondere Landsleuten im fernen Westen – das Recht abzusprechen, chinesische Verhältnisse objektiv zu beurteilen:

> »All this, of course, reads like a fairy tale. One's imagination is given a severe jolt when one contemplates the remoteness of the possibility of achieving in China what the above principles embodies ... Miracles do not happen in China any more than outside of China. Immediately one begins to judge essentially Chinese matters from essentially Occidental standards, prejudices creep in to warp one's sense of fairness, and in this country particularly most men make this mistake.[178] [All das liest sich wie ein Märchen. Die eigene Vorstellung erhält einen starken Schlag, wenn man über die noch weit entfernte Möglichkeit nachdenkt, dass diese Prinzipien (gemeint sind die neuen Fabrikvorschriften – Anm. d. Verf.) in China je erreicht werden sollen ... Wunder geschehen in China nicht häufiger als anderswo. Plötzlich beginnt man wesentlich über chinesische Dinge zu urteilen, allerdings mit westlichen Standards. Vorurteile schleichen sich einem ins Gerechtigkeitsempfinden, und in diesem Lande machen besonders viele Menschen diesen Fehler.]

Bei nicht wenigen in Shanghai lebenden Ausländern scheint Zweifel an der Zuverlässigkeit und Glaubwürdigkeit der chinesischen Führungselite beziehungsweise an einer Verbesserung der Lage der einheimischen Bevölkerung nach Beseitigung der westlichen Präsenz verbreitet gewesen zu sein. In einem Brief an Frederick R. Graves, seit 1893 als Bischof der Diözese der Protestant Episcopal Church in Shanghai tätig, notiert der Sekretär dieser amerikanischen Kirche, auch er auf das Unverständnis seiner Landsleute fern jeglicher Kenntnisse chinesischer Zustände hinweisend:

> »The language of the report, however, gives the Municipal Council practically all the credit for everything that is wrong and intimates if the claim of the Chinese to take over the settlement were granted, things would be very much better. You and I know that they would probably be worse, but that does not interest the New York World with its strong anti-foreign and especially anti-British attitude.«[179] [Die Sprache des Berichts (gemeint ist ein Bericht in der amerikanischen Zeitschrift ›The American Child‹, welcher die Behörden des SMC anklagt, zu wenig gegen die erbärmliche Kinderarbeit in Shanghai zu unternehmen – Anm. d. Verf.) schiebt praktisch die gesamte Schuld für alles, was schlecht ist, dem Municipal Council in die Schuhe. Und weiter gibt er zu verstehen, dass, falls die Forderung der Chinesen, die Niederlassung zu übernehmen, erfüllt wird, alles viel besser sein wird. Sie und ich wissen, dass es wahrscheinlich schlimmer wäre, aber das interessiert die New Yorker Welt mit ihrer stark antiausländischen und speziell antibritischen Haltung nicht.]

Dem Shanghai Municipal Council Gleichgültigkeit gegenüber dem Schicksal der chinesischen Stadtbevölkerung vorzuwerfen, wäre in der Tat eine unfaire Beschuldigung. Zwar war die Behörde in erster Linie zur Verwaltung der internationalen Konzessionen und damit im Dienste der ausländischen Bevölkerung geschaffen worden, doch zeigte sich beispielsweise anlässlich der japanischen Bombardierung des chinesischen Zhabei-Distrikts im Winter 1932 (ohne Kriegserklärung), dass die westlichen Vertreter in Shanghai gewillt waren, sich für die Chinesen – zumindest verbal – einzusetzen. Anlässlich eines Treffens aller in Shanghai ansässigen Konsule im Beisein des Vorsitzenden des SMC, des Amerikaners Stirling Fessenden, am 5. Februar 1932 (eine Woche vorher hatte der SMC beschlossen, den Ausnahmezustand auszurufen) sprach Letzterer von der »selbstherrlichen Behandlung« der Japaner im Bezirk Hongkou (Hongkew). Er forderte die Vertreter der westlichen Konsulate auf, die angespannte Situation mittels Entsendung einer internationalen Kommission zu entschärfen und dabei das Schicksal der von Japanern gefangen genommenen Chinesen in Internierungslagern zu klären.[180] Die Handlungsfähigkeit des SMC war allerdings begrenzt, und die westlichen Nationen wollten und konnten es sich mit den Japanern nicht verderben. So wurde beispielsweise eine Anfrage einer philanthropischen chinesischen Organisation abschlägig beantwortet, chinesische Flüchtlinge aus Gebieten (Hongkou) zu evakuieren, in denen Kampfhandlungen stattfanden.[181] Angehörige der Shanghai Municipal Police hatten es nicht leicht, im Durcheinander chinesich-japanischer Provokationen und gegenseitiger Vergeltungsmaßnahmen seit den Ereignissen von 1932 für Recht und Ordnung zu sorgen, geschweige denn, sich in den Gassen und Winkeln von Shanghais Ober- und Unterwelt zurechtzufinden, wenn es um die Verfolgung mutmaßlicher Unruhestifter ging.

»In these investigations the police experiences the greatest difficulties as Chinese will not come forward to assist with information, and the task of tracing the culprits is almost hopeless.«[182] [In diesen Untersuchungen erlebt die Polizei die größten Schwierigkeiten, denn die Chinesen würden ihr nie mit Informationen zur Seite stehen, und die Aufgabe, die Schuldigen zu finden, ist beinahe hoffnungslos.]

Opium

Ähnlich gelagert zeigte sich auch die Schwierigkeit und Unbeholfenheit des Westens, mit dem Opiumhandel in der Huangpu-Metropole umzugehen, dessen Ausmaß man nicht wenig mitzuverantworten hatte. 1928 gründete die nationalistische Regierung ein sogenanntes National Opium Suppression Committee, doch schien diese Maßnahme das Geschäft insbesondere der Behörden der Concession Française mit dem Drogenbaron Du Yuesheng in keiner Weise zu beeinträchtigen. Zwar kam es im Gefolge einer Untersuchungskommission des Völkerbundes zu einer kurzfristigen Säuberungsaktion, allerdings nur gerade so lange, bis die Delegation ihren Rückweg nach Genf antrat. Danach fanden sich die alten Seilschaften wieder (zumindest für einige wenige Jahre), und die Polizei begnügte sich wie eh und je mit der Verfolgung kleinerer Fische im Gewirr chinesischer Hinterhöfe und Wohnungen, List und Tricks chinesischer Opiumraucher zumeist vorausahnend:

»[T]hey observed a Chinese, who had evidently been on watch at the door, dash inside, and following quickly they were in time to see him pull down an electric switch which turned on a red light as a warning signal to those on the second floor. On proceeding upstairs the police found a lighted lamp, but the warning had given sufficient time for the concealment of an opium pipe.«[183] [Sie (die Polizei – Anm. d. Verf.) beobachtete die Chinesen, die ihrerseits an der Türe Wache schoben. Diese stürzten hinein und hatten genügend Zeit, einen elektrischen Schalter zu bedienen, der ein rotes Signal auslöste, um die Personen im zweiten Stock zu warnen. Als dann die Polizei nach oben gelangte, fand sie eine angezündete Lampe; die Warnung hatte jedoch den Leuten genügend Zeit eingeräumt, die Opiumpfeife zu verstecken.]

Nicht weniger verzwickt, als sich im Dschungel chinesischer Lebenswelten zurechtzufinden, stellte sich den Ausländern die Überwindung sprachlicher Barrieren entgegen. Nur wenigen war es gegeben, sich im Dickicht der chinesischen Sprache zurechtzufinden und über dieses primäre Mittel menschlicher Kommunikation eine vertraute Beziehung zu Chinesen zu schaffen. Dass sprachliche Ausdrücke selbst von Angehörigen, welche die gleiche Sprache sprechen, verschieden verstanden werden, geschweige denn von Ausländern, die der chinesischen Sprache unkundig sind, das wussten auch die Verantwortlichen der westlichen Mächte. Galt der Terminus Ausländer für die weißen Herren der Stadt als Synonym für Macht und Ehre, übersetzten ihn die Chinesen mit »yangguizi«, »ausländischer Teufel«. »Houses of foreign styles« bedeuteten für den chinesischen Gesuchsteller einer Baubewilligung zwar die Errichtung im westlichen Stil, doch galt dies für den Sekretär des Conseil d'Administration Municipale de la Concession Française wiederum nur beschränkt: In seinem negativen Antwortschreiben möchte er die Route Vallon, »une zone réservée aux seules constructions de style européen«, nicht von irgendwelchen – ob fremden oder nichtfremden – Häuserfassaden verunstaltet sehen.[184] Meint Fremdheit im Jargon des Chinesen den Ausländer, so versteht dieser darunter, sofern der Versuch der Identifikation mit dem Gegenüber oder zumindest die Empathie für diesen ausbleibt, alles Chinesische. Der gewissenhafte französische Beamte hält sich getreu an die Vorgabe, gemäß welcher bereits seine Vorgänger gehandelt haben und die klarmacht, dass Lebensweise und Hygieneverhalten der Chinesen ein ständiges Ärgernis in den Augen (und Nasen, gelegentlich auch Ohren) der Europäer provozieren und man deshalb genötigt sei, gewisse Maßnahmen zu ergreifen, um die Reinheit westlicher Nachbarschaften – beispielsweise durch Bauvorschriften – zu schützen:

> »Déjà par décision du 29 octobre 1914, le Conseil délimitait aux abords du Parc Koukaza un quadrilatère sur lequel ne devait être construite que des immeubles européens. Mais peu après, un groupe de maisons chinoises s'élevait non loin de Jardin, constituant ainsi une vraie disgrâce dans cet ilot de verdure. ... Il estime que le fait d'imposer des conditions spéciales pour la construction, pour le style, ne constitue pas une mesure suffisante. Car dans la plus belle maison ... les Chinois du people ne se libéront pas de leurs habitudes de malpropreté, causant la plus grande gêne au voisinage.«[185] [Bereits mit dem Entschluss vom 29. Oktober 1914 hatte der Rat innerhalb des Koukaza-Parks ein viereckiges Gelände bestimmt, auf dem nur europäische Bauten errichtet werden dürfen. Aber nur wenig später wurde eine Gruppe chinesischer Häuser nicht weit vom Park errichtet, was in der Tat einem wirklichen Unglück in dieser grünen Idylle gleichkommt. ... (Der Rat – Anm. d. Verf.) erachtet das Aufstellen von speziellen Verordnungen für

den Bau und den Stil von Häusern als ungenügend. Denn auch im Falle des schönsten Hauses ... befreien sich die Chinesen nicht von ihren schlechten Gewohnheiten bezüglich Schmutzigkeit, was bei der Nachbarschaft das größte Unbehagen auslöst.]

Die chinesische Sprache war für die Mehrheit der in Shanghai ansässigen Ausländer ein selbstgewähltes Tabu. Für die tägliche Arbeit des SMC jedoch stellte das Verständnis derselben eine Conditio sine qua non für ein einigermaßen reibungsloses Funktionieren im Verhältnis der ausländischen Stellen zu den Chinesen dar. Das Übersetzungsbüro des SMC hatte zwei Aufträge zu erfüllen: Übersetzungsarbeiten innerhalb der Verwaltung sowie die Aufsicht über das Angebot an Chinesischkursen an Schulen und anderen Institutionen. Erstere, so ein Bericht des Director of Chinese Studies and Official Translator C. Kliene aus dem Jahre 1929, wurden jahrzehntelang von der Behörde vernachlässigt, und dies im Wissen, dass dadurch äußerst peinliche Situationen entstanden:

»The Chinese written language is capable of much dignity of expression, and there is no reason whatever for important Notifications, Proclamations, etc. to be published in childish or illiterate language to be laughed at, as has too often been the case in the past with disastrous effect. The Council's pronouncements should, as regards style and composition, be on a level with similar pronouncements pulished by the Chinese themselves. There should be no violation of established forms, no faulty construction, and no using of wrong characters which provoke ridicule.«[186] [Die geschriebene chinesische Sprache ist fähig, größte Würde auszudrücken. Es gibt absolut keinen Grund, wichtige Bekanntmachungen, Proklamationen etc. in kindischer und ungebildeter Sprache, über die man lacht, zu veröffentlichen, so wie es häufig in der Vergangenheit mit schwerwiegenden Folgen geschehen ist. Die Äußerungen des Rats (Municipal Council – Anm. d. Verf.) sollen, was Stil und Aufbau betrifft, mit ähnlichen Verlautbarungen der Chinesen auf gleicher Stufe stehen. Es sollte keine Verletzung von festgelegten Formen geben, keinen falschen Satzbau und keinen Gebrauch von falschen Schriftzeichen, die nur Spott auslösen würden.]

Als einer der wenigen Ausländer in Shanghai kannte Kliene die angemessene Umgangsform zwischen Westlern und Chinesen. In erster Linie wies er auf den Eindruck hin, den Kenntnisse der chinesischen Sprache von Ausländern bei Einheimischen machten:

»The real Chinese ›touch‹ goes a long way to promote good feeling and good understanding; the Chinese admire and respect it; they like occasionally to be addressed in their own language. The Council's utterances in Chinese have generally been crude, uncouth, grotesquely outlandish and ›unequal‹ to what the Chinese expect from the Council.«[187] [Der richtige chinesische Stil geht einen weiten Weg, um gute Gefühle und förderliches Verständnis voranzubringen. Die Chi-

nesen bewundern und respektieren das. Manchmal haben sie es gern, wenn man sie in ihrer eigenen Sprache anspricht. Die Äußerungen des Rats in chinesischer Sprache waren bisher im Allgemeinen ungehobelt, grob, auch grotesk fremdländisch und dem nicht gewachsen, was die Chinesen vom Rat erwarten.]

Kliene kritisierte in seinem Bericht die mangelhaften Dienste der zwei einzigen vom SMC angestellten langjährigen chinesischen Übersetzer, deren Qualifikationen absolut ungenügend waren, Gesetze und Verordnungen zu übersetzen sowie Beschwerdebriefe und sonstige Eingaben von Chinesen an den SMC zu beantworten. In seiner Argumentation für einen verbesserten Übersetzungsdienst führte Kliene zudem die zunehmende Einmischung chinesischer Stellen und Organisationen in die Amtsgeschäfte des SMC an, insbesondere durch die Chinese Ratepayers' Association, die Amalgamated Association of Street Unions, ganz zu schweigen von der Gemeindeverwaltung Groß-Shanghais (der chinesischen Stadtregierung). In verschiedenen Berichten und Schreiben an die Behörden des SMC trat Kliene wiederholt und vehement für einen verbesserten Chinesischunterricht an öffentlichen Schulen ein (nebst tiefer gehenden Unterweisungen zur Geschichte des Landes, der Vertragshäfen und zu den Beziehungen des Auslands zu China).[188] Zwar würden sich in China geborene ausländische Kinder den lokalen Dialekt (»shanghaihua«) ohne größere Schwierigkeiten aneignen, doch werde dabei gleichzeitig das Mandarin (»putonghua«), die chinesische Landessprache (»guoyu«), vollkommen vernachlässigt. Dies werde dem Westen in der Zukunft zum Nachteil gereichen, da die Chinesen im Allgemeinen mit den Ausländern bedeutend besser vertraut seien als umgekehrt:

»The aim of the School should not be to turn out Sinologues but to train boys for direct and intelligent contact with the Chinese people, to fit them for a commercial career in this country as required by the British Chamber of Commerce standards, and to facilitate better understanding between foreigners and Chinese.«[189] [Das Ziel der Schule sollte nicht sein, aus den Schülern Sinologen zu machen. Aber man sollte die Jungen zu direktem und intelligentem Umgang mit den Chinesen befähigen, sie für eine wirtschaftliche Karriere in diesem Lande gemäß den Standards der britischen Handelskammer vorbereiten und ein besseres Verständnis zwischen Ausländern und Chinesen ermöglichen.]

»Mat9hmaker«

In der Tat schienen die fehlenden Sprachkenntnisse der Ausländer mit ein Grund für das im Allgemeinen geringe Verständnis chinesischer Wirklichkeiten gewesen zu sein. China war etwa im Vergleich zu Indien nicht nur keine Kolonie (vom historischen Standpunkt her betrachtet), sondern hier hatten die Ausländer noch zusätzlich sprachliche Hürden zu überwinden[190] beziehungsweise die Zugangsschranke ostasiatischer Gesellschaften zu durchbrechen, um sich in einheimische Kreise einzuklinken. Verließ sich die Pekinger Diplomatengesellschaft in der Regel auf Dolmetscher (zu Zeiten der Missionare übernahmen häufig die Hofjesuiten diese Tätigkeit), zeigten sich westliche Kauf- und Geschäftsleute in den Vertragshäfen mehr am wirtschaftlichen Nutzen des chinesisch-ausländischen Handels denn an einer wie auch immer gearteten Auseinandersetzung mit chinesischen Sitten und Gebräuchen interessiert. Letzteres hätte wohl eine bessere Beherrschung der Landessprache sowie mehr Hingabe an die fremdartige Umgebung vorausgesetzt.

«Mat9hmaker«, «Watch Macker – Repair 1. NY Clocks« oder «Soey Suen. Watch and Clock. Maker. Come into the store very justful« stand in lateinischen Lettern auf den Schildern von drei chinesischen Uhrmachern an ihren jeweiligen Läden, irgendwo in den ausländischen Konzessionsgebieten Shanghais. Keinen Grund zum Lachen für den Leser, vielleicht einen zum Schmunzeln löst der Verfasser des Buches »Sketches in and around Shanghai« bei der Lektüre des Kapitels »Anglo-Chinese Signboards« aus.[191] Allerdings war es nicht die Unfähigkeit der Chinesen, sich innerhalb kurzer Frist einige Brocken westlicher Sprachen anzueignen, sondern vielmehr die weitverbreitete Ungeduld und das Desinteresse der Ausländer, die Tücken chinesischer Artikulation und das Schriftbild Tausender Zeichen zu erlernen. Um unter anderem die Klippe körperlicher Mühen, geistiger Anstrengung und psychologischer Schranken zu umgehen und dabei trotzdem nicht auf das Geschäft mit China verzichten zu müssen, hatten zu Beginn des britischen China-Handels im 17. Jahrhundert die ausländischen Geschäftsleute einheimische Helfer verpflichtet, die ihnen den Weg zum chinesischen Markt öffnen sollten. Diese sogenannten »compradores« (aus dem portugiesischen Wort für Einkäufer – auf Chinesisch »maiban«) waren zuerst in Kanton aufgetreten, wo sie sich als Kaufmannsgilden, sogenannte Cohong (»gonghang«), organisierten, die von der Qing-Dynastie mit der Lizenz des Außenhandels ausgestattet wurden. Um Einheimischen (den »heidnischen Chinesen«) wie Fremden (den »ausländischen Teufeln«) die Beschwerlichkeiten der Erlernung der jeweils anderen Sprache zu ersparen und sich nicht auf das jeweilige tiefere Niveau des Gegenübers herablassen zu müssen, trafen sich die Beteiligten halbwegs in der Mitte und schufen – zu beiderlei Vorteil – das sogenannte Pidgin-Englisch, welches entlang der chinesischen Küste und bis in Teile des Yangtse-Tales gesprochen wurde. Die Sprache diente Vertretern der 1600 gegründeten British East India Company in ihrem Verhältnis zu den chinesischen »compradores« ebenso wie Rikschakulis, Straßenhändlern oder Dienstmädchen, deren Auskommen in nicht geringem Ausmaß von den Ausländern abhing. Pidgin-Englisch bestand hauptsächlich aus englischen (und einigen portugiesischen) Wörtern, vermischt mit Ausdrücken aus dem Malaiischen, dem Persischen sowie dem Hindustani, wurde jedoch nach chinesischen Satzkonstruktionen aufgebaut und ausgesprochen. Seit der Abnahme des Einflusses des Westens in China nach der Gründung der Volksrepublik ist die Sprache bis auf ganz wenige Ausnahmen (in Hongkong) ausgestorben. Über die Entstehung von Pidgin gibt es verschiedene Theorien, von der sogenannten »Baby-Talk Theory«, wonach der »Herr« (im Zeitalter der Kolonisation der Westler) aus Gründen der »Unfähigkeit« des Untergebenen gezwungen ist, gegenüber seinem »Diener« (womit im vorliegenden Fall der Chinese gemeint war) eine Art Babysprache – imitiert nach der falschen Aussprache und Struktur des Dieners – anzuwenden, bis hin zur »Nautical Jargon Theory«, welche besagt, dass die verschiedenen Pidgin-Sprachen durch die Ausdehnung der Schifffahrt über die Weltmeere beziehungsweise die üblicherweise multinationale Zusammensetzung der Schiffsmannschaften entstanden ist.[192]

Pidgin-Englisch
Pidgin-Englisch gehörte zum festen Bestandteil des Verhältnisses zwischen Chinesen und Ausländern, das im Allgemeinen nicht als eines zwischen Gleichberechtigten bezeichnet werden konnte. In einem Shanghai-Reiseführer aus den 1930er Jahren heißt es, Pidgin-Englisch sei, trotz seiner Beschränkungen, ziemlich gut anwendbar, jedoch solle man den Gebrauch dieser Sprache nicht an jedem beliebigen Chinesen ausprobieren. Man laufe Gefahr, dass sich der Chinese in seiner Ehre verletzt fühle.[193] Auch warnt das Buch davor, diese Sprache herunterzumachen und nach jedem englischen Wort das Suffix »ee« anzufügen. Ein Neuankömmling würde von einem Chinesen sogleich enttarnt. Die »China Coast Language« verwendete und entwickelte Ausdrücke, die ortsspezifisch und lediglich dort in Umlauf waren, später jedoch häufig den Weg in englische oder amerikanische Wörterbücher fanden: »Amah«, ein allgemeiner Begriff für weibliche Bedienstete jeglicher Art, ob Baby-Amah, Schneiderin-Amah oder Unkraut-Amah (deren Aufgabe es war, den Rasen der auf chinesischem Boden stehenden ausländischen Villa von Unkraut zu befreien); Bund (Quai); Chit (Brief, Notiz, Rechnung, Quittung); Cumshaw (Geschenk, Trinkgeld); Joss (Gott, Glück); Maskee (macht nichts; das ist mir recht); Missee (Fräulein); La-li-loong (Dieb); Taipan (Boss, Manager); Tiffin (Mittagessen, Imbiss); Walla-Walla (geschwätziges, unnützes Gerede) – um nur einige Beispiele zu nennen.[194] Auch über die Herkunft des Wortes »Pidgin« gibt es unterschiedliche Auffassungen, die allerdings eine gemeinsame thematische Wurzel haben:

den Handel. Während die einen im Ausdruck »Pidgin« die chinesische Aussprache des portugiesischen Wortes »ocupação« (Beschäftigung, Handel, Beruf) erkennen, nehmen andere das englische Wort »business« wahr. Dritte wiederum sehen darin das hebräische Wort »pidjom« (Handel).

Alle drei Standpunkte verfügen über jeweils triftige Gründe. Mag der Sprung von »Sing-song« (musikalische Unterhaltung irgendwelcher Art) über »Chop-chop« (schnell) hin zur Judaistik auch ein großer sein, er war es nicht in der Realität Shanghais in der ersten Hälfte des 20. Jahrhunderts (und nicht nur dort), wie die schriftlich überlieferte Kurzgeschichte »Der Chinese und der Jude« – in Pidgin-Englisch – zeigt. Die Krux der Geschichte handelt vom Sprachen- und Auslegungsproblem, mit welchen Angehörige verschiedener Kulturen in ihrer Beziehung untereinander konfrontiert sind. Aufschlussreich ist, dass sowohl der Jude wie der Chinese Vorurteile gegeneinander hegen, die stereotype Züge tragen. Im vorliegenden Fall scheint jedoch zumindest der Chinese überraschend viele Kenntnisse von der jüdischen Kultur zu haben, die er in seiner Wut über die Unfreundlichkeit des Juden in stark abwertendem, nach heutigen Maßstäben antisemitischem Tone dem Gegenüber an den Kopf wirft.

> »One-tim one Jew-man lib Californee-side makee one big piecee bobbely long-side on Chinaman. He cállo Chinaman plenty bad name; he cállo *la-li-loong*, all-same tief-man; he too muchee saucy, galaw. By'mby Chinaman no likee t'his pidgin, he velly angly, he talkee Jew sofashion, ›Ch'hoy! You one big piecee foolo-man. Allo man talkee you foolo, you no chow-chow *chu-me-lung*, he nicey pigtail dlagon – what you cállo ›loin of pork.‹ My savvy you. You bad man – you velly bad man – you too muchee bad ... ›You killee Melican-man's Josh.‹«[195] [Einst geriet ein in Kalifornien lebender Jude mit einem Chinesen in Streit. Er beschimpfte den Chinesen mit dem Ausdruck ›Dieb‹; er nannte ihn einen Piraten, alle Chinesen seien Diebe; eben sehr von oben herab. Danach wollte der Chinese das (ursprünglich vereinbarte – Anm. d. Verf.) Geschäft nicht mehr machen, er war sehr verärgert und entgegnete dem Juden: ›Du Dummkopf, alle sagen, du bist ein Dummkopf. Du isst ja nicht einmal Schweinefleisch, dieses so schmackhafte Gericht, ›Chu-me-lung‹ genannt, das du Schweinslende nennst. Ich kenne dich. Du schlechter Mann, du sehr schlechter Mann ... ›Du hast den Gott der Amerikaner ermordet.‹]

Unkenntnis der Sitten des andern als Auslöser für Missverständnisse und Beleidigungen, ganz nach dem Motto: »Was dem einen ein Schmaus ist dem andern ein Graus.« So mögen sich beide, Jude und Chinese, gedacht haben. Die Geschichte der jüdischen Präsenz in Shanghai ist verschlungener, inhaltsreicher, fundamentaler – die Wahrnehmung Chinas und seiner Realitäten deshalb vielfältiger, empfindsamer, auch farbenfroher.[196] Genauso wie das Shanghai in der ersten Hälfte des 20. Jahrhunderts ein buntes Durcheinander verschiedener Nationalitäten und Völkergruppen darstellte, so traten auch die in der westlichsten Metropole Chinas lebenden Juden nicht als Einheit auf. Hier schien sich die Redensart von den zwei Juden und den drei Meinungen in potenzierter Form in der einzigartigen Vielfalt an chinesischen Impressionen widerzuspiegeln. Ein Potpourri an unterschiedlichen Ansichten über das Leben in Shanghai und die den Juden fremde Umgebung war die Folge.

Die älteste in Shanghai domizilierte jüdische Gemeinde bestand aus sephardischen Juden, die zwischen 1820 und dem Beginn des Ersten Weltkrieges aus Bagdad (deshalb auch Bagdader Juden genannt), das damals unter osmanischer Herrschaft stand, zumeist aus wirtschaftlichen Gründen nach Indien und bis in den Fernen Osten gelangten.[197] Zum selben Zeitpunkt, als sich die westlichen Staaten mittels der ungleichen Verträge ihre Stücke von China abschnitten, etablierten Angestellte der in Bombay tätigen Firma, die die sephardische »Patriarchendynastie« begründet hatte – David Sassoon and Sons, Company Ltd. –, Zweigstellen in den Küstenstädten des Reichs der Mitte (David Sassoons zweiter Sohn, Elias David, gründete hier 1867 die Firma E. D. Sassoon).[198] Das Netz ihrer Verbindungen reichte von Indien über Hongkong und Kanton bis nach Japan. Die Mehrzahl der Abrahams, Kadoories, Ezras, Solomons oder Sassoons gehörte zur beruflichen Kategorie der Geschäftsleute, die im Gefolge von Opium-, Tee-, Seiden- und Immobilienhandel reich geworden waren. Nicht alle verfügten allerdings über solch phantastische Summen, die es erlaubten, Straßenzüge, Banken und sogar Elektrizitätswerke ihr Eigen zu nennen, der Stadtregierung das Rathaus abzukaufen, den Bau von Synagogen, Friedhöfen und sozialen Institutionen zu finanzieren, das Projekt einer Gartenstadt im Heiligen Land zu initiieren oder dem SMC Geld für den Kauf von Flugzeugen für das Shanghai Volunteer Corps anzubieten.[199] Die Mehrheit der sephardischen Juden – ihre Zahl in Shanghai dürfte diejenige von achthundert nie überschritten haben – zählte, im Verhältnis zu den anderen hier ansässigen Ausländern, zur unteren Mittelschicht, sie verdiente sich ihren Lohn als Arbeiter und Angestellte zumeist in den Firmen ihrer reichen Glaubensbrüder.

Die sephardischen Juden in Shanghai waren in vielerlei Hinsicht Außenseiter unter Außenseitern. Sie gehörten zu einer der zahlreichen Minderheiten im Shanghai jener Jahre, und wären nicht einzelne Vertreter durch ihre phantastische Finanzkraft buchstäblich im architektonischen Straßenbild Shanghais aufgefallen, wären sie wohl unter den Status einer unbedeutenden Randgruppe gefallen. Doch gerade die Situation ihrer Andersartigkeit und Marginalisierung lässt rückblickend ihre Beziehung zu anderen westlichen Gemeinschaften beziehungsweise ihre Einstellung gegenüber dem Gastland und seiner Gesellschaft in einem neuen, bemerkenswerten Licht erscheinen. Im Zuge der Kolonialisierung und des aufkommenden Nationalismus im 19. Jahrhundert stellte sich auch den jüdischen Glaubensbrüdern in der Diaspora des Mittleren Ostens und Indiens die Frage der Identität und der Nationszugehörigkeit. Diejenigen Sepharden, die über Indien, damals eine englische Kolonie, nach China gelangten, versuchten aus Gründen der Rechtssicherheit und der Reisefreiheit, einen britischen Pass zu bekommen. Allerdings gelang es lediglich einer Minderheit – zumeist der vermögenden –, einen solchen zu ergattern, die Mehrheit der sephardischen Juden Shanghais bestand aus irakischen beziehungsweise türkischen Staatsangehörigen oder war staatenlos.[200] Die britische (Kolonial-)Gesellschaft war noch verhältnismäßig stark im Rangdenken nach Klassenzugehörigkeit verhaftet, was beispielsweise in den

Zulassungsbeschränkungen britischer Klubs zum Ausdruck kam. Allerdings öffnete etwa der Shanghai Club, eine genuin britische Institution, auch Angehörigen anderer Nationalitäten seine Pforten, doch schienen etliche sephardische Juden die Mitgliedschaft in anderen Klubs vorgezogen zu haben.[201] Geschäftsinteressen dürften entscheidend dazu beigetragen haben, dass die (rein) englische Elite beim Umgang mit den Tycoons jüdischer Abstammung über die sozialen Tabus jener Zeit hinwegsah und sich englischer Standesdünkel für einmal weniger offenkundig manifestierte.[202]

Die teils freiwillige, teils erzwungene Suche nach der eigenen Identität und die Besinnung auf ihre Wurzeln machte die sephardische Gemeinde zu einem ausgesprochen kohärenten Gebilde. Viele behielten ihre religiösen Sitten und Gebräuche bei: Man ging zur Synagoge, lebte nach dem Kalender der jüdischen Feiertage, hielt die Speisegesetze ein und versuchte, das biblische Wissen der Vorväter in Wort und Schrift zu tradieren. Ehen zwischen Sepharden, die sich als orthodox bezeichneten, und Angehörigen der aschkenasischen Gemeinschaft, welche Erstere zahlenmäßig bei weitem übertrafen, waren selten; noch rarer solche zwischen Sepharden und Nichtjuden. Dafür zeigte man zu Beginn des 20. Jahrhunderts in Shanghai Interesse für die Glaubensbrüder der sogenannten Kaifeng-Juden in der Provinz Henan, jener fernöstlichen Kehilla, die in der Song-Dynastie (960–1279) groß wurde und von der man annahm, deren Angehörige seien ebenfalls Abkömmlinge aus dem Hause der Bagdader Juden. Einige prominente sephardische Juden in Shanghai gründeten im Frühjahr 1900 die Shanghai Society for the Rescue of the Chinese Jews mit dem Ziel, das Erbe dieser vom Untergang bedrohten Gemeinde aufrechtzuerhalten.[203] Dieses Eintreten für die angeblichen Blutsverwandten durch Mitglieder der sephardischen Gemeinde Shanghais ist für ihr Verhältnis zu den Chinesen und deren Kulturwelt insofern interessant, als durch Besuche von Kaifenger Juden in Shanghai deren teilweise Akkulturation (andere sprachen von Assimilation) mit konfuzianischen Glaubens- und Ordnungsvorstellungen offensichtlich wurde, was wiederum der sephardischen Gemeinde im Shanghai des 20. Jahrhunderts ganz unmöglich erschien:

> »Notwithstanding the fact that we love the country in which we dwell, and feel grateful for the shelter given us, we have nevertheless not adopted ›Chinese practice‹ nor ›imbibed Chinese culture‹. We are, as we were, Jewish to the core.«[204] [Trotz der Tatsache, dass wir das Land, in dem wir wohnen, lieben und dankbar sind für den Schutz, den es uns gibt, haben wir weder ›chinesische Gepflogenheiten‹ angenommen noch ›chinesische Kultur‹ aufgesogen. Wir sind, wie wir waren: jüdisch bis aufs Herz.]

China and Judea: The Awakening of Asia

Den sephardischen Juden erschien die chinesische Umgebung im Allgemeinen ebenfalls fremd, nicht anders wie der Mehrzahl der in Shanghai lebenden Ausländer. Auch wenn bei oberflächlicher Betrachtung gewisse Gemeinsamkeiten hinsichtlich Erziehung, Familienstruktur, Wertschätzung der Gelehrten sowie philanthropischer Institutionen und so weiter zwischen Chinesen und Juden bestanden – eine spezifische gegenseitige Beeinflussung blieb aus. Die Sepharden gelangten ebenso zumeist nicht über die Kontakte hinaus, wie sie generell zu Bediensteten, Geschäftspartnern oder Rikschakulis bestanden. Über chinesische Sprachkenntnisse verfügten die meisten nicht, im Haushalt hielt man sich mit Pidgin-Englisch über Wasser, im Geschäftsleben verließ man sich auf Dolmetscher oder auf die Englischkenntnisse der versiert auftretenden Compradore. Und doch schien das Verhältnis der Sepharden zum Gastland in mancher Beziehung ein heterogeneres, reichhaltigeres gewesen zu sein, was darauf zurückzuführen war, dass man sich in Shanghai selbst als Fremder unter Fremden fühlte, man nicht unbedingt, wie die meisten Ausländer, als Angehörige eines weißen Herrenvolkes gegenüber den »unkultivierten Chinesen« auftreten konnte und wollte. Durch ihre Geburt und Herkunft, die Gewissheit, jederzeit bereit sein zu müssen, die gewohnte Umgebung zu verlassen, durch ein ständiges Flottieren zwischen verschiedenen Ländern und Kontinenten sowie die Erziehung zu kosmopolitischem Denken entwickelten einzelne Vertreter der Gemeinde ein besonderes Bewusstsein für den Multikulturalismus beziehungsweise die besondere Lage Shanghais als Dreh- und Angelpunkt zwischen Ost und West. Nach der erfolgreichen Nordexpedition Chiang Kai-sheks und der Einigung Chinas unter einer einheitlichen Führung hieß es in der Zeitung der sephardischen Juden Shanghais, »Israel's Messenger«, unter dem Titel »China and Judea: The Awakening of Asia«:

> »The impression is widely held that the East and West are as far removed and both have nothing in common with each other. KIPLING immortalized this idea in the lines: ›For East is East and West is West, and never the twain shall meet.‹ It seems to us that there should be some connecting link between the two, a centre which should serve as the fusion point of East and West. Surely, New Judea serves such a purpose for we find therein both Eastern and Western traditions and culture.«[205]
> [Der Eindruck ist verbreitet, dass der Osten und der Westen weit voneinander entfernt sind und beide nichts miteinander zu tun haben. KIPLING hat diese Idee in den Zeilen verewigt: ›Denn der Osten ist der Osten und der Westen ist der Westen. Und die beiden werden sich nie treffen.‹ Uns scheint es, dass es eine verbindende Beziehung zwischen den beiden geben soll, ein Zentrum, das als Schmelzpunkt zwischen Ost und West dienen kann. Gewiss, New Judea dient einem solchen Zweck, denn dort finden wir beides: östliche und westliche Traditionen und Kulturen.]

Zudem, und das spielte eine nicht unbedeutende Rolle, sahen sich nicht wenige Angehörige der ältesten jüdischen Gemeinde Shanghais insbesondere nach dem Aufkommen zionistischen Gedankengutes in einer verwandtschaftlichen Beziehung zu den Chinesen, da beide Völker auf dem Wege zur Unabhängigkeit, zur Befreiung von kolonialistischen Fesseln und ausländischer Unterdrückung waren. Man appellierte, sogar noch zwei Jahre nach den japanischen Feindseligkeiten gegenüber China im Jahre 1932, in pathetischem Ton an gemeinsame humanistische Ideale, an die edlen Prinzipien der Ethik und einer liberalistischen Gesinnung:

I. Orte und Zeiten west-östlicher Begegnungen

»Let us labour for that larger and larger comprehension of truth ... which shall make the history of mankind a series of ascending developments. We stand to-day on the edge of a new age. All over Asia there are signs of an awakening and if China, Japan and New Judea were to join hands together, it will not be long before we shall have laid the foundation of liberality and goodwill among the nations of the earth.«[206] [Lasst uns hart arbeiten für dieses größer und größer werdende Verständnis von Wahrheit ..., welches die Geschichte der Menschheit zu einer Serie von aufsteigenden Entwicklungen machen wird. Heute stehen wir an der Kante zu einer neuen Epoche. In ganz Asien finden wir Zeichen eines Erwachens, und wenn China, Japan und New Judea einander Hand bieten, dann wird es nicht lange dauern, bis wir die Basis für Liberalität und Wohlwollen zwischen den Völkern geschaffen haben.]

In der Tat hatten einige sephardische Juden Shanghais (darunter Sir Elly Kadoorie) bereits frühzeitig um Unterstützung Chinas zur Gründung einer Heimstätte für Juden in Palästina ersucht, und dies nicht vergeblich, wie ein Schreiben ein Jahr nach Bekanntwerden der Balfour-Deklaration vom 2. November 1917 zeigte, in welchem die damalige Regierung Chinas ihre positive Haltung gegenüber den Wünschen der zionistischen Führung im Einklang mit der britischen Politik darlegte.[207] Auch Sun Yat-sen, Vater der chinesischen Republik, äußerte sich in einem Schreiben an den Herausgeber von »Israel's Messenger«, N. E. B. Ezra, zustimmend zum Zionismus, einer der »größten Bewegungen unserer Zeit«.[208] Diese ursprüngliche, nicht nur für die Juden in China wichtige Sympathiebekundung, bildete die Grundlage für einen gegenseitigen Austausch von Lobes- und Dankesbezeugungen zwischen Chinesen und sephardisch-jüdischen Bewohnern Shanghais bis hin zum Ausbruch des Pazifikkrieges im Jahre 1941. Als besondere Ehre empfand es die Präsidentin der Shanghai Zionist Association, Sophia Toeg, von der nationalistischen Regierung Chinas eine Einladung zu den Feierlichkeiten der Einweihung des Mausoleums für den Republikgründer Sun Yat-sen in Nanjing erhalten zu haben.[209] Ob Jahrestage der Balfour-Deklaration oder Gründungsgeburtstage der chinesischen Republik: »Israel's Messenger« druckte die Grußbotschaften chinesischer Würdenträger mit Stolz und Genugtuung ab, von Shanghais Bürgermeister über verschiedene Außenminister bis hin zu Präsident Chiang Kai-shek persönlich, vom Herausgeber zumeist mit einem Dank und gleichzeitigem Verweis auf die Gemeinsamkeiten zwischen jüdischer und chinesischer Kultur quittiert:

»We need hardly say that we value Major Wu's message, short as it is, for its intrinsic value and worth. We have all along looked upon China and her teeming millions as the country which deserves to rank among the greatest on earth. China's civilization is as old as that of Ancient Judea and both have much in common with each other.«[210] [Wir müssen kaum betonen, wie sehr wir die Botschaft von Bürgermeister Wu, kurz wie sie ist, aber von großem innerem Wert, schätzen. Wir alle haben auf China und seine Millionenbevölkerung als ein Land geschaut, das es verdient, unter die größten der Erde gereiht zu werden. Chinas Zivilisation ist so alt wie das antike Judäa, und beide habe vieles gemeinsam.]

Die sephardischen Juden mussten sich, mehr als jede andere Minderheitengruppe in Shanghai, den gegebenen Umständen anpassen und versuchen, ihren Status innerhalb der ausländischen Gebiete Shanghais zu definieren. Auch eine klare eigene Haltung gegenüber der chinesischen Politik zeigte sich in manchen Fällen angebracht, wollte man in den Augen der Chinesen nicht einfach als Untergruppe britischer Kolonialisten betrachtet werden. So beispielsweise wies N. E. B. Ezra in den für China und die dort lebenden Ausländer kritischen Jahren 1926/27 unmissverständlich Vorwürfe eines britischen Journalisten und einzelner Verfasser von Leserbriefen an die »North-China Daily News« zurück, wonach der Bolschewismus ein jüdischer Kult sei. Er verurteilte gleichzeitig in scharfen Worten das von gewissen ausländischen Kreisen in Shanghai verbreitete antisemitische Gedankengut.[211] Gleichzeitig ritt man nicht – wie beispielsweise die »North-China Daily News« vor den Ereignissen des Frühjahrs 1927 – die scharfen antikommunistischen Attacken gegen Chiang Kai-shek, sondern sah sich eher als Vermittler im Konflikt zwischen Chinesen und Ausländern, vor allem den Engländern.[212] Man zeigte vergleichsweise mehr Verständnis für die Anliegen der Chinesen und forderte das Volk und dessen Politiker auf, das Schicksal in die eigenen Hände zu nehmen.[213] Solcherlei Sympathiebekundung war nicht neu: Noch während der Mandschu-Dynastie versuchten einzelne Shanghaier Sepharden, die von hohen Kreisen in Europa geschürte Angst vor den Chinesen zu zerstreuen und Vorurteilen sowie der Engstirnigkeit das Ideal der Toleranz entgegenzustellen:

»The Kaiser is said to be the originator of the idea of the ›Yellow Peril‹, and he painted a famous picture some years ago, to represent this change in the world's history. Lord Wolsely some years ago said that China would sweep Europe away. We now see from what sources originated the idea of the ›Yellow Peril‹; they are ›self-preservation‹, and fear … The Chinese are a peace-loving nation, they love not ›war's alarms‹.«[214] [Vom Kaiser wird gesagt, dass er der Erfinder der Idee von der ›gelben Gefahr‹ sei. Und er zeichnete vor ein paar Jahren ein berühmtes Bild, um diesen Wandel in der Weltgeschichte zu veranschaulichen. Lord Wolsely sagte einmal vor einigen Jahren, dass China Europa wegfegen würde. Heute sehen wir, aus welchen Quellen die Idee der ›gelben Gefahr‹ stammte; es geht um Selbsterhaltung und Angst … Die Chinesen sind ein friedliebendes Volk, sie lieben die Alarmglocken des Krieges nicht.]

Anlässlich der japanischen Aggression in Shanghai im Jahre 1932 zeigte sich ein Leitartikel im »Israel's Messenger« bestürzt über den im Zhabei-Viertel der Stadt angerichteten »Holocaust« (sic!) und beklagte im Ton des tiefen Mitgefühls die Zerstörung eines chinesischen Kulturschatzes, der »National Oriental Library«. Diese bereits in der Wortwahl angedeutete Schicksalsgemeinschaft kam – zunehmend mit dem Aufstieg von Nazismus und Faschismus im Fernen Osten – auffallenderweise auch in einigen Stellungnahmen chinesischer Bürger zum Ausdruck, sofern diese, was allerdings die Ausnahme war, Juden von Nichtjuden unterscheiden konnten.[215] Madame Sun war es gar persönlich, die in ihrer Eigenschaft als Vorsitzende der China League for Civil Rights im Frühjahr 1933 zusammen mit chinesischen und ausländischen Freunden vor dem deutschen Konsulat in Shanghai vorsprach und ihre große Besorgnis im Namen der zivilisierten Welt gegenüber dem aufkommenden Hitlerismus ausdrückte.[216]

Am imponierendsten zeigte sich der jüdische Stempel sephardischer Prägung in der Architektur Shanghais. Man sprach, je nach Vorliebe, vom Paris oder vom »Tel-Abib« (sic!) des Fernen Ostens.[217] Bissigere Kommentare redeten vom »ugliest piece of architectural work on a large scale which has ever been perpetrated«.[218] In einer mehrjährigen Artikelserie unter dem Titel »Modern Shanghai – Jewish Contributions« brachte der »Israel's Messenger« Beiträge über die schier grenzenlose Erteilung von Aufträgen an Architekten und Baufirmen durch sephardische Finanzgrößen, das Gesicht Shanghais nach ihren Vorstellungen von Grandeur oder Beauty oder beidem zusammen zu gestalten: vom Sassoon House (dem Cathay-Hotel) über das Edward Ezra Building bis hin zu den Doumer Apartments. Die Beiträge unterließen es nicht, wo gegeben, auf die Schaffenskraft jüdischer Architekten hinzuweisen, etwa auf den Wiener Charles H. Gonda oder den Russen Gabriel (Gava) Rabinovich.[219] In pathetisch-eindringlichen Worten beschwor die Zeitung der sephardischen Juden die symbolische Ausstrahlung dieses »architektonischen Triumphes«, welcher die Bande zwischen Chinesen und Ausländern festige und das Vertrauen stärke.[220] Etwas leichtgläubig und selbstgefällig führte das Blatt ein Jahr später aus: »No matter what happens in China, Shanghai will ever remain a monument of the foreigner's goodwill to China and the Chinese people.«[221] Dass die Mehrzahl der Chinesen diese bauliche Gigantomanie der Ausländer etwas anders einschätzte, schien Letzteren zumindest bis zum Ende der Guomindang-Ära kaum bewusst zu sein. Gehörte Macht, Luxus und Vergnügen für die einen zum täglichen Brot, mussten sich die meisten Chinesen ihre Reisschüssel buchstäblich als Lastenträger oder Kuli am Bund verdienen, vor der offenkundigsten Kulisse westlicher Dominanz – psychologisch betrachtet, fürwahr keine leichte Angelegenheit. Die Reichsten unter den Ausländern zeigten sich am Ende ihrer Präsenz im Reich der Mitte darüber verwundert, dass der »Chinaman« ihnen für die ausländische Benefizveranstaltung auf chinesischem Boden nicht mehr Dankbarkeit entgegenbrachte, für einen Dienst, der sowohl chinesischen Geschäftsleuten wie politisch Verfolgten für mehrere Jahrzehnte Schutz geboten hatte.

Noch vor der »Befreiung« Shanghais beziehungsweise der Einnahme der Stadt durch die Truppen der Volksbefreiungsarmee unter Marschall Chen Yi im Mai 1949 hatten die meisten Sepharden, wie auch die Mehrzahl der anderen Ausländer, China verlassen: die Reichen unter den Reichen auf der Suche nach neuen Märkten (Kadoorie in Hongkong, Sassoon auf den Bahamas), noch bevor der Kommunismus luxuriöses Leben in Tantalusqualen umformen würde; die Ärmeren auf dem Weg in eine neue Welt, sobald sie über das entsprechende Einreisevisum verfügten und ihnen die neuen Herrscher Chinas die Ausreise gestatteten. Ganz wenige, etwa die Abraham-Familie, blieben ihren Idealen der sozialen und finanziellen Unterstützung für die Bedürftigen treu und verharrten fast bis zum endgültigen Ende jüdischer Präsenz in Shanghai.

Mrs. Levin: Soviet citizen of Jewish origin

Die zweite jüdische Gruppe bestand aus russischen Juden, die in verschiedenen zeitlichen und örtlichen Etappen nach Shanghai gelangten.[222] Sie lag zahlenmäßig deutlich über derjenigen ihrer sephardischen Glaubensbrüder (vor dem Ausbruch des Zweiten Weltkrieges lebten ungefähr 4000 russische Juden in der Küstenstadt). Die ersten jüdischen Kaufleute aus dem nördlichen Nachbarland erreichten gegen Ende des 19. Jahrhunderts die »Stadt über dem Meer«. Die Ansiedlung aus Russland stammender Juden verlief parallel-zyklisch zur politischen und sozialen Entwicklung des Zarenreichs. In Zeiten von Unterdrückung, Revolution, Krieg und wirtschaftlicher Not, allesamt nicht untypische Phänomene sowohl im alten Russland wie in der jungen Sowjetunion, lockten die Ferne und die für russische Maßstäbe unbegrenzten Freiheiten Chinas vom Los weniger günstig getroffene Menschen an. Händler, Krämer, Angehörige der zaristischen Armee (nach dem Russisch-Japanischen Krieg von 1905), politische Exilanten und Verfolgte (insbesondere nach antisemitischen Pogromen und antijüdischen Kampagnen zwischen 1905 und 1917), Künstler und Abenteurer suchten ihr Glück im »wilden Osten«, wo es freier war, zu atmen, reden, handeln oder einfach herumzugammeln (»schnorren«, eigentlich betteln, wie es stereotyp über die aschkenasischen Juden selbst im Shanghai der 1930er Jahre noch heißen sollte). In den meisten Fällen verlief ihr Weg über die endlosen Weiten Sibiriens, je nach Dringlichkeit oder Schicksal verbunden mit einem mehr oder weniger langjährigen Zwischenhalt in der Mandschurei – zumeist im Gefolge des Baus der Ostchinesischen Eisenbahn –, entweder im nördlichen Harbin oder in den südlicher gelegenen Städten Mukden (Shenyang) oder Dairen (Dalian). Nach der Annexion der Mandschurei durch die Japaner 1931/32 und nachdem dort der Antisemitismus angestiegen war, verließ ein weiterer Strom russischer Juden den Marionettenstaat in Richtung Süden; einige zogen nach Qingdao oder Tianjin, die Mehrzahl jedoch nach Shanghai.

Die Zusammensetzung der russischen Juden brachte es mit sich, dass sie von ihren sephardischen Glaubensbrüdern nicht durchwegs mit offenen Armen empfangen wurden.[223] Unter den vielen rechtschaffenen Auswanderern fanden sich manch zwielichtige Gestalten, denen der »Sumpf« und die Rechtlosigkeit Shanghais gerade recht waren für ihre nicht immer sauberen Geschäfte: Rauschgift- und Waffenhandel, Menschenschmuggel, Erpressung oder das Betreiben anrüchiger Baretablissements.[224] Überdies schien die Shanghai Municipal Police (SMP) seit Beginn der 1920er Jahre der Meinung zu sein, dass sich unter den in Shanghai tätigen bolschewistischen Agitatoren auch etliche Russen jüdischer Abstammung befanden.[225] Minutiös studierte die Spezialabteilung der SMP die Passagierlisten Shanghai anlaufender oder von hier Richtung Sowjetunion abgehender Schiffe, beispielsweise der S. S. Sever nach Wladiwostok, und notierte dabei gleichmäßig monoton: »Mrs. T. Gourvitz, Soviet citizen of Jewish origin ... Mrs. Levin, Soviet citizen of Jewish origin ... L. Udin, Soviet citizen of Jewish origin.«[226] Schnüffeltätigkeit, Spionage und konspirative Tätigkeiten von Angehörigen aller Nationalitäten spiegelten eine alternative, nicht minder typische Erscheinung der damaligen Shanghaier Szene wider.[227]

Die Mehrzahl der russischen Juden war aus verschiedenen Gründen nicht sonderlich religiös, was die Beziehungen zu den alteingesessenen, den Neuankömmlingen vielfach skeptisch gegenüberstehenden Sepharden nicht eben vereinfachte. Eine Vermittlerrolle im Verhältnis zwischen den beiden Gruppen nahm Rabbi Meir Ashkenazi ein, der sowohl als Mensch wie Talmud-Gelehrter von Seiten der sephardischen Gemeinde größte Anerkennung und Achtung fand.[228] Meir Ashkenazi, ein Vertreter des Lubawitscher Chassidismus, in der Nähe von Moskau geboren und ursprünglich Rabbiner in Wladiwostok, gelangte in den 1920er Jahren nach Shanghai. Auf seine Initiative hin wurde 1927 im Hongkou-Distrikt an der Ward Road (Changyang Lu) die Ohel Moshe Synagoge eingerichtet. Nach einigen Jahren brachten es etliche der russischen Neuankömmlinge zu etwas mehr Wohlstand und verschoben deshalb ihren Wohnsitz in reichere Quartiere innerhalb der Concession Française. An der Rue Tenant de la Tours wurde 1941 die Nowaja Sinagoga (Neue Synagoge) errichtet, wohin selbst viele der aus Europa geflüchteten Juden den weiten Weg von Hongkou aus nicht scheuten, um dort entweder den Sabbat zu feiern oder im Hause des Rabbiners an der Rue Cardinal Mercier ihre Nöte und Sorgen zu teilen.

Die russischen Juden hatten gegenüber den reichen sephardischen Brüdern den einen Vorteil, dass sie nach Ausbruch des Pazifikkrieges von den Japanern nicht als Angehörige von Feindstaaten betrachtet und somit nicht interniert wurden, sondern sich verhältnismäßig frei in der Stadt bewegen und ihren Geschäften nachgehen konnten. Eine der aktivsten Schauplätze des jüdischen Lebens stellte der 1931 gegründete Jewish Club an der Rue Pichon (Fenyang Lu) dar, der bald einmal zu einem Zentrum kultureller, sozialer und politischer Aktivitäten innerhalb der gesamten jüdischen Gemeinde Shanghais wurde. Hier organisierten verschiedene Gruppen – von der Shanghai Zionist Association über die Women's International Zionist Organization (WIZO) bis hin zur zionistischen Jugendorganisation Brit Trumpeldor (Beitar) – Debatten über den Zionismus oder den Aufstieg des Nationalsozialismus, veranstalteten literarische Vortragsabende über Chaim Nachman Bialik oder Maksim Gorki, führten Theaterstücke und Ballette auf oder arrangierten Konzerte mit Solisten aus dem In- und Ausland. In Shanghais Jewish Club war, fern der russischen Erde, sogar eine kleine Versöhnung zwischen Weißrussen (als verarmte Künstler) und Juden (als Gönner) kein Ding der Unmöglichkeit.[229] Selbst 1942 noch, zehn Jahre nachdem die russisch-jüdische Gemeinde offiziell aus dem Russischen Emigrantenkomitee ausgetreten war und eine eigene Organisation, die Shanghai Ashkenazi Jewish Communal Association, gegründet hatte, inserierten jüdische Geschäftsleute im »Westnik rossiskogo emigrantskogo komiteta«, der Zeitschrift der russischen Emigration in Shanghai: Oppenheim Bros., Klebanoff oder Briner & Co.[230] Demgegenüber schien auch die russischen Juden die einheimische Bevölkerung nicht sonderlich zu interessieren: Ein Kontakt zum unmittelbaren Nachbarn, dem Chinesen, ergab sich, von den vordergründigen Ausnahmen abgesehen, ebenfalls kaum. Dies braucht allerdings nicht besonders zu verwundern, lief das Ziel dieser Minderheitengruppe doch in erster Linie aufs wirtschaftliche Überleben hinaus, auch wenn es mit fortlaufender Zeit einige ihrer Angehörigen durch den Handel mit Pelz, Korn und Holz zu einem vergleichsweise großen Wohlstand gebracht hatten und ihre eigenen Import- und Exportgeschäfte, Kleider- oder Juwelierläden eröffnen konnten.

Die russisch-jüdische Gemeinde Shanghais verfügte ebenfalls über ein eigenes Blatt, die Wochenzeitung »Nascha Shisn« (»Unser Leben«), deren erste Nummer in russischer Sprache allerdings erst 1941 (und die letzte 1946) erschien. Einige Monate später wurde zusätzlich eine Beilage in englischer (»Our Life«) und jiddischer Sprache (»Unzer Leben«) publiziert. Der Herausgeber, David B. Rabinovich, fühlte sich in seinen Artikeln – wie sein sephardischer Kollege N. E. B. Ezra – zionistischem Gedankengut verpflichtet, ohne sich allerdings wie jener in den Gefilden chinesischer Politik oder Kultur zu engagieren: »Unser Leben« besaß keinen Platz für die Auseinandersetzung mit der neuen und so fremden Umgebung der russischen Juden. Im zweihundertseitigen Almanach des Jüdischen Klubs aus dem Jahre 1933/34, für dessen Herausgabe auch Rabinovich mitverantwortlich zeichnete, finden sich nur gerade zwei, überdies aus anderen Zeitschriften übernommene Beiträge, die einen festzustellenden Bezug zu China beziehungsweise Shanghai aufweisen: »Über die Lage der Rikschas in Shanghai« sowie die »Bewahrung der Moral im chinesischen Strafrecht«.[231] Die Auswahl dieser beiden Beiträge verdeutlicht unausgesprochen die Prioritätenhierarchie, welche bei den russischen Juden im Allgemeinen herrschte: Die Selbstfindung nicht über den Umweg der Beschäftigung mit dem Andern anzustreben, sondern in der eher nach innen gerichteten Suche nach den eigenen Wurzeln und Werten. So war es nicht verwunderlich, dass im Leben der russischen Juden Shanghais gerade zionistisches Gedankengut, vertreten von den Revisionisten bis hin zur in Russland gegründeten Arbeiterpartei Poalei Zion in ständigen Debatten und Auseinandersetzungen, eine so zentrale Rolle spielte. Mit Beendigung des Zweiten Weltkrieges und der Gründung des Staates Israel, als sich die Fronten im chinesischen Bürgerkrieg je länger, je mehr zu Gunsten der Kommunisten verschoben, ging auch die Präsenz der russisch-jüdischen Diaspora im fernen Shanghai zu Ende. Viele sahen die Zeit gekommen, beim Aufbau des Heiligen Landes mitzuhelfen oder sonstwo in der westlichen Hemisphäre eine neue Heimat zu gründen. Nur wenige entschlossen sich, Moskaus Lockrufen nach Akzeptierung der sowjetischen Staatsbürgerschaft zu folgen und die Rückreise ins Land ihrer Vorväter anzutreten, wo sie in den meisten Fällen ihre Gutgläubigkeit unverzüglich mit der Haft in stalinistischen Lagern bezahlten.

Shanghaier Don'ts
Für die Mehrheit der sephardischen wie russischen Juden stellten die chinesische Kulisse in Form von Rikschas, Amahs, Bettlern und Reklameschildern in exotisch anmutenden Lettern sowie das drückend-

Just a few Shanghai DON'TS

Don't trust strangers. The Hotel Office and Enquiry Bureau is a reliable source of information.

Don't make chance enquiries regarding location directions. Ask a Foreign Police Officer if available or consult map at centre page. Failing these, any Foreigner is generally only too willing to point the way.

Don't make trips to the Chinese City, or outside the Settlement or Concession, without a reliable guide. One can be obtained through your Hotel Enquiry Bureau or at most Foreign Motor Garages.

Don't overpay your ricksha coolie. 20 cents Mex. or so is sufficient for most journeys not exceeding ten minutes. Longer runs pro rata.

Don't carry your handbag loosely under the arm; it may be snatched. Carry it in your hand with the strap handle over the wrist.

Don't eat fruits proffered when out walking in the country. The skins of all fruits should be carefully peeled or washed in a weak solution of permanganate.

Don't walk barefooted, not even in your own bedroom, when away from any but the largest Foreign Hotels.

Don't over-tip your Hire-car driver. 20 cents Mex. is correct for journeys up to half-an-hour.

Don't forget that you are in a Foreign Country. The Chinese are a courteous race and will meet courtesy with courtesy.

Don't travel into the Interior without a passport. The Chinese visa is now generally necessary and often saves an awkward misunderstanding.

Don't eat uncooked vegetables except when offered as American products at Hotels or Cafés of repute.

Don't quarrel with Customs officials; they know their job. Goods purchased in China are now subjected to a small export duty.

Don't carry more money than is essential, nor expose, unnecessarily, valuables on your person.

163

schwüle Klima des Shanghaier Sommers die einzigen Indizien dafür dar, dass man sich im asiatischen Babylon beziehungsweise im Moskau des Fernen Ostens und nicht anderswo befand. Eine Ausstellung des Malers und Graphikers Josef Fein im Jewish Club 1942 etwa nimmt außer dem Hinweis auf den Malstil seiner jüdischen Motive – sinnigerweise der Ausdruck »China-ink« – keinen einzigen Bezug zum fremdartigen Milieu.[232] Geschäftsleute begnügten sich zumeist mit der Transkription ihres auf den Briefköpfen stehenden westlichen Firmennamens in chinesische Schriftzeichen, um zumindest ein Mindestmaß an Ortsbezogenheit zu demonstrieren. Rabbi Ashkenazis einziger, sich auf die Shanghaier Umgebung beziehender Hinweis in einem Artikel, den er in einer Sondernummer für eine Zeitung der europäischen Flüchtlinge im Frühjahr 1940 verfasste, betraf Verkaufsstellen für koscheres Fleisch in chinesischen und japanischen Markthallen.[233] Den russisch-jüdischen Zeitungen reichten ein paar für westliche Augen ungewohnte Lettern im Untertitel ihrer Blätter, um den geographischen Standpunkt ihrer Publikation zu untermauern: »Youtai sheng« für »The Jewish Call«, die Zeitung der Shanghai Zionists Revisionists and Brith Trumpeldor, oder etwa »Youtai shenghuo zhoukan« (»Jüdisches Leben – Wochenzeitung«) für »Nascha shisn«. Um orientalischen Touch bemüht zeigte sich Sassoons Cathay-Hotel, »the most modern Hotel in China«, welches vor der Eröffnung mit einer Suite in chinesischem Stil warb und dessen Hotelmagazin mit dem ins Auge springenden, weil in asiatisch angehauchten, bambusförmigen Lettern geschmückten Titel »The Cathay« nebst einem halben Dutzend nichtchinesischer Küchen den außerhalb des Hauses dinierenden Gästen auch ein chinesisches Restaurant, das »Sun Ya«, empfahl.[234] Verallgemeinernde Ausführungen über chinesische Charakteristiken (»Face, Contempt for Foreigners, Disregard of Accuracy and Time, Absence of Nerves, Physical Vitality, Content and Cheerfulness«) gehörten ebenso zum Inhalt des harmlosen, hübsch aufgemachten und alle zwei Wochen erscheinenden »The Cathay« wie die Warnungen vor dem Besuch der chinesischen – außerhalb des Macht- und Rechtsbereich des Westens gelegenen! – Altstadt (»wenn nötig, dann lediglich nach kürzlich erfolgter Impfung«) sowie den bekannten Shanghaier »Don'ts«, welche auch Standardverhaltensregeln gegenüber Einheimischen beinhalteten (»don't forget that you are in a Foreign Country. The Chinese are a courteous race and will meet courtesy with courtesy«).[235]

Dezente Skizzen oder hauchdünne Pinselstriche mit typisch chinesischen Sujets schienen besonders beliebt in Prospekten, der Werbung oder auf Einladungskarten zu sein, auch wenn an solchen Anlässen, mit Ausnahme der Bediensteten, keine einzige chinesische Menschenseele zugegen war. Eine Pagode, ein Rikschakuli mit Zopf (!) oder eine elegant geschwungene Bogenbrücke schienen noch immer zu genügen, das Auge eines potenziellen Kunden oder Gastes anzuziehen.[236] Einziger Anhaltspunkt, dass ORT, die 1880 in Russland gegründete Gesellschaft für handwerkliche und landwirtschaftliche Arbeit, auch in China tätig war, waren die Abbildungen auf der Vorderseite ihrer Broschüre: eine im Wasser schaukelnde Dschunke, brav auf der Schulbank sitzende und dem Lehrer aufmerksam zuhörende Chinesenkinder, ein Lastenträger oder ein Tor, das demjenigen des Himmlischen Friedens in Peking ähnelte.[237] Ganz selten kam es zu einem musikalischen Rendezvous zwischen begabten russisch-jüdischen

Schülern und ihnen in nichts nachstehenden einheimischen Kollegen, wobei in den meisten Fällen lediglich die chinesischen Namen der Solisten auf einen Shanghaier Abend schließen ließen, nicht jedoch der (westliche) Inhalt des Konzertprogramms selbst.[238] Vereinzelt zeigten sich Mitglieder der sephardischen wie russisch-jüdischen Gemeinde an chinesischer Kunst interessiert,[239] ähnlich dem Chinoiserie-Kult im Europa des 19. Jahrhunderts, oder man suchte, wenn die Not das Heilvermögen westlicher Produkte überschritt, Hilfe bei der chinesischen Medizin. Nicht nur in Shanghai bekannt war das 1907 gegründete Geschäft I. Shainin & Co. mit Hauptsitz in Amerika sowie Filialen in Kanton, Peking, Taiyuanfu und Kintechen (Jindezhen). Der russische Jude I. Schainin und seine drei Söhne spezialisierten sich auf die Kommerzialisierung von Kunstgegenständen aus dem Reich der Mitte und machten sich dabei das gestiegene Interesse ausländischer Kundschaft an jeglicher Art von Kuriositäten mit orientalischen Motiven zunutze.[240] Die China-Palestine Trading Corporation konzentrierte sich auf den Export chinesischer Tabakblätter für interessierte Firmen im Heiligen Land, während Asia Life Insurance Co. mit dem Spruch »Everlasting as the Himalaya« und einem Schneeberg im Hintergrund das Bild Asiens in den Köpfen der Ausländer vervollständigte und gleichzeitig um zukünftige Versicherungsnehmer warb.[241]

Einen Aspekt des Verhältnisses zwischen den mit Shanghai über bis zu drei Generationen verbundenden Juden (ob Sepharden oder russische Ashkenazim) und ihren chinesischen Nachbarn bildete auch das philanthropische Wirken einiger anerkannter Wohltäter, von Sir Elly Kadoorie oder Silas A. Hardoon beispielsweise, von denen später noch die Rede sein wird. Gewiss floss das Gros des aus dem China-Handel stammenden Reichtums über Immobilienkäufe in die ausländischen Konzessionen zurück, doch fanden sich trotz Konkurrenzdenkens und Ellbogenmentalität in einer Stadt, in der Vermögen schnell gemacht wurden, jedoch noch schneller wieder verloren gingen, auch immer wieder Einzelpersonen, denen das Schicksal der Chinesen nicht gleichgültig war und die eine moralische Verantwortung gegenüber den Massen von verarmten und hilfsbedürftigen Chinesen empfanden und dadurch Beziehungsgeflechte zwischen Ost und West ermöglichten. Einer davon war etwa Albert Cohen, ursprünglich aus Istanbul stammend und Initiator der Star Rickshaw Company, für den China zum »adoptierten Land« wurde und der mehreren tausend Chinesen mit der Gründung seines Unternehmens zu Arbeit und Einkommen verhalf. Diese dankten ihm sein irdisches Schaffen und Wirken anlässlich der Beerdigungsfeier zu seinen Ehren, nicht ohne dabei die Herkunft des Reichtums – in einer seltenen Ehrerbietung gegenüber dem durch Cohen verkörperten Westen – zu erwähnen sowie die Möglichkeit einträchtigen Zusammenwirkens zwischen Reichtum und Nützlichkeit zu preisen.[242] Der jüdische Beitrag zu sozialen und karitativen Projekten, die Chinesen zugute kamen, wäre wohl höher ausgefallen, hätte man nicht seit 1937/38 einem ständig steigenden Flüchtlingsstrom eigener Glaubensbrüder aus Europa gegenübergestanden.[243]

Shanghai galt bei den vor dem Nationalsozialismus fliehenden europäischen Juden zu keiner Zeit als Wunschdestination, wohl aber – zumindest nach dem Anschluss Österreichs im Frühjahr 1938, der

Flüchtlingskonferenz im französischen Evian im Sommer desselben Jahres sowie der Kristallnacht vom Winter 1938 – als einziger und letzter Hoffnungsschimmer, dem Terror des Naziregimes zu entkommen. Trotz der im »Handbuch für die jüdische Auswanderung von 1938«[244] ausdrücklich formulierten Warnung vor einer Flucht nach Shanghai fanden schließlich bis gegen Ende 1941 ungefähr 18.000 europäische Juden ein vorübergehendes Exil in der Stadt über dem Meer, die – das war ihr einziger Trumpf – kein Visum zur Einreise erforderte, jedoch, was die Wohnungs-, Hygiene- und nicht zuletzt Witterungsverhältnisse betraf, an letzter Stelle unter den Exildestinationen rangierte.[245] Die politischen Verhältnisse in Europa hatten in nicht geringem Maße die Zusammensetzung der Shanghaier Exilanten beeinflusst: Es handelte sich zumeist um Angehörige älterer Generationen, die sich erst im allerletzten Moment zur Flucht aus dem einst geliebten Vaterland entschlossen hatten (diejenigen auch, die einer groben Fehleinschätzung der tatsächlichen Lage unterlegen waren), sowie in der Mehrheit um eher bürgerlich eingestellte Personen, denen die Diskussionen ihrer jüngeren, bereits früher in andere Erdteile emigrierter Glaubensbrüder über Arbeiterbewegung und Widerstandsbewegung weniger bedeuteten und die in Deutschland beziehungsweise den besetzten Gebieten jeweils nicht durch politische Aktivitäten aufgefallen waren.

Lloyd-Triestino Line

Bis zum Kriegseintritt Italiens im Juni 1940 erreichten die meisten Flüchtlinge aus Europa Shanghai mit einer vier- bis zehnwöchigen Schifffahrt, zumeist – auch das eine Ironie des Schicksals – auf Luxusdampfern der Lloyd-Triestino Line entweder durch den Suezkanal oder (um die Kanalgebühren zu sparen) über das Kap der Guten Hoffnung, den Indischen Ozean, gewöhnlich mit Zwischenstopps in Bombay, Colombo, Singapore und Hongkong. Nach der Blockade des Mittelmeeres und bis zum Einmarsch der deutschen Truppen in der Sowjetunion im Juni 1941 verblieb als letzte Fluchtmöglichkeit und nach der mühevollen Ergatterung von bis zu fünf Transitvisen (Lettland, Litauen, UdSSR, Mandschurei, Japan) der Landweg mittels der Transsibirischen Eisenbahn von Berlin über Ostpreußen nach Moskau und weiter bis Tschita, wo man in die Ostchinesische Eisenbahn umstieg und Richtung Harbin in der nördlichen Mandschurei fuhr und von dort entweder über Mukden (Shenyang) beziehungsweise Dairen (Dalian) oder – noch zeitaufwendiger – über Wladiwostok und Japan (Kobe, Shimonoseki oder Yokohama) weiter mit dem Schiff nach Shanghai. Mit der Ankunft der letzten europäischen Flüchtlinge in China im Dezember 1941 schloss sich gleichzeitig für Jahrzehnte ein bedeutendes Kapitel west-östlicher Begegnungen auf der »russischen Bühne«, der Transsib: Seit ihrer Inbetriebnahme hatte die Eisenbahn mehr als vierzig Jahre lang westliche Reisende, Diplomaten, Schriftsteller, Journalisten, Abenteurer, Spione und zuletzt Emigranten gemächlich, aber zuverlässig nach China transportiert, die charakterlich und von ihrer Herkunft her sehr verschiedenen »Barbaren« behutsam an die Seele des Reichs der Mitte herangeführt, während in umgekehrter Richtung chinesische Studenten nach Moskau (an die Sun Yat-

I. Orte und Zeiten west-östlicher Begegnungen

sen Universität) oder gar Paris (zur Sorbonne) aufbrachen, um westliches Gedankengut zu studieren und ihrem Land den Weg der Revolution zu ebnen.[246] Letztere waren – was die Vorbereitung auf eine ihnen vollständig fremd erscheinende Umgebung betraf – gewiss besser vorbereitet als die vor Hitler fliehenden Europäer, denen Shanghais Sitten und Gebräuche buchstäblich chinesisch und als Kulturschock vorkommen mussten, die sich bis zur allerletzten Minute nicht von der europäischen, auf Sauberkeit und Ordnung bedachten Heimat trennen wollten und die sich, man kann es ihnen nicht verübeln, zwangsläufig und in den meisten Fällen vom Schmutz, von der Armut und dem Hygieneverhalten der chinesischen Massen angeekelt fühlen mussten:

> »Man wohnt überall ganz dicht, eng bei eng, mit diesem allerniedrigsten Gesindel zusammen, kann sich gegenseitig in die Fenster sehen und wird nirgends diesen abscheulichen Anblick los. Das ganze Leben dieser Chinesen spielt sich auf der Straße ab: es wird überall in den fliegenden Garküchen auf der Straße gekocht, es wird Handel getrieben, man stößt bei Schritt und Tritt auf Bettler; auf der Straße wird Wäsche gewaschen, getrocknet, Säuglinge werden beim Laufen an der Brust genährt, es wird geraucht usw. usw. Ekelerregende nackte Gestalten, widerliche Gerüche verschiedenster Art: kurz, ein Anblick und ein Duft rein zum Kotzen! Ich ekelte mich derart, dass ich nicht mehr hinsehen mochte und dauernd versuchte, mich von allem fern zu halten und es zu übersehen. Aber das ist ja ganz unmöglich, denn man stolpert ja fast andauernd bei jedem Schritt über irgendeinen Chinesen. Sie schlafen auf der Straße, Kinder spielen auf der Straße, sie machen einen ohrenbetäubenden Lärm und einen Gestank, der zum Himmel schreit! Sie spucken und schreien, sie zanken und schlagen sich; kurz es ist das widerlichste Volk, das ich jemals gesehen habe.«[247]

Schilderungen dieser Art dürfen nicht verwundern, hausten doch die meisten Hitler-Flüchtlinge nicht in den modernen Apartements des International Settlements oder in den Villen der Concession Française, sondern im Bezirk Hongkou, der während der japanischen Angriffe auf Shanghai 1937 fast völlig zerstört worden war und seitdem als nicht mehr zum International Settlement gehörig betrachtet wurde. Diejenigen Flüchtlinge, die dank finanzieller Unterstützung von Verwandten oder anderswoher über genügend Mittel verfügten, um sich eine Wohnung außerhalb Hongkous zu mieten oder zu kaufen, hatten im Allgemeinen weniger Mühe mit der neuen Umgebung, die sie eher als Lebensschule denn Lebenspein empfanden:

> »Der Blick von den oberen Sitzen des langsam fahrenden Busses nach unten war geradezu verwirrend. Rechts und links schöne chinesische Geschäfte, besonders prachtvoll waren die im altchinesischen Stil gehaltenen Häuser der Juweliere ... Je weiter wir kamen desto dichter wurde die Menschenmenge, die den Bus umgab. Es war als ob das volkreichste Land der Erde eine

Million seiner Einwohner gerade vor uns ausgeschüttet hätte, ein unbeschreibliches Chaos ... Es herrschte lebhafter Verkehr, in der dichten Menge der Chinesen einige Europäer. Kleine Häuschen, Geschäft an Geschäft, Schneider, Reishändler, Uhren und Uhrereparatur, Geldwechsler, ein oder zwei Restaurants, eine Nudelfabrik, Schuhmacher und vieles andere mehr ... Es gab so unendlich viel zu sehen, alles neu für mich, dass ich es gar nicht in Kürze beschreiben kann. Die Straße war sauber, über dem Ganzen aber lag ein sehr durchdringender Geruch.«[248]

»Goethe-verbannte Stadt«

Shanghai hatte bei Ankunft der mittellosen Europäer den Höhepunkt seiner wirtschaftlichen Entwicklung überschritten und in den Jahren zuvor bereits tausende chinesische sowie russische Flüchtlinge wohl oder übel absorbiert. Der Markt schien nicht mehr imstande zu sein, weitere Arbeitsuchende aufzunehmen, zumal die Berufe der aus dem alten Kontinent Geflohenen häufig mit denjenigen übereinstimmten, die auch im Shanghai jener Zeit übervertreten waren, nämlich Angestellte und Ärzte. Die europäische Flüchtlingsgemeinde konnte sich zwar bei der Konfrontation mit alltäglichen Schwierigkeiten in gewisser Hinsicht auf die Unterstützung internationaler jüdischer Organisationen sowie lokaler Hilfskomitees verlassen, doch waren ihre Mitglieder, spätestens nachdem den Flüchtlingen aus Deutschland die Staatsbürgerschaft im November 1941 aberkannt worden war und nach dem Ausbruch des Pazifikkrieges, in erheblichem Maße auf sich selber gestellt. Sie befanden sich zwar formell auf chinesischem Territorium, doch in einer Situation, in der die nationalistische Regierung unfähig war, ihren Status festzulegen, und die Diskussion der westlichen Vertreter über das weitere Schicksal der Flüchtlinge zu einer Farce wurde, da zu jenem Zeitpunkt bereits die Japaner als die neuen Herren auftraten.

In diesen komplexen politisch-sozialen, durch den Kriegsausbruch zusätzlich erschwerten Konstellationen muss man das Verhältnis der jüdischen Flüchtlinge zu ihrer chinesischen Umgebung zu ergründen suchen: in der eigenen Hoffnungslosigkeit und Identitätskrise der aus Europa Gestrandeten, in ihrer Beziehung zu den reicheren Glaubensbrüdern und anderen alteingesessenen westlichen Ausländern, im unklaren, weil durch die Kriegsverhältnisse sich rasch ändernden Rechtsstatus von Shanghai sowie – vor allem nach der Proklamation einer »Designated Area for Stateless Refugees« vom 18. Februar 1943 durch die japanische Besatzungsmacht – im Untertanenverhältnis zu den Japanern.[249] Die Mehrheit der europäischen Flüchtlinge gelangte ohne jegliche geistig-intellektuelle Vorbereitung oder praktische Schulung in die »goetheverbannte Stadt«[250]; man musste den Europäern, von denen einige nur mit viel Glück dem Tode in Konzentrationslagern entgangen waren, zuerst erklären, dass es unabdingbar sei, Wasser vor dem Trinken abzukochen, Früchte und Gemüse vor dem Genuss zu schälen, das Haupt vor Sonneneinwirkung zu schützen und nichts bei chinesischen Straßenhändlern zu kaufen, andernfalls, so in einem Zeitungsbeitrag, »sie die Veilchen bei den Wurzeln riechen werden«.[251] Auf zwölf Punkte umfassenden Merkblättern hieß es unter anderem: »3. Politische Gespräche sind streng untersagt ... 8. Auffälliges Benehmen auf der Straße, lautes Sprechen, das Herumlungern in Vorhallen in Hotels und das Anschnorren von einzelnen Personen und Firmen ist unbedingt zu unterlassen.«[252] Im Umgang mit den Chinesen wurde den Flüchtlingen wärmstens empfohlen, sich an den Sittenkodex des Gastlandes zu halten, um nicht über Gebühr aufzufallen. Letzteres dürfte alleine schon äußerlich betrachtet ein Kunststück gewesen sein, stellt man sich einmal einen Europäer im dicken Wintermantel vor, der in der schwülen Hitze Shanghais von Tür zu Tür eilt, um altes Silber, Stickereien oder böhmisches Glas zu verkaufen. Jedoch begriffen es die mitteleuropäischen Juden ziemlich schnell, dass lediglich die Einhaltung der Gepflogenheiten des Gastlandes ein Überleben in der Fremde ermöglichte. In einem Zeitungsbeitrag mit dem Titel »Die dreizehn Punkte« machte sich ein Emigrant über diejenigen seiner Schicksalsgenossen lustig, welche im Verkehr mit Chinesen neben ihrer Heimat auch die Respekts- und Anstandsregeln hinter sich gelassen hatten:

> »1. Betone, wo Du auch seist, dass Du auf Grund Deiner helleren Hautfarbe und Deiner Zugehörigkeit zu einem europäischen Kulturvolk auf jeden Fall der Überlegene bist ... 4. Ein Rikschakuli ist ein Stück Dreck und muss auch so behandelt werden ... 5. Falls Du eine religiöse Zeremonie der Chinesen siehst, so dränge die Beteiligten einfach zur Seite, bis Du und Deine Frau im Mittelpunkt des Ereignisses stehen. Du wärst ja kein Kulturmensch, wenn Du Dir den Vorgang schweigend ansehen würdest, also, verlache alles möglichst laut, was Dir fremd erscheint ... 7. Unterlasse es nie, einem Chinesen zu erzählen, wie unglücklich Du Dich in Shanghai fühlst. Das macht ihn auf seine Heimat besonders stolz.«[253]

Der Verlust der Heimat – »Wir waren ja eigentlich Deutsche!« hieß es häufig – machte vielen Emigranten schwer zu schaffen. »Wir packen unsere Koffer noch nicht aus, denn wir fühlen uns noch gar nicht zu Hause, unser Sehnen liegt in unseren Koffern drin«, kommentierte ein anderer,[254] ähnlich Nelly Sachs' Diktum: »Ein Fremder hat immer seine Heimat im Arm wie eine Waise, für die er vielleicht nichts als ein Grab sucht.«[255] In der Fremde nimmt die Identifikation mit dem eigenen Vaterland in der Regel weiter zu. Bei solchen, die unfreiwillig in die Ferne wandern und dort unter nicht einfachen Bedingungen zu leben haben, verstärkt sich diese Neigung, wobei zusätzlich der Vergleich der eigenen Zivilisation mit derjenigen des Gastlandes gesucht wird, um sich nicht nur äußerlich von diesem abzugrenzen:

> »Wenn man sich ins Gedächtnis zurückruft, auf welch hoher Kulturstufe der Deutsche steht, dann könnt Ihr glücklich sein, dort leben zu können. Das ist und war für uns alle eine solche Selbstverständlichkeit, dass man erst gewahr wird, was man aufgegeben hat, wenn man dieses sieht. Ich habe noch nie so viel Unappetitliches gesehen wie in diesen Tagen. Jede Frau, jeder

Mann, jedes Kind bohrt ungeniert in der Nase herum. Sie spucken und speien, dass man aus dem Ekel nicht herauskommt. Wie kultiviert ist dagegen doch die deutsche Nation.«[256]

»Dich ruft der Schabbos!«

Wenige Ausnahmen dürften es gewesen sein (und wiederum die, welche nicht direkt nach Hongkou zogen), welche der neuen, fremdartigen Umgebung etwas Positives abzugewinnen suchten: »Wir würden die einzigen Europäer in der Umgebung sein. Das entsprach so ungefähr meiner Liebe für das Exotische. Wir kamen ja mit chinesischem Visum nach China, warum sollten wir denn nun nicht auch mit Chinesen zusammen leben?«[257] In einer Zeitschrift findet sich gar – welche Rarität! – die Annonce eines »China-Enthusiasten«, der Shanghai mit einer »jungen chinesischen Dame oder einem chinesischen Herrn« entdecken und »chinesische Theater, Filme und Restaurants in Begleitung einer landeskundigen gebildeten Person besuchen möchte«.[258] Die meisten Flüchtlinge lebten im Gebiet von Hongkou, nördlich des Huangpu-Flusses und abseits der prächtigen Uferstraße des Bunds, dort, wo auch tausende vom Lande in die Stadt geflohene Chinesen untergebracht waren. Die Europäer machten die engen Gassen von Hongkou zu ihrer Heimat, ihrem »Klein-Wien« beziehungsweise »Klein-Berlin«, westliche Rosinen inmitten des chinesischen Kuchens, Spiegelbilder von Chinesenvierteln in der westlichen Hemisphäre. Hier, zwischen brutzelnden Garküchen, kreischenden Marktweibern, schreienden Rikschakulis und schummrigen Opiumhöhlen, fand sich eine versunkene Welt wieder, ähnlich derjenigen, die man von der einstigen K.u.K-Monarchie her kannte. Die europäischen Bewohner Hongkous schufen sich buchstäblich neue Lebenswelten: mit der Reparatur zerbombter Häuser und deren Umwandlung in Geschäfte im Bauhausstil, mit der Eröffnung von Spezialitätenläden und der Inbetriebnahme von Redaktionsstuben, Theatern, Synagogen, Tanzlokalen und Kaffeehäusern. Oder mit der Gründung künstlerischer Vereinigungen, Bildungseinrichtungen und Sportklubs. Bisher in Shanghai unbekannte Speisen und Nahrungsmittel wurden ebenso eingeführt wie heute längst vergessene Branchen: Galanteriewaren, Hemdenmacher, Hutumpressereien, Kammerjäger, Kohlenhandlungen, Strumpfrepassierungen und so weiter.[259] Schilder wie »Jüdische Frau! Dich ruft der Schabbos! Kaufe nicht am Schabbos, denn damit verursachst Du gröblichste

Entweihung« erinnerten an die verschwundene Shtetl-Kultur Mittelosteuropas, die Werbung »The Crown of Chocalates« des Café Louis mit seinen köstlichen Delikatessen an eine Berliner Straßenszene der 1920er Jahre, das Programm »Monolog Fun a Flichtling« oder »Dus Grojse Gewins« mit der Schauspielerin Rosa Schoschana und dem Kabarettisten Moshe Elbaum an das Teatr zydowski in Warschaus Judenviertel und schließlich die Sommerkonzerte mit Werken von Schubert, Lehar und Strauß an vergangene Abende im Wiener Schloss Belvedere.

Trotz der Dichte des Angebots an mitteleuropäischen Netzwerken jeglicher Art und der zumindest ab 1943 geographisch eng begrenzten Konzentration auf diese jüdische Kleinstadt innerhalb Shanghais gab es für die Flüchtlinge keine Möglichkeit, der chinesischen Umgebung auszuweichen, keine Flucht in exklusive Klubs oder mit Klimaanlagen ausgestattete Villen, um von Armut, Dreck und Hitze wegzusehen. Die Emigranten sahen sich als Parias unter den Ausländern, als marginalisierte Westler, und sie wurden von den meisten der seit Jahren in Shanghai tätigen Geschäftsleute, inklusive der eigenen Glaubensbrüder, aus Image- und Gesichtsverlustängsten auch als solche behandelt.[260] Nicht dass diese Flüchtlinge etwa besonders viele Chinesen zu ihrem Freundeskreis zählten, wohl gar nicht zu intellektuellen Kreisen. Und sie zeigten sich gleichermaßen wie die reichen Westler irritiert über das aggressive Verhalten von Bettlern oder Dieben. Auch lernten die meisten von ihnen nicht die Sprache ihrer Nachbarn, um damit mehr über deren Schicksal, Einsamkeit und Leiden zu erfahren. Doch waren sie unablässig und in geballter Form mit der Verelendung der chinesischen Mitmenschen konfrontiert: den Tag für Tag schuftenden Kulis, den hilfsbedürftigen Alten, den hungernden Kindern oder den vor den Türen liegenden toten Babys.[261] Diese Eindrücke waren es, die sich in den Köpfen und Herzen der jüdischen Flüchtlinge einprägten. Auf diesem geographisch relativ kleinen Gebiet waren Chinesen und Emigranten durch das ähnliche Schicksal der Vertreibung ungewollt zu Leidensgenossen geworden. Not bricht Vorurteile: Die jüdischen Flüchtlinge beobachteten die chinesische Umgebung, die Mentalität ihrer Nachbarn mit anderen, nachsichtigeren, vielleicht verständnisvolleren Augen als die reichen, in Shanghai seit Jahren verwurzelten Westler, die alles daran setzten, ihre Geschäfte und das zwischen ihnen und den Chinesen herrschende Dominanzverhältnis nicht durch den Zustrom allzu vieler Flüchtlinge zu stören.[262] Die Emigranten hatten gegenüber jenen hinsichtlich Einblicken in die Seele oder zumindest Eigenheiten des Gastlandes den großen Vorteil, dass sie mit einer Schicht der chinesischen Gesellschaft in Kontakt kamen, die repräsentativ war in der damaligen Zeit – nämlich den in jeder Hinsicht Besitzlosen, der großen Mehrheit der chinesischen Bevölkerung.

Um in dieser fremden Umgebung zu überleben, hatten sich die Emigranten den neuen Gegebenheiten verhältnismäßig schnell anzupassen. Diejenigen, denen es nicht gelang, weiterhin in ihren alten Berufen tätig zu sein, mussten sich nach einer Alternative umsehen und fanden diese unter Umständen mittels Integration im chinesischen Arbeitsprozess, eine Notwendigkeit, wie es in einem Zeitungsbeitrag hieß:

> »Wir sind nun einmal hierher verpflanzt worden ... Wir alle, wo wir auch sein mögen, müssen versuchen, EUROPA ZU VERGESSEN und uns UMZUSTELLEN. China ist nicht nur unsere neue Heimat, China ist auch unser neues Wirtschaftsgebiet. Wir können uns nicht absondern, müssen mit den Chinesen leben, uns in ihren Wirtschaftskreis einordnen ... Wir müssen Vorurteile beiseite schieben und auf manches verzichten. Aber mit dem notwendigen Willen werden wir auch diese Dinge überwinden! Asien ist nicht Europa, aber ASIEN ist ein URALTES KULTURLAND MIT GROSSEM LEBENSIMPULS, ein Land, das aufnahmefähig ist für fremde Menschen.«[263]

Eine chinesische Zeitung schilderte voller Respekt die Geschichte eines gutgekleideten Juden, der sich bei chinesischen Geschäften für fünf Dollar pro Monat als Fensterputzer anbot.[264] Ein in Bukarest geborener Emigrant wurde Verkaufsmanager der Firma Charles Chang Steel Furniture Factory, trotz »Unkenntnis der chinesischen Sprache, seiner Sitten und fremder Arbeitsbedingungen«.[265] Für kurzzeitig böses Blut bei chinesischen Arbeitern aufgrund wirtschaftlichen Konkurrenzdrucks sorgte die Einstellung von Emigranten in Betrieben der Sassoon-Familie,[266] wobei das Verhalten der chinesischen Nachbarn im Allgemeinen bei den Emigranten als äußerst tolerant betrachtet wurde.[267] Einer der Flüchtlinge – obwohl damals noch ein Kind – stellt das durchschnittliche Alltagsverhältnis zwischen Chinesen und Emigranten rückblickend betrachtet in einem wohl ziemlich objektiven Licht dar, wenn er dieses folgendermaßen beschreibt:

> »Die Chinesen haben uns nicht aufgenommen. Sie hatten ja nichts zu sagen. Die waren ebenso gefangen in ihrem eigenen Land wie wir auch Gefangene waren in diesem Land. Wäre es ein normales Land gewesen, hätten sie uns aufgenommen? Ich bezweifle es, sie hatten nichts zu tun damit. Aber, und das stimmt, und das sage ich auch immer, nicht nur aus Höflichkeit, weil es wirklich so ist: Sie hätten uns natürlich das Leben hier sehr schwer machen können ... und das haben sie nicht getan. Sie waren tolerant, sie haben sich uns nicht widersetzt, sie haben nicht gemeutert gegen uns, sie haben uns nicht angegriffen – wir waren sozusagen Leidensgenossen. Wir haben ein Leben nebeneinander gelebt ... Es hätte auch anders ausgehen können. Und in dieser Beziehung muss man ihnen wirklich dankbar sein. Das ist das Wahre an der Geschich-

te. Na, also wenn die Emigranten sagen, die Chinesen seien nett und freundlich gewesen, na ja, dann haben sie auch vergessen, wie oft wir auf die Chinesen geschimpft haben und sie auf uns.«[268]

Von unmittelbar spürbarem Antisemitismus im Shanghai jener Jahre ist selten die Rede, er schien angesichts der langen Geschichte religiöser Toleranz bei Chinesen auf wenig fruchtbaren Nährboden zu fallen. Judenfeindschaft wurde zweifellos vom deutschen Generalkonsulat sowie von Naziorganisationen und in geringerem Maße von Weißrussen geschürt,[269] doch blieben die Auswirkungen in den meisten Fällen auf wenige Zeitungsartikel, Flugblätter, Karikaturen oder Ansprachen von Regierungsvertretern der von den Japanern eingesetzten Marionettenregierung unter Wang Jingwei begrenzt.[270] Zwar zeigte sich Chiang Kai-shek bei der Auswahl seiner militärischen Berater für den Aufbau einer starken Armee seit den späten 1920er Jahren offensichtlich von deutscher Güteklasse beeindruckt, und sein Finanzminister H. H. Kung (Kong Xiangxi) biederte sich noch 1937 durchwegs unverblümt bei dem »großen Kämpfer für Rechtschaffenheit, nationale Freiheit und Ehre« (gemeint war Hitler) an,[271] doch entwickelte sich die weltpolitische Lage schließlich anders, und damit war offenbar auch die Übernahme nazistischer Ideologie nicht nachahmenswert.[272] Solches schien bei den jüdischen Emigranten vergessen oder auch gar nicht bekannt gewesen zu sein, denn nach dem Krieg hielt es die Leitung der jüdischen Gemeinde durchwegs für angebracht, dem »großen chinesischen Staatsmann und Heerführer« Chiang Kai-shek zum 60. Geburtstag die ehrerbietigsten Glückwünsche zu übermitteln.[273] Ein Journalist aus dem Kreise der Emigranten pries den chinesischen Präsidenten als Staatsmann von großem Format, »dessen Name von der Nachwelt mit Franklin Delano Roosevelt, Winston Churchill und Josef Stalin in einem Atemzuge genannt werden wird«.[274] Nur wenige Monate davor war es anlässlich eines Erlasses der chinesischen Regierung vom 27. November 1945 zu Irritationen bei den Flüchtlingen gekommen, weil es darin hieß, dass alle Deutschen, Österreicher und Juden, die keine strafbaren Handlungen auf dem Territorium Chinas begangen hätten, in ihre »Heimat« repatriiert würden.[275] Ungefähr ein Drittel der Flüchtlinge hatten nach Angaben der auflagestärksten Flüchtlingszeitung, »Shanghai Echo«, noch 1946 vor, in China zu bleiben, die Mehrheit wünschte aus familiären, beruflichen, zionistischen oder klimatischen Gründen auszureisen:

»Wenn 70 Prozent der Refugees China verlassen wollen, so ist dies gewiss kein Zeichen von Abneigung gegen China oder Undank. Wir alle wissen, was wir China zu verdanken haben, das uns eine freundliche Zufluchtsstätte geworden ist in einer Zeit, da 90 Prozent unserer Lieben in Europa unter den grausamen Händen ihrer Peiniger und in den schrecklichen Gaskammern Hitlers ein entsetzliches Ende fanden ... Dankbar aber sind wir China alle und werden auch ... im Auslande immer China treu bleiben. Man kann China treu sein auch außerhalb Chinas, und wir werden glücklich sein, China dienen zu können, wo es auch immer sein möge.«[276]

Niemande

Zwar schien es einigen Emigranten durchaus bewusst zu sein, dass nicht alle Einheimischen über die Anwesenheit von Nichtchinesen glücklich waren,[277] man zählte jedoch auf das Interesse der chinesischen Wirtschaft an der industriellen Tätigkeit, an gesundem Exporthandel und technischer Entwicklung und träumte – dies eine Vorwegnahme von Ansichten vieler heutiger westlicher Wirtschaftsführer – von den »guten Aussichten« des Millionenmarkts China:

> »Wenn der Emigrant sich grundsätzlich darüber klar wird, dass sein Schicksal eng mit dem Chinas verbunden ist, so eng, dass sein eigenes Schicksal Teil des Gesamtschicksals dieses Landes ist, dann werden auch seine Interessen und Chinas Interessen automatisch dieselben werden.«[278]

Als sich jedoch mit zunehmender Intensität des Bürgerkriegs die Fronten immer näher in Richtung Shanghai verschoben, waren auch diejenigen, die noch Monate zuvor die Möglichkeit des Verbleibens in China in Betracht gezogen hatten, überzeugt davon, dass als einziger Ausweg, sobald denn einmal alle Visaangelegenheiten erledigt waren, nur mehr ihre Ausreise bestehe, zumal gegen Ende des Jahres 1948 Berichte von Plünderungen nationalistischer Soldaten in Häusern jüdischer Flüchtlinge in Hongkou bekannt wurden.[279] Werden die Jahre dieser europäischen Flüchtlinge in Shanghai im Rückblick betrachtet, wird deren Bedeutung in der Fremdwahrnehmung Chinas und seiner Gesellschaft deutlich. Sie liegt zum einen in der Identität der meisten Flüchtlinge begründet: Ausländer zweiter Klasse, Emigranten, Fremdlinge oder schlimmer noch Niemande, welche einen völligen Gegensatz zu den Reichen, Alteingesessenen, den Old China Hands, denjenigen, die sich »mit einem Whisky-Soda von den lästigen Gedanken (Hongkou) befreien«[280], darstellten und damit eine völlig andere Qualität des sozialen und kulturellen Dialogs zwischen China und dem Westen schufen.

> »Wer um zwei Wochen länger in China ist, gibt sich einem als alter Ostasiate und verzapft an einen mit huldvoller Überlegenheit die köstlichsten Axiome, die ihm tags vorher ein Anderer versetzte, der um noch zwei Wochen früher hier ans Land gekommen ist.«[281]

Im Vergleich dieser beiden sich so fremden ausländischen Welten erst zeigt sich der Wert der Fremderfahrung dieser Flüchtlinge, welche sich am kolonialen Romantizismus der ständigen Besserwisser störten, an deren simplifizierender Denkweise in den Kategorien von Gut und Böse, Weiß und Schwarz (oder treffender Gelb), Über- und Unterlegenheit. Während die Wohlhabenden, die »richtigen Shanghailänder« – oder zumindest diejenigen, die behaupteten, es zu sein – das Privileg besaßen, geographisch von ihrer unmittelbaren Umgebung, den Chinesen, getrennt zu sein, lebten die »Neulinge« inmitten der fremdartigen, zumeist erbärmlichen, häufig jedoch auch anregenden »Terra sinica«. Gewiss schufen sie sich, um zu überleben, ein jüdisches Milieu, so gut es ging. Doch scheuten sie sich nicht vor

I. Orte und Zeiten west-östlicher Begegnungen

der Anerkennung der Tatsache, dass ihr Exilland China war. Selbst im sportlichen Wettkampf kamen sie den Chinesen nahe, deren Fußballspieler, so ein Kommentator, »ein bestechendes Kombinationsspiel vorführten, das aber ein wenig übertrieben wurde«.[282] Ganz anders die Mehrheit der »alten Hasen«, die – in ständiger Selbsttäuschung – ihr Dasein so einrichteten, dass sie sich einbildeten, nicht in China zu leben:

> »Das ist der Kolonialgeist, der die Menschen, die lange in Kolonien gelebt haben, nicht verlässt, und sie zur Lüge verleitet. Sie behaupten dann, in Europa nicht mehr leben zu können. Das Leben sage ihnen nicht zu. Unsinn! Die ›niedrige‹ Umgebung fehlt ihnen, auf die sie herabschauen sollen und dürfen, über die sie sich erhaben dünken … Hier hat der weiße Mann sich eine eigene, körperstärkende Kulisse für sein asiatisches Dasein errichtet. Er spielt Polo, Golf, Criquet und ist ganz bei der Sache. Er spielt westliches Leben, und, indem er sich von hüpfenden Kulis bedienen lässt, einen abendlichen Akt kolonialer Romantik.«[283]

Die ärmlichen europäischen Juden hingegen waren keinem Sitten- oder gar Ehrenkodex (»I believe in Shanghai!«) verpflichtet, der ihnen den Kontakt mit Chinesen wenn nicht verbot, so doch zumindest tunlichst davon abriet. Sie konnten sich nicht mit einer »Vertragshafengesellschaft« solidarisieren, deren bisweilen snobistische Mentalität groteske und nicht selten sinophobe Züge annahm: kein chinesisches Essen, kein chinesisches Wort, keine chinesische Kleidung. Das Empfinden für das Prestige der Zugehörigkeit zu einer »überlegenen Rasse« schien vielen Emigranten nicht nur in der einstigen Heimat, sondern auch im fernen Shanghai unheimlich zu sein.

Die Flüchtlinge wurden ohne ihr Zutun zu Zeugen einer der düstersten Periode Chinas im 20. Jahrhundert, in der es einer Seltenheit gleichkam, dass Begegnungen mit Wesenszügen chinesischer Gesellschaft unabhängig von Krieg und Besatzung über-

Das Leben in den Vertragshäfen: Shanghai, Tianjin und Qingdao

haupt stattfanden, geschweige denn erfreuliche. Barbara Tuchman vermerkte in ihrer Biographie über General Joseph Stilwell anlässlich dessen Begegnungen und Erfahrungen mit Chiang Kai-shek eben diese dem Thema innewohnende Schwierigkeit und drückte ihr Bedauern aus, die »Liebenswürdigkeit, die künstlerische Hellsichtigkeit, der philosophische Geist, die Charakterstärke, die Intelligenz, das ausgewogene Temperament und deren (der Chinesen – Anm. d. Verf.) Fleiß« nicht in angemessener Weise hervortreten zu lassen.[284] Sicher war es auch für die in Shanghai gestrandeten Flüchtlinge kein Leichtes, in ihrer teils freiwilligen, teils erzwungenen Annäherung an den fremden Kulturkreis die traumatischen Erfahrungen ihrer Leidensgenossen zu übergehen und Zugänge zu Gastfreundschaft, Humor oder Kunstfertigkeit à la chinoise zu finden. Doch gelang dies einer Minderheit von ihnen weitaus besser als der Mehrheit der langjährigen Old China Hands, denen seit Geburt – ob in Europa, Amerika oder China – Verschiedenheit in Form von Überlegenheit, mit anderen Worten Distanz zu ihrer nächsten Umgebung bewusst oder unbewusst eingetrichtert worden war.

Der Höhepunkt des europäischen Flüchtlingsstroms erreichte Shanghai zu einem Zeitpunkt, als China bereits knapp zwei Jahre von einem brutalen Aggressionskrieg Japans heimgesucht wurde, der noch weitere sechs Jahre dauern sollte – wahrhaftig kein optimaler Ausgangspunkt, die Seele eines Volkes und seiner Bewohner zu entdecken, chinesische Kultur zu verstehen oder gar schätzen zu lernen. Und zudem reichte die Perspektive der meisten von ihnen nicht über die engen Grenzen des International Settlements und der Concession Française oder gar Hongkous hinaus, mit Ausnahme einiger Jugendlicher vielleicht, die aus Abenteuerlust die verschlungenen Gassen der chinesischen Altstadt durchstreiften, auf der Suche nach der Unterwelt mit ihren angeblich kleinen, heimtückischen Chinesengestalten und den von Opiumgeruch durchtränkten Spielhöllen, deren Zugang ihnen von den Eltern untersagt worden war. Einige Neugierige wagten es, die heiligen Grenzen der ausländischen Enklaven fern von Recht und Ordnung zu verlassen, etwa auf Schlangenjagd mit dem Serologen Hirschenson[285] oder beim Aufspüren »chinesischer Totenhäuser«, der typischen Grabhügel.[286] Während man früher Ausflüge in die Auen und Wiesen rund um den Wannsee oder in den Wienerwald gemacht hatte, um der Hektik einer Großstadt zu entgehen, gingen Entdeckungsfreudige in Shanghai zumindest bis zur Errichtung des »Ghettos« auf Exkursionen in die unzähligen Gassen, um der Melodie des chinesischen Alltags, der «Poesie des Orients« zu lauschen.[287]

Gewiss wussten auch die Flüchtlinge, dass Shanghai nicht gleichbedeutend mit China war. Wenige von ihnen sind aus der künstlich gezogenen geographischen Konzentration ausgebrochen, welche das Denken in kolonialistischen Grenzen vorgab. Damit unterschieden sie sich nicht wesentlich von den »respektierten« Ausländern, von denen viele dreißig oder vierzig Jahre lang in Vertragshäfen wohnten, ohne je Peking, geschweige denn Teile des Landesinneren gesehen zu haben.[288] Doch im Gegensatz zu Letzteren räumte man dies freimütig ein und wies zusätzlich auf die Gefahr der verzerrten, weil okzidentalen Sehweise hin:

> »Unsere Kenntnisse des Chinesischen, seiner Sitten und Gebräuche sind leider so oberflächlich, so dass sich in der Beurteilung dieses fleißigen und strebsamen Volkes ein verzerrtes Bild ergibt. Ich mute mir durchaus nicht zu, die Psyche des chinesischen Volkes zu kennen, und will auch nur meine Eindrücke so wiedergeben, wie ich sie mit europäischen Augen sehe.«[289]

Überdies war die Bewegungsfreiheit der Emigranten durch den Japanisch-Chinesischen Krieg seit 1937 arg beschränkt, und eines der jüdischen Hilfskomitees warnte die Flüchtlinge ausdrücklich vor Reisen nach Nordchina, insbesondere Tianjin, um nicht die jüdische Gemeinde insgesamt zu gefährden.[290] Trotz solcher Hinweise berichteten Emigranten in seltenen Fällen über ihre abenteuerlichen Fahrten nach Innerchina. Zwar handelt es sich dabei nicht um Beiträge im Stile renommierter Reiseschriftsteller, doch kann der Gewillte trotz allem einige Stimmungsbilder aus dem »echten« China herauslesen.[291] Einigen Flüchtlingen war durchaus bewusst, dass Shanghai das Tor Asiens ist und dass hinter diesem der Kontinent »den tiefen, traumreichen Schlaf seiner Geschichte, seiner Vergangenheit, seiner Individualität« schläft und man später einmal, nach der zweiten Emigration – dieses Mal Richtung Westen –, bereuen werde, nichts von Peking, Hangzhou oder den Guilin-Hügeln gesehen zu haben, dass die alles entscheidene Begegnung mit China trotz des mehrjährigen Aufenthalts nicht zustande kam:

> »Und ich wette mit Euch, soviel Ihr mir auch mit der Hand abwinken mögt, Ihr werdet dann an Eurem vielleicht doch etwas kühlen amerikanischen oder australischen Herde sitzen, wie jemand, der in einem Dickicht die Prinzessin Turandot fand und vergaß oder vielmehr versäumte, ihr den lebensspendenen Kuss auf die Lippen zu drücken.«[292]

Berglas-Plan: Juden in Yunnan?

Wäre es nach dem Willen einer ganzen Reihe von redlichen und weniger redlichen Leuten gegangen, hätten jüdische Flüchtlinge aus Europa zumindest zahlenmäßig zu einem Höhepunkt an Annäherungen seit dem Beginn des Verhältnisses zwischen dem Abend- und dem Morgenland beigetragen, doch erlitten die Pläne für dieses allzu schön klingende Märchen à la »west-östlicher Diwan« noch vor ihrer Realisation Schiffbruch: Bereits 1933, die Jahreszahl scheint kein Zufall zu sein, entwickelte ein Vertreter des japanischen Außenministeriums Pläne für die Ansiedlung von deutschen Juden im Marionettenstaat Manchukuo.[293] In den folgenden Jahren wiederholten sich die Absichten, mit unterschiedlichen Akteuren, jedoch gleichem Ziel: Industrialisierung der Mandschurei und gleichzeitig der Versuch, das Wohlwollen (und die finanzielle Unterstützung) des amerikanischen Judentums für Japans Politik zu gewinnen – doch ohne Erfolg, weil es Gegner gab auf allen Seiten.[294] Im Jahre 1939, angesichts der zunehmenden Immigrationswelle jüdischer Flüchtlinge nach Shanghai, häuften sich die Ansiedlungspläne und Entwürfe wurden ausgearbeitet, dass womöglich selbst Theodor Herzl ins Schwärmen geraten wäre: Noch vor der Ankündigung des sogenannten Berglas-Plans im Juni 1939, benannt nach dem deutsch-jüdischen Flüchtling und Geschäftsmann Jacob Berglas, wonach in der Provinz Yunnan einhunderttausend Flüchtlinge Zuflucht und gleichzeitig Arbeitsmöglichkeiten finden sollten,[295] diskutierten Vertreter der jüdischen Hilfsorganisation HIAS-HICEM in Paris mit dem chinesischen Generalkonsul über eine Ansiedlung von Naziflüchtlingen in China.[296] Der chinesische Diplomat machte deutlich, dass seine Regierung im Prinzip jüdische Flüchtlinge willkommen heiße, ein solches Projekt jedoch gegenseitigen Nutzen bringen müsse: China benötige in erster Linie Ärzte, Bergbautechniker, Bauunternehmer, Architekten, Mechaniker und andere Spezialisten sowie »Kapitalisten, welche fähig seien, bestimmte Industriezweige ... aufzubauen«.[297] Als mögliche Siedlungsgebiete wurden etwa die Provinzen Ningxia, Qinghai und Guizhou genannt.

Ungefähr zur gleichen Zeit fragte der Vertreter einer amerikanischen Hilfsorganisation für China den chinesischen Botschafter in den USA, den angesehenen Gelehrten Hu Shi, an, ob seine Regierung sich bereit erklären würde, »Mitopfer der brutalen Aggression« (Juden) in China aufzunehmen, wofür sie im Gegenzug dazu deren technisches Wissen und praktische Erfahrung beim Aufbau von Industriezweigen erlangen werde.[298] Aus den bisherigen Quellen ist nicht eindeutig ersichtlich, welche Seite das Angebot initiierte, doch zeigte sich die Regierung in Chongqing grundsätzlich an der Idee interessiert, wie die Antwort des Außenministeriums bewies, obwohl gleichzeitig rechtliche Bedenken erhoben wurden.[299] Doch verlief schließlich auch dieses Projekt im Sande, trotz Verlockungen für und von allen Seiten: Zu groß schienen die Unsicherheit und die Vorbehalte zu sein, und selbst die sephardischen Taipans Shanghais, Sir Victor Sassoon beziehungsweise Sir Elly Kadoorie, deren volle Unterstützung ein Projekt solchen Ausmaßes erfordert hätte, reagierten beispielsweise auf den Berglas-Plan skeptisch bis ablehnend.[300]

Auch wenn sich solche Träume jüdisch-chinesischer Beziehungen im großen Stile nicht erfüllten und demzufolge in der Untersuchung über die Wahrnehmung Chinas keine bedeutenden Fremderfahrungen jüdischer Flüchtlinge aus dem Innern des Landes vorliegen, sind die Auseinandersetzungen europäischer Emigranten mit dem Fremden mitunter beachtenswert. Dies auch deshalb, weil die Flüchtlingsgruppe eine einzigartige berufliche, nationale, religiöse und sprachliche Vielfalt aufwies – und dies räumlich eng begrenzt –, wie sie nur ganz selten in einem Exilland vorgefunden wurde. Der Geist Hongkous bestand aus einem menschlichen Kaleidoskop sondergleichen, von bürgerlich eingestellten, preußisch-klassisch ausgebildeten, der exotischen Umgebung Shanghais gegenüber nicht uninteressierten Schullehrern bis zu ultraorthodoxen Studenten der Mirrer Jeschiwa, deren Talmudschule den weiten Weg von Polen über Litauen, Sibirien und Kobe in Japan nach Shanghai fand und deren hauptsächliche Besorgnis, neben dem Überleben, der Einhaltung der göttlichen Gesetze galt.[301] Wenn auch die überwiegende Zahl der Emigranten in ihrer Eigenschaft als Juden nach China gelangte und dort dementsprechend lebte, entwickelten einige von ihnen im täglichen Verkehr mit dem Fremden doch ein kosmopolitisches Bewusstsein, das, angesichts ihrer Isolation vom Rest der Welt, bemerkenswert erscheint. Während die einen die Zeit des Exils durch die verstärkte Identifikation mit den eigenen Wurzeln überstanden, sicherten sich andere in diesem multikulturellen Nexus von Menschen mit unterschiedlichster Herkunft und sehr verschiedenem Status ihr Überleben durch Annäherung an die fremde Umgebung – konkret oder geistig, gewollt oder ungewollt – oder zumindest durch die Selbstreflexion im Spiegel des Fremden, selbst wenn dieser andere ein »Chinamann« war.

Wenige würden gegen die Feststellung Sturm laufen, Shanghai sei in erster Linie die Stadt von Business, Abenteuer und Romantik gewesen. Von einem intellektuellen Klima – zumindest was die westlichen Ausländer betraf – schien ebenfalls erst mit Ankunft der europäischen Flüchtlinge in der Stadt über dem Meer Kenntnis genommen worden zu sein. Zwar wird Shanghai immer wieder als »Exil der kleinen Leute« bezeichnet, oder die Rede ist von einer »Emigration am Rande«. Und es ist nicht von der Hand zu weisen, dass keine Personen mit großem Namen nach China flüchteten, weder ein Thomas Mann, ein Albert Einstein noch ein Sigmund Freud, wie selbst ein Shanghaier Flüchtling zugibt.[302] Was jedoch die Qualität des Shanghaier Exils charakterisiert sowie auch und gerade für die Nachwelt von Interesse macht, ist die Einzigartigkeit der Fremderfahrung von Emigranten, deren Wahrnehmung einer sozial und kulturell völlig anderen Lebenswelt. In Shanghai fanden keine großangelegten Widerstandsaktionen statt, die Politisierung blieb auf innerjüdische Themen begrenzt. Shanghai war nicht gleichbedeutend mit dem Paris Vichy-Frankreichs oder dem Oslo des norwegischen Quislings: Berichte von gewalttätigen Japanern gegenüber der Flüchtlingsgemeinde kamen vor, auch das »Ghetto« oder zumindest eine »Designated Area« wurde eingerichtet und Zensurmaßnahmen eingeführt, hauptsächlich nach Pearl Harbor. Doch wurde keine ausdrückliche Warnung vor einem Kontakt mit Einheimischen ausgesprochen – nur ein Maulkorb, was internationale Politik betraf – und kein Verbot der Beobachtung der Umgebung und der Erforschung des Fremden an sich.[303] Jüdische und chinesische Flüchtlinge teilten buchstäblich die gleichen Gassen und ein ähnliches Schicksal. Eine physische Isolation war ganz unmöglich; die beiden Gruppen blieben einander nicht nur rämlich nahe[304] oder kauften in den Shops der jeweils anderen Nationalität ein, sondern sie verbündeten sich in Ausnahmefällen gar in Widerstandsgruppen gegen japanische Einrichtungen.[305]

Durch solcherlei Nähe entstand – von einer Minderheit von Individuen zwar, doch immerhin – eine Wahrnehmung von Chinas Menschen und Lebensformen in Form literarischer Texte, manche derb, andere generalisierend und wieder andere besonders reizvoll, weil scharf beobachtet. Ein Bestandteil im Zeitvertreib des Shanghaier Flüchtlings (nach der Sicherstellung der elementarsten Bedürfnisse) konnte im Wahrnehmen seiner nächsten Umgebung liegen, und einige pflegten dieses auf je ihre eigene Weise. Dass sich der Standpunkt zum Gegenstand und die Art der Beobachtung im Laufe von sechs bis zehn Jahren wandelten, gibt den Produkten gelegentlich eine besonders attraktive Note. Innerhalb weniger Jahre schufen Vertreter dieser Emigration China-Bilder, die bis zum heutigen Zeitpunkt durch ihre Nähe zum Objekt aus den China-Perzeptionen anderer Bildschöpfer hervorstechen. Diejenigen, denen das Glück bezüglich der amerikanischen Quotenregelung zur Einwanderung weniger hold war oder die vor 1949 noch kein anderes Aufnahmeland gefunden hatten, welches sich bereit zeigte, wurden zusätzlich, doch unfreiwillig zu Zeitzeugen des historischen Übergangs vom nationalistischen zum kommunistischen China oder, wie die Parteigänger des Letzteren behaupten, vom alten zum »neuen China«. Der Nachwelt überliefert sind damit neben China-Bildern von Einzelpersonen zusätzlich Schilderungen über Verhältnisse im damaligen Shanghai aus der Sicht von Vertretern internationaler Organisationen, der UNRRA (United Nations Relief and Rehabilitation Administration), der IRO (International Refugee Organisation), des American Jewish Joint Distribution Committee (AJDC) oder des jüdischen Hilfsvereins HIAS-HICEM.

Mögen Sepharden, russische und mitteleuropäische Flüchtlingsjuden auch die unterschiedlichsten Erfahrungen im Reich der Mitte gemacht haben, das Ende ihrer zeitlich unterschiedlichen Präsenz in China verlief weitgehend parallel. Für die von den Japanern während des Krieges internierten sephardischen Juden mit britischem Pass war es relativ einfach, eine neue Heimat zu finden. Die russischen, zumeist staatenlosen Juden hatten sich zwischen der Annahme der sowjetischen Staatsbürgerschaft und der Registrierung als Vertriebene – Displaced Persons – zu entscheiden (die Mehrzahl entschied sich für Letzteres), während für die meisten mitteleuropäischen Juden lediglich die Weiterwanderung nach Amerika, Australien und ab Mai 1948 Israel in Frage kam. Lediglich einige Dutzend verspürten das Bedürfnis zur Heimreise nach Europa. Der Exodus der Juden aus Shanghai erreichte seinen Höhepunkt noch vor dem Einmarsch der Kommunisten; die verbliebenen etwa 1500 Juden sahen sich mit erheblichen Schwierigkeiten seitens der Behörden konfrontiert, als sie versuchten, China zu verlassen.[306] Im Juni 1956 machte der damalige Vertreter der jüdischen Gemeinde Shanghais, R. D. Abraham, in einem Brief an den Sepharden David Marshall, soeben zurückgetretener Chief Minister Singapurs, auf das Schicksal der restlichen 543 in China verbliebenen Juden aufmerksam und bat diesen, bei seinem Treffen mit Chinas Regierungsvertretern um eine Ausreisebewilligung für diese Personen nachzusuchen.[307] In einem Gespräch mit Außenminister Zhou Enlai soll dieser zugesichert haben, die Angelegenheit zu klären.[308] Wiederum fünfundzwanzig Jahre später, die große proletarische Kulturrevolution war bereits vorüber, vermerkte eine interne Liste des AJDC gerade noch fünf Personen jüdischer Herkunft in Shanghai.[309] Ein einmaliges, weil größtenteils fern den üblichen kolonialistischen Strukturen und Vorurteilen entstandenes Kapitel in der Geschichte west-östlicher Begegnungen hatte damit sein endgültiges Ende gefunden. Eine unvoreingenommene Betrachtung jüdisch-chinesischer Auseinandersetzung bietet jedoch auch fünfzig Jahre danach noch Anlass zur Hoffnung auf ein tiefer gehendes Verstehen von gesellschaftlichen Vorgängen und Mentalitäten im Reich der Mitte.

»Shanghai is one of the ugliest and dirtiest cities which I have ever visited«, notierte R. V. C. Bodley in seinen Reisebuchaufzeichnungen, die zum gleichen Zeitpunkt auf den Markt kamen wie der von University Press publizierte Fremdenführer »All About Shanghai«, in dem es heißt: »Cosmopolitan Shanghai, city of amazing paradoxes and fantastic contrasts; Shanghai the beautiful ...«[310] Geschmäcker sind gelegentlich verschieden, der Blick auf das Objekt allemal subjektiv. Tatsache ist, dass für westliche

Bewohner und Besucher Shanghais die Stadt über dem Meer ein Prisma darstellte, durch das man China (in der Vermutung, es handle sich um China) betrachtete, es bestaunte, häufiger jedoch darüber die Nase rümpfte und es verachtete. Tatsache ist weiter, dass Shanghai den idealen Standort zur Beobachtung chinesischer Geschichte des 20. Jahrhunderts abgab, auch für Ausländer. Hier erlebten sie die Geburtsstunde der Kommunistischen Partei (1921) mit, die Niederschlagung des Shanghaier Frühlings (1927), den Ausbruch des Chinesisch-Japanischen Krieges (1937), den Beginn des Pazifikrieges (1941) sowie den fünfjährigen Bürgerkrieg (1945–49). Einige wenige wurden Augenzeugen der notorischen »Antibewegungen« im Zuge der Festigung der Volksrepublik, der gnadenlosen Exzesse der Kulturrevolution (1966–76), der Öffnungspolitik Deng Xiaopings sowie der langsamen Rückkehr Chinas in die internationale Staatengemeinschaft. Faktum ist schließlich, dass es keine andere Stadt in China gab, in der so viele Ausländer so nahe mit Chinesen zusammenlebten oder vielmehr sich Ausländer und Chinesen aneinander vorbeidrängten und dem anderen, so gut es ging, auswichen. Auch hier, ähnlich wie in Peking, büßten die Hauptdarsteller ihre vorherrschende Rolle ein und büßten damit wohl auch ein wenig für vergangene Überheblichkeit. Die westlichen Akteure wurden vom chinesischen Publikum ausgebuht, von der Bühne verjagt und zuletzt ganz aus dem Theater verbannt, die Requisiten hinter sich lassend. Ihre im Art-Déco-Stil (oder seltener im Pseudotudorstil) erbauten Villen, Apartementhäuser des Amerikaners Elliott Hazzard, des Franzosen Paul Veysseyre oder des Ungarn Ladislaus Hudec kämpfen stumm und häufig erfolglos gegen die Verheißungen des sogenannten Sozialismus chinesischer Prägung an: achtspurige Autobahnen, monotone Fünfsternhotels und farblose Wolkenkratzer. Hinter solchen Monumenten einen Blick auf das ursprüngliche China zu werfen, dürfte selbst einem reumütigen Old China Hand Mühe bereiten.

Die Erwähnung zweier voneinander gesonderter Stadtteile in Reisebüchern und Fremdenführern scheint unentbehrlich zu sein, um der Tatsache der räumlichen und inhaltlichen Distanz zwischen Orient und Okzident in den westlichen Vertragshäfen im China der ersten Hälfte des 20. Jahrhunderts Rechnung zu tragen. Darin stellte auch Tianjin (Tientsin) keine Ausnahme dar. Allerdings besaß hier die »Eingeborenenstadt«, wie die Chinesenviertel gewöhnlich in Abgrenzung zu den Konzessionsgebieten genannt wurden, einen vergleichsweise guten Ruf: »Even the Native City of Tientsin is almost entirely free from beggars and has broad paved streets and smart shops. Comparison of it with the Native City of Shanghai is much to the disadvantage of the latter.«[311] Die Beschreibung entbehrt allerdings des Hinweises darauf, dass der Westen in diesem Vertragshafen besonders deutlich auf räumlichen Abstand zwischen den beiden Welten Wert gelegt hatte, was sich in der Anordnung der Konzessionsgebiete am unteren, dem Meer näher zugewandten Lauf des Hai-Flusses widerspiegelte. Der Fahrplan der »Kaiserlichen Eisenbahnen Nordchinas« aus dem Jahre 1909 vermerkt eine exakt zehnminütige Fahrt zwischen Tientsin City und Tientsin Settlement.[312]

Noch vor einhundert Jahren galt Tianjin als Chinas zweitgrößte Stadt (nach Kanton und vor Peking),[313] und gegen Ende der 1930er Jahre rangierte sie als drittgrößte Stadt im Fernen Osten, was die

Das Leben in den Vertragshäfen: Shanghai, Tianjin und Qingdao

Anzahl der dort lebenden westlichen Ausländer betraf.[314] Zumindest erstere Angabe gehört selbstverständlich längst der Vergangenheit an, ebenso wie das Faktum, dass Tianjin einst als Eingangstor für Reisende nach Peking benutzt wurde, und zwar über den Seeweg, vom Gelben Meer, präziser dem Golf von Zhili (Bo Hai) her. Gegenwärtigen Realitäten näher kommt hingegen der Stellenwert Tianjins als traditionelle Stadt der Arbeiter, wie der Weltreisende Burton Holmes bereits im Jahre 1900 erkannt hatte:

> »In Tien-Tsin we receive again that impression of unending toil – which is to me the first, the last, and the most enduring impression that I brought from China – toil that know no beginning, for it begins before the toilers have begun to think; toil that never ceases, for without it there would be an end to life.«[315] [In Tianjin gewinnen wir wieder diesen Eindruck unendlicher Mühsal: der erste, letzte und nachhaltigste Eindruck, den ich von China nach Hause bringe. Eine Schufterei, die keinen Anfang kennt, denn sie beginnt, bevor die Arbeiter überhaupt daran denken; eine Plackerei, die endlos ist, denn ohne sie gäbe es hier kein Leben.]

Auf Schwerarbeit zählte auch der Westen, dessen Begegnung mit Tianjin blutiger verlief als die mit anderen chinesischen Städten. In dieser Stadt, knapp 130 Kilometer von Peking entfernt, kam es, lediglich zehn Jahre nachdem Tianjin selbst im Gefolge westlicher Gewaltanwendung zum Vertragshafen erklärt worden war (1860), zu einem Massaker an Ausländern, ausgelöst durch die Präsenz eines von französischen Ordensschwestern geführten Waisenhauses und durch den Bau einer imposanten neuen Kirche – just an der Stelle, wo sich früher ein kaiserlicher Park und ein Tempel befanden. Doch hielten selbst solche Ereignisse die Ausländer nicht davon ab, um die Gunst Li Hongzhangs, des Generalgouverneurs von Tianjin beziehungsweise der Provinz von Zhili (die ungefähr dem heutigen Hebei entspricht) zu werben. Der Grand Old Man der chinesischen Diplomatie, von Europäern häufig als »Bismarck des Ostens« bezeichnet, galt als der Anwalt von Chinas Modernisierung im ausgehenden 19. Jahrhundert. Kein Zufall daher, dass die ausländischen Mächte gerade Tianjin als Ausgangsbasis (und militärische Festung) für die weitere Aufteilung des Reichs der Mitte betrachteten. Mittels der Errichtung von Eisenbahnlinien und dafür notwendiger Gründungen internationaler Bankkonsortien und anderer Dienstleistungsfirmen (wie etwa der britischen Waterworks Company oder der belgischen Tianjin Tram and Electric Co.) verfolgten sie ihre je eigenen wirtschaftlichen Ziele.

Der britische Journalist R. V. C. Bodley, der uns bereits in Shanghai begegnete, beschrieb Tianjin um 1930 herum als entsetzliche Stadt, »which does not even look attractive at night«. In ähnlichem Ton wie der Reiseschriftsteller Lucian S. Kirtland, der keinen Grund dafür sah, Tianjin überhaupt zu besuchen (»one can see Western mansions without going to China«), schilderte Bodley die Stadt als Minikopie einer britischen Vorstadt:

»Were it not for the rickshas, the Victoria and Race Course Roads, which are the principal thoroughfares of Tientsin, might be any streets in a London suburb, for not only are the shops of the same type as in England, but the semi-detached residences and the villas might have been transplanted direct from Greater London.«[316] [Gäbe es hier nicht die Rikschas, dann glichen die Victoria Road und die Race Course Road, welche die Hauptachsen von Tientsin darstellen, irgendeiner Straße in einem Londoner Außenbezirk. Denn nicht nur die Läden sind fast vom gleichen Typus wie in England, sondern auch die Doppelhäuser und Villen könnten direkt von London hierher verpflanzt worden sein.]

Café Kiessling

In der Tat genügt ein Blick auf den Stadtplan Tianjins in Crows »Handbook for China« aus dem Jahre 1926, um Bodleys Aussage bestätigt zu finden. Noch deutlicher als in Shanghai lebten hier Westler von Chinesen getrennt. Insgesamt acht Staaten, mehr als in jeder anderen chinesischen Stadt, hatten sich hier um die Jahrhundertwende ihre Hoheitsgebiete eingerichtet. Sie gründeten dieselbe Palette an Dienstleistungen wie in Shanghai in Miniaturformat: eine Polizeitruppe (700 Personen im Jahre 1940) sowie ein Freiwilligencorps für Notfälle – sprich zur Abwendung chinesischer Übegriffe auf westliche »Souveränität«. Auch über einen Bund, eine Uferstraße, verfügte die kleine Schwester Shanghais. Die großen Bankhäuser befanden sich zumeist in der britischen Konzession, die Russo-Chinese Bank etwa an der Ecke von Consular Road und Victoria Road (heute: Straße der Befreiung). Die Zweigstelle der Hongkong and Shanghai Banking Corporation Ltd. mit ihren Marmorsäulen und -böden in der Eingangshalle bot ihren chinesischen Angestellten den »Komfort« von Schlafsälen in der obersten Etage des Gebäudes.[317] Wohlgemerkt, das ausländische Tientsin bot auch berühmteren Chinesen bequemere Schutzzonen gegen Verfolgung durch eigene Landsleute oder gar die Möglichkeit zum politischen Aufstieg: Lis Nachfolger Yuan Shikai, provisorischer Präsident der Republik China zwischen 1912 und 1916, ließ sich in der Konzession der österreichisch-ungarischen Doppelmonarchie ein Haus im holländischen Stil bauen. Chinas letzter Kaiser, Pu Yi, nach seiner Abdankung 1912 noch im Kindesalter stehend, fand in späteren Jahren (ab 1924) Zuflucht in der japanischen Konzession Tianjins. Aufzeichnungen berichten, dass er angeblich im Restaurant Kiessling häufig Tee trank oder gar das Tanzbein mit der kosmopolitischen Gesellschaft seines Exilortes schwang. Die Trend-Gaststätte war nach dem früheren Küchenchef von Kaiser Wilhelm, Kiessling, benannt, der nach der Niederlage Deutschlands im Fernen Osten nach einem neuen Arbeitgeber Ausschau hielt. Ursprünglich in der deutschen Konzession von Tianjin liegend, expandierte »Kiessling« und kaufte später das von einem russischen Juden betriebene, äußerst populäre und geräumige Victoria-Café auf (heute nach Kiessling »Qishilin« benannt). Auch Zhou Enlai nutzte, wie später in Shanghai, das System der Exterritorialität aus, um – hier noch als Student – in Zeitungsartikeln die Ideen der von Peking ausgehenden »neuen Kulturbewegung« zu verbreiten. Ebenfalls die Vorzüge westlicher Schutzmacht genoss der Intellektuelle Liang Qichao, einer der Theoretiker des chinesischen Nationalismus und während der Qing-Dynastie Schüler von Kang Youwei, dem Führer der Reformbewegung des ausgehenden 19. Jahrhunderts. Das Jahr 1936 sah auch Chinas späteren Staatspräsidenten Liu Shaoqi für kurze Zeit in Tianjin, wo er sich um die Wiederherstellung des antijapanischen Bündnisses von Guomindang und seiner kommunistischen Partei bemühte. Eine aktive Zusammenarbeit zwischen China und dem Westen, die diesen Namen verdient hätte, kam jedoch auch in Tianjin nicht zustande, mit Ausnahme von wirtschaftlich-technischen Institutionen, wie beispielsweise der kurz vor dem Beginn des 20. Jahrhunderts gegründeten Haihe River Conservancy Commission, die die Flussschiffahrt auf dem Hai-Fluss verbessern sollte.

Die westlichen Ausländer, in ihrer großen Mehrheit mit sich und ihren Geschäftsinteressen beschäftigt, errichteten für sich und ihre Familien Häuser und palastartige Villen nach jeweils eigenem nationalem Geschmack oder in einer Kombination mehrerer, nicht einmal in Europa anzutreffender Architekturstile. Auch in dieser Hinsicht nahm der Besucher in Tianjin kaum etwas von chinesischem Einfluss wahr. Gordon Hall, der mit Zinnen versehene Sitz des (britischen) Municipal Council – benannt nach Charles George Gordon (»China-Gordon«), dem Kommandanten im Krieg gegen die Taiping –, wurde 1890 im neugotischen Stil errichtet. Darin fanden auch Bankette, Bälle und Theateraufführungen statt, auf einer Bühne, so eine Beobachterin, die von riesigen eingefassten Vorhängen abgetrennt werden konnte, wie es – winzige hommage à la chinoise, weil angeblich ein Geschenk von Li Hongzhang – auch von chinesischen Prinzen anlässlich besonderer Feste bewerkstelligt wurde.[318] Das Astor Hotel, Tianjins bestes Haus am Platz (»famed for cleanliness and good table«), war ursprünglich mit äußeren Galerien auf drei Seiten in der Tradition üblicher Kolonialgebäude versehen. Gotteshäuser wiesen zumeist gothischen Einfluss in verschiedenen Varianten auf. Die französische Konzession rühmte sich etlicher Bauten mit Elementen aus der Renaissance (etwa die Russo-Chinese Bank), während »Little Italy« um die Piazza Regina Elena herum mit Perlen eines Freistils glänzte, der Villen am Lago di Garda nicht unähnlich schien. Selbst der deutsche Rundbogenstil, Wiener Sezession und Schweizer Heimatstil waren in Nordchinas wichtigstem Vertragshafen vertreten.

Ähnlich wie in Shanghai und auf anderen Schauplätzen des Westens auf chinesischem Boden amüsierten sich die Ausländer auch in Tianjin zumeist unter sich. A. B. Freeman-Mitford erwähnt die Rennen mit mongolischen Ponys (für einmal unter der Begeisterung chinesischer Zuschauer) sowie die Jagd nach Antiquitäten, von denen ihm besonders die einheimischen Bilderbücher auffallen, deren Zeichnungen keine Grenzen der Moral zu kennen scheinen.[319] Bodley wiederum mokiert sich über den geistigen Zustand der westlichen Gesellschaft Tianjins, deren Mehrheit sich lediglich über Geschäftsinteressen und Freizeitgestaltung den Kopf zerbreche und die in einer elfenbeinturmähnlichen Isolation lebe, wo Selbstgefälligkeit und Unwissenheit vorherrschten. Das Dilemma dieser Mentalität bestand darin, dass die chinesische Umgebung (die man bewusst mied) keinerlei Reflexionen auslöste oder gar den Verstand schärfte, sondern im Gegenteil diesen abstumpfte. Die Abkehr von Europa bedeutete für die

I. Orte und Zeiten west-östlicher Begegnungen

Mehrheit der Old China Hands gleichzeitig einen Bruch mit den durch Krieg, Nationalismus und wirtschaftlichen Niedergang erschütterten beziehungsweise veränderten Konventionen und Einstellungen auf dem alten Kontinent, ein Wegschauen von veränderten Denkstrukturen und weltpolitischen Umwälzungen. China diente als freiwilliger Ort der Flucht vor sich selbst und den Konflikten in der eigenen Heimat: »China seemed to have absorbed them, and without turning them into Chinamen (for at the slightest provocation they became aggresively foreign) made them forget everything else.«[320]

Der gesellige Umgang in den exklusiven Klubs stellte einen wichtigen Bestandteil im Leben der Ausländergemeinde dar. Ob im French Club mit seinen zahlreichen Billardräumen, im Tientsin Country Club mit Tenniscourts und Golfplatz, im deutschen Concordia-Klub, bekannt für die rustikale Bar, die Saunaeinrichtung und die einen sorgfältig geschnittenen Rasen überblickende Terrasse[321] oder in öffentlichen Parks, wo an lauen Sommerabenden eine Musikband die Nacht verkürzte – die Vorgänger der heutigen Expats amüsierten sich mit der Regelmäßigkeit eines Uhrwerkes an und mit sich selbst, »while the Chinese encountered were those who pulled rickshas or waited at table«.[322] Zwar nahm der Municipal Council in der britischen Konzession Tianjins bereits 1919 einen Chinesen in seine Reihen auf,[323] und wurden die Beschränkungen des Zutritts zum Victoria Park wenige Jahre vor der allgemeinen Öffnung von Grünanlagen in Shanghai aufgehoben, doch bedeutete dies für Chinesen in der Realität nicht viel mehr als Kosmetik in Bezug auf ihre Stellung.

Eine Begegnung mit China durch westliche Kurzbesucher in Tianjin – sofern es dazu überhaupt kam – erfolgte nicht merklich anders, als es eine Auseinandersetzung aus der Ferne in Lektüreform gebracht hätte. Man fand mitunter bestätigt, was die Pioniere der »Gelbe-Gefahr-Literatur« – M. P. Shiel, Thomas Burke, Edgar Wallace, Sax Rohmer – infolge politischer Ereignisse und aufgrund der Lesernachfrage zwischen 1895 und 1920 auf den westlichen Markt brachten.[324] Dazu gehörte unter anderem das Bild des ruchlosen, hinterlistigen, verräterischen und manchmal fanatischen Chinesen, wie es schon in der Geschichte des »Tientsiner Geistes« kolportiert wurde. Gemäß einem Gerücht, das inbesondere Angehörige der amerikanischen Marine zu fesseln schien, spukte es im Hause eines nach Tianjin versetzten Konsuls. Die Legende – man kann nur hoffen, es handle sich um Seemannsgarn – endet im Fund eines in Einzelstücke zerlegten US-Offiziers, angeblich infolge einer hinterhältigen Ermordung durch eine Bande von Chinesen.[325] Mit Sicherheit keine Räubergeschichten waren hingegen die öffentlichen Hinrichtungen unter anderem in Tianjin, die im Allgemeinen bei Westlern Empörung und Entsetzen hervorriefen.[326] Als bedeutend verlockendere lokale »Spezialitäten« Tianjins galten die eng gewobenen, naturfarbenen Teppiche sowie die süßen Datteln, welche aus der Frucht des Jujube-Baumes gewonnen und anschließend in Honig eingelegt wurden – beide Delikatessen dürften bei Ausländern vorteilhaftere China-Assoziationen hervorgerufen haben, was immerhin schon etwas bedeutete, wie Bodley in seinen Aufzeichnungen vermerkte: »I shall always connect Tientsin with ballet dancing, not as might be imagined, some extravagant Chinese production by Mei Lan-fang, but ballet dancing of the old school.«[327] [Ich werde Tianjin immer mit Ballett verbinden, und zwar nicht, wie man sich das vorstellen könnte, mit einer außergewöhnlichen Aufführung von Mei Lanfang, sondern mit dem Ballett der alten Schule.]

Die Lage Tianjins als jahrhundertealter bedeutender Handelsplatz dürfte der Grund dafür gewesen sein, dass sich seit den 1860er Jahren auch jüdische Händler und Kaufleute von der Stadt angezogen fühlten. Am Großen Kanal, nahe Peking und dem Meere sowie an den Ausläufern der mongolischen Steppe gelegen, war Tianjin prädestiniert für den Austausch von Waren zwischen Nord- und Südchina. Hier trafen die mit Reis und Tee prall gefüllten Dschunken aus Zhejiang oder Jiangsu auf die mit Wolle, Fellen, Fett und Pelzen schwer beladenen Kamelkarawanen aus Liaoning, Jilin oder der inneren Mongolei. Tianjin galt überdies als wichtiger Sammel- und Umschlagsplatz für Salz, dieses kostbare, zur Kaiserzeit unter Staatsmonopol stehende Gut, welches einen Großteil der Einnahmen des Pekinger Finanzministeriums ausmachte – und die Korruption förderte.

Die jüdische Gemeinde Tianjins, deren Mitgliederzahl nach unterschiedlichen Angaben auf 2500 bis 3500 Personen geschätzt wurde,[328] bestand in ihrer großen Mehrheit aus russischen Juden. Ihre Ankunft in China gründete auch im Falle Tianjins auf den wirtschaftlichen und politischen Verhältnissen in ihrer einstigen Heimat: Einige hatten sich freigekauft, um die engen Fesseln des jüdischen Ansiedlungsrayons zu durchbrechen und nach neuen Möglichkeiten wirtschaftlicher Betätigung zu suchen; wieder andere waren Abkömmlinge der sogenannten Kantonisten, zwangsgetaufte Juden, welche nach 25 Jahren Dienstzeit in der Zarenarmee die Freiheit erlangten und keine Lust verspürten, ihr Lebensende in Russland zu verbringen. Nicht wenige verließen den europäischen Teil Russlands, weil es für sie in einem von Krieg, Revolutionen und Pogromen heimgesuchten Land schlichtweg keinen Platz mehr gab. Und ähnlich wie im Falle Shanghais fanden auch zwielichtigere Figuren ihren Weg nach Tianjin. So beispielsweise sollen sich unter den ersten Tianjiner Juden auch Männer aus Odessa befunden haben, deren Absicht es war, Freudenhäuser für die Angehörigen in China stationierter ausländischer Truppen aufzubauen.[329] Schließlich ließen sich auch einzelne russische Juden nieder, die in militärischer Funktion, nämlich zur Niederschlagung des Boxeraufstandes, nach Peking oder Tianjin gesandt worden waren (die russische Konzession von Tianjin wurde 1900 errichtet). Den größten Zustrom erfuhr Tianjin von russischen Juden aus Harbin im Gefolge der Besetzung der Mandschurei durch japanische Truppen 1932 sowie des anschließenden Verkaufs der Ostchinesischen Eisenbahn durch die Sowjetunion an Japan. Selbst aus dem stalinistischen Sowjetrussland der 1930er Jahre, als die Ausreisebeschränkungen bereits sehr strikt gehandhabt wurden, versuchten Juden noch den Weg nach China zu finden. Wenn nötig gelang ihnen dies – nach Bestechung chinesischer Zollbehörden – mittels abenteuerlicher Flucht von Wladiwostok über den Amur in die Mandschurei und weiter nach Tianjin.[330]

I. Orte und Zeiten west-östlicher Begegnungen

Gershevich Bros. Fur Merchants

Ähnlich wie an anderen Orten der Diaspora gründeten die Juden im größten Vertragshafen Nordchinas ihre eigenen Vereinigungen und bauten Schulen, Spitäler, Synagogen und Friedhöfe. Der 1904 ins Leben gerufenen Tientsin Hebrew Association, welche beim zaristischen Generalkonsulat registriert war, gehörten neben russischen auch polnische und deutsche Glaubensbrüder an. Brit Trumpeldor war in Tianjin ebenso vertreten wie die Women's Zionist Organisation. Selbst über eine eigene Bank, die Tientsin Commercial and Credit Corp., verfügten sie zur Abwicklung ihrer Transaktionen. Die überwiegende Zahl der Juden Tianjins war im Handel mit Pelzen tätig. Obwohl auch andere Produkte zur damaligen Zeit durchaus als exportfähig galten (wie beispielsweise Haarprodukte jeglicher Art zur Herstellung von Bürsten, Sesamsamen, Erd- und Walnüsse, Aprikosenkerne, getrocknetes oder gefrorenes Eigelb oder auch Schafs- und Schweinsdärme zur Wurstfabrikation), hatten die Tianjiner Juden vor allem im Pelzhandel in den 1920er Jahren eine monopolartige Stellung mit mehr als einhundert Firmen. Als eine der größten galt Gershevich Bros. Fur Merchants mit Hauptsitz an der Victoria Terrace 18–20, deren Inhaber, Lev Gershevich, Präsident der jüdischen Gemeinde, der Tientsin Jewish Benevolent Society, und anderer Institutionen war. Heute nahezu vergessene Ortsnamen von Zweigstellen seiner Unternehmung – Mukden (Shenyang) und Harbin (Ha'erbin) in der Mandschurei, Shundefu (Xingtai) und Kalgan (Zhangjiakou) in der Provinz Hebei sowie Urga (Ulan Bator) in der Mongolei – bekunden die ehemalige Blütezeit einer bedrohten, heutigen Generationen grausam erscheinenden Branche. Sie dokumentieren gleichzeitig die Nachfrageverschiebung weg von einst als Luxusartikel hochgeschätzten Gütern und strategisch wichtigen Gebieten hin zu neuen Rohstoffmärkten und »In«-Regionen.

Der einträgliche Handel mit Pelzen und der Export auf die Märkte von New York, London oder Leipzig eröffneten nicht wenigen jüdischen Tianjiner Männern die Möglichkeit, China – genauer die Mongolei und Mandschurei – zu entdecken. Firmen wie etwa die Baikal Fur Trading Corporation – Fur & Skins, Import and Export warben Abenteuerlustige an, die buchstäblich durch Chinas nördliche Steppen und Wüsten hindurchwanderten, auf der Suche nach Pelzen von Murmeltieren, Füchsen, Wölfen und Dachsen. Auch in diesem Teil des Reiches herrschte das Compradore-System vor, in dem chinesische Zwischenhändler gewöhnlich zwei Prozent des Gewinns für sich beanspruchten. Und auch hier zeigte sich der Umgang mit den Chinesen nicht von der allereinfachsten Seite, wie sich einer der ersten Kürschner von Tianjin erinnert:

> »I used to travel very often. In the beginning it was very difficult. I spoke no Chinese and did not know how to tell the quality of a pelt. The first time I did not even know to carry salt with me for exchange for food. I remember I was so very hungry because I did not know how to ask for food. I cried from helplessness. But then I learned. I learned to talk ... They trusted us and for many years we worked well.«[331] [Ich reiste früher sehr oft. Am Anfang war es sehr schwierig. Ich sprach kein Chinesisch und wusste nicht, wie man die Qualität eines Fells beurteilt. Das erste Mal wusste ich

nicht einmal, dass man Salz mit sich tragen sollte, um es gegen Esswaren einzutauschen. Aber dann lernte ich. Ich lernte zu sprechen. ... Sie (die Chinesen – Anm. d. Verf.) trauten uns, und wir arbeiteten viele Jahre zusammen.]

Geschäftliche Beziehungen waren auch bei den Juden Tianjins im Allgemeinen die einzigen Möglichkeiten zum Kontakt mit der chinesischen Umgebung, abgesehen von der täglichen Tuchfühlung mit »Boys« oder »Amahs«, eine exakte Spiegelung Shanghaier oder wohl treffender »chinesischer« Verhältnisse. Auch hier trug Boy Nr. 1 weiße Handschuhe, stand hinter dem Tisch und koordinierte die einzelnen Mahlzeitengänge, während Boy Nr. 2 die niedrigeren Hausarbeiten verrichtete. Obwohl in China, kochte man traditionellerweise nicht chinesisch. Hingegen lehrte die Hausfrau den chinesischen Koch (meist mit russischem Namen) nach einer gewissen Zeit, jüdische Speisen zuzubereiten. Der »Amah« – ein jeder ausländischen Familie kostbarster Schatz – vertraute die Herrin des Hauses von morgens bis abends ihr Baby an. Wer mochte es denn der auf ihr Äußeres so bedachten Dame vergönnen, den Tag im Schönheitssalon sowie bei der Damenschneiderin zu verbringen oder mit Freundinnen im Victoria-Café oder dem Restaurant Savoy – Shaweifandian, wie es die Chinesen aussprachen – neuesten Klatsch auszutauschen? Nicht ganz unverständlich, dass viele Tianjiner Juden, und nicht nur sie, ein solch üppiges Leben schätzten: »Where else could you live like that? Make all the money you want and you don't have to work hard! Who would want to leave China?«[332]

Noch war es allerdings nicht ganz so weit, das geliebte China zu verlassen. Die Feste waren hier weniger rauschend als in Shanghai und das Kulturleben nicht ganz so vielfältig wie im nördlicheren Harbin, doch zeitigte die weltwirtschaftliche Depression von 1929 in Tianjin weit weniger gravierende Folgen als anderswo, da die jüdischen Kaufleute hier rasch in andere, bereits erwähnte Wirtschaftszweige umzusteigen wussten. Und so ging das Leben in Tianjin fast wie gewohnt – und ohne Chinesen – weiter, wie sich nicht wenige nostalgisch zurückerinnern. »Life was gay and carefree ... an incestuous existence, we were uninformed, isolated and to tell you the truth, quite depraved.«[333] Die Mehrzahl der Tianjiner Juden bezeichnete sich als nicht religiös. Zwar gab es einige chassidische Familien, die ihre Einkäufe in der jüdischen Metzgerei tätigten und zu Hause eine koschere Küche unterhielten. Doch füllte sich die Synagoge im Allgemeinen lediglich an den höchsten Feiertagen mit den Gläubigen, was sich häufig auf Yom Kippur beschränkte: »We fasted all day and played card or mah-jong from morning to night, while the men went to eat in Chinese restaurants.«[334] [Das Leben war locker und sorgenfrei ... eine inzestuöse Existenz. Wir waren uninformiert und isoliert. Und ehrlich gesprochen ziemlich verdorben.] Russische Juden nach 1917, in der Folge zumeist staatenlos, weil sie nicht bereit waren, die sowjetische Staatsbürgerschaft anzunehmen, identifizierten sich mit ihrer eigenen Gruppe, und das häufig stärker als die übrigen, noch immer über Exterritorialrechte verfügenden westlichen Ausländer. Dieser Umstand förderte die Isolation russischer Juden von den Chinesen weiter, deren Regierung die Jurisdiktion über alle staatenlosen Ausländer übernommen hatte.

Der Umstand, dass Staatenlose trotz Verlust ihrer einstigen Rechte (die UdSSR verzichtete kurz nach ihrer Gründung auf die Exterritorialität) auf fremdem Boden eine ökonomische Spitzenposition einzunehmen in der Lage waren, ist außergewöhnlich. Sie hatten damit auch dem Gastland zu Einnahmen aus dem Pelz- und Getreidehandel verholfen. Dass davon auch der kulturelle Austausch zwischen Chinesen und russischen Juden profitieren sollte, war eine Hoffnung, die zwar von einigen wenigen Rufern in der Wüste geäußert, jedoch nicht erfüllt wurde.

> »In China it seems that the Great Wall still stands, made not of bricks and mortar but of characters and psychology. In our business relations with the Chinese we find much common ground but their polysyllabic orthography with totally different traditions of evolution and development behind it forms a great barrier. ... We must come into direct touch with their intelligentsia and their social workers and come into closer contact with the people of the country where we are working out our destinies.«[335] [Es scheint, dass die Große Mauer in China noch immer steht. Nicht eine Mauer aus Ziegelsteinen und Mörtel, sondern aus Schriftzeichen und Psychologie. In unseren Geschäftsbeziehungen mit den Chinesen haben wir viel gemeinsamen Boden, aber ihre mehrsilbige Orthographie mit ganz anderen Traditionen der Abstammung und Entwicklung stellt ein großes Hindernis dar ... Wir sollten mit ihren Intellektuellen und Sozialarbeitern in direkten Kontakt kommen und generell mit den Menschen dieses Landes, mit denen wir ein Schicksal teilen.]

Der Artikel, verfasst im Herbst 1931 aufgrund einer Rede des bekannten Tianjiner Juden Lazar Epstein im populären jüdischen Klub »Kunst« anlässlich einer Hilfsaktion der jüdischen Gemeinde für chinesische Opfer einer Flutkatastrophe im Yangtse-Gebiet, hob die Tatsache hervor, dass sich Juden im Allgemeinen ziemlich rasch an ihre neue Umgebung gewöhnten, deren Sprache erlernten und damit eine spezifische Akkulturation ermöglichten. Ein interkultureller Austausch sei im Falle Chinas bedauerlicherweise daraus nicht entstanden, weil sich der hiesige Jude kein Hintergrundwissen über die einheimische Gesellschaft angeeignet und hier keine Wurzeln geschlagen habe, »where he shall probably spend all his days, and his children theirs«. Lazar Epstein fragte seine Zuhörer rhetorisch, ob es zu viel sei zu hoffen, dass sie sich mit chinesischer Kultur und Geschichte vertraut machen würden. Die westlichen Schuldirektoren jener Zeit antworteten offensichtlich mit einem deutlichen Ja, wie aus den Lehrplänen der Tianjiner Mittel- und Oberschulen hervorgeht.[336] Und so erschienen auch die hervorstechendsten Patzer in schulischen Prüfungen über die Geschichte Chinas als nicht so außergewöhnlich, wie in einer Ausgabe der Tianjiner Zeitung »Ye Olde Grammarian« festgehalten wurde: Auf die Frage nach den »drei Prinzipien« (Sanminzhuyi) antworteten beispielsweise einige Schüler – es lässt sich nicht mit Sicherheit sagen, ob es sich um Angehörige einer Grundschule handelt – mit »Sun«, »Yat« und »Sen«.[337] Darin bestand also das Vermächtnis des Gründungsvaters der chinesischen Republik aus westlich-kindlicher Sicht.

Tschechow und Somerset Maugham

Und so las man eben Werke von Tschechow und Somerset Maugham statt solche von Li Bai oder Lu Xun, erworben im »Oriental Book Shop« des Griechen Paradissis oder beim Russen Serebrennikoff, der nebst neuen und gebrauchten Büchern auch Schreibwaren verkaufte.[338] Jüdische, russischsprachige Publikationen – sowohl die kurzlebige »Nasch Golos« (»Unsere Stimme«) wie das einer weißrussischen Zeitung (»Nascha Sarja«, »Unsere Morgendämmerung«) einmal wöchentlich beigefügte Blatt »Jewreiskaja Straniza« (»Jüdische Seite«), redigiert vom Rektor der jüdischen Schule, Aba S. Izgour, – enthielten keinen Bezug zu China und seiner Gesellschaft. Der Purim-Ball (in Fancy Dress) im Trocadero-Café bot wie eh und je russische und jüdische Volkslieder, wenn es modern kam sogar Jazz, doch keine chinesischen Erhu-Klänge. Die Werbeseiten in der in Tianjin publizierten »Peking & Tientsin Times«, »our newspaper«,[339] boten westlichen Mägen Cervelat-, Schinken-, Mett-, und Knoblauchwürste – »A delicacy! Deliver to all Ports« –, jedoch keine »jiaozi« (eine Art Ravioli) oder »mantou« (gedämpfte Brötchen). Das erstaunt noch weniger, wenn man bedenkt, dass der Herausgeber der in der Ausländergemeinde so gerne gelesenen Zeitung H. G. W. Woodhead war, ein von verschiedenen westlichen Staaten mit Titeln und Medaillen ausgezeichneter Engländer und energischer Verfechter des Status quo in den Vertragshäfen. Das Festmenü anlässlich des Freimaurerballs kurz vor Ausbruch des Boxeraufstandes enthielt Delikatessen und Getränke, welche die spätere europäische Integration zumindest in kulinarischer Hinsicht vorwegnahmen: Jambon à l'Italienne, Punch à la Romaine, Salade à la Hongrie, Bier aus Strasbourg und Wein aus dem Rheinland. Und dies alles in einer Stadt, in der Mitte der 1920er Jahre ungefähr 10.000 Ausländer (wovon die Hälfte Japaner) unter beziehungsweise neben mehr als 800.000 Chinesen lebten.[340]

Eine Verbindung zwischen Ost und West lag auch in Tianjin theoretisch im Bereich des Möglichen, doch praktisch außer Reichweite. Die in der Ausländergemeinde so beliebte »Peking & Tientsin Times« warb zwar mit dem Slogan »Comitas Inter Gentes« – inklusive einer Übersetzung ins Chinesische –, doch fand dieser Aufruf zu gegenseitigem Respekt in der Realität bezüglich der Chinesen wenig Resonanz. Das sportliche Festprogramm zu Ehren der Krönungsfeier des britischen Königs Edward VII. lud jedermann mit ausländischer Nationalität ein. Chinesen hatten hingegen eine Einladung ihrer ausländischen Freunde vorzuweisen.[341] Ein Tianjiner Jude, der in Chinas damals zweitgrößter Stadt achtzehn Jahre gelebt hat, erinnert sich nur gerade an ein einziges Kind, das in eine chinesische Schule ging, an eine Hochzeit der beiden Welten im wortwörtlichen Sinne konnte er sich überhaupt nicht erinnern.[342]

Sich am östlichen, japanischen Himmel abzeichnende Gewitterwolken beeinflussten mit der Zeit auch die Gemütslage der russischen Juden. Neben dem Genuss des luxuriösen Lebens erkannte man immer deutlicher die Tücken des insularen Daseins in China, »diesem gottverlassenen Land«,[343] sowie das sich verschärfende Dilemma der Staatenlosen, ihre Identität preis- beziehungsweise die »Lagerzugehörigkeit« zuzugeben. Der Aufstieg Hitlers löste auch in Tianjin Reaktionen aus: In Zeitungsartikeln wurde ein Verbot der Ausstrahlung deutscher Filme gefordert; im Pelzhandel versuchte man, so gut es ging, das in New York domizilierte Fur Trade Boycott Committee zu unterstützen: »Here in Tientsin and in general in China, we cannot develop the boycott of Nazi and their goods officially, as we Jews here in China are guests of the Chinese Government. But the Jews here in general are boycotting them silently.«[344] Wenige Wochen vor den Ereignissen an der knapp außerhalb Pekings liegenden Marco-Polo-Brücke (Lugouqiao) am 7. Juli 1937, welche den Beginn des Zweiten Weltkrieges in Fernost markierten, erbaten Vertreter der Tientsin Hebrew Association anlässlich der Krönungsfeier George VI. in einem Gebet den Segen des Herrn für die britische Königsfamilie.[345] Drei Wochen später, am 30. Juli 1937, besetzten japanische Truppen Tianjin – das Blockiertsein der Westler auf chinesischem Boden setzte damit ein.

Allerdings lagen die Verhältnisse für die jüdische Bevölkerung in China deutlich anders als in Europa, wie das bereits die Shanghaier Juden, und nicht nur die aus Russland stammenden, erfahren hatten. Japanischer Militarismus war nicht gleichbedeutend mit deutschem Nazismus. Die Tianjiner Juden – sowohl die staatenlosen wie auch diejenigen mit sowjetischem Pass – konnten sich selbst nach dem Ausbruch des Pazifikkrieges 1941 relativ frei bewegen. Viele zogen es vor, im sicherer erscheinenden Shanghai Zuflucht zu suchen. Die in Tianjin übriggebliebenen Juden hatten sich auf die eine oder andere Weise mit den japanischen Besatzungsbehörden zu arrangieren.[346] Man wollte sich, so gut es ging, von allem Politischen fernhalten:

»The Jewish community does not participate in local politics and foreign political parties ... The majority of the Jews in the Far East are nationalist thinking, and they are ready to live in peace with all national groups in China. They are grateful to the local population and to the authorities for conducting good relations. The Jewish population of Tientsin ... assumes that ... the Japanse people and the representatives of the Japanese Imperial Government are ready to give to the Jews the right to live and work with other ethnic and national groups.«[347] [Die jüdische Gemeinde nimmt weder an der Lokalpolitik teil, noch organisiert sie sich in ausländischen Parteien ... Die Mehrheit der Juden im Fernen Osten denkt nationalistisch, und sie sind bereit, mit allen anderen nationalen Gruppen in China in Frieden zu leben. Sie sind der einheimischen Bevölkerung und auch den Behörden gegenüber dankbar für die guten Beziehungen. Die jüdische Bevölkerung von Tientsin ... nimmt an ..., dass das japanische Volk und die Vertreter der kaiserlichen japanischen Regierung bereit sind, den Juden das Recht zu geben, mit anderen ethnischen und nationalen Gruppen zu leben und zu arbeiten.]

Nach Kriegsende beziehungsweise im anschließenden Bürgerkrieg sah sich der Rest der Tianjiner jüdischen Gemeinde mit ähnlichen Problemen konfrontiert wie ihre größere Schwester in Shanghai: Handelsbeschränkungen für Ausländer, wirtschaftlicher Niedergang, zunehmende Inflation und die Angst vor der kommunistischen Machtübernahme in der Stadt machten das Leben in Chinas nördlichem Vertragshafen ungemütlicher denn je. Zudem wurden die verbliebenen staatenlosen Juden von den nationalistischen Behörden gedrängt, sowjetische Papiere anzunehmen, was diesen, trotz des verhältnismäßig einvernehmlichen Verhältnisses zu ihren russischen Brüdern in Tianjin, doch recht befremdlich erscheinen musste:

> »The atmosphere in town is not good. Life is getting more and more expensive, taxation is hard to understand ... The situation with our citizenship turned out to be a washout, and burns me up. We are asked to forget that we are Jews, and to remember that we are first Soviets, and I will be damned if I will conform to that ... And you know what kind of Russians we have here, the kind we ran away from ... Generally speaking, I think I am sorry that I took out Soviet papers, as my upbringing does not correspond with theirs and it is difficult for us to understand each other. Therefore I too will be glad to eventually get out of here.«[348] [Die Atmosphäre in der Stadt ist nicht gut. Das Leben wird teurer und teurer, das Steuersystem ist schwierig zu verstehen ... Die Situation mit unserer Staatsbürgerschaft entpuppte sich als Pleite und lässt mich glühen. Wir werden aufgefordert zu vergessen, dass wir Juden sind. Wir sollen uns zuerst darauf besinnen, Sowjets zu sein. Ich werde verflucht sein, wenn ich das bestätige ... Und Du weißt, was für eine Sorte Russen wir hier haben: genau die, vor denen wir davongerannt sind ... Allgemein gesprochen denke ich, dass es ein Fehler war, sowjetische Papiere anzunehmen, denn meine Erziehung hat mit der ihrigen nichts zu tun, und es ist schwierig für uns, einander zu verstehen. Deshalb werde auch ich froh sein, von hier schließlich wegzugehen.]

Desire to leave urgently

Am 10. Januar 1949 nahmen die Truppen der Roten Armee unter General Lin Biao Tianjin ein, eine Stadt, die noch in den 1930er Jahren, auch und gerade wegen der Tätigkeit russischer Juden als Chinas zweitgrößtes Zentrum bezüglich des Handels mit dem Ausland galt. Bald begannen auch hier – und in verstärktem Maße – Massenmobilisierung und die üblichen Kampagnen: gegen ausländische Spione und Konterrevolutionäre, die Antidrei- sowie die Antifünfkampagne. Eine dieser Kampagnen traf auch, für einmal wohl nicht grundlos, den »prominenten« Tianjiner Marcel Leopold, französischer Jude mit schweizerischem Pass. Der Manager, nach anderen Quellen auch Eigentümer des damals höchsten Gebäudes der Stadt (des Leopold Building) an der Victoria Road, wurde von einem Tianjiner Volksgericht zu zweieinhalb Jahren Gefängnis für den Diebstahl beziehungsweise Verkauf von Materialien aus japanischen Armeebeständen verurteilt und 1954 des Landes verwiesen.[349] Ähnlich wie in Shanghai und anderen Orten Chinas, in denen Juden jahrzehntelang gelebt und gearbeitet hatten, endete die Geschichte der Tianjiner Juden in den 1950er Jahren mit der vollständigen Emigration der noch übriggebliebenen Gemeindemitglieder. Nebst der prekären politischen Lage nahmen Hoffnungslosigkeit und die Entfremdung vom »Gastland« China in einem solchen Maße zu, dass an eine Zukunft für die Juden im Reich der Mitte nicht mehr zu denken war:

> »I beg to draw your attention to the following cases requiring urgent solution: ... Frenkel, Grigory & Neonilla (68 & 51 yrs. old resp.). Unemployed; nothing left to sell; ... Healthy and still able to work; desire to leave urgently; willing to resettle in any country ... Request assistance in obtaining urgently entry visas to a country abroad.«[350] [Ich bitte Sie inständig, Ihre Aufmerksamkeit auf folgende Fälle zu lenken, die einer dringenden Lösung bedürfen: ... Grigory & Neonilla Frenkel (68 und 51 Jahre alt). Ohne Arbeit; nichts, was verkauft werden kann; ... Gesund und immer noch fähig zu arbeiten; wünschen, von hier möglichst schnell wegzukommen; bereit, sich in irgendeinem anderen Land anzusiedeln ... Bitten um Unterstützung, dringend ein Einreisevisum für irgendein Land zu bekommen.]

Damit hatte schließlich auch die Geschichte der Juden von Tianjin mit ihren prominenten Vertretern wie beispielsweise den Familien Belokamen, Bronfman, Gershevich, Triguboff oder Zimmerman ein Ende genommen. Die wie überall in Chinas Küstenstädten von Vertretern der westlichen Mächte gepflegte Vertragshafenkultur entsprach – unter etwas anderen Vorzeichen – auch der Mehrzahl der Tianjiner Juden. Zwar mögen einzelne Lokalitäten unterschiedliche Besucher angezogen haben, etwa der britische Klub englischsprachiges Publikum, im Unterschied zum jüdischen Klub »Kunst«, wo man sich gerne auf Russisch unterhielt. Auch sein Gebet verrichtete bei weitem nicht jeder Westler in der Cathédrale St. Louis. Das einigende Band lag jedoch in der Wertschätzung einer europäisch-okzidentalen Atmosphäre Tianjins und gleichzeitig im Überlegenheitsgefühl gegenüber den Chinesen. Wer konnte es demzufolge den Chinesen übel nehmen, alle Westler in einen Topf zu werfen und gegen sie – sobald die Zeit reif war – vorzugehen? Ein solches Schicksal schien in den Tagen der Kanonenbootpolitik niemand vorauszuahnen, doch gab es bereits vor einhundert Jahren prophetische Stimmen, wie etwa diejenige des Weltenbummlers Burton Holmes, als er zum ersten Mal Tianjiner Boden betrat. »Left to themselves they (die Chinesen – Anm. d. Verf.) will in time obliterate all traces of this foreign occupation ...«[351]

Shanghai und Tianjin stellten für den Westen in den 1930er Jahren die wichtigsten Vertragshäfen Chinas dar, doch waren sie bei weitem nicht die einzigen. Achtundvierzig Orte insgesamt verzeichnete eine Karte des amerikanischen Handelsministeriums knapp vor dem Sturz der Qing-Dynastie:[352] entlegene Siedlungen wie etwa Szemao (Simao) in der Provinz Yunnan, »richtige« Hafenstädte wie Kanton (Guangzhou), Amoy (Xiamen) oder Foochow (Fuzhou) sowie Flussstädte, Hankow (Hankou) oder Ichang (Yichang), bis weit im hohen Norden gelegene Flecken wie Aigun (Aihun, Heihe) in der mandschurischen Provinz Heilongjiang oder Manchouli (Manzhouli) in der heutigen inneren Mongolei. In all diesen Niederlassungen trieben Chinesen und Ausländer Handel, schlossen Geschäfte ab, unter-

Das Leben in den Vertragshäfen: Shanghai, Tianjin und Qingdao

zeichneten Verträge und kämpften, wenn nötig, gegeneinander. Nebst der Tatsache, dass sie sich auf chinesischem Territorium befanden, war diesen Orten eine mehr oder weniger langjährige Präsenz von Angehörigen westlicher Nationen gemein. Überall hinterließen sie Spuren ihrer Existenz, welche die Chinesen als anormal empfanden, die Ausländer als selbstverständlich hinnahmen.

Vertreter der Kolonialmächte gelangten aus unterschiedlichsten Motiven nach China.[353] Neue Herausforderungen im öffentlichen Dienst (etwa in den Verwaltungen der Konzessionsgebiete), eine Abordnung von Großunternehmungen Richtung Fernost, geringerer Wettbewerbsdruck in der eigenen Branche, Misserfolg in der Diplomatenprüfung, Hoffnung auf einen höheren Lebensstandard (mit Bediensteten), größere Erfolgschancen oder bloße Abenteuerlust gehörten mit zu den Gründen, sich für eine »Emigration« ins Reich der Mitte zu entschließen. Dies stellte beispielsweise für Engländer während der Blütezeit des britischen Imperiums nichts Besonderes dar, gehörte doch Auswanderung damals zur Routine. Allerdings schien die zeitliche Begrenzung eines Aufenthaltes in vielen Fällen eine nicht unwichtige Rolle zu spielen: »Commerce was the beginning, the middle, and the end of our life in China; ... if there were no trade, not a single man, except missionaries, would have come there at all.«[354] Zudem waren sich selbst diejenigen, welche England infolge eines nicht ganz lupenreinen Leumunds den Rücken gekehrt hatten, bewusst, dass sie im Notfall exterritoriale Konzessionsrechte in Anspruch nehmen konnten.

Für die Mehrheit der russischen Juden stellte die Reise nach China eine Emigration im wahren Sinne des Wortes dar. Zwar zog es nicht wenige von ihnen ebenfalls aus wirtschaftlichen Gründen von zu Hause fort, doch verließen sie ihre Heimat zumeist ohne den Gedanken einer späteren Rückkehr. Überdies besaßen die nach der Oktoberrevolution 1917 hierher gelangten russischen Juden (wie später auch die Juden, die vor den Nazis geflüchtet waren) keine Möglichkeit, sich auf die Hilfe eines Konsulats zu verlassen, geschweige denn, sich auf irgendeinen vertrauten Gesetzesparagraphen zu berufen. Und trotzdem zogen auch sie es vor – ähnlich wie ihre englischen, französischen, amerikanischen oder deutschen Nachbarn –, ihre Existenz in China ohne engen Kontakt mit den Chinesen aufzubauen. Wie die Vertreter der kolonialen Mächte blieben sie zumeist unter sich, schufen sich ihre eigenen Welten.

Neben den jüdischen »Zentren« von Shanghai und Tianjin sowie einigen russischen »Festungen« in der Mandschurei entwickelte sich seit dem Ende des 19. Jahrhunderts eine kleine jüdische Gemeinde auch in Qingdao (Tsingtau), in Anlehnung an Deutsch-Ostafrika auch Deutsch-China genannt. Das wilhelminische Reich hatte sich im Gefolge weiterer Expansionen der westlichen Mächte sowie Japans die Bucht von Kiaochow (Jiaozhou wan) in der Provinz Shandong mit dem strategisch wichtigen Meereshafen Qingdao – auf Deutsch »die grüne Insel« – unter die Adlerklauen gerissen. Der Handel in der hübsch gelegenen Stadt, umgeben von Hügeln und Wäldern und seit Jahrzehnten bekannt für ihr eigenes Bier, erreichte seine höchste Blüte vor dem Ersten Weltkrieg, hauptsächlich dank Anschluss an das von ausländischen Konsortien finanzierte Eisenbahnnetz, vor allem an die Tianjin-Pukou-Linie, welche Chinas Norden mit den fruchtbaren Gebieten um den Yangtse-Fluss verband. Dadurch wurde

I. Orte und Zeiten west-östlicher Begegnungen

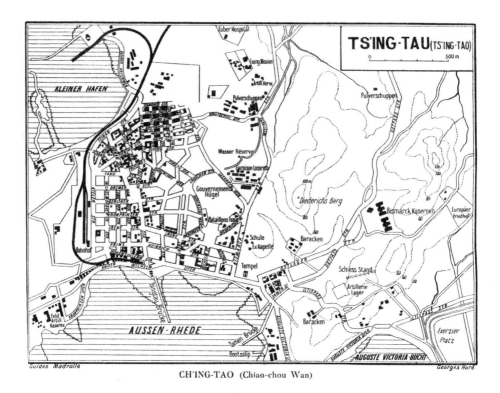

CH'ING-TAO (Chiao-chou Wan)

Qingdao für die Provinz Shangdong zu einem der wichtigsten Exporthäfen für Kohle, Seide, Ernüsse, Speiseöl und anderes mehr.[355]

Riviera des Fernen Ostens
Auch hier brachten Ausländer, in diesem Falle die Deutschen, die Welt – genauer Europa – nach China. Selbst Blumen und Bäume wurden mit Schiffen von Europa nach Fernost transportiert und großzügig angepflanzt. Von Shanghai aus erreichte man Qingdao in knapp zwei Stunden per Flugzeug oder nach einer 24-stündigen Schiffsfahrt. Selbst als die Stadt bereits wieder in chinesischer Hand war (1922, nachdem sie innerhalb von nicht weniger als 25 Jahren ihren Besitzer dreimal gewechselt hatte), legten hier Schiffe aus Hongkong, Dalian (Dairen), Taiwan (Formosa), Wladiwostok, Kobe oder Osaka an. Im Hafen warteten Gepäckträger und Boys auf ihre Kundschaft, deren Geldbeutel – und Nationalität – bestimmte, ob sie sich im luxuriösen Strandhotel (dort spielte ein Orchester jeden Nachmittag und Abend), im Grand-Hotel (dem ehemaligen Prinz-Heinrich-Hotel), im Azuma-Hotel (japanisch), in Kosteffs Pension oder privat bei Frau Hentschel niederließen. Auch Qingdao verfügte über den üblichen

Bund, während der deutschen Zeit Kaiser-Wilhelm-Ufer, später Pacific Road und heute Taiping Lu genannt. Einst befand sich an dieser Uferpromenade die im Verandastil erbaute Deutsch-Asiatische Bank, im gleichen Gebäude, in dem sich später das japanische Generalkonsulat befand.[356]

Als Wahrzeichen Qingdaos galt die aus Tsingtauer Granit erbaute Villa des deutschen Gouverneurs auf dem Diedrichsberg, von dem der Herrscher nebst einer prächtigen Sicht auf Stadt und Meer auch die Bismarck-Kasernen, Baracken, Pulverschuppen sowie das Garnisons-Lazarett überblicken konnte. Die Stadt war durch und durch deutsch, Klein-Hamburg im Fernen Osten: Der Bahnhof im Jugendstil an der Kielerstraße, das Polizeihauptquartier an der Kronprinzenstraße oder das ehemalige kaiserliche Postamt an der Prinz-Heinrich-Straße. Dazwischen G. Peterhansel, Schneider und Ausrüster, das Reisebüro Kurt Böhme, Otto Linke, der Drogist, Chr. Fröhlich, der Architekt, und Max Grill, der Buchhändler. Und natürlich das Café Maxim oder das Café Flössel. Dazwischen, verstreut, eine Synagoge, ein jüdischer Klub und das Haus des Rabbiners, dessen Gemeinde um 1940 ungefähr 220 Seelen umfasste, hauptsächlich staatenlose russische, jedoch auch einige deutsche Juden und Angehörige anderer Nationen.[357] Nicht wenige davon machten sich den ausgezeichneten Ruf Qingdaos als »Riviera des Fernen Ostens« und gleichzeitig wichtigen Seehafen zunutze und eröffneten Kabaretts und Tanzeinrichtungen für Urlaubsgäste und Matrosen ausländischer Marinen.

»Visitors to Tsingtao can enjoy the many beauties of nature – woods, mountains and the sea.«[358] Mit diesen Worten warb ein deutsch-englischer Reiseführer aus dem Jahre 1927, während just zum Zeitpunkt des Massakers von Nanjing (1937) das japanische Touristenbüro in der Mandschurei Qingdaos Klima als das beste in ganz China für Winter und Sommer anpries und mit Tadano Umi, der ehemaligen Auguste-Victoria-Bucht, als bestem Badeplatz des Fernen Ostens Touristen anzulocken versuchte.[359] Die Luft in Laoshan, einem Ferienort im Gebirge fünfzig Kilometer von Qingdao entfernt, wurde mit derjenigen in der Schweiz verglichen; sie bewirke, so die Broschüre weiter, bei denen Wunder, die völlig erschöpft seien. Deshalb Dr. Bergmanns Sanatorium für Nerven- und Lungenkranke oder Bertha Dolds Pension mit dem Angebot einer Spezialdiät. Der Beitrag in einer Shanghaier Flüchtlingszeitung (nach Ende des Zweiten Weltkrieges) hob das Angebot an Früchten hervor – Pfirsiche, Äpfel, Birnen, Erdbeeren – und drückte den Wunsch aus, dass der Bürgerkrieg in China bald vorüber sei, »so that once again Tsingtao, one of the most beautiful vacation-places in China, can be enjoyed by everyone«.[360]

In der Tat besaß Qingdao auch bei vielen russischen und sephardischen Juden Shanghais einen guten Namen als Urlaubsort, um der schwülen Sommerhitze zu entgehen. Selbst aus Hongkong kamen die Reichen der Reichen, um ihren Rennponys oder -pferden eine Abkühlung im Nass des Gelben Meeres zu ermöglichen.[361] Ein anderer für Westler beliebter Badeort – für Missionare, Angehörige der Pekinger Gesandtschaften, Einwohner der Konzessionsgebiete von Shanghai und Tianjin und später für »Foreign Experts« gleichermaßen – war Peitaiho (Beidaihe), ungefähr vier Stunden von Peking entfernt in Richtung Norden, unweit der Eisenbahnlinie nach Mukden (Shenyang) gelegen. Hier verbrachte man bis zu drei Monate lang seinen Urlaub in hübschen, zwischen Pinienbäumen und Sanddünen gelegenen Villen. »The country round about, together with the homely-looking residences with their neatly kept gardens close to the shore, is distinctly pleasing.«[362] Der Strand war für Chinesen – außer den unentbehrlichen »Amahs« und einigen willkommenen Hut-, Korb- oder Liegematten verkaufenden Händlern – eine »zone interdite«, obwohl Westler wie Orientalen wohl das Gleiche taten, wie ein Schüler der britischen Schule zu Tianjin ahnungs- und vorurteilslos vermutete: »Far away, the lights of Chinwangtao glittered and twinkled and I began to wonder whether they were doing the same thing as I was, namely, admiring the night.«[363] [Weit weg glitzerten und funkelten die Lichter von Qinhuangdao, und ich begann mich zu wundern, ob sie nicht auch das Gleiche taten wie wir, nämlich die Nacht zu bewundern.]

Go native: ein Tabu?
Die in den Vertragshäfen gehandhabten Bestimmungen und Sitten wurden auch in den kleinsten auf chinesischem Boden geschaffenen europäischen Enklaven weitergepflegt. Der Rückzug in den engsten Freundes- und Familienkreis während des Sommerurlaubs ermöglichte nicht nur Erholung von Beruf und Alltag, sondern eine fast komplette Trennung von der chinesischen Umgebung, was in einer Großstadt wie Shanghai oder Tianjin unmöglich war. Selbst auf die Beseitigung des Einflusses chinesischer Bediensteten auf die Kinder wurde geachtet, etwa auf ein nötig erachtetes Entfernen angelernter chinesischer Dialekte sowie die Konzentration beziehungsweise Umgewöhnung auf europäische Standards bei der Erziehung.[364] »Go native« war auch in Peitaiho ein Tabuthema. Außer in der Politik, wo sich aus heutiger Sicht eigenartige Begegnungen ergaben, so etwa zwischen dem Vertreter Chinas bei den Versailler Verhandlungen und einstigem Außenminister Wellington Koo und der Tochter des Duce, Edda Ciano.[365]

Nebst den Badeorten am Meer erfreuten sich bei Westlern (die Missionare waren auch in dieser Hinsicht die Ersten) die Sommerfrischen auf den Höhenzügen rund um die größeren Städte – sogenannte »hillstations« – gleichermaßen größter Beliebtheit. In Peking lockten die Westberge mit ihren Oasen der Ruhe entweder in Form kleiner Bungalows oder ausgemieteter Tempelanlagen. Wer dem Hochofen Hankous (Hankow) entgehen wollte, suchte Abkühlung in den hoch über dem Tal des Yangtse gelegenen Kikungshan (Jigongshan) oder Kuling (Lushan), Chinas berühmtestem »summer resort« (wo auch Chiang Kai-shek und seine Frau eine Villa besaßen und 1959 die berühmte Konferenz des Zentralkomitees der KP Chinas stattfand). Bis zum japanischen Einfall 1937 galt Kuliang, ein Flecken überhalb von Foochow (Fuzhou), als Rückzugsort für die Konzessionsbewohner der tropischen Hafenstadt in der Provinz Fujian. Kaum jemand aus zumindest halbwegs begütertem Hause einer sephardisch- oder russisch-jüdischen Familie Shanghais, der bei der Erinnerung an Mokanshan (Moganshan), ungefähr sechzig Kilometer von Hangzhou entfernt, nicht ins Schwärmen gerät: »Raise our cheer for Mokanshan, Sing for the happy days, Sing for our dear Mokanshan, The mountain of our hearts always!«[366] Das Singen der Vögel, das Zirpen der Grillen, das sanfte Rauschen der schattigen Bambuswälder im Winde und die Pracht der wilden Bergblumen trugen zur Idylle dieses wahrhaft paradiesischen Fleckens bei, der in den Jahren der Republikszeit unter anderem auch der chinesischen Prominenz wie etwa Chiang Kai-shek mit Gattin oder dem Gangsterboss Du Yuesheng vorübergehend Ruhe bot. Der Ferienort verfügte über Elektrizität und Telefon, eine Post, Lebensmittelläden, Kirchen und sogar einen Friedhof. Das Verhältnis zu den einheimischen Chinesen soll, nach den Worten eines Missionars, ausgezeichnet gewesen sein: »[The Chinese] had a hearty welcome for foreigners, being delighted to secure a fair price for their land.«[367] Chinesen zeichnen von der Zeit ausländischer Präsenz aus verständlichen Gründen ein anderes Bild.

Den Luxus solch abgeschiedener europäischer Welten mitten in China gab es für die Juden in den mongolischen und mandschurischen Steppen nicht. Einen solchen benötigte es allerdings auch nicht, um Chinesen auf chinesischem Territorium zu meiden. Zumindest nicht in den Weiten Nordchinas, wo ursprünglich kleine Siedlungen in wenigen Jahren zu Neugründungen von Städten führten. Solche, von denen im Folgenden die Rede sein wird, gehören heute nicht weniger zu China wie Shanghai, Tianjin oder Hongkong. Sie lagen einst am Rande des Riesenreiches, von den Kolonialmächten gebaut, besetzt, umkämpft und verlassen. Aus zumeist wirtschaftlichen oder militärischen Gründen spielten sie in der ersten Hälfte des 20. Jahrhunderts eine bedeutende Rolle für den Westen – und Japan. Dass auch chinesische Interessen tangiert waren, interessierte im Allgemeinen weniger. Doch trafen auch dort Orient und Okzident aufeinander.

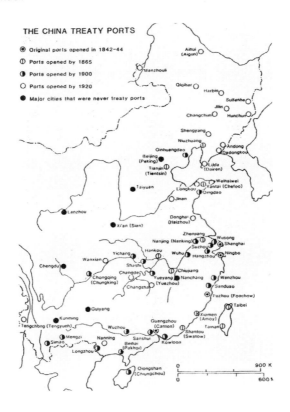

満洲   III.   Chinas Weiten oder die Wahrnehmung von Raum und Distanz: die Mandschurei

Kaum eine Beschreibung ist besser geeignet, die Bedeutung von Raum und Zeit, Macht und Krieg sowie Homogenität und Vielfalt in einem Gebiet des Fernen Ostens abzustecken, das an der Schwelle zum 20. Jahrhundert ins Zentrum des allgemeinen Weltinteresses rücken sollte, als diejenige über Manzhouli im Hachette-Reiseführer über Nordchina aus dem Jahre 1912. »Manchuria (Man-chu-li), 6511 versts from Moscow, 1759 v. from Dairen (Dalny) and 1604 from Vladivostok, is a custom-station at an altitude of 2,160 ft., 18 versts from the Russian frontier, in the Chino-Manchurian province of Hei-lung-chiang ›Black dragon river‹.«[368] Anschließend werden einzelne Informationen für den Touristen aufgelistet, etwa die Zollangelegenheiten, der Zeitunterschied zu St. Petersburg, der Sitz des Telegraphenamts (sibirischer Tarif), mögliche Währungsprobleme (Reisende Richtung Süden müssen den russischen Rubel spätestens in Changchun in japanisches, noch weiter südlich, in Mukden, in chinesisches Geld umwechseln) und schließlich die Frage nach dem vollen Bauch: Reisende im Wagon-Lits haben die Möglichkeit, zwischen einem Drei-, Fünf- oder Sieben-Gang-Menü zu wählen (Kostenpunkt: zwischen einem und 2.25 Rubel).

Obige Angaben vermitteln Eckdaten, die die Grenzen des geographischen Raumbegriffs sprengen, und eröffnen gleichzeitig eine Sehweise, die nebst Ländergeschichten (von Russland, China und Japan) auch die jeweiligen Kultur- und Geistesgeschichten und ihre gegenseitige Vermischung oder Beeinflussung mit einbezieht. Der Name »Manzhouli« ruft zuallererst in Erinnerung, dass sich hier, nach dem Sieg über die Mongolen, das Stammland der Mandschus befand, die mit dem Sturz der Qing-Dynastie gerade ein Jahr vor dem Erscheinen des Reiseführers endgültig die führende Stellung im chinesischen Reich einbüßten. Die Distanz zu Moskau, knapp 7000 Kilometer, eröffnet Möglichkeiten, nicht Zentren, sondern Orte an der Peripherie – unter Einschluss lokaler Perspektiven – als Ausgangspunkt für weitere Betrachtungen zu nehmen. Damit relativieren sich sowohl Ideen von einem monolithischen Block wie auch festgefahrene Vorstellungen über Stärke und Dominanz herrschender Ideologien und ihrer Machtträger. Der Name »Dairen« beziehungsweise der in Klammern angefügte Ausdruck »Dalny« wiederum spiegelt den damals üblichen Turnus des Besitzwechsels von Orten und Regionen wider und deutet damit wohl auch ein Stück ethnischer Buntheit an. Auch Nichterwähntes hat seine Bedeutung: Die Entfernung zu Peking, zu dessen Machtbereich die Stadt Manzhouli mit ihren 130.000 Einwohnern heute zählt, schien dem Verfasser des Reiseführers damals keiner Notiz würdig zu sein (die junge Republik hatte mit dringenderen Problemen und widerspenstigen Militärgouverneuren zu kämpfen), dagegen wird die Distanz zu Wladiwostok, der Endstation der Transsibirischen Eisenbahn, vemerkt: Russische Armeegenerale gelüstete es seit Beginn des 20. Jahrhunderts, die Maxime »Beherrsche den Osten« (so der Name der Stadt in deutscher Sprache) über Wladiwostok hinaus auf die mandschurischen Provinzen auszudehnen.

Honghuzi (rotbärtige Banditen)

Manzhouli garantierte zu Beginn des 20. Jahrhunderts, nach Fertigstellung der Ostchinesischen Eisenbahn, die schnellste Landverbindung zwischen Europa und China. Es erleichterte dem Reich der Mitte den unvermeidlichen Sprung von der Rückständigkeit in die Moderne. Um China aus westlicher Sicht zu verstehen oder sich zumindest ein differenziertes Bild zu machen, genügte weder die Betrachtungsweise aus dem Pekinger Gesandtschaftsviertel noch der Rundumblick aus den relativ sicheren Konzessionsgebieten von Shanghai, Tianjin, Qingdao und wie die Vertragshäfen alle hießen. Die Mandschurei wurde in der ersten Hälfte des 20. Jahrhunderts nicht nur von den berüchtigten lokalen »Honghuzi« (rotbärtige Banditen) und von teuflischen Epidemien heimgesucht, sondern auch von Revolutionen und Kriegen und damit von Soldaten, Flüchtlingen, Abenteurern, Goldgräbern und vielen mehr, bis die Region schließlich nach der Machtübernahme von Maos Kommunisten zu einer verdienten, jedoch monotonen und trügerischen Ruhe kam. Bis es allerdings so weit war, vergingen Jahrzehnte. Die Mandschurei bestand vor dem Anschluss an das Eisenbahnnetz aus größtenteils menschenleeren, für westliche Reisende schwer zugänglichen Gebieten. Die einen empfanden diese Abgeschiedenheit als pittoresk, für andere symbolisierte sie Mittelalterlichkeit, »having all of the stubbornness but few of the graces of China's civilization«[369] [... mit all der Starrköpfigkeit, jedoch wenig Anmut der chinesischen Zivilisation]. Einer der anerkanntesten China-Kenner des 20. Jahrhunderts, Owen Lattimore, bezeichnete die Mandschurei als ein Reservoir, *den* Schlüssel zur Herrschaft über Nordchina, häufig über ganz China.[370] Für andere wiederum stellte die Mandschurei eine unüberwindbare Barriere dar. Der holländische Diplomat Oudendyk etwa machte im Frühjahr des Jahres 1900 auf dem Weg von Europa nach China in Irkutsk Halt, bevor die Reise über den Baikalsee in einem Eisbrecher weiterging. Über Tschita und eine anschließende Flussfahrt auf dem Amur (chinesisch: Heilongjiang) erreichte er Chabarowsk und später Wladiwostok. Zu allem Überdruss wütete just zu jenem Zeitpunkt der Boxeraufstand, was den direkten Zugang nach Peking über Tientsin verunmöglichte und Oudendyk zwang, den langen Umweg über Nagasaki und Shanghai zu nehmen.[371] Auch Archibald Colquhoun, Mitglied der British Geographical Society, Sonderkorrespondent der Londoner »Times« und einstiger Beauftragter seiner Regierung in Burma und Südafrika, vermerkte in seinem um die Jahrhundertwende veröffentlichten Buch »Overland to China«, dass die Mandschurei fern von den Hauptverkehrswegen der Welt liege.[372] Dies sei mit ein Grund, weshalb der Westen, insbesondere England, dieses Gebiet vernachlässigt und Russland damit freie Hand für Eroberungen gelassen habe. In der Tat zeigten sich russische Abenteurer und Entdecker bereits vor Peter dem Großen an neuen Besitzungen im Fernen Osten interessiert.[373] Russland nahm seit Kaiser Kangxi (1662–1722) eine Sonderstellung in den Beziehungen des Reichs der Mitte zu fremden Ländern ein. Das Zarenreich war das einzige westliche Land mit einer direkten Grenze zu China. Eine Schifffahrt auf dem Amur ermöglichte es dem Reisenden, mit einer einzigen Kopfbewegung zwei Kaiserreiche und Angehörige zweier Völker zu betrachten. Auf den ersten Blick schien diese natürliche Schnittstelle zwischen Orient und Okzident wenig scharf zu sein, wie Anton Tschechow anlässlich seiner Reise im Fernen Osten vermerkte:

»Cliffs, crags, forests, thousands of ducks, herons and all sorts of long-beaked rascals, and utter wilderness. The Russian bank is on the left, the Chinese on the right. If I feel like it, I can look at Russia, and if I feel like it, I can look at China. China is as barren and savage as Russia: villages and sentinel huts are few and far between.«[374] [Klippen, Felsspitzen, Wälder, Tausende von Enten, Fischreihern und allen Arten von schnabelförmigen Vögeln – und größte Wildnis. Das russische Ufer befindet sich auf der linken, das chinesische auf der rechten Seite. Wenn ich möchte, dann kann ich auf Russland blicken, ansonsten auf China. Dieses Land ist ebenso unfruchtbar und wild wie Russland: Es gibt nur wenige Dörfer und einige bewachte Hütten, aber ganz verstreut.]

Nebst der geographischen Nähe und den offensichtlichen Gemeinsamkeiten infolge einer relativ spät erfolgten Modernisierung beider Länder hatte Russland überdies in den Augen der Chinesen im Vergleich mit dem »echten« Westen eine nicht unbedeutende Hypothek weniger zu tragen: Russisch-orthodoxe Missionare verfolgten im Allgemeinen und zumindest bis zum Ende des 19. Jahrhunderts nicht das Ziel, Chinesen zum christlichen Glauben zu bekehren,[375] wie das Katholiken und Protestanten getan und sich damit den Zorn vieler Einheimischer zugezogen hatten. Die ersten russischen Besucher Chinas (nicht unbedingt die späteren Militärgouverneure oder die selbsternannten Eroberer des Fernen Ostens, häufig Kosaken) waren eher an Geographie, Völkerkunde und Sprachwissenschaft denn an wirtschaftlicher und militärischer Machtausübung interessiert. Bis zum heutigen Zeitpunkt finden beispielsweise die Eindrücke einer russischen Mission auf ihrem Weg durch die Mongolei nach China in den Jahren 1820/21 in der Gattung Reiseliteratur größte Beachtung.[376] In deutscher Sprache sind unter anderem die Reisetagebücher des russischen Sinologen W. M. Aleksejew erschienen, der sich zwischen 1906 und 1912 im Reich der Mitte aufgehalten hatte.[377] Institute für orientalische Studien (mit einer China-Abteilung) innerhalb der Kaiserlichen Russischen Akademie der Wissenschaften fanden sich seit dem 19. Jahrhundert in Wladiwostok, Kazan und St. Petersburg. Expeditionsreisen ihrer Mitglieder und anschließend darüber verfasste Werke erlangten auch im Westen Berühmtheit, wie beispielsweise eine Beschreibung der Mandschurei, herausgegeben von Dmitri Posdnejew.[378] Kurzum: Die Russen schienen dank geographischer Nähe und hehrerer Absichten besser für China und seine Bevölkerung vorbereitet gewesen zu sein als andere westliche Staaten.

Russen: kameradschaftliche Imperialisten?
»›Matey‹ Imperialists?« [kameradschaftliche Imperialisten?] heißt der Titel eines Buches über die russischen Aktivitäten in der Mandschurei vor dem Ausbruch der Oktoberrevolution von 1917.[379] Im Zentrum steht jene Epoche, in der auch in Russland die Vorstellung Früchte zu tragen begann, man könne im Fernen Osten mit oder auch ohne China Geschäfte machen und dabei zu Reichtum gelangen. In St. Petersburg wurde die Idee geboren, in Peking zur Kenntnis genommen und in Berlin schließlich

im September 1896 in einem Vertrag festgehalten: der Bau der Ostchinesischen Eisenbahn (CER), eine Ergänzung zur Transsibirischen Eisenbahn mit einer direkten Verbindung von Tschita über die Provinz Heilongjiang nach Wladiwostok und – als südlicher Zweig unter dem Namen Südmandschurische Eisenbahn (SMR) – mit einer Linienführung über Mukden (Shenyang) nach Dalny (Dalian) und Port Arthur (chinesisch Lüshun; japanisch Ryojun).[380] Mit der Verwirklichung der CER wurde gleichzeitig der Grundstein für das erste sino-russische Joint Venture gelegt, wenngleich es diesen Namen erst 1924 verdiente, als die Sowjetunion mit China diplomatische Beziehungen aufnahm und auf territoriale Ansprüche verzichtete.[381]

Westliche und japanische Bankenkonsortien sprossen um die Jahrhundertwende wie Pilze aus dem Boden, um Schienenstränge für »Feuerwagen« (»huoche«, chinesisch für Eisenbahn) auf chinesischer Erde zu legen. Die Deutschen bauten Linien in Shandong, die Engländer im Tal des Yangtse, die Franzosen liebäugelten mit einer Strecke von Hanoi direkt nach Kunming in der Provinz Yunnan.[382] Und so wollten auch die Russen am Wettbewerb um Rohstoffe und Macht teilnehmen, die Schwäche der bereits im Wanken begriffenen Qing-Dynastie ausnutzen. Just im Stammland der Mandschus bauten sie ihr Schienenwerk, das den bequemen Zugriff auf die Schätze Nordchinas ermöglichte, einen eisfreien Hafen garantierte und das Verhältnis zwischen Russland und China im 20. Jahrhundert maßgeblich beeinflussen sollte.

> »In unserem Abteil des Manchouli-Expresszuges, der wundervoll sauber und schön ist (eine wahre Erholung nach dem Sibirien-Expresszug durch Russland!), sitzen 4 bildschöne Geishas, bieten mir Zigaretten und Bonbons an und bewundern das, was ich in meiner Sprache schreibe, sehr andachtsvoll. Sie sind ganz reizend, und wir verständigen uns durch Lächeln und Zeigen.«[383]

Bis es allerdings so weit war, dass Flüchtlinge aus Nazideutschland auf ihrem Weg nach Shanghai die Vorteile der CER auskosten konnten, vergingen Jahre, die geprägt waren von Konflikten, Revolutionen und Kriegen, mit besonders gravierenden Auswirkungen für die Mandschurei: Unter anderem der Russisch-Japanische Krieg von 1905, der Japanisch-Chinesische Krieg von 1937–1945, die beiden Weltkriege, die chinesische Revolution von 1911 sowie die russische Oktoberrevolution von 1917 mit jeweils anschließenden Bürgerkriegen. Teile der Mandschurei wechselten nicht weniger als fünfmal ihren Besitzer: unter zaristischer Herrschaft 1898–1917, derjenigen der chinesischen Kriegsherrn Zhang Zuolin und seines Sohnes Zhang Xueliang 1917–1931, japanischer (mit dem Marionettenstaat Manchukuo) 1931–1945, sowjetischer 1945–1947 und schließlich der der Volksrepublik China. Die Komplexität dieser Herrschaftsverhältnisse spiegelte sich in den verstrickten Beziehungen zu den westlichen Bewohnern dieses von vielen umworbenen Gebiets wider. Hier wurden nicht selten Interessen gegeneinander ausgespielt, Herrscher zu Beherrschten, Freunde zu Feinden, Katz zu Maus und umgekehrt. In der Mandschurei tauschten Russen, Japaner und Chinesen innerhalb weniger Jahrzehnte ihre Rollen als Unterdrücker und Unterdrückte aus. In dieser Kompliziertheit beziehungsweise in der zeitlichen Begrenzung von Beziehungsstrukturen liegt der Schlüssel zur Frage, ob, wann und unter welchen Umständen die Russen in den Augen der Chinesen »kameradschaftliche Imperialisten« darstellten.[384]

Ostchinesische Eisenbahn

Abgesehen von der geographischen Nähe der beiden Völker und dem bereits jahrhundertelang eingeübten Grenzhandel, besaßen die Russen im Vergleich mit den »echten« Westlern den Vorteil, dass ihre Kolonialisation in China, insbesondere in der Mandschurei, Angehörige der gesamten Palette der damaligen Gesellschaftsschicht umfasste: nicht wie in den kleineren russischen Kolonien von Shanghai, Tianjin oder Hankou lediglich eine Handvoll von Geschäftsleuten, Diplomaten oder Missionaren, sondern auch Bauern und Arbeiter.[385] Dies dürfte eine im Prozess der Begegnung beziehungsweise Sozialisation einander fremder Gruppen nicht unwesentliche Rolle gespielt haben. »Nachteilig« beim Aufeinanderprallen von Russen und Chinesen haben sich jedoch andere Aspekte der damaligen russischen Gesellschaft ausgewirkt: die relative Schäche einer Unternehmerschicht, die im Vergleich mit dem Westen ungenügende Finanzkraft des Staates für wirtschaftliche Unterfangen in einem riesigen Land wie China sowie – damit dem Rest der westlichen Kolonialisatoren nicht unähnlich – das allgegenwärtige, mitunter krankhafte Überlegenheitsgefühl gegenüber den Chinesen.

Im Gefolge des Baus der CER, finanziert durch die Russo-Chinese Bank (später Russo-Asiatic Bank), gelangten russische Arbeiter, Ingenieure, Angestellte, Wachpersonal, Kaufleute und Angehörige anderer Berufsgruppen in diesen nordöstlichen Zipfel Chinas.[386] Ein sogenannter Schutzgürtel – ähnlich einer exterritorialen Konzession – entlang der gesamten Linie (mit Ausbuchtungen bei geplanten Stationen und Städten) garantierte, dass in dieser Eisenbahnzone russisches Recht gesprochen wurde und chinesische Polizisten nichts zu suchen hatten.[387] Die CER entwickelte sich von einem kommerziellen Unternehmen in ein koloniales Großprojekt, in dem die Chinesen ihren Teil beitrugen: Knapp an der Schwelle zum 20. Jahrhundert sollen 50.000 bis 200.000 Kulis an die verschiedenen Baustellen entlang der geplanten Streckenführung herangeschifft worden sein.[388] Russen wurde die Devise ans Herz gelegt, die lokale Bevölkerung freundlich zu behandeln, vor allem gegenüber chinesischen Gräbern und Reliquienschreinen Respekt zu zeigen.[389] Nach Meinung eines französischen Diplomaten zeigten die Russen gegenüber den Chinesen mehr Wohlwollen als beispielsweise die Deutschen in der Umgebung von Tsingtao, wo Dörfer und Friedhöfe »brutal verschoben wurden«.[390]

Reise der Sojabohne

Nach der Niederschlagung des Boxeraufstandes betrachteten sich die Russen als Herrscher der Mandschurei, allerdings ohne diese je zu annektieren, wie das einzelne Militärs immer wieder gefordert hatten. 1903 war die CER praktisch fertig erstellt. Mittellose Chinesen benutzten die Eisenbahn häufig, obwohl gerade die unteren Schichten durch russisches Bahnpersonal »reichlich getreten und geschlagen wurden«, eine auch im Zarenreich nicht unübliche Sitte gegenüber als minderwertig eingestuften »Fahrgästen«.[391] Allerdings ging es auch besser gestellten Chinesen häufig nicht viel anders: Selbst mit gültigen Fahrscheinen wurden sie mitunter aus Abteilen der zweiten Klassen hinausgeworfen. Im Allgemeinen wird jedoch die Meinung vertreten, dass die Chinesen in wirtschaftlicher Hinsicht vom Bau der CER durchwegs profitiert haben: Die Löhne der Kulis waren im Vergleich zu anderen Provinzen und Arbeitgebern relativ hoch, und der Migrationssog für landhungrige Bauern aus der Provinz Shandong, ja selbst aus Korea und Japan, schien im Gefolge der Erschließung der einst fast menschenleeren Gegend unbegrenzt zu sein. Chinesische Händler und Kaufleute verdienten sich ihren Unterhalt durch die Versorgung der russischen Siedler mit Hirse, Gerste oder Sorghum. Immerhin galt die Mandschurei damals als eine der größten Kornkammern der Welt. Von hier nahm die Reise der Sojabohne um die Welt ihren Anfang, hier mutierte sie zu Sojaöl, Sojasauce, Sojamilch, Sojakuchen oder Tofu, ganz nach dem Geschmack der Kunden.[392]

Über Vorlieben ganz anderer Art berichteten Reisende aus dem »richtigen« Westen, etwa der amerikanische Senator Albert Beveridge oder sein Landsmann und Kriegsjournalist Maurice Baring: Erstaunt, beeindruckt oder in manchen Fällen angewidert zeigten sie sich ob der Verbrüderung zwischen Chinesen und Russen aus unteren Schichten. Was in Shanghai ein Ding der Unmöglichkeit war, ja einem Frevel in den Augen der sich überlegen fühlenden weißen Rasse gleichkam, schien im nordöstlichsten Zipfel Chinas durchaus zum Alltag zu gehören: ein geselliges, ja harmonisches Nebeneinander im Zugsabteil, kosakische Frauen und Mädchen als Verkäuferinnen von Esswaren für chinesische Kulis oder ein gemeinsamer Spaziergang von weißer und gelber Rasse, Arm in Arm (was allerdings nicht ausschloss, dass derselbe Russe kurz darauf dem Chinesen einen Fußtritt versetzte).[393] Wie solcherlei Verhalten zu deuten ist, muss letztlich offen bleiben. Verschiedene Beobachter, von Beveridge bis Lattimore erwähnen die Absenz oder zumindest ein Mindestmaß rassischer Gefühle bei vielen Russen im Vergleich zu anderen westlichen Nationen.[394] Die Pionierin der Erforschung russischer Expansion in der Mandschurei, Rosemary Quested, stellte jedenfalls in Veröffentlichungen russischer Reiseschriftsteller eine vergleichsweise respektvolle Haltung der gebildeteren Schichten gegenüber den Chinesen fest, eine Meinung, die 1902 selbst vom Pekinger Korrespondenten der Londoner »Times« geteilt wurde: »On the contrary, the Russians, especially the officers, seemed to treat the Chinese with more consideration, friendliness, and familiarity than one is accustomed to see elsewhere.«[395] [Die Russen, besonders die Offiziere, scheinen die Chinesen mit mehr Rücksichtnahme, Freundlichkeit und Vertrautheit zu behandeln, als man sonstwo zu sehen gewohnt ist.]

Russische Sympathien gegenüber Asiaten – ob generalisierend oder oberflächlich – beruhen im Allgemeinen nicht unbedingt auf Gegenseitigkeit. Die Eroberung der Mandschurei durch das Zarenreich rief naturgemäß Empörung und Verachtung für Russland in chinesischen Kreisen hervor. Solche

Stimmen verstummten mit der Zeit, als Nachrichten über wirtschaftlichen Aufschwung und eine Beruhigung der politischen Lage sich verbreiteten. Auch beeinflusste die Fremdenfeindlichkeit im Gefolge des Boxeraufstands die nördliche Mandschurei kaum. Erst die Niederlage Russlands im Krieg gegen Japan 1905 verstärkte antirussische Gefühle, insbesondere nach Massakern an Chinesen von sich auf dem Rückzug befindenden Kosaken. Von einer allgemeinen Parteinahme der chinesischen Bevölkerung in der Mandschurei für Japan während jenes Krieges kann allerdings nicht gesprochen werden, obwohl mit der Zeit lokale Behörden auf mehr Rechte und Eigenständigkeit pochten. Russland profitierte dabei von den zumeist (infolge des japanischen Drucks) prorussisch eingestellten Vizekönigen der Mandschurei sowie von der Konkurrenz beziehungsweise Divergenz zwischen den Gouverneuren der Provinzen Heilongjiang und Kirin (Jilin) bezüglich ihrer Einstellung gegenüber den Zielen der chinesischen Revolution von 1911. Erst das Ende der russischen Kolonialzeit in der Mandschurei im Dezember 1917 stellte die russisch-chinesischen Beziehungen im Allgemeinen und damit auch das Alltagsverhältnis zwischen Angehörigen beider Völker in der Mandschurei auf eine neue Basis. Owen Lattimore vermerkte, dass in der Mandschurei lebende (Weiß-)Russen – trotz Verlust von Prestige und Macht – zu Beginn der 1930er Jahre noch immer völlig desinteressiert an China waren. »The more successful a Russian is, the less he is likely even to speak Chinese.«[396] [Je erfolgreicher ein Russe ist, desto weniger ist er gewillt, Chinesisch zu sprechen.]

Betrachtet man Schwarzweißfotografien aus jener Zeit, auf denen Chinesen und Russen mehr oder weniger einträchtig vereint abgebildet sind – etwa die Aufnahme einer russischen Schönheit im Badeanzug, umgeben von vier stämmigen chinesischen Bootsverleihern, oder das Bild eines chinesischen Prinzen in Gesellschaft eines russischen Militärs –, so stellt sich einem unweigerlich die Frage nach der verbalen Kommunikation zwischen den Vertretern beider Völker.[397] Gewiss verfügten einige wenige über die Gabe, die Sprache des jeweils Fremden zu verstehen und zu sprechen. Auf russischer Seite waren es Absolventen eines der Institute für orientalische Studien, die in den diplomatischen Dienst eintraten. Interessierte und begabte Chinesen konnten Russisch an Sprachschulen in Tianjin, Peking und an einigen Orten in der Mandschurei erlernen, die teilweise von der CER gegründet worden waren. Die große Mehrheit – auf russischer Seite Kaufleute, Ingenieure, Offiziere und Soldaten, auf der chinesischen Geschäftspartner, Arbeiter, Kulis und Bedienstete – hielt sich beim notwendigen Alltagskontakt mit einer relativ einfachen Sprache über Wasser, die allgemein unter dem Namen chinesisches Pidgin-Russisch, bei in der Mandschurei aufgewachsenen Russen als »Moja-twoja« bekannt ist.[398]

Moja-twoja (Pidgin-Russisch)
Ähnlich wie in den südlicheren Vertragshäfen das Pidgin-Englisch zur Sprache der Kommunikation zwischen Ausländern und Chinesen wurde, so bedienten sich Russen im Umgang mit Chinesen eines Wortschatzes, der aus Ausdrücken aus dem Chinesischen und Russischen bestand. Chinesisches Pid-

Chinas Welten oder die Wahrnehmung von Raum und Distanz

gin-Russisch – und nicht, wie von Senator Beveridge wohl fälschlicherweise angenommen, das »reine« Chinesisch – dürfte jene Sprache gewesen sein, die russische Soldaten innerhalb von »weniger als einem Monat« erlernten.[399] Im Unterschied zum chinesischen Pidgin-Englisch, dessen Vokabular von Tianjin über Shanghai bis Xiamen (Amoy) relativ einheitlich war, bestand das chinesische Pidgin-Russisch aus verschiedenen Dialekten, beispielsweise dem Harbiner Pidgin, dem Kjachta-Pidgin oder dem Ussuri-Pidgin. Die Ursprünge des Pidgin-Russisch gehen auf das 18. Jahrhundert zurück, als regulärer Handel an der russisch-mongolischen Grenze aufkam.[400] Mit der zunehmenden Erforschung der Grenzregionen um die Flüsse Amur und Ussuri durch russische Reisende und Händler fand es auch seinen Weg in die Mandschurei. Ursprünglich war die Sprache, die, wie jedes Pidgin, lediglich ein Minimum an Formen des Verbs kennt, stark vom Chinesischen beeinflusst, während das Pidgin-Russisch des 20. Jahrhunderts eher dem Russischen ähnelte.[401] Tatsächlich ist bei vielen Wörtern deren Herkunft unklar. Als Maurice Baring während seines Mandschurei-Aufenthaltes ein Hemd kaufen wollte, sprach der Ladenbesitzer ihn mit »Shango khodia« (»good old fellow«) an, wie sich üblicherweise Chinesen und Russen – nicht unfreundlich – nannten (Chinesen gebrauchten auch das Wort »kapitan« für die Anrede von Russen). Als Baring seine britische Herkunft verriet, meinte der Händler: »Englishman good man, Russian man bad man.«[402] »Shibko shango« bedeutete »sehr gut« und mit »shango kapitan, kuss-kuss mei-yu!« wollte der Chinese dem Russen klar machen, dass er keine Esswaren besaß.[403]

Harbin: »Klondike des Fernen Ostens«

Zahlenmäßig am meisten Begegnungen zwischen Chinesen und Westlern hätten sich auch in der Mandschurei in den Städten ergeben können. Harbin, die Hauptstadt der nördlichen Mandschurei, wurde von ausländischen Besuchern mit Titeln geschmückt, die ihre besondere geographische, strategische und kulturelle Rolle widerspiegelten: »Moskau des Ostens«, »Perle des Fernen Ostens« oder »Klein-Paris des Orients« waren die eher charmanteren Bezeichnungen. »Klondike des Fernen Ostens« deutete auf deren Anziehungskraft für Abenteurer und Goldgräber hin, während in »Harbin – the worst of all American Chicagos« der Ruf der Gesetzlosigkeit und Kriminalität in dieser Stadt anklang. Auffallend in allen Bezeichnungen das Fehlen irgendeines Bezugs zu China, was seine Gründe hatte.

»It (Harbin – Anm. d. Verf.) is as distinctly a Russian city as though it were located in the heart of Russia.«[404] [Harbin ist eine durch und durch russische Stadt, wie wenn sie im Herzen Russlands läge.] So bezeichnete ein amerikanischer Besucher im Jahre 1904 die Stadt im nordöstlichsten Zipfel Chinas. Droschken statt Rikschas bahnten sich hier ihren Weg durch die Straßen, den »Bolschoi-Prospekt«, die »Nowogorodnaja uliza« oder – als kleine Geste vielleicht gegenüber den Einheimischen – die »Kitaiskaja uliza«, die chinesische Straße. Jahrzehntelang galt Harbin bei westlichen Historiographen als eine der größten russischen Städte außerhalb des Zarenreichs, deren ernst zu nehmende Geschichte mit dem Bau der Ostchinesischen Eisenbahn im Jahre 1898 begonnen habe. Erst in den 1990er Jahren gab es unter westlichen Historikern Bemühungen, die Gründung und Entwicklung Harbins auch unter dem Blickwinkel chinesischer Geschichtsschreibung zu betrachten.[405] Zwei dänische Sinologen unternahmen den Versuch, eine geographisch abseits des chinesischen Kerngebiets liegende Ecke des Riesenreiches nicht nur im Bewusstsein westlicher, sondern auch chinesischer Akademiker zu rehabilitieren (selbst bei Chinesen galt das Gebiet nördlich der Großen Mauer als wild und unzivilisiert). Mit ihrer Sinifizierung der Geschichte Harbins trugen sie z. B. der Tatsache Rechnung, dass bereits 1903 dem uns bereits von Peking her bekannten Putnam Weale anlässlich seiner Ankunft auf dem Harbiner Bahnhof zuallererst das buntgescheckte Gewimmel von Arbeitern aus Shandong und Zhili, mongolischen Pferdehändlern, gelb gekleideten Lamapriestern, den roten Turban tragenden Sikhs und burjatischen Kavalleristen in die Augen fiel, bevor er sich ins vertraute Harbin begab, wo die Straßen besser, die Häuser größer und die Leute sauberer waren, und – der Journalist galt nicht unbedingt als Chinesenfreund – es weniger Chinesen gab, die ihr »albernes Geschwätz unterbrachen« und mit großen, offenen Augen staunten, sobald der russische Soldat zu singen begann.[406]

Harbin stellte das Produkt eines gigantischen Kolonialprojektes dar. Innerhalb weniger Jahre entstand auf einem Gebiet, das früher – mit Ausnahme einiger Hütten, vereinzelter Zollposten und einer Schnapsbrennerei – praktisch menschenleer war, ein bedeutendes industrielles, finanzielles und kommerzielles Zentrum. In fünfzehn Jahren verwandelte sich die Ansiedlung am Ufer des Sungari-Flusses (Songhuajiang) zu einer Großstadt mit mehr als 100.000 Einwohnern.[407] Die Stadt bestand aus mehreren Teilen: Stary Harbin (Alt-Harbin), Nowy Gorod (Neustadt) – der Distrikt, in dem die Mehrzahl der Westler wohnte, weil sich hier das administrative Zentrum der CER befand und auch die meisten religiösen und kulturellen Aktivitäten abgehalten wurden –, das am Sungari-Fluss gelegene »Pristan« (russisch für Quai) oder »Daoli«, wie die Chinesen es nannten, und schließlich die Chinesenstadt Fujiadian, ein Name, den Russen und Chinesen gleichermaßen verwendeten. »Daowai« (»das Gebiet außerhalb der Gleise«), wie Fujiadian auch genannt wurde, entstand in der Folge des Baus der CER; mehr als dreißig Prozent seiner Bewohner waren im Gastgewerbe tätig. Hier hauste die Mehrzahl der auf Dutzenden von Baustellen tätigen chinesischen Arbeitskräfte. Im Jahre 1913 lebten gemäß einer Volkszählung in Harbin – Fujiadian nicht eingerechnet – knapp 67.000 Menschen, davon etwa 35 Prozent Chinesen.[408] Der Ruf Harbins beziehungsweise der Mandschurei als Arbeit im Überfluss bietende Region führte zu einem gewaltigen Zustrom chinesischer Migranten aus südlicher liegenden Gebieten. Allerdings waren nicht nur die niedrigsten Schichten Chinas in Harbin vertreten. Neben den großen Firmen aus den USA (wie etwa Ford Motor Company), Japan (Yokohama Specie Bank) und natürlich Russland etablierten sich im Harbiner Bezirk »Nowy Gorod« auch Dutzende Unternehmungen der chinesischen Mittelklasse. Der überdurchschnittlich hohe Verkehrs- und Personenfluss zwischen den verschiedenen Teilen Harbins lässt Interaktionen von Westlern und Chinesen hier möglich erscheinen sowie eine gewisse gegenseitige Abhängigkeit hinsichtlich des Wohlergehens der Stadt.

Obwohl Harbin seit 1907 den Status eines Vertragshafens innehatte, gab es juristisch gesehen keine Konzessionsgebiete wie in Shanghai oder Tianjin. Zwar waren bis 1930 knapp zwei Dutzend Staaten mit ihren Konsulaten in der mandschurischen Stadt – genauer in der Neustadt – vertreten, doch übte die Macht über die Stadt (ohne Fujiadian) für Jahre die CER aus, und das war lange Zeit (1903–1917/20) als oberste Autorität deren Manager Dmitri L. Chorvat, ein russischer Adliger kroatisch-ungarischer Abstammung. Der in einem britischen Konsularschreiben als »König und Gott« bezeichnete Chorvat trat sowohl in politischer wie ethnischer Hinsicht für eine faire Behandlung der Chinesen ein.[409] Ebenfalls in der Neustadt vertreten waren die chinesischen Gesandtschaften aus den Provinzen Fengtian (heute zu Liaoning gehörend), Jilin und Heilongjiang. Nach 1908 – auch Harbin spürte die Vorboten des aufkommenden chinesischen Nationalismus – nahm eine aus Russen und Chinesen bestehende Stadtverwaltung einige administrative Aufgaben, beispielsweise das Schul- und Bibliothekswesen, die medizinische Versorgung oder die Straßenreinigung betreffend, wahr. Allerdings bedeutete dies bis zum Ausbruch der Oktoberrevolution beziehungsweise zur Übernahme der Stadt durch chinesische Truppen keine Verschiebung der tatsächlichen Machtbefugnis über Harbin.

Auch in Harbin (mit Ausnahme von »Daowai«, das fast zu hundert Prozent chinesisch war) manifestierte sich die westliche, d. h. russische Präsenz am deutlichsten in der Architektur. Politische Herrschaft sollte sich – wie überall auf der Welt – auch in der Kulturgeschichte repräsentieren. Mittelalterliche Kopfsteinpflaster, nordländisch anmutende Villen, Parkanlagen, die von schweizerischen und italienischen Stadtplanern entworfen wurden, prächtige Boulevards und in der Nähe des Flusses gelegene Holz-Datschas ließen den Besucher die Nähe zu Mütterchen Russland spüren. Knapp zwanzig russisch-orthodoxe Kirchen mit ihren weitherum sichtbaren Zwiebeltürmen schmückten das Stadtbild einer russischen, europäisch geprägten Provinzstadt auf chinesischem Boden. Das Kaufhaus Tschurin im Jugendstil erinnerte an Moskaus Gosudarstwenny Universalny Magasin; als weitere Wahrzeichen der Stadt galten das 1913 vom französischen Juden Madier erbaute und später unter dem Namen Moderne weitherum bekannte Hotel (eines der Zentren des sozialen Lebens in Harbin), das pistaziengrüne Bahnhofsgebäude, das ebensogut irgendwo in Osteuropa hätte stehen können, oder das mit einem eisernen Baldachin zum Schutze der Eingangstür ausgestattete und 1904 erbaute Gebäude des Offiziersklubs der zaristischen Armee, welches später zu einer Luxusunterkunft der japanischen Hotelkette Yamato umfunktioniert wurde.[410] Im Sommer vergnügte man sich im Jachtklub der CER oder genoss auf der gegenüberliegenden Insel Sun das Strandleben, während sich Jung und Alt im Winter beim Schlittschuhlaufen auf dem zugefrorenen Sungari-Fluss amüsierte. Als einzige architektonische Symbiose von Ost und West galt der sogenannte russisch-chinesische Gerichtshof mit seinen typischen rund-geschwungenen chinesischen Dachbögen (»feiyan«), welche dem klassischen Giebeldreieck aufgesetzt wurden.

Ähnlich wie in anderen Vertragshäfen Chinas muten die stummen Zeugen westlicher Architektur inmitten einer asiatischen Umgebung nach heutiger Vorstellungskraft fremd an, obwohl diese Form des Nebeneinanders in Chinas Grenzregion durchaus zur Realität der damaligen Zeit gehörte: etwa der russische Pferdeschlitten, der vielleicht den auf einer Tournee in Harbin weilenden Fjodor Schaljapin durch die kalten Nächte gezogen hatte, vor dem schneebedeckten buddhistischen Tempel Jilesi, die chinesische, von Hand angefertige Karte von Harbin als Eisenbahnknotenpunkt aus dem Jahre 1901, auf der verschiedene russische Sehenswürdigkeiten (insbesondere Kirchen) eingezeichnet sind, oder die japanisch bedruckte Postkarte »Harbin in Winter«, auf der in Umrissen die während der Kulturrevolution von den Roten Garden zerstörte St. Nicholas-Kathedrale im prächtigen Wologda-Stil (aus Holz) erkennbar ist.[411] Allerdings bedeutete selbst die Fotografie von Vertretern dreier verschiedener Nationalitäten – der mandschurischen, der japanischen und der russischen – auf der Kitaiskaja uliza in den 1930er Jahren noch lange nicht die Existenz einer multikulturellen Gesellschaft, wie das die träumerische Bezeichnung Harbins als das »Sarajevo Asiens« glaubhaft machen sollte. Dazu war der russische Bär dem chinesischen Drachen gegenüber jahrzehntelang zu stark und Letzterer schließlich zu gerissen, wie das bereits Putnam Weale vorausgesehen hatte: »Even if there is no force used, Chinese ingenuity alone may push the Russian back to the Amur.«[412] [Auch wenn keine Gewalt angewendet wird, chinesischer Einfallsreichtum alleine wird die Russen hinter den Amur zurückdrängen.]

Dass in Harbin auch chinesische Geschichte geschrieben wurde, dürfte selbst unter westlichen Historikern, die Chinas Beitrag zur Chronik Harbins auf ein Mindestmaß reduziert sehen möchten, unbestreitbar sein. Offener dagegen ist die Frage nach dem damaligen Verhältnis von Chinesen und Russen in Harbin im Vergleich mit den anderen Orten im Reich der Mitte, in denen es zur Begegnung zwischen Orient und Okzident kam. Mit einer alleine auf optischen Mitteln basierenden Einschätzung kann noch nicht beantwortet werden, ob und wie tief sich Beziehungsgeflechte zwischen den beiden Welten – außer den in kolonialen Gesellschaften üblichen zwischen Hausherr und Diener, Fahrgast und Kuli oder Vorgesetzter und Arbeiter – ergeben haben. Fest steht, dass sich etwa die von der CER zwischen 1906 und 1921 publizierte, in chinesischer Sprache herausgegebene »Yuandong bao« (»Zeitung des Fernen Ostens«) unter ihrem Chefredaktor Aleksandr W. Spizyn darum bemühte, Aspekte der politischen, sozialen und administrativen Beziehungen zwischen Chinesen und Russen zu erörtern.[413] Die politische Lage im damaligen China war allerdings so komplex, dass kaum generalisierende Aussagen zum Verhältnis zwischen den beiden Völkern gemacht werden können. Die Gründung der Republik 1911 polarisierte, wie bereits angedeutet, die chinesischen Gouverneure der mandschurischen Provinzen in einer Weise, die es Russland fast unmöglich machte, eine kongruente Politik gegenüber China zu betreiben, zumal sich in Petersburg selbst die Ministerien über den politischen Kurs im Fernen Osten uneinig waren.

Gegenseitig nicht immer freundliche Einstellungen zwischen Russen und Chinesen aufgrund eines zunehmenden Wettbewerbs wurden beispielsweise von den Harbiner Droschkenfahrern aus dem Jahre 1910 gemeldet, wohingegen keine ethnischen Spannungen im großen Stil – abgesehen von einigen Zusammenstößen in der Provinz Jilin – verzeichnet wurden. Dasselbe Jahr sah eine Lungenepidemie in der ganzen Mandschurei, der innerhalb von fünf Monaten 60.000 Menschen zum Opfer fielen, davon 6.000 in Fujiadian und »lediglich« 40 Europäer in Harbin. Im Anschluss an den erfolgreichen Kampf gegen diese Krankheit meldete der amerikanische Konsul einen »freundlichen Umgang zwischen russischen und chinesischen Ärzten«.[414] Im Jahre 1914 gab es zum ersten Mal, anlässlich des chinesischen Neujahrsfestes, eine Prozession feiernder und lärmender Chinesen durch die Straßen Pristans, Harbins Handelsdistrikt – auch dies Anzeichen für eine tolerantere Einstellung gegenüber den »Einheimischen«.[415] Erst nach der formellen Übernahme der Macht durch die Chinesen in Harbin im Anschluss an den Sieg des Bolschewismus im Jahre 1917 in Russland blies den Europäern in der mandschurischen Kapitale ein kühlerer Wind entgegen. Dazu gesellte sich auch in der Mandschurei eine in der Folge der Vierten-Mai-Bewegung von 1919 sich entwickelnde spürbar antiausländische Komponente des chinesischen Patriotismus.

Nicht dass man in Harbin von einem entfesselten chinesischen Nationalismus sprechen konnte, zumindest nicht in der Anfangsphase chinesischer Herrschaft. Dazu waren die Chinesen in Harbin untereinander zu uneinig, wie man mit der neu gewonnenen Souveränität bezüglich der ausländischen Gemeinde umgehen sollte. Harbin stellte die erste von Ausländern regierte Stadt in China dar, welche im 20. Jahrhundert »geräumt« werden musste, andere Vertragshäfen folgten mitunter mehr als zwanzig Jahre später. Die Russen spielten sozusagen Versuchskaninchen für die übrigen Westler, die damals noch nicht glauben konnten, dass auch ihre Uhr einmal ablaufen werde. Doch war der Übergang für Erstere im Vergleich zu Letzteren ein langsamer. Bis zur Annexion der Mandschurei durch die Japaner im Jahre 1932 fühlten sich die Russen – obwohl in ihrer Mehrzahl nun staatenlos – zumindest in moralischer Hinsicht auch ohne Unterstützung durch den Zaren als Herren gegenüber den »unzivilisierten Chinesen«. Doch eben, nun galt, was in den vergangenen Jahrzehnten in anderen Vertragshäfen die Regel war, mit umgekehrten Vorzeichen: Gelb regierte Weiß, und das bedeutete vorerst einmal Unsicherheit und Angst vor der möglichen Barbarei der Chinesen, der »gelben Gefahr«.[416] In Harbins russischen Zeitungen sowie in amerikanischen Konsularberichten häuften sich in den 1920er Jahren Berichte von chinesischen Übergriffen auf Ausländer.[417] Ein häufig vorkommendes Thema war dabei die angebliche sexuelle Belästigung weißer Frauen durch chinesische Männer (wobei die damalige Messlatte diesbezüglich bedeutend tiefer angesetzt wurde als heute). Beklagt wurde in diesem Zusammenhang auch – und dabei wurde nach klassisch rassistischen Denkkategorien argumentiert – der Prestigeverlust des »weißen Mannes«.

Dass die Tage der einst kosmopolitischen Stadt gezählt waren, zeigte sich am eindrücklichsten im sogenannten Basketballvorfall im Jahre 1926, als es angesichts eines sportlichen Wettkampfes zwischen einem chinesischen und einem russischen Team zu Ausschreitungen kam, die – zumindest von chinesischer Seite – ausländerfeindliche Züge trugen.[418] Man fand sich schwer damit ab, dass nach dem Sieg der politischen Macht über den einst imperialen Gegner dieser einem zumindest in sportlicher Hinsicht noch immer überlegen war. Chinesische Zeitungen kommentierten die neue Situation für Ausländer in einer Weise, die inhaltlich bereits die antiwestlichen Slogans der Kommunisten nach 1949 vorwegnahmen, wonach Russen, wenn sie denn schon bleiben möchten, die chinesische Gastfreundschaft zu akzeptieren hätten und keine Unruhen schüren sollten. Damit klangen Töne einer jahrzehntelang gedemütigten, ignorierten und ausgebeuteten Nation an, wie sie in allen Ecken des Riesenreiches zu vernehmen waren, wo Ausländer ihre sicher geglaubten Burgen in Form von Vertragshäfen aufgebaut hatten.

Obwohl in einem gewissen Sinne, wie oben angedeutet, den Russen im Gegensatz zu den übrigen Ausländern in vielen Fällen eine andere, kumpelhaftere Art von Beziehung zu den Chinesen nachgesagt wurde, ist unbestritten, dass auch in Harbin lange Zeit ein kolonial geprägtes Klima herrschte und Unvertrautheit, vielleicht sogar Misstrauen das Verhältnis zwischen beiden Völkern prägte. Die junge Schriftstellerin Xiao Hong etwa berichtet in ihrer autobiographischen Erzählung »Shangshi jie« (Marktstraße) von einer Harbiner Begegnung im Jahre 1934 mit einer russischen Ärztin in einem Spital für Bedürftige, das sie wegen einer Krankheit erst nach innerlicher Überwindung aufsuchte. Sie beschreibt eine Szene, die typisch ist, wenn sich der Mensch fremd fühlt, die Sprache des andern nicht oder kaum versteht und er die modernen Apparaturen eher als bedrohend denn lebensrettend empfindet. Xiao Hong wird zwar medizinisch behandelt, und es wird ihr auch Arznei zum Abholen versprochen, doch überlegt sie es sich schließlich anders und überlässt die Genesung den Abwehrkräften ihres eigenen Körpers.[419] Ein weiterer Indikator zur Abschätzung der Frage, wie eng oder eben fern Russen und Chinesen einander im Allgemeinen waren, ist die Frage interethnischer beziehungsweise interrassischer Verbindungen. Zwar lassen sich in der Literatur bisher keine Statistiken von Mischehen finden, doch dürfte die Lebensgemeinschaft zwischen Ost und West in Harbin, wie sie beispielsweise von Li Jia'ao – zu Beginn der 1920er Jahre Gerichtspräsident von Harbin, mit einer Russin verheiratet und russischsprachig – praktiziert wurde, eine seltene Ausnahme gewesen sein. Wenige versuchten, die kulturellen Schranken zu überschreiten und sich in Unbekanntes vorzuwagen, beziehungsweise wollten dies überhaupt. Auch Rosemary Quested, die Altmeisterin der Erforschung der Geschichte des russischen Harbins, nennt lediglich ein einziges Beispiel einer Mischehe, das ihr aus der Quellenlage jener Epoche bekannt ist.[420]

In einer solchen sozialen und quasikolonialen Konstellation bewegte sich auch die jüdische Minderheit innerhalb der russischen Exilgemeinde, der, wie ihren Mitmenschen aus derselben Heimat, China und seine Menschen zuerst einmal fremd und ungewohnt vorkam. Es wäre allerdings unrichtig, die jüdische Gemeinschaft Harbins von der (im nationalen Sinne gemeinten) russischen trennen zu wollen, wie es auch fast jeder »harbinez« zugeben würde.[421] Nebst dem religiösen Unterschied, wenn er hier in Chinas Norden überhaupt als solcher wahrgenommen wurde, spielte die Verschiedenheit zwischen russischen Juden und Nichtjuden lediglich seit der japanischen Besatzung in den 1930er Jahren eine Rolle, wenn auch nicht in ihrer Wahrnehmung Chinas. Zudem erschweren die im Laufe der Jahrhunderte infolge Migration, Heirat oder besonders Taufe kaum mehr auseinanderzuhaltenden Familiennamen eine exakte Bestimmung der ursprünglichen Nationenzugehörigkeit.[422] Dass die jüdische Gemeinde Harbins dennoch hier gesondert behandelt wird, hat seinen Grund darin, dass sie – im Unterschied zu Shanghai – eben gerade durchwegs russisch geprägt war (vermischt mit einigen polnischen Juden), sie hier kaum mit Sepharden oder europäischen Flüchtlingsjuden in Verbindung stand (außer wenn die vor den Nazis Flüchtenden in Harbin auf ihrem Weg nach Shanghai einen Zwischenaufenthalt einlegten). Harbins Juden sprachen und schrieben russisch.[423] Die jüdische Gemeinde Harbins betrachtete das Exil im Fernen Osten – im Gegensatz zu derjenigen in Shanghai oder Tianjin – als Endstation. Dass es trotzdem anders kam beziehungsweise Harbin für nicht wenige doch schließlich nur eine Zwischenstation auf dem noch längeren Weg der Emigration bedeutete, hatte mit der Geschichte, auch der chinesischen, zu tun. In Harbin lebten einst mannigfache Diasporas auf engstem Raum zusammen: nationale (mehr als fünfzig Nationalitäten wurden hier gezählt), sprachliche (fünfundvierzig Sprachen sollen angeblich gesprochen worden sein), berufliche (Verwaltungsbeamte, Arbeiter, Techniker und so weiter) und sozusagen schicksalsgegebene – Flüchtlinge, Deserteure, Abenteurer oder Gauner. Innerhalb der einzelnen Kategorien konnte wiederum beliebig diversifiziert werden. So etwa unterschied man vier Arten von russischen Einwohnern, was hauptsächlich mit deren politischer oder wirtschaftlicher Neigung zu tun hatte: »sowy« (Sowjetbürger), »kwity« (Russen, denen auf ihren Antrag hin, die sowjetische Staatsbürgerschaft zu erlangen, eine Quittung ausgestellt wurde), »kity« (Russen, welche die chinesische Staatsbürgerschaft angenommen hatten) und schließlich die staatenlosen Russen.[424]

Östliches Zion

Damit schimmert bereits ein wenig von der Komplexität durch, welche auch das Wesen dieses »östlichen Zions« charakterisierte. Am Vorabend des Untergangs der Qing-Dynastie lebten in Harbin ungefähr 5000 Juden, was einen Anteil von 11,5 Prozent unter den Russen ausmachte (im Vergleich zu etwa 6100 Juden im sibirischen Irkutsk).[425] Deren Zahl stieg kontinuierlich an und erreichte in den 1920er Jahren ihren Höhepunkt mit ungefähr 15.000 Personen.[426] Die Anziehungskraft der Stadt für Russlands Juden rührte im Allgemeinen daher, dass in der Mandschurei ein bedeutend freieres Klima herrschte als im europäischen Teil Russlands, obwohl theoretisch ein Gesetz aus dem Jahre 1860 galt, wonach Juden nicht näher als einhundert Werst an die chinesische Grenze herangehen durften. Doch sowohl Finanzminister Sergei Witte wie vor allem dann sein Nachfolger Wladimir Kokowzew hatten die Juden Russlands in den ersten zwölf Jahren des 20. Jahrhunderts bei einer nicht geringen Gegnerschaft innerhalb der herrschenden Klasse aufgerufen, sich im Gefolge des Baus der CER in der Mandschurei niederzulassen und dort wirtschaftlich tätig zu werden. Sie sollten mit ihrem Geschäftssinn und ihrer Privatinitiative helfen, Russlands Wirtschaft aus dem Sumpf zu holen, die Exporte anzukurbeln und damit auch ein Stück weit Russlands Herrschaft im Fernen Osten zu sichern.

Solches Zuckerbrot musste man den im Ansiedlungsrayon Westrusslands unter restriktiven Bedingungen lebenden Juden nicht zweimal anbieten, auch wenn dieses Angebot nicht für eine unmittelbare Anstellung im Dienste der CER galt und in anderen Gebieten – etwa in Port Arthur – weiterhin Restriktionen galten.[427] Sowohl Witte wie Kokowzew konnten sich in ihrer judenfreundlichen Politik jedoch auf den Unterstützer einer liberalen Minderheitenpolitik und Befürworter einer städtischen Entwicklung Harbins, den CER-Direktor Dmitri L. Chorvat, stützen. Das bedeutete allerdings nicht, dass es nicht immer wieder Personen und Gruppierungen gab, die Vorbehalte gegenüber Juden und Polen anmeldeten und antisemitisches Gedankengut verbreiteten.[428] Doch im Allgemeinen gab es im Harbin vor der Oktoberrevolution keine gewalttätigen antijüdischen Ausschreitungen, und so lebte man – wie es sich für Russen in der Diaspora gehört – recht sorglos dahin, genoss die Freiheit außerhalb des direkten Machtbereichs des Zaren, ohne gleichzeitg auf die russischsprachige Kultur verzichten zu müssen.

Obwohl die meisten russischen Juden Harbins wie auch ihre Glaubensbrüder in Shanghai im wirtschaftlichen Bereich groß wurden, spielte die Kultur hier eine unvergleichlich bedeutendere Rolle als in der Stadt am Huangpu. Wie im Falle Shanghais und Tianjins gelangten die russischen Juden als Abkömmlinge von »Kantonisten«, als Siedlerpioniere und Kaufleute, als Pogromflüchtlinge oder auch als Deserteure nach dem Russisch-Japanischen Krieg von 1904/5 nach Harbin. Nicht jeder hatte das Zeug und den Willen zur Rückkehr in die Heimat wie Joseph Trumpeldor, der für seine Taten in jenem Krieg von Russland hochdekorierte Soldat und Held der zionistischen Jugendbewegung. Und obwohl Harbin sicher nie als ein Zentrum jüdischen Lernens im Fernen Osten betrachtet wurde, besaß die Stadt am Sungari doch eine kulturelle Ausstrahlung, die nicht nur die jüdischen Glaubensbrüder in den kleineren Siedlungen entlang der CER – Manzhouli, Hailar (Haila'er) oder Zizihar (Qiqihar) – anzog, sondern weit über die Grenzen der Mandschurei hinausreichte. Harbin verfügte über eine äußerst imposante, 1907 erbaute Synagoge an der Artilleriskaja uliza (wo sich überdies auch eine Moschee befand), in der an einem Sabbatmorgen Hunderte von Pelzmützen tragenden und ihren Tallit umhängenden Gläubigen ausdrucksvoll hin und her wiegend ihr Gebet verrichteten.[429] Als berühmteste religiöse Figur bei Harbins Juden galt Rabbi Kiseleff, ein Vertreter der Lubawitscher Schule und zwischen 1913 und 1948 höchste Autorität, wenn es um Fragen des Talmud ging. Wie in anderen jüdischen Gemeinden der Diaspora auch wurden in Harbin ein Cheder, eine Talmud-Tora-Schule (die in Harbin allerdings eher einer weltlichen Grundschule gleichkam), ein Altersheim, ein Spital sowie ein Friedhof gebaut. Da es kein jüdisches Gymnasium gab, besuchten die meisten russischen Juden im Anschluss an die Primarschule entweder die Harbin English Secondary School, wo neben Englisch auch Französisch, Russisch oder (später) Japanisch, jedoch kein Chinesisch gelehrt wurde,[430] oder dann die russischsprachige Harbinskoje obstschestwennoje kommertscheskoje utschilistsche (die Harbiner öffentliche Handelschule), in der immerhin Chinesisch als Wahlfach angeboten wurde.[431]

Wie auch in Shanghai und anderen Vertragshäfen gründeten die Juden in Harbin je nach politischer und thematischer Ausrichtung verschiedene Gruppierungen, die ihren Ursprung in Osteuropa hatten, wie etwa die linkssozialistische, zionistische Haschomer Hazair, den Brit Trumpeldor-Bund Beitar oder einen Diasporazweig der Sportvereinigung Makkabi. Man versuchte, die materielle Not mit geistigem Inhalt zu füllen, eine »russische Oase« außerhalb Russlands zu schaffen, welche Sehnsucht und Nostalgiegedanken an die frühere Heimat mildern helfen sollte. Um die »Scherben des vorrevolutionären Russland« hier im Zentrum der weißen Emigrationsbewegung – von der Sowjetunion als »Nest der weißen Garden« betitelt – wenigstens in der fiktionalen Vorstellung wieder zu einer Ganzheit zusammenzubringen, schöpften Juden wie Nichtjuden aus den Quellen der reichhaltigen russischen Literatur und Kunst.[432]

Zwar siedelten sich in Harbin keine Berühmtheiten aus dem breiten Spektrum der russischen Emigrationsvertreter an, wodurch die Situation derjenigen der europäischen Flüchtlingsgemeinde in Shanghai ähnelte. Man traf hier auf keinen Iwan Bunin, keinen Wladimir Nabokow oder keine Marina Zwetajewa. Doch gab es durchaus Dichter, deren Talent und Leistung in späteren Jahren Anerkennung fanden, etwa Arseni Nesmelow, Aleksei Atschair oder der jüngere Waleri Pereleschin. Letzterer stellte deshalb eine Ausnahme dar, weil er nicht nur die chinesische Sprache beherrschte, sondern die tägliche Begegnung mit China und seiner Umgebung auch in seine Arbeit einfließen ließ.[433] Wenn dabei bezüglich der Auseinandersetzung mit der Fremde beziehungsweise dem Fremden von einem Sonderfall gesprochen wird, gilt dies weniger für die Mitglieder der 1909 gegründeten Gesellschaft russischer Orientalisten, welche bis 1927 die Zeitschrift »Westnik Asii« (Bote Asiens) herausgab. In wissenschaftlichen Studien befassten sich Regionalforscher mit Aspekten der chinesischen beziehungsweise mandschurischen Wirtschaft, mit Industrie und Handel, mit Geographie, Geschichte, Ethnographie und weiteren Disziplinen.

Kunst und Kultur: Perwaja Harbinskaja Musikalnaja Schkola
Einen bedeutenden Stellenwert im Leben eines »Harbinez« nahm – wie in gebildeten Schichten Russlands üblich – das Musik- und Theaterleben sowohl bei Juden wie Nichtjuden ein. Unter den talentierten Flüchtlingen aus Russland befanden sich einige erstklassige Musiker, wie etwa Wladimir D. Trachtenberg, Konzertmeister des Harbiner Symphonieorchesters und Dekan in der Perwaja Harbinskaja Musikalnaja Schkola, der Harbiner Musikakademie. Trachtenberg, jüdischer Abstammung und später zum russisch-orthodoxen Glauben konvertiert, war Schüler des berühmten ungarischen Geigers Leopold Auer am St. Petersburger Konservatorium und studierte Komposition bei Aleksandr Glasunow. In seiner neuen, Tausende Kilometer von Europa entfernten Wirkungsstätte, der Harbiner Musikakademie, machte die Zahl jüdischer Studenten zwischen einem Drittel und einem Viertel aus.[434] Musikliebhaber hatten immerhin das Glück, unter anderem die Tenöre Sergei Lemeschew und Nikolai Figner oder den Bass Fjodor Schaljapin zu hören, die hier auf Tourneen weilten. Auch Ballettabende mit sowjetischen Tänzern gehörten mit zu den eindrücklichen Erlebnissen für diejenigen, die es sich leisten konnten.[435]

Während die einst blühenden russischen Theater in den Diasporametropolen Paris, Prag oder Belgrad aufgrund des Kriegsausbruchs 1939 ihre Pforten schließen mussten, florierte das Geschäft in der Provinzstadt Harbin zumindest noch für einige Jahre weiter.

Bei all diesen kulturellen Veranstaltungen, in diesen durch europäisch-russische Wertvorstellungen geprägten Lebenswelten schien es für Chinesen keinen Platz zu geben. Das hatte auch damit zu tun, dass China ein Gastland wider Willen war. Olga Bakich, die in Harbin geborene Dozentin für russische Literatur in Toronto, ist der Ansicht: »Sehr wenige verstanden und liebten China, ihre Stiefmutter, sie bewahrten sich stattdessen ihre Sehnsucht und Liebe zum Bild von Mutter Russland.«[436] Dass dies im Speziellen auch für die jüdische Minderheit innerhalb der russischen Gemeinde galt, tritt aus den Schilderungen der heute in der westlichen Diaspora lebenden ehemaligen »Harbinzy« hervor. China figurierte als vernachlässigbare Marginalie, damals im realen Leben wie heute in der Erinnerung an jene Zeiten. In Anekdoten ist höchstens noch von den chinesischen Schimpfwörtern die Rede, welche die Jugendlichen von der Straße auflasen[437] oder vom Straßenverkäufer, der auf seinem fahrbaren Tisch Produkte feilbot und den man je nach Glocke oder sonstigem Geräusch als Verkäufer von Kohl oder heißen Kartoffeln identifizieren konnte. Auch herumtreibende Haarschneider oder Kleiderverkäufer erkannte man an ihren »Gesängen«, die häufig ein Gemisch aus russischen Volksliedern und chinesischen Melodien darstellten.[438]

Ob in Sydney, Tel Aviv oder San Francisco – alles Zentren, in denen »Harbinzy« ihre nostalgischen Gefühle an die Einzigartigkeit Harbins in Vereinigungen wie etwa Igud Yotzei Sin in Israel, Association of former residents of China teilen und tradieren –, der China-Bezug einer Mehrzahl einst im Mandschu-Stammland überlebender Westler muss als bescheiden bezeichnet werden. Zwar gibt es noch immer die seltene Spezies derjenigen, welche den interkulturellen Austausch, ja gar eine gegenseitige Beeinflussung zwischen Ost und West in der damaligen Zeit in rosaroten Farben schildern, ohne die Tragik jener komplexen Realitäten wahrzunehmen. Andere wiederum zeigen sich – Kipling lässt grüßen – weniger illusorisch: »Gegensätzlich Pole bleiben einander entgegengesetzt. Da lässt sich nichts dagegen tun.«[439] Die Realität mag, wie immer unter dem Schleier vergangenheitsbezogener Erinnerungen, in der Mitte liegen. Und diese lässt sich am besten eruieren, wenn man Zeitungsberichte aus jener Zeit zur Hand nimmt.

Von den in Harbin publizierten jüdischen Zeitungen erschien nur gerade eine, »Der Weiter Misroch« (»Der Ferne Osten«), in jiddischer Sprache. Die Zeitung, 1921–22 dreimal wöchentlich in einer Auflage von 700 bis 800 Exemplaren publiziert, orientierte sich politisch am New Yorker »Vorwärts« (»Forverts«), was im Kontext des russischen Judentums eine sozial-demokratische Ausrichtung gemäß den Zielen des 1897 in Wilna gegründeten »Bundes« bedeutete. Trotz seines Titels, der die Hoffnungen all derjenigen weckt, die sich eine Auseinandersetzung mit östlicher Kultur oder Gesellschaft versprechen, findet sich kaum ein Hinweis auf China, nicht einmal auf die politischen Wirren in der damaligen Zeit der lokalen Militärmachthaber.[440] Als Harbins bekannteste jüdisch-russische Zeitung galt die »Jewreiskaja Shisn« (»Jüdisches Leben«), ursprünglich eine Shanghaier Wochenzeitung mit dem Namen »Sibir-Palestina«.[441] Auch hier vermisst der an einem interkulturellem Austausch interessierte Leser den Bezug zur unmittelbaren Umgebung, zur prekären hygienischen Situation in Harbins chinesischem Stadtteil Fujiadian, zum Nordfeldzug Chiang Kai-sheks 1927 oder zu den über der Mandschurei hängenden japanischen Gewitterwolken.

Allerdings war die »Jewreiskaja Shisn« auch nicht als Brückenbauer zwischen Ost und West gedacht. Die Konzentration auf innerjüdische Themen zeigt einerseits, wie stark sich Teile der Harbiner Juden mit ihrer Religion und Kultur identifizierten, und anderseits, wie wenig man sich für die unmittelbaren Nachbarn interessierte. Der Herausgeber der »Jewreiskaja Shisn«, der im russischen Perm geborene und in der Schweiz ausgebildete Abraham I. Kaufman, war ein glühender Verfechter des Zionismus. Damit standen denn auch in seiner Zeitung Palästina und die jüdische Sache im Vordergrund journalistischer Erörterungen. »Wenn Herzl noch leben würde«, »Prof. Weizmann in Berlin«, »Lunatscharski über den Antisemitismus« oder »Zum Tod von Ascher Ginzberg« – so und ähnlich schmücken Titelüberschriften in Chinas prägenden Schicksalsjahren 1926/27 das »Jüdische Leben«. Eine buchstäblich winzige Ausnahme zu dieser Regel etwa die Notiz, General Duncan, der kommandierende britische General der westlichen Verteidigungstruppen zum Schutz der ausländischen Konzessionen Shanghais, habe anlässlich jener heißen Wintermonate des Jahres 1927 unter anderem Elly Kadoorie und Ellis Haijm den Dank dafür ausgesprochen, dass diese beiden Größen des sephardischen Judentums den englischen Truppen ihre Häuser zur Verfügung gestellt hatten.[442] Die Nichteinmischung in innerstaatliche chinesische Angelegenheiten, und wäre es lediglich ein Kommentar zur politischen Lage gewesen, schien damals wie heute die bessere Strategie für »Ausländer« zu sein, mit Chinas Machthabern nicht in Konflikt zu geraten.

Angesichts der verschiedenen Nachrichten über antisemitische Vorfälle in England, Russland, Bulgarien oder Rumänien traten Meldungen über Pogrome in der Mongolei in den Hintergrund.[443] Der Mord an einem Juden in Hailar im Sommer des Jahres 1927 dagegen bedeutete lediglich einen Auftakt zu den politischen und gesellschaftlichen Konflikten, welche die Mandschurei im Gefolge der japanischen Besetzung 1932 heimsuchten. Doch bis zu jenen 1930er Jahren, die im Gedächtnis der russisch-jüdischen Bevölkerung als die düsterste Periode ihres Exils haften geblieben sind – damals tyrannisierten russische Faschisten unter dem Schutz japanischer Oberherrschaft jüdische Einwohner –, galt Harbin als Hort der Toleranz, ein Ort, wo Sitten und Gebräuche von Minderheiten respektiert wurden. Dass man hingegen die Mehrheit und ihre Präsenz im Gesamtbild Harbins mit Ausnahme ihrer in kolonialen Gesellschaften üblichen Rolle als Statisten übersehen hatte, lässt sich auch aus anderen Quellen herauslesen. Schließlich war nichts selbstverständlicher als das, woran man sich seit Jahrzehnten im Umgang mit China gewöhnt hatte.

Eine solche Haltung dürfte einer Art »Psychologie der Dominanz« entsprechen, wie es einst Joseph Needham nannte, welche sich im »spirituellem Stolz« auf die eigene weiße Zivilisation manifestierte.⁴⁴⁴ Sie drückte sich in einer bewusst angeeigneten Ahnungslosigkeit gegenüber chinesischen Lebensumständen aus. Man konnte im damaligen Harbin wohl in Erfahrung bringen, dass sich der russische Künstler, Philosoph und Forscher Nicholas Roerich 1934/35 für einen mehrmonatigen Aufenthalt in China und auch in der Mandschurei befand. Hingegen dürfte nur wenigen Westlern im damaligen Harbin bewusst geworden sein, dass mit der Einweihung des Konfuziustempels durch Marschall Zhang Xueliang 1929 dieser der Stadt nicht nur den rechtlichen, sondern auch den moralischen und historischen Anspruch einer wahrhaft chinesischen Stadt verschaffen wollte. Dass eine solche »Erfindung« chinesischer Traditionen Harbins ihrerseits Einäugigkeit oder zumindest Blauäugigkeit offenlegt, soll nicht darüber hinwegtäuschen, dass westliche (zumeist russische) Bewohner, aber auch ausländische Besucher Harbins China und Chinesen aus ihrem Blickwinkel ausgeschlossen haben. Dieses Abseitsstehen oder gar Ins-Abseits-Rücken chinesischer Lebenswelten hatte man sich während eines kurz- oder langfristigen Aufenthalts auf chinesischem Boden regelrecht angeeignet. Harbin war und blieb für die Zuwanderer aus Russland eine russische Stadt – ob das gut oder schlecht war.

Krylow und Glinka

In Harbin Aufgewachsene erinnern sich daran, wie sie in ihrer Jugendzeit die Fabeln von Iwan Krylow gelesen haben.⁴⁴⁵ Die französische Reisejournalistin Gabrielle Bertrand wiederum verflucht die Japaner, empfindet Ekel vor dem Harbiner Leben, das sie als »sinnlos, verwickelt und deprimierend« beschreibt und verlässt die Stadt – »diesen (im Vergleich zur übrigen Mandschurei – Anm. d. Verf.) zivilisierteren Halt« –, nicht ohne sich vorher gegen Typhus geimpft haben zu lassen.⁴⁴⁶ Der englische Historiker und Schriftsteller Sir Harold Acton, der als Suchender und Lernender ins Reich der Mitte reiste, stellte in seinen »Memoiren eines Ästheten« fest, dass der Mukden-Klub in der gleichnamigen südmandschurischen Stadt eine Art von Kosmopolis sei, jedoch unter Ausschluss von Chinesen.⁴⁴⁷ Zu Glinkas Klängen von »Ein Leben für den Zaren« servierten kräftig geschminkte russische Servierdamen – zu einer Zeit (1932), in der die Stadt ihren einstigen Besitzer innerhalb von fünfzehn Jahren bereits zweimal gewechselt hatte.

China fand auch im äußersten Randbereich, in der Mandschurei, meist dann einen Platz in westlichen Schilderungen, wenn es galt, die Rückständigkeit oder Boshaftigkeit der Einheimischen in anschaulicher Weise zu vermitteln. Das Paradoxe dabei war allerdings, dass der Besitz dieses riesigen Grenzgebiets China vom Westen, zumindest von Russland, lange Zeit abgesprochen wurde. In den Beobachtungen des Franzosen Francis De Croisset etwa kontrastiert das saubere und geschäftige japanische Viertel in Mukden mit dem »schäbigen und schmutzigen Chinesenviertel«. Der ordnungsliebende »China-Kenner« macht aus seinen Präferenzen kein Geheimnis. Er ist beglückt, das Reich der Mitte über die Mandschurei in Richtung Japan verlassen zu können: »No bandits, no bombs … And there is nothing like order. And how different from China!« [Keine Banditen, keine Bomben … Und hier gibt es nichts als Ordnung. Wie verschieden doch von China.][448] Das in der Literatur seit den 1890er Jahren behandelte Thema der »gelben Gefahr« hatte seine Fortsetzung in der Verfilmung von Sax Rohmers »Dr. Fu Manchu« (in: »The Mask of Fu Manchu«, 1932) gefunden, der Figur des finsteren, dämonenhaften, orientalischen Schurken, der mit Hilfe des Schatzes von Tschingis Khan die Welt erobern will. Und es war keine Überraschung, dass der Film mit Boris Karloff in der Hauptrolle auch in Harbin auf das Interesse seiner (russischen) Fans stieß.[449]

»Die Beziehung zwischen Juden und Chinesen ... war ausgezeichnet.«[450] Mit diesen Worten charakterisierte einer der Pioniere in der Erforschung der modernen jüdischen Geschichte in China das Verhältnis zwischen den beiden Völkern in Harbin. Sein Fazit muss als eine grobe Vereinfachung, wenn nicht gar Verdrehung der tatsächlichen Verhältnisse betrachtet werden. Zwar gibt es wie erwähnt kaum etwas über Zusammenstöße zwischen Russen und Chinesen in diesem nördlichen Vertragshafen zu berichten. In seiner Pionierarbeit zur Frühgeschichte des Vertragshafensystems sprach John Fairbank einmal vom »Kompromiss zwischen China und dem Westen«, dem eine gewisse Abfederung sozialer Spannungen nachgesagt werden kann.[451] Ohne die kommunistische Propaganda, in den westlichen Territorien der Vertragshäfen hätten sich lediglich chinesische Diener, Arbeiter und Kulis aufgehalten, stützen zu wollen – in Harbin um 1929 beispielsweise bildeten die Chinesen mit Ausnahme der Neustadt überall die Mehrheit –, muss betont werden, dass die chinesische Mittelschicht im Allgemeinen wenig direkten Kontakt mit den Ausländern hatte. Man profitierte dennoch gegenseitig voneinander, der Westen von den billigen Arbeitskräften beim Bau der CER, die Chinesen vom Know-how und von der Erschließung beziehungsweise Modernisierung ihres nordöstlichen Landesteils. Ein solches Zweckbündnis zwischen Russen und Chinesen in Harbin sorgte indirekt dafür, dass sich einerseits keine in kolonialen Systemen gängige Einteilung in Ausbeuter und Ausgebeutete einstellte, andererseits aber auch keine Akkulturation, geschweige denn eine Synthese zwischen Ost und West stattfand.

Juden hatten bereits zu Beginn ihrer Ansiedlung in der Mandschurei im wirtschaftlichen Leben eine bedeutende Rolle gespielt. Neben Ärzten, Juristen und Architekten waren es insbesonere Kaufleute, die den Ruf Harbins als »Goldgräberstadt« begründeten: die Firma des legendären Millionärs L. S. Skidelski und seiner Nachfolger, die sich auf den Handel mit Holz, Kohle und Mehl spezialisierte, die English-Chinese Eastern Trading Co. von R. M. Kabalkin, der mit seiner Sojaölfabrik ein Vermögen machte oder L. Schikman, dessen Einfuhr von Zuckerrüben aus Polen und Java ihm in der Mandschurei den Aufbau eines neuartigen Wirtschaftszweiges ermöglichte.[452] Nach der Invasion von Chinas Nordosten durch die japanische Kwantung-Armee im Jahre 1931 hatten sich insbesondere die jüdischen Finanzgrößen Harbins neu zu orientieren. Beim Versuch der Japaner, das Wohlwollen des amerikanischen Judentums am Vorabend des Zweiten Weltkrieges zu erlangen, sollten auch sie die ihnen zugedachte Rolle spielen. Und damit begann ein Kapitel, in dem Historiker bis heute mit der Frage beschäftigt sind, ob und inwieweit Teile des Harbiner Judentums mit Tokio kollaboriert oder einfach ums schiere Überleben in einer rundum feindlichen Umgebung gekämpft hatten.[453] In Aufrufen und Verlautbarungen bekannter

I. Orte und Zeiten west-östlicher Begegnungen

Harbiner Juden, die teilweise in der »Jewreiskaja Shisn« publiziert wurden, wird selten ein direkter Bezug zu China hergestellt. Zumeist wird in den langatmigen, häufig pathetischen Erklärungen der Versuch ersichtlich, die heiklen politischen Klippen zu umgehen, die sich durch die Konfrontation zweier asiatischer Mächte für die Westler in diesem nordöstlichsten Winkel Chinas ergeben hatten. Auch hier unternahm man den Versuch, es sich mit niemandem zu verderben.

> »Japan is a country without racial and religious hatred ... The Japanese are a creative and work-loving people. They don't need to destroy China, but to develop it as a potential market ... Whites prefer the Chinese because they want the Chinese market for themselves, because the Chinese people are not as proud as the Japanese. The Chinese are obedient, and do not ask for their rights.«[454] [Japan ist ein Land ohne rassistischen und religiösen Hass ... Die Japaner sind ein schöpferisches und arbeitsliebendes Volk. Sie brauchen China nicht zu zerstören, sondern entwickeln es als einen potenziellen Markt ... Die Weißen ziehen die Chinesen deshalb vor, weil sie den chinesischen Markt für sich selbst wollen, weil das chinesische Volk nicht so stolz ist wie das japanische. Die Chinesen sind gehorsam und fragen nicht nach ihren Rechten.]

Trotz der Bemühungen von Vertretern der jüdischen Gemeinde Harbins, sozusagen zwischen Tokio und Washington zu vermitteln und Letzterem die Vorzüge von Japans Politik der »New Order« in Asien schmackhaft zu machen, gelang es ihnen nicht, den Westen von der angeblichen japanischen Friedenspolitik zu überzeugen. Zu belastend waren die Verbrechen Nippons auf dem chinesischen Festland. Am Ende des Krieges, nachdem sich die japanische Armee in der Mandschurei den sowjetischen Truppen ergeben hatte, mussten Russlands Juden – die Mehrzahl von ihnen staatenlos – auch für diese »Einmischung« in asiatische Politik büßen: Nicht wenige, darunter Abraham Kaufman, wurden in die UdSSR verschleppt und zu langjähriger Lagerhaft verurteilt.[455] Und somit neigte sich auch in Harbin die Geschichte der Juden ihrem Ende entgegen. Sie hatten ähnlich wie Tataren, Griechen oder Armenier in der einst polyethnischen Stadt nichts mehr zu suchen.

Dass russische Juden in der Mandschurei in der Vorkriegszeit auch als sowjetische Spione gearbeitet hatten, erfuhr eine breitere Öffentlichkeit erst nach Öffnung der Archive in Moskau, Wladiwostok und Chabarowsk in den 1990er Jahren. Einige dieser Agenten besaßen gute Chinesischkenntnisse. Ihre zweifellos wertvollen Eindrücke von einem Land, das ihnen Zuflucht bot und das sie in wohlgemeinter Absicht gegen die japanische Aggressionspolitik zu verteidigen hofften, haben sie für immer mit ins Grab genommen. Eine Ausnahme bilden konfiszierte Gegenstände, die ihren China-Bezug widerspiegeln mögen: ein Mah-Jongg Spiel sowie Dutzende chinesischer Bücher.[456]

Während Jahrzehnten galt Harbin, zumindest vor Ausbruch des Ersten Weltkrieges, als liberalste russische Stadt außerhalb des Zarenreichs und gleichzeitig, bis weit in die 1930er Jahre hinein, als Zentrum antisowjetischer Aktivitäten. Seit der Kapitulation Japans entwickelte sich die Stadt innerhalb weniger Jahre zur revolutionären Schaltzentrale von Maos Kommunisten. Hier bildete Lin Biao seine Guerillatruppe zu einer schlagkräftigen Volksbefreiungsarmee aus; von hier aus dehnten die Roten ihre Macht nach Süden aus und vertrieben nebst der nationalistischen Regierung auch die Jahrzehnte in der Mandschurei lebenden Ausländer von chinesischem Boden. Als Hauptstadt von Heilongjiang wuchs Harbin unter den Kommunisten zu einer Stadt mit mehr als zwei Millionen Einwohnern heran und wurde damit zum bedeutendsten politischen und industriellen Zentrum des Nordostens. Mit Hilfe der Bolschewisten, so paradox es klingen mag, erreichten die Chinesen den endgültigen Rauswurf der Russen, ein Ziel, das sie seit dem Untergang des Zarenreiches verfolgt hatten. Allerdings haben es auch die heutigen Herrscher nicht fertiggebracht, die Geschichte und den Geist der Stadt vollständig zu entrussifizieren beziehungsweise zu sinisieren:

> »Wohl war Harbin die einzige Stadt in der Mandschurei, in der neben den chinesischen noch die russischen Straßenschilder zu sehen waren. Doch in dem einst größten russischen Klub, dem Eisenbahner-Klub am Sungari-Ufer, sah ich keinen Russen mehr; Hunderte von jungen Chinesen tanzten dort nun nach westlicher Musik westliche Tänze. Noch gab es ein Wahrzeichen der alten Zeit: das Hauptwarenhaus hieß immer noch Tschurin, wenn auch ›Chinesische Staatsgesellschaft Tschurin‹.«[457]

Der von Teilen der chinesischen Historikerzunft praktizierten Verdrängung des ausländischen Beitrags bei der Gründung und Entwicklung Harbins als eine bedeutende Metropole Chinas stellen sich die Erinnerungen älterer, in der Mandschurei geborener oder aufgewachsener Ausländer entgegen:[458] Für sie war es ihr Harbin, das mit China nichts oder nur ganz wenig zu tun hatte. Auch diese Sichtweise spiegelt nur eine von vielen Realitäten wider und lässt andere weg. Doch mag sie ehrlicher sein als der Mythos vom gemeinsamen »orientalischen Schicksal« der Roten, Weißen und Gelben. Eine solche »Gemeinschaft« gibt es für einige Historiker rückblickend betrachtet schon, doch dass dies die Bewohner im damaligen Harbin in dieser Art empfunden haben, muss bezweifelt werden. Die heutige Auseinandersetzung um die Frage, ob Harbin eine chinesische oder russische Stadtgründung darstellt, ist eine theoretische, bisweilen politische, die eher – aber nicht unbedingt objektiver – dadurch entschieden wird, wer auf der Bühne des Kampfes um »invented traditions« (Eric Hobsbawm) über die überzeugenderen Akteure oder Argumente verfügt.

Old China Feets
Die jüdische Präsenz im Norden Chinas war nicht allein auf Harbin und einige kleinere Orte in den Provinzen Heilongjiang (Qiqihar) und Innere Mongolei (Manzhouli, Haila'er) entlang der CER begrenzt. Jüdische Kaufleute hinterließen ihre Spuren auch in der Provinz Liaoning, in Dairen (Dalian) und Mukden

(Shenyang). Und überall verkauften sie ihre Produkte aus dem Holz-, Pelz-, Mehl- oder Wurstgeschäft mit Hilfe von chinesischen Zwischenhändlern (»daixiaoshang«) an die Konsumenten. Eine Begegnung zwischen Ost und West war hier nicht nur unvermeidlich, sondern unerlässlich. Doch nicht nur jüdische Kaufleute durchwanderten buchstäblich auf Füßen die Weiten Nordchinas. Auch Diplomaten (hauptsächlich in sowjetischen Konsulaten), Forschungsreisende, Abenteurer und solche, die in chinesischen Diensten standen, waren hinsichtlich der Kenntnisse des chinesischen Binnenlandes der Mehrheit der Old China Hands in den großen Vertragshäfen an der Küste um einiges voraus.[459] Sie alle trugen dazu bei, dass das bekannte und seit je tradierte Bild von Chinas Elend und Not, von lastentragenden Kulis und sich für die westlichen Nachkommen aufopfernden Amahs um weitere Gesichtspunkte erweitert wurde. Sie erfuhren in ihrem Leben und in ihrem täglichen Bezug zu China und den Chinesen das, was John Fairbank Jahre später propagierte, dass es nämlich keine Einheit China gibt, die einfach und logisch erklärbar ist. Der Aktionsradius dieser herumziehenden »Old China Feets« beschränkte sich nicht auf den Besuch von Bars, Kabaretts und hauseigenen Klubs in den europäischen Städten nachgebildeten Vierteln von Shanghai oder Tianjin. Sie erfuhren auf ihren beschwerlichen und jeglichen Luxus entbehrenden Reisen eher, »dass Chinas langsames Tempo in der Modernisierung und Technisierung auf eine gewisse allgemeine Trägheit zurückgeht, eine verständliche Abneigung gegen eine Änderung der sozialen Werte, der Klutur und der Institutionen«.[460] Es war ihnen womöglich gegeben, geographische Distanzen und den damit verbundenen binnenländischen Charakter der chinesischen Wirtschaft wahrzunehmen, die Macht der behördlichen Administration, den Wert des Kollektivgefühls einer chinesischen Familie sowie dessen Folgen mitzuerleben und allenfalls darüber zu reflektieren. Mit Sicherheit waren sie des Unterschieds zwischen dem weltoffenen »blauen« China der Küstenregion und dem »gelben«, orthodoxen, von vielen als authentisch bezeichneten China des Binnenlandes gewahr geworden, eine Differenzierung, die in der Erörterung von Fragen des chinesischen Nationalismus und Patriotismus bis heute eine Rolle spielt.[461]

Viele wollten von der fremdartigen Welt, in die sie hineingetaucht waren, mehr erfahren, als es einem Normalsterblichen gegeben ist. Darunter befanden sich diejenigen ausländischen Berufs- oder Amateurrevolutionäre, die Chinas Geburtswehen in den 1920er Jahren geistig und verbal unterstützten, wie auch einige westliche Journalisten und Reisende, denen das Schicksal des Reichs der Mitte seit der Gründung der Republik 1911 und insbesondere in den Kriegsjahren 1937 bis 1945 nicht gleichgültig war. Chinas Los zeichnete sich im 20. Jahrhundert – wie im Folgenden dargestellt – häufig in Städten ab, wenn es sich auch nicht dort entschied. Und nicht selten nahmen Ausländer damals an chinesischen Schicksalspartien teil, teils aktiv, teils passiv.

攻防地　　IV. Revolutionen und Bürgerkrieg:
　　　　　　Kanton, Hankou, Yan'an, Chongqing

Es gibt Städte in Europa, die den Nimbus von Revolutionen oder Konterrevolutionen seit Jahrzehnten mit sich herumtragen. So war es zumindest, als Maßenerhebungen und Freiheitskämpfe auf dem alten Kontinent noch ein Thema waren. Von Odessa (1905) über St. Petersburg (1917), Berlin und Wien nach dem Ersten Weltkrieg bis hin zu Budapest (1956) oder Prag (1968). Solche im Laufe der Geschichte entstandenen topographischen Orientierungspunkte lassen sich – vielleicht etwas weniger prominent aus westlicher Sicht – auch in China ausmachen. Zwar mit anderen Beteiligten, doch mit einer thematisch ähnlichen Verdichtung von Ideologien, Utopien und Mythen. Revolutionen kennen keine Grenzen.

Aus der Perspektive eines Deutschen spielt sich Geschichte in Mitteleuropa ab. Aus japanischer Sicht kaum. Was die Bombardierung Dresdens für die Deutschen war Hiroshima den Japanern. Auschwitz kennt keinen Vergleich, doch bedeutete das Massaker in Nanjing 1937 für Tausende Chinesen eine Vorwegnahme des Holocausts. Der Nationalsozialismus fand seine asiatische Entsprechung im japanischen Militarismus. Aufstände von Menschen gegen ihre Unterdrücker scheinen einem globalisierenden Ursache-Wirkungs-Prinzip zu gehorchen. Gewalt, Zerstörung und Elend sind offenbar nicht nur »schrecklich normal« (Hannah Arendt), sondern auch schrecklich universal – Kriege kennen keine Grenzen.

Was im 20. Jahrhundert in China geschah, in Städten der Revolution und Zerstörung, aber auch in Orten des Wiederauferstehens, wäre dem westlichen Betrachter womöglich fast entgangen, wären nicht einige Einzelgänger oder -kämpfer gewesen, die aktiv oder passiv, freiwillig oder unfreiwillig zu Zeugen wurden, als in China Geschichte geschrieben wurde. Die ausländische Präsenz in Orten wie Kanton, Hankou, Chongqing oder Yan'an, so gering sie zahlenmäßig auch gewesen sein mag, stellt für den Westen eine zusätzliche, wertvolle Komponente zur Wahrnehmung und Rekonstruktion chinesischer Befindlichkeiten und Charakteristiken dar. Sie erlaubt es dem heutigen Zeitgenossen, China *sous l'oeil des occidentaux* über alternative Dimensionen von Raum und Zeit zu verstehen, will sagen im Spiegel der Not und des Schreckens, gleichzeitig aber auch in Augenblicken der Hoffnung und Freude. Wäre es alleine nach dem Geschmack der ursprünglichen Old China Hands gegangen, hätte das Bild eines schwachen, darniederliegenden Chinas, das via Shanghai in den Westen projiziert wurde, wohl noch jahrzehntelang Gültigkeit für sich beansprucht. Es blieb Revolutionären aus Russland, Amerika und Europa vorbehalten, diese imaginäre, für viele beruhigende, weil die eigene Sicherheit und Lebensweise kaum störende Idylle zu entlarven.

Nicht Shanghai oder Tianjin, sondern einer der kleineren Vertragshäfen, nämlich Kanton mit seiner ausländischen Konzession Shamian auf der gleichnamigen Insel, wird von Historikern als Ausgangspunkt für die Verbreitung des Marxismus in China oder zumindest als Basis für die chinesische Revolution der 1920er Jahre betrachtet. War Peking in der Periode der Kriegsherren (1916–1927) die Stadt der Reaktion, galt Kanton, Hauptstadt der Provinz Guangdong, zumindest als Sun Yat-sen dort 1921/22 seinen Wohnsitz nahm und als »Präsident« einer neu ausgerufenen chinesischen Volksregierung fungierte, als die Stadt der fortschrittlicheren, revolutionären Kräfte Chinas.[462] Von hier aus gedachte Sun seine Kräfte zu sammeln und die nationale Vereinigungskampagne einzuleiten. Der Süden Chinas erlebte die Geburtsstunde jenes schicksalsträchtigen Verhältnisses zwischen der Guomindang – der 1912 von Sun gegründeten Nationalen Volkspartei – und der Kommunistischen Internationalen (Komintern) beziehungsweise der Sowjetunion, eine Beziehung, die wie ein Damoklesschwert über den politischen Geschehnissen Chinas im gesamten 20. Jahrhundert schweben sollte.

Die ganze Polit-Odyssee zwischen Russland und China begann mit flüchtigen Kontakten sowohl von Komintern- als auch von Vertretern der Sowjetregierung mit Sun Yat-sen in Südchina (einmal in Shanghai, ein anderes Mal in Kanton) zu Beginn der 1920er Jahre.[463] Ungefähr zur gleichen Zeit schickte Lenin zwei Vertreter der »Zentrale der Weltrevolution« nach Peking, um die Lage in China zu sondieren und abzuklären, mit welchen Militärherrschern des Nordens die UdSSR Verträge abschließen könnte. Moskau liebte es, Pique Dame mit unterschiedlichen Partnern zu spielen. Allerdings waren die Bolschewiken eher peripher an China interessiert, ihr Hauptaugenmerk lag anfangs auf der Verbreitung der Revolution im Westen. Und auch die Chinesen hatten vor der Oktoberrevolution 1917 in Russland dem Marxismus keine besondere Aufmerksamkeit geschenkt. Abgesehen von Marx' »Kommunistischem Manifest« war praktisch nichts ins Chinesische übersetzt worden. Erst der Verrat des Westens an China in den Versailler Friedensverhandlungen sowie die Erklärung des stellvertretenden sowjetischen Volkskommissars des Auswärtigen, Lew M. Karachan, im Jahre 1919, sein Land werde sich nicht an die von Imperialismus bestimmten Verträge des Zarenreichs mit China halten, förderten zuerst unter Intellektuellen (Li Dazhao, Chen Duxiu), später auch unter Politikern eine intensivere Beschäftigung mit dem Kommunismus und den Vorgängen im nördlichen Nachbarland. Die Sympathie für die Errungenschaften der jungen UdSSR wuchs gewaltig, und es begann sich bald abzuzeichnen, dass angesichts der unverändert starren Haltung der Westmächte bezüglich Chinas das Reich der Mitte in der revolutionären Politik der Sowjetunion die einzige Hoffnung sah, die Fesseln des Imperialismus abzuschütteln, eine Einigung Chinas und schließlich die vollständige Unabhängigkeit zu erreichen.

Sun-Ioffe-Abkommen (1923)
Sun Yat-sen war sicher kein Kommunist, und er betrachtete auch die von den zahlreichen Komintern-Emissären immer wieder vorgetragene Bitte, er möge Mitglieder der 1921 in Shanghai gegründeten Kommunistischen Partei Chinas in die Guomindang aufnehmen, eher als Bedrohung denn als Bereicherung.[464] Doch musste auch Sun erfahren, dass niemand anders als die Russen ihm versprach, was er sich insgeheim erhoffte: Berater, Geld, Waffen sowie die Gründung einer Militärakademie in Kanton. Damit konnte man wenigstens über eine Einigung des Landes nachdenken. Im Januar 1923 kam es in

Shanghai – Sun war gerade wieder einmal aus Kanton vertrieben worden – zum inzwischen berühmt gewordenen Treffen zwischen Sun Yat-sen und dem Sowjetgesandten Adolf A. Ioffe (Yoffe), in dem die Zusammenarbeit zwischen der Sowjetunion und der Guomindang besiegelt wurde.[465] Mit der Erlaubnis Suns, den »russischen Bären ins chinesische Schlafzimmer« eintreten zu lassen,[466] begannen einige der turbulentesten Jahre in der modernen Revolutionsgeschichte Chinas und außerdem eine der verschlungensten Phasen sowjetischer Diplomatie.

Die Anwesenheit russischer und westeuropäischer Revolutionäre in China brachte es mit sich, dass das Bild Chinas im Westen eine Änderung erfuhr. In den 1920er Jahren waren die Berichte westlicher Zeitungen voll von Warnungen über den Marsch der Revolution in China und deren angebliche Bolschewisierung. Regierungen in Europa verließen sich auf die Artikel in der in gewissen Kreisen so renommierten Shanghaier »North-China Daily News«, die im Zusammenhang mit den Unruhen und Ausschreitungen en bloc von »Chinas Propagandisten und Moskaus Agenten« sprach, eine Vereinfachung und Pauschalisierung, die sich rächen sollte. Gewiss, Komintern-Agenten und Sowjetberater gaben sich in China fast täglich – verborgen und weniger heimlich – die Klinke in die Hand; zahlreiche militärische und politische Berater verfolgten Moskaus Ziele im Reich der Mitte. Doch bedeutete dieses simplifizierende Bild derjenigen, die ihre Pfründe in Gefahr sahen, auch eine bewusste Verdrängung des tief greifenden Umbruchs innerhalb der chinesischen Gesellschaft nach dem Untergang der Qing-Dynastie.

Moskaus Sowetniki

Zum ersten Mal seit Beginn des Austausches zwischen China und dem Westen verhandelte eine westliche Gruppe mit Chinesen auf gleicher Basis; man arbeitete zusammen in Komitees an Richtlinien für die Parteiarbeit, setzte sich mit der Meinung des andern auseinander, diskutierte auf politischen Veranstaltungen und versuchte, die Haltung des andern immerhin vordergründig zu verstehen, was der Mehrzahl der Old China Hands unnötig erschien. »Der Chinese« war nicht mehr lediglich Kuli oder Boy Nr. 1, sondern er nahm Gesicht und einen Namen an. Zum ersten Mal realisierten jene, die wollten, dass China nicht nur aus Sun Yat-sen und Kriegsherren bestand, sondern auch andere Repräsentanten in der Lage waren, die Geschicke des Landes wenn nicht zu bestimmen, dann doch immerhin zu beeinflussen. Einige wenige der westlichen Vertreter der Revolution erlernten die chinesische Sprache oder zumindest einige Brocken davon, was sich als besonders wertvoll und manchmal auch lebensrettend erweisen sollte (Übersetzer schienen immer Mangelware gewesen zu sein). Die Kantoner Beratergruppe gründete beispielsweise einen »Zirkel zum Studium Chinas«. Gleichwohl wäre es allerdings eine Illusion zu glauben, die Revolutionäre hätten mit dem einfachen chinesischen Volk kommuniziert; vielfach war ihnen ein solcher Kontakt untersagt.[467] Auch bedeutete es nicht, dass die Vertreter des Weltproletariats weniger auf Luxus und Komfort Wert gelegt hätten als ihre weißen kapitalistischen Brüder. Doch waren die »sowetniki«, wie man die Berater in russischer Terminologie nannte, aufs Beste mit den historischen Begebenheiten und den Akteuren im China jener Jahre vertraut, was man den »klassischen«, in ihren Konzessionen lebenden Old China Hands gewiss nicht nachsagen konnte.[468]

Je nach Ort und Zeit ihres Aufenthaltes in China unterschieden sich die Arbeits- und Wohnverhältnisse dieser Art missionarischer Eiferer beträchtlich. Kanton galt dabei als klimatisch besonders unangenehm; die schwüle, brütende Hitze herrschte hier im Sommer während mehrerer Monate unerbitterlich, und nicht wenige »sowetniki« – Diplomaten, politische Berater oder Militäroffiziere – traf es hart, mit gesundheitlichen Komplikationen von Malaria über Durchfall bis hin zu Hautproblemen und vielem mehr. Doch lag hier in der Provinz Guangdong eben eines der großen Zentren der chinesischen revolutionären Bewegung und damit notwendigerweise auch einer der Stützpunkte russischer Beratertätigkeit.[469] In Kanton wurde im Mai 1924 die Gründung einer Militärakademie auf der in der Nähe der Stadt gelegenen Insel Whampoa beschlossen. Hier instruierten sowohl Chiang Kai-shek (militärisch) als auch Zhou Enlai (politisch) die zukünftigen Revolutionäre des Landes, unter den Augen hochqualifizierter Veteranen wie beispielsweise des Sowjetmarschalls Wassili Blücher (Bljucher), der, so ein »sowetnik«, von Chinesen in solch hohen Ehren gehalten wurde, dass die Sowjetberater ganz allgemein »Galen« genannt wurden, nach dem »nom de guerre« Blüchers.[470]

Shaji-Massaker (1925)

Kanton war einer der blutigsten Schauplätze im Anschluss an die Ereignisse vom 30. Mai 1925 in Shanghai. Drei Wochen nach jenen Schüssen britischer Soldaten auf demonstrierende Studenten in Shanghais Prachtstraße, der Nanjing Road, wiederholte sich die Szenerie im Kantoner Konzessionsgebiet: Mehr als fünfzig Chinesen – Studenten und Soldaten, Bauern und Industriearbeiter, Schulkinder und Pfadfinder – starben im Kugelhagel britischer Truppen. Das Shaji-Massaker löste in Kanton und ganz China eine ungeheure Welle der Empörung aus, und die Provinzhauptstadt Guangzhous gewann mehr denn je den Ruf, Basis der nationalen Revolution zu sein.

Für die alteingesessenen Old Chinas Hands wurden damit die Zeiten auf der Insel Shamian, wo bislang tropische Banyanbäume und kirschrote Bougainvillea-Sträucher zumindest etwas Schatten vor der chinesischen Sonne spendeten, immer heißer. Der heimische Nationalismus erhielt dank sowjetischem Know-how neuen Auftrieb. Hallett Abend, Korrespondent der »New York Times«, machte sich während seines Besuchs 1926 in Kanton Gedanken darüber, wie die Chinesen nach all dem, was geschehen war, die Westler einschätzten. Dabei spielte, wie umgekehrt auch nicht viel anders, rein Äußerliches eine Rolle: »Die meisten Chinesen assoziieren kurze Hosen ausschließlich mit Engländern, und diese sind hier momentan äußerst unpopulär. Tragen Sie deshalb bitte lange Hosen – das kann Sie vor Beleidigung und Gewalt schützen.«[471] Ausländerfeindliche Stimmungen erfassten das ganze Land: selbst die kleineren Vertragshäfen in Chongqing oder Jiujiang oder die Missionsstätte in der Hauptstadt Sichuans, Chengdu, blieben von Ausschreitungen nicht verschont.

Von Kanton aus, inzwischen als »rote Stadt« bekannt, begannen Chiang Kai-shek, der nach dem Tode Suns im März 1925 die Macht in der Nationalen Volkspartei übernommen hatte, und seine Guomindang-Getreuen ihren Nordfeldzug zur Vereinigung Chinas zu planen. Bereits damals war das Verhältnis zu den chinesischen Kommunisten, das die »sowetniki« in China auf Geheiß ihrer Herren in Moskau so zügig und gedankenlos vorangetrieben hatten, belastet. Kanton tendierte mehr und mehr nach links, und viele Geschäftsleute und ehemalige Förderer der Guomindang übersiedelten nach Peking oder Shanghai. Immer häufiger nahm Chiang zu Repressalien gegenüber den Kommunisten Zuflucht, bis es schließlich zum Bruch des rechten Flügels der Guomindang mit der sogenannten linken Führung dieser Partei unter Wang Jingwei kam. Letzterer hatte nach der Einnahme von Wuhan den Regierungssitz sogleich von Kanton in die Hafenstadt am Yangtse verlegt, während Chiang – gemäß seinen eigenen Plänen – Richtung Shanghai marschierte. Dort zerbrach die erste Einheitsfront zwischen Guomindang und Kommunisten endgültig, nachdem sich Chiang Kai-shek, der Oberbefehlshaber der Streitkräfte des Nordfeldzuges, mit Freunden aus der Shanghaier Unterwelt und des Großkapitals zusammengetan hatte, um gemeinsam gegen die Arbeiterbewegung vorzugehen. Im April 1927 war der Shanghaier Frühling vorüber, mit der Tötung von fast einhundert Demonstranten und einem anschließenden Terror, dem Tausende Andersdenkende zum Opfer fielen. Die Ausländer in Shanghai wurden noch einmal für weitere zwanzig Jahre in Ruhe gelassen, doch hatten die Vorgänge während des Nordfeldzuges – etwa die überstürzte Flucht auf westliche Kriegsschiffe, die Evakuierung von Missionaren und Diplomatenangehörigen sowie der Tod mehrerer Ausländer – schließlich auch denen zu denken gegeben, die geglaubt hatten, der Westen hätte ihnen das göttliche Recht gegeben, für unbegrenzte Zeit in China zu bleiben.

Mit der Verschiebung der Machtverhältnisse büßte auch Kanton seine Stellung und Bedeutung als Revolutionsplatz ein, nachdem es bereits seine Rolle als Handelszentrum für den Austausch zwischen Ost und West infolge der dort herrschenden Antipathie gegen alles Ausländische im 19. Jahrhundert verloren hatte. Im Dezember 1927 kam es noch einmal zu einem kurzen, von Stalin aus innenpolitischen Gründen inszenierten Aufstand in der ehemaligen Keimzelle der Revolution, der jedoch von Chiang Kai-sheks Truppen blutig niedergeschlagen wurde. Damit trocknete für einige Jahre auch der Zustrom von ausländischen Revolutionären aus, und dadurch verschwand auch ein relativ neuer Bereich westöstlicher Begegnungen im Reich der Mitte: Die meisten Berater und Komintern-Agenten verließen China Richtung Moskau, einige setzten sich paradoxerweise in die dem Westen übriggebliebenen Konzessionsgebiete ab, wie etwa – allerdings nur ganz kurzweilig – Heinz Neumann, einer der führenden Köpfe der Kommunistischen Partei Deutschlands. Dieser, kein China-Kenner, von politischen Gegnern als »Schlächter von Kanton« betitelt, war, im Auftrag Stalins zusammen mit einem andern Komintern-Agenten hergereist, für die Aufwiegelung der chinesischen Arbeiter in jenen Dezembertagen des Jahres 1927 verantwortlich. Als er bemerkte, dass der Aufstand keine Aussicht auf Erfolg hatte, sah auch er, der überzeugte Antiimperialist, die einzige Rettung zum Überleben in den sicheren »imperialistischen

Überbleibseln« westlicher Macht in China. Notabene nicht ohne über den Chinesen, der ihm anfangs den Zugang in das Konzessionsgebiet verbieten wollte, kräftig zu fluchen.[472]

Das »neue Jerusalem«

Eine für kurze Zeit große Stellung während der Zeit des Nordfeldzuges als Platz der Revolution, Hauptquartier der linken Guomindang und Schauplatz eines west-östlichen Zusammenwirkens ganz besonderer Art nahm Hankow (Hankou) ein, die größte der drei sogenannten Wuhan-Städte am mittleren Lauf des Yangtse-Flusses.[473] Wuhan erlebte bereits 1911 den Beginn einer Revolution; damals erhoben sich hier die Militärs gegen die Mandschu. Fünfzehn Jahre später konnte man nicht mehr von vereinten Aufständischen sprechen: Ende 1926 verschob die nationale Regierung ihren Sitz von Kanton nach Wuhan, doch der Oberbefehlshaber, Chiang Kai-shek, zog es vor, seinen Stützpunkt in der Nachbarprovinz Jiangxi aufzubauen; damit zeichnete sich bereits ab, dass sich Wuhan – unter der Führung des bekanntesten »sowetnik« im China jener Zeit, Michail Borodin – zu einem »neuen Jerusalem« entwickeln würde.[474] Schließlich konnte die Stadt 1927 für ein halbes Jahr gar den inoffiziellen Titel der Hauptstadt des Landes beanspruchen.

In den Jahren vor jenen denkwürdigen Ereignissen hatte kaum etwas auf die progressive Entwicklung dieser Stadt hingedeutet. Hankow war, seit 1861, ein Vertragshafen wie jeder andere: mit einem britischen Municipal Council, dem obligaten Bund, Klubs, Freiwilligencorps, ausländischen Dampfschiffen und englischsprachigen Zeitungen. Nachdem die Chinesen allerdings nach Ende des Ersten Weltkrieges die russische und deutsche Konzession übernommen hatten (in einer Art Sonderverwaltungszone), wuchs der Druck auf die übrigen ausländischen Mächte, insbesondere England, Chinesen repräsentativ in ihre Verwaltungsorgane aufzunehmen. Dies geschah erst und nur widerwillig im Anschluss an die blutigen Ereignisse vom Juni 1925, als auch hier chinesische Demonstranten erschossen wurden.[475]

Bis zu jenem Zeitpunkt war Hankow aus westlicher Sicht vor allem bekannt als Zentrum verschiedenster Missionsgesellschaften, weitab von Zivilisation und Fortschritt. Dank seiner Lage als Hafenstadt im Zentrum Chinas mauserte sich Hankow jedoch mit der Zeit zu einem Umschlagsplatz für Produkte aus Chinas Westen flussabwärts in die dichtbevölkerte Küstenregion im Osten. Insbesondere mit dem sogenannten chinesischen Ziegeltee (mit Hilfe von Reiswasser in Ziegel- oder Plattenform gepresster Tee) machte sich Hankow einen Namen. Der Handel mit diesem Tee lag hauptsächlich in den Händen russischer Kaufleute, die – wenn sie nur wollten – ihre Ladungen über Wasserstraßen und Weltmeere bis hin nach Odessa zu transportieren in der Lage waren. Nach Fertigstellung der Eisenbahnlinie Peking–Wuhan im Jahre 1905 war es möglich, innerhalb von sechzehn Tagen via die Ostchinesische beziehungsweise die Transsibirische Eisenbahn London zu erreichen.

I. Orte und Zeiten west-östlicher Begegnungen

Banque de l'Indochine

Ein Anzeichen, dass in diesem Vertragshafen Beziehungen zwischen Ost und West zur Normalität gehörten (was nicht unbedingt mehr Tiefe bedeutete), stellte die Existenz des 1888 gegründeten Heimes für eurasische Kinder dar.[476] Einen Hauch von Kosmopolitismus in einem im Vergleich zu Shanghai verschlafen wirkenden Vertragshafen zeigt ein Theaterplakat zur Werbung für Dostojewskis »Raskolnikow« vom Juni 1927: Die Aufführung des Moscow Art Theatre, eine deutsche Produktion mit englischen und russischen Titeln, fand im Victoria Garden am französischen Bund statt.[477] Obwohl die Zahl der Ausländer hier nie die Grenze von eintausendfünfhundert überstieg (mit dreizehn Konsulaten im Jahre 1934), waren es doch einmal mehr die westlichen Orientierungspunkte, die der Stadt ihre architektonische Prägung gaben: die großen Bankhäuser (Shanghai-Hongkong-Bank, Banque de l'Indochine), das deutsche Boemer's Hotel am französischen Bund mit seiner großzügigen Veranda, die Jardine-Matheson-Residenz, das Haus des YMCA oder die zahlreichen turmartigen Bauten, die ausländischen Besuchern besonders auffallen mussten. Doch konnte auch der in all diesen architektonischen Wahrzeichen sich dokumentierende beträchtliche westliche Einfluss später die Übergabe der Macht in Chinas Hände nicht aufhalten. Der von den Old China Hands so lange herausgezögerte Status quo gehörte nach den wenigen Wintermonaten der Jahre 1926/27 der Vergangenheit an.

Das Fanal zum Ende der britischen Präsenz in Hankow bildete die Ankunft einer Reihe von Exponenten der linken Guomindang in jenen Dezembertagen des Jahres 1926. Darunter befanden sich Madame Sun Yat-sen, ihr Bruder T. V. Song, der Finanzminister, Außenminister Eugene Chen und Sun Fo, Sohn von Sun Yat-sen aus erster Ehe, eine bunt zusammengewürfelte Gruppe, allesamt westlich ausgebildet und untereinander in englischer Sprache kommunizierend.[478] Sie alle lebten und wirkten in Hankows ausländischem Konzessionsgebiet. Zusammen mit ihrem Mentor und »agent provocateur« Michail Borodin lockten sie eine Schar neugieriger und wissbegieriger Journalisten und Vertreter der Dritten Internationale aus dem Westen an. Alle diese Ausländer – Linke, Liberale und Unentschlossene – spielten in den Tagen dieser revolutionären Aufbruchsstimmung, die nicht nur eine nationale Revolution, sondern auch eine Weltrevolution versprach, ihre Rollen im einst fernab der Hektik der Küstenstädte gelegenen Hankow: der scharfzüngige Beobachter Arthur Ransome, die an Revolutionen gewöhnte Journalistin Anna Louise Strong, von der Borodin einst sagte, »Miss Strong is unfortunate in her dates. She came too late to Russia, and now she has come very much too early for China«,[479] oder die jüngeren amerikanischen Journalisten Randall Gould (New York Times) und Vincent Sheean (Newspaper Alliance of America), die sich hier ihre ersten China-Sporen abverdienten. Und im Gewühl der Menge die instigierenden Bevollmächtigten der Weltrevolutionszentrale und andere politische Linksaktivisten: der Inder Manabendra Nath Roy, Earl Browder, in späteren Jahren Vorsitzender der KP Amerikas, der englische Arbeiterführer Tom Mann oder Jacques Doriot, KP-Mitglied im französischen Abgeordnetenhaus.

Nachdem die Briten sich im Februar 1927 auf chinesischen Druck hin bereit erklärt hatten, auf ihre Konzession in Hankow formell zu verzichten (Chen-O'Malley-Vereinbarung),[480] öffnete dies zum ersten

Mal in der Geschichte der Beziehungen zwischen China und dem Westen im 20. Jahrhundert zwangsläufig die Tür zu einer Art von Gleichberechtigung zwischen den beiden Akteuren – in den Augen eingefleischter Old China Hands ein Gräuel und Gesichtsverlust sondergleichen. Für sie stand fest, dass China einzig und allein infolge des sowjetischen Einflusses solche Monate, wenn nicht Jahre des Chaos erlebte. Sie befürchteten zu Recht, dass die Ereignisse von Hankow den Anfang vom Ende der westlichen Präsenz in China bedeuteten.

> »The whole fabric of Occidental relations with the Far East has been erected on that prestige (gemeint sind die Errungenschaften des britischen Imperiums – Anm. d. Verf.), and it is scarcely too much to say that the position of the European and American races in Asia depends on its maintenance.«[481] [Das ganze Gerüst westlicher Beziehungen mit dem Fernen Osten wurde auf diesem Prestige aufgebaut. Es ist kaum zu viel gesagt, dass die Position der europäischen und amerikanischen Rasse in Asien gerade von der Beibehaltung dieses Prestiges abhängig ist.]

Der historische Prozess schien, zumindest im »roten Hankow«, keine Rücksicht auf den hier zu Wort kommenden Artikelschreiber der »Peking & Tientsin Times« zu nehmen. In den revolutionären Monaten des Jahres 1927 vermischten sich Chinesen und Ausländer auf Diskussionsforen, in Restaurants und Sitzungen von politischen Ausschüssen, dass es selbst den aktivsten Sympathisanten einer Verständigung zwischen Ost und West auf der Basis von Gleichberechtigung chinesisch vorkommen musste: »Outside, on the river, were more than a score of gunboats, ready at a moment's notice to fire on the city. Inside the garden, the representatives of those gunboats were eating ice-cream and drinking soda-pop with Nationalist officials ... whom they regarded chiefly as enemies.«[482] [Draußen, auf dem Fluss, lagen mehr als zwanzig Kriegsschiffe vor Anker, jederzeit bereit, auf die Stadt zu schießen. Innerhalb des Gartens aßen die Vertreter dieser Kriegsschiffe ein Eis und oder tranken ein Sodawasser mit den nationalistischen Offizieren, die sie hauptsächlich als Feinde betrachteten.] In der Zeitungsstube der »People's Tribune« trafen sich die beiden amerikanischen Redakteure täglich mit ihren Auftraggebern, den Vertretern der nationalen Regierung Chinas, um Propaganda für die Sache der chinesischen Revolution zu machen, während Madame Sun von morgens bis abends in ihrer Wohnung im obersten Stockwerk der Zentralbank mit Besuchern aus dem Westen über Träume und Vorstellungen zur Gestaltung der Zukunft ihres Landes konferierte.

Post-Treaty Port Community
Diese Idylle wurde jedoch nach wenigen Monaten von Chinesen und Ausländern gleichermaßen gestört: Die Debatten über die Zukunft der chinesischen Revolution vollzogen sich noch immer vor dem Hintergrund der anhaltenden Spannungen in Moskau, in denen es, kurz gesagt, darum ging, dass Sta-

lin darauf bestand, dass die Kommunistische Partei sich trotz Verfolgungen und Rückschlägen an das Bündnis mit der Guomindang unter Chiang Kai-shek hielt, während sein innerparteilicher Gegner Lew Trotzki für die rasche Bildung chinesischer Arbeitersowjets als »Überspringen des revolutionärdemokratischen Stadiums der Bewegung« und als »Übergehung des allerwichtigsten, entscheidenden Faktors«, der Bauernschaft, eintrat.[483] Nach dem offensichtlichen und endgültigen Verrat Chiangs an der Revolution in den Shanghaier Apriltagen des Jahres 1927 waren auch die Tage revolutionärer Experimente in Hankow gezählt. Dem flotten Aufstieg Hankows zu revolutionärem Weltruhm im Dezember 1926 folgte im Juli 1927 sein ebenso rasanter Niedergang. Moskaus »sowetniki« kehrten – von der einheimischen Bevölkerung häufig begeistert verabschiedet – via Wasser oder Land in die Sowjetunion zurück, der linke Flügel der Guomindang (ohne Madame Sun und Eugene Chen) wandte sich von den Kommunisten ab und vereinigte sich schließlich wieder mit Chiang Kai-sheks neuer Regierung in Nanjing.

Damit geriet die Stadt, in der wie nie zuvor Chinesen und Ausländer während eines halben Jahres zusammengelebt hatten, wieder für Jahre in Vergessenheit und versank im typischen Leben einer »post-treaty port community«, in der Westler keine besonderen Vorrechte mehr genossen und britische Diplomaten in Vorträgen vor rückständigen Old China Hands höflich darauf aufmerksam machten, man sollte nun zum eigenen Vorteil mit Chinesen zusammenarbeiten.[484] Die Ereignisse in Hankow in jenem schicksalsträchtigen Jahr 1927 brachten in der Tat sehr ungewöhnliche Kontakte zwischen Chinesen und Westlern hervor. Dass eine Mehrzahl der ausländischen Besucher China und seine Probleme durch einen mehrwöchigen Aufenthalt in Hankow besser verstand, ist nicht anzunehmen. Sicher aber erfuhr das Bild Chinas im Westen Differenzierungen, die weit über die Tagesaktualität beziehungsweise die Diskussion über politische Fragen jener Tage hinausgehen sollten. Die Frage »Wie verhält sich der Chinese gegenüber dem Fremden?« konnte seit jener Zeit nicht mehr mit der lapidaren Feststellung: »Der echte Chinese, Kuli oder Boy, ist reizend; ich wüsste nicht, was ich ohne ihn in England machen würde« beantwortet werden.[485] In Zukunft konnte diese Frage nur mehr dadurch beantwortet werden, indem das Verhältnis der gebildeten, mit eigenen politischen Vorstellungen ausgestatteten Chinesen zu den Ausländern untersucht wurde – und dazu gehörten auch diejenigen, die von Chiang Kai-shek verfolgt und vertrieben wurden, die Kommunisten.

Nach dem endgültigen Bruch Chiang Kai-sheks mit den Kommunisten, der Niederschlagung verschiedener Aufstände und der erfolgreichen Einigung Chinas im Anschluss an den Nordfeldzug 1928 sahen sich die Kommunisten gezwungen, sich in kleineren Gebieten in den Provinzen Jiangxi, Hubei, Hunan und Anhui neu zu organisieren. Sie gründeten dort, nachdem sie ihre Stützpunkte in den Städten aufgegeben hatten, sogenannte Bauernsowjets, von denen der sogenannte Jiangxi-Sowjet wegen der Rolle Maos in der Geschichtsschreibung größte Beachtung fand. Chiang Kai-shek versuchte in den folgenden Jahren mit mehreren »Feldzügen zur Banditenausrottung« die kommunistische Bewegung vollständig zu zerschlagen. Dabei bediente er sich deutscher Hilfe, anfänglich mit Militärberater Max Bauer und später mit dem Rat und Know-how des Generals Hans von Seeckt, der sich im Ersten Welt-

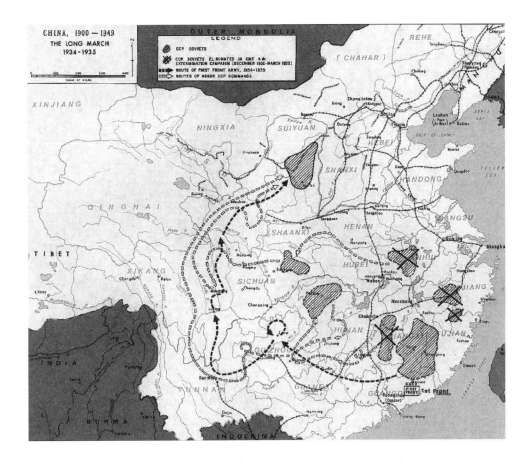

krieg als Generalstabschef (und 1920 bis 1926 als Chef der deutschen Heeresleitung) einen Namen gemacht hatte. Der militärische Planungsstab des Jiangxi-Sowjets bestand – nebst Zhou Enlai, Zhu De und Bo Gu – aus dem deutschen Komintern-Agenten Otto Braun: Diese vier Personen gelangten Mitte 1934 übereinstimmend zur Ansicht, dass es besser sei, die Mehrheit der Kommunisten verlasse den Sowjet. Dies war der Aufruf zum legendären, in der kommunistischen Geschichtsschreibung glorifizierten Langen Marsch, der mehr als ein Jahr später in der Provinz Shaanxi, in der Gegend um Yan'an, sein Ende finden sollte.

Die kommunistische Revolution, begonnen in Kanton, fortgesetzt in Hankow und niedergeschlagen in Shanghai, schien für Millionen unterdrückter und verarmter Chinesen zum ersten Mal in ihrem Leben ein Zeichen der Hoffnung zu bringen. In Yan'an, auf Deutsch »verlängerter Frieden«, sollte das chinesische Volk unter väterlicher Aufsicht und gestrenger Anleitung einer neuen Führung auferstehen, sich endgültig von den Fesseln der »Imperialisten und ihrer Lakaien« befreien. Yan'an wurde in Chinas Schulbüchern nach 1949 zum Mythos des Beginns einer neuen Epoche hochstilisiert. Hier gelang es den Kommunisten, die Massen zu mobilisieren, indem sie ihren militärischen Aktivismus zur Linderung der notleidenden Landbevölkerung einsetzten. Unter dem »Yan'aner Weg« verstehen westliche Historiker mitunter die Entdeckung von Methoden, die Bevölkerung zur (freiwilligen) Teilnahme am kommunistischen Guerilakampf zu veranlassen. Das »Wesen Yan'ans« bestand gemäß Marc Selden in der Massenlinie, jenem Mittel, mit dem es dem sich quälenden und unterdrückten chinesischen Volk gelang, aus seinem Dilemma auszubrechen.[486]

Yan'an: rote Gebiete und »neue« Menschen

In Yan'an fand sich – nach der Degradierung, Absetzung und erfolgreichen Ausschaltung Andersdenkender – die oberste Schicht kommunistischer Revolutionsführer der ersten Stunde wieder: die in Frankreich Ausgebildeten (Zhou Enlai), die in Moskau Geschulten (Wang Ming) und vor allem die im Reich der Mitte groß Gewordenen (Mao Zedong). Die Konzentration einer völlig neuen, anscheinend geläuterten Schicht chinesischer Politiker auf engstem Raum sowie die Tatsache, dass hier, in einem der ältesten Siedlungsgebiete Chinas und fernab westlicher Vertragshäfen, plötzlich ein frischer Wind zu wehen begann, der Hoffnungen und Verheißungen für Chinas Zukunft versprach, lockten auch westliche Beobachter aus dem In- und Ausland an. Man wollte mit eigenen Augen sehen, was in diesem abgelegenen, von der Guomindang isolierten und für Fremde abgesperrten Gebiet vor sich ging. Der geheimnisvolle Nimbus Yan'ans verbreitete sich nach 1937, zu einer Zeit, als in Moskau die Schauprozesse wüteten und Japan seinen Überfall auf China startete, in alle Richtungen: in die Konzessionsgebiete Shanghais, nach Europa und bis nach Amerika. Einige Idealisten, darunter Möchtegern-Revolutionäre, wollten helfen und am Aufbau einer neuen Gesellschaft mitarbeiten, andere einfach beobachten und den Schleier des geheimen, authentischen Yan'ans und seiner Bewohner lüften. Was sie mitunter sahen, waren »keine Chinesen, sondern neue Menschen«.[487] Knapp 300 Kilometer von der ehemaligen Kaiserstadt Xi'an entfernt, fand sich der Westler hier nicht mehr in der einst so gewohnten Rolle des überlegenen Geschäftsmannes wieder, auch kaum als Anstifter und Berater, sondern vielmehr in der eines Durchreisenden, in wenigen Fällen eines Vermittlers und nicht selten – dies die Meinung Yan'an-kritischer Kommentatoren – in derjenigen eines von raffinierter Propaganda übertölpelten Naivlings. Vergleichsweise wenige Ausländer versuchten, die Guomindang-Linien zu durchbrechen, um die »roten Gebiete« Mao Zedongs zu besuchen. Bis 1940 dürften nur gerade etwa sechzig Nichtchinesen die Wiege des »neuen China« besucht haben.[488] Zu schwierig war der direkte Zugang nach dem Beginn des Japanisch-Chinesischen Krieges, zu streng die Kontrollen und das Spionagenetz Chiang Kai-sheks und vielleicht auch zu groß die Skepsis von vielen, dass gerade Mao Zedong und seine Gefolgsleute es dereinst schaffen sollten, in China die führende Rolle zu spielen. Diejenigen Ausländer, die weder reale Hindernisse fürchteten noch von gedanklichen Hemmschwellen geprägt waren, wurden mit vielfältigen Eindrücken und Bildern von einem China belohnt, das bislang in der Welt unbekannt war.

Als erste westliche Besucher gelten die beiden Amerikaner Edgar Snow und George Hatem (Ma Haide), die im Sommer 1936 auf abenteuerlichen Wegen, von Guomindang-Agenten auf Schritt und Tritt beschattet, via Xi'an in die »roten Gebiete« reisten, der eine von Peking, der andere von Shanghai aus. Lediglich Otto Braun, der Komintern-Agent und militärische Berater der chinesischen Kommunisten, verfügte über eine längere Geschichte der Berührung mit den roten Größen und dem andern, bisher für den Westen so fremden China. Doch verlor der Deutsche bereits zum Zeitpunkt des Langen Marsches, an dem er als einziger Ausländer teilnahm, seinen Einfluss innerhalb der KP Chinas und gleichzeitig auch das Vertrauen Maos.[489] Sowohl Snow wie auch Hatem genossen hingegen das Vertrauen der chinesischen Kommunisten: Der Journalist Snow wurde in die »roten Gebiete« eingeladen, um der Welt die Wahrheit über das zu berichten, was er mit eigenen Augen gesehen hatte. Der maronitische Arzt Hatem gelangte dank der Beziehung zu Madame Sun (Song Qingling) während seines Shanghaier Aufenthalts nach Yan'an.[490] Für beide Männer galt, dass sie Zeugen der chinesischen Revolution an vorderster Front sein wollten, China und seine Menschen mittels einer neuen Perspektive zu verstehen gedachten.

Die beiden Amerikaner erreichten Yan'an, als dieses noch nicht Heimat der Truppen Mao Zedongs war, sondern die Armee des jungen Marschalls (Zhang Xueliang) beherbergte. Wenige Monate später, im Dezember 1936, kam es zum sogenannten Xi'an-Zwischenfall, in dessen Verlauf Chiang Kai-shek von Gefolgsleuten Zhang Xueliangs festgenommen und zu einem neuen Bündnis mit den Kommunisten gegen die Japaner (2. Einheitsfront) gezwungen wurde. In jenen Tagen verschoben sich Maos Truppen von Bao'an in die strategisch besser gelegene Stadt Yan'an. Letztere war umgeben von einer Bergkette, die während Jahrhunderten natürlichen Schutz vor Feinden bot. Die Kommunisten bauten in den folgenden Jahren Yan'an zu einer Festung aus, die selbst im Zeitalter von Flugzeugen weder von den nationalistischen Truppen noch von der japanischen Armee eingenommen wurde.[491] Mit Snows Buch »Red Star Over China« erlangte die Gegend um Yan'an auch im Westen Weltruhm.[492] Weitere Journalisten versuchten es ihm gleichzutun: Agnes Smedley (»Frankfurter Zeitung«), Victor Keen (»New York Herald Tribune«), Earl Leaf (»United Press«) und etliche mehr. Auch Gelehrte, wie beispielsweise Owen Lattimore, zogen eine direkte Begegnung mit den »roten Teufeln« einer wissenschaftlichen Auseinandersetzung über das Studium der Sekundärliteratur vor. Agnes Smedley, »Enfant terrible« für fast jedermann, trug zum Stelldichein ausländischer Korrespondenten dadurch bei, dass sie, kaum in Yan'an angekommen, Einladungen an ihre Kollegen in Shanghai für einen Besuch versandte.[493]

Durch den Ausbruch des Japanisch-Chinesischen Krieges 1937, die Besetzung Nord- und Ostchinas durch die Japaner und die Umsiedlung der Guomindang-Regierung im Winter 1938 nach Chongqing waren die freiheitsliebenden Chinesen vor die Wahl gestellt, sich ungeachtet aller Risiken einem der beiden im Reich der Mitte übrig gebliebenen »unabhängigen« Regime anzuschließen: entweder der Guomindang in Chongqing oder den Kommunisten in Yan'an. Mit eben dieser Zweiteilung waren auch die Ausländer in China konfrontiert, allerdings nicht in der Wahl des unmittelbaren Herrschaftsgebiets, sondern in der generellen Einschätzung zwischen beiden Lagern. Yan'an als Beobachtungsgegenstand zur Analyse des jeweils anderen China stellte für Ausländer den wahren Knackpunkt dar. Das lag einerseits an der hermetischen Abriegelung des Gebietes vom übrigen China und anderseits an der Politik Maos, westlichen Besuchern nur das zu zeigen, was seinen langfristigen Zielen nützlich war. Dazu gesellte sich die im Vergleich zu früher weitaus kompliziertere weltpolitische Lage, welche es Reisenden zunehmend erschwerte, China in die bis dahin üblichen eher vereinfachenden Kategorien einzuteilen. Und schließlich war die Gruppe derjenigen Ausländer, die Yan'an nach 1937 besuchten, dermaßen heterogen zusammengesetzt, dass sich die unterschiedlichsten Eindrücke von einer wahrhaft revolutionären Zeit in Chinas Geschichte ergeben – Darstellungen, die verraten, in welchem Maße individuelle Betrachtungs- und Erlebnisweisen vom gleichen Ort zu ähnlicher Zeit differieren können.

Die meisten ausländischen Besucher vor 1940 (zwischen 1940 und 1942 hielten sich mit Ausnahme einiger weniger Ärzte fast keine Westler in den »roten Gebieten« auf) zeigten sich beeindruckt von der Offenheit und Diskussionsfreudigkeit der kommunistischen Parteigrößen. Einfachheit schien ihr hauptsächlicher Charme zu sein. Agnes Smedley beispielsweise führte stundenlange Interviews mit General Zhu De, um eine Biographie über den Oberkommandierenden der Roten Armee (8. Marschroutenarmee) zu schreiben.[494] An Abenden lehrte sie die künftigen Führer des »neuen China« tanzen. George Hatem, der als erster Ausländer Mitglied der Kommunistischen Partei Chinas wurde, obwohl er sich der gerechten Sache Chinas eher über seine humanitäre Gesinnung als über die marxistische Ideologie verpflichtet sah, erhielt eine erste gründliche Lektion über die chinesische Revolution aus dem breiten Fundus von Zhou Enlai, einem der Architekten des sich am Horizont abzeichnenden »neuen China«.

Eine Publizitätsausdehnung erfuhr Yan'an dank der Ankunft einer Gruppe von einem halben Dutzend westlicher Journalisten aus Chongqing im Frühjahr 1944, welche die Bewilligung durch Chiang Kai-sheks Informationsministerium erst nach langem Hin und Her erhalten hatten. Auch in deren Berichten klingen die Grundtöne über das, was sie gesehen haben, überwiegend positiv. Wie ihre Kollegen in den Jahren zuvor waren die meisten von ihnen von der fast friedlichen Idylle Yan'ans deutlich mehr angetan als von der Kriegsmetropole in Sichuan. Kaum ein Wunder, reisten sie doch direkt aus dem Herrschaftsbereich der Guomindang an, wo Korruption, Bespitzelung und Zensur zum festen Alltag gehörten. Diejenigen, die nach ihrer Rückkehr aus Yan'an Zeitungsreportagen und Bücher über ihre Erfahrungen und Erlebnisse im roten China schrieben, wiesen regelmäßig auf eben diesen Gegensatz zwischen diesen beiden Welten hin: »Comparisons are inevitable, and Yenan is nearly all that Chungking is not.«[495] [Vergleiche sind unvermeidlich, und Yan'an ist fast alles, was Chongqing nicht ist.]

Ähnliche Töne klingen in den Erinnerungen des ersten Kommandanten der sogenannten Dixie-Mission im Sommer desselben Jahres an. Diese militärische Beobachtermission unter der Leitung von

Oberst David Barrett, der auch Angehörige des State Department und des Geheimdienstes OSS (des Vorgängers der CIA) angehörten, wurde von Präsident Roosevelt aus der Einsicht ins Leben gerufen, Amerika müsse angesichts der katastrophalen Situation innerhalb der Streitkräfte der Guomindang eine mögliche Unterstützung der kommunistischen Armeen ins Auge fassen. Auch wenn die Ziele der Mission in erster Linie militärischer Natur waren, so wurden dabei dem Westen doch erstmals auch ganz allgemeine Bilder über das andere China vermittelt. Diese Eindrücke betrafen in erster Linie die Charakterisierung der künftigen chinesischen Führungsgarnitur. Barretts Schilderungen lesen sich wie ein »Who's Who« der chinesischen Revolutionsführer der ersten Stunde: Mao Zedong (»äußerst ungezwungen in der Öffentlichkeit«), General Peng Dehuai, der spätere Verteidigungsminister (»langatmig, wenig objektiv«), General Chen Yi, der spätere Außenminister der Volksrepublik (»ausländerfeindlich«) oder General Nie Rongzhen (»Soldat und Gentleman in einer Person«), einer der zehn Marschälle der Volksbefreiungsarmee und spätere Leiter der Raketen- und Atomrüstung Chinas.[496] Den größten Eindruck machte bei den meisten Angehörigen der Dixie-Mission General Lin Biao, der spätere Verteidigungsminister, der nach offizieller chinesischer Geschichtsschreibung 1971 einen Staatsstreich gegen Mao plante und bei seiner angeblichen Flucht in die UdSSR bei einem Flugzeugabsturz ums Leben kam.

Überhaupt waren Beurteilungen über die führenden kommunistischen Persönlichkeiten, so subjektiv sie gewesen sein mögen, etwas vom Wertvollsten, was die Präsenz von Ausländern in Yan'an hervorbrachte. John Davies beispielsweise, politischer Berater von General Joseph W. Stilwell, dem Oberbefehlshaber der amerikanischen Streitkräfte auf dem Kriegsschauplatz China-Burma-Indien und persönlicher Kontaktmann Roosevelts zu Chiang Kai-shek, war sich bereits 1944 im Klaren: »Mao, with all of his faith in Marxism-Leninism, was passionately nationalist.«[497] [Mao, mit all seinem Glauben an den Marxismus-Leninismus, war leidenschaftlich nationalistisch.] Einem späteren Kommandanten der Dixie-Mission, Oberst Ivan Yeaton, schien das staatsmännische Auftreten des späteren Ministerpräsidenten Zhou Enlai suspekt gewesen zu sein: »A feature of his which intrigued me the most was his ability to smile with everything but his eyes.«[498] [Ein Gesichtszug von ihm, der mich am meisten faszinierte, war seine Fähigkeit, mit allem außer den Augen zu lachen.] Yeaton schien einer der ganz wenigen gewesen zu sein, die nicht in den Bann des später international so angesehenen Zhou gezogen wurden.

Tanz mit Kommunisten

In Yan'an gab es keine westlichen Konzessionen wie in Shanghai, Tianjin, Harbin oder Kanton und dementsprechend auch keine Untertanenverhältnisse zwischen Chinesen und Ausländern. So zeigten sich verschiedene Mitglieder der Dixie-Mission etwa erstaunt darüber, dass im Dienst stehende Chinesen hier nicht mit »Boy«, sondern mit »zhaodai yuan« (wörtlich: Empfangsperson) angeredet wurden.[499]

Die Mitglieder der Beobachtermission lebten einfach, und zwar in den berühmten Yan'aner Höhlen; deren Ausstattung war spartanisch, bei Einbruch der Dunkelheit leuchteten lediglich Talgkerzen das Innere ein wenig aus. Die Gastgeber veranstalteten häufig Partys und Tanzabende, oder man schaute sich – sobald der Projektor aus Chongqing eingetroffen war – gemeinsam Filme an, bei denen auch Mao und andere Parteigrößen zugegen waren.[500] Ab und zu spielte man auch Pingpong oder ging auf Fasanenjagd, eine Sportart, die General Zhu De angeblich favorisierte. Der Aufenthalt in der kommunistischen Enklave brachte denjenigen einen Einblick in ein anderes China, die sich dafür interessiert und offen zeigten. Einige der Mitglieder der Dixie-Mission beherrschten die chinesische Sprache perfekt, ein wertvoller und nützlicher Vorteil für die, die ohne Übersetzer Kontakte mit Chinesen pflegen wollten, etwas, was in den Vertragshäfen eine Seltenheit darstellte.[501]

Betrachtet man Fotografien aus den Tagen von Barretts Mission 1944 in Yan'an, so fällt einem vor allem die Schlichtheit auf, die in all den zumeist ungestellten Bildern zum Ausdruck kommt: die Unkompliziertheit der Begegnung zwischen Ost und West, die Natürlichkeit und Selbstsicherheit der chinesischen Gastgeber sowie die Bescheidenheit der amerikanischen Gäste.[502] Kein Wunder, dass viele westliche Besucher Moral, Disziplin und das Zusammengehörigkeitsgefühl der Yan'aner Kommunisten lobten. In diesen Eigenschaften, die die Ausländer im Auftreten und Handeln dieser Führer so lebendig und hautnah miterleben konnten, sahen viele Westler den Grund für deren Erfolg: »The Communist governments and armies are the first ... in modern Chinese history to have positive and widespread popular support. They have this support because the governments and armies are genuinely of the people.«[503] [Die kommunistischen Regierungen und Armeen sind die Ersten in der modernen chinesischen Geschichte, die eindeutige und verbreitete Unterstützung durch das Volk genießen. Sie haben diese Unterstützung, weil beide aus dem Volk entstanden sind.] Ohnehin zollte Barrett den Chinesen – ob Kommunisten oder nicht – größten Respekt: Für ihn waren sie »the smartest, the most attractive, and in some ways the most civilized and on the average the handsomest people in the world«[504] [...das cleverste, attraktivste und in gewisser Hinsicht zivilisierteste und im Durchschnitt nobelste Volk auf der Welt].

Solche fast pathetisch klingenden Töne mögen nicht alle Angehörigen der Dixie-Mission geteilt haben. Oberst Yeaton beispielsweise galt als den Kommunisten gegenüber voreingenommen. Für ihn konnte es a priori kein Geschäft mit Mao geben. Zudem kritisierte er Barretts enges Verhältnis zu den Chinesen[505] und war der Ansicht, Zhou Enlai habe die beiden Mitarbeiter von General Stilwell, Davies and Service, als Werkzeuge für seine Ziele missbraucht. Oberst Peterkin, der Vorgänger Yeatons und 1945 Leiter der Beobachtergruppe, war ebenfalls nicht sonderlich angetan von den Chinesen, allerdings eher aus hygienischen denn politischen Gründen: »I do not like the food I'm getting but it is either eat it or go hungry ... I don't enjoy being around the Chinese very much, they are always spitting on the floor, etc.«[506] Immerhin bemühte sich Peterkin, Augenblicke dieses so fremden China festzuhalten: eine umherziehende Theatergruppe, Kamelkarawanen, Wildschweine und Buddhastatuen – eben dieses Bild einer »verworrenen orientalischen Umgebung«, welches den Amerikanern gegen Ende des Zweiten Weltkrieges und vor allem im anschließenden chinesischen Bürgerkrieg einen klaren Blick trübte und alternative, vielleicht sinnvollere Vorstellungen zur Zukunft des Landes verunmöglichte.[507]

Dixie hat bei manchen Amerikanern eine Sensitivität gegenüber den Chinesen geschaffen oder diese verstärkt. Allerdings hätte die Mission, die nach der erfolglosen, mehr als einjährigen Vermittlungsdiplomatie von General George Marshall zwischen Guomindang und Kommunisten offiziell erst Anfang 1947 aufgelöst wurde, sowohl bei den Angehörigen als auch den politischen Entscheidungsträgern in Washington mehr an Selbstreflexion – aus eigenem Interesse – auslösen können. Etwas mehr Respekt und Feingefühl gegenüber dem Wert hierarchischer Beziehungen im chinesischen Denken wäre vielleicht auf fruchtbaren Boden gefallen.[508] Zum ersten Mal im 20. Jahrhundert standen sich in Yan'an östliche Revolutionäre und westliche Militärs gegenüber, wobei die Chinesen inzwischen ihre jahrzehntelange Rolle als Befehlsempfänger abgelegt hatten. Aus den Aussagen damaliger kommunistischer Jugendfunktionäre – die als Betreuungspersonen für die Amerikaner wirkten – hätte man Denkstrukturen ablesen können, die sich viel später, zur Zeit der Volksrepublik, als ausschlaggebend in der chinesischen Politik erweisen sollten: »We don't rely on weapons, we rely on people« [Wir verlassen uns nicht auf Waffen, sondern auf Menschen], urteilte Huang Hua, der chinesische Verhandlungsführer bei den Waffenstillstandsverhandlungen in Korea und spätere Außenminister gegenüber einem Mitglied der Dixie-Mission.[509]

In Yan'an fand sich die gesamte Palette westlicher China-Reisender, hier zeigte sich der Unterschied in der Perzeption der Fremde weit deutlicher als etwa in Shanghai oder Peking. Während etwa George Hatem Yan'an in seinem Leben nie mehr verlassen wollte (er tat es dann doch), notierte der Korrespondent der sowjetischen Nachrichtenagentur Tass Wladimirow 1943 in seinem Tagebuch: »I am longing for my family and Russia, and I am dead tired of the cruel Yan'an reality.«[510] [Ich sehne mich nach meiner Familie, nach Russland, und ich bin todmüde von der grausamen Yan'aner Realität.] Wladimirow, einer der ganz wenigen Sowjetbürger, die in jenen Jahren in Yan'an lebten, schien deutlich mehr Einblicke in die tatsächlichen Verhältnisse in der kommunistischen Einsiedelei zu haben als die später in Yan'an ankommenden Mitglieder der Dixie-Mission.[511] Auch seine Eindrücke jener Jahre, insbesondere über die Person Maos und seine politische Gesinnung, wären für solche Entscheidungsträger wertvoll gewesen, die die im Westen zirkulierenden allzu monotonen China-Bilder kannten:

> »He (Mao – Anm. d. Verf.) replied that there could be no doubt as to that, for, of course, Marxism-Leninism was needed but it was absolutely essential to adapt it to the strictly Chinese national requirements and national conditions ... Mao behaved simply. He knows when he needs it, how to behave simply, disarmingly simply. He knows how to be amiable ... Historical lies and forgeries – that's the method of Mao Tse-tung for the seizure of power ... Mao meets many people but for all that he is singularly unsociable, and even lonely. This loneliness is somehow final and cruel

to the point of being dangerous. His power is his intuition. He does not so much understand as he feels the invincibility of Marxism in the revolutionary upheavals of our century ... Here the Chairman of the CC CPC is the living image of the ancient ruler, somewhat democratized by the address ›comrade‹ and a handshake.«[512] [Mao antwortete, es gebe keinen Zweifel, dass der Marxismus-Leninismus nötig sei, aber es sei absolut lebensnotwendig, diesen an die Anforderungen Chinas und seiner nationalen Bedingungen anzupassen ... Mao benahm sich einfach. Er weiß, wenn er es benötigt, einfach aufzutreten, entwaffnend einfach. Er weiß, wie sich freundlich aufzuführen ... Historische Lügen und Fälschungen – das ist Maos Methode der Machtergreifung ... Mao trifft viele Leute, aber trotzdem ist er außerordentlich unsozial und sogar einsam. Diese Einsamkeit ist irgendwie endgültig und grausam bis zu dem Punkt, wo es gefährlich wird. Seine Macht liegt in der Intuition. Er versteht nicht so sehr die Unbesiegbarkeit des Marxismus in den revolutionären Umwälzungen unseres Jahrhunderts, als dass er diese vielmehr spürt ... Der Vorsitzende der Kommunistischen Partei Chinas ist das lebendige Bild eines antiken Herrschers, lediglich durch die Ansprache ›Genosse‹ und einen Handschlag demokratischen Anschein erweckend.]

Auch wenn wir annehmen, dass Wladimirow ein treuer Sowjetbürger war, gefangen in seiner eigenen politischen Biographie, so kamen seine Aufzeichnungen doch Prophezeiungen gleich: hinsichtlich des »Sozialismus chinesischer Prägung« als Ideologie Deng Xiaopings Jahrzehnte später; Maos angeblich so geradlinigen Aufstiegs zum Vorsitzenden der KP Chinas während des Langen Marsches, wie es die offiziellen chinesischen Annalen noch immer glaubhaft machen wollen; und schließlich der Züge des Diktators oder des Erben aus der Kaiserzeit, die sich bereits in Yan'an abzeichneten und die André Malraux gegenüber Präsident Nixon vor dessen legendär gewordenem China-Besuch 1972 so treffend beschrieb:

»I once asked him if he did not think of himself as the heir of the last great Chinese emperors of the sixteenth century. Mao said, ›But of course I am their heir.‹ Mr. President, you operate within a rational framework, but Mao does not. There is something of the sorcerer in him. He is a man inhabited by a vision, possessed by it.«[513] [Ich fragte ihn einst, ob er nicht von sich selbst glaube, Erbe einer der letzten großen Kaiser aus dem 16. Jahrhundert zu sein. Mao erwiderte: ›Aber gewiss bin ich ihr Erbe.‹ Herr Präsident, Sie handeln in einem rationalen Rahmen, Mao jedoch nicht. In ihm ist etwas von einem Zauberer. Er ist ein Mensch mit einer Vision, von derselben besessen.]

Vieles, was ausländische Besucher Yan'ans damals von den Kommunisten in Erfahrung brachten, ging im Zuge der allgemeinen weltpolitischen Lage und in der Furcht des Westens vor einem Zusammenschluss von Moskau und Peking unter. Dass der chinesische Kommunismus effektiv keinen Bezug zu Marx oder zum Marxismus gehabt habe, schrieb Eric Hobsbawm fünfzig Jahre nach Wladimirows Tagebucheintrag.[514] Zu spät für diejenigen, deren Karriere im amerikanischen State Department während der McCarthy-Ära im Gefolge der Debatte »Who lost China?« zu Ende ging. Die Kommunisten zeigten den Amerikanern ein lächelndes Gesicht, und man darf nicht diejenigen Mitglieder der Dixie-Mission schelten, die glaubten, Yan'an sei ein Märchen. Maos Kommunisten standen dem russischen Fürsten Potemkin in nichts nach, und selbst Oberst Barrett, der später zugab, übermäßig beeindruckt von der Yan'aner Enklave gewesen zu sein, äußerte gegenüber Zhou Enlai: »You may not have democracy in your area, but I am willing to admit it at least looks as if you had.«[515] [Sie mögen in ihrem Gebiet keine Demokratie haben, doch bin ich bereit zuzugestehen, dass es zumindest den Anschein macht, Sie hätten sie.]

Nicht jeder ausländische Besucher Yan'ans wusste um die Beliebtheit der berühmten Strategeme aus dem Ende der Ming-Dynastie bei chinesischen Führern, beispielsweise um das sogenannte Scheinangriffs-Strategem (im Osten lärmen, im Westen angreifen), das Einlullungs-Strategem (hinter dem Lächeln den Dolch verbergen), das Normalitäts-Strategem (sichtbar die Holzstege wieder instand setzen, heimlich nach Chencang marschieren) oder das im chinesischen Denken weitverbreitete Tarnkappen-Strategem (den Kaiser täuschen und das Meer überqueren):[516] Die Anti-Guomindang-Plakate wurden von den Kommunisten rechtzeitig vor Ankunft der Journalistengruppe im Frühjahr 1944 entfernt, ebenso wie die Spuren der kommunistischen Verwicklung in Opiumgeschäfte. Einer der Vorläufer der Massenkampagnen der 1950er und 1960er Jahre, die 1942 in Yan'an inszenierte »Korrekturkampagne« (»zhengfeng yundong«), hatte ihren Schwung und die brutalen Exzesse gegenüber Andersdenkenden bereits hinter sich gelassen, als die Militärbeobachter eintrafen. Und während die Kommunisten feierlich kundtaten, mit all ihren Kräften gegen die faschistischen Japaner zu kämpfen, versuchten sie alles Mögliche, ihre Truppen für die künftige Kraftprobe mit Chiang Kai-sheks Armeen zu schonen. Neue Archivfunde belegen, dass die Kommunisten in keiner Weise diejenigen Lämmer waren, die sie vorgaben zu sein. Insbesondere in der Unterwanderung des Geheimdienstes der Guomindang sowie im Bestreben, die Marionettenregierung von Wang Jingwei zu bestechen, wiesen die Roten erhebliche Erfolge auf.[517] Auch in diesem Fall nutzten die chinesischen Kommunisten die schier grenzenlose Ignoranz des amerikanischen Geheimdienstes bezüglich der innerchinesischen Verhältnisse schamlos aus.

Im fernab der Weltbühne gelegenen, für Ausländer fast hermetisch abgeriegelten Yan'an der Jahre 1937 bis 1947 atmete der Hauch von Weltpolitik. Hier festigte Mao seine innerparteiliche Macht und wetzte er seine Krallen zur endgültigen Eroberung des Reichs der Mitte. Der einst kleine und hübsche Marktflecken in Shaanxi, heute eine graue Industriestadt, wurde wider Willen Ausgangspunkt einer Revolution, die nicht nur China, sondern die ganze Welt erschüttern sollte. Nur ganz wenige Ausländer waren Zeugen dieses Phänomens in einem Ort, der für die einen zum Inbegriff der Hoffnung, für die anderen zum Golgatha des chinesischen Volkes wurde. Für die wenigen Besucher aus dem Westen

I. Orte und Zeiten west-östlicher Begegnungen

stellte Yan'an eine schier unüberwindliche Herausforderung dar, das »andere China« zu entschlüsseln. Niemals sonst in der Geschichte des Verhältnisses zwischen China und dem Westen im 20. Jahrhundert wurde über einen Gegenstand so viel geschrieben wie über Yan'an. Die meisten Schriftstücke verschwanden in den Schubladen von Beamten, die nichts oder nur wenig von China verstanden. Zu keiner Zeit sonst gab es so viel an hektischer Diplomatie, Reisen von Sondergesandten und Ablösungen von Botschaftern und Militärs zu verzeichnen wie in jener Periode west-östlicher Begegnung. Und trotz allem verlor der Westen China gerade in jenen Jahren, die das Reich der Mitte in der zweiten Hälfte des 20. Jahrhunderts so prägen sollten. Dies nicht zuletzt deshalb, weil seine Kenntnisse über dieses Land ungenügend waren. Mao hielt dazu beispielsweise einmal fest: »You foreigners have a poor knowledge of the soul of the Chinese people.«[518] [Ihr Ausländer habt schlechte Kenntnisse über die Seele der Chinesen.] Yan'an war das Schlüsselereignis in der chinesischen Geschichte des 20. Jahrhunderts, welches eine Bevormundung durch das westliche Ausland in der Zukunft ausschloss.

Während sich für eine kleine Schar neugieriger Westler die Konturen einer neuen Ära im »gelobten Land« fernab der Vertragshafenkultur abzuzeichnen begannen, beobachtete das Gros der ausländischen Zuschauer die andere, zentrale Bühne Chinas in Chongqing, der offiziellen Hauptstadt des Landes während des Japanisch-Chinesischen Krieges. Hierher ins Landesinnere, in die Provinz Sichuan, wurde die Regierung Chiang Kai-sheks von den auf dem Vormarsch befindlichen Japanern vertrieben: von Nanking über Hankow, das im Jahre 1938 nochmals für zehn Monate im Blickpunkt des Weltinteresses stehen sollte. Wie bereits 1927 hielten sich in der einstigen Revolutionsstadt Hankow, dem einzigen Ort der Welt, wo – mit Ausnahme Spaniens – aktiv gegen den Faschismus gekämpft wurde, Persönlichkeiten auf, die Weltgeschichte schrieben, und solche, die darüber berichteten: Chiang Kai-shek, Zhou Enlai, Agnes Smedley, Edgar Snow. Auch der legendäre britische Botschafter Sir Archibald Clark Kerr, ein unermüdlicher Förderer westlichen Engagements zugunsten Chinas, gehörte zu dieser Schicksalsgemeinschaft, welche den Geist Hankows jener Zeit mitprägte. Das auf japanischen Druck hin erfolgte »romantische«[519] Zusammenwirken zwischen Chinesen und Westlern zwecks Verfolgung einer gerechten Sache endete im Oktober 1938 ziemlich abrupt: Chongqing, oder Chungking, wie es in der Vor-Pinyin-Ära hieß, wurde zum letzten Zufluchtsort für Chiang Kai-shek und seine Guomindang-Truppen.

Seit den 1920er Jahren galt Shanghai als Informationszentrum, was die Berichterstattung über China oder – zutreffender formuliert – westliche Interessen in China betraf. Die Stadt zog internationale Nachrichtenagenturen ebenso an wie Korrespondenten renommierter ausländischer Blätter. In der kosmopolitischen Atmosphäre der Huangpu-Metropole machten junge Abenteurer und Flüchtlinge vor der wirtschaftlichen Depression in Amerika ihre ersten Gehversuche im Journalismus. Nicht wenige von ihnen, etwa Archibald T. Steele (»New York Herald Tribune«) oder Tillman Durdin (»New York Times«) gehörten in späteren Jahren zu den Ikonen westlicher China-Berichterstattung. Mit der Besetzung Shanghais 1937 und ein Jahr später Hankows durch die Japaner verschob sich auch der Beobachtungsort der Mehrheit der in China stationerten Journalisten weiter westwärts, in das politische Machtzentrum des »freien China«, nach Chongqing.[520]

Chongqing: Hochofen und Hölle

Die japanische Blockade ließ Westlern lediglich drei Wege offen, um in die von der Guomindang kontrollierte Stadt zu gelangen: via Flugzeug von Hongkong (wobei lediglich zwei Pfund an Gepäck erlaubt waren), von Shanghai aus in einer fünfwöchigen, beschwerlichen Reise über Shantou (Swatow), Shaoguan, Guilin (Kweilin) und Guiyang oder – noch mühsamer – über Hanoi in Indochina und die südlichen Provinzen Guangxi und Guizhou.[521] Die beiden Landrouten besaßen unter anderem den »Vorteil«, dass die Welt nicht nur über die Leiden des chinesischen Volkes, sondern auch über dessen Durchhalte- und Überlebenswillen Kenntnis erhielt.[522] Die Ankunft in Chongqing bedeutete, zumindest in den Anfangsjahren des Krieges, für die westlichen Ausländer einen Schock – Ruinen und Verwüstung, soweit das Auge reichte. Der Terror aus der Luft, im Mai 1939 begonnen, traf die Bevölkerung der Stadt mit ihren Massen von Flüchtlingen aus dem besetzten Teil des Landes völlig unvorbereitet. Vor allem in Vollmondnächten herrschten der Tod und mutwillige Zerstörung: Nippons Fliegerpiloten liebten es, das Symbol des chinesischen Widerstands während Vollmondnächten zu bombardieren; diese zeichneten ihnen den Weg von ihren Basen in Hankow entlang der silbrig schimmernden Linie des Yangtse besonders klar vor.

Die Chinesen hatten zu lernen, mit der Gefahr dieser tödlichen Fracht umzugehen: durch ein gut funktionierendes, einfach zu handhabendes Warn- und Sirenensystem, welches das Kommen der feindlichen Flugzeuge ankündigte, sowie durch das Graben von Tunnels und Höhlen, die auch die ausländischen Besucher sofort aufsuchen mussten, sobald Alarm ausgelöst wurde.[523] Nebst diesen durch den Krieg bedingten Lasten kämpften Chinesen wie Ausländer mit dem denkbar ungünstigen Klima in einem der drei Hochöfen des Landes: einer unangenehm hohen Luftfeuchtigkeit sowie dem in der Regenzeit im Tal des Yangtse sich festsetzenden Nebel und der unerträglichen Glut der Sonne im Sommer. Doch auch dies – so ein westlicher Beobachter – konnte den Überlebenswillen der Chinesen nicht brechen, im Gegenteil:

> »Yet, despite his difficulties, Chungking's man in the street takes life with a grin. His house may be blasted to bits today, but he will rebuild it tomorrow. He expresses a confidence that his country's soldiers will emerge victorious and that a new day awaits him.«[524] [Trotz all der Schwierigkeiten nimmt der Normalbürger in Chongqing das Leben mit einem Grinsen. Mag sein Haus heute in Stücke zerbombt werden, er wird es morgen wieder aufbauen. Er drückt das Vertrauen aus, dass die Soldaten seines Lands siegreich aus dem Kampf hervorgehen und ihn ein neuer Tag erwarten wird.]

In Chongqing lebten vor 1938 wenige Ausländer, obschon das heute der Pekinger Regierung direkt unterstellte Industriegebiet mit 14 Millionen Einwohnern bereits 1890/91 als Vertragshafen geöffnet wurde. Doch abgesehen von einigen Konsularangestellten und Missionaren bestand in der ausländischen Gemeinde Chinas damals kein ausgeprägtes Interesse, ausgerechnet in die mittelalterliche Stadt im fernen Sichuan zu ziehen. Erst die Aggression Japans und die Flucht der chinesischen Regierung hierher führten dazu, dass sich hier Westler und Chinesen überhaupt und in vermehrtem Maße trafen. Die große Mehrzahl der ausländischen Journalisten lebte und arbeitete im einfachen, äußerst spartanisch eingerichteten Pressehotel, das von der Guomindang zur Verfügung gestellt wurde. Es war drei, vier Kilometer außerhalb der Stadt gelegen, nicht zufällig in unmittelbarer Nähe des allseits verachteten chinesischen Informationsministeriums: War es bereits schwierig genug, einen Flug von Hongkong nach Chongqing zu ergattern, so gestaltete es sich nicht weniger einfach, von der Guomindang-Regierung als Journalist in der Hauptstadt des Landes akkreditiert zu werden.[525] Als größtes Trauma westlicher Beobachter des Krieges erwies sich allerdings die doppelte Zensur: die der Chinesen und die – nach Pearl Harbor – der amerikanischen Armeebehörden. Welche Informationen das Reich der Mitte verlassen würden, hatte nicht mehr der unmittelbare Träger und Sammler von Nachrichten zu bestimmen, sondern der in Propaganda bestausgebildete Bürokrat. Als Resultat entstanden Bilder aus einem vor kurzem noch für das westliche Publikum fast unbekannten China, zwar stark beschnitten, was die unmittelbare politische Berichterstattung betraf, doch versehen mit Einzelheiten aus dem Leben der Chinesen, wie sie bisher aus der herkömmlichen Shanghaier Perspektive kaum wahrgenommen wurden.

U.S. Office of War Information
Für Chongqing charakteristisch war die Präsenz von zwei unterschiedlichen Gruppen in der ausländischen Journalistenklasse: einerseits denjenigen, die sich bereits in den Jahren zuvor in China, hauptsächlich in Shanghai, aufgehalten hatten, und anderseits den Neuankömmlingen, die vor dem Betreten chinesischen Bodens nichts oder kaum etwas von chinesischer Geschichte und Kultur gehört hatten. Etliche der Letzteren gaben ihr Debut als Angestellte des Office of War Information (OWI), einer Behörde, welche das chinesische Volk über die amerikanischen Kriegsanstrengungen informieren sollte. Das OWI ermöglichte seinen Mitarbeitern in China, Chinesisch oder immerhin Brocken davon zu lernen und – soweit möglich – das Land zu bereisen und mit seinen Leuten in Kontakt zu treten:

> »One of the best aids we had in China was personal observation, which was done by riding through the country in buses, wandering in alleys, consorting with soldiers and workers, drinking with generals, sleeping in small hotels, and watching what the people did all the while ... Floating from province to province one learned where the peasants were in rags and where they

were clothed, which troops were disciplined and which were oppressive, what the merchants were buying, what the students were saying and so on. One couldn't begin to learn these things by sitting at a desk.«[526] [Eines der besten Hilfsmittel, die wir in China hatten, war die persönliche Beobachtung, die darin bestand, mit einem Buch durch das Land zu reisen, in Gassen zu spazieren, mit Soldaten und Arbeitern zu verkehren, mit Generalen zu trinken, in kleinen Hotels zu übernachten und Leute zu beobachten, was sie so taten ... Dadurch, dass man von einer Provinz in die andere umherzog, lernte man, wo Bauern in Lumpen gehüllt waren oder wo sie gekleidet waren, was die Studenten sagten und so weiter. Man konnte solche Dinge nicht am Schreibtisch lernen.]

Diese Schilderung aus dem Munde eines Reportagejournalisten soll nicht darüber hinwegtäuschen, dass den meisten Journalisten in Chongqing die chinesische Sprache ein Buch mit sieben Siegeln bedeutete und damit auch der Kontakt zu den Chinesen begrenzt war. John Fairbank, in den Kriegsjahren selbst Leiter der Far Eastern Division des OWI, musste zugeben, dass die damalige Berichterstattung über China gerade wegen fehlender Sprachkenntnisse sehr oberflächlich war:

»As has been pointed out, it was mainly through the English language, it was seldom from a village, and I don't recall ever talking to a peasant in the three or four years that I was in wartime China. I think we have to see ourselves as rather small and thin, a stratum on the surface of things and in no position to assert what were the basic movements that are now beginning to be documented.«[527] [Wie schon gesagt, (die Berichterstattung) geschah hauptsächlich über die englische Sprache, und sie kam selten aus einem Dorf. Ich kann mich nicht erinnern, dass ich während der drei oder vier Jahre, in denen ich mich im China der Kriegszeit aufhielt, je mit einem Bauern gesprochen habe. Ich denke, wir müssen uns als ziemlich klein und dürftig betrachten, als eine Schicht an der Oberfläche von Dingen und in keiner Weise in der Lage, geltend zu machen, was die damals grundlegenden Strömungen waren, die man heute zu dokumentieren beginnt.]

Fairbank, einer der renommiertesten China-Experten des 20. Jahrhundert, hat Recht, wenn er mit dieser Schilderung vor allem die Analyse der politischen Vorgänge im China jener Zeit anspricht. Doch war dies nicht der Unfähigkeit oder Unbeholfenheit der Journalisten zuzuschreiben, sondern der damaligen welt- und innenpolitischen Lage sowohl in China als auch in den USA. Das Guomindang-Regime setzte alles daran, eine negative Berichterstattung über die sinkende Moral der Truppen, über Korruption und Vetternwirtschaft, über Hungersnöte, die gewaltsame Aushebung von Bauernsoldaten oder militärische Niederlagen auf dem Felde zu unterbinden. Spione und Spitzel gehörten zum Alltag Chongqings wie dessen Ratten- und Mückenplage zur Regenzeit, die Zensur unterband jedes kritische

I. Orte und Zeiten west-östlicher Begegnungen

China—First to Fight, by Martha Sawyers. UCR's 1943 poster.
George C. Marshall Research Foundation.

Wort über die Regierung Chiang Kai-sheks. Was an Substanz übrigblieb, erledigte die amerikanische Militärzensur oder der von der heimischen Politik beeinflusste, chinesische Verhältnisse nicht kennende westliche Redakteur in den Zeitungsräumen von New York oder Washington.

Der Krieg in China wurde auch in den USA geführt. Zu den Protagonisten dieses Nebenkriegsschauplatzes gehörten in erster Linie die, welche mit China in irgendeiner Weise verbunden waren, wie etwa die Generäle (und politischen Gegner) Joseph Stilwell und Claire Chennault, der einstige Missionarsarzt Walter Judd (der »Vertreter Chiang Kai-sheks« im amerikanischen Kongress und Vorsitzender der sogenannten China-Lobby) und dann vor allem der Verleger Henry Luce, ebenfalls ein Kind von Missionarseltern und in China aufgewachsen.[528] Sie alle – und viele mehr – nahmen ihren Platz ein, was das Thema China betraf, welches die USA bis 1949 und noch weit darüber hinaus so sehr beschäftigen sollte. Es war eigentlich so, dass China in dieser amerikanischen Polittragödie den Stoff für den gesamten Theaterinhalt lieferte. Aufschlussreich ist, dass dabei amerikanische Annahmen, Wünsche, Emotionen und Meinungen zu China die westlichen Bilder und Vorstellungen über das Reich der Mitte dominierten und nicht etwa die Medienschaffenden in Chongqing, welche die Vorgänge und Stimmungen in China direkt und hautnah mitverfolgten. Die westlichen Korrespondenten berühmter Zeitungen und Nachrichtenagenturen wurden damit zu Opfern oder zumindest Gefangenen einer politischen Variante der Orientalismusfalle.

Wie an anderen Kriegsschauplätzen auf der Welt auch betrachteten sich die Journalisten in Chongqing als eine Einheit, die rückblickend über ähnliche Eindrücke und Erlebnisse während jener Zeit berichtete. Mit Ausnahme von einigen wenigen kann die Mehrzahl der Pressevertreter in der damaligen Hauptstadt Chinas als liberal bezeichnet werden, offen für das, was sie sahen und hörten. Nach der Absetzung General Stilwells im Oktober 1944 tat sich der Graben weiter auf zwischen denen, die den Wert von Kontakten zu den Kommunisten in Yan'an betonten, und denen, die Chiang Kai-shek mit allen Mitteln unterstützen und nicht an Maos Friedenswillen glauben wollten. Gemeinsam war diesen China-Journalisten die Identifikation mit dem Leiden des Landes, die emotionale Bindung an das Reich der Mitte und seine Menschen. Es entstand nicht die Kluft, wie sie zwanzig Jahre später beispielsweise im Vietnam-Krieg das Verhältnis zwischen Einheimischen und Fremden, zwischen Ost und West charakterisierte.

In Chongqing trafen sich die Korrespondenten zu ungezwungenen Gesprächen mit Zhou Enlai, dem Verbindungsmann Mao Zedongs, ebenso wie mit Madame Chiang Kai-shek zum Abendessen oder auf Partys mit den »legendären« Regierungsvertretern T. V. Song (Song Ziwen) oder H. H. Kung (Kong Xiangxi), die sich das Land und seine Schätze in familiärer Ein-, manchmal Zwietracht aufteilten. Der Sprecher der Kommunisten in Yan'an hatte sein Büro nicht weit von der Zentrale Tai Lis (Dai Li) entfernt, des Chefs von Chiangs berüchtigtem Sicherheitsdienst. Chongqing zog an, was Rang und (nicht nur guten) Namen hatte. Die Stadt am Yangtse machte bald einmal Shanghai den Rang als Zentrum der Spionage im Fernen Osten streitig: Die Sowjetbotschaft unterhielt hier bei weitem die größte Mission mit den meisten Angestellten.[529] Amerikaner und Briten standen dem in nichts nach, und selbst Charles De Gaulles Vertreter, General Zenowi Pechkoff (Sinowi Peschkow), der Sohn von Maksim Gorki, versuchte, sich im Dschungel der orientalischen Welt zurechtzufinden. Doch fiel der Erfolg fast aller, mit Ausnahme der chinesischen Kommunisten, bescheiden aus. Obwohl sich die Wege von Ost und West in sieben Jahren Chongqing mehr als in zwanzig oder mehr Jahren Shanghai kreuzten, blieb China das große Rätsel des Jahrhunderts.

> »It is plain that we all tried, but we failed. Everybody here participated in one of the great failures in history. I mean that we could not educate or illuminate or inform the American people or the American leadership in such a way that we could modify the outcome. We are the creatures who will be examined in retrospect as having been around; we struggled but we didn't succeed.«[530] [Es ist offensichtlich, dass wir alle versagten. Jeder der hier Versammelten (auf einem Symposium von 1982 mit China-Journalisten jener Zeit – Anm. d. Verf.) nahm an einem der großen Fehlschläge in der Geschichte teil. Damit meine ich, dass es uns nicht gelang, dem amerikanischen Volk und der Regierung etwas so beizubringen, dass wir das Resultat hätten ändern können. Wir sind Lebewesen, von denen rückblickend gesagt wird, sie waren einfach da. Wir kämpften für etwas, aber wir versagten.]

Für viele der westlichen Besucher stellte Chongqing – trotz der sentimentalen Erinnerung an die Einzigartigkeit des chinesischen Lebens und die Liebenswürdigkeit der Menschen – im Vergleich zu Yan'an die Hölle dar. Kaum ein Text aus jenen schicksalsträchtigen Jahren, welcher nicht den Dualismus »Yan'an versus Chongqing« zum Thema hatte, dem die ausländischen Journalisten oder Mitarbeiter der westlichen Botschaften in ihrer Berichterstattung faktisch ausgeliefert waren. In Chongqing nahmen vergleichsweise wenig Westler die Anzeichen einer epochalen Wende wahr, die sich hier im fern der europäischen Kriegsschauplätze gelegenen Sichuan im doppelte Sinne anbahnte: mit dem Ende der westlichen Vormachtstellung im Fernen Osten sowie dem sich am Horizont abzeichnenden Sieg des Kommunismus in China. Einige Dutzend Ausländer wurden Zeugen dieses Kampfs der Werte und Wertvorstellungen, der auf dem alten Kontinent erst ein paar Jahre später, nach dem Untergang des Dritten Reiches, einsetzte.

Die Übergabe des Stabs mit den imperialen Insignien aus den Händen des Generalissimo in diejenigen des »großen Steuermannes« geschah nicht wie in einem ordentlichen Stafettenlauf, sondern eher wie in einem Boxkampf der Schwergewichte nach dem K.-o.-Prinzip. Die in der Vorrunde anwesenden westlichen Zuschauer wurden Zeugen einer Auseinandersetzung zweier antagonistischer Kämpfer und Welten, die sie mit der ihnen gegebenen Begrenzung zu deuten versuchten, deren Ausgang sie jedoch kaum vorhersehen konnten: das Reich der Mitte in neuen, roten Händen, nicht weniger kaiserlich, doch – wie es schien – mit dem Segen des Volkes. Letzteres war in Chongqing lediglich beschränkt vertreten, und damit nahmen auch die Ausländer die fundamentalen Veränderungen innerhalb der chinesischen Gesellschaft nur ungenügend wahr. Was Fairbank als ein persönliches Versagen der im Chongqing jener Jahre versammelten Gruppe westlicher Beobachter empfand, deutete ein anderer Vertreter der kleinen Schar der China-Spezialisten als Schicksalsfügung für die Zeitgenossen wie auch für spätere Generationen im Westen:

»China was a mystery to all of us, as it remains to this day a mystery to the most learned scholars. We never knew who was doing *what* to *whom* or *why* ... This mystery of China was a mystery not only to us, but to the leaders of China, too.«[531] [China war ein Geheimnis für alle von uns, so wie es bis zum heutigen Tag ein Geheimnis für die erfahrensten Gelehrten bleibt. Wir wussten nie, wer *was wem* und *warum* tat ... Dieses Rätsel ist nicht nur ein Geheimnis für uns, sondern auch für die Führer Chinas.]

Trotz dieser vermeintlichen oder tatsächlichen Hürde im Verständnis Chinas reizte es immer wieder Menschen aus dem Abendland, die Lebens- und Gedankenwelt des Reichs der Mitte über ihr persönliches Engagement in diesem Land zu ergründen. Den meisten erging es wie Lord Curzon, der den Osten als Universität im wahrsten Sinne des Wortes bezeichnete, als die wertvolle Erfahrung auf einem Weg, dessen Ziel zwar immer in Sicht ist, jedoch nie erreicht wird. Im folgenden Teil werden Biographien ausgewählter China-Reisender dargestellt, deren Kenntnis die Grundlage bildet zum Verständnis ihrer Perzeptionen des Reichs der Mitte. Die meisten dieser Besucher finden sich auf den oben dargestellten Schauplätzen west-östlicher Begegnungen wieder. Besondere Aufmerksamkeit wird den individuellen Verwicklungen dieser Personen in den Untersuchungsgegenstand China geschenkt, den Ursachen ihrer Beschäftigung mit diesem fremden Land zu einem bestimmten Zeitpunkt im 20. Jahrhundert.

Dabei werden aus diesen Begegnungen mit dem Reich der Mitte entstandene, bisher unbekannte oder unzulänglich erforschte Quellen und Dokumente aufgespürt beziehungsweise unter bisher von der Forschung vernachlässigten Gesichtspunkten ausgewertet.

Patrick Hurley (links), Präsident Roosevelts Sondergesandter, 1945 in Chongqing während einer – vergeblichen – Vermittlungsmission zwischen den chinesischen Bürgerkriegsparteien (in der Mitte Chiang Kai-shek, rechts Mao Zedong)

Individuen, Biographien und Lebenswelten

China weckt seit Jahrhunderten das Interesse und die Neugierde des Auslands, darunter insbesondere einer großen und bunten Schar von Besuchern. Dementsprechend fallen auch die Erfahrungen aus der Begegnung mit dem Reich der Mitte keineswegs einheitlich aus. Zum einen ist die Heterogenität der Gründe für einen kurz- oder langjährigen Aufenthalt in China für diese überraschende Vielfalt an China-Bildern verantwortlich. Zum andern beeinflussen die persönliche, soziale oder auch nationale Herkunft des Besuchers, sein berufliches Tätigkeitsfeld sowie sein gewählter Aufenthaltsort und das Maß seiner Beziehungen zur meist fremden Umwelt seine Eindrücke.

Reiseberichte aus China erreichten den Westen seit Marco Polos angeblichem oder tatsächlichem Aufenthalt am Hof des mongolischen Herrschers über China, Kubilai Khan, im 13. Jahrhundert. Jahrzehntelang prägten in der Folge Missionare sowie die diplomatischen Vertreter westlicher Mächte das Bild Chinas im Westen.[532] Auch die philosophische Zunft, unter ihnen Voltaire, Montesquieu, Hegel, Herder, Karl Marx, die nie einen Fuß auf chinesische Erde gesetzt hatte, beteiligte sich am Diskurs über China, seine Menschen, Sitten, Gesetze und Denkweisen. Und besonders seit der Ausbreitung des Chinoiserie-Kults in Europa im 19. Jahrhundert fanden sich auch Dichter und Schriftsteller (etwa Mark Twain, Pierre Loti, Paul Claudel oder Karl May) in den Reihen derer wieder, die China als Untersuchungs- beziehungsweise Objekt einer fiktionalen Darstellung gewählt hatten.[533] Schließlich vermittelten westliche Berater in unterschiedlichsten chinesischen Diensten und Positionen ihre persönlichen Eindrücke über ein Land, in dem sie für eine kürzere oder längere Zeit tätig waren.

Das 20. Jahrhundert unterschied sich in Bezug auf die Wahrnehmung Chinas im Westen von früheren Zeiten, weil durch den Boxeraufstand und dessen anschließende Niederschlagung durch die Baguo Lianjun, die alliierten Truppen der Interventionsmächte, erstmals eine verbreitete Wahrnehmung Chinas selbst beim einfachen Volk im westlichen Ausland eingesetzt hatte. In Deutschland hatte die berühmt-berüchtigte Hunnen-Rede Kaiser Willhelms II. am 27. Juli 1900 in Bremerhaven zu negativen Eindrücken über China beigetragen. Der Kaiser hatte, zum Entsetzen des Reichskanzlers, seinen Soldaten ans Herz gelegt, den Tod des deutschen Gesandten von Ketteler in Peking zu rächen, ohne Pardon und so, dass es niemals wieder ein Chinese wage, etwa einen Deutschen auch nur scheel anzusehen. Ungefähr zur gleichen Zeit geriet China zunehmend ins Bewusstsein der Engländer und Franzosen, als in den Jahren vor dem Ersten Weltkrieg laut über den Aufstieg der gelben Rasse(n) nachgedacht wurde: Denn mit Japan hatte zum ersten Mal eine asiatische Macht 1905 einen Krieg gewonnen, und zwar gegen das zaristische Russland. Die Angst vor einem absehbaren Verlust der im Fernen Osten angeeigneten Gebiete verbreitete sich auch in den westlichen Metropolen Paris und London.

Zum ersten Mal häufigere und leibhaftige Begegnungen mit Chinesen erlebten größere Teile Westeuropas während des Ersten Weltkrieges, als Tausende von Arbeitern zumeist aus Chinas Norden (Provinz Shandong) in Industrie- und Waffenbetrieben der Alliierten tätig waren.[534] In dieser Zeit hatte im Westen auch die Vermutung Hochkonjunktur, Chinesen seien in den Drogen- und Kokainhandel nach Europa involviert. Zudem störten sich konservative britische Kreise an der Vorstellung, chinesische Männer hätten Geschlechtsverkehr mit weißen Frauen.[535] Die Reaktion auf diese west-östlichen Begegnungen kam in den negative Stereotypen produzierenden Romanen der Vertreter der bereits erwähnten Gelbe-Gefahr-Literatur zum Ausdruck: in *The Yellow Danger* (M. P. Shiel, 1898), *Limehouse Nights* (Thomas Burke, 1917), *The Tomb of Ts'in* (Edgar Wallace, 1916) oder im legendären *The Mistery of Dr. Fu-Manchu* (Sax Rohmer alias Arthur S. Ward, 1913). In solchen und anderen Geschichten prägten chinesische Schurken, Verführer oder auch Verschwörer die Szene. Und nicht selten schmiedeten sie in Opiumhöhlen und zwielichtigen Etablissements ihre hinterlistigen und gemeinen Pläne. Selbst in Amerika, das damals bei den Chinesen nicht wie die europäischen Staaten im Ruf einer Kolonialmacht stand, hatten antichinesische Stimmungsbilder (und Aktionen) Hochblüte.[536] Die Gefahr, die von der gelben Rasse ausgehe, mutierte dort zur Angst vor einer Invasion von Kulis, den fast zum Nulllohn schuftenden Arbeitskräften aus China. Immerhin erfuhr in den USA die Gestalt des Möchtegern-Welteroberers Dr. Fu Manchu ein positives Gegengewicht in der Figur Charlie Chans, des heiteren, intelligenten Detektivs, der in Dutzenden von Populärfilmen die andere, »angenehme« Seite des Chinesen darstellte.[537]

Der Zusammenbruch der Qing-Dynastie, die Gründung der Republik, die Versailler Friedensverträge und damit verbunden das Aufkommen eines chinesischen Nationalismus steigerten das Interesse breiterer Kreise im Westen an den Vorgängen im fernen China. Um die Gelbe-Gefahr-Literatur wurde es etwas stiller, als anspruchsvollere Schriftsteller sich in den 1920–30er Jahren des damaligen »In«-Themas annahmen: die in China geborene Pearl S. Buck beispielsweise, die in ihren Romanen, unter anderem in *The Good Earth,* chinesische Charaktere vom Bauern bis zum Großgrundbesitzer mit großer Präzision und unter dem Aspekt der Zeitlosigkeit beschrieb, oder der bereits erwähnte André Malraux in *La condition humaine* mit seiner Anklage gegen die ruchlose Politik des Westens und den Verrat der Revolution. Paul Claudels Freund Victor Segalen, Kunsthistoriker, Archäologe, Arzt und Autor, schuf mit seinem halb autobiographischen Roman *René Leys* in den Tagen der untergehenden Kaiserdynastie ein Bild ihrer dahinschwindenden Größe und Dekadenz.[538]

Auch die Deutschen ließen im Zuge ihrer territorialen Verluste (Qingdao) und des Endes des Kaiserreichs nicht nur ihren Dünkel, sondern auch die billigen Argumentationsmuster der Gelben-Gefahr-Literatur für einmal etwas hinter sich. Die Lage an der Heimatfront bot genügend Probleme, und schließlich bedeuteten die Jahre der Weimarer Republik auch in Deutschland Zeiten der Krise und des revolutionären Aufbruchs. Dies wiederum förderte den west-östlichen Dialog in nicht geringem Maße: Ähnlich wie Frankreich hatte auch Deutschland bei chinesischen Studenten wenig von seiner Anziehungskraft als Bildungsstandort eingebüßt. Während etliche chinesische Kommunisten in Paris das Rüstzeug zum Marxismus erwarben, studierten Scharen von Landsleuten in Deutschland Geschichte und Philosophie, aber auch naturwissenschaftliche Fächer, um das »Ti-yong«-Ungleichgewicht zu verbessern.[539] Selbst Madame Sun, die Witwe Sun Yat-sens, hielt sich mehrere Male für längere Zeit in Berlin auf, und so war es kein Wunder, dass es in den späten 1920er Jahren zu einem regen geistigen Austausch zwischen den beiden Ländern kam. Dabei stand Madame Sun unter anderem in Kontakt mit Käthe Kollwitz, Arnold Zweig und Bertolt Brecht.[540]

Letzterer interessierte sich allerdings nicht besonders für das politische China. Seine Neugier galt eher den chinesischen Denkern, bei denen er eine Schärfung seines logischen Denkens suchte.[541] Der von ihm bestimmte Schauplatz in *Der gute Mensch von Sezuan* (1957) ist wohl eher aus verfremdungstechnischen Überlegungen gewählt worden, als dass es ihm um dieses Land ging (zudem war Brecht der irrigen Ansicht, Sezuan – die Provinz Sichuan – sei eine Stadt). Brechts Wahl von China soll durch das 1926 in Moskau uraufgeführte Stück *Ryci, Kitaj* (»Brülle, China!«) des russischen Dramatikers und Futuristen Sergei Tretjakow beeinflusst worden sein. Ganz anders als Brecht verhielt sich etwa Hermann Hesse, der China innerlich adaptieren wollte oder zumindest das, was ihm wertvoll erschien. Im Gegensatz zu seinen Schriftstellerkollegen des 19. Jahrhunderts, beispielsweise Heinrich Heine, kritisierte er die gängigen europäischen Vorurteile gegenüber China. Als einer der belesensten Schriftsteller, was China betrifft, ließ er sich von den großen chinesischen Dichtern und Philosophen inspirieren. Er schuf Figuren – etwa einen Wahlchinesen im *Glasperlenspiel*, der des Yijing (I Ging), des Buchs der Verwandlungen, kundig ist – bei denen jedoch der Leser kaum mehr etwas über die chinesische Zivilisation erfährt.[542] Anders verhielt es sich mit Franz Kafka, der zwar, wie Hesse auch, großes Interesse an den Werken taoistischer und konfuzianischer Traditon zeigte. Im Gegensatz zu diesem ließ er jedoch die Kurzgeschichte *Beim Bau der Chinesischen Mauer* im Reich der Mitte sich abspielen und setzte sich gleich selbst als Ich-Erzähler in den Fluss der chinesischen Vergangenheit.[543]

Derweil war China weiterhin Objekt westlicher Dichter und Schriftsteller. Chinesische Figuren oder Schauplätze, oftmals auch nur in zartester Anspielung, finden sich in den Werken von Max Frisch, Elias Canetti bis hin zu Adolf Muschg. Das waren sowohl Autoren, die China nie mit eigenen Augen gesehen haben, als auch solche, die nach der Gründung der Volksrepublik China das Glück hatten, in das Reich der Mitte eingelassen zu werden, so etwa die DDR-Schriftsteller Stephan Hermlin oder Willy Bredel.[544] Es mag auf den ersten Blick erstaunen, dass gerade in den 1920er und 1930er Jahren das Interesse des Westens an China trotz dessen schwieriger innenpolitischer Lage so groß gewesen ist. Nie zuvor wurde so viel über das Reich der Mitte geschrieben wie in jenen turbulenten Jahren, die von Kriegswirren und

Revolutionen geprägt waren. Und nie war die Auseinandersetzung des Westens mit China so intensiv wie im 20. Jahrhundert.

Während im 19. Jahrhundert insbesondere Missionare (James Legge, W. A. P. Martin, Karl Gützlaff und andere) und Diplomaten (Sir Thomas Wade, Lord Elgin, Rutherford Alcock oder Anson Burlingame) zur Entwicklung des Interesses an China im Westen beigetragen hatten, so wandelten sich sowohl Akteure wie Formen dieser west-östlichen Begegnung im 20. Jahrhundert auf vielfältige Weise: Die Missionare verfügten nicht mehr über den positiven Ruf ihrer jesuitischen Vorfahren am Hofe der letzten Ming- und ersten Qing-Kaiser, die Mehrzahl von ihnen galt im Gegenteil den meisten Chinesen als Verhinderer der eigenen nationalen Emanzipation. Dies wiederum beeinflusste auch deren Perzeption in einem Land, das der fremden Missionierung überdrüssig geworden war. Die Diplomaten des 19. Jahrhunderts hatten in ihrer Gestaltung der exterritorialen Gebiete relativ freie Hand: Man nahm sich von den Qing, was einem gerade recht und billig erschien, um eine westliche Vertragshafenkultur aufzubauen. Die Erstarkung der chinesischen Zentralgewalt beziehungsweise eine zunehmende Politisierung der chinesischen Gesellschaft schränkte den natürlichen Aktionsradius vieler Diplomaten im ersten Drittel des 20. Jahrhunderts stark ein. Nicht selten wurden sie zu Gefangenen innerhalb des Pekinger Gesandtschaftsviertels, das zu einer westlichen Enklave en miniature wurde. Nur wenige Neugierige vermochten und wollten überhaupt aus dieser frei gewählten Einöde ausbrechen und dem fremden China begegnen (wie etwa der amerikanische Gesandte Paul Reinsch oder sein italienischer Diplomatenkollege Daniele Varè).

Im 20. Jahrhundert änderte sich nicht nur die Betrachtungsweise Chinas im Westen, sondern auch die Zusammensetzung der Betrachter. Im Gefolge des westlichen Überlegenheitsgefühls gegenüber den Chinesen nahm das Bestreben ständig zu, die eigenen Kenntnisse und Segnungen im technischen und ideellen Bereich den nichteuropäischen Völkern näherzubringen. Gewiss traten die Jesuiten-Missionare bereits vierhundert Jahre früher als Berater auf, doch bot erst das 19. Jahrhundert institutionell und personell die Voraussetzungen, Ratgeber in größerem Ausmaß nach China zu senden. Die meisten dieser westlichen »Helfer« – ausgebildete Fachleute ebenso wie Scharlatane – blieben namenlos. Zu den bekanntesten zählten Sir Robert Hart, Generalinspektor des chinesischen Zollwesens, Charles Gordon (auch China-Gordon genant), Kommandant im Krieg gegen die Taiping, oder Gustav Detring, der im Dienste Li Hongzhangs stand, eines der fähigsten Beamten und Diplomaten Chinas überhaupt.

Der Anschluss Chinas ans Eisenbahnnetz über die Ostchinesische Eisenbahn, die Zunahme der Schifffahrtsrouten von West nach Ost sowie schließlich die Inbetriebnahme eines regulären Flugverkehrs zwischen Europa und China, all dies förderte die Reiselust und Reisefähigkeit neugieriger und im Vergleich zu früheren Reisenden anders denkender beziehungsweise rezipierender Westler. Missionare und Diplomaten, die bis in das 20. Jahrhundert hinein das Monopol über die China-Berichterstattung besaßen, schienen nur mehr bedingt geeignet zu sein, »objektive« Bilder aus dem Reich der Mitte zu vermitteln. Sie wurden abgelöst durch noch mehr Berater (wie beispielsweise der Politikwissenschafter F. J. Good-

Die Alteingesessenen: Jüdische Old China Hands

now als Verfassungsratgeber oder »General« Homer Lea, einer der vielen militärischen Ratgeber Sun Yat-sens), die scharenweise – und nicht nur aus eigenem Antrieb – nach China strömten. Dazu gesellten sich auch westliche Gelehrte, Forschungsreisende, Studenten, Abenteurer, Schriftsteller und zuletzt auch Flüchtlinge. Sie hatten gegenüber Missionaren oder Diplomaten, die von einer Regierung oder der Kirche einen klar vorgegebenen Auftrag erhalten hatten, meist den Vorteil, unabhängiger zu sein und dementsprechend China und seine Welt in vielfältigerer Weise wahrzunehmen. Gemeinsam war z. B. einem Sir Harold Acton oder einem Sir Osbert Sitwell, dass sie in erster Linie nach China kamen, um zu verstehen, nicht um etwas zu verändern. Sie besaßen nicht das Bewusstsein von Überlegenheit, das so viele Westler dazu verleitete, gegenüber den Chinesen bewusst oder unbewusst als Herrenvolk aufzutreten.[545] Ihnen war der Kontakt zu den Chinesen nicht fremd, ihr Ziel war nicht Distanz, sondern Nähe. Sie fühlten China gegenüber nicht selten eine innere Bindung, in manchen Fällen gar eine moralische Verpflichtung.

Im Folgenden werden die Biographien von Persönlichkeiten, die an dieser einzigartigen Begegnung zwischen Ost und West im 20. Jahrhundert beteiligt waren, dargestellt und in den besonderen chinesischen Zusammenhang des jeweiligen Zeitgeistes gestellt. Sie alle besitzen nebst der Tatsache, dass sie jüdischer Herkunft sind, einen individuellen Bezug zu China, der es ihnen ermöglicht, ja sie dazu prädestiniert, wertvolle Erfahrungen aus dem Reich der Mitte zu vermitteln. Der Leser findet darunter Personen jeglicher nationaler, gesellschaftlicher und beruflicher Herkunft. Biographien fesseln nicht nur das Interesse des Lesers am großen Thema, sie verhelfen auch dazu, Geschichte, selbst ein ganzes Zeitalter zu verdeutlichen. Im Folgenden wird der Versuch unternommen, diese wenig geradlinigen Lebensläufe, die häufig über mehrere Kontinente verlaufen, unter dem Blickwinkel ihres China-Bezuges darzustellen und dort, wo die Betreffenden auf östliche Lebenswelten treffen, etwas innezuhalten, um das einzufangen, was ihre Eindrücke und Bilder aus dem Reich der Mitte prägte. Dabei gilt auch hier, was der Historiker Dan Diner in seiner universalhistorischen Deutung des 20. Jahrhunderts an den Anfang seiner Überlegungen stellte, dass nämlich die Auswahl dieser Personen nicht beliebig ist: »Was ... als wesentlich gilt, bleibt der Urteilskraft des Historikers überlassen ... (es kommt) darauf an, Komplexität und Vielfalt historischer Wirklichkeiten sinnvoll zu reduzieren.«[546] Mit anderen Worten: »Nicht das Ganze ist anzustreben, sondern das wahrhaft *Repräsentative*.«[547]

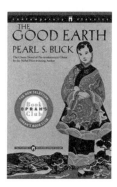  

商域 I. Die Alteingesessenen: jüdische Old China Hands

1. Abkömmlinge sephardischstämmiger Juden

Sir Victor Sassoon: »sein« China

Sir Victor Sassoon war kein Mann diplomatischer Wortwahl, schon gar nicht, wenn es um »sein« China ging: »Sir Victor Sassoon's talk is giving us endless worry.«[548] Diese Einschätzung von einem Vertreter eines Shanghaier Hilfskomitees war unter anderem auf Sassoons antijapanische Äußerungen während eines seiner Amerika-Aufenthalte im Februar 1940 gemünzt.[549] Sind es heute die Ankündigungen eines George Soros, die die Finanzwelt in Aufruhr versetzen, waren es damals nicht nur die Finanzmärkte in Shanghai, sondern auch seine jüdischen Glaubensbrüder in China, die seine Kommentare mit einer gewissen Indignation aufnahmen. Letztere sahen ihre ohnehin prekäre Situation angesichts der japanischen Übermacht weiter gefährdet: »Mit Ehrfurcht und Dankbarkeit gegenüber dem japanischen Kaiserreich wiederholt das fernöstliche Judentum einmal mehr seinen unerschütterlichen Glauben und die Bereitschaft zu einer Zusammenarbeit und Unterstützung zur Aufrechterhaltung des Friedens in Ostasien, zu dem uns die große japanische Nation [»the great Nipponese nation«] führt.«[550] Für solcherlei Katzbuckeln schien der in Neapel geborene, in England ausgebildete und während des Ersten Weltkrieges in der britischen Armee dienende Sir Victor denkbar ungeeignet gewesen zu sein.[551]

Bereits in jungen Jahren mit einem außerordentlich scharfsinnigen Gespür für wirtschaftliche Zusammenhänge ausgestattet, übernimmt Sir Victor das Wirtschaftsimperium von E. D. Sassoon & Company im Fernen Osten mit Stützpunkten in Bombay, Hongkong und Shanghai. Sir Victor galt als Pionier bei der Förderung der Sozialhilfe für seine Arbeiter und ihrer Gesundheit, für die er verschiedene Hilfsprogramme initiierte.[552] Nachdem Sir Victor zu Beginn der 1930er Jahre seinen Sitz nach Shanghai verlegt hatte, wurde er sogleich in die politische Konstellation jener im wahren Sinne des Wortes explosiven Atmosphäre verwickelt: Als 1932 die Japaner Zhabei, den chinesischen Teil Shanghais besetzen, kommt es auch in der Umgebung des Cathay-Hotels, des »Sassoon House«, zu Schießereien, just zu dem Zeitpunkt, als Sir Victor sein Mittagessen einnimmt. In den folgenden Jahren sah sich Sir Victor noch öfters mit Ereignissen konfrontiert, die in ihm die Angst vor der Übernahme der Stadt durch die Japaner verstärkten.

Sir Victor war kein praktizierender Jude, obwohl er seine Wurzeln nicht verleugnete. Solange seine Mutter noch lebte, achtete er darauf, an Samstagen weder Geschäften noch seinem über allem geliebten Hobby, den Pferderennen, nachzugehen. Auch soll er nicht darauf bestanden haben, nach jüdischem Ritus beerdigt zu werden.[553] Während ihm zionistisches Gedankengut zur Lösung des »jüdischen Problems« fremd gewesen zu sein schien, setzte er sich besonders stark für die Linderung der Not in Shanghai ankommender jüdischer Flüchtlinge aus Nazideutschland ein. Die von Sassoon organisierten luxuriösen Partys im Cathay-Hotel besaßen einen legendären Ruf, wobei sich Sir Victor besonders gern von hübschen Frauen – herausgeputzten Diplomatengattinen ebenso wie eurasischen Schönheiten – umgeben sah. Aber auch bei den Chinesen kam Victor Sassoon gut an: Der in Yale ausgebildete H. H. Kung, der Schwager des Generalissimo und zeitweilige Finanzminister, war sein Freund und Gönner, der es sich nicht nehmen ließ, Sha Sun (so Sassoons Name auf Chinesisch) persönlich die Goldmedaille für seine großzügige Unterstützung des chinesischen Rotkreuzspitals zu verleihen.

Die Verwicklungen der Finanzunternehmungen von D. Sassoon, Sons and Co. sowie von E. D. Sassoon and Company in die innerchinesische Politik sind noch weitgehend unerforscht. Fest steht, dass beide Unternehmungen seit ihrem Bestehen eng mit chinesischen »maibans«, den Compradore, zusammengearbeitet sowie großzügige Darlehen an verschiedene chinesische Regierungen seit Ende des 19. Jahrhunderts bis hin zu Chiang Kai-sheks Guomindang-Regierung gewährt haben.[554] Dass diese beiden Finanzimperien zumindest bis in die Zeit der Kriegsherren (»warlords«) auch mit Opium gehandelt und damit riesige Vermögen gemacht haben, ist ebenfalls kein Geheimnis.[555] »Statt China wegen des Opiums zu attackieren, wäre es klüger, mit Fakten die Aufmerksamkeit auf diese Opiumhändler in Shanghai zu richten, von denen, wie etwa Sassoon & Co. – Bagdader Juden von niederer Herkunft –, angenommen wird, dass sie einen beträchtlichen Anteil ihrer Profite in Bordelle investieren.«[556] Die Firma E. D. Sassoon, mit größter Wahrscheinlichkeit *der* Auslöser des Immobilienbooms in Shanghai in den 1920er Jahren, drängte in der Krise um die Mitte der 1930er Jahre die britische Nationalbank dazu, China mit einem großzügigen Kredit vor dem wirtschaftlichen Kollaps zu retten.[557] Sowohl Vertreter von D. Sassoon, Sons and Co. wie auch solche von E. D. Sassoon saßen als Mitglieder des Aufsichtsrats im Bankenimperium der britischen Hongkong and Shanghai Banking Corporation, Erstere ununterbrochen von 1864 bis 1956.[558] Sie besaßen somit bis zum Ausbruch des Pazifikkrieges einen exzellenten Draht zu höchsten chinesischen Wirtschafts- und Regierungskreisen.

Seit Beginn des Japanisch-Chinesischen Krieges im Jahre 1937 (von dem in Shanghai auch das Sassoon House versehrt wurde) versuchte Sir Victor, mit aufheiternden Partys im Cathay-Hotel Stimmung für die chinesische Sache zu machen. Er war bereits damals von Chiang Kai-sheks künftigem Triumph über die Japaner überzeugt und prophezeite, dass die japanische Armee in China irgendwann ausbluten werde. Trotzdem beugt sich Sir Victor schließlich japanischen Drohgebärden und Einschüchterungen und verlässt seine geliebte Stadt am Huangpu, die ihn zum »J. P. Morgan des Orients« gemacht hat, gerade noch rechtzeitig vor Pearl Harbor. Zurück in seinem Ausgangsort wirtschaftlicher Expansion, in Bombay, trauert er China beziehungsweise seinen dort in feindliche Hände fallenden Vermögenswerten nach.

Gewiss freute sich Sir Victor über die Kapitulation Japans, doch war er sich durchaus bewusst, dass »sein« China für immer verloren war: Die Exterritorialität war abgeschafft, das Eisenbahnsystem zerstört, Benzin kaum erhältlich, der Schwarzhandel in voller Blüte und die Inflation bereits im Kommen. Zwar hatten die Japaner inzwischen das Cathay-Hotel geräumt (inklusive Abtransport der Heizungen und Heißwasserbehälter), doch logierte nun General Wedemeyer, Stilwells Nachfolger, in Sir Victors Suite im obersten Stock des Sassoon House. Der offene Ausbruch des Bürgerkriegs und die immer prekärer werdende Situation in Shanghai trugen weiter dazu bei, dass der einst reichste Mann in China vom Reich der Mitte Abschied nehmen musste. Mit dem Einzug der Kommunisten in Shanghai kamen auch die Aktivitäten von E. D. Sassoon & Co. endgültig zum Stillstand, nicht ohne die üblichen Einschüchterungen und Erpressungen von Seiten der neuen Herren des Landes.[559] »Ich gab Indien auf und China hat mich aufgegeben«, soll Sir Victors Kommentar zum Ausgang dieser west-östlichen Geschichte gelautet haben. Übriggeblieben von Sassoons Shanghaier Bauwerken sind etwa das Heping Fandian (das »Friedenshotel«, ehemals Cathay-Hotel) oder seine Villa im Pseudo-Tudorstil an der Hongqiao Lu 2419.

Sir Elly Kadoorie: Rothschild des Ostens

Ginge es um die höchste Auszeichnung philanthropischen Wirkens in dem einst in China beheimateten sephardischen Judentum, sie würde gesamthaft betrachtet den Kadoories zufallen. Wie die Sassoons, Abrahams, Gubbays oder Sophers stammten auch die Kadoories ursprünglich aus Bagdad. *Sir Elly Kadoorie* (1867–1944) begann seine Laufbahn bei E. D. Sassoon and Co. in Hongkong, für die er schon bald als Vertreter in den Vertragshäfen von Shanghai, Tianjin und Ningbo tätig war (ehe er selbst um die Jahrhundertwende herum ein eigenes Wirtschaftsimperium aufbaute). Schon damals entwickelte die Familie über ihre weitverzweigten Interessen und Beziehungen wohltätige Aktivitäten, damals in Hongkong, Mesopotamien und Indien, später auch in Shanghai und Kanton. Das Besondere an der Wohltätigkeitspolitik der Familie Kadoorie war, dass sie hauptsächlich Einheimischen – vor allem Kindern und Jugendlichen für ihre Ausbildung – zugute kam, was manche Glaubensbrüder mit einer gewissen Enttäuschung aufnahmen. So beispielsweise hatte Sir Ellis Kadoorie, Ellys Bruder, in der Zeit der Entstehung der Republik bereits sechs Schulen für Chinesen gebaut, jedoch noch keine einzige für Juden.[560] Mit der Förderung unentgeltlicher westlicher Bildung für die weniger Bemittelten bot die Familie Kadoorie chinesischen Schülern eine gute Alternative zu den christlichen Missionarsschulen.[561]

Sir Elly Kadoorie liebte das Rampenlicht vielleicht nicht ganz so sehr wie Sir Victor. Doch auch er setzte auf Prunkbauten, zumindest wenn es um sein eigenes Zuhause ging. In Shanghai, wo sich Sir Elly in den letzten Jahren des Ersten Weltkrieges niedergelassen hatte, war es die Marble Hall an der Great Western Road (heute Yan'an Xi Lu). Der weiße, klassizistische Prunkpalast war mit einem Ballraum ausgestattet, der je nach Lust und Laune von Tausenden verschiedenfarbigen Glühbirnen ausgeleuchtet werden konnte. Hier unterhielt Sir Elly seine Gäste – etwa den indischen Nobelpreisträger Rabindranath Tagore, der in den 1920er Jahren auf Besuch in der Huangpu-Metropole weilte und sein Interesse am zionistischen Gedankengut kundtat.[562] Sir Elly war seit 1915 Präsident der Shanghai Zionist Association, doch entfremdete er sich dieser Bewegung infolge eines Streits über die Errichtung der von ihm initiierten »Gartenstadt« im damaligen Palästina.[563] In Sir Ellys Marble Hall unterschrieb der

Hausherr aber auch Schecks zugunsten der nach dem japanischen Angriff auf China so notleidenden Zivilbevölkerung.[564] Im Gegensatz zu Sir Victor gelang es Sir Elly und seiner Familie nicht mehr, den Fernen Osten rechtzeitig vor dem Kriegsausbruch im Pazifik zu verlassen. Während der Vater im Stanley Camp, dem Hongkonger Internierungslager für Angehörige der Alliierten, starb, überlebte sein Sohn, Lord Lawrence Kadoorie – »a true Hong Kong native« – die Strapazen japanischer Gefangenschaft, und zwar seit 1943 im Zhabei Camp in Shanghai und später unter Hausarrest in seiner eigenen Marble Hall. Nach dem Ende des Krieges wartete Lawrence nicht – wie Sir Victor – die Ankunft der Kommunisten ab, sondern übersiedelte direkt nach Hongkong, wo er dem von seinem Vater gegründeten Unternehmen China Light zu neuer Blüte verhalf. »Mein größter Vermögenswert war der Name meines Vaters«, sagte Lord Kadoorie immer wieder.[565] Im Gegensatz zu vielen seiner Glaubensbrüder, die Chinas Seehäfen spätestens gegen Ende des Bürgerkrieges verlassen hatten, war Kadoorie überzeugt, zu gegebener Zeit einen Modus Vivendi mit den Kommunisten zu finden.

Der »Rothschild des Ostens« oder »Rockefeller Asiens«, wie Lord Lawrence Kadoorie zu Lebzeiten auch genannt wurde, verstand China wie kein Zweiter. Er, der keine hohe schulische Ausbildung genossen hatte, verfügte über reiche Erfahrung im Umgang mit dem Reich der Mitte. Er hatte großes Vertrauen zu den Chinesen, und er war sich bewusst, dass die meisten Westler damals, als Shanghai verloren ging, Fehler gemacht haben: »Western investors ... should not behave as if they owned Hong Kong. It was that kind of attitude in Shanghai that brought down the Bamboo Curtain.«[566] [Westliche Investoren sollten sich nicht so verhalten, als würden sie Hongkong besitzen. Es war gerade diese Haltung damals in Shanghai, die dazu führte, dass der Bambusvorhang fiel.]

Zu Lebzeiten wies Lord Kadoorie mit Recht darauf hin, dass Chinas Führer in erster Linie von praktischen Überlegungen geleitet werden. Daher teilte er auch nicht die Schwarzmalerei vieler Geschäftsleute, wonach Hongkong nach der Rückgabe an China 1997 seine wirtschaftliche Position einbüßen werde. »Here in Hong Kong, we continue to build on a foundation of uncertainty but I remain convinced that this city has an important part to play in the contacts between East and West and that in this changing world we may look forward to the future with optimism.«[567] [Hier in Hongkong bauen wir weiter auf einem Fundament der Unsicherheit. Doch bleibe ich überzeugt, dass diese Stadt eine wichtige Rolle im Verhältnis zwischen Ost und West zu spielen hat und dass wir uns in dieser sich ändernden Welt auf die Zukunft mit Optimismus freuen können.] Anpassung und Flexibilität lautete seine Empfehlung für den Umgang mit den neuen Herren Chinas: »It is natural when there is a change of government, that you must adjust to their laws and methods.«[568] [Es ist natürlich, dass man sich an neue Gesetze und Methoden anpassen muss, wenn es einen Regierungswechsel gibt.] Lord Kadoorie schien ein entkrampftes Verhältnis mit der Führungsschicht in Peking unterhalten zu haben, zumal er einen außergewöhnlichen Zugang zu Deng Xiaoping gehabt haben soll.[569]

Lord Lawrence war stolz auf seine jüdischen Wurzeln, welche ihm zu Beginn der 1970er Jahre den Sitz im Aufsichtsrat der Hongkong and Shanghai Banking Corporation kosteten.[570] In Gesprächen bezeichnete er sich als Reformjude. Jahrelang stand der Lord, »almost one of us«, wie ein Engländer einmal sagte, der jüdischen Gemeinde Hongkongs als Präsident vor.[571] In seiner Eigenschaft als Vorsitzender von China Light & Power, welche die gesamte Elektrizitätsversorgung der ehemaligen Kronkolonie sicherstellte, sowie als Mehrheitsaktionär einer Reihe von Hongkongs Markenzeichen (etwa der Standseilbahn auf den Victoria Peak, der Fährverbindung zwischen Hongkong und Kowloon oder des Peninsula Hotels) fand er sich in der Lage seines Vaters wieder, der mit seinem Vermögen – »money has not been my master« – philanthropische Großprojekte förderte. Einer der zweifellos größten Beiträge von Lord Lawrence und seinem Bruder Horace bestand in der Gründung der Kadoorie Agricultural Aid Association 1951, eines Fonds, der es Millionen von Flüchtlingen im Gefolge der Niederlage Chiang Kai-sheks im Bürgerkrieg erlaubte, die steilen und zerklüfteten Hänge in den New Territories, dem Grenzgebiet in Hongkong zur Volksrepublik, zu bewirtschaften sowie Hühner- und Schweinefarmen zu errichten. Fünfundreißig Jahre später unterzeichnete Kadoories China Light & Power einen Vertrag mit der Regierung in Peking über den Bau eines Kernreaktors in der Nähe von Hongkong, zu einem Zeitpunkt, als in Shanghai Sir Ellis' Marble Hall längst zu einem Children's Palace für begabte Kinder umfunktioniert worden war.

Silas Aaron Hardoon: Begräbnis mit taoistischen Priestern

Die Liste der sephardischen Tycoons im Shanghai des 20. Jahrhunderts besäße eine unverzeihliche Lücke, ließe man *Silas Aaron Hardoon* unerwähnt. Allerdings passt seine Biographie nur gerade hinsichtlich geographischer und religiöser Herkunft zu den Lebensgeschichten eines Sir Victor Sassoon oder eines Sir Elly Kadoorie. Zu verschieden verliefen persönliches Schicksal und individuelle Begegnung mit China, als dass bedeutsame Parallelen ersichtlich wären. Und doch konkurrierte sein Ruf philanthropischen Wirkens mit demjenigen der beiden anderen sephardischen Größen Shanghais: »Mr. HARDOON ... has received several decorations from the Chinese Government for his philanthropic work in China. He is advisor to the Tuchun of Kiangsu, to the government of Anwei and others. He is probably the best and widely known foreigner in China amongst the Chinese.«[572] [Hardoon hat von der chinesischen Regierung für sein philanthropisches Wirken etliche Auszeichnungen erhalten. Er ist Berater des Provinzmilitärgouverneurs von Jiangsu, der Regierung von Anhui und anderen. Er ist wahrscheinlich der bekannteste Ausländer in China.]

Hardoon besaß einige bemerkenswerte Eigenheiten, die ihn von anderen Old China Hands, Juden wie Nichtjuden, unterschieden. »Mr. Hardoon was loved and hated, cursed and praised, but few people knew him well. Few understood his many eccentricites. Mr. Hardoon was a symbol of the white man's position in the Far East ... He was a blend of all faiths and hopes, a talented man who lived his life in an exotic setting as he thought best.«[573] [Hardoon wurde geliebt und gehasst, verflucht und gelobt, doch wenige Leute kannten ihn gut. Wenige verstanden seine vielen Exzentrizitäten. Hardoon war ein Symbol für die Stellung des weißen Mannes im Fernen Osten ... Er vereinte in sich den Glauben und die

Hoffnungen aller, ein begabter Mann, der sein Leben in einer exotischen Umgebung so lebte, wie er es für richtig hielt.] Zu diesen Verschrobenheiten gehört beispielsweise, dass er zwölf Jahre nachdem er von Bagdad über Bombay 1886 Shanghai erreicht hat, die Ehe mit einer Eurasierin, Luo Jialing (Liza Roos), eingeht, etwas, was bei der damaligen Vertragshafenmentalität nicht eben üblich war.[574] Sie, die illegitime Tochter einer Chinesin und eines französischen Polizeiangestellten, sollte den ehemaligen Mitarbeiter von E. D. Sassoon & Co. und späteren Manager der Immobiliengesellschaft Hardoon Company in die Welt fremder Sitten und Gebräuche, chinesischer Moralvorstellungen und des religiösen Glaubens ihrer Vorväter einführen.

Von der Anziehungskraft chinesischer Geisteswelt völlig in den Bann gezogen, lebt das ungewöhnliche Paar in einem Haus inmitten einer traditionellen chinesischen Landschaft, dem Aili Yuan (»ai« für Liebe, »li« für Schönheit und »yuan« für Garten), auch Hatong Huayuan (Hardoon-Garten) genannt. Die Anlage war von Huang Zongyang konzipiert worden, einem buddhistischen Mönch, der zugleich bis 1914/15 Hardoons einflussreichster Berater für alle »chinesischen Angelegenheiten« war.[575] Zahlreiche Pavillons, Pagoden, Teiche, künstliche Hügel, Felsen und Grotten, ein buddhistischer Tempel, ein kleines Theater und gar ein Steinschiff fügten sich nach den klassischen Regeln der Geomantie (»fengshui«) harmonisch in die Gartenlandschaft ein, die sich im westlichen Teil des International Settlements an der Bubbling Well Road befand. In dieser Weise kontrastierte Hardoons ästhetisches Empfinden – ähnlich wie bei der Wahl seiner Frau – denkbar stark mit dem Geschmack der übrigen anglisierten Gruppe sephardischer Größen. War es im Allgemeinen für westliche Geschäftsleute üblich, sich eine Oase europäischer Kultur im Vertragshafen Shanghais zu schaffen (mit einem geringfügigen, gemeinhin als chic empfundenen Dekor chinesischer Antiquitäten) und sich so gut es ging von allem Chinesischen abzugrenzen, so versuchte Hardoon, sich die fremde Welt über eine ganze Reihe von Ideen und Aktivitäten anzueignen.

Zwar hatte Hardoon, ähnlich wie Lord Kadoorie, keine hohe schulische Ausbildung genossen, und wie die Mitglieder der Sassoon-Dynastie erklomm er hauptsächlich über den Opiumhandel die Leiter finanzieller Macht. Doch hatte er, der Sonderling unter den sephardischen Tycoons, sich bereits zum Zeitpunkt der Ausrufung der Republik ein beträchtliches Verständnis chinesischer Verhältnisse angeeignet, und zwar in politischer und kultureller Hinsicht. Der Aili-Garten galt seit 1911 sowohl als Rückzugsgebiet für besiegte Mandarine der Qing-Dynastie als auch als Zufluchtsort für Revolutionäre der ersten Stunde.[576] Typisch für Hardoon war, dass er Leuten mit diametral entgegengesetzten politischen und ideologischen Ansichten ein Refugium bot. Ob bei offiziellen Gesprächen, inoffiziellen Unterredungen und festlich organisierten Banketts – Hardoon profitierte bei solchen Anlässen immens von den dabei gewonnenen Erfahrungen und der unmittelbaren Wahrnehmung der chinesischen Politarena, ein Vorzug, der ihm bei seinen eigenen Tätigkeiten und Zielen nur zugute kommen konnte.

Auch abgesetzte Militärmachthaber gehören zwischen 1916 und 1925 zu Hardoons Gästen, mit denen er teilweise klientelhafte Beziehungen einging. »Beratung gegen Bezahlung« lautete das Motto.

II. Individuen, Biographien und Lebenswelten

Auch in diesem Falle stört es ihn nicht, dass sich unter seinen Begünstigten auch erklärte Feinde Sun Yat-sens befinden, wie beispielsweise Mitglieder der in Beijing herrschenden sogenannten Anfu-Clique.[577] Überhaupt setzt er in den Jahren 1920–1925 auf verschiedene Joker, um jeweils nach einem Krieg mit Sicherheit auf der Siegerseite stehen zu können (ohne allerdings die Beziehungen mit den Verlierern ganz aufzugeben). Dass es Hardoon trotz vorzüglicher »guanxi« (Beziehungen), über die er wie fast kein zweiter Ausländer verfügte, nicht gelingt, als Vermittler in die Geschichte internationaler Beziehungen einzugehen, ist weniger auf einen Mangel idealistischer Gesinnung als auf die Verschärfung der Lage in China in den 1920er Jahren zurückzuführen.[578] Nach dem erfolgreichen Ende des Nordfeldzuges unter Chiang Kai-shek wird es für den sephardischen Geschäftsmann zunehmend schwieriger, Nutzen aus seinem Beziehungsnetz zu ziehen: Wegen der langjährigen Unterstützung prominenter Militärführer, beispielsweise General Sun Chuanfangs, wird Hardoon zum Gefangenen seiner eigenen »Politik«, von Nanjing zwar nicht direkt belästigt, doch auch nicht mehr hofiert.

Nicht weniger spektakulär liest sich die Gästeliste hinsichtlich musischer Würdenträger im Hause Hardoons. Mittels breit angelegter Schirmherrschaft und freigebiger Gönnertätigkeit verkörpert Hardoon die typisch chinesische Rolle eines Kaufmanns und Philanthropen: Vor allem zwischen 1915 und 1922 versucht er unter dem Einfluss seiner Frau und eines neuen Beraters für »chinesische Angelegenheiten«, den Aili-Garten in ein Zentrum für traditionelle konfuzianische Studien auszubauen. Dass seine Aktivitäten zur Wiederbelebung der Werte und Moralvorstellungen der Klassiker, insbesondere des Konfuzius, dem damals gängigen Zeitgeist widersprechen, lässt sein Denken und Handeln noch eigensinniger erscheinen.[579] Um die Jahrhundertwende hatten Hardoon und Luo Jialing noch die Gründung einer der damals modernsten Lehreinrichtungen für Mädchen und Frauen finanziell unterstützt. Nachdem jedoch Huang Zongyang, Hardoons damaliger Berater, wegen seiner progressiven Ideen das Land für kurze Zeit hatte verlassen müssen, konzentrierte sich das Interesse des ungewöhnlichen Paares auf die Unterstützung buddhistischer Projekte.[580] Dazu zählen die Herausgabe eines Reprints des »Tripitaka« (Sammlung klassischer buddhistischer Texte) sowie die Gründung des Avatamsaka College (»Huayuan daxue«, Blumengarten-Universität), der ersten buddhistischen Bildungseinrichtung dieser Art in China.[581] Letztere öffnet im Jahre 1914 im Aili-Garten ihre Pforten, allerdings für nur gerade drei Monate, da Lehrer und Studenten angeblich die vom neuen Berater Hardoons angeregte »Pflichtübung«, am Geburtstag des Gönners einen Kotau vor dem Hausherrn zu machen, missbilligt haben.[582]

Schließlich versucht es das Ehepaar Hardoon mit der Anlehnung an die von Yuan Shikai 1913 initiierte »fugu«-(Rückkehr-zum-Alten)-Kampagne. Um 1915 herum besitzen die Hardoons den Ruf, große Bewunderer des chinesischen Lernsystems, der Sitten, Konventionen und Moralvorstellungen des Reichs der Mitte zu sein.[583] Sie gründen inmitten ihres Aili-Gartens eine »Hochschule zur Verbreitung der Weisheit Cang Jies« (»Cangsheng Mingzhi Daxue«), des mythischen Schöpfers der chinesischen Schriftzeichen und Historiographen des legendären gelben Kaisers (»Huangdi«), mit Elementarschulablegern in verschiedenen anderen Shanghaier Distrikten. Selbst in Hangzhou, wo sie ein Haus am

Westsee besitzen, investiert das Ehepaar Hardoon entlang ähnlicher traditioneller Ausrichtung in Bildungseinrichtungen für Jungen und Mädchen.[584] Die Schüler dieser Lehrstätten haben nebst den konfuzianischen Klassikern auch Fremdsprachen zu lernen.[585] Gelehrte vom Kaliber eines Wang Guowei oder eines Zhang Binglin werden engagiert, um den Kindern und Jugendlichen die Vorteile traditioneller Bildung zu vermitteln.[586] Selbst Kang Youwei, der einstige Reformführer, der sich nach der Revolution von 1911 auf die Seite jener schlug, die sich dem Nationalcharakter Chinas verschrieben hatten und den Konfuzianismus zur Staatsreligion machen wollten, war sich nicht zu schade, Vorträge im Aili-Garten zu halten.

Auf damalige Besucher dürfte der Aili-Garten wie ein anachronistisches Überbleibsel aus dem 19. Jahrhundert inmitten der pulsierenden Großstadtmetropole gewirkt haben. In dieser »verbotenen Stadt« innerhalb einer modernen Metropolis herrschte eine fast surreale Atmosphäre im Vergleich mit den außerhalb dieser Welt ablaufenden Geschehnissen. Ganz undurchlässig waren jedoch die Mauern von Hardoons Grundstück auch wieder nicht: Einige Studenten werden vom Geist der Vierten-Mai-Bewegung ergriffen, und so kommt es zu Beginn der 1920er Jahre auch im Aili-Garten zu Demonstrationen und Anschuldigungen gegenüber der Schulleitung (wobei es hauptsächlich um die schlechte Qualität des Essens ging), die sich mit der Frage nach dem Sinne strengster Regeln in diesem fast klösterlichen Alltagsleben koppeln.[587] Eine weitere Bildungseinrichtung im Aili-Garten, für die sich die Hardoons starkmachten, war die 1916 gegründete »Gesellschaft zur Förderung des Sprachstudiums«, wobei es auch hier in erster Linie um die Verteidigung der klassischen Philologie (»Wenzixue«) beziehungsweise um Cangxue, Cang-Jie-Studien, ging. Eine Unterabteilung dieser Gesellschaft war die »Forschungsvereinigung für Antiquitäten« (»Guwu yanjiuhui«), welche sich auf das Studium und die Sammlung chinesischer Kunstobjekte konzentrierte. Auf zweimal jährlich abgehaltenen Großveranstaltungen trafen sich nostalgische Konfuzius-Gelehrte, ältere Qing-Beamte, Antiquitätensammler, lokale Militärherrscher sowie die Prominenz der Shanghaier Polit- und Wirtschaftselite im Beisein des Ehepaars Hardoon. Selbst zur Übersetzung des Korans ins Chinesische oder zu wissenschaftlichen Untersuchungen über Orakelinschriften auf Knochen aus dem Altertum bot Silas Aaron Hardoon mit seinen finanziellen Ressourcen Hand.[588]

Kurzum, Hardoons Aili-Garten galt bei vielen Chinesen als Hort der Bewahrung ihres reichen Kulturerbes. Der Sprössling sephardischer Juden und einstige Wachmann im Dienste von D. Sassoon & Co. hatte es – über den Handel mit Opium, den Erwerb von Liegenschaften und vor allem durch die exotische Heirat mit einer Eurasierin – als einer der wenigen Ausländer geschafft, Teil der für Westler gemeinhin nicht zugänglichen chinesischen Geschäfts- und Gesellschaftswelt zu werden. Er, der »reichste Mann östlich von Suez«, hatte sich als erfolgreicher Geschäftsmann die Rolle eines geschätzten, jedoch eher wortkargen Kulturmäzens zugelegt. Diesem Auftritt half er, wenn nötig, mit einer wohlüberlegten Verkleidungstechnik nach: Bei öffentlichen Veranstaltungen in seinem Aili-Garten zeigte er sich mit Vorliebe in der Tracht eines konfuzianisch gebildeten Gelehrten oder eines Qing-Beamten (dies, weil gemäß chinesischer Philosophie dem Geschäftsmann der niedrigste Rang innerhalb der sozialen Klassen zukam); selbst in seinem Büro an der Nanking Road soll er einen langen, wenn nötig dick wattierten chinesischen Mantel (»pao«) getragen haben.[589] Bei Ausländern galt Hardoon, der eigentlich die britische Staatsangehörigkeit besaß, als Sonderling, als jemand mit Vorlieben für das Exzentrische, als einer, für den der in englischer Sprache so treffende Ausdruck »go native« voll zutraf.

Obwohl Hardoon kein Mandarin, möglicherweise aber den Shanghaier Dialekt sprach, eignete er sich chinesisches Denken und chinesische Verhaltensweisen an. Er legte Wert darauf, seinen Status bei Chinesen durch entsprechendes Gehabe und den Gebrauch symbolischer Riten zu erhöhen. Selbst ehemalige Bedienstete aus dem Pekinger Kaiserpalast, darunter nicht wenige Eunuchen, gehörten zum Personalbestand von Hardoons Shanghaier Residenz.[590] Politiker, Militärs und Literaten aus dem Reich der Mitte – alle schmeichelten sie ihm, dem Gönner und Patron, der ihnen im Aili-Garten eine Welt in Miniaturformat bot, die anderswo dem Untergang geweiht war. Der Hausherr lebte und dachte in einem Grenzbereich, der es ihm ermöglichte, zumindest von außen betrachtet, in der chinesischen Lebenswelt zu bestehen. Womöglich war es nicht einmal Eigennutz, der ihn zu diesem Verhalten trieb, sondern das Bedürfnis, die Grenzen zwischen Ost und West zu überwinden, den Kosmopolitismus der Huangpu-Metropole selber zu leben – der Traum eines Idealisten. »Europäer, die nach China kamen«, schrieb ein chinesischer Student, »waren bekannt für Übersetzungen betreffend Christentum und modernen Wissenschaften, aber keiner hatte den chinesischen Klassikern mehr Beachtung geschenkt als Herr Hardoon.«[591]

Hardoon ließ seine Nachwelt, ähnlich wie Sir Victor, nichts über seine persönlichen Begegnungen mit China erfahren. Lediglich *über* ihn kann der heutige Zeitgenosse lesen, nichts *von* ihm. Schriftlich Zeugnis über seine Erfahrungen in China wollte und konnte Hardoon anscheinend nicht ablegen. In der jüdischen Gemeinde Shanghais besaß er nicht den besten Ruf, vor allem, weil er nach seinem Tod im Jahre 1931 den Juden nichts von seinem Vermögen vermachte, was ihm viele nicht verziehen. »He lived to a good old age, leaving behind him mamon Korah! Lavish sums were spent to build this mausoleum, a monument to the man who hoarded a vast wealth, leaving not a copper cash for sweet charity, Jewish or otherwise … Many have forgotten the late Mr. Hardoon already, there being no footprints of history left by him on the pages of time. The late Mr. Hardoon was ruined by success!«[592] [Er lebte bis zu einem schönen Alter, einen Haufen Geld hinter sich lassend! Verschwenderische Summen wurden zum Bau dieses Mausoleums ausgegeben, ein Monument für einen Mann, der ein Riesenvermögen hortete, jedoch keinen Pfennig für Wohltätigkeit übrig ließ, weder für jüdische noch andere … Viele haben den verstorbenen Hardoon bereits vergessen, und es gibt keine Spuren seiner Geschichte auf den Seiten der Zeit. Erfolg ruinierte den Verstorbenen!]

Selbst das Begräbnis am 19. Juni 1931 erzürnte Teile der jüdischen Gemeinde: Obwohl Hardoon nach jüdischen Riten begraben wurde, nahmen buddhistische Mönche an den Trauerfeierlichkeiten teil. Und es sollte für orthodoxe jüdische Seelen noch schlimmer kommen: Einen Monat später veranstalteten die Chinesen ihre eigene »Feierstunde«, unter Teilnahme taoistischer Priester, welche Rituale vollzogen, die es der Seele des Verstorbenen erlauben sollten, friedlich in die Lüfte zu entschweben.[593] Hardoon war als einziger Ausländer Mitglied des Shanghai Municipal Council und des französischen Conseil Municipal. Dass nach seinem Namen eine Shanghaier Straße benannt wurde (heute Tongren Lu), schuf ihm im Nachhinein ein bleibendes Denkmal, sowohl bei seinen durch Geburt bestimmten Glaubensbrüdern wie auch bei den von ihm so bewunderten Chinesen.

Kein anderer Ausländer dürfte im kollektiven Gedächtnis der Shanghailänder größere Spuren hinterlassen haben als Hardoon: Bereits zu seinen Lebzeiten, vor allem jedoch nach seinem Tod und bis heute galt und gilt die Figur Hardoon sowohl als Philanthrop und Kunstmäzen, als auch – in einer bewusst negativen, weil politisch opportunen Stereotypisierung – als Abenteurer (»maoxianjia«), Ausbeuter (»boxuezhe«) oder gar Blutsauger bei den Chinesen (»xixuegui«).[594] Hardoons Aktivitäten zur Errichtung seines Aili-Gartens als traditionelles Zentrum zur Erhaltung des chinesischen Kulturerbes können am ehesten als Bestreben eines Mannes gedeutet werden, einen beachtenswerten Status unter seinen chinesischen Freunden und Partnern zu finden. Trotz seiner engen Vernetzung mit chinesischen Größen aus Politik und Gesellschaft und seiner utopisch erscheinenden Träumereien schien jedoch auch Hardoon in der im chinesischen Denken verankerten Grundpolarität zwischen Innen (»nei«) und Außen (»wai«) gefangen gewesen zu sein: Zumindest aus rückblickender chinesischer Perspektive blieb er ein Ausländer, ein »*wai*guoren« eben, wenn auch ein legendärer.[595]

Arthur und Theodore Sopher: »The Profitable Path of Shanghai Realty«
Zur vergleichsweise kleinen Zahl derjenigen sephardischen Juden, welche ihrer unmittelbaren chinesischen Umgebung mehr als lediglich günstige Arbeitskräfte, Bedienstete und vielleicht noch ein Flair für Antiquitäten abzugewinnen suchten, muss auch das in Shanghai geborene Brüderpaar *Arthur* und *Theodore Sopher* gezählt werden. Beide galten, wie die meisten ihrer Glaubensbrüder, als stark in der jüdischen Kultur- und Geisteswelt verankert. Ihr Metier waren der lokale Handel, Immobilien und Journalismus. Doch war Arthur Sopher einer der wenigen alteingesessenen Shanghaier Juden, die Chinesisch sprechen und schreiben konnten. Er war es auch, der 1924 im Namen der Shanghai Society for the Rescue of the Chinese Jews den Spuren der untergegangenen jüdischen Gemeinde von Kaifeng nachging. Sein Bruder Theodore geriet zu Beginn der 1930er Jahre unfreiwillig in die Schlagzeilen der Shanghaier Presse, als er Opfer eines Kidnapping russischer Erpresser wurde, einer zwar illegalen, aber damals nicht unüblichen Methode zur Geldbeschaffung.[596] Als geschäftsführender Herausgeber der zweitgrößten englischsprachigen Zeitung Shanghais, der »China Press«, zwischen 1921 und 1930, verfügten die Sopher-Brüder über hervorragende Beziehungen zu chinesischen Geschäfts- und Regierungskreisen.[597]

Die Sopher-Brüder sahen China denn auch eher als Partner denn als Untertan der westlichen Mächte. In einer Grußbotschaft zum 25. Jahrestag der Republikgründung lobten sie die Führung in

Nanjing für ihren evolutionären statt revolutionären Weg.[598] Ihre geistige Herkunft dürfte eine nicht unwesentliche Rolle in der Diskussion um Fragen der Identitätssuche beziehungsweise der Positionierung jüdischer Interessen im Fernen Osten gespielt haben. In einem 1935 publizierten Artikel unter dem Titel »China and Japan's Need: A Role for the Jew« plädierten sie für eine aktive Einbindung ihrer Glaubensbrüder als politische Handlungsträger sowohl in China wie in Japan, denn »the Jew cannot be neglected when the State must draw from the wells of wisdom«[599] [auf den Juden kann nicht verzichtet werden, wenn der Staat vom Quell der Weisheit schöpfen soll]. Für sie stellte die Vereinigung zwischen Ost und West ein Gebot der Stunde dar, wobei die Juden ihrer Meinung nach einen wichtigen Beitrag zur Größe Asiens zu leisten hätten.

Mit dem Bau eines privaten Gartens, angelegt im westlichen Stil, schufen sich auch die Sophers ein Denkmal in Shanghai. Mit dem Buch »*The Profitable Path of Shanghai Realty*« hinterließen die Gebrüder Sopher außerdem ein schriftliches Vermächtnis über ihr Haupttätigkeitsfeld.[600] Das Buch, geschrieben im eher trockenen Stil des Wirtschaftsjournalismus, behandelt hauptsächlich die Entwicklung des Immobiliengeschäfts in der Huangpu-Metropole, die Währungsproblematik, aber auch Themen wie beispielsweise die Forderung nach dem Bau öffentlicher Freiluftbäder für Angehörige aller Nationen. In dieser Sammlung ökonomischer Fakten findet der Leser auch Hinweise darauf, wie die Sopher-Brüder China und die Chinesen wahrgenommen beziehungsweise eingeschätzt haben, zumeist sehr positiv: »In whatever low moment in her history, China must have due regard to the weightiness of the character of the Chinese people which, in itself, constitutes an invaluable asset.«[601] [Wenn immer China in seiner Geschichte einen Tiefpunkt erreicht, muss das Land der Gewichtigkeit des Charakters seines eigenen Volkes die nötige Beachtung schenken. Das chinesische Volk bildet in sich selbst einen unschätzbaren Wert.]

N. E. B. Ezra: Konfuzius als Retter der chinesischen Nation
Ähnlich wie die Sophers argumentierte auch der Herausgeber des »Israel's Messenger«, *Nissim Elias Benjamin Ezra*, kurz N. E. B. Ezra. Die Zeitung der sephardischen Juden, 1904 gegründet, war sein Kind, und er veröffentlichte in ihr in regelmäßigen Abständen Beiträge zum west-östlichen Dialog. In einem Beitrag unter dem Titel »*Buddha, the Light of Asia*« etwa pocht der in Lahore geborene Ezra auf die universale Gültigkeit ethischer Gesetze.[602] Während er für den Westen wenig freundliche Worte findet (»the West where the engines of destruction are ready to inflict harm and injury«), preist er den Osten als Hort der Menschlichkeit (»East is yeast to humanity«). Angesichts der menschenfeindlichen Regime in Deutschland und Moskau sei es an der Zeit, sich für die allen Religionen inhärenten fundamentalen Glaubenssätze zu entscheiden – »either God or ba'al!« Ezra, in der sephardischen Gemeinde Shanghais eine nicht ganz unumstrittene Person,[603] plädiert für die Ankunft eines neuen Buddha, der wie Moses und die Propheten, Konfuzius und die Zoroastrier oder Jesus und Mohammed den Geist auf die

von Tyrannen bedrohte Menschheit ausschütten werde. N. E. B. Ezra erinnerte in seinen Leitartikeln immer wieder an die besondere Aufgabe und den Stolz der Juden, beim Aufbau Chinas mitzuwirken. »It may be said without exaggeration that Jewish enterprises, Jewish skill and Jewish brain had contributed immeasurably in developing the latent resources of the country and stimulating trade, industry and commerce.«[604] [Es kann ohne Übertreibung gesagt werden, dass jüdischer Unternehmergeist, jüdisches Talent und jüdischer Verstand in unendlichem Maße dazu beigetragen haben, die verborgenen Ressourcen des Landes zu entwickeln und Gewerbe, Industrie und Handel anzutreiben.] Ähnlich wie Buddha sah Ezra Konfuzius als Retter der chinesischen Nation, der das Land aus seinen Schwierigkeiten herausführen und die Welt insgesamt bewegen werde: »Guided by the spirit of her great Sage, the difficulties ahead will be avoided and subdued. Confucius pleaded for justice and righteousness; he made morality and good government synonymous. If the country is willing to follow him and adopt his teachings then China will be able to ›move the world‹ in the real sense of the word.«[605] [Wird man geleitet vom Geist des großen Weisen, werden die Schwierigkeiten vermieden und unter Kontrolle gebracht. Konfuzius plädierte für Gerechtigkeit und Rechtschaffenheit; er brachte Moral und ›gute Herrschaft‹ in Übereinstimmung. Wenn das Land bereit ist, ihm zu folgen und seine Lehren anzunehmen, dann wird China fähig sein, die Welt im wahrsten Sinne des Wortes zu bewegen.]

Mögen Ezras Ideen zum damaligen Zeitpunkt angesichts der japanischen Bedrohung für östliche wie westliche Ohren etwas allzu idealistisch geklungen haben und wären sie in den ersten vierzig Jahren seit Gründung der Volksrepublik bestimmt als frevelhaft eingestuft worden, so würden sie bei den heutigen, »modernen Neokonfuzianern« (»dangdai xinrujia«) wohl mit Sicherheit auf Zustimmung stoßen. Seit Ende der 1980er Jahre versucht die Kommunistische Partei, den Konfuzianismus als Inbegriff der chinesischen Kultur darzustellen. Dabei helfen ihr indirekt auch Philosophen, welche die Lehren des großen Weisen dahingehend verstehen möchten, dass China in der kulturellen Weltgemeinschaft wieder seinen verdienten Platz einnehmen kann. So beispielsweise erklärte der Harvard-Professor und Philosoph Du Weiming (Tu Wei-ming) die Welt der Zukunft zu einem Mosaik, in dem der Konfuzianismus »ein besonders leuchtender, ins Auge springender Mosaikstein« sein wird.[606]

2. Aus dem Zarenreich stammende russische Juden

»Strangers Always«

»*Strangers Always*« lautet der Titel der autobiographischen Erzählung der 1923 in Shanghai geborenen *Rena Krasno*.[607] Damit deutet die heute in den USA lebende Autorin an, dass die Mehrzahl der russischen Juden in China im Allgemeinen mit Chinesen weniger in Kontakt kamen als ihre sephardischen Glaubensbrüder. Sie verfügten in der Regel nicht über die engen wirtschaftlichen Beziehungen wie die berühmten Tycoons; auch schien keiner von ihnen über eine besonders ausgeprägte journalistische

II. Individuen, Biographien und Lebenswelten

Neugier zu verfügen, die über die Behandlung innerjüdischer Themen hinausgegangen wäre.[608] Obwohl man im Hause Rena Krasnos (ihr Vater war David B. Rabinovich, Herausgeber der Zeitung »Nascha Shisn«) nie über Gott diskutierte, identifizierte man sich leidenschaftlich mit dem jüdischen Volk. Rena Krasnos Zeugnis ihrer Geschichte und ihrer Erfahrungen in Shanghai, basierend auf säuberlich geordneten, detaillierten Tagebucheinträgen, bietet dem heutigen Leser einen lebendigen Ausschnitt aus einer vergangenen Zeit in der Huangpu-Metropole.

Doch die Augen und Ohren der staatenlosen Russin gelten kaum der chinesischen Welt Shanghais. Die Chinesen sind bedeutungslose Statisten, eben »the huge, massive, subdued background«[609] [der riesige, gewaltige und unterworfene Hintergrund]. Ihr Interesse, manchmal auch Neugier oder gar Respekt gilt vielmehr den in Shanghai lebenden Westlern: Kadoorie, Sassoon, Hardoon und anderen damals lebenden (oder bereits toten) »Berühmtheiten« Shanghais. *Anna Ginsbourg* (Frenkel), von Krasno als junge Frau voller Vitalität und Enthusiasmus beschrieben, gehörte hingegen nicht zur Gruppe dieser menschlichen »Wahrzeichen« Shanghais. Sie stellte eine der Ausnahmen unter der russisch-jüdischen Gemeinde dar, weil sie eine engere Beziehung zur chinesischen Umgebung gesucht und gefunden hatte. Die 1911 in Samara geborene Anna Aleksandrowna Ginsbourg lebt anfänglich in Harbin, wo sie die juristische Fakultät der Orientalischen Universität besucht und im Jahre der Machtübernahme Hitlers als Anwältin ihr Studium abschließt. In Shanghai, so in einem Polizeireport der Shanghai Municipal Police, versucht sich die Sowjetbürgerin als unabhängige Rechtsberaterin, während ihr Vater im obersten Gerichtshof der Provinz Jiangsu als Richter tätig ist.[610]

Im Jahre 1935 wird Anna Ginsbourg Sekretärin der in Shanghai domizilierten International League of Cultural Co-operation (»Guoji wenhua hezuo xiehui«), einer Vereinigung, die sich nebst einem besseren Verständnis zwischen China und dem Westen auch die »Neubelebung [to rejuvenate] der chinesischen Nation mittels Elementen aus der modernen westlichen Zivilisation« zum Ziele setzt.[611] Dieser Gesellschaft gehörten nebst chinesischen Akademikern auch eine Reihe westlicher, an China interessierter Personen an, wie beispielsweise der amerikanische Journalist Wilbur Burton, der österreichische Flüchtling und Zahnarzt Herbert Wunsch oder der russische Architekt Emmanuel Gran. 1937 erhält Anna Ginsbourg eine Einladung der Universität von Suzhou, Vorlesungen über Recht zu halten. Ob sie diese annahm, ist nicht bekannt. Auf jeden Fall publiziert sie in jenen Jahren häufig Beiträge über juristische Themen in »The China Weekly Review«.[612]

»Law is Life«

»*Law is Life*« [Recht ist Leben] lautet der Titel eines Artikels, den die damals 26-Jährige als Plädoyer zur Anerkennung des Rechts als »allumfassende Lebenswissenschaft« verfasst.[613] In einem anderen, nicht weniger engagiert geschriebenen Beitrag macht Ginsbourg auf die auch heute wieder geführte Debatte um die Definition universaler Gerechtigkeit aufmerksam. »Gerechtigkeit ist universal, aber deren

Anwendung unterscheidet sich je nach der generellen Vorstellung jeder einzelnen Nation.«[614] Ginsbourg war schon damals überzeugt, dass China, wollte es Mitglied der Weltgemeinschaft werden, westliche Rechtsauffassungen übernehmen müsse. Doch war sie mit der chinesischen Kultur und Geschichte genügend vertraut, um zu erkennen, dass China selbst über eine umfangreiche Rechtsgeschichte mit großer Kontinuität verfügte, die es ermöglichen würde, beide Konzeptionen nebeneinander leben zu lassen. Damit kam sie der Ansicht Joseph Needhams nahe, der meinte, »Europeans should cease to think that they have nothing to learn from the legal systems of Asia«[615] [Europäer sollten aufhören zu denken, dass sie nichts von den Rechtssystemen Asiens zu lernen haben]. Auch Anna Ginsbourgs

Kommentar zur ersten nationalen Justizkonferenz 1935 fördert in gewisser Hinsicht Parallelen mit dem heutigen China zutage: Der Hunger staatlicher und akademischer Institutionen der Volksrepublik nach einem Dialog im Rechtsbereich mit westlichen Staaten seit Deng Xiaopings Politik der Öffnung findet eine Entsprechung im Verlangen juristischer Experten der 1930er Jahre nach dem Studium ausländischer Gesetzgebung.[616]

Ein weiteres Thema, das Anna Ginsbourg wichtig erschien, war Hongkong, dessen Stellenwert als Ort der Vermittlung zwischen China und dem Westen sie besonders hervorhob.[617] Unmittelbar vor Ausbruch des Zweiten Weltkrieges sah sie in der britischen Kolonie nicht nur das Zentrum des chinesischen Teeexports nach Sowjetrussland (mit direkten Schiffsverbindungen nach Odessa), sondern vor allem auch die Konzentration chinesischer Industriebetriebe, die nach der Eroberung Hankows und Kantons durch die Japaner in die englische Kronkolonie ausgewichen waren. Ebenso wies sie auf die Tatsache hin, dass Tausende chinesischer Flüchtlinge in der »Bastion des britischen Imperialismus« Zuflucht fanden. Dies und der Umstand, dass verschiedene Hilfsorganisationen – die China Defense League von Madame Sun, das chinesische Rote Kreuz oder etwa die von Westlern initiierte Chinese Industrial Cooperatives – ihren Hauptstützpunkt in Hongkong aufschlugen, führten zur Konstellation einer erzwungenen chinesisch-westlichen Nähe.[618] Diese fiel bereits ein Jahr nach Kriegsende einer zunehmend ausländerfeindlichen Stimmung zum Opfer und deutete damit auch das fünfzig Jahre später Ende der britischen Herrschaft in gewisser Weise an, was auch Ginsbourg nicht entging.[619] Sie, die nach dem Krieg nach Australien auswanderte, interessierte sich besonders für das Schicksal ihrer verfolgten Glaubensbrüder, die in Shanghai gestrandet waren.[620] Noch während der japanischen Besetzung edierte sie ein kleines Büchlein von Julius Rudolph, »Shanghai – City of Refuge«, zu dem sie

II. Individuen, Biographien und Lebenswelten

auch das Vorwort schrieb.[621] Als einzigartiges und gleichzeitig kurioses Zeitdokument gilt noch heute das Interview, das Ginsbourg mit dem weiter unten zur Sprache kommenden Trebitsch-Lincoln kurz vor dessen Tod führte.[622]

Eine nicht weniger dynamische Persönlichkeit war *Judith Hasser*, Mitglied der zionistischen Betar-Bewegung. Ihre Familie emigrierte noch vor der Oktoberrevolution nach China. Durch den Handel mit Russland wurden die staatenlosen Hassers so reich, dass sie das Haus der österreichischen Botschaft in Shanghai mit nicht weniger als 23 Zimmern und 10 Bediensteten kaufen konnten. In ihrer süffig zu lesenden, etwas romanhaften Autobiographie »*Shanghai Lost, Jerusalem Regained*« stellt die 1927 geborene Hasser den westlichen Luxus und westliche Quantität der chinesischen Qualität menschlicher Beziehungen gegenüber: »The less fortunate Chinese who had to cramp several families into very limited space developed a communal life and got along … They cooked their meals together and seemed most genial. All this was in marked contrast to the tense and unhappy home atmosphere I endured.«[623] [Die weniger glücklichen Chinesen mussten einige Familien in einen sehr kleinen Raum hineinpferchen, und trotzdem entwickelten sie ein gemeinsames Leben und kamen gut miteinander aus … Sie kochten ihre Mahlzeiten zusammen und schienen äußerst leutselig zu sein. Dies stand in starkem Gegensatz zur angespannten und unglücklichen Atmosphäre, wie ich sie zu Hause erduldete.]

Judith Hasser, die nach dem Krieg in Shanghai eine Zweigstelle der jüdischen Untergrundbewegung Irgun Zvai Leumi aufbaute, interessierte sich gewiss mehr für jüdische Angelegenheiten als für ihre unmittelbare chinesische Umgebung. Ab und zu verbrachte sie ihre Sommerferien in Qingdao, wo sich gelegentlich auch Chinas letzter Kaiser Pu Yi aufhielt. In ihrer direkten Art, Dinge unkonventionell und unter Umgehung eines allzu strengen Protokolls anzupacken, kam sie häufig in Berührung mit chinesischen Geschäftsleuten und Politikern, von denen sie sich – wie damals nach Bekanntwerden der Balfour-Deklaration – eine Unterstützung zionistischer Positionen erhoffte.[624] 1948 verließ Hasser Shanghai in Richtung Israel, ohne zu ahnen, dass das Reich der Mitte so bald kommunistisch beherrscht sein würde.[625]

»A Place in Time«: Moët Chandon und Beluga-Kaviar

»J'ai plus de souvenirs que si j'avais mille ans« [ich habe mehr Gedanken, als wenn ich tausend Jahre alt wäre] lautet das einleitende Baudelaire-Zitat im Buch »*A Place in Time*«. Das scheint für langjährige westliche Bewohner Chinas in der ersten Hälfte des 20. Jahrhunderts keine Übertreibung zu sein, sicher nicht für den Verfasser ebendieses Werks, den 1923 in Shanghai geborenen Lebenskünstler *Georges Spunt*. Seine Gedanken sind Ausdruck eines exzentrischen Geistes, der einerseits mit Kinderaugen, anderseits mit dem Gehirn eines Erwachsenen die fremde Umgebung abzutasten und zu verstehen sucht. In seinen biographischen Aufzeichnungen, die er lieber von seiner Mutter hätte verfasst sehen wollen, pfercht er seine Eindrücke auf engstem Raum – und ohne Kapitelüberschriften – zusammen, nicht unähnlich dem babylonischen Sprachengewirr aus Russisch, Italienisch, Französisch, Jiddisch und (Pidgin-)Englisch im Hause der Familie Spunt in Shanghai.

Die erste Berührung seiner Mutter (ihre Familie gelangte von Berditschew und Odessa über Ägypten, wo sie in einem katholischen Konvent auferzogen wurde, nach China) mit dem augenscheinlichen Gegensatz zwischen Ost und West fand im Hafen von Shanghai statt, wo farbige Dschunken mit ihren auf den Bug gemalten Augen an britischen Kanonenbooten vorbeisegelten.[626] Anfänglich leben die Angehörigen von Georges' Mutter, wie die meisten russischen Juden zu Beginn ihrer Shanghai-Odyssee, im Bezirk Hongkou. Nachdem die Großmutter für ihre Tochter einen passenden Mann (Maximilian Spunt, einen Österreicher mit französischem Pass) gefunden hat, zieht man in die Concession Française um. Maximilian Spunt war Besitzer der Laou Kung Mao Mills, einer Baumwollmühle, und reiste häufig – meist in Begleitung seiner Frau – im Innern Chinas herum, während Georges und seine zwei Brüder unter die Obhut chinesischer Bediensteter und anderer Angehöriger der Familie kamen. Jüdische Gebote galten nur begrenzt: »What a family – only in birth and in death are you Jews« [was für eine Familie – nur bei Geburt und im Tod seid ihr Juden], soll eine Tante anlässlich der Beschneidung von Georges Spunt ausgerufen haben.[627]

Bereits im zarten Kindesalter wird klein Georges zu einem Zuhörer bei politischen Gesprächen zwischen seinem Vater und illustren Persönlichkeiten der damaligen Shanghaier Gesellschaft. Dabei erfährt er, dass es Nationalisten, Kommunisten und Leute aus dem Norden (»northerners«) gibt, sie alle jedoch Chinesen seien, welche den weißen Mann hassen.[628] Allerdings bildet Maximilian Spunt eine Ausnahme unter den Old China Hands: Er weiß um die Werte der Ehre und des Gesichtwahrens, und entsprechend pflegt er seine chinesischen Freunde – und er versteht die Wut der Chinesen auf die Ausländer.[629] Zwar hört Georges Spunt anlässlich der häuslichen Debatten über Konzessionen, Revolutionen und Bürgerkrieg von Chiang Kai-shek, Du Yuesheng und anderen fremd klingenden Namen; diese treten jedoch angesichts der viel geläufigeren von Elman und Moiseiwitsch, Dickens, Hardy und Defoe in den Hintergrund. Sichtbare Beweise dafür, dass man sich in China befindet, gibt es im Hause Spunt kaum, und Georges' Mutter genießt weiterhin die unbeschwerten Zusammenkünfte, bei denen man bei einem Glas Möet Chandon (nach dem Tode Maximilians weicht dieser einem Asti spumante, da Georges' Mutter einen italienischen Liebhaber hat) und einem Häppchen Beluga-Kaviar über die neueste Pariser Mode plaudert. Zwar lernen Georges und seine zwei Brüder dank Betreuung chinesischer Kindermädchen auch einige Brocken Chinesisch und manchmal gar Shanghaihua, den lokalen Dialekt, doch bleibt im Gedächtnis nicht viel mehr als der Ausdruck »nahkuning« (so bezeichneten Einheimische einen Ausländer) haften. Hingegen leben die drei Spunt-Brüder den Zyklus des Mondkalenders, d. h., die chinesischen Feiertage wurden unter Aufsicht der Bediensteten zelebriert.

»A Place in Time« bedeutet für Georges Spunt auch die Konfrontation mit eben jenen anti-chinesischen Sticheleien oder gar Ausfällen, die sein Vater zu Lebzeiten abgelehnt hat. Im Cercle Sportif Français, für Chinesen nur mit Spezialbewilligung zugänglich, muss er sich den Spott auf seinen chi-

II. Individuen, Biographien und Lebenswelten

nesischen Freund Didi mitanhören: Vom »littee Chinee« ist die Rede, der »velly, velly yellow« sei oder von »chink members«, die in ausländischen Klubs nichts zu suchen hätten.[630] Bei der anschließenden Prügelei und der üblichen chinesischen Reaktion mit Ausdrücken wie »Foreign pigs!« oder »Parasitic turtles!« unterlässt es Georges nicht, seinen chinesischen Freund kräftig anzustacheln. Doch wenige Monate später, nach Ausbruch des Japanisch-Chinesischen Krieges, wird der Idealist Georges Spunt auf den Boden der Realität zurückgeholt: Didi erklärt ihm, dass der Platz Shanghai für ihn, den Westler, der hier geboren und aufgewachsen ist, in der Zukunft lediglich die Stellung einer sentimentalen Erinnerung einnehmen werde – womit er zweifellos Recht hatte: »Writing this makes me long for those days of youth and I'm saddened by the thought that the Chinese seem determined to make a modern city out of what was truly a unique one.«[631] [Dies zu schreiben, lässt mich in die Tage meiner Jugend zurücksehnen. Im bin traurig bei dem Gedanken, dass die Chinesen entschlossen sind, eine moderne Stadt aus etwas zu machen, was wirklich einzigartig war.] Vielleicht gerade um etwas Beständiges aus der chinesischen Tradition der Nachwelt zu erhalten, revanchiert sich Georges Spunt Jahrzehnte nach seiner Ausreise aus China mit der erfolgreichen Publikation eines Buch über die chinesische Kochkunst.[632]

Opernklänge: The Great Wall

»He must not eat ... any dish that lacks its proper seasoning« [er soll keine Mahlzeit essen, die nicht richtig gewürzt ist], soll Konfuzius einmal gesagt haben.[633] Dies trifft mutatis mutandis auch auf den Gehalt musikalischer Klänge zu, womit sich *Aaron Avshalomov (Avshalomoff)* zeit seines Wirkens in China und darüber hinaus beschäftigte. Der 1895 im russischen Nikolajewsk na Amure geborene Avshalomov kam bereits als Kleinkind in Berührung mit der chinesischen Kultur: Sein Vater, Sohn eines Bergjuden aus dem dagestanischen Derbent, verfügte als wohlhabender Fischereibesitzer über die finanziellen Mittel und das Vertrauen, klein Aaron der Obhut eines chinesischen »Allround-Dieners« aus der Provinz Shandong zu überlassen. Dung Fa, wie der Chinese hieß, war ein menschliches Überbleibsel jener Zeit, als das Gebiet noch chinesisch war, bevor es in der Mitte des 19. Jahrhunderts von Kaiser- in Zarenhand überging. Dung Fa liebt es, den kleinen Aaron mit verschiedensten Mitteln und Gebärden zu unterhalten, etwa als verkleideter Krieger aus der Han-Zeit mit falschem Bart und schwenkendem Schwert, der auch mal zu trommeln, den Gong zu schlagen und Pekinger Opern zu singen weiß. Ist der Chinese einmal für Aarons Vater auf Geschäftsreise unterwegs, springt das japanische Kindermädchen Miyako-san ein, das den jüdischen Buben mit melancholischen Tönen aus dem alten Japan tröstet. Schon damals öffnen sich für Aaron phantastische Welten, die der Mehrzahl der Old China Hands fremd sind, weil sie verbinden statt teilen, zusammenfügen statt isolieren.

Aaron wird zum Studium des Hebräischen in die lokale Synagoge geschickt, wo er im Rezitieren der heiligen Schriften durch den Rabbiner die Gesänge Dung Fas zu hören vermeint. Angesichts des bevorstehenden Japanisch-Russischen Krieges entschließt sich Aarons Vater, die Familie vorsorglich nach

Innerrussland zu evakuieren, genauer nach Kasan an der Wolga, wo Aaron die erste Opernaufführung (Tschaikowskis »Pique Dame«) sieht und das erste Symphoniekonzert (Schuberts »Unvollendete«) hört. Dann geht es über europäische Umwege (Karlsbad) zurück nach Sibirien, nach Chabarowsk, wo Aaron Biographien über Beethoven und andere Komponisten liest. Anschließend soll er auf Geheiß seines Vaters in der Schweiz Medizin studieren, doch Aaron zieht die Musik der Heilkunst vor. Unmittelbar vor dem Ersten Weltkrieg ruft ihn sein Vater in den Fernen Osten zurück und sendet ihn – um der Gefahr des Einzugs in die zaristische Armee zu entgehen – gleich nach China: zuerst nach Harbin und dann weiter nach Tianjin, wo er sich als Geiger in einer Gruppe von Musikern im Victoria-Hotel das nötige Kleingeld abspart, um eine Schiffsüberfahrt nach San Francisco zu finanzieren.[634]

Kurz nach der russischen Oktoberrevolution setzt Aaron, inzwischen verheiratet mit Esther Magidson, zum zweiten Mal seinen Fuß auf chinesischen Boden. In Qingdao und Tianjin will er endlich systematisch chinesische Musik studieren, muss sich jedoch vorerst auf den Broterwerb konzentrieren: im Schlachthof, als Viehhändler oder als Mitglied des britischen Tientsin Volunteer Corps. Wie viel andere China-Reisende vor und nach ihm zieht es Avshalomov schließlich 1921 nach Peking, wo er für seine Familie eine Wohnung an der legendären Morrison Street – der heutigen Wangfujing – findet. Hier arbeitet er unter anderem als Buchverkäufer für den bekannten französischen Publizisten Henri Vetch, der etwa den Klassiker »In Search of Old Peking« (1935) von Arlington und Lewisohn verlegte. In Peking verwirklicht Avshalomov seine seit langem gehegte Idee, eine chinesische Oper zu schreiben: Sie entsteht 1925 unter dem Namen »*Kuan Yin*« (Guanyin, buddhistische Gottheit der Barmherzigkeit) und wird im Ballsaal des Grand Hôtel de Pékin uraufgeführt. Die Sänger sucht sich der jüdische Komponist selber in der russischen Exilgemeinde in Harbin. Avshalomovs Schaffen in China erfährt 1926 eine kurzzeitige Unterbrechung durch die Ankunft der Truppen von Zhang Zuolin in Peking, was Avshalomov einmal mehr zu einer kurzen Emigration in die USA zwingt.

In der Neuen Welt versucht der russisch-jüdische Künstler, dem Publikum die Früchte seines musikalischen Schaffens schmackhaft zu machen – mit beträchtlichem, finanziell jedoch dürftigem Erfolg. Als ein Pionier west-östlicher Symbiose auf musikalischem Gebiet war er seiner Zeit um viele Jahre voraus. Allerdings kann er noch nicht mit dem großen Enthusiasmus einer späteren globalisierten Gesellschaft und vor allem nicht mit ihrer spendierfreudigen Gönnerschaft für exotisch inspirierte, multikulturell angehauchte Klänge aus Übersee rechnen. Dafür knüpft er einige Kontakte in der jüdischen Gemeinde von Portland in Oregon, die ihm später im Verlauf seiner Karriere in China dienlich sein sollten. Avshalomov hat wohl insgeheim gespürt, dass sein Sein und Werden unzertrennbar mit seiner physischen Existenz im Reich der Mitte zusammenhängen. Nur dort kann er finden, was er sucht, allerdings im Bewusstsein, dass er als Schüler auch sein eigener Lehrer ist:

> »I have had no noted teachers, and inasmuch as my whole output is Chinese in character and represents an attempt at the fusion of Chinese thematic and rhythmic elements with the Western media, I had to teach myself through trial and error the hows and whys of the specific musical task. For it was not of the variety inspired by a trip around the world, but came as a circumstance of my environment in which I found the dialect of Chinese music to be the most natural to me.«[635] [Ich hatte nie berühmte Lehrer, und da mein gesamter Ertrag von seinem Charakter her chinesisch ist und gleichzeitig den Versuch darstellt, thematische und rhythmische Elemente aus China mit westlichen Mitteln zu verschmelzen, so musste ich mir selbst – durch ein Prozess des Ausprobierens – das Wie und Warum dieser spezifischen musikalischen Aufgabe beibringen.]

1929 zieht es Avshalomov wieder ins Reich der Mitte. In Peking saugt er buchstäblich jeden durch Menschenohr wahrnehmbaren Laut in sich hinein: die Schreie der wandernden Straßenverkäufer, die Glockenklänge der zahlreichen Tempelanlagen sowie die volltönenden Tuba- oder Schlag- und Rohrblattinstrumente der auf Trauerzügen spielenden Musikanten. Und wenn er einmal ganz großes Glück hat, hört er die hellen, fröhlichen Töne eines einsamen Flötisten oder die kratzenden Klänge eines auf einer Erhu, der zweiseitigen, vermutlich aus Norchina stammenden Kniegeige, fiedelnden Amateurmusikers. Die Verarbeitung dieser morgendlichen und abendlichen Spazier- und Hörgänge durch das Labyrinth der Gassen von Chinas Hauptstadt mündet schließlich 1934, Avshalomov war inzwischen nach Shanghai umgezogen, in den »Hutongs of Peking«, einer zwölfminütigen Tondichtung.

»Hutongs of Peking« war für ein volles westliches Orchester komponiert, allerdings unter Zuzug chinesischer Schlaginstrumente und einer besonderen Art von Stimmgabel, wie Avshalomov sie nannte (Chinesisch: huantou). Hausierende Haarschneider kündigten mit diesem Instrument oder besser Werkzeug, welches ein anhaltendes Summen hervorbrachte, im Peking der damaligen Zeit in der Regel ihr Kommen und Gehen an. »The purely Chinese character of this composition, the humor of the nation, the (feminine) contemplative melancholy, the ancient peacefulness are heard here in the themes and rhythms.«[636] [Der rein chinesische Charakter dieser Komposition, der Humor der Nation, die (feminine) besinnliche Melancholie, die alte Ruhe – all dies offenbart sich in den Themen und Rhythmen.]

Die Wahrnehmung und Assoziierung spezifisch ethnischer, in diesem Falle nordchinesischer Klänge brachte es mit sich, dass Avshalomovs Tondichtung im Westen Jahre nach der Erstaufführung in Shanghai mit Ottorino Respighis »Römische Pinien« oder Alexander Borodins »Eine Steppenskizze aus Mittelasien«

verglichen wurde.[637] Seit Mitte der 1920er Jahre hat sich Avshalomov darum bemüht, Geist und Seele chinesischer Musik mit Hilfe westlich geprägter Textur und deren orchestraler Prägung zu vermitteln.

> »Since the technique of composition and musical instruments are only material means of expression, I used those which are universally adapted, taking care that the spirit and the soul of the country should be reflected in my music.«[638] [Weil ja Kompositionstechnik und musikalische Instrumente lediglich materielle Mittel des Ausdrucks sind, verwendete ich diese, welche universal angepasst sind. Allerdings sorgte ich dafür, dass sich Geist und Seele des Landes in meiner Musik widerspiegeln.]

Im Jahre von Hitlers Machtübernahme wird in Shanghai Avshalomovs erstes Pantomimen-Ballett, »*The Soul of Ch'in*« [Qin], inszeniert, ein Stück, das er während seines kurzen Amerika-Aufenthalts Mitte der 1920er Jahre komponiert hat. Über das Konzert im Grand Theatre, das die westliche Presse der Metropole über alles lobt,[639] äußert sich auch ein chinesischer Musikkritiker. Er preist den Wert dieses Werkes nicht nur aus musikalischer, sondern auch aus historischer Sicht. Avshalomov habe den Chinesen den Weg für die Zukunft ihrer eigenständigen Musik aufgezeigt, und dafür seien sie ihm dankbar. Allerdings empfinde er es als Schande [shame], »as it is we who ought to have accomplished this task and not Mr. Avshalomoff«[640] [da wir (Chinesen) diese Aufgabe hätten vollbringen müssen und nicht Herr Avshalomov]. Dem wiederum stimmt Avshalomov lediglich begrenzt zu. Viel wichtiger scheint es ihm zu sein, dass die chinesische Musik einen eigenen Weg geht, unabhängig von westlichen Einflüssen:

> »The corruption in the form of Jazz and other banal Western music which has influenced the minds and emotions of the young will have to be fought against by widening the standard of musical appreciation among the masses, by directing their attention to the best Western music and to the appreciation of the folk music of China as well as the music of the Chinese theatre.«[641] [Die Verdorbenheit in Form von Jazz und anderer banaler westlicher Musik hat die Denkweise und Gefühle der jungen Generation (in China) beeinflusst. Dagegen muss mit einer Erweiterung der Maßstäbe für ein erhöhtes musikalisches Verständnis unter den Massen gekämpft werden, etwa dadurch, dass man die jungen Leute auf die beste westliche Musiktradition aufmerksam macht und sie die chinesische Volks- und Theatermusik schätzen lehrt.]

Auch in diesem Fall – die gegenwärtige Entwicklung ist selbstredend – verfügte Avshalomov über prophetische Eigenschaften, die er selbst womöglich auf seine Herkunft zurückgeführt hätte, wäre er darauf angesprochen worden: »Although one does not have to be religious, one must be a Jew if born a Jew. We should not let others impose their ›civilization‹ on us when we have so much of our own.«[642] [Auch wenn man nicht religiös zu sein braucht, muss man Jude sein, wenn man als Jude geboren ist.

II. Individuen, Biographien und Lebenswelten

Wir sollten uns die Zivilisation anderer nicht aufdrängen lassen, wenn wir selbst so viel davon besitzen.] Genau dieses Recht oder diese Pflicht, die Werte der eigenen Kultur zu bewahren und zu entwickeln, hat Avshalomov in seinem musikalischen Schaffen den Chinesen immer wieder ans Herz gelegt:

> »The present generation in China is so much influenced by all this that within a decade or two it may ›Europeanize‹ Chinese musical activity entirely. If this happens we should regret that classical Chinese music would no longer exist to serve as a basis for building a truly Chinese modern music.«[643] [Die jetzige Generation in China ist so von allem (Westlichen) beeinflusst, dass innerhalb eines oder zweier Jahrzehnte Chinas Musik vollständig europäisiert sein wird. Wenn dies geschieht, werden wir es bereuen, dass keine klassische chinesische Musik mehr existiert, die als Grundlage dienen könnte, eine wahrhaft moderne chinesische Musik zu entwickeln.]

Zu Beginn der 1930er Jahre wird Avshalomov vom Shanghai Municipal Council zum Leiter der städtischen Bibliothek ernannt, eine Position, die ihm nicht nur eine Verbesserung der finanziellen Situation beschert, sondern ihn auch in Kontakt mit berühmten oder auch berüchtigten Besuchern der Huangpu-Metropole bringt: Somerset Maugham, Aldous Huxley, Pearl S. Buck oder eben auch Trebitsch-Lincoln. Um 1935 komponiert Avshalomov ein Klavierkonzert mit chinesischen Themen und Rhythmen, inspiriert durch einen längeren Aufenthalt am Westsee in Hangzhou, wo einst vor Jahrhunderten kunstsinnige Literaten und reiche Händler die Szene bestimmten und wo noch heute auf den kleinen Inseln Pavillons, Lustgärten und mit Lotosblumen bedeckte Teiche zum Verweilen einladen. Allerdings währt die Idylle für Avshalomov nicht lange: Die drohende Kriegsgefahr im Fernen Osten wirkt auch auf ihn, in psychischer und finanzieller Hinsicht. Seinem inzwischen in die USA emigrierten Sohn Jacob schreibt er 1938, dass seine Nerven angespannt seien, er sich verloren fühle und keine Energie habe, etwas Neues zu komponieren: »It is terrible here, the town is crowded, speculation in every commodity, beggars, illness, gloom, bombs daily on the streets, suicides, crime of every description ... no place to go to take fresh air – there is none.«[644] [Es ist schrecklich hier, die Stadt ist überfüllt. Spekulation, Bettler, Krankheit und Finsternis, Bomben auf die Straße jeden Tag, Selbstmorde, Kriminalität überall ... Kein Platz um frische Luft zu atmen, gar keiner.]

Einzigen Trost und seelische Rettung findet Avshalomov in der Musik: Er komponiert die Oper »*The Twilight Hour of Yang Kuei Fei*« nach der Geschichte der kaiserlichen Konkubine Yang Guifei sowie das Ballett »*Buddha and the Five Deities*«. Auch Begegnungen und Diskussionen über musikalische Themen mit den jüdischen Flüchtlingen aus Europa, unter denen es nicht wenige Musiker hat, geben Avshalomov einen kleinen Lichtblick in seinem sonst eher düsteren Shanghaier Alltagsleben. Und immer wieder ist es die chinesische Musik – deren Wirkung auf das menschliche Gemüt bereits in der Zhou-Zeit (1100 bis 256 v. Chr.) als gesicherte Erkenntnis gilt –, welche Avshalomov Kraft für weitere Aktivitäten verleiht. So etwa schreibt er das Vorwort für das Konzertprogramm anlässlich der Aufführung eines

Grand Concert of Classical Chinese Music, organisiert im April 1941 vom Chinese Music Research Institute.[645] Und wie seine Landsfrau Anna Ginsbourg gehört auch Avshalomov der völkerverbindenden International League of Cultural Co-operation an.

Den Höhepunkt seiner musikalischen Karriere erreicht der von seinen chinesischen Freunden »Afu xiansheng« [Herr Afu] genannte Avshalomov mit seiner 1945 im Shanghaier Lyceum Theatre aufgeführten Oper »*The Great Wall*« oder »*Meng Jiang Nü*«, wie das Werk in chinesischer Sprache auch genannt wird. Die Handlung der Oper spielt in der Qin-Dynastie (221–206 v.Chr.), als Chinas erster Kaiser Qin Shi Huangdi seinen Untertanen befiehlt, die Große Mauer zu bauen (diese Version stammt aus der Tang-Dynastie). Unter ihnen befindet sich auch der Gatte von Meng Jiang Nü. Nachdem seine Frau mehrere Jahre nichts von ihm gehört hat, macht sie sich auf die beschwerliche Suche nach ihrem Gemahl und findet schließlich heraus, dass dieser die Mühsal und die Qualen, die der Bau dieses gigantischen Projektes mit sich brachte, nicht überlebt hat. Schmerz und Leid von Meng Jian Nü sind so groß, dass als sie weint, die Große Mauer zusammenbricht – ein offensichtliches Symbol für den Untergang der Tyrannei. Wie bereits in früheren Werken setzt Avshalomov alles daran, in diesem Opus östliche und westliche Welten zu verbinden:

> »The time has now come to search the ways for the Chinese classical drama to reflect the present civilization and to advance toward universal appreciation. The Great Wall is an experiment in this direction, conceived as a dramatic synthesis in which the elements of purely musical thought, poetic and vocal speech, pantomime and dancing are combined into a monolithic whole. The idiom of the music, acting, dancing and speech is basically that of the Chinese classical drama, and represents native spirit, while technique of composition and method of presentation are foreign.«[646] [Die Zeit ist jetzt reif dafür, Wege für das klassische chinesische Drama zu suchen, welche es erlauben, die jetzige Zivilisation widerzuspiegeln und überall auf der Welt Würdigung zu erfahren. ›Great Wall‹ ist ein Experiment in dieser Richtung, gedacht als eine theatralische Synthese, in der Elemente rein musikalischer Überlegung, dichterischer und stimmlicher Sprache, Pantomime und Tanz in einem monolithischen Ganzen aufgehen. Die Ausdrucksweise der Musik, der Schauspielerei, des Tanzens und der Sprache entsprechen grundsätzlich dem klassischen chinesischen Drama, und sie verkörpern den einheimischen Geist, wobei lediglich die Kompositionstechnik sowie die Methode der Darbietung fremdländisch sind.]

Obwohl das Werk nach Ansicht Avshalomovs ein finanzieller Fehlschlag ist, zeigen sich die meisten Kritiker aus West und Ost von der Erstaufführung der Oper angetan. »Richly inspired, full of artistic distinction«, notiert beispielsweise der »Shanghai Herald«. »The Show is of considerable value«, heißt es in der »Shanghai Evening Post«. »Avshalomoff's ›Great Wall‹ reaches the top of the music-drama world ... and impressses our hearts deeply«, schreibt ein Kritiker in der Nanjinger Zeitung »New China Daily

News«.[647] Einige chinesische Rezensionen haben vor allem deshalb etwas an »The Great Wall« auszusetzen, weil sie das Werk mit dem klassischen chinesischen Drama vergleichen. Es gab keine Einzelrolle für einen Star wie etwa Mei Lanfang, was der Tradition entsprochen hätte. Avshalomovs Idee war es jedoch, jedem einzelnen Sänger oder Schauspieler eine eigene wichtige Rolle zuzuweisen. Ebenso ging die Zusammenstellung des Orchesters weit über die Kombination einiger einfacher Instrumente wie Gong, Trommel oder Erhu hinaus. Die Hauptrolle, Meng Jiang Nü, verkörperte nicht die alleinige Zurschaustellung von Stimme und Gebärde, wie das bisher üblich war, sondern hatte zusätzlich Trägerin einer Idee zu sein. Gemessen an der Aufführung einer Peking-Oper, musste bei »The Great Wall« zwangsläufig alles falsch und drittklassig wirken, doch – so ein anonymer chinesischer Kritiker – »if we wish to open wide the window for a new form of theatrical art ... we should recognize, that with all the shortcomings, Mon Chang Nyu (Meng Jiang Nü – Anm. d. Verf.) is a worthwhile experiment in the direction of re-construction of Chinese theatre on a national basis«[648] [wenn wir das Fenster für eine neue Form von Theaterkunst öffnen wollen, dann müssen wir anerkennen, dass Meng Jiang Nü trotz aller Unzulänglichkeiten ein lohnendes Experiment in Richtung einer Wiederherstellung des chinesischen Theaters auf nationaler Basis darstellt].

Avshalomov hatte in der Tat einen beträchtlichen Aufwand in seine Oper investiert: Er studierte eingehend Kleider, Frisuren und Ausstattungsgegenstände jener Zeit, um die Requisiten so wirklichkeitstreu wie möglich anzufertigen. Kostüme wurden eigens in Suzhou gestickt, die Suche nach alten Instrumenten wurde intensiviert, und selbst damalige Grabsteine und Schnitzereien wurden gründlich erforscht. Avshalomov wollte nichts dem Zufall überlassen, er wusste um die Bedeutung seines Werkes für ihn persönlich wie auch für die chinesische Theaterkunst. Unter den Zuhörern der in Shanghai und Nanjing einige Male aufgeführten Oper befanden sich denn auch etliche in- und ausländische Würdenträger, darunter Chiang Kai-shek und seine Frau, die amerikanischen Generäle Wedemeyer und Marshall sowie Madame Sun Yat-sen. Sie schrieb Avshalomov später: »I have enjoyed it more than I can say, and I am very grateful to you for creating such a rare treat. I am hoping that it will be possible to arrange another performance very soon, for there must be many people who are eager to see this oeuvre where East and West blend so perfectly.«[649] [Ich habe die Aufführung mehr genossen, als ich ausdrücken kann, und ich bin Ihnen dankbar, dass Sie einen solch seltenen Leckerbissen produziert haben. Ich hoffe, dass es bald möglich ist, eine weitere Aufführung zu organisieren, denn es dürfte viele Leute geben, die begierig darauf sind, dieses Opus zu sehen, in dem sich Ost und West in perfekter Weise vermischen.]

Weiter gab Madame Sun der Hoffnung Ausdruck, dass Avshalomov mit seiner Theatergruppe bald auf USA-Tournee gehen würde, um dem amerikanischen Publikum China näherzubringen. Doch rechnete der russischstämmige Jude Avshalomov wohl noch nicht damit, dass dadurch auch viele Fragen zu seiner politischen Einstellung aufgeworfen werden würden. Was ihm, inzwischen Sowjetbürger geworden, noch mehr Unbehagen bereitet haben dürfte: Es war der kommunistische Untergrund, der

Die Alteingesessenen: jüdische Old China Hands

in den 1930er Jahren Verbindung mit ihm aufgenommen und ihn zur Zusammenarbeit aufgefordert hatte. War er nicht ein Freund von Nie Er, dem revolutionären Komponisten, der die Musik zum »Marsch der Freiwilligen« schrieb, der später zur Nationalhymne der Volksrepublik erhoben wurde? Und ähnelte »The Great Wall« nicht sehr der kommunistischen Propagandaoper »Das weißhaarige Mädchen« (»Bai mao nü«), die im fernen Yan'an etwa zeitgleich aufgeführt wurde?[650] So oder so verschlechterten sich mit dem sich intensivierenden Bürgerkrieg auch Avshalomovs Lage beziehungsweise seine Möglichkeiten, ein Visum für die Ausreise in die USA zu erhalten.

Immerhin besitzt Avshalomov noch die Unterstützung von Madame Sun, deren Hand ihn vor direkter Verfolgung durch die Guomindang-Leute schützte. Dessen ungeachtet setzt der von Madame Chiang für die »Betreuung« des Künstlers abkommandierte General alles daran, die von Avshalomov so ersehnte Tournee in den USA zu verhindern. Zwar hat der gefeierte Komponist inzwischen die Leitung des Shanghai Municipal Orchestra von Mario Paci übernommen, der der Kollaboration mit den Japanern beschuldigt worden war. Doch fühlt sich Avshalomov innerlich zerrissen: »I must be very careful when choosing between Madame Sun and Madame Chiang. What a life, Oh Boy ...«[651] [Ich muss sehr vorsichtig sein, wenn ich zwischen Madame Sun und Madame Chiang wählen muss. Was für ein Leben, oh Boy!] Der langjährige Aufenthalt in China hat sein Herz und seine Seele dem Land geöffnet, vor allem dessen Musik. Umso schmerzlicher musste es ihm erscheinen, dass es für ihn keine Zukunftsperspektiven mehr gab. Die chinesische Staatsbürgerschaft, die ihm angeboten wird, will er nicht annehmen, um den Launen der Guomindang nicht völlig ausgeliefert zu sein; auf die sowjetische möchte er aus ähnlichen Gründen nicht verzichten.

Avshalomov spürt mehr und mehr, dass seine Zeit in China abläuft, ohne zu wissen, wie und wo es weitergeht. Madame Chiangs mit der »Betreuung« Avshalomovs beauftragter General geht so weit, von diesem zu fordern, seinen Namen als Komponist der Oper »The Great Wall« zu entfernen.[652] Der angesehene Künstler landet buchstäblich zwischen zwei Stühlen: Die Guomindang bezichtigt ihn der Nähe zu den Kommunisten; diese wiederum verhehlen nicht ihren Missmut über seine Kontakte zu Madame Chiang, die sich – zumindest gegen außen – für eine USA-Tournee des Künstlers einsetzt. Schließlich empfinden die amerikanischen Behörden auf dem Konsulat trotz Bedenken (»Sie waren zu aktiv in der lokalen sowjetischen Gemeinde«) Mitleid mit einem Mann, der fast sein gesamtes Leben in den Dienst chinesischer Musik und ihrer Erneuerung durch westliche Formen und Mittel gestellt hat. In Avshalomovs Leben, der 1965 in New York stirbt, scheint nach taoistischem Prinzip der Weg das Ziel gewesen zu sein. Noch aus China schrieb der Musiker einst:

> »In the beginning this ideal seemed within an easy reach. I will not say so now. On every turn of my musical road I found new barriers to be overcome. Be as it may, I have arrived only now to the foot of the mountain on the summit of which there stands the magnificent Chinese Theatre, with its traditions rooted in antiquity.«[653] [Am Anfang schien dieses Ideal (für Avshalomov stellte

die chinesische Musik ein Vorbild für sein Schaffen dar, von dem er sich seit seiner Jugend angezogen fühlte – Anm. d. Verf.) in greifbarer Nähe zu sein. Heute kann ich das nicht mehr sagen. An jeder Kreuzung meiner musikalischen Straße stieß ich auf neue Hindernisse, die es zu überwinden gab. Wie dem auch sei: Ich bin heute am Fuße des Berges angekommen, auf dessen Gipfel das großartige chinesische Theater steht, mit all seinen Traditionen aus dem Altertum.]

Hätte Avshalomov die Übergabe Hongkongs an China 1997 miterlebt, wäre er angesichts der musikalischen Zeremonie wohl zur Überzeugung gelangt, das Reich der Mitte habe seine eigenen Traditionen aufgegeben: keine Pentatonik (fünfstufige Tonleiter), welche durch das Fehlen von Halbtonschritten der Musik einen schwebenden Klangausdruck verleiht, dafür westlich geprägte Harmonien; keine chinesisch inspirierte Theatervorstellung, jedoch modifizierte russische Ballettszenen; und nicht die charakteristischen chinesischen Instrumente: »dizi« (Flöte), »sanxiang« (Zupfinstrument mit drei Saiten) oder »sheng« (Blasinstrument mit einem Mundstück und 13 bis 19 orgelpfeifenartig angebrachten Flöten), sondern Querflöte, Posaune und Violine. Avshalomov hätte die Verschiedenheit von östlicher und westlicher Musik gekannt und fruchtbar gemacht.

Chinesische Interessen ganz anderer Art verfolgt der 1911 im sibirischen Kainsk geborene *Benjamin Michael Levaco*. Nachdem sich seine Eltern ursprünglich in Harbin niedergelassen haben und sein Vater nach der russischen Oktoberrevolution im japanischen Yokohama ein florierendes Unternehmen aufgebaut hat, dieses jedoch während des großen Erdbebens 1923 völlig zerstört worden ist, versucht die Familie abermals einen Neuanfang in China, dieses Mal in Tianjin. Benjamins Vater wird rasch Besitzer eines erstklassigen Geschäfts für Herrenartikel, was es ihm ermöglicht, seine Söhne in die britische Schule zu schicken. Nach Schulabschluss arbeitet Benjamin Michael Levaco für eine amerikanische Firma, die sich, wie so viele andere damals in Nordchina auch, auf die Herstellung von Darmhäuten zur Wurstverarbeitung spezialisiert hat. Durch diese Tätigkeit lernt Levaco wie nur ganz wenige in den Vertragshäfen lebende Ausländer das Alltagsleben der Chinesen kennen. Als Einkaufsleiter, der auch in der chinesischen Sprache bewandert ist, reist er ausgiebig ins Innere Chinas, mehrere Male auch in die Mongolei.[654]

Levaco macht nächtliche Bekanntschaften mit dem Banditentum, das Owen Lattimore als »eine der größten Seuchen des modernen China« bezeichnet hat.[655] Auf seinen Reisen schläft er auf Kangs, den aus Ziegeln gemauerten heizbaren Schlafbänken, oder in Jurten, runden, mit Filzdecken belegten Zelten der Nomaden Zentralasiens, Nord- und Westchinas. Mit seinen Geschäftspartnern raucht er die Opiumpfeife, isst kulinarische Delikatessen wie Bärentatzen und Lammaugen, vergnügt sich mit Sing-Song-Mädchen oder besucht private Badehäuser, »not my cup of tea by any means«[656] [überhaupt nicht mein Fall]. Ein Abenteurer der noch unüblicheren Art erlebt Levaco 1926 auf seinem Weg zum Himmelstempel in Peking, dessen majestätische Pracht in den Augen des Jungen mit dem grausamen Schauspiel einer Hinrichtung besonders stark kontrastiert haben dürfte.[657] Ein Jahr vor dem Japanisch-

Chinesischen Krieg zieht er nach Shanghai, wo er eine Zweigstelle der amerikanischen Firma aufbaut. Nach dem Ende des Weltkrieges eröffnet Levaco in der Huangpu-Metropole eine eigene Fabrik, von deren Erfolg er allerdings nur gerade bis 1949 profitiert. Danach verlässt er, wie die Mehrheit der Ausländer, das Land, das ihm dreißig Jahre Jahre lang Ersatzheimat war:

> »As a nation they are tolerant, honest, hardworking and loyal as friends, and regardless of what the politics of the ruling body may be, I personally experienced that as individuals it is difficult to find a more friendly group and that my thirty-odd years in China were the most pleasant, carefree, productive and beneficial years of my life.«[658] [Als eine Nation sind die Chinesen tolerant, ehrlich, arbeitsam, als Freunde loyal; und wer auch immer China regiert, ich selber machte die Erfahrung, dass es schwierig ist, eine freundlichere Gruppe von Individuen zu finden. Mein ungefähr 30-jähriger Aufenthalt in China waren die angenehmsten, sorglosesten, produktivsten und nützlichsten Jahre meines Lebens.]

»*China Dreams*« [Träume über China] nennt die 1929 in Tianjin geborene *Isabelle Zimmerman* die biographischen Aufzeichnungen über ihre Erfahrungen im Reich der Mitte.[659] Der Titel ist zweideutig, die damaligen Zeiten hätten auch die Übersetzung »China träumt« gerechtfertigt. Erinnerungen und Phantasien gehen fließend ineinander über. Gedanken zur Pubertät, zu fehlbaren Eltern und anderen mit der Kindheit im Zusammenhang stehenden Situationen ähneln dem Tagebuch der Anne Frank, auch wenn sich Isabelle nicht zu verstecken braucht. Allerdings kommt sie sich als russisch-jüdisches Mädchen im nordchinesischen Vertragshafen dreifach fremd vor. Und ähnlich wie Georges Spunt in Shanghai betrachtet sie ihre nähere Umgebung mit Kinderaugen, denen das Wesentliche nicht zu entgehen scheint.

Ein eigenes Kapitel widmet Isabelle Zimmerman ihrer Amah. Diese, seit ihrer Jugend mit gebundenen Füßen verunstaltet, ist für das Kleinkind da, wann immer nötig. Trotz des engen Verhältnisses bleibt sie für die Ausländerin namenlos. In einem Albtraum der Kleinen zerhackt sie den vom Vater nach Hause gebrachten Welpen, in der Art, wie sie gewöhnlich das Gemüse fürs Abendessen zubereitet. In Isabelles Traum beklagt Amah sich bei einer Gruppe von gesichtslosen Frauen, dass der Hund der weißen Leute ihr das Leben vermiest habe. China, so hört Isabelle die Stimme ihres Vaters, sei ein gottverlassenes Land, für Ausgestoßene oder staatenlose Flüchtlinge. Aber das Leben sei gut hier, einfach und gut, erwidert Mutter. Isabelle erinnert sich auch an die Sommerferien in Beidaihe, an den Bungalow am Gelben Meer, den chinesischen Strandhausierer, der Puppen aus Mehl und Wasser formt, um die Aufmerksamkeit der Weißen zu erwecken, »but we pretend to sleep and ignore him«[660] [aber wir geben vor zu schlafen und ignorieren ihn].

Das Kind macht die Bekanntschaft mit einer Engländerin, die sie einlädt, mit ihr die »Chinesenstadt« zu besuchen, doch sind ihre Eltern dagegen: Zu viele Diebe, zu dreckig! Zuletzt nimmt sich Isabelle immerhin vor, mit dem in Lumpen gehüllten chinesischen Bettler, der gegenüber ihrem Haus an der Straßenecke schläft, zu sprechen und ihn nach seinem Namen zu fragen. Ob dieser Vorsatz in die Praxis umgesetzt wird, erfährt der Leser nicht.

Mit den anrückenden kommunistischen Truppen geht auch für die Familie Zimmerman die orientalische Odyssee ihrem Ende entgegen. Tsui, der persönliche Rikscha-Boy, fährt Vater Zimmerman ein letztes Mal zum schweizerischen Generalkonsulat, wo dieser in den vergangenen fünfzehn Jahren gearbeitet hat. Dann die letzten praktischen und zugleich schwierigsten Schritte, nämlich die Einholung der Erlaubnis, China zu verlassen und den Weg in die Freiheit anzutreten. Vater und Tsui stoppen vor dem imposanten Elgin-Gebäude, benannt nach Lord Elgin, der 1858 den britisch-chinesischen Vertrag von Tianjin unterzeichnet und zwei Jahre später seinen Truppen den Befehl gab, die exquisite Sommerresidenz der Qing, den Yuanmingyuan bei Peking, zu zerstören. Am Elgin-Gebäude zu Tianjin trennen sich Ost und West, um für die nächsten Jahrzehnte gesonderte Wege zu gehen: »My father does not remember if he said good-bye to Tsui. They may have changed glances ... Tsui disappeard around the corner.«[661] [Mein Vater erinnert sich nicht, ob er Tsui ›Auf Wiedersehen‹ sagte. Vielleicht haben sie Blicke gewechselt ... Tsui verschwand um die Ecke.]

Informationsbüro für Emigranten: Daljewcib

Auch der 1891 im litauischen Ponevech geborene *Meyer Eliash Birman* (Meir Birman) war schließlich froh, China gerade noch vor Ankunft der Volksbefreiungsarmee verlassen zu können. »Herr Birman musste ... vor den Kommunisten fliehen. Es gelang ihm, buchstäblich mit dem letzten Flugzeug Shanghai zu verlassen. Hätte es dieses große Glück nicht gegeben, wäre er vernichtet worden, da er ... den Ruf hatte, Sprecher für einen demokratischen Standpunkt zu sein.«[662] Doch der Weg nach Westen war für Birman steinig: Australien wollte ihm trotz seiner Freundschaft mit dem Generalsekretär der Australian Jewish Welfare Society kein Visum geben; die Reise zurück in die Sowjetunion war für ihn ausgeschlossen; schließlich erhielt er dank verschiedener Empfehlungen jüdischer Mitbürger die Genehmigung, nach Amerika auszureisen, nachdem er anfänglich unter Verweis auf die lettische (!) Quote abgewiesen worden war.[663]

Birmans Verhältnis zu China war distanziert, obwohl er mehr als dreißig Jahre lang im Reich der Mitte lebte. Mit einer einfachen Ausbildung an einem Cheder ausgestattet, studierte er – autodidaktisch – umso fleißiger den Talmud und seine Kommentare. Nach einem Erlass des Zaren im Jahre 1915, wonach die jüdische Bevölkerung ins russische Hinterland zu deportieren sei, verließ er Wilna, das Zentrum kultureller, theologischer und politischer Auseinandersetzungen, Richtung Südrussland, bevor er nach dem nächsten Schock, der Oktoberrevolution, seine Lebensreise in den Fernen Osten fortsetzte. In Harbin wurde er Geschäftsführer des jüdischen Zentralinformationsbüros für Emigranten im Fernen Osten (Daljewcib), einer Filiale der jüdischen Emigrantenhilfsorganisation HICEM.[664] In dieser Funktion hatte er zu Beginn unter anderem die Aufgabe, Transit- und Emigrationswege für »gestrandete« jüdische Kriegsgefangene in Sibirien und der Mandschurei zu finden und später, infolge der Geschehnisse in Deutschland, »die jüdischen Organisationen in Mitteleuropa über die Möglichkeiten der Emigration nach Shanghai beziehungsweise die Weiterreise in Überseeländer via Japan zu informieren«.[665]

Zu Birmans Tätigkeitsbereich gehört es auch, die ökonomischen Bedingungen für europäische Flüchtlinge und Arbeitsuchende in den Weiten Chinas auszuloten. Doch merkt er bald, dass die Mehrheit von ihnen »sich nicht an die speziellen Anforderungen der vielen Millionen von chinesischen Konsumenten anpasst und von den neuen Herren des Landes (gemeint sind die japanischen Besatzungstruppen in der Mandschurei – Anm. d. Verf.) hinausgedrängelt werden«.[666] Birman weiß um die beruflichen Fähigkeiten und Vorlieben seiner Glaubensbrüder, und umso schwieriger erscheint es ihm, den Aufbau jüdischer Existenzen im Fernen Osten, zumindest im äußersten Norden Chinas, aktiv zu fördern. Auch weist er in seiner Korrespondenz mit seinen Vorgesetzten in Paris darauf hin, dass die Mehrheit der Juden in China, mit Ausnahme einiger »geschickter« Einzelpersonen, kaum in Berührung mit den Einheimischen kommt. Überdies stößt sich Birman daran, dass bei den Ärzten nicht dringend benötigte Spezialisten, sondern zweitrangige oder gar unqualifizierte Mediziner den Weg nach China gefunden haben.

Mit der Zunahme des Flüchtlingsstroms aus Nazi-Deutschland ist jedoch auch Birman, der 1939 sein Büro nach Shanghai verlegt hat, gezwungen, für jede Art hilfsbedürftiger und arbeitsuchender Juden nach freien Ecken und Tätigkeitsbereichen im Riesenreich zu suchen: Für die seit 1938 unter japanischer Kontrolle stehenden Gebiete Chinas benötigen Staatenlose und Besitzer eines Passes mit dem J-Stempel eine Spezialgenehmigung der japanischen Militärbehörden. Das gilt für ganz Nordchina, inklusive der Provinz Shandong, aber auch – mit etwas anderen Auflagen – für Manchukuo. Auch Hankou fällt aus ähnlichen Gründen weg, und in der portugiesischen Kolonie Macao sieht Birman für jüdische Geschäfte ebenfalls keine rosige Aussicht.[667] Selbst über die Lage in Dalian (Dairen) und Yantai (Chefoo) zieht Birman Erkundigungen ein, doch ergibt sich ein ähnlich düsterer Ausblick.

Während der Kriegsjahre unterhält Birman, der seinen chinesischen Angestellten regelmäßig etwas Geld zur Feier des Neujahrs überreicht, engen Kontakt mit anderen Hilfskomitees sowie mit dem Internationalen Roten Kreuz, das ihn in einem Brief als »gentleman of the highest integrity« bezeichnet. Im Gegensatz zu vielen anderen Ausländern will er – zumindest unmittelbar nach seinem Verlassen Shanghais – nichts von chinesischen Aggressionen gegenüber Westlern gehört haben: »Es mögen hier und da kleinere Ausschreitungen der nationalistischen Soldateska vorgekommen sein, aber von wirklichen Plündereien und Unruhen … kann man ernstlich nicht sprechen.«[668] Und selbst für seine geistigen Gegner fand Birman am Ende seines China-Aufenthaltes keine schlechten Worte: »Uns haben auf komplizierten Umwegen häufig Nachrichten aus anderen chinesischen Städten … erreicht, die alle

II. Individuen, Biographien und Lebenswelten

darin übereinstimmen, dass die Fremden nach der Besetzung durch die chinesischen Kommunisten im wesentlichen in Ruhe gelassen worden sind.«[669]

Der 1923 in Harbin geborene *Jaacov Liberman* stellt ein anschauliches Beispiel dafür dar, dass Einstellungen China gegenüber Änderungen unterworfen sein können. Erwachsenwerden sowie die Distanz zum Objekt schaffen eine gewisse Reife, die sich in einer verstehenden Reflexion über den beobachteten Gegenstand ausdrücken kann. Liberman, ein Kind von Eltern der Mittelklasse und erzogen von einer »njanja«, dem typisch russischen Kindermädchen, realisierte erst im Prozess seines Heranwachsens, dass er eigentlich einer Minderheit angehörte: »Als ich älter wurde, wunderte ich mich oft, was die chinesische Bevölkerung tat, während wir fortsetzten, das Leben in dieser Stadt zu genießen ... Kaum ein chinesischer Jugendlicher teilte unsere Aktivitäten mit uns. Und die Erwachsenen schienen außer Sichtweise zu sein, um uns, ihre Gäste, in absoluter Privatheit zu lassen.«[670]

Mahjongg

In Libermans autobiographischer Rekapitulation »*My China*« wird insbesondere der Geschichte sowie den sportlichen, kulturellen und politischen Tätigkeiten seiner jüdischen Umgebung breiter Raum eingeräumt: »Beitar«, »Bar Mizwa«, »Makkabi«, »Irgun« und andere Ausdrücke aus dem Hebräischen haben sich in den Erinnerungen Libermans festgesetzt. Daneben und gleichwertig steht der Bezug zum Russischen, hauptsächlich, wenn es um kulinarische Genüsse geht: »pelmeni« (mit Fleisch gefüllte Klößchen), »bubliki« (Kringel), »kuropatki« (eine Art kleine Hühnchen aus dem russischen Norden) und so weiter. Chinesisches wird, wie so oft in der Erinnerung der in China aufgewachsenen Westler, mit nicht viel mehr als »mahjongg« gleichgesetzt, das mit Vorliebe von den jüdischen Frauen gespielt wurde, nicht zuletzt wohl, um ihre Langeweile in Grenzen zu halten. Immerhin wird Liberman dank verschiedener Reisen und Aufenthalte an anderen Orten – Shanghai, Tientsin und Tokio etwa – Unterschieden innerhalb der chinesischen Rasse selbst gewahr, was angesichts der westlichen Stereotypisierung über die »chinesische Masse« doch schon etwas bedeutete: »Innerhalb Chinas bemerkte man ohne weiteres Unterschiede zwischen den Chinesen in Harbin und denjenigen aus Shanghai. Die Chinesen im Norden scheinen sanfter im Charakter zu sein, weniger ehrgeizig und offensichtlich langsamer im Leben als ihre Mitbürger im Süden.«[671]

Liberman hat, wie die Mehrheit der einst im Reich der Mitte lebenden Westler, einen erstaunlichen Lebensweg hinter sich. Am auffallendsten bei der schier endlosen Reise des jungen Mannes ist wohl dessen Aufenthalt im koreanischen Pjöngjang. Dorthin schicken ihn seine Eltern im Jahre 1936 zusammen mit einem Freund zur Ausbildung in einer protestantischen Missionarsschule der Amerikaner. Im bequemen Nachtzug dauerte die Reise über Mukden und Antung (Dandong) an der chinesisch-koreanischen Grenze genau fünfzehn Stunden: »Erobert von ein und derselben Nation (Japan – Anm. d. Verf.) und getrennt durch die Grenze bei Antung, waren die beiden Völker äußerst verschieden«, konstatiert er später.[672] Nach seiner Rückkehr nach China lebt Liberman in Shanghai, bevor er 1947 schließlich, zwei Jahre vor seiner Ausreise nach Israel, für kurze Zeit auf Taiwan als Verkaufsleiter für das Filmunternehmen Warner Brothers tätig ist. Liberman benötigt Lebenserfahrung, Distanz und einige Jahre Zeit, um die Befindlichkeit während seiner Jugend beziehungsweise seine Position als Angehöriger der weißen Rasse unter Chinesen angemessen in Worte fassen zu können. Dabei ist er ehrlicher als viele andere, die sich ihrer Beziehungen zu den chinesischen Nachbarn rühmen:

> »China is not ›mine‹, nor am I Chinese. ... One can only become Chinese citizen by having been born to a Chinese mother ... *My China* .... refers to a milieu rather than to an acquired second country, to a personal life rather than to an abstract national history. It must be remembered that at no time was there an attempt on our part to cross the illusory border of isolation and to become part of the Chinese colossus ... (To) those of us who were born in China, the everlasting memories we so zealously cherish are neither of the Chinese people nor of their life-style. ›Our‹ China is an informal history of the way we lived and worked to achieve a full and healthy Jewish life in the Far East.«[673] [China ist weder das Meinige, noch bin ich Chinese ... Man kann nur chinesischer Bürger werden, wenn man eine chinesische Mutter hat ... *Mein China* ... bezieht sich eher auf ein Milieu als auf eine erworbene zweite Heimat, eher auf ein persönliches Leben als auf eine abstrakte nationale Geschichte. Es muss daran erinnert werden, dass es auf unserer Seite nie den Versuch gab, die imaginäre Grenze der Isolation zu überqueren und Teil des chinesischen Kolosses zu werden ... Für diejenigen von uns, die in China geboren waren, sind die unvergänglichen Erinnerungen, die wir so begeistert in Ehren halten, nicht solche an chinesische Menschen oder deren Lebensstil. ›Unser‹ China ist eine zwanglose Geschichte über die Art, wie wir lebten und arbeiteten, um ein volles und gesundes jüdisches Leben im Fernen Osten zu erreichen.]

Taiwan: Prize or Province?

Vic Schneierson ist einer der wenigen russischen Juden, die Stalins Lockrufen folgten und 1947 den Weg in ihre frühere Heimat antraten – der »größte Fehler seines Lebens«, wie er sich gegenüber John W. Powell einmal ausdrückte.[674] Ähnlich wie die zehn Jahre ältere Anna Ginsbourg fand Schneierson im Shanghaier Journalistenzirkel einen (wenn auch geringen) Lebensunterhalt. Wie sie gehörte er, allerdings erst nach Ende des Zweiten Weltkrieges, zum Stab der freien Mitarbeiter der »China Weekly Review«. Gleichzeitig arbeitet er als Reporter und später Abendredakteur bei der »China Press« (dort hauptsächlich zuständig für sportliche Anlässe). Schneiersons Biographie widerspiegelt besonders eindrücklich die Brüche des 20. Jahrhunderts, die ideologischen und die revolutionären: Er kam 1921 in Wladiwostok als Sohn eines in Dinaburg (Dwinsk, Daugavpils) geborenen lettisch-jüdischen Kaufmanns und einer aus dem russischen Tscheljabinsk stammenden Mutter (geborene Gitelman) zur Welt. Nach dem Einmarsch der Sowjets in die Stadt am Japanischen Meer im Gefolge des russischen Bürgerkriegs verlässt die Familie Wladiwostok, zuerst Richtung Harbin, später nach Shanghai. Die Freude über die zurückgewonnene Freiheit währt nicht lange: Sein Vater wird von der Polizei in der Concession Française verdächtigt, mit den Kommunisten zu sympathisieren, und die Familie wird 1927, dem Jahr von Chiangs Verrat an der Revolution, neuerlich auf eine Reise geschickt: dieses Mal zurück nach Europa, über Frankreich in die Tschechoslowakei und schließlich nach Deutschland. Zwei Jahre später geht es – via Moskau, das einen großen Einfluss auf den achtjährigen Vic ausübt – wieder zurück nach Fernost, »to open-door free China«, zuerst nach Mukden, dann Harbin (wo Vic die Hindenburgschule besucht) und 1934 schließlich nach Shanghai. Auf Vics Insistieren, wie er später selbst ausführt, nimmt die Familie Schneierson 1940 die sowjetische Staatsbürgerschaft an.

Vic Schneiersons Jugendjahre in Shanghai ähneln jenen anderer russischer Juden, zumindest zu Beginn. Er besucht die öffentliche, kosmopolitisch zusammengesetzte Thomas Hanbury School, ist Mitglied der jüdischen Pfadfindervereinigung sowie der zionistischen Jugendorganisation Beitar und stolz auf seine jüdische Herkunft, jedoch nichtreligiös. Sein Interesse an China ist oberflächlich, er lässt sich von der westlichen Kultur Shanghais hinreißen. Immerhin begibt er sich mit Freunden auf Wanderungen in die Umgebung, in chinesische Dörfer, »wo wir immer gastfreundlich empfangen wurden«. In Fußballmatches im Verein Palästina spielt er zugunsten eines Fonds für chinesische Flüchtlinge. Die unmittelbare Konfrontation mit sozialer Not und politischer Unordnung veranlasst den jungen Vic, Literatur über die Ursache der chinesischen Tragödie zu suchen. Der damalige Tass-Korrespondent stellt ihm die spätere Direktorin des Peking Foreign Languages Publishing House vor – und damit war der Kontakt zu den chinesischen Kommunisten freundlich gesinnten Ausländern hergestellt, etwa zur Journalistin Anna Louise Strong oder zum kanadischen Reverend James Endicott, dessen Einsatz für die notleidenden Chinesen, später auch in Chongqing, beispielhaft war.

Schneiersons Freundeskreis war mit ein Grund dafür, dass er den chinesischen Nationalisten zunehmend kritisch gegenübertrat, zumindest deuten seine Artikel auf das Bestreben hin, Verständnis für die Sache Maos aufzubringen und dieses auch zu verbreiten. In einem Artikel unter der Überschrift »*UNRRA: A Cause Betrayed*« gibt Schneierson die Meinung vieler Chinesen wieder, welche die Hilfsorganisation der Vereinten Nationen für ihre einseitige Unterstützung der notleidenden Bevölkerung in den von der Guomindang beherrschten Gebieten kritisieren.[675] Anlässlich einer Reise in die Provinz Shandong berichtet er über die Ankurbelung der städtischen Wirtschaft in den »befreiten Gebieten«, den Widerstand der Einwohner von Yantai (Chefoo) gegen amerikanische Landungsversuche (wie sie in Tianjin, Qingdao und anderen Städten stattgefunden haben) und die Versuche, trotz Autarkiebestrebungen westliche Firmen, in Hinblick auch auf Investitionen, bei der Stange zu halten.[676]

Ebenso gibt das Thema Taiwan Schneierson Anlass zu kritischer Reflexion. 1945 war die Insel von den Japanern an die nationalchinesische Regierung zurückgegeben worden, doch zeigten sich die neuen Herren unfähig, ihre Macht mit den wirtschaftlichen Interessen der Taiwanesen in Einklang zu bringen.

Noch vor jenem denkwürdigen brutalen Gemetzel an einheimischen Opponenten der festländischen Unterdrückungspolitik durch Guomindang-Truppen unter dem ehemaligen Militärmachthaber der Provinz Zhejiang im Februar 1947 besuchte Schneierson die Insel. Fast schon prophetisch äußert er sich in einem Artikel, »*Taiwan: Prize Or Province?*« über den Antagonismus zwischen dem Festland und der Insel, den er auf nationalistische Bestrebungen der Inselbewohner zurückführt: »Kein Wunder, dass eine nationale Unabhängigkeitsbewegung auf Taiwan Wurzeln schlägt. Schon jetzt gibt es verschiedene Parteien, die für die Unabhängigkeit eintreten, und gemäß einem meiner Informanten strömen Taiwans Jugendliche diesen Parteien nur so zu.«[677]

1947 verlässt Schneierson China auf dem Meeresweg Richtung Sowjetunion. »Ich denke, der Hauptgrund dafür war der heroische Widerstand und der endgültige Sieg der UdSSR über eine der größten und übelsten Armeen der Welt«, begründet er später die Rückkehr in seine frühere Heimat.[678] Erst in den 1980er Jahren erfuhr die westliche Öffentlichkeit wieder von ihm, und zwar als Übersetzer vom Russischen ins Englische: »Maxim Litvinov«, »Futurology Fiasco: A Critical Study of Non-Marxist Concepts of How Society Develops« lauteten die Titel, die im Moskauer Progress-Verlag herausgegeben wurden. Auch sein Aufenthalt in China vierzig Jahre früher hatte seine Kreise gezogen: Nebst »Mao's Betrayal« (Wang Ming) und »Imperial China: Foreign-policy conceptions and methods« (Perelomov/Martynov) übertrug Schneierson auch Tichwinskis »Chapters from the History of Russo-Chinese Relations, 17th–19th Centuries« ins Englische.[679] Damit endete Vic Schneierson dort, wo ein anderer russischer Jude zu Beginn des 20. Jahrhunderts begonnen hatte, nämlich beim Bestreben, China für den Westen greifbarer, verständlicher zu machen.

»Peking Post«: kaiserliche Edikte und Halleyscher Komet

Noch bedeutend schwieriger als im Falle Schneiersons gestaltet sich die Frage nach der Herkunft von *L. S. Regine*.[680] »Printed and published by the Proprieto: L. S. Regine at the Pei-Yang Trading Co, North Glacis, Peking«, heißt es kaum wahrnehmbar in einer Fußzeile der am 14. Januar 1910 zum ersten Mal erschienenen Zeitung »Peking Post«. Der Kopf der Zeitung ist mit der Skizze eines der vielen Stadttore Pekings sowie einer ungefähren Übersetzung ins Chinesische (»Beijing xinbao«) geschmückt. Das Blatt rühmte sich, zum damaligen Zeitpunkt die einzige in englischer Sprache erscheinende Zeitung Pekings zu sein. Im Erstbeitrag, »Über uns«, in Form eines eher verhaltenen Werbetextes drückt Regine die Hoffnung aus, dass »alle Ausländer in China und auch die gebildeten Chinesen seine Bemühungen (zur Lancierung dieser Zeitung – Anm. d. Verf.) herzhaft unterstützen« würden.[681] Regine ist sich gewiss, dass die Augen der ganzen Welt auf die Reformen innerhalb des Riesenreiches gerichtet sind, die von der Qing-Regierung versprochen und initiiert wurden.

Regine hat wenig Verständnis für diejenigen Ausländer, die bei jeder Gelegenheit China wegen seiner langsam fortschreitenden Modernisierung kritisieren. Seine Zeitung, die nur einige wenige Monate existierte, konzentriert sich auf die Wiedergabe von Tatsachenberichten, die in Rubriken wie »Reuter's Telegrams«, »Local & General«, »Imperial Edicts« und »Chinese News« erscheinen. Meldungen wie »Balfours Prophezeiung« finden darin ebenso Platz wie der Rücktritt des Leiters der kaiserlichen Hofhaltung. Auch der »Krankheitsurlaub des Präsidenten des chinesischen Kriegskabinetts« sowie die Polarexpedition Roald Amundsens oder der besonders hell an Pekings Nachthimmel leuchtende Halleysche Komet sind einige Zeilen wert. »European – Oriental modes of thought and systems of ethics can never synchronize, being, as they are, fundamentally at variance with each other«[682] [europäisches und orientales Denken und die Ethiksysteme werden nie miteinander vereinbar sein, da sie voneinander fundamental verschieden sind], war Regine der festen Überzeugung.

Solcherlei verallgemeinernde Überlegungen finden ihre praktische Entsprechung im Pekinger Alltagsleben jener Jahre, beispielsweise in der Beobachtung des Verkehrs auf der Legation Street: Die Zunahme der Verkehrsunfälle führt die »Peking Post« auf die Regulierung durch chinesische Polizisten zurück, die, statt ihrer Pflicht nachzugehen, »sich langem und freundlichem Geplauder mit ihren Kollegen und Bekannten« hingäben.[683] Für Regine gehört auch die chinesische Sprache mit zu dieser mehr oder weniger unsichtbaren Schranke zwischen Ost und West: Ein Jahr Sprachstudium bringe den Westler gerade so weit, dass er sich im Pekinger Alltag durchschlagen könne, danach verlangsame sich der Fortschritt und erreiche bald eine Grenze. Weshalb? Regine nennt den fehlenden Kontakt zu den Chinesen, das Unwissen über ihre religiösen Bücher, Dichter und Klassiker, kurzum, die westliche Ignoranz gegenüber chinesischer Kultur und Literatur.

Selbst aus heutiger Sicht kann es nicht schaden, über Regines Beurteilung des chinesischen Versuchs, in der militärischen Aufrüstung mit den westlichen Mächten gleichzuziehen, etwas eingehender nachzudenken.[684] Im damaligen Kontext mögen seine Ansichten (»eine derartige Bewaffnung ist weder opportun noch notwendig«) den Geist der Kolonialzeit widerspiegeln, umso augenfälliger und in manchen Fällen entlarvend wirkt es, wenn ähnliche Argumente westlicherseits auf anderen Gebieten des west-östlichen Verhältnisses selbst zu Beginn des 21. Jahrhunderts noch immer vorgetragen werden: Unterschwellige Ängste, Misstrauen und eine notorische Skepsis haben dazu beigetragen, dass der Westen China verwehren möchte, was ihm zur Konkurrenz erwachsen könnte. Auch Regines Beitrag »China and Her Constitution« ist kulturrelativistisch angelegt: Er rät den Chinesen von der Einführung einer parlamentarischen Demokratie ab mit dem Argument, dass die damit verbundenen Freiheiten anlässlich der Wahlen einem Volk gegeben würden, »das in der Selbstkonstrolle noch nicht genügend erzogen ist, und man wahrscheinlich in der Aufregung des Moments mit Exzessen jeglicher Art rechnen müsse«.[685]

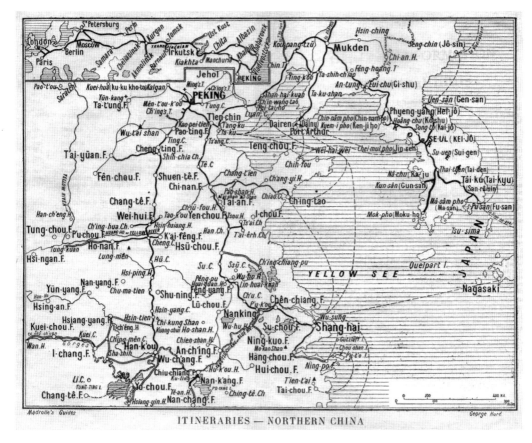

Mit der Eisenbahn von Europa über Sibirien hin ins Reich der Mitte: Karte aus »Northern China« (Madrolle's Guide Books 1912)

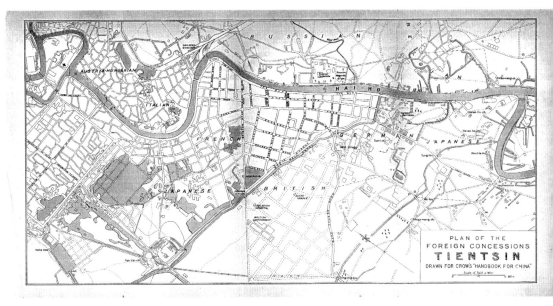
Acht Staaten, mehr als in jeder anderen chinesischen Stadt, hatten sich in Tianjin, dem früheren Tientsin, um die Jahrhundertwende ihre Hoheitsgebiete eingerichtet: Karte aus Carl Crows »Travelers' Handbook for China« (1913)

CHINESE RAILWAYS

SHANGHAI-PEIPING THROUGH EXPRESS.
(Connected with N.S.L. Nos. 301 & 302)

TIME ARR.	TIME DEPT.	STATIONS	TIME ARR.	TIME DEPT.
20.45	21.25	PUKOW	1.20	1.40
16.54	16.57	LINHUAIKWAN	5.40	5.43
16.04	16.19	PENGPU	6.19	6.34
13.52	13.57	NANHSUCHOW	8.45	8.50
11.50	12.05	HSUCHOWFU	10.50	11.10
10.02	10.17	LINCHENG	13.00	13.15
9.13	9.16	TENGHSIEN	14.06	14.09
7.40	7.55	YENCHOWFU	15.36	15.56
7.15	7.18	CHUFOU	16.21	16.24
5.34	5.42	TAIANFU	18.06	18.20
3.25	3.45	TSINANFU	20.12	20.42
2.03	2.13	YUCHENGHSIEN	22.05	22.15
0.24	0.39	TECHOW	23.55	0.25
22.37	22.47	POTOUCHEN	2.12	2.22
21.36	21.46	TSANCHOW	3.16	3.29
18.30	18.40	TIENTSIN (C)	6.40	7.00
17.59	18.20	TIENTSIN (E)	7.10	7.35
—	15.05	PEIPING	10.29	—

PEIPING-SUIYUAN RAILWAY.

TIME ARR.	TIME DEPT.	STATIONS	TIME ARR.	TIME DEPT.
9.36	—	HSICHIMEN	—	16.48
8.06	8.16	NANKOW	18.07	18.17
		CHINGLUNG-CHIAO		
1.52	2.07	KALGAN	0.30	0.45
19.34	19.49	TATUNG	7.01	7.21
15.45	16.03	PINGTICHUEN	11.04	11.19
10.56	11.16	SUIYUAN	15.42	16.02
—	7.00	PAOTAO	19.58	—

LUNGHAI RAILWAY.

TIME ARR.	TIME DEPT.	STATIONS	TIME ARR.	TIME DEPT.
5.16	—	HSUCHOWFU	—	21.10
0.57	1.17	SHANKIUHSIEN	1.16	1.56
20.47	21.07	KAIFENG	6.20	7.00
18.40	19.00	CHENGCHOW	8.49	9.09
14.45	15.10	LOYANG E.	12.53	13.23
9.30	9.55	SHANCHOW	18.30	18.55
	6.10	TUNGKWAN	22.15	

KIAOTSI RAILWAY.

TIME ARR.	TIME DEPT.	STATIONS	TIME ARR.	TIME DEPT.
7.35	—	TSINGTAO	—	21.00
5.48	5.50	KIAOCHOW	22.46	22.48
5.06	5.16	KAOMI	23.19	23.30
3.26	3.41	FENGTZU	1.01	1.16
3.03	3.05	WEIHSIEN	1.36	1.39
1.36	1.38	TSINGCHOW	2.55	2.57
28.59	0.01	CHOUTSUN	4.32	4.35
—	22.00	TSINANFU	6.30	—

PEIPING-HANKOW RAILWAY.

		STATIONS		
14.05	—	PEIPING	—	22.00
13.27		CHANGSINTIEN		22.48
9.54		PAOTUNG		2.23
5.50		SHIHCHIACHWANG		6.28
2.19		SHUNTEH		10.01
19.27		SINSIANG		16.45
16.43		CHENGCHOW		19.26
13.59		HSUCHOW		22.08
12.16		YENCHENG		23.51
9.68		CHUMATIEN		2.34
6.16		SINYANG		6.01
3.38		KWANGSHUI		8.36
22.45		KIANG IN		13.16
22.30		HANKOW (Tachimen)		13.25

CHENGTAI RAILWAY.

TIME ARR.	TIME DEPT.	STATIONS	TIME ARR.	TIME DEPT.
19.42	—	SHIHCHIACHWANG	—	7.58
18.11	18.16	TSINGCHINGHSIEN	9.27	9.29
16.00	16.15	YANGCHUAN	11.47	12.01
14.48	14.50	SHOUYANGHSIEN	13.50	13.52
12.40	12.49	YUCHHSIEN	15.25	15.35
—	12.08	TAIYUANFU	16.07	—

SHANGHAI-HANGCHOW-NINGPO RAILWAY.

STATIONS UP		Zku-Nkg Express R. Through	Express R.	STATIONS DOWN		Express R.	Nkg-Zku Through Express R.
ZAHKOU	d.	7.45	17.30	SHANGHAI, N.		7.50	15.00
HANGCHOW	d.	8.15	17.55	JESSFIELD			
CHANGAN	d.	9.06	18.53	SICCAWEI		8.07	15.17
YEHZAH	d.	—	19.25	SHANGHAI, S.			
KASHING	d.	10.17	20.05	SUNGKIANG		7.55	
KASHAI	d.	—	20.31	FUNGCHING		9.05	16.05
FUNGCHING	d.			KASHAI		9.51	
SUNGKIANG	d.	11.25	21.20	KASHING		10.25	17.20
SHANGHAI, S.	a.	—	22.25	YEHZAH		11.01	
SICCAWEI	d.			CHANGAN		11.34	18.25
JESSFIELD	d.	12.11	22.16	HANGCHOW		12.31	19.20
SHANGHAI, N.	a.	12.25	22.30	ZAHKOU	a.	12.50	19.35

NANKING-SHANGHAI LINE.

STATIONS UP		Express R.	Thro. Exp. Zku-Nkg R.	Shai-Peiping Thro. Exp. (No. 302) R.S.	Night Express R. S.	STATIONS DOWN		Thro. Exp. Nkg-Zku	Express R.	Night Express R. S.	Peiping-Shai Thro. Exp. (No. 301) R.S.
SHANGHAI, N.	d.	8.00	13.00	16.05	23.00	NANKING	d.	8.00	17.00	23.00	24.00
NANSIANG	d.				23.33	CHINKIANG	d.	9.25	18.25	1.00	1.54
KUNSHAN	d.	9.05	14.15	—	—	TANYANG	d.	10.07	19.05	1.52	2.43
SOOCHOW	d.	9.50	15.00	18.04	1.13	CHANGCHOW	d.	11.01	20.00	8.05	3.51
WUSIH	d.	10.41	15.51	18.55	2.13	WUSIH	d.	11.52	20.55	4.07	4.48
CHANGCHOW	d.	11.45	16.45	19.53	3.13	SOOCHOW	d.	12.47	21.50	5.13	5.52
TANYANG	d.	12.33	17.36	20.48	4.23	KUNSHAN	d.	13.26	—	—	—
CHINKIANG	d.	13.16	18.20	21.34	5.14	NANSIANG	d.			6.54	
NANKING	a.	14.30	19.35	22.55	7.00	SHANGHAI, N.	a.	14.25	23.30	7.20	7.55

NOTICE

1. Children under four years of age are carried free, children under twelve but above four years of age at half fares and children of twelve years of age and over must pay full fares.
2. For Local and Through Traffic, the following free baggage allowances will be granted to each passenger:—
   - 1st class passenger .... 80 kilogrammes (142 catties)
   - 2nd class passenger .... 60 Kilogrammes (100.5 catties)
   - 3rd class passenger .... 40 Kilogrammes (67 catties)

   Half of these quantities will be allowed on each child's half ticket of each class respectively.
3. Any weight of baggage in excess of the free allowance will be charged at the rate for the minimum quantity of 20 kilogrammes (33.5 catties) of $0.002 per kilometre per unit of 20 kilogrammes.
4. In case of any holder of Local or Through ticket who abandons his journey en route and desires a refund on the unused portion of his ticket he must apply in person, and produce his ticket for endorsement to the Station Master where the journey is abandoned. Application for refunds must be made as soon as possible after endorsement and must in any case be made within TEN DAYS of the date of expiry of the availability of the ticket which has been endorsed.

Der Anschluss Chinas an das internationale Eisenbahnnetz, meist von ausländischen Konsortien finanziert, förderte auch interkulturellen Austausch: Ausschnitt aus einem Zugfahrplan in der »China Weekly Review«

BRITISH TOURIST IN DISGUISE.

»Sehen und nicht gesehen werden«,
lautete bei einigen Ausländern die Devise, um nicht aufzufallen.
Aus Eliza Scidmores »China. The Long-Lived Empire« (1900)

1. Das Qianmen (Vorderes Tor) in Peking, Eingang zur Tatarenstadt, auch »Innere Stadt« genannt. Photographie um 1928. Mit freundlicher Genehmigung von Dennis George Crow (Los Angeles).

2. Ob Geruch, Geschrei oder Geschmack: Hausierer boten den Westlern immer Anlass für Beobachtungen des Fremden. Auf der Photographie (ca. 1900) Straßenverkäufer von kandierten Früchten (tanghulu), meist am Spieß feilgeboten, eine Pekinger Delikatesse damals wie heute. Mit freundlicher Genehmigung von Dennis George Crow (Los Angeles).

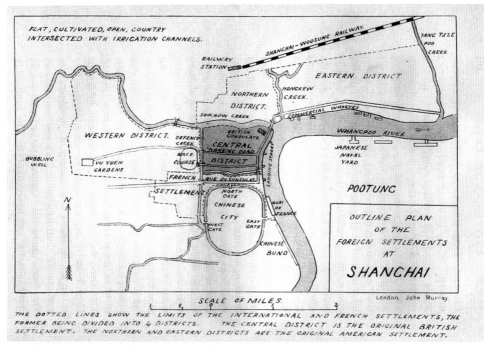

Das »Privileg« der Exterritorialität: Shanghais ausländische Bevölkerung lebte ihr eigenes Leben, in Konzessionsgebieten, in denen sie unter dem Patronat ihrer Konsule und Richter sowie im Schutze ihrer Kanonenboote ein bevorzugtes Leben führte, von den Chinesen mehr erduldet denn willkommen geheißen. Karte aus dem Jahre 1907 (John Murray, London).

Der Österreicher Friedrich Schiff und der Russe Georgi A. Sapojnikoff (Sapajou) galten als Shanghais berühmteste Cartoonisten jener Epoche. Gemeinsam waren beiden eine ausgeprägte Beobachtungsgabe und die Fähigkeit, sozial-politische und kulturelle Phänomene der damaligen Zeit optisch in wenigen Strichen auszudrücken. Hier eine Skizze von Sapajou, »dem Star der North-China Daily News, ein brillanter Künstler mit einem wunderbaren Sinn für Humor«.

Das dekadente Leben der Westler im Shanghai der 1930er Jahre wurde auch von Malern illustriert und karikiert. In der Abbildung eine Skizze Sapajous.

Rechts: Ob Gründungsgeburtstage der chinesischen Republik (1911) oder Jahrestage der Balfour-Deklaration (1917): »Israel's Messenger«, die Zeitung der sephardischen Juden Shanghais, druckte Grußbotschaften chinesischer Würdenträger mit Stolz und Genugtuung ab. Hier ein Schreiben Sun Yat-sens an den Herausgeber N.E.B. Ezra über den Zionismus, eine der »größten Bewegungen unserer Zeit«.

29 Rue Moliere,
24 April, 1920.

Mr. N. E. B. Ezra
Shanghai.

Dear Mr. Ezra:

I have read your letter and the copy of "Israel's Messenger" with much interest, and wish to assure you of my sympathy for this movement — which is one of the greatest movements of the present time. All lovers of Democracy cannot help but support whole-heartedly and welcome with enthusiasm the movement to restore your wonderful and historic nation, which has contributed so much to the civilization of the world and which rightfully deserve an honourable place in the family of nations.

I am,

Yours very truly,

Sun Yat-sen

GENERAL CHIANG KAI-SHEK
Hero of Modern China.

FOR THE MINISTER OF FOREIGN AFFAIRS,
TCHENG LOH,
Vice-Minister of Foreign Affairs, in Charge.
E. S. KADOORIE, Esq., President,
Shanghai Zionist Association.

To the foregoing the following reply was forwarded:—

Shanghai Zionist Association, Shanghai. was forwarded:—

The Shanghai Zionist Association greets with intense satisfaction and joy China's noble and high-minded endorsement of Great Britain's Declaration for the establishment of a Jewish National Homeland in Palestine. This statement coming as it does on the eve of the Peace Conference in Europe, when the fate and the self-determination of all peoples, great and small, will be decided, will assuredly evoke sentiments of gratitude and goodwill for the Chinese Republic from Jewry throughout the world.

E. S. KADOORIE, *President.*
N. E. B. EZRA, *Hon. Secretary.*

The Central Government in Peking through the Foreign Office, forwarded to the local Zionist Association, in 1927, the following message of congratulations on the occasion of the tenth anniversary of the Balfour Declaration. We give a facsimile of the communication below and a translation thereof, which runs thus:—

Tenth Anniversary of Balfour Declaration

The Central Government in Peking through the Foreign Office, forwarded to the local Zionist Association, in 1927, the following message of congratulations on the occasion of the tenth anniversary of the Balfour Declaration. We give a facsimile of the communication below and a translation thereof, which runs thus:—

"We have the honour to acknowledge receipt of your letter of October 3, 1927, informing us that the Tenth Anniversary of the Balfour Declaration will be celebrated on November 2. In reply, we have the honour to inform you that the Chinese Government is quite in sympathy with the Zionist aspirations for the establishment in Palestine of a National Home for the Jewish people, and we are much pleased to hear from you that in Palestine your people have obtained very good results along constructive lines."

The Late Dr. Sun Yat-sen and Zionism

The first and foremost Chinese statesman who had endorsed the Jewish National aspiration, was unquestionably the father of the Chinese Republic. It was the privilege of the Editor of ISRAEL'S MESSENGER to visit him twice in his office at Canton Road. When the San Remo Conference was convened to ratify the Balfour Declaration, we received a very gratifying communication from the late Dr. Sun, which showed unmistakably that he had followed with much interest the Zionist movement for the restoration of their homeland. We give above a facsimile of his historic communication, which we are sure will be read with interest.

Dr. C. T. Wang's Communication

Dr. C. T. Wang, in 1920, was the private secretary to the late Dr. Sun. It was he who introduced us to him when we first had the honour of an interview with him. We found Dr. Wang very sympathetic towards Zionism as was shown in a brief communication addressed to us on May 13, 1920, stating, *inter alia:*

"I congratulate you very heartily for the splendid work you are doing for your people. It is only fair and just that the Holy Land should be the HOME of the Jewish people, for it was there where you first took root."

Ever since, we received ample encouragement from Dr. Wang. We give below a facsimile of an official document signed by him in behalf of the Nationalist Government of the Republic of China, addressed from Nanking, on July 16, 1928:—

Another equally important state despatch was addressed to us soon after the Arab disorders in 1929. In our issue of November 1, 1929, we stated:—

"It is not necessary to assure the readers of ISRAEL'S MESSENGER that in China we have an ancient ally worthy of the best traditions of this great nation. We have received in the past abundant assurances that China will not look askance upon the regeneration of New Judea, but watch with interest and sympathy her struggles to rise Phoenix-like from the ashes. We are heartened by the striking message sent us by Minister Wang, on the eve of Jewry's celebration of the twelfth anniversary of the Balfour Declaration. It is another proof, if any were needed; that the Jewish Movement is not receding but gaining momentum among the Powers, who will not allow an ancient people to commit national suicide and disappear. The work which has been accomplished in New Judea since the issuance of the Balfour Declaration speaks for itself. It has evoked praise from friends, well-wishers and critics alike, and has created not a little surprise and admiration for the ability and zeal of the Jewish people to overcome their difficulties and thereby end their homelessness. Minister Wang aptly reminds us that China, too, is "undertaking the task of reconstruction" and that she can well afford to look upon others with a measure of sympathy who are equally building their own country and saving it from the blight of the ages. New Judea is heartened by the manifestation of goodwill extended by Minister Wang and see in it an assurance and a pledge that come what may the Jewish People will not be betrayed by any Power in their present forward march to their Promised Land. The recent outbreak in the Land of Israel by the Arab plotters, agitators, and intriguers, will not delay the task of reconstruction, but on the contrary help to expedite it. The pledges of the League of Nations, of which China is a member, will impel them to look forward, "for the success of a modern and greater Palestine." The plan for a "greater Palestine" is not one from which our Arab friends will be excluded. On the contrary, it is a call for both the Arabs and the Jews to work unitedly for the common cause." The message of Minister Wang follows:—

Mr. N. E. B. Ezra,
Israel's Messenger,
52 Avenue Road,
Shanghai.

Dear Mr. Ezra:

I have your letter of July 4th and wish to thank you for your kind felicitation.

The Nationalist Government is in full sympathy with the Jewish people in their desire to establish a country for themselves. I have no doubt that the Zionist movement will meet with success.

With best wishes,

Sincerely yours,

Chengting T. Wang

CTW:LT

MODERN SHANGHAI.—JEWISH CONTRIBUTIONS

SASSOON HOUSE AND CAPITOL BUILDING ADD IMPOSING STRUCTURES TO THE SETTLEMENT

When the history of Shanghai is about to be written, not a little credit would be given by the historian to Jewish efforts to develop the place, and thereby enhance the values of land and property of the Model Settlement. From the earliest period, since foreigners have settled down here, there have been Jewish pioneers in the field who paid much attention to real estate and contributed not a little to the progress of the place. The SASSOON House, the Capitol Building, the EDWARD EZRA building, the HARDOON building, the SOMEKH building, etc. (located in the heart of the Settlement), are all worthy monuments to Jewish enterprises which have helped much to make Shanghai what it is to-day, the Paris or as some would say, the Tel-Abib of the Far East. The late Mr. A. G. STEPHEN, general manager of the Hongkong and Shanghai Banking Corporation, paid an eloquent tribute to Jewish achievements in Shanghai at a lunch given in April, 1920, by the late Mr. EDWARD I. EZRA, managing director of the Shanghai Hotels, Ltd. The speech of the banker attracted much attention at the time. It would not be malapropos if we were to reproduce the salient part of it. It runs thus:—

"I have watched this company (the Shanghai Hotels) for many years, and I feel that it is a company that will have great prospects in the future development of Shanghai. I also desire to state that under the control of Mr. EZRA this company has been brought from chaos to order. GENTLEMEN, I wish to put on record the high value I place on the work the Jewish merchants have done in Shanghai, and I am very glad to see some of the leading Jewish people present here to-day. No one knows better than myself what a great asset they are in the development of the British Empire. This company is a particular instance of what can be done by able management and Jewish brains."

JEWISH INVESTMENTS IN SHANGHAI

It is no exaggeration to state that Jewish capital to the extent of $100,000,000 had been invested in Shanghai in land and property and registered at the local British Consulate. The value of real estate here is again soaring. Confidence which was shaken last year is now reviving. It may be said that so long as British interests in China predominate there can be no question of a real setback in land values. Shanghai occupies a most unique position as the vast commercial port of Asia. The future possibilities of this great centre are unlimited. Given a stable government, China will forge ahead as a great Power in the Orient. Her industrious people may be looked upon to do their bit. A recent report issued by the ASIA REALTY COMPANY reviews the Shanghai property market, in an optimistic tone. It says:—

The purchasing and selling of real estate during the past month has been brisk. Dozens of properties have changed hands, varying in size from one half mow residences up to sites for development and redevelopment having areas from twelve to fifteen mow. The chief activity has occurred in the Central Western District of the city, while a good proportion of the activity has occurred in the Northern and to a certain extent in the Eastern District. Prices in general have been on the firm side, both prices and activity being well above those of the winter of 1926-27. Quotation of sellers are strengthening. A curious feature of the market is that in several of the sales made there have been three or more buyers for each particular property.

EZRA ESTATE IN NANKING ROAD TO BE ROUNDED OFF

Another great building scheme is being launched shortly in Nanking Road. Plans have been submitted and approved for a huge block of building which will extend from WATSON'S corner to EZRA building and back as far as Kiukiang Road. It is reported that the scheme is a most elaborate one, will involve millions of dollars, and if building commences in the autumn as is anticipated, it is expected to complete the greater part of the block in about one year. It is said that there will be arcades, a theatre, shop fronts on Nanking Road and Szechuen Road, and offices and residential quarters on the upper floors.

CAPITOL BUILDING

The new building is situated on the corner of Museum and Soochow Roads. The central location, on such an important thoroughfare, so well known to Shanghai's theatregoers, was more than an inducement to the owners, Messrs. S. E. SHAHMOON and Co., to decide to erect on their property a building comprising a fully modern equipped theatre on the ground floor and five floors of offices and up-to-date apartments on top. It is for the first time in local building history, that a theatre has been overbuilt by offices and apartments. It not only is encouraging theatre construction in the most desirable locations in the city, but it also proves that Shanghai in every respect is keeping pace with modern building construction methods abroad.

ALL MODERN TENDENCIES REPRESENTED

The Capitol Building, designed by Mr. C. H. GONDA, is one expressive of all modern tendencies. It may be noted that the classical architectural style borrowed from a by-gone period has been abandoned for the sake of adopting a style which corresponds entirely with present-day constructional methods in regard to building materials used and also in regard to the purpose of the building, comprising a modern theatre, offices, apartments, film vaults, water tanks, air conditioning plant, boiler rooms, underground water tanks, numerous motors and automatic pumps. The outstanding feature of the Capitol Building is the theatre. The auditorium is constructed in such a way that an unobstructed view of the stage is obtained from every seat, and the entire absence of any columns is the more interesting since it must be borne in mind that, notwithstanding the big space from wall to wall of the auditorium, five floors are carried on top of the theatre. This was only possible by the use of large reinforced concrete beams spanning the entire auditorium, carried by huge reinforced concrete columns in the side walls, resting on a reinforced concrete foundation beamraft, so as to prevent an unequal settlement of the building. The balcony and the two rows of boxes have been cantilevered so as to avoid strictly any column on the ground floor of the theatre.

CONSTRUCTION AND ARCHITECTURE

The constructional design corresponds with an architectural design of originality and simplicity. The amber coloured ceiling of restrained modern ornamentation, featuring the dome in the centre and ornamented copper grilles, has hidden in its cornices, on lines following the constructional members, the light sources of the

---

MODERN HEATING, VENTILATION & SANITATION

Fire Protection, Artesian Water Supplies,
Sanitary Fixtures

Supplied and installed by:—

GORDON & CO., LTD.

Phone C. 1107-8   137 Szechuen Road   Shanghai

Als »hohe Schule« hat David Ludwig Bloch einst seinen fast zehnjährigen Aufenthalt in Shanghai bezeichnet. Der Künstler, 1940 aus Deutschland geflohen, spezialisierte sich auf Holzstiche, die Phänomene der Fremde wiedergeben. Blochs Abdrucke in diesem Buch wurden dem Autor freundlicherweise von Lydia Abel (Nürnberg) zur Verfügung gestellt.

»Help China« lautete die Devise amerikanischer Hilfsorganisationen für China während des Zweiten Weltkriegs. Im Bild ein Plakat der United China Relief, die neben anderen auch von Song Meiling, der Ehefrau Chiang Kai-sheks, geleitet wurde.

Zukunftsland Yunnan

Kann Suedwestchina mitteleuropaeischen Auswanderern Moeglichkeiten bieten?

Von Dr. Bruno Kroker

Im Jahre 1939, angesichts der zunehmenden Immigrationswelle jüdischer Flüchtlinge nach Shanghai, häuften sich Pläne zur Rettung der verfolgten europäischen Juden. Der Berglas-Plan beispielsweise sah vor, in der Provinz Yunnan einhunderttausend Flüchtlinge anzusiedeln und ihnen gleichzeitig Arbeitsmöglichkeiten zu bieten. Hier ein Artikel in der »Gelben Post« vom 1. Mai 1939.

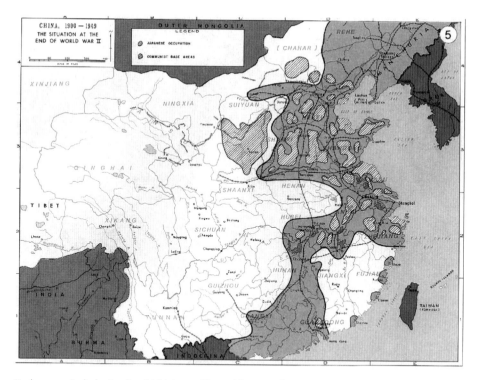

Noch war am Ende des Zweiten Weltkriegs unklar, welche Auswirkungen die Kapitulation Japans auf China hatte. Während sich die Guomindang-Truppen von Chiang Kai-shek auf amerikanische Unterstützung verließen, bereiteten sich die Kommunisten unter Mao Zedong in ihren »befreiten Gebieten« auf den kommenden Bürgerkrieg vor. Hier eine Karte der amerikanischen Streitkräfte in China.

1. Nur wenige Ausländer wagten sich zu Beginn des 20. Jahrhunderts auf Entdeckungsspaziergänge außerhalb ihrer Konzessionsgebiete. Auf dem Photo (ca. 1900) die Shanghaier Sichuan Lu. Mit freundlicher Genehmigung von Dennis George Crow (Los Angeles).

2. Siegesparade in Shanghai anlässlich der »Befreiung« durch die kommunistischen Truppen im Frühjahr 1949. Mit freundlicher Genehmigung von Dennis George Crow (Los Angeles).

Der Sieg von Maos Truppen im Bürgerkrieg löste insbesondere in den USA Ängste vor einer Ausbreitung des Kommunismus über die Grenzen Chinas aus. Die Niederlage der von den Amerikanern unterstützten Nationalisten war mit ein Grund für die später von Präsident Eisenhower im Jahre 1954 propagierte Domino-Theorie anlässlich des Vietnam-Krieges.

探索目的地　　II. Jüdische Reisende:
　　　　　　　　　temporär und freiwillig im Reich der Mitte

1. Journalisten

L. S. Regine gehört zu einer schier endlosen Reihe westlicher Journalisten, die in China seit Beginn des 20. Jahrhunderts ihr berufliches Betätigungsfeld gefunden haben. Als einer dieser Pioniere galt auch *George Ephraim Sokolsky*, der 1893 im Bundesstaat New York als Sohn eines aus Bialystok eingewanderten Rabbiners zur Welt kam. Der »jüdische Rasputin Chinas« (Warren Cohen) war ein typisches Produkt seiner Zeit und Umgebung: In Manhattans Lower East Side aufgewachsen, in Harlem und in der Bronx zur Schule gegangen und ohne irgendeine Art sozialer Sicherheit ausgerüstet, sah er sich als Außenseiter, in Einzelfällen gar als Ausgestoßener. 1917 wurde er vom Rektor der Columbia University der Schule verwiesen, angeblich weil er sich mit Aktivitäten gegen den Krieg hervorgetan hatte (nach anderen Quellen wegen einer Frauengeschichte). In späteren Jahren rühmte er sich im Rückblick auf ebendiese Zeit seines Kontaktes zur russisch-jüdischen Frauenaktivistin Emma Goldman sowie seines Studiums des Sozialismus.[686]

Einen Zwischenhalt auf seinem Weg in den Fernen Osten machte Sok, wie er später genannt wurde, im damaligen Petrograd, wo gerade die Februarrevolution stattgefunden hatte. Der junge Amerikaner, auf der Suche nach menschlicher Freiheit, schien besonders vom kurzzeitigen Ministerpräsidenten Aleksandr Kerenski angetan zu sein, über den er im Rahmen seiner Tätigkeit als Redakteur der englischsprachigen »Russian Daily News« einige wohlmeinende Artikel verfasste.[687] In dieser Zeit, genauer während seines täglichen Arbeitswegs zum Smolny-Institut, begegnete er unter anderem Lenin, Stalin und Trotzki, wobei Letzterer bei ihm offenbar den nachhaltigsten Eindruck hinterließ.[688] Im März 1918 sah er sich bereits wieder unterwegs, dieses Mal im Zug Richtung China. Ob Sokolsky von den Bolschewiki des Landes verwiesen wurde oder ob er einfach eine neue Umgebung suchte, ist nicht eruierbar. Fest steht, dass seine Aktivitäten nach Ankunft in Shanghai von der Shanghai Municipal Police genauestens unter die Lupe genommen wurden.[689]

Der Jude Sokolsky gilt auch in der Huangpu-Metropole als Außenseiter unter den Ausländern, als Halb-Orientale, obwohl es ihm bald einmal gelingt, gute und teilweise enge Beziehungen zum amerikanischen Generalkonsulat aufzubauen. Sokolskys berufliche und persönliche Beziehungen zu Chinesen werden von den Amerikanern trotz seines persönlichen Hintergrunds zwecks Informationsbeschaffung geschätzt.[690] Insbesondere seine Kontakte zu Anführern der Studentenbewegung im Rahmen der Vierten-Mai-Bewegung von 1919 erweisen sich als wertvoll. Er schreibt unter anderem Beiträge für die »Shanghai Gazette«, eine von der Guomindang herausgegebene Zeitung. Als Bindeglied zwischen den Anhängern Sun Yat-sens und den in Shanghai lebenden Westlern ist der noch nicht einmal 30-jährige Sok in der Lage, das Gedankengut der Revolutionspartei unter den Ausländern zu erklären, was zur damaligen Zeit – Sun besitzt bei vielen Westlern den Ruf eines Bolschewisten – schon fast als subversive Agitation betrachtet wird.

In den 1920er Jahren hat Sokolsky viele Arbeitgeber: Nebst dem Bureau of Public Information der Guomindang zeichnet er zumindest bis 1923 auch als Beschäftigter im Bureau of Economic Information, einer Behörde der offiziellen chinesischen Regierung in Peking.[691] Sein Vorgesetzter ist der Australier W. H. Donald, ein ehemaliger Sonderberater Yuan Shikais und späterer Ratgeber Chiang Kai-sheks.[692] China diente besonders in den 1920er und 1930er Jahren nicht wenigen Ausländern als Experimentierfeld für jedwede freiberufliche Aktivitäten: journalistische, geschäftliche und politische. Sokolsky war einer von denen, die alle drei Tätigkeiten unter einen Hut bringen wollten. Er schreibt – teilweise unter einem Pseudonym – vor allem politische Berichte (anfänglich gegen den japanischen Imperialismus) für die Spalten der »North China Daily News«, der »China Weekly Review« oder der »Far Eastern Review«. Seine Beiträge befassen sich auch mit dem Misserfolg der chinesischen Revolution und ihren Gründen. Durch seine Heirat mit einer Chinesin – der auf Jamaica geborenen Rosalind Phang – gelingt es ihm, noch ein Stück weit tiefer in chinesische Kreise einzudringen: Durch ihre Kontakte zu Eugene Chen, dem kommenden Außenminister, und zu Song Meiling, der künftigen Gattin Chiang Kai-sheks, rückt Sok in die Nähe der im Westen ausgebildeten, aus dem Süden stammenden späteren politischen Führungsschicht Chinas. In diese Zeit fällt auch Soks (vergebliches) Bemühen, ein amerikanisches Bankenkonsortium für Anleihen in China zu gewinnen.[693]

Soks Sonderstellung unter den Ausländern dürfte verschiedene Gründe gehabt haben. Einerseits galt er wegen seiner Verwicklungen in häufig einander entgegensetzte chinesische politische Gruppierungen als schwer durchschaubar. Anderseits war er ein Angehöriger der jüdischen Glaubensgemeinschaft. Er war Vizepräsident der in Shanghai ansässigen Society for the Rescue of Chinese Jews und als solcher auch an der Geschichte der Juden in China interessiert. Selbst seinen Freund Hu Shi, einen der großen geistigen Führer der revolutionären Intellektuellen, bat er, ihm bezüglich seiner Nachforschungen zu diesem Thema behilflich zu sein.[694] In seinem Buch »We Jews« wird ersichtlich, dass sich Sok in seinen Jugendjahren in den USA als Sonderling gefühlt hat, obwohl ihm selbst das Judentum nicht viel mehr als die Verantwortung für das Schicksal der jüdischen Flüchtlinge aus Sowjetrussland bedeutete.[695] In China dagegen konnte er – zumindest den Einheimischen gegenüber – sein Jüdischsein ablegen: Dort wusste man nicht um solche »Marginalien«.

Die 1920er Jahre stellten für Ausländer eine denkbar schlechte Zeit dar, Positives über China zu berichten. Zu groß sind die Differenzen zwischen der im Land herrschenden Realität und dem Wunschdenken eines Sun Yat-sen. Trotzdem versucht Sok zu Beginn seiner Journalistentätigkeit, Verständnis für Chinas aussichtslose Lage aufzubringen. Doch zeigt er sich mehr und mehr ungehalten darüber, dass die Chinesen für jegliches Übel den Westen und die »ungleichen Verträge« verantwortlich machen. Er kritisiert das apathische Volk, die zunehmende Dekadenz der Angehörigen der Vierten-Mai-Bewegung, die »schmutzigen« Chinesen.[696] Mit dieser Meinung liegt Sok ungefähr auf der Linie der meisten Ausländer in Shanghai, obwohl er nach wie vor Sympathie für das chinesische Volk aufbringt. In einem Brief an seinen früheren Mentor und späteren Kontrahenten John B. Powell schreibt er: »We cannot blame the Japanese or any other foreigner for what is happening in China today. The Chinese people are themselves entirely to blame.«[697] [Wir können nicht den Japanern oder anderen Ausländern die Schuld für das geben, was heute in China geschieht. Das chinesische Volk ist selbst dafür voll und ganz verantwortlich.] Trotz oder gerade wegen seiner Beziehungen zu chinesischen Politikern der Guomindang beginnt Sok (zuerst in Briefen, später in Artikeln) deren Arbeits- und Sichtweise in scharfen Worten zu kritisieren: »The Chinese themselves apparently are unwilling to correct the evils in their government and desire that the foreign correspondents in China should all be propagandists after the fashion of Putnam Weale.«[698] [Die Chinesen sind anscheinend selbst nicht bereit, die Übel in ihrer eigenen Regierung zu korrigieren. Vielmehr wünschen sie, dass alle ausländischen Korrespondenten Propagandisten im Stile eines Putnam Weale sein sollen.]

Die seit den 1920er Jahren zunehmende Angst des Westens vor einer Ausbreitung des Kommunismus in China teilt Sokolsky nicht. China sei ein Agrarland und deshalb für die Ideen des Bolschewismus, welcher den Industriearbeitern die Leitung im Kampf um die Macht zugedacht hat, unempfänglich. Er nimmt auch Sun Yat-sen, den er an anderer Stelle kritisiert, vor dem Vorwurf in Schutz, ein Bolschewist zu sein. Sok ärgert sich über die zunehmende Ausländerfeindlichkeit der Chinesen, von denen er nicht versteht, weshalb sie Amerika gegenüber, insbesondere nach der Washingtoner Konferenz 1921/22, nicht mehr Dankbarkeit zeigen. Überhaupt scheint Sok in China tief gespalten gewesen zu sein: Einerseits lag ihm das Schicksal seiner zweiten Heimat besonders am Herzen, anderseits genoss er das privilegierte Leben eines Ausländers wie alle anderen Old China Hands auch. Er zeigte sich irritiert darüber, dass die Chinesen die »Hilfe« des Westens nicht akzeptierten: »You reject these (gifts – Anm. d. Verf.) ... You care nothing for the future of China. Your only interest is the present noise.«[699] [Sie lehnen diese (Geschenke) ab ... Sie kümmern sich keinen Deut um die Zukunft Chinas. Ihr Interesse gilt allein dem gegenwärtigen Krach.]

Soks Groll bezüglich der Untätigkeit und Unfähigkeit der Chinesen, die Organisation des Landes aus eigener Kraft in Angriff zu nehmen, äußert sich nicht nur in zahlreichen Artikeln, sondern auch in persönlichen Briefen, etwa an T. V. Song, Chiang Kai-sheks Schwager und Finanzminister. Sok hatte sich mit Song angefreundet und gedachte diesen als Gegengewicht zu Chiang Kai-shek (den Sok etwas verächtlich »Ningpo Napoleon« nannte) in den Ring der Mächtigen zu geleiten beziehungsweise im Westen als späteren »großen Mann Chinas« anzupreisen. Auch im direkten Umgang mit Chinesen bleibt sich Sok treu und nimmt kein Blatt vor den Mund: »You cannot allow yourself to gain the reputation of being a bloodsucker, while he (Chiang Kai-shek – Anm. d. Verf.) poses as a national hero.«[700] [Sie können sich nicht den Ruf des Blutsaugers erlauben, während Chiang Kai-shek als nationaler Held dasteht.] Sok will Song die Augen öffnen: »A revolutionary government must give, at any rate, the impression of being clean. Nanking today is openly corrupt ... In a word, T. V., the job of the moment, war or no war, is to clean house before the stink of corruption suffociates all of you.«[701] [Eine revolutionäre Regierung muss um jeden Preis den Eindruck erwecken, sauber zu sein. Das Nanking von heute ist

II. Individuen, Biographien und Lebenswelten

für alle ersichtlich korrupt ... In einem Wort, T. V., das Gebot der Stunde, ob Krieg oder nicht, ist es, das Haus zu reinigen, bevor der Gestank der Korruption Euch alle erstickt.] Diplomatisch hat sich Sokolsky nie ausgedrückt, und anscheinend war er trotz seines langjährigen Aufenthalts in China mit der chinesischen Mentalität zu wenig vertraut, um mit seiner Offenheit Vertrauen zu schaffen. In etwas gönnerhaft formulierten Briefen an Song zeigt Sok sich je länger, je mehr verbittert darüber, dass seine Ratschläge nicht beachtet werden. Er beginnt – verbunden mit einer gehörigen Portion Selbstbewusstsein – die Geduld zu verlieren:

> »It seems to me that my work is extremely valuable because no one has attempted to undo the harm that has been done to the Government and Party by extremely loose talk and by some careless thinking in China ... I have labored for China as no Chinese has ever worked, and I now know definitely how much can be done and how quickly it can be done if only there is a revision of manner in China.«[702] [Es scheint mir, dass meine Arbeit extrem wertvoll ist, denn niemand hat versucht, den Schaden an Regierung und Partei zu reparieren, der durch leeres Geschwätz und leichtsinniges Denken in China entstanden ist ... Ich habe hart für China geschuftet, wie noch nie zuvor ein Chinese gearbeitet hat, und ich weiß jetzt endgültig, wie viel gemacht werden kann und wie schnell, wenn es nur eine Änderung der Sitten in China gäbe.]

In Soks Zeilen an seinen einstigen Freund Song macht sich auch Enttäuschung breit, dass der Finanzminister anscheinend nicht wahrnehmen will, wie schlecht es um das China-Bild in den USA steht. China, so Sok, werde in Amerika lediglich noch als Land wahrgenommen, »where missionary women are murdered and where communists and bandits fight with an overwhelming army«[703] [wo Missionarsfrauen ermordet werden und wo Kommunisten und Banditen mit einer überwältigenden Armee kämpfen]. Vielleicht war es seine Direktheit und manchmal gar Schroffheit und weniger die von westlichen Journalistenkollegen kolportierte japanfreundliche Berichterstattung, welche für chinesische Ohren einen Schlag ins Gesicht, wenn nicht gar den Verlust desselben bedeuten mussten.[704] Gewiss, Sok hatte sich je länger, je mehr dafür ausgesprochen, dass China und Japan ohne westliche Einmischung miteinander über die anstehenden Probleme verhandeln sollten. Ihn deswegen als projapanisch zu diskreditieren, ist allerdings im Lichte der damaligen Verhältnisse ein ungerechter beziehungsweise oberflächlicher Vorwurf.[705] Die Attacken machten Sok arg zu schaffen, und er beklagte sich bei Freunden darüber, dass die Chinesen alte Freunde und Berater immer im Stich ließen. Und wie um den eigenen Schmerz etwas zu lindern, fügte er in typisch okzidentalem, herablassend klingendem, damals verbreitetem Shanghaier Ton hinzu:

> »I cannot hate the Chinese for anything they do, for were they not, at times, childish, immature, hysterical – were they full-grown and well-organized, we should all be facing an imperialistic menace such as mankind has not yet known ... The Chinese must learn that they cannot al-

ways be coddled children.«[706] [Ich kann die Chinesen für nichts hassen, was sie tun. Denn wären sie nicht manchmal kindisch, unreif, hysterisch, ja wären sie vielmehr erwachsen und gut organisiert, dann wären wir alle mit einer imperialistischen Bedrohung konfrontiert, welche die Menschheit bisher noch nicht gekannt hat ... Die Chinesen müssen lernen, dass sie nicht immer verhätschelte Kinder sein können.]

1931 verlässt Sokolsky China für immer, enttäuscht darüber, dass man seine Dienste und seinen Rat in der chinesischen Regierung nicht mehr wünscht. Er kehrt zurück in die USA, in ein Land, das in einer tiefen wirtschaftlichen Depression steckt und das sich gegenüber Chinas Problemen mehr oder weniger desinteressiert verhält. Selbst eine Einladung von Ailing Kung, der Schwester von Madame Sun und Frau von H. H. Kung, dem damaligen Industrieminister, lehnt Sokolsky mit der Begründung ab, er könne nicht nach China zurückkehren, weil er dort mehrere, sich einander kaum vertragende Positionen übernehmen müsste.[707] In einem seiner »Abschiedsbriefe« an seinen Freund T. V. Song, den er einst fast vergöttert hat – »Ich habe nie etwas von Deiner Größe profitiert, doch werde ich Dich immer lieben, auch wenn Du nicht mehr groß sein wirst« –, drückt Sok gleichzeitig sein Bedauern über das Zerwürfnis mit Song sowie sein persönliches Empfinden für die tragische Situation Chinas aus:

»There has never been a moment when I have not deeply regretted the separation ... I do not believe that you can fight Japan and succeed ... I have never acted without realizing that irrespective of what any Chinese may think of me, my affection is for China and that if I were absolutely free to choose, I should want to live nowhere else.«[708] [Es gab nie einen Moment, in dem ich nicht die Trennung tief bedauert habe ... Ich glaube nicht, dass ihr (Chinesen) Japan mit Erfolg bekämpfen könnt ... Ich habe nie gehandelt, ohne mir bewusst zu sein, dass – unabhängig davon, was ein Chinese von mir denkt – meine Zuneigung China gehört. Und wenn ich vollständig frei wäre zu entscheiden, würde ich nirgendwo anders leben wollen.]

Der Mukden-Zwischenfall beziehungsweise die sich daran anschließende Krise um die Mandschurei im Jahre 1931 erhöhte die Nachfrage im Westen nach Leuten wie Sokolsky, die mit ihrem Wissen und ihrer Erfahrung dem amerikanischen Publikum die Situation im Fernen Osten fachgerecht zu erklären suchten. Für die »New York Times« schreibt Sok Dutzende von Beiträgen zu historischen, politischen, geographischen, kulturgeschichtlichen Themen, über die verschiedenen Tempi zwischen Ost und West, über die Rolle des Gesichtsverlusts, über Madame Sun, die Familie Song, Chiang Kai-shek, Pu Yi, den letzten Kaiser oder den Yangtse, Chinas Lebensader. Soks Artikel verraten seine Liebe zu China, seine Nostalgiegedanken, gepaart mit dem schmerzlichen Gefühl, nicht mehr direkt vor Ort zu sein. In etlichen Briefen an Freunde und Bekannte beschreibt er seine kaum zu ertragende Befindlichkeit als ein Fremder in einem fremden Land, etwa gegenüber Hu Shi:

»I used to complain in China of the song of the singsong girl or the fearful noise of the Chinese flute as played by a neighboring tinker, but how melodious and harmonious were they compared with the tone of that motor-car civilization which you glorify. ... God, Hu, if only I could sit on the Wing On building on Nanking Road and enjoy the peace of China's noisiest spot.«[709] [Ich war gewohnt, mich in China über den Gesang des Sing-Song-Mädchens zu beklagen oder über den scheußlichen Lärm dieser chinesischen Flöte, wie sie vom benachbarten Kesselflicker gespielt wurde. Doch wie melodiös und harmonisch waren diese Klänge im Vergleich zu denjenigen der Automobilzivilisation, welche Du so verherrlichst ... Gott, Hu, wenn ich doch nur auf dem Gebäude des Wing On an der Nanking Road sitzen könnte und den Frieden dieses lautesten Punktes von ganz China genießen könnte.]

Hu Shi vertraut Sok seine innere Gespaltenheit an, die sich darin ausdrückt, dass er sich zutiefst unglücklich fühlt, sobald er irgendetwas im Zusammenhang mit China unternimmt: »I sometimes wish that I could forget my connections with China altogether because one naturally feels that one ought to be there and not being there at a time like this is almost a betrayal.«[710] [Ich wünschte mir manchmal, dass ich all meine Verbindungen mit China vergessen könnte, da man von Natur aus fühlt, man müsste dort sein. Zur jetzigen Zeit jedoch nicht dort zu sein, kommt fast einem Verrat gleich.] Um China aus dem gegenwärtigen Elend und Schlamassel zu retten, empfiehlt Sok seinem Philosophenfreund Hu eine geographische Verkleinerung auf ein überschaubareres Kernchina:

»Now is the time to cut the loss, to consolidate, and to begin the building of China anew. I think that China without Manchuria, Mongolia and Tibet, and even without Turkestan, would be a stronger China because it would be a more governable China ... If you do not step backward, you will not have the strength to move forward.«[711] [Jetzt ist die Zeit gekommen, der Sache ein Ende zu machen, die Lage zu konsolidieren und mit dem Bau eines neuen China zu beginnen. Ich glaube, dass China ohne die Mandschurei, die Mongolei und Tibet und sogar ohne Turkestan ein viel stärkeres, weil regierbareres China wäre ... Wenn man keinen Schritt zurück macht, wird man nicht die Kraft haben, vorwärts zu gehen.]

Je länger, desto deutlicher vermischt sich bei Sokolsky das Gefühl der erzwungenen Einsamkeit in den USA beziehungsweise seine Trennung von China mit einer mit Herablassung eingefärbten Empfindung gegenüber dem Reich der Mitte. Niemand in China scheint mehr auf ihn, den intimen Kenner des Landes, zu hören. Und das trifft Sok, den etwas gönnerhaften Berater, der zu wissen glaubt, wie man den orientalischen Karren aus dem Sumpf zieht, schwer. Er schmollt und gibt den Schwarzen Peter an die Chinesen zurück. Seine Befürchtungen und Anschauungen teilt er gleich auch westlicher Prominenz im In- und Ausland mit. In einem Brief an John B. Powell in Shanghai schreibt er etwa vom

»furchtbaren Heimweh«, das ihn quält, und davon, wie betroffen er sei, »because after all the Chinese people are the salt of the earth and they do get such a raw deal ... When I think of all the money that China has spent building up an army and all the time it has had to create a machine, and all the man power and resources that she has, I can not but blame the Chinese themselves for getting into this mess«[712] [denn schließlich ist das chinesische Volk das Salz der Erde, und jetzt bekommen sie eine so ungerechte Behandlung ... Wenn ich an all das Geld denke, das China für den Aufbau einer Armee ausgegeben hat, und an den Zeitaufwand, welchen das Land benötigte, eine Maschine zu produzieren, und an all die menschlichen Arbeitskräfte und die Ressourcen dieses Landes, dann kann ich lediglich die Chinesen selbst dafür tadeln, dass sie in dieses Durcheinander geraten sind]. Auch gegenüber einem Vertreter des Völkerbundes, dem Polen Ludwik Rajchman, den er Jahre später als kommunistischen Agenten bezeichnen wird, äußert Sok seine ganz persönliche Ansicht:

> »You and I have always differed ... You have always felt that the procedure of Chinese politicians is not essentially different from the procedure of politicians of other countries, and I have always insisted that the Chinese are unlike any other people ... Chinese politicians altogether ignore general considerations ... Politicians in China fight against each other as though they were fighting foreign countries, and they develop hatreds as though they were hating foreign nations. I sometimes fear that I am the last patriotic Chinese left in the world, and unfortunately I am not Chinese.«[713] [Sie und ich haben uns immer unterschieden ... Sie haben immer die Meinung vertreten, dass das Verhalten chinesischer Politiker sich nicht entscheidend von demjenigen von Politikern anderer Länder unterscheidet. Ich dagegen habe immer darauf bestanden, dass die Chinesen nicht wie andere Völker sind ... Chinesische Politiker haben überhaupt keinen Sinn für allgemeine Betrachtungsweisen ... Politiker in China kämpfen gegeneinander, als ob sie ausländische Länder bekämpfen würden, und sie entwickeln einen Hass, als ob sie fremde Nationen hassten. Ich fürchte manchmal, dass ich der letzte patriotische Chinese in dieser Welt bin, und leider bin ich ja kein Chinese.]

War Sokolsky in den letzten fast vierzehn Jahren aufs Engste mit China verbunden, so änderte sich seine Einstellung nach seiner Rückkehr in den Westen immer mehr zu einer Art Hassliebe. Kritiker warfen ihm vor, dem Reich der Mitte mit seinen politischen Ansichten Schaden zuzufügen. 1932 veröffentlicht Sok sein Buch »*The Tinder Box of Asia*«, eine Sammlung früherer, hauptsächlich für die »New York Times« publizierter Artikel. Gewidmet ist das Buch seiner Frau, »of whose people I write« und die bereits ein Jahr später sterben sollte. Im Vorwort greift Sok den Tadel seiner Kontrahenten auf, die die Ansicht vertreten, Sok habe sich zum Freund Japans gewandelt: »In Tat und Wahrheit suche ich Verständnis ohne Voreingenommenheit ... China wird immer meine Heimat sein. Dorthin werde ich zurückkehren, gleich dem Instinkt von Vögeln, die im Frühling zu ihren Paarungsorten zurückfliegen.

Nur weil ich China so sehr liebe, fühle ich mich manchmal genötigt, seine Führer zu kritisieren [chastise]. Viel zu oft vergessen sie China, nur um einige kleine Gewinne für ihre Partei zu verwirklichen. Doch kann China nicht vergessen werden: Es ist zu groß, zu beständig, zu entscheidend.«[714] Soks chinesischer Freund T. V. Song reagiert leicht gereizt: »Ich glaube, dass dieses Buch China großen Schaden zufügen wird, einem Land, das Dir und den Deinen am nächsten liegt und für das Du Dich am meisten interessierst.«[715] Es bleibt Sok vorbehalten, die Feststellung des westlich erzogenen und von ihm einst als zukünftigen Star verehrten chinesischen Politikers zu widerlegen.[716]

Sokolskys Leistung in »*The Tinder Box of Asia*« war es zweifellos, dem westlichen Leser verschiedene Charakteristiken der chinesischen Gesellschaft und Geisteswelt darzulegen und zu erklären. Von besonderem Interesse sind etwa seine Ausführungen zum kulturellen Nationalismus, aufgrund dessen die Chinesen – so der Historiker Jürgen Osterhammel einige Jahrzehnte später – ihre »moralische Überlegenheit über den spirituell unterentwickelten Westen beanspruchen« dürften.[717] Auch galten Soks Analysen der kommunistischen Bewegung in China in der damaligen Zeit als kenntnisreich, und sie besaßen fast schon prophetischen Wert: Er sieht den Bruch zwischen Guomindang und Kommunisten 1927 voraus und hält – im Gegensatz zu vielen anderen Beobachtern – an der Auffassung fest, dass der Kommunismus mit China durchaus kompatibel ist, was sich ebenfalls bewahrheiten wird.[718] »Sollte eine kommunistische Regierung in China etabliert werden, wird Mao höchstwahrscheinlich an ihrer Spitze stehen«, schrieb er siebzehn Jahre vor dem tatsächlich eintretenden Ereignis.[719] Selbst Eigenheiten der Post-Mao-Ära sieht Sokolsky recht zutreffend voraus: »Die Chinesen werden mit dem Kommunismus das machen, was sie mit dem Christentum und dem Buddhismus angestellt haben. Sie werden ihn ganz einfach sinisieren.«[720]

In den folgenden Jahren wendet sich Sok vorwiegend der amerikanischen Politik zu und plädiert für die Nichteinmischung des Westens in den japanisch-chinesischen Dauerkonflikt, was ihm verständlicherweise nicht nur Sympathie einträgt. 1940 beginnt er mit einer eigenen Zeitungskolumne, »These Days«, welche dank gleichzeitiger Veröffentlichung in allen wichtigen amerikanischen Blättern knapp 300-fach erscheint. Außenpolitisch warnt Sok eindringlich vor einem Krieg der USA mit Japan und ändert seine Meinung erst mit Pearl Harbor. Danach nimmt er sich endgültig in die Rolle des Bewahrers und Beschützers amerikanischer Werte zurück. Er tadelt Roosevelt, den er früher wegen seiner Antikriegspolitik so gelobt hat, immer heftiger und engagiert sich in der American Jewish League Against Communism, zusammen mit dem Industriellen Alfred Kohlberg und dessen Helfer Roy Cohn, gegen die zunehmende Verbreitung des Kommunismus. Seine Kritik richtet sich in erster Linie an die Regierung der Demokraten unter Harry Truman und dann vor allem an diejenigen, welche seiner Ansicht nach die Schuld am amerikanischen Malaise in China tragen.

Als Angehöriger der sogenannten China-Lobby steht Sok an vorderster Front derer, die eine kommunistische Verschwörung im US-Außenministerium wittern und die Politiker (Dean Acheson, George Marshall), Intellektuelle (Owen Lattimore) und Staatsbeamte (John Service, John Carter Vincent) für den

»Verlust Chinas« verantwortlich machen.[721] Sok kämpft vehement (und erfolgreich) gegen die Anerkennung der am 1. Oktober 1949 ausgerufenen Volksrepublik. Hat er vor Jahren die Bewegung von Maos Partei noch treffend analysiert, verliert er nun – wie viele andere in der Zeit des anbrechenden Kalten Krieges – das Gespür und die Weitsicht für die alles entscheidenden Verschiedenheiten: In seinen Beiträgen wirft er alle Kommunisten, ob aus Moskau oder Peking stammend, in einen Topf. Damit wird er unweigerlich zum Helfershelfer von Joseph McCarthy, einem der »talentiertesten und erfolgreichsten Demagogen«, den die Vereinigten Staaten je gekannt haben.[722] Warren Cohen unterstreicht Soks bedeutenden Beitrag zur Entwicklung des McCarthyismus in den USA und schreibt, er sei vielleicht noch »größer als derjenige von Joe McCarthy selbst«.[723] Sok, so Cohen, habe mit seiner gehässigen und unverantwortlichen Propaganda dazu beigetragen, dass sich eine Annäherung zwischen der Volksrepublik China und den USA über Jahre hinweg als unmöglich erwies.

Man kann Sokolsky gewiss vieles vorwerfen: Inkonsistenz, Skrupel-, Verantwortungs- und Prinzipienlosigkeit. Für den Historiker Cohen war er eine faszinierende und abstoßende Persönlichkeit zugleich. »Er war ein Mann von offensichtlichem Charme, fröhlich und kontaktfreudig, ein Mann, der leicht Freunde machte. Er war intelligent ... und er konnte mit fast poetischer Sensitivität Artikel verfassen ... Aber Sokolsky war, Mitte der 1920er Jahre, ein Mann ohne Prinzipien, verantwortungslos, loyal lediglich gegenüber sich selbst, als er dafür kämpfte, seinen Appetit nach Macht und Status zu befriedigen ... Er hatte keinen Sinn für Anstand ... Er war kein Rassist, zumindest nicht in dem Sinne, wie es seine Landsleute waren und sind. Gegenüber den Chinesen jedoch verriet er eine vertraute Ambivalenz. In seiner Korrespondenz mit anderen Amerikanern bezog er sich allzu oft auf die kindlichen Manieren der Chinesen und beschrieb sie als undankbare Kinder, die eine starke Hand benötigten. Chinesen waren keine Hunde, aber sie waren eben auch nicht gleich wie die erwachsenen amerikanischen Männer. Sokolsky suchte unter dem chinesischen Volk der »große weiße Vater« zu sein.«[724]

Unbestreitbar verhielt sich Sok gegenüber den Chinesen nicht immer »politisch korrekt«, dafür war er – selbst ein Paria unter den angesehenen Old China Hands – zu sehr ein Produkt seiner Zeit und seiner Herkunft. Doch täte man Sokolsky Unrecht, würde man ihn lediglich als Opportunisten und »kalten Krieger« brandmarken. Zwar galt er sowohl unter seinen politischen Widersachern als auch seinen Anhängern als »Hohepriester des Antikommunismus«, doch stammten seine Wertanschauungen, die er teilweise in sehr polemischer Weise verfocht, aus innerstem Herzen und innerster Überzeugung. Sein Kampf galt Kommunismus, Faschismus und Nationalsozialismus gleichermaßen. Unmittelbar nach dem Ende des Zweiten Weltkrieges hielt Sok anlässlich der Verleihung eines Ehrendoktortitels der University of Notre Dame (Indiana) eine Rede zum Thema *The Clash of Civilizations*. Darin legte Sokolsky ein Bekenntnis ab zur menschlichen Freiheit, wie sie im System der westlichen Welt – und nur dort – verankert sei.[725] Lediglich im Okzident, dem Fundament jüdisch-christlicher Zivilisation, stehe der Mensch als Individuum vor Gott und dem Gesetz und deshalb als Gleicher unter Gleichen. Hier, so Sokolsky, gebe es keine Kollektivschuld und kein Konzept einer Kollektivseele. Im Osten dagegen wirke das Konzept der Göttlichkeit des Herrschers, des Despoten, Autokraten und absoluten Lenkers über den Menschen. Letzterem werde im Orient der individuelle Wille abgesprochen. Zwischen diesen beiden Welten spielt sich gemäß Sokolsky der Zusammenprall der Zivilisationen ab. Soks Weltbild vereinfacht, und zwar noch weit mehr als dasjenige von Samuel Huntington, der fast fünfzig Jahre später unter demselben Titel – allerdings mit Fragezeichen versehen – das gleiche Thema aufwirft.[726] Im Gegensatz zum Politikwissenschafter Huntington setzt Sok den Hauptzivilisationskonflikt zwischen dem Marxismus und dem Westen an, wobei er Ersteren trotz seines westlichen »Erfinders« als »oriental« und »despotenhaft« bezeichnet (sowohl das Marxistische als auch das »Orientale« würden den Menschen auf ein Nichts reduzieren). Soks Simplifizierung bietet insofern Stoff für heutige Diskussionen, als etwa in Bezug auf die Menschenrechte und ihren Stellenwert in China vermehrt auch die marxistischen und nicht nur die konfuzianischen Wurzeln der Argumentation der kommunistischen Führung untersucht werden müssten.

Sokolsky war zweifellos nicht frei von Widersprüchen. Das einzig Konsistente in seinem Leben schien die Inkonsistenz gewesen zu sein. Konnte er einerseits das »Orientalische« als »power of darkness« bezeichnen, so notiert er andersseits in seinen autobiographischen Skizzen: »I liked China ... because in the oriental countries I lived in freedom.«[727] [Ich mochte China ..., weil ich in orientalischen Ländern in Freiheit leben konnte.] Und trotzdem verfocht Sok dort seine Prinzipien, wo er sie bedroht sah, und zwar mit einer Härte, die ihm den Vorwurf eintrug, gemäß seinen eigenen Regeln der Beweisführung »anzuklagen, zu verurteilen, eine Strafe zu erlassen, zu vergeben oder Milde walten zu lassen«.[728] Sok war von sich und seiner Weltsicht überzeugt. Und Letztere wurde ein Stück weit während seines Lebens in China geprägt. Gemäß Sokolsky lebt der konservative Mensch in den Grenzen der »goldenen Mitte«, welche von der Familie vorgegeben werden. Diese und nicht der Staat bildet seiner Ansicht nach die soziale und die moralische Autorität.[729] Sokolsky, der sich selbst einmal als »watchdog [Wächter] of the people's interests« bezeichnet hatte, äußerte sich in einer bekannten Fernsehsendung 1960 dahingehend, dass moralische Kodierungen in der menschlichen Gesellschaft lediglich dank einer göttlichen Existenz möglich sind (Sok spricht vom abrahamäischen Konzept Gottes, dem einzigartigen jüdischen Beitrag zu dieser Welt). Ohne Gott, so Sokolsky, stürze der Mensch ins Anarchische.[730] Damit nähert er sich Needhams Forschungsinteresse hinsichtlich eines Zusammenhangs zwischen Naturgesetz (als einem Ausdruck göttlicher Gesetzgebung) und christlicher Moral, welcher in dieser Art im Reich der Mitte gerade nicht existiere.[731] Westliche Moralvorstellungen, wonach das Recht des Menschen unveräußerlich ist, stünden dem fatalistischen Konzept des Ostens diametral gegenüber. Das letzte Nirvana des Menschen, der Kampf um die Macht, werde im Osten nicht im Himmel, sondern auf Erden mit Hilfe einer politischen Partei (gemeint ist die kommunistische) entschieden.[732]

Sokolsky war eine schillernde Figur allemal, zuerst in Shanghai, später in den Vereinigten Staaten. China stand ihm auch nach 1949 nahe, auch wenn er das Reich der Mitte nie mehr mit eigenen Augen sehen sollte. Bis zu seinem Tode schreibt er persönliche Briefe an Madame Chiang Kai-shek nach Taipei

(»my dear friend«), die von ihr jeweils aufs Wärmste erwidert wurden. Manchmal sucht Sok bei Madame Chiang Rat bezüglich historischer Fakten (»Was wurde aus den Kriegsherren der 1920er Jahre?«), häufiger räsoniert er über Politisches, etwa das Zerwürfnis zwischen Mao und Chrustschow. Meiling, wie Sok die Grand Old Dame in seinen Shanghaier Jahren genannt hat, schickt ihm regelmäßig die Osterbotschaften zu, welche sie und der Generalissimo über den Rundfunk ihrem Volk im »freien China« verkünden.[733] Für die Chiangs schreibt Sok gelegentlich auch als Ghostwriter, wie er das bereits für Joseph McCarthy und den ehemaligen amerikanischen Präsidenten Herbert Hoover getan hat.[734] Wie um sein eigenes Vermächtnis und seine Hilflosigkeit loszuwerden projiziert er seine persönlichen China-Bilder auf Madame Chiang: Anlässlich einer ihrer USA-Werbetourneen legt er der einstigen First Lady Chinas die Worte »Perhaps the West will never quite understand China« in den Mund. Im Dezember 1962, zwei Monate nachdem Sok Madame Chiang noch geschrieben hat, »die Moral in diesem Land (USA) muss wiederhergestellt werden«, ereilt ihn der Tod durch eine Herzattacke. Es bleibt an Herbert Hoover festzustellen, dass der Tod von George Sokolsky, dessen Unabhängigkeit »von Millionen respektiert« worden sei, einen großen Verlust für die Vereinigten Staaten bedeute.[735]

Hoovers Ansichten wurden erwartungsgemäß nicht einhellig geteilt. *Nathaniel Peffer*, 1890 in New York geboren, soll von Sok als einem »son of a bitch« gesprochen haben.[736] Wie Sok verbringt Peffer, der an der Universität Chicago studiert hat, etliche Jahre seines Lebens (1915–1921) im Fernen Osten, zuerst als Redaktionsassistent bei »The China Press« in Shanghai und später als Korrespondent der »New York Tribune« in Peking. Unmittelbar nach dem für China entscheidenden Jahr 1927 kehrt Peffer für zwei weitere Jahre ins Reich der Mitte zurück, dieses Mal als Stipendiat der John Simon Guggenheim Memorial Foundation. Im Gegensatz zu Sok unterhält er keine persönlichen Beziehungen zu chinesischen Politikern, was ihm den Vorwurf der Parteilichkeit erspart. Während bei Sok eine objektive Berichterstattung bei den chinesischen Fraktionen, die ihm gerade infolge persönlicher Beziehungen nahe stehen, häufig leidet, ist Peffer in seiner Berichterstattung um größtmögliche Objektivität bemüht. Die Mehrzahl seiner Beiträge sind durchwegs in sachlichem Ton gehalten und akademisch gefärbt – mit Peffer als außenstehendem, rational denkendem Beobachter:

»Much too much emphasis has in the past been given to ›the Soul of the East‹, ›Spirit of the East‹, the indefinable, enigmatic, almost mystical something, unfathomable to men of the West. In this there is a good deal of myth, if not of empty rhetoric, spun by Europeans and Americans in the East who made little effort to understand the East or see it from its point of view and who also enjoyed nourishing a romantic conception of themselves as living in a mysterious, exotic setting, with a little fillip of danger. The result has been the dissemination of a romantic but warped idea of the East, its inhabitants, and their life.«[737] [In der Vergangenheit wurde viel zu viel Gewicht auf die ›Seele des Ostens‹, den ›Geist des Ostens‹, dieses undefinierbare, rätselhafte, fast mystische Etwas, dieses für die Menschen des Westens Unergründliche gelegt. Darin liegt viel Mythos, wenn nicht gar leere Rhetorik von im Fernen Osten lebenden Europäern und Amerikanern, die sich wenig darum bemüht haben, diesen zu verstehen oder ihn gar aus dessen Sichtweise zu betrachten. Sie haben es genossen, die romantische Vorstellung von ihnen in einer geheimnisvollen, exotischen Umgebung – mit dem Reiz von einem bisschen Gefahr – zu nähren. Das Resultat war die Verbreitung einer schwärmerischen, jedoch verbogenen Idee des Ostens, seiner Bewohner und ihres Lebens.]

Diese Worte Peffers widerspiegeln die Ansichten eines Beobachters, der sich innerlich in genügender Entfernung von seinem Forschungsgegenstand befindet. Der Weg zu dieser Wertneutralität dauert auch bei Peffer Jahre, wenn nicht Jahrzehnte. Noch 1927 stellt er in einem Beitrag unter dem *Titel »The Chinese Philosophy of Life«* eben gerade dieses »essenziell Chinesische« fest, das er dreißig Jahre später bei den klassischen Old China Hands als träumerische Illusionen kritisiert. Auch Peffer nimmt damals Bezug auf dieses für den Westler nur schwer fass- und nachvollziehbare Charakteristische des Chinesen und wägt es gegenüber der bekannten alltäglichen und – zugegebenermaßen – wenig optimistischen Lebensanschauung und -einstellung der Menschen des Okzidents ab:

»Walk down any opulent street in New York or Chicago. Look carefully at the faces of the most opulent persons who pass. They are well-dressed, well fed, obviously in command of every material resource. Their faces are sombre and stolid, if not harried and oppressed. Go down, not an opulent street, but one of the poorer artisans' alleyways in Peking, Soochow or Canton. There are no opulent, none is well-dressed. None, indeed, is unpatched. To most of them even security is elusive. Yet the silversmith or the potter in his doorway and the itinerant barber or goldfish merchant in the road can laugh and does laugh – at you, as you walk by, at a neighbor ..., at nothing at all, or at things in general, just at the sheer good humor of living. One is happy, that is all.«[738] [Gehen Sie eine der luxuriösen Straßen in New York oder Chicago runter. Betrachten Sie die Gesichter der wohlhabendsten Personen, denen sie begegnen. Sie sind alle gut angezogen, gut genährt, offensichtlich – vom materiellen Gesichtspunkt her betrachtet – bestens ausgerüstet. Doch ihre Gesichter drücken Düsterkeit und Sturheit, wenn nicht gar Gequältheit und Bedrücktheit aus. Gehen Sie jetzt eine andere, nicht eben gerade vermögende Straße runter, durch eine der ärmlichen Handwerksgassen in Peking, Suzhou oder Kanton. Dort finden Sie keine wohlhabenden Leute, niemand ist gut gekleidet. In der Tat, kein Mensch geht dort mit fleckenlosen Kleidern herum. Sicherheit ist für diese Leute ein Fremdwort. Doch der Silberschmied oder der Töpfer in seinem Hauseingang, der vorübergehende Haarschneider oder der Goldfischverkäufer in der Straße kann lachen und lacht – Sie an, wie Sie vorbeigehen oder auch den Nachbarn ... Vielleicht lacht er auch über nichts Spezielles oder über Dinge im Allgemeinen, einfach über den blanken guten Humor des Lebens. Man ist glücklich, das ist alles.]

Auch Peffer kann sich nicht der allgemeinen Tendenz verschließen, die menschlichen Charakterzüge der damaligen chinesischen Umgebung zu romantisieren: Der Chinese mag sich an der warmen Sonne erfreuen, an den grünen Bäumen und dem hübschen Zirpen der Vögel: »Well – life is pleasant.« Der schwer arbeitende Hausierer trägt seine Last mit Leichtigkeit, seine Höflichkeit ist natürlich und angeboren: »He has dignity.« Er mag – immer nach Peffer – dreckig sein und bei Frühlingsbeginn seinen Wintermantel mitten auf der Straße von Ungeziefer befreien: »But if you talk to him you find him a gentleman.« Ein Böttcher mag sechzehn Stunden pro Tag arbeiten, aber dazu gehören Muße für das Rauchen einer oder mehrerer Pfeifen, das Spielen mit seinen Kindern und der obligate Gang zum Teehaus. Sein Alltagsleben ist eine Einheit, auch wenn sie beschwerlich ist. Aber der Punkt ist: »He makes his own pace. And it is a pace adjusted to human needs, not the demands of an impersonal system of production.« [Er schafft sich sein eigenes Tempo, ein Tempo, das menschlichen Bedürfnissen angemessen ist, nicht den Anforderungen eines unpersönlichen Produktionssystems.] In der Arbeit des Handwerkers liegt Bedeutung. Sein Produkt ist sein eigenes: »His work is a whole; it is part of himself.« Er ist der Meister seiner Arbeit wie seiner Zeit. Für den Chinesen ist die Spanne eines Menschenzeitalters unendlich und die Generationen zahllos, das Leben des Einzelnen jedoch kurz: »Why not use it to the full, to the full of enjoyment? Why the sense of guilt or of waste in leisure? ... Why not just sit and think? Of nothing in particular. Just think ... Not enjoying anything in particular. Just enjoying.« [Weshalb das Leben nicht voll ausschöpfen, zum vollen Genuss? Weshalb dieses Gefühl der Schuld oder die Vergeudung an Muße? ... Weshalb nicht einfach sitzen und denken? Über nichts Besonderes. Einfach so denken ... Nichts Besonderes genießen. Einfach genießen.]

Peffers feine, meisterliche Momentaufnahmen chinesischer Lebensphilosophie strahlen – trotz ihrer zeitlichen Begrenzung auf die 1920er Jahre – einen Hauch von Ewigkeit aus. Allerdings ist der Newspaper Correspondent, Editor and Magazine Writer Realist und Rationalist genug, auf die Vergänglichkeit dieser scheinbaren Zeitlosigkeit hinzuweisen. Er kennt aus eigener Erfahrung die harten Realitäten im China jener Zeit, die Armut der Massen, Flutopfer, den grausamen Tod von Hungernden und Kranken. »I know the cost of scientific and mechanical backwardness. Also I know the cost of scientific and mechanical advancement.« [Ich kenne die Kosten wissenschaftlicher und technischer Rückständigkeit. Ich kenne aber auch die Kosten wissenschaftlichen und mechanischen Fortschritts.] Die Modernisierung des Landes allein scheint ihm kein Garant für das Glück der Bevölkerung zu sein:

»Maybe it must [modernize – Anm. d. Verf.]. Perhaps the drive of the age is irresistible. But I am not so sure as most foreigners who know China that in that direction lies advancement for China and happiness for the Chinese. I am not so sure that there alone is the path to human progress. But I am sure that if the Chinese way of life must go, as it must if China modernizes, much will be lost to the world that was precious. And the march of destiny may be irresistible; but one may mourn what it treads down.«[739] [Vielleicht muss sich China modernisieren. Vielleicht ist die Ten-

II. Individuen, Biographien und Lebenswelten

denz der Zeit unumkehrbar. Aber ich bin mir nicht so sicher, wie das die meisten Ausländer sind, die China kennen, dass in dieser Richtung der Aufstieg Chinas und das Glück der Chinesen liegen. Ich bin mir nicht so sicher, dass darin alleine der Weg zum menschlichen Forschritt liegt. Aber ich bin überzeugt, dass, falls der chinesische Lebensweg denn schon Abschied nehmen muss – was der Fall sein wird, wenn China sich modernisiert –, die Welt vieles verlieren wird, was wertvoll war. Und dieser Schicksalsmarsch mag unaufhaltsam sein, doch wird man über das trauern, was er zertreten hat.]

Peffers Beitrag in »Current History«, erschienen im für China schicksalsträchtigen Jahr 1927, ist einer der wenigen, in denen sich der amerikanische Korrespondent und Publizist mit der »Seele Chinas« befasst. Auch explizit jüdische Bezüge finden sich in seinen Schriften lediglich dort, wo Peffer Chinas Geschichte religiöser Toleranz erwähnt.[740] Der Großteil seiner Arbeiten befasst sich mit politisch-historischen Themen. Nach sechs Jahren in China kehrt Peffer 1921 in die USA zurück, wo er für eine Reihe von Zeitschriften über die Washingtoner Konferenz berichtet. Sein Standpunkt ist ebenso eigenwillig wie für die damalige Zeit fortschrittlich: Die westliche Einmischung in die internen Angelegenheiten Chinas müsse aufhören, das Land müsse endlich sich selbst überlassen werden, je früher, desto besser:

»The concrete and practical application will be found in the treatment accorded China. The whole world's attitude toward China must make a complete reversal. It must be reversed not only as to future intentions, but as to past actions. A beginning must be made of undoing the wrong that has been done China for three generations.«[741] [Die konkrete und praktische Anwendung zeigt sich in der Behandlung gegenüber China. Die Haltung der gesamten Welt gegenüber China muss eine vollständige Kehrtwendung vollziehen. Sie darf sich nicht nur auf zukünftige Absichten beziehen, sondern hat auch vergangenes Handeln mitzuberücksichtigen. Ein Beginn muss gemacht werden, der das Unrecht, das China in den letzten drei Generationen widerfuhr, rückgängig macht.]

Für Peffer, der während seines China-Aufenthaltes viele einheimische Politiker (vor allem aus Südchina) kennengelernt und mit ihnen über das Land und seine Probleme diskutiert hat, ist es klar, dass die »good old days«, wie man sie in Shanghai zu nennen pflegte, vorbei sind, der Westen längerfristig keine Mittel besitzt, Chinas eigenen Weg zu verhindern.[742] China, so Peffer, stehe am Anfang eines neuen Aufstiegs, der eine Transformation nicht nur des politischen Systems voraussetze. »It must go to the bottom of one of the oldest and most deeply rooted civilizations in the world and change it at its roots. That cannot be accomplished in a generation. It may not be accomplished in two generations. There is no assurance that it will be successfully accomplished at all.«[743] [Die Umwandlung muss an der Basis einer der ältesten und am tiefsten verwurzelten Zivilisationen der Welt ansetzen und versuchen, diese an ihren Wurzeln zu verändern. Dies kann nicht innerhalb einer, auch nicht innerhalb von zwei Generationen vollbracht werden. Es gibt keine Sicherheit, dass sie überhaupt erfolgreich verwirklicht wird.]

In seinem ersten Buch, »The White Man's Dilemma« (1927), erinnert Peffer den Leser daran, dass die Europäer noch zu den Höhlenbewohnern zählten, als China bereits eine Kultur besaß und und Weltreich war.[744] Als Kind seiner Zeit übernimmt Peffer die Ideen des Historismus, für den die (Welt-)Geschichte im Zentrum des Philosophierens steht. China stellt für ihn gewissermaßen einen Lackmustest für das gesamte imperialistische System dar: Sollte das Land »fallen«, ist Asien verloren und damit der Imperialismus am Ende. So ist es nach seiner Ansicht aus westlicher Sicht schnellstens geboten, das Zepter in die Hand zu nehmen, solange ein solches überhaupt noch vorhanden ist, nachdem die Chancen dazu in all den vergangenen Jahren verspielt worden sind: »We should make the grand gesture to China.«[745] Dazu gehörten, so Peffer, unter anderem der Verzicht auf die Exterritorialität, der Abzug aller Kriegsschiffe aus Binnengewässern und der ausländischen Truppen aus chinesischen Städten sowie die Ankündigung einer Rückgabe der Konzessionsgebiete. Das Dilemma des Westens, so schließt Peffer seine Betrachtungen, widerspiegle sich im chinesischen Sprichwort »Einen Tiger reiten und nicht herunter können« (»qi hu nan xia«).[746] Was Peffer auffallend von anderen Beobachtern chinesischer Realitäten jener Zeit unterscheidet, ist seine Fähigkeit zur Selbstreflexion und zum Zugeständnis einer beschränkten beziehungsweise verzerrten westlichen Optik bezüglich Chinas. Er bedauert, dass in der populären Denkweise der westlichen Völker China alleine mit Opium oder Chop-Suey (chinesisch »za sui«, ein Essgericht) assoziiert wird. In einem geistreichen Beitrag, »The Death of Chinese Civilization« (1930), nimmt Peffer Argumentationen vorweg, mit denen fast fünfzig Jahre später Edward Said in seiner berühmten Studie zum »Orientalismus« seine Thesen untermauert.[747] Allerdings geht Peffer – und da werden die Schwächen von Saids Ansatz bereits aufgedeckt – über das vom amerikanisch-palästinensischen Publizisten aufgezeichnete Schwarzweiß-Schema hinaus. Zwar ist auch Peffer ein Vertreter der von Said entworfenen Idee des sogenannten Orientalismus, doch erkennt er selbst die Schwächen und Gefahren dieses anscheinend unwandelbaren, monolithischen Diskurses. Er kritisiert nicht den Orient, sondern vielmehr den ungenügenden oder falschen Blickwinkel des Okzidents, indem er bemängelt, dass der Westen in seinem Verhältnis zu China immer nur die eigenen Prinzipien, Konventionen und Überzeugungen angewendet und darauf seine Urteile aufgebaut habe.

»For us the ›problem‹ of a country consists of its domestic politics and foreign relations. But because such events have other values in the East, and sometimes have no significance at all, our judgments are generally wrong. If we do not misunderstood, we at least fail to understand.«[748]
[Für uns Westler besteht das ›Problem‹ eines Landes in seiner Innenpolitik und den Beziehungen zum Ausland. Aber weil solche Ereignisse im Osten einen anderen Wert besitzen oder vielleicht überhaupt keine Bedeutung, sind unsere Beurteilungen im Allgemeinen falsch. Wenn wir etwas nicht missverstehen, dann scheitern wir zumindest daran, es zu verstehen.]

II. INDIVIDUEN, BIOGRAPHIEN UND LEBENSWELTEN

Peffer beanstandet die Oberflächlichkeit des westlichen Wissens über China, das lediglich von der Zeitungslektüre und »hochgestochenen Darstellungen von Experten« herrühre. Darin schneidet das Land mit seinen Bürgerkriegen und einem fast vollständigen Mangel an Recht und Ordnung – vom Westen gemeinhin als Chaos wahrgenommen – jeweils schlecht ab. Zwar seien all diese oberflächlichen Erscheinungen des öffentlichen Lebens bestens bekannt, »but knowing so much, we know nothing of what is essential in China; seeing so much, we see distortedly ... They are effects, not causes. The truth about China, about the whole East, is much more serious than we think it is ...«[749] [Aber viel wissend, wissen wir im Grunde nichts über das Wesentliche in China; so viel sehend, sehen wir es verzerrt ... Es sind Wirkungen, keine Ursachen. Die Wahrheit über China, über den gesamten Osten ist viel ernsthafter, als wir denken.]

Diese ständig falsche oder ungenaue Vorstellung von China im Westen hat ihren Ursprung nach Ansicht Peffers unter anderem in der einseitigen Konzentration auf die politischen Vorgänge im Reich der Mitte. »To think of China at all ... is to think on politics. But that is to think inaccurately and illogically, on an entirely false premise; for in China politics is both artifical and superficial.«[750] [Wenn man an China denkt, ... denkt man an Politik. Aber das bedeutet ungenau und unlogisch zu denken, auf einer absolut falschen Prämisse aufbauend, denn die Politik in China ist sowohl künstlich als auch oberflächlich.] Die Völker des Ostens, so Peffer in einem weiteren Beitrag, drückten ihr Wesen gerade nicht oder kaum in politischen Aktionen aus.[751] Die unterschiedliche Interpretation von sprachlichem Ausdruck sei eine weitere Gegebenheit, die das Verständnis zwischen Ost und West erschwere:

»Foreigners translate Chinese events into terms out of their own categories, which make the events seem clear but which have no relation to the truth about China, since the categories of the West happen to be uninterchangeable with those of China.«[752] [Ausländer übersetzen Vorgänge in China gemäß Begriffen aus ihren jeweils eigenen Kategorien. Das lässt solche Geschehnisse zwar klar erscheinen, doch haben sie so überhaupt keinen Bezug zur Wahrheit über China, denn die Kategorien des Westens sind mit denjenigen Chinas nicht austauschbar.]

In seinem zweiten Buch, »*China: The Collapse of a Civilization*« (1930), ortet Nathaniel Peffer wie 1946 Sokolsky und 1993 Huntington den Konflikt zwischen Zivilisationen als schicksalsträchtigen Wesenszug des 20. Jahrhunderts. In diesem Buch betätigt er sich als Brückenbauer zwischen Ost und West. Und einmal mehr versucht er, China für sich und die amerikanische Leserschaft zu verstehen – eine unlösbare Aufgabe, wie sich herausstellt.

»The picture shifts too rapidly for focus. Perception is not sure enough; no concept can be fixed. No matter how long one has known China, how intently observed its progress or how intensively analyzed its affairs; one cannot grasp it. To attempt to do so is as one catching the surf. One clutches repeatedly, clutches feverishly, closes the hand on something – and the hand is empty.«[753] [Das Bild verschiebt sich zu schnell, um festgehalten zu werden. Die Wahrnehmung ist nicht genügend zuverlässig. Keine Vorstellung kann festgelegt werden. Es spielt keine Rolle, wie lange man China bereits kennt, wie aufmerksam man dessen Fortschritt beobachtet oder wie intensiv man seine Angelegenheiten analysiert hat; man kann es nicht erfassen. Der Versuch, dies zu tun, gleicht dem Fassen nach der Brandung. Man greift wiederholt danach, greift noch gieriger und schließt die Hand – und die Hand ist leer.]

Wie um die Schwierigkeit zu umgehen, China letztlich nicht verstehen zu können, verschiebt sich Peffers Forschungsinteresse in den 1930er Jahren auf die globalere, übersichtlichere Ebene und wendet sich vor allem den asiatisch-amerikanischen Beziehungen und dem amerikanischen Selbstverständnis in der veränderten weltpolitischen Lage zu. 1935 erscheint »Must We Fight in Asia?«, 1942 »Basis for Peace in the Far East« und nochmals drei Jahre später »America's Place in the World«. Inzwischen Professor für internationale Beziehungen an der Columbia University in New York geworden, ist Peffer weiterhin als Schreiber von Artikeln für renommierte amerikanische Zeitungen und Zeitschriften tätig. In der »New York Times« beklagt Peffer – als »Authority on Far Eastern Affairs« vorgestellt – beispielsweise unter dem Titel »*Our Distorted View of China*« die sentimentale Haltung vieler einst in China lebender Amerikaner gegenüber den Chinesen, wozu zweifellos auch der Besuch von Madame Chiang Kai-shek 1943 in den USA beitrug: »[O]n that occasion we rather made fools of ourselves.«[754] Peffer stoßen insbesondere die Verdrehungen und Beschönigungen auf, die von einem Teil der amerikanischen Öffentlichkeit über China verbreitet werden. Der ehemalige Old China Hand versucht sich als Vermittler zwischen denen, die China idealisieren, und denen, die das Land als faschistische Diktatur abstempeln, und zwar durch Hinweis auf die von ihm schon seit langem betonte Unzulässigkeit westlichen Vergleichsmaßstabs:

»Judged by our standards of governmental efficiency, China is no doubt messy. The exigencies of war bring out inefficiency in all countries ... But the main point is that there is no reason why the Chinese should be judged by our way of doing things. Chinese ways always seem perverse and incoherent on first observation. It is only after long experience there that one comes to see that on the whole the Chinese get about the same results as others with about the same effort, though the order of acts is different.«[755] [Gemessen an unseren Maßstäben staatlicher Effizienz ist China in der Tat sehr schlampig. Die Notlage des Krieges führt in allen Ländern zu Ineffizienz ... Aber der Punkt ist, dass es keinen Grund gibt, weshalb das, was die Chinesen tun, nach unserer Elle gemessen werden soll. Der chinesische Weg scheint immer uneinsichtig zu sein und auf den ersten Blick zusammenhanglos. Lediglich wenn man eine große Erfahrung aus China mitbringt, gelangt man zur Einsicht, dass im Großen und Ganzen die Chinesen dieselben Ergebnisse erzielen wie andere auch, mit dem ungefähr gleichen Einsatz, obwohl die Ordnung der Aktivitäten möglicherweise anders ist.]

Ins gleiche Horn bläst Peffer in seinem Artikel über den Kampf zwischen Nationalisten und Kommunisten noch während des Zweiten Weltkrieges. Auch dort stört er sich an den auf die chinesische Situation angewandten westlichen Begriffsdualismen wie »Marxismus – Kapitalismus« oder »Links – Rechts«, »that accurately describe the Western social scene but not the Chinese«[756] [welche den gesellschaftlichen Schauplatz des Westens, nicht aber den chinesischen beschreiben]. Auffallend erscheint übrigens, dass Peffer es in all jenen Jahren vermeidet, eine klare Parteinahme für die eine oder die andere Bürgerkriegspartei auszusprechen, eine kluge Entscheidung, der ihm – im Gegensatz etwa zu einem anderen China-Experten, Owen Lattimore – eine spätere Denunziation und Anklage durch McCarthy und die China-Lobby erspart. Im Auftrag des US-Außenministeriums fährt Peffer 1946 als Gastprofessor noch einmal für ein Jahr nach China. Auch danach versucht er in seinen Einschätzungen bezüglich der Bürgerkriegssituation durch eine neutrale Haltung Distanz zu wahren: Peffer der Unfassbare, Distanzierte, Verschlossene, Unnahbare. Um eine Einschätzung von Maos Bewegung kommt er allerdings nicht herum, und die lautet, dass die chinesischen Kommunisten von Moskau relativ unabhängig seien, es Anzeichen gebe, dass sie ihre eigenen Meister im Lande bleiben würden.[757] Drei Jahre nach der Machtübernahme der Kommunisten urteilt Peffer, das neue Regime sei chinesischen Strukturen fremd:

»The Communist regime ... is proving itself to be a surface, alien thing, artificially imposed on the ancient, authentic Chinese structure. And the history of China testifies that anything that does not rest on Chinese foundations cannot long endure.«[758] [Das kommunistische Regime erweist sich als eine Oberfläche, als Fremdkörper, der alten, authentischen chinesischen Struktur künstlich auferlegt. Und die Geschichte China beweist, dass das, was nicht auf chinesischem Fundament gebaut ist, sich nicht lange halten kann.]

Dann fährt Peffer fort, all diejenigen »Auswüchse« kommunistischer Machtausübung aufzuzählen, die seiner Meinung nach unvereinbar mit dem chinesischen Denken und Fühlen sind: die sinnlosen Demonstrationen gegen Klassenfeinde, Ausbeuter oder Reaktionäre, die ganze Götzenverehrung hinsichtlich der kommunistischen Führung (»Chinesen sind ein äußerst rational denkendes Volk«) oder auch die Gewalt gegenüber Andersdenkenden (»jemandes Reisschale zerbrechen – »da po fan wan« – gilt in China als ruchloses Delikt«). Für Peffer ist das Ende der kommunistischen Regierung absehbar, wenn auch nicht in nächster Zukunft:

»There is something new in Communist China, something new but so alien to the spirit of the people that sooner or later they will find it revolting ... They [the Chinese – Anm. d. Verf.] have never been successfully regimented and in the long run will prove among the hardest to regiment. They are not doctrinaire nor given to thinking in formulae and flying to extremes of thought and action, except in momentary tensions of spasm. Beyond most people they can laugh at themselves, a fatal handicap to a Communist.«[759] [Es gibt etwas Neues im kommunistischen China, aber etwas so Fremdes für den Geist des Volkes, dass dieses früher oder später dagegen revoltiert ... Die Chinesen sind nie erfolgreich bevormundet worden, und langfristig wird es sich herausstellen, dass sie am schwierigsten zu ›reglementieren‹ sind. Sie sind weder doktrinär noch geneigt, schemenhaft zu denken. Auch die Zuflucht zu Extremen hinsichtlich Denken und Handeln ist ihnen fremd, außer in Momenten absoluter Spannung. Und was sie besonders auszeichnet, ist die Fähigkeit, über sich selbst zu lachen, eine schicksalsschwere Belastung für einen Kommunisten.]

In dieser Ein- oder (je nach Ansicht) Unterschätzung bleibt sich Peffer treu, hat er doch schon zwanzig Jahre zuvor die Ansicht vertreten, die Wahrscheinlichkeit, dass China je ein kommunistischer Staat werde, sei gering.[760] Und wie bereits zu Zeiten der Washingtoner Konferenz 1921 ist Peffer eigenwillig, etwa in seiner Kritik an der amerikanischen China-Politik, was in einigen Artikelüberschriften der »New York Times« zum Ausdruck kommt: »Peffer opposes any aid to China«, »Peffer criticizes our policy in Asia«, »Foreign Policy Criticized«.[761] In all diesen Beiträgen geht es ihm um die chinesische Tragödie, die von den Amerikanern mitverursacht worden sei. Mit seinem 1958 veröffentlichten Buch »*The Far East*«, einer Art Geschichtsbuch über den Fernen Osten, krönt Peffer seine akademische Laufbahn. Dann wird es stiller um ihn. Noch einige wenige Male greift er, mit dem Vermerk »A long time resident of the Orient«, als Leserbriefschreiber zur Feder, etwa wenn es um die militärischen Scharmützel zwischen China und Taiwan um die Taipei vorgelagerten Inseln Matsu und Quemoy geht (dort plädiert er für einen Rückzug von Chiangs Truppen)[762] oder bei der Frage, ob Beijing die offizielle Vertretung Chinas bei den Vereinten Nationen zugestanden werden soll oder nicht.[763] 1964, einige wenige Monate vor der Zündung der ersten chinesischen Atombombe, vermerkt die »New York Times«: »Nathaniel Peffer of Columbia, Expert on the Far East, Dies«.[764]

»I'd love to travel the world around,
To be surrounded by foreign sound
about strange peoples would I learn
And see the Orientals, their incense burn.
...
With God's help, and my own will,
My ambition I hope to fulfill,
Sure am I, that in some future day,
To these lands, I'll be on my way.«[765]

II. Individuen, Biographien und Lebenswelten

Ein Weltreisender (gewiss kein -bummler) war *Harold Robert Isaacs* in der Tat, von den »Orientalen« hat er in seiner Jugendzeit mehr erfahren, als er es sich je während seiner Kindheit geträumt haben dürfte. Und auch Jahwes Hand dürfte ihn, den Rebellen wider das Religiöse im doktrinären Sinne, geschützt haben – ob er sie annahm oder nicht –, sowohl im China der 1930er Jahre als auch später während seiner journalistischen Einsätze im Zweiten Weltkrieg in Fernost. Tatkraft, nicht Ruhmsucht gehörte zeitlebens zu seinem Markenzeichen. Als Dichter könnte man Harold Isaacs nicht wirklich bezeichnen, doch war dem amerikanisch-jüdischen Politologen – der sich selbst bescheiden immer als »Student der politischen Wissenschaften« bezeichnete – die Bedeutsamkeit und gleichzeitig Beschränktheit des Wortes wie kaum einem Zweiten seines Fachs bewusst:

»I built a lifetime's work on words
The Truth is, a word on paper has meant
More to me than a thousand pictures,
Reaching for the beauty of lucid prose
Or the magic of love into a poem,
Worth all the trying, still even now,
When I have for so long known
That our best moments lie beyond words,
Moments beyond capture, like this one.«[766]

Über die Person Isaacs in weniger als einem ganzen Buch zu schreiben, ist fast ein Ding der Unmöglichkeit. Seine (nicht allein geographisch zu verstehenden) Lebens- und Wirkungsstationen deuten die Unendlichkeit menschlichen Wissensdurstes an. Die Charakterisierungen, mit denen er im Verlaufe seines Lebens versehen wurde, versprechen einiges an Aufklärung über die Conditio humana – Zweifel und Selbstzweifel, Stolz und Niedertracht, Ruhm und Fall, kurz gesagt menschliche Größe und Schwäche: »You will have to give a thought, at least, also to whether association with Isaacs may not also put you outside the pale … In general, I should say that by the official books I am a maverick, a premature anti-Stalinist, at best a dubious character.«[767] [Sie müssen zumindest darüber nachdenken, ob ein Bezug zu Isaacs Sie nicht ebenfalls zu einer Figur ›außerhalb der Grenze‹ macht … Allgemein gesprochen sollte ich vielleicht sagen, dass ich gemäß offiziellen Angaben ein Einzelgänger bin, ein frühreifer Antistalinist, im besten Fall ein dubioser Charakter.] Solche mit negativen Konnotationen behafteten Ausdrücke lassen aufhorchen bei einem Mann, der es zum Professor für politische Wissenschaften am renommierten M.I.T. in Cambridge, Massachusetts, brachte, ohne je einen Doktortitel erlangt zu haben.[768]

Doch gerade seine Außergewöhnlichkeit, die eigene (gewiss auch fremde) Einschätzung, während einzelner Etappen seines Lebens buchstäblich am Rande der Gesellschaft und der von dieser für »richtig« erklärten Normen zu stehen, schufen im Falle Isaacs einen besonders aufmerksamen Beobachter chinesischer Verhältnisse.⁷⁶⁹ Isaacs kennt sich und seine Grenzen, er erlebt – auch in China – mehr als eine Identitätskrise, reflektiert über Objekt und Subjekt zu gleichen Teilen. Der marxistisch Geschulte weiß in klarformulierten, präzisen Kategorien zu denken und verbindet dieses Talent mit einer weitentwickelten geistigen Kreativität. Im Unterschied zu manch einem, der mit kommunistischem Gedankengut kokettiert, besitzt Isaacs die Gabe, über sich selbst zu reflektieren. Hri, wie er jeweils in zahlreichen, emotionalen Briefen an seine Freundin und spätere Frau Viola Robinson zeichnet, ist ein ungestümer, deswegen aber nicht wenig qualifizierter Augenzeuge in einer für China schicksalsträchtigen Zeit des 20. Jahrhunderts. Für ihn sind, nachträglich betrachtet, die Jahre 1925 bis 1927 entscheidend in der Beurteilung der Weltgeschichte, ähnlich wie die Wirtschaftsdepression von 1929 oder der Aufstieg Hitlers zur Macht im Jahre 1933.⁷⁷⁰

Isaacs ist aber nicht nur Zuschauer in einem auf chinesischem Territorium stattfindenden Bruch von welthistorischer Bedeutung. Er nimmt im Verlaufe seines Lebens viele Identitäten an, mitunter auch in China, als Agitator und damit verbunden auch als Verfolgter, so dass sein Vater gar einmal einen Abgeordneten des Repräsentantenhauses aufbieten muss, der im amerikanischen Außenministerium für die Sicherheit des Sohnes vorsprechen soll.⁷⁷¹ Über die Schwierigkeit oder auch das Glück, Teil von Weltgeschichte und zugleich in deren Werdegang verwickelt gewesen zu sein, machte sich Isaacs in späteren Jahren häufig Gedanken. Dass er, der einstige Eiferer und Bewunderer von Marx und Lenin, seine berufliche Karriere im kapitalistischen Amerika beendete, hängt wohl auch damit zusammen, dass Isaacs nach einem bewegten und erfahrungsreichen Leben feststellen musste, dass der Faktor Mensch in der Prägung von Geschichte gegenüber den Klassenkategorien eine weitaus wichtigere Rolle spielt als er einst angenommen hatte.⁷⁷²

Rückblickend kann Isaacs' Weg getrost als der vernünftigste betrachtet werden, sonst hätten ihn nicht Kommunisten (nach 1934) und Nationalisten (während des Zweiten Weltkrieges) gleichermaßen durch ihren jeweiligen Bannstrahl geächtet. Bei der Beurteilung seines Handelns und Schaffens in China wird besonders deutlich, wie heikel und mitunter gewagt Einschätzungen eines Historikers im Rückblick auf Geschichte sein können. Man mag Isaacs zurückschauend als Naivling bezeichnen, oder man kann seine Thesen zur chinesischen Revolution verwerfen.⁷⁷³ Man kann ihn wegen der Kehrtwendung um hundertachtzig Grad, was seine politische Gesinnung anbetrifft, als Windfahne bezeichnen oder bei ihm deshalb die Fähigkeit zu tieferer Einsicht loben – ganz nach dem eigenen politischen Standpunkt.⁷⁷⁴ Mag auch der rote Faden in Isaacs' Werk und Schaffen zumindest in politischer Hinsicht nach seinen eigenen Angaben um etwa 1939/40 gerissen sein,⁷⁷⁵ in anderer Hinsicht blieb er sich und seinen humanistisch geprägten Überzeugungen bis zum Lebensende treu: in seinem Streben nach Gerechtigkeit, nach Linderung von Not, nach der Beseitigung von Krieg und Gewalt sowie später nach einer besseren Weltordnung. Dass die Suche des Mannes mit den vielen Eigenschaften nach dem Guten, nach der »ewigen Wahrheit« in erheblichem Maße von seinen persönlichen Erfahrungen in China geprägt war, deutet er in einer Gedächtnisnotiz unmittelbar nach seinem letzten Besuch in diesem Land 1980 an: »Those China years had a deeply molding effect on everything about me, certainly in how I came to see my world and the people in it.«[776] [Diese China-Jahre hatten tief greifende Auswirkungen auf alles an mir und zwar insbesondere darin, wie ich meine Welt und die Leute darin betrachtete.]

Welches Schicksal führte Isaacs 1930 denn eigentlich ins Reich der Mitte? Welche Einstellungen, Gedanken und Eindrücke haben ihn vor seiner Abreise in den Fernen Osten geprägt? Worauf stieß er mit dem geisistigen Gepäck, das er sich während seiner Jugendzeit angeeignet hatte, im China der 1930er Jahre? Der 1910 geborene Harold Isaacs wuchs als Sohn eines reichen Immobilienmagnaten jüdisch-litauischer Herkunft in der Upper West Side von Manhattan auf. Dank seiner vielfältigen Ausbildung – er studierte unter anderem Französisch und Philosophie an der Columbia University – gelang ihm die Befreiung aus der für ihn zusehends als Fessel wahrgenommenen orthodoxjüdischen Tradition, in der seine Eltern noch mit beiden Beinen standen. Dieser Prozess der Distanzierung von seinen Wurzeln bedeutete jedoch nicht, dass Isaacs keine Hochachtung vor dem religiösen und geistigen (Kultur-)Erbe seiner Glaubensbrüder gehabt hätte. Im Gegenteil, klein Harolds Gedanken kreisten als Bub schon um die Frage nach der Beziehung zwischen Mensch und Gott, zwischen Mensch und Welt.[777] Bedenken gegen das alttestamentarische Verständnis von Gott als strenger, gerechter, aber notfalls auch grausamer Herr über die Menschheit kamen dem 9-jährigen Isaacs, als er eines Morgens in der Talmud-Tora-Schule den Lehrer fragte, weshalb Gott in der Tora den Israeliten befohlen habe, nicht nur Männer, sondern auch die Frauen und Kinder der mit dem Volk Israel verfeindeten Amalekiter zu ermorden. »I don't remember what the teacher replied – he must have been taken aback. But I remember that question as the beginning of my critical scrutiny of all I had been soaking up unresistingly for the years of my young boyhood, it was my first questioning of the Jewish God, of all gods ...«[778] [Ich kann mich nicht erinnern, was der Lehrer antwortete. Er musste wohl erstaunt gewesen sein. Aber ich erinnere mich, dass diese Frage der Ausgangspunkt für meine kritische Überprüfung von all dem war, was ich in meiner Kindheit unwiderstehlich aufgesogen hatte. Es war meine erste Infragestellung des jüdischen Gottes, aller Götter ...]

Von jenem Zeitpunkt an verdrängt die Philosophie im Leben des Harold Isaacs die Religion. Bereits als 17-Jähriger steht er in Bethlehem vor der Geburtskirche und ist sich bewusst, dass er die jüdischen Lehren und Regeln endgültig hinter sich gelassen hat: »Ich ersetzte sie mit einer großen Neugierde nach einer Religion als Erfahrung für alle Arten von Menschen.«[779] Von da an begibt sich Isaacs auf die Wanderschaft nach dem Sinn des Lebens. Er empört sich über das Unrecht und das Elend auf dieser Welt. Er entsagt den traditionellen Werten seines Vaters und lehnt die »bourgeoise Gesellschaft« ab. Beeinflusst von der Werken des Politikers und Sozialreformers Norman Thomas, des Historikers und Imperialismusforschers Parker T. Moon sowie des China-Reporters Thomas F. Millard, tritt er im Jahre 1930 eine Reise nach Fernost an. Gemäß seiner eigenen Erinnerung, unter anderem beeinflusst durch das Gedankengut dieser drei Männer, bestimmen ihn als 20-Jährigen Gedanken und Einstellungen wie die Ungerechtigkeit des kapitalistischen Systems, eine Abneigung gegen den Kolonialismus, die Notwendigkeit der Sicherstellung der territorialen Integrität Chinas, der westliche Verrat an China während der Versailler Konferenz von 1919 und schließlich der Glaube an das chinesische Volk.

In Shanghai erwartet Isaacs, dessen in jeder Hinsicht leidenschaftliche Briefe an seine Verlobte Viola Robinson auch ein Stück weit Abenteuerlust verraten, sogleich journalistische Arbeit als Redaktionsassistent (zusammen mit Tillman Durdin) bei der »China Press«, wo einst auch Nathaniel Peffer einige Jahre zuvor tätig war. Sein unmittelbarer Vorgesetzter ist Hollington Tong, der spätere stellvertretende Informationsminister der Regierung von Chiang Kai-shek und oberste Zensor Chinas während des Zweiten Weltkrieges, zu dem Isaacs Jahre hindurch ein zwiespältiges Verhältnis hatte.[780] Dennoch hat Tong in Isaacs' Wahrnehmung Chinas eine nicht unbedeutende Rolle gespielt, wie er selbst anlässlich einer späteren Begegnung mit seinem ehemaligen Arbeitgeber feststellt:

> »Maybe I felt these pangs of sympathy for this old man because for all that he was, he was a piece of my own past ... He was a piece of my early adventurings into the making of my life, important ones that shaped a lot of me and my thinking, and what I have done since ... Holly Tong brushed me with some of my first experience of the lubricated surface which is the essence of the Chinese manner.«[781] [Vielleicht empfand ich auch einige Sympathie für diesen alten Mann, weil er in allem, was er verkörperte, ein Stück meiner eigenen Vergangenheit war ... Er war ein Stück meines früheren Abenteuerdrangs in das Werden meines Lebens, von wichtigen Elementen, die mich und mein Denken formten und alles, was ich seither getan habe ... Die Person Holly Tongs vermittelte mir erste Erfahrungen über die ›ölige‹ Oberfläche, welche das Wesen der chinesischen Art ausmacht.]

Ein Individuum als beispielhaft für eine Eigenart eines ganzen Landes? So verwegen wie der Westen, der Jahrzehnte später Mao Zedong mit China schlechthin gleichsetzt, hat Isaacs nicht zu sein. Sein China-Bild weist zu Beginn seines Aufenthaltes ähnlich grobe Schattierungen auf wie jeweils das von westlichen Kurzbesuchern: übel riechende Düfte, spuckende Leute, von Menschenmassen überquellende Straßen. Er aber schreibt euphorisch: »It's here I want to stay ... Shanghai's lousiness withstanding.«[782] Partys und Empfänge westlicher Diplomaten und Journalisten behagen ihm überhaupt nicht: »A couple of consul generals ... and most all newspaper people. I don't have to go to one more of those damn things to know I'm glad I don't go to more of them than I do ... the party itself was dull and the cocktails lousy.«[783] [Ein paar Generalkonsule ... und fast alle Zeitungsleute. Ich brauche kein einziges Mal mehr an solche Scheißanlässe zu gehen, um zu wissen, dass ich froh bin, dass ich nicht häufiger an diesen teilnehme, als ich es momentan tue ... die Party war langweilig und die Drinks mies.] Isaacs scheint sich einzig für revolutionäres Gedankengut zu interessieren. Selbst die Zusammenkunft mit Pearl S. Buck und Ehemann vermag ihn – trotz Achtung vor deren Leistung – nicht zu beeindrucken: »...have nothing to do with missions.«[784]

Der junge, aber ungewöhnlich reife Zeitungsmann Isaacs, der seinen Vorgesetzten Tong bald einmal mit unbequemen Artikeln über die Nanjinger Regierung von Chiang Kai-shek in Verlegenheit bringt, verlässt die »China Press« und findet Anschluss bei Gleichgesinnten: bei Agnes Smedley, der Korrespondentin der »Frankfurter Zeitung« und Anhängerin linken Gedankenguts (sie selbst bezeichnete sich als »Anarcho-Syndikalistin«), bei Frank Glass (Li Fu-jen, Li Furen), einem Gründungsmitglied der südafrikanischen Kommunistischen Partei, und bei anderen Anhängern revolutionärer Ideen. Sowohl Smedley als auch Glass sollten auf Isaacs' Entwicklung und »Aufstieg« in Shanghai einen wesentlichen Einfluss haben: die resolute, von vielen Old China Hands (und nicht nur solchen) als Komintern-Agentin verschrieene Smedley wegen ihrer hervorragenden Kontakte zu chinesischen Schriftstellern wie Lu Xun, Mao Dun oder Ding Ling, der etwa fünfzehn Jahre ältere Glass wegen seiner analytischen Gabe und seiner Gewohnheit, immer alles in Frage zu stellen.[785] Beide gehören einer Gruppe von Westlern in China an, die nicht aus wirtschaftlichen oder religiösen Gründen ins Reich der Mitte gelangt sind, sondern aus politischen: »… the incongruous minority world of moral and political refugees that existed alongside the respectable business community: writers and journalists awaiting the Great Chinese Revolution as a release from the private frustrations, and as a compensation for the collapse of the mirage of revolution in the West … many were of Jewish origin.«[786] [… die nicht zueinander passende Welt einer Minderheit von Flüchtlingen aus ethischen und politischen Gründen, die neben der respektierten Gemeinde von Geschäftsleuten ihr Dasein fristete: Schriftsteller und Journalisten, die die große chinesische Revolution erwarteten, sozusagen als eine Befreiung von ihren eigenen Frustrationen und als Entschädigung für den Einsturz des Trugbildes einer Revolution im Westen … viele waren jüdischer Herkunft.] So kommt es, dass Isaacs nur wenige Wochen nach seiner Ankunft in Shanghai bereitwillig politisch-gesellschaftliche Aktivitäten unterstützt, die hauptsächlich der Kommunistischen Partei Chinas in ihrem Kampf gegen die Guomindang dienen. »I am being exposed to newer influences which are stirring something in me which may develop … something of the dynamics that is Agnes Smedley has communicated itself to some part of my spirit not yet articulate« [Ich bin neueren Einflüssen ausgesetzt, die mich aufrühren und die vielleicht etwas entwickeln werden … etwas von der Dynamik in der Person von Agnes Smedley hat sich teilweise auf meinen Geist übertragen, kann sich jedoch noch nicht ausdrücken], schreibt Isaacs an Viola kurz vor der ersten großen Etappe in seiner Initiation in den Rang eines Revolutionärs.[787] Dieser Weg besteht in einer Reise Isaacs ins Innere des Landes im Sommer 1931 auf der Suche nach dem wahren China – und zur Entdeckung seines eigenen Ichs. Begleitet wird er von Frank Glass, über dessen Einfluss Isaacs Jahre später notiert: »What I owe to Frank Glass was the timely inoculation of better-informed skepticism and questioning reservations that I was able to bring to all that I began to learn about the history and nature of Communist politics.«[788] [Was ich Frank Glass schulde, ist das rechtzeitige Einimpfen eines besser informierten Skeptizismus und fragender Vorbehalte gegenüber allem, was ich über Geschichte und Natur kommunistischer Politik in Erfahrung gebracht habe.]

Die abenteuerliche, fast dreimonatige Reise beginnt auf einer kleinen Barkasse auf dem Huangpu-Fluss, mit der sie flussabwärts bis zu dessen Mündung in den Yangtse fahren. Dann geht es flussaufwärts Richtung Nanjing, Wuhan, Yichang, Chongqing und weiter auf dem Landweg nach Chengdu und bis in die zerklüftete Berglandschaft Sichuans. »Shanghai entschlüpft meinem Blick, es entflieht in grauem, reizlosem Licht ... wie ich es immer kannte ... grau und reizlos.«[789] Auch Nanjing erscheint Isaacs nicht sehr anziehend, er sieht ein paar veraltete chinesische sowie eine ganze Menge japanischer, britischer, französischer und amerikanischer Kanonenboote. Es regnet Tag und Nacht; Schwüle und Hitze nehmen zu, je weiter es dem »toten Zentrum des asiatischen Kontinents« entgegengeht: »Schwierig sich vorzustellen, dass wir in die Mitte eines vom Krieg heimgesuchten Landes reisen. Einzutreten in das Zentrum von Chaos ...«[790] Kämpfe finden tatsächlich statt: Es ist die Zeit der von Chiang Kai-shek angeordneten Feldzüge zur Banditenausrottung beziehungsweise von dessen Bestreben, die ländlichen Sowjets der Kommunisten zu zerschlagen. Auch Glass und Isaacs werden Zeugen militärischer Verschiebungen:

> »Long and irregular lines of unbelievably youthful and ill-equipped soldiers. Dozens of youngsters who could have been no more than ten or twelve years old, staggering under nondescript but heavy packs, slinging across their shoulders rifles nearly twice as long as they were high. ... All were shod in grass sandals, many unshod ... If this unit is a representative of the Chinese army ... much of the normal amount of cogitation over various military movements would appear to be superfluous. These men, these lads, are not soldiers, they are not fighters. Their dirt streaked faces and straggling figures carry nowhere in them the spark – or the suggestion of spark – of morale.«[791] [Lange und unregelmäßige Linien von unglaublich jungen und schlecht ausgerüsteten Soldaten. Dutzende von Jugendlichen, die wohl nicht mehr als zehn oder zwölf Jahre alt waren, unter ihren undefinierbaren, aber schweren Lasten schwankend, um ihre Schultern Gewehre hängend, die fast zweimal so lang waren wie sie selbst groß ... Alle waren mit Strohsandalen beschuht, viele ohne Schuhe überhaupt ... Wenn diese Einheit repräsentativ für die chinesische Armee ist ... dann wäre das normale Nachdenken über verschiedene militärische Bewegungen überflüssig. Diese Männer oder besser Jungen sind keine Kämpfer. Ihre mit Dreck verschmierten Gesichter und verwahrlosten Gestalten tragen nirgends einen Funken von Moral, nicht einmal eine Andeutung davon.]

Während seine Verlobte eine Reise nach London und Dresden antritt, wird Isaacs mit dem Elend und der Not Innerchinas auf Schritt und Tritt konfrontiert. Dabei nehmen einmal mehr Düfte einen nicht unwesentlichen Stellenwert in der Wahrnehmung des westlichen Besuchers ein: »Shasi's smells aren't of the ordinary stamp ... It is futile to hold one's nose or breath ... Close contact attacks every other set in the autonomic system and outrages the processes not only of respiration but of ... sight, hearing and touch. Every smell in a Shasi street is more than a smell. It is a morsel any passerby must involuntarily digest.«[792] [Die Gerüche der Stadt Shashi tragen keinen gewöhnlichen Stempel ... Es ist vergeblich, die Nase zu- und den Atem anzuhalten ... Ein enger Kontakt attackiert unweigerlich jedes Element in unserem eigenständigen System und verstößt in krasser Weise gegen die Prozesse nicht nur des Atmens, sondern auch des Sehens, Hörens und Fühlens. Jeder Geruch in Shashi ist mehr als ein Geruch. Es ist ein Happen, den jeder Passant unfreiwillig verdauen muss.] Bereits nach einigen Tagen wird sich Isaacs der Schere zwischen Traum und Wirklichkeit bewusst, was ihm den Weg ein Stück näher zum aktiven Revolutionär ebnet:

> »Most of the human beings in Shasi are mangy, bitten and half-skinned. Miserable travesties of existence in a land that could be bursting with plenty – a portion of the vast people for whom is claimed a rich and ancient culture – a portion of them who have lost their identity in a terrific struggle for existence – terrific far beyond the need of the actual dimensions of their circumstances. ... Where, below the sunken eyes and shrivelled bodies of these miserable millions, burns the spark of assertion, of consciousness, it seems impossible to say. Yet in direct proportion to the extent of its repression or apparent non-existence is the certainty that it cannot persist ...«[793] [Die meisten menschlichen Wesen in Shashi sind verwahrlost, verkommen und zerlumpt. Klägliche Travestien in einem Land, das vor Überfluss platzen könnte. Ein Teil dieses riesigen Volkes, das Anspruch auf eine reiche und alte Kultur erhebt, ein Teil dieses Volkes, das seine Identität in einem irrsinnigen Existenzkampf verloren hat – wahnwitzig über die Notwendigkeit des aktuellen Ausmaßes ihrer Umstände hinaus ... Es ist unmöglich zu sagen, wo unter den eingefallenen Augen und verschrumpelten Körpern dieser unglücklichen Millionen ein Funke von Behauptung oder von Bewusstsein glüht. Doch proportional zum Umfang ihrer Unterdrückung und ihrer offensichtlichen Nichtexistenz steht die Gewissheit, dass es so nicht anhalten wird.]

Isaacs vermittelt zwar in seinen leidenschaftlichen Briefen an seine Verlobte auch atmosphärische Schilderungen (so etwa eine Mondnacht in der Wu-Schlucht zwischen Badong und Wushan), doch steht dies für den Reisenden auf der Suche nach der Wahrheit nicht im Vordergrund. Sein Interesse gilt der inneren Verfassung der Menschen und den sozial-politischen Zusammenhängen. Zwischendurch interviewt er einen General aus Sichuan, einen dieser »japanisch ausgebildeten Militaristen der glatten und rücksichtslosen Sorte«. In Chongqing angekommen, wird der Entdecker Isaacs gewahr, dass auch das Innere Chinas noch nicht die Antwort auf die Fragen, die ihn umtreiben, bringt; Zweifel am Sinn seiner Reise kommen hoch: »I'm traipsing farther into China ... I haven't in all honesty the vaguest idea of what the hell I'm about ... and sometimes, to make it worse, I don't give too much of a damn.«[794] [Ich latsche weiter nach China hinein ... Ehrlich gesagt, habe ich nicht die geringste Idee, was zum Teufel ich eigentlich tue ... und manchmal, um das Ganze noch schlimmer zu machen, ist es mir völlig Wurscht.] Doch dann plötzlich in Chengdu erfährt Isaacs sein persönliches Heureka: »I believe, Viola, that I have reached an end of my aimlessness.«[795] Den Anstoß dazu gaben seiner Ansicht nach der Anblick menschlichen Elends (»a degraded mass of human beings living needlessly like animals«), die langen Gespräche mit Frank Glass während der Reise und – positiv oder als negativer Kontrast – die Unterhaltung mit Missionaren: »Ignoramuses mostly, among these missionaries, but one or two with a gleam of light...«[796] [Die meisten von diesen Missionaren sind Ignoranten, aber einer oder zwei von ihnen mit einem Schimmer von Licht ...] Es fällt Isaacs wie Schuppen von den Augen, der Entscheidung zu einer Konversion vergleichbar: »I can no longer bat about ... do a lot of talking .... I MUST TURN MY HAND TO IT.«[797] [Ich kann nicht mehr länger rummachen ... einen Haufen Geschwätz von mir geben ... Ich muss mich der Sache zuwenden.] Die »Sache« bedeutet bei Isaacs die Revolution, die Unterstützung der Kommunisten gegen das Unterdrückungsregime von Chiang Kai-shek. »I must in other words – TAKE SIDES. I must cease being a neutral, a parasite, at the very best a parlor Red.« [Mit anderen Worten, ich muss für jemanden Partei ergreifen. Ich muss aufhören, neutral zu sein, ein Parasit, im besten Falle ein Salonkommunist.]

Nach dieser Offenbarung zieht es Isaacs unweigerlich zurück nach Shanghai. Er will so bald wie möglich in die Vereinigten Staaten, um dort revolutionäre Arbeit zu leisten. Dies – so Isaacs an Viola – erfordere allerdings zuerst einen längeren Aufenthalt in Moskau. Auf der Rückreise durch Chongqing schlägt er ein Angebot aus, eine englischsprachige Zeitung aufzubauen, und anlässlich eines Empfangs auf dem dortigen deutschen Konsulat ärgert er sich nochmals kräftig über die »foreign bastards«.[798] Zwei Wochen später ist er zurück in Shanghai, eine »erbärmliche Fortsetzung des Unmöglichen«. Er sieht den hässlichen Bund an seinem Auge vorbeiziehen, »Shanghai – all of it I hate so heartily ... the things its foreigners and its parasitic Chinese mean«[799] [Shanghai – das ich so von Herzen hasse ... all die Dinge, welche Ausländer und schmarotzerische Chinesen meinen]. In euphorischen Briefen an Viola schreibt Isaacs über seine Transformation, den grauenvollen Eindruck, den die Lage in Zentralchina auf ihn gemacht hat, »the apotheosis on a vast scale of an exploiting system of society, older in China than in the west ... which leaves those tremendous millions fighting like animals to live«[800] [die Apotheose eines ausbeuterischen Gesellschaftssystems in höchstem Maße, das in China älter ist als im Westen und das Millionen Menschen um ihr Leben kämpfen lässt wie Tiere].

Isaacs merkt bald einmal, dass er zum Beobachtungsobjekt westlicher Geheimdienste wird.[801] Das lässt ihn wie auch die Kritik von Journalisten«kollegen« wie etwa des britischen Herausgebers der »Shanghai Evening Post and Mercury«, eines hartnäckigen Vertreters imperialistischer Anschauungen, H. G. W. Woodhead, kalt: »I never realized how much like bloodhounds these bastards are until now ... and I'm enjoying the fun ... It's fun being ›Red‹ in Shanghai.«[802] [Ich habe bisher nie realisiert, welche Schweine diese Spürhunde sind ... ich genieße dieses Vergnügen ... es macht Spaß, rot zu sein in Shanghai.] Isaacs verfolgt nur ein Ziel: nicht nur Revolutionär zu sein, sondern auch danach zu handeln. Er nimmt kaum an gesellschaftlichen Anlässen teil, selbst für den Pazifikflug von Charles Lindbergh nach

II. Individuen, Biographien und Lebenswelten

China interessiert er sich nur begrenzt (»der Mistkerl legte alle rein ... landete auf dem Lotussee statt auf dem Yangtse«), und auch an den angesehenen westlichen China-Korrespondenten lässt er kein gutes Haar (»a crumby [sic] bunch undistinguished by any particular intelligence beyond what I have come to regard as the ›newspaper keeners‹«). Selbst für den fast gleichzeitig mit Lindberghs Flug sich ereignenden Mukden-Zwischenfall beziehungsweise die japanische Invasion in der Mandschurei (18. September 1931) findet er wenig Worte. Stattdessen reflektiert er auf marxistisch korrekte Weise: »My focus has changed from one person to a million. For better or for worse – it is Society from individuals and not individuals from Society which are now my major concern. The person is as nothing. His place in society, his attitude toward it are everything.«[803] [Mein Augenmerk änderte sich von einer einzigen Person auf eine Million. Ob gut oder schlecht – es ist die Gesellschaft aus Individuen und nicht die Individuen aus der Gesellschaft, welche jetzt meine größte Beachtung findet. Die Einzelperson bedeutet rein nichts. Deren Platz in der Gesellschaft und ihre Einstellung zu dieser dagegen alles.]

Seine auf dem Yangtse geschmiedeten Moskau-Pläne gibt Isaacs wegen der herrschenden politischen Lage auf – zu verführerisch erscheint ihm die Möglichkeit, in China Weltgeschichte zu erleben, vielleicht gar zu machen. Zusammen mit Frank Glass beschäftigt er sich mit der Idee, Broschüren zu schreiben »on aspects of the Chinese scene still untouched«, den »weißen Terror, die Natur und die Dimension der kommunistischen Bewegung, Shanghais Proletariat, die Fabriken ... Dinge eben, die vom revolutionären Standpunkt aus noch unberührt sind«.[804] An Viola führt er marxistisch argumentierend aus, »dass Evolution immer durch Revolution angetrieben worden ist – und dass Fortschritt eine Angelegenheit von Katastrophen, vermischt mit allmählicher Entwicklung, bedeute«. Nach marxistischem Standpunkt nicht eben einwandfrei führt Isaacs weiter aus, dass die Idee die Triebfeder sei, man sich eben entscheiden müsse gemäß der persönlichen Antwort auf die Frage nach der fundamentalen Loyalität.[805] Mit seiner Verlobten führt er einen langen Diskurs bezüglich Erziehung und Bildung der Massen, die Viola – von Beruf Lehrerin – der Revolution vorzieht beziehungsweise vornanstellen möchte, Isaacs jedoch als Instrument eines »kleinkarierten Liberalismus« abtut.

Nach einem kurzen Intermezzo als Initiant von Fenprecor, einem Ableger der von der Komintern aufgebauten Nachrichtenagentur International Press Correspondence im Fernen Osten, und nach der gründlichen Lektüre von Texten kommunistischer Theoretiker wie Marx, Engels, Plechanow, Bucharin und Trotzki gründet Isaacs zusammen mit Frank Glass die Zeitung »THE CHINA FORUM«. Die Idee dazu ist im Hause von Song Qingling an der Rue Molière in Shanghai entstanden, wo Agnes Smedley Isaacs unter anderem mit der Witwe von Sun Yat-sen bekannt gemacht hat. Das Blatt erscheint am 13. Januar 1932 zum ersten Mal und wird von Isaacs und Glass selbst ediert.[806] »The China Forum« sei – so eine Erklärung Isaacs' – in erster Linie nicht das Organ einer Partei oder Gruppe, sondern es soll Sichtweisen zum Ausdruck bringen, die in der chinesischen oder ausländischen Presse »ignoriert oder verzerrt oder zensuriert dargestellt werden«.[807] In Tat und Wahrheit sympathisiert das Blatt offen mit der Kommunistischen Partei Chinas und leistet dabei einen nicht unwesentlichen Beitrag als Propagandainstrument. Dank Isaacs überschwänglichem Betätigungsdrang, Glass' und Smedleys guten Verbindungen zur kommunistischen »Unterwelt« und Madame Suns Kontakten zu chinesischen Schriftstellern operiert ein west-östliches Dreigespann, das es schafft, vor allem auch chinesische Leser zu erreichen. Zum ersten Mal werden Essays chinesischer Schriftsteller in die englische Sprache übersetzt, darunter Aufsätze des freidenkenden, undoktrinären Lu Xun, Chinas Maksim Gorki, ebenso wie solche der beiden näher bei der KP Chinas stehenden Literaten Mao Dun und Ding Ling. Sie alle vereint ihre Abscheu vor dem Terror Chiang Kai-sheks, der Wille, China aus dem Sumpf von Elend und Not zu ziehen. Nicht wenige Mitarbeiter des »China Forum« operieren im Untergrund, im Schutze der Extraterritorialität, die man eigentlich vehement ablehnt. Isaacs wendet sich gegen die Zusammenarbeit der Shanghai Municipal Police mit Chiangs Geheimpolizei, dem Büro für öffentliche Sicherheit. Mit einer Kühnheit und einer Ausdauer sondergleichen recherchiert und enthüllt er die undurchsichtigen Machenschaften von Shanghais politischem Filz. Reportagen über hochbrisante Themen, wie beispielsweise die Ermordung von politischen Gefangenen, das Schicksal der chinesischen Industriearbeiter, der Kampf gegen die Japaner, und die Verehrung für die Sowjetunion bilden einen wesentlichen Bestandteil der Seiten des »China Forum«.

Ein besonderes Anliegen ist Isaacs der international bekannt gewordene Fall Noulens, ein »cause célèbre« der frühen 1930er Jahre. Das Ehepaar Noulens, Bürger sowjetischer Herkunft, spielte für die Komintern innerhalb ihres Operationsgebiets Shanghai eine zentrale Rolle. Die beiden wurden von der chinesischen Geheimpolizei festgenommen und – in Ermangelung exterritorialer Rechte – zur Todesstrafe verurteilt (der sie schließlich entgingen). In Zusammenarbeit mit liberalen chinesischen Intellektuellen und westlichen Sympathisanten organisierte Isaacs ein Komitee zu ihrer Freilassung, die er im »China Forum« vehement verfocht.[808] Als weiteren Höhepunkt seiner Tätigkeit bei »China Forum« kann die Publikation einer 136 Seiten umfassenden Anklageschrift gegen das Terrorregime von Chiang Kai-shek mit dem Titel *Five Years of Kuomintang Reaction* bezeichnet werden. Auf der Vorderseite prangt das Bild eines chinesischen Offiziers, der mit finsterer Miene, den knochigen Kopf durch eine Militärmütze im SS-Stil etwas verdeckt, vor einem Meer menschlicher Schädel posiert.[809] Der Inhalt ist eine Aufdeckung der Schreckensherrschaft der Guomindang mit grauenhaften Schilderungen der Folterinstrumente der chinesischen Polizei.

Isaacs' Gerechtigkeitsempfinden kommt auch in seiner Nähe zu der Mitte 1932 gegründeten China League for Civil Rights zum Ausdruck. In jener Gesellschaft profitiert der junge Isaacs von der Bekanntschaft mit chinesischen Intellektuellen, wie etwa dem Philosophen Hu Shi, dem Schriftsteller Lin Yutang oder dem ehemaligen Rektor der Universität Peking, Cai Yuanpei – allesamt Gelehrte, die nicht gerade für ihre allzu kritische Haltung gegenüber Chiang Kai-shek bekannt waren. Doch auch in dieser – bedeutend weniger kommunistisch angehauchten – Welt muss Isaacs schließlich mitansehen, was aus einem losen Verband intellektueller Chinesen unter der Herrschaft der Guomindang wird: Die Liga zerbrach Ende 1933, nach Ansicht Smedleys vom Terror in die Knie gezwungen.[810] Isaacs' Wirken und Schaffen beim »China Forum« faszinieren ihn vielleicht gerade deshalb umso mehr, in China sieht er seine Lebensaufgabe verwirklicht: »You ask if I plan to stay in China ... for as long as I can, cheeild. for many reasons ... the major compulsions are the external interests ... the fact that the Far East has claimed me ... both objectively and subjectively ... my field is here and here it shall remain ... however precarious my own position is.«[811] [Du fragst mich, ob ich plane, in China zu bleiben ... so lange ich kann, mein Kind. Aus verschiedenen Gründen ... der größte Zwang sind die äußeren Interessen ... die Tatsache, dass mich der Ferne Osten beansprucht ... sowohl objektiv wie subjektiv ... mein Tätigkeitsfeld ist hier, und hier werde ich bleiben ... so gefährdet meine eigene Position auch ist.] Heikel wird es für Isaacs in der Tat, sein »China Forum« ist nicht nur ein ständiges Ärgernis in den Augen der chinesischen Polizei, sondern auch immer mehr bei den westlichen Polizei- und Geheimdiensten.[812] Briefe werden geöffnet, Bürodurchsuchungen angeordnet, Drohungen ausgesprochen. Selbst der amerikanische Generalkonsul Cunningham, unter Druck von Shanghais Bürgermeister Wu, hat genug von Isaacs' Unruhe bringenden Aktivitäten und will eine Aberkennung des exterritorialen Status für den rebellischen Landsmann in Betracht ziehen. Doch das wäre ein gefährlicher Präzedenzfall und wird vom State Department abgelehnt.[813]

Selbst die Deutschen werden auf Isaacs und sein Eintreten für die Einhaltung von Menschenrechten aufmerksam: Zusammen mit Madame Sun und Agnes Smedley spricht Isaacs nach Hitlers Machtübernahme auf dem deutschen Generalkonsulat in Shanghai vor, was ihm eine Rüge und eine Warnung gleichermaßen einträgt: »Und wenn der ehrenwerte Herr Isaacs gegen das Hakenkreuz kämpfen will, dann soll der doch erst mal hier in China anfangen, wo dieses uralte Sinnbild ja fast in jedem Tempel zu finden ist. Vielleicht kann er mal in seinem ›China Forum‹ etwas hierüber schreiben und was er zu tun gedenkt, um hier Abhilfe zu schaffen. Dagegen raten wir ihm dringend ab, seine Finger in innerdeutsche Politik zu stecken ... er könnte sie sich doch mal leicht verbrennen.«[814]

Schließlich kommt das Ende für das »China Forum«, aber nicht von dort, wo man es nach dem bisher Geschehenen annehmen müsste, sondern von der Bewegung, der Isaacs bisher fast blindlings geglaubt hat: den Kommunisten selbst. Der 22-Jährige erlebt den japanischen Angriff auf das chinesische Quartier Zhabei im Frühjahr 1932 hautnah, schildert Viola das Grauenhafte, nachdem er an einem Nachmittag – »die abendliche Ausgangssperre gilt noch immer« – Beethovens Eroica, Ravel und Wagner im Symphonieorchester gehört hat.[815] Erste Zweifel kommen in Isaacs hoch, als er die Darstellung vom heldenhaften Kampf des anti-japanischen Widerstands, wie sie in – auch internationalen – kommunistischen Presseerzeugnissen veröffentlicht wird, mit der Realität vergleicht. Im gleichen Jahr wird Chen Duxiu, erster Generalsekretär der KP Chinas und ständiger Warner vor der unheilvollen Politik der Komintern, der 1929 unter dem Vorwurf einer angeblich »opportunistischen Politik des Verrats« aus der Partei ausgeschlossen wurde, von Guomindang-Truppen festgenommen. Die KP Chinas bittet Isaacs, einen verleumderischen Artikel über Chen Duxiu im »China Forum« zu publizieren – der Amerikaner lehnt ab.[816] Damit ist ein wichtiger Schritt Isaacs' weg von der offiziellen, von Stalin der KP Chinas aufoktroyierten Parteilinie getan: »Sie (die mit Stalin paktierenden chinesischen Kommunisten – Anm.

d. Verf.) hatten ihn (Isaacs – Anm. d. Verf.) mit falschen, die Trotzkisten diffamierenden Informationen versorgt. Das Resultat stellte sich als das Gegenteil von dem heraus, was sie beabsichtigt hatten. Durch ihre schmutzigen Manöver gelang es ihnen bloß, Isaacs in unser Lager zu bringen.«[817] Das Fass zum Überlaufen beziehungsweise die absolute Entfremdung zwischen Isaacs und seinen »Auftraggebern« bringt schließlich seine Weigerung, bei der Erwähnung der sowjetischen Errungenschaften automatisch in die für Kommunisten obligaten Lobhudeleien auf den großen Führer Stalin einzustimmen. Ende Dezember 1933 hält sich Isaacs auf einer Erkundigungsmission in Fujian auf, wo es zu einer Revolte von Militärs der 19. Marscharmee gegen Chiang Kai-shek gekommen ist. Isaacs wird instruiert, die Meldung zu verbreiten, die »linke Opposition«, die Trotzkisten also, seien in diese Revolte involviert. Er weiß es als unmittelbarer Beobachter besser – und wird in einer nächtlichen Sitzung von der Führung des kommunistischen Untergrunds aufgefordert, zur politischen Schulung in die Sowjetunion zu fahren. Isaacs lehnt dankend ab: Auch er hat von den ersten Verfolgungen Andersdenkender in Moskau gehört. Im Januar 1934 erscheint die letzte Nummer des »China Forum«, und Isaacs verlässt die Huangpu-Metropole mit seiner Frau Viola in Richtung Peking. In einem Abschiedsschreiben an das Zentralkomitee der KP Chinas rechnet der »willige Sympathisant« kommunistischer Ideen (ein Ausdruck von Isaacs selbst) mit seinen früheren Auftraggebern ab, die ihn immerhin zwei Jahre für ihre Ziele eingespannt haben:

»Your blind adherence to false policies was once more demonstrative of your readiness to place your factional interests above the interests of the Chinese revolution ... Your only claim on me was my full-hearted loyalty to the Communist ideal and our common dedication to the struggle against a regime of hate and misery and oppression. In the end you forfeited this claim by ceasing any longer to be in my eyes honest or effective leaders of this struggle ... I had to refuse ... to become a hack prostitute in the name of the revolution ... Only unswerving fidelity to our goal and active struggle toward this end with the weapons of a correct and tested political line will lift us from defeat to ultimate victory. To this struggle I shall continue to dedicate all my energy.«[818] [Ihr blindes Festhalten an einer falschen Politik zeigte sich einmal mehr in der Bereitschaft, Gruppeninteressen über die Interessen der chinesischen Revolution zu stellen ... Die einzigen Forderungen, die Sie an mich richteten, waren eine rückhaltlose Loyalität meinerseits gegenüber den kommunistischen Idealen sowie unsere gemeinsame Hingabe an den Kampf gegen ein Regime von Hass, Elend und Unterdrückung. Zum Schluss haben Sie diesen Anspruch eingebüßt, und zwar dadurch, dass Sie in meinen Augen aufgehört haben, ehrliche und überzeugende Führer dieses Kampfes zu sein ... Ich musste es ablehnen ..., eine Gelegenheitsprostituierte im Namen der Revolution zu sein. Lediglich eine unerschütterliche Treue zu unserem Ziel sowie der aktive Kampf mit den Waffen einer korrekten und auf die Probe gestellten politischen Linie können uns von der Niederlage zum letztendlichen Sieg führen. Ich werde fortfahren, mich mit meiner Energie für diesen Kampf hinzugeben.]

II. INDIVIDUEN, BIOGRAPHIEN UND LEBENSWELTEN

Die Abkehr Isaacs' von den chinesischen Stalinisten bedeutete nicht automatisch den Bruch mit den kommunistischen Idealen. In seinem neuen Zuhause in einer der berühmten Pekinger Hutongs widmet er sich den Ereignissen, die zur chinesischen Revolution von 1927 geführt haben. In Briefen an den in Shanghai zurückgebliebenen Frank Glass schreibt er von seinen Anstrengungen, die »objektive Wahrheit« zu finden. Isaacs verbringt täglich drei Stunden mit der Lektüre klassischer marxistischer Literatur sowie acht Stunden Forschungs- und Schreibarbeit. Seine Frau Viola hilft ihm dabei und übt sich in ihrer Freizeit in der Kunst des chinesischen Schwerttanzes. Man trifft sich gelegentlich mit anderen westlichen Ausländern, etwa Owen Lattimore und seiner Frau. Dazwischen bleibt auch mal Zeit für einen Fahrradausflug in die nähere Umgebung.[819] Isaacs steht in ständigem Kontakt mit Lew Trotzki, dem inzwischen in Norwegen lebenden russischen Revolutionär, mit dessen Einschätzung der chinesischen Situation er sich voll identifizieren kann.[820] Ergebnis von Isaacs' minutiösem Aktenstudium, das er mit Hilfe eines chinesischen Freundes[821] bis fast zur Erschöpfung betreibt, sind einerseits Enthüllungen und Entlarvungen von Stalins katastrophaler China-Politik und der heuchlerischen Politik der KP Chinas, anderseits sein Werk »*The Tragedy of the Chinese Revolution*«.[822] In diesem Buch, das 1938 in London zum ersten Mal erscheint, widerlegt der noch junge amerikanische Akademiker die Auffassungen vom Mythos des siegreichen kommunistischen Revolutionsweges seit 1921, welche die offiziellen Geschichtsbücher der VR China noch heute hochhalten. »The Tragedy of the Chinese Revolution«, mehrere Male neu aufgelegt, wird zum Standardwerk für Generationen von Studenten, die sich mit der chinesischen Geschichte des 20. Jahrhunderts befassen.[823]

Nach einem fünfjährigen Aufenthalt in China verlässt Isaacs 1935 mit seiner Frau Peking Richtung Amerika. Jahrzehnte später schreibt er über die Beweggründe seiner Rückkehr in die westliche Welt an einen Freund: »I had been there five years and of the feelings that was moving me to return to the US was a weariness of being ›different‹ or ›conspicuous‹ – with the heavily-added element there of being conspicuously privileged as well. I could no longer abide it and wanted to get back home where … I would be again just a digit in the crowd.«[824] [Ich lebte fünf Jahre dort, und ein Gefühl, das mich zur Rückkehr in die USA veranlasste, war dasjenige des Überdrusses, ›anders‹ oder ›auffallend‹ zu sein – gerade auch mit dem zusätzlichen und schwerwiegenden Element, besonders privilegiert zu sein. Ich konnte es nicht mehr länger ertragen, und ich wollte zurück nach Hause … wo ich lediglich jemand Beliebiger in der Menge sein würde.] Als typischer Old China Hand kann Isaacs nicht bezeichnet werden, nicht nur wegen seiner damaligen politischen Überzeugung, sondern auch wegen der seltenen Gabe, im Eigenen das Fremde zu sehen. Gerade diese Einsicht hat China den westlich ausgebildeten Isaacs gelehrt.

Zurück in den USA, arbeitet Isaacs (nebst der Fertigstellung seines »Tragedy«-Manuskripts) bei verschiedenen Nachrichtenagenturen als Autor und Redakteur, bevor er als Kriegskorrespondent für die Zeitschrift »Newsweek« 1943 ein weiteres Mal die Reise nach Fernost antritt, um die Berichterstattung auf dem Kriegsschauplatz China – Burma – Indien zu übernehmen. Wie beim ersten Mal ist die

»Selbstprüfung« sein ständiger Begleiter, was ihn von den übrigen China-Reportern unterscheidet, wie er selbst gegenüber seiner Frau bekundet.[825] In rührenden Worten an seinen noch kleinen Sohn Ronny wird Isaacs' Credo für eine bessere Welt deutlich: »Da gab es eine andere Frage, Ronny, die Du stelltest. Du fragtest mich, weshalb Leute mit Gewehren aufeinander schießen. Die Gründe dafür sind nicht nur für einen Buben wie Du sehr schwer zu verstehen ... Dein Vater hat nichts mit der Schießerei am Hut. Ich bin vielmehr hier, um diese Krankheit zu untersuchen und darüber auf meiner Schreibmaschine zu schreiben. Vielleicht, wenn ich sehr großes Glück habe und auch ein bisschen klug bin, kann ich ein bisschen helfen, diese Krankheit zu heilen. Das ist es, was <u>ich</u> mache. Und ich hoffe, mein Sohn, ich hoffe sehr, dass, wenn Du erwachsen bist, keine Leute mehr irgendwo auf andere schießen.«[826] Aus Chongqing schreibt der Vater an den Sohn, dass er froh sei, zurück in China zu sein: »Du weißt, Mami und ich lebten in China vor langer Zeit, als Du noch nicht geboren warst. Und wir mochten es sehr, weil wir die Leute mögen, die in China leben. Wie Du weißt, werden sie Chinesen genannt.«[827]

Dass hingegen nicht alle Chinesen Isaacs mögen, zeigt sich an der Weigerung der chinesischen Führung, ihm nach einem Urlaubsbesuch in den USA im letzten Kriegsjahr 1945 die Wiedereinreise ins Reich der Mitte zu gestatten. Zu kritisch fielen seine Kommentare aus, etwa dass der einfache chinesische Soldat alle Schläge der japanischen Invasion einzustecken habe, als Preis für die »kriminelle Ignoranz und die Gier seiner Vorgesetzten«.[828] Isaacs spricht der korrupten Führung und den vom Diebstahl lebenden Beamten schlichtweg das Recht ab, über China zu herrschen. Das ist nach chinesischem Geschmack zuviel an ausländischer Kritik, obwohl Isaacs sich nicht scheut, auch die »scharfsinnigen und fähigen Kommunisten«, diese »einfallsreichen Organisatoren«, als totalitäre Partei zu bezeichnen.[829] Diese Aussage wiederum genügte den amerikanischen Behörden nicht, um Isaacs im Jahre 1950 seinen Pass ordnungsgemäß zu erneuern. Zu lang scheint der Arm der Anhänger der sogenannten China-Lobby zu sein, obwohl Isaacs längst kein Kommunist mehr war.[830] Der einstige Anhänger von Marx und dessen Lehre tauscht die Rolle des engagierten Intellektuellen mit derjenigen eines respektierten, doch noch immer eigenwilligen Gelehrten: Er wird Guggenheim Fellow (1950), Gastdozent in Harvard (1951) sowie an der New Yorker New School of Social Research (1951/52) und schließlich 1953 Fakultätsmitglied am M.I.T. in Cambridge, Massachussetts.

Auf seinen reichen und vielfältigen Erfahrungen und Erlebnissen im Reich der Mitte baut Isaacs seine Überlegungen zum Verständnis weltpolitischer Vorgänge und politischen Wandels auf. Diese sind für ihn – insbesondere was China betrifft – erst verstehbar, wenn das Netz historischer, kultureller, nationaler, religiöser und anderer Komplexitäten aus der Vergangenheit, das auf jeder Gesellschaft lastet, erkannt und begriffen ist. Isaacs' Schriften zeugen von einer leidenschaftlichen Sorge um das Schicksal der Menschheit. »I have never known a more empathic human being than Harold Isaacs«, notierte einst ein ehemaliger Student von Isaacs.[831] Das ständige Infragestellen von alten Denkmustern gehört ebenso zu Isaacs' Markenzeichen wie die Überprüfung der eigenen Fehlbarkeit oder zumindest der eigenen Beschränkungen: »The only thing we really know is our own lives, our own experience.«[832]

II. Individuen, Biographien und Lebenswelten

[Das Einzige, was wir wirklich kennen, ist unser Leben, unsere Erfahrung.] Nebst Isaacs' China-Erfahrung spielt in seiner akademischen Arbeit indirekt wohl auch die von ihm seit Kindheit als Beschwernis wahrgenommene jüdische Tradition eine Rolle: Anlässlich des Todes seines Vaters 1953 – bei dem Isaacs »out of respect for his beliefs and practices« die im Judentum geforderten Riten einhält – schreibt er in bewegenden Worten an seinen Sohn Ronny: »Every person has his own way, and his own view of others and the process of growing up seems to be the process of seeing more and more points of view. It is as though we live in a room of many mirrors of different sizes and shapes, and the image we see depends on who is looking and what mirror he is looking into.«[833] [Jede Person hat ihren eigenen Weg und ihre eigene Sichtweise von anderen. Es scheint, dass man während des Prozesses des Erwachsenwerdens mehr und mehr Standpunkte sieht. Es ist, als ob wir in einem Raum mit vielen Spiegeln von unterschiedlicher Größe und Form lebten. Die Bilder, die wir darin sehen, hängen davon ab, wer sie betrachtet und in welchen dieser Spiegel er hineinguckt.]

Das religiöse und philosophische Judentum als Isaacs' Wurzeln sowie die hauptsächlich im China der 1930er Jahre gemachten persönlichen Erfahrungen bilden die gewichtigsten Komponenten seines Denkens. Die Kombination beider Elemente ist es, die die Fragestellungen in seinem späteren Schaffen beeinflusst hat: etwa nach der Entstehung und Entwicklung von Wahrnehmungsmustern bezüglich Angehöriger fremder Völker; nach der Beziehung zwischen vermeintlichen Realitäten und subjektiven Vorstellungen oder nach der Wirkung von Ethnizität auf die internationale Politik. Für Isaacs bedeutet das Verstehen von Ängsten und Vorurteilen der anderen und die eigene Rücksichtnahme auf diese den Beginn der Hoffnung auf eine bessere Welt. Nicht dass er in seinen Vorlesungen besonderen Optimismus verbreitet hätte, »but he believed passionately ... that perhaps over time, with enough curiosity, empathy and care, differences might be accomodated and human tolerance and coexistence advanced«[834] [aber er glaubte leidenschaftlich daran, dass mit genügend Neugierde, Einfühlungsvermögen und Sorge vielleicht über die Zeit hinweg unterschiedliche Auffassungen Platz haben könnten und damit menschliche Toleranz sowie Koexistenz zunehmen]. Das Ergebnis von Isaacs' schöpferischem Geist wird deutlich in den noch heute aktuellen Werken »No Peace for Asia« (1947), »The New World of Negro Americans« (1963), »India's Ex-Untouchables« (1965), »American Jews in Israel« (1967) oder »Idols of the Tribe: Group Identity and Political Change« (1975).

Der Ferne Osten und insbesondere China liegen dem amerikanisch-jüdischen Intellektuellen weiterhin am Herzen. Isaacs tritt für den indischen Freiheitskämpfer Yusuf Meherally ein, der im Juli 1950 in Bombay ums Leben kommt, und wendet sich im gleichen Jahr mit Verve in einem Schreiben an Außenminister Dean Acheson gegen eine amerikanische Unterstützung der Franzosen in Vietnam. Er kritisiert die Unerfahrenheit von Beamten im State Department, was sich in Asien katastrophal auswirke, denn »the trouble about Asia is that so much about it cannot be understood in the simplistic terms of the cold war«[835] [das Problem mit Asien ist, dass es nicht mittels der vereinfachenden Begriffe aus dem Kalten Krieg verstanden werden kann]. Sein nach der »Tragedy« bekanntestes Werk, das China zum Gegenstand hat, ist »*Scratches on Our Minds: American Images of China and India*« (1958), ein Buch, das die Techniken des Journalismus meisterhaft mit denen der Wissenschaft verbindet.[836] In dieser selbst heute noch zeitgemäßen Publikation untersucht Isaacs mittels Auswertung von Antworten von Personen, die in der einen oder andern Weise mit China beziehungsweise Indien zu tun hatten, auf anonym abgefassten Fragebogen, in welcher Form die Berichterstattung aus dem Orient die amerikanischen Stuben erreichten, in welchem Maße sie zur Durchführung einer bestimmten Politik instrumentalisiert wird und wie diese Perzeptionen sich im Laufe der Zeit ändern. Er macht den Leser darauf aufmerksam, dass »every observation remains subject to the awareness that the aspect of knowledge is constantly changing«[837] [jede Beobachtung ist vom Bewusstsein abhängig, dass sich der Wissensaspekt ständig wandelt]. Isaacs unterscheidet unter den »sinophilen« China-Beobachtern mit ihren so unterschiedlichen Wesensarten und Blickwinkeln etwa den typischen Old China Hand, den »Peking-Menschen«, der sich mehr für Kultur und die Reichtümer der einstigen Hauptstadt interessiert, oder dann die in China geborenen Söhne und Töchter von Missionaren. Nebst Pearl S. Buck zählt Isaacs zu den China Wohlgesinnten auch die sogenannten »political partisans«, Leute wie Thomas Millard oder – zumindest in seiner Frühphase – George Sokolsky (von dem er allerdings nicht viel hielt), bei denen die persönliche Bewunderung Chinas zu einem aktiven Einstehen für dessen Sache oder für die Sache einzelner Gruppierungen in diesem Land geführt hat.[838]

In den »*Scratches on Our Minds*« versucht Isaacs am Beispiel der amerikanischen China-Wahrnehmung aufzuzeigen, was einst der Politikwissenschafter, Philosoph und Publizist Walter Lippmann in seinem berühmten Werk »Public Opinion« (1922) als Warnung und Herausforderung an jeden Einzelnen notiert hat: »As our minds become more deeply aware of their own subjectivism, we find a zest in objective method that is not otherwise there. We see vividly, as normally we should not, the enormous mischief and casual cruelty of our prejudices. And the destruction of a prejudice, though painful at first, because of its connection with our self-respect, gives an immense relief and a fine pride when it is successfully done.«[839] [Wenn unser Geist sich noch tiefer seiner eigenen Subjektivität bewusst wird, dann finden wir eine Lust in der objektiven Methode, die sonst nicht existiert. Wir sehen sehr lebhaft, was wir sonst nicht tun, nämlich den gewaltigen Schaden infolge unserer Vorurteile und deren unbeschwerte Grausamkeit. Die Zerstörung eines Vorurteils aber, so schmerzlich dies anfangs auch sein mag – weil es ja mit unserer Selbstachtung eng verbunden ist –, gibt einem ein ungeheures Gefühl der Befreiung und sogar von Stolz, wenn es nur erfolgreich gemacht wird.] Erst wenn eine solche Dekonstruktion, etwa im Falle des »guten«, »bösen«, »hässlichen« oder gar »mörderischen« Chinesen, erfolgt, wird dieser überhaupt zu einem Menschen – was Isaacs' Wunsch und Lebensaufgabe entspräche.

Isaacs' Korrespondenz ist buchstäblich grenzenlos. Wo er nur kann, sucht er das Gute zu fördern beziehungsweise das seiner Ansicht nach Böse zu bekämpfen. Er engagiert sich als Mitglied der ADA (Americans for Democratic Action) gegen das Apartheidregime in Südafrika, in der National Association for the Advancement of colored people für die Gleichberechtigung der Schwarzen oder auf einer

Konferenz über den Status der sowjetischen Juden 1964 mit Martin Luther King jr. für die Ausreise seiner Glaubensbrüder aus der UdSSR. Im Rahmen der regelmäßig stattfindenden Seminare zwischen MIT-Dozenten und Harvard-Professoren zur Diskussion über weltpolitische Fragen trifft sich Isaacs mit den renommiertesten Politikwissenschaftern des Landes (Ezra Vogel, John Montgomery, Robert Weiner, Samuel Huntington), etwa kurz vor Ausbruch der großen Kulturrevolution in China im Jahre 1966. Die Meinung des einstigen Enfant terrible – oder »homme engagé«, wie andere Isaacs nennen – wird auch im politischen Alltag gerne gehört, beispielsweise bei Anhörungen des Kongresses, etwa des Subcommittee on Asia and Pacific Affairs im Jahre 1972. Isaacs bleibt trotz oder gerade wegen seiner Eigenwilligkeit im Denken und Forschen eine der bemerkenswertesten Personen, was seine Einschätzung der Vorgänge in China betrifft. »Ich muss Sie daran erinnern, dass sich meine Ansichten zu Politik und Geschichte der chinesischen Revolution in erheblichem Maße von denjenigen anderer Leute wie Agnes Smedley oder Edgar Snow unterscheiden. Sie dürfen mich keinesfalls mit diesen vermischen«, schreibt er an einen chinesischen Studenten in Chongqing, der über Isaacs Beziehung zu Lu Xun eine Arbeit schreiben will.[840]

Im Jahre 1974 erscheint das von Isaacs herausgegebene Buch »*Straw Sandals*«, benannt nach einer Zeile in einem von Lu Xun verfassten Essay.[841] »Dear Lu Sin, dear Mao Tun ... It is unfortunate that so many people often can only answer straightforward political arguments with personal slander. I do not bother with answering personal attacks on me but I am deeply interested in having my political position known to those whom I am proud to consider friends and fellow-sympathizers in the Chinese Revolution. I take the liberty of counting you among them.«[842] [Lieber Lu Xun, lieber Mao Dun ... Es ist bedauerlich, dass so viele Leute einfache politische Auseinandersetzungen mit persönlichen Verleumdungen verbinden. Ich kümmere mich nicht darum, persönliche Attacken auf mich zu widerlegen. Aber ich bin sehr daran interessiert, meine politischen Positionen denjenigen Menschen bekannt zu machen, bei denen ich stolz bin, sie als Freunde und Sympathisanten der chinesischen Revolution betrachten zu können. Ich nehme mir die Freiheit heraus, Sie beide darunter zu zählen.] So lauten Isaacs Worte in seinem Brief vom November 1934 aus Peking an die beiden damals in Shanghai lebenden bedeutenden und von ihm hoch geschätzten Schriftsteller. Erst vierzig Jahre später sollte diese Sammlung von Kurzgeschichten von sechzehn bekannten und weniger bekannten chinesischen Autoren erscheinen, »um die Entwicklung der literarischen Revolution in China zu belegen und zu erläutern«.

Isaacs »*Straw Sandals*« kommt zu einer Zeit auf den westlichen Markt, als in China im Rahmen der Kulturrevolution die Massenkampagne gegen Lin Biao und Konfuzius ihren Höhepunkt erreicht. Noch liegt eine Reise Isaacs' in das Reich der Mitte, die er sich so sehnlichst wünscht, in weiter Ferne. Zwar hat inzwischen die Volksrepublik China den Sitz Taiwans in den Vereinten Nationen eingenommen (Oktober 1971), doch lässt die Aufnahme diplomatischer Beziehungen zwischen China und den USA auf sich warten (erfolgt im Januar 1979). Briefe an seine ehemaligen Freunde – Madame Sun und Mao Dun etwa – bleiben häufig unbeantwortet. Dafür erhält Isaacs im März 1976, der Tod Maos ist bereits absehbar, geheimnisvolle Post aus Peking: »Betreffend ... (die Auslassungszeichen markieren im Original eine Leerstelle, meinen aber Isaacs – Anm. d. Verf.) sagt er sehr nachdrücklich, der Verräter hat uns so viel an Ärger in Shanghai bereitet ... Er soll nie eingeladen werden.«[843] Von Suzie, wie Isaacs und andere westliche Freunde Madame Sun während der gemeinsamen Shanghaier Zeit nannten, stammt die Nachricht, ohne weiteren Kommentar. Sie ist es, die sich dafür einsetzt, dass Isaacs schließlich im Oktober 1980 doch noch zusammen mit seiner Frau chinesischen Boden betreten darf.

Über seine letzte Reise ins Reich der Mitte berichtet Isaacs ein Jahr vor seinem Tod 1986 im Buch »Re-Encounters in China«.[844] Diese biographischen Aufzeichnungen sind nicht die Abrechnung eines antikommunistischen Hardliners der gängigen Schule, sondern vielmehr die wehmütigen Erinnerungen eines heute wenig bekannten Zeitzeugen der chinesischen Geschichte der ersten Hälfte des 20. Jahrhunderts. Isaacs versteht die chinesische Situation zu gut, als dass seine feinsinnigen Gedanken in eine Pauschalkritik am kommunistischen System münden würden (obwohl solche im Nachtrag/Postskript ihren Platz finden). Es ist vielmehr ein unsäglicher Schmerz, der aus den Sätzen spricht, die im Anschluss an Begegnungen mit seinen ehemaligen chinesischen Freunden – Madame Sun, Ding Ling, Mao Dun, Chen Hansheng und anderen – zu Papier gebracht werden.[845] Isaacs fühlt sich in eine Art Zeitmaschine hineinversetzt, die ihn zurückbringt in die Shanghaier 1930er Jahre, deren Räderwerk jedoch klemmt und sich um die eigene Achse dreht: Die vom Leid bereits genügend gezeichnete Umgebung hat kein Interesse daran, die Reise in die Vergangenheit mitzumachen. Das einst mehr oder weniger tief da gewesene Beziehungsgeflecht zwischen West und Ost ist unwiderruflich zerstört, und Isaacs' Trauer über diesen Verlust ist für den Leser in fast jedem Kapitel spürbar. Die Aussichtslosigkeit seines Unternehmens, mehr über das Leben der Opfer ihres eigenen Systems zu erfahren, sieht auch Isaacs ein: »Jeder (dieser Individuen, die eine gewisse Zeit ihres Lebens im Gefängnis verbracht haben – Anm. d. Verf.) musste mittels seines persönlichen inneren Verstands die Bedeutung dieser Erfahrung regeln. Das ist eine schwierige, empfindliche und gefährliche Aufgabe, welche emotionale Tiefen berührt, die die Betreffenden im Allgemeinen zu umgehen versuchten – als Marxisten-Leninisten aus ideologischen Gründen und als Chinesen wegen ihrer Einbettung in kulturelle Senkungen. Doch sowohl als Marxisten-Leninisten als auch als Chinesen waren sie bestens darin geübt, subjektive Schwierigkeiten auf ein objektives Niveau zu stellen; und das wiederum geschah relativ einfach, denn die Fragen, die zu ihren persönlichen Krisen geführt hatten, hatten ja gerade eng mit den Problemen zu tun, welche die politische Szene dominierten, zu der sie zurückkehrten: Und diese waren ebenfalls drückend, heikel und bedrohlich.«[846]

Auch wenn der Harvard-Historiker Fairbank Isaacs' Manuskript zu den »Re-Encounters« in gewissen Dingen kritisch beurteilt, die Anerkennung der Leistungen seines Berufskollegen und Freundes sprechen aus ehrlichem Munde – und sind auch als gerechtfertigtes Lob gemeint: »Du bist kein organisierter, praktizierender oder sogar launenhafter, ›sozialistischer‹ Gläubiger, weil Du zu viel gesehen hast, um verschwommene Glaubensvorstellungen zu akzeptieren. Du kannst sehen, wie die chinesischen Patrioten darum kämpfen, humanistisch und aufgeschlossen zu sein, und zwar trotz der schweren Zwänge, die sie geerbt haben. Du weißt, sie kämpfen noch immer darum, human zu sein – mehr braucht es darüber nicht zu sagen ... Ich anerkenne, dass Du einen größeren menschlichen Umfang abgedeckt hast, als ich es je getan habe.«[847]

Während in China die Revolution ihre eigenen Kinder ohne viel Federlesens frisst, sieht Isaacs seinem eigenen Ende langsam, aber stetig entgegen: »Weil meine Ansprüche an die Welt wegfallen – und diejenigen der Welt an mich –, ... fühle ich die Isolation, ich spüre mehr das Ende als den Beginn ... Nirgendwo will ich hingehen, ganz gewiss. Aber wohin gehe ich denn?« Seine eigene Kindheit holt ihn ein, das jüdische Erbe, das er anderen Interessen »geopfert« hat. Selbst das nah Geglaubte wird ihm fremd: »Ich schaue auf all das, was ich für wesentlichere [»broader«] Visionen aufgegeben habe. Ich möchte zu keinen von beiden mehr zurück. Aber es gibt ja gar keine größeren Visionen an ihrer Stelle, nur Versagen, Verwirrung und Enttäuschung.«[848] Im Juli 1986 stirbt Harold Isaacs, nachdem er im Spital ein letztes Mal seine eigene Theorie der Weltschöpfung in verschiedenen Kulturen entwickelt hat.[849]

Was überlässt Isaacs der Nachwelt, abgesehen von der »Tragedy«, den »Scratches on Our Minds« sowie den »Straw Sandals«, als außerordentliches persönliches Vermächtnis seiner Beschäftigung mit China? Das Reich der Mitte ist für ihn ein »Untersuchungsobjekt«, welches über Zeiten hinweg das gesamte Spektrum menschlicher Vorstellungskraft annehmen kann. China lässt sich nicht so oder anders definieren, Vereinfachungen oder eine eindimensionale Betrachtungsweise wären fatal. Isaacs ist kein Schreibtisch-China-Experte, er hat sich als Subjekt und Objekt in der chinesischen Geschichte betätigt und weiß, wovon er schreibt. Seine Ansichten haben sich im Laufe seines Lebens geändert, das unermüdliche Engagement für das Land, das ihn, wie er selbst schreibt, »ins Erwachsenenalter eingeweiht hat«, hat nie abgenommen.[850] Isaacs' Werk über China hat etwas Beständiges, trotz der Unbeständigkeit seines Urhebers in politischer Hinsicht. Aus einem Shanghaier Brief im April 1932 an seine Verlobte Viola spricht der naturgegebene Instinkt eines jungen Mannes (Isaacs bezeichnet Sex als fundamentale Basis der Partnerschaft), doch gleichzeitig spürt der Leser bereits die Reife des nach höherem Sinn strebenden Erwachsenen: »Ich nähere mich der Freud'schen Analyse nicht mit einem spießbürgerlichen [bourgeois] Zynismus, sondern mit dem brennenden Enthusiasmus und dem Gefühl, dass ein menschliches Wesen, ausgestattet mit Hirn und Überzeugungskraft, ... eben diese beiden zur ›Sublimierung‹ sexueller Frustration verwenden kann.«[851]

Isaacs Aufruf an die menschliche Tatkraft wiederum, die er selbst in China entwickelt hat, klingt in seinen mahnenden Worten wieder, die er 1953 in einem Schreiben an die außenpolitische Kommission des amerikanischen Kongresses richtet und die auch zum Gebot der Stunde für die US-Außenpolitik zu Beginn des 21. Jahrhunderts geworden sind: »Der Schlüssel zu einer wirksamen Weltpolitik der Vereinigten Staaten liegt nicht in der militärischen Stärke allein ... Der Schlüssel liegt im Herbeiführen eines Gefühls der Identifikation mit gemeinsamen Interessen und Absichten bei den Menschen der USA und dem Rest der Welt ... Dieses Gefühl, wenn es stark genug ist, kann allen Belastungen, Missverständnissen, divergierenden Auffassungen und Meinungsverschiedenheiten widerstehen.... Es ist dieses Gefühl der Identifikation, welches wir fast überall in Asien zu erreichen versäumt haben.«[852] Selber scheint der heute leider fast vergessene, so aktuell erscheinende Isaacs dieses Empathie-Empfinden in hohem Maße entwickelt zu haben. Kein Lob mag Isaacs' Verbindung mit der Lebens- und Gedankenwelt Chinas besser ausdrücken als das seines chinesischen Freundes Chen Hansheng: »You know, we come from different places, we've had different lives, but we have the same kind of mind.«[853] [Du weißt, wir kommen aus verschiedenen Welten, und wir hatten verschiedene Leben, aber wir haben dieselbe Denkweise.] Der Erfolg seines Lebenswerks liegt darin, dass sich bei ihm in fast idealer Weise der Horizont eines Historikers und die Schärfe des Zeitkritikers verbunden haben.

Wie kaum ein anderes Ereignis im Leben des *Theodore H. White* symbolisiert das sogenannte »Dinner of the Pig« (wie White es selbst bezeichnet hat) dessen erstaunliche Begegnung mit der »Seele Chinas« und auch die bisweilen drängende Auseinandersetzung des späteren Pulitzerpreisträgers mit der eigenen Vergangenheit. Man schreibt das Jahr 1940, und Teddy, wie ihn alle Freunde nennen, ist zu Gast auf einem Bankett von Zhou Enlai in Chongqing. Nach dem Genuss köstlicher Vorspeisen folgen Bambussprossen mit Huhn, dann Entenleber und schließlich – als Hauptspeise – ein »goldbraunes, krustig gebratenes Schwein«. »Bitte, bitte«, fordert der Gastgeber Teddy freundlich auf, den Schmaus als Erster zu eröffnen. Dieser nimmt, obwohl er das Gebot der chinesischen Gastfreundschaft kennt, allen Mut zusammen und erklärt der sprachlosen Gesellschaft, es sei ihm als Juden nicht erlaubt, Schweinefleisch zu essen. Nach einem Moment der Sprachlosigkeit ergreift Zhou Enlai das Wort: »›Teddy‹, ... das ist China. Sieh nochmals hin. Schau. Es sieht für dich aus wie ein Schwein. Aber in China ist das kein Schwein – es ist eine Ente.«[854] Damit ist das Eis gebrochen, der Weg frei für White, die Fesseln der Vergangenheit abzulegen (»ich hoffe, meine Vorfahren werden mir vergeben«) und die Schwelle zum Verständnis des Andern zu nehmen, China so zu akzeptieren, wie es sich dem Westler präsentiert. Der Weg zum Schweineschmaus ist nicht nur für den amerikanischen Juden beschwerlich.

Trotz dieses für fromme Gemüter nur schwer verkraftbaren Fauxpas findet White – im Gegensatz etwa zu Sokolsky oder Isaacs – Eingag in die »Jüdische Enzyklopädie«. Diese feiert ihn als einen der ihren, auch wenn er später aus der jüdischen Lebenswelt ausbrechen beziehungsweise anderen »Verlockungen« erliegen sollte.[855] White erblickt am 6. Mai 1915 in Dorchester, einem damals für Neuankömmlinge aus der Alten Welt typischen Immigrationsviertel von Boston, das Licht der Welt, in einem Ghetto, wie White seinen Geburtsort nennt. Die Straßenlaternen in der Erie Street werden mit Gas betrieben, Milch wird einem Pferdeschlitten an die Haustüre geliefert. Whites Familie ist mittellos; der Vater, aus dem weißrussischen Pinsk stammend, hat zwar das amerikanische Anwaltspatent erworben, doch gehören zu seiner Klientel vorwiegend arme Leute, die in der wirtschaftlichen Depression der 1920er Jahre ihr weniges Geld ganz verloren haben. David White sieht sich selbst als Sozialist, der für das Wahlrecht der Frauen und gegen die Unterdrückung der Arbeiter durch Kapitalisten eintritt. Nach seiner Ankunft in den USA lehnt er es fortan ab, Jiddisch zu sprechen. Seinem Sohn legt er frühzeitig ans Herz, auf den abfälligen Spruch »Chinkee, Chinkee, Chinaman« zu verzichten. Was sein Vater ihm als praktische Lebenserfahrung auf den Lebensweg mitgibt, vervollständigt Teddys Großmutter mütterlicherseits: Selbst in der Orthodoxie in einem Schtetl an der Grenze zwischen Weißrussland und Ostpreußen groß geworden, legt sie höchsten Wert auf eine Erziehung nach streng jüdischen Regeln. In der eigenen Familie wird Teddy von klein auf mit unterschiedlichen Lebensauffassungen konfrontiert: Während der Sabbatfeier werden im zweiten Stock des Hauses White Kerzen angezündet, Wein und Challa (das typische Sabbatbrot) aufgetischt, während Teddys Vater, der »Gottverlassene«, über die Religion als Quelle menschlichen Aberglaubens nachdenkt.[856] Am Rande sei vermerkt, dass die damals herrschende Prohibition die fromm gesinnten Mitglieder der Familie White nicht daran hindert, den Wein für den Sabbat selbst herzustellen.

Bei dem in einem solchen Elternhaus Aufgewachsenen ist es kaum ein Wunder, dass sein Blick für den Konflikt zwischen unterschiedlichen Kulturen frühzeitig geschärft wird. Hier mag auch der Grund für seine Haltung liegen, das Andere, Fremde nachsichtiger zu betrachten. Teddy wird auf die hebräische Schule geschickt, dann ins Hebrew College in Boston, wo er die Geschichten des Alten Testaments kennenlernt, »ihre einfachen [primitiven] Themen über Wunder, Liebe, Hass, Mord, Angriff, Opfer ... und vor allem Rache«. Das Studium der Tora lehrt ihn die Melodie der Sprache, die Gabe der Vorstellungskraft und die Kraft der Überlieferung. An diesen Orten lernt er auch, sein Gedächtnis zu schulen und die insbesondere für das Judentum zentrale Bedeutung des Sicherinnerns wertzuschätzen. Das Andenken an diese Jugendjahre hinterlässt Spuren in seinem Geist, die Isaacs' »Scratches on His Mind« in nichts nachstehen – zwar mit anderen Vorzeichen, doch ähnlichen Resultaten. An der amerikanischen Ostküste wird Teddy mit den Ideen Herzls konfrontiert, unter anderem mit dessen berühmter Aussage: »Wenn ihr es nur wollt, soll es kein Traum sein.« Diese Losung, die auch Isaacs während seiner China-Wanderjahre sich zu Herzen genommen hat, klingt in Teddys Ohren wider, als er anlässlich seines Besuchs in Yan'an 1944 den kommunistischen Revolutionären Chinas der ersten Stunde begegnet. Doch bis zu jenem Moment lagen Jahre des Lernens, der Einsicht und der Suche nach dem eigenen Weg dazwischen.

Eine andere Erfahrung, die sich tief in Teddys Gedächtnis einkerbt, ergibt sich bei der Beobachtung des Zeppelins, der während seines Flugs nach Lakehurst in New Jersey über Boston kreist. »Wir hassten den Zeppelin, weil er von Hitler kam und Hitler für Juden Schlechtes bedeutete ... Als wir ihn kommen sahen, versammelten wir uns in einem Kreis und tanzten den Hora zum Trotz ...«[857] Auch dieses »Schauspiel« sollte er in ähnlicher Weise in China wieder erleben: Die japanischen Bombenabwürfe über Chongqing, die ihm die Brutalität der Besatzertruppen so plastisch vor Augen führen, haben zur Folge, dass er den Krieg als eine persönliche Aufforderung zum Widerstand gegen jegliche Art von Diktatur empfindet: »If Europe needs men to fight Hitler at that time, I feel that I must count myself as one. I've learned in China that men must fight for the things they believe are right; and with every well of feeling in me, I feel that Hitler must be licked.«[858] [Wenn Europa dann Männer benötigt, um Hitler zu bekämpfen, dann glaube ich, mich als ein solcher bezeichnen zu müssen. Ich habe in China gelernt, dass Menschen für Dinge kämpfen müssen, von deren Richtigkeit sie überzeugt sind; mit diesem Quell an Gefühlen in mir, fühle ich, muss Hitler besiegt werden.]

White hat inzwischen das Hebrew College in Boston abgeschlossen und besucht auf Geheiß seiner Eltern die Boston Public Latin School, wo er mit irischen, italienischen, protestantischen und schwarzen Kollegen die Schulbank drückt. Das lässt ihn nicht nur über die Gesellschaft als Völkergemisch nachdenken – »lange bevor Ethnizität zu einem politischen Modebegriff wurde« –, sondern er nimmt die »Anderen« bewusst wahr und akzeptiert gleichzeitig, dass jede Volksgruppe ihre Eigenheiten besitzt.[859] Nach dem Tode seines Vaters wird Teddy noch ein Stück weit mehr mit Armut konfrontiert: Er arbeitet fortan auf den Straßen Bostons als Zeitungsjunge, um das Überleben der Familie zu sichern. 1934 erhält er ein Stipendium, das ihm den Eintritt in eine der angesehensten Lehrstätten der Ivy League ermöglicht. An der Harvard-Universität von Cambridge studiert der »heranwachsende Sozialist und Zionist« (wie er sich selbst bezeichnet) mit Kommilitonen, die später zu berühmten amerikanischen Politikern, Geschäftsleuten oder Akademikern werden sollten. Das Schicksal oder auch ein Zufall ist dafür verantwortlich, dass Teddy im zweiten Jahr seines Studiums bei der täglichen Arbeit in der Bibliothek des renommierten Harvard-Yenching-Instituts in den Bann der ihm exotisch erscheinenden chinesischen Geisteswelt gezogen wird:

»And if I was bleary with ... the Reformation, or the Age of Imperialism, I could get up and pick Chinese volumes off the shelves – volumes on fine rice paper, blue-bound, bamboo-hooked volumes with strange characters, volumes with their own particular odor, an Oriental mustiness different from the mustiness of Western books. As I became more and more accustomed to the Oriental atmosphere, and my eyes rested on the scrolls of calligraphy on the walls, I began to feel at home.«[860] [Und wenn ich einmal von der Lektüre über die Reformation oder das Zeitalter des Imperialismus ermüdet war, konnte ich aufstehen und einen der chinesischen Bände aus dem Regal ziehen. Das waren Bände mit feinem Reispapier, blau eingebunden oder aus Bambus gefertigt, mit fremden Zeichen, Bände, die ihren eigenen Geruch ausströmten, eine orientalische Muffigkeit, die sich von derjenigen westlicher Bücher unterscheidet. Als ich mich immer mehr an die orientalische Atmosphäre gewöhnte und meine Augen den Blick auf die Kalligraphierollen an den Wänden warfen, da begann ich mich heimisch zu fühlen.]

So schreibt sich Teddy in den Fächern chinesische Geschichte und Sprache ein. »Eine gefährlichere Wahl habe ich nie getroffen«, notiert er Jahre danach über seine Entscheidung. John K. Fairbank, einer der Ikonen der modernen amerikanischen China-Forschung, wird sein Lehrer, Mentor und langjähriger Freund. Von ihm erhält er – nebst dem historischen Wissen über die Zeit nach dem Tode Kaiser Qianlongs 1799 bis zu Maos Langem Marsch – das philosophische Rüstzeug, das ihm die Beschäftigung mit dem Reich

II. Individuen, Biographien und Lebenswelten

der Mitte erleichtern sollte: »It is not possible to think well without making *distinctions* between this and that... It is not possible to go very far in making distinctions without making use of *categories of thought* ... It is not possible to think with critical power without being *critical* of the categories with which one is thinking.«[861] [Es ist nicht möglich zu denken, ohne Unterscheidungen zu machen ... Es ist unmöglich, in Unterscheidungen sehr weit zu gehen, ohne Denkkategorien aufzustellen ... Und es ist auch nicht möglich, mit kritischer Kraft zu denken, ohne ebenso kritisch über diese Kategorien nachzudenken.] Das bewusste Erkennen des Unterschieds zwischen den verschiedenen Bildern der Wirklichkeit und der Wirklichkeit selbst wird ihm während seiner China-Zeit dienlich sein, sorgsamer hinter die Fassaden Potemkinscher Dörfer zu sehen. Im September 1938 – ein kräftiger Hurrikan hat gerade über New England hinweggefegt – bricht Theodore H. White zu einer Reise nach Fernost auf, die sich dem entdeckungsfreudigen jungen Mann dank eines Stipendiums und eines »summa cum laude« anbietet. Teddy glaubt, später nach Harvard zurückzukehren, vielleicht als Professor für Geschichte des Orients. »Aber zuerst muss ich meine Neugier befriedigen, meine absolute Lust zu sehen, was in China geschieht, in dem Land, das ich studiert habe. Wie nur geschah Geschichte wirklich?«[862]

Ausgestattet mit zwei Identitäten – der jüdischen und einer durch Harvard geprägten –, macht Teddy Zwischenstopps in fremden Ländern, wo es zu Begegnungen kommt, die ihn prägen: in Palästina mit einem Engländer (»Ihr Juden seid schlichtwegs eine verfluchte Plage«), in Singapur mit einer Europäerin (»Weiße Leute stehen vorne in die Reihe«) und in Shanghai (»White, du bist nichts anderes als ein verdammter Sozialist«). Er spürt, dass ihn sein eigener Geist betrogen hat: Noch vor der Abreise in die Fremde hielt er sich für einen Revolutionär. Inzwischen ist ihm bewusst geworden, in Wirklichkeit lediglich eine Kreation anderer Leute und einer anderen Vergangenheit zu sein. Von dieser Einsicht ist es nur noch ein kleiner Schritt zur Frage, die ihn während des ganzen Lebens verfolgen wird: Wie lässt sich die Herkunft politischer Ideen am treffendsten erklären? Im China der Bürgerkriegszeit macht er sich auf die Suche nach der Lösung dieser Frage. Doch erst seine Erfahrungen in Europa (Marshallplan) und später in den Vereinigten Staaten im Verlaufe seiner Reise- und Publikationstätigkeit (im Rahmen der Berichterstattung über die amerikanischen Präsidentschaftswahlen) würden ihm helfen, hierzu eine klarere Auffassung zu bekommen. »Identities in politics ... were connected far more to ideas than to ego ...Whether it was Mao and Chou ... or Kennedy and McNamara, or de Gaulle and Monnet, their identities came from the ideas that had been pumped into them, the ideas they chose in turn to pump out ... Most ordinary people lived their lives in boxes, as bees did in cells. It did not matter how the boxes were labelled: ... the box shaped their identity. But the box was an idea.«[863] [Identitäten in der Politik waren mehr mit Ideen als mit einem Ego verbunden. Ob Mao und Zhou ... Kennedy und McNamara oder de Gaulle und Monnet: Ihre Identitäten entstammten Ideen, die man in sie hineinstopfte, Ideen, die sie nach eigenem Gutdünken wieder von sich gaben ... Die meisten gewöhnlichen Leute leben ihr Leben in einer Schachtel, so wie Bienen in ihren Kisten. Es spielte keine Rolle, wie die Schachteln angeschrieben waren: ... die Schachtel formte einfach ihre Identität. Aber die Schachtel selbst war eine Idee.]

Mit einem Flugzeug aus Hongkong kommend, landet White im April 1939 auf dem Yangtse bei Chongqing und wird von dort mit einer Sänfte hinauf in die Altstadt gebracht, in eine Stadt, die einer anderen Welt angehört. Innerhalb der Stadtmauern existiert ein China, das Teddy bisher unbekannt war. »Niemand hat mir je gesagt, wie stark die Chinesen Blumen mögen – aber jetzt, im Frühjahr, gab es mehr Blumenstände als in meinem heimischen Boston.«[864] Er hat Glück, die Empfehlungsschreiben aus Harvard (Fairbank) und Shanghai (Powell) verhelfen ihm, dem 24-Jährigen, zu einer journalistischen Arbeit bei der Guomindang, und zwar als Bindeglied zwischen dem chinesischen Informationsministerium (Hollington Tong) und den ausländischen Korrespondenten (»In reality, I was employed to manipulate American public opinion«). In einem seiner ersten Briefe aus Chongqing (an den Dekan seiner Alma Mater) beschreibt Theodore White seine neuen Eindrücke von China und seiner Bevölkerung folgendermaßen:

> »My work here in the office ... has that peculiar Alice-in-Wonderland quality on which everyone who has worked for the Chinese government comments. The Chinese are different from us, – and the observation and weighing of these differences is constantly interesting. The application of Chinese ideas to Western techniques and patterns produces frequently bizarre results. One can spend hours rocking with laughter at times at the end of product of some of the projects of a Chinese bureaucrat; or hours in bristling indignation at the occasional stupidity; and again hours in admiration at some revealing stroke of their cleverness.«[865] [Meine Arbeit hier im Büro ... besitzt eine besondere ›Alice- im-Wunderland-Qualität‹, von der jedermann spricht, der für die chinesische Regierung gearbeitet hat. Die Chinesen sind verschieden von uns. Die Beobachtung und das Nachdenken darüber sind höchst interessant. Die Anwendung chinesischer Ideen auf westliche Techniken und Muster erbringt häufig seltsame Resultate. Man kann Stunden damit verbringen, sich vor Lachen zu schütteln über das Endprodukt eines Projektes eines chinesischen Bürokraten. Oder Stunden in staunender Entrüstung über ihre gelegentliche Einfalt. Und dann wieder in Bewunderung über ihren plötzlichen Anfall von Schläue und Brillanz.]

Teddy lernt den Rhythmus der Jahreszeiten in Sichuans Kapitale aufgrund des Früchte- und Blumenangebots auf den Märkten kennen: Die weißen Narzissen im Winter, die Blüten der Pflaumen im März, Kirschen im Mai, gefolgt von Pfirsichen, Aprikosen, Litschis; Wassermelonen im August und im September, später Birnen, Persimonen, Orangen und schließlich die Tangerinen im Dezember; die Azaleen blühen während des ganzen Jahres. Das Angebot für Nase und Ohren steht demjenigen für die Augen in nichts nach: »[Die Gassen] boten eine Symphonie an Gerüchen, aromatisch und stinkend gleichzeitig. Wohlriechend der Duft von Essen und Gewürz, Blumen, gebratenen Kastanien, Räucherstäbchen, dem süßlichen Opium – dann aber der üble Geruch von Abfall und von Urin, der durch die Rinnen floss. Die Geräusche waren eine Symphonie anderer Art: schreiende Männer, kreischende Frauen, brüllende

II. Individuen, Biographien und Lebenswelten

Babys, gackernde Hühner, die zusammen mit den Familien in den Hütten wohnten.«[866] Er stört sich an den widrigen Lebens- und Arbeitsverhältnissen in Chiang Kai-sheks Kapitale, ärgert sich über den Dreck und das Elend auf den Straßen oder beklagt die japanischen Bombenabwürfe, die viele Unschuldige in den Tod reißen. Anderseits fühlt er sich glücklich, an einem Kampf sich zu beteiligen, der Teil ist einer »Schlacht für eine undeutliche [vague] Sache wie Gerechtigkeit oder Recht«. Auch im fernen China ist für White seine jüdische Identität präsent; im Los seiner Glaubensbrüder in Europa sieht er ein universales menschliches Interesse: »Wenn Hitler gewinnt, dann sind wir fertig – und ich in China weiß, was es bedeutet ein Flüchtling zu sein ... Ich fand sie überall verstreut in diesem Land; eine stärkeres Mitleid erregende Gruppe von Individuen hat es nie gegeben ... Es ist nicht so sehr die Frage von uns als Juden, die wichtig ist; es ist die Frage des liberalen Gedankens, die zählt. Juden werden irgendwo weiterleben – wie sie es immer taten. Aber der liberale Geist ist am Ende, wenn Hitler gewinnt ... Ich glaube, es ist die Freiheit und unsere Art zu denken, welche mich in erster Linie dazu anleiten zu kämpfen.«[867]

Was Isaacs die Yangtse-Schifffahrt im Sommer des Jahres 1931 bedeutet White acht Jahre später seine mehrwöchige Exkursion nach Shanxi, einer Provinz, die sich in eine Krümmung des Gelben Flusses schmiegt, damals die einzige Front, an der Chinesen – Kommunisten wie Nationalisten – aktiv gegen japanische Truppen kämpften. »Für mich war es die erste Front einer Schlacht, die ich je gesehen habe, und ein riesiger Schritt zur Erziehung«, notiert White in seinen autobiographischen Aufzeichnungen.[868] Auf Maultieren trottet Teddy mit einem Trupp Armeeangehöriger über Land und Dörfer, die von den japanischen Soldaten verwüstet worden sind: »In einigen Bezirken, durch die ich hindurchgezogen bin, wurde jede einzelne Frau vergewaltigt ... Japanische Soldaten wurden gesehen, wie sie mit Schweinen kopulierten ... Jedes Mal, wenn das japanische Transportsystem im Schlamm zusammenbrach, wurden Bauern nackt ausgezogen, vor die Karren gespannt und von der kaiserlichen Armee mit Peitschenhieben als Lasttiere angetrieben.«[869] Teddys Chinesischkenntnisse verbessern sich mit der Zeit, und er beginnt zumindest die militärischen Ausdrücke zu verstehen. »Aber ich lernte nie – selbst nach sechs Jahren in China – das Vokabular der Motivation, persönlicher Geschichte, politischer Absichten oder wie und warum Dinge geschehen.«[870] Er ist froh, wieder in das »friedliche« Innere von Sichuan zurückzukehren. Die erste Nacht nach seiner Rückkehr aus dem Kriegsgebiet verbringt er in einem buddhistischen Kloster: »Es war umgeben von einem Bambusdickicht; im Teich des Hofs spiegelte sich der Vollmond, und in dessen Scheine planschten einige Enten. Die Priester sangen, und es war genau das China, von dem ich in den Büchern damals in der Boylston Hall (in Harvard – Anm. d. Verf.) gelesen habe.«[871]

Whites Beschreibungen von der Front in der von Krieg und Terror heimgesuchten Provinz Shanxi tragen dem engagierten Beobachter mit einem Blick für das Historische einen Job als China-Korrespondent der von Henry Luce herausgegebenen Zeitschrift »Time« ein. Während die Psyche anderer Journalisten im strapaziösen Klima Chongqings häufig angeschlagen ist, der eine oder andere im Alkohol oder in Freudenhäusern Abwechslung vom trostlosen Alltag findet, sucht Teddy nach dem Kern in der Hülse China. »Was China betrifft: Je länger man hier ist, desto verwirrter wird man. Während des ersten Monats ist man verloren; man sieht lediglich Dreck und Schmutz und fragt sich, wie das Land überhaupt da hindurchkommt. Während der zweiten Phase akzeptiert man diesen Dreck und Schmutz und sieht dahinter das Gute, Heroische, das den Durchbruch in diesem Land schaffen sollte. In der dritten Phase blickt man hinter das Gute und Heroische, und man sieht Korruption, Gaunereien, Intrigen, behördliche Torheit, Feigheit und die Gier der Beamten. Und man beginnt zu zweifeln.«[872] Zwar wohnt auch White im schmuddeligen, von der Guomindang den ausländischen Korrespondenten zur Verfügung gestellten Pressehotel mit den Plumpsklosetts, muss auch er mit den Widrigkeiten der Zensur leben, doch scheint er in diesem Klima zwischen Hoffnung und Enttäuschung richtiggehend aufzublühen: »Zuallererst bin ich von einem Gefühl des Bedauerns und der Nostalgie betroffen. Der Orient hat mir so viel bedeutet, und ich habe ihn in einer Art kennengelernt, dass ich nie daran denke, wirklich einmal von hier wegzugehen. Ich liebe China, Mama, mehr als ich sagen kann. Ich weiß nicht weshalb. Es ist Gottes eigene Wahrheit, dass man, wenn man einmal den Ruf des Ostens vernommen hat, nichts mehr anderes hört.«[873]

Ähnlich wie Isaacs ist White ein Einzelgänger. Den Angehörigen der amerikanischen Botschaft schenkt er wenig Beachtung, über die Reise nach Shanxi hat er sie nicht einmal informiert. In späteren Jahren rügt er gar einen latenten Antisemitismus im diplomatischen Establishment.[874] Bei aller Distanz zu seiner Heimat bleibt er in Gedanken dem Judentum verhaftet (»was mir am meisten Angst macht ist die Vorstellung, die Juden würden wieder religiös werden«), schreibt an seine Freunde, dass er noch immer das Schofar blasen könne und sich gelegentlich an ein Gedicht Chaim Bialiks erinnere.[875] Ein engeres Verhältnis entwickelt Teddy zum britischen Botschafter Archibald Clark Kerr, einem Diplomaten alter Schule, der bereits im Irak und in der Türkei der englischen Krone gedient hat. Clark Kerr gilt als ein Liberaler der ersten Stunde, der sich nicht scheut, auch den Kontakt mit den chinesischen Kommunisten zu suchen. Schon früher in Harvard hat sich Teddy vom Wissen und von dem Intellekt machtausübender Männer angezogen gefühlt. Die Neigung, die Sicht politisch einflussreicher Persönlichkeiten von weltpolitischen Vorgängen und ihre Ursachen kennenzulernen, von denen er annimmt, sie würden Geschichte machen, verstärkt sich während seines sechsjährigen Aufenthalts im Fernen Osten. So genießt er beispielsweise das Vertrauen der Generäle MacArthur (den er auf einer Reise im Herbst 1940 in Manila interviewt hat), Chennault und Stilwell. Das Verständnis für Letzteren ging so weit, dass Stilwells Frau nach dem Tode ihres Mannes 1946 White mit der Herausgabe der Kriegstagebücher und Briefe des Generals beauftragte.[876]

Teddy hat in China gelernt, dass die Bekanntschaft mit einflussreichen Persönlichkeiten für einen erfolgreichen, in geschichtlichen Zusammenhängen denkenden Reporter »Geld auf der Bank« bedeutet: Diese spielen nicht nur eine Rolle als Referenzen, sie führen auch zu weiteren Kontakten. Ihre Einladungen ergeben neue Bekanntschaften, die selbst wieder Geschichte produzieren: »Jahre lang, bis 1963, galt meine Suche nach Geschichten der Suche nach Namen und Persönlichkeiten.«[877] Das Interesse am Individuum steht für den außergewöhnlich beobachtungs- und entdeckungsfreudigen jungen Mann im Zentrum seiner Philosophie zur Erklärung historischer Vorgänge. Das Chongqing jener Jahre bietet ihm genügend Möglichkeit, »den Chinesen« aus der Masse herauszulösen, ihn zu individualisieren, ihn für die westliche Leserschaft vielleicht gar zu vermenschlichen. »Ich empfand all diese Leute – Staatsangestellte, Akademiker, Soldaten, Ladeninhaber, Wirtsleute – historisch betrachtet auf romantische Weise ... Am Anfang zumindest war es äußerst anregend, Beamte zu besuchen, deren Kinder auf den Stufen der Regierungsgebäude spielten und deren Ehefrauen ihre frische Wäsche ... in eben diesen Örtlichkeiten aufhingen ...«[878] Teddys Wunsch ist es, damals herrschende Vorurteile über China anzugehen: «Ich möchte die drei Legenden Chinas zerlegen: die Legende über die Vertragshäfen, dass alle Chinesen korrupt, dumm und feige sind. Dann die Legende der chinesischen Propagandisten, dass alle Chinesen tapfer, todesmutig und einzig und allein darauf bedacht sind, Japan zu besiegen. Und schließlich diejenige der Kommunisten, wonach ihre eigenen Leute alle rein und unfehlbar sind und unschuldigerweise verfolgt werden. Es gibt Dutzende von Legenden, die wir alle als politisch-militärisches Faktum anerkennen müssen.«[879]

Gelingt es ihm im Rahmen seiner publizistischen Tätigkeit, dieser Stereotypenbildung entgegenzuwirken? Zu Recht weist er darauf hin, dass weder er noch sonst ein amerikanischer Korrespondent chinesische Zeitungen lesen können, der westliche Beobachter damit in irgendeiner Weise immer von seiner unmittelbaren politischen Umgebung, den Kommunisten oder den Nationalisten, beeinflusst wird. Er sieht die Grenzen der objektiven Wahrnehmung, erkennt, dass die Regierung der Guomindang darauf bedacht ist, »gegenüber den westlichen Korrespondenten die westlichen Elemente des chinesischen Lebens zur Schau zu stellen«.[880] Er versucht (wie viele andere auch), der Einnebelung durch die Regierungspropaganda zu entgehen, und scheut sich nicht, seinem Ärger Luft zu machen, einmal (1942) gegenüber T. V. Song, dem späteren Ministerpräsidenten, und – überaus deutlich und direkt – gegenüber dem Informationsminister im September 1943: »Ich muss gestehen, dass die Zensur meines Berichts (es handelte sich dabei, wohlgemerkt, um einen Beitrag über Indien – Anm. d. Verf.) in einem einzigen Tag meine Achtung vor chinesischer Politik und Klugheit betreffend Staatsführung verändert hat ... Es erscheint mir nur begründet zu sein, dass ich schriftlich festhalte, wie bitter ich politische Zensur dieser Art übel nehme, und dass ich formell Protest einlege bei Ihnen als Informationsminister der Regierung der Republik China, der diese Politik der Unterdrückung von Wahrheit zulässt.«[881]

Einige Monate zuvor hat er bereits Erfahrungen gemacht mit der Zensur und der Schlamperei der chinesischen Zentralregierung, mit einem für die Bevölkerung verhängnisvollen Resultat: Im Frühjahr 1943 sterben in der Provinz Henan infolge einer Hungersnot hunderttausende Menschen unter qualvollen Bedingungen (die Behörden taten praktisch nichts, die Bevölkerung mit Nothilfe zu versorgen). Zeitungen werden daran gehindert, über die Katastrophe zu berichten; doch Teddy will es mit eigenen Augen sehen und fährt zusammen mit dem britischen Kollegen Harrison Forman von der »London Times« in die vom Hunger heimgesuchten Regionen: »Chinesische Kinder sind schön, wenn sie gesund sind; ihr Haar glänzt von Natur aus wie eingeölt, und ihre Mandelaugen leuchten. Doch diese verhutzelten Vogelscheuchen hatten mit Eiter gefüllte Schlitze statt Augen; Unterernährung hatte ihr Haar trocken und spröde werden lassen; durch den Hunger waren ihre Bäuche aufgedunsen, ihre Haut war aufgesprungen. Ihre Stimmen waren zu einem dünnen Wimmern verkommen, das nur noch um Essen bettelte.«[882] White muss das Grauenhafte mit ansehen: tote Körper, wie sie im Schnee liegen, bis das Fleisch von Hunden und Vögeln gefressen wird, oder verlassene Babys und Menschen, die Baumrinde oder »Kuchen« aus Baumwollsetzlingen essen. Auch Berichte über Kannibalismus machen die Runde. Mit einem katholischen Priester als Führer reitet Teddy durch die gottverlassene Gegend, jeden Morgen das »Vaterunser« betend: »In einer aufgegebenen katholischen Kapelle in einem verlassenen Dorf ... kniete ich mich zur Messe nieder. Ich fühlte keine Entweihung meiner eigenen Herkunft. Auf der Straße ... lehrte mich Megan (der Priester – Anm. d. Verf.) das Requiem für die Toten.«[883] Menschliche Tragödien kennen keine religiösen Grenzen.

»Fundamentally, there was no idea that could embrace what was happening – no idea, even a Chinese idea, that could hold human beings together. Compassion, kinship, customs, morals, were swept away ... Food was the only idea, hunger the only command ... It is easy to recreate from my notes an animal theater. But these were not animals. These were people descended from one of the great cultures of the world; even the most illiterate had grown up celebrating the festivals and rituals of a culture that set order above all else.«[884] [Grundsätzlich gab es keine Vorstellungsmöglichkeit, die hätte wahrnehmen können, was geschehen ist. Keine Idee, nicht einmal eine chinesische, die menschliche Wesen zusammenhalten konnte. Mitgefühl, Verwandtschaft, Bräuche und Moralvorstellungen wurden beiseite geschoben ... Nahrung war die einzige Idee, Hunger das einzige Gebot ... Es ist einfach, von meinen Notizen aus ein tierisches Theater zu reproduzieren. Aber es waren keine Tiere. Es waren Menschen, die von einer der großen Weltkulturen abstammen; selbst ein Analphabet feierte die Feste und Rituale einer Kultur, die Ordnung über alles setzte.«

Die Hungersnot von Henan bedeutet für Teddys China-Bild ein zweites Schlüsselereignis nach seiner Shanxi-Expedition im Herbst 1939. Die Erfahrung Henan bereitet eine Änderung seiner bis dahin der Guomindang-Politik gegenüber nicht unfreundlichen Berichterstattung vor. In einem Schreiben an Tillman Durdin, den Reporter der »New York Times«, beklagt er sich offen über die Passivität Chiang Kai-sheks, dem er nach seiner Rückkehr in die Hauptstadt die Augen über die menschliche Katastrophe öffnen wollte: »Der Gissimo saß dort, wie immer am Ende jenes langen Raumes, in dem er Ausländer empfängt. Er schaute bemerkenswert gesund aus mit seinen schweren und wohlgenährten Kinnbacken. Und ich zeigte ihm die Arbeit; er verleugnete meine Fakten, worauf ich sagte: ›Schauen Sie diese Bilder an.‹ Er schaute darauf und wurde sauer: ›Wo kommen diese her?‹ Dann hörte er zu, was ich ihm von dort oben erzählte. Ich weiß nicht, ob es ihn beeindruckte oder nicht. Du weißt, wie vollkommen ausdruckslos er ist, wie er dort sitzt und nichts sagt, außer einem gelegentlichen Grunzen, und immer das Kinn mit seiner Hand streicht, völlig lautlos ... Gissimo spielt jetzt mit dem Konfuzianismus – vielleicht sehen wir schon bald eine neue Synthese zwischen Konfuzianismus und Methodismus. Ich hoffe, Madame kommt bald zurück und bringt den alten Knaben wieder auf Vordermann ... Gissimo wird mit zunehmendem Alter grantig, verliert sein Temperament immer häufiger ... Dieser Ort wird mehr und mehr orientaler, je länger die Zeit verstreicht.«[885]

Teddys Verhältnis zu Henry Luce, der seinen Schützling inzwischen zum »Time«-Korrespondenten auf dem Kriegsschauplatz China – Burma – Indien ernannt hat, verschlechtert sich mit seiner zunehmenden Kritik an Chinas Missständen. Madame Chiang Kai-shek hat sich über Whites Henan-Beitrag aufgeregt. Sie ist der Meinung, dass das China-Bild, welches sie mit ihrem Freund Luce so geschickt und in der Art Potemkinscher Dörfer jahrelang für das amerikanische Publikum aufgebaut hat, durch diese Enthüllung zerstört worden sei: ein Gesichtsverlust für das ganze Land. Während ihrer USA-Reise im Winter 1942/43 fordert sie deshalb ihren Freund Luce auf, den China-Korrespondenten White zu entlassen. »Den kleinen Juden«, soll sie ihn genannt haben.[886] Noch zögert Luce allerdings, dem Wunsch von Chinas Präsidentengattin nachzukommen, doch werden die Meinungsunterschiede zwischen ihm und Teddy größer – und dessen Ausdrucksweise umso beißender. »... Ich kenne dieses Land besser als jedes andere auf der Welt. Eigentlich kenne ich es zu gut. Mein Schreiben über China wird schärfer und präziser, und die Leute mögen mich deswegen nicht. Ich hege eine große Liebe zu diesem Land, und es schmerzt mich höllisch zu sehen, wie es durch die Blockade erstickt und von der Inflation verrottet. Aber was ich sehe, muss ich niederschreiben.«[887]

Teddys Zweifel an der Art und Weise, wie »Time« an der Heimatfront über China berichtet, nehmen zu. Trotzdem hält er weiterhin zu Luce und seinem Zeitschriftenimperium, was etwa – trotz einer massiven Kritik an Chiang und dessen Regime – in der Forderung nach zusätzlicher amerikanischer Finanzunterstützung für China zum Ausdruck kommt.[888] Für diese Haltung haben hingegen einige westliche Korrespondenten in Chongqing kein Verständnis, darunter auch Harold Isaacs, der sich für »Newsweek« in Chinas Kriegshauptstadt befindet. Überhaupt hält der nur fünf Jahre ältere Isaacs nicht sehr viel von White, zumindest was seine Art betrifft: »Er ist ein scharfsinniger und intelligenter Typ, aber seine Manieren leiden darunter; ich fürchte wegen des – wie er [White] es wohl nennen würde – Mangels einer würdigen Konkurrenz.«[889] Der theoretisch ausgebildete Isaacs kritisiert Whites Beitrag dahingehend, dass er zwar die Schwächen des Guomindang-Systems beschreibe, diese jedoch nicht mit den sozialen Strukturen des Landes in Verbindung bringe. Die beiden so unterschiedlich denkenden Korrespondenten amerikanisch-jüdischer Abstammung eint schließlich die Affäre um den von Roosevelt auf Druck von Chiang Kai-shek abgesetzten General Stilwell im Herbst 1944: Whites Beitrag, verfasst aufgrund eines persönlichen Gesprächs mit Stilwell, wird auf der heimischen Redaktion von »Time« dermaßen frisiert, dass Teddy droht, von seinem Posten zurückzutreten. Nicht viel anders ergeht es

Isaacs: Von seinem ursprünglich mehr als eintausendsechshundert Wörter umfassenden Artikel bleiben – nach amerikanischer und chinesischer Zensur – noch gerade dreihundert Wörter übrig: nicht viel, um den erzwungenen Rücktritt Stilwells auch nur einigermaßen objektiv zu dokumentieren.

Einer der letzten Farbtupfer in Whites sechsjährigem China-Aufenthalt stellt der Besuch des Harvard-Schützlings im Oktober 1944 in Yan'an dar. Die Bewilligung zu erhalten, gleicht einem Kunststück, das nur mehr wenige Journalisten in jenen Monaten vollbringen: Chiang Kai-shek möchte unter allen Umständen verhindern, dass weitere Westler mit den »Leuten im gelobten Land« (Isaacs) zusammentreffen. General Patrick Hurley, der Sondergesandte Roosevelts, lehnt das Gesuch Isaacs' persönlich ab; White hingegen hat Glück, da er Monate zuvor um Erlaubnis nachgefragt hat. Auch er wird unweigerlich von der fast friedlichen Atmosphäre und dem Charme der kommunistischen Revolutionäre in Bann gezogen: »Yan'an ... umarmte uns als Alliierte und Freunde ... Alle schienen mit einer Fröhlichkeit zu lachen, die ich bis heute nicht als Täuschung empfinde ... Ich wundere mich, ob sie sich an die Tage erinnern, als sie jung waren, Wortspiele machten und tanzten. Vielleicht hat die Macht sie verändert, bevor sie wussten, dass sie sich damit veränderten ...«[890] Teddy erinnert sich an die Pingpong-Spiele zwischen Zhou Enlai und seinem Übersetzer, an die Witze von Zhu De, Peng Dehuai oder Lin Biao. Die abendlichen Tanzveranstaltungen bringen ihm die »altmodischen jüdischen Hochzeiten« ins Gedächtnis zurück. Hier in der Lössgegend von Yan'an erfährt er aus erster Hand, dass Revolutionen von Intellektuellen gemacht werden. Er nimmt die Chance war, in dieser Ideenfabrik mit ebendiesen Größen der kommunistischen Bewegung stundenlang zu diskutieren. Eines der zahlreichen Interviews, ausgerechnet dasjenige mit Mao Zedong, sollte ihm zum Verhängnis werden, vielleicht sogar dafür verantwortlich sein, dass er nach der Machtübernahme der einstigen Guerilla mehr als zwanzig Jahre warten muss, bis er sein geliebtes China wiedersehen kann.

Am 7. November 1944 landet General Patrick Hurley, unangemeldet und ohne Pomp, auf der kleinen Flugpiste von Yan'an. Er ist hierher geflogen, um einmal mehr zwischen Mao und Chiang zu vermitteln. Teddy, der seit einigen Tagen hier ist, will – in wohlmeinender Absicht – den Mann aus Oklahoma über seine Gespräche mit den kommunistischen Größen informieren. Er erzählt Hurley, Mao habe ihm gesagt, dass es keine Möglichkeit gebe, ohne die Anerkennung einer De-facto-Existenz der kommunistischen Regierung durch die Amerikaner eine Einigung zu erzielen. Diese Äußerung hat Hurley später dahingehend interpretiert (und an das State Department weitergeleitet), dass White »absolut gegen die Mission eingestellt ist, die mir aufgetragen wurde«.[891] Für diesen bedeutet dies nicht nur einen Vertrauensverlust amerikanischerseits, sondern auch die Einbuße der Glaubwürdigkeit gegenüber seinen chinesischen Freunden: »In der einzigen mit chinesischen Kommunisten je offen und laut geführten Auseinandersetzung wurde ich von Maos Übersetzer, einem jungen Chinesen namens Huang Hua, jetzt Außenminister Chinas, angesprochen. Wütend beschuldigte er mich, Hurley weitergegeben zu haben, was Mao mir gesagt hatte. ›Aber wir vertrauten Ihnen‹, sagte Huang Hua zornig. ›Mao vertraute Ihnen; wir dachten, Sie seien ein Freund.‹«[892]

II. Individuen, Biographien und Lebenswelten

Mit der Rückkehr nach Chongqing, einer Reportagereise nach Japan anlässlich der Kapitulation der kaiserlichen Truppen und einem endgültigen »Abschiedsbesuch« im Reich der Mitte gehen Teddys China-Jahre im Herbst 1945 zu Ende. Zwar schreibt er im Sommer 1945 an seine Mutter noch in selbstbewusstem Ton: »Du siehst, ich bin jetzt eine Art öffentliche Figur in China, und ich muss mich deshalb so benehmen, wie ich es persönlich nicht tun würde. Wie Du in der Presse gelesen hast, wird die Botschaft von all jenen Leuten gesäubert, die mit unserer erklärten Politik in China nicht einverstanden sind … Als Resultat davon wurden alle unsere China-Experten von diesem Ort abgezogen und ersetzt durch eine Sammlung von Feiglingen, Ignoranten und Marionetten … Ich bleibe jetzt hier als der überragende Experte über China. Ich prahle nicht; ich sage Dir lediglich, dass ich hier in der Stadt und in diesem Land mehr als ein anderer Amerikaner über den verworrenen Weg unserer Diplomatie in Asien Bescheid weiß.«[893] Doch im letzten Kriegsjahr muss auch Teddy – aus politischen Gründen – auf das Verfassen allzu politischer Beiträge für »Time« oder »Life« verzichten. Journalisten, die auch nur ein geringes Verständnis für die Kommunisten aufbringen, werden gemieden oder gar denunziert: »Typen wie Sie oder Edgar Snow, die über die kommunistischen Guerillas und ihre Gebiete sprechen – Ihr seid es, die aus diesen eine Kraft machen. Diese sind aber nicht dort. Ich sag's Ihnen, die existieren lediglich auf dem Papier.«[894] Dass dem nicht so war, weiß Teddy. Zusammen mit Annalee Jacoby (der Witwe eines seiner besten Korrespondentenfreunde in Chongqing) setzt Theodore White Chinas Geschichte seit der japanischen Aggression von 1937 Stück für Stück an- und ineinander, bis das Buch »*Thunder Out of China*« ein Jahr später erscheint und sogleich als Bestseller den Preis des »Book-of-the-Month Club« gewinnt. Whites Buch ist eine unzensurierte, minutiös dokumentierte und engagierte Berichterstattung zum Verständnis des drei Jahre später eintretenden Kollaps des Guomindang-Regimes und des damit verbundenen Aufstiegs der kommunistischen Bewegung.

>This book is a partial story of the China war; only a Chinese can write the true history of his people. The story of the China war is the story of the tragedy of Chiang K'ai-shek, a man who misunderstood the war as badly as the Japanese … Chiang could not understand the revolution whose creature he was except as something fearful and terrible that had to be crushed. He had every favoring grace on his side – the support of powerful allies, the cause of justice, and in the beginning the wholehearted and enthusiastic support of all his people.«[895] [Dieses Buch ist eine voreingenommene Geschichte des chinesischen Krieges; lediglich ein Chinese kann die wahre Geschichte seines Volkes schreiben. Die Geschichte des chinesischen Krieges ist die Geschichte der Tragödie Chiang Kai-sheks, eines Mannes, der den Krieg ebenso wie die Japaner missverstand … Chiang konnte die Revolution, deren Geschöpf er war, nicht verstehen, außer als etwas Furchtbares und Schreckliches, das man niederschlagen musste. Er hatte all die wohlmeinende Gunst auf seiner Seite – die Hilfe mächtiger Verbündeter, die Sache der Gerechtigkeit und zu Beginn auch die rückhaltlose und enthusiastische Unterstützung seines Volkes.]

Mit dem Donnerschlag aus China verabschiedet sich Teddy auch von »Time« und seinem einstigen obersten Vorgesetzten Henry Luce. Ausgestattet mit einem Preisgeld von 80.000 Dollar, kann Teddy gut ohne die Anstellung bei »Time« leben, auch wenn er im Gefolge der McCarthy-Ära als Sympathisant der Kommunisten bezeichnet wird und dementsprechend keine Arbeit als Auslandkorrespondent bei einem großen Presseerzeugnis finden kann. Er schreibt ab und zu für kleinere Blätter und in Paris für eine relativ unbekannte Nachrichtenagentur. Sein Talent und seine Zukunft liegen jedoch im historisch fundierten, Tagesaktualität weitgehend vernachlässigenden Journalismus. Im Allgemeinen geht die Geschichtswissenschaft davon aus, dass man Ereignisse besser versteht, je weiter sie zurückliegen. Teddy hingegen versucht, was George Kennan später als »Geschichte der Gegenwart« bezeichnet, diese Theorie aufzuweichen, indem er als historisch denkender Augenzeuge bestrebt ist, gegenwärtig ablaufende Prozesse und Handlungen zu verstehen. In seiner Beschäftigung befindet er sich damit im – wie es später Timothy Garton Ash einmal treffend genannt hat – »Dreiländereck von Journalismus, Geschichtsschreibung und Literatur«.[896] Teddy, der einst in Boston als Junge Zeitungen verkaufen musste, um das Elend seiner Familie zu mindern, wird zum Autor politischer Bestseller wie »*Fire in the Ashes*« (1953), einer Dokumentation zum Wiederaufbau Europas im Gefolge des Marshallplans. Weltruhm bringt ihm seine Beschäftigung mit amerikanischer Innenpolitik ein, insbesondere seine Höchstspannung versprechenden Analysen amerikanischer Präsidentschaftswahlkämpfe, die er dank seiner beinahe familiären Kontakte zu etlichen US-Präsidenten hautnah mitverfolgt: Die Reihe »*The Making of the President*«, in der Teddy die Technik des Romanschreibens mit derjenigen des Verfassers von Sachliteratur verbindet, erscheint nicht weniger als fünfmal, das Buch über den Wahlkampf von 1960 erhält gar den Pulitzerpreis. Im Gefolge der Watergate-Affäre beschließt White, die Serie zu beenden – und schreibt seine eigene Analyse jener Episode, die Richard Nixon zu Fall gebracht hat: »*Breach of Faith*« (1975).

In all den Jahren seit seiner Rückkehr in den Westen lässt ihn das Reich der Mitte in seinem Innersten nicht mehr los. Vergeblich hofft er darauf, als Journalist und Freund Chinas ein Loch in den strengen amerikanischen und chinesischen Visabestimmungen zu finden.[897] Vergeblich bittet er Professoren in Harvard, ihm bei seinen Bemühungen behilflich zu sein: »Ich suche nach einer Identität, um nach China zu gehen, die nicht journalistisch bedingt ist. Ich möchte Sie nicht in die verlegene Lage bringen, meine akademischen Fähigkeiten zu beurteilen. John Fairbank wird über meine bescheidenen Referenzen Auskunft geben. Ich möchte lediglich den Gedanken aussprechen, dass ich die Führer von Rotchina seit langer Zeit kenne, als noch die Bedingungen der Freundschaft vorherrschten. Das sollte es mir erlauben, offen mit ihnen über die heutigen Probleme zu sprechen; ich kann mich noch immer in der Sprache verständigen, und ich kenne das Land vor der Übernahme der Kommunisten.«[898] Doch auch Harvard kann ihm nicht weiterhelfen, als »Fellow of the Harvard Center of International Studies« das Reich der Mitte zu besuchen. Das State Department lehnt Whites Gesuch ab. Er wendet sich in einem Schreiben an Ministerpräsident Zhou Enlai persönlich:

II. Individuen, Biographien und Lebenswelten

»As you know from the days when we used to see each other in Chongqing, my eyes are American eyes and my loyalties are American. In those days you respected those loyalties as much as I respected yours. It seems to me that it would serve the interest of both our countries if someone with background of China's past, someone who saw China suffer as I did then, and who can measure what has been achieved against the background of the war, could come to China and report it again.«[899] [Wie Sie noch von unseren gemeinsamen Tagen in Chongqing her wissen, sind meine Augen und Loyalitäten amerikanische. Damals schätzten sie diese Loyalitäten geradeso, wie ich die Ihrigen respektierte. Es scheint mir, dass es dem Interesse beider Länder dienen würde, wenn jemand mit einem Hintergrundwissen von Chinas Geschichte nach China kommt und berichtet, jemand, der China leiden sah – wie ich es tat – und abschätzen kann, was erreicht wurde im Vergleich zu den Kriegsjahren.]

Der Brief bleibt unbeantwortet, ebenso wie die zahlreichen Versuche Teddys, Chinas Ministerpräsidenten über andere Kontakte zu erreichen.[900] Auch das amerikanische Außenministerium macht keine Anstalten, ihm behilflich zu sein, man gibt sich vielmehr stur: »Ich möchte jedoch ausführen, dass, selbst wenn Sie von Zhou Enlai eine Einladung zum Besuch des kommunistischen Chinas erhalten, wir nicht veranlasst sind, unsere geltende Politik bezüglich Autorisierung Ihrer Reise in dieses Gebiet zu ändern.«[901] Teddys Ziel, »sein« China zu besuchen, scheint weiter entfernt zu liegen, als er denkt. Er kann sich nicht damit abfinden, dass sich das Reich der Mitte vom Westen abgewendet hat: »Ich fühle mich intellektuell, moralisch, politisch und emotional unbehaglich, in einer Welt zu leben, in der ein so großer Teil der Menschheit von amerikanischen Studien und Analysen abgeriegelt ist. Das Fehlen von Kenntnissen über China, worüber wir einst so viel wussten, macht unser politisches Denken zu einer albtraumhaften Unwirklichkeit.«[902] In seiner Hoffnungslosigkeit wendet er sich schließlich sogar an Mao Zedong und versucht, diesen an die gemeinsamen Tage in Yan'an zu erinnern. Teddy beklagt die antichinesische Propaganda gewisser amerikanischer Kreise, er bietet sich dem Vorsitzenden des Zentralkomitees der KP Chinas gleichsam als objektiver Berichterstatter an. Trotz unterschiedlicher Auffassungen beider Länder gehe es darum, Auseinandersetzungen zu vermeiden. »Deshalb möchte ich gerne nach Peking fahren und einige Wochen oder Monate im neuen China herumreisen, um meinem eigenen Volk und meiner Regierung zu berichten, wo und wie unsere Absichten sich in Harmonie treffen können.«[903] Doch Peking bleibt stumm – das Land ist in jenem Jahr mit Lin Biaos Massenkampagne in der Armee (Kult um den Mustersoldaten Lei Feng) zu beschäftigt, um auf die persönlichen Sorgen eines westlichen Korrespondenten einzugehen.

Doch White will nicht aufgeben. Verzweifelt schreibt er am 16. Dezember 1965 an Zhou Enlai (»My Dear General Chou«) und zwei Jahre später wieder, obwohl die Kulturrevolution gerade ihrem Höhepunkt entgegengeht: »Was heute in Asien geschieht, geschieht wegen der Art von Führerschaft [leadership], wie die Volksrepublik sie den großen revolutionären Bewegungen gibt. Wir in Amerika wissen von dieser Führerschaft sehr wenig ... Sie kennen mich schon lange und wissen, dass ich ein loyaler Amerikaner bin. Aber Sie wissen auch, dass ich seit Jahren ein Freund Chinas bin. Wäre es nicht nützlich, dass einer, der das Bewusstsein von Millionen von Amerikanern und höchster Regierungsstellen erreichen kann, nach China kommt und versucht, ein wahres Bild von dem zu geben, was dort geschieht?«[904] Ob Zhou Enlai in den Wirren der Kulturrevolution Teddys Brief je zu Gesicht bekommen hat, ist ungewiss, nicht weniger die Frage, ob Chinas Führung in jener Ära überhaupt ein Interesse besaß, ein getreues Bild der chaotischen Verhältnisse zu vermitteln. Teddys Glück, das ihm in der westlichen Welt und im China der Chongqinger Tage so oft beigestanden hat, wenn es um die Begegnungen mit den Mächtigen der Welt ging, scheint ihn im Falle des »neuen China« verlassen zu haben, der Weg nach China blieb verschlossen.

Erst mit der Annäherung Amerikas an China zu Beginn der 1970er Jahre öffnet sich auch für Teddy das Türchen, hinter den Bambusvorhang Rotchinas zu schauen: Beim historischen Besuch Präsident Nixons im Februar 1972 ist er Mitglied der Presseentourage. Seine Begegnung mit China ist für ihn in vielerlei Hinsicht ein Schock: Wo früher in Beijing auf den Straßen eine Symphonie von Geräuschen zu hören war, herrscht jetzt Ruhe. Den Bund in Shanghai nimmt er als moribund wahr. Die Sprache, ebenso wie der menschliche Geist, ist »mit neuen Leitungen« versehen. Zu einem für Teddy persönlich tragischen Moment wird das Wiedersehen mit Zhou Enlai, dem »jungen Robin Hood der Revolution«: Zwar erkennt der Ministerpräsident seinen einstigen Gast am »Schweinebankett« von 1940 wieder, doch ist seine Haltung eher steif und entspricht nicht mehr der eines Freundes, wie Teddy es erhofft hat: »Wir waren viele Jahre lang Freunde – so dachte ich zumindest.«[905] White erinnert sich, dass Zhou Enlai bereits in alten Zeiten die Meinung vertrat, Westler könnten China nicht verstehen und sollten sich deshalb nicht in innerchinesische Angelegenheiten einmischen. Der Abschiedsgruß am Westsee in Hangzhou – »Vielleicht ist es unser beider Fehler« – hat ihn, der China und seine Geisteswelt seit den Harvard-Jahren so sehr verstehen wollte, ein wenig über seinen Kummer hinweggetröstet.[906]

Auch nach dieser offiziellen Kurzvisite in China gibt Teddy nicht auf, weiter auf einen »persönlichen« Besuch zu dringen. Er will Rückgriff nehmen auf seine Theorie, wonach der Verlauf von Geschichte und Politik in erster Linie von menschlichem Geist und Ideengut abhängig ist. Diese Hypothese will er auch in China prüfen. Sein vordringliches Ziel ist es, mit denjenigen Männern, die das »neue China« geschaffen haben, über ihr Leben zu sprechen und dabei herauszufinden, von welchen Ideen sie damals in Yan'an oder noch früher auf dem Langen Marsch angetrieben worden sind. In einem Brief an Zhou Enlai, der zu jener Zeit bereits schwer krank ist, schreibt Teddy: »Ich möchte erklären, was geschah, was die Revolution erreichte und wie die großen Führer die Vergangenheit umformten ... Sie hatten damals eine Vision, als ich China verließ, und diese Vision wurde Wirklichkeit ... Ihr Denken und das neue China zu erklären, scheint mir wichtiger für das amerikanische Denken der Zukunft zu sein als die einfache journalistische Berichterstattung. Wir alle werden älter. Mehr und mehr versuche ich, die Geschichte, die wir beide gesehen und durchlebt haben, zu verstehen. In den ... Jahren, die mir übrig bleiben, möchte ich ein großes Werk zur Erklärung unserer Zeit schreiben...«[907] Teddy erhält einmal mehr keine Antwort und sieht auch Chinas Ministerpräsidenten nicht wieder: Dieser stirbt am 8. Januar 1976.

Teddy wendet sich an die noch Überlebenden, in erster Linie an Huang Hua, Chinas Außenminister (1976–82), ebenfalls ein Bekannter aus Chongqinger Tagen. Er trifft ihn auf der inzwischen eröffneten UNO-Botschaft seines Landes in New York. Chinas Chefdiplomat ist höflich, er lässt White sprechen, nickt dazwischen und stellt dann seinerseits Dutzende von Fragen, etwa zu Teddys preisgekröntem Film »China – the Roots of Madness« (einem Versuch der Erklärung der Kulturrevolution). Teddy wird ungeduldig, er möchte in »sein« Thema einsteigen, seine These untersuchen, wonach Menschen und Ideen Geschichte machen. »Er (Huang Hua – Anm. d. Verf.) lächelt und sagt, dass Persönlichkeiten unwichtig sind. Es seien vielmehr die Massen ..., welche die Widersprüche zuerst sehen. Wenn sie diese sehen, machen sie Geschichte.« Sprachs und überreicht dem etwas überraschten Teddy eine vierbändige Ausgabe der gesammelten Werke Mao Zedongs.[908] Einige Monate später findet ein weiteres Treffen mit Huang Hua statt; Teddy findet es angenehm, das Essen exzellent, die Gespräche fröhlich. Am Morgen darauf sieht er es in düsterem Licht, »with depression«.[909] Kiplings Diktum, wonach sich Ost und West nicht treffen, scheint sich zu bewahrheiten.

Von Präsident Carters Berater Zbigniew Brzezinski wird Teddy angefragt, für den Staatsbesuch von Deng Xiaoping in den USA im Frühjahr 1979 den amerikanischen Präsideten mit chinaspezifischen, diplomatisch wohlformulierten Informationen zu versorgen. Teddys wichtigste Botschaft an Jimmy Carter ist es, dass dieser Chinas Erniedrigung durch den Westen im vergangenen Jahrhundert ansprechen soll, als Balsam für die Seele des Reichs der Mitte. Konkret empfiehlt er dem Präsidenten, China Esswaren anzubieten: »Dem modernen China gelang es schlichtweg nie, sich selbst zu versorgen. ... Wenn es denn etwas ist, was wir China anbieten können, dann ist es unsere Fähigkeit, die guten Dinge des Lebens für die gewöhnlichen Leute zu produzieren – Lebensmittel, Medizin, Gesundheitsdienste etc.«[910] Während anlässlich von Dengs Besuch die diplomatischen Beziehungen zwischen den beiden Ländern normalisiert werden, arbeitet Teddy weiter an der Verwirklichung seines persönlichen Wunsches, das Reich der Mitte als Einzelreisender zu besuchen und China für den Westen verständlich zu machen: »Ich möchte Chinas neue Führer kennenlernen und sie und ihre Probleme, das Land zu regieren, beschreiben; so, wie es einst Snow tat, als er zum ersten Mal solch große Männer wie Zhou Enlai, Mao Zedong und Zhu De dem amerikanischen Leser vorstellte.«[911] Im Frühjahr 1983 ist es endlich so weit – White darf zurück, auf eine Reise in die Vergangenheit, als Vertreter zweier amerikanischer Zeitschriften.

Seine Tour d'Horizon durch seine »Geschichte der Gegenwart« beginnt in Beijing, genauer mit einem Ausflug zusammen mit Wang Bingnan zu den »Duftbergen« (»Xiangshan«), dem Ort, den Mao Zedong 1949 mit seinen Getreuen auf seinem Marsch Richtung Beijing als Erstes erreicht hat (»wie Moses und die Israeliten wanderten sie durch die trockenen Gebiete Nordchinas«). Teddy betrachtet die vom Neonlicht beleuchteten Propagandalosungen – »Lang lebe der Vorsitzende Mao« – und denkt über das westliche Verständnis der Vorgänge im Reich der Mitte nach: »Wir konnten Gestalten, Formen und Ängste wahrnehmen, fast berühren. Aber wir konnten weder durch die Membran hindurchsehen noch festlegen oder abschätzen, was es war, was wir wirklich wissen wollten.«[912] Er muss erkennen, dass selbst seine Präsenz vor Ort wenig zum Verständnis Chinas beiträgt. In Chongqing etwa fehlen die ihm bekannten Gerüche von Opium, Urin, Blumen und Orangen oder das Bild der blinden Bettler. Auch Freunde der Vergangenheit sind nicht notwendigerweise Freunde der Gegenwart. Für das Gespräch mit Peng Zhen, vor der Kulturrevolution fünfzehn Jahre Bürgermeister von Peking und einer der letzten Überlebenden des Langen Marsches, hat sich Teddy viel vorgenommen: »Wir sprachen (damals in Yan'an im Herbst 1944 – Anm. d. Verf.) für zwei oder drei Stunden, und ich bewahre meine Notizen dieses Gesprächs noch immer auf. Wir sprachen über chinesische Geschichte. Sie waren ungeheuer beredt in den Problemen der chinesischen Geschichte und eloquent bezüglich der Irrelevanz des orthodoxen Marxismus für Chinas einzigartige Aufgaben ... Ich möchte dieses Gespräch von damals mit Ihnen in meinem neuen Buch auf den neusten Stand bringen ... All Ihre Erfahrungen machen Sie zu einem erstklassigen Schöpfer von Chinas moderner Geschichte; deshalb möchte ich, aus vollem Herzen, mit Ihnen sprechen, wenn ich wiederkomme.«[913] Seine Enttäuschung ist groß, als die Begegnung nicht so verläuft, wie er es sich vorgestellt hat: »Ich hatte ein herzliches Wiedersehen erwartet. Aber ... er hielt mir eine Strafpredigt (über das Verhältnis der USA zu Taiwan – Anm. d. Verf.).«[914] Kulturspezifische Falle oder allgemeinmenschliches Paradoxon? Die Frage bleibt offen: »Die Chinesen sind ein ›kämpfendes‹ Volk [a ›struggle‹ people] ... Das Regime in Beijing wählt seinen eigenen Weg ... Und man kehrt aus China zurück, so wie man einst zum ersten Mal vor langer Zeit dort angekommen ist: ängstlich, aber voller Hoffnung.«[915]

1985 besucht Theodore White ein letztes Mal China, in der Annahme, den Kreis seines persönlichen Strebens nach Erkenntnis über die Vorgänge im Reich der Mitte zu schließen. In Wirklichkeit, das spürt auch er, ist er von einer Lösung des chinesischen Rätsels weiter entfernt denn je. »Dies war ein neues China mit seinem eigenen versteckten Durcheinander von Leiden, das ich wohl erst nach einer gewissen Zeit verstehen würde.«[916] Geschichte, das hat er insbesondere während seiner Beschäftigung mit China erfahren, ist eine Bühne voller dunkler Objekte: Je nach Beleuchtungswinkel nehmen sie unterschiedliche Umrisse an. Noch während des Krieges schrieb White in einer handschriftlichen Notiz, dass Chinas Problem nicht die Politik, sondern seine Geschichte sei. Sein großes Verdienst ist es, einige östliche Bilder und Lebenswelten aus dieser Geschichte mit einer dem amerikanisch-jüdischen Reporter charakteristischen Herangehensweise im Westen bekannt gemacht zu haben. Am 15. Mai 1986 stirbt Theodore H. White, der ehemalige Zeitungsjunge und Pulitzerpreisträger, der, wie die »New York Times« schreibt, »als Reporter, Historiker und Geschichtenerzähler Bücher von bleibendem Wert« geschaffen hat.[917]

»*Emily Hahn* ist auch hier«, schreibt Teddy seiner Mutter im Januar 1940 aus Chongqing, »eine verrückte Frau erster Klasse. Genial, schön, jüdisch und außergewöhnlich geistreich; sie raucht Zigarren, spricht Chinesisch, schreibt wie eine Heilige, lässt jeden Mann sich in sie verlieben und lebt mit einem chinesischen Dichter zusammen.«[918] White war wohl nicht der Einzige, der jeweils dann in Ehrerbietung oder eine gewisse Ah- und Oh-Stimmung ausbrach, wenn der Name Emily Hahn fiel. Auch andere erinnerten sich der 1905 in St. Louis (Missouri) geborenen charakterstarken und eigenwilligen Mickey, wie sie zeitlebens von ihren Freunden genannt wurde. Der britische Schriftsteller und Weltenbummler Sir Harold Acton traf Emily Hahn während seines Shanghaier Aufenthalts in den 1930er Jahren auf einer jener berühmten Partys zu Ehren eines chinesischen Musikers – »Emily Hahn, wie eine sinnliche Figur aus einer marokkanischen Mellah« (jüdisches Ghetto in muslimischen Ländern).[919]

Emily Hahn war in der Tat eine eigenwillige, selbstbewusste und bisweilen exzentrische Frau. Ihre Eltern stammten ursprünglich aus deutsch-jüdischen Familien ab, wollten aber mit dem Glauben ihrer Vorfahren nichts mehr zu tun haben. Isaac, Mickeys Vater, bezeichnete sich freimütig als Atheisten. In St. Louis, wo die Winter kalt, die Sommer dagegen heiß und schwül sind, verbringt Mickey im Kreise ihrer fünf Geschwister eine glückliche Kindheit. Ihre Vorliebe gilt schon damals Büchern, am liebsten durchblättert sie den großen »Webster's Dictionary«. Emilys Biograph, Ken Cuthbertson, weist auf den Konkurrenzkampf unter den Hahn-Kindern hin, der dazu geführt haben soll, dass sich Mickey eher damit definiert hat, wer sie nicht war, als wer sie war.[920] 1920 zieht die Familie nach Chicago, in die Stadt Al Capones und des ersten Wolkenkratzers der Welt. Damit steht Mickey die Welt offen für das Ungewöhnliche, das sie sogleich fasziniert: Sie studiert als erste Frau an der University of Wisconsin in Madison das Fach »Bergbautechnik« und schließt 1926 mit einem Bachelor ab. Dann beginnen ihre Wanderjahre durch die USA (sie durchquert auf vier Rädern mit einer Freundin zusammen – beide als Männer verkleidet – den Kontinent oder unterrichtet am Hunter College in New York das Fach Geologie), Europa (wo sie in Oxford Anthropologie studiert) und schließlich Belgisch-Kongo, wo sie zu Beginn der 1930er Jahre für die Rotkreuz-Gesellschaft tätig ist.

1935 macht sich Mickey zusammen mit ihrer Schwester Helen per Schiff Richtung Asien auf, zuerst nach Yokohama und drei Wochen später nach Shanghai. Die beiden unähnlichen Geschwister wollen sich gedanklich ihrer zu Ende gegangenen Liebschaften entledigen, das Ziel ihrer Reise spielt dabei keine große Rolle: »Der Ferne Osten ist mir eigentlich egal … Ich weiß nicht, wer diese chinesischen Leute sind, und es ist mir auch ziemlich schnuppe. Aber jedermann ist sich bewusst, dass die Japaner die einzigen feinen [subtle] Orientalen sind. China dagegen ist grell. China ist rot, gold und groß, alles, was ich nicht ausstehe. Pah.«[921] Auch die internationale Politik ist Mickey fremd, vom japanischen Einfall in die Mandschurei scheint sie nie etwas gehört zu haben.

Dass Emily Hahns Beschäftigung mit China trotz ihrer anfänglichen Unkenntnis hinsichtlich der hiesigen Umstände dereinst Millionen von Lesern hauptsächlich in den Vereinigten Staaten begeistert hat, ist hauptsächlich auf ihr Talent zurückzuführen, ausgesuchte Personen und ihre Gewohnheiten im damaligen Trendort Shanghai mit Hingabe und – ob deren Charakter gut oder schlecht ist – menschlicher Wärme und Sympathie zu beschreiben. Sie hat Glück und kann ihre journalistische Begabung als

Aushilfsreporterin für die »North-China Daily News« ausleben. Mickey beginnt, nachdem Helen in ihre Heimat zurückgekehrt ist, einen Lebensstil zu pflegen, den sie sich zu Hause nicht hätte leisten können. An der Kiangse Road (Jiangxi Lu) mietet sie eine Wohnung und hat dort einen direkten Ausblick auf eines der berühmtesten Amüsierviertel Shanghais. Durch eine Bekannte lernt sie Sir Victor Sassoon kennen, mit dem sie eine Beziehung eingeht, die über Jahre hinaus Bestand haben sollte. Allerdings ist es nicht der sephardische Tycoon, sondern ein chinesischer Literat, der Mickey schließlich in die östlichen Lebenswelten Shanghais einführt, ihr (zumindest in den Anfangsjahren) als kultureller und politischer Führer durch China zur Seite steht. Dieser Schritt im Leben der Dreißigjährigen stellte mit einen Grund dafür dar, weshalb sie praktisch über Nacht zum Gesprächsthema Nummer eins in der Ausländergemeinde wurde. Selbst ihre engsten Freunde warnten sie davor, mit einem chinesischen Geliebten die Linie des von der westlichen Gesellschaft Tolerierbaren zu überschreiten. Dass dieser zudem bereits verheiratet war, machte das öffentliche Getuschel um Mickeys Privatleben nur umso lautstärker.

Bei diesem chinesischen Intellektuellen handelte es sich um Zau Sinmay, nach heute gültiger Schreibweise Shao Xunmei, der 1928 zusammen mit dem insbesondere von Chinas Jugend hochgeschätzten Dichter Xu Zhimo (einem Verehrer Rabindranath Tagores) und dem berühmten Hu Shi die sogenannte Neumond-Buchhandlung gründete. Letztere konnte im März desselben Jahres die erste Nummer der Zeitschrift »Der Neumond« 新月月刊 publizieren, in welcher Gelehrte zu Worte kamen, die sich unter anderem für die Modernisierung der klassischen chinesischen Dichtung starkmachten. Zau Sinmays Großvater diente den Qings als Gesandter am russischen Zarenhof, während sein Vater angeblich Gouverneur von Formosa war, bevor er zum Bürgermeister von Shanghai ernannt wurde.[922] In eine solch exotische Welt wird Mickey eines Abends nach einem ausgedehnten Restaurantbesuch infolge ihres Überschreitens rassischer Tabus hineinkatapultiert. Zwar isst sie weiterhin mit Sir Victor gelegentlich zu Mittag (obwohl dieser vielleicht etwas eifersüchtig meint: »You are getting too damned Chinese«) oder hängt mit Freundinnen in der Bar des Cathay-Hotels herum, doch verbringt sie mehr und mehr Zeit mit Zau Sinmay und seinen chinesischen Freunden. Sie hilft ihm beim Redigieren seiner Artikel für das Monatsmagazin »T'ien Hsia« 天下, zu dessen Herausgebergremium in späteren Jahren auch Lin Yutang zählte.[923] Die nicht nur körperliche Nähe zu Zau schärft ihr Bewusstsein für die Probleme Chinas und seiner Menschen. Selbst vom Rauchen der Opiumpfeife lässt sie sich überzeugen, wohlwissend, dass die Einnahme von »großem Rauch« 大烟 nach damaligem Recht illegal ist.

Das Opiumrauchen als Erfahrungsmoment einer Westlerin im Orient lässt sich allemal beim amerikanischen Publikum als reizvolle Story vermarkten: Emily Hahn wird vom renommierten literarisch-intellektuellen Magazin »New Yorker« engagiert, um laufend Reportagen aus dem fernen Shanghai nach Amerika zu schicken. Nicht ohne Stolz preist man sie beim künstlerisch-zeitkritischen Journal als »China Coast Correspondent« an. In dieser Zeitschrift kann Mickey ihre eigene Identität optimal mit der exotisch erscheinenden Kulisse verbinden: »Obwohl ich seit je opiumabhängig werden wollte, kann ich nicht behaupten, dass dies der Grund dafür war, dass ich nach China ging ... Es war mir vom ersten Tag an klar, dass ich für immer in China bleiben möchte.«[924] Mickey ist es, die aus etwas einen Beitrag macht und ständig auf der Suche ist, die mutig, großzügig und neugierig den Menschen nachspürt, ihren Sorgen, Ängsten oder Gedanken. »Sie ist ... zu einer Direktheit in Rede und Aktion fähig, die taktlos erscheinen mag, plump oder für Europäer sogar dümmlich, aber die sich auf die Länge auszahlt und den amerikanischen Geschmack ganz und gar trifft.«[925] Sie scheut sich nicht, sich selbst in eine Geschichte zu stellen; über einen Mangel an Einsicht in ihre Privatsphäre jedenfalls dürfte sich der Leser nie beklagt haben. Mit ihrer Rauschgiftgeschichte weicht sie ein klein wenig das im Westen so eingeprägte Bild von schummrigen Opiumhöhlen auf; in ihren Schilderungen versucht sie, dem Übel ein Gesicht zu geben, um es für die vorurteilsvollen Westler verständlicher zu machen: »Meine Freunde in ihren langen Roben waren bewusst reaktionär, und das Opium war ein Teil dieser Einstellung, wohingegen die modernen Leute es vorzogen, sich mit Whisky oder Brandy zu betäuben. Opium dagegen war dekadent. Opium war für Großväter.«

Auch den Sinn für die humoristische Betrachtungsweise eines Alltagsgegenstandes kann Emily Hahn niemand abstreiten, wie etwa folgendes Beispiel zeigt: »Weshalb haben die Chinesen es nie fertiggebracht, gute Stühle herzustellen, auf denen man richtig sitzen kann? Sie können sich von mir aus jederzeit für die Jahrhunderte ihrer Zivilisation rühmen, und Dr. Ferguson und seine Kumpanen können mir alles, was sie wollen, über chinesische Bilder und Bronzen erzählen. Ich selbst gerate ins Schwärmen über ihr Essen, aber wie um Himmels willen haben sie es geschafft, über all die Tausende von Jahren hinweg auf harten, flachen und spindeldürren Stühlen zu sitzen?«[926] Mickey liebt es, ihre eigene Person mit der chinesischen Umgebung zu verbinden, diese west-östliche Trennung zumindest in literarischem Sinne zu überbrücken. In ihrer Geschichte »Revolte in Shanghai« beschreibt sie die typische Mentalität von Frauen der Old China Hands mit ihren verächtlichen Blicken für alles, was ihnen chinesisch erscheint: die stinkigen Gassen, die ewig lauten Hausierer, das Menschengewimmel. Selbst die chinesischen Bediensteten – »boys« und »girls« – sind für sie im Grunde genommen nur Gauner und Betrüger. Das denkt sich ursprünglich auch Miss Arline Peterson: »Ich habe immer gedacht, sie (die Chinesen – Anm. d. Verf.) würden ihre Frauen wie Hunde behandeln ... Kein Wunder, mit dieser Nahrung, die sie essen.«[927] Eine Ausnahme in den Augen von Fräulein Peterson bildet ihr Schüler Henry Kung, den sie geduldig und jede Woche in Englisch unterrichtet. Indem sie sich von Henry jedoch immer mehr angezogen fühlt, ändern sich auch ihre Ansichten über China und seine Menschen, und sie glaubt, China zu verstehen. In ihren Nachmittagsgesprächen mit ihren westlichen Freundinnen verteidigt sie ihre neuen Auffassungen, genau bis zum für sie tragischen Augenblick, in dem ihr Henry mitteilt, dass er, obwohl verheiratet, gedenkt, ein Sing-Song-Girl als seine Konkubine zu nehmen. Fräulein Peterson ist entrüstet und fällt zurück ins Lager ihrer westlichen Anti-China-Freundinnen, die Chinesen nur als Bedienstete kennen: »›Boy? Wo ist dieser Boy jetzt?‹ Ihre Stimme wird hysterisch vor Wut. ›Oh, wo ist dieser Boy? Gewöhne ich mich denn jemals an dieses schreckliche Land? Boy! Boy! Boy!‹«[928]

Polygamie, im China jener Zeit nicht illegal, stellte immer einen Stein des Anstoßes für die Mehrheit der westlichen Besucher dar. Emily Hahn ist eine der wenigen, die im System des Konkubinats nicht nur Negatives sehen (etwa die Inexistenz unehelicher Kinder). Sie muss es wissen, geht sie doch mit Zau Sinmay nach langem Hin und Her eine solche Ehe ein, als seine Konkubine (wobei dessen Frau nichts dagegen zu haben scheint). In ihrer Kurzgeschichte »Mr. Pan« zeichnet sie dieses Leben für ihre Leser nach.[929] Pan Heh-ven ist ihr Geliebter Zau Sinmay, den sie so beschreibt, wie sie ihn sieht und vermeint zu verstehen, in chinesischen Augen nicht immer ganz richtig, wie sich Zau einmal bei ihr beklagt (»Du stellst mich als Idioten dar«). In dieser persönlichen

Darstellung kommt insbesondere ihre Überraschung und manchmal gar Hilflosigkeit angesichts der Unergründlichkeit seiner Charakterzüge zum Ausdruck. Im Gegensatz zu vielen anderen westlichen Autoren verzichtet Mickey auf Generalisierungen; sie beobachtet und beschreibt, was sie sieht, ohne viel Hintergrundinformation, doch mit Aug und Herz fürs Detail, das Individuelle der »chinesischen Seele«.

Inzwischen hat sich Mickey einen weiteren »Partner« genommen, den legendären und schelmischen »Mr. Mills«, einen Gibbon (kleinwüchsiger, schwanzloser Affe mit rundlichem Kopf und sehr langen Armen), was – wen überrascht es? – weiter zu Emily Hahns Ruf als doch eher unkonventionelle westliche Frau beiträgt. Mit Mr. Mills lässt sie sich an der Bar im Cathay-Hotel sehen oder im Chocolate Shop, wo Agnes Smedley und Edgar Snow ein und aus gehen. Nebst ihrer äußerst produktiven publizistischen Tätigkeit (die allerdings selbst in den USA nicht immer Anklang fand, so etwa ihre Geschichte über eine Prostituierte) will sie ein Geschäft zum Verkauf chinesischer Seidenunterwäsche eröffnen. Sie trifft sich mit Chinas berühmtestem Operndarsteller Mei Lanfang oder mit westlichen Geschäftsleuten und Diplomaten. An einem Wochenende will sie – trotz Warnungen ihrer Freunde vor möglichen japanischen Attacken – Nanjing mit dem Zug besuchen. Die Unerschrockene lässt sich nicht abhalten und schreibt über das Erfahrene die Kurzgeschichte »A Round Trip to Nanking« mit dem ersten Satz »Nobody said not to go«, den sechzig Jahre später Ken Cuthbertson als Titel seiner Emily-Hahn-Biographie wählen würde. Als sich japanische Truppen immer näher auch den westlichen Konzessionsgebieten nähern und zusätzlich die jüdischen Flüchtlinge aus Europa in die Stadt am Huangpu hineinströmen, ist für Mickey der Moment gekommen, ihre Lage neu zu überdenken. In einem Brief an ihre Schwester Helen klingt an, dass sie trotz der trostlosen Lage das Reich der Mitte nicht verlassen will: »Man kann in Shanghai nicht Wurzeln schlagen, aber ich liebe China noch immer.«[930] Schließlich ist es ihr alter Freund John Gunther (der berühmte Reisende und Autor der Inside-Reihe), der ihr bei der Entscheidung des »Wie weiter?« behilflich ist. Er schlägt ihr vor, ein Buch über die Song-Schwestern zu schreiben.

»Das Buch über die Songs ist die stabilisierende Gravitationskraft im neunjährigen China-Abenteuer« von Fräulein Hahn, urteilt die »New York Times« ein Jahr nach Erscheinen des Buches.[931] Bis das Werk allerdings geschrieben war, musste Mickey einige Hürden nehmen: ihre Opiumsucht überwinden (ansonsten hat sie keine Chance, nach Chongqing zu gelangen), Kontakt mit den Song-Schwestern aufnehmen, schließlich die Reise über Hongkong ins Innere Chinas bewerkstelligen. Von der Opiumsucht kommt sie dank der Hilfe eines deutschen Flüchtlingsarztes mittels einer Hypnosebehandlung los, der Kontakt zu den Song-Schwestern wird über Zau Sinmays Beziehung zu Madame Kung (Song Ailing) hergestellt, der Frau von H. H. Kung, die Mickey in Hongkong zum ersten Mal trifft und die sogleich Zweifel darüber hegt, ob eine Ausländerin chinesische Angelegenheiten zu verstehen in der Lage ist. Trotzdem sitzt Emily Hahn schließlich im Dezember 1939 in einer Douglas DC 3 mit Zielort von Chinas Kriegskapitale. »Chongqing. Was ruft dieser Name in mein Gedächtnis? Luftangriffe. Orangen. Gute Sichuaner Speisen, mit viel scharfem Pfeffer, vielleicht um das Blut aufzuwärmen in den kalten, nassen und trüben Tagen, die es hier so oft gibt.«[932]

Auch in »Free China« ist Mickey – ähnlich wie in Shanghai – eine Attraktion in der westlichen »Gemeinde«, exhibitionistisch orientiert, wie sie sich selbst einmal bezeichnet hat. Sie macht schnell Bekanntschaft mit Tillman Durdin oder Teddy White, mit Reverend James Endicott und seiner Frau (dies, obwohl Mickey Missionare nicht ausstehen kann), aber auch mit Chiang Kai-sheks australischem Berater W. H. Donald, der ihr die Tore zu Madame Chiang (Song Meiling) öffnet. Dort trifft sie – sie ist gerade beim Interview mit Chinas First Lady – auf den Generalissimo in seinen Hausschuhen, was diesen wohl mehr indigniert als die Amerikanerin aus St. Louis. Mickey bleibt zehn Wochen in der Kriegshauptstadt, begleitet die First Lady auf deren offiziellen Anlässen, und es kommt notgedrungen zur Tuchfühlung mit der chinesischen Bevölkerung in militärischen Unterständen: »Überall saßen Chinesen – ausdruckslose, geduldige, desinteressierte Gesichter.« Während die einzige Westlerin (Marge Pitman, die auch Mickey sein könnte) ständig die Frage nach dem Ende der Angriffe stellt und sich bei ihren chinesischen »Nachbarn« nach jedem Bombeneinschlag über die absolute Gewissheit bezüglich Sicherheit vergewissern will, ist es eine (englischsprechende) Chinesin, die ihr das lange Warten mit wenig vertrauenerweckenden Aussagen zur Qual macht: »›Haben Sie gesehen‹, flüsterte sie, ›wie die Leute im Winde hin und her schwankten, vorwärts und zurück? Das war die Erschütterung.‹ ›N-e-i-n‹, sagte Marge wahrheitsgemäß. ›Ich habe es nicht bemerkt.‹ ›Dann bemerken Sie es das nächste Mal‹, sagte die chinesische Frau.«[933]

Als schwierigster Punkt für Emily Hahns Vorhaben, eine Biographie über die Song-Schwestern zu schreiben, erweist sich Song Qingling. Mickey kehrt nach Hongkong zurück, ohne mit der Witwe Sun Yat-sens gesprochen zu haben. Sie will weiter nach Shanghai, doch rät ihr Madame Kung persönlich von dieser Idee ab, aus Furcht vor japanischen Repressionen. Als Gegenvorschlag lädt sie Mickey ein, mit allen drei Song-Schwestern zusammen nach Chongqing zurückzufliegen, um sozusagen den Stoff für das Schlusskapitel zu sammeln (in Form einer Demonstration von Einheit im Kampf gegen Japan durch alle Song-Schwestern). An dieses Gespräch mit Madame Kung erinnert sich Mickey später wie folgt: »›Ich möchte nicht, dass Sie von China ausgenutzt werden … Wenn dies geschehen sollte … werden Sie damit enden, uns alle zu hassen. Ja, das werden Sie. Ich kenne China, und ich kenne Amerika. Sie werden China verlassen, ohne sich zu beklagen, aber mit einer gewissen Bitterkeit, nicht wahr?‹«[934] Mickey willigt ein und geht ein zweites Mal nach Chongqing, wo sie schließlich im Sommer 1940 ihr Buch »The Soong Sisters« vollendet (nachdem Sir Victor ihr im November 1939 noch geschrieben hat, er sei ob der Lektüre ihres Manuskripts fast eingeschlafen).[935]

Die Rückkehr nach Hongkong steht ganz im Zeichen ihrer Affäre mit Charles Boxer, dem britischen Top-Spion in der Kronkolonie, dem sie noch vor seiner Verhaftung durch die japanischen Truppen nach dem Überfall auf Pearl Harbor ein Kind gebärt (und den sie später heiratet). Während Boxer – wie fast alle westlichen Ausländer – ins Stanley-Gefängnis gebracht wird, versucht Mickey so gut es geht zu überleben (mittels Vortäuschung einer Ehe zu einem Chinesen bleibt sie unbehelligt). Ihre Erfahrungen in Hongkong, das für sie nicht mehr das China von Shanghai oder Chongqing bedeutet, finden ihren Niederschlag in dem Buch »Hong Kong Holiday«, das sie nach dem Krieg veröffentlicht.[936] 1943 verlässt sie auf einem Gefangenentransporter nach acht Jahren das chinesische Festland, im Austausch für japanische PoW, nachdem sich das amerikanische State Department auf Bitten ihrer Freunde für sie eingesetzt hatte.

Zurück in den USA, schreibt Emily Hahn 1944 das Buch »China To Me«, das ihre Erfahrungen und Befindlichkeiten im Reich der Mitte schildert. Da sie weniger in politischen Zusammenhängen denkt und schreibt (in persönlichen Briefen verteidigt sie während des Bürgerkriegs vehement die Politik Chiangs), wird sie nicht wie etwa Teddy White und viele andere prokommunistischer Neigungen verdächtigt, im Gegenteil: Der Kongressabgeordnete und Vertreter der »China-Lobby« Walter Judd lädt sie ein, die Liste des sogenannten Defend China Committee mit ihrer Unterschrift zu beehren.[937] In den folgenden Jahren veröffentlicht Mickey unzählige Bücher über China, so beispielsweise das hübsch bebilderte Kinderbuch »China A to Z«, in welchem sie westlichen Knirpsen chinesische Begriffe durch das ganze Alphabet hindurch mittels kleiner Gedichte liebevoll erläutert: So etwa steht A für »amah«, C für »China«, P für »pigtail«, Y für »Yangtse« oder Z für »zodiac«.[938] Ein weiteres Werk über China von Emily Hahn erscheint 1955: die nicht autorisierte Biographie über den Verlierer des chinesischen Bürgerkrieges, Chiang Kai-shek. In einer Begleitnotiz zu diesem Buch (für die Recherchen hat sie mehrere Monate auf Taiwan verbracht) ist zu lesen: »Generalissimo Chiang Kai-shek hat bei diesem Buch nicht zur Mitarbeit Hand geboten, im Gegenteil: Er will nichts über sich publiziert sehen, solange er vom Festland ferngehalten wird. Er denkt, dass er unter diesen Umständen keiner Beachtung würdig ist. Die Autorin ist damit nicht einverstanden.«[939] 1968 veröffentlicht Emily Hahn – nachdem sie längst andere Themen für ihr schöpferisches Schaffen gewählt hat – ihr letztes vollumfänglich China gewidmetes Buch und beweist damit zugleich auch ihre Vielseitigkeit: »*The Cooking of China*«.[940] Im Vorwort dazu gesteht sie freimütig, dass ihre Unkenntnis über die Chinesen urspünglich ihrer Ignoranz hinsichtlich chinesischer Speisen entsprochen habe.

In all den auf ihr China-Abenteuer folgenden Jahren unterhält sie Kontakt zu den Personen, mit denen zusammen sie im Reich der Mitte den Untergang der westlichen Vormachtstellung miterlebt hat: mit Sir Victor, der sie regelmäßig aus London, Rio oder den Bahamas mit persönlichen Briefen überhäuft und mit dem sie darüber nachsinnt, »wie es die Sinologen, die nie in China waren, schaffen, Geruch und Geschmack von dort in ihre Schriften rüberzubringen«; mit Oberst David Barrett, den sie bittet, bei Chiang Kai-shek für sie wegen der geplanten Biographie ein gutes Wort einzulegen; mit Pearl S. Buck, der sie vorwirft, während eines Vortrages unwahre Gerüchte über sie kolportiert zu haben; mit Vicky Baum, die ihr vorschlägt, »Mr. Pan« auf die Bühne zu bringen, oder mit Randall Gould, dem berühmten United-Press-Korrespondenten in Chongqing und Herausgeber der »Shanghai Evening Post & Mercury«, der ihr aufgrund seiner Erfahrungen in Erinnerung ruft: »... Eine zu starke Vereinfachung von China verursacht langfristig Kopfschmerzen, weil man dadurch, dass man versucht, sich ein einfaches Bild zu machen, dieses ja gerade verfälscht. Das produziert Widersprüche, die mehr und mehr an Aufklärung bedürfen. Ein echtes China-Bild ist nicht nur schwarz und weiß, es ist voll von vielfältigen Grautönen.«[941]

Auch der eine oder andere Briefaustausch mit Edgar Snow fällt an. Diesem gelingt es als einzigem Journalisten, nach dem Sieg der Volksbefreiungsarmee sowohl von der neuen Führung in Beijing als auch von der »China-Lobby« in den USA weiterhin politisch respektiert zu werden. In einem bedenkenswerten Brief an Mickey schreibt er ihr 1956 über seine Gedanken bezüglich des Verständnisses der Vorgänge in China: »Ich warf kürzlich einen Blick auf meine kleine Bibliothek und stellte fest, dass vielleicht gerade mal ein halbes Dutzend Bücher es wert sind, gelesen zu werden, um mehr darüber zu verstehen, was in China und Asien generell vorgeht. Alle diese Kommentare sind irrelevant, geschrieben worden aus einer wenig bedeutenden Einschätzung, die nicht mehr gültig ist. Ich spreche von Büchern über soziale, ökonomische und politische Angelegenheiten. Das gilt weniger für Werke, die aufgrund persönlicher Erfahrungen entstanden sind, wie Du sie schreibst.« Größeres Lob und Anerkennung für Emily Hahns Schaffen, was China anbetrifft, ist fast nicht möglich, zieht man Edgar Snows folgende Feststellung in Betracht: »Deshalb: Deine Essays über China mögen sich in der Zukunft als bedeutend wertvoller herausstellen als all die politischen Spekulationen etc.«[942] Auf die westliche China-Wahrnehmung im 20. Jahrhundert trifft Snows Einschätzung in jedem Falle zu. Mickey, die in ihrem reichen Leben mehr als fünfzig Bücher jeder literarischen Gattung und Dutzende von Artikeln verfasst hat, stirbt im hohen Alter von 92 Jahren 1997 in New York. »The New Yorker«, »ihre« Zeitung schrieb dazu: »Sie war wirklich etwas Seltenes: eine Frau voll und ganz in der Welt daheim, beinahe häuslich. Getrieben von Neugierde und Energie, ging sie dahin und dorthin und machte dieses und jenes und schrieb dann darüber ohne viel Aufhebens.«[943]

Im Gegensatz zu Emily Hahn war *Gunther Stein* kein unpolitischer Autor. Vielmehr wurde ihm sein persönliches politisches Engagement nach seiner Rückkehr aus China zum Verhängnis. Selbst Mickey, die Personen häufig mit Leidenschaft zerpflückte, sich dabei Verleumdungen aber enthielt, konnte es sich nicht verkneifen, Gunther (manchmal auch mit Umlaut geschrieben) als Opportunisten zu bezeichnen, als einen dieser »leichtgläubigen Journalisten«, die dazu beigetragen hätten, dass China »verloren« ging.[944] Und gegen Stein, einen der »kompliziertesten Fälle« (so der Herausgeber des »Christian Science Monitor«), wurden noch bedeutend schwerwiegendere Vorwürfe erhoben. Gemäß biographischem Handbuch der deutschsprachigen Emigration nach 1933 erblickt Günther Stein 1900 in Berlin das Licht der Welt.[945] Über seine Kindheit und Jugendjahre ist nichts bekannt. Er studiert an der dortigen Universität Volkswirtschaftslehre und verdient sich seinen Lebensunterhalt als Journalist beim »Berliner Tageblatt«. Zu Beginn der 1930er Jahre reist er zum ersten Mal in den Osten, berichtet 1932 aus Moskau und emigriert im Jahre von Hitlers Machtübernahme nach England (wo er die britische Staatsbürgerschaft annimmt). Ein Jahr später gelingt es ihm, für britische und amerikanische Blätter (unter anderem den »Manchester Guardian« sowie den »Christian Science Monitor« in Boston) als Auslandkorrespondent nach Japan zu reisen und vom Aufstieg des militaristischen Kaiserreichs zu berichten. Zwei Bücher, gut fundiert und den damaligen gesellschaftlichen Kontext der asiatischen Länder beleuchtend, entstehen: 1935 *Made in Japan* und ein Jahr später *Far East in Ferment*. Von Japan aus macht er seine erste Bekanntschaft mit China und dessen trostloser politischer Lage. Er interviewt den Generalissimo, der zum damaligen Zeitpunkt ausländischen Presseleuten nur sehr spärlich Audienz gewährt. Stein scheint von Chiang Kai-shek von Beginn an gefesselt zu sein, er beschreibt ihn als Antipol zum »Durchschnittschinesen«:

> »Everything about Chiang Kai-shek impressed me as a conscious protest ... against the characteristics of the average run of Chinese people; a protest against their often soft, undisciplined and slovenly appearance, and their careless and easy-going manners; against the waste of time ... and conventional politeness in their speech; against everything that an efficient, modern general and statesman must regard as a shortcoming, even though it sometimes constains so much grace and charm, so much that is human and that helps to make life bearable.«[946] [Alles an Chiang Kai-shek beeindruckte mich als bewusster Protest ... gegen die Eigenschaften, wie man sie im Allgemeinen den Chinesen nachsagt: gegen ihr häufig weichliches, undiszipliniertes und schlampiges Auftreten sowie ihre nachlässige und gelassene Art; gegen die Verschwendung von Zeit ... und ihre steife Höflichkeit beim Reden; gegen alles, was ein effizienter und moderner

General und Staatsmann als Unzulänglichkeit betrachten muss, obwohl es manchmal so viel an Anmut und Charme in sich trägt, menschlich ist und das Leben erträgbar macht.]

Stein, in dessen Werken ein empfindsames Gespür für die detaillierte Wahrnehmung seines Betrachtungsobjektes ohne Generalisierung zum Ausdruck kommt, lässt sich 1938 in Hongkong nieder, um den Japanisch-Chinesischen Krieg von einem anderen Blickwinkel aus zu verfolgen. Zwei Jahre lebt er in der britischen Kronkolonie, von wo aus er verschiedene Reisen in viele Provinzen des geteilten Reichs der Mitte unternimmt, deren territoriale und ethnische Unterschiedlichkeiten er als Merkmal Chinas bereits in »Far East Ferment« wahrgenommen hat. 1940 macht er Chongqing zum Hauptquartier seiner publizistischen Betätigung. Als Kriegskorrespondent für den »Christian Science Monitor« bereist er die Burma-Road oder schreibt – wie all seine Kollegen – über den erbärmlichen Zustand der von der Nationalregierung »ausgebildeten« Soldaten.[947] Im Frühjahr 1944 ist er einer der Handvoll Journalisten, welche die Erlaubnis erhalten, die »befreiten Gebiete« in Yan'an für ein halbes Jahr zu besuchen. Die Erfahrungen dieser Reise schildert er 1945 unter dem Titel »*The Challenge of Red China*«.[948] Nathaniel Peffer preist das Buch in der »China Weekly Review« als »detailliertesten Bericht über das kommunistische China seit Edgar Snows erstem Besuch vor fast zehn Jahren«.[949] Wenige Jahre später würde es als ein Musterbeispiel für die Blauäugigkeit oder gar das bewusste Verdrehen von Tatsachen durch kommunistenfreundliche Journalisten, mit dem Zweck, Unwahrheiten über die wahren Absichten von Chinas aufsteigenden neuen Herrschern zu verbreiten, bezeichnet werden.

»The Challenge of Red China«, aufgelockert durch Abbildungen der in den 1930er Jahren blühenden sozialistisch-realistischen Holzschnittkunst, die von Lehrern und Studenten der Kunsthochschule von Yan'an angefertigt wurden, schildert das nach Ansicht Steins schier utopische Leben der Menschen in der Provinz Shaanxi. Stein beobachtet die Leute bei der Arbeit, auf politischen Versammlungen, in Spitälern, Lehrstätten oder an Unterhaltungsabenden. Wie andere Journalisten vor und nach ihm führt er endlose Gespräche mit den kommunistischen Führern, ein zwölfstündiges beispielsweise mit Mao Zedong (»The Credo of Mao Tse-tung«). Seine ursprünglichen Vorbehalte gegenüber den Kommunisten werden immer geringer. Stein weiß – im Gegensatz zu Harold Isaacs – nichts über die Hintergründe der Ermordung von Ding Lings Ehemann, als er der Autorin des »Tagebuchs der Sophia« gegenübersitzt, auch nicht (oder nur oberflächlich), dass bei der »Korrekturkampagne« 1942 Mao an ihr hinsichtlich der Festlegung der Grenzen intellektueller Untersuchungen ein Exempel statuiert. Dementsprechend fallen seine Fragen zahm aus, und ihre Antworten nicht weniger belanglos (»the way of a woman«). Steins Recherchen bezüglich des von der Guomindang in Chongqing immer wieder vorgebrachten Vorwurfs, die Kommunisten würden den Opiumanbau unterstützen, verläuft ebenfalls ergebnislos, im Gegensatz etwa zu den Nachforschungen des Tass-Vertreters Wladimirow.

Trotz dieser aus heutiger Sicht propagandistischen Geschichtsschreibung kann Gunther Stein im Oktober 1945 in der renommierten Zeitschrift »Foreign Affairs« einen Beitrag über das »andere China«

schreiben, in der gleichen Ausgabe wie John Foster Dulles, der spätere amerikanische Außenminister und erklärte Gegner einer Versöhnung mit Rotchina. Allerdings sollten sich Steins Prophezeiungen – im Gegensatz zu denen von Dulles – hinsichtlich der späteren Machtübernahme durch die Kommunisten bewahrheiten: »... Ich behaupte, dass die chinesische kommunistische Bewegung jetzt so stark und in den wirtschaftlichen und politischen Realitäten Chinas verwurzelt ist, dass sie selbst in einem Bürgerkrieg nicht mehr zerstört werden kann.«[950] In der »Yale Review« vom Juni 1946 plädiert Stein eindringlich dafür, China nicht an Tagesereignissen zu messen, das Land und seine Eigenheiten nicht mit westlichen Begriffen wie »Präsident«, »Nationalist« oder »Kommunist« verstehen zu wollen: »Behind that bewildering foreground are the real actors of whom we hear little, the people of China.«[951] Steins Mahnungen an die westlichen, hauptsächlich amerikanischen Politiker, bleiben ungehört. An einer Podiumsveranstaltung über China im Dezember 1948, an der nebst anderen China-Spezialisten auch Stein teilnimmt, macht dieser darauf aufmerksam, dass Chinas Kommunisten auch ohne größere Hilfe von außen in der Lage sind, nach einem Sieg im Bürgerkrieg das Land wieder aufzubauen: »China ist kein Waisenkind, das um Hilfe bittet.«[952]

Als sich das Ende des Bürgerkriegs abzeichnet, brechen die dunklen Wolken, die sich bereits am Himmel abgezeichnet haben, auch über Stein herein: Er wird in der »New York Times« (mit seinem Konterfei) mit dem sowjetischen, in Deutschland geborenen Top-Spion Richard Sorge und der Journalistin Agnes Smedley in Verbindung gebracht.[953] Die Zeitung erhebt den Vorwurf, Stein sei Mitglied des Sorge-Rings (der unter anderem den Sowjets die deutsche Attacke vom Juni 1941 voraussagte und über den japanischen Angriff auf Pearl Harbor informiert war) gewesen und habe daher indirekt für die Kommunisten gearbeitet. Ergo sei er als Feind Amerikas zu betrachten. Er zieht es daraufhin vor, das Land möglichst schnell zu verlassen, zurück nach Europa zu gehen, da die Anklagen gegen ihn eine Weiterarbeit als Journalist verunmöglicht hätten.[954]

Im Buch »Shanghai Conspiracy«, einer Sammlung von Dokumenten, die Generalmajor Charles A. Willoughby, Leiter des Nachrichtendienstes (Chief of Intelligence) unter General MacArthur von 1941–51, über die angeblichen Aktivitäten des Sorge-Rings und seiner Ableger, unter anderem in Shanghai, zusammengetragen hat,[955] bezeichnet Willoughby den deutschen Juden Stein als Sowjetspion und wichtiges Mitglied des Sorge-Rings.[956] Willoughbys faschistenfreundliche Gesinnung tritt in späteren Jahren deutlich zutage und ist gut dokumentiert. Er lebt nach seiner Pensionierung im Spanien Francos, das er über alles lobt. Sein Buch ist hingegen selbstverständlich auch ein gefundenes Fressen für Joe McCarthy, der sich die Chance nicht entgehen lässt, dessen »Enthüllungen« für seine Zwecke zu verwenden und eine Attacke auf Stein und den »Christian Science Monitor« zu lancieren.[957] Der Herausgeber des »Christian Science Monitor« nimmt Stein als Korrespondenten seines Blattes in Schutz und attestiert ihm eine objektive Berichterstattung für seine Zeitung. Auch weist er darauf hin, dass selbst Hollington Tong, der ehemalige stellvertretende Informationsminister und spätere Botschafter der Nationalregierung in den USA, in seinem Buch »Dateline China« (1950) Stein wohlwollend erwähnt.[958]

Zwar hat dieser selbst jegliche Vorwürfe Willoughbys von seinem Londoner Exil aus bestritten,[959] doch wurde nie endgültig geklärt, wie die Dinge um den ehemaligen Berliner Journalisten und Flüchtling vor Hitlers Schergen wirklich standen. Das biographische Handbuch der deutschsprachigen Emigration nach 1933 vermerkt für die Zeit nach seiner Rückkehr nach Europa lediglich eine Korrespondententätigkeit für die »Hindustan Times« und seinen Tod am 22. Januar 1961. Das Geheimnis über sein wahres Leben dürfte er damit endgültig mit ins Grab genommen haben.

2. Kuriere, Abgesandte und Berater

Eine im Vergleich zu den Journalisten ganz andere Funktion im west-östlichen Beziehungsnetz des 20. Jahrhunderts kam Kurieren und Abgesandten zu. Von westlichen Organisationen oder Regierungen aus den unterschiedlichsten Gründen in den Fernen Osten geschickt, hatten sie in erster Linie Aufträge zu erfüllen: politische, wirtschaftliche, humanitäre und bisweilen auch geheimdienstliche. Manch einer dieser Boten aus dem Westen konnte sich jedoch chinesischen Verlockungen nicht immer widersetzen; Zuneigung oder Abneigung waren in China allemal groß genug, um sich dieser bisweilen exotisch erscheinenden Fremde nicht völlig entziehen zu können.

In diesem Sinne völlig untypisch erging es *Sir Matthew Nathan*. Weder besaß der englische Jude engen Kontakt zu Chinesen, noch war er, juristisch gesehen, auf chinesischem Territorium aktiv: Und doch gilt der britische Generalgouverneur Hongkongs in den Jahren 1904 bis 1907 als einer der ersten jüdischstämmigen Gesandten einer westlichen Macht im 20. Jahrhunderts, der zumindest in einem Randgebiet des Reichs der Mitte tätig war. Dass sich bei ihm kaum eine Begegnung zwischen Ost und West ereignete, ist Londons Statthalter in der fernen Kronkolonie vor allem selbst zuzuschreiben. Er schien – so sein Biograph Anthony Haydon – kein sonderliches Interesse verspürt zu haben, mit den chinesischen Einwohnern Hongkongs näher in Kontakt zu treten. Auch handelte er jeweils schnell, wenn es darum ging, eine entschiedene Linie gegenüber »einheimischen« politischen Akteuren zu haben, selbst wenn diese sich – wie damals üblich – gegen die dem Untergang geweihte Qing-Dynastie richtete.[960]

Der 1862 in London geborene Nathan war kein Aristokrat, sondern der Sohn eines mäßig erfolgreichen Geschäftsmannes, dessen Vater seinerseits aus Dessau nach England emigriert war. Nathan sieht sich als Jude in der viktorianischen Gesellschaft außerstande, in den renommierten öffentlichen Schulen des Landes zu studieren. Er muss sich sein Leben selbst gestalten. Juden wurden in der britischen Mittel- und Oberschicht erst im 20. Jahrhundert sozial akzeptiert, auch wenn bereits 1858 Baron Lionel de Rothschild als erster Vertreter jüdischen Glaubens zum Parlamentsabgeordneten gewählt wurde. Im Gegensatz etwa zu Benjamin Disraeli sind Matthew Nathan und seine Brüder nicht bestrebt, ihr Judentum aufzugeben, um von der englischen Klasse akzeptiert zu werden. Matthew gilt als ambitiös, ja streberisch. Das Examen zur Aufnahme in die Royal Military Academy besteht er als Zweitbester. Als frühreifer Jugendlicher nimmt er seine eigenen Begrenzungen wahr, was ihm bei späteren Aufgaben zum Vorteil gereicht (nicht jedoch davor schützt, etwa in Sierra Leone die Kreolen als Nigger zu bezeichnen). Er klimmt die militärische Karriereleiter empor, gewinnt Einblicke in das englische Kolonialsystem in Ägypten, Indien und Afrika, bevor er 1904 vom Königshaus zum Generalgouverneur von Hongkong ernannt wird.

In der Kronkolonie – seit 1898 gehören auch die New Territories dazu – enthält sich Sir Nathan einer Einmischung in »chinesische« Angelegenheiten; er widersetzt sich ebenso einheimischen Wünschen, in Hongkongs Regierungsgeschäften mitzureden. Während seiner Amtszeit sollte er nie »echte« chinesische Erde betreten. Auch religiösen jüdischen Veranstaltungen hält er sich mit Vorliebe fern: Der 1901/02 von Sir Jacob Sassoon erbauten Hongkonger Ohel Leah Synagoge stattet er gerade einmal einen Besuch ab (obwohl er dieser pro forma als Ehrenvorsitzender dient). Als Brite alter Schule trägt er im Gegensatz zu seinem Vorgänger keinen »prochinesischen Mantel«, sondern vertritt den Standpunkt, dass eine Machtteilung oder gar -abgabe an die Chinesen dem Gebiet nichts außer den Ruin brächte.[961] Den größten Erfolg von Sir Nathans Tätigkeit in Hongkong stellt der Bau der 1911 eröffneten Eisenbahnlinie zwischen Kanton (Guangzhou) und Kowloon, der Halbinsel der Kronkolonie, dar. Haydon bezeichnet Nathans Tätigkeit im Fernen Osten einerseits als geographische Anomalie in dessen Karriere; andererseits stellt er fest, dass der Generalgouverneur hier am Rande Chinas seine glücklichsten Jahre verbracht habe. »Hong Kong was ... Nathan's zenith as an administrator.«[962] Nach weiteren Stationen in Südafrika, Irland und Australien stirbt Sir Matthew Nathan im Jahr 1939, »one of the most distinguished soldiers and statesmen of the Jewish faith«, wie der »Jewish Chronicle« in seinem Nachruf schreibt.[963]

Israel Cohen, 1879 in Manchester geboren, ist ebenfalls eine Persönlichkeit, die als Emissär bezeichnet werden kann, obgleich sein Auftraggeber kein Staat, sondern eine Organisation war, nämlich die World Zionist Organisation (WZO). Seine Begegnung mit China ist zeitlich beschränkt und gleicht der eines flüchtigen Besuchers. Seine Aufgabe bestand 1920/21 nicht darin, möglichst viel über China und dessen Bevölkerung zu erfahren, sondern die jüdischen Gemeinden im Fernen Osten aufzusuchen und engere Kontakte zu den Glaubensbrüdern zu knüpfen. Außerdem gelingen ihm einige interessante Beobachtungen zu bisweilen fremden jüdischen Lebenswelten vor dem Hintergrund einer exotischen, chinesischen Umgebung, die er in seinen Reisebericht »*The Journal of a Jewish Traveller*« (1925) einfließen lässt.

Die Balfour-Deklaration war noch keine vier Jahre alt, als die 1897 gegründete WZO beschloss, ihren Direktor für Werbung und Propaganda nach Südostasien zu schicken, um den Brüdern und Schwestern dort die Tragweite dieses für zionistische Juden wichtigsten Dokuments des 20. Jahrhunderts darzulegen und wenn möglich die dringend benötigten finanziellen Mittel zur Realisierung des Traums vom eigenen Staat zu beschaffen.[964] In Cohens Gepäck finden sich Referenzen und Traktate der Großen der zionistischen Idee: Chaim Weizmann, Nahum Sokolow oder Max Nordau. Die Mission führt ihn im Mai

1920 von London aus über Ägypten und Australien nach Hongkong, von wo aus er jüdische Gemeinden in Japan (in Yokohama und Kobe), der Mandschurei, Peking und Shanghai besucht, ehe er ein Jahr später über Indien die Rückreise nach Europa antritt.

Cohens Begegnung mit China beginnt in Hongkong, wo ihm viel Gutes über Matthew Nathan und seine Amtstätigkeit berichtet wird. In Shanghai hört er von einer Gruppe Chinesen mit jüdischen Gesichtszügen in der Umgebung von Nanjing, eine seltsame Geschichte, die nirgends sonst in der Literatur beschrieben ist.[965] Orthodoxe Juden konfrontieren ihn mit der offenen Frage, ob die Benutzung einer Rikscha am Sabbat erlaubt sei oder nicht. Chinesen sieht Cohen in Shanghai lediglich als Kellner in »fleckenlosem Weiß«. Im Hause Edward Ezras (nicht zu verwechseln mit dem Herausgeber N. E. B. Ezra) trifft er auf einen russischen Juden, »der im Dienste der chinesischen Regierung stand und sich immer chinesisch kleidete«.[966] In den Räumlichkeiten des YMCA wohnt er einer Aufführung der Oper »Das Opfer Isaacs« des jiddischen Dramatikers Abraham Goldfaden bei, wobei paradoxerweise die Szenerie mit chinesischem Tempel und Gartenanlage dekoriert ist. Über Mukden (Shenyang), die frühere mandschurische Hauptstadt, und Changchun, »dessen Eisenbahnstation es bezüglich Gestank, Schmutz und Unordnung mit einem x-beliebigen Bahnhof in Polen aufnehmen konnte«, reist Cohen darauf nach Harbin. Dort beobachtet er das Treiben in den von unterschiedlichen Ethnien bewohnten Stadtteilen. Ihm kommt die chinesische Polizei auffällig genug vor, da ihre Vertreter mitten in der Straße stünden, mehr als Hindernis denn als Mittel zur Verkehrsberuhigung. Oder er sieht chinesische Frauen mit einem Kind auf dem Rücken oder einem Baby an die Brust gebunden Stunden auf einer Brücke über den Sungari-Fluss stehen und auf Almosen warten.

Auch in Harbin gilt Cohens Aufmerksamkeit seinen Glaubensbrüdern, der »am besten erreichbaren russisch-jüdischen Gemeinde auf der Welt«.[967] Der Emissär der WZO ist besonders beeindruckt von deren »spiritueller Vitalität«. Die Begegnungen mit einem ehemaligen, psychisch angeschlagenen Kriegsgefangenen aus Galizien, einem früheren tschechischen Studenten der Wiener Universität oder einem arbeitslosen ungarischen Juden berühren Cohen. Nebst allem Elend hofft er jedoch auch, hier im Fernen Osten Siedler für Palästina rekrutieren zu können. Auf einer diesem Thema gewidmeten Konferenz spricht er in hebräischer Sprache, was ihm der chinesische Polizist (Harbin stand inzwischen formell unter chinesischer Souveränität) verbietet. Die für alle Seiten peinliche Situation lässt sich auf orientalische Art lösen, »when the Chinaman returned with a smile«.

In Tianjin wird Cohen auf einem Stadtrundgang von Max Dietrich begleitet, einem »Juden ohne Vaterland«. Als Sohn eines galizischen Vaters kam dieser in Konstantinopel zur Welt und machte sich später auf nach China. Nach dem Untergang der k.u.k. Monarchie musste er auf seinen österreichischen Pass verzichten, doch wollte er unter keinen Umständen die polnische Staatsbürgerschaft beantragen. »Ich konnte nicht umhin darüber nachzudenken, wie einfach Juden sich an eine fremde Umgebung zu gewöhnen in der Lage waren«, vermerkt Cohen in seinem Reisebericht.[968] Peking bildet den Abschluss der Reise des zionistischen Emissärs nach Fernost. Dort wird er noch einmal mit einer geballten Ladung

»Fremdheit« konfrontiert: »Rares Porzellan, Elfenbeinfiguren, Tassen aus Jade und Lampen aus rotem Lackholz ... geschlachtete Katzen und gebratene Mäuse [rats] zum Verkauf ... und kleine fette Kuchen mit zweifelhaftem Inhalt.« Er ist voller Bewunderung für die einheimische Architektur, insbesondere den majestätischen Himmelstempel. Mit L. S. Regine teilt er Ehrfurcht und Hochachtung vor dem, was hinter der Fassade unmittelbarer menschlicher Wahrnehmung liegt: »Ich (L. S. Regine – Anm. d. Verf.) weiß nicht, ob ich *Erez Israel* je sehen werde. Aber es gibt nichts, was ich mir mehr wünsche, als dass unser Tempel so großartig und erhaben sein wird wie der Himmelstempel.«[969]

Als Emissäre im Dienste einer jüdischen Sache gelten auch die in den Jahren des Zweiten Weltkrieges und darüber hinaus für das American Jewish Joint Distribution Committee (AJDC) in China arbeitenden *Laura Margolis*, *Manuel Siegel*, *Charles Jordan* und *Adolph C. Glassgold*.[970] Die vier werden hier zusammen erwähnt, da sie einerseits alle mit Shanghai verbunden waren und anderseits in ihrer Funktion als Beauftragte des AJDC alle hauptsächlich mit chinesischen Behördenvertretern zu tun hatten. Laura Margolis, in der Türkei geboren, war die erste Sozialarbeiterin, die nach einer Anfrage des amerikanischen Außenministeriums vom AJDC im Mai 1941 in die Huangpu-Metropole geschickt wird. Sie soll dort die Situation der europäischen Flüchtlinge untersuchen und abklären, inwieweit der Prozess von deren Ausreise in die USA beschleunigt werden könnte.[971] »Ich hasste es (Shanghai – Anm. d. Verf.). Und ich denke, ich bin die einzige Person auf der Welt, welche die Stadt hasste. Weil es so glitzernd war, so überfüllt; es gab aber tote Chinesen auf den Straßen, wenn es kalt war. Ich hatte vorher nie so etwas gesehen. Und ich war ja in der Sozialarbeit, aber so etwas hatte es nie gegeben.«[972] Einige der besten Freunde von Margolis sind Chinesen, was ihr das Verständnis für die Kluft zwischen West und Ost noch schwieriger macht: »Die Chinesen waren eigentlich (für die Old China Hands – Anm. d. Verf.) keine Menschen. Der Krieg fand ja schon seit den 1930er Jahren statt, direkt hinter der Brücke. Und es störte sie nicht. Es waren alles Geschäftsleute, im Import-Export-Bereich.«[973]

Das Durcheinander verschiedener Hilfsorganisationen in jenen Monaten und das allgemeine Chaos führten dazu, dass Margolis wenige Monate später ein Assistent zur Seite gestellt wird, Manuel Siegel. Trotz Pearl Harbor sind die beiden vorläufig in der Lage, ihre Hilfstätigkeiten fortzuführen, obwohl ihre Arbeit angesichts der versiegenden Geldzuflüsse aus den USA immer schwieriger wird. Ende Januar 1943 wird Margolis von den Japanern interniert, einige Wochen später Siegel. Letzterer bleibt für mehr als zwei Jahre in Gefangenschaft, während Margolis im Herbst 1943 aus gesundheitlichen Gründen repatriiert wird.[974] Nach der Kapitulation Japans kommt Siegel frei und hat alle Hände voll zu tun, die Sache der Flüchtlinge, der »displaced persons«, bei der 1943 gegründeten UNRRA beziehungsweise ihrem nationalen Ableger, der CNRRA, zu vertreten. Siegel ist eher zurückhaltend, was die Behandlung der westlichen Flüchtlinge durch die Chinesen anbelangt. Er spricht von »oberflächlicher Freundlichkeit« von Seiten der Behörden. In einem Bericht an seine Vorgesetzten in New York (der zumeist innerjüdische Angelegenheiten betrifft) lehnt er es ab, dass die in Shanghai verbliebenen jüdischen Flüchtlinge als Verkäufer hausieren gehen sollten, damit bei den Chinesen keine Wettbewerbsängste und allenfalls gar antisemitische Strömungen aufkommen würden.[975] Siegel versucht, eher vergeblich, die Verantwortlichen von CNRRA davon zu überzeugen, dass Arbeitsprogramme für die Flüchtlinge auch chinesischen Handel ankurbeln würden: »Nach dieser Sitzung hatte ich mein erstes ungutes Gefühl bezüglich der chinesischen Haltung gegenüber dem Programm für die Vertriebenen.«[976] Die Chinesen sträuben sich mit dem Verweis auf die Souveränität des Landes dagegen, dass die UNO den europäischen Flüchtlingen direkt Geld zukommen lässt. Siegel wiederum weist darauf hin, dass der chinesische Lebensstandard für Ausländer völlig unangemessen ist.

Ende Dezember 1945 ersetzt Charles Jordan Manuel Siegel in Shanghai, der als Vertreter des AJDC in Bulgarien tätig wird.[977] Jordan hat angesichts der sich nicht eben rasch bessernden wirtschaftlichen Lage der Chinesen im Mai 1946 von unschönen Vorfällen auf dem Gebiet des ehemaligen »Ghettos« von Hongkou zu berichten: von Chinesen, welche die jüdischen Flüchtlinge aus »ihren« Häusern vertreiben wollen, Barrikaden errichten und antijüdische Banner hochhalten.[978] Glücklicherweise gelingt es Jordan, mit der Stadtregierung von Shanghai einen Kompromiss auszuhandeln: Chinesen dürfen fortan auf Grundstücken, die leer stehen, Hütten aufstellen. Im Gegenzug müssen sie den Juden die Rückkehr in eine einigermaßen normale Existenz ermöglichen. Jordan gelangt zur Überzeugung, dass die Vorstellung vollkommen utopisch sei, die Mehrheit der jüdischen Flüchtlinge könnte sich je in Shanghai oder irgendwo sonst in China niederlassen.[979] Demgegenüber anerkennt er, dass die Stadtregierung ihr Möglichstes unternimmt, um die Notlage der europäischen Flüchtlinge zu mildern. In seinem Jahresbericht von Ende 1946 stellt er fest, dass die Flüchtlingsfrage für die chinesischen Behörden weniger drängend ist als Monate zuvor (was damit zu tun hat, dass in dieser Zeit viele Vertriebene China bereits verlassen haben). In seinem Schlussrapport vom 10. April 1948 streicht Jordan die ausgezeichneten Beziehungen mit der Shanghaier Obrigkeit hervor. Hinsichtlich des Schicksals der noch immer mehr als 6000 Flüchtlinge schreibt er: »... Es ist meine ehrliche Überzeugung, dass es für europäische Flüchtlinge unmöglich ist, sich in China wirtschaftlich und sozial zu integrieren. Es ist absolut notwendig, alles daran zu setzen und zu helfen, dass die noch verbliebenen Personen China so rasch wie möglich verlassen können.«[980]

Wer gemeint hatte, das Schicksal der Juden in Shanghai habe sich damit endgültig zum Erträglichen hin entwickelt, sah sich getäuscht: Im Dezember 1948 vermeldet Jordans Nachfolger, der 1899 in New York geborene Adolph C. Glassgold, die Plünderung von Wohnungen der Flüchtlinge durch chinesische Soldaten.[981] Allerdings dürfte es sich damals um eine Einzelaktion gehandelt haben, gingen doch sonst keine weiteren derartigen Meldungen mehr ein. Ende Februar 1949, zwei Monate vor der Übernahme der Stadt durch die Kommunisten, unterzeichnet Glassgold, taktisch nicht unklug, mit dem Vertreter des China Welfare Fund (CWF), dem Amerikaner Gerald Tannebaum, einen Vertrag, wonach der CWF Räumlichkeiten des AJDC zur Verfügung stellt.[982] In einem seiner Schlussberichte vom Juli 1951 schreibt Glassgold, dass gemäß seinen Informationen die verbliebenen Flüchtlinge weder von der chinesischen Bevölkerung noch von den Behörden schikaniert oder belästigt würden. [983] Auch er ist sich bewusst, dass diese Ausländer ohne finanzielle Unterstützung hier nicht lebensfähig sind. Knapp dreißig Jahre später lobt Glassgold in einem Beitrag für eine amerikanisch-jüdische Zeitschrift die damalige Zusammenarbeit des AJDC mit der neuen kommunistischen Regierung.[984]

Weder zionistische Ideale noch religiöse Empfindungen waren beim Engagement von *Hans Shippe* in China im Spiel. Eine humanistische Einstellung schlechthin verband ihn mit den Vertretern des AJDC. Ihm (er tritt unter zahlreichen Pseudonymen auf: ursprünglich Mojze Grzyb; dann auch Heinz Möller, Heinz Grzyb, »Asiaticus« und andere mehr) lagen die Herausforderungen der chinesischen Revolution und später das Schicksal des von japanischer Aggression bedrohten Reichs der Mitte am Herzen. Shippe, 1896 oder 1897 (je nach Quelle) im galizischen, heute zur Ukraine gehörigen Tarnow als Sohn des Bauunternehmers Isaak Grzyb geboren, gehört zu jener Kategorie westlicher Ausländer, die seit den 1920er Jahren im Dienste der chinesischen Revolution tätig waren. Nicht dass diese nicht auch ohne Ausländer stattgefunden hätte, doch empfing sie in fast jedem Moment ihres Ablaufs beachtliche Impulse von progressiv gesinnten Ausländern wie Shippe. Das war in der historischen Situation in Europa begründet: Der Erste Weltkrieg hatte die Grundmauern der alten Welt zerstört; der aristokratische Lebensstil von Angehörigen der Oberklasse gehörte der Vergangenheit an. Die russische Revolution galt vielen jungen Menschen als ein Signal des Aufbruchs in eine neue Zeit. Man wollte auch in Westeuropa die Dinge selbst in die Hand nehmen, die Fesseln des erstarrten Denkens der Väter abstreifen. Nicht wenige sahen im Sozialismus eine Möglichkeit zur Überwindung des Elends auf dieser Welt und zur Befreiung der Menschheit. Kenntnisse der marxistisch-leninistischen Ideologie spielten – etwa bei Shippe – eine wichtige Rolle im Bestreben, als Zahn im Rad der chinesischen Revolution tätig zu sein.

Vieles von Shippes Biographie liegt im Dunkeln. Lange Zeit wusste man überhaupt nicht, wer sich hinter dem Pseudonym »Asiaticus« verbarg.[985] Fest steht, dass er bereits während des Ersten Weltkrieges, als er in der österreichischen Armee Dienst tat, der kommunistischen Bewegung verbunden und als Kriegsgegner inhaftiert war.[986] Nach seinem Umzug nach Deutschland tritt er 1918/19 der Kommunistischen Partei Deutschlands bei. Mit dem Studium der Philosophie und Nationalökonomie eignet er sich ein gutes Rüstzeug für sein späteres Wirken als Journalist an. Schon damals beginnt er, unter verschiedenen Namen Artikel über die revolutionäre Situation in Europa zu schreiben. Wegen eines Leitartikels zum fünfjährigen Jahrestag der russischen Oktoberrevolution wird er als unerwünschter Ausländer in die Sowjetunion ausgewiesen. 1923 zurück in Deutschland, schreibt er für das KPD-Organ »Rote Fahne«. In den Auseinandersetzungen innerhalb der KPD um die »richtige« Politik gegenüber der Sozialdemokratie setzt Shippe – wie etwa Heinrich Brandler und Karl Radek – aufs falsche Pferd (nämlich die Einheitsfront) und wird mit einem Verbot belegt, weiterhin für die KPD zu arbeiten. Shippe verlässt Europa, angeblich »zur Bewährung«, Richtung China. Dort erlebt er den denkwürdigen 30. Mai 1925 in Shanghai und nimmt als Berichterstatter am Nordfeldzug der Guomindang-Truppen teil. Seinen Lebensunterhalt verdient er sich mit Berichten für die »People's Tribune« (das Sprachrohr der »linken«

Guomindang) in Wuhan 1926/27, aber auch als politischer Propagandist für Zeitschriften der national-revolutionären Armee. Die überwiegende Zahl dieser Artikel hat in theoretischen Abhandlungen die politische, wirtschaftliche und militärische Situation jener Zeit des revolutionären Umbruchs zum Gegenstand, insbesondere die »imperialistischen Interventionen« auf der Seite der chinesischen Bourgeoisie. Auf die Wahrnehmung chinesischer Alltagserscheinungen verzichtet Shippe durchwegs. Zurück in Deutschland, erscheint unter dem Pseudonym »Asiaticus« sein Buch »*Von Kanton bis Schanghai 1926–27*«, eine Sammlung der in China verfassten Beiträge. Es soll dem Leser den Weg des Verrats der Revolution durch Chiang Kai-shek unter Mithilfe des Westens aufzeigen.[987]

Einmal mehr wird Shippe in Grabenkämpfe innerhalb der KPD verwickelt. Dieses Mal (1928) geht es um die Forderung innerparteilicher Demokratie, der sich auch Shippe angeschlossen hat. Wie andere auch wird Shippe aus der Partei ausgeschlossen und als Chefredaktor der Chemnitzer Zeitung »Der Kämpfer« abgesetzt. Er geht in die innere Emigration und sucht sich sein eigenes Spezialgebiet aus: In linken Zeitschriften, unter anderem in Carl von Ossietzkys pazifistischer »Weltbühne«, für die auch Tucholsky schreibt, publiziert Shippe Artikel über die ökonomischen Probleme Chinas, über Persönlichkeiten wie Sun Yat-sen, den »Christengeneral« Feng Yuxiang oder die Beziehungen zwischen der Sowjetunion und China. 1932 begibt sich der Jude aus Galizien und überzeugte Marxist auf eine neuerliche Reise in den Fernen Osten. Seine Frau Trude Rosenberg folgt ihm wenige Monate später nach Shanghai. Dort arbeitet er in einer kleinen Chemiefabrik und sie als Krankenschwester, so wie es etliche jüdische »Shanghailänder« mit ihnen tun und nach ihnen tun werden. Zu größerer Bekanntheit in einem immer noch verhältnismäßig kleinen Kreis revolutionär gesinnter Ausländer bringt es Shippe durch die Organisation politischer Zirkel. In diesen bietet er in- und ausländischen Interessenten auch Anleitung zum Studium kommunistischer Theoretiker von Marx und Engels über Lenin bis hin zu Stalin.[988]

Anlässlich eines solchen Diskussionsabends kommt es auch zu einer denkwürdigen Begegnung Shippes mit Karl August Wittfogel, einem deutschen Emigranten, Akademiker und Mitglied der KPD. 1933 hatte dieser nach Hitlers Machtantritt (und einem Aufenthalt in einem Konzentrationslager) seine Heimat Richtung England und später Amerika verlassen. Wittfogel, der sich bereits während seiner Studienzeit mit Chinas politischer Struktur und historischer Entwicklung befasst hatte, reiste zwischen 1935 und 1939 regelmäßig ins Reich der Mitte, um weitere Forschungen vor Ort durchzuführen. Eine Meinungsverschiedenheit mit Shippe ergibt sich bei einer Auffassung, welche Wittfogel in seinem Monumentalwerk »Wirtschaft und Gesellschaft Chinas« (1931) vertritt: Ausgehend vom Marx'schen Konzept der asiatischen Produktionsweise, entwickelt Wittfogel seine Theorie der »hydraulischen Gesellschaft«, wonach die räumliche Ausdehnung öffentlicher Arbeiten im Bereich der Wasserversorgung (Deichbauten, Bewässerung, Kanalbauten) in China über die Jahrhunderte hinweg zu einer Konzentration der Macht im Zentrum geführt habe beziehungsweise dadurch eine bürokratische Elite entstanden sei, die Mensch und Natur gleichermaßen beherrsche und den Wandel erschwere. Shippe dagegen betrachtet die Existenz einer ausbeuterischen Grundbesitzerklasse als entscheidenden Grund für feudale und damit revolutionsanfällige Verhältnisse in der chinesischen Gesellschaft.[989]

Die Auseinandersetzung mit kommunistischer Theorie verbindet Shippe mit dem, was er tagtäglich auf den Straßen Shanghais sieht. Seine Erkenntnisse veröffentlicht er in Artikeln in Presseerzeugnissen in aller Welt, so etwa in der sowjetischen »Iswestija«, der Shanghaier »Voice of China«, der New Yorker »China Today« (publiziert von den Friends of the Chinese People) oder der vom renommierten Institute of Pacific Relations (Honolulu) herausgegebenen Zeitschrift »Pacific Affairs«, dessen Sonderkorrespondent er 1936 wird.[990] In seinen Beiträgen widmet er sich vorwiegend wirtschaftlichen und politischen Themen (»The Financial Cutting Edge in the Partition of China«; »New Era in Chinese Railway Construction«; «China's Advance From Defeat To Strength«; «Soviet Relations with Japan«). Besondere Bedeutung erlangt seine Kritik an Edgar Snows zum Klassiker gewordenen Buch »Red Star over China« unter dem Titel »›Asiaticus‹ Criticizes ›Red Star Over China‹ and ›Asiaticus‹ Holds his Ground«.[991] In diesem Aufsatz lobt Shippe zwar Snows Werk als »exzellente und gut dokumentierte Reportage«, doch wirft er ihm ein teilweise trotzkistisches Gedankengut vor, eine Schelte, die damals auch in innerchinesischen Auseinandersetzungen um die »richtige« Politik der KP Chinas zu hören ist, im Falle Snows jedoch fehl am Platze ist. Shippe empfiehlt die exakte Einhaltung der von der Komintern vorgegebenen China-Politik, mit anderen Worten die Einheitsfront zwischen Guomindang und der Kommunistischen Partei. Ferner beanstandet er Snows kritische Haltung gegenüber der Sowjetunion, der dieser vorwirft, es unterlassen zu haben, den chinesischen Kommunisten ausreichend Unterstützung zu gewähren. Die Auseinandersetzung mit Snow zeitigt Folgen: Mao soll gereizt auf Shippes Tadel an Snow reagiert haben, wohingegen die KP der USA (die eine betont prostalinistische Linie verfolgt) das Buch von Snow in der Folge aus den Buchhandlungen verbannt.[992]

Ob Shippe jemals für den sowjetischen Geheimdienst gearbeitet hat, ist bis heute ungeklärt. Mit Sicherheit kann die Komintern als eine Auftraggeberin Shippes bezeichnet werden.[993] Auch zur Nachrichtenagentur Tass, die damals im Rufe stand, nicht nur Pressearbeit zu leisten, besitzt Shippe einen guten Kontakt. Seine konspirative Tätigkeit stößt spätestens nach Ausbruch des Japanisch-Chinesischen Krieges 1937 auch auf das Interesse der deutschen Botschaft in Nanjing. Großen Missmut erregt insbesondere Shippes in der »China Weekly Review« erscheinender Artikel »Nazi-Nippon Alliance Most Dangerous Threat to China's Sovereignty«, in dem er den sogenannten Antikominternpakt zwischen Berlin und Tokio von 1937 aus chinesischer Perspektive analysiert.[994] Der Beitrag wird vom deutschen Botschafter als deutschfeindlich eingestuft.[995] Auch seine Verbindungen zu deutschen und österreichischen Antifaschisten, darunter vorwiegend Juden, sowie seine Kontakte zu führenden Vertretern der KP Chinas fördern in der Öffentlichkeit das Bild eines für Shanghaier Verhältnisse ungewöhnlichen Westlers, für den der Kampf gegen den japanischen Militarismus wichtiger ist als das Streben nach Luxus und persönlichem Ansehen. Für Shippe wird es Zeit, das nicht nur für ihn heiß gewordene Pflaster Shanghai zu verlassen.

Im Frühjahr 1939 bricht er mit einigen Getreuen, darunter Agnes Smedley und der heimlich für die KP Chinas tätige Arzt Shen Qizhen (der spätere Vizepräsident der chinesischen Akademie der medizinischen Wissenschaften), zum ersten Mal ins Hauptquartier der kommunistischen Neuen Vierten Armee im Süden der Provinz Anhui auf.[996] Von seinen Begegnungen mit den militärischen und politischen Führungspersönlichkeiten der revolutionären Bewegung in den Jahren des Krieges berichtet er ausführlich für die amerikanische Zeitschrift »Amerasia« (»Chou En-lai on the New State of the Anti-Japanese War«; »Autobiography of General Yeh Ting«). Die Affäre um diese nach heutigen Maßstäben linksstehende Zeitschrift sollte nach dem Krieg den Auftakt bilden in der Auseinandersetzung um die Frage, wer im amerikanischen Staatsdienst für den Verlust Chinas verantwortlich gemacht werden sollte.[997] In den folgenden Monaten – die Einheitsfront zwischen Guomindang und KP China hat sich infolge des Überfalls von Streitkräften der nationalistischen Armee auf die Neue Vierte Armee im Januar 1941 faktisch aufgelöst – reist Shippe hin und her zwischen den »befreiten Gebieten«, zumeist über von Japanern besetztes Gebiet. Im September 1941 gelingt es ihm, in Begleitung von Soldaten der Neuen Vierten nach Shandong, dem Aktionsfeld der Achten Marscharmee 八路军 überzusetzen, wo er japanische Vernichtungsfeldzüge hautnah miterlebt. In einem solchen verliert Shippe alias Asiaticus am 30. November 1941 schließlich das Leben.[998] Über einen Zeitraum von fünfzehn Jahren war dieser galizische Jude, dessen China-Abenteuer lediglich unter dem Aspekt von Hitlers Aufstieg in Deutschland zu verstehen ist, während bedeutender Abschnitte der chinesischen Revolutionsgeschichte in Bereiche vorgedrungen, die der Mehrheit der westlichen Ausländer im Reich der Mitte verborgen geblieben waren.

Als *Max Granich* am 19. März 1896 zur Welt kommt, ist es noch nicht absehbar, dass er einst das Haus von Madame Sun in Shanghai bewachen und in späteren Jahren Chauffeur des amerikanischen Kommunistenführers Earl Browder werden wird. Zwar wird Granich dadurch nie einen allzu großen Bekanntheitsgrad erreichen, doch ist sein China-Aufenthalt nicht weniger von revolutionärem Eifer bestimmt als derjenige des fast zur gleichen Zeit in Galizien geborenen Hans Shippe. Manny, wie er von seinen Freunden zeitlebens genannt wird, ist ein zugleich typisches und seltenes Produkt der Lower East Side, des New Yorker Immigrantenquartiers und Zentrums linker politischer Aktivitäten um die Jahrhundertwende: Seine Mutter stammt aus Ungarn, der Vater aus Rumänien. Obwohl zumindest Letzterer nicht besonders religiös ist, bedeutet dies keine Schonung vor antisemitischen Übergriffen.[999] Nach dem obligatorischen Schulunterricht muss Max, der immerhin Jiddisch spricht, an die praktische Arbeit. Die wirtschaftlich nicht eben rosige Lage erfordert es. Manny verdient seinen Lebensunterhalt als Austräger, Handlanger in einem Leihhaus und als Bürogehilfe bei einer Versicherung. Gleichzeitig atmet klein Max in der politisch brodelnden Umgebung der Lower East Side die ersten Düfte linksorientierter Rezepte zur Verbesserung der Welt ein.

Im Mai 1917, die USA haben einen Monat zuvor Deutschland den Krieg erklärt, verabschiedet der amerikanische Kongress ein Gesetz zur Rekrutierung von Soldaten zur Aufstellung einer Armee an der europäischen Front. Manny entschließt sich, New York Richtung Westen zu verlassen. In den nächsten Jahren treibt er sich als Gelegenheitsarbeiter unter anderem auf Viehfarmen und Obstplantagen herum. Zurück in New York (1923), arbeitet er als Taxifahrer und schließlich als Mitarbeiter für verschiedene Firmen in Amerikas Nordosten, die industrielle Geräte herstellen. Schon damals scheint Granich an der russischen Oktoberrevolution interessiert zu sein, obwohl er sich selbst nicht als Kommunisten bezeichnet hat. In einem späteren Interview tritt allerdings seine jugendliche Begeisterung für Lenin und dessen angebliche Qualitäten offen zutage.[1000] Im Gefolge der wirtschaftlichen Depression verliert er seinen Job und kehrt fast mittellos nach New York zurück. Er schließt Freundschaft mit Leuten, die Mitglieder der Kommunistischen Partei der USA sind, darunter seine spätere Frau, Grace Maul, die zu der Zeit als Sekretärin von Earl Browder, dem Generalsekretär der KPUSA, tätig ist. Durch ihre Vermittlung erhält er die Chance, für mehr als ein Jahr das kommunistische »Arbeiterparadies« mit eigenen Augen zu sehen: Vom Dezember 1931 bis Mai 1933 arbeitet er in Leningrad, in der Ukraine und in Sibirien, zuerst bei Ford Motor, später an diversen Maschinenbauprojekten und bei der Eisenbahn. Es ist die Zeit der großen Hungersnot, in der Millionen von Ukrainern sterben. Die hehre Theorie passt nicht zur erschütternden Praxis. Und dennoch: Zurück in den USA, via London und Berlin, wo er Zwischenfälle mit Nazis erlebt, wird er selbst Mitglied der stalintreuen KPUSA (die er allerdings zeitlebens als zu starr empfindet).

Im Dezember 1935 kommt dann unverhofft die Zeit für Manny und Grace, im Fernen Osten ihrer international ausgerichteten Neigung nachzugehen. Nach dem »Ausfall« von Harold Isaacs »China Forum« im Jahre 1934 lag es einmal mehr an Agnes Smedley, nach neuem »Treibstoff« für die revolutionäre Bewegung zu suchen. Sie legt Earl Browder ans Herz, jemanden nach Shanghai zu schicken, der den chinesischen Kommunisten zu mehr Publizität verhelfen würde. Die Wahl fällt, fast zufällig, auf Grace und Manny Granich. Auf der S.S. President Taft erreicht das Ehepaar Ende Januar 1936 Shanghai. Es wohnt an der Rue Paul Henry (heutige Xinle Lu) in der Concession Française, unweit der Villa des Drogenbosses Du Yuesheng. Die Augen der Granichs bleiben an den Übeln der sich hier von ihrer grausamen Seite zeigenden Großstadt haften: »Am ersten Tag, als wir ankamen, sahen wir einen Sikh-Polizisten, wie er brutal einen Rikschakuli schlug; wir beobachteten andere, die chinesische Männer anhielten, sie durchsuchten, befragten und manchmal wegführten. Und an jeder Ecke sahen wir das Elend der Leute. Es gab überall Bettler und Kranke mit ihren geschwollenen Beinen so dick wie die von Elefanten, mit Gesichtern voller Wunden, mit Augen vor Krankheit fast erblindet. Und überall gab es offene Läden, kleine Fabriken, wo Kinder schufteten, kleine Buben nicht mehr als fünf oder sechs Jahre alt ... Kleine und große Mädchen, die sich über eine feine Stickereiarbeit beugten in einem Licht, das zu schwach war, um zu lesen.«[1001]

Höchste Zeit für die Granichs also, die Wurzeln dieser Übel anzupacken. Dank der umtriebigen Agnes Smedley lernen sie rasch die revolutionär gesinnte Gruppe um Madame Sun kennen, darunter auch die westlichen Mitglieder dieser west-östlichen Schicksalsgemeinschaft, wie etwa den Neuseeländer Rewy Alley, der selbst im Auftrag des SMC als Inspektor die unmenschlichen Bedingungen in Fabriken untersuchte, oder die Wienerin Ruth Weiß, von der später die Rede sein wird. Bevor allerdings der eigentliche Auftrag, die Herausgabe einer Zeitschrift, in Angriff genommen wird, verhilft wiederum Smedley dem amerikanischen Ehepaar dazu, auf einer Zugsreise nach Peking chinesische Luft zu schnuppern. »Peking war wie die Realisierung all meiner Träume ... Ich wollte [den Himmelstempel] im Mondschein besuchen, und wir hatten dies auch fest geplant, doch wie so viele andere Pläne und Träume über China wurde auch dieser nicht erfüllt.«[1002] Dank der Vermittlung von Agnes Smedley sind die Granichs während ihres Peking-Aufenthalts hauptsächlich mit Edgar Snow und seiner Frau Helen Foster (die ihre Artikel über China unter dem Schriftstellernamen Nym Wales veröffentlichte) zusammen, die unweit der einstigen exquisiten Sommerresidenz der Qing (Yuanmingyuan) ihr eigenes Häuschen mit Garten und Bäumen bewohnen. Snows politische Ausrichtung lag damals schon ein Stück weit mehr links als diejenige seiner Kollegen aus der Missouri-Journalistenschule Millard oder Powell. Kein Wunder, erlebte er doch Boykotte, Studentenproteste und Verhaftungen hautnah mit. Es war die Zeit kurz vor Snows Reise zu Mao nach Shaanxi und in die »befreiten Gebiete«.

Zurück in Shanghai machen sich die Granichs sogleich daran, ihren Auftrag zu erfüllen. Mit Unterstützung von Smedley gründen sie die »Voice of China« 中国呼声, anfänglich als zweimal monatlich erscheinende Zeitschrift beim amerikanischen Generalkonsulat registriert.[1003] Während Grace für das Editorische verantwortlich ist, beschäftigt sich Manny mit den praktischen Problemen, eine nicht minder mühsame Aufgabe. Beide, Chinesen und Ausländer, schreiben für die Zeitschrift, offen und – wenn nötig – unter einem Pseudonym. Die Titel entsprechen dem revolutionären Jargon und dem Zeitgeist: »The New Mass Education Movement«, »The Students Fight«, »The Killing of Mei Shih-Chun«, »We have no freedom to save China« (15. März 1936) oder »China stands before disaster«, »Your blood will create a New China« (1. April 1936). Wie im »China Forum« werden auch in der »Voice of China« Beiträge der progressiv gesinnten chinesischen Schriftsteller wie Lu Xun oder Mao Dun abgedruckt. Die Granichs publizieren auch den Brief Mao Zedongs an die All-China National Salvation Association (1. Oktober 1936), einen Beitrag (»Have Faith in China«, 1. Juni 1937) von Sun Fo, Sun Yat-sens Sohn aus erster Ehe, sowie eine Rezension des Buches »China's Millions« von Anna Louise Strong.

Geworben wird damit, dass »Voice of China« das einzige Magazin in englischer Sprache sei, welches Nachrichten über das chinesische Volk und dessen Befreiungskampf gegenüber der japanischen Aggression unverfälscht wiedergebe. In der Tat ist das Blatt eher betont antijapanisch als prokommunistisch. Das gibt in einem Schreiben an das amerikanische Generalkonsulat in Shanghai selbst das Außenministerium in Washington zu.[1004] Weniger gnädig beurteilt hingegen Clarence Gauss, der amerikanische Generalkonsul, die Aktivitäten der Granichs. Ähnlich wie im Fall von Isaacs schlägt sich

Manny die nächsten Monate mit den Behörden des Shanghai Municipal Council, mit Gauss und selbst den chinesischen Obrigkeiten herum, jedoch mit mäßigem Erfolg.[1005] Und wie bei Shippe zeigt sich das deutsche Generalkonsulat auch entrüstet über einen Bericht in der »Voice of China«, über den von Rewy Alley (Pseudonym: Han Su-mei) verfassten Beitrag »Visitors from Naziland« (15. Februar 1937). Das Ende für die »Voice of China«, die seit Februar 1937 auch mit einer chinesischsprachigen Beilage erscheint, kommt, als die chinesische Druckerei, welche bis dahin die Publikation auf den Markt gebracht hat, zum Verzicht gezwungen wird. Niemand will mehr in die Bresche springen, zu groß ist der Druck von allen Seiten. Im September 1937 erscheint die letzte Nummer, mit einem Artikel des aus Japan nach China zurückgekehrten Schriftstellers Guo Moruo mit dem Titel »What We Fight For«. Die japanische Invasion Shanghais nähert sich in raschen Schritten. »Die zweite Bombe schlug knapp außerhalb des Parks (gemeint ist der Huangpu-Park) direkt ins Wasser ein. Besprizte uns, und wir krochen hinaus. Es gab keinen Platz für das gute jiddische [sic!] Volk, und wir zogen davon.«[1006]

Im Dezember 1937 verlassen die Granichs Shanghai mit dem Schiff Richtung Marseille. Vorüber waren zwei Jahre intensiver Beschäftigung mit sozialen Problemen der chinesischen Gesellschaft, Problemen, die der Mehrzahl der Old China Hands während eines bedeutend längeren Aufenthalts im Reich der Mitte unentdeckt geblieben sind. Im Dezember 1936, während des Xi'an-Zwischenfalls, hatten sie noch Tage und Nächte bei Madame Sun verbracht, um sie durch ihre Anwesenheit vor den bewaffneten Guomindang-Scharfschützen abzuschirmen, die sich um ihr Haus an der Rue Molière herum postiert hatten.[1007] Fünfundvierzig Jahre später stand Max Granich am Totenbett von Madame Sun: Als einer der wenigen Ausländer gehörte er dem Begräbniskomitee an, welches Madame Sun bei ihrer Beerdigung 1981 in Beijing das letzte Geleit gab.[1008] Unmittelbar nach der Rückkehr der Granichs nach New York setzt sich das Ehepaar nochmals mit aller Energie für die Sache Chinas ein, und zwar als Herausgeber der »China Today«, einer von den Amerikanischen Freunden des chinesischen Volkes – zumeist Mitgliedern der KPUSA – 1933 gegründeten Zeitschrift, die das Ziel verfolgte, Chinas Widerstandskampf gegen Japan zu unterstützen. In der Mai-Ausgabe von 1938 schreibt Manny, dass für die Chinesen, trotz Kummer und Qualen, trotz der Zerstörung von Städten und Landstrichen die Tage der Erniedrigung gezählt seien.[1009] Nach Pearl Harbor stellen die Granichs die Publikation von »China Today« ein, da die meisten Medien inzwischen eine ähnlich japanfeindliche Berichterstattung verfolgten. Nach dem Ende des chinesischen Bürgerkriegs sind auch die beiden von der Hysterie der McCarthy-Ära betroffen (ohne allerdings Mitglieder von Organisationen zu sein, die sich für die Anerkennung der Volksrepublik einsetzen).[1010] Allerdings führen die Anhörungen vor dem Committee on Un-American Activities zu keinen Anklagen, trotz ihrer Verbindung zur KPUSA, die das Ehepaar Mitte der 1950er Jahre auflöst. Danach wird es still um die zwei: Nach einem Engagement für Kinder von Verfolgten der McCarthy-Ära zieht sich das Ehepaar aus dem politischen Leben zurück, 1972 stirbt Grace, fünfzehn Jahre später ihr Mann, der in den letzten Jahren seines Lebens noch als Reiseleiter für Gruppenreisen in die Volksrepublik tätig war.

II. Individuen, Biographien und Lebenswelten

Hans Shippe und das Ehepaar Granich sind bei weitem nicht die einzigen, schon gar nicht die profiliertesten Kommunisten, die im Dienste der Weltrevolution im Reich der Mitte tätig waren. In den 1920er und 1930er Jahren schickten sowohl die Komintern als auch die sowjetische Regierung zahlreiche Agenten und Parteileute mit genau definierten Aufträgen nach China. Dazu gehörten nicht nur Journalisten wie beispielsweise Hans Shippe, im Untergrund tätige KPD-Mitglieder wie etwa Heinz Neumann oder das spätere SED-Mitglied Wilhelm Zaisser, sondern auch eine Reihe von Emigranten der Nazidiktatur, die mit revolutionärem, humanistisch orientiertem Gedankengut sympathisierten.[1011] Eine solche Gesinnung dürfte wohl auch jene, damals nicht seltenen China-Fahrenden bestimmt haben, die ihren Aufenthalt mit einem geheimdienstlichen Auftrag verbanden. Unter ihnen die am 15. Mai 1907 in Berlin geborene *Ruth Werner*, Tochter des angesehenen jüdischen Wirtschaftswissenschafters René Robert Kuczynski. Sie wird im Westen erst in den 1970er Jahren einem größeren Kreis bekannt, und zwar als ostdeutsche Autorin des Buches »*Sonjas Rapport*«, einer Schilderung ihres ungewöhnlichen Lebens.[1012] Dieses erhellt auch diese Autobiographie nur teilweise, doch es werden Namen und konkrete Daten erwähnt, was für den Bericht einer angesehenen Spionin außergewöhnlich ist.

Ruth Werner kommt schon früh mit dem in Berührung, was Ökonomen heute als die Schere zwischen Arm und Reich bezeichnen. Die Familie Kuczynski lebt in einer großen Villa, jedoch mit einfachem Lebensstandard. Ruth oder besser Ursula, wie sie eigentlich heißt, interessiert sich früh für gesellschaftskritische Literatur, wird tagtäglich auf dem Weg zu ihrem Arbeitsplatz in einer Buchhandlung mit der Armut von bettelnden Arbeitslosen konfrontiert. 1926 wird sie Mitglied der KPD und verliert dadurch ihre Arbeit bei Ullstein. Sie heiratet zwei Jahre später einen Architekten, dessen Beziehung zu einem in Shanghai lebenden Freund dazu führt, dass das Ehepaar 1930 Deutschland verlässt und via Sibirien Richtung Dalian (Dairen) und später per Schiff in die Huangpu-Metropole reist. »Bei der Ankunft im Hafen war ich entsetzt über das Ausmaß der Ausbeutung und der Armut, wie ich es nie zuvor erlebt hatte.«[1013] Ruth Werners Ehemann findet eine gute Anstellung, man leistet sich Boys, Kulis, Köche, geht auf Partys und besucht Kulturveranstaltungen, lebt eben wie die Old China Hands. Kaum etwas, das Ursula Hamburger (so ihr damaliger Name) nicht missfällt. »Neben der Hitze, der Langeweile und meinen Schwierigkeiten mit der Shanghaier ›Gesellschaft‹ quälte mich, dass ich in den ersten Wochen keinerlei Beziehungen zum chinesischen Volk fand. Schmutz, Armut und Grausamkeit stießen mich ab.«[1014]

Ruth Werner nimmt ihr Leben in die eigenen Hände, liest Bücher – Gorki, Ehrenburg, Kästner, Maurois u. a. – und beginnt mit chinesischem Sprachunterricht: »Ummerklich gewöhnte ich mich an das Land, sah die Qualitäten seiner Menschen, die Schönheiten der Umgebung und genoss die Kultur. Vor allem aber versuchte ich, die politischen Vorgänge zu verstehen und gründlicher Einblick zu gewinnen.«[1015] Dabei hilft ihr die Freundschaft mit Agnes Smedley, Irene Wiedemeyer (die in Moskau studiert hat und in Shanghai an der Bubbling Well Road den linken Zeitgeist-Buchladen führt), dem Militärtaktiker Otto Braun (der bald darauf als einziger westlicher Ausländer am Langen Marsch teilnimmt), dem Berufsrevolutionär und überzeugten Stalinisten Manfred Stern (der im Spanischen Bürgerkrieg als General Kleber berühmt wurde) und weiteren gleichgesinnten Ausländern – die meisten davon werden in Willoughbys »Shanghai Conspiracy« aufgelistet – sowie die Bekanntschaft mit Madame Sun und den Schriftstellern Ding Ling und Lu Xun. Letzterer gibt unter ihrer Mithilfe einen Band mit Bildern der Grafikerin und Bildhauerin Käthe Kollwitz heraus. Die Holzschnittkunst – auch Kollwitz selbst hat diese Technik vergleichsweise spät entdeckt – gilt damals für viele, insbesondere progressiv denkende chinesische Künstler (zu Beginn waren es häufig Schriftsteller) als relativ einfache Technik und ausgezeichnete Möglichkeit, direkt mit dem einfachen, schriftunkundigen Volk in Kontakt zu treten. Ein weiterer Vorteil dieser aus Deutschland importierten revolutionären Kunstrichtung bestand darin, dass sich das chinesische Volk damit die internationale Solidarität aller Unterdrückten dieser Welt bewusst machen konnte.[1016]

Ruth Werner besucht auch einige andere Orte in China, etwa den Badeort Beidaihe (»ein wundervoller Ort, Berglinien und blaues Meer«) oder die Rückzugsidylle der Westler in Kuling (Lushan), das sie wegen dessen Höhe über Meer erst mittels Tragstühlen nach anstrengendem Transport durch – bei der Bezahlung mogelnde – Kulis erreicht: »Das sind die Dinge, warum sich viele über die Chinesen beschweren. Oft ist man auch furchtbar wütend, aber was soll man von unterbezahlten, überanstrengten Kulis verlangen?«[1017] In Kuling macht sie Bekanntschaft mit Frauen von Missionaren, »süßlich lächelnden, eingetrockneten Schreckschrauben«. Sie besucht aber nicht nur solche Inseln westlicher Zivilisation, sondern ist auch darauf bedacht, das andere China außerhalb Shanghais zu entdecken, wie sie ihren Eltern in begeistertem Ton mitteilt:

»Sonst beschäftige ich mich damit, China zu genießen. Ich bin so viel wie möglich außerhalb Shanghais. Es gibt so wunderbare Dörfer und Grabhügel und Tempel; und die Straßen und die Menschen! Ich glaube, wenn ich noch ein paar Jahre hier bleibe, hat es mich geschluckt, dann werde ich gar nicht mehr weg wollen. Besonders jetzt ist es ein Trost, dass dieses Land mir so sympathisch ist. Man sollte Euch herholen!«[1018]

Hätten die Kuczynskis China tatsächlich besucht, hätte Ruth Werner ihnen wohl auch die Fabriken zur Baumwollverarbeitung gezeigt, in denen Mütter die Seidenkokons mit bloßen Händen aus dem beinahe siedenden Wasser herausholen, oder die armseligen Lehmhütten von Pudong (damals das Dorf Pootung, heute *das* Wirtschaftszentrum Shanghais), wo Erwachsene fast nackt in ein paar Lumpen gehüllt herumlaufen und in schäbigen Hütten, aus Blechdosenresten zusammengebaut, leben. Doch wie für die Kuczynskis bleibt auch dem heutigen Leser nicht viel mehr übrig, als die Wahrnehmungen der Ruth Werner als punktuelle, aber nicht unbedeutende Beobachtungen einer vergangenen Epoche anzusehen und zu versuchen, sie in die Welt der west-östlichen Begegnungen des 20. Jahrhunderts einzuordnen. Ohnehin ist Ruth Werner ja nicht einfach eine gewöhnliche Besucherin des chinesischen Schauplatzes, sondern auch – für etwas mehr als ein Jahr – eine Mitarbeiterin von Richard Sorge, dem kommunistischen Top-Spion. Sie stellt ihr Haus in der Concession Française für Treffen von Sorges Mitarbeitern sowie für die Lagerung von Waffen und Dokumenten zur Verfügung. In einem kurzen Aufenthalt in Moskau 1933 lernt sie funken sowie Radiosender zusammenzubauen und zu gebrauchen, bevor sie ein Jahr später als Funkerin nach Mukden (Shenyang) in die kurz vorher von den Japanern annektierte Mandschurei geschickt wird. Wiederum ein Jahr später (im Sommer 1935) verlässt sie wegen ihrer eigenen Sicherheit China. Wenigstens bleibt ihr vor der überstürzten Abreise noch die Zeit, einige Wochen in Peking zu verweilen: »Peking ist herrlich. Hier könnte man sein Leben beschließen. Diese Stadt ist etwas unerhört Schönes – wie ich es noch nie gesehen habe ... Was ich aus Italien kenne, aus Deutschland oder Amerika oder anderen Ländern, reicht nicht heran.«[1019]

Der Abschied von China fällt Ruth Werner schwer. In den kommenden fünfzehn Jahren ist sie weiterhin für die sowjetische Militärspionage, den GRU, tätig, zuerst in Moskau, dann in Polen: »Warschau gefällt uns nicht schlecht, aber Europa ist mit China verglichen langweilig.«[1020] Ihre weiteren geheimdienstlichen Aktivitäten führen sie in die Schweiz (1938) und dann nach England (1940): 1950 übersiedelt sie in die Deutsche Demokratische Republik. Dort hat sie Schwierigkeiten, sich zurechtzufinden, nicht zuletzt deshalb, weil die Beziehungen zwischen der DDR und China sich nach 1959 dem Denkschema des sowjetisch-chinesischen Konflikts unterordnen müssen.[1021] Sie beginnt zu schreiben. Den fünfjährigen Aufenthalt in China bezeichnet sie als »eine der größten Freuden meines Lebens«. In einem Brief an einen Freund schreibt sie: »Werde ich jemals die Sehnsucht nach diesem Land verlieren?«[1022] Im Sommer 2000 vermeldet die »New York Times« den Tod von Ruth Werner, der »bunten [colourful] und kühnen Sowjetspionin«.[1023]

Ebenfalls auf Mission in China befindet sich in den 1930er Jahren ein anderer Jude polnischer Abstammung, der 1881 in Warschau geborene *Ludwik Rajchman*, zum »Wohl der Menschheit«, wie es in der Biographie von Marta Balinska über den polnischen Staatsmann heißt.[1024] Auch Rajchman zählt, wie Werner, zur Gruppe des vollständig assimilierten Judentums.[1025] Zwar sind inzwischen über sein Leben einige Einzelheiten ans Licht der Öffentlichkeit gekommen, doch haben auch in diesem Fall der Kalte Krieg und das damit verbundene Schwarzweiß-Denken einen größeren Bekanntheitsgrad sowie die notwendigen Schattierungen in der Beurteilung Rajchmans verunmöglicht. Doch wer könnte dies einem Historiker angesichts der objektiv unvereinbaren beruflichen Positionen Rajchmans – zuerst als Berater im Dienste der chinesischen Nationalisten und später als Staatsbediensteter der Volksrepublik Polen – auch übel nehmen?

Rajchmans berufliche Karriere ist in gewissem Sinne derjenigen von George Sokolsky ähnlich, ein Musterbeispiel dafür, welche Rolle in der ersten Hälfte des 20. Jahrhunderts die Netzwerke persönlicher Beziehungen auf der chinesischen Politbühne gespielt haben. Bereits von klein auf ist Ludwik gewohnt, mit Berühmtheiten, insbesondere aus der Intellektuellen- und Künstlerwelt, zusammenzukommen. Seine Eltern setzen die Tradition des polnischen Patriotismus fort, der seit der Teilung des Landes Ende des 18. Jahrhunderts trotz starken Drucks der fremden Besatzer im Volk erhalten geblieben ist. 1863 kommt es zum Aufstand von Polen und Juden gegen die Zarenherrschaft, der in einer nationalen Katastrophe endet. Im Jahre 1881 – dem Geburtsjahr Rajchmans – wird der russische Reformzar Alexander II. von einem polnischen Attentäter ermordet. Repressionen bleiben nicht lange aus, und viele Polen, sofern sie nicht auswandern, ziehen sich in die Privatsphäre zurück. Ludwiks Eltern, beide sind publizistisch tätig, engagieren sich in sozialen und kulturellen Zirkeln, nehmen an Diskussionsrunden in literarischen Salons teil und gründen schließlich eine eigene Theateragentur, die Vorgängerin der späteren Warschauer Philharmonie. Obwohl auch Ludwik von dieser kleinbürgerlichen Lebens- und Geisteswelt profitiert (seinen Vater bezeichnet er als konservativ), wendet er sich bald einmal einem progressiveren Gedankengut zu, ist erfüllt von kosmopolitischen Ideen und Visionen, die sich um die Jahrhundertwende bei der gesamten linken europäischen Intelligenz abzuzeichnen beginnen.

Mit 17 Jahren tritt er der Union junger Sozialisten bei, einer politischen Vereinigung, die sich vor allem um die Verbreitung illegaler Publikationen gegen den Zar bemüht. Er will Jurisprudenz studieren, was seine Eltern ablehnen. Stattdessen nimmt er im Jahre 1900 in Krakau das Studium der Medizin auf, welches er fünf Jahre später – mit Spezialisierung auf dem Gebiet der Bakteriologie – abschließt. Mit dieser damals angesichts der gesundheitlichen und hygienischen Situation in Europa zeitgemäßen Ausbildung erklimmt er rasch die Karriereleiter: zuerst als Assistent am Pasteur-Institut in Paris, dann als Chefbakteriologe am Royal Institute of Public Health in London und schließlich, 1913/14, als Forschungsstipendiat am King's College in Cambridge. Unmittelbar nach dem Ersten Weltkrieg gründet er in seiner Heimat das Zentrale Institut für Epidemiologie in Warschau, dem er bis 1931 als Direktor vorsteht. In dieser Eigenschaft trägt er maßgeblich zur Eindämmung von Typhus und Cholera in Polen bei. In dieser Zeit fällt auch seine Kontaktaufnahme mit der Epidemie-Kommission des Völkerbunds, die ihn beauftragt, die Hilfe für die von Seuchen heimgesuchten Gebiete in Russland zu organisieren.

1921 wird Ludwik Rajchman in Anerkennung seiner geleisteten Dienste zum Direktor der neu gegründeten Gesundheitsorganisation des Völkerbundes, der Vorgängerin der WHO, ernannt (ein Posten, den er achtzehn Jahre lang innehaben wird). In dieser Funktion setzt er alles daran, dass sich die Organisation nicht nur weltweit für die Eindämmung und Kontrolle von Seuchen einsetzt, sondern auch für die Ausarbeitung von Programmen zur Krankheitsprävention oder zum Schutz der Kinder. Er wird 1925/26 vom Völkerbund beauftragt, auf einer Erkundungsfahrt nach China und Japan die dortigen hygienischen und medizinischen Verhältnisse abzuklären. In seinem Bericht empfiehlt er dem Völkerbund, ein umfassendes Programm in den Bereichen Gesundheitswesen, Wirtschaft, Staatsfinanzen und öffentliches Transportwesen durchzuführen – ein Plan, der damals dem Völkerbundspräsidenten Sir Eric Drummond zu weit ging.[1026] Doch immerhin hatte Rajchman mit seinem Vorstoß sich für chinesische Belange eingesetzt, was die Chinesen wenige Jahre später gerne wieder aufnehmen.

In seiner Eigenschaft als Vertreter einer internationalen Organisation lernt Rajchman eine Reihe einflussreicher Politiker kennen, darunter auch Jean Monnet, den späteren Vater Europas, mit dem ihn zeitlebens eine Freundschaft verbinden wird. Längst hat Rajchman die medizinische Ausrichtung seiner Betätigung hinter sich gelassen und sich in politische Felder vorgewagt. Nachdem die chinesische Nationalregierung nach dem Nordfeldzug 1928 ihre Machtbasis in Nanjing etabliert hat, sucht der eben ernannte Gesundheitsminister, kein Mediziner, nach Beratern – und stößt unter anderem auf Ludwik Rajchman. Man bittet ihn, sobald wie möglich nach China zu kommen. Martha Balinska, eine Enkelin Rajchmans und seine Biographin, sieht verschiedene Interessen ihres Großvaters, das Angebot zu akzeptieren. Als Pole habe er den Wunsch der Nationalregierung verstanden, das Land rasch zu einigen und zu modernisieren; als Pionier in Fragen der Gesundheitsvorsorge habe Rajchman China als ideales Terrain zur Erforschung und Entwicklung der Präventivmedizin betrachtet. Schließlich sei er als Visionär an der besonderen Herausforderung interessiert gewesen, Programme für ein Land zu initiieren, das damals knapp fünfhundert Millionen Menschen ernähren musste.[1027] Dazu gesellt sich, ähnlich wie bei Sokolsky, Rajchmans Freundschaft mit T. V. Song, dem Schwager des Generalissimo und einflussreichen Finanzminister. Und ähnlich wie jener setzt auch Rajchman fast blindlings auf die Karte T. V., was sich, ebenfalls wie bei Sokolsky, als nicht nur vorteilhaft erweisen sollte.

In den Jahren 1929 bis 1939 besucht Rajchman auf verschiedensten Missionen das Reich der Mitte. Zuerst reist er nach Shanghai, dann nach Peking, Nanking und Kanton. Er setzt sich für die Gründung eines Nationalen Instituts für Gesundheitswesen in der Huangpu-Metropole ein. Mit seinen nicht nur gesundheitspolitischen Vorstößen verärgert er Franzosen und Engländer gleichermaßen, die einem größeren Engagement des Völkerbundes in »ihren« Konzessionsgebieten kritisch gegenüberstehen. Rajchmans Ziel ist es, den Völkerbund zu großzügiger Wirtschafts- und Aufbauhilfe an China zu veranlassen. Er setzt sein ganzes Vertrauen in T. V., aber auch in Chiang Kai-shek, obwohl er bereits damals ahnt, dass das chinesische Volk mit der Guomindang nicht völlig glücklich ist: »Was das Volk betrifft, ist es schwierig zu sagen, was es denkt. Wenn es den eigenen Instinkten folgen könnte, würde es vermutlich zum Kommunismus hinübergehen.«[1028] Rajchman – »Diener jeder Regierung, die seine Dienste benötige«, wie er einmal selbst von sich sagte – hört nicht weiter auf seine eigene Intuition. Die Arbeit nimmt ihn voll in Beschlag, nicht zuletzt angesichts der gewaltigen Yangtse-Überschwemmungen vom Sommer 1931 und der darauffolgenden Epidemien. Kurz darauf hat ihn die Politik wieder eingeholt: Bei Japans Aggression gegen die Mandschurei empfiehlt er seinen chinesischen Freunden, den Völkerbund um Hilfe anzurufen, damit genau das Mittel einzusetzen, welches die Japaner aufs Heftigste ablehnen. Er wird von der japanischen Presse in der Folge als anti-japanisch hingestellt. Chinas Außenminister Eugene Chen bezeichnet ihn als den »wahren Außenminister der Nationalregierung«.[1029]

Nach dem Austritt Japans aus dem Völkerbund wird Rajchman ein weiteres Mal auf Mission nach China geschickt, nicht zuletzt deshalb, weil er das volle Vertrauen der Nationalregierung genießt. Dieses Mal soll er Projekte zur technisch-wirtschaftlichen Zusammenarbeit von Völkerbund und China ausloten. Sein Ziel: die Ermutigung westlicher Geschäftsleute, in China zu investieren. Er will – einmal mehr über T. V. – seinen Freund Jean Monnet ins Reich der Mitte bringen, um einen Wiederaufbauplan auszuarbeiten. Dieser wird zwischen 1934 und 1936 behilflich sein, das chinesische Eisenbahnsystem und die Finanzen zu reorganisieren, eine Aufgabe, die ihm viel abverlangt, auch das Erlernen der Kunst der Verhandlungsführung: »Ich brauchte viel Zeit um zu verstehen, dass man in China nicht um eine Antwort fragen, sondern diese besser erraten sollte.«[1030] Monnet erwähnt in seinen Memoiren, Rajchman sei von China »buchstäblich vehext«.[1031] Eine betont chinafreundliche Politik werfen ihm andere vor. Eine »fast blinde Sinophilie« beanstandet der französiche Geschäftsträger in Peking an ihm. Die Deutschen bezeichnen Rajchman als »Songs polnischen Juden«.[1032] Er gerät von allen Seiten unter Beschuss, weil er sich zu stark in Chinas Innenpolitik beziehungsweise in den japanisch-chinesischen Konflikt eingemischt habe. 1934 entzieht ihm der Völkerbund das Mandat für China, worauf er sich widerwillig an den Hauptsitz in Genf zurückzieht.

Drei Jahre später, die Welt bewegt sich in raschen Schritten auf den Zweiten Weltkrieg zu, ist Rajchman in geheimer Mission in Hongkong. Er betrachtet China als erstes Opfer des Faschismus und will, so gut er kann, dem Land helfen. Es geht um französische Waffenlieferungen von Indochina über Yunnan ins Reich der Mitte, eine heikle Angelegenheit, nachdem die Japaner Druck auf Paris gemacht haben. Rajchman zieht alle Register seines Könnens und versucht seine Beziehungen in Europa und Amerika auszuschöpfen, doch vergeblich: Der »Plan Mandel«, benannt nach dem französischen Kolonialminister Georges Mandel, scheitert. Auch in diesem Fall wittern Gegner eine Verschwörung, zwischen dem »Juden Mandel« und großen jüdischen Banken.[1033] Rajchman, der im Sommer 1939 drei Monate im feuchtschwülen Chongqing eine Antwort auf diesen Plan erwartet hat, muss aufgeben. Zurück in den USA, setzt er sich weiterhin für China ein. Dank seiner Beziehungen zum innersten Machtzirkel um Präsident Roosevelt erfährt er frühzeitig vom Projekt des sogenannten Leih-und-Pacht-Gesetzes (»Lend-Lease Act«), demgemäß verbündeten Mächten der USA, also auch China, zur Verfügung gestelltes Kriegsmaterial nicht zurückbezahlt werden muss.[1034] Zusammen mit T. V. Song macht sich Rajchman erfolgreich bei Henry Morgenthau, dem Finanzminister, für eine Anleihe von fünfhundert Millionen Dollar an China stark. Das Gespann Song – Rajchman funktioniert bis zum Herbst 1943, als Song, der »unbeirrbarste und unermüdlichste Lobbyist seiner Zeit« (Tuchman), Stilwells Absetzung fordert und dabei selbst ins Stolpern gerät. Rajchman nimmt dessen Kaltstellung zum Anlass, um sich selbst von den Bemühungen um China zu verabschieden und sich fortan europäischen Geschehnissen zu widmen.

»Fünfzehn Jahre lang habe ich T. V. geholfen, ein Fundament für einen chinesischen ›New Deal‹ zu legen. Ich bin mir sicher, dass er nach dem Krieg triumphieren wird. Aber kein Ausländer kann in China nützlich sein, ohne via einen chinesischen Politiker oder politischen Aktivisten zu agieren … Das ist das Leben. Es ist nicht das erste Mal, dass ich mich mit offenen Augen einem Unternehmen gewidmet habe, das voller Abenteuer war. Wenn dem nicht so wäre, wäre das Leben zu einfach – und langweilig.«[1035]

Nach dem Ende des Zweiten Weltkrieges ist Rajchman als Vertreter des kommunistischen Polen, in dessen Dienst er angeblich erst nach langem Gewissenskampf eingetreten ist, bei der UNRRA, der

United Nations Relief and Rehabilitation Administration, tätig, ehe er sich 1946 ganz der Gründung des Kinderhilfswerks Unicef widmet und zu dessem ersten Vorsitzenden gewählt wird. Als 1950 die Sowjetunion im Gefolge der Nichtanerkennung Beijings die Organe der UNO boykottiert, trifft dies auch den Polen Rajchman, just zu dem Zeitpunkt, als über die Ersetzung des nationalchinesischen Vertreters bei Unicef durch einen Repräsentanten Rotchinas abgestimmt wird.[1036] Nach der »Niederlage« (es bleibt ein Geheimnis, ob Rajchman die Entscheidung gemäß seinem Herzen oder nach Moskaus Wünschen gefällt hat) verlässt er seinen Posten und zieht sich nach Frankreich zurück, wo er sich einer neuen Aufgabe, der Gründung des International Children's Center, widmet. Noch im gleichen Jahr (1950) entzieht ihm die polnische Regierung den Diplomatenpass, ein Schritt, der ihn, den Brückenbauer zwischen Ost und West, besonders schmerzt. Im Jahr 1957, er weilt für kurze Zeit anlässlich einer Unicef-Sitzung in den USA, trifft ihn auch der amerikanische Bann: Der schriftlichen Vorladung zur Anhörung vor einem Untersuchungsausschuss des amerikanischen Kongresses leistet er keine Folge und reist sogleich nach Europa zurück. Die USA werfen ihm vor, er sei der Kopf eines sowjetischen Spionagerings während des Zweiten Weltkrieges in Washington gewesen. Die Geschichte des Kalten Krieges nimmt viele Geheimnisse mit ins Grab, auch bei Rajchman: Der »medizinische Staatsmann« (so seine Biographin), »Gründer der China Lobby« (»New York Herald Tribune«), »Jude, Freimaurer und Agent der USA« (so die polnische Regierung) stirbt am 13. Juli 1965.[1037]

In den 1930er Jahren besuchen zahlreiche Vertreter des Völkerbundes in ganz unterschiedlicher Mission das Reich der Mitte, so etwa auch der 1895 in Pommern geborene *Rudolf Katz*. 1920 an der Universität Kiel zum Dr. iur. promoviert, arbeitet Katz als Anwalt und Notar in Altona, ehe er am 1. April 1933, wenige Wochen nach Hitlers Machtübernahme, vom Völkerbund als Sachverständiger für Kommunalangelegenheiten nach China gesandt wird.[1038] Katz soll sich zuerst in einigen Gebieten des Riesenreichs einen Überblick verschaffen, ehe er mit der eigentlichen Arbeit beginnt. In Nanking trifft er unter anderem Rajchman sowie das Ehepaar Buck. In Suzhou, »einer wahrhaft chinesischen Stadt«, besucht Katz ein »Institut zur Bildung der Bevölkerung« und andere staatliche Einrichtungen. »Auf dem Wege durchs offene Land sahen wir die fleißigen Bauern, die auf ihren bebauten, gartenähnlichen Äckern arbeiteten. Ein Bild der ›guten Erde‹ wie vor zweitausend Jahren.«[1039]

Katz' Beschreibung von Peking kontrastiert scharf mit derjenigen Shanghais: »Peiping ist eine kultivierte und äußerst interessante Stadt, mit prächtigen Palästen, intelligenten und noblen Leuten – in der Tat ein großer Unterschied zum Handelszentrum Shanghai oder zum politischen Mittelpunkt Nanking, beide Städte ohne besonderen Charakter ... Peiping besitzt große, asphaltierte Straßen, ein Vergnügen für einen Spaziergang. Viele Autos, Pferdewagen, Esel und Kamele auf den Straßen, dazu eine Unmenge an fremden östlichen Gesichtern: Chinesen, Mongolen, Mandschus und andere unbekannte Stämme ... Ich machte einen Spaziergang auf dem Markt mit vielen Läden, wie Bagdad in ›arabischen Nächten‹.«[1040] In der Provinz Hebei besichtigt er Schulen, Kooperativen und andere von der Regierung im Rahmen der »Bewegung zur Bildung der Massen« errichtete Institutionen: »Hatte einen harten Tag hinter mir ... in einem offenen Eselwagen ohne Federung, auf schlechten Pfaden und Schnee während der ganzen Reise. Ich sah einige Schulen, hygienische Stationen und Kooperativen. Alles sehr primitiv, mit westlichen Augen betrachtet, doch eine große soziale Arbeit für die chinesische Bauernbevölkerung ...«[1041]

Berichte über chinesische Fremdheiten wechseln sich in den Tagebucheinträgen von Katz mit Gedanken über die Hoffnungslosigkeit in der eigenen Heimat angesichts der aufkommenden Nazidiktatur ab. Er trifft sich mit Professor Julius Tandler, einem Mediziner und Stadtrat aus Wien, der nach einem Gefängnisaufenthalt in Österreich ins Reich der Mitte zurückgekehrt ist. Im Gegensatz zu diesem zeigt er sich pessimistisch über die Aussichten, dass Hitler von der Macht verdrängt werden kann. Sein Aufenthalt in China ist geprägt davon, dass er sich ständig mit der Frage nach seinem persönlichen Schicksal beschäftigen muss. Er ist sich bewusst, nicht mehr nach Deutschland zurückkehren zu können, doch stehen ihm auch keine Türen in China offen. Seine letzten Wochen in Shanghai verbringt er auf Tennisplätzen, in Swimmingpools, beim Schachspiel oder in Gesellschaft von Old China Hands, im Wissen, »dass es ein komisches Gefühl ist, von allen hochgeachtet zu werden, obwohl man selbst die Wahrheit kennt, die besagt, dass man auf die Hilfe anderer angewiesen ist«.[1042] Katz verabschiedet seinen Vorgesetzten Rajchman, der im April 1934 China verlassen muss, ein Schicksal, von dem er einige Monate später auch selber betroffen ist: Eine Intervention Hitlers führt zum Ende seines China-Aufenthalts. Er wäre gerne in diesem Land geblieben, hat einmal in sein Tagebuch notiert, »dass die beste Zukunft für ihn in China liegt«.[1043] Als sein Traum wie eine Seifenblase platzt, konzentriert er sich auf die Emigration nach Amerika, nicht ohne ein letztes Mal von seiner Begegnung mit dem Reich der Mitte zu schwärmen: »Irgendwann, so fühle ich, vielleicht in einer späteren Phase unseres Lebens, werden wir uns der China-Zeiten als der glücklichsten und herrlichsten, nicht nur der interessantesten Zeiten unseres Daseins erinnern.«[1044] Die Jahre seines USA-Exils (bis 1946) verbringt er als Forscher an der Columbia-University und als Publizist, wobei er sich in zahlreichen Beiträgen gegen den amerikanischen Isolationismus stellt und für einen deutsch-amerikanischen Rat zur Befreiung Deutschlands vom Nazismus eintritt.[1045]

Yangwei zhongyong – Ausländisches für China nutzbar machen: Diese Einstellung spielte insbesondere zu Beginn des 20. Jahrhunderts bei chinesischen Intellektuellen eine bedeutende Rolle, als es darum ging, Chinas Rückständigkeit gegenüber dem Westen aufzuholen. Eine Möglichkeit, die Fesseln der Qing-Dynastie abzustreifen und das Land zu modernisieren, bestand darin, vom Westen die Elemente und Ideen zu nutzen, welche dem Reich der Mitte Fortschritt bringen sollten. Im Gefolge der Revolution von 1911 bis hin zu derjenigen von 1949 gelangten deshalb zumeist auf chinesischen Wunsch zahlreiche westliche Berater in den Fernen Osten, die den unterschiedlichsten Auftraggebern dienten: Kriegsherren, Nationalisten, Kommunisten. Die Gesinnung dieser Berater – darunter Ärzte, Verwaltungsbeamte, Ingenieure, Militärfachleute, Spezialisten für Rechtsfragen, Übersetzer und andere mehr – reichte dementsprechend von weit links (sowjetische Berater Sun Yat-sens in den 1920er Jahren oder die sogenannten »Foreign Experts« zur Zeit der Gründung der Volksrepublik) bis weit rechts (deutsche Berater Chiang Kai-sheks in den 1930er Jahren).

Als Chinas berühmtester, wenn auch nicht erfolgreichster westlicher Berater im 20. Jahrhundert gilt der 1884 im russischen Ansiedlungsrayon (Bezirk Witebsk, heute zu Weißrussland gehörig) geborene *Michail Borodin*. Die Verknüpfung seiner Lebensgeschichte mit China ist deshalb von großer Bedeutung, weil sein Wirken unmittelbar mit dem wichtigsten Ereignis der chinesischen Geschichte des 20. Jahrhunderts verbunden ist, dem Aufstieg der Kommunistischen Partei zur Herrscherin über China. Über Borodins Kindheit ist wenig bekannt. Der Schleier des Mysteriösen scheint ihm zu behagen, ganz im Sinne seiner späteren beruflichen Tätigkeit: »Ich wurde im Schnee geboren ... und ich lebe in der Sonne, ja? Wozu sind Fakten gut?«[1046] Sein Biograph Dan Jacobs weiß zu berichten, dass seine Familie – sein ursprünglicher Name lautete Michail Markowitsch Gruzenberg –, als er drei Jahre alt war, nach Lettland zog.[1047] Auch wenn nicht bekannt ist, ob Borodin je eine Synagoge oder gar den Cheder besucht hat, war seine Heimat das jüdische Schtetl, die jiddische Sprach- und Lebenswelt. Mit sechzehn tritt er dem »Allgemeynen Yidischen Arbeiter Bund in Lite, Poly und Rusland« bei, der ersten, 1897 in Wilna (Vilnius) gegründeten jüdisch-sozialistischen Partei. Drei Jahre später wechselt er das Pferd und setzt auf die Russische Sozialdemokratische Arbeiterpartei und damit auf Lenins Fraktion der Bolschewiki. So beginnt sein Weg der Wanderschaft im Dienste einer Sache, der ihn schließlich im Herbst 1923 als Revolutionär und Agent nach Kanton führt. Mit Borodin änderte sich das Bild der Westler von China schlagartig, ein Bild, das bis zu Borodins Ankunft insbesondere bei den Old China Hands mehr oder weniger rosig, weil problemlos und aus kolonialer Perspektive ziemlich bequem anzuschauen war.

Doch zurück in seine Jugend: 1904 reist der Zwanzigjährige auftragsgemäß zu Lenin in die Schweiz und hilft diesem beim Aufbau einer kommunistischen Partei in Lettland, noch ehe der »Blutsonntag« von 1905 dazu führt, dass er seine Heimat Richtung Westen verlassen muss. Bevor er allerdings dieser den Rücken kehrt (ein Haftbefehl zwingt ihn dazu), trifft er an einem Parteikongress in Stockholm Josef Stalin, eine schicksalhafte Begegnung, wie sich später erweisen sollte. Borodin ist kein typischer russischer Jude, der wegen Pogromen oder wirtschaftlichen Elends auswandert. Vielmehr will er sich im Westen als Revolutionär weiterbilden, um, sobald die Zeit reif ist, das verrottete Zarenreich von innen her zu stürzen. Die nächsten Jahre verbringt er in Chicago, das damals im Ruf stand, das Zentrum des Sozialismus in den USA zu sein. Er heiratet die litauisch-jüdische Emigrantin Fanya (Fanny) Orluk und schreibt sich an der Valparaiso University in Indiana für ein Kurzstudium ein. Später gründet er (unter dem Namen Berg) eine kleine Schule für Emigrantenkinder und sammelt zugleich Kenntnisse über die aufkommende städtische Arbeiterschaft. Die Begegnung mit Amerika bleibt nicht ohne Einfluss auf ihn. Trotz eines 1915 erfolgten Treffens mit Alexandra Kollontai, der von Lenin in die USA geschickten »Geldbeschafferin«, liebäugelt er mit den Ideen der Menschewiken, im bedeutsamen Jahr 1917 unterstützt er gar kurzzeitig die provisorische Regierung Kerenskis. Erst als die Nachricht vom Sturm des Winterpalastes im November desselben Jahres Amerika erreicht, besinnt er sich seiner geistigen Nähe zu Lenin. Zurück in Russland, erhält er eine Audienz beim Revolutionsführer persönlich, was dem einstigen Spross einer Provinz, die fast gleichzeitig auch einen Marc Chagall hervorgebracht hat, auch die Möglichkeit einer Karriere als Diamantenschmuggler, Komintern-Agent und Berufsrevolutionär eröffnet: Die Aufträge der Moskauer Zentrale der Weltrevolution führen ihn unter anderem nach Skandinavien, Mexiko (er gilt als Gründer der Kommunistischen Partei jenes Landes), Holland, Deutschland und England.

Als Gegner der im Frühjahr 1919 gegründeten Komintern machen Sowjetrusslands Revolutionsführer hauptsächlich die Kräfte des Kapitalismus und des Imperialismus aus. Infolge verschiedener Fehlschläge bei der Ausführung des Programms zur Weltrevolution (so etwa in Deutschland, Ungarn und der Türkei) entschließt sich die Komintern auf Anraten Lenins, die Direktive herauszugeben, dass kommunistische Parteien in Zukunft bei Ländern mit einer »vorkapitalistischen« Gesellschaftsstruktur – zumeist Länder mit kolonialer Vergangenheit – auch national-revolutionäre, antiimperialistische Bewegungen unterstützen und mit der nationalen Bourgeoisie ein Bündnis eingehen sollten. Eine weise Entscheidung, mit der man die jeweils spezifische Situation in anderen Ländern zumindest oberflächlich respektiert und für eigene Ziele zu nutzen sucht. Diese Auffassung galt auch in der sowjetischen Politik gegenüber China, dem man in einem »Akt der Solidarität« im gleichen Jahr 1919 die Rücknahme der zaristischen Verträge anbot. Nachdem man sich allerdings dieser Belastungen aus imperialistischer Zeit entledigt hatte, galt es, anderweitig wieder Einfluss zu gewinnen, eine Herkules-Aufgabe, wie sich herausstellen wird: Komintern-Agenten sollten im Auftrag Moskaus die Chancen für die Gründung einer kommunistischen Partei in China ausloten und zugleich den Führer der 1920 zu neuem Leben erweckten Guomindang, Sun Yat-sen, für ihre Ziele einspannen. Für die erste Aufgabe sah die Komintern-Zentrale zunächst den Russen Grigori Woitinski, später den Holländer Hendricus Sneevliet (Deckname »Maring«) vor; die zweite übertrug man Michail Borodin.

In der heutigen Historiographie bestehen unterschiedliche Meinungen über den Einfluss der Komintern bei der Gründung der Kommunistischen Partei Chinas (die 1921 in Shanghai erfolgte). Einige Historiker sehen es als erwiesen an, dass der Kommunismus hauptsächlich dank der direkten Verbreitung bolschewistischer Theorien durch Emissäre Moskaus in China Fuß fasste. Anderseits gibt es Stimmen, die die Sinifizierung des Marxismus hervorheben und zu bedenken geben, dass selbst im entfernten Sichuan zu Beginn der 1920er Jahre kommunistische Tendenzen zu beobachten waren, ohne dass ein Kontakt mit den Gründervätern der Bewegung in China, Chen Duxiu und Li Dazhao, stattgefunden habe.[1048] Gut dokumentiert ist die bisweilen enge Verbindung zwischen der Guomindang und Vertretern der Kommunistischen Internationale in China. Nach dem Sun-Ioffe-Abkommen vom Januar 1923, das die Unterstützung Sowjetrusslands für Sun Yat-sen und seine Partei enthält, vergehen nochmals acht Monate, bis Michail Borodin die Kantoner Bühne betritt, und zwar, wie es in einem Schreiben des

II. Individuen, Biographien und Lebenswelten

stellvertretenden sowjetischen Außenministers Karachan an Sun Yat-sen heißt, »nicht nur als Vertreter der Regierung, sondern auch als mein persönlicher Vertreter, mit dem Sie genauso freundlich wie mit mir sprechen können«.[1049] Der in Peking unermüdlich nach der Aufnahme diplomatischer Beziehungen mit den formellen Herrschern Chinas strebende Karachan bereitet Borodin nicht nur in politischer Hinsicht auf dessen neue Aufgabe vor:

> »Während Ihres kurzen Aufenthaltes in China haben Sie sicherlich schon die einfache Wahrheit kennengelernt, dass die Chinesen jegliche Pläne eifrigst erörtern und studieren. Aber wenn sie diese verwirklichen, dann außerordentlich langsam. Deshalb muss man ständig jeden ihrer Schritte kontrollieren, muss sie in großer Anspannung halten und darf sich nicht darauf verlassen, dass sie es von selbst verstehen und alles so machen werden, wie es erforderlich ist. Das sind alles sehr elementare Dinge, aber ich überzeuge mich von Tag zu Tag mehr von der Notwendigkeit, sie ständig an der Hand zu führen, weil sonst jede Angelegenheit auf die lange Bank geschoben wird.«[1050]

Borodins wichtigste und gleichzeitig komplizierte Aufgabe zu Beginn seiner Tätigkeit als Berufsrevolutionär in Kanton liegt in der Umsetzung einer Politik, wie sie seinem Auftraggeber, der Komintern, vorschwebt: erstens die Entwicklung der Guomindang zu einer nach bolschewistischem Muster aufgebauten, nationalen Partei, die dereinst in der Lage sein soll, nach der Einigung des Landes die imperialistischen Mächte aus China zu vertreiben; zweitens die Stärkung der damals nach der Mitgliederzahl vergleichsweise kleinen KP China, welche zum frühestmöglichen Zeitpunkt die von der Guomindang begonnene nationale Revolution in eine sozialistische umwandeln würde. Kein Wunder, dass Borodins Feinde in allen Lagern sitzen: Kommunisten, denen die aufgebrummte Einheitsfront mit der Guomindang wegen deren Dominiertsein durch die Bourgeoisie missfällt, rechtsstehende Anhänger der Guomindang, denen die Kommunisten zu radikal sind. Schließlich sehen auch die westlichen Mächte in Borodin einen Vertreter der expansionistischen Sowjetmacht in Südchina. Angesichts dieser Umstände hält sich Borodin zu Beginn seiner Beratertätigkeit so weit wie möglich bedeckt, versucht unter dem Mantel eines Korrespondenten die Westmächte von seiner »politischen Unschuld« zu überzeugen.[1051]

Als nicht eben konfliktlos gestaltet sich Borodins Verhältnis zu Sun Yat-sen, den Vertreter des Westens einerseits schneiden, anderseits vor dem Sowjetagenten warnen. Immer wieder rät Sun Borodin von einem allzu forschen Vorgehen gegen seine alten Freunde ab, die Guomindang-Leute, die wenig mit dem Kommunismus am Hut haben. Borodin, der bereits im Oktober 1923 von Sun Yat-sen zum offiziellen Berater und Instruktor für die Reorganisierung der Guomindang ernannt wird, nimmt in seinen Berichten an die Komintern-Kollegen kein Blatt vor den Mund, wenn es um seine persönliche Einschätzung Sun Yat-sens geht:

»Zur Charakterisierung Suns muss bemerkt werden, dass sich in ihm wie in einem Wassertropfen die ganze Vielfarbigkeit der Guomindang widerspiegelt, die von den Kommunisten bis zum Singapurer Kaufmann reicht. Sun ist Kommunist, Sun ist linker Guomindangmann, Sun ist Guomindang-Zentrist, Sun ist rechter Guomindangmann. Manchmal ist seine Phraseologie äußerst revolutionär, revolutionärer als die unserer Kommunisten. Manchmal vergisst er diese Phraseologie und wird zu einem trivialen Kleinbürger ... Es ist schwer zu sagen, inwieweit es bisher gelungen ist, den National-Revolutionär Sun vor dem kleinbürgerlichen Phrasendrescher Sun zu retten. Manchmal scheint es mir, wie viel man diesen alten Wolf auch füttern mag, er schaut trotzdem auf die ›liberalen Nationen‹, von denen er immer noch die Rettung Chinas erwartet.«[1052]

Borodin ist auch kritisch gegenüber den sogenannten drei Volksprinzipien 三民主义, heute bekannt unter dem Namen Sunyatsenismus, der Auffassung Suns, wonach Chinas Weg und Heil in der Kombination von Nationalismus (minzuzhuyi), Demokratie (minquanzhuyi) und Wohlfahrt des Volkes (minshengzhuyi) bestehe: »Er (Sun – Anm. d. Verf.) konnte bis jetzt gerade deswegen Führer der Guomindang sein, weil er von den Guomindang-Leuten in ideeller wie in organisatorischer Hinsicht nichts forderte. Gerade deswegen, weil er für diese, einem buntgescheckten Wollknäuel ähnelnde Guomindang eine einfache Formel anwandte – Nationalismus, Demokratismus [sic!] und Sozialismus, und es jedem selbst überließ, wie er es verstand. Daraus folgt, dass eine wirklich revolutionäre, geschlossene, disziplinierte Partei der Guomindang unter der Führung eben jenes Suns, wie ich ihn angetroffen habe, und wie er mir auch jetzt noch beschrieben wird, zur Zeit noch nicht möglich ist. Allerdings kann ich mir auch keine Reorganisation der Partei ohne Sun vorstellen.«[1053]

Resultate von Borodins Wirken in Kanton zeigen sich unter anderem in der Durchführung von Streiks, im Aufbau von Gewerkschaften, in der Umwerbung der Bauernschaft oder im Kreieren politischer Slogans wie »Nieder mit dem Imperialismus« oder »Vereinigt euch mit Bauern und Arbeitern«. Borodin lebt eine Art Doppelleben: Er besitzt eine Leidenschaft fürs Reiten und Schachspiel, mit seiner Familie wohnt er in einem geräumigen zweistöckigen, allerdings düsteren und ärmlich ausgestatteten Haus – mit Blick auf den Kantoner Exerzierplatz und die Zentrale der Guomindang. Der Präsident einer christlichen Schule ist voll des Lobs über die »ansprechende Persönlichkeit«, die einem den »Eindruck von Aufrichtigkeit und tiefer Ernsthaftigkeit« vermittle. Auf die Frage jenes Schuldirektors, ob er, Borodin, seinen Studenten einen Vortrag über Kommunismus halten könne, antwortet dieser: »Kommunismus ist eine Philosophie und ein Ideal, von dem China noch weit entfernt liegt ... China liegt einhundert Jahre hinter der Zeit zurück, von einem Wolkenkratzer hin zu einer Rikscha.«[1054]

Eine der größten Obliegenheiten Borodins wenige Wochen nach seiner Ankunft bestand in der Organisation und Durchführung des ersten nationalen Kongresses der Guomindang im Januar 1924 in Kanton, anlässlich dessen unter anderem die Beziehung zwischen der Guomindang und der KP Chinas geregelt werden sollte. Als wichtigste Errungenschaft galt dabei eine Regelung, dass Kommunisten individuell und nicht *en bloc* der Guomindang beizutreten hätten. Weiter wurde in einem Manifest festgehalten, dass die Partei einen antiimperialistischen Standpunkt einnehme, sich an Sun Yat-sens Volksprinzipien halte, für die Abschaffung der ungleichen Verträge und die Ausarbeitung einer fünf Gewalten umfassenden Verfassung eintrete.[1055] Als während des Kongresses bekannt wird, dass Lenin in Moskau gestorben ist, verliest Sun seine inzwischen berühmt gewordene Rede über den Gründer eines neuen Staates, der im Gedächtnis aller unterdrückten Völker für immer seinen Platz finden werde. Ob Suns Grab- und Lobrede von Borodin vorbereitet wurde, ist nicht bekannt. Borodin deutet jedoch in seinen eigenen Notizen auf diese Möglichkeit hin: »Wenn ich ihm (Sun – Anm. d. Verf.) unter Berücksichtigung seiner Denkweise sage, dass das Vermächtnis Lenins gegenüber den unterdrückten Völkern für uns heilig ist, was auch immer geschehe, so sage ich ihm Dinge, die er überhaupt noch nicht versteht und wohl auch nicht verstehen wird …«[1056] Ähnliche Zweifel bestehen hinsichtlich der Autorschaft von Suns Vermächtnis, das im März 1925 nach seinem Tod bekannt wird und in dem dieser aller Welt gegenüber die Sowjetunion als besten Freund Chinas bezeichnet und künftige Siege der unterdrückten Nationen in Zusammenarbeit mit Moskau prophezeit.[1057]

Nach Suns Tod ist Borodin der wichtigste Mann in Kanton. Allerdings gelingt es ihm nicht, Suns Nachfolger Chiang Kai-shek in der gleichen Art und Weise zu überwachen oder dessen Angst vor einer allzu starken Einmischung Moskaus zu zerstreuen, wie es ihm beim Gründervater der chinesischen Republik gelungen ist. Anderseits macht er dem Führer der KP Chinas, Chen Duxiu, klar, dass dessen Partei zurzeit lediglich in der Lage sei, »Kuli-Dienste für die Guomindang zu verrichten«.[1058] Außerdem hält er von den »linken« Guomindang-Leuten augenscheinlich wenig. Dem besserwisserischen Dünkel eines Old China Hand nicht unähnlich hält er etwas abfällig fest:

> »Die chinesischen Intellektuellen kehren in den alten Stiefeln Comtes und Kants, in den abgetragenen Kleidern des Wilsonismus in die Heimat zurück. Ein bekanntes Guomindang-Mitglied, das kurz vor dem Parteitag aus Paris zurückkam, brachte aus irgendwelchen Gründen die Robbespierresche Ästhetik, eine Schönheitsgöttin und ähnlichen Unsinn mit, den er als das allerletzte Mittel zur Rettung Chinas ausgab. Und das in einem Land, in dem es nicht einmal Pferde gibt, und man auf dem Buckel von Menschen reisen muss!«[1059]

Kein Wunder daher, dass Chiang auch ohne das Wissen um den Inhalt von Borodins Berichten nach Moskau misstrauisch bleiben muss. Nicht ohne Grund fürchtet er sich vor einer weiteren Linksradikalisierung der Guomindang, ja einer generellen Linkslastigkeit Kantons und geht in die Offensive: Bei einem Zwischenfall mit einem von einem kommunistischen Offizier befehligten Kanonenboot (der »Zhongshan« im März 1926 lässt er alle in Kanton anwesenden russischen Berater, über dreißig Leute, verhaften. Es liegt einmal mehr an Borodin, der sich zu Geheimverhandlungen über die Strategie der Komintern in Peking aufhält, nach seiner Rückkehr nach Kanton mit Chiang einen Kompromiss auszuhandeln, der unter anderem vorsieht, dass Guomindang-Mitglieder nicht mehr der Kommunistischen Partei Chinas beitreten dürfen.[1060] Kurz nach diesem Ereignis, das die Komintern auch wegen Stalins Machtkampf mit Trotzki möglichst herunterzuspielen wünscht, entscheidet sich Chiang für den Nordfeldzug, den Borodin anfänglich ablehnt, später jedoch gezwungenermaßen – und lediglich als zweite Geige – unterstützt. Während dieses groß angelegten nationalen Einigungsunternehmens, das unter anderem vom sowjetischen Militärberater und General Blücher mitorganisiert wird, splittern sich die Gruppierungen innerhalb der chinesischen Gesellschaft auch geographisch auf: Die »rechte« Guomindang mit Chiang Kai-shek an der Spitze stellt ihr Hauptquartier in Nanchang (Provinz Jiangxi) auf, während sich die »linke« Guomindang unter Führung von Wang Jingwei sowie Kommunisten und linke Sympathisanten (unter anderem Song Qingling) in der Arbeiterstadt Wuhan (Provinz Hubei) etabliert.

Borodin selbst erreicht die »rote Stadt« im Dezember 1926 und macht sich von seinem Hauptsitz in der ehemals deutschen Konzession aus sogleich daran, Gewerkschaften zu gründen und neue Slogans herauszugeben: »Die Massen der Bauern und Arbeiter sind die Hauptkräfte der nationalen Revolution« oder »Vernichtet die konterrevolutionären Gruppen«.[1061] Einheimischen Geschäftsleuten und ehemaligen Förderern der Guomindang gehen solche Parolen entschieden zu weit, sie übersiedeln nach Shanghai und Peking. Auch die westlichen Bewohner der Konzession in Hankow bekommen es angesichts des wachsenden revolutionären Fiebers, mächtiger Demonstrationen gegen Ausländer und tätlicher Ausschreitungen mit der Angst zu tun. Borodin, der diesen unorganisierten Ausbruch von Gewalt durch die chinesischen Massen zu Beginn verhindern möchte, verliert zusehends an Einfluss.[1062] Dennoch bleibt er für westliche Journalisten, Schriftsteller und linke Sympathisanten eine lebende Sehenswürdigkeit im »neuen Jerusalem«, eine Art Kultfigur und magnetischer Anziehungspunkt: »Borodins Wichtigkeit in der chinesischen Revolution lag in seinem ununterbrochenen, klugen Studium der wirtschaftlichen Kräfte und der sozialen Gruppen in China … Doch Borodin selbst glaubte nie daran, dass er all die Kräfte verstand, die China ausmachen«, schreibt Anna Louise Strong in ihrem Buch »China's Millions« (1928).[1063] Überheblichkeit konnte ihm keiner – zumindest kein Westler – vorwerfen.

Alleine Statur und Aussehen verleihen dem Mann aus dem russisch-jüdischen Schtetl – dem Buhmann aus der Sicht der offiziellen Vertreter der Kolonialmächte – bereits die Aura eines Revolutionärs, zumindest aber eines engagierten Aktivisten, der Massen und Individuen gleichermaßen zu inspirieren und zu lenken versteht: »Borodin, ein großer, ruhiger Mann mit der natürlichen Würde eines Löwen oder eines Panthers besaß die besondere Qualität, in, aber trotzdem über der Schlacht zu stehen … diese spezielle Eigenheit, die meiner Meinung nach … den Namen Größe [greatness] verdient. Seine langsame, resolute Art des Sprechens, seine Weigerung, zu hasten oder in Aufregung zu verfallen, sein Insistieren auf den fundamentalen Linien, die alle kleinsten Details bestimmen, gaben dem Gespräch mit ihm einen bedeutungsvollen, überlegten Charakter, der sich in bedeutendem Maße abhob von der Seichtigkeit des Journalismus und der Hysterie der Politik. Er schien von Natur aus darauf aus zu sein, in die Ferne zu blicken [to take ›the long view‹], mit einer beinahe physischen Überlegenheit an

Visionen.«[1064] Die eine besonders enge Zusammenarbeit mit Borodin pflegenden westlichen Besucher konnten sich des Eindrucks nicht erwehren, ein Idol vor sich zu haben, auch wenn sie das Menschliche hinter dieser umstrittenen Person sahen: »Michael M. Borodin war ein hochgewachsener, gut aussehender und eindrucksvoller Mann, mehr als sechs Fuß hoch. Er war ungefähr vierzig Jahre alt, als ich mit ihm in Hankou zusammenarbeitete. Sein dunkles und glänzendes Haar sowie sein Walrossbart zeigten kein einziges graues Haar. Seine Haut war hell. Es gab nichts im direkten und freundlichen Blick seiner braunen Augen, das auf einen Verschwörer deutete ... Borodin war ruhig, er war wohlwollend ... Er konnte launenhaft sein, melodramatisch und witzig ... Und er besaß die Begabung, reden zu können ... Er war ein Mann, der einen durch und durch fesselte [to capture the imagination and the heart] ... Borodin war ein Träumer, ein Intellektueller, ein Original ... und irgendwie gelang es ihm immer, wie ein Schauspieler auszusehen. Er betrat einen Raum mit dieser schwerfälligen, etwas unbeholfenen Art von Grazie und Schnelligkeit [presto] – die Situation gehörte ihm völlig ... Als Liebhaber konservativer Musik bevorzugte er Tschaikowski, Borodin und Meyerbeer ... Borodin war abstinent. Wie die meisten dieser Leute hatte er keinerlei Geschmack für alkoholische Getränke.«[1065]

Für viele Besucher stellt Borodin in diesen Wochen und Monaten während des Jahreswechsels 1926/1927 *das* Symbol für die vermeintlich nahe liegende Weltrevolution dar, von der Borodin damals bereits ahnen dürfte, dass eine solche für China verfrüht ist.[1066] Selbst seine politischen Gegner attestieren ihm ein Maß an Idolhaftigkeit, wie es etwa in den fünfzig Jahre nach jenen Ereignissen von Hankou erschienenen Aufzeichnungen von Song Meiling, der späteren Ehefrau von Chiang Kai-shek, zum Ausdruck gebracht wird: »Er war ein Mann, der einem den Eindruck von größter Kontrolle und persönlicher Anziehungskraft gab. Aber es war die Entfaltung seiner kommunistischen *Weltanschauung* (im Original deutsch und kursiv – Anm. d. Verf.), ... die so packend provokativ und leidenschaftslos verräterisch war. Niemand konnte leugnen, dass [diese Ideen] sehr gut ausgedacht waren und indirekt erzieherischen Maßnahmen dienten, obwohl sie alle mephistophelischen Charakter hatten und brutal unempfänglich gegenüber Vorstellungen von Humanität und menschlichen Aspirationen waren.«[1067]

Politisch-strategische Gründe in China und Moskau führten schließlich zum Ende von Borodins Wirken im Reich der Mitte: Im April 1927 hörte Chiang Kai-shek plötzlich auf, ein Revolutionär zu sein, und veranlasste seine Freunde in Shanghai, die kommunistische Untergrundbewegung in der Stadt zu vernichten. Tausende fielen dem Terror zum Opfer. Die Nachricht von der Niederschlagung der Revolution in Shanghai löste auch in Wuhan/Hankou bei Borodin und der linken Guomindang-Führung bohrende Fragen aus. Doch Stalin und die Komintern beharrten zum Schrecken der chinesischen »Freunde« und Borodins auf dem Bündnis der KP Chinas mit der linken Guomindang und darauf, dass der Grundbesitz der mit der Guomindang sympathisierenden Militärmachthaber unangetastet blieb – ein Hohn angesichts der gerade erst unterdrückten Bauernbewegung. Für Borodin wird die Lage immer prekärer, er sieht keinen Ausweg mehr, Chinas komplizierte Realitäten mit den einfachen Vorgaben der Komintern in Einklang zu bringen. Einer der letzten Versuche, die Präsenz der Sowjetunion im chinesischen Chaos noch in irgendeiner Weise zu retten, besteht darin, mit dem »Christengeneral« Feng Yuxiang Kontakt aufzunehmen. Doch scheitert auch dieses Unternehmen, und er ist im Sommer 1927 endgültig gezwungen, Abschied von China zu nehmen.

»Wenn die chinesischen Führer, die meine Freunde und Mitarbeiter für viele Jahre waren, der Ansicht sind, die Zeit sei gekommen, den Kampf ohne meine Hilfe fortzusetzen, dann werde ich mich dem beugen, denn ich habe meinen Teil beigetragen und meinen Ratschlag gegeben. Ich habe keine Absicht, für den Kommunismus in China zu kämpfen – die Zeit dafür ist noch nicht reif … Ich kam nach China, um für eine Idee zu kämpfen. Der Traum, eine Weltrevolution durch die Befreiung der Völker des Ostens zu vervollständigen, brachte mich hierher. Aber China selbst, mit seiner uralten Geschichte, seinen unzähligen Millionen Menschen, seinen großen sozialen Problemen, seinen unbegrenzten Möglichkeiten – all dies zusammen hat mich überrascht und überwältigt und hat dazu geführt, dass meine Gedanken über die Weltrevolution allmählich in den Hintergrund traten. Die Revolution und der Kampf für Freiheit in China wurden selbst zu einem Ziel und stellten nicht mehr länger ein Mittel zur Erreichung eines Ziels dar. Meine Aufgabe war es, die Situation zu erfassen, das große Rad in Bewegung zu setzen. Mit fortschreitender Zeit hat mich dieses Rad selbst mitgetragen. Ich wurde zu einem Rädchen im Getriebe.«[1068]

Borodins Einschätzung ist beachtlich, stellt man seinen revolutionär-dogmatischen Werdegang in Rechnung. Die Überprüfung bisheriger Auffassungen und die Bereitschaft, China nach chinesischen Maßstäben zu messen, erscheinen erstaunlich für »Stalins Mann« in China (Jacobs). Sie verraten eine persönliche, notwendig gewordene Flexibilität im Denken wie auch – ganz im Marx'schen Sinne – die Fähigkeit, gegebene, von Menschenhand kaum beeinflussbare Bedingungen zu akzeptieren. In diesen Zusammenhang passt auch seine Abreise aus China: Getreu der leninistischen Maxime, vertraut er den Zusicherungen Chiangs für freies Geleit nicht, sondern macht sich, obwohl von Malariaanfällen geschüttelt und ohne seine Ehefrau, die wenige Wochen zuvor von Zhang Zuolins Schergen entführt worden ist, sogleich auf den beschwerlichen, dreitausend Kilometer langen Weg von Wuhan über Xi'an, Gansu, Ningxia und die Mongolei zurück in die Sowjetunion.[1069] Zuerst per Eisenbahn, dann in einer Wagenkolonne mit anfänglich fünf Autos und fünf Lastwagen, darunter Borodins Buick. Mit dabei auf dem »Rückzug nach Norden« sind nebst russischen Gefährten, Leibwächtern, Mechanikern, einem Koch und anderen Hilfspersonen die Journalistin Anna Louise Strong und die zwei Söhne von Eugene Chen (Chen Youren), dem Außenminister der Wuhan-Regierung. In Ulan-Ude, östlich des Baikalsees, besteigt er die Transsibirische Eisenbahn und erreicht im Oktober, nach knapp zwei Monaten Reise, die sowjetische Hauptstadt.[1070] Noch auf chinesischem Boden wird ihm überall die Ehre erwiesen, der Abschied in Wuhan bei Wang Jingwei und T. V. Song fällt in seiner Art feierlich aus, und selbst General Feng Yuxiang bereitet ihm in Zhengzhou (Provinz Henan) einen fast staatsmännischen Empfang. In

II. Individuen, Biographien und Lebenswelten

Luoyang wird Borodin von H. H. Kung, dem Schwager Chiang Kai-sheks und späteren Finanzminister, zu einem Bankett eingeladen. In Ningxia trifft er Pater van Dyk, einen »Mann mit großzügiger Lebensanschauung«. Strong ist der Ansicht, beide – Borodin und van Dyk – seien ausgezogen, um China zu bekehren, jeder nach seiner Art: »Nur gründet sich seine Zukunft auf den Himmel und Ihre Zukunft auf die chinesische Revolution.«[1071]

Unmittelbar nach der Ankunft Borodins in Moskau berichtet dieser auf einer Vollversammlung der Allunionsgesellschaft der alten Bolschewiki, damals noch recht freimütig, über seine China-Erfahrungen: »Freilich sind unsere Kenntnisse über China noch voller Lücken, doch die Tatsache, dass bereits eine große Literatur über China im Entstehen begriffen ist, zeugt davon, dass wir China früher oder später verstehen werden. Aber seinerzeit wussten wir sehr wenig über China. Trotzdem haben wir uns an die Arbeit gemacht und sind im Prozess der Arbeit mit China vertraut geworden.«[1072] Er verteidigt bis zuletzt Stalins Politik der Unterstützung der Einheitsfront, gibt jedoch zu, dass man Chiang Kai-shek nach den April-Ereignissen in Shanghai hätte ausschalten müssen. In gewissen Fragen – etwa der, ob der Imperialismus die Industrialisierung China behindert habe oder nicht – ähnelt Borodins Meinung der von Harold Isaacs in seiner »Tragedy of the Chinese Revolution« vertretenen.[1073] Doch getraute sich damals keiner in Stalins Imperium, die Hintergründe historischer Ereignisse und Vorgänge eingehender zu beleuchten. Im Dezember 1927 findet der 15. Parteikongress der KPdSU statt, und Stalin benötigt dringend den endgültigen Sieg in China – und über den ewigen Rivalen Trotzki. Auf Weisung des sowjetischen Führers befiehlt die Komintern den chinesischen Kommunisten einen von vornherein aussichtslosen Aufstand in Kanton, der blutig niedergeschlagen wird. Der Misserfolg wird der KP Chinas in die Schuhe geschoben. Er sollte die Richtigkeit von Stalins Linie beweisen. Die chinesische Revolution hatte damit eine endgültige Niederlage erlitten, und Borodins Karriere war am Ende. Der überzeugte Revolutionär, der lediglich Moskaus Befehle ausgeführt hatte, büßte schließlich für die Fehler Stalins, der nicht dafür bekannt war, eigene Schuld einzugestehen.

Noch einmal, im Januar 1929, anlässlich einer wissenschaftlichen Veranstaltung über den geschichtlichen Hintergrund der Ideen Chen Duxius, wird Borodin vorgeladen – und dabei für seine Fehlinterpretationen der chinesischen Revolutionsgeschichte massiv kritisiert.[1074] Trotz allen Anfeindungen gelingt es ihm wie durch ein Wunder, dem Strudel von Stalins Kampagnen gegen die sogenannte Links- und später die Rechtsopposition zu entkommen. Der einstige Held, die Legende des Wuhaner Revolutionsexperiments, gewöhnt an Ruhm und Macht, verlässt den Boulevard der Weltrevolution und findet sich in den dunklen Gassen und im undurchsichtigen Labyrinth eines tristen sowjetrussischen Alltags wieder. An einigen Parteisitzungen übt er Selbstkritik. Im Übrigen weigert er sich, Fragen über seine Vergangenheit und über China zu beantworten. Als Herausgeber und Chefredaktor einer in Moskau erscheinenden englischsprachigen Zeitung (»Moscow News«, später »Moscow Daily News«) findet er schließlich zumindest eine Nischentätigkeit. Politische Freunde, unter anderem Ruth Werner, treffen auf einen Mann, der lediglich privat und zurückhaltend über seinen Aufenthalt in China spricht, ansonsten jedoch, von Begegnungen mit den Söhnen Eugene Chens, die ihn regelmäßig besuchen, oder mit Chiang Kai-sheks Sohn Chiang Ching-kuo, der in Moskau studiert, abgesehen, nichts mehr mit dem Reich der Mitte zu tun haben will. Klaus Mehnert trifft in den Jahren 1934–36 wiederholt einen »melancholisch dreinblickenden Mann«, der »mir wie eine ausrangierte, langsam verrostende Lokomotive vorkam. Es war Grusenberg, alias Borodin, der hier in Ungnade das Gnadenbrot Stalins aß.«[1075]

1948 kommt Anna Louise Strong nach einem längeren Aufenthalt in China, unter anderem bei Mao in Yan'an, zurück nach Moskau. Die für ihre Eigenwilligkeit bekannte Autorin möchte zu einem für den paranoiden Stalin denkbar ungünstigen Zeitpunkt ihr Manuskript über den chinesischen Kommunismus und Maos Theorien veröffentlichen. Ein verdrießlicher Borodin teilt Strong mit, dass der Kreml mit dem Text unglücklich sei. Man fordert Änderungen von ihr, die große alte Dame der Weltrevolution lehnt ab. Sie möchte zurück nach China, man verweigert ihr die Ausreise. Stattdessen wird sie, zusammen mit Borodin, Anfang 1949 festgenommen. Nach wenigen Tagen wird Strong aus der Lubjanka freigelassen und nach Polen ausgeflogen.[1076] Borodins Schicksal bleibt ungewiss. Ein halbes Jahr nach Stalins Ableben (im März 1953) meldet die »New York Times« den Tod des »roten Agenten« Michail Borodin.[1077] Der Stern Wuhans, dem einst Tausende Chinesen in der Arbeiterstadt am Yangtse zugejubelt hatten, war – wie Hunderttausende andere vor ihm – am 29. Mai 1951 in einem Arbeitslager im sibirischen Jakutsk gestorben.

3. Abenteurer und Einzelkämpfer

»Ein Mann rettete mich, und das ist heute der größte Mann in China, der hohe Berater [high advisor] Borodin ... Er beeindruckte mich mehr als jemand anders in der vergangenen Zeit: als kluger Kopf, Mensch und soziale Kraft.« Diese Eindrücke gibt die damals etwas mehr als dreißigjährige *Rayna Prohme* in einem Brief an eine Freundin wieder, geschrieben mitten in den Revolutionsmonaten des Jahres 1927 in Hankou.[1078] Prohme gehört zu jener Kategorie von Ausländern, die das Reich der Mitte aus Gründen der Abenteuerlust, eigener Identitätsfindung oder aus anderen persönlichen Motiven aufsuchten. Innerhalb dieser Gruppe gab es solche, die ihr Leben der chinesischen Revolution (seit dem Sturz der Mandschus) zu widmen gedachten, anfangs politisch in der Mitte stehende Aktivisten, in späteren Jahren aus nahe liegenden Gründen eher dem linken Spektrum nahestehend. Ähnlich wie bei den verdeckt (Shippe) oder offen (Borodin) im Auftrag der Sowjetunion Agierenden handelte es sich bei dieser losen Ansammlung von an Chinas Schicksal Interessierten zumeist um junge Leute, die unvorbereitet und ohne große Vorkenntnisse in die chinesische Welt eintauchten, ohne Auftraggeber waren und deshalb auch eher offen für Neues.

Rayna Prohme kommt am 23. Januar 1894 in Chicago als Tochter eines reichen jüdischen Inhabers einer Makleragentur zur Welt.[1079] Die Kinder- und Jugendjahre verlaufen problemlos und Raynas Geist zeigt sich als sehr unabhängig und weit entwickelt. Ihre zweite Liebe gilt einem New Yorker Juden aus der Lower East Side, Samson Raphaelson, der es dereinst zu einem erfolgreichen Broadway-Autor bringen wird. Zusammen mit Raph, wie er von allen genannt wird, schreibt sich Rayna an der University of Illinois ein. Dorothy Day, eine der besten Freundinnen aus Raynas Studienzeit, damals prononciert linksstehend, in späteren Jahren Verfechterin der Catholic-Worker-Bewegung, beschreibt ihre Persönlichkeit als beeindruckend, immer interessiert an anderen und bereit, über alles zu diskutieren: »Was immer sie tat, tat sie mit vollem Herzen. Wenn sie las, las sie. Wenn sie mit einem war, galt ihre Aufmerksamkeit einem ganz. Sie war zielstrebig, besaß ein reines Herz und das Interesse am Leben war ebenso intensiv wie ihre Hingabe an Bücher.«[1080] Day dürfte Rayna Prohme mit ihrem sozialistischem Ideengut konfrontiert haben, doch war diese zu selbstständig, um sich anstecken zu lassen, nicht einmal von Michael Gold (Irwin Granich), dem Bruder von Max Granich und späteren Verfasser eines sozialkritischen Romans, »Jews Without Money« (1930), den sie unter anderem in New York besucht und mit dem sie und Day zusammen Revolutionslieder singen.

Nach der Heirat mit Raph 1918 beschließt das Paar, nach Berkeley in Kalifornien umzuziehen. Sie lernt dort William Prohme kennen, der ihr zweiter Ehemann wird, nachdem sie sich Ende 1922 von Raph getrennt hat. An der University of California besucht sie Vorlesungen in Literatur, Philosophie, Religionswissenschaft und Anthropologie. Die Nähe zu San Francisco, dem wichtigsten Tor für den Seeweg nach dem Fernen Osten, sowie das intellektuelle Klima von Berkeley, in dem über das Schicksal Chinas diskutiert wurde, dürften Raynas Neugierde für das Reich der Mitte geweckt haben. 1922 oder 1923, die Angaben divergieren, macht sie sich auf nach China, in der Hoffnung, dort journalistisch tätig sein und gleichzeitig Materialien für eine Dissertation sammeln zu können. Schließlich arbeitet sie als Sekretärin am Peking Union Medical College sowie als Englischlehrerin an einer Mädchenschule. »Ich bin in China. Es gibt seltsame Geräusche, eine sonderbare Sprache und komische Dinge, die unten in der Straße vor sich gehen. Und fremde Kleider und merkwürdige Dinge zum Essen. Ich schaue mir das alles ziemlich unvoreingenommen an, und ich bin noch nicht aus dem Stadium des Staunens heraus, was zum Teufel das denn alles soll.«[1081] Einige Monate später tritt sie die Rückreise nach Kalifornien an, mit der Absicht, für längere Zeit nach China zu gehen:

> »Ich werde fünf Jahre in China verbringen. Ich möchte mit eigenen Augen sehen, was mit Menschen geschieht, wenn die einst freundliche und bekannte Umwelt plötzlich fremd wird und einen verwirrt. Wenn die uralten sozialen Bräuche über den Haufen geworfen werden, wenn die Religionen in Frage gestellt werden, ihre Häuser, Städte, ihre Sprache, Kleider und ihr eigenes Denken verwandelt werden. Ich möchte sehen, was mit diesen Leuten geschieht – und helfen, wenn ich kann, und zwar die neuen Kräfte unter Kontrolle zu halten, zu verhindern, dass Veränderungen zu schnell vor sich gehen.«[1082]

Im Sommer 1925 reisen Rayna und Bill Prohme gemeinsam in den Fernen Osten, zuerst nach Peking, wo das Ehepaar sich journalistisch betätigt, bevor es von Eugene Chen zu publizistischer Tätigkeit für die Sache der Nationalisten engagiert wird. Bill, trotz der Lektüre von Hegel, Marx und Lenin in seinen politischen Ansichten nicht viel radikaler als Rayna, wird Privatsekretär von Chen, und beide arbeiten in der Folge für die Zhong-Mei News Agency, die chinesisch-amerikanische Nachrichtenagentur, sowie für das englischsprachige Blatt »People's Tribune«, ebenfalls ein Organ der Guomindang. Mit diesem Schritt wird Rayna Prohme unweigerlich in die chinesische Revolution hineingezogen. Von westlichen Ausländern in Peking, die zum damaligen Zeitpunkt keinen Unterschied machen zwischen Kommunisten und Nationalisten, werden die beiden als »Radikale« betrachtet, was auf Rayna aber gewiss nicht zutrifft: »Sie sehnte sich danach«, erinnert sich eine Freundin, »das chinesische Volk aus der Dunkelheit und dem Schmutz und Elend des mittelalterlichen Asien zu befreien.«[1083] Sie wird von der Welle der chinesischen Ereignisse buchstäblich davongetragen, wodurch vorläufig auch ihre Identitätssuche ein Ende findet.

Nebst der redaktionellen Arbeit ist es Aufgabe der Prohmes, prominente Kommunisten in ihrer Wohnung zu verstecken, sie als Hausgehilfen auszugeben, um sie vor den Schergen Zhang Zuolins zu schützen. Ihre Büroräume werden mehrmals durchsucht und Presserzeugnisse konfisziert, worauf sie ihre Arbeitsräume in ihre Wohnung verlegen. Das Ehepaar lässt sich nicht einschüchtern. Rayna fragt sich, welche Bedeutung die Ereignisse in China wohl für Amerika haben: »Absolut keine, da bin ich mir sicher. Wir lesen die amerikanischen Zeitungen und erinnern uns, wie unwichtig uns Änderungen in China vor einigen Jahren erschienen. Aber ... es ist hier und jetzt so aufregend.«[1084] Intellektueller Anknüpfungspunkt bei ihrer Arbeit ist für Rayna Li Dazhao, Mitbegründer der Kommunistischen Partei und einer der Hauptorganisatoren der Bewegung des 4. Mai: »Ich besuche ihn fast täglich, um Informationen zu bekommen etc.etc. Er ist ein vornehmer [fine] Mann mittleren Alters, mit den schönsten Händen, die ich je gesehen habe. Und er hat eine Geduld, die mich beschämt [puts me to shame].«[1085] Im Oktober 1926 ziehen Eugene Chen und damit auch die Prohmes nach Shanghai und dann per Schiff nach Kanton, wo ungefähr zur gleichen Zeit Borodin aus der UdSSR eintrifft. Sie ist froh, Peking verlassen zu können: »Die Angestellten haben Angewohnheiten angenommen, und chinesische Angewohnheiten sind fast unumstößlich.«[1086] In Shanghai wird sie zum ersten Mal des Unterschieds zwischen westlichen Konzessionen und chinesischem Territorium gewahr: »Kein Wunder, dass die Chinesen wütend sind, sogar wenn sie den Distrikt benutzen, um ihre Haut zu retten. Die Chinesenstadt ist ein überfülltes, dreckiges, abscheuliches Loch.«[1087] Kanton empfindet sie zwar als interessant, jedoch als die »schlimmste Stadt bezüglich Freude« auf der ganzen Welt. »Viel vom chinesischen Alltag ist unschön. Spucken nicht erlaubt – das verkündet und auch durchgesetzt, würde vielleicht ein wenig helfen.«[1088] Ihre Beschreibung Kantons zeigt, dass sie sich von China zugleich angezogen und abgestoßen fühlt: »Alles ist hier für das Auge offen. Frauen, die das Abendessen auf der Straße zubereiten. Straßenhändler, die Fische schneiden; Metzger, Früchtehändler ... Tausende Arten von Geschäften, lange Kleidungsstücke, die gefärbt werden ... und natürlich all das Essen, die Pflege [nursing] und die immer offenen Latrinen in China. Es ist beschwerlich, sich zu entscheiden, ob man sich vor all dem Dreck zurückziehen oder weitergehen soll durch diese ganze Faszination.«[1089]

Sie entscheidet sich für Letzteres, obwohl ihr die Arbeit bei der »Canton Gazette« Spaß macht, sie täglich fast bis zum Umfallen fordert, wofür sie im Gegenzug – so ihr Vorgesetzter Chen – Zeuge von Geschichte ist: »Ich wünschte mir, nicht so stark an China interessiert zu sein. Ich vermisse ... Berkeley schrecklich.«[1090] Im Februar 1927 reist sie flussaufwärts nach Hankou in eine »berauschende und gleichzeitig anspruchsvolle Welt«. In dieser wird ihr bewusst, dass Ausländer Chinesen »nie völlig verstehen« werden. Über sich selbst sagt sie: »Ich denke oft, dass ich so in chinesischen Angelegenheiten eingegraben bin, dass ich die Perspektive eines Strausses habe.«[1091] Zwar helfen ihr Gespräche mit Leuten wie Chen (»a great man«), Borodin (»the greatest man«) oder auch Madame Sun (»a marvellous person«), das tägliche Revolutionsleben und die Arbeit bei der inzwischen in Hankou erscheinenden »People's Tribune« besser zu erfüllen. Sie ist Chefredaktorin dieses Blattes, das in der »roten Stadt« am 12. März 1927 sein Wiedererscheinen feiert. Im Editorial der ersten Nummer beschreibt sich die Zeitung als »pro-nationalistisch ... antiimperialistisch, jedoch nicht fremdenfeindlich«. Die Redaktion befindet sich im selben Gebäude, in dem auch Borodin wohnt und arbeitet, und der Austausch mit dem sowjetischen Revolutionär ist deshalb besonders eng. Rayna Prohme obliegt es unter anderem auch, den Zugang der westlichen Besucher – insbesondere Journalisten und politische Aktivisten – zu Borodin zu arrangieren. Einem von diesen, Vincent Sheean, hat man es zu verdanken, dass Rayna Prohme nicht ganz vergessen ist. In seiner Biographie, »Personal History«, setzt er ihr ein unvergleichliches Denkmal, »most unlike my idea of a ›wild Bolshevik‹«: »Es brauchte wohl einen ganz besonderen Grund [cause-hunger], eine junge Frau wie sie direkt in die Mitte der chinesischen Revolution zu bringen.«[1092] Nach der täglichen Revolutionsarbeit setzte sich die west-östliche Schicksalsgemeinschaft – darunter Madame Sun, Sun Fo, Eugen Chen, die Prohmes, Milly Bennett und Borodin – zusammen, um den Abend mit politischen Gesprächen, bei Tanz, Film und Singen ausklingen zu lassen. Es handelte sich, so ein Besucher, eher um eine »aufgeregte Gruppe von Erstsemestrigen« denn um ein wirkliches Revolutionswerk.[1093]

Mit Chiangs Verrat an der Revolution vom April 1927 geht auch Rayna Prohmes Zeit in Hankou dem Ende entgegen. Am 12. des Monats veröffentlicht die »People's Tribune« den Leitartikel »Expelled!«, womit das Ende der Zusammenarbeit zwischen linker Guomindang und Chiang Kai-shek gemeint ist.[1094] Dann geht alles rasch: Das angestrebte Bündnis Borodins mit dem »Christengeneral« Feng Yuxiang scheitert bei Verhandlungen in Zhengzhou, bei denen unter anderem auch Rayna und Anna Louise Strong dabei sind. Der Exodus der Russen beginnt, und am 18. Juli 1927 publiziert die »People's Tribune«, sozusagen Raynas letzte, folgenreiche Tat, Madame Suns »Erklärung an das chinesische Volk«, in der die »Grande Dame« offen ihre Gründe für den Bruch mit der Guomindang nennt. Nebst anderem habe diese die Prinzipien Sun Yat-sens verraten.[1095] Hankou wird aufgegeben, und Rayna und Madame Sun machen sich in einer Nacht-und-Nebel-Aktion auf, um per Schiff in das knapp tausend Kilometer entfernte Shanghai zu gelangen.¹⁰⁹⁶ Zurück in der »westlichen Zivilisation« (an der Rue Molière), schreibt sie ihrem ersten Ehemann von der Befriedigung in ihrem Leben in den vergangenen zwei Jahren. »Trotz des Kollapses der Revolution hier, bin ich auf dem Dach der Welt [on top of the world], vor allem dadurch, dass ich Kontakte hergestellt habe, die anregender sind, als ich es je erfahren habe.«¹⁰⁹⁷ Auch in Shanghai sind ihre Tage gezählt: Mitte August gelangt die ehemalige Wuhaner Gemeinschaft (ohne Borodin, der die Fahrt durch die Wüste angetreten hat, und ohne William Prohme, der auf Geheiß von Chen in Shanghai bleiben muss) in geheimer Mission – um Chiang Kai-sheks Häschern zu entgehen – von Shanghai mit dem Schiff nach Wladiwostok. Von dort geht die Fahrt mit dem luxuriösen Transsib nach Moskau, das sie am 7. September 1927 errreichen. Während dieser Reise hat sie Zeit, ihre chinesischen Freunde eingehender zu studieren: »Die Dame (gemeint ist Madame Sun – Anm. d. Verf.) spielt selbstverständlich kein Spiel. In der Tat, so denke ich, ist sie verwirrter als nur etwas. Es gelang mir noch nicht zu bestimmen, was die Revolution eigentlich für sie bedeutet. Ist es blinder Gehorsam gegenüber ihrem Ehemann oder eine aktive Triebkraft in ihr selbst? Wenn das Letztere gilt, muss sie noch vieles überwinden. Etwa das instinktive Zurückweichen vor Kontakten, eine beinahe pathologische Abneigung gegenüber allem, was nicht hunderprozentig sauber ist, sowohl gegenüber Sachen wie Personen, und dann der Impuls, immer von hübschen [nice] Dingen umgeben zu sein.«¹⁰⁹⁸

In Moskau erst nimmt Rayna Prohme zum ersten Mal richtig wahr, dass die Irrfahrt hier in der UdSSR aus politischen Gründen ein Ende nehmen muss. Zwar verläuft die Ankunft im Bahnhof der sowjetischen Hauptstadt noch feierlich (mit einem Begrüßungskomitee von Karachan bis zum späteren Außenminister Litwinow), und die ersten Tage verbringt sie zusammen mit Madame Sun in einem exquisiten Gästehaus der Regierung, das ausgewählten Besuchern zur Verfügung gestellt wird. Schon bald jedoch muss sie auf Wohnungssuche gehen, zumal sich herausstellt, dass die ehemalige Wuhaner Regierung, die einstige »linke« Guomindang, hier im frostigen Klima keine Exilregierung wird bilden können. Vergleiche mit China drängen sich auf: »Eine Stadt, selbst so westlich wie Moskau, erzeugt ein komisches Gefühl nach der Zeit in China. Ich starre Leute mit offenem Mund an, wenn sie sagen, dass die Stadt dreckig ist ... Erst jetzt wird mir bewusst, wie dreckig und schwerfällig China ist ... So gerne ich China habe, ich kann auch spüren, wie einengend das Land auf einen wirkt.«¹⁰⁹⁹ Gerüchte überschlagen sich, etwa dass Eugene Chen Madame Sun geheiratet habe.¹¹⁰⁰ Die Beziehung der Witwe Sun Yat-sens zu Rayna erreicht daraufhin den Tiefpunkt, da Letztere angeblich diese auch im Westen verbreitete Meldung Madame Sun selbst vorenthalten habe.¹¹⁰¹

Im Lauf der Zeit fühlt sich Rayna Prohme von der Gruppe der ehemaligen chinesischen Revolutionäre immer mehr im Stich gelassen. »Im Durcheinander der Eindrücke gibt es zwei, die klar sind: der eine, dass ich mich erleichtert fühle, eine Weile von China weg zu sein, der andere, dass ich mich hier verloren fühle.«¹¹⁰² Dazu gesellen sich die Anspannung und Unsicherheit der Situation, das neue Klima, die Fremdheit von Ort und Sprache. Zwar besucht sie ab und zu Theater- und Opernaufführungen, wie beispielsweise »Romeo und Julia« oder »Carmen«, doch ihre Lebensfreude nimmt spürbar ab, was sich auch durch die Ankunft Borodins in Moskau nicht ändert. Ebenso trägt Anna Louise Strong wenig zur Besserung ihres Befindens bei, im Gegenteil: Infolge ihrer Begleitung Borodins auf dessen Rückreise hält sie sich allein für berechtigt, über die gescheiterte chinesische Revolution zu berichten. Vincent Sheean, der Rayna (über andere Wege) nach Moskau gefolgt ist, schreibt, dass sie sich mit dem Gedanken getragen habe, in die Kommunistische Partei der UdSSR einzutreten.[1103] Anfang November besucht sie die Feierlichkeiten zum Jahrestag der Oktoberrevolution, eine Veranstaltung, wie sie sie nie im Leben zuvor gesehen hat. Ihren letzten öffentlichen Auftritt hat sie im Kongress der Freunde der UdSSR anlässlich einer Medaillenvergabe an die deutsche Kommunistin Clara Zetkin. Wenige Tage danach, am 21. November 1927, stirbt sie an einer Hirnhautentzündung im Moskauer Savoy-Hotel. Sechs Tage später wird sie im Schneegestöber durch Moskaus Straßen zu Grabe getragen, am Leichenzug nehmen fast die gesamte exilierte Wuhaner Schicksalsgemeinschaft (ohne Borodin), chinesische Studentenvertreter der Sun-Yat-sen-Universität und russische Freunde teil.[1104]

Damit endet das noch junge Leben einer ungestümen und unbekümmerten, manche glaubten naiven Frau, die, so Milly Bennett, eine Freundin von ihr, »völlig besessen war von der Idee eines freien China, einer aufgeklärten, demokratischen Republik China«.[1105] Die »New York Times« vergleicht Rayna Prohme mit John Reed, einem jungen amerikanischen Beobachter der Oktoberrevolution von 1917 und schreibt, sie gehöre zur seltenen Gruppe von Menschen, die sich »ohne jede Rücksicht, selbstopfernd und von ganzem Herzen« für eine Sache einsetzten.[1106] Ein chinesischer Gesprächspartner von Li Dazhao, der sechs Monate zuvor von den Truppen Zhang Zuolins nach dem Überfall auf die sowjetische Botschaft in Beijing hingerichtet worden war, zitiert eine Äußerung von diesem über sie mit den Worten: »Sie arbeitete für uns hier für eine beträchtliche Zeit, beklagte sich jedoch mit keinem Wort, obwohl wir damals große Schwierigkeiten aller Art zu gewärtigen hatten.«[1107]

Milly Bennett, Raynas Freundin und zugleich Assistentin in China, von der oben die Rede war, ist am 22. Mai 1897 in San Francisco als Mildred Jacqueline Bremler geboren.[1108] Auch ihr Leben verläuft nicht geradlinig, sondern abenteuerlich, mit der Beteiligung an gesellschaftlichen Umwälzungen und unter persönlichen Schicksalsschlägen. Wie Rayna Prohme hat sie nichts mehr mit dem Glauben ihrer jüdischen Vorfahren zu tun. Ihre Mutter kam aus einer wohlhabenden deutsch-jüdischen Familie, der Vater stammte aus Posen (Poznan).[1109] Bereits mit 17 Jahren träumt sie vom Schreiben als Beruf: »Ich würde eine Reporterin sein, eine Schriftstellerin, eine internationale Figur. Eine Zeitungsfrau. Ich würde um die Welt rasen. Ein Krieg hier, eine Krönung dort. Eine Überschwemmung, eine Hungersnot, eine Revolution oder auch zwei. Alles in meiner täglichen Arbeit. Als Autorin würde ich mit den Berühmten, den Reichen, den Schönen verkehren. Die großen Bücher würden nur so aus meinen Poren fließen.«[1110] Der letztgenannte Traum erfüllt sich nicht, andere Ideen verwirklicht sie teilweise, etwa den Wunsch, Augenzeugin von Umwälzungen und Kriegen zu sein: Sie ist in China (1927), in der Sowjetunion (1931–1936) und anschließend in Spanien (1936–38) dabei, als von professionellen Revolutionären Geschichte geschrieben wurde. Millys Art des Herangehens an gesellschaftliche Phänomene ist einfach, doch erfolgversprechend: »Ich notierte, was ich sah, was ich hörte und was um mich herum vorging. Dadurch war es unvermeidlich, dass ich mir über Personen, die mit den Aufgaben einer Revolution und den dazugehörigen Methoden beschäftigt waren, gewisse Schlussfolgerungen bildete.«[1111] Diese Art der Reportage erinnern an die Worte von Ernest Hemingway, der ihr zur Zeit des Spanischen Bürgerkriegs rät: »Wenn du niederschreibst, was Leute wirklich machen und sagen, dann spürst du, dass du gut schreibst. Wenn du aber schreibst, was sie hätten machen oder denken sollen, dann wirst du merken, dass das schlechtes [rotten] Schreiben ist.«[1112] Milly Bennett schreibt im Vorwort zu ihren »Erinnerungen«, dass sie weder eine vorgefasste Meinung über die Weltrevolution gehabt noch sich dieser Idee emotional hingegeben habe. »Ich wurde nie zum Konvertiten, obwohl ich bei einer Gelegenheit nur gerade haarscharf daran vorbeirutschte.«[1113] Sie gewinnt nach langen und schmerzlichen Erfahrungen eine Einsicht, die sie befähigt, zwischen Realität und Wunschdenken, Mittel und Zweck zu unterscheiden: »Ich realisierte, dass Demokratie mehr ist als eine Regierungsmethode [method of government]. Es ist eine Art zu leben. Sie verkörpert, was wir (Amerikaner) über Ehre, Fairness [fair play] und Anstand unter den Menschen verstehen. Diese Werte ersetzen die Kommunisten durch Zweckmäßigkeit.«[1114]

Mit zwanzig Jahren arbeitet sie freiberuflich für den »San Francisco Daily«, ein Jahr später reist sie nach Hawaii, wo sie Mike Mitchell heiratet. Dort lernt sie auch Rayna Prohme kennen, der sie im Sommer 1926 nach China folgt, fast ohne Kenntnisse über ein Land, in dem sie ein Jahr im Dienste der Revolution tätig sein würde. Die Hitze in Shanghai macht sie fast krank; dazu gesellen sich Lärm und Tempo einer Großstadt: »Bang. Bang. Bang. Das können lediglich die Blechbläser eines chinesischen Orchesters sein. Bang. Bang. Bang. Das ist dieser schmetternde Ton, der so rastlos und heftig ist, so formlos und fordernd wie das große China selbst.«[1115] Die Beschreibung der Huangpu-Metropole ist wenig schmeichelhaft: »Nimm die abscheulichste und stinkendste Region, die du je in deinem Leben gesehen hast. Und dann breite sie wahllos über Gassen und Seitenwege einer riesigen und wuchernden Stadt aus. Das ist Shanghai.« Das Ende des westlichen Luxus inmitten des chinesischen Elends ist für Milly mit Händen greifbar: »Oh, the whole giddy, reckless, sycophanic, leeching life of the outport going on there ... the old China Hands reeling their heels to the funeral music that was their own.«[1116] [Oh dieses gesamte verrückte, ruchlose, speichelleckerische, blutsaugerische Leben, das in diesem Außenhafen vor sich geht ... die Old China Hands, die ihre Fersen drehen zu einer Trauermusik, die ihre eigene ist.] Der Aufenthalt in Shanghai ist kurz, in Peking ruft die Arbeit: Sie soll die Prohmes, die von Eugen Chen nach Kanton abkommandiert werden, ersetzen, die Arbeit bei der Zhong-Mei New Agency übernehmen.

Milly Bennett ist anfangs völlig hilflos in einer Stadt, die damals vom Kriegsherrn Zhang Zuolin beherrscht wurde. Aber auch sie macht, wie das Ehepaar Prohme vor ihr, Bekanntschaft mit einer Reihe von Anhängern der chinesischen Revolution, Chinesen wie Westlern, die der noch jungen Frau bei der Erfüllung ihres Auftrags behilflich sind: ein gewisser Farstan T. Sung, Vorsitzender des Verwaltungsrats

II. Individuen, Biographien und Lebenswelten

dieser Nachrichtenagentur der Guomindang; Li Dazhao, der inzwischen in der sowjetischen Botschaft Zuflucht gefunden hat; Joseph (Joe) Mussin, der Tass-Korrespondent; James (Jimmy) Dolsen, ein US-Journalist, der verdeckt für sowjetische Organe arbeitet; die weniger verdächtigen Zeitungsleute Randall Gould oder Wilbur Burton und drei chinesische Übersetzer, die ihr helfen, aus der chinesischen Presse die wichtigsten Nachrichten herauszufiltern.[1117] Milly Bennetts Beschreibung Li Dazhaos ähnelt derjenigen von Rayna Prohme: »Ich hatte schon Dutzende von Personen getroffen und interviewt, darunter die Präsidenten Taft und Wilson, auch Marschall Foch ... Tagore und viele andere. Immer hatte ich, wie der Rest der Welt auch, von ›großen Männern‹ geschrieben. Jetzt, zum ersten Mal in meinem Leben, schrieb ich es nicht, sondern ich spürte es: Das ist in der Tat ein ›großer Mann‹. Das hatte ich gefühlt, und das konnte ich verstehen.«[1118]

Milly Bennetts Pekinger Tage sind ausgefüllt mit Besuchen von Pressekonferenzen auf der sowjetischen, amerikanischen und japanischen Botschaft, gelegentlich mit Treffen im Grand Hôtel des Wagon Lits. Sie realisiert, dass die Japaner besser über chinesische Verhältnisse informiert sind als die Chinesen selbst, aber auch als die Amerikaner. Die Russen wiederum setzen sich deutlich weniger ab von den Einheimischen als Angehörige anderer westlicher Staaten. Zu Beginn lebt Milly in einem sogenannten »siheyuan«, dem für Peking typischen Anwesen mit ebenerdigen Häusern um einen viereckigen Hof. In der Da Bo Ge Shi 2 (der Straße des großen Taubenmarktes) sind auch die Büroräume der Nachrichtenagentur untergebracht. Erst als sich die Situation im Gefolge des erfolgreichen Nordfeldzugs der Nationalisten zuspitzt, wird die Lage auch für sie ungemütlich, und sie zieht in das von einem Schweizer Ehepaar geführte Hôtel du Nord im Gesandtschaftsviertel um. Nebst ihrer Arbeit kostet die Amerikanerin die für sie fremde, exotische Umgebung aus, mit Spaziergängen in der Stadt »ihrer Jugendträume«: Karamelkarawanen, die aus der Gobiwüste kommend Peking durch das Hademen-Tor betreten; die gewaltigen Stadtmauern; einige Streifen von Ackerland; die ruhig im Dunst liegenden Hutongs; die verworrenen Gassen der Noch-Hauptstadt; die langsam dahintrottenden Eselkarren oder der saphirblaue See mit der Kuppel des Lamatempels. »Peking gehörte mir. Ein aufregender, belebender Ort, eine Art ›Arabische Nächte-Stadt‹. Der weiße Alabasterzauber des Himmelstempels. Das Goldene und Lapislazuliblaue der Verbotenen Stadt. Der gelbbraune Herbsthimmel über den Westbergen.«[1119]

Die Idylle hat für sie ein Ende, als ihre Tätigkeiten im Dienste der Revolution den Truppen Zhang Zuolins endgültig zu bunt werden. Auch die Vertreter der westlichen Mächte, allen voran die amerikanische Botschaft, haben genug von den Umtrieben Milly Bennets: Im Frühjahr 1927 – Milly hat die Plünderung westlicher Vertretungen in Nanking und die Ermordung von fünf Ausländern nicht wie andere westliche Presseerzeugnisse alleine den Nationalisten zugeschrieben – muss sie Beijing Hals über Kopf verlassen.[1120] Über den Umweg über Tianjin, Shenyang (Mukden) und Dalian erreicht sie schließlich – per Schiff – wieder Shanghai. Im Zug nach Mukden in der südlichen Mandschurei findet sie nochmals Zeit für Gedanken über das Reich der Mitte und die chinesische Bevölkerung:

»China. China. Aching, breaking, frightful, starving, stinking, lousy China. Those rude, dismal creatures in their wilted grey uniforms on the seat, on the floor all around me were human beings. They were people. They were men. What chance did they have for love, for work, for hope? Where was China and who was God that He had forgotten them?«[1121] [China. China. Das schmerzende, zerbrechende, schreckliche, hungernde, stinkende und widerliche China. Diese rüden, kläglichen Kreaturen in ihren grauen, abgeschlafften Uniformen auf den Sitzen und dem Boden: Alle um mich herum waren menschliche Wesen. Sie waren Leute, sie waren Menschen. Welche Möglichkeit besaßen sie für Liebe, Arbeit oder Hoffnung? Wo war China, und wo war Gott, der sie vergessen hatte?]

Millys Aufenthalt in Shanghai ist kurz, sie will sofort weiter zu Rayna Prohme nach Hankou. Auf einem deutschen Frachtschiff macht sie die beschwerliche Reise flussaufwärts zur revolutionären Hochburg. Auf dem Boot hört sie die Deutschen sagen: »Uns Deutschen ist es egal, ob China nationalistisch, monarchistisch oder kommunistisch ist! ... Wir sind aufs Geschäften und nichts anderes aus!«[1122] In Hankow fungiert sie als Raynas rechte Hand, und sie bringt – so der Russe Mark Kasanin in seinem Buch »China in the Twenties« – ein »vielbenötigtes Element an Humor, welches die Stimmung erhellte«.[1123] Auch sie ist, wie viele Beobachter jener Ereignisse, von der Persönlichkeit Borodins gefesselt, bemerkt aber, im Gegensatz zu anderen, gleichzeitig seine Schwächen: »... Er war nicht geeignet für den Posten, zu dem er in China berufen wurde ... Ich sehe in Borodin ... einen eitlen Zeitgenossen, der gut aussah und großen Charme versprühte. Ein guter Schauspieler, witzig, einfallsreich, zivilisiert, anpassungsfähig. Auch weich, romantisch und unbeständig. Er ist zerstreut, und es fehlt ihm völlig an Organisationsfähigkeit.«[1124] Auch Millys China-Erfahrungen enden mit dem endgültigen Sieg Chiang Kai-sheks über die »linke« Guomindang. Für die noch junge Amerikanerin war es eine Begegnung mit einer Revolution, die für sie erst den Beginn von Umwälzungen darstellte, mit denen das Reich der Mitte während des gesamten 20. Jahrhunderts konfrontiert sein würde:

»You've got a long row to hoe, Citizen Liu. Let me predict in this land of the unpredictable and the surprise packages that your first hundred years are going to be the hardest.«[1125] [Sie haben eine schwere Aufgabe vor sich, Bürger Liu (gemeint ist Liu Shaoqi, Chinas späterer Staatspräsident – Anm. d. Verf.). Lassen Sie mich voraussagen, dass in diesem unberechenbaren Land voller Überraschungen die ersten einhundert Jahre die schwierigsten sein werden.]

Nach dem Fall Wuhan/Hankou geht Milly Bennett zurück in die USA, wo sie für einige Nachrichtenagenturen arbeitet und auch einige Reportagen über China verfasst.[1126] 1931 fährt sie, möglicherweise aus Langeweile im Anschluss an ihr China-Abenteuer, nach Moskau, wohin sie von Anna Louise Strong eingeladen wurde. Der Wiedereinstieg in die inzwischen nicht mehr sehr revolutionäre Lebenswelt der exilierten Wuhaner Gesellschaft scheint ihr nicht sehr schwer zu fallen: Bei der »Moscow Daily News« trifft sie wieder auf Borodin und die inzwischen in Moskau für diesen und seine Zeitung arbeitenden Söhne von Eugene Chen, Percy und Jack. In der sowjetischen Kapitale heiratet sie ein zweites Mal (1932), und zwar den homosexuell veranlagten Balletttänzer Jewgeni W. Konstantinow.[1127] Milly scheint es in Moskau, »einem seltenen Mix zwischen Orient und Okzident«, zu gefallen. Sie besucht Opern (Mussorgski), reist im Land herum und beobachtet die neue Politbühne. Wenige Monate vergehen, und sie wird gewahr, dass Klassen durch Revolutionen nicht abgeschafft, sondern lediglich umgeschichtet werden: »Wenn eine herrschende Klasse niedergeschlagen wird, kommt eine andere an ihrer Stelle.«[1128] Obwohl Milly viele Mängel, viel Dreck und Elend im Arbeiter- und Bauernparadies sieht, liebt sie das Land: »Ich liebe Russland und die Russen. Ich habe mich oft gewundert, weshalb sich die deutschen Juden für besser halten als die russischen Juden ... Einige der klügsten Männer in der Regierung sind russische Juden. Und glaube mir, das ist eine großartige Regierung, die 14 Jahre lang der Welt getrotzt hat.«[1129] Nebst ihrer Tätigkeit bei der »Moscow Daily News« arbeitet sie auch freiberuflich für Zeitungen im Ausland, etwa für die »New York Times«. Unter »Russia's New Hero Sticks To Mine« beschreibt sie dort beispielsweise ihre Begegnung mit Aleksei G. Stachanow, dem berühmtesten Modellarbeiter und Propagandawerkzeug der Sowjetära.[1130] 1936 verlässt Bennett die Sowjetunion, um ihren Liebhaber in Spanien zu treffen. Dieser stirbt in Kampfhandlungen als Mitglied einer internationalen Freiwilligen-Brigade. Sie heiratet ein drittes Mal, einen Amerikaner, der 1949 bei einem Unfall ums Leben kommt. Von Verlust und Schmerz gezeichnet und nach einem mehrjährigen Aufenthalt in einer psychiatrischen Klinik nimmt der Lebens- und Leidensweg dieser außergewöhnlichen Frau, die in ihrem Heimatland kaum bekannt war, geschweige denn in Europa, am 6. November 1960 ein Ende.[1131]

»Ignatius Timothy Trebitsch alias Trebitsch Lincoln alias Timothy Lincoln alias Jackson James Lamprecht Trautwein alias Tandler alias Keehan Patrick alias Lohmand Theodore Tolnai Ludwig alias Hermann Ruh alias Anagarica F[P]ukkosaty ...« So beginnt eines der Dutzenden Memoranda der Shanghai Municipal Police über den am 4. April 1879 im ungarischen Paks an der Donau (als eines von vierzehn oder sechzehn Kindern des strenggläubigen jüdischen Kaufmanns Nathan Trebitsch) geborenen *Ignácz Trebitsch*.[1132] Trotz aufwendiger Nachforschungen seines Biographen Wasserstein bleiben zahlreiche Stationen von dessen geheimnisvollem Leben (der britische Historiker wählt für den Titel seines Buchs den Plural) im Dunkeln. Überdies hat die Nachwelt damit zu kämpfen, dass Trebitsch-Lincoln zwar selbst zwei Autobiographien verfasst hat, beide jedoch cum grano salis gelesen werden müssen.[1133] Trebitsch selbst: »Bevor ich begann, Buddhismus zu praktizieren, war ich der vollendetste Lügner auf der Welt; nachdem ich jedoch die Doktrinen Buddhas angenommen hatte, ist es für mich unmöglich geworden zu lügen.«[1134] Mit dieser Einschränkung muss, wer sich mit ihm beschäftigt, leben. Noch deutlicher drückt es Douglas Reed aus. Er meint, Trebitsch-Lincoln sei ein Mann »ohne Wahrheit, ohne Ehre, ohne Treue«.[1135]

Trebitsch-Lincoln hätte in jungen Jahren wohl nie gedacht, dass er – obwohl kein Flüchtling im eigentlichen Sinne, doch allemal ein Vertriebener und Gejagter über alle Kontinente hinweg – einst im Reich der Mitte seine ewige Ruhe finden wird. Auch nicht, dass im Verlaufe seines Lebens Tausende von Akten mehrerer Regierungen, Gesandtschaften und Geheimdienste über ihn angelegt werden würden: mit Aufzeichnungen über seine exotischen Reiseziele, die mannigfachen Tätigkeiten und seine verdächtigen Begegnungen mit anderen, nicht weniger zwielichtigen Personen. Ignácz erhält, wie seine Brüder auch, eine orthodox-religiöse Erziehung. Im damaligen Pressburg lernt er Deutsch, bevor er in Budapest eine Schulausbildung beginnt. Wegen des Diebstahls einer Golduhr verlässt der noch nicht Zwanzigjährige das europäische Festland Richtung England. Ein Jahr später reist er zurück nach Ungarn, versucht sich als Journalist und endet erneut als Dieb. Diesmal führt ihn die Flucht nach Deutschland und zur Abkehr von seinem Glauben. 1899 lässt er sich in Hamburg zum Presbyterianer bekehren. Dann folgt ein kurzes Zwischenspiel bei den Lutheranern, eher er sich nach Kanada ausschifft. Dort soll er die Seelen jüdischer Einwanderer aus Osteuropa zum Christentum bekehren. Dabei wenig erfolgreich, kommt er auf die glorreiche Idee, die anglikanische London Society könne die Presbyterianer-Mission in Montreal übernehmen.

Die Hoffnung auf Geldsegen, die sich jedoch nicht erfüllte, brachte den noch nicht Fünfundzwanzigjährigen zurück nach Europa: zuerst nach Deutschland, dann nach England. Der Tod seines Schwiegervaters (Ignácz hatte die Tochter eines deutschen Schiffskapitäns geheiratet) und die daraus resultierende Erbschaft ermöglicht ihm die Loslösung von der Kirche und die Rückkehr in ein bürgerliches Leben.[1136] Und auch in diesem bewegt er sich wie ein Fisch im Wasser. Er kommt in Kontakt mit dem Quäker und Philanthropen Benjamin Seebohm Rowntree, dem Spross des Gründers eines bekannten Süßigkeitenkonzerns. Als dessen Privatsekretär und Forschungsassistent reist er in ganz Europa herum und gewinnt in den Jahren 1906–1909 Einblicke in die Welt der Reichen und Berühmten. Seine Arbeit steigt ihm zu Kopf, und es ergeben sich Züge eines sich abzeichnenden Größenwahns. 1910 wird er, mit Unterstützungsschreiben von Lloyd George und Winston Churchill ausgestattet, überraschenderweise und äußerst knapp zum Abgeordneten der Liberalen ins britische Parlament gewählt. Seine Karriere als Abgeordneter währt nicht lange, doch findet sich von ihm eine zum damaligen Zeitpunkt progressive Wortmeldung im »House of Commons« am 13. Juni 1910. Dabei ging es um die britische Administration in Ägypten, die ein konservativer Abgeordneter mit dem Hinweis auf die »überlegene weiße Rasse« verteidigt. Trebitsch antwortet:

»Ich bin der Meinung, dass wenn der weiße Mann andere Rassen, die wir als minderwertig bezeichnen, lediglich mit Waffengewalt regieren kann, dessen Prestige bereits verloren ist. Ich sage das offen, und ich gestehe, dass ich selbst ein Orientale bin. Ich habe orientalisches Blut in meinen Adern, und ich kann nur über die Auffassung der verehrten Mitglieder der Opposition lachen, die meinen, die Orientalen müssten eine andere Behandlung erfahren als andere Menschen.«[1137]

Trebitschs Zwischenspiel als Politiker bringt ihm zumindest für kurze Zeit (knapp ein Jahr und nicht ohne Skandale) Publizität ein, die Erfüllung einer seiner größten Begierden. Danach versucht er sich als Geschäftsmann mit galizischen Ölpiplines und Ölbohrungen in Rumänien. Der Erste Weltkrieg macht ihm einen Strich durch die Rechnung. Um seine finanzielle Lage steht es denkbar schlecht. Er betätigt sich als Spion und später gar Doppelspion (für Deutschland und England). Alles mit mäßigem Erfolg, was ihn selbst nicht daran hindert, sich in den USA in den Medien als deutscher Spion zu brüsten. England beantragt seine Festnahme und Auslieferung, wegen Betrugs, nicht aber – Trebitschs Eitelkeit erhält einen Dämpfer – wegen Landesverrats. Noch bevor die Ausschiffung stattfindet, erscheinen seine »Enthüllungen eines internationalen Spions«. Von 1916 bis 1919 sitzt er seine Strafe in England ab und wird, nachdem man ihm die Staatsbürgerschaft aberkannt hat, des Landes verwiesen. Zuerst denken die Engländer begreiflicherweise an seine frühere Heimat Ungarn, wo gerade (März 1919) Bela Kuns kurzzeitige Sowjetrepublik erstanden ist. Doch überlegt man es sich bei Scotland Yard anders, Trebitsch-Lincolns Psyche wohl nicht ganz falsch einschätzend: »Lincoln ist wahrscheinlich bedeutend fähiger als irgendein Mitglied der kommunistischen Regierung, und er könnte leicht zu einer Art Lenin in Mitteleuropa werden.«[1138]

Schließlich fasst Trebitsch-Lincoln in Deutschland Fuß, und das nicht allzu leise: Er knüpft Bande mit rechtsstehenden Kreisen, vor allem zu Oberst Max Bauer, einem Mitarbeiter General Ludendorffs.[1139] Sein erklärtes Ziel ist es, die Monarchie wiederherzustellen und den ehemaligen Kronprinzen Wilhelm auf den inzwischen verwaisten Kaiserthron zu bringen. Auch beim missglückten Kapp-Putsch vom März 1920 hat Trebitsch seine Hände im Spiel. Er verlässt Berlin Richtung Bayern, um sich dort der Weißen Internationale, einer Vereinigung von in ihrer Ehre verletzten Militaristen und Reaktionären, anzuschließen. Konspirative Besuche in Wien und Budapest runden die Stationen dieser europäischen Wanderjahre ab, die damit enden, dass er schließlich, nachdem er von einem Mordkomplott gegen ihn gehört hat, die Weiße Internationale an den tschechischen Nachrichtendienst verrät (seine gestohlenen Dokumente erwiesen sich später als Fälschungen). Was folgt, sind einmal mehr Verhaftung, Prozesse und Ausweisungen, zuerst in Wien, später in den USA. 1922 beginnt Trebitschs Odyssee im Fernen Osten, wo er in China sein neues Betätigungsgebiet findet: »Es war Verrücktheit meinerseits, diese Reise nach China mit nur gerade sechshundert Dollars zu unternehmen. Ich konnte kein einziges Wort Chinesisch, und ich hatte auch keine Beziehungen zu diesem Land.«[1140]

Weshalb Trebitsch-Lincoln sich dem Reich der Mitte zugewendet hat, ist nie eindeutig geklärt worden. Vielleicht, weil er dort im beinahe rechtsfreien Raum seinen dunklen Geschäften besser nachgehen konnte, möglicherweise, um vor der Verfolgung seiner steigenden Zahl von Feinden sicher zu sein. Glaubt man seinen eigenen Äußerungen, ist es sein schier krankhafter Hass auf England, der sich im Verlaufe der nächsten zwanzig Jahre zu einer Art Psychose mit paranoiden Zügen entwickelt: »Ich war nie in China; ich kannte dort niemanden, und ich trug auch kein Empfehlungsschreiben auf mir. Aber ich verfolgte einen Plan, der vorsah, dass ich in die westlichste Provinz Chinas gehen würde, nach Sichuan. Denn dieses lag direkt neben Tibet, und meine Absicht war, in Zentralasien Ärger zu machen.«[1141] Shanghai ist Trebitschs erste Station. Von dort versucht er sogleich, ins Innere Chinas vorzudringen, »wo es möglich wäre, dass ich Erfolg als ›Re-Organiser‹ haben würde«. Über Hankou gelangt er – immer gemäß seinen Berichten – auf einem Schiff nach Chongqing und wieder zurück, flussabwärts, nach Yichang. Dort residiert 1922/23 der Militärmachthaber Yang Sen, damals gerade aus seiner Hochburg in Chongqing vertrieben. Trebitsch überzeugt Sen, mit dessen Gegner Wu Peifu, einem der mächtigsten nördlichen Warlords jener Zeit, ein Bündnis einzugehen (das schließlich – mit oder ohne Trebitsch – im Frühjahr 1923 auch geschlossen wird):

»Ich wusste genau, was ich im Plan vorschlagen wollte. Alles, was ich zu tun hatte, war, die Erfahrungen vom Rest der Welt den chinesischen Bedingungen anzupassen ... Trotzdem, der Plan musste umfassend sein, detailliert, und vor allem durfte ich, darin lag die größte Schwierigkeit, keinen Fehler machen. Nirgends konnte ich meine Unkenntnis chinesischer Verhältnisse verraten oder in Konflikt mit der chinesischen Psychologie kommen.«[1142]

Trebitschs Ruhm steigt, glauben wir seinen Schilderungen, im Verlaufe des Jahres 1923 noch weiter, und zwar als er von Wu Peifu, dem er sich gleichfalls als Ratgeber empfiehlt, in Luoyang zu seinem persönlichen Berater ernannt wird. Stimmt die Geschichte, könnte man sich ihn wohl am ehesten als eine Mischung aus PR-Agent, Möchtegern-Finanzverwalter und Waffenhändler vorstellen. Leider dementierte Wu Peifu 1925 in der Presse jegliche Verbindung zu Trebitsch-Lincoln.[1143] Quellenmäßig gesichert sind hingegen Trebitschs gescheiterte Versuche, auf Reisen mit chinesischen Delegationen nach Europa um deutsche Anleihen zu werben. Mit zunehmender Dauer seines Aufenthalts in China sieht Trebitsch ein, »dass diesen chinesischen Generalen Geld alles bedeutetet, ihr Land dagegen nichts«.[1144] Ob er, der beteuerte, »ein Faktor in Chinas politischem Leben geworden zu sein«, sich in diesem Spiegel vielleicht selbst sah? Jedenfalls bewirkt das Erstarken der Guomindang in den nachfolgenden Jahren ein Ende seiner Beraterkarriere in China. Einmal mehr steht der jüdische Konvertit, »dieser Erzgauner und Hochstapler«, vor einem finanziellen Scherbenhaufen.[1145] In Trebitschs eigenen Erinnerungen ist er eine graue Eminenz, einer, der fest davon überzeugt ist, Geschichte beeinflussen zu können. Seine Gegner hingegen halten ihn für einen Schwindler, Betrüger und maßlos übertreibenden Prahlhans.

Trebitschs Rückzug von der chinesischen Politbühne bedeutet nicht das Ende seiner Beziehungen zum Reich der Mitte. Zwar sucht er kurzzeitig Kontakte nach Europa zu knüpfen, doch England lässt ihn ein weiteres Mal abblitzen (nicht dagegen die Presse, die seine China-Geschichten in reißerischem Stile publiziert).[1146] Gekränkt wendet sich Trebitsch vom alten Kontinent ab, um in den USA einen Neubeginn zu versuchen. Er sieht sich als Opfer, als Missverstandener. Auf ihn, der China ja lediglich helfen möchte, wird nicht gehört: »Es war während des ganzen Lebens mein Unglück, dass ich mit Dummköpfen verkehrte, die all meine Bemühungen zunichte machten. So war es auch in China. Ich war dort dermaßen erfolgreich, weit über das hinaus, was je ein Ausländer erreicht hatte. Aber als der Krieg ausbrach, wollte Wu Peifu nicht auf mich hören.«[1147] Trebitsch muss damals großen psychischen Schwankungen ausgesetzt gewesen sein. Seine Gedanken bewegen sich zwischen innerem Rückzug und Attacke nach außen; seine Stimmung ist depressiv und sein Geist ist wirr. Um Englands Liebkind zu werden, preist er das britische Weltreich als »größte politische Institution auf Erden«. Und er will wieder zurück nach China, was britische Beamte zur Feststellung veranlasst: »Lincoln ist ein bisschen verrückt, und man sollte Anstrengungen unternehmen, seine Rückkehr nach China zu verhindern.«[1148] Trotzdem gelingt ihm die Rückkehr in den Fernen Osten, und zwar bereits im Sommer 1925 nach Tianjin. Dort macht er seine bis dahin wichtigste mystische Erfahrung, eine spirituelle Grenzerfahrung: »Am 27. Oktober 1925, es war im Astor Hotel in Tianjin, machte ich meine große Aufkündigung [I made the great renunciation]. Ich verließ die Welt ... Ich brach die Türen dieses wahnsinnigen Asyls auf – und schritt hinaus.«[1149]

Der Ankündigung folgte seine Zuwendung zum Studium der östlichen Religion, wie sie sich in der theosophischen Bewegung der Russin Helena Blavatsky manifestierte.[1150] Er bricht auf zum Hauptsitz nach Südindien, bleibt jedoch, als »Dr. Leo Tandler«, in Ceylon stecken und lernt, nach der Aneignung einiger Brocken Pali, die fundamentalen Prinzipien des Buddhismus kennen. In Ceylon erfährt Trebitsch vom Schicksal seines vom Tode bedrohten Sohnes, der in England nach einem Mord auf die Hinrichtung wartet. Sofort bricht er auf, um ihn ein letztes Mal zu sehen, doch ist es bereits zu spät. In der Folge geht er als »H. Ruh« mit gefälschtem Pass in die USA, wo er britische Beamte vergeblich bittet, ihm die Erlaubnis zur Reise nach Tibet zu geben. Seine Träume, sich im Hochplateau des Himalaya abseits jeglicher Zivilisation in ein Kloster zurückzuziehen (und wenn nötig Pläne gegen das britische Imperium auszuhecken), sollten sich zeitlebens nicht erfüllen, auch nicht sein Wunsch, eine Rolle in der lamaistischen Politik zu spielen. Im Oktober 1927 taucht er in Peking auf, was einen Angehörigen der britischen Gesandtschaft zum Ausspruch verleitet: »Man hätte ihn vor Jahren aufhängen sollen, statt ihn einfach als Verräter zu deportieren.«[1151] Vom Hôtel du Nord aus entfaltet er, dieses Mal unter dem Namen »Anagarika Pukkusati«, seine buddhistischen Aktivitäten, wobei er dadurch die theosophische Gruppe nicht nur einmal vor den Kopf stößt. Er beginnt sich auch wieder auf seine politischen Fähigkeiten zu besinnen: Er möchte wenn irgend möglich mit dem Panchen Lama – nach dem Dalai Lama Tibets zweiter geistiger Führer – in Verbindung treten. Es ist nicht bekannt, ob dies aus religiösem Grund geschieht, um Einlass in dieses heilige Land zu bekommen, oder – wie die Briten vermuteten – aus politischen Gründen: »Es scheint, dass LINCOLN von der sowjetischen Regierung bevollmächtigt ist, bei der Entfernung des PANCHEN LAMA behilflich zu sein. Das nämlich ist die Bedingung des DALAI LAMA für die Unterzeichnung eines Vertrags mit der Sowjetregierung, um Zugang über Tibet nach Indien zu bekommen.«[1152]

Trebitsch allerdings wird es auch in den nächsten Jahren (bis zum Tode des Panchen Lama im Dezember 1937) nicht gelingen, diesen Vertreter lamaistischer Geistlichkeit jemals zu Gesicht zu bekommen – zumindest ist bis heute nichts davon bekannt geworden. Was ihn allerdings nicht daran gehindert haben soll, sich selbst in jenem für China traumatischen Jahr als Inkarnation gleich beider Lamas auszugeben.[1153] Im August 1928 hält er vor dem Tianjiner Rotary Club einen Vortrag, der beim Publikum (mit Ausnahme des anwesenden britischen Diplomaten) gut ankommt. Trotz seiner angeblichen Abkehr von allem Politischen ist er immer noch fähig, Unruhen zu schüren. In seiner »*Autobiography of an Adventurer*« von 1932 sieht er England – wer mag sich nicht die Augen reiben? – als Bollwerk der Zivilisation gegen die bolschewistische Gefahr. Leider, so sein Schluss, bestehe seine persönliche Tragödie darin, dieses Land als Feind betrachten zu müssen.[1154] Kein Wunder, dass er ob so viel Paradoxie sich dazu entschließt, ein richtiger buddhistischer Mönch zu werden: Im Mai 1931 läuft die dazu notwendige Zeremonie (inklusive der obligaten Einbrennung von zwölf kleinen Sternen auf der Stirne) in einem Kloster bei Nanjing ab, wobei Trebitsch-Lincoln zu Chao Kung mutiert, wie er von da an auch genannt wird. Trotz dieser geistigen Erhöhung (er erhält den Titel eines Bodhisattva) findet er mit seinen inzwischen 52 Jahren keine Ruhe. Er sucht mehr, will sich noch immer in ein Kloster im Tibet zurückziehen oder dann nach Europa zurückkehren, um ein internationales buddhistisches Zentrum aufzubauen.

In Shanghai findet Chao Kung schließlich das Umfeld, welches es ihm ermöglicht, sein inneres Befinden im Rhythmus von »morbider Melancholie und mystischer Ekstase« auszuleben«.[1155] Seit seiner Ordination zum Mönch trägt er in der Öffentlichkeit keine westliche Kleidung mehr. In einem Brief an den Herausgeber der »North-China Daily News« schreibt er: »... Ich ging weiter in meinen Verbindungen mit dem chinesischen Volk als je ein Ausländer zuvor. Ich habe einen chinesischen Namen und trage immer chinesische Kleider. Ich bin der erste Ausländer, der in den uralten Orden der buddhistischen Mönche Chinas aufgenommen wurde.«[1156] Die anscheinend völlige Identifikation mit China trügt: Er ist weiterhin darum bemüht, Kontakte nach Übersee zu knüpfen, die Wandlung vom politisch orientierten Saulus zum religiös geprägten Paulus bleibt Stückwerk. Eine Kurzreise nach Europa im Sommer 1932 erlaubt ihm ein letztes Mal, deutschen Boden zu betreten und Werbung für den Buddhismus zu machen. Hitlers Amtsantritt schließt für Trebitsch die Pforten zum deutschen Reich endgültig, was dessen Bestreben um gute Beziehungen mit Nazi-Deutschland jedoch nicht beeinträchtigt.[1157]

In Shanghai rekrutiert Abt Chao Kung nicht ohne Erfolg ihm geistig verwandte Seelen. Ende 1933 werden er und ein Dutzend seiner »europäischen Jünger« unter den Augen zahlreicher Gäste, darunter Sowjetbotschafter Bogomolow, in einem Kloster bei Nanjing als buddhistische Priester und Nonnen geweiht.[1158] Ein paar Wochen später bricht er mit seinen »Schülern« auf, um den Buddhismus in den Westen zu bringen. Ziel ist die Eröffnung eines Klosters irgendwo in Europa. Dieses Mal endet die Wanderschaft in England, wo ihm die Einreise erneut verweigert wird. Der Prophet des Ostens muss die Rückreise nach China antreten, zuerst nach Shanghai, dann in ein Kloster in der Küstenprovinz Zhejiang. Seine finanziellen Mittel sind bescheiden, doch erhält er immer wieder Geld von buddhistischen Wohltätern, angeblich auch von der Frau des 1931 verstorbenen Silas Hardoon.[1159] Egon Erwin Kisch dagegen, der 1932 China besucht, schreibt über die Verbindung zwischen Trebitsch und Hardoon: »Herr Trebitsch-Lincoln, der die Hochstapelei liebt ... verbreitete eilig das Gerücht, er habe Hardoon zu Bud-

II. Individuen, Biographien und Lebenswelten

dha bekehrt. Doch ergab sich bald, dass Herr Trebitsch-Lincoln mit Herrn Hardoon nicht mehr zu tun hatte, als er mit Gautamo Buddha zu tun hat.«[1160] 1935/36 zieht Trebitsch in das nördlicher gelegene Tianjin, wo er von den Briten sowohl prosowjetischer als auch projapanischer Aktivitäten verdächtigt wird. Letztere sind bei den Verlautbarungen in englischsprachigen Zeitungen in China durch die von Trebitsch gegründete League of Truth ziemlich offensichtlich:

> »Die ganze Welt ist erfüllt von einer verlogenen antijapanischen Propaganda. All diejenigen, die eine bessere Ordnung der Dinge auf Erden als die abendländische Unordnung wünschen, müssen auf dieses Gerede und den Humbug Japan betreffend antworten. Als Einwohner Tianjins erkläre ich: ›Ich habe nie eine besser sich aufführende Besatzungsarmee gesehen als die japanische Armee. Sie belästigen niemanden … Sie sind freundlich und hilfreich zu den Leuten.‹ … Als ein Freund Chinas erkläre ich: ›Befreit euch vom verderbenden Einfluss der Guomindang und der Sowjets, befreit euch vom eigennützigen Einfluss der abendländischen Nationen, und ihr werdet Japan als treuen Freund finden …‹«[1161]

Doch auch diese erneute Wende in seiner politischen Einstellung bringt ihm keinen Frieden. Die »New York Times« schreibt über seine angebliche Verbindung mit Pu Yi, Chinas letztem Kaiser und Japans Marionette in der Mandschurei.[1162] Trebitsch plagt das Heimweh, er will zurück in seine Heimat, schreibt Ende 1937 einen Brief an Miklós Horthy, den Reichsverweser von Ungarn. »Gefoltert von Nostalgie, gebrochen an Körper und Seele, ein müder Wanderer auf dieser Erde kehrt zurück auf heimatlichen Boden«, äußert sich eine buddhistische Nonne, die seinen Wunsch in Ungarn überbringt.[1163] Doch der Ruf des Abenteurers nach Rückkehr zu seinen Ursprüngen bleibt unerwidert. 1938 kehrt Trebitsch, nunmehr endgültig, nach Shanghai zurück. Abgesehen von seinem Techtelmechtel mit den Nazis und einem Aufruf an Präsident Roosevelt, er möge ihn persönlich empfangen, um über den Weltfrieden zu sprechen, wird es nun still um den einstigen britischen Parlamentsabgeordneten.[1164] Einige Breitseiten gegen die unwissenden und undankbaren westlichen Staaten zeugen von einer nach wie vor ausgeprägten Paranoia: »Sollten die europäischen Regierungen nicht unverzüglich ihren Rücktritt erklären, würden tibetisch-buddhistische ›höchste Meister‹ diese eigenhändig eliminieren.«[1165]

Die japanische Besetzung Shanghais im Gefolge von Pearl Harbor scheint Trebitschs Leben nicht allzu stark einzuschränken. Hans Jacoby, ein jüdischer Flüchtling und Skizzenmaler, beschreibt ihn folgendermaßen: »In der letzten Zeit sah ich öfters einen großen, stattlichen Europäer, hochintelligentes Gesicht mit kurz gehaltenem, wohlgepflegtem weißem Vollbart in der Tracht eines buddhistischen Abtes. Er war meist in Gesellschaft eines oder mehrerer Chinesen. Gelegentlich auch eines Europäers. Ging er allein, war seine Körperhaltung kerzengerade, weil in Gesellschaft anderer, dann ging er leicht gebückt, taktvoll, seine Körpergröße dem anderen nicht zu überragend erscheinen zu lassen.«[1166]

Im Juli 1943 trifft Anna Ginsbourg in ihrer Eigenschaft als Korrespondentin der russischen Zeitung »Nascha Shisn« auf den inzwischen im ausländischen YMCA wohnenden barfüßigen, lediglich »weiche, chinesische Schuhe« tragenden Trebitsch, der, so Ginsbourg, das Aussehen eines »typisch jüdischen Rabbis mit schwarzen, lebhaften Augen, einer leicht hakenförmigen Nase und einem grauen Bart« hat. Befragt, ob er sich als Jude betrachte, erwidert er mit einem eingeschränkten Ja. Der ungarische Wandermönch legt seine Sicht einer unkultivierten Welt dar, tadelt die Juden für das »jüdische Problem« und kritisiert die Idee des Zionismus. Anna Ginsbourg verabschiedet sich von Abt Chao Kung mit dem Gefühl, »eine geniale und anziehende Persönlichkeit getroffen zu haben, einen buddhistischen Mönch mit all den Verdiensten eines großen Juden«.[1167] Drei Monate nach diesem Treffen, am 6. Oktober 1943, stirbt mit Ignatius Timotheus Trebitsch-Lincoln einer der zwielichtigsten Charaktere des 20. Jahrhunderts. Er hatte alle Talente dieser Welt, Gutes zu tun. Stattdessen verwendete sie der Hochstapler und Haudegen für persönliche Ambitionen, insbesondere zur Befriedigung seiner Geld- und Machtgier. Er war weder jüdisch noch christlich, noch buddhistisch, sondern eher sektiererisch, indem er seine jeweils eigene Weltanschauung mit missionarischem Eifer und messianischem Glauben verbreiten wollte. Trotz seines ruchlosen Gebarens stellt er mehr als eine Fußnote der Geschichte dar (immerhin bringt er es zu einem – wenn auch mit Fehlern behafteten – Eintrag in der »Encyclopaedia Judaica«).[1168] Sein Biograph Wasserstein bezeichnet ihn als einen Extremisten, als das charakteristische Produkt einer Ära des politischen Messianismus, in welcher weitverbreiteter Wahnsinn einen großen Teil der Menschheit befallen habe.[1169]

»Hätte General Two-Gun Cohen nie gelebt, hätte ihn Bernard Shaw mit Leichtigkeit erfinden können«, heißt es eingangs eines Artikels in der »New York Times« mit dem Titel »Dr. Sun's No. 1 Boy« über den am 3. August 1887 in einem polnisch-jüdischen Schtetl geborenen *Morris Abraham Cohen*.[1170] Mit Trebitsch-Lincoln, den er trotz seines langjährigen Aufenthalts in China wohl nie angetroffen hat, verbindet ihn einiges: die Verwicklung in kleinkriminelle Handlungen während der Jugendzeit, das Weltenbummlerdasein und insbesondere der Hang, die eigene Persönlichkeit in aufschneiderischer Art in den Vordergrund zu stellen. Auch Cohens Verhältnis zu in China stationierten britischen Beamten ähnelt streckenweise demjenigen von Trebitsch: »Er ist schlicht ein Abenteurer mit einem zwielichtigen Ruf«, notiert der britische Vizekonsul in Chongqing.[1171] Und schließlich findet Cohen ebenfalls Eingang in die »Encyclopaedia Judaica«. Der Eintrag ist allerdings mit einer Fülle von Übertreibungen und Unwahrheiten angereichert.

Morris Abraham Cohen wächst in Londons berühmt-berüchtigtem Stadtteil East End auf, in jenem Gebiet, das der Serienmörder Jack the Ripper als Ort seiner Verbrechen ausgewählt hat. Hier begleitet klein Abraham (den Namen Morris hat er sich erst später zugelegt) Vater Josef zur Synagoge und ist stolz, wenn dieser seinen Freunden mit kräftig-tiefer Stimme »Schalom« wünscht. In einer Welt der Armut und gleichzeitig der Freiheit versucht sich »Fat Moisha«, so sein Übername, in der britischen

II. Individuen, Biographien und Lebenswelten

Gesellschaft zu assimilieren. Mit achtzehn Jahren schicken ihn seine Eltern nach Kanada, ins unwirtliche Saskatchewan, damit er auf einer Farm seine überschüssige Energie abreagieren kann. Doch auch dort gerät er mit dem Gesetz in Konflikt. Zwischen Gefängnisaufenthalten verdient er sich sein Geld als Hausierer, Glücksspieler und Spekulant. Daneben bleibt ihm viel Zeit zur Pflege seiner Beziehungen mit Chinesen, die in der zweiten Hälfte des 19. Jahrhunderts in einer Art Goldgräberstimmung und später im Gefolge des Ausbaus des kanadischen Eisenbahnnetzes nach Kanada gelangt sind. Einem kantonesischen Restaurantbesitzer verdankt Morris bruchstückhafte Bilder über das, was im Reich der Mitte vor sich geht: »Ich schluckte nicht alles, was er mir erzählte, aber es erregte meine Phantasie ... Ich wusste selbst, was Armut und Verfolgung bedeutete ... Und obwohl ich China nie gesehen hatte, konnte ich mir vorstellen, dass das Leben eines Unterprivilegierten [underdog] dort noch viel schlimmer sein konnte als in der Welt des weißen Mannes.«[1172]

Im Februar 1912, der Kaiser hat gerade abgedankt und Yuan Shikai Platz als provisorischer Präsident gemacht, wird Morris Cohen von seinen chinesischen Freunden offiziell als Mitglied von Sun Yat-sens Revolutionsbund »Tongmenghui« vereidigt: »Ich trat die kurvigen, schäbigen Stufen hinab und hinaus aus dem kleinen, ärmlichen Lebensmittelladen ... und gelobte, mein Leben in den Dienst Sun Yat-sens, für den Sturz der Mandschu-Dynastie und die Befreiung des chinesischen Volkes zu stellen.«[1173] Bis es allerdings dazu kommt, vergehen noch Jahre. Während des Ersten Weltkrieges kämpft Cohen als Unteroffizier der kanadischen Armee in Frankreich, wo er mit für die Alliierten kämpfenden Chinesen in Kontakt kommt. Wie damals Trebitsch vor dem englischen Parlament kritisiert er seine Landsleute, welche die Orientalen nicht verstehen würden. Die nach dem Krieg einsetzende Verschärfung der Arbeitslosigkeit wird, wie in anderen Ländern auch, unter anderem der chinesischen Einwanderungswelle angelastet. Cohen will seinen chinesischen Freunden helfen, das Bild ihres Landes im Westen zu verbessern. 1922 beginnt sein Traum Wirklichkeit zu werden: Er schifft sich ein nach Fernost, von Freunden kurz vorher angefragt, ob er Sun Yat-sen einen kanadischen Eisenbahnbau-Unternehmer vermitteln könne. In Shanghai angekommen, nimmt Morris erst wahr, wie anders China ist: »Ich kannte viele Chinesen jeglicher Art und Herkunft. Als ich in ihrem Land ankam, erwartete ich, mich sogleich zu Hause zu fühlen. Aber dem war nicht so. Ich fühlte mich als Fremder in einem sehr sehr fremden Land, und ich fühlte mich einsam.«[1174] Wie viele andere vor und nicht wenige nach ihm trifft er auf eine exotische Welt im Reich der Mitte:

> »Ich hörte diese schreckliche chinesische Musik, die ich bis heute nicht leiden kann. Und dann das Klappern der Mah-Jongg-›Steine‹. Und ich lernte, sobald ich den Schrei eines ›Ohé‹ hörte, auf die Seite zu springen, denn das bedeutete, dass Träger hinter mir waren, entweder mit einem riesigen Topf voller Öl oder mit einem toten Mann in einem Korb ... Ich sah all die Schilder mit den vertikal geschriebenen Zeichen, die auf ein tatsächliches Bild von irgendetwas hindeuten, einen jedoch sich fragen lassen, was auf Erden sie bedeuten mögen ... Ich war jetzt gerade mal zwölf Stunden in China, und schon begann mir das Land unter die Haut zu gehen.«[1175]

George Sokolsky ist es, der den sechs Jahre älteren Morris Cohen bei Sun Yat-sen einführt, wobei dieser offenbar mehr von Madame Sun als vom Vater der chinesischen Republik beeindruckt ist: »Ich hatte erwartet, dass Madame Sun bezaubernd, liebenswürdig und würdevoll ist. Und sie enttäuschte mich nicht. Aber ich hatte nicht gedacht, dass sie so hübsch sein würde, wirklich eine Klassefrau [a peach into the bargain].« Mit dieser Begegnung an der Rue Molière 29 beginnt Morris' Verbindung zu Sun. Bis zum Tode des Führers der republikanischen Revolution ist er als dessen Leibwächter mit dem Titel eines Adjutanten – auf Morris' Visitenkarte standen die Worte A.D.C. für »aide-de-camp« (chinesisch: »fuguan«) – an dessen Seite. Er erledigt seine Arbeit gewissenhaft, geleitet Sun auf jeder Reise zwischen Shanghai, Hongkong und Kanton. Das ständige Tragen zweier Pistolen trägt ihm in den westlichen Gemeinden der Vertragshäfen den Beinamen »Two-Gun Cohen« ein, eine fast legendäre Bezeichnung, die ihn bis an sein Lebensende begleitet. Der Tod Suns, Morris Cohen ist gerade auf Heimaturlaub, trifft ihn schwer. Er kehrt zurück, um den Führern der Revolution und den möglichen Nachfolgern Suns als Kurrier oder Waffenhändler zu dienen: so etwa Sun Fo, Suns Sohn und Minister für das Kommunikationswesen, T. V. Song (»Moishe is keen as ever in his endeavors to tread the line without undue publicity«, schreibt er an Sokolsky[1176]), Wu Tiecheng, ab 1932 Bürgermeister von Shanghai, oder auch Marschall Li Jishen, einem Gefolgsmann (bis 1929) von Chiang Kai-shek.

Er ist Augenzeuge, als in Kanton im Dezember 1927 der kommunistische Aufstand niedergeschlagen wird. Er vermittelt den Guomindang-Größen Sun Fo, Hu Hanmin und C. C. Wu im Frühjahr 1928 verschiedene Treffen mit westlichen Politik- und Wirtschaftsführern in Europa, und er ist auch dabei, als 1929 das Sun-Yat-sen-Mausoleum zu Ehren seines früheren Bosses in Nanjing feierlich eingeweiht wird. Trotz dieser unmittelbaren Bezüge zum politischen Geschehen in China und dem Erscheinen zahlreicher, meist stark übertriebener Berichte in westlichen Medien über die ungewöhnliche Laufbahn und Tätigkeit des »Londoner Juden« in China spielt »Two-Gun Cohen« keine historisch wichtige Rolle, wie man sie z. B. Borodin zusprechen könnte. Was Cohen in der damaligen Zeit allerdings auszeichnet, ist seine Loyalität gegenüber der »chinesischen Sache«. Er war, was man heute einen Promotor nennen würde. Mit Enthusiasmus versucht er immer wieder, die westlichen Mächte, insbesondere England, zu einem freundlicheren Umgang mit China zu bewegen, um den sowjetischen Einfluss einzudämmen: »Obwohl er ein ungebildeter und einfach denkender Mensch ist, nimmt er es sehr ernst, als Politiker in enger Beziehung zu den Intrigen und Aktivitäten seiner Freunde von der Guomindang zu stehen ... Sein Thema war immer, dass die revolutionäre Bewegung in China nicht notwendigerweise antibritisch sein müsse ... Cohen ist ein Abenteurer mit einer zwielichtigen Vergangenheit, und in seinen Bemühungen, eben diesen Ruf vergessen zu machen, neigt er dazu, die Wichtigkeit seiner momentanen Position und die Größe seines Einflusses auf die Kantoner Beamten zu übertreiben. Trotz seines kanadischen Rufs habe ich ihn jedoch nie als unzuverlässig oder als nicht vertrauensvoll empfunden.«[1177]

In den Jahren 1929 bis 1936 arbeitet Cohen als Waffenbeschaffer für Chen Jitang, einen General von Chiang Kai-sheks Gnaden (zumindest bis zu seiner Festnahme). Zwar wird er in der westlichen

Presse als »Führer in der chinesischen Armee« bezeichnet, doch in Tat und Wahrheit führt er keine einzige Truppe, obwohl der Respekt ihm gegenüber mit der Ernennung zum Generalmajor ohne Zweifel zunimmt.[1178] Nach der japanischen Aggression gegen China 1937 setzt Cohen sich als Sprachrohr des »freien China« unermüdlich für westliche Unterstützung ein: »Hätte China so viele Waffen, wie es Sympathie besitzt, dann wäre der Krieg vorüber. China erwartet nicht, dass ausländische Soldaten für das Land zum Gewehr greifen. China hofft, dass diejenigen Nationen, die ihm freundlich gesinnt sind ... ihm bei seinen Bestrebungen, Kriegsgerät zu bekommen, behilflich sind.«[1179] Besucht Madame Sun die Hauptstadt Guangdongs, weicht Moishe, der von ihr eine Art Pension als Dank für seine Dienste an Sun Yat-sen erhält, nicht von ihrer Seite. In Shanghai und Chongqing macht er Bekanntschaft mit Emily Hahn, die ihn als ein »Original aus einem Buch« bezeichnet. Nach dem japanischen Überfall auf Pearl Harbor wird Cohen – wie Sir Elly Kadoorie, Emily Hahn und andere westliche Staatsangehörige – im Stanley Camp von Hongkong interniert. 1943 kommt er frei und kehrt zurück nach Kanada, wo er sich sogleich als Fürsprecher Chinas betätigt: »China wird der wirtschaftliche Retter des amerikanischen Kontinents und Europas. Das Land tritt gerade in die zweite Phase seiner Evolution, das Industriezeitalter. Es wird nach dem Krieg eine Unmenge an Maschinen benötigen ...«[1180]

Morris Cohen fährt fort, seine chinesischen Kontakte auszuspielen, für das Reich der Mitte, die Juden und – die extravagante Lebensweise erfordert es auch in finanzieller Hinsicht – sich selbst: Er bringt zionistische Vertreter im Frühjahr 1945 mit Wellington Koo, Chinas Botschafter in Großbritannien, zusammen, damit sich diese Chinas Unterstützung bei der Gründung des Staates Israel sichern;[1181] er setzt sich ein für die Ausreise von Mitgliedern der jüdischen Gemeinde aus China und schließlich – die Kommunisten haben inzwischen die Macht im Land übernommen – für die Begnadigung von zu langjährigen Gefängnisaufenthalten verurteilten kanadischen Ordensschwestern.[1182] Der Sieg Maos über Chiang Kai-shek zerstört Cohens über Jahre hinweg aufgebautes Beziehungsnetz. Einzelne seiner Arbeitgeber finden sich auf Taiwan, andere wechseln über zu den neuen Herren. Cohen ist buchstäblich zwischen die Fronten geraten. Noch unmittelbar nach Ende des Bürgerkriegs ist er der Meinung, der Kommunismus sei eine Anomalie und würde von der chinesischen Bevölkerung nie und nimmer akzeptiert. 1952 macht er sich, wieder einmal fast ohne finanzielle Mittel, zum Besuch des Generalissimus in Taipei auf.[1183] Doch die beiden scheinen wenig zu harmonieren, und es bleibt Cohen nicht viel anderes übrig, als nach Europa zurückzukehren, wo er mittels seines Freundes Charles Drage die stark frisierte Autobiographie »Two-Gun Cohen« (1954) veröffentlicht.

Ende 1955 tauchen Berichte in westlichen Zeitungen auf, Cohen biete sich als inoffizieller Vermittler zwischen Nationalisten und Kommunisten an: »Der einzige Weg, Streitigkeiten beizulegen, ist es«, so Cohen, »direkt zu den Leuten zu gehen und die Waffen auf den Tisch zu legen. Ich glaube, die Kommunisten wollen das Leben ebenso genießen wie wir. Es braucht einfach jemanden, der die Top-Leute zusammenbringt und ihnen erklärt, wie und wo es langgeht.«[1184] Die Rolle als Friedensstifter, verbunden mit einer Art romantischer Mystik, scheint ihm zu behagen, was jedoch nichts daran ändert, dass ein solcher Weg zum Scheitern verurteilt ist: Ein Regierungssprecher in Taiwan dementiert und doppelt nach, das Gerücht sei »zu lächerlich, um es mit einer formalen Erklärung zu würdigen«.[1185] Ob durch das Scheitern seiner Vermittlungswünsche betroffen oder von der Art und Weise, wie er behandelt wurde beleidigt: Cohen, obwohl noch immer offiziell Mitglied der Guomindang, wird in den kommenden Jahren mehr und mehr zum Apologeten der Kommunisten. Anlässlich von Jubliäen wird Cohen von der kommunistischen Führung in Beijing mehrmals eingeladen – und er vergilt es seinen Gastgebern mit wohlwollenden Kommentaren: »Ich sehe, dass der Lebensstandard der gewöhnlichen Leute viel höher ist als früher. Ich habe nie so viele lachende Gesichter gesehen. Hier habe ich den Sozialismus angetroffen. Ich bin sehr erfreut zu sehen, dass in China viele demokratische Parteien zusammenarbeiten, und zwar unter der Führung der Kommunistischen Partei.«[1186] In Beijing trifft sich Cohen mit den »Foreign Experts«, denjenigen ausländischen Experten, die nach 1949 Mao und seinem Ideengut treu geblieben sind: mit Israel Epstein, Sidney Shapiro oder Sidney Rittenberg: »Er saß gewöhnlich herum (in der Lobby des Beijing-Hotels – Anm. d. Verf.) und wartete auf jemanden, mit dem er sprechen konnte … Er schien nach Gesellschaft hungrig zu sein, auf Leute, die seine Sprache sprechen, die einen ähnlichen Hintergrund wie er hatten. Bei mir traf dies zu, weil wir beide Juden waren.«[1187]

1966, just zu Beginn der Kulturrevolution, bereist er sein geliebtes China zum letzten Mal. Seine Beziehung zu den Herrschern scheint von einer gewissen Sentimentalität geprägt zu sein (die wohl aus Propagandagründen erwidert wird), so dass Cohen nicht hinter die Fassaden zu sehen wagt: »2 Gun Cohen Likes Red Guards«, lautet die Titelüberschrift zu seinem Besuch in der »London Times« vom 7. Dezember 1966, die Morris Cohen als den letzten »großen orientalischen Romantiker«, als »man of mystery« bezeichnet.[1188] Die ersten Monate seines Aufenthalts in China damals in den 1920er Jahren hat er »glücklich und in Frieden« verbracht: »Ich genoss eine Art von Familienleben, das ich seit der Kindheit nicht mehr kannte.«[1189] Am 13. September 1970 stirbt »Gen. Morris Cohen, Bodyguard of Dr. Sun Yat-sen«, »a flamboyant person«, ein nach akademischen Maßstäben wenig gebildeter Mensch, der jedoch – so Cohen selbst – deswegen sein Leben für China eingesetzt hat, weil er das »chinesische Volk liebte«.[1190]

4. Diplomaten

In gewissem Sinne eine Untergruppe der Kuriere und Abgesandten stellte die Berufsschicht der staatlich beauftragten Repräsentanten dar. Ihre Loyalität hatte eindeutig dem Land zu gehören, dessen Regierung sie in den Fernen Osten schickte. Deren Handlungsspielraum war im Allgemeinen eingeschränkter als der von freier agierenden Emissären. Ihre Aktivitäten konzentrierten sich auf den Verkehr mit staatlichen Stellen, im Allgemeinen lebten sie außerhalb der sie umgebenden Gastgebergesellschaft beziehungsweise innerhalb eines für Ausländer bestimmten Gebiets, etwa des Gesandtschaftsviertels in Peking. Ins China des 20. Jahrhunderts hatten nur wenige jüdischstämmige Diplomaten

II. INDIVIDUEN, BIOGRAPHIEN UND LEBENSWELTEN

den Weg gefunden. Als bekanntester wird jeweils der sowjetrussische Botschafter Adolf Ioffe (Yoffe) erwähnt, der mit Sun Yat-sen das berühmte Abkommen von 1923 abschloss. Zwei vergleichsweise unbekannte amerikanische Diplomaten bieten einen aufschlussreichen Einblick in die Sichtweise dieser Berufsgruppe und ihre Erfahrungen mit und in China.

»HIROHITO, By the Grace of Heaven, Emperor of Japan, seated on the Throne occupied by the same Dynasty changeless through ages eternal, To all to whom these Presents shall come, Greeting! Having duly examined the Commission issued by Mr. Franklin D. Roosevelt, President of the United States of America, under date of the twenty-ninth day of the fourth month in the year one thousand nine hundred and forty, appointing Mr. Samuel Sokobin to be Consul of the United States of America to reside at Kobe ...«[191] Die Küstenstadt Kobe bedeutete für *Samuel Sokobin* in jenem Jahr 1940 den Anfang vom Ende einer Diplomatenkarriere, die den jüdisch-amerikanischen Gesandten polnisch-russischer Herkunft bis zu jenem Zeitpunkt für fast fünfundzwanzig Jahre auf Konsularposten geführt hatte, die damals mit Ausnahme der Stadt Saltillo in Mexiko über das gesamte Reich der Mitte verstreut lagen: Peking, Tientsin, Shanghai, Nanking, Antung, Chungking, Kalgan, Swatow, Mukden, Harbin, Foochow und Tsingtao.[192]

Der nur wenigen Insidern bekannte, am 28. April 1893 in Newark geborene Samuel Sokobin kann als Pionier und zugleich Außenseiter in der amerikanischen Diplomatie des 20. Jahrhunderts in China bezeichnet werden.[193] Zwar sollte er es aus politischen und möglicherweise persönlichen Gründen nie schaffen, die Rangordnung eines Foreign Service Officer of Class IV zu überschreiten, doch hat er dank seiner Abenteuerlust die vielfältigsten Erfahrungen gesammelt in einem Land, das im ersten Drittel des letzten Jahrhunderts selbst für offizielle Staatenvertreter nicht ohne Schwierigkeiten zu bereisen war. Wenn auch westliche Vertreter nicht mehr wie im 18. Jahrhundert Angst haben mussten, von den Behörden abgewiesen oder gar festgenommen zu werden, lauerten auf Leute wie Sokobin auch einhundertfünfzig Jahre später noch genügend andere Gefahren: Banditen, unberechenbare Kriegsherren, Fremden gegenüber feindlich eingestellte Chinesen, später die kriegslüsternen Japaner.

Der im gleichen Jahr wie George Sokolsky geborene Sokobin besuchte für kurze Zeit die Cornell-University, ehe er sich für ein Sprachprogramm des State Departments bewarb, welches im Rahmen der Boxer-Entschädigung amerikanischen Studenten die Möglichkeit gab, für eine gewisse Zeit nach China zu fahren. Sein Wissen über die Karriere Yuan Shikais, die Organisation der chinesischen Küstenzolladministration (Maritime Customs Administration of China) oder den Yangtse als Handelsweg scheint genügend groß gewesen zu sein, um 1914 als gerade mal Zwanzigjähriger als Übersetzer an der Gesandtschaft der Vereinigten Staaten in Peking engagiert zu werden.[194]

Sam Sokobin erscheint auf einer Bühne, die geprägt ist vom Versuch Chinas, sich nach dem Fall der Qing-Dynastie neu auszurichten. Die Möglichkeiten dazu sind allerdings gering, präsentiert doch Japan Präsident Yuan Shikai just im Jahre 1915 die berüchtigten »Einundzwanzig Forderungen«. England rät zum Nachgeben, Amerika protestiert. Der Westen bietet insgesamt wenig Unterstützung. China ist erneut gespalten, Kriegsherren treiben ihre eigenen Spiele. Nach dem Versailler Vertrag und dem Verrat des Westens an China entlädt sich der Volkszorn in Aufrufen zum Boykott ausländischer Geschäfte und im Versuch der Anlehnung an Sowjetrussland. Sokobin wird – die Demonstrationen am 4. Mai 1919 von Bürgern und Studenten in Peking und anderen Orten liegen lediglich ein paar Tage zurück – Vizekonsul in Antung (Dandong), einem Ort am Mündungsgebiet des Yalu-Flusses an der Grenze zum heutigen Nordkorea. Sokobin befindet sich zu diesem Zeitpunkt bereits fünf Jahre in China und sehnt sich nach einem Heimaturlaub: »Das Klima in China ist nicht besonders gesundheitsfördernd, und ich verstehe recht gut, weshalb so viele Konsularangestellte um Erlaubnis gebeten haben, in die Vereinigten Staaten zurückzukehren.«[1195] Er stellt fest, dass der Boykott japanischer Güter in Dandong trotz Aufforderung durch bestimmte chinesische Kreise dazu nicht durchgeführt wird, obwohl die meisten Einwohner der Stadt aus der Provinz Shandong stammen (in der sich die ehemaligen deutschen Konzessionsgebiete befinden, die gemäß Versailler Vertrag an Japan abgetreten werden sollten).

Noch ist das Jahr 1919 nicht zu Ende, als Sokobin die Aufgabe zufällt, in Zhangjiakou, an der Grenze zur Inneren Mongolei und knapp südlich der Großen Mauer, als Vizekonsul die Möglichkeiten für amerikanischen Handel mit der Mongolei auszuloten. Häufig bereist er Urga (Ulan Bator), die Hauptstadt der Äußeren Mongolei, die zu seinem Konsularbezirk gehört, einmal über die Wüste Gobi, einmal mit einem Umweg über Harbin und Manzhouli. Die Äußere Mongolei hatte sich im Dezember 1911 für unabhängig erklärt, kam jedoch wegen ihrer Lage als Pufferzone zwischen Russland und China und als Nebenschauplatz des innerrussischen Krieges zwischen Roten und Weißen nicht zur Ruhe. Im Kampf gegen die verhassten Chinesen riefen die Mongolen den berüchtigten weißgardistischen Generalleutnant Baron von Ungern-Sternberg zu Hilfe, dessen Herrschaft dann allerdings dermaßen unpopulär war, dass es schließlich für die sowjetischen Truppen ein Leichtes war, die Stadt im Sommer 1921 einzunehmen.[1196] Sokobins Berichte sind analytisch, präzis, mit persönlichen Eindrücken versehen: über die mongolischen Würdenträger, welche Zhangjiakou Richtung Shenyang verlassen, um an einer Konferenz mit dem Kriegsherrn Zhang Zuolin teilzunehmen, die (guten) Beziehungen zwischen Russen und Chinesen, den sowjetischen Einfluss in der Mongolei und das engmaschige russische Agentennetz, das selbst koreanische Bolschewiken mit einschließt.[1197] Er beschreibt die Tragödie der russischen Juden in Urga, die mit ihrem Monopol im Pelz- und Häutehandel zum Ziel grausamer Attacken der Kosaken werden.[1198]

Sokobin unterstützt mit allen ihm zur Verfügung stehenden Mitteln die Handelstätigkeit amerikanischer Geschäftsleute – Andersen, Meyer & Co., The China American Trading Co, Brenner Brothers, Eitington-Schild Company und andere –, gibt ihnen Ratschläge oder begleitet sie teilweise selbst in die unwirtlichen Gebiete nördlich der Großen Mauer. Nicht weniger stark unterstützt er den Dokumentarfilmer Gene Lamb bei dessen beschwerlicher Reise von Zhangjiakou über Ningxia, Lanzhou und Kashgar bis nach Indien.[1199] Sein Engagement ist beispiellos und wird von westlichen Besuchern mit Dankschreiben gewürdigt. Seine Arbeit ist nicht frei von Gefahren. Einmal tauchen Gerüchte auf, die

II. INDIVIDUEN, BIOGRAPHIEN UND LEBENSWELTEN

mongolischen Behörden würden ihn beim nächsten Besuch in Urga festnehmen, weil er die Mongolei als einen Teil Chinas betrachte.[1200] Sokobin ist mehrere Male in heikle Fälle verwickelt, in denen amerikanische Staatsbürger festgenommen werden und er selbst unredlicher Machenschaften bezichtigt wird.[1201] Im Dezember 1922, gerade einen Monat nach der Verleihung eines Ordens durch die chinesische Regierung, entgeht er bei einer Dienstfahrt mit einem Geschäftsmann zusammen Richtung Mongolei nur knapp dem Tode, als Soldaten seinen Wagen durchsuchen und dabei seinen Begleiter erschießen.[1202] Auf seinem nächsten Posten, in Shenyang, der ersten Kapitale der Mandschu-Dynastie, fällt ihm die Aufgabe zu, die Politik des Herrschers über die Mandschurei und zugleich Hochkommissars für das monglische Grenzland, Marshall Zhang Zuolin, während der Wirren der damaligen Zeit einzuordnen. Chinas rohstoffreicher Nordosten bietet sich Sokobin auch als Objekt zum Studium des sich beinahe spinnenartig ausbreitenden Eisenbahnnetzes an, wobei er die Hilfe von George Sokolsky, »einem gemeinsamen Freund«, in Anspruch nimmt.[1203] Auch in Mukden steht er bedrängten Landsleuten zur Seite, etwa beim Angriff eines Einheimischen auf eine westliche Frau mit ihrem Kind: »Ich führte aus, dass der Distrikt, in dem er (der Ehemann der Amerikanerin – Anm. d. Verf.) wohne, ein schlechter Ort sei, voll von chinesischen Bordells, drittklassigen Teehäusern etc. ... Das Generalkonsulat zweifelt noch immer daran, dass [der Vorfall] ein Symptom ist für die Infektion der Mandschurei mit dem antiausländischen Virus, wie er jetzt überall in Teilen Chinas anzutreffen ist.«[1204]

Im Sommer 1927 tritt Sokobin einen neuen Posten in Fuzhou an, dem in der Mitte zwischen Shanghai und Hongkong gelegenen Vertragshafen, der im 19. Jahrhundert vor allem für den Tee-Export bekannt war. Seine Tätigkeit in der Küstenregion korrespondiert notwendigerweise mit den geschichtlichen Ereignissen im China jener Monate antiwestlicher Ausschreitungen und kommunistischer Aufstände während des Nordfeldzugs Chiang Kai-sheks und danach: Er berichtet über Raubüberfälle und Brandanschläge auf Missionarsschulen, über die Verbreitung antiwestlicher Karikaturen, über Klagen von Westlern gegen chinesische Autoritäten oder über die verbreitete antireligiöse Bewegung der Nationalisten.[1205] Sokobin nimmt sich gelegentlich das Recht heraus, auch über nicht tagesaktuelle Themen zu berichten, so z. B. über chinesische Bücher über die westliche Zivilisation.[1206] Eine gewisse Verwirrung dürfte bei seinen Vorgesetzten in Washington sein persönlich gefärbter Bericht, »Comparing Conditions in Manchuria and Fukien«, vom 1. Februar 1928 hervorgerufen haben, in dem er schreibt: »Was für eine Ironie für den Schreiber, der so leidenschaftlich der Sache des internationalen Friedens verpflichtet ist, zu erfahren, dass seine Berichte über die Eisenbahnen der Mandschurei lediglich das Interesse eines militärischen Beobachters hervorgerufen hat! Was all diese Berichte versuchten hervorzuheben war nämlich – was ein jeder Autor, Diplomat und Wirtschaftswissenschafter den Chinesen erzählt hatte, würde geschehen –, dass das Land gedeihe.«[1207] Stieß sich das Außenministerium vielleicht an Sokobins Lob für die erfolgreiche Politik Zhang Zuolins, die nordöstlichen Provinzen im Gegensatz zum restlichen China nicht ebenfalls in Sumpf und Elend verkommen zu lassen?

Aus gesundheitlichen Gründen verlässt Sokobin die Küstenprovinz und China für insgesamt vier

Jahre, ehe er 1934 nach Qingdao beordert wird.[1208] Seine Berichte aus dem ehemaligen deutschen Konzessionsgebiet betreffen – außer den üblichen, diplomatisch abgefassten Resümees über politische und wirtschaftliche Beziehungen zwischen China und den USA und innenpolitische Vorgänge – die zunehmend stärkere japanische Einmischung in die Geschicke der Hafenstadt, die besondere Stellung Qingdaos als nicht zur Provinz Shandong gehörende Verwaltungseinheit oder etwa die Autonomiebestrebung gegenüber der Regierung in Nanjing. Er erlebt die Freudenfeier der Chinesen nach der Freilassung Chiang Kai-sheks im Gefolge des Xi'an-Zwischenfalls vom Dezember 1936; er beschreibt die positiven Änderungen, die in Chinas Sozialgefüge vor sich gehen (so etwa bei einem öffentlichen Sprechwettbewerb unter Arbeitern), oder dokumentiert eindrücklich einen Besuch an der National University of Shantung.[1209] Daneben finden auch zeitspezifische Probleme ihren Platz, wie etwa die Ausweitung des Silberschmuggels, die Verbreitung der Pocken und die Aktion der Regierung gegen den Drogenhandel.[1210]

Mit dem Aufziehen von Kriegswolken aus dem Osten verschlechtern sich auch Sokobins Beziehungen zum State Department. 1936 soll er sich gegenüber dem Gesandten der USA in China abfällig über einen betrunkenen Soldaten der US-Navy geäußert haben, der eine japanische Parade in Qingdao gestört hatte. Ein Jahr später trug ihm seine Kritik an der amerikanischen Luftwaffe (er meinte, die Kampfflugzeuge hätten die japanische Flotte unnötigerweise provoziert) neuerlich einen Rüffel seiner Vorgesetzten ein.[1211] Im März 1938 weist ihn das State Department darauf hin, er habe sich insbesondere bezüglich der Evakuierung von Amerikanern aus Qingdao dem Außenministerium widersetzt [bucking the department].[1212] Die Vorwürfe sind fast siebzig Jahre später nicht mehr überprüfbar. Abgesehen von einigen geringfügigen Vergehen wie beispielsweise einer unentschuldigten Absenz (in Zhangjiakou) oder einer den Behörden zu hoch erscheinenden Reisespesenabrechnung (in Fuzhou), deutet nichts aus den Quellen auf ein gravierendes Fehlverhalten Sokobins während seiner gesamten Karriere hin.

John Stewart Service, selbst ein prominentes Opfer der Attacken der China-Lobby und später der McCarthy-Hexenjagd, gab 1973 anlässlich eines Empfanges zu Ehren der nach dem »Verlust Chinas« in den Dreck gezogenen Diplomaten eine Erklärung für Sokobins Kaltstellung: Er habe in seinen Berichten – statt den heroischen Kampf der Chinesen lobend zu würdigen – über den japanischen Erfolg gegen den Widerstand der Guerilla und die Ausbeutung von Rohstoffen berichtet und damit die amerikanische (und chinesische) Propaganda vom ständigen Erfolg der Nationalisten untergraben. »Er wurde unbarmherzig und lächerlicherweise beschuldigt, ›projapanisch‹ eingestellt zu sein. Und – mit einer pervertierten Idee von Gerechtigkeit – nach Kobe in Japan, transferiert. Er kehrte nie mehr auf einen Posten in China zurück.«[1213] Auf der Rückreise nach Japan von einem Heimaturlaub in den USA wurde Sokobin schließlich vom Ausbruch des Pazifikkrieges überrascht. Er wurde in Manila interniert und erst Monate später repatriiert. Sein letzter Konsularposten sollte 1944 Birmingham werden. Im Alter von 93 Jahren stirbt Sam Sokobin, eine wahrscheinlich verkannte Figur, »a bit out of step« (John Service). Dank seiner 25-jährigen praktischen Erfahrung in der Begegnung mit den Widrigkeiten und Annehm-

II. Individuen, Biographien und Lebenswelten

lichkeiten Chinas wäre er bestens gerüstet gewesen, dem Abendland wichtige Einblicke in dieses Land zu vermitteln.[1214]

Zumindest in schriftlicher Form dem heutigen Zeitgenossen etwas mehr anvertraut hat der 1877 in New York als Sohn des Judah Benjamin geborene *Lewis Einstein*, seines Zeichens Diplomat der alten Schule, Kunstsammler und »man of letters«, wie es in der »New York Times« anlässlich seines Todes 1967 hieß.[1215] Im Gegensatz zu Sokobin hinterließ er eine autobiographische Sammlung von Erinnerungen, die erst nach seinem Tod unter dem Titel »*A Diplomat Looks Back*« herausgegeben wurden.[1216] Zudem unterscheidet er sich von diesem auch dadurch, dass er sich lediglich während einer relativ kurzen, für China jedoch schicksalsträchtigen Zeit im Reich der Mitte aufgehalten hat, und zwar ausschließlich in dessen Kapitale. Was ihn mit Sokobin verbindet, dürfte die verklausuliert zugegebene Schmach über die Behandlung von offizieller Seite sein: »Es hätte höflichere Wege gegeben, einen alten Staatsangestellten zu entlassen«, schreibt er etwas verdrießlich in seinen Memoiren.

Einstein, ausgestattet mit einem Magister in Geschichte, nebst Englisch fließend Deutsch, Französisch und Italienisch sprechend, tritt 1903 in den diplomatischen Dienst seines Landes ein. Seine Familie gehört einer vermögenden Unternehmerschicht an und unterhält gute Beziehungen zu New Yorker republikanischen Politik- und Geschäftskreisen. Mit knapp dreißig Jahren nimmt er als Mitglied einer amerikanischen Delegation an der berühmten Konferenz im spanischen Algeciras 1906 über die Frage der Souveränität Marokkos teil. Dann wird er nach Konstantinopel geschickt, wo sich die Jungtürken gerade anschicken, die Säulen des Osmanischen Reiches zu untergraben. Drei Jahre später wird er – es scheint, als ob das Leben des amerikanisch-jüdischen Diplomaten Revolutionen gewissermaßen anzieht – nach Peking entsandt, ebenfalls in eine Gesellschaft, die sich ihrer morschen Obrigkeit bewusst geworden ist. Mit seiner Frau und einem kleinen Hund macht er sich im März 1909 mit der transsibirischen Eisenbahn auf nach China. »In Peking war der kleine ›griffin‹ der Erste seiner Rasse, den man dort gesehen hat. Die Orientalen lieben Haustiere, und viele Chinesen wollten ihn streicheln. Aber aus irgendwelchen instinktiven Gründen hasste der Hund die gelbe Rasse und bellte jeden Kuli an … Rassistische Vorurteile wurden erwidert von den mongolischen Pferden, von denen viele es Europäern nicht erlaubten, sie zu reiten.«[1217]

Allerdings war es nicht Einsteins Aufgabe, solche Berichte über die Befindlichkeiten von Vierbeinern in Ost und West abzugeben. Vielmehr lautete sein Auftrag, nebst der Sicherstellung von Kontakten zu den Missionarsstationen im Norden des Landes die wirtschaftlichen Interessen seines Landes zu vertreten und zu befördern: in der Öl- und Tabakindustrie sowie im Bereich des Eisenbahnbaus und in dem damit verbundenen Geschäft der Anleihen amerikanischer Bankenkonsortien. Damit glaubte Einstein, und nicht nur er, Geschichte zu schreiben: »Wäre keine chinesische Revolution bevorgestanden und hätte sich nicht die Administration Wilson in Washington an der Macht befunden und sich kein europäischer Krieg am Horizont abgezeichnet, dann hätten wir vielleicht den ersten Bogen jener Brücke gebaut, auf der wir hofften, China würde sich unter unserer Führung fortbewegen.«[1218] Er bedauert das Vordringen der Japaner in der südlichen Mandschurei und beklagt gleichzeitig die Ineffizienz und die Korruption bei der chinesischen Zentralregierung. Seine Memoiren beschäftigen sich weiters mit der Opiumproblematik oder etwa dem Ausbruch einer Lungenepidemie im Nordosten des Landes im Jahre 1910.

Einstein scheint noch nicht, wie Sokobin ein paar Jahre später, von den Unannehmlichkeiten einer fremden, bisweilen barbarisch erscheinenden Umgebung irgendwo in den Randgebieten Chinas betroffen zu sein. Seinen Beschreibungen über das Leben in der Hauptstadt haftet etwas Nostalgisches, weil unabwendbar Vergangenes an: Die mächtige Mauer der Tatarenstadt habe die westlichen Bewohner Pekings vor einer neuerlichen Belagerung durch die Chinesen bewahrt, »aber sie schützte uns viel weniger effektiv vor dem Gestank von Knoblauch und ranzigem Öl, der sich jeden Abend über der Chinesenstadt entfaltete«.[1219] Er erinnert sich mit einer Art inneren Befriedigung an die Pekinger Zeit zurück: »Mit dem wenigen an Pomp, das großen Städten im Allgemeinen eigen ist, konnte unser Leben in China nicht angenehmer sein. Alles war absurd einfach und reichlich vorhanden, und es gab täglich irgendwelche Vergnügungen.« Dazu gehören etwa die allseits gelobten Ausflüge zum Himmelstempel oder die nicht immer erfolgreichen Streifzüge nach Antiquitäten in der berühmten Liulichang-Gasse. Allerdings ist auch Einstein ein Produkt seiner Zeit, mit einem eher einseitigen Blick zuungunsten der Chinesen, was jedoch bei ihm dadurch teilweise kompensiert wird, dass er sich redlich bemüht, hinter die Fassade zu blicken, um die Sitten und Bräuche der Chinesen zu verstehen. Er beobachtet Eunuchen, die »ihre« Prinzessinen anflehen, sich von westlicher Dekadenz fernzuhalten (es geht um einen Abendball), oder er nimmt an offiziellen Banketten teil, bei denen die anwesenden Würdenträger zwischen dem Verzehr von Rehsehnen und Entenzungen »rülpsen und glucken«. Auch mit der unsäglichen Gepflogenheit einiger Mandschu-Prinzen, offizielle Gäste morgens um sieben Uhr bei einem Glas (»scheußlichen«) Champagner zu empfangen, macht er bisweilen Bekanntschaft.

»...There were not many points of sympathy between the reigning family and ourselves, and something beside linguistic difficulties stood in the way of any closer intercourse. We could never expect to penetrate those hidden recesses in the Oriental mind where East and West cannot be bridged. If these differences are instinctive or derived by their training I cannot say. I suspect the latter ...«[1220] [Es gab nicht viel Sympathie zwischen der herrschenden Familie und uns. Irgendetwas nebst den sprachlichen Schwierigkeiten stand einem engeren Umgang im Wege. Wir konnten nie erwarten, in jene verborgenen Nischen des orientalen Geistes einzudringen, wo Ost und West nicht verbunden werden können. Ob diese Unterschiede angeboren sind oder eher durch Ausbildung erworben wurden, kann ich nicht sagen. Ich denke, dass eher Letzteres zutrifft ...]

Einstein nimmt die Begegnungen mit Vertretern der Mandschu-Dynastie zum Anlass, um über das Verhältnis zwischen dem alten Rom und dem chinesischen Kaiserreich nachzudenken, Zivilisationen, deren Bezug zu Religion und Familie einander nicht unähnlich waren: »Der göttliche Augustus hätte mit dem Prinzregenten Mitleid gehabt, wenn er das kaiserliche Dekret in der »Offiziellen Gazette« gelesen hätte, wonach Prinz Chun die Göttlichkeit des Kriegsgottes abgeschafft und ebendiese gestürzte Gottheit zur Niedrigkeit eines gewöhnlich Sterblichen degradiert hatte.«[1221] Von einem anderen Mandschu-Prinzen bleibt ihm dessen Bemerkung in Erinnerung, dass ein Bauwerk wie die Große Mauer nie und nimmer in einem Land mit konstitutionellem Staatsaufbau hätte errichtet werden können.

Noch vor der eigentlichen Revolution und dem Untergang der Dynastie wird Einstein erneut versetzt, in die amerikanische Vertretung in Costa Rica. Weitere Stationen seines Werdegangs als Diplomat sind Konstantinopel und Sofia, wo er 1915 über eine juristische Affäre stolpert und daraufhin zurücktritt. Erst 1921, inzwischen ist der Republikaner Harding Präsident geworden, bekommt er, ein Mann, der – so Theodore Roosevelt – über die »feine Tradition der Verbindung zwischen amerikanischer Diplomatie und Literatur« verfügt, nochmals Gelegenheit, als Gesandter seinem Land zu dienen, und zwar in der neu entstandenen Tschechoslowakei. 1930 kehrt er dem Außenministerium endgültig den Rücken, um ein umfangreiches publizistisches Oeuvre zu schaffen.[1222] Der diplomatisch geschulte Homme de lettres war sich der eingeschränkten Sichtweise eines Regierungsvertreters in fremden Ländern durchaus bewusst, nicht zuletzt wohl dank seines Aufenthalts im Pekinger Gesandtschaftsviertel: »Der alte Karrierediplomat betrachtete das Leben durch die Scheibe einer Botschaft, und zwar mit dem Blick einer unbeteiligten Distanziertheit, die älte Menschen aufsetzen, wenn sie Leute auf der Straße beobachten. Dessen geheime Niederträchtigkeit war lediglich ein romantischer Mythos, die verschwörenden Machenschaften absurde Geschichten, und dessen Hauptsünden ähnelten denjenigen der Sybariter.«[1223] In Einstein verbanden sich Kultiviertheit, Aufgeschlossenheit, Weitsichtigkeit, Bescheidenheit, Humor und Liebenswürdigkeit mit einem feinfühligen Gespür für die Andersartigkeit, für fremde Lebenswelten und Wertvorstellungen. Überliefert sind dem heutigen Leser realistische, ein anderes Mal zweifelnde, bisweilen auch ironisch gefärbte Bilder und Einschätzungen aus Zeiten, die aus der Sicht des Historikers verflossen, aus derjenigen des Kulturwissenschafters jedoch durchaus lebendig, weil in ihrem Charakter unzerstörbar sind.

5. Forschungsreisende und Reiseschriftsteller

Jahrhundertelang galt das Reich der Mitte nicht eben als ein Gebiet für unternehmungslustige private Weltenbummler. Im Zentrum abendländischer Auseinandersetzung mit China standen eher Missionarsreisen, nach dem Abschluss der »ungleichen Verträge« die Errichtung von wirtschaftlichen und politischen Stützpunkten in den Vertragshäfen und Außenposten in den Weiten des Riesenreichs. Die langsame, unvermeidliche Öffnung des Landes im Anschluss an den blutig niedergeschlagenen Boxeraufstand und später den Fall der Kaiserdynastie zog nebst Abenteurern und Möchtegern-Beratern eine Gruppe von Westlern mit einem touristischen Interesse an, die Vorgänger all derer, die schließlich im letzten Drittel des 20. Jahrhunderts China als Reiseland entdeckten und als Globetrotter in die Annalen eingingen.

Noch bevor die ersten Reiseschriftsteller das »ursprüngliche« China bereisten, ebneten die Pioniere westlicher Expeditionsreisender den Weg für den Blick auf das Fremde. Im 19. Jahrhundert galten insbesondere die russischen Expeditionen für derartige Unternehmungen als führend. Dabei interessierte man sich nicht nur für das chinesische Kernland, sondern auch für die abgelegenen und unwirtlichen Rand- und Grenzgebiete mit ihrer Vielfalt an Ethnien, Territorien also, die einerseits für West und Ost eine strategische Rolle spielten und anderseits auch Aufschluss über die ersten Kontakte zwischen Morgen- und Abendland vor Jahrhunderten versprachen. Obwohl die Mehrzahl dieser Expeditionen von Regierungen, manchmal auch privaten Mäzenen oder Institutionen finanziell unterstützt wurde, standen im Zentrum solcher strapaziöser und abenteuerlicher Vorhaben eigenwillige, beharrlich ihre Ziele verfolgende Individuen. Als die bekanntesten, weil erfolgreichsten China-Forschungsreisenden des ersten Drittels des 20. Jahrhunderts gelten der 1865 in Stockholm geborene Sven Hedin und der drei Jahre ältere *Marc Aurel Stein*. Sie beide stürzten sich fast zeitgleich auf die Erforschung Westchinas, des unwirtlichen Gebiets Chinesisch-Turkestans, der Wiege der Begegnung zwischen Morgen- und Abendland vor fast zweitausend Jahren.

»Die außerordentlichste Kombination eines Gelehrten, Entdeckungsreisenden, Archäologen und Geographen seiner Generation«, lautet die Einschätzung von Owen Lattimore über den in Budapest geborenen ungarisch-jüdischen »Riesen« der archäologischen Erforschung Zentralasiens.[1224] »Sir Aurel Stein aus Großbritannien wird ohne Zweifel als der abscheulichste [villainous] ausländische Archäologe angesehen, knapp gefolgt vom französischen Professoren Pelliot«, äußert sich der Direktor des chinesischen Instituts für Archäologie.[1225] Diese sehr unterschiedlichen Einschätzungen von westlichen Aktivitäten im Reich der Mitte werfen – ähnlich wie die mutwillige Zerstörung der Sommerresidenz des Qing-Kaisers durch Lord Elgin 1860 oder die Plünderung der Kaiserstadt nach dem Boxeraufstand – ihre langen, dunklen Schatten auf die Beziehungen zwischen dem Westen und China voraus, bis zum heutigen Zeitpunkt. Der schwerwiegende Vorwurf von chinesischer Seite an Stein, Pelliot, Hedin und wie die »Entdecker« aus dem Westen alle heißen: der Raub von Kulturgütern.

Dabei war Stein von Geburt an kein Eroberer. Seine Eltern Nathan und Anna Hirschler Stein (beide zeitlebens Juden) tauften ihn auf den Namen Marc Aurel, weil sie das Jüdischsein für den Sohn als Hindernis für seine Karriere betrachteten.[1226] Die Steins taten damit nichts anderes, was auch andere aufgeklärten Juden für zweckmäßig hielten – nicht nur in Ungarn, das erst fünf Jahre nach Marc Aurels Geburt ein sogenanntes Emanzipationsgesetz für Juden verabschiedete. Stein wird im Alter von zehn Jahren nach Dresden geschickt, wo er an der Kreuzschule Griechisch, Latein, Französisch und Englisch lernt. Später studiert er an den Universitäten von Wien, Leipzig und Tübingen Sanskrit und Persisch, bevor er sich drei Jahre lang in Oxford dem Studium klassischer und orientalischer Archäologie und Sprachen widmet (allerdings ohne je Chinesisch gelernt zu haben). Im Alter von 25 Jahren reist er zum ersten Mal nach Asien, genauer nach Britisch-Indien, von wo aus er, inzwischen im Dienste der Kolonialregierung in Lahore tätig, seine ersten Expeditionen in die Region Kaschmir unternimmt.

Im Jahre 1900 bricht Stein, damals noch nicht britischer Staatsbürger, zu seiner ersten Turkestan-Expedition auf. Sein Verlangen, kulturgeschichtliche und archäologische Geheimnisse zu lüften, ist groß. Er will auf den Spuren seines Vorbilds Alexander des Großen reisen, möchte sehen, wie weit der hellenische Einfluss des Westens im Osten einst gereicht hat, auf welchen Routen die Karawanen die Gebirge des Pamir und Karakorum überquert haben und wo der Buddhismus (und, weniger einflussreich, der Manichäismus) ursprünglich seine Fühler nach China ausgestreckt hat. In seinen Erinnerungen »*On Ancient Central Asian Tracks*« (1933) bezeichnet Stein mehrmals den chinesischen Mönch Xuan Zang, der im 7. Jahrhundert von China aus nach Indien reiste, um dort »das Gesetz zu suchen, das Buddha der Welt hinterlassen hat«, als seinen persönlichen Schutzpatron.[1227] Einen solchen braucht Stein allemal, denn die Gegend zwischen dem Kunlun-Gebirge an der Grenze zu Tibet und dem Tianshan-Gebirge südlich des heutigen Kirgisien – einst ein antiker Kulturraum sondergleichen, wo sich die Wege morgen- und abendländische Händler, Pilger und Krieger auf der vom Han-Kaiser Wudi (141–87 v.Chr.) eröffneten Seidenstraße kreuzten – ist inzwischen fast menschenleer, einst blühende Städte und Oasen sind zu Geisterstädten verkommen, begraben unter dem Sand der Wüsten Taklamakan und Gobi.[1228]

Noch im 19. Jahrhundert gilt die Gegend um Kashgar als unsicher, selbst Steins erster Expeditionstrupp umfasst einige bewaffnete Begleiter, die notfalls Wegelagerer und Banditen vertreiben sollen. Seit der Mitte des 18. Jahrhunderts versuchen die Mandschus, das sogenannte Ostturkestan unter ihre Kontrolle zu bringen, wobei es immer wieder zu Aufständen der muslimischen Uiguren gegen die Fremdherrschaft kommt. 1884 annektiert das chinesische Kaiserreich die »neuen Ländereien« (Xinjiang 新疆) kurzerhand. Nicht viel später eröffnen die Briten in Kashgar ein Konsulat, der Königin westlichsten Horchposten im Reich der Mitte. Der erste Konsul, George Macartney, sowie der britische Vizekönig in Indien, Lord Curzon, unterstützen Steins Expeditionen nach Kräften (wie auch die indische Regierung und die Royal Geographical Society in London). Der Forscher und Entdecker selbst verfügt über eine gute Kondition, fühlt sich – einem kirgisischen Nomaden nicht unähnlich – wohl, auch wenn die Lebens- und Arbeitsbedingungen bisweilen strapaziös sind. In Westchina, insbesondere in der Wüste Taklamakan (im Vergleich zu dieser seien die trockenen Einöden Arabiens geradezu zahm, meinte Stein einmal), werden seine Träumereien aus der Jugendzeit wahr: Er führt Ausgrabungen in Yotkan, Dandan Oilik, Karadong und Endere durch, entdeckt die ausgedehnte Siedlung von Niya und entlarvt »Kunstobjekte« des Islam Akhun, eines gerissenen Händlers, als Fälschungen, der damit nicht wenige Jahre etliche Orientalisten im Westen auf Trab gehalten hat.

Stein ist erfolgreich, zumindest nach Meinung westlicher Beobachter. Doch mangelt es ihm – so seine Biographin Mirsky – an »kultureller Sensitivität«.[1229] So will er beispielsweise nicht verstehen, dass der »chinesische Zopf« seit 1644 in Tat und Wahrheit als Zeichen der Loyalität der Han gegenüber den Mandschus gedacht war. Mehr als nur wenig Kopfzerbrechen dürfte ihm auch der Mangel an chinesischen Sprachkenntnissen bereitet haben, den er in seinen schriftlichen Aufzeichnungen immer wieder bedauert: »Für ein ernsthaftes Studium des Chinesischen, der Sprache seiner Herrscher und Beamten, besaß ich nie ... die notwendige Muße.«[1230] Sind solche Einschränkungen im Empfinden für die Geschichte, Ehre und Größe des Reichs der Mitte mögliche Gründe dafür, weshalb Stein es beispielsweise nicht verstehen kann, dass der Stolz der Chinesen durch die skrupellose Entfernung von Kunstgegenständen und deren Abtransport in den Westen verletzt wird? Es ist nicht zu bestreiten. Auf seiner zweiten Expedition (1906–1908) – Stein fällt einmal mehr die Rolle zu, Ruinenstätten nicht als Erster zu entdecken, dafür aber als Erster auszugraben und deren Geschichte zu rekonstruieren – findet der britisch-ungarische Archäologe in Miran (in der Nähe des einstigen Lop-Nor-Sees) über 200 tibetische Dokumente, geschrieben auf Holz und Papier. Den wohl spektakulärsten Fund seiner zweiten Reise nach Westchina macht er in Dunhuang in der heutigen Provinz Gansu. Durch Bestechung sowie geschicktes Taktieren gegenüber einem Mönch und Wärter gelingt es ihm, sich Dutzende von buddhistischen Manuskripten (in chinesischer und tibetischer Sprache) aus einer verborgenen Bibliothek in der »Höhle der tausend Buddhas« anzueignen und außer Landes zu schaffen.[1231] Ein »Fund« vergleichbar dem der Schriftrollen der Essener in Qumran am Toten Meer.

Für Stein und andere ist es augenfällig, dass ohne eine großangelegte rettende Einmischung des Westens wertvolle Kulturgüter in China für immer verloren gehen würden: durch die Witterung, vor allem aber durch Kunsträuber, archäologische Dilettanten, Souvenirjäger oder künftige Antiquitätenhändler. Ein uigurischer Zeitgenosse Steins beschreibt hingegen den Briten als »den Räuber der Malereien von Miran«.[1232] Und selbst westliche China-Experten, wie der renommierte Übersetzer und Schriftsteller Arthur Waley, haben hier Verständnis für die Sehweise der Chinesen: »Ich denke, der beste Weg, um das Gefühl der Chinesen in dieser Angelegenheit zu verstehen, ist der, sich vorzustellen, wie es wäre, wenn ein chinesischer Archäologe nach England käme, ein Versteck von mittelalterlichen Manuskripten in irgendeinem verfallenen Kloster entdeckte, den Wärter bestechen würde ... und die Dokumente dann nach Peking abtransportierte.«[1233]

Steins vierte archäologische Mission (eine dritte führte ihn 1913–16 weiter nach Innerchina, zu den Spuren der westlichen Ausläufer der Großen Mauer in der inneren Mongolei) bedeutet für ihn das Ende seiner China-Begegnung: Er realisiert die zunehmend ausländerfeindliche Haltung vieler Chinesen nach den blutigen Ereignissen von Shanghai vom Mai 1925 nicht, und so bleibt ihm nicht mehr viel übrig, als seine im Herbst 1930 auf Wunsch des mit Harvard verbundenen Fogg-Museum in Boston erfolgte Expedition abzubrechen. Seine Unnachgiebigkeit gegenüber den Forderungen der Chinesen zwingt ihn zum Rückzug. Die Zeit des Eroberns als Historiker und Archäologe war endgültig vorbei. »Europäische und amerikanische Institute und Sammler mögen es bedauern, dass die Quelle der Vermehrung ihrer Schätze nicht mehr ungehemmt fließen soll. Aber die Welt und ihre uneigennützige Wissenschaft muss es freuen, dass heute in China Regierung und chinesische und ausländische Gelehrte nebeneinander alles daransetzen, damit die Altertümer des Landes vollständig, unzerrissen

II. Individuen, Biographien und Lebenswelten

und unzerstückelt erforscht und bewahrt werden«, meint dazu ein aufgeschlossener zeitgenössischer Kommentator.[1234]

Trotz des Misserfolgs seiner letzten China-Expedition wird Stein im Westen als einer gefeiert, der längst begraben geglaubte Geheimnisse des einst reichen Kultur- und Begegnungsraums zwischen dem Reich der Mitte und dem Westen an die Öffentlichkeit gebracht hat: »This great Hungarian is the pride of two nations and the wonder of all«, notiert der britische Orientalist Sir Denison Ross über ihn.[1235] Mit den Jahren wird es auch im Abendland stiller um Stein, der auszog, nicht um in China seine ewige Ruhe zu finden (wie beispielsweise Trebitsch-Lincoln), sondern um dort das zu entdecken, was der Osten vom Westen im Laufe der Jahrhunderte absorbiert hat. Im Oktober 1943 stirbt der Doyen zentralasiatischer Archäologie in Kabul, kurz vor Antritt einer weiteren Expedition, die die Verästelungen der Seidenstraße in Afghanistan hätte erforschen sollen.[1236] Begraben ist Stein auf dem christlichen Friedhof der Hauptstadt Kabul, im Schatten der Ausläufer des Hindukusch, wohingegen weiter im Osten die Ära der modernen Zivilisation begonnen hat: mit der Niederschlagung mehrerer nationalistischer (uigurischer) Revolten durch die Nationalisten, der unzimperlichen Übernahme des Territoriums durch Maos Truppen, dem Bau asphaltierter Straßen, der Errichtung von Volkskommunen sowie dem ersten chinesischen Atomwaffentest 1964 in der Wüste Lop Nor.

In demütiger, fast liebevoller Haltung über ein traditionelles Stickereistück gebeugt zeigt sich auf einer Schwarzweißfotografie *Carl Schuster* im Jahre 1935. Er ist dabei im Gespräch mit einer älteren Bauersfrau in irgendeinem Dorf der weit abgelegenen chinesischen Provinz Sichuan.[1237] Ost und West scheinen sich hier auf dem Lande näher zu kommen als im weltstädtischen Shanghai. Der am 9. November 1904 in Milwaukee (Wisconsin) als Sohn einer prominenten jüdischen Familie geborene Schuster ist ähnlich wie Stein ein Erforscher vergangener Lebens- und Ausdrucksformen in Chinas entlegeneren Gebieten, mit dem Unterschied, dass sein Forschungsinteresse bis zum heutigen Tag ein weit geringeres Echo hervorgerufen hat als dasjenige von Stein, und dies obwohl der Amerikaner vor siebzig Jahren nach Spuren von Brauchtümern suchte, die zu Beginn des 20. Jahrhunderts und zum Teil noch danach im ländlichen China noch immer präsent waren. Schuster studierte in Harvard Kunstgeschichte und Sinologie. Aus einem Interesse an der Symbolik traditioneller Volkskunst reiste er ins Reich der Mitte. 1929–1932 bildete er sich in Peking weiter (sein Chinesisch galt immer als sehr gut) und machte dabei die Bekanntschaft mit Baron von Stael-Holstein, einem baltischen Flüchtling und Wissenschafter von höchstem Rang und Namen.[1238] Er unternimmt abenteuerliche Reisen per Eisenbahn und zu Fuß nach West- und Südwestchina, auf denen er Textilien mit Baumwollstickereien sammelt, die traditionellerweise von Dorffrauen gegen Ende des 19. Jahrhunderts hergestellt worden sind:

> »I found that by roughing it and going third class I could probably manage to keep myself in the field the better part of a year, where I am anxious to be active, though of course there won't be

much in the way of books on non-Chinese areas. But they can be had later, whereas the material I am after is likely to die out.«[1239] [Ich habe gemerkt, dass ich möglicherweise während der besseren Zeit eines Jahres Feldforschung betreiben kann, indem ich primitiv lebe und Dritte Klasse reise, auf einem Gebiet, wo ich mich bemühe, aktiv zu sein. Allerdings gibt es natürlich nicht viel, was Bücher über nichtchinesische Gebiete (gemeint sind Nicht-Han-Chinesen, also Minderheiten – Anm. d. Verf.) anbelangt. Aber diese kann man später noch bekommen, wohingegen das Material, wonach ich trachte, wahrscheinlich aussterben wird.]

Nach ausgedehnten Reisen, nach Shanxi, Sichuan, Yunnan und Guizhou und auch in Chinas Nachbarländer, entschließt sich Schuster 1934 an der Universität Wien eine Dissertation mit dem Titel »Chinese peasant embroideries« einzureichen.[1240] Eine seiner wichtigsten Einsichten, zu der er dank seiner umfangreichen Forschungen gekommen ist, ist, dass Stickereimuster etwa auf Betttüchern in den ländlichen Gebieten Südwestchinas größere Ähnlichkeit mit der Volkskunst in Osteuropa, z. B. in den westlichen Karpaten, aufweisen als mit dem, was allgemein unter chinesischer Kunst innerhalb des chinesischen Kernreichs verstanden wird.[1241] Er findet auch Ähnlichkeiten zwischen den von Aurel Stein in Turkestan gefundenen Mustern auf Seide aus der Tang-Dynastie und der von ihm erforschten Bauernstickerei. Er weiß um die große Bedeutung dieser vom Aussterben bedrohten Kunstgattung im ländlichen China, denn für ihn ist klar, dass spezifisch chinesische Kunst in erster Linie städtische Kunst [urban art] ist, »wohingegen die bäuerliche Kunst zu jenem gemeinsamen Fundus [common fund] primitiver und ursprünglicher Kunst gehört, der gewissermaßen zeitlos ist und keine geographischen Grenzen kennt«.[1242] Auch sieht er es als erwiesen an, dass die chinesische Bauernstickerei noch eine vielsagende Symbolik enthält, die erst später, wie er meint, während der Tang-Dynastie mehr dekorativen Elementen weicht.

1935–1938 reist Schuster nochmals nach China, einmal mehr in die Randgebiete des Reichs der Mitte. Wiederum lautet das Ziel, so viel wie möglich über Herkunft und Bedeutung der Textilkunst in den ländlichen Regionen herauszufinden. Mit der Theorie seines Wiener Lehrers Josef Strzygowski im Gepäck, der im Gegensatz zu den Anhängern des sogenannten Diffusionismus zwischen der Symbolik einer Volkskunst und der repräsentativen Kunst der Herrschenden unterscheidet, stellt er erneut das Gemeinsame zwischen chinesischer und osteuropäischer sowie kaukasischer Bauernkunst fest.[1243] Für ihn ist klar, dass sich die einheimische Tradition dieser Art nur deshalb über Generationen hinweg bewahren konnte, weil das Land sich politisch und sozial lange Zeit nicht verändert hat und von äußerlichen Einflüssen unberührt geblieben ist. In diesen Jahren wird ihm auch die unterschiedliche Einschätzung von Originalität im Westen und in der ländlichen Textilkunst bewusst:

»... [I]n the ateliers of the West individuality is at a premium, and copying has been elevated to the dignity of a crime: every ›work of art‹ must be unique ... How different this is from the impersonal, anonymous art of the country-side, where every piece is necessarily a copy or, in terms of such conceptions, a ›forgery‹!«[1244] [In den Ateliers des Westens steht die Individualität hoch im Kurs. Das Kopieren wurde dort auf die Stufe eines Verbrechens erhoben. Jedes ›Kunstwerk‹ muss einmalig sein ... Wie unterschiedlich sich das doch präsentiert im Vergleich zur unpersönlichen, anonymen ländlichen Kunst, wo jedes Stück notwendigerweise eine Kopie darstellt oder – in Begriffen solcher Vorstellungen – eben eine ›Fälschung‹!]

Schusters Rückkehr nach Europa ist lediglich von kurzer Dauer. Gerade noch vor der Besetzung der Niederlande durch deutsche Truppen im Mai 1940 verlässt der Pionier wissenschaftlicher Erforschung im Bereich von Folklore und Symbolik Europa Richtung Amerika. Dort arbeitet er – Nacht für Nacht in der New York Public Library, wie es in einem Nachruf heißt – an seinen Theorien, versucht die Rätsel verschiedener Völker der Erde, die er so liebt und schätzt, zu entziffern: Stammbäume, Körper- und Handstrukturen, Mythen und Rituale, Mosaike, Motive von Tätowierungen usw. Wie sein großes Vorbild Ananda Coomaraswamy sah er in den Metaphern der Sprache viele, teils unbewusste Überlieferungen aus der Vergangenheit eines Volkes bewahrt.[1245] Obwohl von vielen Zeitgenossen wegen seines universalistischen Ansatzes und seiner Ideen verspottet, versucht Carl Schuster, der mit seiner Auffassung soziologisch betrachtet den Strukturalisten um Claude Lévi-Strauss nahestand, bis zu seinem unerwarteten Tod am 3. Juli 1969 die Geheimnisse von Völkertraditionen in Patagonien, Sibirien oder den Philippinen zu lüften und deren symbolische Codes zu knacken.[1246]

»We may conceive of popular tradition as an undercurrent which flows deeply beneath the reflecting surface of history, a movement of long duration and great force which, though generally hidden from the academic view, comes to the surface occasionally in unexpected places, bringing with it momentoes of distant times and places.«[1247] [Wir mögen die Volkstradition als eine Unterströmung wahrnehmen, die tief unter einer spiegelnden Oberfläche der Geschichte fließt, eine Bewegung von langer Dauer und größter Kraft, die, obwohl im Allgemeinen vor der wissenschaftlichen Optik versteckt, gelegentlich an unerwarteten Stellen an die Oberfläche tritt und dabei Momente ferner Zeiten und Orte hervorbringt.]

»Gemächlicher als Touristen, freizügiger als Forscher wollen wir gemeinsam den faszinierendsten – und ältesten – Kulturkreis der Erde durchwandern. Nicht um seiner Sehenswürdigkeiten willen, sondern um zu sehen; nicht um ihn unter Kritik zu stellen, sondern um ihn verstehen zu lernen«, notiert der 1888 in Prag geborene Journalist und Autor *Richard Katz* im Vorwort seiner Reportage »*Funkelnder Ferner Osten!*«. Es sind Aufzeichnungen von einer Reise, die der Redakteur des Verlagshauses Ullstein in Berlin und Reporter für die »Vossische Zeitung« von Juli 1929 bis Juli 1930 nach China, Korea und Japan unternommen hat.[1248] Katz ist ein äußerst sensibler Beobachter, der mit viel Witz und Humor

Alltag und Charakter der Chinesen beschreibt, vor allem dort, wo ihn sein westlich geprägter Geist zur Erklärung des Fremden im Stich lässt. Er weiß, dass er innerhalb eines Jahres die chinesische Wesensart nicht erkennen kann. Ein Versuch soll es allemal sein:

> »Gänzlich wird uns das so wenig gelingen wie dem Fachgelehrten oder jenen unserer Landsleute, die ihr Leben im Fernen Osten verbringen. Uns wie ihnen wird die Seele der gelben Völker ein Mysterium bleiben. Nur die bunten Reflexe sind uns sichtbar, die aus jenem geheimnisvollen Prisma brechen. Doch ihrer wollen wir uns freuen, wo immer sie uns funkeln ... Aber besser, einen Funken für grün zu halten, der blau ist, als ihn überhaupt nicht aufblitzen zu sehn. Besser, gelbe Worte misszuverstehen als gelbe Menschlichkeit.«[1249]

Im Gegensatz zu Stein oder Schuster nähert sich Katz dem Reich der Mitte von Süden, und zwar von Hongkong aus, was den Blickwinkel deutlich ändert: »Solange die Europäer-Stadt gesund bleibt und Platz hat, interessieren sie (die Engländer – Anm. d. Verf.) sich nicht für die Eingeborenen. Fünftausend Weiße beanspruchen doppelt so viel Platz als eineinviertel Millionen Gelbe. Gelbe sind Menge, kalkuliert der Engländer, und Menge entscheidet nicht. Qualität entscheidet. Der schafft er Platz. Sich selber.«[1250] Küstenaufwärts geht die Reise des Richard Katz nach Shanghai, einer auf Spekulation erbauten Oase des Westens inmitten der chinesischen Wüste: »Dem gutmütigen Riesenbau, der China heißt und dem Boden Ostasiens seit Jahrtausenden Nahrung abgewinnt, ist das prunkende Schanghai mit einem schmarotzenden Wurzelwerk internationaler Verträge angewachsen.« Und in prophezeienden Worten schreibt er, der selbst wenige Jahre später das Emigrantenschicksal erleiden wird: »Doch diese Reserven schwinden. Orchideen sind Luxuspflanzen. Der Gärtner freut sich ihrer, doch er entfernt sie, wenn sie das Leben des Baums bedrohen ... Noch unsere Generation wird die bunteste, üppigste Stadt des Ostens verdorren sehen.«[1251] Katz erkennt die Zeichen der Zeit, ahnt, dass »die Gelben gereizt sind«.

Er richtet seine Aufmerksamkeit naturgemäß auch auf die in China lebenden Ausländer, die er grob in zwei Kategorien einteilt, in die Spezie des sogenannten »Diehards«, eines Alteingesessenen, »der durch seinen chinesischen Office-Boy durchsieht wie durch Luft, dem Riksha-Kuli einen Nickel zuwirft wie dem Hund einen Knochen und gegen unzufriedene Chinesen so gleichgültig Maschinengewehre mobil macht wie eine Flit-Spritze gegen Moskitos ... So wenig es sich die Mehrheit des deutschen Volks ausreden lässt, dass Zigeuner kleine Kinder stehlen oder dass düstere Orientalen mit blonden Gretchen mädchenhandeln, so fest ist der ›Diehard‹ davon überzeugt, dass man bei Chinesen mit tropenkollerigem Gebrüll weiter kommt als mit einem Lächeln.« Die andere Gruppe – die »Durchgedrehten«, zu der Katz sich wohl zählen dürfte – ist zahlenmäßig vergleichsweise gering (»die restlichen zwei Zehntel weißer Ansiedler in China«). Ihnen, so Katz, gehöre die Zukunft des China-Geschäfts, weil sie dem Chinesen von Mensch zu Mensch begegnen. Ihr einziger Nachteil: Sie »vergeuden eine Menge Zeit damit, eine Verständigung der Rassen anzustreben, die fast unerreichbar ist«.[1252] Der Versuch, China über die westliche Logik zu begreifen, scheitert kläglich: »Nichts, was ich erfahre, stimmt am nächsten Tag. Platterdings nichts. Nichts passt zueinander, alles widerspricht einander.«

Katz tastet sich weiter nordwärts, wiederum der Küste entlang, ins ehemals deutsche Tsingtao (Qingdao): »Das ist ja Swinemünde, der helle Strand mit dem schützenden Laubwald dahinter, das Kurhaus, die Kaffee-Pavillons und hier ... wahrhaftig, ›STRAND-HOTEL‹ steht schwarz auf weiß unterm hochgegiebelten dritten Stockwerk.« Der in habsburgischen Landen geborene Katz ist der arglosen Ansicht, die Deutschen hätten nicht nur Arbeit und Geld in Qingdao investiert, sondern auch den guten Willen zur Verständigung: »Unsere Besatzung wie unsere frühen Ansiedler spielten nicht die Herren, sondern sie suchten freundschaftliche Beziehung zu den Chinesen. Und die bewährt sich heute noch im Zusammenleben der weißen Bevölkerung mit der gelben.«[1253] Katz versucht, ihm exotisch erscheinende Bilder optisch einzufangen und anhand seiner Kenntnisse chinesischer Lebensphilosophie sozialhistorisch zu erklären: »Die Leute hier sind nicht ›fremdenfeindlich‹, sie sind ›fremdfeindlich‹, sie sind das, was Konfuzius vor zweieinhalbtausend Jahren von sich selber sagte: ›Ich schaffe nichts Neues; ich glaube an das Alte und lebe es.‹ Und Konfuzius ist noch heute ihr Lehrer. Sun-Yat-sens revolutionäre Lehre mag sich in den großen Städten durchsetzen (...); aber was sind die paar Großstädte, was bedeutet die Million verwestlichter Chinesen gegen die Millionen Dörfer, gegen die Hunderte Millionen Bauern, die noch heute so leben wie zu Konfuzius' Zeit?«[1254]

Auf einer Wallfahrt hin zum Taishan, einem der fünf mythischen Berge Chinas in der Provinz Shandong, sinniert Katz – »einen Hauch fremden Glaubens werden wir nur dann verspüren, wenn wir uns ihm mit Achtung nähern« – über Auf- und Niedergang der Dynastien, über den momentanen Tiefpunkt einer Kurve, »die sich hernach mit derselben Regelmäßigkeit wieder nach oben wendet. Diese Erkenntnis trägt wohl das chinesische Volk halbbewusst in seiner Seele, und wohl um ihretwillen arbeitet es so unbeirrbar und gleichmütig weiter, während Briganten und Generale wetteifern, ihm den Ertrag seiner Arbeit abzupressen ...«[1255] In Beijing, damals Peiping, schlendert Katz durch die staubige Legation Street, die dem Reiseschriftsteller nach dem Verlust des Titels »Hauptstadt Chinas« gähnend leer erscheint. Er macht die Bekanntschaft mit Lu, dem Masseur, der die Muskeln des rheumatischen Europäers durch ein Laken hindurch flink erhascht und gründlich foltert, oder begegnet lästigen Fremdenführern: »Selbst ein so reserviert-höfliches Volk wie die Chinesen hat eben seinen Prozentsatz an vorlauten Schwätzern, und selbst ein Volk mit konfuzianischer Tradition erzeugt als Abfall ungebildete Lügner. Diese Schwätzer und Lügner, früher belächelt und gemieden, haben sich nun zur Gilde der Fremdenführer zusammengeschlossen.«[1256] Auf der Fahrt zur Großen Mauer – »von Chinas Überbevölkerung ist hier draußen nichts mehr zu merken« – stößt der Prager Journalist auf die Erkenntnis, dass ein Zusammenhang zwischen der fünftausendjährigen Kultur und der sterilen Landschaft bestehen müsse: Die eigenartige und abgeschlossene Kultur der chinesischen Ebene wäre nicht denkbar ohne die abweisenden Bergkämme, die sie vom Norden her beschützen.

Für Katz ist es eine erwiesene Tatsache, dass das alte China bedeutend demokratischer war als von westlichen Gelehrten häufig angenommen. Man mache sich im Westen falsche Vorstellungen über das China der Kaiserzeit, die von der jetzigen chinesischen Regierung (um 1930) noch vergröbert würden: »Jetzt herrschen eigensüchtige Generale unbedingter über China, als je ein Kaiser regiert hat, und unter der Maske der Republik besteht eine militärische Diktatur, die jegliche Einmischung des Volks in die Regierung ausschließt ... Es war der tragische Irrtum des westlich erzogenen chinesischen Arztes Sun-yat-sen, dass er seinem Volk mit dieser Verfassung die Freiheit zu bringen gedachte und ihm stattdessen den Bürgerkrieg brachte. Nun wiederholen politisierende chinesische Studenten seinen Irrtum, indem sie die alte Kultur ihres Volkes ausrotten wollen, ohne dass sie von der neuen mehr angenommen haben als Hornbrillen und Golfhosen.«[1257]

Der Besuch von Theateraufführungen regt Katz dazu an, über die von den europäischen verschiedenen Wertvorstellungen der Chinesen nachzudenken. So meint er zu ihrem Kunstverständnis: »Der Knabe, der sich zum Feldherrn vermännlicht oder zum Mädchen verniedlicht, befriedigt den chinesischen Geschmack auf derselben Linie wie das Pekinesen-Hündchen, das wie ein Löwe aussieht, oder wie der Goldfisch mit dem Drachenkopf.« Hinsichtlich des Verhältnisses zur nachfolgenden Generation stellt er fest: »Dem altmodischen Publikum der Chinesen geben Kinder, die sich für ihre Eltern opfern, immer noch sympathischere Dramenstoffe ab als Kinder, die ihre Eltern anklagen.« Eigentümlichkeiten chinesischer Mentalität glaubt Katz auch auf Trauerzügen, in Schimpfausdrücken und bei Mahlzeiten ausmachen zu können. Unter dem Titel »Vergnügte China-Notizen« beschreibt er Phänomene, die einem westlichen Kopf nur schwer verständlich sind, und die für ihn drei Feinde und Gefahren des weißen Mannes in China sieht er verkörpert in den Pidgin-Ausdrücken »chit« (Rechnung), »maski« (egal) und »squeeze« (Herauspressen von Geld).

Damit befindet sich Katz wieder so ziemlich auf der Stufe der Mehrzahl der durchschnittlichen Old China Hands. Selbst ein ganzes Jahr auf Reisen in Asien bringt ihm China persönlich nicht bedeutend näher, so sehr sich der Prager auch bemüht: »Ein Jahr genügt, um die Gefahr zu erkennen. Sie sind zu anders hier im Fernen Osten. Meine guten gelben Freunde, die an den Pier kommen, um mir Lebewohl zu sagen, würden meine Feinde werden, wenn ich zeitlebens bei ihnen bliebe ... Auf den Unterschied des Denkens kommt es uns an und auf den der Gefühle. Über den aber bringt uns ein Jahr so wenig hinweg wie ein Jahrzehnt. Denn Jahrtausende haben ihn entwickelt ... Darum ist es besser, dass er abfährt. Zu Menschen seiner Art ...«[1258] Dass man sich nicht nur unter fremden Kulturen und Völkern fremd vorkommen kann, dokumentiert das spätere Schicksal von Richard Katz: Menschen seiner Art sind es, die ihn 1933 zurück in die Tschechoslowakei und sieben Jahre später nach Südamerika emigrieren lassen. Erst viele Jahre später kehrt er zurück nach Europa, wo er 1968 in der Schweiz stirbt.[1259]

Ein ähnliches Lebensschicksal wie Katz zeichnet den 1869 in Budapest geborenen *Arthur Holitscher* aus: Auch er wird im biographischen Handbuch der deutschsprachigen Emigration als Autor und Journalist

II. Individuen, Biographien und Lebenswelten

bezeichnet, auch er wählt schließlich die Schweiz (1934) als Endstation seiner Flucht vor den Nationalsozialisten, und auch er hält sich für kurze Zeit – drei Monate im Jahre 1926 – als reisender Beobachter revolutionärer Verhältnisse in China auf. Im Gegensatz zu Richard Katz ist Holitscher allerdings politisch engagiert, was in seinen im gleichen Jahr erschienenen Reiseaufzeichnungen »*Das unruhige Asien*« nachhaltig zum Ausdruck kommt.[1260] Holitscher arbeitet nach seinem Abitur als Bankangestellter im kroatischen Fiume, das damals zur Habsburgermonarchie gehört. Danach folgen Aufenthalte in Wien, Paris, Rom, Berlin, Brüssel und Heidelberg. Zu Beginn des 20. Jahrhunderts lebt er für fünf Jahre in der Münchner Bohemienszene. Später erlangt er durch seine Reiseberichte aus den USA (»Amerika heute und morgen«, Berlin 1912) einen besonderen Ruf als auf eine neue Art politisch-kulturell ausgerichteter Autor. Unter dem Eindruck der Schrecken des Ersten Weltkrieges wird er radikaler Pazifist beziehungsweise Sozialist. 1921 nimmt er am 3. Kongress der Komintern in Moskau teil. »Niemals ein Mann der KPD, ließ sich Arthur Holitscher von persönlichen, ethnischen und pazifistischen Prinzipien leiten, geprägt von einer allgemein emanzipatorischen, sozialistischen Gesinnung«, heißt es im »International Biographical Dictionary of Central European Emigrés« von 1983.[1261]

Eine vergleichsweise progressive Einstellung zeichnet auch seine Reportagen aus dem Reich der Mitte aus, das er – wie Richard Katz – von der ›Achillesferse‹ Hongkong aus betritt und das ihn sogleich gefangen nimmt (»das Leben hat mich gelehrt, ersten Eindrücken unbedingt zu trauen, auch wenn es Eindrücke sind, die der Anblick scheinbar geringfügiger Dinge hinterlassen hat«):

> »Bergauf schwankender Trauerzug, bergab schwankende Brautprozession, ringsum das bunte, enge Getümmel und Gewirr der mit tausend Fahnen, Schildern wehenden goldenen, lackschwarzen, krapproten Gassen und Berggässchen in der Morgensonne, deren Strahl die verschlungenen Pfade des hohen Bergabhangs in die Höhe gleitet, – dies ist China, mein erster Morgen in Hongkong, der erste, unvergessliche Tag in dem sagenhaften Reich der Mitte, Reich des entthronten Himmelssohns, der auf den Thron gesetzten irdischen Vernunft.«[1262]

Holitscher lässt seinen nicht immer vorurteilslosen Blick schweifen auf »diese Kinder, die Chinesen, dieses alte, nimmer ermüdete, lebendige, unbändige Volk!« Er ist amüsiert über die Verschwendung von Licht, Lautstärke, Glanz und Geräusch, rätselt über Gesichtszüge respektive den dahinter liegenden »Volkscharakter«. »Sie sind nicht gerade feindselig, ihr Lachen und Lächeln ist nicht böse oder höhnisch, doch fühlt man sich unter ihnen nicht unbeschwert und geht nicht, wie in Agra, wie in Benares, träumend und beseligt durch die Straßen.« Holitschers Reisedestinationen beschränken sich auf wenige Städte, auf Hongkong, Macao, Kanton, Shanghai, Suzhou und Peking. In der ehemals portugiesischen Kolonie ist er Zeuge – wie voraussehbar – von Szenen in Spielhöllen, während er sich in Kanton, der Stadt am Perlfluss, die »rote Parade« anschaut, nicht ohne Vergleiche mit gleichartigen Anlässen in der Sowjetkapitale anzustellen (»In Moskau sah ich solche Bewachung nie und bin doch Trotzki, Lenin, ja sogar Djershinski wiederholt in den Straßen begegnet!«). Auf Shamian, einstiges Konzessionsgebiet der Europäer in Kanton, grübelt Holitscher über die Vergangenheit westlicher Dominanz in China: »Dieses Inselchen (mit schattigen Alleen, reizenden Blumenbeeten, Park- und Strandanlagen, Promenaden, Tennis- und Fußballplätzen sowie Palast- und Villenreihen – Anm. d. Verf.), es war ja seit je ein künstliches Gebilde, schwächlich und ohne Fundament; jetzt ist die Flut, die China in Wallung versetzt hat, über das Inselchen weggeschlagen, hat es verschluckt ...«[1263]

Aus Gesprächen mit Borodin holt er sich die Informationen, um die politische Situation besser zu verstehen. Er erfährt von diesem etwa, dass der Kommunismus für die Chinesen gleichbedeutend sei mit einer »anständigen, sauberen Regierung« oder dass Amerikas Versuch der Einflussnahme im Gegensatz zum russischen lediglich auf den Rand der Bevölkerung wirke. Gedanken dieser Art vermischen sich in seinem Buch mit einer Charakterisierung der Chinesen als ein »schlaues, abgründig unsentimentales Volk«. Die »gelbe Gefahr« sieht er als Schreckgespenst der europäischen Bourgeoisie und Reaktion, als Ablenkung von der Angst vor China, dem »Schicksalsland der östlichen Welt, der Geburtsstätte einer neuen Weltordnung«.[1264] Als größtes Übel in diesem Land erscheinen ihm die Banditenplage sowie der »Raubmilitarismus«, den die neue Guomindang-Regierung auszurotten gedenke: »Ob es ihr gelingen wird, bleibt zweifelhaft; zu tief wurzelt das Übel im Wesen dieses merkwürdig komplizierten Volkes.«

Im »Chicago des Ostens«, so Holitscher über Shanghai, mokiert er sich über die Europäer, die nicht die Wahrheit über das Volk erfahren wollten, in dessen Mitte sie lebten, oder über die sie bewachende gemischte Polizeitruppe, die wisse, dass es ums Leben gehe, »sobald das lauernde Drachenungetüm des Chinesenvolkes sich ringsum nur regt, und dass ein Tatzenschlag das ganze Ausländervolk zu blutigem Brei niederschlagen und vermanschen kann«.[1265] Peking – Holitscher nennt die Stadt »Jerusalem des himmlischen Reichs der Mitte« – empfängt den ungarisch-jüdischen Einzelgänger zum Neujahrsfest, das sich durch das Getöse von Knallbonbons ankündigt und den Chinesen, wie er meint, erlaubt, die Rechnungen – irdische wie himmlische – zu begleichen. Er besucht zusammen mit einem Freund Märkte sowie den Lama- und den Konfuziustempel. Er findet, sollte der Freund je einmal die Rückreise nach Europa antreten, würde er an Heimweh zugrundegehen: »In vielen Fällen stirbt er leiblich, noch ehe der Geist Zeit genug gefunden hat, sich recht auf den Schmerz zu besinnen, den ihm die plötzliche Losgelöstheit von dem mythisch seltsamen, unheimlich saugenden Volk des fernen Ostens verursacht.«[1266]

Mit dem Besuch heiliger Stätten, wo an manchen Orten von revolutionären Gruppen die Kulturrevolution zeitlich um vierzig Jahre vorweggenommen wird (»Götter werden aus den Tempeln geworfen, wunderbare alte Buddhastatuen zu Brennholz zerhackt«), eröffnet Holitscher dem Leser seine Sicht der Religiosität der Chinesen und von deren Rolle in ihrem Leben:

»Das nüchterne, starke und wandlungsfähige Chinesenvolk, das die neue Zeit bewusst und mit schlauem Verstande miterlebt, hat ja in den alten Formen seiner Religion auch niemals so sehr die metaphysischen Bindungen verspürt, wie es die mit seiner Religion verknüpften ethischen Begriffe verstanden hat, nach bestem Wissen befolgt oder mit großem Raffinement umgeht.«[1267]

Der Besuch in der inzwischen zu einem Museum der uralten Kunst Chinas gewordenen »Verbotenen Stadt« erweckt hingegen noch einmal Holitschers Begeisterung: »Aber das wundersame einmalige Erlebnis der Verbotenen Stadt, dieser baumlosen aus Marmor, Goldgelb und Purpur errichteten Stätte einer für immer versunkenen Macht, das erschütternde Erlebnis dieser sinister veröndeten Flächen, Höfe, Brücken, der Dimensionen, über die das Auge schweift, die den Atem benehmen, – sie raubt kein Menschenwille, keine Verschlagenheit, Korruption … Wunderbares, altes, auf ewig versunkenes China!«[1268] Der Gast aus dem fernen Westen logiert im Hôtel des Wagon Lits, am Rande des Gesandtschaftsviertels, dort, wo europäische und amerikanische Zivilisation widerstrebend und zögernd tastende Versuche unternimmt, sich dem Inneren der Chinesenstadt zu nähern.

Den abschließenden Blick auf China widmet Holitscher dem angeblich von allen Chinesen, den »nervösen dekadenten Südchinesen« wie den »starken grobknochigen Nordchinesen«, angestrebten Ziel, das das »ungeheure Reich, die vierhundertundfünfzig Millionen erfasst hat und vorwärtsschleudert, empordrängt, den Pfad der Zukunft hinan«. Lediglich einige wenige reaktionäre Instinkte der Chinesen seien es, so Holitscher, welche diese große »Zeitidee« der Befreiung vom Joch der Vergangenheit behinderten, jedoch nicht aufhalten könnten. Diese Triebe seien »Habgier, grausame Missachtung der Qual des Nächsten, Korruption und räuberischer Militarismus«.[1269] Drei Monate haben Holitscher genügt zu sehen, wie gründlich »Religion und Moral heute dem Chinesen abhanden gekommen sind. Die Verehrung der Weisen, der Väter des chinesischen Moralbegriffs, ist nur mehr eine leere Form, ihr Inhalt längst verflüchtigt.«[1270] Doch ändern solche Makel nichts an der Gewissheit Holitschers, China werde weiterexistieren, China bleiben, »das jahrtausendealte Reich, das alle Formen der Zivilisation, Politik und Moral, Freiheit, Sklaverei, alle göttlichen, menschlichen, tierischen und wieder göttlichen Stadien des Menschheitsembrios durchgemacht hat, ohne unterzugehen, ohne einen Deut von seiner angeborenen Kraft und Herrlichkeit aufgeben zu müssen.«[1271]

Mit dem Ausspruch »Hartes Land. Leb' wohl China« endet die Reportage Arthur Holitschers, der mit ansehen musste, wie einige seiner Bücher von den Nationalsozialisten 1933 öffentlich verbrannt werden, und er selbst zum politischen Flüchtling gemacht wird. 1941 stirbt der vertriebene und mittellose Autor und Journalist unter anderem der Zeitschriften »Internationale Literatur«, »Neue Deutsche Blätter« und »Aufbau« in einem Heim der Heilsarmee in Genf.

»Ich schätze die Bücher von Kisch sehr, meine Vorbehalte waren entstanden, weil ich wusste, dass er nur drei Monate bleiben und dann ein Buch über China schreiben wollte … Wer konnte sich einbilden, dieses Land in so kurzer Zeit auch nur annähernd kennenzulernen. – Wir wussten nichts von der großartigen Arbeitsweise Kischs. Er war gründlich vorbereitet, hatte das Talent, Wesentliches schnell zu erfassen, und ließ es niemals ungeprüft.«[1272] Diese Einschätzung über den 1885 in Prag geborenen *Egon Erwin Kisch* stammt von Ruth Werner, die dem »rasenden Reporter« im Frühjahr 1932 in Shanghai mehrmals begegnet ist. Zugegeben, drei Monate und erst noch in Großstädten wie Peking, Shanghai, Nanjing oder Qingdao sind eine kurze Zeit, um China verstehen zu wollen, doch scheint die Prägung durch die einmalige Atmosphäre seiner Vaterstadt vor dem Ersten Weltkrieg es Kisch zu erleichtern, Widersprüche, die es im China der 1930er Jahre zuhauf gab, zu erkennen und literarisch zu verarbeiten. Kisch hat die Reportage zu einer literarischen Form des gesellschaftlichen Kampfes gemacht. Während sein Landsmann Richard Katz das Exotische Chinas zum Gegenstand seines Werkes machte, suchte Egon Erwin Kisch vielmehr nach den Wurzeln der gesellschaftlichen Übel jener Epoche. Mit Spott, Ironie und Satire entblößt er das Sensationelle und tadelt, was ihn empört. Seine 1933 veröffentlichte Reportage »China geheim« passt in Kischs Auffassung von einem Text als »Kunst- und Kampfform«.[1273]

Der Journalist und Reporter verschiedener deutschsprachiger Zeitungen tritt 1919, die Schrecken des Krieges hatten ihn nachhaltig geprägt, der Kommunistischen Partei bei. 1921 wird er aus Österreich ausgewiesen, lässt sich darauf in Berlin nieder, wo er mit dem KPD-Reichstagsabgeordneten und Medienunternehmer Willi Münzenberg zusammenarbeitet. Als 1931/32 der japanisch-chinesische Konflikt eskaliert, macht sich der hellsichtige Zeitkritiker auf nach Fernost, ursprünglich – wie man im Gefolge der Erstauflage von »China geheim« annehmen durfte – auf eigene Initiative, rückblickend betrachtet wohl eher im Auftrag einer damals unermüdlich auf Chinas Schicksal und Not hinweisenden links-internationalen Interessengruppe (Komintern, kommunistische Parteien, Komitees gegen den Nationalsozialismus bzw. den japanischen Militarismus, Münzenbergs International Red Aid (MOPR) usw.).[1274] Kisch ist da kein Anfänger mehr bei der Erkundung fremder Länder und Sitten. In »Zaren, Popen, Bolschewiken« (1927) fanden seine Erfahrungen in der UdSSR, in das »Paradies Amerika« (1929) jene in den USA und in »Asien gründlich verändert« (1933) die in Mittelasien ihren Niederschlag. Auf diesen Reisen hat Kisch seinen Blick für das Wesentliche geschärft, einen Spürsinn für bisher unbekannte Aspekte entwickelt und ein soziales Engagement gezeigt, das in seiner Biographie begründet sein dürfte.

Wie jene vorangegangen Bücher ist »China geheim« vor allem ein politisches Werk. Das Buch entsteht ja am Vorabend der faschistischen Herrschaft über weite Teile Europas. Mit scharfer Zunge, doch in heiterem Ton prangert er die gesellschaftlichen und politischen Missstände im damaligen China an. Von wenigen kulturellen Erscheinungen abgesehen, kommt er in seiner Reportage wenig auf das typisch Chinesische zu sprechen, vielmehr zielt seine Kritik vor allem auf Europas Anteil am Elend Chinas. So ist es nur folgerichtig, dass er China nicht als Land mit einer jahrtausendalten Geschichte und Kultur betrachtet, sondern als Teil einer Welt, in der halbkoloniale Zustände herrschen, Ausbeutung und Not an der Tagesordnung sind:

»Wohlfeiler als die wohlfeilste Maschine ist der chinesische Mensch, seine Hände sind der Elevator, seine Arme die Ketten, seine Schultern das Lastauto, seine Beine die Betriebsbahn – diese Menschen brauchen keine Mechaniker, kein Treiböl, und ein Defekt kostet den Unternehmer nichts, wenn seine Maschine ein Mensch ist. Raubbau statt Wirtschaft, Waffen statt Arbeitsmaschinen, Opium statt Nahrung, Missionare statt Lehrer, Polizei statt Gewerkschaften, das sind die Brautgeschenke Europas an China.«[1275]

Kisch geißelt das Leben der Kulis (»sie müssen überall und immerdar auf den Kunden lauern, auch nachts, auch während des Krieges, trotz des Standrechts, trotz des Verbots, sonst könnten sie nicht einmal so leben, wie sie leben«), reflektiert über die Kinderarbeit und andere soziale Missstände. Seine Augen richten sich auf Tanzlokale, Massagesalons, Bardamen und Prostituiertenkinder. Seine Nachforschungen gelten auch der Verfolgung von Kommunisten und anderen politisch links Stehenden sowie dem Zusammenspiel von ausländischer und einheimischer politischer Reaktion (der »condition humaine« von Malraux nicht unähnlich). Auch seinen Glaubensbrüdern widmet er unter der Überschrift »Kapitalistische Romanze von den Bagdad-Juden« ein nicht gerade rosiges Kränzchen, indem er sie als Grundstücksspekulanten, die durch den Opiumhandel reich geworden seien, bezeichnet. Er straft diejenigen Ausländer mit Verachtung, welche die Chinesen für dumm halten, nur weil sie kein richtiges Englisch sprechen: »Er (der Verfasser eines Gedichtbandes mit dem Titel ›Pidgin Inglis Tales‹ – Anm. d. Verf.) macht sich ... über einen Rikschakuli lustig, der einen Reklamezettel für einen Dollar ansieht, über einen Schneider, der einem britischen Matrosen einen Riss in der Bluse zugenäht hat und sich deshalb auf seinem Firmenschild ›Lieferant des Kriegsdepartements und der Admiralität‹ nennt, kurzum über die ›Dummheit‹ der Chinesen. Er macht sich lustig über die Chinesen, obwohl selbst die dümmsten unter ihnen in ihrem Hintern mehr Weisheit haben als der Dichter und seinesgleichen im Gehirn ...«[1276]

Am ehesten einen ungeschminkten Blick auf das bisweilen dem Europäer absonderlich erscheinende China wagt Kisch beim »zufälligen Besuch bei Eunuchen«, bei der Teilnahme an einer Hinrichtung, anlässlich des Besuchs eines Schattentheaters oder der Anwesenheit an einer Begräbnisfeier (»was man in Wien eine ›schöne Leich‹ nennt, ist geradezu der letzte Dreck gegen einen Leichenzug in China«). Unter der Überschrift »Straße, wie wunderlich« räsonniert er über die Liebe der Chinesen zu den Vögeln (»wir sahen Flüchtlinge aus Tschapei, die hatten nichts gerettet als ein Kopfkissen und den Vogelkäfig«), über das Angebot chinesischer Medizin für den »schlapp gewordenen Mann« oder über die ein Kind erwartende Frau (»wenn eine Schwangere pulverisiertes Schildkrötenfleisch einnimmt, so rutscht das Baby wie geölt von selbst ans Licht der Welt«). Bisweilen spöttisch bewertet er die Anwendung der chinesischen Akupunktur bei Heilungsversuchen an Geisteskranken (»versuchen wir durch Pillen und Salben die Atmung von oben nach unten zu leiten, wie es sich für eine richtige Atmung gehört«). Selbst »Dr. honoris causa amer. Mei-Lan-Fang«, Chinas berühmtester Operndarsteller, wird vom europäischen Besucher ziemlich unsanft aufs Korn genommen:

»Wenn er dennoch modernisiert (gemeint ist die alte Bühnenkunst Chinas – Anm. d. Verf.), verdirbt er nur. Er verbannt die Musikanten von der Bühne und lässt nicht einmal hinter den Kulissen die wogende Menge der Schwarzhörer zu. In seinem Theater spielen Beleuchtungseffekte mit, er streicht die Handlung des Stückes zugunsten seiner Rolle zusammen und schreckt nicht davor zurück, sich in einer lyrischen Szene (...) mit plumpen Zoten Spezialerfolg zu holen. – So doktert der Doktor Mei-Lan-Fang ... am altchinesischen Theater herum, ohne es zu retten und ohne es töten zu können.«[1277]

Mit einem von Kisch auf dem Dachgarten des Grand Hôtel de Pékin inszenierten »Kasperltheater vom 10. Juni 1932 in vorläufig zwei Akten« endet »China geheim«. Alle Hauptdarsteller – Lord Lytton, der Leiter der Völkerbundskommission zur Untersuchung der Lage in der Mandschurei, Chinas Außenminister Wellington Koo, Graf Ciano, der Schwiegersohn Mussolinis, sowie der Militärmachthaber von Shandong, Tschang-Tsung-Tschan (Zhang Zonchang), auch Hundefleisch-General genannt – versuchen nochmals mit allen Kräften, ihren eigenen Vorteil aus dem tragischen Schicksal Chinas zu ziehen. »Ist es denn schon aus?«, fragt Kasperl. »Hm. Ich glaube, nicht für immer«, lauten die letzten Worte des Bühnenmeisters. Und Kisch sollte Recht behalten, zumindest in den Jahren bis zur Gründung der Volksrepublik, die er selbst – er stirbt 1948 in Prag – nicht mehr miterlebt.[1278]

6. Ärzte

In der westlichen Berichterstattung über das Schicksal Chinas zu Zeiten von Krieg und Revolution nimmt die Gilde der Ärzte einen nicht unbedeutenden Stellenwert ein. Namen wie Norman Bethune oder George Hatem stehen für all diese Berufskollegen, die ihr westliches Leben aufgegeben haben, um sich für die Linderung von Not und Elend im Gefolge der chinesischen Tragödie in den Jahren der japanischen Besatzung einzusetzen. Etliche dieser medizinisch ausgebildeten Helfer stammen ursprünglich aus einem jüdischen Milieu und haben sich mehr oder weniger freiwillig in den Dienst der chinesischen Sache gestellt. Nicht wenige von ihnen standen vor ihrer Ankunft im Reich der Mitte als Ärzte zur Versorgung der Verwundeten während des Spanischen Bürgerkriegs auf der Seite der Volksfrontregierung an der Front.[1279] Zu diesen sogenannten Spanienärzten gehört auch *Fritz Jensen*, der am 26. Dezember 1903 im Prager Stadtteil Königliche Weinberge geborene Friedrich Albert Jerusalem.[1280] Die Familie – sein Vater stammt aus Böhmen, die Vorfahren mütterlicherseits aus Ungarn – gilt als wohlhabend und sehr liberal. Man zieht noch vor dem Schuleintritt des kleinen Friedrich nach Wien, wo dessen Interesse bald einmal durch die sozialen Erschütterungen der Vor- und Kriegsperiode auf die Politik gerichtet wird. Im Gefolge des Untergangs der Habsburgermonarchie, der wirtschaftlichen Notlage und der damit einhergehenden innenpolitischen Spannungen radikalisiert sich auch die Bevölkerung: Unter dem Einfluss des Publizisten Karl Kraus gelten Friedrichs Sympathien zunehmend

II. Individuen, Biographien und Lebenswelten

den Anliegen linker Bewegungen. Zwischen 1923 und 1929 studiert der junge Mann Medizin, unter anderem beim berühmten Anatomieprofessor Julius Tandler, den es ebenfalls nach China verschlagen sollte. Der rechtsgerichtete Terror führt dazu, dass sich Friedrich Jerusalem Ende 1929 der Kommunistischen Partei Österreichs anschließt und Mitglied des 1930 gegründeten Bundes der proletarisch-revolutionären Schriftsteller Österreichs wird. In seiner Freizeit betätigt er sich als Agitprop-Mitarbeiter, Regisseur und Schauspieler von Arbeiter-Theatergruppen.

Nach dem fehlgeschlagenen Putsch der Nazis am 25. Juli 1934 in Wien wird Fritz Jensen – er hatte sich inzwischen eben diesen Namen zugelegt – inhaftiert. Ein knappes Jahr später wird er aus dem Konzentrationslager Wöllersdorf freigelassen. Nach einem kurzen Intermezzo als Leiter einer ärztlichen Privatpraxis in Wien verlässt er seine Heimat, zuerst Richtung Spanien, wo er als Chefarzt der XIII. Internationalen Brigade tätig ist. In der Folge von Francos Sieg reist er nach China. Mit Bedřich Kisch, dem Bruder von Egon Erwin Kisch, und einem deutschen Kollegen bricht Jensen am 20. Mai 1939 auf einem alten Frachter von Liverpool nach Hongkong auf. Er gehört damit zu denen, die in der Gruppe infolge weltweiter gesellschaftspolitischer Umwälzungen wandernden Juden als freiwillige medizinische Helfer gegen Faschismus, Nationalsozialismus und japanischen Militarismus kämpften. Einige von ihnen gelangen als politisch und rassisch Verfolgte bei China in ein Land, das selbst von Krieg und Elend heimgesucht wird.

Die erste Begegnung Jensens mit dem Reich der Mitte, d. h. mit jenem Teil, der unter der Kontrolle Chiang Kai-sheks steht, ist ernüchternd, in seinen eigenen Worten »kalt und herzlos«: »Von der lebenswarmen Solidarität und dem flammenden Internationalismus, mit dem das spanische Volk uns aufgenommen hatte, kamen wir unvermittelt in die Eisigkeit einer chinesischen Beamtenatmosphäre. So kam es, dass ich, verführt durch meine eigene politische und menschliche Unzulänglichkeit, in der Kälte, die uns entgegenschlug, einen chinesischen Wesenszug vermutete, statt in ihr den leicht verletzlichen Stolz der ›Hsiau Hschien Hscheng‹ (der ›kleinen Gentlemen‹), die nur eine dünne Oberschicht der ›besseren Gesellschaft‹ waren, zu erkennen.«[1281] Jensen arbeitet anfänglich im Auftrag der China Defence League für das chinesische Rote Kreuz in der Provinz Guizhou (mit Aufträgen an der Hunan-Front), dann im Süden Jiangxis für die Gonghe-Bewegung des Neuseeländers Rewy Alley und gleichzeitig als Hausarzt für die Familie von Chiang Ching-kuo (Jiang Jingguo), dem ältesten Sohn Chiang Kai-sheks. Spätestens 1943 bringen ihn höhere Ziele nach Chongqing, die er allerdings nicht verwirklichen kann, wo es jedoch zu Begegnungen mit Zhou Enlai und Guo Moruo kommt. Auch lernt er dort seine spätere Frau kennen, die Partisanin Wang Wu An.[1282] Unmittelbar vor Kriegsende ist Jensen nach Meinung eines amerikanischen Berufskollegen ein Mensch, der »ergeben war, die Welt zu verbessern«, in den Provinzen Yunnan, Guizhou und Guangxi für das Britische Rote Kreuz tätig. Später arbeitet er im Rahmen der Cholera-Bekämpfung für die UNRRA erneut in Chongqing. Erst danach gelingt es ihm, der, wie viele andere, längst genug hat von der herrschenden Korruption und Ineffizienz der Guomindangregierung, im von den Kommunisten »befreiten Gebiet« in der Provinz Jiangsu eine Anstellung zu finden: als Konsulent der kommunistischen Hilfsorganisation CLARA für Fragen der ärztlichen und sozialen Fürsorge. Die Zeit bis zu seiner Rückkehr nach Europa im Dezember 1947 – Jensen war acht Jahre im Reich der Mitte – hält er sich in der Folge vornehmlich im kommunistischen Gebiet auf:

> »Hier war der Heroismus zur Massenerscheinung geworden. Das Überzeugendste war nicht das glänzende, weithin sichtbare Heldentum des Sturmes auf die feindliche Stellung, sondern der unberechenbare Mut in einem Milieu des Mangels, der graue Heroismus, der von zwei Schalen Reis am Tag lebte, der sich Tag und Nacht in denselben wattegefütterten Baumwollmantel kleidete, der, vor der eisigen Kälte Nordchinas nur durch eines kleines Holzkohlenbecken geschützte, mit erfrorenen Fingern die ornamentalen Schriftzüge wichtiger Staatsdekrete auf das grobe, selbsthergestellte Papier malte.«[1283]

Im Jahr der Gründung der Volksrepublik erscheint Jensens Werk »*China siegt*« in einem Wiener Verlag, mit den chinesischen Schriftzeichen 中国的胜利 auf dem Buchdeckel und, für damals nicht untypisch, illustriert mit chinesischen Originalholzschnitten sowie Tiefdruckbildern nach Aufnahmen des Verfassers. Das Interesse in Europa am Reich der Mitte ist damals gering, und Jensens Buch ist das eines Linken mit vergleichsweise wenig Beschreibungen persönlicher Eindrücke und Begegnungen. Dennoch bieten seine Aufzeichnungen dem Leser Einblicke in das Land, die das Buch auch mehr als ein halbes Jahrhundert später noch lesenswert machen. Einmal mehr zeigt es, wie in der Begegnung mit dem Orient einzelne Europäer sich zugleich zur Selbstreflexion aufgefordert fühlen, zum Nachdenken über ihre eigene Stellung in der Welt und in diesem Land. So trifft der jüdische, aus Mitteleuropa stammende intellektuelle Jensen z. B. auf einem verlassenen, an weglosen Bergketten und üppigen Reisfeldern vorbeiführenden Pfad auf einen von der Last seiner Ware gebeugten, an einer schweren Augenkrankheit leidenden chinesischen Bauern. Das übliche Mitleid regt sich beim vergleichsweise wohlhabenden Jensen. Doch dann beginnt der alte Chinese zu lachen, über den Fremden, seine lange, komische Nase. Dieser ist verwirrt, doch er beginnt zu begreifen:

> »Ich sah mich selbst mit den Augen eines Chinesen ... Statt des Mitleids, das ich fühlen wollte, schlich sich Neid in mein Herz. Der alte Bauer mit seiner schweren Last und seinem ausgemergelten Körper war wenigstens zu Hause, fiel nicht aus dem Rahmen und kannte die Wege. Aus der Übersetzung dessen, was er sagte, erkannte ich das Mitgefühl, das er, trotz meiner guten Kleidung und meiner anscheinend hohen Position, für mich empfand. Und ich, der bereit gewesen war, ihn zu bedauern, nahm sein Lachen und sein Mitleid als verdient entgegen. Ich war ein Fremdling und sein natürlicher Feind. Meine Anwesenheit in einer Soldatentruppe erschien dem alten Bauern als ein Beweis, dass ich von einem bösen Wind aus besseren Umständen in eine Tiefe verschlungen worden war, in der ich mich nicht zurechtfinden konnte. Ich verstand plötzlich, welch schwierigen

Schritt ein Chinese zu tun hatte, ehe er von den Äußerlichkeiten eines Europäers absehen und ihn als seinesgleichen anerkennen kann. In diesem Augenblick überkam mich die ganze Geschichte der Unterdrückung Chinas durch die Ausländer, die er vergessen muss, ehe er das Wort eines Europäers für bare Münze nehmen kann; die Höhe der Entwicklung, die er erreichen muss, um den individuellen Freund in der Masse der überheblichen Bedrücker zu erkennen.«[1284]

Wie viele andere vor ihm musste Jensen feststellen, dass auch der Westen von China zu lernen hat: »Ich glaubte, als Gebender, als Lehrender und Mitteilender nach China gekommen zu sein, ich glaubte zu wissen, von wo ich kam und wohin ich ging. Nun in Etappen und in mühsamer Arbeit verwandelte ich mich aus dem ›Konsulenten‹, als der ich angestellt worden war, in den Schüler, der ich einige Jahre hindurch sein musste, bevor ich mich in bescheidener Weise nützlich machen konnte.«[1285] Galt diese Erkenntnis während einer Periode gesellschaftlicher Umwälzungen in der Geschichte Chinas, so dürfte diese Einsicht wohl auch heute noch und in der Zukunft nicht weniger Gültigkeit besitzen.

In Wien, wohin es ihn nach der Rückkehr nach Europa verschlagen hat, hält er es nicht lange aus. 1953 fährt er zurück nach Asien, dieses Mal als Korrespondent. Er berichtet über den Waffenstillstand in Korea, die Veränderungen in China und den ersten Indochinakrieg. 1955 soll er, von Beijing aus, als Berichterstatter der kommunistischen »Volksstimme« in Wien und des SED-Organs »Neues Deutschland« über die Konferenz afro-asiatischer Staaten im indonesischen Bandung berichten. Allein, das Flugzeug, die »Kashmir Princess«, erreichte das Ziel nicht: Die Maschine, in der (fälschlicherweise) Ministerpräsident Zhou Enlai vermutet wird, stürzt über dem Ozean ab – mit großer Wahrscheinlichkeit handelt es sich um einen Anschlag im Auftrag des Geheimdienstes der Guomindang. Als Vermächtnis des Toten erscheint posthum der Band »*Opfer und Sieger*« (1955) mit Nachdichtungen, Dichtungen und Berichten des temperamentvollen, sich – so heißt es im Vorwort – für »seine große Sache« einsetzenden Arztes und Autors Fritz Jensen.[1286]

Ebenfalls als »Spanienarzt« gelangt ein anderer Österreicher, *Walter Freudmann*, nur wenige Monate später als Jensen nach China (dort haben sich die beiden allerdings nie getroffen). Über seine Jugendjahre ist wenig bekannt. Auch er studierte Medizin und war vermutlich Mitglied der Kommunistischen Partei Österreichs.[1287] In seinem 1947 erschienenen Buch »*Tschi-Lai! – Erhebet Euch*« berichtet er über seine Erlebnisse als Arzt in China und Burma in den Jahren 1939–45.[1288] Auch seine Vorbereitung auf das »Rätsel Asiens, die Tiefen der uralten chinesischen Kultur« fällt vergleichsweise bescheiden aus, den erstaunten Gesandtschaftsdamen der Guomindang-Vertretung in London erklärt er: »Wir wollen dem chinesischen Volk in den schweren Stunden des Krieges in der Form helfen, wie das eben Ärzte tun können.«[1289] Auf dem Luxusdampfer stellt sich schnell heraus, dass Freudmann und seine Freunde kaum zu den Geschäftsleuten, Missionaren und kolonialen Abenteurern passen, die das Schiff belegen. Man schließt sich zwei jungen Chinesen an, sie waren »freundlich, östlich-liebenswürdig und überaus hilfsbereit«. In Hongkong angekommen, gilt einer der ersten Besuche Madame Sun, deren Wärme für den Österreicher unvergesslich bleibt: »Wir empfanden, dass wahre, menschliche Größe ohne alle Äußerlichkeit auszukommen vermag. Ihr eigenes Handeln, die opfervolle Tätigkeit, die ihr ganzes Wesen beseelte, war mehr Aufforderung an uns, für China tätig zu sein als alle bis dahin vor uns gehaltenen Reden.«[1290] Wie andere europäische Reisende vor ihm mokiert er sich über die westlichen Ignoranten, die dort als sogenannte Old China Hands ihre Überheblichkeit ausleben: »Was ist das für eine Sorte europäischer Menschen, die auf die Völker des Ostens losgelassen wird? Steht man zum Beispiel vor großen Buchläden in Hongkong und erwartet dort Werke wissenschaftlichen, sozialpolitischen oder künstlerischen Inhaltes zu finden, so wird man bitter enttäuscht.«[1291]

Auch Freudmann ist fast an den gleichen Orten wie sein Landsmann Jensen aktiv: In Chongqing, in der Zentrale des chinesischen Roten Kreuzes in der Provinz Guizhou, an der Front in Hunan, in Hubei sowie Jiangxi und schließlich in der südwestlichen Provinz Yunnan. Freudmanns Aufzeichnungen sind bedeutend persönlicher gehalten als die Jensens, wenngleich mit nicht geringerem politischem Gehalt. Auch er macht ähnliche Erfahrungen mit der herrschenden Misswirtschaft in den von der Guomindang beherrschten Gebieten: ein ständiger Kampf gegen die Bürokratie, die Entwendung von Essensrationen von Lebenden, Sterbenden und Gestorbenen durch Offiziere, die gewaltsame Aushebung von Bauern als Soldaten, die Tarnung eines Bordells als Spital, eine große Gleichgültigkeit gegenüber dem alltäglichen Elend. Trotz solcher Widrigkeiten kann Freudmann mit seiner Arbeit einiges erreichen, so etwa dass das Wasser abgekocht wird, die Ausbildung für Krankenpflegerinnen, die Einführung von Impfungen oder die Einrichtung von Entlausungsstationen. Seine Kritik am chinesischen Gesundheitswesen gipfelt – man kann es ihm kaum verargen – in beißende Ironie und Sarkasmus, beispielsweise in seinem Bericht über den Besuch eines Divisionsspitals: »Die Unmenschlichkeit, die in dem sich bietenden Bild zum Ausdruck kam, hätte eher in ein deutsches Konzentrationslager gepasst als in eine Institution, die sich Spital nennt … Jeder von ihnen (den Patienten – Anm. d. Verf.) hatte sein Freibillett für die Himmelfahrt in der Tasche.«[1292] Auch die hohen chinesischen Militärs der Guomindang bekommen ihr Fett ab: »Ich muss sagen, dass die Begegnungen, die ich in der Folgezeit mit chinesischen Generalen hatte, großen Eindruck auf mich machten. Die Erscheinung dieser Herren verfehlt nicht, mir die jüngste Geschichte Chinas glaubhaft zu machen. Sie hatten ein gewisses Format – das Format großzügiger Räuber … Keiner hatte sich um den andern gekümmert, wenn es nicht gerade etwas im Gebiet des andern zu rauben galt.«[1293]

Erst in Chinas Kriegshauptstadt Chongqing erfährt Freudmann anziehende chinesische Eigentümlichkeiten: »Es war ein schöner, warmer Abend, und wir beschlossen, den Weg zum Hotel zu Fuß zurückzulegen. Verführerisch lockten das bunt beleuchtete Straßenbild, farbige Öllämpchen, Papierlampions und elektrische Beleuchtungskörper. Die Straßenverkäufer bereiteten auf ihren tragbaren Öfen Schnellgerichte. Überall ein betörendes Menschengewühl und lebhaftes, frohes Stimmengewirr. China erschien uns erst an diesem Abend – chinesisch.«[1294] Zu diesem Bild gehören aber auch die »wie Automaten« rennenden Rikschakulis, in denen die Ausbeutung ihren deutlichen Ausdruck findet, oder die »bis zur Unkenntlichkeit mit Krätzen und Schorfen bedeckten Kinder«. Auch Freudmann wird, wie Jensen bei seiner Begegnung mit dem buckligen Bauern, zu Selbstkritik veranlasst: »Wir fühlten auf uns die Blicke hunderter junger Mädchen und Burschen ruhen, fremde, oft misstrauische Blicke. Wir sahen uns auf einmal in hässlichen, abgeschlissenen europäischen Zivilkleidern, die die Stigmata der europäischen Verbrechen am Chinesen in sich trugen.«[1295]

Nebst dem sozialen Elend beschreibt er in fast poetischem Ton auch die stimmungsvollen Begegnungen mit der chinesischen Landschaft, den überall verstreut liegenden Grabhügeln, den verwahrlosten Tempeln oder dem einfachen Dorfleben: »Der Anblick der armseligen menschlichen Behausungen bedrückte uns. Die halbverfallenen Tempel aber mit ihren harmonisch geschwungenen Giebeldächern, ihren phantastischen und bunten, wenn auch verblassten Figuren und Ornamenten strahlten in der schweigenden Stille des ländlichen Abends einen unvergesslichen Zauber aus. Ebenso eigenartig und unvergesslich war auch der Eindruck von den abendlichen Dorfstraßen, in denen fast vor jeder Hütte am Rande des Gehsteiges, in Fugen des unregelmäßigen Pflasters oder in Spalten der Häuserwände Räucherspäne steckten, die ein phantastisch flackerndes Licht auf die Bauwerke warfen.«[1296] Es ist, als würde sich Freudmann von den Schrecken eines Krieges, den er als außerordentlich grausam erfährt (»das war kein Krieg mehr, sondern ein Verbrechen an der Menschlichkeit, … ein Rückfall in das Dunkel bestialischer Vergangenheit barbarischer Völker«), allein durch die Nähe zur chinesischen Landschaft ein wenig erholen:

»Wie herrlich war es, wieder durch die chinesische Landschaft zu schreiten, nach den beengenden und quälenden Tagen … Die zarten Farben der silberschimmernden Reisfelder, die verträumten Linien der Dörfer übten einen seltsamen, beinahe lyrischen Reiz aus. Ich atmete auf, die ganze Landschaft schien nur hingehaucht, von unsäglicher Schwerelosigkeit zu sein. Sie schimmerte wie eine Wolke in weißem Licht. Sie verlockte zu schwärmerischen Hoffnungen.«[1297]

Freudmann begleitet den Leser – obgleich einmal mehr auf einem Fußmarsch an die Front – zur alten chinesischen Institution einer Wandertruppe, die sich mit einem Marionettentheater auf einem »stillen und poetischen« Marktplatz niedergelassen hat:

»Eine Menge von Menschen, Kinder und viele Erwachsene, drängte sich vor der kleinen, nur einen halben Meter breiten Bühne und verfolgte das meisterhaft vorgetragene Spiel der kleinen, zierlichen Puppen und Püppchen, die Szenen aus der alten chinesischen Oper spielten … Dieser Ort, dessen Atmosphäre uns so poesievoll ansprach, in dem Menschen mit einem völlig anderen Gehabe als in den großen Städten wohnten, zeigte uns, dass die Technik der westlichen Zivilisation mit ihren revolutionären Einrichtungen noch lange Zeit benötigen würde, um die dämmerige Unendlichkeit des chinesischen Raumes zu durchdringen.«[1298]

Auch Freudmann bemüht sich nach Kräften um eine Versetzung in die »befreiten Gebiete«, doch im Gegensatz zu Jensen gelingt es ihm nicht, seine Dienste auch für kommunistische Truppenverbände nutzbar zu machen. Stattdessen wird er im Gefolge der amerikanischen Versuche, Burma zurückzuerobern, im Jahre 1942 auf den dortigen Kriegsschauplatz beordert, um sich an der Ausbildung der chinesischen Sanitätstruppen zu beteiligen. Für ihn ist klar, dass etliche Guomindang-Generale mit Japanern zusammengearbeitet haben und »dass sich Europa gegen den Faschismus, gegen die Unterdrücker der Völker erhoben hatte, dass der Kampf gegen Hitler und Mussolini zugleich der Kampf gegen die Diktatur, gegen unmenschliche und barbarische Regierungsformen war, darüber durfte das chinesische Volk nichts erfahren«.[1299] Im historischen Überblick zu *Tschi-Lai!* schließt der österreichische Arzt mit den prophezeienden Worten:

> »Das chinesische Volk erhebt in steigendem Maße den Anspruch auf ein menschwürdiges Dasein und es kann keinem Zweifel unterliegen, dass auf die Dauer keine Gewalt imstande sein wird, das aufstrebende moderne China auf seinem Wege zur vollen politischen und wirtschaftlichen Unabhängigkeit, Demokratisierung und zu gesellschaftlichem Wohlstand aufzuhalten.«[1300]

Ein tragisches Lebensschicksal erfährt die 1899 im böhmischen Karlsbad geborene *Magdalena Robitscher-Hahn*. Aus gutbürgerlichem Elternhaus stammend (der Vater ist Anwalt), besucht sie, die sudetendeutsche Jüdin, das Gymnasium im späteren Karlovy Vary, ehe sie nach dem Ersten Weltkrieg das Studium der Zahnheilkunde in München aufnimmt.[1301] Dieses schließt sie 1922 nach Aufenthalten in Freiburg und Leipzig ab und kehrt nach Prag zurück. Allerdings wird dort ihr in Deutschland erworbenes Diplom nicht anerkannt, so dass sie lediglich eine Stelle als Hilfskraft in einer zahnärztlichen Praxis findet. Ihren Mann, den sie kurz danach geheiratet hat, verliert sie wenige Jahre später infolge einer Tuberkulose, die er sich in den Kriegsjahren in Serbien zugezogen hat. Robitscher-Hahn muss sich alleine um ihren Sohn kümmern, promoviert an der Karlsuniversität ein weiteres Mal, um in der Tschechoslowakei ihre eigene Zahnklinik eröffnen zu können. Gleichzeitig ist sie politisch tätig, hauptsächlich in antifaschistischen Vereinen wie dem Rassemblement Universelle pour la Paix oder als Mitglied des Bertold-Brecht-Klubs. Bald bedroht Hitlerdeutschland auch ihre Heimat, anfangs mit der Eroberung des Sudetenlandes im Oktober 1938, dann durch die Errichtung des Reichsprotektorats Böhmen und Mähren. Drei Tage nach dem Einmarsch der deutschen Truppen flieht sie mit ihrem Sohn über Holland, England, Frankreich und Kuba nach Bolivien, wo sie anfänglich Arbeit findet, dann jedoch, da von Nazi-Spitzeln denunziert, lediglich noch auf privater Basis einheimische Indios medizinisch behandeln kann.

Nach dem Zusammenbruch des Dritten Reiches möchte Robitscher-Hahn in ihre Heimat zurückkehren, doch als deutschsprachiger Jüdin wird ihr die tschechoslowakische Staatsbürgerschaft verweigert.

II. Individuen, Biographien und Lebenswelten

Mit Glück und persönlichem Engagement findet die mittlerweile knapp Fünfzigjährige eine befristete Stelle bei der UNRRA, die ihr vorschlägt, nach Taiwan zu fahren, um dort eine Dentalklinik aufzubauen. Nach wenigen Wochen, das Unternehmen ist ein Misserfolg, wird sie aufs Festland versetzt. Mit Ausnahme ihrer Freundschaft zu Egon Erwin Kisch und der Lektüre von Edgar Snows Werken besitzt sie wenig Vorkenntnisse über China, als sie im Frühjahr 1946 in Shanghai ankommt. Die inzwischen befreite Hafenstadt wimmelt von amerikanischen Soldaten, die, wie sie in ihren posthum veröffentlichten Aufzeichnungen »*Im Geist Yanans*« (1980) vermerkt, alles andere als ehrenvoll auftreten.[1302] Zudem sei man als Fremder in China »Opfer einer maßlos entfesselten Neugierde [...], der man sich entziehen muss«. Peking erscheint der Europäerin als eine »zauberhafte Stadt«: »Seine märchenhaften Bauten, Dächer und Paläste unter den meist wolkenlosen, von tanzenden Schwalben belebten Himmelsschreinen, scheinen einer versunkenen Welt anzugehören.«[1303] Anfangs arbeitet sie in Taiyuan, der Provinzhauptstadt Shanxis, welche damals (im Juli 1946) noch vom guomindangtreuen Warlord Yan Xishan kontrolliert wird.[1304]

Schon auf der Fahrt von Beijing nach Taiyuan durch die fruchtbare Lösslandschaft »mit ihren durch unendlichen Fleiß bebauten Terrassen« wird Robitscher-Hahn bewusst, dass sie hier mehr erlebt als die Mehrzahl der in den großen Städten lebenden Ausländer. Auch wird ihr bald klar, dass sie »auf der falschen Seite« ihre Arbeit verrichtet, denn die Korruption ist allgegenwärtig und die Zustände im Krankenhaus sind katastrophal. Zudem muss sie mit Schrecken feststellen, dass etliche angeblich an Kriegsverbrechen beteiligte Japaner im Spital arbeiten und dass sich – nebst der international zusammengewürfelten Gesellschaft des UNRRA-Personals – hier selbst verkappte Nazis herumtreiben. Sie möchte so rasch wie möglich in die »befreiten Gebiete« kommen, doch ist der Bürgerkrieg nah: Im Juni 1946 gelingt es George Marshall zum letzten Mal (in der Mandschurei), beide Seiten zu einem Waffenstillstand zu bewegen. Einen Monat später ist auch dieser bereits wieder gebrochen. Es gelingt ihr im Oktober desselben Jahres, von Beijing aus nach Yan'an zu fliegen, hinein ins Grenzgebiet Shaan/Gan/Ning, in die nördliche Provinzgruppe Shaanxi, Gansu und Ningxia. »Yanan ist, wenn man es überfliegt und wenn man zuerst hereinkommt, ein überwältigender Eindruck ... Das einzige Transportmittel sind Pferde, Maultiere und Esel. Man sieht malerische Gestalten, scheinbar aus der Steppe kommend, in rasendem Galopp die kleinen Steppenpferde reitend.«[1305]

Der Unterschied zum Guomindang-Gebiet ist offensichtlich: Keine Stadtmauern mit Stacheldraht, Soldaten und strenge Kontrolle, hingegen – für die Europäerin bemerkenswert – zahlreiche Buchläden, in denen einige Werke der Weltliteratur zu finden sind, wie beispielsweise Gorkis »Die Mutter« (1907): »Die Menschen hier sehen gut ernährt aus, tragen warme Kleidung, wenn auch alt und verwaschen. Ich sah weder Bettler noch verwahrloste Kinder, wie sonst überall in China. An den Wänden fand ich handgezeichnete Maueranschläge, fast alle richteten sich gegen die amerikanische Einmischung.« Robitscher-Hahn arbeitet in einem sogenannten internationalen Friedenshospital, eine Bezeichnung für ziemlich einfach ausgestattete, mobile medizinische Einrichtungen, mit denen zwischen 1938 und 1948 in Nordchina eine Bevölkerung von 140 Millionen Menschen in elf Provinzen versorgt wurden (diese Institutionen wurden nach ihrem Begründer auch Bethune-Spitäler genannt). Zudem gibt die Europäerin an medizinischen Schulen Unterricht in der Zahnpflege, vor allem im Bereich der Mundhygiene. Sie selbst wohnt in einer der in jenem Gebiet üblichen Höhlenwohnungen: »Alles ist ungeheuer primitiv, so wie es nicht einmal in Südamerika üblich ist. Es ist schwer zu schildern, wie wenig die Menschen hier besitzen und wie hart das Leben ist.« Wie andere vor ihr ist sie angetan von den höchsten Führern der Revolution, insbesondere von Marschall Zhu De und von Zhou Enlai, die immer »bescheiden und überzeugt« wirken. Lediglich über Liu Shaoqi äußert sie sich – offen, wie bei anderen selten – negativ: »Von allen führenden Leuten, die ich in den befreiten Gebieten getroffen habe, war mir eigentlich nur Liu Shaoqi nicht sympathisch. Das war ein instinktiver Eindruck. Er hatte etwas von dem Bonzentum an sich, wie es sich in Russland entwickelt hatte.«[1306]

Im November 1946 wird das Spital von Yan'an evakuiert, Angriffe der Guomindang-Truppen stehen unmittelbar bevor. Auch Robitscher-Hahn geht mit in die Berge, nach Wayaobu, dem heutigen Zichang. Der Weg ist beschwerlich, doch die Europäerin fühlt sich »unendlich wohl« unter den einfachen Soldaten und Bauern, nach einem Packen unter »unendlichem Gerede, bei dem man denken würde, dass nie etwas herauskommen kann und das typisch für China ist«. Besonders empfindet sie eine »Gesittung und menschliche Würde«, »wie ich sie auch nirgends noch in der Welt gefunden habe«.[1307] Auf dem Marsch durch Täler und über Saumpfade der Lösslandschaft hat sie Zeit, den Charakter ihre Mitziehenden zu studieren. Sie lobt das »tiefverwurzelte Gruppengefühl«, die herrschende Ordnung, die nicht durch Strafen, sondern Kritik und Gegenkritik hergestellt werde:

»In einer viel zu langen Periode, die an feudaler Bedrückung des Volkes reich war und in der die Lehre des Konfuzius das Leben der Menschen prägte, haben ... die chinesischen Menschen einen Prozess der kulturellen und zivilisatorischen Reifung durchgemacht, wo sie, gleichsam wie Kieselsteine in einem Bergbach, aneinander abgeschliffen wurden; dies, scheint mir, hat sie für kollektive Arbeit und kollektives Zusammenleben vorgeprägt.«[1308]

Auch in den Bergen Shaanxis setzt sie ihre Arbeit fort, geht täglich auf Schulvisiten und unterrichtet Studenten in der Zahnpflege und in den Prinzipien der modernen Hygiene. Noch immer beträgt die Kindersterblichkeitsrate 65 Prozent, was mehrheitlich auf die ungenügende Reinlichkeit der Menschen auf dem Land zurückzuführen sei. Sie ist in der Ferne gedanklich mit der Heimat aufs Engste verbunden, nicht selten wird sie an die Schrecken des Holocausts erinnert. Verständlich deshalb, dass sie sich mit diesen für jede Hilfe so dankbaren fremden Menschen verbunden fühlt. An ihren in den USA studierenden Sohn richtet sie unmittelbar vor ihrer Rückkehr nach Yan'an offene Worte, die das Lebensgefühl eines heimatlosen Menschen ausdrücken:

»Mein Abschied von unserem Bergstädtchen und von den Mitarbeitern war erschütternd, und ich habe, seitdem ich Prag verließ, nie mehr solches Herzweh gehabt ... Hier gibt es Klatsch nicht, und der eine ist wirklich des anderen Freund; Nachsicht und Güte [sind] die Devise aller dieser Menschen, und das wiegt für mich alle die fremden und manchmal auch schlechten Eigenschaften (langsameres und schwierigeres logisches Denken, Primitivität der Lebensauffassung usw.) bei weitem auf ... Ich glaube wirklich, dass China uns eine neue Heimat sein könnte.«[1309]

Robitscher-Hahns Wunsch erfüllt sich nicht, obwohl die Chinesen sie bitten, hier zu bleiben. Die UNRRA ruft sie zurück nach Peking, wo sie zwar noch einmal – für ganz kurze Zeit im Frühjahr 1947 – die Möglichkeit erhält, nach Yan'an zurückzufliegen (dieses Mal via Shanghai und Nanjing), doch dann gilt es endgültig Abschied zu nehmen: Yan'an wird am 14. März 1947 von Guomindang-Truppen eingenommen. In einem Brief vom 5. März 1947 aus dem umzingelten Gebiet beklagt sie sich bei ihren Vorgesetzten über die große Benachteiligung der befreiten Gebiete durch die Hilfsorganisation. Sie verlässt das von den Kommunisten kontrollierte Gebiet und begibt sich auf eine lange Reise in die Nachbarprovinz Shanxi, durch zerstörte Landschaften, vorbei an Mohnfeldern (im Gegensatz zu Gunther Stein zwei Jahre früher anlässlich seines Besuchs in Yan'an rechtfertigt Liu Shaoqi gegenüber Robitscher-Hahn die Gewinnung von Opium als Devisenquelle) und durch Hebei. Fast symptomatisch für die nachfolgende Abschottung des Landes gegen jegliche ausländische Einmischung erscheint diese letzte Episode ihres Aufenthalts in China: »Der jüngere [Soldat] blickte uns mit hassverzerrtem Gesicht und glühenden Augen an. Das Letzte, was ich von der Roten Armee gesehen habe, war dieses Gesicht.«[1310]

Die Rückkehr aus dem Fernen Osten nach Europa fällt der sudetendeutschen Jüdin schwer. Einmal mehr muss sie um die Staatsbürgerschaft kämpfen, drei Tage nach ihrer Ankunft in Prag findet die kommunistische Machtübernahme in der Tschechoslowakei statt (im Februar 1948). Sie darf das Land nicht mehr verlassen, sieht ihren Sohn mehr als fünfzehn Jahre nicht und erleidet einen Nervenzusammenbruch. Danach wird sie zum Gesundheitsdienst fernab in der böhmisch-deutschen Grenzregion versetzt. Erst nach ihrer Pensionierung 1961 darf sie wieder zurück nach Prag. Ein Jahr davor schreibt sie in einem Gesuch an das tschechische Außenministerium von ihrem »heißesten Wunsch, China ... wieder besuchen zu können.«[1311] Sie wartet vergeblich auf eine Antwort. Während des Prager Frühlings von 1968 nutzt sie die Gelegenheit eines Besuchs in Bayern und kehrt nicht mehr nach Hause zurück. In einem Altersheim der jüdischen Gemeinde in Frankfurt lebt sie ihre letzten Jahre, »vereinsamt und fremd«. Am 10. Oktober 1977 endet ein Leben, das, wie sie selber sagt, »reich an Enttäuschungen und verlorenen Illusionen« war.

7. Unabhängige und Freischaffende

Mit der Bezeichnung »unabhängig und freischaffend« soll eine Gruppe westlicher Ausländer von jenen Personen abgegrenzt werden, die mit einem spezifischen Auftrag nach China kamen. Es versteht sich, dass die Kategorien nicht immer klar voneinander abgegrenzt werden können – Überlappungen widerspiegeln mitunter die Wirklichkeit besser als klar definierte Grenzen. Mit diesem Phänomen musste sich auch die Shanghai Municipal Police auseinandersetzen, als sie ihre Akte mit dem Vermerk »geheim« über einen gewissen *Erwin Reifler* anlegte. »Dr. Reifler, Austrian, is believed to have arrived in Shanghai from Berlin during the early part of 1932 … According to French Police information Reifler was in close touch with E. Kisch (...) during the latter's stay in Shanghai … Dr. Reifler has the reputation of being a left-wing socialist without any communist leanings.«[1312] Die Detektive der internationalen Konzession hatten nicht schlecht gearbeitet, ihnen war auch nicht entgangen, dass es sich bei besagtem Herrn um einen »fähigen Sinologen« [capable Chinese scholar] handelte, der sich bereits in seinen Jugendjahren mit dem Studium orientalischer Sprachen, hauptsächlich des Chinesischen, befasst hatte. Allerdings konnten die Beamten damals noch nicht ahnen, dass Reifler dereinst als Pionier der computertechnisch gestützten Übersetzung vom Chinesischen in die englische Sprache in die Geschichte der modernen Linguistik eingehen sollte.

In der Privatbibliothek des legendären österreichischen Gesandten Arthur von Rosthorn, der aufgrund des Kriegseintritts der Chinesen auf der Seite der Alliierten im Ersten Weltkrieg von Peking zur »Persona non grata« erklärt und in seine Heimat zurückgeschickt wird, entwickelt der am 16. Juni 1903 in Wien geborene Erwin Reifler sein Interesse für den Fernen Osten.[1313] Der assimilierte Jude, dem der Glaube seiner Väter erheblich weniger bedeutet als die Sprache seiner Vorfahren, studiert in seiner Geburtsstadt nebst Philosophie klassisches und modernes Chinesisch. Mit einer Dissertation über »Staat und Verwaltung im alten China« schließt er 1927 seine Studien ab. Dreimal begleitet er chinesische Regierungsdelegationen, die die Donaustadt besuchen. Auch ist er zu Beginn der 1930er Jahre als Übersetzer für chinesische Polizeibeamte tätig, die sich an der Polizeiakademie in Wien fortbilden. 1932 macht sich Reifler schließlich nach China auf, anfänglich, so seine spätere Frau, um für das Schuhgeschäft Bata dort Absatzmärkte zu öffnen, später, als das Projekt scheitert, zur Fortsetzung seiner wissenschaflichen Karriere.[1314] In Shanghai unterrichtet er an der bekannten Jiaotong-Universität Deutsch, nutzt die Gelegenheit, seine Chinesischkenntnisse zu vertiefen, und lehrt abends eine kleine Gruppe williger Ausländer das Einmaleins der Sprache des Gastlandes. Er unterrichtet nach der bildlichen Methode, gemäß der Auffassung, dass die einfachsten Elemente der chinesischen Schrift Piktogramme sind. Im Gegensatz zu Journalisten oder Ärzten konzentriert er sich auf das Herz der chinesischen Kultur, das Chinesische. Sein Interesse gilt in diesem Zusammenhang auch der vergleichenden Linguistik. Vom Rabbiner der sephardischen Gemeinde von Shanghai, dem Vorsteher der Ohel Rachel Synagoge, dem Engländer Rev. Mendel Brown, will er mehr über das Judentum erfahren. Zwei Jahre später hält er sich zur Weiterbildung in Hongkong auf, kehrt 1939 nach Shanghai zurück und heiratet Mendel Browns

Tochter Henrietta.¹³¹⁵ Nach dem Ausbruch des Zweiten Weltkrieges in Europa wird er staatenlos, da er sich weigert, den deutschen Pass anzunehmen. Weil er bereits vor 1937 nach Shanghai gekommen ist, muss er nicht wie die Mehrzahl der europäischen Flüchtlinge ins »Ghetto« von Hongkou. Das Ehepaar wohnt in der Avenue Roi Albert Nr. 188, wo Reifler die Gesellschaft von Chinesen genießt und seine Studien in vergleichender Linguistik zielstrebig weiterführt: »The Sinic and the Semitic Languages« lautet die Überschrift eines Beitrags für den »Israel's Messenger« im Jahre 1940.¹³¹⁶ Darin stellt er Vergleiche zwischen dem (klassischen) Chinesischen und dem Hebräischen an. Gleich zu Beginn erwähnt er mit dem Verweis auf Genesis, Kapitel 10 (die Völkertafel) die Möglichkeit, dass sowohl Chinesen als auch Hebräer von Noah abstammen könnten und stellt die bekannten Argumente jener vor, die die Gemeinsamkeit bei den ethischen Maßstäben der beiden Völker betonen.¹³¹⁷

Reifler zweifelt solche Methoden der Gegenüberstellung nicht an, sucht in seinen eigenen Forschungen aber eher nach Quellen wissenschaftlicher Erkenntnis außerhalb der Bibel. Dabei erscheint ihm die vergleichende Linguistik als überaus erfolgversprechend. Sein Interesse gilt vor allem dem Vergleich des Wortschatzes und weniger dem der Grammatik. Er stellt fest, dass hebräische und chinesische Wörter – von einem gemeinsamen Derivativ abstammend – nicht selten in Aussprache und Bedeutung relativ gut übereinstimmen: »Sollten sich die Resultate meiner Forschungen ... als korrekt erweisen, dann wäre ich sehr froh ... [damit] etwas zur Verbesserung der Haltung und des Verständnisses der Nachkommen der alten Hebräer gegenüber ihren Brüdern im Fernen Osten beigetragen zu haben«.¹³¹⁸ Die Erforschung der Etymologie der chinesischen Schriftzeichen ist ein weiteres Steckenpferd Reiflers, wobei er sich auch hier nicht scheut, Vergleiche mit anderen Sprachen heranzuziehen. Als »Professeur de Sinologie à l'Université de l'Aurore« zeichnet er einen Beitrag im Bulletin ebendieser französischen Bildungsinstitution in Shanghai aus dem Jahre 1944, in dem er dem Leser mit der historischen Entwicklung des Zeichens 可 zu beweisen versucht, dass gewisse Wortarten wie Pronomen, Fragewörter oder auch Lautäußerungen im klassischen Chinesisch im Gegensatz zur Auffassung vieler Linguisten nicht gemäß der vereinfachenden Theorie der Entlehnung, sondern als eigenständige Wörter mit verschiedenen Bedeutungen verstanden werden sollten.¹³¹⁹

Reifler nimmt in Shanghai auch Stellung zur Frage der Romanisierung der chinesischen Schriftzeichen, als die Nationalregierung ernsthaft Überlegungen anstellt, das Schriftsystem zu alphabetisieren. Für ihn liegt der Vorzug der chinesischen Schriftzeichen hauptsächlich darin, dass die chinesische Schrift überall im Lande trotz verschiedener Aussprachen verstanden werden kann. Eine Latinisierung hält er für möglich und hinsichtlich des Ziels der Nationalregierung, die Erziehung der Massen voranzutreiben, für vorteilhaft. Als Beispiel erwähnt er die Arbeit eines kanadischen Missionars (Jasmin), der sein Alphabet an die Aussprache zur Zeit der Tang-Dynastie angelehnt hat.¹³²⁰

Eine weitere Spezialität Reiflers ist die vergleichende Semantik, die er etwa in seiner Untersuchung über den Ursprung des Zeichens 日 für Sonne anwendet. Akribisch wühlt er sich durch das Labyrinth der Entwicklungen der Bedeutung des Worts »Sonne« in anderen Sprachen (u. a. Japanisch, Koreanisch,

Lateinisch, Griechisch) hindurch, um die Möglichkeit aufzuzeigen, dass eine enge Beziehung zwischen dem Zeichen für »Sonne« und dem für »eins« 一 bestehen muss.[1321] Außerdem versucht er nachzuweisen, dass bei Homophonen trotz verschiedener Bedeutung semantische Zusammenhänge bestehen. Als Beispiele dienen ihm etwa die Zeichen für »Schaf« 羊 sowie für »Ozean« 洋 (beide: »yang«). Das mit dem Wasserradikal angereicherte »Schaf« könnte für ihn Ausdruck eines schäumenden Meeres sein, das dem Bild einer Schafherde durchaus ebenbürtig ist.[1322]

Am 19. November 1940 hält Erwin Reifler auf Einladung der American Junior Chamber of Commerce in Shanghai einen Vortrag zum Thema »The Much Misrepresented Chinese Language – A Revolutionary Approach«. Sein Referat kommt beim Publikum so gut an, dass die Handelskammer beschließt, ihn in Abendkursen als Dozenten für chinesische Sprache anzustellen. In der Werbung für den 18-monatigen Kurs wird das Ziel angegeben, den Studierenden Chinesisch so interessant zu vermitteln, »dass ein gebildeter Ausländer leicht über das übliche Standard-Kuli-Chinesisch hinausgeht«, welches Privatlehrer im Allgemeinen vermitteln. Die »Reifler-Methode«, welche an diesen »High Speed Chinese Language Classes« zur Anwendung gelange, berücksichtige, dass »Studenten Erwachsene mit einem logischen Geist und nicht Kinder mit ausgezeichnetem Gedächtnis« sind.[1323] Bis zu seiner Abreise aus China 1947 und darüber hinaus unterhält Reifler enge Kontakte mit Sinologen von Dehergne über Needham bis hin zu Wittfogel, dem er schließlich seine Einreise – mit einem sogenannten Non-Quota-Visum – in die USA verdankt.[1324]

Der Name Erwin Reifler ist unter Spezialisten eng mit dem sogenannten Chinese-English Machine Translation Project verbunden, mit dem sich dieser seit Antritt seiner Professur am Far Eastern Department der University of Washington – und ab 1956 als Leiter dieses Übersetzungsprojekts – in Seattle beschäftigt hat. Finanziert wurde das Vorhaben von der Rockefeller Foundation und später der US-Air Force. Anfänglich ging es dabei um eine computergestützte Übersetzung vom Deutschen ins Englische, dann vom Russischen ins Englische, bis schließlich auch das Chinesische genügend Interesse von Seiten politischer Stellen fand.[1325] Die Idee bestand ursprünglich darin, wissenschaftlich-technische Publikationen aus China möglichst einfach den jeweiligen Spezialisten in den USA zugänglich zu machen. Nach Abfassung des Schlussberichts im September 1962 trägt sich Reifler zunehmend mit dem Gedanken, an einer Universität der Ostküste eine Professur zu erlangen, um seinem in den letzten Jahren gestiegenen Interesse an der historischen Metrologie, der Wissenschaft von den Maßsystemen, nachgehen zu können.[1326] Doch sollte sich dieser Wunsch nicht mehr erfüllen. 1965, erst sechzigjährig, stirbt der Mann mit den ungewöhnlichen Eigenschaften an seiner langjährigen Wirkungsstätte in Seattle.

Während für Reifler der Schrift große Bedeutung für den Zusammenhalt der chinesischen Gesellschaft zukommt, ist es für die 1898 im russischen Jekaterinoslaw, dem heute zur Ukraine gehörigen Dnepropetrowsk, geborene *Olga Abramovna Lang* das soziale System der Familie, welches in dem Riesenreich trotz der Vielfalt an Dialekten und sogar Sprachen eine integrierende Wirkung hat. Die in einer sozialis-

II. Individuen, Biographien und Lebenswelten

tisch-jüdischen Familie aufgewachsene Olga studiert während des Ersten Weltkrieges im damaligen Petrograd russische und europäische Geschichte und Literatur und ist gleichzeitig aktiv in der »Partei der Sozialrevolutionäre«.[1327] Nach weiteren Studien in Moskau – wo sie angeblich auch mit Karl Radek zusammentrifft – und einer Beschäftigung im Allsowjetischen Zentralrat der Gewerkschaften fährt Olga Lang im Frühjahr 1927 nach Deutschland, um mit ihrem damaligen Mann zusammenzuleben. Schon zu jener Zeit entwickelt sie eine Beobachtungsgabe für gesellschaftliche Vorgänge, die sie später auch im Reich der Mitte auszeichnet. Sie nimmt wahr, dass Deutschland trotz des Gebots der Alliierten zur Abrüstung nach dem Ersten Weltkrieg ein militaristisches Land geblieben ist. Und so lernt sie früh, die Fremdheit einer neuen Umgebung zu verstehen: »Die ersten paar Jahre in Deutschland waren nicht einfach. Ich hatte die Sprache zu erlernen, Geschichte, Literatur und die politischen Bedingungen des Landes. Ich musste mich dem Leben eines fremden Landes anpassen, und das war besonders schwer in einem kapitalistischen Land, das so anders war als Sowjetrussland. Aber ich war immer an Leuten interessiert ...«[1328]

Olga Lang arbeitet als Reporterin für die sowjetische Gewerkschaftszeitung »Trud« und gelegentlich als freie Mitarbeiterin für andere russische Zeitungen. Sie berichtet über die politisch-wirtschaftliche Lage in Deutschland, über das Los der Arbeiter, über das 1932 in Moskau ein Buch vor ihr mit dem Titel »Bilder deutscher Arbeiter« erscheint. Ihre erste Ehe währt nicht lange. In Berlin, in einem Restaurant am Potsdamer Platz, lernt sie den bereits damals berühmten Sozialwissenschafter und Kommunisten Karl August Wittfogel kennen, den sie im Jahre 1929 heiratet. Mit ihm und durch ihn, den kämpferischen Antinazi, wird sie mehr und mehr in den Strudel der politischen Ereignisse in Deutschland hineingezogen. Sie tritt in die Kommunistische Partei ein und arbeitet als Hilfskraft an der sowjetischen Botschaft bei der Auswertung deutscher Zeitungen. Nach der Machtübernahme Hitlers wird Wittfogel – er wollte sich gerade durch Flucht ins Ausland der Verhaftung entziehen – festgenommen und ins Konzentrationslager gebracht. Olga setzt auf Freunde aus dem In- und Ausland, um ihren Mann aus den Fängen der Gestapo zu befreien. Nach neun Monaten – sie soll damals Unterschlupf unter anderem bei Brecht und Kokoschka gefunden haben – wird Wittfogel auf freien Fuß gesetzt.[1329] Die beiden reisen so schnell wie möglich aus, zuerst nach England, dann nach China (Wittfogel nimmt allerdings eine Stelle an der Columbia University in New York an und reist von dort regelmäßig ins Reich der Mitte, um seine Forschungsarbeit über die Gesellschaft Chinas vor Ort zu ergänzen).

Wenig Einzelheiten sind über Olga Langs Leben in China (1934–1937) bekannt. Sie scheint hauptsächlich in Peking stationiert gewesen zu sein und hat Exkursionen zum Wutaishan, einem der vier heiligen Berge des Buddhismus, nach Taiyuan, Tianjin, Shanghai, Wuxi, Fujian und Guangdong unternommen. Auf Aufnahmen jener Zeit sieht man Olga (meist zusammen mit Wittfogel) vor alten Tempeln, auf einem Eselritt, bei einem Picknick, auf der Stufe der Yanjing-Universität – zumeist in Gegenwart westlicher Freunde, gelegentlich auch mit chinesischen Gesichtern, etwa mit dem Gelehrten Hu Shi. Sie lernt Chinesisch in Wort und Schrift. Olga Langs Interesse gilt dem Kern der chinesischen Gesellschaft, der Familie, wobei sie das Konzept der »orientalischen Gesellschaft« ihres Ehemanns und Mentors zu Hilfe nimmt, um ihre Feldforschungen durchzuführen. Lang konzentriert sich folgerichtig auf den komplizierten Transformationsprozess innerhalb eines bestimmten Bereiches (der Familie), der in einem »zivilisierten, orientalischen Land« durch den Einfluss des Westens ausgelöst wird. Das Resultat ihrer langwierigen Untersuchungen erscheint 1946 unter dem Titel »Chinese Family and Society« im Verlag der Yale University.[1330] Die Autorin stellt darin fest, dass es trotz der beständigen Überlieferungen aus der Vergangenheit kaum mehr Ecken im Riesenreich gibt, die nicht von den neuen Strömungen ergriffen worden sind. Ihr ist klar, dass das konfuzianische Bild der Familie alten Stils, das bereits in der Vergangenheit nie in idealer Form verwirklicht war, in der Zukunft mit anderen Augen betrachtet werden muss. Ein »neues« chinesisches Familienleben habe – so Olga Lang in ihrem Buch abschließend – begonnen, das mit Sicherheit leuchtender [brighter] sein würde als die alte Form dieses ursprünglichen Konstrukts sozialer Gemeinschaftsbildung.

Im Jahre des Ausbruchs des Japanisch-Chinesischen Krieges verlässt Lang das Reich der Mitte und lässt sich in den USA nieder. Während des Zweiten Weltkrieges – die Ehe mit Wittfogel geht 1939 zu Ende – arbeitet sie für das Verteidigungsministerium als Übersetzerin ins Russische und hilft Soldaten, sich auf ihren Dienst in Asien vorzubereiten. Nach dem Krieg dient sie wiederum als Übersetzerin bei den Nürnberger Prozessen. Danach studiert sie an der Columbia University Chinesisch und Japanisch. Ihre Doktorarbeit schreibt sie über einen der bekanntesten chinesischen Schriftsteller des 20. Jahrhunderts: Ba Jin, ursprünglich Li Yaotang, der wegen seiner geistigen Nähe zum russischen Anarchismus das Pseudonym Ba Jin wählt (als Zusammensetzung aus *Ba*kunin und Kropot*kin*). Nicht zufällig wählt sie diesen bedeutenden Autor für ihre Arbeit aus, war er es doch, der auf junge Leser und Intellektuelle der damaligen Zeit einen großen Einfluss ausgeübt hat, auf eben jene Personen, denen sie während ihrer China-Jahre zum Thema Familie so häufig begegnet ist und dessen Roman »Die Familie« (1931) ihm selbst den literarischen Durchbruch verschafft hat. Olga Langs Buch erscheint 1967 unter dem Titel »*Pa Chin and his Writings*«.[1331] An einer Stelle seiner Novelle »Meerestraum« – Ba Jin lebte 1926–28 in Frankreich – identifiziert sich der chinesische Schriftsteller, so Lang, gar mit den Juden, als er in einer frei erfundenen Unterhaltung mit der Heldin dieser Novelle die Rolle des jüdischen Anarchisten und Mörders des ukrainischen Unabhängigkeitsführers Simon Petljura, Samuel Schwarzbart, verkörpert.[1332]

Obwohl Langs Buch von der »New York Times« als »brillante Biographie« bezeichnet wird,[1333] gelingt es ihr nie, in ihrer neuen akademischen Heimat, dem von zumeist jüdischen Emigranten bevölkerten Swarthmore College, einen Kursus in chinesischer Sprache und Kultur anbieten zu können. Stattdessen unterrichtet sie bis 1968 russische Sprache und Literatur, bevor sie nach New York zurückkehrt und dort 1992 – zurückgezogen und verlassen – stirbt. Martin Ostwald, Professor für Altphilologie und Lehrerkollege von Lang am Swarthmore College notierte über sie, die Eugen Onegin fast ganz auswendig zitieren konnte: »Of all the émigrés on the faculty, the most interesting – and most difficult – was Olga. ... She was a Mensch, ... a civilized human being.«[1334]

II. Individuen, Biographien und Lebenswelten

»I like the Chinese!« lautet der Text zu einer Karikatur, welche eine fröhliche Runde von jungen und alten Chinesenköpfen zeigt, die der Künstler *Friedrich Schiff* während seines siebzehnjährigen China-Aufenthalts unbeschwert zu Papier gebracht hat.[1335] Im Gegensatz zu seinem Landsmann Reifler ist es bei dem 1908 ebenfalls in Wien geborenen Schiff Zufall, der ihn, den bekanntesten »China-Österreicher«, wie es nicht selten heißt, in den Fernen Osten gebracht hat. Künstlerische Sensibilität, Weltoffenheit und Abenteuerlust dürften ihm bereits von zu Hause in die Wiege gelegt worden sein: Sein Vater war ein begnadeter Porträtmaler (unter anderem von Kaiser Franz Josef), ein Freidenker zudem, der vom Judentum zum Katholizismus übergetreten war, seine Mutter, Regina Eibenschütz, war die Tochter des Kantors der Budapester Synagoge. Frederick, wie sich Schiff später nennen sollte, besucht die Graphische Lehr- und Versuchsanstalt, ehe er im Alter von 16 Jahren in die Akademie der Künste in Wien eintritt. Schon in seiner Jugendzeit zeigt sich die Begabung des Jungen, berühmte und weniger berühmte Menschen zu porträtieren.

Schiff scheint aus der Enge der kleinen Alpenrepublik ausbrechen zu wollen, sucht das der einstigen k.u.k. Habsburgermonarchie abhanden gekommene Kosmopolitische anderswo zu erleben, indem er 1930 mit der Transsibirischen Eisenbahn nach China fährt. Dem etwas mehr als zwanzigjährigen Künstler bietet die Weltstadt Shanghai mit ihrer großstädtischen Atmosphäre und ihren Widersprüchen in den nächsten Jahren in jeder Hinsicht genügend Stoff für eine ganz persönliche Beschäftigung mit China:

> »Will man das Porträt dieser Stadt malen, muss man es in den kontrastierendsten Farben tun und zu jedem Farbfleck, den man auf die Leinwand setzt, sogleich die Komplementärfarbe fügen. Denn diese Stadt und das Leben in ihr besteht aus den schärfsten Gegensätzen: Hier stehen Luxusappartementhäuser mit allen Errungenschaften moderner Technik ausgestattet … Gleich daneben leben Kulis in primitivsten Behausungen. Unter den Strohdächern der Sampans, der schmalen Wohnboote, die sich zu Hunderten am Ufer drängen, werden Menschen geboren, und auf dem engen Deck sterben sie, ohne je ein anderes Heim gekannt zu haben … Hier gab es uralte Lebensweisheit und daneben ein fast tierisches Dahinvegetieren oder rücksichtsloses Raffen und Jagen nach materiellen Gütern.«[1336]

Was andere westliche Bewohner der Huangpu-Metropole zu überblicken oder dann in Artikeln und Büchern zu beschreiben versuchen, das bemüht sich der Maler und Karikaturist Schiff optisch darzustellen. Mittels flink verfertigter Skizzen, Aquarelle und – eher selten – Ölbilder vermittelt er dem Betrachter eine Galerie an Eindrücken aus dem China der Republikszeit, hauptsächlich aus Shanghai, aber auch aus Peking und Hongkong. Wie andere auch ist er sich dessen bewusst, dass in der Huangpu-Metropole der 1930er Jahre allein der Mammon das Leben diktiert, man insbesondere als Künstler auf Auftraggeber angewiesen ist. Diese Einsicht und das darauf folgende Engagement als Schöpfer von

Karikaturen und als Werbegestalter für westliche Unternehmungen sind dem Wiener und Shanghais wohl berühmtestem Cartoonisten, dem Russen Sapajou, gemeinsam.[1337] Schiff eröffnet eine eigene Malschule, die School of Applied Art, entwirft Prospekte, Einladungen, Speisekarten und andere moderne Marketingartikel. Er ist in fast allen Gesellschaftskreisen ein gefragter Mann, der es dank seiner Umtriebigkeit auch bald in die Klatschspalten der Shanghaier Presse bringt. In den verschiedenen Klubs des International Settlement sowie der Concession Française findet er nicht nur das Milieu für seine Studien, sondern etabliert sich – über Wandmalereien – gelegentlich als hauseigener Artist. Im »Maskee« (Pidgin-Englisch für »never mind«) des Wieners Horst Riehmer beispielsweise haben seine Malereien, etwa die berühmt-berüchtigte Miss Shanghai, Vorrang vor Speisekarten und Konzertankündigungen. Der Wiener Künstler gehört zu den Shanghaier Nächten wie das von ihm entworfene »Shanghai Girl«, Skizzen langbeiniger, schmaler und attraktiver Chinesinnen, die sich, so Schiff selbst, durch ihre »graziöse Figur, die Schlankheit ihres Körpers, ihr selbstsicheres Auftreten und ihre schönen aristokratischen Hände« auszeichnen.[1338] Schiffs Werke finden sich in jenen Jahren nicht nur in zahlreichen Ausstellungen oder als Bildmaterial in- und ausländischer Zeitungen und Zeitschriften, sondern auch in Reisebüchern als Illustrationen etwa zur optischen Darstellung des Charakters von Städten wie Peking oder Hongkong.

Die Themen Schiffs widerspiegeln den damaligen Zeitgeist ebenso wie einstige Lebenswelten, die, obwohl der Vergangenheit angehörend, nicht selten zeitlose Charakteristika chinesischer Geistes- und Werthaltung aufzeigen – oder vielleicht auch das, was sich der Abendländer gemeinhin darunter vorstellt. Alltägliche Tätigkeiten werden von Schiff in einer Weise auf Papier festgehalten, die dem Betrachter eindringlich vor Augen führt, dass die China-Literatur im Westen jahrzehntelang von manchmal drolligen, manchmal süßen, vor allem jedoch immer eingängigen und verfälschenden Sujets gelebt hat: den Boys, die dem Weißen stets zu Diensten sind (»the call of the East«), den Amahs, den Compradores, den Spekulanten, den Blumenmädchen. In Schiffs Straßenszenen dominieren Radfahrer, Schubkarren, Leichenzüge. Auffallend ist, wie der Wiener es fertigbringt, die Gabe der Chinesen, Raum zu schaffen, indem man das Wohnen auf die Straße verlegt, bildlich darzustellen. Das »Paris des Orients« der 1930er Jahre versprüht den Reiz des Amusements, aber auch den Schummer der Halbwelt und des Lasters, dem sich auch Schiff nicht entziehen kann: Mit elegant hingeworfenen Strichen kokettiert er mit anmutig tanzenden Schönheiten, mit beleibten Geschäftsmännern am Spieltisch von Kasinos, mit Kupplerinnen und Opiumrauchern. Armut und Ausbeutung dokumentiert er mit Szenen von erschöpften Kulis, Bettlern, mit Kinderarbeit und Prostitution. Schiff lüftet für den Betrachter den Schleier des Verdrängten und bringt ihn auf Du und Du mit der Not und dem Elend der armen Schichten.

Schiff ist ein humorvoller, zugleich scharfer Beobachter. Er rebelliert nicht wie ein Kisch oder Holitscher mit Worten, dafür gibt er mit Pinsel und Bleistift Konturen. Überheblichkeit (bei Weißen), Schadenfreude (bei Chinesen) manifestierten sich bisweilen treffend in den von ihm flott skizzierten Gesichtern. Damit dokumentiert er nicht nur west-östliche Befindlichkeiten, sondern hält dem Betrachter gleichzeitig einen Spiegel vor. Im Laufe der Jahre ändern sich seine Themen. Die japanischen Bomben auf Shanghai im Herbst 1937 erschüttern auch ihn, seine Eindrücke von der Flüchtlingskatastrophe verarbeitet er in einer beim Betrachter tiefes Mitleid erregenden Skizzensammlung mit chinesischen Kindern und Müttern.[1339] Zunehmend findet er auch in den jüdischen Immigranten, ihrer Behandlung durch die Japaner, dem Tatbestand der Okkupation und schließlich – nach der Kapitulation Japans – den Siegern einen Gegenstand für sein schöpferisches Vermögen. Schiffs China-Bilder entbehren der nach 1945 bekannten westlichen Stereotypen der Vorkriegszeit: Auf den Postkartensujets des Wiener Juden – er hielt sich explizit für einen solchen – fehlen die Rikschakulis. An deren Stelle sind die »heldenhaften« Soldaten getreten, die die Herzen gar mancher hübscher Chinesinnen erobern.[1340]

Schiffs Abbildungen von chinesischen Menschen – jung und alt, arm und reich, Mann und Frau, aus Nord und Süd – ist eine ausgeprägte Individualität eigen, im Gegensatz zum häufig vermittelten Bild sich gleichender Ameisen. Frederick wusste um die Grenzen der Malerei, was sie auszudrücken in der Lage ist und was sie wohl oder übel dem Werkzeug der Sprache überlassen muss: »Die Besonderheit der Technik jeder Kunstgattung bestimmt auch ihren Kreis. Ebenso wie sie Eigenart verleiht, bedingt sie gewisse Einschränkungen und zieht Grenzen ... Wir können unmöglich eine Wirklichkeit erfinden, die völlig anders ist, völlig unbekannt.«[1341] Seine China-Bilder wollen repräsentieren, eine bestimmte Weltanschauung, eine ganz persönliche Beziehung, ja Hingabe und Liebe zum Land. Letztere kommt in der stolzen Haltung des Papierlaternen tragenden Buben ebenso zum Ausdruck wie im spitzbübischen Lächeln des bärtigen Greises oder in der teilnahmslos wirkenden Miene einer in ihrem Essenstopf rührenden Frau. Mitgefühl war dem Wiener nie fremd, weder für den sich auf einen Stock stützenden Bettler noch für das Elend der zahlreichen käuflichen Mädchen.

1947 verabschiedet sich Schiff mit einer Karikatur, die das Ende westlicher Dominanz in China auf humorvolle Weise darstellt, aus Shanghai, und geht nach Buenos Aires, wo er bis 1953 lebt. In einer Rede über die chinesische Kunst stellt er die Kunst der Malerei auf das Podest der Deutung des psychologischen Unterschieds zwischen Ost und West:

»But it makes all the difference. For it is just this often criticised trait of the Westerner – that of persuing restlessly and recklessly abstract conceptions of improvement – which gives him an immeasurable advantage in world-affairs over the Chinese. To live or if necessary to die for an idea, the success of which might enable others to benefit, means the height of the ludicrous to ordinary Chinese mentality.« [Genau das macht den Unterschied aus. Denn es ist dieser häufig kritisierte Zug des Westlers, nämlich die rast- und rücksichtslose Vorstellung der Steigerung und des Fortschritts, die ihm einen unermesslichen Vorteil in der hiesigen Welt über den Chinesen verschafft. Zu leben oder für eine Idee zu sterben, deren Erfolg anderen Nutzen ermöglichen könnte, bedeutet für die normale chinesische Mentalität den Gipfel der Lächerlichkeit.][1342]

Julius Tandler, von Schiff in China meisterhaft porträtiert, nimmt in Stadlers »Vertriebene Vernunft« zu Recht etlichen Raum ein.[1343] Das hat nicht nur die Nachwelt der Shoa-Überlebenden so verstanden, sondern bereits die Shanghai Municipal Police, die in einem Bericht vom Februar 1935 notiert: »Nachforschungen haben ergeben, dass Julius Tandler, ehemaliger Anatomieprofessor der Universität von Wien und Ex-Vorsitzender des Gesundheitsdepartements dieser Stadt, irgendwann zu Beginn des Jahres 1933 auf Einladung der Nankinger Regierung als Experte in China angekommen ist ... Während ihrer Zeit in Shanghai sind sie (Tandler und sein Assistent Bergmann – Anm. d. Verf.) der städtischen Polizei mit keinen politischen oder anderen unerwünschten Aktivitäten aufgefallen.«[1344] Tandler im Kapitel der Unabhängigen und Freischaffenden aufzuführen, ist nicht ohne Zweifel, mit ebenso gutem Recht könnte man ihn auch unter den Rubriken »Ärzte«, »Einzelkämpfer« oder »Berater« einordnen. Dennoch erscheint er hier, weil der Anatomieprofessor und Ratgeber der chinesischen Nationalregierung in erster Linie von persönlichen Idealen und Zielen geleitet wird, als er im Jahre 1933 seine erste Reise nach China antritt.

Am 16. Februar 1869 in Jihlava, dem damaligen mährischen Iglau, geboren, übersiedelt die Familie Tandler nach Wien, als der Bub Julius drei Jahre alt ist. Er wächst in dürftigen Verhältnissen auf, seine Schulleistungen sind mäßig. Das Medizinstudium hingegen absolviert er erfolgreich und schließt es mit der Promotion ab. Wie Schiffs Vater und so manche Österreicher tritt er noch vor der Jahrhundertwende vom Judentum zum Katholizismus über. Während des Ersten Weltkrieges ist er Dekan der medizinischen Fakultät in der Hauptstadt. Seine hohe wissenschaftliche Qualifikation führt dazu, dass er von der Regierung als Experte für Gesundheitsfragen und soziale Fürsorge engagiert wird, zuerst auf nationaler, dann auf städtischer Ebene, von 1920–34 als Wiener Stadtrat für Wohlfahrtswesen und soziale Verwaltung. Seine These, wonach »das Volk das organische Kapital des Staates« ist, deutet den politischen Handlungsbedarf an, den er für Staat und Ärzteschaft gleichermaßen sieht. Er selbst wird, inzwischen Mitglied der Sozialdemokratischen Partei, zu einem »großen Baumeister des ›roten Wien‹« und wegen seiner Neuschöpfungen im Sozialwesen zu einem hochgeschätzten Experten des Völkerbundes. Er kämpft für die Unterstützung der Schwachen und Benachteiligten der Gesellschaft; die Mehrheit der Wiener sieht in ihm den Wohltäter der Bedürftigen. Allerdings gibt es auch Stimmen, die ihn trotz seiner Konversion als Juden, Freimaurer, Marxisten, als Leugner christlicher Werte eben, bezeichnen. Als akademischer Lehrer gilt er als eine Autorität, die autoritär regiert. »Seine Bewegungen waren bedächtig, er war eitel, sentimental und eine seltsame Mischung von Romantik und Realismus.«[1345]

Die Anfangsjahre der »austrofaschistischen Diktatur« berühren Tandler wohl mehr, als er öffentlich zugibt. Der Arzt und Politiker erbittet sich Urlaub von der Wiener Stadtverwaltung, um einer Einladung der Nationalregierung in Nanjing folgen zu können, in China beim Aufbau medizinischer Schulen und Einrichtungen behilflich zu sein.[1346] Zu Beginn seines Engagements in Shanghai im Jahre 1933 wirkt er als Lehrer für Anatomie und organisiert das medizinische Studium neu. Als im Zusammenhang

II. Individuen, Biographien und Lebenswelten

mit dem Verbot der Sozialdemokratischen Partei in seiner Heimat im Frühjahr 1934 auch gegen ihn ein Verfahren eröffnet wird, will er, der kurz vor der Pensionierung steht, sich den Behörden stellen. Er fährt nach Europa zurück und wird verhaftet, was in China mit Überraschung zur Kenntnis genommen wird.[1347] Nach seiner Freilassung kehrt Tandler ins Reich der Mitte zurück. Wiederum bleibt er einige Monate, sammelt Eindrücke und Erfahrungen, kehrt zurück, kommt – in Österreich geächtet, in China gefeiert – ein drittes Mal in den Fernen Osten. Er nimmt schließlich zu Beginn des Jahres 1936 ein Angebot der Sowjetregierung an, die dortigen Behörden gesundheitspolitisch zu beraten (gleichzeitig schlägt er eine Einladung der Nanjinger Behörden aus, eine medizinisch-miliärische Akademie in Chinas Hauptstadt auf die Beine zu stellen). Doch scheint das russische Essen ihm nicht zu behagen, und auch seine Herzbeschwerden werden größer. Nachrichtenagenturen vermelden seinen Tod am 25. August 1936 in Moskau.[1348]

Tandlers Vermächtnis seiner China-Erfahrungen findet sich in seinem 1935 in Wien publizierten Büchlein mit dem schlichten Titel »*Volk in China*«.[1349] Darin deutet der Verfasser im Vorwort bescheiden an, dass er kein Buch über China schreibe (wo er immerhin insgesamt eineinhalb Jahre verbracht hat), auch nicht über Reiseabenteuer berichte, sondern lediglich über »Erlebnisse und Erfahrungen vor allem sozialer Art, weil mir eine Reihe günstiger Gelegenheiten Einsicht in diese Fragen gönnte, die von allgemeinem Interesse sind«. Wie vielen anderen mag es Tandler bei seinem ersten Besuch einer Chinesenstadt, vermutlich in Shanghai, ergehen, als er in der Mittagssonne durch die Straßen eilt:

»In den Nebel der Unbekanntheit und der Andersartigkeit gehüllt, wandeln sie an mir vorüber. Sonst las ich in den Gesichtern der Menschen Freude, Leid, Liebe, Hass. Hier ahne ich Affekte in den Seelen der Maskenträger. Sie enthüllen sich mir aber nicht. Ich kann den Text dieser Menschheitsdichtung nicht lesen, kaum einzelne Buchstaben erkennen, die Melodie aber bleibt mir vollkommen verschlossen. Ich sah sie arbeiten, essen, hörte sie reden, alles tönte durch den geheimnisvollen Nebel vollkommener Fremdheit. Ich war ja auch schon in anderen Ländern, in denen fremde Menschen mir unverständliche Sprachen gebrauchten. Aber ich las in ihren Leiden und ihren Freuden. Ich habe Armut gesehen und habe sie verstanden, habe fremdes Leid mitgefühlt in verstehendem Gleichklang meiner eigenen Seele. Hier ist das anders. Das leibliche Elend, soweit es sich dem Arzte enthüllt, das habe ich wohl erkannt. Der Klang der Seele dieser Dulder ist mir unverständlich geblieben.«[1350]

China als ewiges Rätsel? Die Chinesen als Schauspieler, die dem törichten Ausländer berechnend ihr Inneres verwehren, um mit Absicht den fremden Einfluss abzuweisen? Fast neigt man dazu, solches zu glauben. Tandler versucht zu verstehen, indem er hinter die Kulissen zu blicken sucht und nicht in der Enge ausländischer Konzessionen verweilt. Er dokumentiert akribisch genau Statistiken über die Bevölkerungsdichte des Riesenreichs, die von Ost nach West so dramatisch abnimmt. Er studiert das seiner Meinung nach schicksalsbestimmende Element des chinesischen Volks, dass dieses nämlich niemals darangegangen sei, Pferd und Rind zu zähmen und zu züchten (was dazu führt, dass große Flächen ackerbaren Bodens unbebaut bleiben). Er ortet, wie später Mao Zedong, das Hauptproblem der wirtschaftlichen Entwicklung des Landes in der aufgrund bestehender Grundbesitz- und Pachtverhältnisse verarmten Bauernschaft. Er äußert sich zum Analphabetentum (»ein schweres ABC«), anerkennt Fortschritte in sozialen Experimenten der Regierung und stellt Untersuchungen über die Berufsgruppen der Arbeiter, Handwerker und Kulis an.[1351] Während einer Fahrt auf dem Kaiserkanal, der einst Peking mit Hangzhou verbunden hat, bestaunt er dieses kühne Bauwerk, das vor tausend Jahren erstellt worden ist, als Mittel, nicht als Zweck: »Kein Mensch spricht davon. Es gibt keinen Kotau vor der Technik hier zu Lande ... Hier leben die Menschen im und am Werk, das ihre Ahnen geschaffen, arbeiten, freuen sich und leiden, genau wie die schaffenden Ahnen.« Im Dämmerlicht sieht er die gespensterhaft stummen Segel vorüberhuschen und die bleiche Landschaft mit ihren klagenden Grabhügeln. Bei der Ankunft in der Stadt Tai-Chow (Taizhou) wird er durch die engen, finsteren Gassen geführt: »Nie werde ich diesen nächtlichen Marsch durch die Stadt vergessen, die Wände gelber Gesichter mit den belebten Löchern neugieriger Augen. Ich hatte so ein bisschen Deliquentengefühl des Eindringlings in mir.«[1352] Schließlich widmet Tandler dem Gesundheitswesen ein Kapitel, sieht im Ahnenkult den Grund der Geburtenexplosion und prophezeit am Ende die Zukunft eines Landes, von der auch die übrige Welt nachhaltig betroffen sein könnte: »Weltgeschichte aber wird gespielt werden am Stillen Ozean und an seinen Küsten und wird entscheidend sein für das Schicksal der gesamten Menschheit. Verblendet von den kleinlichen Auseinandersetzungen in Europa, sehen die Verantwortlichen nicht, was in den Millionenvölkern Asiens sich vorbereitet.«[1353]

Die Reihe der aus dem Okzident stammenden Juden, die zeitweilig das China des 20. Jahrhunderts zu ihrer Heimat gemacht haben, ist lang und hiermit gewiss nicht vollständig. Mehr als lediglich eine Erwähnung verdiente der deutsche Gelehrte *Rudolf Löwenthal*, der 1933, er hatte gerade in Wirtschaftswissenschaften promoviert, Berlin Richtung Ferner Osten verließ, um an der Pekinger Yenching (Yanjing)-Universität zu lehren und sich gleichzeitig der jüdischen Besiedlung des Reichs der Mitte zu widmen.[1354] Ein anderer Meister seines Fachs war der in der Pfalz geborene Anatom, Anthropologe und Paläontologe *Franz Weidenreich*, der seine Heimat 1935 hinter sich ließ, um in Peking am Union Medical College der Rockefeller-Stiftung zu unterrichten, und der später durch seine Untersuchungen zum Pekingmenschen (Sinanthropus pekinensis) bekannt wurde, dessen Fossil Forscher 1927 in Zhoukoudian fanden. Auch über Weidenreich ist der Nachwelt nicht bekannt, ob es von ihm schriftliche Aufzeichnungen über seine Erfahrungen in China gibt oder nicht. Das Geheimnis seiner Begegnung mit dem Reich der Mitte hat auch er ins Grab genommen.

避風港　　III.　Aus Europa nach Fernost vertriebene Flüchtlinge

Die Schule Shanghai

Als »hohe Schule« hat *David Ludwig Bloch* einst seinen fast zehnjährigen Aufenthalt in Shanghai bezeichnet.[1355] Und in der Tat, obwohl das Exil Shanghai für die meisten Flüchtlinge lediglich Wartesaal auf dem Weg in eine lichtere Zukunft war, erwarben einige Künstler in der Hafenstadt am Gelben Meer das Rüstzeug für ihre weitere Karriere. »Das Exil, wie immer es auch geartet sein soll, [ist] die Brutstätte für schöpferische Taten, für das Neue«, urteilte einmal der tschechisch-jüdische Philosoph Vilém Flusser.[1356] Diesem Credo scheint, trotz seines schicksalsschweren Lebens, auch der am 25. März 1910 in der Oberpfalz geborene Bloch verpflichtet gewesen zu sein. Seit dem ersten Jahr Vollwaise und gehörlos, besucht der junge Mann nach Abschluss einer Ausbildung als Porzellanmalerlehrling die Akademie für angewandte Kunst in München, die er aus finanziellen Gründen nicht abschließen kann. Bloch arbeitet in der Folge als Werbegraphiker und Plakatmaler beim Kaufhaus Sallinger in Straubing, bis zum Oktober 1938, als er im Zuge der »Arisierung« des Unternehmens entlassen wird. Nach der Reichskristallnacht vom 9./10. November wird er verhaftet und ins Konzentrationslager Dachau deportiert. Vier Wochen später wird er freigelassen. Nach dieser traumatischen Erfahrung bemüht er sich unverzüglich um eine Ausreisegenehmigung, die er gerade noch rechtzeitig erhält: Im April 1940 verlässt Bloch auf der »M.S. Conte Rosso« den Hafen von Venedig Richtung Ferner Osten.

»Die Hitze plagte uns, und auch die Kält', und Sorgen um das liebe Geld; die Prickleheat, sie brannte, zur Ambulanz man dafür rannte. Rote Bohnen und ein hartes Ei, 'nen Extratopf für'n Hirsebrei; halt die Goschen, rief der WIENER, halt's Maul, schrie darauf der BERLINER«, heißt es in einem Tafellied der ehemaligen Shanghailänderin Ruth Gerechter.[1357] Auch Bloch gehört zu denen, die in Shanghai ihr Leben neu zu gestalten, den Kulturschock zu überwinden haben. Der in der Concession Française, später im »Ghetto« Wohnende tut es, künstlerisch, auf seine Weise, als stiller, unauffälliger Beobachter, anfänglich mit der Anfertigung von impressionistischen, naturalistisch angehauchten Aquarellen mit Titeln wie »Hof in Shanghai mit Wäsche«, später mit Bleistiftskizzen, die er als Vorlage für seine Holzschnitte verwendet.[1358] Im Laufe der Jahre entsteht eine große Anzahl solcher Holzschnitte (eigentlich müsste man von Holzstichen sprechen), die der Künstler in Zyklen mit eigenem Namen zusammenfasst: Yin Yang, Chinesische Kinder, Rikschas und Bettler.[1359]

Blochs Arbeiten widerspiegeln keine Fernost-Sehnsucht, fangen nicht die exotisch verklärte Atmosphäre der Umgebung ein, sind auch nicht auf die wohlgeformten, zierlichen Frauengestalten gerichtet, die Friedrich Schiff so imponiert haben. Er hat auch nicht den Blick des Nostalgikers, der sich in seinem Schaffen auf das Bekannte im Unbekannten konzentriert, abgesehen vielleicht vom Motiv der westlichen Prachtbauten am Bund als Hintergrund. Er hält in den Zyklen die chinesischen Themen fest, die einem unvoreingenommenen westlichen Besucher Shanghais zuallererst auffallen. So etwa ein-

zelne Figuren oder Gruppen einheimischer Kinder oder Kulis, die er aus der Umgebung herauslöst, um den Blick zu schärfen für die besonderen Eigenheiten seiner Objekte, eine, trotz vieler Entbehrungen vergnügte Kinderschar oder das bittere Elend eines ganzen Berufsstandes. Die Technik des Holzschnitts bringt es mit sich, dass nicht die Feinheiten von Gesichtszügen eines einzelnen Individuums im Vordergrund stehen, sondern der Ausdruck als Ganzes. Allerdings versteht er es, diese beiden Pole zu verbinden, nicht hauptsächlich dadurch, indem er Phänomenen und Situationen jener Zeit und Welt ein singuläres menschliches Gesicht gibt, sondern indem er den Betrachter diese bedauerlichen Zustände als menschliche oder eben unmenschliche Erscheinungen wahrnehmen lässt.

Bloch schaut hin, wo andere wegschauen. Mit den Bettlern rückt er gesellschaftliche Randexistenzen in den Vordergrund, deren Leid gegenüber, manchmal verstärkt durch körperliche Deformationen, der Betrachter gleichermaßen Mitleid wie Ekel empfindet. Die armen – in der Tat hölzern wirkenden – Gestalten sind vom Schicksal gezeichnet und geben den stummen Schrei völliger Hoffnungslosigkeit von sich. Mit knappen, spröden Strichen versucht Bloch, die damals verbreiteten Phänomene auf Papier festzuhalten, soziale Interaktionen bildlich darzustellen. Im Zyklus der Rikschakulis stehen die üblichen Gesten oder Bewegungsmuster dieser Zunft im Vordergrund, etwa beim Transport von übermäßig großen Ladungen, bei Streitigkeiten mit der Polizei, im Kampf gegen Unwetter oder im Falle der Anwerbung von Kundschaft. Der Betrachter verspürt Härte und Schwere dieser Arbeit beinahe am eigenen Leib. Der Zyklus »Szenen« bricht mit der auf den Mensch ausgerichteten Tradition, da der Künstler hier vor allem Tempelanlagen, Pagoden und Geschäfte darstellt.

Im Yin-Yang-Zyklus kokettiert Bloch schließlich mit Sujets, die für ihn ein Gleichgewicht darstellen: zwischen Arbeit und Muße, Leben und Tod, Traum und Wirklichkeit, Mensch und Maschine. Seine Striche sind schwerer als die von Schiff. Drücken sie zugleich seine eigene Lebenssituation aus: die Nichtzugehörigkeit zur meist reichen westlichen Gesellschaft Shanghais, die Heimatlosigkeit und nicht zuletzt das Handicap des Taubseins? Blochs Holzschnitt fehlt der zügige, bisweilen spöttische Charakter von Schiffs Zeichnungen, dafür sind die Striche unbestechlich und erscheinen ohne Hintergedanken. Er ist – wie andere Flüchtlinge auch – Mitglied der Vereinigung Arta, der Association of Jewish Artists and Lovers of Fine Art, Shanghai. Seine Werke werden in Ausstellungen gezeigt, von den Kritikern wohlwollend begutachtet:

»Der begabteste und daher wohl auch der unruhigste unter ihnen ist D. L. Bloch. Er hat noch am wenigsten von ihnen, was man Stil nennen könnte, er vermag noch sehr Verschiedenes zu werden, er weiß das, es quält ihn und macht ihn wiederum vergnügt. Da ist sehr viel unmittelbare Fassungskraft von Auge und Hand, die nur dem Latenten gegeben wird, trotzdem die Technik noch etwas Verfrühtes und mitunter sogar Dilettantisches hat, schafft sie mitunter ein wahres Leben, das aufhorchen lässt. Der fähige Mann blickt mitunter sogar erstaunlich hellseherisch ins Chinesische hinein, ohne sich gerade strebend darum zu bemühen.«[1360]

Selbst die Propagandazeitschrift der Japaner, »Asiana«, lobt den deutschen Künstler, ohne auf dessen Religionszugehörigkeit hinzuweisen, geschweige denn in der Kurzbiographie über die Gründe seines Exils zu berichten.[1361] Das wohl größte Lob stammt vom österreichischen Sinologen Willy Tonn (siehe unten), der über Bloch anlässlich einer Ausstellung in der »Shanghai Art Gallery« im Dezember 1942 feststellt:

»Verinnerlichung – dies ist das besondere Merkmal der Bloch'schen Kunst, der damit beweist, dass er das wahre Verständnis zur großen Kunst Asiens gefunden hat. Jedes seiner Bilder ... offenbart des Künstlers Idee, ›von innen‹ die Seele, das Innerste des Sujets, wiederzugeben, das ewig Unvergängliche im Flüchtigen festzuhalten. Daher nähert er sich den großen Impressionisten und legt größten Wert auf Atmosphäre, Timbre, Wohlklang und Rhythmus des Bildes, erweckt somit eine besondere Stimmung im Beschauer, d. h., er folgt unbewusst den Großen Chinas, die mit wenigen Strichen stärkste Wirkung erzielten.«[1362]

Im März 1949, inzwischen mit einer Chinesin verheiratet, verlässt David Ludwig Bloch Shanghai in Richtung Amerika. Im Reich der Mitte, so urteilte er persönlich, habe er »die großen Gegensätze kennen gelernt«, das Land habe ihm »vielfältige Anregungen, aber wenig Brot gegeben«.[1363] Für ihn gilt zweifellos, wie für andere Emigrantenkünstler auch, dass das Herausgerissenwerden aus dem deutschen Alltag seine Eigen- und Fremdwahrnehmung geschärft hat, womit dem heutigen Betrachter lebensnahe Bilder chinesischer Wirklichkeiten überliefert worden sind.

Mahnung für die Nachwelt

Bloch war nicht der einzige jüdische Maler, der seine Heimat infolge des aufkommenden Nationalsozialismus in Deutschland Richtung Fernost hat verlassen müssen. Zu erwähnen sind die Wiener Paul Fischer oder Ernst Handel sowie der Berliner Max Heiman. *Hans Jacoby*, der am 6. September 1900 in Dresden zur Welt kommt, gelingt es mit seinen Porträtskizzen, chinesischen »Typen« ein Denkmal zu setzen. Als besonders interessant erscheint die Sammlung seiner Tagebücher, die, so Jacoby selbst, als »Mahnung für die Nachwelt« gedacht ist.[1364] Sein großer Vorzug gegenüber anderen Flüchtlingen ist seine Neugierde, chinesische Lebenswelten zu ergründen, sich in Teehäusern, alten Tempeln oder am Hafen umzusehen. Seine Beobachtungsgabe zeigt sich in süffisanten Darstellungen chinesischer Eigenheiten bei Essszenen, Konfliktbereinigungen, Vertragsunterzeichnungen und vielem mehr. Jacoby wohnt zusammen mit seiner Frau anfänglich in einem großen Haus an der Columbia Road, der heutigen Panyu Lu, unmittelbar an der westlichen Außengrenze des International Settlement; zu seinen Freunden zählen Europäer wie Chinesen. Später ziehen sie um in die Stadt, in eine Wohnung an der Ecke Nanking Road/Seymour Road:

> »Rund um uns herum sehen wir täglich Chinesen mit den ärgsten Gebrechen, Lepra, Lupus, Trachom, Elephantiasis und andere tropische Leiden. Sie gehen, sie liegen herum, aber sie leben. Sie leben fast so als hätten sie keinerlei Beschwerden. Tuberkulose ist endemisch. Sie wird besonders verbreitet durch die Gewohnheit der Chinesen zu spucken. Chinesen spucken wo immer sie gehen und stehen. Meistens auf der Straße, in ihren Häusern gehört ein großer Spucknapf zum Mobiliar, in den Restaurants steht er zwischen zwei Gästen.«[1365]

Zu Hans Jacobys Kunden gehört unter anderem auch der ehemalige Student von Walter Gropius, Anti-Nazi und spätere Stararchitekt und Städteplaner der DDR, Richard Paulick, der 1933 nach Shanghai geflohen ist und 1936 beim Aufbau der »Voice of China« mitgeholfen hat.[1366] Während der beim Malen in

II. INDIVIDUEN, BIOGRAPHIEN UND LEBENSWELTEN

Tempelanlagen verbrachten Nachmittage begegnet Jacoby mehrmals auch Trebitsch-Lincoln. Nach der Proklamation des »Ghettos« von Hongkou im Februar 1943 muss auch die Familie Jacoby in das von den Japanern jüdischen Flüchtlingen zugewiesene Gebiet übersiedeln. Mit dem Besuch von Kursen am von Willy Tonn gegründeten Asia Seminar setzt sich Jacoby weiter mit chinesischer Geschichte und Kultur auseinander: »Der Vortrag war fesselnd. Chinesische Sprache und Schrift lerne ich weiterhin mit großem Eifer und tiefem Interesse. Je mehr ich lerne, desto begeisterter und gebannter bin ich. Ich komme dadurch endlich den Grundzügen chinesischen Denkens, der Kultur und Sitte ein wenig näher. Die meisten Westländer ahnen nichts von diesen, mehr noch, sie wollen nichts davon ahnen.«[1367] Weiterhin macht es sich Jacoby zur Aufgabe, chinesische Straßenszenen in seinem Skizzenheft festzuhalten:

> »Ein Patient kommt und setzt sich in den alten Friseurstuhl. Sofort bleiben Passanten rundherum stehen, ein Chinese lässt sich kein Schauspiel entgehen. Der Patient öffnet den Mund, der Zahnarzt greift mit zwei Fingern hinein und reißt den kranken Zahn heraus, dann hebt er ihn triumphierend hoch, die rundherum versammelte Menge klatscht Beifall, der Patient zahlt, und der Zahnarzt hängt sofort den Zahn zu den anderen bereits an den Bindfäden aufgereihten.«[1368]

Jacobys verallgemeinerndes Urteil über die Chinesen fällt zwiespältig aus: Einerseits kritisiert er ihre materialistische Gesinnung, die fehlende Nächstenliebe und Hilfsbereitschaft einem Fremden gegenüber; andererseits lobt er ihre Fähigkeit, Feinden zu vergeben: »Ich empfand tiefe Bewunderung für sie, als ich ihr Maßhalten gegenüber ihrem gehassten Feinde und rohen Unterdrücker, dem Japaner, beobachtete. Selbst ein allein gehender Japaner wurde nicht angetastet, nur die Halbwüchsigen riefen gelegentlich: ›Buh-Buh!‹«[1369]

Während immerhin einige wenige Maler in der Flüchtlingsgemeinde »Chinesisches« zum Gegenstand ihrer Werke gemacht haben, beschäftigten sich emigrierte Theaterleute im künstlerischen Bereich nicht mit ihrer fremden Umgebung.[1370] Auch das hatte mit den besonderen Gegebenheiten des Exils in Shanghai zu tun, die es fast unmöglich machten, dass sich Regisseure, Bühnenautoren, Schauspieler oder Sänger mit China als Motiv ihres Schaffens befassten. Die neue Umgebung erforderte erst einmal eine neue seelisch-geistige Verankerung in der eigenen Gesellschaft, bevor man in der Lage war, sich mit einer fremden Lebenswelt auseinanderzusetzen. Zudem wünschte das Emigrantenpublikum eher Unterhaltung und unpolitische Kultur, als sich mit dem Thema der Fremde auch außerhalb der Privatsphäre zu beschäftigen.[1371] So wurden denn in einem geschlossenen Kreis – bei Soloauftritten in Kaffeehäusern oder als Gruppe auf Kleinkunstbühnen – Stücke aufgeführt, die das gesamte Repertoire europäischer Theater-, Operetten- und Opernkultur umfassten: von Brechts »Dreigroschenoper« über Sophokles' »König Ödipus« bis hin zu Lessings »Nathan der Weise«. Einen unmittelbaren Bezug zur europäischen Gegenwart hatte das Stück »Die Masken fallen«, in dem der russisch-jüdische Regisseur Mark Siegelberg die Rassentheorie der Nationalsozialisten aufs Korn nahm.[1372]

Ähnlich wie in der Theaterkunst gestaltete sich das Verhältnis der vor Hitlers Terrorregime geflüchteten Musiker zu ihrer neuen, fremden Umwelt: Auch ihnen blieb – als Verjagte, jeglicher materieller Güter Beraubte – lediglich ihr künstlerisches Talent, das sie, so gut es ging, in die Shanghaier Musikszene einzubringen versuchten. So bereicherten sie etwa das Shanghai Municipal Orchestra oder engagierten sich im Rahmen von Gastverträgen mit Künstlern, die gerade auf Tournee in Shanghai weilten. Andere mussten ihren Verdienst in Bars und Restaurants sicherstellen. Auch bei den Musikern stand der tägliche Überlebenskampf im Vordergrund, weit vor der Beschäftigung mit der Fremde. In einem 1946 in Shanghai erschienenen Artikel, »Das Musikleben der Immigranten«, werden lediglich einige ganz wenige Ausnahmen erwähnt, bei denen es zu einem west-östlichen Duett gekommen ist: etwa beim Kapellmeister Erwin Marcus, der chinesische Chöre dirigierte, oder bei einigen wenigen Musiklehrern, denen es gelang, bei chinesischen Schülern eine Wertschätzung für westliche Musik zu entwickeln.[1373] »Meine chinesischen Schüler am ›national conservatory‹ haben nicht nur Hochachtung, sondern auch Liebe für die schwer eingänglichen Werke von J. S. Bach, und sie üben Beethoven mit imponierender Geduld, um sich nicht nur seine Technik zu erobern, sondern sich auch in seine Seele einzufühlen«, sagt z. B. auch der Musikpädagoge und Pianist Henry Margolinsky über seine Arbeit in Shanghai.[1374]

Zwei weitere Ausnahmeerscheinungen sollen an dieser Stelle genannt werden. Da ist zum einen der 1912 in Wien geborene *Karl Steiner*, der während seiner Ausbildung an der Musikakademie als Pianist hauptsächlich mit Schülern von Arnold Schönberg, Alban Berg und Anton Webern zusammenarbeitete. Steiner verlässt Österreich im Jahre 1939 und lebt für zehn Jahre in Shanghai, wo er versucht, in der dortigen Musikwelt Anerkennung zu finden. Er verdient sich anfänglich seinen Unterhalt mit der Übernahme einiger Klavierklassen an der Sir Elly Kadoorie School sowie mit einigen Verpflichtungen in Restaurants und Kaffeehäusern. Nach dem Krieg tritt er als Solist in einem Konzert auf, in dem ein Stück des chinesischen Komponisten Tong Sang, des späteren Direktors des Shanghaier Konservatoriums, gespielt wird.[1375] Der andere Musiker, der etwas mehr als damals üblich mit der chinesischen Umgebung in Berührung kam, war der Violinist *Hellmut Stern*, der am 21. Mai 1928 in Berlin geboren wurde.[1376] Als Zehnjähriger verlässt er zusammen mit seinen Eltern Deutschland, um per Schiff von Italien aus via Shanghai und Dalian nach Harbin zu gelangen. Seine Beobachtungen in China sind geprägt von einem Denken, das schon früh das Verhalten der Europäer gegenüber den Chinesen unter die Lupe nimmt:

> »Man hatte übersehen, dass man es mit einem mehr als gleichberechtigten Kulturvolk zu tun hatte, von dem man vieles hätte lernen können. So erwartete man beispielsweise vom chinesischen Personal, dass es die russische Sprache beherrsche, ohne dass man sich selber die Mühe machte, Chinesisch zu lernen. In ihrer souveränen Toleranz erlernten die Chinesen schnell Russisch, aber auch die Sprachen anderer europäischer Dienstherren. So erlebte ich, wie z. B. der Koch unserer Hauswirtin ein wunderbares Jiddisch mit leichtem Berditschever Einschlag sprach oder der chinesische Übersetzer einiger unserer deutscher Dokumente so berlinerte wie wir.«[1377]

Sterns Erinnerungen kreisen hauptsächlich um die Beziehungen zwischen Juden und Russen. Seine Themen sind Armut, Hygiene, Antisemitismus und Welt- beziehungsweise Regionalpolitik. Die Mandschurei stand damals im Banne des japanisch-chinesischen Konflikts. Stern lebt verschiedene Leben, zu Hause jüdisch-deutsch, »draußen russisch, chinesisch und japanisch«. Er besucht die Talmud-Tora-Schule in Harbin. Anlässlich eines Krankenhausaufenthalts 1941/42 in Peking freundet er sich mit einem jungen Riksha-Kuli an. Dieser fährt ihn für ein kleines Entgelt in der einstigen Kaiserstadt herum, und »oft aßen wir zusammen, einfach am Straßenrand hockend wie die chinesischen Arbeiter«. Zurück in der Mandschurei, kommt Stern unter die Fittiche von Wladimir D. Trachtenberg, einer führenden Persönlichkeit im Musikleben von Harbin. Im Alter von nur gerade siebzehn Jahren tritt er in das Harbiner Symphonieorchester ein. Nach Ende des Zweiten Weltkrieges übernimmt Stern musikalische Gelegenheitsjobs, um seine Familie über die Runden zu bringen. Auf chinesischen Hochzeiten spielt er Geige. Die reicheren Chinesen, so Stern, sähen es als besondere Genugtuung an, eine »Kapelle« für solche Familienanlässe zu engagieren, die aus verarmten Europäern zusammengesetzt ist. Nach weiteren vier Jahren und abenteuerlichen Aufenthalten in der Inneren Mongolei gelingt es der Familie 1949 endlich, die Mandschurei via Tianjin Richtung Israel zu verlassen.

»Mango- oder Porzellansinologe«

Für einige wenige Intellektuelle stellten die Jahre ihrer China-Emigration eine herausfordernde Erfahrung mit dem Fremdsein dar. Trotz ihres täglichen Überlebenskampfes brachten sie den Willen und das Interesse auf, sich mit der chinesischen Umwelt in der einen oder anderen Weise zu beschäftigen. Der 1879 in Zwickau geborene Kunsthistoriker *Lothar Brieger* war Kritiker der »Berliner Zeitung am Mittag«. 1933 wird er mit einem Schreibverbot belegt.[1378] Fünf Jahre später flieht er nach Shanghai, wo er bis 1947 lebt und sich mit Antiquitäten- und Buchhandel über Wasser hält. Als Mitarbeiter bei der »Shanghaier Morgenpost« sowie der »Neuen Zeit« interessiert er sich für chinesische Kunst und Lebensweisheiten, ohne allerdings das tägliche Elend der Emigration, vor allem die geistige Isolation, vergessen zu können. In einem der ersten Beiträge in der Halbmonatsschrift »Gelbe Post« über die Metropole des Glücksspiels, Shanghai, schreibt Brieger:

> »Glücksspiel ist die Lebensluft des Chinesen. Vom Millionär bis zum niedrigen Kuli sitzt es jedem im Blute ... Der Chinese ist von Hause aus ein gesprächiger und lärmender Mensch, besonders in Restaurants und in jenen öffentlichen Unterhaltungsstätten, wo er seine Mußestunden verbringt. Sonderbarer Weise aber nimmt der Chinese das Spiel tödlich ernst und huldigt ihm in feierlichem Schweigen. Man kann tatsächlich sagen, dass nur zwei Gelegenheiten den Bewohnern des Reiches der Blumen die Möglichkeit geben, restlos den Mund zu halten: das Gebet und das Spiel ... Der chinesische Spieler ist Philosoph und kennt weder Reue noch Bedauern. Er glaubt, das Glück muss um die Ecke auf ihn warten und wird schon irgendwie den Weg zu ihm finden.«[1379]

Der damals bereits knapp sechzigjährige Bohemien und leidenschaftliche Bücherliebhaber versucht gleich zu Beginn seines Aufenthaltes, einen Blick in die Seele der Chinesen zu werfen. In Spielkasinos ist er zurückhaltender Zeuge chinesischen Verhaltens: »Die Chinesen legen keinen Wert darauf, beobachtet zu werden, wie sie sich von ihrer tiefsten Schwäche beherrschen lassen.« Auch fällt ihm in dieser Umgebung das so häufig genannte Pokergesicht auf, das »beste der Welt«, wie er meint. Wie wohl auch andere sucht Brieger nach seinem eigenen Bild von China, das jeder, davon ist er überzeugt, als Ausgangspunkt seines Denkens braucht. »Hat man erst einmal herausgefunden, dass China süß und bitter zugleich ist wie die Mangofrucht, so ist man von diesem Augenblick an der Mangosinologe. Und das bleibt man. Der Porzellansinologe hat entdeckt, dass China bunt und hart ist.«[1380]

Nur ganz wenig ist bekannt über die Jahre Briegers in Shanghai, aber sie dürften schwierig gewesen sein: »Sein von Natur aus liebenswürdiges Wesen wurde in der letzten Zeit düster umschattet, eine Folge der erlittenen Demütigungen und Grausamkeiten des Hitlerregimes«, heißt es in einem Nachruf in der »Weltbühne« vom 15. März 1949. In einer Ausgabe des »Shanghai Herald« wird er als Professor für Literatur an der St. John's University aufgeführt (nebst anderen, etwa dem Architekten Paulick oder dem Musikwissenschafter Kuttner), doch ist nichts über seine dortige Lehrtätigkeit bekannt, auch nicht, wie eng er dabei mit chinesischen Kollegen oder Studenten in Kontakt kam.[1381] Erst nach dem Krieg liest man wieder von ihm, in einem Beitrag über chinesische Musik:

> »Ich verstehe nicht viel von Musik und noch viel weniger von chinesischer Musik. Aber so viel habe ich doch schon gemerkt: Es gibt zweierlei Art von chinesischer Musik. Die eine ist die laute Musik der Schlaginstrumente, welche die Dämonen vertreiben soll. Wir brauchen nicht davon zu reden, wir hören genug von ihr. Die andere aber teilen die Chinesen mit allen übrigen Men-

schen, die sanfte, sehnsüchtige, beschwörende Musik, die gerade die Dämonen, die Naturkräfte herbeirufen und fesseln will … Aber da ist noch jenes Instrument dem Chinesen seit alters lieb, über das die menschliche Seele mit dem Munde direkt die geheimnisvolle Natur beschwört: Die Flöte … Und da kommen die beiden größten alten Kulturvölker zusammen, die Chinesen und die Griechen und werden menschlich.«[1382]

Auch äußert sich Brieger zum Verhältnis zwischen Emigration und künstlerischer Produktivität. Emigranten, die »ausgewandert wurden«, seien weder gebraucht noch begehrt, ohne Rückendeckung, ausgestattet allein mit dem Recht, »zu alldem den Mund zu halten«. Der Kunsthistoriker ist intelligent genug zu sehen, dass Kunst in Shanghai nicht das erste Bedürfnis für die Leute darstellt: Erst Lebensnotdurft, dann Kultur, lautet sein Motto. »Die Emigration ist nämlich nicht künstlerisch schöpferisch, die Emigration ist konservierend … Jedes wahre Kunstwerk ist erst eine spätere Wiedergeburt des Erlebnisses aus dem erinnernden Geist.«[1383]

Es ist Brieger vergönnt geblieben, seine neunjährige China-Erfahrung einem größeren Kreis abendländischer Leser zu vermitteln. 1947 kehrt er – auf Wunsch von Professoren der Berliner Hochschule für bildende Künste – zurück nach Deutschland, die Reise wird für ihn zum Martyrium, die Begegnung mit der verlorenen Heimat zur Katastrophe: »Schwere seelische Depressionen resultierten daraus, dass er, im vorigen Jahr aus der Emigration (Shanghai) zurückgekehrt, seine Gattin nicht mehr lebend antraf. In allen praktischen Fragen des Lebens war er hilflos wie ein Kind. In dem durch Hitlers Machtwahn zerstörten Berlin, in den völlig veränderten Lebensumständen konnte er sich nicht wieder zurechtfinden … Mit Lothar Brieger verliert die literarische Welt einen Schriftsteller von hohem geistigem Niveau und das Judentum einen wertvollen und uneigennützigen Menschen«, heißt es in besagtem Nachruf in der »Weltbühne«.[1384]

»Fighting Scholar of Shanghai«

»Ein eigenartiger Mensch ist dieser W. Y. Tonn … Ein Sinologe und Sanskritologe, ein Mann des Buches gegen den Hintergrund des Bundes und der Szechuan Road, aber seine größte Eigenart ist seine Hartnäckigkeit, seine Fähigkeit, der Schwierigkeiten nicht zu achten und gegen den Strom zu schwimmen … Reicher geworden durch die anderthalb Stunden Urlaub von der eigenen Unleidlichkeit und durch die Trauer um die Kürze des eben Erlebten, kam ich in den Bezirk zurück mit dem ärgerlichen Bewusstsein, dass wir zu wenig Tonns haben, aber noch weniger Publikum für das, was der einzige Tonn geschaffen hat.«[1385] Dieser außergewöhnliche *Willy Tonn*, gemäß einigen Zeitzeugen wie etwa Hans Jacoby die bedeutendste Persönlichkeit der Emigration in Shanghai, kommt am 28. Januar 1902 in Berlin zur Welt, als Deutscher jüdischen Glaubens, wie er selbst betont.[1386] Sein Vater Georg gründete die Firma ›Dr. Franz Steiner & Co.‹, die sich auf chemische, pharmazeutische und kosmetische Produkte spezialisierte und die der Sohn nach dem Tode des Vaters 1924 übernahm. Seine Mutter Dora, so heißt es im Lebenslauf lapidar, wird im Januar 1942 von Nazis nach Riga verschleppt, »Ende unbekannt«.

Willy Tonn studiert nach Abschluss des Gymnasiums (1920) an der Friedrich-Wilhelm-Universität in Berlin anfänglich Philosophie und Medizin und später orientalische Sprachen: Chinesisch, Mandschurisch, Sanskrit, Vedisch, Pali, Prakrit und Tibetisch, wie es in seinem Curriculum Vitae heißt. Woher sein Interesse für Asien herrührt, ist nicht eindeutig ersichtlich, vielleicht steht es im Zusammenhang mit der orientalischen Medizin, um deren Verbreitung im Westen sein Vater sich bemühte.[1387] Auch in Soziologie, Psychologie, Kunstgeschichte sowie in der hebräischen Sprache, im Talmud und in der Kabbala verfügt er über gute Kenntnisse. Reisen mit dem eigenen Wagen in die Nachbarländer sowie nach Griechenland, Syrien, Ägypten und Nordafrika erweitern seinen geistigen Horizont und verstärken seine Neugierde für das Fremde. Ab Ende der 1920er Jahre veröffentlicht Tonn Beiträge in Zeitschriften wie der »Ostasiatischen Rundschau«, »Durch alle Welt« oder in der »Indian Economic Affairs«. Eine besondere Affinität besitzt er zudem zum Taoismus: 1929 erscheinen in der Zeitschrift »Die Weiße Fahne« eine Übersetzung und Erläuterung des mystisch-taoistischen Werks »Das Buch von ewiger Reinheit und Ruhe«.[1388]

Als letzten Wohnsitz vor der Auswanderung im Februar 1939 gibt Tonn die Pariserstraße 38 in Berlin-Wilmersdorf an. Vergeblich hat er versucht, einen Sekretariatsposten an der renommierten School of Oriental Studies in London zu bekommen, so dass er sich schließlich doch noch gedrängt sieht, Europa Richtung Shanghai zu verlassen, »aus Sehnsucht nach dem Osten, nicht aus Angst vor den Nazis«, wie er später in einem Zeitungsartikel sagt.[1389]

Shanghai stellt für ihn genau den richtigen Ort für seine China-Studien dar, obwohl auch für ihn der alltägliche Kampf ums Überleben Vorrang hat (und deshalb wohl keine größere Publikation von ihm zustande kam). Zwischen 1939 und 1943 verfasst er regelmäßig Beiträge für deutsch-, englisch- und chinesischsprachige Zeitungen und Zeitschriften. Es erscheinen von ihm insgesamt dreihundert Essays und literarische Abhandlungen über Asien, hauptsächlich mit Bezug zur chinesischen Philosophie und Kultur.[1390] Im Juli 1939, nach gerade erst zwei Monaten in Shanghai, veröffentlicht die »Gelbe Post« einen Artikel von ihm unter dem Titel »Ost und West – ein Gegensatz?«, in dem er über die Subjektivität der Europäer bezüglich der Beurteilung chinesischer Sitten und Gebräuche nachdenkt. Für die einen sei China der »Inbegriff des unzivilisiertesten und verkalkten, auf der Stufe des Mittelalters stehengebliebenen Volkes«, für die anderen ist es das »in der Moral am weitesten fortgeschrittene und entwickeltste Kulturvolk.« Für den Berliner Sinologen selbst stellen beide Anschauungen Übertreibungen dar:

»Ein so altes Kulturvolk wie die Chinesen birgt in Gipfelleistungen erhabenste Tugenden und tiefste Untugenden, der Rest, d. h. die Masse, bleibt sich überall gleich; wenn Unterschiede im Wesen noch da sind, so sind sie durch gewisse Faktoren bestimmt; die Unterschiede werden

II. Individuen, Biographien und Lebenswelten

zu Nuancen, obschon gerade diese Nuancen eben den Kern der Wesensverschiedenheit ausmachen. Auf jeden Fall kann man sagen, dass der Spruch ›East is East and West is West and never the train (richtig hieße es twain – Anm. d. Verf.) will meet‹ für den Kenner des Ostens unrichtig, wenn auch nicht falsch ist, während für ihn das Wort von Goethe ›Orient und Okzident sind nicht mehr zu trennen‹ bleibende Geltung hat.«[1391]

Für Tonn ist klar, dass die konfuzianische Ethik den Kern der chinesischen Kultur darstellt. Dazu zählt er die fünf Beziehungen (wulun 五伦) sowie die fünf Kardinaltugenden (wude 五德), welche den Edlen, den »junzi« 君子, auszeichnen.[1392] Im Gegensatz dazu würden Europa und der größte Teil der Erde ihr Sittengesetz und damit die Grundlagen ihrer Kultur den Juden, d. h. der Ethik des großen Lehrers Moses, verdanken. Diese Auffassung deutet an, was Tonn in den zehn Jahren seines Exils in China vor allem beschäftigt hat, die Frage nämlich, was Abend- und Morgenland eint beziehungsweise trennt:

»Die ethische Lehre beider unterscheidet sich kaum voneinander, ihr Ideal ist das rechte Verhalten des Edelmenschen, der in ursprünglichem Sinne des Wortes der gentleman, der gentilhomme, der Edelmann ist, also geistig jeder nach seinem rechten sanften Verhalten, nicht ›noble‹ von Geburt. Wie also beider Lehre in Menschenliebe und Gerechtigkeit wurzelt, sowohl die des K'ung-tse als auch die des Moses, deren Ideal der kiün-tse (junzi – Anm. d. Verf.) bzw. der zaddik (hebräisch für ›Gerechter‹, der als Vermittler zwischen Gott und Mensch gilt – Anm. d. Verf.), der edel und gerecht denkende Mensch ist, so haben auch Ost und West ihren Sitten-Kodex in den 2000 Geboten und Verboten des Li-ki (Liji 礼记, Buch der Riten – Anm. d. Verf.), bzw. den 613 des Talmud, von dem der Westen manche Vorschriften entlehnt hat.«[1393]

Themen wie »Chinesisches Leben und Denken aus dem Blickwinkel des Europäers«, »Vergleiche zwischen westlicher und chinesischer Kultur« sowie »Analogie zwischen chinesischer und jüdischer Ethik« sind es, über die Tonn in Shanghai vornehmlich gearbeitet hat.[1394] Besonders lag ihm am Herzen, die China gegenüber mehrheitlich interesselose Ausländergemeinde Shanghais für die fremde Umgebung zu sensibilisieren. Ab 1941 verfasst er beispielsweise für die Zeitung »Shanghai Jewish Chronicle« unter der Kolumne »Der Ferne Osten« populärwissenschaftliche Beiträge zum Verständnis Chinas, seiner Gesellschaft und Denkweise: »Die Anschauung des Europäers ist bisher zumeist herzlich beschränkt und von der jüdisch-hellenisch-europäischen Kulturentwicklung bestimmt, während in Wirklichkeit Europa nur ein geographisches Anhängsel Asiens ist.«[1395] Mit Fakten, die leicht in Vergessenheit geraten, etwa über die Erfindungen Chinas zu einer Zeit als Europas Zivilisation noch in den Kinderschuhen steckte, erinnert Tonn den Leser an die »überlegene chinesische Kultur«, auch daran, dass Literatur und Kunst im Reich der Mitte nie stillgestanden hätten, wie häufig aus Unkenntnis behauptet werde, sondern dass »ein ständiges Strömen der Stile und Ideen« bestanden habe. Er ruft die vor allem an Wirtschaft und Verdienst interessierte westliche Gemeinde in den Konzessionen dazu auf, sich mit China intensiver zu befassen: »Dies ist wichtig für die europäische Hausfrau, den Geschäftsmann, den Freiberufler, den Angestellten, den – ›Salonlöwen‹, kurz für jedermann. Wer an rechter Stelle den rechten Versuch macht, wird sich nicht nur bewundert sehen, sondern auch die Früchte seines geistigen Verdienstes genießen.«

Auf einer von Willy Tonn selbst zusammengestellten Liste seiner Manuskripte figurieren Beiträge über chinesische Musik, chinesisches Boxen, chinesische Mystik, chinesische Medizin, chinesische Sprichwörter, chinesische Kosmologie oder chinesische Psychologie. Daneben finden sich auch Kurzgeschichten, chinesische Witze oder Märchen, kurzum all das, was für den Westler gemeinhin das »Chinesische« an diesem Land ausmacht.[1396] Er versteht es in seinen Texten, den Abendländer auf Erscheinungen und Besonderheiten aufmerksam zu machen, die im Umgang mit China und der chinesischen Bevölkerung eine auch heute noch wichtige Rolle spielen. Dazu gehören die Auseinandersetzung mit der Komplexität chinesischer Werte und Verhaltensregeln sowie das Verständnis des Funktionierens »chinesischer Spielregeln«. Es gelingt ihm überdies meisterhaft (wenngleich bisweilen auch vereinfachend), aus Spezialthemen allgemeine Kenntnisse über die Denkart der Chinesen zu extrahieren. In einem Artikel über die chinesische Poesie etwa räsoniert er über den Charme des chinesischen Charakters und meint, »die Chinesen seien von jeher Gefühlsmenschen«.[1397] In einem Text mit dem Titel »Chinesisches Schach« destilliert Tonn heraus, dass infolge der Kosmologie des chinesischen Denkens der Chinese das Universum als »großes Schachbrett und großartigen Wettkampfplatz betrachte«.[1398] Im Beitrag über das »Reich der Blumen« scheint das Selbst- und Lebensverständnis der Chinesen auf: »Doch nicht die europäische Fülle und Verschwendung lockt ihn an, sondern er zieht es vor, sich an einer einzigen Blume zu erfreuen ... So wie man den Chinesen mit seinem Vogel im Käfig spazieren gehen sieht, kann man ihn dann und wann unterwegs mit einer Blume beobachten, die er oft andächtig betrachtet und deren Lieblichkeit er in sich aufnimmt.«[1399] Bei der Vorstellung des erotischen Romans »Jinpingmei« 金瓶梅 aus dem 17. Jahrhundert kennzeichnet er das seiner Meinung nach typische »chinesische Sündenbekenntnis« im Gegensatz zum »europäischen Muckertum«:

> »In Europa wird der Schein nach außen ängstlich gewahrt; um private Übelstände jedoch kümmert sich die Öffentlichkeit nicht. So kann einer ein verbrecherischer Lump, ein gemeiner Lüstling sein; gelingt es ihm, nach außen heuchlerisch als ehrenwerter Bürger seine Tugend zu wahren, so wird er auch als Ehrenmann betrachtet, selbst wenn jeder um den Fadenschein seines Tugendmäntelchens weiß. Umgekehrt beschreibt der Chinese die Dinge so wie sie sind, und ist trotz seiner alten Kultur noch im besten Sinne naiv und natürlich genug, um keinen lächerlichen Schleier über höchst selbstverständliche und natürliche Vorgänge zu breiten. Im Gegenteil, er zeichnet die Missstände noch viel krasser als sie in Wirklichkeit sind, um eine Abhilfe energisch herbeizuführen.«[1400]

Ebenfalls eine Gegenüberstellung zwischen Ost und West erfährt der Begriff der Kultur als Gegenstück zur Natur, Kultur als Entwicklung des geistigen Lebens und wichtigstes Prinzip im Leben von Individuen und Völkern:

»So the Asiatics form the world in their mind ›from within‹ and endeavour to bring it into harmony, to perfect it, whereas the Western peoples see the world, being out of their sphere, ›from without‹ and try to command it, to master it. Asiatic insight principally depends on intuition, inspiration and innermost manifestation, whereas Western knowledge since Aristotle is mostly derived from the measurable, logical and objective investigation.«[1401] [Die Asiaten gestalten die Welt von ›innen heraus‹ und bemühen sich, sie in Harmonie zu bringen, sie zu vervollkommnen, während die westlichen Völker die Welt als außerhalb ihrer Sphäre betrachten und sie ›von außen‹ zu befehligen, zu beherrschen versuchen. Asiatisches Verständnis hängt hauptsächlich von Intuition, Inspiration und innerstem Ausdruck ab, während sich westliches Wissen seit Aristoteles vorwiegend aus messbarer, logischer und objektiver Überprüfung herleitet.]

Tonn geht auch dem Einfluss Chinas auf den Westen nach. Bereits in Berlin hat er sich Wörter notiert, die erst mit der Begegnung des Abendlandes mit dem Reich der Mitte Aufnahme in unseren Sprachgebrauch fanden. So etwa die Apfelsine (der Apfel aus China), das Kaolin (eine Art Porzellanerde), die Dschunke, der Sedan (eine Sänfte) oder der Pekinese (kleiner, kurzbeiniger Hund mit großem Kopf). In Shanghai dann findet er Zeit, die Kunstauffassungen ausgewählter westlicher, durchwegs jüdischer Künstler mit denen Chinas zu vergleichen. In der Musik etwa erscheint ihm Gustav Mahler bemerkenswert, dem es als einem der wenigen modernen europäischen Meister gelungen sei, »durch seine Hingabe und tiefe Liebe zu Natur und Kosmos ›von innen‹ nicht nur diese äußere Sinnlichkeit zu überwinden, sondern uns auch das bunte Leben in all seinem Auf und Ab innerhalb des großen Weges vom Tao zu erschließen«.[1402] Ähnliches stellt er für den Maler Max Liebermann fest, dessen Kunstschaffen er als »chinesisch« bezeichnet, und zwar weil dieser versuche, die Idee beziehungsweise Geist und Seele eines Gegenstands zu erfassen: »Innerlich befreit von Schule und Theorie ging er unbeirrt seinen Weg. Ihm war gleichgültig, was er sah und malte, wesentlich blieb für ihn, wie er irgendein Sujet sah und malte. Stets suchte er die Stimmung festzuhalten und gab anstatt der bisher verwendeten schönen, vollen Farben den Ton der Atmosphäre, die Belebung des Charakters der Landschaft und die Vitalität und den Rhythmus im Menschen, den chi-yun.«[1403] Gemäß Tonn hat Liebermann in seinen Bildern ähnlich der chinesischen Kunstauffassung versucht, mit wenigen Strichen die Idee herauszuarbeiten, eine tiefe Wirkung zu erzielen, das Motiv anzudeuten und dem Beschauer die Interpretation zu überlassen. Schließlich findet bei ihm auch der Dichter Heinrich Heine Eingang in die Zunft »westliche Künstler mit chinesischer Kunstauffassung«, da er unbewusst das Charakteristische östlicher Dichter in sein Schaffen aufgenommen habe: »›Durch wenig Worte eine reiche Wirkung zu erzielen‹ und durch zarte

Andeutung die Idee in rhythmisch-melodischer Harmonie bildhaft und gedankenklar wiederzugeben, ist das Ziel der chinesischen großen Künstler.« Und wie um dieses Merkmal östlichen Kunstverständnisses zu verallgemeinern, fährt er fort: »Die Chinesen sind hierin Universalisten und bestätigen es in der Kunst auch dadurch, dass sie das Persönliche, das Ich als nur ein Wesen in der Natur ganz in den Hintergrund treten lassen, um die Idee nicht zu beeinträchtigen.«[1404] Solche Argumentation, so scheint es dem heutigen Leser, ist nicht allein auf die Malerei, sondern auch auf andere gesellschaftliche Bereiche anwendbar.

Mit der Errichtung des »Ghettos« von Hongkou im Jahre 1943 beginnt für Willy Tonn, der sich den chinesischen Namen Tang Weili zugelegt hat, eine neue Etappe seines persönlichen Engagements gegen die »geistige Passivität« und den »kulturellen Tiefstand« seiner abendländischen Landsleute. Um die »geistige Lähmung der Refugees« zu überwinden und das »asiatische Wissen und moderne Wissenschaft« zu verbreiten, gründet er – ohne die Erlaubnis bei den japanischen Behörden eingeholt zu haben – eine Art Volkshochschule, das sogenannte Asia-Seminar, mit dem Zusatz »International Institute of Culture and Science«.[1405] In einem Zeitungsbericht über die Gründung dieser »Volksuniversität« heißt es, Tonn, »einer der wandernden Juden«, der sich selbst als »Fighting Scholar of Shanghai« bezeichnet, habe damit die Westler Shanghais aufrütteln wollen. Er weiß, dass die in dieser Stadt lebenden Ausländer eine einzigartige Möglichkeit besitzen, diese aber nicht nutzen: »Sie hätten eine Synthese zwischen Ost und West schaffen können.« Das Problem liegt laut Tonn darin, dass sich die ausländischen Aktivitäten lediglich auf Geschäftemacherei, die materielle Seite des Lebens, vor allem auf oberflächliche Vergnügungen konzentrierten.[1406] Dass er solchen Äußerlichkeiten nichts abgewinnen konnte, erfährt man aus dem Bericht eines Hörers und Dozenten des Asia-Seminars: »Dass Tonn ein kultivierter Mann war, war ihm auf den ersten Blick nicht anzusehen ... Er machte einen ungepflegten Eindruck, unrasiert, der Hemdkragen schmutzig, der Anzug verdruckt und voller Flecken. Er sprach abgehackt, unzusammenhängend, mehr in sein Manuskript hinein als zu den Zuhörern. Aber aus dem Unkraut und Gestrüpp seiner Ausführungen leuchteten die chinesischen Blumen hervor. Seine Stimme hatte innere Wärme und Zärtlichkeit, die über die Unzulänglichkeit des Vortrages hinweghalf ... Der Mann ließ erkennen, wie einsam er war und wie er in seiner Liebe zu China Ersatz für Menschlichkeit suchte.«[1407]

Tonns materielle Lebensgrundlage verschlechtert sich in der Tat von Jahr zu Jahr. »Ich war ein reicher Mann in Deutschland ..., als ich Berlin 1939 verließ. Ich verlor alles: meine Mutter, meine Verwandten, meine Firma, mein Einkommen, mein Eigentum, mein Vermögen.« In Shanghai muss er den winzigen Teil seiner nach Asien mitgebrachten Bücher nach und nach verkaufen, um wenigstens »nach chinesischer Art einigermaßen leben zu können«.[1408] Mit selbst verfassten Arbeitszeugnissen versucht er in seiner Not (jedoch vergeblich), eine ihm angemessene Arbeit zu finden, etwa an der Universität von Kunming, das von den Japanern nicht besetzt war. 1947 scheint er Glück zu haben, vermeldet doch die Shanghaier Presse, dass er eine Professur für Sprachwissenschaft und vergleichende Philologie an der National Chinan University annehmen werde, als »erster Europäer, welcher auf der Basis der chinesischen Sprache ... chinesische Studenten unterrichtet«. Doch macht ihm der Ausbruch des Bürgerkriegs einen Strich durch die Rechnung, und er sieht sich genötigt, seine Zukunft außerhalb des Reichs der Mitte zu planen. Noch einmal setzt er jedoch all seine Energie in verschiedene Projekte zur Förderung interkulturellen Austausches, und zwar mit der Gründung zweier Zweigstellen seines Asia-Seminars, des American Seminary sowie des Israeli Seminary (um Shanghai-Flüchtlinge auf das Leben in den USA beziehungsweise in Israel vorzubereiten).[1409] Sein größter Plan, die Gründung eines chinesisch-amerikanischen Kulturinstituts in San Francisco, findet allerdings kein Echo – die Welt schien damals nicht bereit zu sein, angesichts des drohenden Zusammenpralls der Ideologien auf die Kulturverständigung zwischen den Völkern zu setzen.

Kurz bevor Shanghai an Maos Kommunisten fällt, verlässt er sein geliebtes China Richtung Israel, gezeichnet von einer Herzerkrankung und nicht wissend, wohin sein Leben ihn führen wird. Schon wenige Monate nach Ankunft im Heiligen Land stellt er fest, dass Israel für ihn nicht der richtige Ort für seine Lebensinteressen und seine professionellen Aktivitäten ist: »Inzwischen habe ich hier während meines bisherigen Aufenthalts von 6 Monaten führende Leute gesprochen, darunter den Minister of Education, den Präsidenten der Sochnuth (Jewish Agency), den hiesigen American Ambassador, Prof. Martin Buber, Hebrew University, usw. Hier ist alles Provinz und Hongkew dagegen großherzig und weltstädtisch ... Ein paar nette führende Leute vom Außen-Ministerium habe ich auch gesprochen, direkt Ausnahmen, der Endeffekt ist jedoch der gleiche. Das Land ist wirklich lieblich, die Leute weniger lieblich.«[1410] Außer mit zwei kleineren Projekten über fernöstliche Kunst an israelischen Museen kann sich der fünfzigjährige Berliner Sinologe wissenschaftlich kaum mehr profilieren. Nirgends findet sich ein angemessenes Tätigkeitsfeld für einen Universalgelehrten wie ihn. Seine Talente werden nicht erkannt oder – was aus heutiger Sicht nicht einsichtiger, jedoch verständlicher erscheint – kaum gebraucht. Willy Tonn hatte schlichtweg das große Pech, in der falschen Zeitepoche zu leben. 1957 stirbt er während eines Sanatoriumaufenthalts in der Schweiz, eine der tragischen Figuren der Shanghaier Emigration. Er hat nie eine finanzielle Wiedergutmachung aus Deutschland bekommen,[1411] und mit Ausnahme von Hongkou hat ihm die Umgebung nie Respekt gezollt für seine unentwegten Bemühungen, China dem Westen näherzubringen: »Wer Prof. Tonn kannte, betrauert seinen vorzeitigen Heimgang und den unwiederbringlichen Verlust so vieler ungenützter Möglichkeiten auf den Gebieten der Wissenschaft, der Kunst, der Beziehungen zu Asien.«[1412]

Nebst all den bereits erwähnten Beiträgen zum besseren Verständnis chinesischer Sonderheiten ist es die philosophische Geisteswelt des Taoismus (Daojia 道家), von der Tonn besonders fasziniert war, die er dem abendländisch, rational erzogenen Menschen näherbringen wollte. Ähnlich dem großen China-Gelehrten Joseph Needham war er zeitlebens davon überzeugt, dass ohne Kenntnis des taoistischen Denkens die chinesische Zivilisation und Gesellschaft und ihre Funktionsweise nicht verstanden werden könne.[1413] Als einer seiner größten persönlichen akademischen Erfolge gilt deshalb die Herausgabe von Laotses »Taoteking« (in der Übersetzung von Victor von Strauss) im Zürcher Manesse-Verlag 1951.[1414] Was er in seiner fünfzigseitigen Einleitung besonders unterstützt ist die durch Victor von Strauss vom französischen Sinologen und China-Kenner Abel-Rémusat übernommene sogenannte JiHiWeh-JHWH-Theorie, wonach die in Kapitel 14 des »Taoteking« vorkommenden Schriftzeichen »Ji« (Pinyin: yi 夷), »hi« (Pinyin: xi 希) und »weh« (Pinyin: wei 微) eigentlich nichts anderes bedeuten als die Transkription des hebräischen Gottesnamens JHWH (»Ich werde dasein, als der Ich dasein werde«) und sich damit eine Gleichsetzung des Tao mit Gott ergibt. In mehreren Manuskripten versucht er diese These historisch dadurch zu untermauern, dass er eine Begegnung Laotses mit jüdischen Händlern oder Kaufleuten für möglich hält.[1415]

Ebenfalls eines Nachtrages würdig ist schließlich, dass Willy Tonn mit seinen China-Kenntnissen den jüdischen Religionsphilosophen Martin Buber (1878–1965) in dessen eigenen Erforschungen der östlichen Weltanschauung »beraten« hat. Buber entwickelte in verschiedenen Momenten seines Lebens ein großes Interesse am Taoismus (und verdankte dieser Lebens- bzw. Seinsschule nach eigenen Worten auch einiges), was etwa in seinen Publikationen »Reden und Gleichnisse des Tschuang Tse« (1910) und »Chinesische Geister- und Liebesgeschichten« (1911) zum Ausdruck kommt.[1416] Inwieweit Buber Tonns beziehungsweise Abel-Rémusats Theorie in seinen Vorstellungen vom Tao übernommen hat, ist nicht abschließend feststellbar: Er dürfte sie weder rundweg abgelehnt noch vollständig akzeptiert haben.[1417] »Die es wissen, reden es nicht; die es reden, wissen es nicht«, heißt es im 56. Kapitel des »Taoteking«. Ein solches Geheimnis umweht auch das Manuskript mit dem Titel »Book of Eternity« eines gewissen T'ang Li, das sich unter den zahlreichen Dokumenten von Willy Tonn befindet und von diesem mit dem Zusatz »unknown famous philosopher of the Chinese, 1232–1308 (?)« versehen wurde, oder das – der Leser vermutet wohl richtiger – von ihm selbst für die Nachwelt verfasst worden ist.[1418] Die Rezeption des Taoismus hier vielleicht als therapeutische Suche nach dem eigenen Leben?

»1 Fußtritt = 10 Cents«

In seiner Besprechung von Eduard Horst von Tscharners Buch »China in der deutschen Dichtung bis zur Klassik« (1939) notiert der Rezensent, dass ungenügende und oft getrübte Quellen es der abendländischen Literatur mancher Zeit ermöglichen, »ihrem China ein Wunschbild zu unterschieben oder ein Zerrbild Chinas für Zwecke irgend einer Beweisführung zu entwickeln«.[1419] Beim Buchbesprecher handelt es sich um den knapp ein halbes Jahr vor Erscheinen dieses Beitrags nach Shanghai geflohenen Altösterreicher *Adolf Josef Storfer*, einen Mann »tiefen Wissens, Schriftsteller, Sprachenforscher und Sigmund Freuds getreuester Evangelist«.[1420] Der am 11. (nach anderen Angaben am 6.) Januar 1888 im siebenbürgischen Botoschani geborene Storfer ist wie Willy Tonn kein Glaubensjude (Storfer selbst bezeichnete sich als konfessionslos), und doch ist auch ihm, wie dem Berliner, die besonders das Judentum auszeichnende Eigenschaft, die »Anderen« in besonderem Maße zur Kenntnis zu nehmen, eigen.

II. Individuen, Biographien und Lebenswelten

Storfer wächst ohne Mutter auf, sein Vater, ein Holzhändler, nimmt den Buben jeweils in ein nahe gelegenes Kaffeehaus mit, um das gemeinsame Frühstück einzunehmen. Am Gymnasium in Klausenburg (Cluj) gibt der »Räuberhauptmann«, wie er von Freunden später genannt wird, eine sozialistische Wochenzeitschrift heraus, die sich gegen die kleinbürgerliche Gesellschaft wendet. Nach einem (zu Unrecht verfügten) Gefängnisaufenthalt studiert Storfer – Quellen zufolge mit Bela Kun zusammen – in Klausenburg Jura, Philosophie, Psychologie und vergleichende Sprachwissenschaft.[1421] Mit der Zeit wird dem nach der großen Welt sich sehnenden Storfer die siebenbürgische Atmosphäre zu eng: Er schreibt sich an der Universität Zürich ein, findet Zugang zum Zeitungsjournalismus, macht sich mit der Psychoanalyse vertraut und lernt um 1910 deren Begründer Sigmund Freud kennen. Nach einem Intermezzo in der k.u.k. Armee während des Ersten Weltkrieges gelangt er, der als Korrespondent der »Frankfurter Zeitung« die Welt über den »weißen Terror« informiert, nach Wien und ist dort einigermaßen in Sicherheit vor dem Zugriff des ihm verhassten Horthy-Regimes. 1921 wird er Direktor des Internationalen Psychoanalytischen Verlags, dem er bis 1932 vorstehen sollte, und damit zusammen mit Sigmund Freud Herausgeber der Zeitschriften eben dieses Verlagshauses.[1422]

Storfer gilt, wie Brieger, als Bohemien, als Original und hochgebildeter Mann mit grenzenlosem Interesse für alles. Ein österreichischer Publizist bezeichnet ihn als »einer der letzten Polyhistoren Wiens«. In seinem Charakter, »der vornehm und lügelos [war], gab es keine Bruchstelle. Er nahm alles ernst und hatte naivste Freude an jederlei Gedanken-Spiel und -Spielerei. Seine Bescheidenheit, die echt war, überschattete seinen Hochmut, der ebenso echt war. Von Storfer stammt die kränkend-konziliante Wendung: ›Sie haben Recht, aber Sie wissen nicht warum.‹«[1423] In den 1930er Jahren beschäftigt sich Storfer zusätzlich zur Psychoanalyse mit der Etymologie, was in der Publikation zweier Bücher (»Wörter und ihre Schicksale«, 1935, sowie »Im Dickicht der Sprache«, 1937) zum Ausdruck kam. Im Alter von gerade fünfzig Jahren muss Storfer Wien verlassen, auch ihn ereilt das Schicksal der Emigration in den Fernen Osten, da ihm so kurz vor Torschluss sowohl die USA als auch die Schweiz jeweils die kalte Schulter gezeigt haben.[1424]

Am 31. Dezember 1938 trifft Storfer in Shanghai ein und wird von Vertretern der Hilfskomitees sogleich nach Hongkou gebracht. In einem ersten Bericht schreibt er über das billige Leben, das teure Wohnen, die schlechten sanitären Verhältnisse, vor allem aber von seiner Angst vor dem fürchterlich heißen Sommerklima. Er hofft, mit Deutschunterricht sein Brot zu verdienen: »Ich bin auch bereit, an einer Mittel- oder Hochschule unentgeltlich zu unterrichten, vor Allem, um in Beziehungen zu chinesischen intellektuellen Kreisen zu treten. Ich habe den Eindruck, als bestünde hier <u>ein wirkliches geistiges Leben eigentlich nur bei den Chinesen</u>. Europäer und Amerikaner sind hier meistens nichts als moneymakers, ziemlich skrupellose, wie man es sich bei dieser herren- und wurzellosen Stadt denken kann, und haben sonst nur für Sport, gesellschaftlichen Lokalklatsch und für mondaines Leben Interesse. Ein Damenfriseur hat jedenfalls mehr Ansehen und Existenzchancen als etwa ein Professor der Sorbonne.«[1425]

Fünf Monate nach Storfers Ankunft in der Stadt am Huangpu-Fluss, glücklich, »aus Deutschland heraus zu sein« (und ohne China-Kenntnisse), erscheint am 1. Mai 1939 die erste Ausgabe der von ihm gegründeten und herausgegebenen Zeitschrift »Gelbe Post« mit dem Untertitel »Ostasiatische Illustrierte Halbmonatsschrift«.[1426] In der ersten Nummer legt er dar, dass die Zeitschrift möglichst unvoreingenommen sein wolle und sich nicht primär mit politischen Vorgängen beschäftigen werde. Dies wird von Storfer eindrücklich dokumentiert, der den Schwerpunkt auf chinabezogene Themen setzt und gleich zu Beginn das seit Jahrhunderten wenig veränderte Bild Chinas im Abendland zurechtzurücken sucht:

> »Wer aber mit eigenen Augen die beladenen Kulis mal gesehen hat, mit eigenen Ohren ihrem Singsang gelauscht hat ... soll nicht vergessen, dass nicht ein nickender Mandarin, wie wir ihn unter den Chinoiserien auf dem Ottomanensims unserer Großmütter einst belächelten, das Symbol dieses Landes ist und nicht ein weitgewandiger Zauberer, dessen Stab endlose Schriftbänder durch die Luft wirbelt, nicht ein tückischer chinesischer Messerstecher jener Art, wie sie gruslige Detektivgeschichten minderer Güte früher glaubten nicht entbehren zu können, nicht ein reichgewordener Opiumhändler, der in stillvergnügter Muße seine Hände über dem angemästeten Ränzchen faltet, ... sondern dass niemand eher als der schwer robotende und doch nur auf das Allerkärglichste sein Dasein fristende Kuli der eigentliche Repräsentant der chinesischen Stadtbevölkerung ist ... Hut ab vor ihnen, Hut ab vor dem Kuli, Hut ab vor dem schwer arbeitenden chinesischen Volk!«[1427]

Aus Storfers Zeilen spricht Sympathie mit den von Glück wenig Gesegneten, eine Art Humanität, die nur der kennen kann, dem diese am eigenen Leib verwehrt wurde. Eine ähnliche Geisteshaltung – allerdings mit einem Schuss Ironie, einem seiner gekonntesten Stilmittel – spricht aus dem Beitrag mit dem Titel »1 Fußtritt = 10 Cents«, worin Storfer die westlichen Einwohner Shanghais davor warnt, Chinesen als unzivilisiert zu betrachten und gerade danach zu handeln, da sonst negative Rückwirkungen auf den Westen eintreten würden: »Chinesen sind weder primitive Wilde, die sich noch gar nichts, noch

Halbwilde, die sich nur einiges Oberflächliche von der europäischen Zivilisation angeeignet haben. Wenn der Weiße den Wilden nicht versteht, so ist es, weil er sich in die Primitivität seines Denkens nicht hineinversetzen kann. Was jedoch den Chinesen anbelangt, so müsste es besser heißen, dass wir grade dem Reichtum, der Verwickeltheit seines Denkens nicht gewachsen sind ... Ein Fußtritt mag zunächst für 10 Cents in Zahlung genommen werden, und wer diesen Zwangskurs durchsetzt, mag sich vorläufig säuisch wohl darüber fühlen. Wer mag aber versichern, dass sich nicht dann auf einem späteren Kontoblatt horrende Kursdifferenzen ergeben, die ausgetragen werden müssen.«[1428]

In seinen Beiträgen versucht Storfer, seine westlichen Leser über ihre nähere und weitere Umgebung aufzuklären, ihre Aufmerksamkeit über ihr eigenes Schicksal hinaus auf die sozialen, kulturellen und politischen Verhältnisse Chinas zu lenken. Die »Gelbe Post« gilt als Sprachrohr der Kunst, der Kulturen und Gesellschaften Ostasiens, mit einem Ruf weit über die Shanghaier Emigrantenwelt hinaus. Auf dem Buchdeckel des »aktuellen Ostasien-Albums«, in dem die ersten sieben Hefte der »Gelben Post« vereint sind, heißt es, der Sammelband enthalte »100 Aufsätze und 150 Abbildungen über Einrichtungen, Vorgänge, Sitten, Gebräuche, einzelne Persönlichkeiten und allgemeine Typen (Staatsmänner und Generäle, Revolutionäre und Spieler, Boys, Kulis und Bettler, Dichter und Freudenmädchen) in Shanghai, in China, Japan, Korea, Mandschurien usw.« Der aus einer europäischen Vielvölkerlandschaft par excellence stammende Storfer sprengt die engen Fesseln der Shanghaier Emigration mit seinem Verlangen, das chinesische Leben einzufangen, vom persönlich erlittenen Schicksal eine Stufe weiter auf die Suche nach der Befindlichkeit des fremden Nachbarn zu gehen. Zahlreiche Beiträge in der »Gelben Post« befassen sich mit einer möglichen Assimilierung der Juden im Innern Chinas. Der italienische Diplomat Daniele Varè (»Die Fünf Tiger«) kommt dabei ebenso zu Wort wie der chinesische Dichter Mao Dun (»Eine seltsame Trauerfeier«). Die aufstrebende, ihre Emanzipation unter Beweis stellende Frauengeneration ist prominent vertreten mit Madame Chiang Kai-shek (»Die christliche Kirche und Chinas Erneuerung«) oder mit der Ehefrau Lin Yutangs (»Chinesische Frauen – keine Modesklaven«). Und selbst die Psychologie kommt nicht zu kurz: Mit Sigmund Freuds neuesten Forschungen über den »Judenhass in der Welt« oder mit einer »Psychoanalyse der chinesischen Schrift«.

Als Storfers treueste und ihm ähnlich gesinnte Mitarbeiter verfassen Willy Tonn, Lothar Brieger und der Volkswirtschafter Julius R. Kaim regelmäßig Beiträge für die »Gelbe Post«. Albert Jovishoff wiederum tut sich mit attraktiven, weil kritischen Porträts über zwei chinesische Politikerpersönlichkeiten hervor: »Wu-Pei Fu: Heerführer und Poet dazu« sowie »Wang Ching-wei – Porträt eines Berufspolitikers«. Auch Storfer selbst, der nach eigenen Angaben an gewissen Tagen bis zu sechzehn Stunden arbeitet, greift gelegentlich zur Feder, etwa in seinen Artikeln über das Pidgin-English, den »Jud« in der deutschen Volkssprache, die Juden von Kaifeng oder über chinesische Filme.

Storfer verband mit seiner »Gelben Post« letztendlich die Überzeugung, dass lediglich ein gutes Verständnis der chinesischen Lebenswelten den Emigranten ein einigermaßen sicheres Überleben im Fernen Osten garantieren könne. Dazu gehörte auch die Schärfung einer kritischen Selbsteinschätzung durch die westliche Schicksalsgemeinschaft selbst. Storfer wollte den Lesern – etwa mit dem Beitrag über den Besuch eines chinesischen Flüchtlingslagers – die Möglichkeit zur Relativierung ihrer eigenen Lage geben, getreu dem chinesischen Sprichwort »Wer wenig gesehen hat, wundert sich viel«. In diesem Sinne erfüllte die »Gelbe Post« eine Art Spiegelfunktion, indem dem Abendländer, etwa im Beitrag »Chinesischer Spott über das Händereichen« (einem Auszug aus Lin Yutangs »The Importance of Living«) gezeigt wurde, dass Kritik nicht nur in eine Richtung gehen muss und Klischeevorstellungen immer mit ungenügendem Verständnis zu tun haben. Aus heutiger Sicht stellt der Leser fest, dass allein mit Hilfe der Kontextualisierung westlicher Traditionen, wie sie auch in der »Gelben Post« angewendet wurde, ein besseres Verständnis des Orients überhaupt möglich ist. Und nicht zuletzt hinterlässt Storfers »Gelbe Post« der Nachwelt den Einblick in unvergängliche chinesische Lebensweisheiten, wie sie in der ersten Ausgabe vom 1. Mai 1939 abgedruckt wurden: »Wenn ein Blinder einen Blinden führt, werden beide ins Wasser fallen« oder »Der beste Weg, eine Strafe zu vermeiden, ist, sie zu fürchten« oder »Bevor du einen Hund schlägst, erkundige dich, wem er gehört«.

Leider war der »Gelben Post« kein langes Leben vergönnt. Nach nur gerade einem halben Jahr verwandelt Storfer die Zeitschrift in eine halbwöchentlich erscheinende Zeitung, später in ein Tagesblatt. Für die Leser scheint die »Gelbe Post« zu anspruchsvoll zu sein, zumal die Emigranten häufig mehr Interesse an Informationen über den Krieg in Europa als an solchen über die Geschehnisse in ihrer unmittelbaren Umgebung zeigen. Storfer hat immer mehr mit finanziellen und gesundheitlichen Problemen zu kämpfen, und so klagt er denn in einem seiner letzten Briefe an einen Freund über eine angebliche Intrige seiner Konkurrenten gegen ihn.[1429] Am 28. August 1940 verkauft Storfer die »Gelbe Post« an den Zeitungskönig der Emigration, Ossi Lewin, den Eigentümer und Herausgeber des »Shanghai Jewish Chronicle«. Danach wird es still um ihn. Der Siebenbürger Jude findet immerhin ein geringes Auskommen als Redakteur beim britischen Informationsdienst. Dieser Tätigkeit verdankt er schließlich – noch rechtzeitig vor Pearl Harbor – die Möglichkeit zur Flucht aus Shanghai mit einem Schiff, und zwar nach Australien, wo er Arbeit als Drechsler in einem Sägewerk findet (und 1944 stirbt). »Vielleicht tat er so aus Not. Nicht ausgeschlossen wäre immerhin bei Storfer, dass ihn die Idee gewonnen hätte, Knöpfe drehen sei eine vernünftigere Tätigkeit als Bücher schreiben«, schreibt Alfred Polgar in einem Nachruf über ihn.[1430]

»The Archaeology of Music in Ancient China«

Vom Mathematiker, Astronomen und griechischen Denker Pythagoras soll der Ausspruch stammen »Das Wesen des Kosmos ist die Zahl«, vom deutschen Philosophen Leibniz das Diktum »Die Musik ist eine verborgene arithmetische Übung der Seele, die nicht weiß, dass sie mit Zahlen umgeht«. In diesem Grenzbereich zwischen Wissenschaft und Mystik sind wohl am ehesten Schaffen und Werk des am 18. Januar 1903 in Posen geborenen *Fritz Alex Kuttner* anzusiedeln, wobei dieser dem Vernunftgedanken in seinen Studien zweifellos größere Aufmerksamkeit als der Mystik geschenkt hat.[1431] Gemäß chinesischer Mythologie soll der legendäre Kaiser Huangdi um etwa 2700 v. Chr. einen seiner Minister mit dem Auftrag an die Westgrenze des Reichs geschickt haben, Musik zu »erfinden«. Der Beamte schnitt in einem Bambushain ein Flötenrohr nach der Länge des kaiserlichen Fußes, das den Grundton des chinesischen Tonsystems und auch die Grundlage aller Längen- und Hohlmaße im Land abgab. Danach fertigte er aufgrund des Gesangs eines himmlischen Phönixvogelpärchens zwölf Panpfeifen an, eine jede um ein Drittel kürzer als die vorhergehende, woraus sich das Prinzip der 2/3-Teilung der reinen Quinte beziehungsweise das chinesische Tonsystem der traditionellen zwölf Lüs 律 ergeben haben soll.[1432] Diese anmutige Geschichte aus der Frühzeit chinesischer Mythenbilder verweist auf das, womit sich Fritz Kuttner während seines zehnjährigen Aufenthalts in China und darüber hinaus bis zu seinem Lebensende vornehmlich beschäftigt hat: die Gegenwart und die Vergangenheit chinesischer Musik.

Kaum etwas ist bekannt über Kuttners Jugendjahre. Überlieferungen zufolge war sein Vater mit vier Frauen verheiratet, der junge Fritz, von der ersten Frau abstammend, studiert – so in einem »Who's who in the East« aus dem Jahre 1966/67 – in Berlin Volkswirtschaften, ein Fachbereich, den er 1932 mit einem Doktorat abschließt.[1433] Geld ist für den jungen Mann anscheinend immer zur Genüge vorhanden, er braucht keiner geregelten Arbeit nachzugehen und kann demzufolge die sehr lockere, bisweilen ausschweifende Gesellschaft im Berlin der 1930er Jahre voll auskosten. Noch ist für ihn der Ferne Osten weit weg, wenngleich Asien, so der deutsche Militärattaché in Moskau, »am Schlesischen Bahnhof beginnt«. Er betrachtet sich mehr als Deutscher denn als Jude (Fotos zeigen ihn in späteren Jahren mit Vorliebe vor einem Weihnachtsbaum) – und vor allem als Gelehrter. So muss es ihn, der die Kategorie »Jude« nicht leiden kann, mächtig aufregen, dass es der ungebildete Gefreite Hitler ist, der seiner wissenschaftlichen Karriere einen Strich durch die Rechnung macht. Seinem Reisepass mit dem Vermerk »J« zufolge verlässt Dr. Alex Fritz Israel Kuttner mit zehn Reichsmark in der Tasche am 10. April 1939 Deutschland, um die Schiffsreise nach Fernost anzutreten.

In Shanghai verlieren sich anfänglich seine Spuren, bis 1942 die Zeitung »Shanghai Jewish Chronicle« von einer Musikausstellung berichtet, die »der Inhaber der Musikalienhandlung Philharmonia, Dr. F. A. Kuttner«, ermöglicht habe.[1434] Der Musikshop befindet sich in der Avenue Joffre, der Haupteinkaufsstraße der Concession Française, und Quellen deuten darauf hin, dass es Kuttner zumindest bis zum offiziellen Datum der Errichtung des »Designated Areas« (im Februar 1943) finanziell möglich war, eine Wohnung außerhalb des »Ghettos« von Hongkou zu mieten. »Dieses Geschäft ist einzigartig in diesem Teil der Stadt, und dieser Laden ist äußerst nützlich für Künstler. Es ist zu hoffen, dass es diesem Unternehmen mit seinen künstlerischen Zielen weiterhin erlaubt ist, seine Tätigkeit fortzuführen, vor allem, weil Musik ja auch in Japan so hoch geschätzt und verstanden wird.«[1435] Nach Kriegsende, am 23. Mai 1945, richtet der Präsident der St. John's University einen Brief an Fritz Kuttner, worin er diesen einlädt, als Gastdozent Kurse in westlicher Musiktheorie und -geschichte am Musikdepartement dieser renommierten privaten Bildungsstätte zu geben. Damit beginnt für den ausgebildeten Volkswirtschafter eine musikwissenschaftliche Reise, die ihn für die nächsten Jahrzehnte bis zu seinem Tode in den Bann chinesischer Klangwelt ziehen wird.

»Die heutige Musik in China ist von transzendentaler Hässlichkeit und Vulgarität. Weshalb? Weil sie nicht mehr gelernt und studiert wird, sondern nur noch von Proletariern und Stümpern gespielt wird.« Soweit eine Notiz Kuttners (in englischer Sprache), die sich in seinen persönlichen Unterlagen befindet, ohne Angabe einer Jahreszahl. Der Umstand, dass die alte chinesische Musik nicht einmal von Chinesen selbst verstanden, geschweige denn gespielt worden ist, muss ihn tief getroffen haben: »Mehrere Jahre (nach Kuttners Ankunft in Shanghai – Anm. des Verf.) versuchte ich ohne Erfolg herauszufinden, wo man chinesische Musik gut gespielt hören konnte. Alles, was ich zu hören bekam, war ein sehr amateurhaftes oder sogar primitives Spielen, mit einer geradezu schwachen Anstrengung, die melodischen Inhalte eines Stückes zu meistern.«[1436] Kuttner fühlt zu Beginn seiner Lehrtätigkeit eine gewisse Scheu, chinesische Studenten zu unterrichten, bemerkt dann jedoch bald, dass bei ihnen das Talent, westliche Musik zu spielen, im Vergleich mit den westlichen Studierenden mindestens ebenso, wenn nicht sogar in größerem Maße vorhanden ist. Doch selbst die chinesischen Studierenden wissen über ihre eigene Musik nicht viel mehr, als dass sie vor mehr als viertausend Jahren entstanden ist. Er muss sich selbst den Weg zur frühesten Musikgeschichte des Reichs der Mitte suchen, wobei er als Erstes feststellt, dass es ein großer Irrtum sei, aufgrund der »Gespräche des Konfuzius« (lunyu 论语) den Meister als »die Autorität für die gesamte chinesische Musikgeschichte« zu bezeichnen.[1437] Er widerspricht nicht der von Konfuzius vertretenen Ansicht, dass derjenige, der Musik kennt und hört, ein Mensch der Harmonie wird,[1438] im Gegenteil. Aber er ist überzeugt, dass der philosophische, manchmal mythische, bisweilen esoterische oder gar triviale Blickwinkel den wahren Inhalt wissenschaftlicher Erkenntnisse über die alte chinesische Musik entstellt.[1439]

Bevor sich Fritz Kuttner auf die Suche nach den wissenschaftlichen Grundlagen der Maßverhältnisse bei chinesischen Klanginstrumenten macht, nutzt er seinen langjährigen Aufenthalt in Shanghai dazu, chinesisches Denken über die Musik näher zu erforschen. Dabei findet er, dass der Forscher zunächst grundsätzlich über sich selbst und das ihm Fremde zu reflektieren hat: »Wir müssen zuerst nach unseren eigenen Wurzeln suchen und uns darüber bewusst werden, dass die große Mehrheit unserer Handlungen und Gefühle automatische Reaktionen darstellen, vorgeschrieben und aufgezwungen durch unsere Vorurteile sowie durch die gedankenlose und blinde Wiederholung traditioneller Sitten und Gewohnheiten ... [Um] diese Vorurteile, Feindschaft und Missverständnis zu beseitigen, ist es nötig, sich Wissen, Interesse und ein Verständis für all diese Dinge, die einem fremd, ungewohnt und unverständlich erscheinen, zu beschaffen.«[1440] Er ist der Ansicht, das Studium nationalspezifischer Klänge – etwa in Polen, Russland oder Frankreich – führe ähnlich dem einer Sprache zu Erkenntnissen, die weit über den Bereich der Musik hinausführten und einem Einsichten in eine umfassende Geistes- und Lebenswelt vermittelten. Bei chinesischer Musik entdeckt er eine einzigartige Nuancierung, die sich auch im gesamten gesellschaftlichen Umfeld äußere:

II. Individuen, Biographien und Lebenswelten

»Der Mangel an Perspektive in der Malerei, das Fehlen von Harmonie und Kontrapunkt in der Musik ... diese beiden Dinge: die visuelle und die akustische Perspektive, empfanden wir (Westler – Anm. d. Verf.) ersetzt durch Intensität und eine Verfeinerung der Nuancen; in China zwar ersetzt, aber – nach westlichem Geschmack – nicht vollständig entschädigt. Wenn dereinst die europäische Kunst dieses große Prinzip der antiken chinesischen Nuancierung entdeckt und auch wirklich zu meistern lernt, dann würde wohl niemand die Folgen voraussehen: es könnte eine vollständige Revolution europäischer Kunst bedeuten ... Mir scheint es, dass ich dieselbe kultivierte [refined] Nuancierung in den Bräuchen des sozialen und familären Lebens wahrnehme, in traditionellen Dingen und in den Verhaltensregeln [etiquette] ..., kurzum überall, wo Menschen miteinander in Beziehungen stehen ... Wir mit unserer westlichen Erziehung haben nie Organe und Nerven für solche kultivierte Nuancen mit all ihren symbolischen Bedeutungen entwickelt. Wir neigen allzu leicht dazu, diese als entbehrlich und nutzlos zu betrachten.«[1441]

»Je weniger man über eine Zivilisation und ihre Musik weiß, desto mehr scheint sie unverändert, konservativ, homogen zu sein«, heißt es in einer anderen handschriftlich von Kuttner verfassten Notiz. Im Verständnis der Musik, in der Anerkennung von Vielfalt und vor allem im Verständnis der Unterschiede zwischen Angehörigen fremder Völker sieht er die Hauptpfeiler des Brückenbaus zwischen Ost und West. An die künftigen chinesischen Studierenden seines Lehrfachs gerichtet, meint er: »Musik ist der beste, direkteste und perfekteste Ausdruck von Gefühlen. Es ist dasjenige Mittel, das mehr denn jegliche andere Kunst- oder Kulturaktivität unmittelbare und vollständige Äußerungen individueller Gefühle in sich trägt ... [Und] eines Tages werden Sie eine große Entdeckung machen: diejenigen Gefühle, die Sie in der Zukunft verstehen lernen, entsprechen exakt denselben Emotionen, die Sie während ihres ganzen Lebens erfahren haben. Lediglich die Wege und Formen dessen, was gefühlt wird, sind verschieden ... Das Einzige, was Sie tun müssen, ist Folgendes: interessiert zu sein, zuzuhören und unvoreingenommen zu sein. Damit können wir alle zusammenarbeiten, um ein klein wenig Frieden und Glück zurück in diese arme Welt [poor world] zu bringen.«[1442]

In seinen Shanghaier Jahren, wohl hauptsächlich nach Ende des Krieges, betätigt sich Kuttner nebst seiner Lehrtätigkeit auch als Vortragender, so etwa in der 1843 in New York gegründeten B'nai B'rith-Loge, einem jüdischen brüderlichen Orden deutschstämmiger Juden.[1443] Zudem tritt er in den Jahren 1948/49 als eifriger Musikkritiker unter dem Pseudonym »Marpurg« in der Zeitung »China Press« in Erscheinung, zu einer Zeit, als die Schlagzeilen dieses Blattes Aufrufe von Politikern enthalten, die vor einer Attacke der Guominang im Falle eines Scheiterns der Friedensgespräche warnen.[1444] In einer Einführung zu einem Rezital eines chinesischen Professors bemängelt Kuttner – Jahrzehnte vor der Auslösung der Orientalismusdebatte durch Edward Said – die zu enge, weil unter dem Einfluss abendländischer Sichtweise stehende Optik:

»Infolgedessen ist der Westler unfähig, einen direkten, naiven und absoluten Zugang zur chinesischen Musik zu finden. Seine Annäherung ist notwendigerweise beeinträchtigt durch die gewohnheitsmäßige Verbindung zur westlichen Musik, durch den permanenten Drang, orientalische Musik mit seiner heiß geliebten westlichen Erfahrung zu vergleichen.«[1445]

1949 verlässt Kuttner China, um in den USA ein neues Leben aufzubauen. Der Weg zur Erforschung alter chinesischer Musik ist steinig und der Volkswirtschafter mit seiner Schwäche für die Erforschung chinesischer Klänge und von deren mathematischer Grundlage ein Außenseiter. Kuttner wirbt mit Inbrunst für eine interdisziplinäre Arbeitsweise von Sinologen und Musikwissenschaftern,[1446] doch scheinen seine Forschungen beispielsweise über ein bronzenes, siebensaitiges, aus der Zhou-Dynastie stammendes Instrument oder über die runden, aus Jade hergestellten sogenannten Bi-Scheiben (璧) lediglich ein begrenztes Interesse hervorzurufen.[1447] Gelegentlich wird er zwar in der amerikanischen Presse zitiert, oder er begibt sich auf Vortragsreisen in die USA oder nach Europa, doch findet der Volkswirtschafter, der eigentlich der Musikwissenschaft näher steht, in der Welt des Kalten Krieges keine feste Arbeitsstelle mehr.[1448] Seine Jugendfreundin und spätere Frau Ruth ermöglicht ihm durch ihre moralische und finanzielle Unterstützung eine autodidaktische Forschungstätigkeit im Bereich chinesischer Musik bis ans Ende seines Lebens im Jahre 1991.

China stellte für Fritz A. Kuttner zweifellos den Höhepunkt seines Lebens dar. Die Shanghaier Jahre erfüllten ihn mit größter Befriedigung, weil sie sein späteres Schaffen entscheidend geprägt haben. Obwohl ihm eine seinen Bedürfnissen und Talenten gerecht werdende Wirkungsstätte in den USA verwehrt blieb, fehlte es ihm nie an Selbstbewusstsein. Ob zu Recht, mag dahingestellt bleiben. Aus sinologischer Sicht erscheint erwähnenswert, dass der große China-Kenner Joseph Needham in seinem monumentalen Standardwerk »Wissenschaft und Zivilisation« (1962) in Band IV in einer Fußnote zum Thema »Chinesische Vorstellungen zur Akustik als Wissenschaft« auf die unpublizierte Arbeit von Kuttner hinwies, »welche die Frage möglicherweise wieder aufnehmen könnte«.[1449] Dieser hat jene Forschungslücke mit seinem 1990 erschienenen Werk »*The Archaeology of Music in Ancient China*« zu füllen versucht.[1450] Als eines seiner bedeutendsten Ergebnisse jahrzehntelanger Forschungstätigkeit gilt in der Fachwelt, dass in China das pythagoreische Tonsystem bereits 500 bis 600 Jahre vor Bestehen der pythagoreischen Schule bekannt war.[1451]

BLISS-Symbole

Auf eine ähnlich ausgefallene Lieblingsbeschäftigung wie Kuttner aus Anlass seiner erzwungenen Jahre in Shanghai stößt der am 5. September 1897 im galizischen Czernowitz geborene *Karl Blitz*. »Author, Inventor of Blissymbolics« heißt es im Handbuch der deutschsprachigen Emigration lapidar.[1452] Auch der Altösterreicher Blitz alias Bliss wird, wie Kuttner, von der Kultur Chinas in den Bann gezogen und

II. Individuen, Biographien und Lebenswelten

sein späteres Lebenswerk von einem prägenden Element der chinesischen Geisteswelt beeinflusst. Blitz studiert in Wien Musik, Mathematik und Chemie und graduiert 1922 an der dortigen Technischen Hochschule. Danach arbeitet er in der Patentabteilung einer großen Elektrofirma, bevor er nach dem »Anschluss« Österreichs an Nazideutschland im März 1938 festgenommen wird und die nächsten dreizehn Monate in den Konzentrationslagern Dachau und Buchenwald verbringt. Glücklicherweise bekommt er im letzten Moment eine Genehmigung zur Ausreise nach England, reist über Kanada und den Pazifik weiter nach Shanghai, wo er sich im Dezember 1940 mit seiner inzwischen über Sibirien und die Mandschurei angereisten Frau Claire wiedertrifft.

> »China is fascinating and what fascinated me most were those queer and mysterious Chinese characters on shops and houses, in newspapers and books, and at night in thousands of multicoloured neon tubes filling the sky and making it a beautiful sight out of a fairy tale.«[1453] [China ist faszinierend, und was mich am meisten bezauberte, waren diese komischen und geheimnisvollen chinesischen Zeichen an Geschäften und Häusern, in Zeitungen und Büchern. Und in der Nacht leuchteten sie in Tausenden von Neonröhren in den Himmel hinaus, dem wunderschönen Anblick in einem Märchen gleich.]

Die chinesischen Schriftzeichen müssen den aus der Hauptstadt des k.u.k. Kronlands Bukowina stammenden Blitz sehr beeindruckt haben. »I went oriental«, schreibt er in einem Kapitel mit der Überschrift »How Semantography came into Being«. Vielleicht war ihm auch die Verszeile seiner Landsmännin Rose Ausländer im Ohr: »Vier Sprachen, Viersprachenlieder, Menschen, die sich verstehn.« Noch in seiner Jugendzeit hatte er, der sich stets weigerte, eine andere Sprache außer Deutsch zu lernen, Esperanto als Lösung des babylonischen Sprachengewirrs betrachtet.[1454] In Shanghai, wie seine Geburtsstadt ebenfalls eine kosmopolitische Kolonialstadt, nennt sich Karl Blitz fortan Charles Bliss, wohl nicht per Zufall. Shanghai bedeutet ihm – trotz widriger Umstände – ein Gefühl von Glückseligkeit. Im Gegensatz zu vielen anderen Flüchtlingen fühlt er sich hier wohl, trotz des feuchtheißen Sommerklimas. In Shanghai findet er eine »Atmosphäre von Weltbürgerschaft« [world citizenship] vor, die »Leute in großzügigeren Begriffen denken ließ«. An allen Ecken und Enden, in der Organisation der Polizei, der Verwaltung, ja der Armee, vor allem im Gesundheitsdepartement des International Settlement entdeckt er harmonische Beziehungen zwischen Angehörigen unterschiedlicher Nationalität. »Die meisten Leute in der Welt glauben, dass Shanghai der schlimmste Ort auf Erden ist. Nach sechs Jahren intensiven Studiums [at close quarters] behaupte ich, dass <u>Shanghai der einzige Platz auf der Welt ist, der uns Hoffnung und Glauben geben kann, dass eine Weltregierung und internationale Zusammenarbeit und Verständigung möglich sind.</u>«[1455]

In Shanghai wird Bliss die Kraft der eigenen Muttersprache vor Augen geführt, er sieht, wie statt der Ausländer – die eigentlichen Gäste im Reich der Mitte – die Chinesen es sind, welche sich bemühen,

Brocken westlicher Sprachen aufzunehmen. Im Fernen Osten realisiert er, dass die einzige Möglichkeit, die von Kindheit an vertraute Sprache weiterhin gebrauchen und trotzdem die Sprachbarriere überwinden zu können, darin bestehe, eine aus Ideogrammen geformte Schrift zu erfinden, »so wie sie die Chinesen gebrauchen, nur besser, eine Schrift, einfach und klar und so, dass die Menschen fähig sind, sie auf einer Schreibmaschine … zu tippen«.[1456] Damit war sein Entschluss zur Schaffung seiner sogenannten Bedeutungsschrift (Semantography) gefallen. Ähnlich der chinesischen Schrift, die seit dem 1. und 2. Jahrhundert nach Christus in sechs Klassen von Schriftzeichen eingeteilt wird, bedient sich Bliss einer Kombination verschiedener Symbole, welche die Bedeutung von Begriffen wiedergeben: piktographischer Symbole (z. B. Blume, Baum), ideographischer Symbole (z. B. das Wort »auf«), aber auch abstrakter Symbole (z. B. Idee).[1457] Der Czernowitzer Querdenker ist der Überzeugung, dass ein einfaches System von einhundert bildlichen Symbolen genüge, »um im Lesen, Schreiben und Denken Babel zu bezwingen«. So beispielsweise bedeutet die Abfolge der Zeichen ☼ ↑ − ≈ ∼ nichts anderes als: Die Sonne steigt auf über Wasserwellen (in chinesischen Schriftzeichen: 日上浪头).

Auf verschiedenen Vorträgen – zum ersten Mal im Shanghai Jewish Club im Jahre 1943 – stellt er seine Erfindung vor, zumeist mit Erfolg, wie beispielsweise an einer Veranstaltung im Rotary Club im Beisein von amerikanischen Offizieren nach dem Zweiten Weltkrieg: »Ich ging durch die Straßen nach Hause, all die Rikschas, Menschenmassen und den Verkehr um mich herum vergessend. Ich wandelte auf Wolken.«[1458] Mit fast prophetischem Eifer vertritt er die Meinung, seine Weltschrift könne dazu beitragen, Kriege zu verhindern, zumindest aber den engstirnigen Nationalismus zu beseitigen, ähnlich wie das Chinesische, dem es gelungen sei, 450 Millionen Menschen unterschiedlicher Nationalität zu einigen. Nebst der Arbeit an seiner Bedeutungsschrift betätigt sich Bliss auch als Filmemacher (C. K. Bliss Film Service) und lebt von Auftragsproduktionen wohlhabender westlicher Privatpersonen oder Firmen. Seine Aufnahmen fangen die typischen Shanghaier Straßenszenen jener Zeit ein: schuftende Rikschakulis, dahinvegetierende Straßenbettler, sich auf Pferdebahnen amüsierende Ausländer oder die charakteristischen Straßenbibliotheken: »Es war mir eine beständige Wunderquelle, diese Kinder zu sehen, die heißhungrig diese sonderbaren und umständlichen [cumbersome] chinesischen Schriftzeichen konsumierten …«[1459]

Sechs Jahre nach seiner Ankunft verlässt Bliss im Juli 1946 mit seiner Frau die Huangpu-Metropole Richtung Australien, wo er sich fortan der Entwicklung seiner »Sprache der Nichtsprechenden«, einer bildhaften und wertfreien Sprache, widmet. Für die Publikation seines mehrhundertseitigen, dreibändigen Manuskripts über die universale Symbolschrift interessiert sich vorerst kein Verleger, auch nicht, als Bertrand Russell für die zweite, vergrößerte Auflage mit folgenden Worten wirbt: »Die Arbeit von Bliss zu unterstützen, bedeutet, einen wichtigen Beitrag an die Menschheit zu leisten.«[1460] Erst Anfang der 1970er Jahre wird aufgrund einer Literaturrecherche des kanadischen Ontario Crippled Children's Centre das Lebenswerk von Bliss wiederentdeckt. Eine Gruppe von Therapeuten war damals auf der Suche nach einer Kommunikationsmethode für körperbehinderte Kinder. Nach umfassenden Studien stelle man fest, dass BLISS, wie die Sprache später offiziell genannt wurde (und die heute ungefähr 2500 weltweit genormte BLISS-Symbole umfasst), zu positiven Veränderungen bei den Anwendern – von Zerebralgelähmten bis geistig Behinderten – führen kann. Neueste Projekte (ebenfalls in Kanada) befassen sich mit BLISS-Texten und ihren Anwendungsmöglichkeiten im Internet.

Mit der ganz persönlichen Shanghai-Erfahrung und -verarbeitung von Karl Blitz ist zumindest einer fachspezifischen Nachwelt ein Element west-östlichen Austausches überliefert worden, das mehr als einer kurzen Erwähnung wert ist. Bliss, 1985 in Sidney gestorben, bezeichnete sich selbst in einer anderen Publikation *(The Invention and Discovery that will change our Lives, 1970)* als »scientist in rebellion«. In jenem Werk ging der bereits siebzigjährige Bliss in elementarer, jedoch eindringlicher Art und Weise der Frage der Bedeutung der Logik, des Worts und seiner potenziellen Sprengkraft nach, um ganz am Ende den Kreis seiner Lebensgeschichte mit seiner Herkunft zu schließen: »Vierunddreißig unserer Verwandten starben während der Deportation und in Gaskammern. Ihnen widme ich dieses Buch und all den Millionen, die mit ihnen gestorben sind. Möge mein Buch dazu verhelfen, Tragödien zu verhindern, die durch Worte verursacht werden.«[1461]

Beschmutzt und schlammig ist die Welt

Auch der am 6. August 1916 in Wien geborene *Ernst Schwarz* schien ein eher bescheidener Mensch gewesen zu sein, der nicht das Rampenlicht der Öffentlichkeit suchte, um seinen Tätigkeiten nachzugehen, und dies, obwohl bis zu seinem Lebensende im Jahre 2003 von ihm im deutschsprachigen Raum Dutzende von Büchern (in mehreren Auflagen) über China erschienen sind.[1462] Trotz seiner reichen publizistischen Aktivität als Übersetzer, Dichter und Essayist ist bis zum Beginn der 1990er Jahre kaum etwas über seine persönliche Lebensgeschichte bekannt geworden, außer etwa, dass er nach dem Studium von Medizin und Ägyptologie autodidaktisch Mandarin lernte, »das zu seiner zweiten Muttersprache wurde«.[1463] Der Mangel an Informationen dürfte vor allem mit verschiedenen Brüchen in seiner Biografie im Zusammenhang stehen, die eine sachliche Auseinandersetzung mit seiner Person zumindest bis Ende der 1980er Jahre erschwert haben dürften: Der Jude Ernst Schwarz flieht 1938 von Wien nach Shanghai, ist nach dem Krieg für die österreichische Gesandtschaft tätig und bleibt nach der Machtübernahme der Kommunisten – als einer der ganz wenigen westlichen Ausländer – in China, wo er in Nanjing und Hangzhou westliche Literatur unterrichtet. Im Gefolge der zahlreichen Massenkampagnen der 1950er Jahre wird er wegen seiner »bourgeoisen Ideen« verfolgt. Im Dezember 1960 gelingt ihm die Ausreise in die DDR, wo er zuerst an der Humboldt-Universität in Berlin studiert und später als Dozent arbeitet; anschließend, so eine andere Quelle, lehrt Schwarz an der Diplomatischen Akademie in Wien.[1464] In den 1990er Jahren tauchen Gerüchte auf, er sei jahrelang in den Diensten der Stasi, des DDR-Geheimdienstes, gestanden, was sich 1994 bewahrheiten sollte und in eine Anklage wegen des Verdachts auf »Nachrichtendienst zum Nachteil Österreichs« mündete.[1465]

Allein der Blick auf die Landkarte versprach Ausländern Zugang zur chinesischen Zeitgeschichte: Emil Bretschneiders »Originalkarte der Ebene von Peking und des Gebirgslandes im Westen und Norden der Capitale« aus dem Jahre 1875 weist neben den berühmten Tempelanlagen der Umgebung, der Großen Mauer, Pagoden, Kirchen, kaiserlichen Palästen, Ruinen und Lustgärten auch die exakte Lage majestätisch klingender Standorte wie etwa der kaiserlichen Ziegelei, des alten Jagdparks oder der Rennbahn aus.

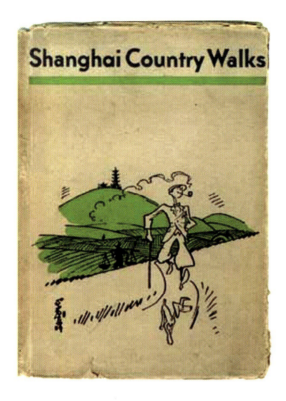

An Wochenenden oder Feiertagen machte die westliche Gesellschaft Exkursionen in die Umgebung Shanghais, die Wagemutigeren unter ihnen vielleicht auf den von E. S. Wilkinson anschaulich beschriebenen Wanderwegen ins »wahre China«, wo – so der Autor – die Einheimischen dem Fremden entweder uninteressiert oder freundlich gegenüberträten.

Eine Reise mit dem Dampfschiff in die Yangtse-Schluchten, damals als eines der Weltwunder angepriesen. Werbeplakat aus dem Jahre 1932.

紧跟毛主席 在大风大浪中锻炼成长

Das 20. Jahrhundert war eine Zeit der Ideologien und Propaganda, auch im Reich der Mitte. Auf die Hilfe der »Foreign Experts« beim Entwerfen ihrer visuellen Agitation waren die chinesischen Kommunisten allerdings nicht angewiesen.

Oben: »Stramm dem Vorsitzenden Mao folgen. Bei stürmischem Wind und hochgehenden Wogen sich stählen und reif werden.« Propagandaplakat aus den frühen 1960er Jahren.

Links: Zwei Welten – einmal aus der Sichtweise des offiziellen Chinas. Links strahlende und lachende chinesische Gesichter. Rechts unzufriedene Demonstranten im Westen. Auf dem Banner fordern sie »Frieden«, »Demokratie« und »Brot«. Deckblatt eines Comic-Heftes aus dem Jahre 1957.

Hier steht Westliches im Zentrum der Wahrnehmung. Chinesen betrachten die neueste Kleidermode aus dem Abendland. Karikatur von Friedrich Schiff, dem Wiener Künstler, der 1930 nicht aus politischen Gründen, sondern wegen seiner Abenteuerlust nach Shanghai reiste.

Schuftende Riksha-Kulis und verhätschelte Damen: Welten prallen in Shanghai damals wie heute aufeinander. Karikatur von Friedrich Schiff.

Schiff gehörte zu den Shanghaier Nächten wie das von ihm entworfene »Shanghai Girl«, Skizzen langbeiniger, schmaler und attraktiver Chinesinnen, die sich, so der Wiener selbst, durch ihre »graziöse Figur, die Schlankheit ihres Körpers, ihr selbstsicheres Auftreten und ihre schönen aristokratischen Hände« auszeichnen.

Im legendären Qipao, dem seitlich geschlitzten Mandschu-Gewand, posiert eine zierliche Chinesin in einer Werbung der 1930er Jahre für westliche Babynahrung.

Zigarettenwerbung im alten Stil: Chinesen in traditionellen Gewändern aus der Kaiserzeit. Rauchen galt in der Republikszeit selbst bei gebildeten jungen Frauen als »in«, wobei manchmal – zur Schmerzstillung, wie es hieß – ein bisschen Opium beigefügt wurde.

Dieses Cartoon von Tim und Struppi (Tintin et Milou) in einer Rikscha in den Straßen Shanghais entstammt der Bildergeschichte »Der Blaue Lotus« (Le Lotus Bleu) und erschien zuerst in der belgischen Zeitschrift »Le Petit Vingtième« in den Jahren 1934/35. © Hergé/Moulinsart 2007

Keuschheit war im Shanghai der 1930er Jahre ein Fremdwort. Auch die Werbung kannte keine Tabus und setzte auf die Attraktivität barbusiger Schönheiten. Hier eine Werbung der Fima Wu-Xi für die Herstellung von Seidenprodukten.

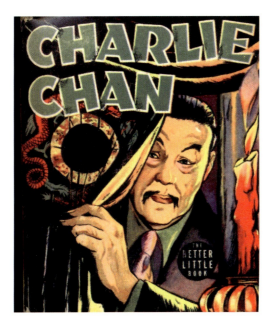

Der amerikanische Krimiautor Earl Derr Biggers schuf in den 1920er Jahren Charlie Chan, einen fiktionalen, heiter-intelligenten Detektiv chinesisch-amerikanischer Herkunft. In Dutzenden von Populärfilmen porträtierte Chan die »angenehme« Seite des Chinesen – ein wohltuender Gegensatz zur Figur des finsteren Dr. Fu Manchu.

Morris Abraham Cohen, Weltenbummler und Leibwächter von Sun Yat-sen. Dem ständigen Tragen zweier Pistolen verdankt er in den westlichen Gemeinden der Vertragshäfen den Beinamen »Two-Gun Cohen«, eine fast schon legendäre Bezeichnung, die ihn bis an sein Lebensende begleitet.

»Beschmutzt und schlammig ist die Welt«, heißt der Titel einer Rundfunksendung über Ernst Schwarz.[1466] Darin schildert der Österreicher seine Annäherung an China, deren Beweggründe und schließlich die Begeisterung, die er als nichtreligiöser Jude im Verlauf seines Aufenthalts im Fernen Osten für den Buddhismus und Taoismus entwickelt hat. Das Verlangen nach spiritueller Gewissheit entsteht bei ihm angesichts der Apokalypse des Zweiten Weltkrieges, dessen Ende er wie andere im »Ghetto« von Hongkou miterlebt. In Shanghai, beim Abt eines buddhistischen Klosters in der Chinesenstadt Nandao, schlägt er den Weg der Gottessuche ein, den er in seiner Jugendzeit bereits verloren hat: Schon als Bub weigerte er sich nämlich, die Bar Mizwa anzunehmen; der Religionsunterricht zerstörte seine letzten Bindungen an Religiosität. »Beiden Religionen, der christlichen und der jüdischen, begegnete ich als Kind mit Misstrauen, ja mit Abneigung – nicht ihrer Grundgedanken wegen, vieles im Neuen Testament, vor allem das Rebellische darin, ging mir sehr zu Herzen; aber das Mechanische, Autoritäre, Starre, Erstarrte des Rituals und der religiösen Vorschriften widersprach meinem Wesen.«[1467] Schwarz entwickelt schon früh die Fähigkeit zu einem kritischen Geist, wobei ihm die Lektüre von Marx' Kapital einen großen Dienst erweist. Die nationalsozialistische Gewalt im Wien der 1930er Jahre ist bei ihm ein prägendes Element für seine spätere politische Gesinnung. Auch die unmittelbare Begegnung mit einer Hinrichtungsstätte der Guomindang zur Zeit seiner Tätigkeit an der österreichischen Gesandtschaft in Nanjing trägt dazu bei, dass er sich in seiner zweiten Lebenshälfte vollkommen auf die marxistische Weltanschauung ausrichtet, ohne auf die Weisheiten der östlichen Religionen zu verzichten.

Weil bis heute weitere persönliche Dokumente und Aufzeichnungen von Ernst Schwarz aus seiner Zeit in China nicht verfügbar sind, ist man auf die bisher erschienenen Publikationen von ihm angewiesen. Als einziges Werk vermittelt »*Die Weisheit des Alten China*« (1994), ein Buch, das der altchinesischen Literatur und Mythologie der Jahre 1500–200 v.Chr. gewidmet ist, in begrenztem Maße Einblicke in seine Empfindungen gegenüber seiner zweiten Heimat. Im Vorwort zu diesem Werk drückt der Verfasser seine Überzeugung aus, dass »wir vom Geist des alten China so manches Wertvolle in uns aufnehmen könnten«. In melancholischem Ton zeichnet er das »klassische chinesische Weltbild« auf, das in China vielleicht bald selbst nicht mehr zu finden sei:

»Vielleicht wird die ruhige, bedächtige, ausgeglichen-gemessene und doch tiefinnige Glückhaftigkeit des chinesischen Menschen bald ebenso verflachen, wie die Freude an einem harmonischen Dasein als Nachklang unserer griechisch-jüdisch-christlichen Vergangenheit in unserer eigenen gegenwärtigen Welt, der kommerzialisierten Welt des Westens verklingt.«[1468]

Schwarz kann zu jenen China-Kennern gezählt werden, die kulturrelativistischen Deutungen Vorrang vor universalistischen Grundprinzipien einräumen. Er begründet dies mit den unterschiedlichen Erziehungsansätzen in Ost und West, die hauptsächlich in einer ungleichen Gewichtung zum Ausdruck

II. Individuen, Biographien und Lebenswelten

kämen: dort die moralische Erziehung, hier die an Gesetzesvorschriften sich orientierende Belehrung. Schwarz vertritt die bereits von Needham vorgetragene Theorie, dass der chinesische Mensch, da er sich nicht als Ebenbild Gottes betrachte (weil im chinesischen Weltbild ein Schöpfergott und damit eine göttliche Offenbarung fehlt), sich – zumindest in früheren Zeiten – dem Himmel und der Erde als Partner ebenbürtig fühle.[1469] Auch lehnt er sich an Max Webers Auffassung an, wonach China eine »Flusskultur« und deshalb binnenländisch orientiert sei, und leitet daraus die große Bedeutung der Bauernschaft ab, welche den Lebensrhythmus des Landes jahrhundertelang bestimmt habe. Wie bereits Willy Tonn vor ihm betont er das ungleich größere Ansehen geschichtlicher Heroen bei den Chinesen im Vergleich mit dem Westen. Und zumindest bis zur Verbreitung des Marxismus im Reich der Mitte sah er auch beim Gegenwarts- und Vergangenheitsbezug einen Wesensunterschied zwischen China und dem Westen:

> »Die Dynamik des zyklischen Weltbilds, das aus allen Wirrnissen immer noch eine sozusagen zukunftsgerichtete Rückkehr in eine ideale Vergangenheit verspricht … ist im europäischen Geist durch ein unbezähmbares Fortschrittsbedürfnis, durch das Verlangen nach endgültigem Übertreffen und Überwinden des Gewesenen und Seienden zugunsten eines Noch-nicht-Seienden ersetzt.«[1470]

Schwarz' umstrittenste These findet sich im letzten Kapitel seines Buchs. Mit dem Versuch, einen Zusammenhang zwischen den philosophischen Schulen im vorchristlichen China und der modernen Geschichte herzustellen, bemüht er sich, den Beweis dafür zu erbringen, dass während der Kulturrevolution konfuzianische, taoistische und legalistische Prinzipien bei einzelnen Vertretern der damaligen Führung des Landes durchaus ihren Platz gefunden haben, dass – mit anderen Worten – auch im Chaos jener »zehn verlorenen Jahre« kein totaler Bruch mit der Vergangenheit des alten China stattgefunden habe. Auch heute, mehr als zwanzig Jahre nach dem Beginn der Reformpolitik Deng Xiaopings, sieht Schwarz, der selbst mehr als zwei Jahrzehnte in China ein ruheloses Leben geführt hat, die Rückkehr von »Tugenden und Idealvorstellungen des Feudalzeitalters«, die »einen zügelnden, mildernden, mäßigenden Einfluss im Bewusstsein des chinesischen Volkes« ausübten.[1471]

»O China. Land auf alten Wegen«

Bei den vor dem Nazi-Terror in Europa geflohenen Schriftstellern und Journalisten handelte es sich um eine vergleichsweise kleine Gruppe innerhalb des Shanghaier Exils. Gemäß heutigem Quellenmaterial haben sich im Zeitraum zwischen 1939 und 1949 gut achtzig Journalisten, Publizisten und halbprofessionelle Autoren als deutschsprachige Berichterstatter in der Shanghaier Pressewelt engagiert.[1472] Und nur ein sehr kleiner Teil von ihnen hat sich mit der Fremdheit ihrer chinesischen Umgebung auseinandergesetzt – was angesichts der alltäglichen Herausforderungen durchaus nicht erstaunt. Umso bemerkenswerter dagegen erscheinen die Zuneigung und tiefe Beziehung des am 3. April 1889 in Lübeck geborenen *Hans Heinz Hinzelmann* zu seiner chinesischen Umwelt. Sein Name findet sich im Shanghaier Emigranten-Adressbuch von 1939 mit dem Vermerk »Photogr., 175 Kinchow Road«. Degeners »Wer ist's?« von 1935 bezeichnet ihn als »verbotenen deutschen Bühnenschriftsteller« mit Wohnsitz in Hamburg, Sierichstraße 32.[1473] Sein Vater Max wird als Hoffotograf aufgeführt. Unter dem gleichen Eintrag heißt es, Hinzelmann, Kriegsteilnehmer im Ersten Weltkrieg, habe an den Universitäten von Jena und Berlin studiert und darauf, nach anderen Quellen, als Dramaturg in Leipzig, stellvertretender Intendant in Bremen und später (1924–27) als Leiter der Mecklenburgischen Landesbühne gearbeitet.[1474] Anschließend betätigt er sich als freier Schriftsteller und publiziert Werke wie »Der Freund und die Frau des Kriegsblinden Hinkeldey« (1928), »Herz auf Taille« (1931) oder »Zwischen Gestern und Morgen« (1932).

Im November 1937 kommt der Jude Hinzelmann nach einer Odyssee durch mehrere europäische Asylländer (Tschechoslowakei, Österreich, Dänemark und Frankreich) in Shanghai an, wo er nach einem kurzen Intermezzo als Journalist bei der »Shanghai Woche« bzw. dem »8-Uhr-Abendblatt« ein Fotoatelier betreibt, diese Tätigkeit nach einem Raubüberfall allerdings nicht mehr weiter ausübt.[1475] Dann folgt, was in der Literatur gemeinhin als Antifaschismusarbeit im bürgerlich-sozialistischen Lager der Shanghaier Exilgemeinde bezeichnet wird:[1476] Er entschließt sich zu konspirativer Tätigkeit und übersiedelt nach Hongkou, wo er zuerst in einer Flüchtlingspension und später in einem kleinen »verdreckten chinesischen Loch« haust, dadurch jedoch mit der fremden Umgebung hautnah in Kontakt gerät:

»O China, du bist heute noch das Land der Menschen des natürlichen, warmen Herzens! Man muss mit den Chinesen inmitten der Kultur ihrer alltäglichen Gewohnheiten leben, um den chinesischen Charakter verstehen zu lernen. Der einfachste Chinese hat auf Grund tausendjähriger, buddhistischer Weltanschauung ein starkes Mitempfinden für andere Menschen, und sein Taktgefühl ist außerordentlich entwickelt.«[1477]

Bereits in diesen Zeilen seines als Reportage über Land und Leute aufgemachten Buches »*O China. Land auf alten Wegen*« (1948) entpuppt sich der Lübecker Schriftsteller als Freund des Reichs der Mitte und seiner Bewohner. Immer wieder stellt er den Chinesen als äußerst liebenswürdige menschliche Kreatur dar, die selbst im größten Elend dem »weißen Teufel« – und dazu einem wilfremden Flüchtling – gegenüber Güte und Hilfsbereitschaft zeige. »Nette, warmherzige Menschen, die Chinesen im Haus, die Chinesen in der Lane. Bei aller Einsamkeit als Flüchtling – ich war tief gesunken –, bei aller Kälte fühlte ich mich hier endlich einmal wohl.« Hinzelmann wird sich in seiner fremden Umgebung bewusst, dass Missverständnisse vor allem aufgrund von Unkenntnis und Überheblichkeit des Abendländers zustande kommen:

»Wenn ich von meinem Fenster aus das chinesische Leben und Treiben vorüberfließen sah, schämte ich mich angesichts meiner neuen Einsichten und Erkenntnisse der falschen europäischen Darstellung fremder Kulturen, schämte mich auch der westlichen Überheblichkeit und der Verkennung des Charakters fremder Völker. Dann ließ mich oft die Frage nicht mehr los, ob nicht die Schuld an unseren falschen Vorstellungen der Schulmeister trüge, ob nicht der Schulmeistergeist die Kurzsichtigkeit, die Überheblichkeit und die Wertverschiebung bei uns geschaffen habe.«[1478]

In den Jahren 1940–1945 widmet sich Hinzelmann vornehmlich der Sammlung von Dokumenten gegen Nazis, Japaner und chinesische Kollaborateure, aber auch der Herausgabe von Flugblättern, der Verteilung von Plakaten und sonstigen publizistischen Tätigkeiten gegen den gemeinsamen Feind. Als besonders gefährlich erscheint seine Teilnahme an Kommandounternehmen mit Briten (bis Pearl Harbor) und chinesischen Partisanen, die es ihm als einem der wenigen Flüchtlinge ermöglicht, mehrmals die Grenzen Shanghais illegal zu überschreiten und dabei das Landesinnere kennenzulernen: »Ja, ein Unheimliches lastete von Anbeginn der Fahrt über uns. Dieses Unheimliche ließ das Herz heftiger klopfen. Asiens nicht zu schildernde Nervenzermürbung griff uns an ... Die Chinesen aber rührten sich nicht. Sie schliefen. Sie hielten sich versteckt vor der Boshaftigkeit dieser Nacht. Was ist denn auch dieses sogenannte Pflichtgefühl des Europäers? Ist es nicht die Willenskraft, das Ziel trotz des im Wege liegenden Bösen zu erreichen? Ist also wegen ihrer Willensstärke die westliche Moral der östlichen überlegen?«[1479]

Nach Ende des Krieges vergehen nochmals zwei Jahre, bis er im Juli 1947 Shanghai in Richtung Deutschland verlassen kann.[1480] In diesen zwei Jahren – so der Schriftsteller selbst – habe er als Mitglied des Generalstabs der 3. Chinesischen Armeegruppe unter dem Guomindang-General Tang En Po (Dang Enbo) gewirkt und dabei die Gelegenheit gehabt, weitere von Westlern selten bereiste Ecken in China zu entdecken. Auf Ponys geht es in der Provinz Shandong über Stunden durch reizvoll wechselnde Landschaften, über anmutig dahinziehende, vor Jahrhunderten angelegte Wege, während das Auge freudig über »wohlabgesteckte Reisfelder, über das ewig sumpfige Grün an silbernen Gräben, über Ahorn und Jasmin und melancholische Trauerweiden, über breite Wassergräben und große, grüne Teiche, mit malerischen Wasserrosen bedeckt« schweift. Auffallend sind für ihn immer wieder die kleine Hügel bildenden Ahnengräber oder – für ihn das auffallendste Merkmal der Landschaft – die Kanäle und Bohlenbrücken. Mit der Beschreibung des Anblicks eines Bergeinschnitts setzt er der chinesischen Landschaft sein eigenes Denkmal:

»Da bot sich uns eine Landschaft dar, schön wie das strahlende Lächeln eines anmutigen Kindes dieses ewig jungen Chinalandes ... Ein Tal lag vor unserem Blick wie ein entfalteter Fächer. Auf jedem einzelnen Fächerteil schien eine terrassenförmige Spielzeuglandschaft gemalt. Man musste erst alle Einzelheiten auf diesem bunten Fächer beschauen, um das vielfältige Bild als Ganzes in sich aufnehmen zu können. Die Fächerrippen wurden von silbernen oder weißblauen Kanälchen gebildet. Im Hintergrunde war blaugrün der nahe Bergrücken getuscht.«[1481]

Doch trotz seines zehnjährigen Aufenthalts im Reich der Mitte und seiner Hingabe für die Sache des von Krieg und Elend schwer in Mitleidenschaft gezogenen chinesischen Volkes bleibt ihm das Land in seiner Seele fremd: »Ich blieb fremd, heimatlos, verwehter Staub auf Chinas alten Wegen.« Auch das Angebot seines Freundes, ihm eine »mandeläugige Chinesin« als Frau zu finden, schlägt er infolge seiner Sehnsucht nach einer Rückkehr in die Alte Welt aus. Groß fällt dennoch seine Liebeserklärung an China aus: »Aber ewig werde ich dich lieben um deines Geistes und deiner Menschen willen, dich, China, Land auf alten Wegen.« Seine Gewissheit über die bleibende Unterschiedlichkeit von West und Ost gibt schließlich den Ausschlag für die Rückkehr in seine Heimat:

»Wir Europäer können die asiatische Mentalität und die Vorgänge des chinesischen Lebens, in ihrer Fremdheit für uns, niemals gerecht beurteilen. Bei aller Liebe zu den chinesischen Anschauungen und Tugenden bleiben wir doch nur außenstehende Materialisten, selbst angesichts der modernsten geistigen Wandlungen des chinesischen Volkes. Wir Weißen versagen als Idealisten gänzlich und machen nur ein Big Business aus China. Irgendwann werden wir dann von irgendeiner Seite totgeschlagen.«[1482]

Zurück in Deutschland, wird es still um Hans Hinzelmann (der Schriftsteller verstirbt 1970), obwohl er sich noch einmal in einem Werk mit China beschäftigt, und zwar in seinem Buch »Chinesen und Fremde Teufel« (1950). Der »Roman von den fünftausendjährigen Geheimnissen in China« – so der Untertitel – ist eine Art mit persönlichen Eindrücken vermischtes Geschichtsbuch, das dem Leser das Gefühl vermittelt, der Autor stehe auf Du und Du mit den Großen der chinesischen Geschichte: mit der Kaiserinwitwe Cixi oder mit Sun Yat-sen. »Chinesen und Fremde Teufel« ist lebendig geschrieben, mit Witz und Würze, nicht selten jedoch mit Vereinfachungen, saloppen Formulierungen und historisch falschen Anekdoten und Daten: Weder war Mao Zedong ein Berater von Sun Yat-sen, noch hatte sich Chiang Kai-shek erst nach seiner Heirat mit Song Meiling (am 1. Dezember 1927) gegen die Kommunisten gewandt.[1483] Auffallend ist sein Bedürfnis, das Bild Chinas im Westen zu relativieren, etwa bezüglich der Geschichten von »grausigen Opiumhöhlen«, denn »der mäßige Opiumsüchtige ist allemal im alltäglichen Leben ein lächelnd gütiger Mensch, ja oft genug ein wahrhaft Weiser«. Auch die westliche Unkenntnis hinsichtlich chinesischer Geheimgesellschaften ist für Hinzelmann charakteristisch bei der Weitergabe undeutlicher, exotisch-mystischer China-Bilder, denn es sei »wahrlich nicht alles nach europäischer Denkweise eingerichtet, was sich in China als sittlich, gut und nützlich erwiesen hat«.[1484] Erwähnenswert ist sein anlässlich der Errichtung einer riesigen Kirche auf den Grundmauern eines alten Kaiserparks und -tempels in Tianjin geäußerter Gedanke, religiöse Bauten könnten mitunter konfliktverschärfend wirken.[1485] Hinzelmann verehrt Li Hongzhang, den Qing-Beamten und Staatsmann des 19. Jahrhunderts, ebenso wie den alten Konfuzius, dessen Sittenreich und »ewiger Friede, die Menschenwürde« durch den Einfluss des Westens zerstört worden seien. Über die Eigenschaften chinesischer Herrscher verliert er kein gutes Wort, er sieht darin gar eine Kontinuität, die selbst bei der angeblichen Zäsur in der chinesischen Geschichte 1949 nicht abbricht:

> »Damals, gegen das Ende des Herbstes im Jahr 1912, beginnt jenes Spiel chinesischer Generale, das sich seitdem wie ein ewiges Karussell in der Politik Chinas zu drehen scheint. Dieses Karussell der Politik in der modernen Geschichte Chinas dreht sich in Wirklichkeit nur um die Achse der Herrschsucht oder Gewinnsucht gewissenloser Spieler. Ihr Einsatz ist allemal das chinesische Volk, ihr Gewinn die eigene Macht, der Antrieb der eigene, allzu menschliche Ehrgeiz.«[1486]

Hinzelmann schätzt die Erfolgschancen kommunistischer Ideologien im Reich der Mitte als gering ein, was wohl ein Grund dafür sein dürfte, dass er in den inzwischen zahlreich erschienenen Publikationen chinesischer Historiker zur Shanghaier Exilperiode mit keinem Wort erwähnt wird. Für ihn wirkt das individuell ausgerichtete Leben der Chinesen dem Kommunismus notwendigerweise entgegen, ist der Marxismus infolgedessen »die verachtungswürdigste Fessel der natürlichen Menschenvernunft der Chinesen«. Daraus schließt er folgerichtig, jedoch, wie man weiß, rückblickend gesehen zumindest teilweise falsch:

> »In Wirklichkeit wird in China niemals der Kommunismus regieren. Die alten, tief und echt verwurzelten Kulturkräfte haben noch immer den meisten Raum in der Seele des Chinesen inne und bestimmen das chinesische Volksleben wie seit fünftausend Jahren. Selbst wenn eine eigene Sorte eines asiatischen Kommunismus ganz China zu beherrschen vermöchte, der sozialdialektische Materialismus wird niemals den chinesischen Menschen wahrhaft gewinnen. Marx, Lenin und Stalin können nicht Konfuzius, Mencius und Laotse gegen sozialistische Zwangsorganisationen auswechseln.«[1487]

»Kaiser, Kaufleute und Kommunisten«

Gerne würde man als heutiger Leser mehr wissen über den Autor des Buches »*Geist des Morgenlandes*«, das 1927 fast zur gleichen Zeit wie Shippes »*Von Kanton bis Schanghai 1926–27*« erschienen ist. Doch auch von *Julius Rudolf Kaim* sind nicht viel mehr als ein paar Bücher sowie einige Artikel in der »Gelben Post« ins 21. Jahrhundert hinübergerettet worden.[1488] Seywald nennt den 1897 in Deutschland geborenen Volkswirtschafter, Journalisten und Korrespondenten, unter anderem für die »Neue Zürcher Zeitung«, einen »erzgescheiten, klugen und konservativen Taktiker«, der zu einer Sorte von Leuten gehört habe, »die ihrem Ansehen nach – wären sie nicht Juden – SS-Obersturmbannführer hätten werden können«.[1489] Aus Kaims Publikationen wird ersichtlich, dass dieser viele Jahre lang im Vorderen Orient gelebt hat (1928–1937), bevor er als Emigrant nach Shanghai gekommen ist. Aus den Beiträgen in Storfers »Gelber Post« zeigt sich die außerordentliche Wahrnehmungsgabe des Journalisten, der den tagespolitischen Fragen nicht aus Feigheit oder gar Angst ausweicht, sondern weil er sie im kosmopolitischen Shanghai als wenig ergiebig, eintönig, fade und abstoßend empfindet. Er zieht es vor, aus dem Hintergrund zu beobachten, zu analysieren und dem Leser in unaufdringlicher Form Wissen zu vermitteln.

Beim Bummel durch ein chinesisches Warenhaus – er fasst diese Eindrücke unter dem Titel »Ka-de-O« zusammen – nimmt er humorvoll diejenigen Emigranten aufs Korn, die bei der Beschreibung der exotischen Auslagen das Wort »Jahrmarktbude« in den Mund nehmen: »Gemach! Drei Schritte von der Abteilung der Alräunchen entfernt finden Sie die modernste Lebensmittelabteilung, die man sich vorstellen kann, und wiederum drei Schritte von dieser entfernt ein Lager alkoholischer Getränke, die des Nobelbar-Gastes Herz nicht weniger lachen lassen als das des biederen Matrosen, der breitspurig vom ›Bund‹ her die Nanking hinaufspaziert ist.«[1490] Das eigene Anderssein ist es, das Kaim seinen Lesern mit Hilfe eines chinesischen Spiegels vorhält, etwa indem er die Flüchtlinge aus der Sichtweise der einheimischen Verkäuferin porträtiert:

»Sie sind lächerliche Gestalten, diese Westler, sobald sie hilflos vor den bekanntesten Erzeugnissen unseres Landes stehen, und außerdem zahlt uns die Firma unser Gehalt nicht, damit wir Zugereisten landeskundlichen Unterricht erteilen! So lange sie jedoch erträglich sind, bemühen wir uns und sind so höflich wie nur möglich.«[1491]

Dass selbst im 21. Jahrhundert in China beim Kauf einer Ware noch mehrere Bedienstete mitwirken (die Verkäuferin, die Einpackerin, die Kassiererin), mag auf manchen Westler befremdlich wirken, wie schon Kaim mit ironischem Unterton zu beschreiben wusste: »Sind wir nicht mit Recht stolz auf unsere europäische Organisation und haben wir nicht allen Grund, auf diese chinesischen Warenhäuser herabzublicken wie die Götter vom hohen Olymp auf das unsaubere Erdengewimmel?« Dass der Westen in den Augen des Chinesen nicht weniger ein Exot ist als umgekehrt, zeigt sich in Kaims Beitrag »Unternehmergeist bei Tag und Nacht«:

»Ein Westler zum Beispiel ergriffe sehr bald das Messer, um einen Knoten zu durchschneiden, der sich im Leibstrick gebildet hat; wir aber tun dergleichen nicht; wir verwenden lieber Stunden darauf, um diesen vermaledeiten Knoten zu lösen, denn wir wissen, dass im anderen Falle Gefahr besteht: unsere Dämme nämlich könnten eines Tages in gleiche Stücke geschnitten werden wie dieser Strick, sei es auf dieser unschönen Welt oder in irgendeiner anderen!«[1492]

II. Individuen, Biographien und Lebenswelten

Für Kaim sind die chinesischen Kaufleute die findigsten in ganz Ostasien, »sie stecken selbst den Inder in die Tasche, und das will etwas heißen!« Der jüdische Emigrant ist es auch, der sich in einem chinesischen Flüchtlingslager über das Schicksal einheimischer Waisenkinder informieren will und dabei auf das seiner Ansicht nach größte Problem Chinas stößt: den Drang seiner Bewohner, »die Zeit mit Peitschenschlägen vorwärtszutreiben, Jahrhunderte in Jahren nachzuholen«.[1493] In weiteren Beiträgen für Storfers Kulturzeitschrift schreibt er über die Stellung Frankreichs in China (»der moderne Chinese hat für Europa nicht allzuviel übrig. Für ihn ist Amerika das Ideal«), den Boulevard Moscou (in Anspielung auf die vielen russischen Lebedamen in der Avenue Joffre) oder über seine Neugierde, das (jüdische) »Zukunftsland Yunnan« zu bereisen. Er wählt nach dem erzwungenen, für sein schriftstellerisches Werk durchaus lohnenden Exil in Shanghai selbst die Rückkehr nach Deutschland, wo im Jahre 1963 seine China-Erinnerungen in Reportageform unter dem Titel »*Damals in Schanghai. Kaiser, Kaufleute und Kommunisten*« erscheinen.[1494] Einige Jahre später stirbt Kaim irgendwo in Süddeutschland, nachdem er noch mehrere Studienreisen in die USA unternommen hat.

Nicht weniger im Dunkeln als Kaims Biographie liegt die von *Ladislaus Frank*, der um 1890 in Budapest unter dem eigentlichen Namen Lewithan Fraenkel das Licht der Welt erblickte (über sein Todesdatum ist nichts bekannt). Er soll, so sein Kollege Fritz Friedländer, 1920 als Sozialdemokrat vor dem Horthy-Regime nach Wien geflohen sein und dort beim »Neuen Wiener Tagblatt« gearbeitet haben.[1495] Frank wird als »fabelhafter und ehrenwerter, stark belesener und ästhetisch orientierter« Zeitungsmann beschrieben, der es sich nicht nehmen lässt, gegen das Schweigen über das Schicksal der Juden im fernen Shanghai anzuschreiben. Die Loyalität gegenüber der chinesischen Republik ist ihm ein ebenso großes Anliegen:

> »Am Tage unseres ersten Erscheinens senken wir in Ehrfurcht die Fahne vor der chinesischen Republik, vor der chinesischen Nation. Die meisten von uns sind während der letzten sieben Jahre an den gastlichen Gestaden des Gelben Meeres gelandet und wurden vom chinesischen Volk und den chinesischen Behörden mit jener mitfühlenden Sympathie aufgenommen, die nur eine großmütig denkende und fühlende Nation den Verfolgten entgegenbringen kann ... Seit den Anfängen menschlicher Zivilisation bestand in diesem Lande ein geordnetes Staatswesen, in dessen Rahmen die Macht der Zentralbehörden nach erhabenen Prinzipien des Rechtes und der Sittlichkeit gehandhabt worden ist, nach Prinzipien, die richtunggebend für die gesamte Menschheit geworden sind.«[1496]

Vertreter einer andern Welt

Gedankensplitter über China stammen auch von den beiden deutschen Journalisten *Kurt Lewin* und *Walter Dawison*. Beide sind in ihrer Art tragische Figuren der Shanghaier Exilantenszene, für die der

Aufenthalt im Fernen Osten vor allem Schwermut und Depression bedeutet hat.[1497] In der von Frank herausgegebenen Zeitung »Shanghai Journal – Die Neue Zeit« ist Lewin zuständig für die Kolumne »Shanghai-Streiflichter«, in welcher »Augenblicke des Lebens« in der Huangpu-Metropole wiedergegeben werden:

> »Unsere Kenntnisse des Chinesischen, seiner Sitten und Gebräuche sind leider so oberflächlich, so dass sich in der Beurteilung dieses fleißigen und strebsamen Volkes ein verzerrtes Bild ergibt. Ich mute mir durchaus nicht zu, die Psyche des chinesischen Volkes zu kennen, und will auch nur meine Eindrücke so wiedergeben, wie ich sie mit europäischen Augen sehe. Freunde und Bekannte runden dann die Bilder ab und lassen uns etwas tiefer chinesische Wesens- und Denkungsart kennen lernen.«[1498]

Lewin verfasst etliche Gedichte, darunter eines, welches eine akrobatische Vorführung zweier einheimischer Kinder – der eine auftretend, der andere Trinkgeld sammelnd – in einem Teehaus zum Thema hat. Über seine eigene Situation als »Artist der Straße« reflektierend, empfindet Lewin eine Nähe zu den beiden: »Auch wir gehen bittend von einem zum andern, fremd sind wir, bei Fremden, im fernen Land, Genau wie die beiden müssen wir wandern. – Komm, kleiner Chinese, reich mir die Hand.«[1499] In der Kurzgeschichte »Träumerei am Chinesischen Kamin« wird die Emigration am Beispiel dreier vom Schicksal des Exils betroffener Personen thematisiert – einer dieser »Staatenlosen« ist Napoleon, der andere Konfuzius. Letzterem legt Lewin die folgenden Worte in den Mund:

> »Ich bin der Vertreter einer anderen Welt, die Euch bis vor Kurzem ein Geheimnis war, welches ihr nicht verstehen wolltet. Mein Name ist Konfuzius, der Repräsentant des geistigen China. Ich begrüße Euch als Gäste des heiligen chinesischen Landes, welches mir durch die Dummheit und Niedertracht eines chinesischen Standesfürsten seine Mauer verschloss. Ich lebte als Emigrant, genau wie ihr, und schöpfte meine Weisheit aus dem Born chinesischen Lebens, das in Dankbarkeit und Verehrung zu mir aufblickt. Nicht die Macht allein ist für den Ewigkeitswert in den Herzen der Edlen und Gerechten entscheidend. Weitaus wichtiger ist es für die Menschheit, ihr die Wahrheit zu sagen, und sie in die entferntesten Winkel der Erde zu tragen.«[1500]

Dawison, der sich oft pfeiferauchend durch die Emigrantencafés treibt, schreibt viel über die Einsamkeit, ausgelöst durch die »Fremde und die Entwurzeltheit«. Aus seinen Beiträgen spricht das Herz einer humanitären Seele, die den Glauben an die Menschlichkeit trotz Einsamkeit nicht verloren hat. Im Beitrag »Der chinesische Wäscher« wird der »freundliche Sohn Chinas« zum Lehrmeister der europäischen Emigranten:

II. Individuen, Biographien und Lebenswelten

»Der chinesische Wäscher ist nicht nur ein Gewerbetreibender, er ist ein Werkzeug der Vorsehung, geschaffen, um uns asiatische Geduld, innere und äußere Haltung gegenüber Schicksalsschlägen und Duldsamkeit gegenüber den Schwächen unseres Gastvolkes zu lehren.«[1501]

Auch die Kunstfertigkeit chinesischer Barbiere hat es dem Magdeburger Juden augenscheinlich angetan. Seine rührende Beschreibung des Coiffeurs erinnert an den chinesischen Lebenskünstler Lin Yutang, der es auf so treffende Art verstand, das Wesen seiner Landsleute anhand gewisser Alltagstätigkeiten zu charakterisieren:

»Die Art, wie der Chinese rasiert und sich rasieren lässt, ist überaus charakteristisch für seine Wesensart. Eine Rasur ist hier nicht Bestandteil der Toilette bzw. der täglichen Körperpflege. Sie ist vielmehr eine Werkverrichtung, die mit der Sorgfalt eines Feinmechanikers und der Gewissenhaftigkeit eines Arztes gegenüber dem Leidenden – Verzeihung dem Kunden vollzogen wird. Ein Leidender ist der Kunde dann, wenn er den Laden seines Figaros mit westeuropäischer Hast geladen betritt. Wer das Rasieren als notwendiges Übel betrachtet, das man rasch hinter sich haben muss, lasse sich nicht von einem Chinesen rasieren. Wer aber einmal beobachten will, wie man hier in China an die Stelle der nervösen Unruhe, die den Menschen der westlichen Halbkugel beherrscht, eine ruhige, den Zeitablauf gleichsam missachtende Haltung setzt, der möge einmal miterleben, wie ruhevoll und bedachtsam der chinesische Friseur die edlen Gesichtszüge seines Kunden seift, rasiert, mit heißen Tüchern wärmt, wieder seift, wieder rasiert usw.«[1502]

Wie ein Halbmond steht die Brücke

»Ich weiß nur, dass ich die nachfolgenden Blätter in den feuchtkalten Tagen und schweren langen Nächten des Exils mit dem Blut meines Herzens und dem Saft meiner Nerven geschrieben habe.« Dieser Satz steht im Vorwort von »*Bruchstück der Geschichte Ulrich Sanders*«, einer autobiographischen Chronik des am 17. Mai 1901 in Berlin geborenen *Fritz Friedländer*.[1503] Bevor der Abkömmling einer prominenten jüdischen Familie den langen Weg in die Emigration antreten musste, hatte er bereits eine Reihe publizistischer Erfahrungen hinter sich: Nach dem Studium der Geschichte bei Friedrich Meinecke und einer erfolgreichen Lehramtsprüfung wird der sozialdemokratisch gesinnte Friedländer unter anderem Mitherausgeber der »Zeitschrift für die Geschichte der Juden in Deutschland«. Daneben unterrichtet er, der unter dem Einfluss von Leo Baeck groß geworden ist, an jüdischen Schulen in der deutschen Hauptstadt.[1504] Nach zwei Monaten Lagerhaft im KZ Sachsenhausen (1938) gelingt ihm im März 1939 – zusammen mit Frau und Schwiegermutter – die Emigration nach Shanghai, wo er sich journalistisch bei der deutschsprachigen Presse und im amerikanischen Rundfunk über Wasser hält.

Der intellektuell geschulte und gewissenhafte Historiker Friedländer, eine »hypochondrisch-depressive Natur, die stets mit sich selbst im Krieg lag« (gemäß seiner eigenen Einschätzung), fühlt sich mit den Anforderungen des Tagesjournalismus unterfordert, muss aber, wie andere, um zu überleben, sich diesem unterwerfen. In gewisser Weise kann er zwei, drei Jahre später diese geistige Mangelsituation mit einem Engagement bei Willy Tonns Asia Seminar ausgleichen. Eine Stelle aus »Ulrich Sander« ist es wert, hier zitiert zu werden, und zwar jene Stelle, wo es um den Unterschied zwischen dem geht, was sich der Westler gemeinhin von China vorstellt (hier zu Beginn in Form eines Gedichts von Li Bai/Li Bo), und dem, wie Sander beziehungsweise Friedländer Shanghai tatsächlich empfindet:

»Wie ein Halbmond steht die Brücke
Umgekehrt der Bogen, Freunde
Schön gekleidet, trinken, plaudern.
Umso ernüchterter war er daher gewesen, als er dann in Shanghai das wirkliche China kennenlernte, das so gar nicht jener romantischen Vorstellung entsprach ... Denn mochte auch die Vorstellung eines heiteren und träumerisch-künstlerisch unbeschwerten chinesischen Lebens nur ein romantischer Wahn der europäischen Phantasie sein, so nährte er sie doch zärtlich in seinem Herzen und war nicht gewillt, sie preiszugeben.«[1505]

So viel zur Wirkungskraft positiver Stereotypen. Nach dem Krieg verlässt Friedländer Shanghai Richtung Australien, wo er 1980 stirbt. In seinem Nachlass finden sich zahlreiche Gedanken, die er in langen, feucht-schwülen Shanghai-Nächten zu Papier gebracht hat, wie etwa: »Mit zu dem Traurigsten gehört wohl, dass nur materielle Unabhängigkeit es ermöglicht, ein Leben im Geiste zu führen.«

General Jakob Rosenfeld

»Vom KZ-Häftling zum Brigadearzt der Volksbefreiungsarmee« heißt die Überschrift zu einem Beitrag über den dritten österreichisch-jüdischen Mediziner, der seinen Weg nach China gefunden hat.[1506] Die Rede ist von *Jakob Rosenfeld*, der am 11. Januar 1903 im galizischen Lemberg zur Welt kam. Im Gegensatz zu seinen Berufskollegen Jensen und Freudmann verfügte er über keine Spanien-Erfahrung, doch gelangte er ohne Umweg über das Territorium der Guomindang direkt in die »befreiten Gebiete« und bot auf dem dortigen chinesischen Schlachtfeld seine Dienste an: »Genosse Rosenfeld, du bist als antifaschistischer Kampfgefährte weit über das Meer nach China gekommen, um am antijapanischen Krieg teilzunehmen, und beteiligst dich nun im feindlichen Hinterland an der Arbeit der Neuen Vierten Armee.«[1507]

Zur Revolution scheint Jakob Rosenfeld allerdings nicht geboren zu sein: Vater Michael ist ein treuer k.u.k. Militärbeamter, Mutter Regina, geborene Wohlmann, stammt aus jüdisch-orthodoxem Hause. Im Alter von sieben Jahren zieht die Familie aus dem östlichen Kronland ins eher biedere Wöllersdorf nach Niederösterreich. Bis zum Ersten Weltkrieg kocht die Mutter koscher, danach, wegen der Lebensmittelrationierung, auch mal ein Schweinsgulasch. Die Eltern sprechen Deutsch, Polnisch und genug Hebräisch, um beten zu können. Die Synagoge allerdings (in Wiener Neustadt) ist zu weit entfernt, um jeden Freitag hinzufahren. Immerhin besucht Jakob den jüdischen Religionsunterricht, obwohl er sich in diesem Fach nicht mit Eifer auszeichnet. Dafür brilliert der Gymnasiast in den deutschen Klassikern, in Latein und Griechisch. Anschließend studiert der begabte junge Mann in Wien Medizin. Während der Studienjahre – offensichtlich »zieht er Kulturelles den krawalligen Bierrunden von Studienkollegen vor« – kann er unbegrenzt seinen Hobbys nachgehen, der Musik, dem Theater, der bildenden Kunst. Nach der Promotion 1928 zum Doktor der Medizin und einem Praktikum an einem Spital öffnet er zusammen mit seiner Schwester Steffi in Wiener Neustadt eine private Praxis. Er liebt alles »Schöne und Gediegene«, verdient genügend Geld, um Kulturreisen ins nahe Ausland zu unternehmen. Doch währen diese goldenen Jahre nicht allzu lange: Die bürgerkriegsähnliche Situation in Österreich im Jahre 1934 im Anschluss an den fehlgeschlagenen Putsch der Nazis gegen Bundeskanzler Dollfuß lässt auch Rosenfeld erahnen, dass sich hinter den grauen Wolken ein drohendes Unwetter zusammenbraut.

Die antijüdischen Gesetze setzen sich auch in Wien durch, wohin Rosenfeld inzwischen umgezogen ist. In der österreichischen Hauptstadt leben 1934 ungefähr zehn Prozent Juden, und das Leben wird für sie, insbesondere nach dem Anschluss im März 1938 an Deutschland, zur Qual. Es trifft auch Jakob Rosenfeld, den Humanisten und Menschenfreund, der infolge der Vorgänge in seiner Heimat mehr und mehr Sympathien für die Sozialdemokratische Partei entwickelt hat. Im Mai desselben Jahres wird er ins Konzentrationslager Dachau gebracht, wo er den Gräueltaten der Nazis wehrlos ausgeliefert ist. Selbst Buchenwald, wo er er durch Schläge schwer verletzt wird, bleibt ihm nicht erspart. Nach einem Jahr »Schutzhaft« wird er entlassen und erfährt, dass sein Vater – inzwischen verstorben – für ihn Auswanderungspläne geschmiedet hat. Jakob hat vergleichsweise Glück und verlässt Wien im Juni 1939 Richtung Fernost (über den Tod seiner von ihm so geliebten Mutter in einem KZ in der Nähe von Minsk erfährt er erst Jahre später). Als Ausgestoßener, völlig Entwurzelter, doch immerhin Überlebender kommt er mit der »Lloyd Triestino« einige Wochen später in Shanghai an. In der internationalen Stadt kann er ungehindert praktizieren: In der Avenue Joffre 1252B eröffnet er seine Praxis, als »Spezialist für Krankheiten der Leber, Blase und Prostata«. In seiner Freizeit sitzt er mit Freunden, jüdisch-österreichischen Emigranten, im Restaurant Fiaker oder im Chocolate Shop, um über Politisches und Unpolitisches zu diskutieren. In einer solchen »Insel des Luxus« trifft er auf seinen galizischen Landsmann Hans Shippe, der ihn über die Kriegslage in China unterrichtet und ihm gleichzeitig in seiner Wohnung an der Bubbling Well Road Dr. Shen Qizhen, einen heimlich für die KPCh tätigen chinesischen Arzt vorstellt. Dieser, der perfekt Deutsch spricht, klärt ihn über die Revolution in China, die brüchige Allianz zwischen der Guomindang und den Kommunisten angesichts des japanischen Militarismus sowie die Gräueltaten der Invasoren auf.

Damit ist der Bann für den dem Faschismus Rache schwörenden Jakob Rosenfeld gebrochen: Der Überfall von Truppen Chiang Kai-sheks auf die kommunistische Neue Vierte Armee unter dem Kommando von General Ye Ting im Januar 1941 in Jiangxi ist lediglich noch Auslöser für ihn, sich als Arzt in den Dienst von Truppen in den »befreiten Gebieten« zu stellen. In den nächsten acht Jahren begleitet er die kommunistischen Truppen der Neuen Vierten Armee wie auch der Achten Marscharmee auf ihren Vorstößen und Rückzügen und operiert dabei Soldaten und Kommandanten fast bis zur Erschöpfung. Sein Einsatzgebiet erstreckt sich dabei von Jiangsu bis nach Shandong, von Liaoning bis in die Provinz Heilongjiang und schließlich von Jilin bis Beijing. Alle, die mit ihm zusammentreffen, finden nur lobende Worte für »Luo daifu«, den Herrn Doktor aus Wien. Man behandelt ihn wie einen Chinesen. Mit Begeisterung liest Rosenfeld Maos Schrift über die »Neue Demokratie« und diskutiert nächtelang mit Chen Yi, dem Kommandanten der Neuen Vierten Armee, über literarische Fragen. Auch das hier bestehende Verhältnis zwischen einfachem Soldaten und Armeeführung beeindruckt ihn sehr. 1942/43 wird Rosenfeld als Mitglied in die Kommunistische Partei aufgenommen, er fühlt sich wie in einer Familie, erfährt vielleicht auch einen gewissen Ersatz für das, was ihm die Nationalsozialisten genommen haben. Die Bilder aus dem Konzentrationslager plagen ihn immer wieder, Abscheu vor Gewalt, Terror, Elend und Ungerechtigkeit verfolgen ihn bis an sein Lebensende.

Gelegentlich verfasst er Artikel, die in lokalen Zeitungen erscheinen (sie werden übersetzt, da Rosenfeld, mit einigen Ausnahmen für den alltäglichen Gebrauch, kein Chinesisch spricht). Er kritisiert das oberflächliche China-Bild des Westens, das entweder das gesellschaftliche Leben der Geschäftsleute in den ausländischen Konzessionen zum Thema mache oder sich auf die »oberflächlichen und seichten« Chinoiserie-Schilderungen eines Lin Yutang oder einer Pearl S. Buck konzentriere: »Wenn aber die Ausländer ihre Füße einige Li von den Großstädten Chinas wegbewegen, dann können sie die wirkliche Situation erkennen. In China leben 400 Millionen Menschen ... Fast alle von ihnen führen ein Leben, das so armselig ist, dass man es kaum beschreiben kann.«[1508] 1943 wechselt er seinen Einsatzort und wird nach Shandong zur Achten Marscharmee versetzt. Er selbst möchte nach Yan'an, um die höchsten Führer der großen Revolution Aug in Aug zu treffen, was ihm zu seinem Leidwesen nie gelingen sollte. Doch glaubt er auch in Shandong zu spüren, dass »China ein Land sein [wird], welches im 20. Jahrhundert an keine Grenzen seiner Entwicklungsmöglichkeiten stoßen wird«.[1509] Überglücklich ist er über die Nachricht, dass der Krieg in Europa zu Ende ist, doch weiß er nicht so recht, was er mit seiner Zukunft anfangen will. Österreich ist ein besetztes Land (Rosenfeld selbst hat große Vorbehalte gegenüber der Sowjetunion), seine Eltern sind tot, die Geschwister teilweise verschollen, er selbst heimatlos. So kommt es, dass er auch die Bürgerkriegsjahre in China verbringt: zuerst in Shenyang, dem einstigen Mukden, wo sich das Büro des Parteisekretärs Peng Zhen und des Kommandanten der Autonomen Volksarmee des Nordostens, Lin Biao, befindet, dann kurze Zeit in Harbin, später in Tumen an der Grenze zu Korea, dann wieder zurück in Harbin, wo sich der galizische Jude im russischen Theater Emmerich Kalmans »Gräfin Mariza« gönnt. Schließlich, die Herbst- und Winteroffensive des Jahres 1948 hat zur vollkommenen Niederlage der Guomindang in der Mandschurei geführt, marschiert er mit den Truppen der Roten Armee Richtung Peking, das sich Ende Januar 1949 kampflos ergibt:

II. Individuen, Biographien und Lebenswelten

»Über allen Häusern, auf den alten Wällen und den zahllosen Giebeln der ›verbotenen Stadt‹, dem Kaiserpalast wehten die roten Fahnen mit den 5 goldenen Sternen, das Banner der Befreiungsarmee. Rot, die Farbe der Freude und des Glückes in China, rot die Farbe der Revolution beherrschte das Stadtbild. Peking war rot geworden. Peking war im Freudentaumel. Die Stadt der Schulen, die Stadt der Studenten, das kulturelle Zentrum Chinas sang und tanzte auf den Straßen, Plätzen und Parkanlagen.«[1510]

Rosenfeld scheint in diesem Ausbruch chinesisch-kommunistischer Begeisterung über das Ende des Bürgerkriegs keinen ihm zustehenden Platz mehr zu finden (während der Siegesfeier befindet er sich weit entfernt von der offiziellen Ehrentribüne), und vielleicht will die neue Führung auch ganz bewusst auf irgendwelche Einmischungen westlicher Ausländer verzichten. Wie dem auch sei: Rosenfeld wird aufgrund seines angeschlagenen Gesundheitszustands ein Urlaub in Österreich empfohlen. Er befolgt den Ratschlag und verlässt im Oktober 1949 Shanghai auf dem Wasserweg (nachdem er von Shanghais Bürgermeister Chen Yi als »lebender Dr. Bethune« gepriesen worden ist). Zurück in Wien, fällt ihm die Akklimatisierung an seine alte, einst so liebgewonnene Heimat schwer. Die Stadt liegt in Trümmern, die Trauer über den Tod der Mutter ist grenzenlos. Er fühlt sich frustriert ob seiner Tatenlosigkeit. Er möchte ein Buch schreiben, über seine Erlebnisse in China berichten, doch die Weltpolitik macht ihm einen Strich durch die Rechnung: Führer der Volksbefreiungsarmee, welche er persönlich gekannt und deren Biographien er für seine Publikation verwertet hat, kämpfen auf Seiten der Nordkoreaner gegen westliche Soldaten – ein bürgerlicher Verlag kommt für die Veröffentlichung seines Werks nicht mehr in Frage. Die linksstehenden Verlagshäuser wiederum, die die Reportagen von Jensen und Freudmann publiziert haben, sind eher sowjetisch ausgerichtet, was Rosenfeld abgeschreckt haben dürfte. Vergeblich bemüht er sich um eine Rückkehr nach China: Die Ablehnung seines Visumantrags auf der Vertretung der Volksrepublik in Ostberlin bedrückt ihn, den Heimatlosen, schwer: Niemand braucht ihn, nirgendwohin gehört er. Im Sommer 1951 verlässt er Europa blitzartig, um sich in Israel niederzulassen. An seine in London lebende Schwester schreibt er: »Mein plötzlicher Entschluss … wird Dich überraschen, aber Du kennst mein meschuggenes Temperament, kurz ich bin schon 4 Tage im ›heiligen Land‹, sehr freundlich aufgenommen …«[1511] Am 22. April 1952 stirbt er in Tel Aviv an einem Herzleiden, das ihn seit der Zeit im Konzentrationslager geplagt hat.

Erst Jahrzehnte nach dem Tode des verdienstvollen Helfers und Menschenfreunds kommt Rosenfelds Tagebuch zum Vorschein.[1512] Er hat es Mao Zedong gewidmet, dem »Genius des neuen China«. Darin berichtet er über seine zehnjährige China-Erfahrung im Dienste der Humanität, aus heutiger Sicht vielfach mit propagandistischem Unterton, doch als zutiefst menschlicher Erzähler, dessen Ehrlichkeit und Gutgläubigkeit der Leser nicht umhinkommt anzuerkennen. Im Langen Marsch Mao Zedongs sah er eine Parallele zu Moses' beschwerlichem Weg durch die Wüste, in der kommunistischen Armee eine Erziehungsanstalt, im Sieg der Roten die einzige Möglichkeit, das barbarische Joch japanischer Besetzung abzuschütteln. Rosenfelds Tagebuch handelt inbesondere von seinem Beruf als Arzt, aber auch ganz allgemein von der Lage der Bevölkerung, dem Verhältnis der kommunistischen Truppen zur Bevölkerung oder der Situation in der Armee. Sein uneigennütziges Bedürfnis, den Soldaten der kommunistischen Armeen zu helfen, kann aus seiner Biographie verstanden werden, wie er es auch – statt einer Einleitung – selber bezeugt: »Unauslöschlicher Hass gegen die faschistischen Bestien bis ans Ende aller Tage und ewige Glorie den Kämpfern und Befreiern.«

»Schinesen mit Hochachtung«

»Die Schinesen sind eben anders als ick und du. Du bist nun mal hier und musst mit die Wölfe heulen. Je besser du heulst, desto besser kommste wech.« Mit diesen Worten lässt der 1904 in Wien geborene *Alfred W. Kneucker* in seinem autobiographisch orientierten Roman »*Zuflucht in Shanghai*« (1984) die sympathische Figur des (arischen) Berliners Knulke dem österreichischen Emigrantenflüchtling und Arzt Arthur Freienfels den Mentalitätsunterschied zwischen Chinesen und Westlern begreifbar machen.[1513] Knulke gehört zur Gruppe der »richtigen« Old China Hands, die eben mehr Erfahrung im Umgang mit Chinesen zu haben glauben als die soeben aus Europa geflohenen »Greenhorns«. Der Berliner hatte aufgrund einer Anfrage eines Geschäftsfreundes einen chinesischen Jungen in die Lehre aufgenommen, doch nach wenigen Wochen gemerkt, dass dieser Wechsel im Wert von 3000 Dollar fälschte. Statt ihn einfach rauszuwerfen, ging er schnurstracks zu dessen Vater und schlug ihm vor, seinen Sohn an einer großen Universität studieren zu lassen. Der Vater dankte ihm für diesen Ratschlag mit einer Warenbestellung von 30.000 Dollar. »Seither kieken mir meine Schinesen mit besonderer Hochachtung an, denn sie wissen, ick versteh' sie, ick bin eener von ihnen.«

Alfred W. Kneucker entstammt einer jüdisch-katholischen Familie, bezeichnete sich selbst jedoch zeitlebens als Atheisten. Schon früh begegnet er der weiten Welt. In parteipolitische Diskussionen ist er nie involviert, im Gegensatz zu seinem Lehrer Julius Tandler. Er wird Urologe und verlässt im März 1938 Wien. Über Schweden gelangt er nach London, wo er von den Quäkern das Angebot erhält, ein Spital in Westchina zu leiten. Die Reise auf dem Schiff in den Fernen Osten wird durch den Kriegsausbruch unterbrochen, und Kneucker, als Angehöriger einer feindlichen Macht, wird nach Shanghai »abgeschoben«. Dort trifft er, wie andere Emigranten-Ärzte aus Europa auch, auf einen gnadenlosen Konkurrenzkampf um Patienten aller Nationalitäten. Selbst Chinesen wagen sich ab und an in seine Praxis, und Alfred Kneucker gelingt es hin und wieder – durch die Brille seiner Romanfigur Dr. Freienfels – einen Blick in die Welt der einheimischen Medizin zu werfen: hier eine Familienversammlung am Operationstisch, dort das Essen chinesischer Delikatessen kurz vor dem chirurgischen Eingriff (mit anschließendem Gesichtsverlust des behandelnden Arztes).

Während seines Exils in Shanghai verfasst Kneucker ein Buch mit dem Titel »*Richtlinien einer Philosophie der Medizin*«, das 1949 in Wien erscheint. Es zeigt, dass er sich auch mit der traditionellen chinesischen Medizin auseinandergesetzt hat. So beispielsweise bringt er die Zwei-Kräfte-Theorie von Yin und Yang mit der Medizin in Verbindung, stellt eine Beziehung her zwischen altchinesischer Philosophie und der Gesundung des menschlichen Körpers, was im Westen erst in den 1970er Jahren und nur sehr zögerlich Anklang finden sollte.[1514] Ebenfalls erst viel später setzt sich im Westen die Erkenntnis durch, dass die in westlicher Medizin ausgebildeten chinesischen Ärzte in ihrem Handeln dennoch in mancher Hinsicht der eigenen Tradition verpflichtet bleiben (etwas, was vielleicht auch für andere Bereiche gilt):

> »Wenn man aber glaubt, dass der westlich beeinflusste moderne Arzt Diagnostik und Therapie nach den Grundsätzen unserer Medizin betreibt und betreiben kann, so irrt man sich gewaltig. Der Arzt ist in seinem Tun ebenfalls traditionell gehemmt und nur ganz langsam setzen sich die Ideen unserer abendländischen Medizin durch … Es hat sich zwar die Methode der Medizin etwas geändert, aber nicht die Denkweise.«[1515]

»Philosophie des Als-ob«

»China ist das Land der unbegrenzten Unmöglichkeiten«, schrieb einst aus Shanghai der 1894 in Berlin geborene *Theodor Friedrichs* in sein Tagebuch.[1516] Ihm gelingt 1939 die Flucht aus Deutschland zusammen mit seiner Frau Ilse. Eigentlich planen sie, ärztliche Dienste im japanischen Satellitenstaat Manchukuo anzubieten, doch erhalten sie das nötige Visum nicht und entschließen sich darauf, in der Huangpu-Metropole zu bleiben, wo Friedrichs eine relativ große Praxis eröffnet. Im Gegensatz zu anderen Emigranten-Ärzten findet er, der sich als »überzeugter, aber absolut freigläubiger Jude« bezeichnet, immer wieder einmal die Zeit und vor allem das Interesse, die fremde Umgebung wahrzunehmen:

> »Die Chinesen sind große Philosophen. Die Philosophie des ›als ob‹ ist bei ihnen zu höchster Blüte entwickelt. Bei ihnen sieht alles so aus, als ob. Wenn Ihr ein Türschloss in die Hand nehmt, so sieht es aus, als ob man es gebrauchen könnte; wenn Ihr es aber eingesetzt habt, dann schließt es nur zuweilen. Ihre Bauten sehen aus, als ob sie massiv wären. Wenn man sich aber dagegen lehnt oder einen Nagel in die Wand schlagen will, fällt die ganze Wand um. Ihre Möbel sehen aus, als ob sie stabil wären, wenn man sie aber in Gebrauch nimmt, dann zerfallen sie in kurzer Zeit in ihre sämtlichen Bestandteile.«[1517]

Der »glühende Patriot« Friedrichs empfindet die Kontaktaufnahme mit den Chinesen als schwierig, »weil wir ihre Mentalität so wenig verstanden wie sie die unsere«. Sein Tagebuch ist ein Zeugnis einer Ansammlung von Missverständnissen, die sich aufgrund gegenseitig falscher Vorstellungen ergeben und dann als Mentalitätsunterschiede ausgelegt werden. Im Arzt-Patienten-Verhältnis stellt er eine Art

Undankbarkeit derjenigen Patienten fest, die nach einer Behandlung ohne Benachrichtigung nicht wieder kommen. Beim allgegenwärtigen Diebstahl trägt er dem Umstand nicht Rechnung, dass das Schicksal der chinesischen Flüchtlinge noch weitaus schlimmer ist als das der europäischen Emigranten. Die Frage, ob ein Todkranker von einem Arzt behandelt werden soll oder nicht, besitzt im Westen einen anderen Wert als im damaligen China (wo sich der Arzt wegen der Gefahr einer Schadensklage von Angehörigen davor hütete, einen Eingriff vorzunehmen). Ob das angebliche Nichteinschreiten eines Feuerwehrmanns bei einem Brand mit dem Argument, heute sei Feiertag, mit der allgemeinen chinesischen Mentalität in Verbindung zu bringen ist, ist höchst fraglich. Auch die Bezeichnung der Polizei als »staatlich organisierte Räuberbande« deutet darauf hin, dass er von einem beträchtlichen Unterschied der Wertvorstellungen zwischen Ost und West ausgeht. »Wie sollten wir uns in einer solchen Mentalität zurechtfinden? Wir mussten fort aus diesem Land.« Nach dem Ende des Krieges emigriert Friedrichs in die USA, wo er 1980 stirbt.

»I was a Surgeon for the Chinese Reds« lautet der Titel eines 1953 erschienenen Buches von *Ernst M. Lippa*, einem österreichisch-jüdischen Chirurgen, der 1938 nach Shanghai floh und insgesamt zwölf Jahre in China verbrachte.[1518] Biographisch ist von Lippa so gut wie nichts bekannt, so dass man sich lediglich auf dessen eigene Schrift stützen kann, die allerdings viele Fragen zu seiner Person und seinen Motiven offenlässt.[1519] Seine Erfahrungen unterscheiden sich in fast allen Punkten beträchtlich von denjenigen aller anderen Emigranten. Schon in der Einleitung schreibt er (der sich selbst als Anhänger der Restauration der Habsburgermonarchie bezeichnet), dass China zu seiner Heimat geworden ist und – »gäbe es die Kommunisten nicht« – dort noch immer sein Platz wäre. Nach einem offensichtlichen Misserfolg mit seiner eigenen Praxis in Shanghai und Tätigkeiten bei einer buddhistischen Hilfsorganisation nimmt Lippa nach dem Ende des Krieges ein Angebot des Bischofs von Kaifeng an (das damals noch auf Guomindang-kontrolliertem Gebiet lag), im dortigen katholischen Spital medizinisch tätig zu sein.

Lippas Aufzeichnungen zeugen von der Überheblichkeit eines weißen Mannes, die fast schon an Boshaftigkeit grenzt. Selbstgefälligkeit, Hochmut, eine gehörige Portion Exzentrik und Verfolgungswahn finden sich hier. Für ihn sind alle Chinesen geborene Schauspieler, ausgestattet »mit der hervorragenden Fähigkeit zu lügen«.[1520] Der Chinese, so Lippa, ist der grausamste Mensch, wenn es um sein Verhältnis zu Tieren geht. Kommunisten haben es seiner Meinung nach lediglich darauf angelegt, den Ausländer das Gesicht verlieren zu lassen (bis 1946 sollen Lippas Sympathien angeblich bei den Kommunisten gelegen haben). Sein Bericht soll das wahre Bild von Maos Truppen zeigen, im Gegensatz zum falschen, demjenigen der westlichen »Yan'an-Bewunderer« wie Stein oder Robitscher-Hahn. Er brandmarkt das »Übel« der Kommunisten anhand von Berichten über Anklageversammlungen gegen Großgrundbesitzer und Missionare oder von deren Attacken auf Anhänger der Guomindang. Nach Einnahme der Stadt Kaifeng durch die roten Truppen im Frühherbst 1948 bricht Lippa – wegen der Liebschaft mit einer neuseeländischen Freiwilligenhelferin – in die nördlicher gelegenen kommunistischen

Gebiete in den Taihang-Bergen von Henan auf. Dort arbeitet er – wie damals auch Robitscher-Hahn – in einem »internationalen Friedensspital«, allerdings jederzeit bereit (und willig), die »befreiten Gebiete« wieder möglichst schnell zu verlassen. Auch dort geschehen für den österreichischen Arzt Dinge, die seinen Hass auf die Kommunisten fast ins Unermessliche anwachsen lassen: Falschpropaganda, Ausländerhass, Menschenverachtung, Amoralität. Im September 1949 kehrt er zurück nach Shanghai und verlässt einige Monate später das Reich der Mitte in Richtung Neuseeland für immer.

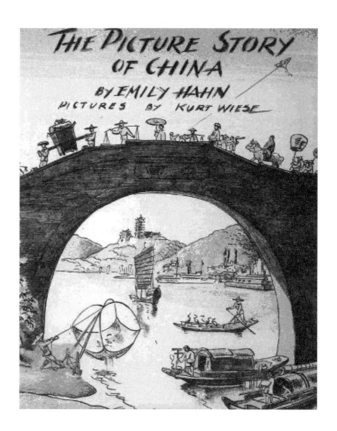

政治舞台　IV.　„Foreign Experts" und
Unterstützer von Maos Revolution

Größer könnte der Sprung von Lippa zu den sogenannten »Foreign Experts« kaum sein: Dieser hasste die Kommunisten wie die Pest; die »ausländischen Experten« sahen im »neuen China« das Ende einer dunklen, nach 1949 endgültig der Vergangenheit angehörenden Epoche.[1521] Nach der Machtübernahme der Kommunisten gab es die Missionare, Geschäftsleute, Abenteurer, Forscher und Anhänger chinesischer Exotik nicht mehr. In den 1950er Jahren stellten sowjetische Berater die Mehrheit der in China stationierten »Foreign Experts« (ein Titel, der von der kommunistischen Regierung verliehen wurde) dar, doch fanden sich auch Revolutionäre aus der Dritten Welt sowie progressiv gesinnte Westler – politische Flüchtlinge, Gegner der vertriebenen Guomindang-Regierung sowie Anhänger der Ideen Mao Zedongs – im Reich der Mitte wieder. Sie alle einten der Wille und die Überzeugung, für eine gute Sache ihre ursprüngliche Heimat zu verlassen, um in der Fremde China und seinem Volk zu dienen. Von den einen als Propagandisten und nützliche Idioten des Regimes, von den anderen als Idealisten und Charakterköpfe bezeichnet, verfügten sie über einen Einblick in Politik und Gesellschaft der neu gegründeten Volksrepublik, wie er sonst keinem Ausländer seit der Flucht der Guomindang-Regierung vom Festland mehr vergönnt war.[1522] Dass die Einschätzung der »Foreign Experts« insbesondere im Laufe der letzten Jahre bedeutenden Änderungen unterworfen war, hat auch mit dem Ende des Kalten Krieges zu tun: Was einst als politisch verbrämt, weil nicht opportun galt, wird heute kritischer und objektiver beurteilt.

Israel Epstein: »The Unfinished Revolution«
Israel Epstein hätte alle Voraussetzungen für eine erfolgreiche Journalistenkarriere im Westen erfüllt: Intelligenz, Scharfsinn, eine gute Beobachtungsgabe, ein gefälliger Schreibstil – und jahrelange Erfahrung als Kriegsberichterstatter. Kurzum, Eppy, wie er von seinen Freunden zeitlebens genannt wurde, war ein humorvoll-witziger, historisch denkender, kosmopolitisch ausgebildeter Reporter. Er hätte ebensogut in die Annalen westlicher China-Berichterstattung eingehen können wie Edgar Snow oder Theodore White. Doch allein schon seine eigensinnige, vom damaligen Zeitgeist geprägte Denkweise, machte dessen Karriere, zumindest im Abendland, einen Strich durch die Rechnung: Vielmehr ging der 1915 in Polen geborene Epstein in die Geschichte der Westler in China als Vorzeigeausländer ein, als legendärer Propagandist im Dienste des »neue China«, sozusagen als die chinesische Version des russischen »Hofjuden«.

In seiner Jugend besonders angetan war Epstein nach eigenen Worten von den jüdischen Philosophen Baruch Spinoza und Uriel Acosta.[1523] Beide haben seine Gesinnung und den unkonventionellen Lebensweg maßgeblich beeinflusst: Ersterer mit seinen Ideen zur Ethik, Letzterer mit seiner Ablehnung rabbinischer Autoritäten. Eppys Eltern stammen aus Litauen, beide gehören dem jüdisch-sozialistischen Bund an. Wie die meisten russischen Juden wählen sie die Sibirien-Route, um das Zarenreich Richtung Fernost zu verlassen. Eppy wächst in Harbin auf, im Alter von fünf Jahren zieht die Familie nach Tianjin. Zu Hause spricht man russisch, gibt sich säkular (»ich feierte nie Sabbat, betrat in meinem Leben vielleicht dreimal eine Synagoge«). Die Mehrheit der Tianjiner Juden habe damals – so Epstein – ohne mit der Wimper zu zucken, Schinken-Sandwichs gegessen. Vater Lazar, ein Buchhändler, bezeichnet sich als an der Sozialdemokratie orientierter Marxist (»zu Hause hing ein Porträt von Marx«), lehnt den Zionismus aus geopolitischen Gründen ab und schärft seinem Sohn ein, gegenüber den chinesischen Gastgebern keine sonst in den internationalen Konzessionen üblichen Schimpfworte wie beispielsweise »Chinks« zu verwenden. Wie die meisten westlichen Ausländer im damaligen Tianjin geht Epstein auf eine englische Schule und hat praktisch keinen Kontakt mit gleichaltrigen Chinesen, obwohl sein Vater immer wieder zu Akkulturation drängt und die koloniale Situation in China als Anfang vom Ende einer westlichen Überlegenheit deutet.

Nach dem Schulabgang verdient sich Epstein als Zeitungsmann bei der »Peking & Tientsin Times« seine ersten journalistischen Sporen. Mit achtzehn Jahren bespricht er Edgar Snows Buch »Far Eastern Front« und tritt selbst mit dem Amerikaner in Peking in Kontakt. Das Weltgeschehen fesselt ihn, insbesondere die verworrene Lage in China, das sich von allen Seiten bedroht sieht. Mit Erfolg meldet er sich bei der Nachrichtenagentur United Press und verlässt nach dem Einfall der Japaner 1937 – er selbst war Augenzeuge des Angriffs bei der Marco-Polo-Brücke – die Stadt nahe dem Bohai-Meer. In den folgenden Jahren berichtet er für amerikanische Presseerzeugnisse direkt von den verschiedenen Kampffronten (unter anderem in freier Mitarbeit für die »New York Times«). Im Alter von erst 24 Jahren erscheint sein erstes Buch »*The People's War*« (1939), und zwar beim bekannten Londoner Verleger Viktor Gollancz, dem Mitgründer des Left Book Club.[1524] Epsteins Werk ist eine historisch angelegte Studie über Chinas Krieg mit Japan und dessen Vorgeschichte, ohne jegliche persönlich-atmosphärische Note, dafür aber mit einigen Halbwahrheiten und eigenen Wunschvorstellungen (obwohl das Buch nicht wie viele andere jener Zeit als besonders gegen die Guomindang gerichtet bezeichnet werden kann). Die Auffassung etwa, die Stadt Hankou sei deshalb an die Japaner gefallen, weil das Kaiserreich sich wegen des Münchner Abkommens zum Angriff befähigt gehalten habe, klingt durchaus interessant, ist jedoch nach Meinung des Rezensenten in der »China Weekly Review« unhaltbar.[1525] Auch scheint Epstein jedes Wort aus dem Munde eines Kommunisten für bare Münze zu nehmen, woraus eine Überschätzung der Widerstandskraft des chinesischen Volkes resultiert. Aus Sicht der Historiker von Interesse ist seine Meinung, dass die Stärkung der kommunistischen Bewegung in China damit zu tun habe, dass ein bäuerlicher Nationalismus Auftrieb erhalten hatte – eine These, welche verschiedene Historiker später aufgegriffen haben, um den Sieg der Kommunisten 1949 mit den Ereignissen während der Kriegsjahre zu erklären.[1526]

In den Jahren des Krieges arbeitet Epstein, ein unermüdlicher Verfechter der Einheitsfront, für eine Radiostation der Guomindang in Chongqing, hauptsächlich jedoch für Madame Suns China Defense

League in Hongkong. 1944 reist er, zusammen mit Gunther Stein, nach Yan'an und fährt ein Jahr später in die USA, um dort an seinem zweiten Buch, »*The Unfinished Revolution*« (1947), zu schreiben.[1527] Auch dieses wird von einem prominenten Kopf besprochen, und zwar von Owen Lattimore in der »New York Times«: Der China-Kenner räumt zwar die Parteinahme Epsteins für die Kommunisten ein, lobt aber dennoch das Buch als Grundlage für den Leser, sich selbst ein eigenes Bild zu machen.[1528] »[Epstein] überzeugt mich, dass sich der chinesische Bürgerkrieg nicht auf den Triumph einer Ideologie oder der Gewaltherrschaft eines einzelnen Generals oder Politikers hin bewegt.« Wie andere auch wurde Lattimores Optimismus widerlegt. Die antikommunistische Hysterie in den USA macht es Epstein in der Folge einfacher, eine Einladung von Madame Sun zur Rückkehr nach China (1951) anzunehmen. Und er tat gut daran, das Land rasch zu verlassen, denn schon bald darauf fiel sein Name im Zusammenhang mit der Diskussion um den »Verlust Chinas« in den Zeitungen immer öfter.[1529]

Mit seiner Rückkehr nach China entfällt für ihn jegliche Zurückhaltung beim Bekenntnis zu seiner prokommunistischen Einstellung: »Ich fühlte, dass die Kommunisten meine Art von Leuten waren, und vielleicht fühlten sie, dass ich ihr Typ war.«[1530] In den folgenden Jahren verfasst Epstein zahlreiche Bücher und Artikel, die alle voll des Lobes über das »neue China« waren und welche die Salonfähigkeit einer im Westen verachteten Regierung zum Ziel haben. Persönliche Aussagen und individuell erfahrene Begegnungen oder Stimmungen finden sich darin nicht, diese werden, wenn überhaupt, immer in den jeweiligen politischen Kontext beziehungsweise in den Dienst der herrschenden Ideologie gestellt. »*From Opium War to Liberation*« (1956) widerspiegelt das klassische Geschichtsverständnis der kommunistischen Regierung, während in »*Tibet Transformed*« (1983) die offizielle Tibet-Politik rekapituliert und gerechtfertigt wird. Genau wie die Beijinger Führung ist Epstein bestrebt, die Errungenschaften des »neuen China« scharf von den »semi-feudalen« Zuständen des Landes unter der Guomindang abzugrenzen, den Bruch so offensichtlich wie möglich erscheinen zu lassen. Keine Ausbeutung, keine Korruption, kein Dreck mehr – dafür Gleichheit, Ehrlichkeit, Sauberkeit im »neuen China«.[1531] Mit Vehemenz beanstandet Epstein immer wieder das angeblich falsche Bild, welches der Westen von Maos China verbreitet. Selbst vor der Kritik an seinen einstigen Weggefährten scheut er nicht zurück. Unter dem Titel »Das Volk betrügen« greift er die »Wendehälse« und China-Experten John K. Fairbank, Owen Lattimore und Edgar Snow an, welche die Geschichte verfälschten und »konterrevolutionäres Gedankengut« verbreiteten.[1532]

In China wird Epstein, mit chinesischem Namen Aipositan, gefeiert und gehätschelt. 1957 erlangt er die chinesische Staatsbürgerschaft. Er gehört zu den Mitbegründern der fremdsprachigen Zeitschrift »China Reconstructs« (später »China Today«), tritt in die KP Chinas ein und wird 1983 Mitglied der Politischen Konsultativkonferenz des chinesischen Volkes (CPPCC), eines Beratungsorgans, in dem einstmals von zehn darin vertretenen Ausländern fünf jüdischer Abstammung waren.[1533] Epstein ist das Maskottchen in der Gruppe der »Foreign Experts« in Beijing, das den Machthabern Glück in Form von ausländischer Anerkennung bringen soll. Der Altmeister der Propaganda hat Kontakt mit den höchsten staatlichen Würdenträgern: bis zu ihrem Tode 1981 mit Madame Sun, über die Epstein die Biographie »Woman in World History. Soong Ching Ling« (1995) verfasst, mit Zhou Enlai, dessen Ehefrau Epstein einst die Flucht vor japanischen Truppen ermöglicht haben soll, mit Chinas Patriarchen Deng Xiaoping, mit Li Peng und Jiang Zemin. Vergessen werden die Jahre der Einzelhaft während der Zeit der Kulturrevolution, in der es auch fast alle damals in China lebenden Ausländer traf. »Ich teile Ihre Gefühle, weil ich auch sechs Jahre lang aufgrund falscher Anschuldigungen im Gefängnis gesessen habe«, erklärt Deng Xiaoping an Epsteins 70. Geburtstag.[1534] Noch heute wird er von Exponenten des Staates regelmäßig zitiert, und selbst Ministerpräsident Wen Jiabao lässt es sich nicht nehmen, den Jubilar anlässlich seines 88. Geburtstags in dessen Beijinger Wohnung aufzusuchen.[1535] Am 26. Mai 2005 stirbt Epstein in Beijing und wird auf dem Babaoshan-Heldenfriedhof beigesetzt.

Fast neunzig Jahre hat der polnische Jude in China verbracht und dabei die Verwerfungen der Geschichte dieses Landes im 20. Jahrhundert miterlebt. Ähnlich wie bei seinen Schicksalsgenossen besteht bei ihm eine enge Verbindung zwischen dem persönlichen Werdegang und der späteren Lebensaufgabe. Ihn aus heutiger Sicht wegen seiner Propagandatätigkeit zu verurteilen, wäre falsch. Vielmehr stellt sich erneut die Frage nach den Entscheidungsgrundlagen für jedes Individuum angesichts des Erstarkens unmenschlich erscheinender Ideologien. Für Epstein schien es klar zu sein, dass er in Anbetracht der damaligen faschistischen und nationalsozialistischen Gefahren sein Leben in den Dienst des Kampfs gegen diese totalitären Weltanschauungen stellen würde. Er vergleicht die Menschen als Korken auf dem Wasser; doch stehe dem Individuum noch immer die Entscheidung selbst zu, auf welcher Woge es zu schwimmen gedenke. Dass er sich auf einer wiedergefunden hat, die nicht weniger ideologisch und totalitär bestimmt war als die andern, gehört mit zum Leben in einem Zeitalter der Extreme.

Sidney Shapiro: »I Chose China«

Sidney Shapiro, ein rüstiger Herr mit typischem New Yorker Akzent und wachen Augen, wohnt seit mehreren Jahrzehnten in einem der von der überall in Chinas Städten grassierenden Abbruchhysterie noch verschont gebliebenen viereckigen Beijinger Wohnhöfe, dem »Siheyuan«, an der Nanguangfang 24, unweit der Gestade des Houhai-Sees und der ehemaligen Residenz Guo Muoruos. Der hübsche Garten ist voller Rosen und Kakteen. Das Innere des Wohnzimmers ist einfach ausgestattet, mit vielen Büchern, selbst verfassten und solchen seiner geistigen Lehrmeister Mao Zedong und Deng Xiaoping.[1536] Der 1915 wie Sokolsky und Granich in der Lower East Side geborene Shapiro suchte sich während seines Aufenthalts im Reich der Mitte in den letzten fünfzig Jahren ein alternatives Betätigungsfeld: als Übersetzer chinesischer Literatur, als der er auch westlichen Sinologen bekannt geworden ist, und, weniger beachtet, als Herausgeber eines Buches über die Juden im alten China.[1537] Im Gegensatz zu Epstein weiß Shapiro anfangs nicht, was er eigentlich in China zu suchen hat. Er, dessen Eltern aus der Ukraine beziehungsweise Litauen stammen, tritt 1941 in die US-Army ein, wo er, nach dem Jura-Studium, in eine Spracheinheit mit Schwerpunkt Chinesisch eingeteilt wird. Doch erst eine Schiffsreise führt ihn im April 1947 ins Reich der Mitte. Wie Epstein ein säkulär ausgerichteter Jude (»I left God«), sucht er immerhin in seiner Kindheit während der Feiertage die Synagoge auf. Im Gegensatz zum gleichaltrigen Polen besitzt er keine Kenntnisse des Marxismus, verliebt sich aber nach Ankunft in Shanghai Hals über Kopf in eine den Kommunisten nahe stehende Schauspielerin. In seiner Autobiographie »I Chose China« (2000) erinnert er sich, der bis dahin sein China-Bild lediglich aus amerikanischen Medien formte, seiner ersten Einschätzung der Chinesen: »Als ich nach China kam, fand ich Menschen vor, ich spreche nicht nur über Kommunisten oder die politisch orientierten Leute, die sehr liebenswürdig und rücksichtsvoll waren, sehr familienorientiert. Wenn man ihr Freund war, gab es absolut nichts, das sie nicht für einen zu tun bereit waren ...«[1538]

Kurz vor der Machtübernahme von Maos Truppen zieht Shapiro mit seiner Frau nach Beijing, wo er deren Einzug in die Stadt miterlebt. Über Umwege findet er Arbeit im staatlichen Verlagshaus Foreign Languages Press, das sich auf die Publikation von regierungstreuen Pamphleten und Büchern spezialisiert hat. Shapiro steht nun im Dienste des »neuen China«. Er schreibt über das Ende der Prostitution, die Senkung der Kriminalität, die Landreform, das allgemeine Saubermachen. In der »China Monthly Review« verteidigt er den Einsatz der chinesischen Freiwilligenverbände im Koreakrieg.[1539] Shapiro wandelt sich, wie er selbst sagt, zu einem Sinophilen, der die Diskussions- und Studiengruppen seiner »Einheit« über alles liebt. Mit der Zeit weiß er mehr und mehr über den Marxismus und die Ideen Mao Zedongs, er wird aber im Gegensatz zu Epstein nie Mitglied der KP Chinas. 1963 nimmt er die chinesische Staatsbürgerschaft an.

In seiner Autobiographie versucht er den westlichen Leser davon zu überzeugen, dass China nach eigenen Maßstäben gemessen werden muss. Seine Ausführungen wirken echt und enthalten eine sehr persönliche Note, gelegentlich wirkt die Darstellung auch allzu ichbezogen. Viele seiner Gedanken erscheinen aus heutiger Sicht als naiv, doch nimmt man es ihm ab, dass er damals große Hoffnungen in die neue sozialistische Moral gesetzt hat. Wie es sich für einen »Foreign Expert« ziemt, übernimmt er vorbehaltlos die offizielle Meinung, etwa gegen die Religion beziehungsweise den im Volk vorhandenen Aberglauben. Shapiro glaubt an den Kommunismus, an die zu schaffende »neue Gesellschaft« und kritisiert selbst Mao nur dort, wo es die Parteilinie erlaubt (etwa im Zusammenhang mit der Politik des Großen Sprungs nach vorne). »Fortgerissen mit der chinesischen Revolution, kam ich immer näher zum Sozialismus, zumindest im Geistigen. Anfang der 1960er Jahre realisierte ich, dass ich das Leben fand, das ich mir am meisten gewünscht hatte. Ich stimmte mit den chinesischen Zielen und der Politik überein, und ich mochte die politische Atmosphäre, das kulturelle und soziale Leben.«[1540] Shapiro übernimmt ohne Skrupel die gängigen propagandistischen Ausdrücke jener Zeit von den »kläffenden Hunden« (gemeint sind westliche Kritiker) oder dem »entfesselten« Chiang Kai-shek. Auch seine Meinung zu Tibet entspricht, wie bei Epstein, der Haltung der Regierung. Schließlich prostituiert er sich gar als Schauspieler in Rollen ausländischer Schurken.

II. Individuen, Biographien und Lebenswelten

Von einigem Interesse ist Shapiros Bericht über eine Inspektionsreise im Dezember 1980 in die Provinz Sichuan, wo damals der heute verfemte Zhao Ziyang als Parteichef herrschte. Seine Reportage offenbart – mit Zitaten chinesischer Akademiker und Fabrikverwalter – eine mehr als versteckte Kritik an der staatlichen Politik, wie sie Jahre später unmöglich gewesen wäre.[1541] Die unangemessene Reaktion der Parteiführung auf die Vorgänge rund um die Demonstrationen auf dem Tian'anmen-Platz im Jahre 1989 kritisiert er ziemlich unumwunden. Doch wie die meisten der noch übriggebliebenen alten »Foreign Experts« bedauert Shapiro den Verfall der moralischen Ordnung, wie sie unter Mao bestanden habe. Und wie einige der »Foreign Experts« jüdischer Herkunft besinnt er sich auf sein Lebensende hin seiner jüdischen Wurzeln: »Aber hier (während seines Besuchs 1989 in Israel – Anm. d. Verf.) begann es, die grundlegende Essenz von mir als Jude. Ich fand meine Herkunft.«[1542] Seinen Entschluss, China als seine zweite Heimat anzunehmen, hat Shapiro deswegen nie bereut: »China eröffnete mir die außerordentliche Chance mitzuerleben, wie man mit menschlichen Bemühungen ein Land aus den Tiefen größter Erniedrigung hinauf zu einer anständigen Art von Gesellschaft führen konnte.«[1543]

Sidney Rittenberg: »The Man Who Stayed Behind«

Für die einen ein Lügner, für die andern ein Einzelgänger von bemerkenswertem Charme: Der 1921 in South Carolina als Sohn einer wohlhabenden Anwaltsfamilie geborene *Sidney Rittenberg* ist auf jeden Fall eine der mysteriösesten Figuren innerhalb der Gruppe der »Foreign Experts«.[1544] Und ohne Zweifel die mächtigste; Gerüchten gemäß soll er während der Kulturrevolution gar den Sturz von Ministerpräsident Zhou Enlai betrieben haben.[1545] Von allen in der Gruppe hat er Chinas Gefängnismauern am längsten von innen gesehen: Von insgesamt 35 Jahren im Reich der Mitte verbrachte er knapp 16 Jahre in Einzelhaft, ein wahrlich ungewöhnliches Schicksal. Der Großvater von Rittenbergs Mutter stammte aus Russland, der Enkel selbst besuchte in seiner Kindheit Synagoge und jüdische Grundschule, bezeichnete sich selber aber später als irreligiös. Sid, wie er von seinen Freunden genannt wird, ist ein guter Schüler und lernt mühelos ausländische Sprachen, eine Gabe, die ihm 1942 wieder zugute kommt, als er, wie Shapiro, von der Armee für einen Intensivkurs in Chinesisch an der Stanford University ausgewählt wird. Noch während seiner Studienzeit hat er sich als Mitglied der Kommunistischen Partei Amerikas für die Anliegen von Arbeitern einer Baumwollfabrik und für Kohlebergwerksarbeiter sowie gegen die damals im Süden der USA herrschende Rassentrennung engagiert. Er büßte seinen Einsatz mit einer Gefängnisstrafe.

Im Herbst 1945 wird er von der amerikanischen Armee als Übersetzer in Yunnans Kapitale Kunming geschickt. »Gewiss, ich war ein Reformer, ein Revolutionär, fast ein Besessener für die sozialen Anliegen des Lebens. Aber China gehörte nicht dazu. Ich träumte nie, wie andere Amerikaner, davon, China zu retten.«[1546] Es kam anders. Das ruchlose Verhalten eines amerikanischen Lastwagenfahrers gegenüber einem chinesischen Mädchen sowie die überall sichtbare Korruption der Guomindang treiben ihn, wie er selber sagt, in die Arme der Kommunisten. Wann immer es ihm möglich ist, trifft er sich mit deren

Verbindungsleuten: in Shanghai, als Beobachter der UNRRA in Hunan, wo er Augenzeuge einer schrecklichen Hungersnot wird, und dann natürlich im Gebiet der Neuen Vierten Armee selbst, in den Dabie-Bergen im Grenzgebiet der Provinzen Hubei und Anhui, wo die Truppen von Li Xiannian, dem späteren Staatspräsidenten, infolge des von General Marshall ausgehandelten Waffenstillstands festsitzen. Dort scheint Sid, der inzwischen den chinesischen Namen Li Dunbai angenommen hat und als Übersetzer amtiert, zum ersten Mal den inneren Drang verspürt zu haben, in die Innenpolitik Chinas einzugreifen: Er teilt Li seine Befürchtung mit, die Amerikaner würden die Kommunisten hinters Licht führen, indem sie ihnen ein falsches Gefühl von Sicherheit vermittelten, in Wirklichkeit jedoch die Guomindang unterstützten. Anschließend folgt die Tätigkeit als Vertreter der Hilfsorganisation United China Relief in Kalgan, das damals unter der Herrschaft des späteren Marschalles Nie Rongzhen stand.

Im Oktober 1946 geht Rittenbergs größter Wunsch in Erfüllung: Nach einer mehrwöchigen Reise zu Fuß und auf Pferden und Maultieren erreicht der 25-Jährige Yan'an, wo er zum ersten Mal Mao persönlich begegnet: »Ich konnte mein Glück kaum fassen. Das war derselbe Mao, von dem ich in der Presse gelesen und dessen Werke ich in Stanford studiert hatte. Ich anerkannte seine Vision für China und seine philosophische Genialität.«[1547] Von diesem Moment an ist er ein Gefangener einer lebenden Ikone, einer Ideologie, die ihn im wahrsten Sinne des Wortes fesselt, seine eigene Entscheidungsfähigkeit auf ein Minimum reduziert und ihn zu einem willenlosen Werkzeug macht, ohne dass er sich dessen bewusst wäre. Rittenberg, der als Berater für das englischsprachige Programm des Rundfunks tätig ist, nimmt die Stellung eines Verbindungsmannes zwischen den Kommunisten und der amerikanischen Regierung ein. Bescheidenheit ist nicht seine Tugend: Stolz auf seine Rolle in dieser Revolution, nimmt er begeistert an Kampfversammlungen gegen Großgrundbesitzer teil. Er findet sie nötig, um »der Welt Frieden und den Unterdrückten Goodwill« zu bringen. Immer höher will er hinaus, sich voll und ganz in den Dienst dieser Revolution stellen. Doch wo ein Berg, ist auch ein Tal. Als die Nachricht von der Festnahme Anna Louise Strongs durch Stalin Anfang 1949 Yan'an erreicht, wird Rittenberg aufgrund von Spionagevorwürfen festgenommen.[1548] Er, der alle hohen Kader der Kommunisten persönlich kennt, der Mitglied der KP Chinas geworden ist, der Wang Guangmei, die spätere Ehefrau Liu Shaoqis, hätte heiraten sollen, wird sechs Jahre lang in Einzelhaft gehalten, ehe er im April 1955 freikommt, nachdem die Chinesen ihm mitgeteilt haben, er sei aufgrund falscher Beschuldigungen eingekerkert worden.

Wie andere Gefangene des kommunistischen Systems wird Rittenberg einer Gehirnwäsche unterzogen. Und wie einzelne andere Westler zeigt er nach seiner Entlassung aus der Gefangenschaft ein gewisses Verständnis gegenüber denen, die ihn viele Jahre lang in Unfreiheit schmoren ließen.[1549] Seine 1993 verfasste Autobiographie »*The Man Who Stayed Behind*« ist eine Art »Mea Culpa«, die ihm allerdings der Leser nur begrenzt abnimmt. Zu einfältig beurteilt er, zumindest aus heutiger Sicht, die Verhältnisse in Maos China. Und vor allem ist er einer, der es liebt, sich selbst zu inszenieren. Nach seiner Entlassung findet er Arbeit bei Radio Beijing, hat Zugang, wie er schreibt, zu »top-secret meetings«. Rittenberg ist ein guter Analytiker, aber ein schlechter Beobachter. Mit Ausnahme einer einzigen Alltagswahrnehmung, nämlich den verschiedenen Tönen der aus der Vorkriegszeit bekannten Straßenverkäufer, vernimmt der Südstaatler lediglich die zumeist schrillen Geräusche der kommunistischen Politik – und auch die nur auf der ihm jeweils passend erscheinenden Höhe. Als Wetterfahne wird er auch bezeichnet. Fast etwas schuldbewusst räumt er ein, alles geglaubt zu haben, was man ihm sagte. Doch immer wieder tritt sein fast krankhaft scheinender Geltungsdrang hervor, der ihn zum Mitmacher fast aller Kampagnen jener Zeit prädestiniert. Selbst die im Anschluss an die Hundert-Blumen-Bewegung einsetzende Korrekturkampagne Ende der 1950er Jahre macht er begeistert mit. Und auch beim Großen Sprung nach vorn, bei dem Millionen von Menschen verhungern, eifert er zusammen mit seiner chinesischen Ehefrau denen nach, die möglichst viele Kochpfannen und andere Eisenwaren in lokale Hinterhof-Hochöfen brachten, um (minderwertigen) Stahl zu produzieren.

Besonders stolz, und das mit Recht, ist Rittenberg auf seine Mitwirkung bei der offiziellen Übersetzung von Maos Werken, an der sich nebst chinesischen Wissenschaftern auch einige westliche »Foreign Experts« beteiligen.[1550] »Mein Stern war im Aufstieg ... Überall wurde ich beansprucht«, meint er dazu. Er sieht sich als Vertreter der chinesischen Position gegenüber dem Ausland. Bei seinem Zugang zum innersten Machtzirkel mutet es allerdings seltsam an zu lesen, dass er über den Beginn der Kulturrevolution erst über die Voice of America erfährt. Das hindert ihn wiederum nicht daran, eine aktive Rolle bei dieser zehn Jahre dauernden Massenveranstaltung gigantischen Ausmaßes zu spielen. Er, der »internationale Kämpfer für den Kommunismus«, reist im ganzen Land herum, preist die Losungen Chen Bodas, eines der führenden Chefideologen, hält Vorträge, die in den Zeitungen abgedruckt werden, und fühlt sich als Königsmacher. All das Alte zu zerschlagen, scheint für ihn aufregend zu sein, seinen Machtinstinkt weiter zu fördern. Zu Beginn des Jahres 1967 wird ihm das Amt des Direktors von Radio Beijing übertragen: Der Ausländer Rittenberg hat damit die höchste Stufe seiner Macht erreicht. Von da an kann es nur noch abwärts gehen. Seine Erinnerungen an diese Zeit klingen wie die krankhaften Phrasen von jemandem, der nicht mehr weiß, was er sagt.[1551] Weihnachten 1967 ist plötzlich Schluss mit den Starallüren des Einpeitschers, Hetzers und Hintermanns. Die Revolution beginnt, ihre eigenen Kinder zu fressen, was für Rittenberg, wiederum der Spionage für Amerika angeklagt, neuerlich den Weg in die Einzelhaft bedeutet, dieses Mal für ganze neun Jahre.

Drei Jahre nach Haftentlassung verlässt Rittenberg zusammen mit seiner Frau im März 1980 China Richtung Amerika, ohne das Angebot der chinesischen Regierung für einen Sitz in der Politischen Konsultativkonferenz des chinesischen Volkes (CPPCC) angenommen zu haben (dagegen war er vor seiner Ausreise noch kurzzeitig Berater der Akademie für Sozialwissenschaften). Die Ablehnung des Mitläufers Rittenberg tönt wie eine hohle Phrase angesichts der von ihm jahrzehntelang hochgehaltenen Ideale: »Ich war nach China gekommen, um der Humanität und den Menschen zu dienen, um China zu retten, die Welt zu verändern. Ich hatte keine Absicht, den Rest meines Lebens für diejenigen einzusetzen, die von der Macht korrumpiert waren, gekauft durch ihre Vergünstigungen ...«[1552] Rittenbergs Chronik, ein zweifellos wertvolles historisches Dokument, lässt mehr Fragen offen, als sie beantwortet. In vielem scheint es das Werk eines Menschen zu sein, der sich gerne in Szene setzt und dabei selbst unter Beschuss gerät. Unklar ist seine Beziehung zu Jiang Qing, Maos Witwe und Mitglied der Viererbande. Auch den Vorwurf, er habe Ausländer wie Chinesen denunziert, kann er nicht ausräumen. Mit seinem angeblichen Einsatz für den Dissidenten Wei Jingsheng bei dessen Verurteilung 1979 versucht er sich reinzuwaschen und macht im gleichen Atemzug Deng Xiaoping für die zunehmende Korrumpierung der Machtstrukturen verantwortlich. Mao ist für ihn ein »brillanter, talentierter Tyrann«, den er angeblich nie mochte. Der jeweilige Antrieb seines Handelns und die Unterscheidung zwischen dem, was Dichtung, was Wahrheit ist in seinen Äußerungen über sein Leben, bleiben oft ein Geheimnis. Tatsache ist, dass er in seinen späteren Lebensjahren ein äußerst erfolgreiches Beratungsunternehmen in den USA geleitet hat, das westlichen Unternehmungen den Zugang zum chinesischen Markt erleichtern sollte. Vielleicht war das die beste Idee seines Lebens.

Solomon Adler: »The Chinese Economy«

Einer, der ebenfalls an der Übersetzung von Band IV der Gesamtausgabe von Maos Werken mitgearbeitet hat, war der 1909 im englischen Leeds geborene Wirtschaftswissenschafter *Solomon Adler*.[1553] Seine Eltern (der Vater besaß das Zertifikat eines Rabbiners, arbeitete jedoch als Ladenbesitzer) stammten aus Litauen und waren nach England ausgewandert, um ihren neun Kindern ein besseres Leben zu bieten. Solomon geht zwar auf eine jüdische Schule und unterzieht sich der Bar-Mizwa-Feier, doch lehnt er den Judaismus als Religion ab. Mit einem Stipendium studiert er in Oxford Philosophie, Politik und Ökonomie, bevor er an der London School of Economics einen M.A. in Wirtschaftswissenschaften erlangt. Danach fährt er in die USA, wo er an der Library of Congress arbeitet und dabei die Bekanntschaft mit dem später berühmten marxistisch beeinflussten Ökonomen Ji Chaoding macht, der der Guomindang und danach den Kommunisten gemäß seinen Theorien zu einer aktiven chinesischen Exportpolitik rät.[1554] Sol Adler pendelt in den 1930er Jahren eine Weile zwischen den USA und England, ehe er sich schließlich in Amerika niederlässt und beim Finanzministerium Arbeit findet. Von diesem wird er 1941 nach Chongqing gesandt, wo er als Mitglied des Stabilization Board of China versucht, der steigenden Inflation Herr zu werden. Als Attaché an der US-Botschaft in Chongqing und später in Nanjing erlebt er die Guomindang-Politiker T. V. Song und H. H. Kung aus nächster Nähe. Auch mit den drei Song-Schwestern versteht er sich prächtig. 1947 kehrt er zurück in die USA. Gleich darauf gerät er in den Strudel der Beschuldigungen der China-Lobby gegen Mitarbeiter des amerikanischen Außenministeriums. Er wird von seiner Arbeit suspendiert und der kommunistischen Subversion beschuldigt.[1555] John K. Fairbank verhilft ihm daraufhin zu einer Forschungsstelle an der Harvard-University. 1950 kehrt Adler den USA den Rücken und bricht nach Großbritannien auf, wo er an der Wirtschaftsfakultät der Cambridge University forscht und gleichzeitig an seinem Buch »The Chinese Economy« (1957) arbeitet.[1556] Es ist die erste im Westen erscheinende Publikation über die wirtschaftlichen Grundlagen Chinas seit 1949. Auf

II. Individuen, Biographien und Lebenswelten

Einladung von Ji Chaoding kehrt er 1962 nach China zurück. Dort arbeitet er einerseits wissenschaftlich am Institut für Weltwirtschaft an der Akademie der Wissenschaften, andererseits als Berater des Außenhandelsministeriums. Im Gegensatz zu anderen westlichen Kollegen hat er Zugang zu allen ausländischen Presseerzeugnissen, von »Le Monde« bis zur »Herald Tribune«. Für die Adlers, so seine Frau Pat, ging das Leben auch während der Kulturrevolution weiter. Anders als fast alle anderen Ausländer wird das Ehepaar nicht behelligt, was auch in einem Artikel in der »New York Times« hervorgehoben wird.[1557] Im Mai 1981 nimmt Adler am Begräbnis von Madame Sun – wie unter anderem auch Epstein und Granich – als Vertreter der ausländischen »Freunde Chinas« teil. 1994 stirbt er in Beijing, in der Hoffnung, »etwas von seinem Wissen in China beigesteuert zu haben«.

David Crook: »Revolution in a Chinese village«

Über einen anderen Engländer, den 1910 in London geborenen *David Crook*, existieren keine detaillierten biographischen Angaben.[1558] Ausgebildet am Cheltenham College in England sowie an der Columbia University in New York, nimmt Crook am Spanischen Bürgerkrieg teil, in dem er gleich zu Beginn verwundet wird und deshalb fortan in der kommunistischen Untergrundarbeit in Barcelona mitmacht. Als sowjetischer KGB-Agent wird er Ende der 1930er Jahre nach Shanghai geschickt, getarnt als Journalist und Lehrer, um an der Jagd auf »trotzkistische Oppositionelle« teilzunehmen.[1559] Nach einer Reise über Hongkong, Vietnam und Yunnan findet er sich schließlich in Chongqing, wo er seiner späteren Frau, einer Missionarstochter, begegnet. 1947 gelangen die beiden in die »befreiten Gebiete« und zwei Jahre später nimmt das Ehepaar die Einladung des kommunistischen Funktionärs Wang Bingnan an, in Beijing künftigen Diplomaten die englische Sprache beizubringen. 1959 erscheint ihr Buch »*Revolution in a Chinese village*«, in dem sie von ihren Erfahrungen mit einer Massenbewegung in einem gewöhnlichen Dorf berichten.[1560] Während der Kulturrevolution werden auch David und Isabel Crook verhaftet und erst 1973 wieder freigelassen. Wie fast alle anderen »Foreign Experts« klagen sie deshalb das System nicht an.[1561]

Michael Shapiro: »Changing China«

Michael Shapiro, 1910 in der Ukraine geboren und mit zwei Jahren nach England gekommen, besaß zwar nicht den Titel eines »Foreign Expert«, galt aber trotzdem als Freund Chinas und wurde noch kurz vor seinem Tod im Jahre 1986 als Ehrenbürger Beijings ausgezeichnet.[1562] Auf dem Büchergestell der Beijinger Wohnung seiner Frau stehen 1906 in Warschau publizierte Bücher in jiddischer Sprache. Michaels Eltern galten als streng orthodox, was auch in der Erziehung ihres Sohnes zum Ausdruck kommen sollte. Der junge Mann gilt als guter Student, und wie Solomon Adler studiert auch er an der London School of Economics. Anschließend ist er als Parteifunktionär der KP Englands tätig, bevor er im Januar 1950 zusammen mit drei Kollegen auf Antrag Maos an die Schwesterpartei mit der Transsibirischen Eisenbahn nach China reist. Shapiro arbeitet als sogenannter »polisher«, der übliche Titel eines Korrekturlesers für Übersetzungen aus dem Chinesischen ins Englische, bei der Nachrichtenagentur Xinhua. 1958 erscheint von ihm ein Buch mit dem Titel »*Changing China*«, das dem Leser die Änderungen im Leben des »neuen China« schildert.[1563] Im Vorwort schreibt Shapiro, dass ihm daran gelegen sei, Chinas Situation weniger zu beschreiben, als zu erklären. Daneben verfasst er unter dem Pseudonym Michael Best Beiträge für den kommunistischen »British Daily Worker«. Obwohl er sich politisch in China kaum engagiert hat, verschwindet auch er während der Kulturrevolution für fünf Jahre im Gefängnis.

Gerald Tannebaum: Foster Parents' Plan for War Children

Der 1916 in Baltimore geborene *Gerald Tannebaum* kam wie Sidney Shapiro und Sidney Rittenberg über den Dienst in der US-Army nach China. Über seine Jugendjahre ist nichts bekannt, außer dass er nach einem Universitätsabschluss 1939 im Bereich Werbung und Rundfunk in Chicago gearbeitet hat.[1564] Nach einem Einsatz als Redakteur von Armeezeitschriften in Hollywood wird er im Spätsommer 1945 nach Shanghai gesandt, um dort als stellvertretender Direktor des Armed Forces Radio/China zu amtieren. Doch schon ein Jahr später wird er aus der Armee entlassen, und er entschließt sich, in China zu bleiben. Von Madame Sun wird er angefragt, ob er für den von ihr gegründeten China Welfare Fund beziehungsweise dessen Nachfolgeorganisation China Welfare Institute arbeiten möchte. Mit großem Engagement hilft Tannebaum, Sponsoren in den USA für dieses Projekt zu suchen, das ursprünglich Hilfe für die notleidende Bevölkerung in allen Teilen Chinas anbietet, sich später aber auf die Lieferung von Medikamenten und anderen lebenswichtigen Dingen in die »befreiten Gebiete« konzentriert.

Tannebaum ist gleichzeitig Direktor von Foster Parents' Plan for War Children in China, einer amerikanischen Hilfsorganisation, deren vorrangiges Ziel es ist, das Los der von den kriegerischen Auseinandersetzungen am schwersten betroffenen Kinder zu erleichtern.[1565] Tannebaum ist einer der Ausländer, der die Einnahme Shanghais durch die Kommunisten im Frühjahr 1949 aus nächster Nähe miterlebt hat. Seine Briefe schildern auf eindrückliche Weise den Übergang der Regierungsgewalt in die Hände der Kommunisten und den Versuch seiner Organisation, in diesem innerchinesischen Konflikt neutral zu bleiben. Monatelang kämpft er darum, dem in den amerikanischen Medien immer düsterer gezeichneten China-Bild mit seinen positiven Erfahrungen entgegenzutreten: »Das ist kein glücklicher Zufall. So agieren sie (Angehörige der Volksbefreiungsarmee – Anm. d. Verf.) immer. Und was noch mehr wert ist: Sie sind ein Musterbeispiel für die Jugendlichen. Ihre Disziplin ist exemplarisch.«[1566] Genau das ist dem amerikanischen Publikum suspekt, zumal einzelne Kinder in ihren Briefen Stalin und die Sowjetunion preisen. Tannebaum hingegen ist überzeugt, dass alle Nachrichten aus China, welche die USA erreichen, Falschmeldungen sind. Immer wieder versichert er dem Hauptsitz in New York, dass es nicht um Politik, sondern um die Unterstützung für Kinder gehe. Im Jahr 1950 wird das Programm auf Druck des State Department gestrichen, was Tannebaum zur Feststellung veranlasst: »Die amerikanische Regierung macht den Riss zwischen dem chinesischen und dem amerikanischen Volk größer und größer.«[1567] In der Folge arbeitet er weiter für Madame Suns Projekte zur Förderung von Kinderschulen, -theatern und -spitälern. Gleichzeitig betätigt er sich journalistisch bei der von Israel Epstein mitgegründeten Zeitschrift »China Reconstructs«. 1972 verlässt er China und lässt sich in den USA nieder.

Julian Schuman: »Assignment China«

Nicht wegen seines Artikels »Mit der Rikscha ins kommunistische China«, sondern wegen seiner Behauptung, die amerikanischen Streitkräfte hätten während des Koreakriegs biologische Kampfstoffe eingesetzt, ist der 1920 in Brooklyn geborene *Julian Schuman* in gewissen politischen Kreisen bekannt geworden. 1956, auf dem Höhepunkt der antikommunistischen McCarthy-Hetze, wird er zusammen mit John W. Powell und dessen Frau Sylvia anfänglich beschuldigt, staatsgefährdende Informationen verbreitet zu haben. Später wird dieser Punkt fallen gelassen, und das Geschworenengericht plädiert sogar auf Verrat. 1961 lässt die amerikanische Regierung die Anklage fallen.[1568] Schuman, Abkömmling einer assimilierten ukrainischstämmigen Familie, studiert Französisch, bevor er, wie Sidney Shapiro und Tannebaum, über den Militärdienst und ausgestattet mit einem Sprachintensivkurs als Verschlüsselungsexperte nach China gelangt. Er lebt insgesamt fünfunddreißig Jahre lang im Reich der Mitte. 1947 bis 1953 arbeitet er als Korrespondent für verschiedene amerikanische Blätter (auch für die im Besitz der Guomindang stehende »China Press«), vor allem als Redaktionsassistent für Powells »China Weekly Review«; 1963–1977 überprüft er als »polisher« chinesisch-englische Übersetzungen für chinesische Verlage, ebenso 1980–1995.[1569]

Schuman hat die Einnahme Shanghais und anderer Städte im Jahre 1949 durch die Kommunisten aus nächster Nähe miterlebt. Für die »China Weekly Review« berichtet er aus Orten entlang des Yangtse, aus Kanton und selbst aus Taiwan.[1570] In der Spalte »Letter from Shanghai« versucht er, dem in- und ausländischen Leser die Errungenschaften der neuen Staatsführung zu erklären und der seiner Meinung nach einseitigen Wahrnehmung amerikanischer Presseberichte entgegenzutreten. »Sehen bedeutet glauben, aber hinzugefügt werden muss das Hören, um das neue China zu verstehen«, lautet der erste Satz eines Beitrags von ihm aus dem Jahre 1953, den er nach einer Reise von mehreren tausend Kilometern von Nord- nach Südchina geschrieben hat.[1571]

Von Freunden und politischen Gegnern gleichermaßen gelobt wird die Präzision der Darstellung eines zeithistorisch wichtigen Epochenübergangs in seinem Buch »*Assignment China*« (1956). »Ich lebte in der alten und mit der neuen Ordnung. Ich hatte gegessen, getrunken und den Tag mit britischen Taipans und amerikanischen Diplomaten verbracht, mit Offiziellen des Regimes von Chiang Kai-shek, mit Mao-Revolutionären, mit unparteiischen politischen Gaunern, Studenten der Rechten und Linken, verarmten Bauern und Schwarzmarkt-Milliardären.«[1572] Für Schuman als einem der ganz wenigen in Shanghai ausharrenden westlichen Journalisten ist es klar, dass das Spekulieren über China, »wie wir es gerne hätten«, nichts fruchtet: »Es wäre sicherer zu wissen, wie China wirklich ist.« Diese Suche nach Wahrheit gibt Schuman dem Leser als Motivation für sein Buch an. Wie andere den Beginn der »neuen Zeit« lobende »Foreign Experts« beschreibt er die wirtschaftlichen Umgestaltungen, etwa die Bodenreformen, den Versuch der Inflationsdrosselung, den Kampf der Regierung gegen Spekulanten und Erpresser und andere staatliche Kampagnen. Ein gesondertes Kapitel – »Früchte der Dämonologie« – widmet Schuman der Berichterstattung des Westens über China. Ähnlich wie einst der Publizist Walter Lippmann im Falle der russischen Revolution von 1917 kommt er zum Schluss, dass westliche Vermittlung von Informationen über China nicht notwendigerweise wiedergibt, was zu sehen ist, sondern das, was die Adressaten zu sehen wünschen.[1573] Er will diesen aber nichts vormachen, denn er weiß um die Situation eines Landes, das Jahrzehnte brauchen wird, um den Zustand einer wie auch immer gearteten feudalen Ordnung zu überwinden: »Von Chinas Standpunkt aus betrachtet, verwandelte sich das Land in den letzten viereinhalb Jahren nicht in ein Paradies. Und es wird auch in den nächsten vierzig Jahren keines werden. Viele Menschen sind noch immer arm und werden es in den kommenden Jahren auch bleiben. Etliche Millionen werden in den nächsten Jahren weiterhin hart arbeiten müssen, um ihre tägliche Existenz sicherzustellen. Und viele Millionen werden noch immer unzulänglich wohnen und mangelhaft gekleidet sein. Ich zweifle nicht daran, dass es Opfer von Ungerechtigkeit gegeben hat, während andere Wohlstand genossen, den sie nicht verdient haben.«[1574]

Sam Ginsbourg: »My First Sixty Years in China«

Der 1914 im sibirischen Tschita geborene *Sam Ginsbourg* hat mit Julian Schuman eines gemeinsam: Er lebte mehrere Jahrzehnte lang im Reich der Mitte und hat diesen Entschluss zeitlebens nie bereut. Ginsbourgs Vater stammte aus Weißrussland und floh vor den zaristischen Truppen nach Tschita, wo er es als Holzhändler zu nicht geringem Reichtum brachte. Wenige Jahre nach Sams Geburt zieht die Familie weiter nach Harbin, wo sein Vater für den Millionär und Kohlemagnaten Skidelsky tätig ist.[1575] Ginsbourg selbst bezeichnet seine Familie in seinen autobiographischen Aufzeichnungen »*My First Sixty Years in China*« (1982) in erster Linie als Russen, obwohl man die Synagoge an wichtigen Feiertagen besucht und während Pessach Mazza statt Brot gegessen habe. Zu Beginn der 1920er Jahre versucht Vater Ginsbourg, in Wladiwostok geschäftlich Fuß zu fassen, doch vergeblich: 1926 reist die Familie per Schiff nach Shanghai, wo Sam Ginsbourg mehr als zwanzig Jahre lang leben wird. Er studiert an der französischen Aurora-Universität und findet später bei einer britischen Maschinenbaufirma eine Anstellung.

Im Frühjahr 1947, als seine Eltern bereits in die USA emigriert sind, entscheidet er sich, in die »befreiten Gebiete« von Shandong aufzubrechen.[1576] In Weifang, dem Sitz der East China University, unterrichtet er anfangs Englisch, dann auch Russisch. Nach dem Umzug der Universität nach Jinan arbeitet er nebst dem Lehrerberuf als Übersetzer. 1953, inzwischen mit einer Chinesin verheiratet, wird Ginsbourg chinesischer Staatsbürger: »Von diesem Tage an fühlte ich mich in Gedanken und Gefühlen, aber auch in meinem Status dem chinesischen Volk verbunden. Ich war kein ›Freund‹ mehr, sondern einer von 450 Millionen Chinesen. Ich teilte ihre Trauer und ihre Freuden, ihre Niederlagen und Siege, ihren Stolz auf eine große Partei, ein großartiges Vaterland, eine mächtige Republik.«[1577] Einziger Wermutstropfen: Ginsbourg wird nie in die Kommunistische Partei aufgenommen, er muss mit der Mitgliedschaft in der China Democratic League, einer Art Blockpartei, vorliebnehmen.

Im russischen Harbin nimmt Sam Ginsbourg China noch überhaupt nicht wahr, während er bei der Ankunft in Shanghai als 14-Jähriger immerhin auf Streifzügen durch die Chinesenstadt ein Gefühl für chinesische Geschichte entwickelt. Er lernt die Namen der verschiedenen Warlords, interessiert sich für den Nordfeldzug und hasst den japanischen Militarismus. »Aber ... ich fühlte mich nicht näher zu den chinesischen Menschen. Es gab zwar eine größere Bewunderung, ja eine tiefere Sympathie, aber sie war auf eine unbestimmte und unpersönliche Masse von Menschen gerichtet.«[1578] Erst der Ausbruch japanisch-chinesischer Feindseligkeiten im Jahre 1937 schärft seinen Blick für das Schicksal der Chinesen: »Ich fühlte mit ihnen Mitleid, bewunderte sie und wollte mehr über sie wissen und etwas für sie tun.« Nach Gründung der Volksrepublik nimmt er an politischen Diskussionen teil, an Jubliäen zum Nationalfeiertag (»es war ein Tag, an dem ich mich frei fühlte von Entfremdung und Entwurzelung«) und an den immer wiederkehrenden Kampagnen, für die er nicht immer Verständnis zeigt.[1579] Nach den Hungerjahren im Anschluss an Maos Großen Sprung nach vorn lernt Ginsbourg die Fähigkeit der Chinesen kennen, »sich aufzurichten, einmal mehr in den Kampf zu gehen und optimistisch in die Zukunft zu sehen«.

Während der Kulturrevolution wird er als »Monster« klassifiziert, dann in die Kategorie »bürgerliche, akademische Autorität« eingeteilt und schließlich als Sowjetspion bezeichnet. Trotz des Leids, das Ginsbourg in jenen Jahren erfährt, bleibt er zuversichtlich und verteidigt die herrschende Partei und Ideologie bis ans Ende seines Lebens. Für ihn ist das Reich der Mitte zur Heimat geworden: »China hat mich akzeptiert, wie ich bin; alles zieht mich an, und dieses Ziehen wird stärker und stärker, je länger die Zeit vergeht. Es ist nicht, weil es hier keinen Antisemitismus gibt ... Hier fühle ich mich nicht als Jude, sondern als Bürger, weil es hier nicht die Dinge sind, die mich besitzen, wie in der alten Zeit. Aber ich besitze alles, was ich habe.«[1580]

Hans Müller: »Mi Daifu«

Nebst den »Spanienärzten« und den Medizinern unter den jüdischen Flüchtlingen in Shanghai gab es eine weitere Gruppe von »Kämpfern in weißen Kitteln«, die durch ihren Einsatz zum Wohle der chinesischen Bevölkerung hauptsächlich in den Gründungsjahren der Volksrepublik Bedeutung erlangte. Nicht weit vom Beijinger Trommelturm entfernt, dort, wo einst das Schlagen der Trommeln den Wechsel der Nachtwachen anzeigte, befindet sich ein traditionelles Wohnhaus, in dem der 1915 in Düsseldorf geborene *Hans Müller* mehr als dreißig Jahre lang gelebt hat.[1581] Heute erinnern hier lediglich eine geräumige, geschmackvoll eingerichtete Wohnung und eine klassische Studierstube an das Wirken von »Mi Daifu« oder eben Doktor Mi, wie er von Chinesen genannt wurde. Nach dem Ende des Medizinstudiums 1939 in Basel will Hans Müller nicht mehr zurück nach Deutschland. Ein chinesischer Kommilitone überredet ihn dazu, mit ihm nach Fernost zu reisen, um gegen den japanischen Militarismus zu kämpfen. Ziel ist für ihn nicht Shanghai, sondern Hongkong. Über Israel Epstein findet er Kontakt zur Kommunistischen Partei, die es ihm erlaubt, unverzüglich nach Yan'an weiterzureisen. Dort arbeitet er anfangs, ähnlich wie Robitscher-Hahn, in einem »Internationalen Friedenshospital«, bevor er auf eigenen Wunsch an die Front versetzt wird und im Hauptquartier der Achten Marscharmee eingesetzt wird. In den folgenden zwei Jahren lernt er persönlich etliche rote Politgrößen und Militärstrategen kennen, wie etwa Liu Bocheng, genannt der »einäugige Drache« und später Marschall der Volksbefreiungsarmee, oder Chinas einstigen Verteidigungsminister Peng Dehuai. Aus gesundheitlichen Gründen muss Hans Müller Ende 1942 nach Yan'an zurück, da er selbst etliche Male schwere Krankheiten durchgemacht hat.

Nach Ende des Zweiten Weltkrieges möchte er nach Europa zurück, lässt sich aber schließlich von Freunden dazu überreden, in China zu bleiben. Während des Bürgerkriegs arbeitet er als Direktor des Hauptlazaretts im Militärbezirk Nord- und Nordostchina (in der Stadt Chengde). Nach Gründung der Volksrepublik wird Müller als Leiter an die Dritte Militär-Medizinische Hochschule in Changchun, das frühere Hsinking, berufen.[1582] Wie andere Ausländer auch erlebt er, inzwischen in Beijing, als chinesischer Staatsbürger und Mitglied der KP Chinas die Kulturrevolution aus der Sicht der Verfolgten und Erniedrigten. 1972 wird er Vizedirektor der Beijinger Medizinischen Universität. In dieser Funktion zeichnet er sich als Leiter einer Forschungsgruppe aus, die als Erste in der Geschichte der Volksrepublik einen Impfstoff gegen Hepatitis B herstellt. Für diese Leistung, aber auch für sein gesamtes Leben im Dienste Chinas, erhält er 1989 den Ehrentitel »Verdienstvoller internationalistischer Kämpfer im weißen Kittel«.

Richard Frey alias Stein

Fotos an den Wänden eines schönen Einfamilienhauses im Grünen, in einem gut bewachten Villenquartier außerhalb der dritten Ringstraße von Beijing, zeigen den 1920 in Wien geborenen *Richard Frey* (mit ursprünglichem Namen Richard Stein) mit Chinas Politgrößen Li Peng, Jiang Zemin und Zhu Rongji. Ein untrügliches Zeichen dafür, dass dieser Mann in China geachtet ist.[1583] Wie Hans Müller hat auch Richard Frey, dessen Eltern aus der Tschechoslowakei beziehungsweise Ungarn stammen, mehrere Jahrzehnte in China verbracht. Im Gegensatz zu Müller hat Frey sein Medizinstudium nicht abgeschlossen: Als Mitglied der KP Österreichs muss er im Dezember 1938 innerhalb von 24 Stunden das Land verlassen, da sein Name auf einer Polizeiliste vermerkt ist. Via Shanghai gelangt er nach Tianjin, wo er in einem Spital arbeitet. Zwei Jahre später bricht er ebenfalls in die »befreiten Gebiete« auf. Nach 1949 ist Frey hauptsächlich im medizinisch-verwaltungstechnischen Bereich tätig: etwa beim Kampf gegen Epidemien, 13 Jahre lang in Chongqing, und später in Beijing am Institut für medizinische Informatik, wo er bis 1985 arbeitet. Seit

1944 ist Frey Mitglied der KP Chinas und seit den 1950er Jahren chinesischer Staatsbürger. Befragt nach den Gründen seines jahrzehntelangen Engagements in China, nennt der Wiener Jude sein politisches Bewusstsein, das sich insbesondere an den Ereignissen in Österreich von 1933/34 geschärft hat. »Meine Eltern waren alles andere als Kommunisten«, erläutert er. Er selbst, der einst eine humanistische Erziehung mit Griechisch und Latein genossen hat, habe damals viele Bücher über die Sowjetunion gelesen und sei in den Kreisen um Fritz Jensen groß geworden. Nie habe er sich als Pazifist verstanden. Gegen Nationalsozialismus und japanischen Faschismus zu kämpfen, war sein Ziel. Nach Ende des Bürgerkriegs wollte er beim Aufbau des »neuen China« mithelfen. Für ihn ist klar, dass der Sozialismus den Chinesen ein besseres Leben geschenkt hat. Die politischen Kampagnen in der Volksrepublik, die unzählige Opfer gefordert haben, rechtfertigt er damit, dass sie für das eine Ziel, die Revolution, unerlässlich gewesen seien. Er argumentiert durchwegs marxistisch: Das Sein bestimmt das Bewusstsein. Herrschen an einem Ort die gleichen Bedingungen, werden auch die Charaktere der Menschen gleich sein. Die Öffnungspolitik von Deng Xiaoping erlebt er als Gefahr für China, als neuerlichen Einfluss des Westens. Es seien Übel wie Korruption, Prostitution und Bandenwesen neu entstanden, gegen die man in den Gründungsjahren der Volksrepublik zu kämpfen ausgezogen war. »Der Sozialismus«, so Frey abschließend, »ist eine lange Epoche, deren endgültiges Ziel noch nicht absehbar ist.«

Joshua Horn: »Away with all pests«

Im Vergleich mit Müller und Frey nur wenige Jahre, nämlich fünfzehn, verbrachte der Engländer *Joshua S. Horn* im Reich der Mitte. Über ihn ist noch weniger bekannt als über seine beiden eben erwähnten Berufskollegen. Das einzige Dokument sind seine persönlichen Erinnerungen, *»Away with all pests«*, aus dem Jahre 1969, in dem er seine China-Erfahrungen festhält.[1584] In seinem Vorwort schreibt Edgar Snow, dass Horn ein Humanist mit politischen Überzeugungen sei, die er in seinem Beruf auszudrücken versucht habe. Horn studiert in London, bevor er Anfang der 1930er Jahre in Cambridge als Dozent für Anatomie wirkt. Auf Anraten von W. Somerset Maugham reist er 1936/37 nach China, um seinen Horizont zu erweitern und praktische Erfahrungen zu sammeln. Während des Zweiten Weltkrieges dient er als Stabsarzt der britischen Armee in Frankreich und Holland. 1954 entscheidet er sich aus politischen Gründen, der Volksrepublik sein medizinisches Wissen und seine Fähigkeiten zur Verfügung zu stellen: Bis 1969, als er China verlässt, dient er dem Land als Mitglied eines mobilen Ärzteteams, das durch das ganze Land reist, um die Bevölkerung im Bereich Hygiene und Krankheitsprävention aufzuklären. In den letzten Jahren seines Aufenthalts bekleidet er an einem Beijinger Spital die Stellung eines Professors für Orthopädie und Traumatologie.

Seine Aufzeichnungen stammen aus den schlimmsten Jahren der Kulturrevolution. Sie sind vor allem ein Erlebnisbericht über Begegnungen mit Personen und ihren Krankheitsgeschichten. Immer wieder schimmert seine politische Einstellung durch: »Seit meinen Studienjahren wurden meine politischen Überzeugungen stärker und stärker, und zwar basierend auf der marxistischen Theorie.« Wie andere Ausländer nimmt auch Horn an den politischen Diskussionsrunden teil und versucht, der Ideologie und den Richtlinien der Partei nachzuleben. Für ihn jedoch sind seine Patienten die wahren Lehrer: »Sie lehren mich, dass die menschliche Natur nicht einen starren, begrenzenden Faktor bei der Entwicklung der Menschheit darstellt, sondern etwas, was sich – wie die Gesellschaft – ändert.«[1585] Als Arzt interessiert er sich insbesondere für die Verbindung zwischen westlicher und traditioneller chinesischer Medizin: »Die Politik, eine Einheit zwischen den traditionellen und modernen Schulen zu fördern und die besten Elemente aus beiden zu verbinden, ist durchaus berechtigt und wird für die Chinesen von Nutzen sein ...«[1586] Auch Horn verteidigt die politischen Kampagnen, vom Großen Sprung nach vorn bis hin zur Kulturrevolution, die er als notwendig für den Schritt Chinas von einer Klassengesellschaft hin zum wahren Sozialismus und als »krönende Leistung« von Mao Zedong bezeichnet.

Eva Siao: »China – Mein Traum, mein Leben«

»Trotz all meiner Kritik liebe ich dieses Land, wie man eben einen Menschen liebt, auch wenn er nicht vollkommen ist. Die vielen schlimmen Ereignisse, die auf der Erde geschehen, konstatiere ich mit Entsetzen und ordne sie in die Weltgeschichte ein. Aber wenn in China etwas Schlimmes passiert, leide ich.«[1587] Mit diesen Worten umschreibt die bei weitem bekannteste »ausländische Expertin« im deutschsprachigen Raum, die am 8. November 1911 in Breslau geborene *Eva Siao* (Sandberg), in ihrer Autobiographie »*China – Mein Traum, mein Leben*« (1997) ihre Gefühle gegenüber dem Reich der Mitte. Das fremde Land in Asien taucht der aus einer deutsch-jüdischen Ärztefamilie stammenden Eva Siao bereits als Kind in ihren Träumen auf. Doch die reale Begegnung mit China findet erst 1940 statt. Davor liegen Jahre der Suche und der Irrwege, welche die »deutsche Jüdin« (so bezeichnete sie sich bis an ihr Lebensende) quer durch den europäischen Kontinent bis in die Sowjetunion geführt haben.[1588] Die Schule verlässt Eva Siao ein Jahr vor dem Abitur, weil ihr Lehrer, ein Nazi-Anhänger, eines Tages erfahren hat, dass seine Schülerin Jüdin ist (sie selbst geht gegen den Willen ihrer Mutter mit dem Onkel zur Synagoge und lernt heimlich Hebräisch). Weil ihr Bruder als Dirigent in Schweden tätig ist, folgt ihm Eva 1930 nach Stockholm, nachdem sie in München die Staatliche Lehranstalt für Film- und Lichtbildwesen absolviert hat. In Stockholm arbeitet sie in einem Fotolabor einer russischen Jüdin und begegnet Zionisten, Sozialisten und Anarchisten. 1934 reist sie auf Drängen eines Freundes nach Moskau, trifft unter anderem Isaak Babel und lernt – bei einem Ausflug ans Schwarze Meer – den chinesischen Dichter Siao San (Emi Siao), ihren späteren Ehemann, kennen. Nach weiteren sechs Jahren innerer Suche reist sie von Stockholm über Moskau, Urumqi (Wulumuqi) und Lanzhou nach Yan'an, wo sich Siao San bereits seit einem Jahr aufhält. Obwohl sie nach langer Trennung endlich mit ihrem Liebhaber zusammen sein kann (und ihn dort auch heiratet), fühlt sie sich einsam und kehrt drei Jahre später in die Sowjetunion zurück.

Zwischen 1944 und 1949 lebt Eva Siao in Kasachstan, Moskau und Czernowitz, wobei sie ihren Lebensunterhalt vorwiegend als Fotografin verdient. Im Frühjahr 1949 kommt es zum Wiedersehen mit ihrem Mann in Moskau, dem sie alsbald und noch vor Ausrufung der Volksrepublik nach China folgt. In Dalian arbeitet sie anfänglich in der Chinesisch-Sowjetischen Freundschaftsgesellschaft, bevor sie mit ihren Kindern nach Beijing übersiedelt. Wenig später findet sie Arbeit als Fotografin bei der sowjetischen Nachrichtenagentur Tass und bei Xinhua, dem chinesischen Gegenstück. Ihre erste Reportagereise führt sie in die Städte des Südens: Nanjing, Shanghai, Hangzhou, Guangzhou, Changsha und Wuhan. Ihr Mann Emi wird 1951 als chinesischer Delegierter des Weltfriedensrates nach Prag entsandt, was ihr die Gelegenheit eröffnet, einmal als Fotografin, ein anderes Mal als Dolmetscherin auf verschiedenen Veranstaltungen in Mittel- und Osteuropa mit Schriftstellergrößen von Pablo Neruda über Ilja Ehrenburg, Guo Moruo bis hin zu Thomas Mann und Arnold Zweig zusammenzutreffen. Eva Siao knüpft Verbindungen zu Verlagen der DDR, in denen schließlich ihre Bildbände über Peking und Tibet herauskommen.[1589] Wieder zu Hause, in Beijing, macht sie Porträtaufnahmen von Mei Lanfang oder Li Keran, einem der beliebtesten chinesischen Maler der Gegenwart. Das ständige Hin-und-her-Reisen zwischen Ost und West wird für sie zu einem seelischen Kampf: »Ich musste meine Liebe zu Emi und zu China sowie meine Sehnsucht nach Europa miteinander in Einklang bringen. Einerseits musste ich China nach Europa tragen, andererseits meine europäischen Freunde China durch meine Augen sehen lassen, ihnen China nahe bringen. Erst dann würden mein Leben und meine Arbeit einen Sinn bekommen.«[1590]

Nebst einem eigenwilligen Charakter (beim Kampf gegen Rechtsabweichler 1957 macht sie nicht mit, und auch sonst kann sie sich nie mit politischen Kampagnen abfinden) offenbart sie auch als Fotografin ihre Individualität: Nicht gemäß sozialistischem Credo geht sie vor, wonach gezeigt werden soll, wie Arbeiter fröhlich lachen und sauber gekleidet sind, sondern nach ihrem eigenen subjektiven Verständnis auf der Suche nach Erkenntnis und Wahrheit. Keine erzieherische Funktion steht für sie im Vordergrund des Fotografierens, sondern das Bemühen, Bilder zu »finden«, die das ausdrücken, was sie selbst bewegt. Lediglich eine subjektiv wahrhaftige Fotografie kann ihrer Meinung nach das Wertvolle und Essenzielle eines Menschen sichtbar machen. Zwischen 1958 und 1964 arbeitet sie als Filmkorrespondentin für das Fernsehen der DDR in China. Immer wieder stört sie sich an den bürokratischen Schikanen, die sich verschärfen, als der Bruch Chinas mit der Sowjetunion (und damit auch der DDR) immer offensichtlicher wird. Obwohl Eva Siao 1964 ihren sowjetischen Pass gegen einen chinesischen eintauscht, hilft ihr das nicht mehr, die Wirren der Kulturrevolution einigermaßen unversehrt zu überstehen: Als Sowjetspionin angeklagt, verbringt sie sieben Jahre in Einzelhaft. Nach ihrer Rehabilitierung erhält sie erneut eine Stelle bei Xinhua. Mit Beginn der Öffnungspolitik reist sie kreuz und quer durch die weite Welt, um Ausstellungen ihrer Fotografien zu begleiten oder Rundfunkinterviews über ihr reiches, aber auch schweres Leben zu geben.

Im Nachwort zu ihrer Autobiographie schreibt die eigenwillige und sensible Eva Siao: »Ich sehe China mit kritischen Augen, aber mit liebenden kritischen Augen. Man muss eine orientalische Geduld haben in China. Man kann nicht mit dem Kopf durch die Wand rennen.«[1591] Das hat sie bis ans Ende ihres

Lebens erfahren müssen. In China, so sagt sie im persönlichen Gespräch, bleibe man immer Ausländer. »Es gibt hundert Dinge hier, die ich nicht verstehe.«[1592] Dennoch hat sie versucht, dem westlichen Publikum auf ihre ganz individuelle Art das Reich der Mitte und seine Menschen verständlicher zu machen. Ihr eigenes China-Vermächtnis, das fotografische Werk dreier Jahrzehnte, stellt eine Liebeserklärung an ein Land dar, das zu ihrer neuen Heimat geworden ist. Ihr Schaffen baut auf keiner Systematik auf, arbeitet auch nicht mit dem Mittel der Inszenierung, sondern versucht einzig und allein, das Leben von Menschen und kulturellen Gegenständen zu dokumentieren, von denen sie sich zeitlebens umgeben und angezogen gefühlt hat. Ähnlich wie bei ihrer Landsmännin Hedda Hammer (später Morrison), die vor 1946 in Beijing gelebt hat, konzentrieren sich ihre Augen auf das Straßenleben in der Hauptstadt mit ihren Märkten, Straßenhändlern, Künstlern und Handwerkern, auf die Parks oder den Tian'anmen-Platz.[1593] Erstaunlich ist, dass sie dem Betrachter selbst nach 1949 mit Vorliebe ein Bild des alten China zeigt (nebst den unumgänglichen Bildern von Werktätigen, die eifrig die Schriften Maos studieren, oder den Stahlöfen zur Zeit des Großen Sprungs nach vorn): Chinesische Lebenswelten scheinen für sie einer Zeitlosigkeit anzugehören, die auch durch die Revolution nicht völlig zerstört worden ist.

Ruth Weiß: »Am Rande der Geschichte«

Auch die am 11. Dezember 1908 in Wien geborene *Ruth Weiß* betrachtet, ähnlich wie Eva Siao, trotz ihrer Liebe zum Reich der Mitte das »neue China« mit einem bedeutend kritischeren Blick als ihre männlichen »Foreign-Experts-Kollegen«. Trotzdem war sie am Ende ihres Lebens stolz darauf, chinesische Staatsbürgerin und Mitglied der Politischen Konsultativkonferenz des chinesischen Volkes zu sein.[1594] Ihr Vater, stramm antisowjetisch eingestellt, stammte aus Galizien, die Mutter aus Oberfranken. Erst in der Schule wird sie auf ihr Judentum aufmerksam gemacht. Im Alter von zehn Jahren reist sie mit ihrer Mutter zum Vater nach Boryslaw, ins Rohölgebiet, das nach dem Ersten Weltkrieg Polen zugeschlagen wird. Drei Jahre später kehrt die Familie nach Wien zurück, nun mit dem Stigma der „polnischen Juden" belastet. Man entscheidet sich, die tschechische Staatsbürgerschaft anzunehmen. Ruth Weiß beginnt in der Donaustadt mit dem Studium von Germanistik und Anglistik und pflegt gleichzeitig ihre zahlreichen anderen Interessen, wie sie in ihrer Autobiographie *»Am Rande der Geschichte«* (1999) schreibt: »Wahrscheinlich war es meine jüdische Herkunft, die mir einen kosmopolitischen Ausblick gab. Eine kurze Zeit kokettierte ich auch mit dem Auswandern nach Palästina, um eventuell mit anderen jungen Leuten in einen Kibbuz einzutreten.«[1595]

Ruth Weiß' erster Kontakt mit China ergibt sich durch die chinesischen Kunstwerke, die nebst anderen in Schloss Schönbrunn gezeigt werden. Ferner wecken Aufführungen von Tretjakows »Brülle, China!« und Puccinis »Madame Butterfly« und schließlich, ähnlich wie bei Eva Siao, die Liebe zu einem Chinesen ihr Interesse am Fernen Osten. 1932 promoviert sie in Philosophie und hat sich auch die Grundzüge der verschiedenen chinesischen Denkrichtungen angeeignet. So schnell wie möglich möchte sie eine sechsmonatige Studienreise nach China unternehmen, »allein, als freischaffende Journalistin«. Mit Beiträgen für österreichische Medien über China sucht sie ihren Marktwert als mögliche Korrespondentin in Fernost zu erhöhen. In einem Radiovortrag setzt sie sich beispielsweise mit der Frage auseinander, was China dem 20. Jahrhundert zu sagen habe:

> »Aber was weiß man von den Menschen, die jenes weite Land bewohnen, was weiß Europa von den Chinesen? In unzähligen Filmen, die der Papiermachewelt des Studios entstammen, hat man sie als Heuchler, Schwindler und Mörder, kurz als Verkörperung des Grausam-Unheimlichen kennengelernt; Produkte der niederen und sogar auch der höheren Literatur haben diese Charakteristik fortgeführt, wodurch das Publikum zu den phantastischsten Vorstellungen und zu einer ablehnenden, verächtlichen Haltung dem chinesischen Volke gegenüber verleitet wurde und selbst die gebildetsten Europäer vielfach ein Misstrauen nicht verleugnen können. Dieser katastrophale Irrtum in der Beurteilung der gelben Rassen stammt aus der Identifikation von ›fremd‹ mit ›anders, das heißt schlechter als wir‹.«[1596]

Im »Neuen Wiener Tageblatt« fasst sie ein Interview mit einem chinesischen Pädagogen zusammen und schreibt über das altchinesische Theater, derweil sie sich in der jüdischen Wochenschrift »Die Wahrheit« mit der Geschichte der Juden im Fernen Osten beschäftigt.[1597] Im September 1933 reist sie per Schiff nach Shanghai. Dort angekommen, orientiert sie sich bald einmal an der Gruppe um Rewy Alley, Hans Shippe und andere progressiv eingestellte Ausländer. Mit Julius Tandler besichtigt sie Fabriken, »die ein Inferno an Ausbeutung, Missständen und Unmenschlichkeit darstellten«. Für sie ist es klar, dass sie sich »auf die Seite der Unterdrückten stellen« muss. Anfänglich verfasst sie weiterhin Beiträge für das »Neue Wiener Tageblatt« sowie für die »China Weekly Review«.[1598] Später lässt sie sich an einer jüdischen Schule als Lehrerin einstellen. Allerdings passt dem Leiter nicht, dass Judentum für sie keinen religiösen Ritus bedeutet – und Ruth Weiß muss sich neu orientieren. In jenen Jahren lernt sie Agnes Smedley, die Granichs, Olga Lang, Madame Sun, den Gangsterkönig Du Yuesheng oder Lu Xun kennen, dem sie später mit ihrem Buch »Lu Xun. A Chinese Writer for All Times« (1985) ein Denkmal setzt. 1937 folgt sie einer Einladung des YWCA in die Provinz Sichuan, um in der örtlichen Organisation von Chengdu das Sekretariat und in einer Missionarsschule den Deutschunterricht zu übernehmen. Es folgen eine journalistische Tätigkeit beim »Chengdu News Bulletin«, Englischunterricht an der Medizinischen Hochschule und später der Umzug nach Chongqing.

1945 kehrt Ruth Weiß aus dem Landesinnern nach Shanghai zurück und reist ein Jahr später in die USA weiter, wo sie einige Monate bei den Vereinten Nationen als Sekretärin in der Radioabteilung arbeitet. Doch der Aufenthalt im Westen währt nicht lange, zu sehr sehnt sie sich nach China zurück. 1949 kehrt sie via Hongkong in ihre Wahlheimat zurück, anfänglich nach Tianjin, später nach Beijing. Dort arbeitet sie zu Beginn, wie Michael Shapiro, als »polisher« bei der Zeitschrift »People's China«, später als Deutschexpertin für »China im Bild«. Gelegentlich verfasst sie Beiträge für die »Sächsische Zeitung« in Dresden. Im Gegensatz zu Eva Siao empfindet Ruth Weiß die politischen Kampagnen als »faszinierend«. »In jenen Jahren glaubte ich noch, dass die Partei doch immer die Wahrheit sprach, dass also eine Anklage zu 100 % berechtigt war! Wie lange man dazu brauchte, um einzusehen, dass dem gar nicht so war, das wird sich erst später herausstellen – viel, viel später.«[1599] Als eine der wenigen Ausländer bleibt sie während der Kulturrevolution unbehelligt. Erst viel später, beim Schreiben ihrer Erinnerungen, sieht sie ihre Blindheit in der damaligen Zeit klarer vor Augen. Sie bezeichnet Mao als einen »feudalistischen Alleinherrscher«, der keinen Widerspruch, keine vernünftige Debatte über gegenteilige Meinungen geduldet habe. Ähnlich wie ihr Landsmann Richard Frey muss sie feststellen, dass nach der Öffnungspolitik viele Übel der alten Gesellschaft wieder aufgetaucht sind, allen voran Korruption und Prostitution. »Trotzdem ist die Lage lange nicht so schlimm, wie sie früher war. China ist ein souveränes Land, es gibt sich alle Mühe, die neuen Plagen auszumerzen. Es steht zu hoffen, dass der große Wurf endlich doch gelingt! Ich werde es wohl nicht mehr erleben«, schreibt sie in ihrer Autobiographie.[1600] Fast siebzig Jahre hat Ruth Weiß in China verbracht und dort »trotz allen Unbilden in der Welt ... eine neue Heimat gefunden«.

Klara Blum: »Der Hirte und die Weberin«

»Mein Volk lebt in der ganzen Welt zerstreut,
Gehetzt, beschimpft, von Land zu Land vertrieben.
Dein Volk, wenn es sein Reisfeld still betreut,
Es blutet unter räuberischen Hieben.«

In dieser Versstrophe deutet die am 27. November 1904 in Czernowitz geborene *Klara Blum* ihre Liebesbeziehung mit dem Theaterregisseur und Journalisten Zhu Xiangcheng als eine Begegnung zweier alter Völker, die sowohl Unterschiede als auch Gemeinsamkeiten aufweisen.[1601] Als sehr empfindsamen Menschen hat Ruth Weiß einst die vier Jahre ältere Klara Blum beschrieben.[1602] Gerade diese Charaktereigenschaft prädestiniert sie für eine vielfältige Wahrnehmung Chinas. Im Vergleich mit Siao und Weiß war ihr Lebensschicksal das schwierigste und traurigste. Ihre Kindheit in Galizien verläuft wenig glücklich, da die Eltern oft streiten und sie vom Vater unter Druck gesetzt wird. Nach der Scheidung lebt sie zusammen mit ihrer Mutter in Wien, wohin die beiden um 1913 herum fliehen. Nach dem Ersten Weltkrieg entscheidet sie sich für die rumänische Staatsbürgerschaft und beginnt ein Studium der Literatur und Psychologie (das sie wahrscheinlich nie abgeschlossen hat). Gleichzeitig nimmt sie mit Leidenschaft an der zionistischen Bewegung teil und schreibt – bis 1929 – häufig Artikel für jüdische Blätter wie die »Ostjüdische Zeitung« in Czernowitz oder die »Czernowitzer Allgemeine Zeitung«. 1929 hält sie sich kurzfristig in Palästina auf, kann sich dort jedoch nicht für einen dauerhaften Verbleib entscheiden. Wenig später tritt sie der Sozialdemokratischen Partei Österreichs bei, allerdings nur gerade für drei Jahre. Fortan sympathisiert sie mit der Kommunistischen Partei, ohne ihr je beizutreten. Im Jahre der Machtergreifung Hitlers erhält Klara Blum eine Auszeichnung für ihr Gedicht »Ballade vom Gehorsam«. Der Preis besteht in einer zweimonatigen Studienreise in die Sowjetunion. Aus diesem kurzfristigen Aufenthalt sollten schließlich elf Jahre werden. 1935 nimmt sie die sowjetische Staatsbürgerschaft an, drei Jahre später wird sie Mitglied des sowjetischen Schriftstellerverbandes. 1937 kommt es – ähnlich wie bei Eva Siao – zur schicksalhaften Begegnung mit einem Chinesen, bei Klara Blum mit dem bereits erwähnten Zhu Xiangcheng, der 1903 in Shanghai als Sohn einer reichen Familie geboren wurde. Das Glück des Liebespaares aus zwei so verschiedenen Kultur- und Lebenswelten währt allerdings nur gerade drei Monate: Im April 1938 verschwindet Zhu plötzlich, ohne sich von seiner Geliebten verabschiedet zu haben. Klara Blum versucht verzweifelt, eine Genehmigung zur Ausreise nach China zu erhalten, da sie vermutet, Zhu sei von der KP Chinas nach Hause zurückberufen worden – doch vergeblich: Fast zehn Jahre lang muss sie warten, bis sie schließlich auf Umwegen über Bukarest und Paris und mit Unterstützung des jüdischen Hilfskomitees 1947 eine Genehmigung zur Einreise in China via Shanghai erhält, nur um dort feststellen zu müssen, dass ihr Geliebter unauffindbar bleibt. Nachforschungen und Anfragen von Klara Blum und Freunden Zhus an offizielle Stellen werden mit dem Hinweis beantwortet, sie sollten aus Rücksicht auf die Beziehungen zur Sowjetunion den Namen des »Verschollenen« nicht mehr erwähnen.[1603]

Zu Beginn ihrer »freiwilligen« Shanghaier Emigration lebt Klara Blum im ehemaligen »Ghetto« von Hongkou, bis sie schließlich an der Tongji-Universität eine Lehrstelle findet (die sie allerdings nach acht Monaten wieder aufgeben muss). Die Liebesbeziehung mit Zhu Xiangcheng in Moskau inspiriert sie so sehr, dass chinesische Motive fortan ins Zentrum ihrer Dichtung rücken. Im Jahr der Machtergreifung der Kommunisten in China schreibt sie einen sich an ihre Biographie anlehnenden Roman, »*Der Hirte und die Weberin*«, den sie selbst als ein Denkmal ihres Lebens bezeichnet. Er erscheint nach etlichen politischen Auseinandersetzungen 1951 in der DDR.[1604] Der Roman ist, so der Verleger Karl Dietz, mit einer »unendlichen Liebe für China geschrieben«, aufbauend auf einem mythischen Hintergrund aus einer alten chinesischen Legende.[1605] Lion Feuchtwanger fand darin »die schönsten Schilderungen des heutigen China, mit Liebe und mit Einfühlung gemalt [...], sie machen mit ihrer immer wechselnden Belichtung das gewaltige Land überaus deutlich. Ich wüsste kein zweites Werk, das mir ein so klares Bild der inneren Landschaft des heutigen China verschafft hätte.«[1606] Chinesische Schauplätze und Themen stehen im Mittelpunkt, der Zeitraum umspannt die Jahre zwischen 1929 (in Shanghai) und 1949 (in Beijing). Klara Blum dokumentiert damit ein Stück chinesischer Zeitgeschichte, viele Beschreibungen haben einen direkten realhistorischen Bezug, Personen werden wirklichkeitsgetreu dargestellt. Sie begeistert sich sowohl für das »neue China« als auch für die Schönheit und Großartigkeit der Tradition und sieht den politischen Bruch von 1949 nicht als eine vollständige kulturelle Abnabelung von der Vergangenheit. Ihr positives China-Bild bleibt über eine längere Zeit erhalten: 1939 ebenso wie zwanzig Jahre später ist in ihren Werken von einem »heldenhaften China« die Rede.[1607]

Sie tadelt in diesem Roman auch ihre Glaubensbrüder, die sich als Weiße den Chinesen überlegen fühlten. Für sie stellt die Heimat ihres Geliebten das Paradies dar, ein utopisches Gebilde oder, wie Thomas Lange schreibt, die »Präfiguration einer jüdisch-messianischen Heilserwartung«.[1608] Der chinesische Kommunismus stellt demnach sozusagen einen Ersatz dar für einen Klara Blum unerreichbar gewordenen Zionismus. In »Der Hirte und die Weberin« ist sie bestrebt, dem Leser das spezifisch Chinesische zu vermitteln, etwa das für Abendländer nicht immer einfach zu durchschauende Lächeln der Chinesen oder die strenge Beachtung religiöser, den Westlern häufig abergläubisch erscheinender Bräuche. Der Gebrauch traditioneller chinesischer Bezeichnungen wie beispielsweise »Yuelan« (Mondorchidee) oder »Yueniao« (Mondvogel) zeigt, dass sie sich mehr als andere mit diesem Land vertraut gemacht hat. Ähnliches gilt für die Verwendung von spezifisch chinesischen Ausdrucksweisen und Redensarten wie etwa »Nin fei xin le« (Sie verschwenden Ihr Herz) oder »Wan fu« (Zehntausendfaches Glück), die dem Roman einen exotischen Anstrich verleihen. In dem 1962 abgeschlossenen, jedoch unveröffentlicht gebliebenen Roman »*Schicksalsüberwinder*« beschäftigt sie sich mit dem Thema des »bösen Ausländers« in China. Etliche der ehemaligen »Foreign Experts« begründeten ihr Verbleiben in der Volksrepublik nach 1949 auch mit der jahrhundertelangen Ausbeutung Chinas durch westliche Mächte. Mit ihrer Arbeit wollten sie wenigstens teilweise gutmachen, was ihre kolonialen Vorfahren dem Reich der Mitte angetan hatten.

1952 wird Klara Blum Professorin für deutsche Sprache und Literatur an der Fudan-Universität in Shanghai und später in Nanjing und beantragt die chinesische Staatsbürgerschaft, die sie zwei Jahre später erhält. Fortan nennt sie sich Zhu Bailan (»weiße Orchidee«). Nach einem Streit mit einem Professor aus der DDR verlässt sie die ehemalige Hauptstadt und lehrt von 1957 an der Zhongshan Universität in Guangzhou (Kanton). Zu Beginn der Kulturrevolution wird sie verdächtigt, eine Spionin zu sein. Sie fühlt sich jetzt einsam und hilflos: »Ihr Traum, ein Zuhause zu haben, und das Gefühl, zu einem Land und zu einem Volk zu gehören, wurden von Grund auf zerstört ... Sie wusste nicht mehr, wo sie hingehörte. Sie war und blieb eine Fremde, eine Außenseiterin, trotz aller Bemühungen. Sie verfiel in tiefste Trauer darüber, dass sie doch nicht von den Chinesen aufgenommen und akzeptiert wurde und dass sie nicht zu ihnen gehören durfte«, schreibt die chinesische Germanistin Zhidong Yang über ihre damalige Lage.[1609] Im Mai 1971 stirbt Klara Blum, ohne ihre Zugehörigkeit zum jüdischen Volk je verleugnet zu haben. Trotzdem war es das Reich der Mitte, das der aus einer multikulturellen Region Europas stammenden Blum die Möglichkeit gegeben hat, ihr Judesein ohne Außenseiterrolle zu leben. Bis jetzt konnte man den Eindruck gewinnen, dass die meisten Personen jüdischer Herkunft, die auch nach 1949 in der Volksrepublik lebten, wegen ihrer progressiven Gesinnung nach China gekommen waren und nicht weil sie Juden waren. Vielleicht war es aber auch so, dass sie progressiv dachten, weil sie jüdischer Abstammung waren.

Erinnerungen und Bilder:
Themen der Wahrnehmung

»*We are sculptors, constantly carving out of others the image we long for,*
need, love or desire, often against reality, against their benefit, and always, in the end, a disappointment,
because it does not fit them« (Anaïs Nin)

Der letzte Teil dieses Buches beschäftigt sich mit der Frage, in welcher Art und in welchem Umfang die im vorigen Kapitel ausgewählten Personen China wahrgenommen haben. Ob als Spion, als Flüchtling oder Journalist, ob als Kommunist oder Zionist im Land, ob in Galizien oder New York geboren, ob aus der Sicht von Shanghai oder Yan'an berichtet: Trotz unterschiedlicher Biographien, Berufe, Motivationen und obschon die Schilderungen den verschiedensten Textformen (Autobiographien, Briefe nach Hause, Zeitungsartikel) angehören, gibt es Gemeinsamkeiten in den Erfahrungen und Eindrücken dieser Abendländer im Reich der Mitte. Bestimmte Themen tauchen in den Berichten westlicher China-Reisender immer wieder auf, ob sie aus der Zeit vor oder nach der Gründung der Volksrepublik stammen. Auch wenn die Urteile, Wertungen und Interpretationen zum Teil sehr verschieden ausfallen, lassen sich bisweilen erhebliche Ähnlichkeiten bei der Beschreibung dessen, was diese Betreffenden unter dem »typisch Chinesischen« zu verstehen glauben, ausmachen. Ob die Auffassungen richtig oder falsch sind, ist dabei sekundär, sie sind ja jeweils auch zwangsläufig an eine individuelle Situation gebunden.

Erst die möglichst vollständige Anordnung aller Einzelteile ergibt ein Gesamtmosaik der wie auch immer von Westlern gedachten »chinesischen Realität«. Gesellschaft, Kultur und Lebenswelten im China des 20. Jahrhunderts werden so nicht durch Verallgemeinerungen oder Vereinfachungen verfälscht, sondern können in der den Abendländern sich präsentierenden breiten Vielfalt begriffen werden. Um dennoch eine gewisse Struktur in die westlichen China-Wahrnehmungen zu bringen, werden diese im Folgenden in fünf größere Kategorien unterteilt: Beobachtungen der äußeren Welt, von Sitten und Gebräuchen, der sozialen und politischen Ordnung, von Charaktereigenschaften und Mentalitäten sowie schließlich die Auffassungen zur »Essenz Chinas«. Überschneidungen zwischen den verschiedenen Kategorien sind dabei unvermeidbar, doch für den Leser ohne Nachteil.

生活周遭　I.　Beobachtungen der äußeren Welt

Geographie, Landschaftsbeschreibungen
Die Wahrnehmung und Darstellung der geographischen Größe Chinas spielte vor allem bei den Westlern eine Rolle, die entweder mit dem Zug über Sibirien ins Reich der Mitte gelangten, als Kaufleute im Nordosten des Landes oder als Journalist auf Reisen im Lande unterwegs waren. Schon damals begriffen aufmerksame Beobachter, dass China nicht alleine aus Shanghai, Beijing oder den Vertragshäfen bestand. Die Vorzeichen des 21. Jahrhunderts verstand etwa derjenige zu lesen, der von der enormen muslimischen Bevölkerung im Lande sprach, Menschen, die bezüglich »Rasse, Kultur und Religion den Türken in Konstantinopel oder den Arabern in Mekka und Palästina näher stehen als den Einwohnern von Peking und Shanghai«.[1610]

An der Landschaft fällt einem das hierzulande unbekannte Wechselspiel zwischen Berg und Wasser auf (»shanshui«, chinesisch für Landschaft), wie es beispielsweise in den Werken des Malers Li Keran so grandios wiedergegeben wird. »Das Auge will freudig schweifen über wohl abgesteckte Reisfelder, über das ewig sumpfige Grün an silbernen Gräben, über Ahorn und Jasmin und melancholische Trauerweiden, über breite Wassergräben und große, grüne Teiche, mit malerischen Wasserrosen bedeckt.«[1611] Selbst während einer Reise zur Kriegsberichterstattung nimmt ein Reporter die »Dunst- und Nebel-Szenerie« wahr, »wie man sie in der großartigen chinesischen Malerei sieht«.[1612] Nach dem Ende westlicher Dominanz in China würden als einzig vertrauter Teil Chinas, wie ein anderer Beobachter feststellt, lediglich »Landschaft und Architektur« bleiben.[1613]

Schmutz und Hygiene
Über die Armut, verbunden mit unhygienischen Verhältnissen, berichten hauptsächlich die Flüchtlinge im vorrevolutionären China. Der schmutzige Holzeimer mit dem üblen Geruch gehört zu fast jeder Beschreibung des Emigrantenschicksals. »[U]nd die Chinesen, die einem (im überfüllten Bus – Anm. d. Verf.) ihre Ellenbogen in die Magengegend pressen, haben ihre Gewänder auch nicht gerade bei Hermann Hoffmann in Berlin herstellen lassen und sind ebenfalls nicht bei Elisabeth Arden in Körperpflege gewesen.«[1614] Ein westlicher Reisereporter erfährt noch Deftigeres: »Auch stanken sie mit wohligen Körpergeräuschen ungeniert drauflos.«[1615] Spucken und Rülpsen in aller Öffentlichkeit sind nach Ansicht vieler Westler ein weiteres Merkmal der Chinesen. »Viel vom alltäglichen Leben ist nicht schön. Spucken nicht erlaubt, verkündet und auch durchgesetzt, würde vielleicht ein bisschen helfen. Aber niemand denkt überhaupt an so etwas.«[1616] Selbst im Traum wird ein Schriftsteller an den Gestank von verfaultem Holz, Knoblauch und Schafsgedärm in Kanton erinnert und an »das grauenvolle Räuspern, Husten und Spucken, in dem die Chinesen, so will mir scheinen, jedem anderen Volk der Erde überlegen sind«.[1617] Hygiene hört dort auf, wo das Geschäft be-

ginnt: »An der Ecke Ward Road und Dalny Road haben die Straßenfriseure ihr Quartier aufgeschlagen, die wunschgemäß den Schädel glatt rasieren und aus Ohr und Nase lästige Haare entfernen, ohne sich allzu viel um Hygiene zu kümmern.«[1618] Viele Emigranten deuten Schmutz als Inbegriff chinesischer Unkultur: »Leider sind die Chinesen bei all ihrer Kultur, die ja wohl die älteste der Menschheit ist, von einem ungeheuren Widerwillen gegen alles besessen, was irgendwie mit Wasser und Seife zu tun hat.«[1619]

Künste: Theater, Architektur, Malerei, Musik

Geht es um das Charakteristische chinesischer Kultur und Zivilisation, fallen westlichen Besuchern in erster Linie die verschiedenen Arten der schönen Künste ein. Eine besondere Faszination auf das westliche Publikum scheint dabei das Theater, zumeist die Pekinger Oper, auszuüben. Selbst einzelne Vertreter der Emigrantengemeinde konnten sich dem Spektakel nicht entziehen, wenngleich mit gemischten Gefühlen:

> »Der Lärm im Theater erscheint unerträglich. Eine kreischende, schreiende Musik, der laute durchdringende Gesang der Fistelstimmen, das rücksichtslose Lachen der Massen und Schreien der Platzanweiser wirkt erschreckend. Langsam gewöhnt man sich daran ... Das chinesische Publikum hat die Nerven von 4 Uhr Nachmittags bis 11 Uhr Abends im Theater zu verweilen und das Theater nicht nur als Unterhaltungsstätte, sondern zugleich als Wohnraum zu betrachten. Neben mir zur linken Hand sitzt eine ganze Familie, das jüngste ca. 3 Monate, scheint vom chinesischen Theater ebenso viel zu verstehen wie ich. Es schreit gottsjämmerlich. Papa und Mama tragen in erregter Debatte einen ehelichen Disput aus ... Esswarenhändler rufen schreiend ihre Ware aus und zwischendurch fliegt mir haarscharf an der Nase ein feuchtes Handtuch vorbei. Es nimmt denselben Weg zurück. Ich frage mich nur, wozu sind diese Menschen hier? ... Jetzt verstärkt sich der Klang der Chinelle, Tamburins, quietschenden Geigen und Stimmen. Die Bühne wird in ein grünes Licht getaucht. Bühnenarbeiter räumen bei offenem Vorhang die Szene. Die Kampfspiele beginnen. Ohrenbetäubendes Pfeifen des Publikums, Schreien und Johlen begleiten die in rhythmischem Takt lanzenschwingenden Krieger. Die Hölle scheint entfesselt. Ich ziehe es vor zu gehen, da meine Eindrücke vollkommen genügen.«[1620]

Die Teilnahme an einem Schattenspiel in Peking wiederum ruft uneingeschränktes Entzücken bei einem westlichen Zuschauer hervor. Mit einer gewissen Achtung stellt dieser fest, dass Chinesen bei dieser oder jener Dialogstelle Beifall klatschen oder lachen, »während der des Chinesischen unkundige Europäer sich darauf beschränken muss, zu schauen und darüber nachzudenken, warum der Westen diesem zauberhaften Spiel der bunten Schatten nichts gleichzusetzen hat, es nicht wenigstens nachzuahmen versuchte«.[1621] Einige versuchen, die künstlerische Auffassung der Chinesen im Theaterschaffen zu verstehen:

III. ERINNERUNGEN UND BILDER: THEMEN DER WAHRNEHMUNG

»Was der Chinese an der Jugend schätzt, sind nicht ihre Gedanken (die langweilen ihn), sondern es ist ihre Grazie, ihre hellere Stimme, ihre geschmeidigere Aktion. Wozu im Falle des Theaters noch die Vorliebe des Chinesen fürs Maskierte, Absonderliche, Bizarre kommt. Der Knabe, der sich zum Feldherrn vermännlicht oder zum Mädchen verniedlicht, befriedigt den chinesischen Geschmack auf derselben Linie wie das Pekinesen-Hündchen, das wie ein Löwe aussieht oder wie der Goldfisch mit dem Drachenkopf.«[1622]

Während die Beschäftigung mit chinesischer Dichtung im Allgemeinen eher Spezialisten vorbehalten blieb, erfreute sich die chinesische Architektur großer Beliebtheit. Meistens entstanden Schilderungen über die Baukunst beim Anblick der Großen Mauer, aber auch während eines Spaziergangs durch das alte Peking, etwa beim Himmelstempel, dessen Äußeres ein Reisender als »eindrücklicher als das Innere des Petersdoms in Rom« bezeichnete: »Das Ausmaß der Konzeption verdreht einen die Sinne und erzeugt eine grenzenlose Bewunderung für die chinesische Architektur und deren Künstler vor fünfhundert Jahren.«[1623] Für einen anderen Beobachter stellt die Baukunst, wie anderes auch, ein Buch mit sieben Siegeln dar, denn »das meiste an der chinesischen Architektur ist symbolisch und deshalb bedeutungslos, wenn man nicht gerade die Symbolik versteht«.[1624] Die Idee einer Symbiose zwischen Ost und West in der Architektur wird von einem Diplomaten mit dem Argument abgelehnt, dass sie bis jetzt eine »scheußliche Flut an modernen Gebäuden erzeugt habe, welche eine neue Hässlichkeit in den Orient brachte«.[1625] Auch die Malerei blieb im Großen und Ganzen außerhalb des Blickfeldes westlicher Besucher, mit Ausnahme derjenigen, die selbst als Künstler nach China kamen, wie es auch in einem Artikel einer Emigrantenzeitung zum Ausdruck kommt: »Kunst erfordert Besinnlichkeit, und sie ist in dem so nervösen Shanghai unserer Tage leider kaum zu finden. Wieder aber zeigt sich, dass der Chinese hier weit mehr Interesse für Kunst zeigt als der snobistische Foreigner. Denn wir treffen auf der Ausstellung viele Vertreter des großen China, das in seiner alten Tradition und Kultur fremdem künstlerischem Schaffen mit großem Verständnis und Interesse gegenübersteht.«[1626]

Dagegen lösten die Klänge chinesischer Musik bei den meisten Abendländern negative Reaktionen aus: »[Ich] hörte diese schreckliche chinesische Musik, die ich bis heute nicht mag.«[1627] Als unangenehm für unsere westlichen Ohren und »kein Ohrenschmaus« bezeichnet ein anderer Reisender die Musik aus dem Reich der Mitte und meint, dass die »primitiven Schlaginstrumente« einmal, »als das Theater noch auf lärmenden Märkten agierte, die Aufgabe hatten, allen anderen Lärm zu übertönen und das Publikum zusammenzurufen«.[1628] Überhaupt war bei vielen Westlern die Meinung vorherrschend, Lärm und Musik stünden in China in einem gewissen Abhängigkeitsverhältnis zueinander.

Sprache

Das Thema Sprache findet sich in fast allen Schilderungen westlicher China-Reisender. Von einer Kommunikation mit Zeichensprache schien man im 20. Jahrhundert bereits nicht mehr viel zu halten. Abgelöst wurde sie zunächst vom Pidgin-Englisch, das als Basis für eine Verständigung zumindest zwischen den Weißen und ihren Bediensteten ausreichend schien. Doch erkannte manch ein Westler schon sehr früh, dass die chinesische Sprache für Ausländer eine harte Nuss war, die es zu knacken galt, wollte man nicht von vornherein auf die Lösung des »chinesischen Geheimnisses« verzichten: »Der Mangel an fortdauerndem Umgang mit dem Volk, unsere Unkenntnis ihrer Art zu denken, die darauf fußt, dass wir nichts über die religiösen Schriften, Gedichte und Klassiker wissen und deshalb unfähig sind, diese in Zitaten anzuwenden – all das zusammen macht die chinesische Sprache zu einem hervorragenden Bollwerk, das die Rätsel des Ostens verteidigt.«[1629]

Im Laufe der Jahre erkannten immer mehr Westler, dass mangelnde Sprachkenntnis ein großes Hindernis darstellte, wollte man sich mit Chinesen auf gleicher Ebene austauschen oder gar verhandeln. Dass das Chinesischlernen mit großen Schwierigkeiten verbunden war, schildert ein Betroffener: »Man hatte uns gesagt, dass [die chinesische Sprache] unerlernbar wäre. Nach den ersten Unterrichtstagen gaben wir uns bereits überschwänglichen Hoffnungen hin ... Als wir auf chinesischem Boden standen, büßten wir sofort unsere Illusionen ein.«[1630] Andere wiederum gaben angesichts der Schwierigkeiten beim Erlernen der Sprache auf, denn was der Lehrer sagte, »ging ins eine Ohr hinein und zum anderen hinaus«.[1631] Nicht wenigen Westlern wurde jedoch bald einmal klar, dass die chinesischen Schriftzeichen »Rückgrat, Schicksal und Schlüssel zum Verständnis des uralten Kulturvolkes« darstellen.[1632] Für einen, der das Chinesische schließlich perfekt beherrschte, bedeutete das Studium der Sprache den Zugang zu Alices Wunderland.[1633] Ein Arzt rechnete vor, dass man, um Chinesisch lesen und schreiben zu können, »zehn Jahre Studium und Übung« darauf verwenden müsse.[1634] Ein Emigrant schließlich stellte sich die Frage, ob die Sprache allein genüge, um mit Chinesen in Kontakt treten zu können, um sie gleich selbst zu verneinen: »Na ja, die Sprache ist ja ein gewaltiges Hindernis. Jedoch frage ich mich, ob dadurch alles erklärt wird. In Berlin war das doch anders. Da genügte, unter vertrauten Menschen, eine bloße Andeutung, um sich zu verständigen.«[1635]

Menschentypen: Amah, Boy, Politiker, Werktätige

Bei fast allen Neuankömmlingen im Reich der Mitte vor 1949 spielte die Figur der Amah, der weiblichen Bediensteten, eine zentrale Rolle, ebenso der Boy, der Hausdiener für alle anderen Dienstleistungen. In Darstellungen über das Leben in China widmeten Westler der Amah nicht selten einige Passagen oder gar ein ganzes Kapitel. Unter »The Baby-Amah« bezeugt z. B. eine Autorin einer Amah ihre Wertschätzung, die ihrer Tochter Arien aus Pekinger Opern vorsang und sie selbst jeden Tag zum Gefängnis begleitete, wo ihr Mann als britischer Kriegsgefangener einsaß: »Sie war keine ausgebildete Amah ... Sie hatte nicht diese groben Züge, wie sie normalerweise chinesischen Bauersfrauen innewohnten. Sie lachte bereitwillig und fröhlich. Sie spazierte in einer kontrollierten Art und Weise. Ihr dünner Hinterteil bewegte sich so, dass man ihr nachschaute.«[1636] Eine russische Jüdin liebte ihre Amah über alles, weil sie die Rolle ihrer Mutter übernahm. Und doch blieb sie ihr fremd, weil sie nicht ihre Sprache sprach:

»Ich habe eines Nachts einen Traum, in dem Amah Buddy (ein Welpe – Anm. d. Verf.) tötet, langsam und systematisch, mittels Hackbeil in Stücke haut, so wie sie es normalerweise mit dem Gemüse für unser Abendessen macht. Im Traum beklagt sie sich bei einer Gruppe von gesichtslosen chinesischen Frauen, dass der Hund der weißen Leute ihr Leben schwer gemacht hat. Sie alle nicken mit ihrem Kopf einmütig, mit ihren weißen aufgehenden Mondgesichtern. Sie hackt und die anderen nicken.«[1637]

Eine andere China-Reisende beschreibt ebenfalls ihre Zuneigung zu ihrer Amah, von der sie glaubte, sie sei eine gute Freundin. »Ich war überzeugt, dass ich ohne sie nicht auskommen konnte.«[1638] Die Beziehung änderte sich jedoch, als die Ausländerin ihre Bedienstete des Diebstahls ihres Eherings bezichtigte. Auch das Verhältnis zu den Boys scheint nicht immer konfliktfrei gewesen zu sein: Ein Diplomat schildert, wie das sogenannte Squeezen (Herauspressen von Geld) mit der Anstellung eines Boys verbunden und weit verbreitet war.[1639] Für einen Emigranten bedeutete das Anheuern eines Boys den Zugang zur chinesischen Gesellschaft: »Von dem Augenblick an, glaube ich, begannen wir chinesisiert zu sein, wir hatten einen Boy.«[1640] Überhaupt setzten viele Westler den Boy schlichtweg mit dem Chinesen gleich: »Am nächsten Morgen meldete sich ein Chinese bei mir. Ein Chinese wie aus einem Kinderbuch, ihm fehlte nur der Zopf.«[1641] Mitunter sieht man von »Mängeln« großzügig ab, weil man auf die Dienste eines Chinesen ganz einfach angewiesen ist:

»Da die Chinesen eine eigenartige Auffassung von Sauberkeit haben, so glaubt unser Boy seinen Pflichten in höchstem Maße zu genügen, wenn er alle Räume aufwischt und möglichst viel Wasser, so dass viele Stunden zum Trocknen nötig sind, dazu verwendet. Sonst kann der größte Schmutz herumliegen, das stört ihn gar nicht. Er sieht an sich sehr sauber und nett aus, ist treu und ehrlich und dolmetscht vor allen Dingen, wenn chinesische Patienten kommen, ganz fabelhaft. Das ist etwas, was man nicht unterschätzen darf, und daher muss ich über alles andere hinwegsehen.«[1642]

Ein für die erste Hälfte des 20. Jahrhunderts typisches Objekt des Interesses westlicher China-Besucher stellte die Schar illustrerer Politikerpersönlichkeiten dar. Da waren zunächst der Gründungsvater der Republik, Sun Yat-sen, seine Frau Madame Sun und ihre beiden Schwestern. In den 1930er und 1940er Jahren dann kam kaum ein Korrespondent nach China, der nicht den einen oder anderen Beitrag über Chiang Kai-shek und andere Politgrößen der Guomindang verfasst hätte. Insbesondere amerikanische Journalisten waren mit den Guomindang-Vertretern bestens vertraut und teilweise auch persönlich befreundet, da viele von ihnen in den USA studiert hatten. Mit dem Zustrom ausländischer Besucher, die mit dem Ideengut der Kommunisten sympathisierten, wurde dem Publikum im Westen zum ersten Mal auch über die linke Garde chinesischer Politiker berichtet, und dies meist in positivem Sinne. Ob

Mao Zedong, Zhou Enlai, Zhu De oder Liu Shaoqi: Ihnen und vielen anderen mehr wurden von westlichen Berichterstattern in unzähligen Beiträgen und Buchkapiteln Denkmäler gesetzt. Ebenso wurden progressive Autoren wie Lu Xun, Mao Dun oder Ding Ling vorgestellt. Nach 1949 verebbte diese Welle der bisweilen sehr persönlich geprägten Porträtierung relativ abrupt, und zwar nicht weil die westliche Begeisterung für individuelle Eigenschaften und das Ideengut chinesischer Politiker und Literaten abgenommen hätte, sondern weil die Chinesen die Berichterstattung der Westler für ihren weiteren Weg nicht mehr in der Art wie bisher benötigten.

In den Schilderungen der »Foreign Experts« fielen weiterhin die Namen von Mao Zedong, Zhou Enlai oder Deng Xiaoping, sie waren aber nicht mehr mit jener Intimität verbunden, wie man sie aus der Yan'aner Zeit kannte. Das Thema chinesische kommunistische Spitzenpolitiker wurde in der Übergangszeit vom »alten« zum »neuen« China von Berichten über Bettler und Prostituierte abgelöst. Nachdem dieses Problem überwunden war, wurden Werktätige, Bauern, ehemalige tibetische Leibeigene, reuige Großgrundbesitzer, Angehörige der Volksbefreiungsarmee oder die unmittelbaren Vorgesetzten zum Gegenstand der Berichterstattung der »Foreign Experts«. Chinas Politiker hielten es jedoch spätestens seit Gründung der Volksrepublik nicht mehr für nötig, sich von irgendwelchen westlichen Korrespondenten oder gar Beratern in die Karten schauen zu lassen.

Mode, Frauen, Liebe, Erotik und Sex

»Der größte aller Unterschiede zwischen uns und den Orientalen besteht in der Art, wie wir die Frauen behandeln«, schrieb Voltaire am Ende seines *Essai sur les moeurs*.[1643] Kaum ein Thema hat westliche Besucher mehr fasziniert als das der chinesischen Frau. Die westlichen Einflusssphären in China vergrößerten sich seit der zweiten Hälfte des 19. Jahrhunderts in China ständig, und man konnte dadurch Einblicke in eine Gesellschaft gewinnen, die früher unmöglich waren. Mit der zunehmenden Öffnung des Landes im 20. Jahrhundert gelangten dann zum ersten Mal auch Frauen aus westlichen Ländern nach China, woraus sich nochmals ein neuer Blick auf die Frau in China ergab, bisweilen mit einer »feminineren« Darstellung als bisher.

Bis ins 20. Jahrhundert hinein galt, dass es für einen Westler »eine Sünde ist, zu einer Chinesin freundlich zu sein, und absolut lächerlich, eine solche zu heiraten«.[1644] Bei dieser Auffassung war es nur folgerichtig, dass lediglich das Äußere der unbekannten chinesischen Frau das Interesse weckte und man der Ansicht war, dieses sei unveränderlich: »Für das westliche Auge scheint es so, dass chinesische Frauen einstmals einen gewissen Kleiderstil gefunden, diesen gemocht und deshalb für immer beibehalten haben. Das ist völlig falsch. Der chinesische Stil ändert genauso oft wie der abendländische.«[1645]

Angesichts des oberflächlichen Interesses traf man Unterscheidungen nach Gesichtspunkten, die sich aus der unmittelbaren eigenen Erfahrung ergaben und die offensichtlich waren. Vom »armen Ding mit eingebundenen Füßen« war die Rede oder vom Sing-Song-Girl (auch »Weidenmädchen« genannt), dann von der Konkubine, der Amah und später von der modern und modisch aufgemachten Dame. Positive Einschätzungen überwiegen in der Regel, doch finden sich – wenig erstaunlich angesichts der allgemeinen Unkenntnis hinsichtlich des Lebens der chinesischen Frau und ihrer Stellung in der Gesellschaft – auch solche negative: »Für den Europäer ist die chinesische Frau nichts weniger als anziehend. Kein Gedanke an Erotik kann aufkommen bei dem Anschauen dieser passiven gleichgültigen, wenn auch in grelle und kostbare Stoffe gekleideten, knabenhaften, flachbrüstigen Puppen.«[1646] Gleichsam »die andere Seite der Medaille« stellt die Bewunderung dar, die die Grazie der chinesischen Frau und ihre Art sich zu präsentieren beim westlichen Besucher hervorrufen konnten, wobei in solchen Äußerungen auch Respekt zum Ausdruck kommt: »Es ist unmöglich, nicht Eleganz, Stil und Charme zu bewundern, mit der es die moderne chinesische Frau aus der Oberschicht versteht, ihr einfaches Kleid mit einigen wenigen persönlichen Details zu schmücken, mit einem Ohrring oder einer Blume etc. ... Keine Frau irgendeiner anderen Rasse kann dieses Kleidungsstück ohne die scheußlichsten Konsequenzen tragen.«[1647] Dabei handelt es sich um den legendären Qipao, das seitlich geschlitzte Mandschu-Gewand, das den Westlern immer wieder zu Gedanken über die Schönheit und Sinnlichkeit chinesischer Frauen Anlass gab:

»Der chinesische Longon reicht bis zu den Knöcheln, aber ist an den Seiten bis zum Knie hinauf geschlitzt. Diese Robe ist Chinas uralte Kleidermode, die die Chinesin in entzückender Vielfalt zu variieren weiß ... Über dem schmalen Kragen, der nur einen feinen Streifen des schneeweißen Halses freiließ, erhob sich das herzförmige Gesicht der Chinesin in seiner ganzen zurückhaltenden Schönheit. Doch war das hochgeschlossene Gesellschaftskleid ganz ärmellos. Wunderschöne, rundgeschwungene Oberarme zeigten sich blendend nackt bis zum weich sich biegenden Schulteransatz. Die Finger des Mädchens bewegten sich wie Frühlingsblätter; die gepflegten Hände zogen vor allem die Blicke auf sich. Dennoch schien das Frauengeschöpf ohne jede bewusste Koketterie.«[1648]

Für den »Charakter« und die Stellung der Frau in der chinesischen Gesellschaft interessierten sich vor allem abendländische Besucherinnen im Reich der Mitte. Fortschrittliche Journalistinnen und Schriftstellerinnen erinnerten ihre Leser an die Einschränkungen und Konventionen, die das Leben der chinesischen Frau zur Tortur machen konnten, etwa was die komplizierte Beziehung zwischen Mutter und Schwiegertochter anbetrifft. Anderseits sah man auch Stellungen, in denen die chinesische Frau sehr angesehen und mächtig war: »Die Hausherrin in reicheren chinesischen Kreisen ist alles andere als unterdrückt ... Sie ist die absolute Königin im Hause; Hausherrin der Bediensteten, der rangniedrigeren Frauen, der unverheirateten Töchter und derjenigen Ehefrauen ihrer Söhne, die das Pech haben, mit ihr unter dem gleichen Dach zu wohnen.«[1649] Dieselbe westliche Autorin sieht auch Vorzüge im damals eben abgeschafften Konkubinat. Dank des Bestehens des Konkubinats sei es in China unmöglich gewesen, illegitime Kinder zu haben, da der Vater damals gemäß Gesetz zur Sorge auch für Kinder seiner zweiten oder dritten Frau verpflichtet war. Auch andere Einrichtungen böten der chinesischen Frau Vorteile im Vergleich mit westlichen Frauen: »Wenn ein guter Kompromiss zwischen alten und neuen Sitten ausgearbeitet wird, dann kommt die Zeit, in der wir Frauen in Amerika neidisch auf unsere Schwestern auf der anderen Seite des Pazifiks blicken und vergessen, dass es einst eine Zeit gab, als wir an unsere Pflicht dachten, die chinesischen Frauen zu ›befreien‹.«[1650]

Eine andere westliche Journalistin weist in ihrer Abhandlung über das Frauenleben in China auf den Unterschied zwischen der Situation in Großstädten und der in den Dörfern im Innern des Landes hin. In beiden Fällen komme der Frau eine gewichtige Rolle als Hausfrau und Hausmutter zu, die wir im Westen gewöhnlich übersehen würden. Die Abendländer meinten häufig, der chinesische Mann betrachte seine Frau als minderwertig und nicht als ebenbürtig. »Europa nimmt dies gewöhnlich an, aber man begeht damit einen großen Fehler. Wohl ist nach außen hin der Mann der Machthaber der Familie; die Zurückhaltung der Frau aber entspringt nicht der Unterdrückung von Seiten des Mannes, sondern einem tief verwurzelten Gefühl der Scheu der Frauen selbst vor der Öffentlichkeit und speziell Männern gegenüber.«[1651] Auf die bedeutende Rolle der Frau als Stütze der Familie weist auch ein amerikanischer Korrespondent hin: »Die jüdische oder chinesische Frau, ja sogar die ländliche französische Frau ist sowohl Partner als auch Ehefrau. Tatsächlich stellt ihre Position als Mutter diejenige als Ehefrau in den Schatten. Sie ist die Beschützerin der Wohlfahrt der Familie und mehr als nur die Gefährtin ihres Ehemannes. Sie ist der Stabilisator der Familie, was Autorität anbetrifft; und wenn die Familie reifer wird, ist sie Zentrum und Angelpunkt.«[1652]

Eine andere Gruppe chinesischer Frauen, die westliche Männer zu beeindrucken wussten, waren die Sing-Song-Girls, junge Frauen also, welche die einen als Blumen- und Tanzmädchen, die anderen als Freudenmädchen bezeichneten. I. L. Miller hat dieser Kategorie Frauen mit seinem Buch *The Chinese Girl* ein menschlich feinfühliges Denkmal errichtet.[1653] Im Allgemeinen hatten die westlichen Ausländer keinen direkten Kontakt mit Sing-Song-Girls, weil körperlicher Kontakt zwischen Westlern und Chinesinnen selbst auf der Stufe der Prostitution zum Tabubereich gehörte. Selbst nach Öffnung der Vertragshäfen gehörte sexuelle Distanz zwischen den beiden Völkern – auch in Shanghai – zur Norm.[1654] Wohl gerade auch der Tabus wegen faszinierten solche junge Frauen westliche Männer immer wieder: »Sie war ein außergewöhnlich attraktives Mädchen mit schwarzen Haaren, die in zwei langen Zöpfen über ihre Schultern fielen. Sie hatte feine, schöne Hände und die Figur eines Mannequins. Geschmeidig wie ein weiblicher Panther, mit der leichten Bewegung jener schönen Königin der Tiere. Sie ging nicht – sie schien geräuschlos durch den Raum zu gleiten. Mit einem Wort: Sie war das verlockendste chinesische Mädchen, das ich je gesehen habe.«[1655] Noch ein Stück weiter in der Beschreibung der körperlichen Nähe zu einer chinesischen Frau geht ein Journalist während seines Aufenthalts in der Kriegskapitale Chongqing: »Die weichste weiße Hüfte, die zarteste Haut und eine perfekt verzückte Freude des ›old penis erectus‹. Ich hatte Dir geglaubt, als Du sagtest, die chinesischen Frauen seien passiv. Sie war ungefähr so passiv wie ein neuer Dynamo.«[1656] Auch Emigranten hatten bisweilen Kontakt zu chinesischen Frauen, wenngleich, wie im folgenden Fall, sich der Hunger auf die Früchte der körperlichen Liebe nicht immer stillen ließ:

»Zeigte ich auf ihren roten Kirschenmund und dann auf meine gespitzten Lippen, so rührte sie sich nicht. Schrie ich sie an: ›Du kaltes Geschöpf!‹, so rührte sie sich ebenfalls nicht. Aber wenn sie sich dann anschickte, die dunkle Treppe hinaufzugehen, den Longon über den langen Beinen hochraffte, bog sie federnd noch einmal den Oberkörper zu mir zurück, ein schönes, sprungbereites Tier. Ohne Laut öffneten sich die herzförmigen Lippen zu einem kleinen Lächeln, und die großen, weißen Tatarenzähne leuchteten. Wollte ich sie dann greifen – fort war sie, mit ein paar Sprüngen die schmale Treppe hinauf.«[1657]

Eleganz, Charme und Sinnlichkeit der chinesischen Frau lösten bei westlichen Beobachtern Verblüffung aus: »Solange wir hier in China leben, werden wir beim Anblick chinesischer Frauen immer ein bisschen verwirrt sein, alleine durch die Tatsache, dass sie Chinesinnen sind. Wir können uns sagen, dass dies Unsinn ist, aber trotzdem sind wir fasziniert von der Romantik ihres Chinesischseins. Vielleicht liegt es daran, wie sie lachen: höflich, nie ungezwungen, auch wenn sie kichern.«[1658] Für andere wiederum stellte die Chinesin das Ideal der Frau dar: »[Sie] sind wunderbar, einige dieser chinesischen Frauen, perfekt geschaffene Kreaturen ohne raue Ecken.«[1659]

Ein ganz anderes Bild von der Frau in China vermitteln diejenigen Reisenden, die fern der Hafenstädte die Möglichkeit hatten, das Leben der Frau auf dem Lande zu beobachten: »Es gibt wenige Länder, in denen die Frau eine so untergeordnete Rolle im öffentlichen Leben spielt wie in China … Die Frau, die ihren Mann auf seinem Weg begleitet, folgt ihm zumeist in respektablem Abstand. Die Lebensgenossin, die Arbeit, Leid und Freude mit dem Manne teilt, ist in eine niedrigere Rangklasse hinabgedrückt. Ältere Frauen humpeln noch immer mit ihren verkrüppelten Füßen durch die Gassen der Dörfer.«[1660] Von dem offensichtlichen Unterschied zwischen dem »alten« und dem »neuen« China bezüglich der Stellung der Frau ist ebenfalls immer wieder die Rede: »Die Frauen (auf dem Gebiet der Guomindang – Anm. d. Verf.) sind vollkommen rechtlos, haben keinen Eigenbesitz, sind meistens vollkommen ungebildet. Wiederverehelichung von Witwen gilt als Verbrechen … Vergleicht man damit die absolute Gleichberechtigung der Frauen in den befreiten Gebieten, so erkennt man den gigantischen Fortschritt der revolutionären Frauen Chinas.«[1661] In den Jahren nach der Gründung der Volksrepublik nehmen westliche Beschreibungen der Eleganz und des Charmes der chinesischen Frau ein abruptes Ende, getreu der staatlichen Maxime, der weibliche Schönheit als bürgerlich gilt und romantisches Schwärmen als dekadent.[1662]

風俗習慣　　II.　　Sitten und Gebräuche

Familie, Beziehungen, Hierarchien, Pflichterfüllung, Altersverehrung
Nicht erst seit Olga Langs »*Chinese Family and Society*« (1946) stellte die chinesische Familie als bedeutsamste Form einer sozialen Gruppe ein häufiges Untersuchungsobjekt westlicher China-Reisender dar. Am Beispiel der Familie stellte man weitgehende Gedanken über die Rolle von Beziehungen und Hierarchien im chinesischen Kontext an. So basiert für einen amerikanischen Korrespondenten die alte chinesische Familie auf der Doktrin, dass eine Gesellschaft einen »disziplinierten Kern« aufweisen muss. Zu diesem Grundsatz hätten die Chinesen ein weiteres Element, nämlich die Liebe, hinzugefügt. Er konstatiert: »Der Staat mag zusammenbrechen, aber die Familie bleibt bestehen. Krieg mag Grenzen ändern und andere Nationen auslöschen, aber die Familie existiert weiter.«[1663] Und: »In China schützt die Familie vor Egoismus und Unpersönlichkeit.«[1664] Er deutet das Familiensystem als grundlegenden sozialen Ausdruck der kulturellen Einheit Chinas, im Gegensatz zum Westen habe es als eine Art Ersatz für politische und soziale Funktionen des Staates gedient:

> »Es ist die Familie, welche in China die tatsächliche Ordnung aufrechterhält ... Die feste Beziehung zwischen Vater und Sohn, die Anerkennung der Heiligkeit der Ahnen, die ruhende Kraft von Familienverbindungen haben eine herausragende Rolle bei der Aufrechterhaltung der sozialen Ordnung inmitten der politischen Anarchie gespielt. China wurde durch diese Philosophie geschützt, während all die modernen Instrumente zur nationalen Selbsterhaltung lediglich Chaos erzeugt haben.«[1665]

Eine andere Beschreibung der chinesischen Familienstruktur hebt den Wert der kollektiven Verantwortung der Familie hervor, sei es für korrektes Verhalten, das Begleichen von Schulden oder hinsichtlich anderer Formen gesellschaftlicher Verpflichtungen. Komme es zum Streit oder zu Unstimmigkeiten zwischen Familien, so würden Angehörige der Familie zur Konfliktbeilegung zusammentreffen. Führe das zu keinem Ergebnis, biete man eine neutrale Person zur Schlichtung auf. Erst falls auch eine solche Stelle nichts auszurichten vermöge, nehme man beim letzten Mittel, dem Gericht, Zuflucht.[1666] Für einen anderen westlichen Beobachter stellt die chinesische Familie eine eigene Persönlichkeit dar, wie wir sie im Westen nicht mehr kennen. Die gemeinsame Kraft der Familie unterstützt den Einzelnen in allen Arten von Schicksalsschlägen; anderseits sei es so, dass »die unersättlichen Forderungen der Familie ihm die geringste Privatsphäre verweigern«.[1667] Ein österreichischer Besucher stellt fest: »... [W]o immer ein Chinese hinwandert, wo er auch arbeitet, er bleibt familienverbunden.«[1668] Er habe eine Beziehung zum Sitz der Familie, nicht zu seinem Geburtsort, sein Wunsch bleibe, nach seinem Tode in der heimatlichen Erde seiner Familie begraben zu werden. Als anerzogenes Normverhalten bezeichnet eine andere Autorin die Nähe des Chinesen zu seiner Familie: »[D]ie meisten Chinesen sind seit Geburt auf den Grundsatz ausgerichtet, gegen die Außenwelt hin die Einheit einer heilen Familie zu präsentieren.«[1669] Das bedeute allerdings nicht, dass innerhalb der chinesischen Familie nicht gestritten würde, doch werden Unstimmigkeiten nicht nach außen getragen.

Mit dem Thema der Familie verbunden ist in den meisten Fällen das als typisch chinesisch empfundene Konzept des kindlichen Gehorsams (»xiaoshun« 孝順) gegenüber den Eltern, als ein Teilaspekt der Fünf Beziehungen (zwischen Vater und Sohn, Fürst und Minister, Gatte und Gattin, Älteren und Jüngeren sowie Kamerad und Freund). Das soziale Kollektiv ist in jeder Beziehung hierarchisch geordnet, auch innerhalb der Familie. »Chinesische Philosophie, Gesetz und Religion, alle entstanden sie aus einer Quelle: den chinesischen Klassikern. Und sie alle haben etwas gemein mit dem einzigen, überall vorherrschenden Prinzip des kindlichen Gehorsams [filial piety], welches den Kern oder die Antriebswurzel [root-motive] der gesamten chinesischen Ethik darstellt.«[1670] Das chinesische Hierarchieverständnis garantiert Berechenbarkeit, ohne die wiederum das System von Unordnung befallen werden könnte. »Es gibt eine geordnete, traditionelle Methode, menschliche Probleme zu lösen. Und diese hat wirkungsvoll im ganzen Volk funktioniert und ist lediglich ganz wenig von der sozialen Revolution der letzten Dekade beeinflusst worden.«[1671] Dieses Verständnis schließt auch eine Art Dienstbarkeit ein: »Nicht höchster Macht setzt China Triumphbogen, sondern tiefster Pflichterfüllung. Und tiefste Pflichterfüllung bedeutet ihm: Achtung vor dem Alter, vor Eltern und Großeltern und alter Zeit.«[1672]

Ehrfurcht vor dem Alter wird im Zusammenhang mit dem chinesischen Hierarchieverständnis häufig hervorgehoben. »Die chinesischen Sittenanschauungen gehen vom Alter aus. Der Standpunkt des Alters kennt den der Liebe kaum mehr. Das weise Alter sieht in der Liebe nur mehr die vorübergehende Verblendung.«[1673] Für Revolutionäre bedeutete das chinesische Hierarchieverständnis ein Hindernis auf dem Weg zur ihrem Ziel: »Dieses Element ist ein rein chinesisches Phänomen, es besteht aus Gelehrten im chinesischen Verständnis des Wortes, das die Autorität des Alters anerkennt. Kurz gesagt, alles, was alt ist, ist gut, und alles, was neu ist, das ist schlecht.«[1674] Die einer Person oder einem Land zustehende Rangordnung ist das A und O chinesischer Vorstellungen von Hierarchien. Egalitäre Formen in sozialen Beziehungen sind undenkbar, auch in der Politik. Würde Japan in einem Krieg die USA besiegen – so ein Beobachter in den 1930er Jahren – wäre der Westen fortan ein »Unterhund«, und »er würde auch dementsprechend behandelt von Völkern, denen Stellung und Rang alles bedeutet«.[1675] Dieses Hierarchiedenken hat sich nach Meinung einer »ausländischen Expertin« bis in die heutige Zeit hinübergerettet:

»Das ist's, woran es in China fehlt, dass Menschen auf gleich und gleich miteinander reden können, ganz gleich, welchen Alters! Konfuzius hatte doch postuliert, dass man dem Herrscher, dem Manne oder älteren Sohn zu gehorchen habe, immer von unten nach oben, aber nie gleich auf gleich ... Das war am 4. Juni 1989 danebengegangen, die Studenten wollten einen Dialog mit der Regierung, wollten sich als gleichberechtigt erweisen, aber das gab es eben nicht, im 20.

Jahrhundert ebenso wenig wie in früheren ... Die Hierarchie ist bis ins 3. Jahrtausend bestehen geblieben, bevor das nicht schwindet, besteht keine Hoffnung für China.«[1676]

Ahnenkult und Aberglaube

Eng verbunden mit dem kindlichen Gehorsam war für westliche China-Reisende das Thema der Ahnenverehrung, das wiederum häufig abendländische Vorstellungen über den chinesischen Aberglauben mitgeprägt hat. Ohne Verehrung der Vorväter keine Familientradition. »Verehrung [worship] ist vielleicht das falsche Wort. Des Menschen höchste Verpflichtung [obligation] resultierte aus der ganzen Linie seiner eigenen Vorfahren, nicht nur materialistisch, sondern auch spirituell. Da es ihnen bewusst war,

was alles man tat, so war man ihnen zeitlebens auch Rechenschaft schuldig für sein eigenes Verhalten. Ungehorsam gegenüber Eltern oder keine Achtung vor den Vorfahren galt als schlimmste Übertretung.«[1677] Den Wert der Ahnenverehrung im Reich der Mitte erkannte der westliche Reisende bereits mit bloßem Auge, entweder anhand der in der offenen Landschaft sich auftürmenden Grabhügel oder im Falle der Herstellung und des Verkaufs von rituellen Objekten: »Überall sieht man kleine Läden und Buden, wo diese Gegenstände zum Verkauf feilgeboten werden. Da gibt es rot bemalte Räucherstäbchen, Räucherkästchen in mit Sprüchen beschriebenen Papierhüllen und in allen Größen und Ausführungen, und ein symbolisches Papiergeld, das zur Ehrung der Verstorbenen verbrannt wird.«[1678] Eine witzige und zugleich tiefsinnige Geschichte über die von Westlern immer wieder dargestellte Verbindung zwischen Ahnenkult und Aberglaube findet sich im Roman »Der Hirte und die Weberin«:

> »Ich habe einmal gesehen, wie ein Mann hier in Schanghai eine Schale Reis auf das Grab seiner Ahnen gestellt hat. Und plötzlich merkt er, dass zwei weiße Teufel, zwei Engländer, ihm zusehen und sich über ihn lustig machen: ›Wann glaubst du, Tschinkie, werden deine Ahnen herauskommen, um den Reis zu essen?‹ – Und er, nicht faul, antwortete ihnen: ›Sobald Ihre geehrten Ahnen herauskommen werden, um an den Blumen zu riechen.‹«[1679]

Der Standardführer »*All About Shanghai and Environs*« (1934/35) widmet den abergläubischen Vorstellungen der Chinesen ein eigenes Kapitel. Auch das Hotelmagazin »*The Cathay*« (1932) versucht seine westliche Kundschaft unter dem Titel »Drachen wollen keine kleinen Mädchen«, über den Aberglauben der Chinesen zu informieren. In Darstellungen von europäischen Flüchtlingen findet sich häufig, dass chinesische Geister und Dämonen vor Spiegeln aus Angst vor dem eigenen Anblick Reißaus nehmen. Oder über Zickzack-Brücken, die von Westlern ab und zu beschrieben werden, können die Geister angeblich nicht gehen.[1680] Einem Flüchtling kommen die chinesischen Neujahrssitten unsäglich komisch vor: Um den das große Reinemachen inspirierenden Küchengott gnädig zu stimmen, stellt die Hausfrau Schalen mit Honig und anderen Süßigkeiten bereit. Dieser stopft sich den Mund damit voll, und »Malz und Honig verkleben ihm den Mund derart, dass er bei seinem Bericht nur unverständlich brummen kann«.[1681]

Neben solchen mit Nachsicht und fast liebevoll vorgetragenen Schilderungen über den chinesischen Aberglauben finden sich in westlichen Darstellungen auch bitterböse Kommentare, zumeist im Zusammenhang mit dem Angebot an »pharmazeutischen« Produkten:

»Aberglaube herrscht vor allem in der Medizin, aber der chinesische scheint weniger dumm zu sein. Über dem Eingang jeder Apotheke buckelt ein buntbemalter Tiger, denn der erfreut sich des Rufes, ein heilsames Tier zu sein. Seine Hoden taten in China, schon lange bevor Europa die Hormone und die Innere Sekretion kannte, Wunder am schlapp gewordenen Mann. Ähnlich wirkt der Gin-Seng, die Alraune, eine menschenähnlich geformte Wurzel. Ach, wie abergläubisch doch dieses Volk ist!«[1682]

Besonnene Stimmen weisen auf Ähnlichkeiten zwischen dem taoistischen »Götzendienst« und dem Rummel in den Wallfahrtsorten Lourdes oder Mariazell hin.[1683] Mit chinesischer Geschichte und Kultur besser vertraute Beobachter versuchen immerhin, dem westlichen Leser einige Kenntnisse über altertümliche Mythen aus dem Reich der Mitte zu vermitteln, damit dieser sich ein eigenes Bild machen kann. Doch auch Langzeitbesucher stellen einen tiefen Graben zwischen chinesischem Aberglauben und westlich rationalem Denken fest: »Zum Beispiel haben die Chinesen den Aberglauben des Feng Shui, Wind und Wasser, die Vereinigung von Elementen zur Erzeugung von gutem oder schlechtem Schicksal. Einige Leute glauben noch immer an die Astrologie, indem sie annehmen, dass die Sterne unser Schicksal bestimmen ...«[1684] Die Hartnäckigkeit, mit der sich viele Westler über angeblichen chinesischen Aberglauben lustig machen, wird in einem interessanten Kommentar aus anderer Perspektive etwas aufgeweicht. Der Journalist verweist dabei auf die im Vergleich zu anderen Völkern doch sehr begrenzte Reichweite von Glauben und Aberglauben in China und deren durchaus auch lebenspraktische Ausrichtung:

»Aus irgendeinem Grund, der mir nie zufriedenstellend erklärt wurde, sind die Chinesen – als einziges Feudalvolk [feudal people] Asiens – mentaler Versklavung durch Götter oder weltliche Potentaten entkommen. Im alten Indien übte der Aberglaube einen schrecklichen Einfluss auf die Massen aus ... Tempel werden verehrt und sind sakrosankt ... Im Vergleich dazu ist das städtische China fast vollständig irreligiös. Auf dem Lande existieren verschiedene Glaubensrichtungen friedlich nebeneinander ... Dörfliche Götzenbilder sitzen alleine und vom Regen durchnässt unter den undichten Dächern ... Wenn es eine lange Dürre gibt oder eine andere Situation, in der göttliches Eingreifen helfen könnte, dann werden sie aufpoliert und verehrt, aber wenn das nichts nützt, dann werden sie von Bauern mit Stöcken geschlagen.«[1685]

Feiertage: Rummel und Lärm

Chinesische Feiertage erfreuen sich nicht nur bei Einheimischen größter Beliebtheit. Auch bei Ausländern lösen die asiatischen Festtage einen gewissen Enthusiasmus aus. Insbesondere das chinesische Neujahrsfest hat sich im Gedächtnis westlicher China-Reisender als ein besonderes Ereignis im fremden Kalenderjahr eingeprägt. Selbst westliche Diplomaten ließen es sich nicht nehmen, in ihrem Jahresreport regelmäßig über die lokalen Aktivitäten während dieser Feiertage zu berichten: »Politik oder keine Politik: Das chinesische Leben ging weiter; sie

feierten ihr Neujahr lärmender als je zuvor in den vergangenen Jahren.«[1686] Noch zur Kaiserzeit weist ein Beobachter darauf hin, dass das chinesische Neujahr für die Einheimischen praktisch die einzige Möglichkeit sei, einige Ferientage im Jahr frei zu nehmen, um nach Hause zur eigenen Familie zu fahren: »Mit Ausnahme von Chinesen, die in ausländischen Unternehmungen arbeiten, plagen sich die Einheimischen – vielleicht nicht zu schwungvoll, aber immerhin kontinuierlich – Woche um Woche ab und kennen weder den halbfreien Samstag, geschweige denn den europäischen Ruhesonntag.«[1687] Eine Beschreibung des Neujahrsfestes bringt außerdem wiederum zum Ausdruck, dass den Chinesen Lebenspraktisches wichtiger sein kann als Elemente des Aberglaubens und des Glaubens, hier ist es die Gültigkeit ihrer gesellschaftlichen Ordnung:

»Alle Streitigkeiten hören auf. Ja sogar die wilden Generale beordern ihre Armeen von den Fronten zurück und bescheren ihren Soldaten Dollars, Tabak und gebratenes Ferkelfleisch ... Uns Ausländern, die wir in stetigem Staunen, in einer sich rapid steigernden Verzückung durch das toll dahinwirbelnde Leben des chinesischen Neujahrs gehen, bieten sich an allen Straßenecken, aber vor allen Dingen in bestimmten Tempeln und Höfen der Chinesenstadt herrliche Kuriose zum Kauf dar. Denn, da man eben seine Schulden bezahlen muss, ehernes Gesetz des Neujahrs, verkauft man einfach alles, was nicht niet- und nagelfest ist, ja sogar, wenn es sein muss, die

Hausgötter! (Man sieht an dieser kleinen Einzelheit, dass der Sittenkodex des Chinesen ihm über seine religiösen Gesetze geht.)«[1688]

Auch die Emigranten und westlichen Besucher wissen um die Bedeutung des Neujahrs für die chinesische Bevölkerung: »Vierhundertfünfzig Millionen Menschen feiern in diesem Augenblick im riesigen Reich. Von der Mongolei bis Indochina, von Turkestan bis Korea legt dieses so fleißige Volk die Werkzeuge nieder und widmet seine Zeit dem Spiel und der Zerstreuung. Ein fast ekstatischer Zustand bemächtigt sich der Menschen, alle Sorgen entfliehen, Geld spielt keine Rolle und die Erwachsenen ebenso wie die Halbwüchsigen und die Greise, Männer und Frauen freuen sich ihres Daseins, werden zu Kindern, die nur die Gegenwart kennen, die alle Leiden der Vergangenheit und alle Bekümmernisse der Zukunft vergessen, vergessen wollen. Aber gerade diese Charaktereigenschaft des Chinesen, die Ausschaltung der Zeit in Augenblicken der Freude, bürgt für die Zukunft dieses Volkes. Das Bewusstsein der Stärke, der Unsterblichkeit, hat dieses Volk seit vielen tausend Jahren erhalten und führt es in die künftigen Jahrhunderte und Jahrtausende.«[1689] Vor allem der Eindruck von Lärm und Rummel ist es, den die Westler in ihren Schilderungen über das größte Fest der Chinesen vermittelten; daneben zeigt sich aber doch auch eine große Bedeutung religiöser Bedürfnisse:

»Tagelang vorher knallte es aus allen Ecken und Winkeln. Die bösen chinesischen Geister müssen tatsächlich furchtsam die Wohnungen und Häuser verlassen haben ... Ein Stoßen und Drängen, Lachen und Abknallen von Feuerwerkskörpern ließ die Straße von morgens bis Mitternacht pulsieren ... Ein beliebtes Objekt der schaulustigen Menge waren auch die öffentlichen Wahrsager. ... Zwischen all diesen Verkündern der Freude hockte die Armut. Bettler über Bettler ... Vor den Tempeln staute sich die Menge. Ein undurchdringlicher Qualm ließ nur die Umrisse der Opfernden erkennen. Vor jeder Götterfigur brannten die geweihten Kerzen. Voll Inbrunst betete China und erflehte den Segen der Götter.«[1690]

Essen und Trinken, Kochkunst
»[D]er chinesische Wissenschafter kann nicht kalt und emotionslos einen Fisch betrachten, ohne unmittelbar daran zu denken, wie dieser im Munde schmeckt.«[1691] In diesen Worten des Literaten und Lebenskünstlers Lin Yutang (1895–1976) offenbart sich ein Zug chinesischer Lebensphilosophie, mit dem alle China-Reisenden in Berührung kommen: Essen nicht nur als Folge menschlicher Instinkte, sondern vor allem als ein Genuss und als Passion eines ganzen Volkes. Ebenso als Zeremonie, wie schon Anton Tschechow zu berichten wusste.[1692] Dass bei der Art der Speisen wesentliche kulturelle Unterschiede bestehen, bekam eine junge Amerikanerin zu spüren: »Etwas, was ich hier in Südchina überhaupt nicht mag, ist, dass die Chinesen – trotz strenger Gesetze – Hunde essen. Und weil ich kein Baby habe, fühle

ich mich meinem Hund fast pathologisch verbunden. Die Vision, dass dieses gute Tier entweder als Kotelett oder Steak auf meinen Teller kommt, macht mich krank.«[1693] Kein Erbarmen kannte ein chinesischer Gastgeber mit seinem westlichen Gast anlässlich eines Abendessens im mandschurischen Hailar: »[M]ir wurde die gebratene Pfote eines Bären angeboten, die ich, ohne mit der Wimper zu zucken, essen musste und dabei vorgab, sie zu genießen.«[1694]

Noch bevor man allerdings chinesische Kochkünste überhaupt zu schätzen in der Lage war, galt die größte Aufmerksamkeit den Widrigkeiten beim Umgang mit Essstäbchen: »Der wesentliche Unterschied der chinesischen Esssitten von den unsrigen besteht darin, dass man die Portion nicht auf einem Teller zugeteilt bekommt, sondern dass sich sämtliche Tischgenossen eines gemeinsamen Tellers bedienen. Um also bei voller Tafel nicht zu verhungern, ist ein gewisser Grad von Fingerfertigkeit und Geschwindigkeit im Gebrauch der Essstäbchen recht empfehlenswert.«[1695] Schnell einmal nimmt der Ausländer wahr, dass das Essen für Chinesen eine Art Zeremonie darstellt: »Der Chinese ist ein Feinschmecker und will sich den Appetit nicht hinunterschwemmen lassen. Frühzeitige Sättigung ist nicht der Zweck eines solchen Essens, es geht hier um das Vergnügen des Schmeckens und Kostens.«[1696] Einen rituellen Charakter entdeckte ein anderer langjähriger Kenner einheimischer Sitten in der chinesischen Trinkkultur: »Während der gesamten Zeremonie hielt der Marschall das Glas mit beiden Händen. Er nahm es vom Tisch mit beiden Händen, reichte es mir mit beiden Händen und hielt es mit beiden Händen, als der Kellner aus der Karaffe nachschenkte. Dies gab der ganzen Zeremonie eine Art rituellen Charakter, der an den Brauch der Weihe in der katholischen Kirche erinnerte.«[1697]

Für Diplomaten konnte die Schlemmerei an öffentlichen Banketten gelegentlich zur Tortur werden. »Die Verpflichtung, zwischen zwei hohen Würdenträgern zu sitzen, die keiner Fremdsprache mächtig waren, dafür aber während fünfzig Gängen rülpsten und gluckten ..., wurde nicht dadurch angenehmer, dass Raritäten aufgetischt wurden. Entenzunge und Hirschsehnen mögen ekstatische Entzückungen für himmlischen [celestial] Appetit auslösen, für uns mit grobem Gaumen stellten sie eine Verschwendung dar.«[1698] Selbst in Kriegszeiten konnten sich vor allem die reichen Chinesen und die Ausländer auf die Kunstfertigkeit einheimischer Köche verlassen: »Gegen Ende des Krieges bot Chongqing besseres Essen als ich je in einer anderen Stadt der Welt bekommen habe, mit der gelegentlichen Ausnahme von Paris und New York. Aus Fujian, Kanton, Shanghai, Peking, Hubei und Hunan kamen die fliehenden Küchenchefs der großen Restaurants, um die Beherrschung ihrer Kochkunst [mastery of table] in jeder provinziellen Vielfalt vorzuführen.«[1699] Gemästete Entenleber in Reiswein, Suppe mit Silberbaumpilzen, Taubeneier, gedämpfte Schwalbennester, gesottene Haifischflossen mit pikanter Soße oder eingelegte Lotuskerne – so präsentierten sich mitunter chinesische Festmähler. Doch solch üppige Schlemmereien mit fast unendlich erscheinender Speisenfolge, so ein Prager Journalist, seien hier nicht die Regel, sondern seltene Ausnahmen. »Wer die chinesische Küche nach ihnen beurteilt, begeht denselben Fehler wie etwa der Chinese, der ein Bankett im ›Adlon‹ als typisch deutsche Küche beschrieb.«[1700] Ohnehin ist seiner Meinung nach das chinesische Essen ärmer an Merkwürdigkeiten, »als phantasievolle Reisende es uns weismachen wollen«:

> »Ich habe oft in chinesischen Gasthöfen gespeist und auch altansässige Europäer nach Spezialitäten der chinesischen Küche befragt. Als einzige Absonderlichkeit aber konnte ich bisher nur die kleinen Krabben feststellen, die lebend in Weinsoße serviert werden und munter auf der Schüssel hüpfen. Diesen allerdings naht der Fremde mit Misstrauen. Wenn er sich aber erinnert, dass er ja auch Austern lebend isst, hascht er bald ein paar Krabben und saugt ihnen den Hinterleib aus.«[1701]

Das Essen allgemein, auch das des Alltags, hat in der chinesischen Kultur einen hohen Stellenwert, wie einem westlichen Emigranten in Shanghai auffällt: »Schon in frühester Morgenstunde haben, ebenso wie die Wasserhändler, die Straßenrestaurants und Straßenbäckereien ihr Tagewerk begonnen. Da wird mit Volldampf gekocht, gesotten und gebacken, während der Blasebalg oder nur der Fächer den Ofen in Gang hält. Eine Industrie der Magenbefriedigung, hingebend in ihrer Geschäftigkeit; es duftet appetitlich, denn nicht umsonst zählt der Chinese zu den besten Köchen der Welt ... Der durchschnittliche Chinese erachtet die Nahrungsaufnahme als eine Angelegenheit ersten Ranges, während er die Wohnkultur in einem dem Europäer unbegreiflichen Maße vernachlässigt.«[1702]

Ein Berliner Arzt vermerkt insbesondere die unauffällige und zuvorkommende Bedienung des Personals in chinesischen Restaurants: »Natürlich trugen sie, wie alle Chinesen, Stoffschuhe, so dass man ihren Schritt nicht hörte; aber auch sonst nahm man nichts von ihnen wahr. Plötzlich war der Teller gewechselt, und wenn man aufsah, stand, vielleicht wer weiß wie lange, ein weißgekleideter Geist freundlich lächelnd neben einem mit einer Essensplatte. Es war wie in einem Märchen.«[1703] Essen als allgemeine Lebensgrundlage, so erfährt es eine westliche Besucherin im Reich der Mitte: »Es ist eine Binsenweisheit, dass Essen Leben bedeutet; bei den Chinesen meint Essen auch Gesundheit und ist Symbol für andere guten Dinge wie Glück und Wohlstand. Der Himmel liebt denjenigen, der gut isst.«[1704]

Baby- und Kinderliebe

»[N]iemand, der in China gelebt hat, wird leugnen, dass chinesische Eltern ihre Kinder, männliche und weibliche, übertrieben gern zu haben scheinen«, heißt es bereits im 1902 erschienenen Buch »China and the Chinese« des Sinologen Herbert Allen Giles.[1705] Diese Ansicht änderte sich auch bei den jüdischen China-Reisenden des 20. Jahrhunderts wenig, obwohl in Berichten (insbesondere aus Shanghai) immer wieder von infolge von Not und Verelendung weggeworfenen Babys die Rede ist. Oder dann von der Katastrophe für eine Familie, wenn statt eines Sohns eine Tochter geboren wird: »Was soll man von dem vielgerühmten Familiensinn eines solchen Volkes halten, das die Geburt einer Tochter als schreckliches Unglück betrachtet, das an dem Rande seiner Städte und Dörfer Türme aufstellen lässt, in die man bei Nacht und Nebel oder auch am helllichten Tage neugeborene Kinder weiblichen Geschlechtes wirft, damit sie dort verwesen?«[1706] Im Allgemeinen jedoch zeichneten westliche Beobachter ein Bild von liebkosten und allseits bewunderten Babys: »Das vier Wochen alte Baby war selbstverständlich auch anwesend und wurde gemeinsam gebührend bewundert. Jedermann streichelte es, liebkoste es und blies ihm oft auch den Rauch einer Zigarette in sein kleines, rosiges Gesicht. Es hat den Abend aber trotzdem gut überstanden, und ich hatte wieder mal Gelegenheit die gute Konstitution eines Chinesen zu bewundern.«[1707] Der gleiche Emigrant stellt fest, dass chinesische Eltern ihre Kinder niemals schlagen, sie nur mit Zärtlichkeit und Güte erziehen. Das Bild des in aller Öffentlichkeit an der Mutterbrust trinkenden Babys hat sich ebenfalls mit besonderer Intensität im Gedächtnis westlicher China-Reisender eingeprägt:

> »Kindersäugen und Kinderpflegen findet bei gutem Wetter meist im Freien statt. Die überreiche Mutterbrust Chinas verbirgt sich nicht, sie ist stolz, Nahrung zu spenden. Die überreiche Mutterbrust Chinas wird gespeist aus den Quellen einer vieltausendjährigen Frauenkultur, einer vieltausendjährigen Familientradition und einer vieltausendjährigen Pflege des weiblichen Leibes. Buddha, Konfuzius und Tao, sie alle sind auf Grund der chinesischen Frauenkultur Lehrer für chinesische Familienkultur geworden.«[1708]

Verschiedentlich wird versucht, die Ursachen für die allumfassende Liebe chinesischer Eltern zu ihren Kindern zu ergründen, wobei man durchwegs auf die Geschichte des Landes zurückgreift, allerdings mit unterschiedlichen Deutungen: »Die Freude am Kinderkriegen und am Kinde ist eines der chinesischen Wunder, begründet in einer uralten religiösen Kultur.«[1709] Ein anderer langjähriger China-Beobachter sieht in der ausgesprochen unfriedlichen, ungeordneten Vergangenheit den Schlüssel zur Kinderliebe: »Babys werden willkommen geheißen und verhätschelt wie wahrscheinlich sonst nirgendwo auf der Welt. Das geschieht teils als Antwort auf vergangene harte Zeiten, teils deshalb, weil in China viele Generationen lang keine friedlichen und geregelten Bedingungen existiert hatten.«[1710] Auf Kinder als notwendige Altersversicherung führt ein Journalist, der jahrelang mit der Situation im Innern des Landes konfrontiert war, die Kinderliebe zurück: »Die Chinesen lieben ihre Kinder; wenn es ihnen möglich ist, verhätscheln sie sie maßlos. Der ärmste Bauer packt sein Baby in scharlachrote Seide ein und erstickt es mit elterlicher Fürsorge und Zuneigung. Einerseits ist das Zärtlichkeit, wie sie allen Eltern eigen ist, anderseits ist es die einzige Form einer Altersversicherung, die in China existiert. Eltern leben durch ihre Arbeit, bis ihre Muskeln verdorren; werden sie alt, müssen sie verhungern, wenn nicht die Familie für sie sorgt. Kinderlosigkeit ist die größte Tragödie für eine Familie.«[1711]

III. Erinnerungen und Bilder: Themen der Wahrnehmung

Ein westlicher Besucher im Peking der 1950er Jahre stellt mit einem gewissen Erstaunen fest, dass chinesische Kinder selten streiten oder weinen. Einen Grund dafür sieht er darin, dass im Gegensatz zur »unechten [apocryphal] westlichen Mutter«, die ihren Ehemann losschickt, um nachzusehen, was die Kinder tun, und ihnen notfalls befiehlt, mit diesem oder jenem aufzuhören, die modernen chinesischen Eltern ihre Sprösslinge respektieren und darauf vertrauen, dass sie das Richtige tun. »Sie werden ganz und gar nicht verwöhnt, sondern als menschliche Wesen mit ihren eigenen Fähigkeiten und Wünschen geachtet.«[1712] Nach Einführung der Einkind-Familie Ende der 1970er Jahre schien – so ein langjähriger China-Kenner – der Grad der Verhätschelung nochmals einen Zahn zuzulegen: »Chinesische Babys mit ihren seidig glänzenden schwarzen Haaren, mit ihren kleinen Stupsnäschen, ihren fröhlichen und leuchtenden Augen sind wunderschön. Die Familien mit nur einem Kind verzärteln es, liebkosen es und verwöhnen es. Welches politische Dynamit liegt in der Familienliebe für Babys, wenn ein zweites Baby als sündhaft erklärt wird?«[1713]

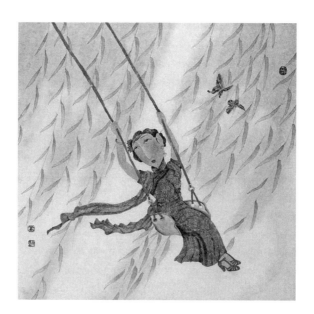

國家社會 III. Staat, Macht und Gesellschaft

Primat der politischen Ordnung

In kaum ein Land der Welt reisten im 20. Jahrhundert politisch so unterschiedlich denkende und agierende Ausländer wie ins Reich der Mitte. Liberale, Konservative, Freidenker, Kommunisten, Nationalsozialisten, Emigranten und andere hatten hier gleichermaßen ihr Leben eingerichtet und mussten sich manchmal notgedrungen auch anpassen. Der Vorrangstellung der hiesigen politischen Ordnung – der Sinologe Benjamin I. Schwartz spricht vom Primat der politischen Ordnung in ostasiatischen Gesellschaften – konnte sich kein Westler entziehen: weder der Flüchtling noch der Journalist, weder der Forschungsreisende noch der Künstler.[1714] Es erstaunt deshalb nicht, dass viele westliche China-Reisende in ihren Schilderungen auch die politische Ordnung des Landes und die dazugehörigen Ideen zum Thema machten. »Chinesische Politik wird für Westler immer ein Rätsel bleiben«, schreibt dazu ein langjähriger China-Kenner, nachdem er festgestellt hat, dass »das Problem in China nicht die Politik, sondern die Geschichte ist – denn die Menschen sind durch so viele Niederlagen hindurchgegangen, sie sind verdreht, nicht aufrecht [they are twisted, not straight]«.[1715] Für einen anderen Beobachter stellen die Chinesen als politisch Handelnde auch noch Jahrzehnte nach der Gründung der Volksrepublik ein Rätsel dar:

> »Es gibt etwas über die Unzulänglichkeit des Chinesen als politisches Wesen, das – im Vergleich zum Chinesen als ökonomischer Mensch, als Überlebenskämpfer oder sogar als Anwender einer kulturellen Norm – fortfährt zu erstaunen ... Ist es dort, wo chinesische Individualität durchbricht und zu einer lähmenden Eigenschaft wird? Eine Zeit lang war es möglich, sich vorzustellen, dass die chinesischen Massen unter einem charismatischen Diktator oder einer Ideologie die Fähigkeit besitzen, sich zu vereinigen, wenngleich nur in Ketten. Sogar solches bleibt gemäß den jüngsten Vorgängen auf dem Festland fraglich, zumindest wenn man die Zeichen liest, welche von einem Wiederauftauchen von Regionalismus im kommunistischen China fast wie zu früheren Zeiten sprechen.«[1716]

Der gleiche Beobachter gesteht, dass er aufgehört habe, irgendeine politische Möglichkeit als unmöglich abzutun: »Chinesische Politik arbeitet – wie diejenige Jehovas – auf geheimen Wegen. Man diagnostiziert nicht auf einer vernünftigen Basis.«[1717] Das scheint auch ein anderer Westler erfahren zu haben, wobei er zum Schluss kommt, dass man in China zu zielgerichtetem politischem Denken und Handeln gar nicht fähig sei: »[M]einer Meinung nach wird nichts aus der Politik in China rauskommen, weil das chinesische Volk nicht politisch denkt [not politically minded]. Alles, was in China auf Politik hinausläuft, ist eine ständige Wiederholung von politischen Skandalen, etwa in der Beförderung von belanglosen [petty] Männern in hohe Positionen und anschließend in der Notwendigkeit, diese nach ihrem Aufstieg wieder herunterzuholen.«[1718] Trotz solcher von Abendländern immer wieder vorgetragener Klagen über das Mysteriöse chinesischer Politik finden sich in den meisten Darstellungen über das Reich der Mitte konkrete Themen und Erklärungsversuche bezüglich der dem Westler häufig fremd erscheinenden chinesischen politischen Verhaltensweisen.

Krieg und Frieden, Herrschaftsgewalt und Machtausübung

Von einer »gelben Flut«, wie es im Titel des 1908 erschienenen Romans von Alexander Ular heißt, ist in den Darstellungen der in Teil zwei dieser Arbeit vorgestellten China-Reisenden überhaupt nicht die Rede.[1719] Statt Angst machender Plattitüden kommt in ihren Büchern, Artikeln oder Briefen vielmehr das Interesse zum Ausdruck, die Vorgänge im Reich der Mitte zu verstehen. Das allerdings bedeutete nicht, dass nicht hie und da Konkurrenzdenken zwischen Morgen- und Abendland aufkam. Doch mit der eurozentrischen Überheblichkeit war es für die jüdischen Reisenden vorbei. Einige Beobachter sahen in der kommenden Großmacht einen ernst zu nehmenden Rivalen, andere den Partner, den es nicht nur zu akzeptieren, sondern auch zu umwerben galt. Noch während der Qing-Dynastie versucht ein Autor in der Zeitung »Israel's Messenger« unter der Überschrift »Die gelbe Gefahr« die Ängste der Europäer gegenüber China zu zerstreuen:

> »Die Chinesen sind ein friedliebendes Volk und lieben nicht die Sirenen des Krieges. China mag es am liebsten, die Friedenspfeife zu rauchen ... Von einem moralischen Standpunkt aus betrachtet, sollten wir die Doktrin des Leben-und-Lebenlassens praktizieren. Es ist eine noble Predigt. Die Heuchelei des Ausdrucks ›Unsere chinesischen Brüder‹ ist zu offensichtlich, wenn Dinge wie die ›gelbe Gefahr‹ in unseren Gedanken herumgeistern.«[1720]

Bis zum Ende ihres Erscheinens im Jahre 1941 publizierte die Zeitung der sephardischen Juden regelmäßig Beiträge, welche der westlichen Leserschaft klarmachen wollten, dass vom Reich der Mitte keine Bedrohung, sondern Frieden ausgehe. Ähnlich redeten jene, die der Auffassung waren, China werde ohne westliche Einmischung den Weg der nationalen Versöhnung selbst finden: »Die Chinesen lösen alle heiklen Angelegenheiten so weit wie möglich mit der feinen Kraft des Verstandes. Heute weiß ich aus eigener Anschauung: Wäre die Politik in Ostasien eine rein chinesische Sache, sie fände ihre Lösung stets durch friedliche Unterredung zwischen den Generalen und Kommunisten, durch geistreiche Gespräche und gegenseitige Verständigung.«[1721] Ganz ähnlich ist ein amerikanischer Journalist und China-Kenner der Auffassung: »Ein realistischer Chinese kann nur an eine einzige Handlungsmaxime [rule of action] für sein Land glauben – eine, die hartnäckig verfolgt werden muss: Jedwede äußere Einmischung in die internen Angelegenheiten Chinas wäre für das Land kostspielig und möglicherweise verheerend und muss deshalb verhindert werden.«[1722] Andere, wie beispielsweise John K. Fairbank, weisen nach der Gründung der Volksrepublik darauf hin, dass die chinesische Revolution nicht nach außen aggressiv geworden sei. »China hat doch keinen einzigen Soldaten im fremden Land stehen«, meint dazu auch eine österreichische Kennerin des Landes.[1723] Einem Journalisten kommen immer wieder die Worte eines chinesischen Politikers in Erinnerung, dass »China nicht über seine Landesgrenzen hinaus kämpft«, das Land es lieber sähe, wenn »angeworbene Ausländer gegen Ausländer kämpfen«.[1724]

Ein deutscher Emigrant und Schriftsteller kommt am Beispiel des Boxeraufstands zum Schluss, dass die Chinesen »nie mit Massengewalt und großer Wucht über ihren Gegner herfallen, sondern es geschieht solch Ansturm vor allem mit sehr vielem Lärm, ein wenig überredend, ein wenig bedrohend und hin und wieder auch mal ein wenig tötend«. Für ihn ist klar, dass »der Chinese nicht gern kämpft«.[1725]

In Hinblick auf die Herrschaftsausübung im Land selber sahen einige westliche Beobachter ein paar Konstanten, die unabhängig von der jeweils herrschenden Gruppe wirksam waren: »Die einzige Überzeugung, welche Chiang Kai-shek und die Kommunisten in den letzten zwanzig Jahren teilten, war die, dass bewaffnete Stärke die einzige Garantie für Sicherheit darstellt.«[1726] Damit sich militärischer Einfluss aber auch politisch umsetzen lasse, brauche es eine ideologische Beeinflussung: »Etwas, was ich in all den chinesischen Kriegen gelernt habe, ist, dass Truppen nur dann gut kämpfen, wenn sie politische Indoktrination bekommen haben. Es spielt keine so große Rolle, ob ihre Sache richtig oder falsch ist (...), solange sie daran glauben. Wenn sie die Idee, sie würden für etwas Lohnendes kämpfen ... wirklich in ihre Köpfe gebracht haben, dann gibt es kein Ziel, das sie nicht erreichen können.«[1727] Als eine Art Taktik zur Einschüchterung des Gegners bezeichnet ein Beobachter die chinesische Art, Kriege zu vermeiden:

> »Doch was sich nun abspielte, war echtes China. Es kam zu keiner richtigen, offenen Schlacht, sondern: wo die einen voll Mut vorrücken, dort rücken die anderen aus. Wer wird sich auch gerne totschießen lassen? Mut ist immer nur etwas für ein in die Enge getriebenes Tier. In China verhandeln die Generale ewig und immer hinter den Kulissen der nicht geschlagenen Schlachten.«[1728]

Staat versus Volk, Recht und Gesetz, Gerechtigkeit

Als »jahrtausendealte Gottesgeißel, die auf Kopf und Rücken des chinesischen Volkes fast ununterbrochen niedergesaust ist«, bezeichnet ein Budapester Journalist den Militarismus, der »eine Synthese all der schlechten Instinkte des Chinesen in Reinkultur« darstelle.[1729] Für einen amerikanischen Beobachter der 1920er Jahre hingegen sind die Chinesen ein »freies Volk«, das sich durch Fremdbestimmung nur begrenzt unterdrücken lasse: »Soweit ein Volk gegen äußere Beeinflussung oder Autorität im Allgemeinen immun sein kann, sind die Chinesen dagegen resistent.«[1730] Und fährt fort:

》Trotz der stereotypen Meinung von ausländischen Diplomaten und Geschäftsleuten in den halbeuropäischen Vertragshäfen wird kein ›starker Mann‹ China seinen Willen aufzwingen können. Keinem starken Mann wird es gelingen, heute China zu vereinigen oder das Land aus dem politischen Chaos und den sozialen Umwälzungen herauszuführen. Es ist heutzutage gang und gäbe, von einem chinesischen Mussolini zu reden ... China hat ein halbes Dutzend. Das ist das Problem.«[1731]

Hinsichtlich der von westlichen Beobachtern immer wieder gestellten Frage nach dem Verhältnis zwischen Herrschern und Beherrschten in China stellt angesichts der aufziehenden Kriegswolken in den 1930er Jahren ein deutscher Journalist mit Befriedigung fest, dass sich die öffentliche Meinung als neue Kraft etabliert habe, sich das Volk eine Stimme zu verschaffen suche: »Aus all den gleichgültigen Massen steigen allmählich mehr und mehr Menschen auf, die sich für die nationalen Staatsgeschäfte zu interessieren beginnen.«[1732]

In engem Zusammenhang mit dem zunehmenden Verlangen des Volkes, den eigenen Interessen Ausdruck zu verleihen, steht die Frage nach dem Verhältnis von Recht und Gesetz in China, denn das Gesetzesrecht (so zumindest die Ansicht der legalistischen Schule) diente jahrhundertelang den Herrschern zur Kontrolle der Bevölkerung und nicht deren Schutz vor der Staatsmacht. »Es gab nur deshalb keinen plötzlichen Rückfall in die Anarchie ..., weil der Respekt vor der öffentlichen Ordnung beim Chinesen tief verwurzelt ist. Die Chinesen sind von Natur aus gesetzestreu, vielleicht weil sie nicht vom Gesetz abhängig sind, um ein gewisses Verhalten zu beschränken, sondern weil sie von Traditionen gelenkt werden, die unter der Autorität der Familie stehen.«[1733] In vielen Darstellungen westlicher China-Reisender findet sich bei der Erörterung von Recht und Gesetz Kritik an der angeblichen Grausamkeit der Chinesen (etwa im Falle öffentlicher Hinrichtungen), ihrer Teilnahmslosigkeit gegenüber dem Schicksal von Mitmenschen (über die sadistische Freude der Chinesen am Unglück anderer hatte sich schon Lu Xun geäußert) oder generell an deren »herzlosem Verhalten«. Solche Verhaltensweisen, so ein langjähriger China-Kenner, müssten jedoch in einem historischen Kontext gesehen werden: »Es gibt in der Tat eine schockierende Menge an Ausbeutung und noch viel mehr an Gefühllosigkeit gegenüber dem Leiden der Massen. Aber auch das ist im chinesischen Leben normal. Es war normal für alle Gesellschaften bis hin zum 18. und 19. Jahrhundert, als ein gewisses Maß an sozialem Bewusstsein in einigen westlichen Ländern entstand ... Aber jetzt zum ersten Mal nach China zu fahren und das Land nach den Maßstäben des Westens und nicht nach denjenigen Chinas zu beurteilen bedeutet, Dinge schief [askew] zu sehen.«[1734] Der gleiche Autor hält fest, dass Missverständnisse zwischen Ost und West bezüglich des Rechtswesens von der westlichen Konzeption des Staates als alleiniger Quelle von Autorität herrühren:

»Die Chinesen hatten Gesetze ... Es war vorwiegend ein praktisches Gesetzessystem, nämlich insofern das Gesetz unmittelbar mit der Wirklichkeit verbunden war. Davon kann man in Ländern, die bedeutend besser organisiert und höher entwickelt sind, nicht unbedingt sprechen.«[1735]

Ein anderer Amerikaner stellt fest, dass für die Chinesen das Gesetzessystem erst nach Beachtung der »Fünf Beziehungen« zum Greifen kommt. Egalitäre Formen in sozialen Beziehungen sind deshalb fast undenkbar: »Ich weiß, dass im Westen das Gesetz jede Person gleich behandelt. Aber in China beinhalten Lernen, Wissen und intellektuelles Vermögen einen Klassenunterschied, den auch das Gesetz respektieren muss.«[1736] Und in einem Brief an einen chinesischen Freund schreibt er: »[W]enn das Gesetz unvernünftig ist, dann soll man es nicht beachten. Wie völlig chinesisch diese Schlussfolgerung doch ist!«[1737] Auch unter den Emigranten gab es solche, die die Andersartigkeit chinesischer Auffassung über Recht und Gesetz zu erklären versuchten: »In der uralten sozialen Demokratie China begann das strenge Sittengesetz bereits mit dem Recht des Bettlers auf die volle Reisschüssel. Darum sind dort Mein und Dein stets mit natürlicher Bedingungslosigkeit anerkannt worden. Es gab dort nicht, wie in Europa, ein Recht nach juristischen Konstruktionen. Darum wird auch ein chinesischer Verbrecher, wenn er erwischt wird, sich niemals herauszulügen versuchen.«[1738] An anderer Stelle schreibt der gleiche Autor: »Was nach westlichen Begriffen als asiatische Rückständigkeiten oder Betrügereien verschrien ist, sind lediglich überkommene Handlungspraktiken, über die derjenige, der die Moral des Buddhismus, Konfuzianismus und Taoismus als Lebensphilosophie des gesunden Menschenverstandes einzuschätzen gelernt hat, mit Vergnügen lächelt.«[1739] Manch ein China-Reisender war jedoch bedrückt über die seiner Meinung nach weit verbreitete Gesetzlosigkeit im Reich der Mitte:

»›China gibt keine Sicherheiten. Hier lebt der Mensch nur, um sich zu ängstigen. Peking mag wunderschön sein, aber es ist eben auch China. Und ich habe genug von einem Land, in dem es immer und immer wieder Kriege und Aufstände, Revolutionen und Räuberbanden und Plünderungen gibt. Ich möchte wieder in ein Land mit Gesetzen, wo einer den andern nicht ungestraft umbringen kann. Wo man ein freier Mensch ist.‹«[1740]

Der fehlende beziehungsweise andere Sinn für Gerechtigkeit ist ebenfalls ein regelmäßig wiederkehrendes Thema bei westlichen China-Reisenden. Nachdem ein Autor dem Leser die Ereignisse um eine Demonstration von Rikscha-Kulis in Peking gegen die Erstellung einer Straßenbahn ausführlich geschildert hat, meint er: »Aber da sie zweifellos Rickscha-Kulis sind, hat man sie alle zusammen in einen Gefängnishof gesperrt und wird sie dort zunächst einmal hungern lassen. Dann wird man ein Dutzend erschießen und die andern laufen lassen. Womit der Gerechtigkeit Genüge getan ist. Nach chinesischen Begriffen wenigstens.«[1741] Ein deutscher Flüchtling wiederum erinnert sich mit Grauen an jene Situation, als er zwei Männern gegenüberstand, die angeblich einen Kaufmann ermordet hatten und denen deshalb die Hände abgehackt wurden. Der für die Bestrafung zuständige Major erklärte dem fassungslosen Ausländer: »Mit der abgehauenen Mörderhand ist die Sühne vollzogen, die Tat gestraft. Niemand in der Welt kann behaupten, in China herrsche nicht Recht und Gerechtigkeit ... Die westliche Zivilisation braucht eine Herrschaft der Politik und Rechtsgewalt. China braucht menschliche Gerechtigkeit und echte Lebensmilde. Darum ist es sehr schwer, ein moderner Chinese zu sein und gleichzeitig nach den Gesetzen der Weisheit zu leben ...«[1742]

Bauern, Studenten, Gilden, Geheimgesellschaften
Über die einzigartige Beziehung des Chinesen zu seinem Boden weiß man im Westen spätestens seit Pearl S. Bucks »*Good Earth*«. Mit dem Land Vertraute sprechen auch von der »chinesischen Psychologie gegenüber der ›guten Erde‹« oder von der Erde als einzig »wahrem Reichtum«.[1743] Von daher kommt dem Bauern eine herausragende Stellung zu: »Wer ein Verständnis für Chinas Lage gewinnen will, muss sich mit seinen Bauern beschäftigen«, schreibt z. B. ein österreichischer Arzt in seinen Erinnerungen.[1744] Mao Zedong ging dann auch davon aus, dass, wenn man dieses Land regieren wollte, man den Bauern als unmittelbaren Verwerter des Bodens für sich gewinnen musste, indem man ihm eine menschenwürdige, selbstbestimmte Existenz verschaffte. Nur so könne die Stabilität des Landes garantiert werden. Ein langjähriger China-Beobachter meint dazu: »Die ganze kommunistische politische These konnte auf einen einzigen Paragraphen reduziert werden: Wenn man einen Bauern nimmt, der von früh bis spät betrogen, getreten und geschlagen wurde ... und ihn wie einen Menschen behandelt, seine Meinung erfragt, ihn für eine lokale Regierung wählen, seine eigene Polizei organisieren, über die eigenen Steuern entscheiden und über die Miete und Zinsen abstimmen lässt ..., ja, wenn man all dies tut, dann bekommt der Bauer etwas, wofür er kämpfen wird. Und er wird dafür gegen jeden Feind kämpfen ...«[1745] Derselbe amerikanische Journalist, der auch das Innere des Landes gut kennt, setzt in seinem Buch dem chinesischen Bauern mit einem eigenen Kapitel ein Denkmal:

> »Der chinesische Bauer bewirtschaftet den Boden nicht; er pflegt ihn als Garten. Er, seine Frau und seine Kinder zupfen jedes Unkraut einzeln heraus ... Alles Leben ist mit diesem Stück Boden verbunden. Er arbeitet auf ihm, isst von ihm und gibt ihm alle seine Körperexkremente ab; schließlich kehrt er selbst in diesen Boden zurück ... Der Bauer selbst ist ungebildet. Er ist Analphabet und voller Aberglauben ... Seine Technik ist primitiv ... Er sammelt jedes Grasbüschel, um es als Brennstoff zu verwenden ... Er flicht Hüte, Körbe und Sandalen aus Stroh, und aus einer Schweineblase macht er einen Luftballon für die Kinder; jedes Stück Schnur, jeder Fetzen Papier und jeder Lumpen wird aufgespart.«[1746]

Vor allem Westler, die mit Menschen außerhalb der Vertragshäfen in Kontakt standen, haben die Bedeutung der Landwirtschaft für die Entwicklung Chinas erkannt: »... [W]eil der Bauer und sein Dorf das eigentliche China sind«, heißt es z. B. in einem Buch über die »befreiten Gebiete«.[1747] Ein Bericht in der Zeit des Bürgerkriegs untermauert nochmals Maos These von der zentralen Bedeutung des Bauernstands in China:

«Ich gebrauche den Bauern als Beispiel, weil er das wichtigste Segment der chinesischen Bevölkerung darstellt. Achtzig Prozent der Bevölkerung lebt in der Landwirtschaft. Mag dieser Anteil in den kommenden Jahren wegen der Industrialisierung auch abnehmen, so wird trotzdem noch lange Zeit der Beruf des Bauers dominieren. Infolgedessen wird sich jede künftige Regierung in China an dieser Bedingung orientieren müssen.«[1748]

Auch ein russischer Beobachter, der jahrzehntelang in der Provinz Shandong gelebt hat, sieht es als entscheidend und als eine Bedingung sine qua non für die Beherrschung des Landes an, die Bauern von der kommunistischen Gesellschaftsordnung zu überzeugen: »Wenn die Bauernschaft auf dem richtigen Weg ist, wenn sie dem Sozialismus treu bleibt und wenn sie zufrieden mit der Politik ist, dann wird China bestimmt ein blühendes, modernes sozialistisches Land werden. Kein ›Anderenfalls‹ ist möglich oder vorstellbar.«[1749] Ob es den Kommunisten gelingen würde, die riesige Zahl von Bauern von ihrer Gesellschaftsordnung zu überzeugen, beurteilt selbst einer, der in den 1980er Jahren ins Land zurückgekehrt ist, noch als fraglich: »Das Problem, China zu regieren und das Denken von Millionen Bauern umzuformen, blieb bestehen. Das wahre China, in dem Bauern im Schweiße ihres Angesichts Jahreszeit für Jahreszeit säen und ernten, konnte mit dem Mao-Gedankengut nicht vereinbart werden.«[1750]

Die Studenten und Intellektuellen können gleichsam als Katalysatoren im Prozess der Modernisierung Chinas bezeichnet werden.[1751] So hält ein Autor, der angesichts des japanischen Angriffs auf China die Verlegung von Universitäten in den Küstenstädten ins Landesinnere miterlebt hat, in seinem Buch fest: »Jeder große Wendepunkt in der modernen Geschichte Chinas wurde durch Studentenaufstände und intellektuelle Unzufriedenheit angekündigt.«[1752] Damit hatte er zweifellos Recht, erinnert man sich an die Ereignisse rund um die Versailler-Konferenz von 1919 oder auch an die fehlgeschlagenen Studentenaufstände der 1920er Jahre, von den Studentenprotesten in den Jahren 1979 und 1989 ganz zu schweigen. Für einen der Emigranten haben die chinesischen Studenten immer gegen das Überkommene opponiert und sind dem jeweils neu aufkommenden Denken gefolgt, »und haben doch niemals gewusst, was sie eigentlich wollen«:

»Einerlei, ob bei Sun Yat Sen, wo sie in der Kuomintang nationalistisch waren, bei Yuan Schikai, wo sie plötzlich kommunistisch tendierten, oder bei Tschiangkaischek, wo sie sich wieder christlich nennen, ob sie nun jung oder alt sind, diese chinesischen Intellektuellen rebellieren ewig gegen alles Überlieferte. Aber der alte Spötter Laotse wusste schon: ›Die lautesten Schwätzer sind die ungefährlichsten Wirrköpfe.‹«[1753]

Etwas anders sieht es ein amerikanischer Journalist, der seinen chinesischen Freund und Politiker T. V. Song in einem Brief daran erinnert, dass es sich für jede Regierung räche, gegen die eigenen Studenten vorzugehen. »Wären die Studenten nicht gewesen, hätte China den Versailler Vertrag unterschrieben, und der 30. Mai (gemeint ist das Jahr 1925, als in Shanghai nach dem Tod demonstrierender Studenten die ›nationale Revolution‹ ausgerufen wird – Anm. d. Verf.) hätte nicht mehr Beachtung erfahren als ähnliche Ereignisse. Die Studenten haben die Nordexpedition dadurch gewonnen, dass sie die Einnahme Shanghais unvermeidlich gemacht haben. Vergewissere Dich, dass die Studenten Euch nicht besiegen.«[1754]

Unterschiedlich werden von westlichen China-Reisenden Gilden und Geheimgesellschaften eingeschätzt. Für einen Emigranten gibt es die sogenannten Schutzbünde, private Schutzeinrichtungen, deren man sich zur Wahrung der Interessen als Privatperson bei Konflikten bedient. Eigentliche Geheimgesellschaften, die »in der europäischen China-Literatur herumspuken«, existierten hingegen nicht. Sie seien erst infolge absichtlich irreführender und falscher Übersetzungen in Europa als das eingestuft worden.[1755] Ein anderer europäischer Reisender hingegen spricht von einer »uralten Tradition der Gilde und des mit ihr eng verwandten Geheimbundes«. Dank dieses Systems – ersichtlich etwa in der Bettlergilde – sei der Chinese zu einem Organisationstalent geworden. Seiner Meinung nach gehören die Geheimbünde zu allen Zeitaltern der chinesischen Geschichte und nehmen »an Wichtigkeit für die Neugestaltung Chinas in entscheidender Weise zu«.[1756] Auch in der Politik spielen nach der Meinung einer amerikanischen Autorin solche Geheimgesellschaften eine wichtige Rolle: »Aber obwohl Geheimgesellschaften und -bünde in New York oder London sozial nicht annehmbar sind, so gehören sie in China doch zum Alltagsleben.«[1757] Nach einem Autor, der sich nur kurz im Reich der Mitte aufgehalten hat, gibt es Geheimgesellschaften, teilweise auch mit kriminellen Aktivitäten, doch treten sie nicht in Erscheinung und sind darum für einen Fremden auch nicht wahrnehmbar:

»Wenn in einem Bezirk das Oberhaupt der Geheimgesellschaften zu Grabe getragen wird, so ist das die seltene Stunde, in der sich ein Vorhang lüftet. Gestalten der Finsternis wandeln durch das Sonnenlicht. Mancher Fremde, der die Erzählungen von Chinas unterirdischen Verbrechergilden für puren Mythos hält, wird in dieser Stunde eines Besseren belehrt.«[1758]

Nationalismus, Korruption, Kommunismus
Als wichtigste soziale Einheit galt im alten China die Familie beziehungsweise die Sippe. Aus diesem Grund nahmen nicht wenige Westler an, dass »die Chinesen kein Gefühl für Patriotismus oder nationale Loyalität haben«.[1759] Anderseits gibt es einen in der eigenen Geschichte und Kultur begründeten chinesischen Nationalstolz: »Es gibt einen ausgeprägten Sinn von Einzigartigkeit, von Unterscheidung gegenüber den anderen. Dieses Gefühl wird ebenso stark verkündet wie bei anderen Völkern dieser Welt. Es gibt in der Tat einen tiefen, unerschütterlichen Eigenstolz, und zwar bezüglich ihrer Geschichte, ihrer Kultur – ihrer Rasse, man kann so sagen –, der von niemandem anderen übertroffen wird.«[1760]

Zu Beginn des 20. Jahrhunderts machte dieser kulturelle Nationalismus vermehrt einem politischen, häufig antiimperialistischen Platz. Die westliche Aggression (andere sprechen etwas milder von »Einfluss«) legte – so ein Journalist und langjähriger China-Freund – den Samen für einen modernen chinesischen Nationalismus als Instrument der Selbsterhaltung, was einen bedeutenden Unterschied zur früheren Vorstellung von Einheit und Überlegenheit im Vergleich zu den »ausländischen Barbaren« darstellte. »Der neue Nationalismus ... diente China dazu, für sein Recht als Teilnehmer der modernen Welt und nicht als deren Sklave zu kämpfen. China hieß westliche Bücher und Erfindungen als Instrumente willkommen, um dies zu erreichen. Der Nationalismus war als solcher weder antimodern noch antiausländisch, sondern kompromisslos pro-modern und antiimperialistisch.«[1761] Doch insbesondere in den 1920er Jahren sahen nicht wenige westliche Besucher nationalistische Strömungen im Reich der Mitte, die sich gegen die Ausländer richteten:

»Das chinesische Volk ist ein gutmütiges, gastfreundliches und freundliches Volk, besonders zu den Amerikanern. Aber es gibt Elemente in diesem Land ..., die jeden Vorfall nutzen, um ausländisches Prestige in diesem Land zu zerstören. Wenn die Ausländer weiterhin in China leben sollen, dann müssten die Botschaften und Konsulate diese Situation ernst nehmen und effektive Maßnahmen gegen diese antiausländische Agitation ergreifen.«[1762]

Der gleiche Autor stellt eine Einheit in China fest, welche sich »in der landesweiten Unterstützung ausländerfeindlicher Bewegungen ausdrückt, sobald solche auftreten«, womit Ausländerfeindlichkeit klar eine Funktion in der eigenen Identitätsfindung hat.[1763] Die Ausländer wiederum, die zur Zeit der politischen Ereignisse der Jahre 1926/27 mit den Zielen der linken Guomindang sympathisierten, sahen in der Feindschaft gegenüber Westlern und westlichen Einrichtungen keinen besonders »chinesischen Zug«: »Ausländerfeindlichkeit per se ist in China nicht gängiger als in den Vereinigten Staaten oder Europa«, hieß es etwa in einem Editorial der »People's Tribune« in Hankou.[1764] Und weiter: »Diese ›ausländerfeindliche‹ Stimmung im heutigen China bedeutet keinen Hass auf den Ausländer als Individuum. Es ist eine gegen die Handlungen derjenigen Regierungen gerichtete Gesinnung, denen diese Individuen ihre Loyalität erweisen.« Nach Ansicht eines österreichischen Beobachters entstand der Nationalismus im Rahmen der Einigung des Landes nach dem Nordfeldzug von Chiang Kai-shek. Die nationalistische Bewegung habe vor allem den Zweck, »das chinesische Volk waffenfähig und kriegsbereit zu machen, um China gegen die eindringenden Feinde zu verteidigen«.[1765] Eine Österreicherin hegt Zweifel, ob die Idee des westlichen Nationalismus überhaupt mit China verträglich sei: »China war und ist in seinem Denken und Fühlen ein Land des Friedens; Nationalismus im westlichen Sinne als Kampfruf der Parteien einerseits oder Grund zur Feindschaft mit anderen Völkern andererseits kennt China überhaupt nicht. Man hat infolgedessen immer behauptet, der Chinese kenne keine Vaterlandsliebe, keine Staatsidee und Ähnliches ...«[1766]

III. Erinnerungen und Bilder: Themen der Wahrnehmung

Im Rahmen der Emigration von jüdischen Flüchtlingen nach Shanghai vermerkte eine ganze Reihe von Beobachtern eine große Bereitwilligkeit zur Aufnahme, wobei das hier zugleich das weitgehende Fehlen von Antisemitismus bedeutete: »Die Vier-Millionen-Bevölkerung von Groß-Shanghai hatte sich nie dem Zustrom von Flüchtlingen aus Europa entgegengesetzt und auch niemals eine negative Haltung gegenüber ihnen eingenommen.«[1767] Eine sehr kleine Minderheit konstatierte allerdings Fremdenfeindlichkeit und Antisemitismus: »Ich finde die ganze Geschichte jetzt deutlich antisemitisch, sie befremdet mich sehr. Antisemitismus war bisher in Ostasien unbekannt. Die Chinesen sind vielfach allgemein fremdenfeindlich. Ein hier lebenslänglich ansässiger Europäer erklärte mir mal, dass durchschnittlich alle zwanzig Jahre eine Welle von Fremdenfeindlichkeit ganz China ergreift.«[1768] Unter den Flüchtlingen gab es auch solche, die versuchten, fremdenfeindliches Verhalten der Chinesen von der Geschichte her zu verstehen, etwa als Folge der Tätigkeit der christlichen Missionare, »welche mit ihrem Christentum die Liebe predigten, aber gar nicht den sittlichen Einfluss hatten, die durch das Verhalten ihrer Landsleute verursachte Zerstörung des den Chinesen so heiligen Familienlebens zu verhindern«. Und der Autor fährt fort:

»Eines sollten jetzt alle Chinesen erkannt haben: Die fremden Teufel, ihre westliche Kultur, was auch immer an europäischer Zivilisation zu ihnen kam, jede Ideologie der Politik der Weißen bedeutete Vergewaltigung und Unheil. Kann man es dem chinesischen Volke verdenken, dass es sich gegen die Verdrängung seiner konfuzianischen Zivilisation wehrte und darum immer noch fremdenfeindlicher werden musste?«[1769]

Nach Ende des Zweiten Weltkrieges war die Stimmung Fremden gegenüber in China völlig verändert. Beobachter berichteten im Zusammenhang mit der allgemeinen Flüchtlingsnot in Shanghai von einer Zunahme fremdenfeindlicher Aktivitäten. Vertreter einer Hilfsbehörde wiesen immer wieder darauf hin, dass es für Juden nach Ende des Krieges in China keinen Platz mehr gebe. Auf die Frage eines Journalisten anlässlich einer Pressekonferenz des AJDC im Januar 1946 nach der Möglichkeit für Flüchtlinge, die chinesische Staatsbürgerschaft zu erlangen, antwortete der Repräsentant dieser Organisation: »Die Chancen dafür sind sehr gering. Die Chinesen sind nicht antisemitisch, aber sie sind ausländerfeindlich [anti-foreign], und weil die Juden die größte und schwächste ausländische Gruppe darstellen, droht ihnen hier Gefahr.«[1770] Möglicherweise wurde nun auch in China nach der japanischen Devise »Asien den Asiaten« verfahren: »Sie hat (in China – Anm. d. Verf.) an Boden gewonnen und wurde paradoxerweise von den Kommunisten unterstützt, als es darum ging, ihre anti-imperialistischen Beschuldigungen zu untermauern.«[1771]

Nationalismus gibt es in China mehr oder weniger während des ganzen 20. Jahrhunderts. Bereits Anfang der 1920er Jahre spricht ein amerikanischer Diplomat vom »Chinese nationalistic spirit«, der sich gegen westliche Privilegien im Reich der Mitte wende.[1772] »Nation-consciousness« konstatiert eine

Journalistin zur Zeit des Ausbruchs des Chinesisch-Japanischen Krieges 1937 und findet, dieser Begriff sei in der chinesischen Philosophie zwar vorhanden gewesen, habe jedoch erst vor wenigen Jahren praktische Bedeutung erlangt.[1773] Wiederum vierzig Jahre später wendet sich ein amerikanischer Journalist an den Berater des Präsidenten mit dem Rat, dieser solle bei seinem Besuch im Reich der Mitte die Erniedrigung Chinas durch den Westen und das damit verbundene Leid für das Land in den vergangenen hundert Jahren anerkennen. Dies unter anderem mit der Begründung: »Chinesische Politik dreht sich nur um eine Sache: den Nationalstolz.«[1774]

Vetternwirtschaft und Korruption kommen für die einen in der gesamten chinesischen Geschichte vor, andere wiederum sehen sie als Ausdruck der besonderen Herrschaftsverhältnisse im 20. Jahrhundert. »Die chinesische Korruption ist alt und tief verwurzelt. Wohin sie führt, haben wir gesehen. Unter den im alten, korrupten Geist erzogenen Beamten ist Bestechung und Unterschlagung von öffentlichen Geldern zu einer Selbstverständlichkeit geworden. Persönliche Bereicherung aus öffentlichen Einnahmen wird dort nicht als Diebstahl angesehen, sondern als ein jedem Amt zukommendes Privileg.«[1775] Ein Prager Journalist stellt fest, dass Nepotismus häufig mit staatlichem Machtwechsel einhergeht: »Man weiß ja, wie es in China zugeht. Kraftvolle Dynastien degenerieren in Üppigkeit und Korruption; dann kommen Jahre oder gar Jahrzehnte des Bürgerkriegs, bis endlich wieder ein Starker den ›Himmelsthron‹ besetzt.«[1776] Ein Budapester Journalistenkollege sieht den Nepotismus gleichsam als Basis des Regierungssystems: »Der Nepotismus treibt inmitten der beträchtlichen Korruption des chinesischen Gemeinschaftslebens sonderbare Blüten. Tritt z. B. eine Regierung ab ..., so verschwindet mit dem Minister gleich das ganze Ministerium. Brüder, Vettern, Neffen und ihre Kindeskinder verlassen fluchtartig ihre Ämter, die dann sofort von dem neuen Minister mit seiner gesamten Sippe gefüllt werden.«[1777] Ein amerikanischer Beobachter begründet dieses Verhalten damit, dass sich Chinesen in erster Linie auf das Überleben der eigenen Familie konzentrierten: »In China bedeutete Nepotismus nie eine Unkorrektheit, sondern sie war Teil der natürlichen Ordnung.«[1778] Die Korruption, die auch im Geschäftsleben verbreitet ist, wäre demnach ein Ausfluss der bestehenden Wertordnung. Ein russischer Berater der Guomindang bestätigt diese Ansicht und führt sie noch weiter aus, indem er hinter nach unserer Vorstellung korruptem Verhalten eine grundsätzlich andere Auffassung von Staat und Gesellschaft als im Westen sieht:

> »Sie werden keinen einzigen ehrlichen Beamten finden, und es kann ihn nicht geben, denn die leben nach der Theorie, dass alles moralisch, alles ehrlich ist, wenn es einem und der eigenen Familie hilft. Es gibt hier keinerlei Staatlichkeit. Staatlichkeit – das ist meine Familie.«[1779]

Ein anderer China-Besucher bringt die Korruption in China mit der Erfindung des Geldes zu Zeiten des Reichseinigers Qin Shi Huangdi in Verbindung: »Man entsinnt sich: Etwa um das Jahr 200 vor Christus regierte in China der böse Kaiser Chin, der Erbauer der Großen Chinesischen Mauer und Erfinder des Geldes. Das verfluchte Geld herrschte seitdem uneingeschränkt über alle Chinesen. Unvermindert geblieben waren in China die Spekulation, der Betrug, die Bestechung. Doch seit der Gründung der Fremdenkolonie Shamien auf Kanton begann die herrlichste Blüte schamlosester Korruption, in China verschämt Kumscha, Trinkgeld, Prozente genannt.«[1780]

Korruption in China scheint nicht gleich zu sein wie Korruption im Westen. Selbst bei der Korruption ergeben sich unterschiedliche Werthaltungen in Ost und West. So machte eine amerikanische Autorin eine für sie überraschende Entdeckung, als sie die chinesische Reaktion auf Korruption in westlichen Regierungskreisen feststellte. Die Regierung von Chiang Kai-shek wollte noch vor dem Zweiten Weltkrieg von den Franzosen Flugzeuge kaufen, weigerte sich jedoch schließlich, auf die ihrer Meinung nach übertriebenen Geldforderungen einzugehen. »Er (gemeint ist H. H. Kung – Anm. d. Verf.) war nicht über die Korruption in höchsten Stellen schockiert, sondern über das Ausmaß. Genau dies ist die chinesische Haltung. Sie sehen den Fakten ins Auge. Sie täuschen nichts vor wie wir es tun. Wir akzeptieren Dinge, die sie nicht billigen. Und sie akzeptieren Dinge, die wir nicht anerkennen. Deshalb gibt es, so glaube ich, so viele Skandale in den Vertragshäfen, wo sich die beiden Rassen mischen.«[1781]

Die mildere Form von Korruption, das »Squeezen«, diente westlichen Besuchern häufig dazu, chinesische Zustände zu beschreiben. »Alles wird gesqueezet«, lautet die Überschrift eines kleinen Kapitels im Werk eines Prager Journalisten über China. Es heißt darin: »Squeeze ist das, was der Minister von der Rüstungsindustrie und den Banken bekommt. Squeeze ist das, was der Compradore dafür bekommt, dass er die Geschäftsgeheimnisse an die Konkurrenz verrät. Squeeze bekommt der Portier vom Taxivermieter, der Koch vom Gemüsehändler, der ›Boy Nummer 1‹ vom Kohlenhändler, die Hauskulis von allen Läden in der Nachbarschaft ...«[1782] Die Aufzählung ist beliebig fortsetzbar.

Auch die Emigranten machten ihre Erfahrungen mit der Korruption, der Maler mit seinem Boy, der Journalist mit dem Chinesischlehrer oder der Arzt mit einer Bestechung für eine Notfallbehandlung. Häufig gehen ihre Überlegungen dazu auch dahin, beim westlichen Leser um ein gewisses Maß an Verständnis für dieses Verhalten zu werben: »Da nämlich sämtliche Beamte von den höchsten zu den niedrigsten schandbar bezahlt werden, bleibt ihnen nichts anderes übrig, als bestechlich zu sein, und man kann ihnen durchaus keinen Vorwurf machen ... Diese Korruptionswirtschaft ist der Krebsschaden in China, und solange dem nicht abgeholfen werden kann, wird China ein Unruheherd bleiben.«[1783]

Nebst Hinweisen auf feudalistische Strukturen oder auf die Übel der Bürokratie findet sich in westlichen Schilderungen immer wieder auch der Verweis auf diktatorische Züge in der chinesischen Politik. Ein amerikanischer Journalist äußert knapp zehn Jahre nach Gründung der Volksrepublik die Meinung, die Demokratie sei generell nicht Teil der chinesischen Geschichte: »Ich denke, dass heute und für viele weitere Generationen der Despotismus die natürliche Form der chinesischen Politik darstellt.«[1784] Häufig wurden auch die beiden großen Strömungen chinesischer Geistesgeschichte des 20. Jahrhunderts, der Konfuzianismus und der Kommunismus, von westlichen Beobachtern erörtert: »Fast 2000 Jahre anerkannte man allgemein, welche Dinge gut und welche schlecht waren, was richtig und was falsch war ... Die Tradition bildete sich aufgrund der Lehren von Konfuzius und seiner Schüler ...«[1785] Dass ein solch reiches Erbe nicht von einem Jahr aufs andere verschwindet, musste auch ein Amerikaner anerkennen, der in den 1950er Jahren in einem Buch feststellte: »Wenn jemand am fortgesetzten Einfluss des Konfuzianismus zweifelt, vor allem unter den Bauern, dem sei eine Reise aufs Land empfohlen. In der Mitte von fruchtbarem Land, selbst auf solchem von Kollektivfarmen, befinden sich Hügel von Familiengräbern, die alle einen beträchtlichen Teil des bebaubaren Landes besetzen.«[1786]

Eine andere häufig diskutierte Frage war die, ob sich der Kommunismus in China durchsetzen würde. Ein Kenner der Situation befand das Land bereits Anfang der 1930er Jahre reif für eine Revolution, in der die Kommunisten gute Chancen haben würden. Die Massen an hungrigen und verzweifelten Menschen in Chinas Süden würden nur auf eine Veränderung ihrer unglücklichen Lage warten: »In China kann es Wandel nur durch Revolutionen geben. Und eine solche Revolution kann die Kommunistische Partei wirksamer durchführen als jede andere Kraft in diesem Land. Meine Erfahrung in Russland während der Oktoberrevolution bestätigt meine Überzeugung, dass eine solche Revolution in China nur erfolgreich sein kann, wenn wichtige Einheiten der Armee bereit sind, sich den Kommunisten anzuschließen.«[1787] Ein anderer amerikanischer Journalist hält in einem im gleichen Jahr erschienenen Beitrag den Kommunismus für ein dem Land fremdes Ideengut: »Von den sogenannten Kommunisten in China ist die Zahl derer, die auch nur die geringste Vorstellung von dem haben, was Kommunismus überhaupt ist, winzig. Sie haben dazu weder den Hintergrund noch das Wissen. Sie können etwas umstürzen, aber sie wissen nicht, was als Nächstes zu tun ist.«[1788] Diese Auffassung wiederum sollte sich als großer Irrtum erweisen, was bereits in den 1940er Jahren ebenfalls ein Amerikaner erkannt hat:

»Die chinesischen Kommunisten waren und sind Menschen, die sich in erster Linie selbst verbrauchen; die älteren Parteileute haben sich der Bewegung vollständig hingegeben und hatten außerhalb der Partei kein eigenes Leben. Überdies zündeten sie mit ihrer Persönlichkeit eine Fackel an, die den Bauern den Weg leuchtete.«[1789]

Ordnung als Prinzip: Stillstand versus Fortschritt
Westler stellten sich häufig grundsätzlich die Frage nach der Wandelbarkeit dieses asiatischen Landes. Bei der großen Mehrheit der China-Reisenden stellte sich ein Gefühl der Starrheit des chinesischen »Systems« ein, womit sie auch nahe bei Hegels Einschätzung von China als »statarischem« Staatswesen waren, aus dem sich unter anderem die Immobilität des chinesischen Denkens ableite.[1790] Man schaue hierzulande lieber zurück als vorwärts, lautete der allgemeine Tenor. Diese Eigenheit wurde auch mit der Ahnenverehrung in Verbindung gebracht: »Das natürliche Resultat der Ahnenverehrung war eine übertriebene Vergötterung der Vergangenheit. Es wurde bereits gesagt, dass der Konfuzianismus mit seinem rigiden Klassizismus in Erziehungsfragen und die Fixiertheit auf die Tradition diesen extremen

Konservatismus herbeiführten. Dies wurde noch gesteigert durch den verstärkten Respekt für das Alter an sich sowie die Ehrfurcht vor den Vorfahren ...«[1791] Durch diesen ständigen Blick zurück sei China über Jahrhunderte hinsichtlich neuer Ideen oder neuer Ausdrucksformen unproduktiv gewesen, selbst in den Künsten und in der Wissenschaft: »Intellektuell betrachtet, stand das Land während Jahrhunderten still, es war weniger dekadent als vielmehr eintönig.« Bereits mehr als dreißig Jahre vor dieser Aussage schrieb der gleiche Autor zu diesem Thema:

»Von anderen wurde das Land häufig ›das unveränderliche China‹ genannt. Es stand als Symbol für einen unerschütterlichen Konservativismus, und das nicht ohne Grund. Denn im Wesentlichen hatte sich in China in zweitausend Jahren wenig, wenn überhaupt etwas verändert ... Um China und seinen Hintergrund zu verstehen, ist es notwendig zu begreifen, dass es überhaupt keinen Grund zu Veränderungen gab.«[1792]

Der These vom Zusammenhang zwischen Ahnenkult und mangelnder Reformbereitschaft widerspricht ein österreichischer Arzt: »Man sagt, dass der Chinese schon deswegen, weil er dem Ahnenkult huldigt, konservativ und in seiner Lebensgestaltung reaktionär ist. Das ist gar nicht richtig. Einem chinesischen Chauffeur oder Mechaniker erscheint das Lastentragen, die Riksche-Schlepperei und die Sänfte als Beförderungsmittel nicht weniger vorsintflutlich und menschenunwürdig als seinen europäischen oder amerikanischen Kollegen.«[1793]

Ein anderer Beobachter deutete das Verharren Chinas in seinen jahrhundertealten Grundfesten als Ausdruck einer selbstgewählten Isolation: »Aber sie (die chinesische Mauer – Anm. d. Verf.) wurde zu einer bedenklichen Isolierung, als der Westen sich zivilisierte. Da entfremdete sich China der Welt. Weltfremd und selbstzufrieden beschied sich das chinesische Volk mit der Kultur, die es innerhalb dieser Mauer entwickelt hatte, einer friedlichen, eigenartigen und feinen Kultur, die sich aber jahrtausendlang nicht weiterentwickelte. Wozu sollte sie auch?«[1794] Der Autor fügt anschließend die angebliche Anspruchslosigkeit der Chinesen als Grund für die ausgebliebene Wandlung an. Ein Ethnologe kommt anhand seiner Forschungstätigkeit über Stickereimuster ebenfalls zur Auffassung einer langandauernden Beständigkeit der chinesischen Gesellschaft und ihrer Abschottung gegen außen: »... dass die häusliche Tradition dieser Art über unzählige Generationen hinweg blühen konnte, was wiederum auf eine lange Periode politischer und sozialer Unveränderlichkeit und einen relativen Schutz vor äußerem Einfluss hindeutet«.[1795]

Ein langjähriger China-Experte spekuliert darüber, was wohl mit einer solchen Gesellschaftsordnung geschieht, wenn sie in ihren Grundfesten erschüttert wird: »Die chinesische Tradition trachtet zu jeder Zeit nach Ordnung, Disziplin und moralischem Verhalten. Wenn diese Ordnung in ihrem Wesen attackiert wird, dann erleidet das chinesische System – wie es auch in seiner Tradition aufgezeichnet ist – einen Anfall von Gewalt und Wildheit.«[1796] In Ansätzen erinnern einige Beobachter auch an die Theorie der »hydraulischen Gesellschaft« von Karl August Wittfogel, mit der dieser die Immobilität der chinesischen Zivilisation und die Konzentration bürokratischer Macht erklärt. So schreibt ein österreichischer Arzt und Journalist: »Die durch die Notwendigkeit künstlicher Bewässerung bedingte Mehrarbeit bindet große Teile der chinesischen Bevölkerung fast ebenso gewaltsam ans Dorf, wie dies vor wenigen hundert Jahren in Europa die Leibeigenschaft getan hat.«[1797] Ein Prager Reiseschriftsteller sieht den zyklischen Aufstieg und Niedergang als charakteristisch für die chinesische Gesellschaft:

»Als Tiefpunkt einer Kurve, die sich hernach mit derselben Regelmäßigkeit wieder nach oben wendet. Diese Erkenntnis trägt wohl das chinesische Volk halbbewusst in seiner Seele, und wohl um ihretwillen arbeitet es so unbeirrbar und gleichmütig weiter, während Briganten und Generale wetteifern, ihm den Ertrag seiner Arbeit abzupressen ...«[1798]

民族精神　　IV.　　Mentalitäten und Charaktereigenschaften

So problematisch es ist, von Mentalitäten und Charaktereigenschaften von Völkern zu sprechen, findet sich diese Art von Vereinfachung bei der Beschreibung chinesischer Denk- und Verhaltensmuster in den Texten westlicher China-Reisender immer wieder. Von Vorteil wäre es allerdings, wenn der aufgeklärte Leser die Einsicht besitzt, dass Beschreibungen fremder Mentalitäten immer auch im Spiegel eigener erfahrungsbedingter Prägungen und der historischen Entwicklung betrachtet werden müssen. Vielleicht ist es auch nicht ganz falsch, zumindest bei einigen der im Folgenden vorgestellten Mentalitätsetiketten die bisweilen liebenswürdige Beschreibung einer »typisch« chinesischen Gemütsart zu entdecken.

Im Folgenden werden positive, eher negative oder dann als neutral wahrgenommene Mentalitäten und Charaktereigenschaften von den in Teil zwei vorgestellten China-Reisenden wiedergegeben. Was von einer Person als positive Eigenschaft wahrgenommen wird, empfindet eine andere als negativ; die jeweilige Beurteilung stellt lediglich die zu einem bestimmten Zeitpunkt an einem bestimmten Ort von einer Person erfolgte Wahrnehmung von Mentalitäts-Attributen dar. Charaktereigenschaften können – wie bei jedem Menschen – von einem »Du« anders interpretiert werden als von einem »Sie« oder »Er«. Auch in dieser Situation ist das persönliche Urteil in jedem Falle gleichbedeutend mit Voreingenommenheit.

Mianzi (Gesicht), Prestige, Moral, »Guanxi«, Einstellung zum Tod, Naivität

Ein amerikanischer Geschäftsmann widmet in seinem 1999 erschienenen Buch »Chinese Business Etiquette« dem Thema »mianzi«, deutsch »*Gesicht*«, ein ganzes Kapitel.[1799] Bereits siebzig Jahre zuvor haben westliche China-Besucher den Stellenwert des »Gesichtwahrens« in dieser Gesellschaft erkannt und analysiert. Anlässlich der japanischen Aggression 1932 in China schrieb ein amerikanischer Journalist unter dem Titel »›Face‹ in the Far East: A Potent Force«:

> »Was denn bedeutet Gesicht? Worin unterscheidet es sich von Würde, Selbstrespekt, Stolz, Ehre oder Ruhm? Es beinhaltet all diese Qualitäten und ist doch mehr als jede einzelne dieser Eigenschaften. Es ist eine Synthese einer überzeugenden Persönlichkeit. Es ist das Kennzeichen, welches das menschliche Wesen vom Tier unterscheidet. Es ist Beweis für Rechtschaffenheit, die soziale Sanktion der Existenz eines Individuums. Orientalisches Denken und Handeln betont den Individualismus, aber das Individuum muss seine Existenz mit schicklichem Verhalten rechtfertigen.«[1800]

Nach Meinung des Autors sorgt die Regel des Gesichtwahrens in China in Abwesenheit von Gesetz für eine sittliche Moral. Gewiss gebe es auch im Westen den Begriff des Gesichtsverlustes, doch erhält dieser im Abendland nie diese Bedeutung und Differenzierung. »Darin liegt der grundlegende Unterschied zwischen Ost West, denn im Osten mag ein Mensch ein Schurke, ein Krimineller und ein Rüpel sein und sein Gesicht nicht verlieren, wohingegen der normale ›gute‹ Mensch das Gesicht jederzeit verlieren kann.« Diese Ansicht teilt ein anderer Amerikaner nur begrenzt. Er hält den Unterschied zwischen Orient und Okzident in Hinsicht auf das Gesichtwahren lediglich für graduell, nicht prinzipiell: »Eine ganze Menge an Rätselraten gab es über das ›orientalische Gesicht‹, sogar an unechtem Mystizismus. In Tat und Wahrheit gibt es nichts Geheimnisvolles oder Mystisches über dieses ›Gesicht‹ zu sagen. Es gibt nichts besonders Orientalisches daran. Außer einer Verfeinerung sowie dem Ausmaß und Grad seiner Anwendung unterscheidet es sich nicht groß von dem, was wir im Westen einfach mit einem anderen Namen bezeichnen.«[1801] Der Autor bezeichnet die westlichen Gegenstücke zum »orientalischen Gesichtwahren« als »die Reputation aufrechterhalten« oder »den äußeren Schein wahren«.

Eine andere langjährige China-Beobachterin wehrt sich ebenfalls dagegen, die Wichtigkeit des Gesichtwahrens bzw. -verlierens als Monopol der chinesischen Gesellschaft darzustellen. Sie erinnert ihre Leser daran, dass solche Redewendungen zwar tatsächlich zum ersten Mal von Angehörigen der Marine aus China nach Amerika gebracht wurden, sie allerdings auch in Japan gang und gäbe seien. Aber auch die Engländer seien peinlich darauf bedacht, ihr Gesicht nicht zu verlieren. »Wir müssen weder nach Ost noch nach West fahren, um dieses Phänomen der menschlichen Natur zu erfahren. Wir können es direkt hier in unserer Stadt finden. Die Leute, welche für Reklamen zuständig sind, verdienen ihr Geld – ob sie es wissen oder nicht –, indem sie sich unsere Liebe für das Gesicht zunutze machen ... Wir sind geborene Opfer dieser Schwäche ... aus irgendeinem Grunde ... Es ist nicht nur ein asiatisches Wortspiel, wenn wir über ›das Gesicht wahren‹ sprechen. Wenn man nur ein Gesicht hat, dann ist es viel besser, es zu retten als zu verlieren.«[1802]

Kaum ein China-Reisender, der das »Gesichtwahren« nicht zum Thema einer kürzeren oder gar längeren Abhandlung macht. Umso schlimmer bei der Wichtigkeit dieses Gesichtspunkts für dieses Land, dass der Westen es sich immer wieder leistet, gegenüber China das Gesicht zu verlieren. Etwa anlässlich der Teheraner Konferenz von Ende 1943, als die USA und Großbritannien Chiang Kai-shek anfänglich versprachen, nach dem Krieg die von den Japanern besetzten Gebiete an China zurückzugeben, sich auf Druck Stalins jedoch zu einer Revision dieses Versprechens genötigt sahen. Einige Jahre später geschah es ein weiteres Mal: »Wir verloren das Gesicht ein zweites Mal in Asien, als wir unsicher wurden, was unsere Position gegenüber dem chinesischen Kommunismus eigentlich ist.«[1803] Die Notwendigkeit, ständig die komplizierten Regeln des Gesichtwahrens zu beachten, wird von Abendländern bisweilen auch als große Erschwernis im Umgang mit China empfunden. Den Kommunisten scheint es dann aber, als sie in der Anfangsphase in Yan'an unter sich sind, zu gelingen, mit diesem über die Jahrhunderte tradierten Verhaltenskodex aufzuräumen. So berichtet ein deutscher Journalist über seinen Besuch in Yan'an: »All diese lästigen und oftmals unbezwingbaren Vorgaben für gegenseitiges Verständnis und praktische Zusammenarbeit, welches dieses schicksalsschwere Wort ›Gesicht‹ immer noch in sich trägt – wie es schon immer der Fall war, seit Ausländer in Kontakt mit China traten – existieren ganz einfach nicht in Yan'an.«[1804]

In Diplomatenkreisen hingegen wies man – in diesem Falle mit einer Prise Humor – auf die Bedeutung des Gesichtwahrens im chinesischen Kontext hin. Ein Amerikaner z. B. schildert, dass der Gastgeber, nachdem er bei einem Bankett mit Verwunderung festgestellt habe, dass der chinesische Bedienstete kein Dessert serviert habe, diesen zur Rede stellte: »Der Koch, um eine Erklärung eigens herzitiert, sagte bloß: ›Kein Geld, keine Süßigkeiten.‹ Er wollte, dass sein Herr vor den Augen der Gäste das Gesicht verliert.«[1805] Dem »Malheur« vorausgegangen war ein Streit um den Eierpreis zwischen dem Boy und der Ehefrau des Gastgebers. Politischer dagegen ging es 1919 in der Stadt Antung (Dandong) zu, wo ein amerikanischer Vizekonsul die chinesische Reaktion auf japanische Provokationen unter dem Aspekt des Gesichtsverlusts analysierte: »Die Chinesen haben in der Vergangenheit häufig ihre Fähigkeit demonstriert, Ausländer das Gesicht verlieren zu lassen, und zwar mittels köstlicher Wortspiele ...«[1806] Ein Prager Reiseschriftsteller berichtet von einem Pekinger Arzt, der zu einer Witwe gerufen wurde, weil diese Opium geschluckt hatte, um ihre Trauer über den Verlust ihres Mannes zu dokumentieren: »Der Zweck der chinesischen Etikette: ›Das Gesicht bewahren.‹ Eine Witwe ›verliert das Gesicht‹. Vielleicht hat man sie früher lebendig verbrannt, wie in Indien. Wer weiß, wo der Unfug herkommt. Sie soll zeigen, dass sie den Mann nicht überleben will. Oder muss doch so tun. Das gibt ihr ›das Gesicht‹ wieder.«[1807] Ein europäischer Flüchtling kommt gar zum Schluss, dass es in der chinesischen Gesellschaft ganz grundsätzlich und unter allen Umständen einzig darum gehe, den Schein zu wahren, wogegen, wie sich etwas tatsächlich verhält, vollkommen gleichgültig sei, ja der westlichen Kategorie der Wahrheit höchstens noch im Zusammenhang der Scheinwahrung eine instrumentale Bedeutung zukommt:

> »Die Wirklichkeit hat für den Sohn der Mitte weniger Wert als der Schein. Wenn nur dieser gewahrt wird, ist alles gut. Gibt einer das Gesicht auf, so ist es gleichsam sittlicher Selbstmord, der oft zum wirklichen führt. Die Welt, die jeder Chinese um sich her bereitet und bereiten muss, besteht absichtlich und grundsätzlich aus Schein. Wahrhaftigkeit und Unwahrhaftigkeit sind nur verschiedene Mittel, ihn zu wahren. Ist der Schein gewahrt, so betrachten alle Beteiligten, auch jene, die sich wissentlich durch den Schein täuschen ließen, die Sache als vollkommen erledigt. Das Verlieren des Gesichtes ist eben ein Versagen in der ständig geübten Meisterschaft, den Schein zu wahren.«[1808]

Ein Amerikaner, der mehr als drei Jahrzehnte in China gelebt hat, sieht das chinesische Verhalten, immer das Gesicht zu wahren, positiv. Es solle von Westlern nicht belächelt, sondern vielmehr geschätzt werden. »Es (dieses Phänomen – Anm. d. Verf.) geht weit über den kindischen Stolz der Eitelkeit hinaus, auf den es viele Leute zurückführen. Es hat mehr mit dem Instinkt für Würde und Formalität zu tun, der im chinesischen Charakter tief verwurzelt ist. Sein Gesicht zu wahren, ist für jeden Chinesen ausschlaggebend, doch steigt diese Wichtigkeit für jedes Individuum je nach seiner Position im Leben.«[1809]

Es verwundert nun nicht, dass auch *Prestige* und *Ehre* im Zusammenleben der Chinesen und in ihren Beziehungen zum Ausland wichtige Begriffe sind. In einem Brief des AJDC-Vertreters in Shanghai vom Sommer 1947 heißt es z. B. unumwunden, dass »Belange des Prestiges ... in China sehr wichtig« seien.[1810] Das Ausland müsse auf der Hut sein, die Ehre von Chinesen nicht zu verletzen, zumal ein solcher Fehler einem noch jahrelang nachgetragen werden könne. So sieht ein Amerikaner, der in den 1960er Jahren von einem Journalisten danach befragt wurde, weshalb die chinesische Regierung eine geheime Anfrage der Israeli abgelehnt habe, mit Israel diplomatische Beziehungen aufzunehmen, den Grund darin, dass Israel fünfzehn Jahre zuvor zusammen mit den USA gegen die Aufnahme Chinas in die Vereinten Nationen votiert habe. Weiter hält der Amerikaner dazu noch grundsätzlich fest: »[D]ie Chinesen haben ein langes Gedächtnis – nicht weniger als die Juden. Vor allem dann, wenn es ihre Ehre berührt.«[1811]

In *Tugend* und *Moral* nach westlichen Vorstellungen sehe man in China keinen Sinn, schreibt ein westlicher Beobachter. Diese Kategorien würden auch einer christlich-abendländischen Auffassung des Lebens entspringen, die ein Chinese nicht teilt:

> »Moral, zumindest, was wir darunter verstehen, existiert in der östlichen Welt nicht. Unser Konzept von Moral, nämlich das Recht eines Individuums, das nicht deshalb unveräußerlich ist, weil es von einer Verfassung oder sonst einem Statut, sondern direkt seit Geburt von Gott stammt, dieses Recht kann niemals weggenommen werden, weil es niemand gewährt hat und nur mit dem Tode erlöschen kann. Dieses Konzept ist in China unbekannt, und zwar im gesamten Osten. Denn im Osten besteht die Annahme, dass der Mensch existiert, weil er in diese Welt gebracht wurde und nicht das Unglück hatte, auf dem Weg dorthin zu sterben. Es handelt sich um ein fatalistisches Lebenskonzept mit einem vorherbestimmten Schicksal, ohne Wille für das einzelne Individuum ...«[1812]

Ein anderer China-Reisender verweist auf eine eigenständige, über Jahrhunderte überlieferte Quelle sittlichen Verhaltens in China, die aber mit diesem selbst im 20. Jahrhundert in Vergessenheit geraten sei: »Wer die Chinesen aus ihren heiligen Büchern, die zugleich Moralkodex und Verhaltensregeln gegenüber dem Nächsten bedeuten, kennt, wird erstaunt sein, wie gründlich Religion und Moral heute dem Chinesen abhanden gekommen sind. Die Verehrung der Weisen, der Väter des chinesischen Moralbegriffs, ist nur mehr eine leere Form, ihr Inhalt ist längst verflüchtigt.«[1813] Ein Emigrant ist der Ansicht, dass Tugendprinzipien für einen Chinesen schon »die Grundlage seines gesamten moralischen

Verhaltens« bildeten. Jeder lege diese aber so aus, wie er es für richtig halte.[1814] Das geistige Erbe des Konfuzius wiederzubeleben, könnte nach Ansicht des Herausgebers der Zeitung »Israel's Messenger« sowohl in China als auch im Westen zu einer allgemeinen moralischen Erneuerung führen:

> »Der Geist des Konfuzius gewinnt die Herzen der Nation. Sein Geburtstag wurde in ganz China zu einem nationalen Feiertag. Gelenkt vom Geiste des großen Weisen, werden die Schwierigkeiten vor uns vermieden und besiegt. Konfuzius plädierte für Gerechtigkeit und Rechtschaffenheit. Er machte Moralität und gute Regierungsführung [good government] zu einem Synonym. Wenn das Land bereit ist, ihm zu folgen und seine Lehren anzunehmen, dann wird China fähig sein, die Welt im wahrsten Sinne des Wortes zu bewegen. Es gibt viel für den Westen vom Osten zu lernen und umgekehrt.«[1815]

Im Vergleich zu heute wurde der Bedeutung von Beziehungen (chinesisch: *guanxi*; in englischer Sprache besser mit »connections« übersetzt) in den Texten westlicher China-Reisender aus der ersten Hälfte des 20. Jahrhunderts überraschenderweise kaum bis gar keine Beachtung geschenkt. Das liegt wohl vor allem daran, dass sich in früheren Zeiten der Kontakt zwischen Westlern und Chinesen auf einer anderen Ebene abgespielt hat, als dies heute der Fall ist.[1816] Wie kompliziert es sein kann in diesem Land, sich persönliche Beziehungen nutzbar zu machen, schildert ein Prager Schriftsteller: »›Beziehungen sind das Wichtigste in China, nicht wahr‹, frage ich einen anderen Importeur, ›persönliche Beziehungen zu Ministern und Generalen?‹ Er sieht mich an wie einen Blöden. ›Natürlich sind sie wichtig. Wem sagen Sie das? Aber die hat doch jeder. So einfach ist das nicht. Ich habe Beziehungen zum Vertrauensmann eines Ministers. Hundert andere haben sie auch. Und der Minister hat hundert Vertrauensmänner; gering gerechnet. Und morgen ist er vielleicht nicht mehr Minister. Genau so mit den Generalen. Verdammt kompliziert.‹«[1817] Dass das Thema der »guanxi« hauptsächlich nach Gründung der Volksrepublik in den Blickpunkt westlicher China-Beobachter geraten ist, hat nach Meinung eines amerikanischen Akademikers unter anderem auch mit dem die ganze Gesellschaft beherrschenden Einfluss persönlicher Beziehungen bzw. Kontrollen im kommunistischen politischen Leben zu tun.[1818]

Was westliche Besucher in China immer wieder beschäftigt hat, ist die so ganz andere *Einstellung der Chinesen zum Tod*. Vor allem Flüchtlinge nehmen sich dieses Themas vermehrt an: »Obwohl ich, trotz meiner unablegbaren europäischen Gewohnheiten, mich so gut wie möglich dem chinesischen Leben und meinen chinesischen Mitbewohnern anzupassen versuchte, gab es doch unverwischbare Unterschiede. Am meisten trennte uns wohl die verschiedenartige Haltung gegenüber dem Tode.« Der Autor stellt dann weiter fest, dass die Chinesen Krankheit und Sterben keinerlei höheren Sinn abzugewinnen vermögen, sondern diese völlig unmetaphysisch als beständig wiederkehrenden Bestandteil des gewöhnlichen Alltags nehmen: »Sie betrachten die Krankheit als das Böse in der Natur, und ihre Kranken sind im Handumdrehen gestorben. Dann lässt man sie wegkarren, lässt den Chiromanten kommen, um die Zeit des Begräbnisses festzusetzen, und die buddhistischen Priester veranstalten Totenklagen, Totengebete, Totenmusik. Der Tod gehört zum Leben wie das tägliche Gute und Böse, wie Essen und Kinderkriegen.«[1819] Eine ähnliche Erfahrung macht ein deutscher Flüchtling, der in Shanghai beobachtet, wie eine Frau einen »aus gelben Latten roh zusammengeschlagenen chinesischen Kindersarg« an einer Mauer deponiert und wegläuft. Der Europäer ist erschüttert von dem, was er sieht – für Chinesen Gewohntes, für Abendländer Unverständliches:

> »Für uns Alt-Europäer ist nun einmal das Verhältnis zwischen Leben und Tod das Wichtigste. All unser Denken, all unsere Dichtung, all unser persönliches Empfinden kreist darum. So sehr wir bemüht sind uns abzuhärten, wir können uns schließlich doch die östliche Einstellung zum Tode nicht zu eigen machen.«[1820]

Viele westliche China-Reisende halten Chinesen für *naiv*, kindlich: »Alle Chinesen haben eine kindliche Ader in sich, und alle – sogar der weltlichste unter ihnen – glauben an die Magie.«[1821] Andere sehen darin auch ein ursprüngliches Verhalten: »Die Chinesen, die Nation der Jugendlichen, sind ein sehr sehr naives Volk. Und sie besitzen diese Eigenschaft, die ich nie in Frage stellte, die ich aber Grund hatte kennenzulernen. Etwa wenn sie dir sagen, du bist ihr Freund; wenn sie das sagen, dann ist es wie in Amerika bei den Indianern, die einander mit Blut einreiben … bis der Tod sie scheidet.«[1822]

Lächeln, Humor, Kompromissfähigkeit, Arbeitseifer, Toleranz und Gastfreundschaft

Das verbreitete höfliche *Lächeln* des Chinesen verbirgt nach Ansicht eines deutschen Autors »ein geduldiges Nachdenken«, das ihn als Kaufmann »so überlegen macht«.[1823] Ein englischer Arzt sieht darin eine Möglichkeit, über sich selbst zu lachen und dabei die eigenen Unzulänglichkeiten zu kaschieren.[1824] Ganz ähnlich stellt es für eine Schriftstellerin eine Art Fassade dar, hinter der es sich bestens verstecken lässt. In einem ihrer Werke ist vom »undurchdringlichen Lächeln«, vom »vorgeschriebenen Kichern der Bescheidenheit« oder von einem »vielsagenden Lächeln« einzelner Romanfiguren die Rede, einem Lächeln, das ihr ein Rätsel zu sein scheint.[1825] Für einen amerikanischen Autor bedeutet das chinesische Lächeln Ausdruck eines spezifischen Glücksgefühls. Obwohl man vielleicht große finanzielle Sorgen habe, man nicht wisse, wie man sich im neuen Jahr durch das Leben schlagen solle, sehe man das Gute um sich herum:

> »Aber die Sonne ist warm, die grünen Bäume hängen über die Nachbarsmauer hinweg, und ein Vogel singt süß im Innenhof. Die Leute sind freundlich, wenngleich sie manchmal streiten. Ja – das Leben ist angenehm. Man ist glücklich. Und so lächelt man. Über nichts Besonderes. Man lächelt einfach. Nichts hat mich nach meiner Rückkehr in die USA nach fünf Jahren China so

deprimiert wie die Seltenheit von Lachen [laughter] ... In Amerika lacht man lediglich über Witze. Ansonsten ist das Leben ein grimmiges und hartes Geschäft.«[1826]

Nebst bescheidener Zufriedenheit und Selbstgenügsamkeit drücken sich für einen deutschen Emigranten und Sinologen im chinesischen Lächeln auch Überlegenheit und eine Übereinstimmung mit der Welt aus: »Das chinesische Lächeln ist der harmonische Ausdruck eines souveränen Geistes, der Leben und Leiden überlegen ist. Es ist weder geheimnisvoll noch verborgen oder verschleiert. Es entsteht aus Kummer und Leid, aus erhabenster Gütigkeit und tiefem Wissen. Und es zeigt die Harmonie und Einheit mit dem Universum, dem himmlischen Tao – es gibt nichts Großartigeres.«[1827]

Ganz allgemein eine frohsinnige Natur schreiben westliche Besucher Chinas der einheimischen Bevölkerung zu.[1828] »Die Chinesen mögen Kriege verlieren, aber schließlich werden sie wegen der zunehmenden Geburtenrate, infolge ihrer erstaunlichen Leistungsfähigkeit für harte Arbeit und dank ihrer geistigen Beweglichkeit sowie ihres geschickten Geschäftssinns siegen. Aber all dies ist nichts gegen ihren Sinn für *Humor*, der die Beziehung zwischen Zeit und Leistung klarstellt.«[1829] Ein Amerikaner, der viel im Landesinnern herumgereist ist, stellt insbesondere zu dem sonst von einer gewissen Melancholie geprägten Dorfleben eine für Ausländer mitreißende Heiterkeit fest: »[Es] ist der fast koboldhafte Sinn für Humor, der im chinesischen Nationalcharakter in so wunderbarer Weise verwurzelt ist. Jedwede Kuriosität, so belanglos sie auch sein mag, ist Grund für einen Scherz; ein Treffen von Leuten in den Straßen oder in Teehäusern in irgendeinem Dorf spielt sich ab mit ausgelassenem Gelächter. Sie haben einen stark praktischen Sinn für Spaß, freuen sich etwa über die Demütigung aufgeblasener Charaktere, den Schnitt ausländischer Kleider oder an schwer verständlichen Wortspielereien.«[1830] Dass der Humor, zumindest vor der Gründung der Volksrepublik, auch mit einer Karikierung der Politführung einhergehen konnte, beschreibt der gleiche Autor:

> »Die Chinesen, die auf der ganzen Welt den beißendsten Humor besitzen, erfreuen sich an öffentlicher Demütigung. Der unter dem Pantoffel stehende Premierminister, ohne Mumm über ein Kabinett regierend, das nach Korruption und Unentschlossenheit stinkt und von einem Küchenrat an schleimigen Kriechern umgeben, symbolisiert all diesen lächerlichen Verfall, den sie in ihrer Nation sahen.«[1831]

Nicht wenige Westler hoben die ihrer Meinung nach die Chinesen auszeichnende *Kompromissfähigkeit* hervor. Bereits in den 1920er Jahren, kurz nach dem Ende der Warlord-Ära, schrieb ein amerikanischer Journalist: »Die Chinesen sind gewohnt, langsam zu entscheiden und Kompromisse einzugehen ...«[1832] Ein amerikanischer Beobachter von Streiks im Shanghai jener revolutionären Epoche schrieb: »Die Atmosphäre war zu überwältigend, die chinesische Gewohnheit, den größten schauspielerischen Wert aus jeder Situation herauszuziehen zu unwiderstehlich ... Was immer auch die spezifische Methode gewesen sein kann, eine Lösung wurde immer durch Kompromisse erreicht.«[1833] Geht es allerdings um Prinzipien, geht China keine Kompromisse ein, z. B. als es um die Rückgabe der Provinz Shandong an der Washingtoner Konferenz 1922 geht: »Die Chinesen werden ihre verlorene Provinz zurückbekommen, die sie als heilige Erde bezeichnen ... Und obwohl sie (die Japaner – Anm. d. Verf.) neun Zehntel auf dem Weg zur Versöhnung entgegenkommen, weigern sich die Chinesen, auf diesem Pfad ihrerseits den restlichen Zehntel einzugestehen.«[1834] Im Übrigen ist chinesisches Verhalten – getreu der philosophischen Tradition – eher kompromissorientiert: »Die Chinesen kämpfen nicht auf Leben und Tod ... Das hat nichts mit dem Temperament des Volkes [race temperament] zu tun. Die Lehre von der ›Goldenen Mitte‹, wie sie von Konfuzius vorgetragen wurde, nämlich dem Mittelweg folgen und keine Extreme zu wählen, regiert in allen Verhaltensfragen, auch in militärischen.«[1835]

Kompromissfähig in politischen Belangen sind nach Ansicht eines Beobachters auch die chinesischen Kommunisten: »Die Frage der charakteristischen chinesischen Tendenz zu zanken, zu verhandeln und dann Kompromisse zu schließen wurde ebenfalls erhoben ... [D]iese Tendenz spielte eine enorme Rolle in der bestimmenden Psychologie der KP-Führer während der zweiten Revolution (gemeint ist die gescheiterte Revolution von 1927 – Anm. d. Verf.), und sie gewinnt im Allgemeinen das Ausmaß eines subjektiven Faktors von bemerkenswerter Wichtigkeit.«[1836] Eine Augenzeugin jener historischen Ereignisse vermerkt in ihrem Tagebuch:

»Während dieses Jahres in China lebte ich täglich mit der fünftausendjährigen Praxis der Chinesen, Dinge zu verzögern und sich nicht zu entscheiden. Dann auch mit dem Gesichtwahren und nie ›ja‹ oder ›nein‹, sondern immer ›vielleicht‹ zu sagen. Und dann mit der großen Begabung des chinesischen Volkes für Kompromisse und die lange, lange Sicht.«[1837]

Ein sephardischer Geschäftsmann in Shanghai spricht von der chinesischen »Kunst des Kompromisses und der Vermeidung von zuviel Blutvergießen«, einem »bewundernswerten Charakterzug der Orientalen«.[1838]

Im Zusammenhang mit diesem Verhalten des Ausgleichs fallen westlichen Besuchern einerseits eine besondere Widerstands-, andererseits eine große Assimilations- und Anpassungsfähigkeit auf. »Diese Resistenz ist die Stärke dieses Volkes [race]. Es ist die Erklärung für die Beharrlichkeit Chinas durch alle Jahrhunderte hindurch. Sie stammt von einer Gemeinschaft an Kultur, die sich über das ganze weite Land erstreckt ..., so alt und in der Tradition verherrlicht, dass sie selbst einen geknechteten Kuli zum Stolz eines ausgewählten Volkes erhebt«, schreibt dazu ein amerikanischer Journalist.[1839] Auch diese Eigenart ist historisch bedingt, macht die Chinesen zu einer Art Felsen, dessen Fundament auf die Dauer von keinem Wasser unterspült werden kann: »Weil die chinesische Kultur bereits fest [fixed] und hoch entwickelt war und weil die Eroberer immer einer niedrigeren ... Zivilisationsstufe angehörten, passten sich Letztere dem chinesischen Weg an und nicht umgekehrt. Und so ging das chinesische

Leben seinen normalen Lauf, obwohl das Land von fremden Eroberern regiert wurde.«[1840] Eine besondere Anpassungsfähigkeit stellte derselbe Autor bei chinesischen Aussiedlern in anderen Ländern fest, denn »sie waren schon seit früher Zeit fähig, sich ändernden Bedingungen anzupassen ... Chinesische Emigranten haben immer schon einen Platz für sich selbst gefunden, in jedem Klima, in jeder sozialen Umgebung und hinsichtlich jeder Arbeit. Sie werden sich auch zu Hause rechtzeitig einer neuen Gesellschaftsordnung anpassen können.«[1841] Ein Forschungsreisender macht die Entdeckung, dass weder äußerliche Herrschaft noch innere Streitigkeiten die feste Stellung der chinesischen Zivilisation haben angreifen können.[1842] Eine ähnliche Widerstandsfähigkeit stellt ein Budapester Reiseschriftsteller fest:

> »In der zähen Konstitution des unsentimentalen, irreligiösen, ganz und gar im Diesseits beheimateten Chinesen muss ein Element enthalten sein, irgendein geheimnisvoller magnetischer Wille, der alles Minderkonsistente anzieht, umgarnt, einschließt, fasziniert. Im Grunde ist das Selbstvertrauen in diese Fähigkeit auch eine der Ursachen, weshalb dieses starke, eigenwillige Volk fremde Bedrückung, ungerechte Verträge so lange erduldet hat und erduldet.«[1843]

Von chinesischer *Zähigkeit und Hartnäckigkeit*, meist gepaart mit einem unbeugsamen Überlebenswillen, ist in zahlreichen Schilderungen die Rede. Ein Diplomat spricht in Anbetracht eines instinktiven Verlangens der Chinesen nach Handel vom »angeborenen Willen zu leben«.[1844] Auch unter den widrigsten Umständen, in diesem Falle der japanischen Besetzung Hongkongs, lassen sich, wie eine amerikanische Autorin bemerkt, Chinesen nicht leicht unterkriegen: »Die militärische Kontrolle, welche die der Zivilregierung in den Schatten stellte, bedeutete tödlichen Einfluss. Mit gewöhnlichen Mitteln kann man Chinesen nicht bändigen. Sie *werden* handeln, und sie *werden* aufblühen – trotz allem.«[1845] Diesen als typisch chinesisch bezeichneten Überlebenswillen findet ein Journalist auch bei seinem Besuch 1944 in den »befreiten Gebieten«: »Der Grund für Chinas oft genannte Fähigkeit, Perioden von Katastrophen zu überleben, lag im Grips [common sense] und im Einfallsreichtum seiner Bevölkerung ...«[1846] Ein langjähriger China-Kenner gesteht dem chinesischen Volk, selbst in der Epoche der Volksrepublik, einen ausgeprägten Kampfeswillen zu:

> »Die Chinesen sind noch immer ein Kampfvolk [a ›struggle‹ people]. Sie haben gegen die Japaner gekämpft und hassen sie noch immer. Sie haben gegen russische Ideen gekämpft und sie zurückgewiesen. Sie haben gegen die Barbarei ihrer eigenen Regierung und Führer gekämpft – und dabei viele ausgelöscht. Momentan kämpfen sie offensichtlich gegen die Realitäten ihrer eigenen Dimensionen, nämlich die Begrenzungen ihrer Rückständigkeit.«[1847]

»Niemand ist eine Ameise – Gewimmel ohne Gesichter: Das trübe Asienbild der Deutschen« lautete vor Jahren eine Schlagzeile in der »Frankfurter Allgemeinen Zeitung«.[1848] Der Beitrag ging der Frage nach, weshalb man im Westen den Individualismus alleine für eine abendländische Erfindung hält, ihn dem Rest der Welt nicht zugestehen will. Finden sich die Charakteristika einer Ameise – arbeitsam und gemeinschaftlich ausgerichtet – auch in den Schilderungen von Westlern, die viele Jahre im Reich der Mitte mit Chinesen zusammengelebt haben? Die Antworten fallen unterschiedlicher als erwartet aus. In den meisten vor 1949 verfassten Berichten wird der Kuli als typisches »Arbeitstier« zum Ausgangspunkt der Überlegungen über das Verhältnis der Chinesen zur Arbeit: »Dieses genügsame, arbeitszähe Volk beginnt zu erkennen, dass ein wertvoller Teil seiner Wirtschaft Fremden zugute kommt, während es selber darbt ... Die krummen Rücken straffen sich, und die Zeiten sind vorbei, in denen der Weiße seinen Rikscha-Kuli mit dem Stocke antrieb, wenn er zu langsam trabte. Gelb dringt vor, und Weiß weicht zurück.«[1849]

Die meisten Darstellungen loben den chinesischen *Arbeitseifer*. Ein deutscher Emigrant setzt den Fleiß mit dem Reichtum Chinas gleich.[1850] Ein anderer Flüchtling erinnert sich, dass er einst gelesen hatte, die Chinesen seien ein fleißiges und bedürfnisloses Volk. »Ja, fleißig sind sie und, was das Wohnen angeht, sicherlich zu bedürfnislos.«[1851] Nebst der Anerkennung von Fleiß und Arbeitseifer rühmen einige Autoren zusätzliche Fertigkeiten: »Die Chinesen haben sich im Laufe ihrer Geschichte durch ihren Fleiß, ihre innere Stärke, ihr handwerkliches Können und ihren Einfallsreichtum ... ausgezeichnet«, schreibt ein »Foreign Expert«.[1852] Einem Arzt zufolge sind die chinesischen Arbeiter ungemein geschickt: »Sie verstanden aus den primitivsten Mitteln alles Zweckdienliche zu formen. Bald waren die Wände aufgerichtet und schon gingen sie daran, das Dach zu decken.«[1853] Ein österreichischer China-Reisender bewundert die »unglaubliche Kunstfertigkeit der Chinesen« bei gleichzeitiger Rückständigkeit ihrer Instrumente sowie ihr künstlerisches Vermögen:

> »Es würde viel zu weit führen, hier über die künstlerischen Fähigkeiten der kunstgewerblichen Arbeiter zu sprechen; ihre Liebe zum Objekt, ihre Verbundenheit mit dem Gegenstand ihrer eigenen Arbeit ist bewundernswert und macht manchen Charakterzug der chinesischen Arbeiterschaft begreiflich.«[1854]

Ein deutscher Arzt sieht den kommenden Wettbewerbsdruck zwischen Ost und West voraus: »Würden die Chinesen eine so rationelle Ausbildung erfahren wie die europäischen, dann würden bald nur noch chinesische Handwerker gesucht sein.«[1855] Lediglich bei einem Autor kommt das Bild der wenig sympathischen Ameisen vor, doch im Zusammenhang mit massiver Kritik an den gesellschaftlichen Verhältnissen der Volksrepublik: »Schanghai ist tot, das Wunder ist vergangen, sein Werden und Wirken gehören der Geschichte an. Was geblieben ist, sind Mauern, Maschinen, Krane. Zwischen ihnen bewegen sich menschliche Ameisen. An die Stelle des Geistes trat der Automat, an die Stelle der Taipans eine neue Klasse, die es ablehnt, als solche bezeichnet zu werden.«[1856] Es gibt auch westliche Stimmen, die den von anderen gepriesenen chinesischen Arbeitseifer kritischer sehen. So erklärt ein russischer

Berater in China angesichts der ständigen Streiks in Kanton und anderen Städten: »Ich schlage vor, die Erklärung über die Arbeitsliebe der chinesischen Arbeiter, die angeblich in aller Welt bekannt sein soll, ganz aus dem Text rauszuwerfen.«[1857] Eine ähnliche Erfahrung machte ein Engländer, und zwar noch vor seiner Abreise in den Fernen Osten: »Ein Chinese liebt die Arbeit nicht mehr als wir. Aber wenn er etwas herausholen kann – und er dabei sieht, was dieses ›etwas‹ ist – dann wird er härter als sonst jemand arbeiten.«[1858] Für eine industrielle Produktionsweise weniger geeignet hält ein anderer westlicher Berichterstatter den chinesischen Arbeiter:

>»Man kann von den Chinesen keine angestrengte unausgesetzte Arbeitsleistung fordern und erwarten wie vielleicht von Japanern. Es liegt nicht im Wesen, nicht in der Natur des Chinesen, ernst und konsequent und wie eine Maschine bei einer mechanischen Arbeit zu verweilen. Nicht aus Gründen der Enervation, der Erschöpfung und Dekadenz wie bei den Indern, sondern mehr aus einer gegen den Industrialismus sich aufbäumenden Freiluftverfassung des chinesischen Körpers, der seelischen Struktur des Chinesen.«[1859]

»Die Chinesen sind ein sehr praktisches Volk«, wusste bereits der russische Diplomat Abrikossow zu berichten.[1860] Derselben Ansicht ist sein niederländischer Berufskollege Oudendyk.[1861] Dieser angeblich typische chinesische Charakterzug wird auch von einer amerikanischen Autorin bestätigt, die eine ihrer Erzählfiguren sagen lässt: »So funktionell, so zweckmäßig. Die Chinesen sind *praktisch*.«[1862] Realistisch seien die Chinesen, im Gegensatz zum westlichen Idealismus: »Die Chinesen würden Menschen vom Typ eines van Gogh oder eines Gauguins als bloße Narren bezeichnen. Sie verstehen keinen Idealismus, der einen Menschen verleiten könnte, alles in seinem ganzen Leben für die Realisierung eines Traumes zu opfern … In ihren Augen ist ein solches Bemühen ziemlich lächerlich, es sei denn, dies verspreche unmittelbare praktische Vorteile. Ein Maler sollte nach Ansicht der Chinesen eine Person sein, die ihre Freizeit dafür verwendet, schöne Dinge zu schaffen.«[1863] Ein Reiseschriftsteller bezeichnet in seiner Reportage die Chinesen einmal als »nüchternes, starkes und wandlungsfähiges Volk«, dann wieder als »schlau, abgründig unsentimental«.[1864] Auch besonders *rational* sollen Chinesen nach Ansicht eines langjährigen China-Beobachters handeln: »Es mag der Einfluss des Konfuzius gewesen sein, der dem Chinesen Rationalismus und Humanismus gegeben hat, die ihn heute so charakterisieren. Das Verstandesprinzip [rule of reason] wird als erhabenster Weg betrachtet und das Wohlsein des Menschen als größtes Gut.«[1865] Zumindest in politischen Belangen widerspricht dieser Auffassung ein für den Völkerbund arbeitender Beamter: »[L]ogik gehört nicht zu den Grundlagen chinesischer Politik …«[1866]

Einstimmig wird von Westlern die Meinung vertreten, der Chinese sei im Grunde seines Herzens ein *neugieriger* Mensch: »Wie immer in China, dort, wo etwas los ist, sammelte sich eine Menschenmenge an.«[1867] Oder, um es mit den Worten eines deutschen Emigranten noch etwas pointierter auszudrücken:

»Chinesen sind sehr neugierige Menschen. Neugierde und Spiel sind die chinesischen National-übel. Ist es nur diese Neugierde, dass auf der Türschwelle die zarte, lächelnde Elfenbeinmadonna steht und ihre fein geschlitzten Perlenaugen zwischen ihrem Manne und mir hin und her gleiten lässt.«[1868]

Sehr unterschiedlich wird die *Nächstenliebe* der Chinesen beurteilt. »Dieses immer wieder geforderte Ideal einer tätigen Nächstenliebe hat sich im Laufe der Zeit dem chinesischen Volkscharakter tief eingeprägt«, schreibt dazu eine österreichische Journalistin enthusiastisch.[1869] Diesem aus der konfuzianischen Philosophie stammenden Prinzip (im: Lunyu, Buch XV, 23 als »praktischer Imperativ« formuliert) verlaufen die praktischen Erfahrungen eines deutschen Emigranten bei einem Notfall klar entgegen: »Selbstlose Nächstenliebe und Hilfsbereitschaft Fremden gegenüber sind hierzulande unbekannte Eigenschaften«, findet er.[1870] Einig sind sich die meisten westlichen Besucher über die chinesische *Höflichkeit*. Ein deutscher Flüchtling beispielsweise stellte fest: »[Der Chinese] sieht gepflegt und kultiviert aus, beherrscht größtenteils mehrere Sprachen, ist höflich und zuvorkommend und hat ein ausgesprochenes Anstandsgefühl, was, wie ich hörte, auch in den niederen Schichten der Fall sein soll.«[1871] In einem Emigrantenblatt wird gar die Meinung vertreten, dass es mit der Höflichkeit unter Chinesen besser stehe als unter den Flüchtlingen: »In einem Lande, in dem wir die Höflichkeit als oberstes Gesetz kennen lernen, wird die Höflichkeit in unseren eigenen Kreisen immer mehr vernachlässigt.«[1872] Ein »Foreign Expert« wiederum ist davon überzeugt, dass die Chinesen eine höhere Kultur und Zivilisation haben, »eine Höflichkeit, die im Westen ziemlich schwierig zu finden ist«.[1873] Einhelliges Lob erfährt auch die chinesische *Gastfreundschaft*: »Die Chinesen treten gewöhnlich als Gastgeber in Hochform auf.«[1874] Ein anderer Westler findet: »Das ist eine wunderbare Sache mit den Chinesen. Jede Gelegenheit gilt als Entschuldigung für ein Fest. Wenn man jemanden besucht, werden die Leute immer versuchen, einen zu einem Essen zu überreden. Ob Feiertage, Verabschiedungen, Willkommensempfänge, Geburtstage oder Jahrestage – ohne Bankett gelten sie nicht als anständig gefeiert.«[1875] Für einen in der Mandschurei geborenen russischen Juden war die Gastfreundschaft der Lokalbevölkerung den Ausländern gegenüber »direktes Resultat von Chinas Goodwill und Toleranz«.[1876]

Die Frage nach der chinesischen *Kreativität* wird unterschiedlich beantwortet. Einige Westler neigten zur Meinung, dass die Chinesen wegen ihres rigiden Erziehungssystems kaum Eigeninitiative entwickelten, wie es etwa in der Aussage einer amerikanische Autorin zum Ausdruck kommt: »Chinesische Studenten mussten sich an eine riesige Anzahl an Ideogrammen erinnern. Durch diese Übung entwickelten sie ein gutes Bildgedächtnis, das ihnen bei Prüfungen bestens half, aber sie im Stich ließ, wenn sie Eigeninitiative zu zeigen hatten. Noch heute sind Chinesen langsam bei der Entwicklung ihrer Talente für unabhängiges logisches Denken: Es verknöchert während ihrer Jugendzeit.«[1877] Gegensätzlicher Ansicht ist ein langjähriger China-Besucher, der während des Krieges die Gelegenheit hatte, die unermüdlichen Anstrengungen der »gewöhnlichen Leute« zu beobachten: »Trotz der Auslaugung ihrer

Abwehrkräfte durch die eigenen Führer verfügen sie noch immer über eine enorme schöpferische Kraft [creative power], und es ist diese Kraft, auf der die künftigen Hoffnungen für China ruhen.«[1878]

Kein einheitlicher Standpunkt findet sich bei den westlichen China-Besuchern auch hinsichtlich der Haltung der Chinesen in Konfliktsituationen. Während die einen von einer angeborenen *Friedfertigkeit* der Chinesen ausgehen, betonen andere einen eher streitbaren Wesenszug und begründen diesen mit der Geschichte des Landes: »Die asiatischen Länder waren nie friedlich oder friedliebend ... Chinas riesige Fläche ist das Produkt der Eroberung von einheimischen Völkern durch stark bewaffnete Eroberer, die dann selbst wieder erobert wurden.«[1879] Eine amerikanische Autorin beschreibt den ihrer Meinung nach typisch chinesischen Mittelweg, einen Konflikt auf beidseits akzeptierbare Weise zu lösen:

»Der Brauch, einem nicht genehme Personen auf längere Reisen zu schicken, ist typisch chinesisch. Man versucht vor allem, einen offenen Bruch sowie ungebührliche öffentliche Streitereien zu vermeiden. Ein widerspenstiger Staatsmann oder General braucht nicht mit Gefängnis bestraft zu werden, sondern bloß mit einer Reise ins Ausland, um zu ›studieren‹. Ein Beamter, der nicht einverstanden ist mit dem, was sein Vorgesetzter tut, geht auf eigene Rechnung fort. Die Zeit heilt solche Launen oder führt zu einer Änderung der Bedingungen: Der Streit ist gelöst und der Wandervogel [wanderer] kehrt schließlich zurück.«[1880]

Für einen Emigranten überraschend war die Reaktion der Chinesen in Hongkou nach der Kapitulation der Japaner: »Ich war allein, als einziger Europäer unter Tausenden Chinesen, arme Leute und Kulis. Sie grüßten mich alle freudig und freundlich, antworteten mir strahlend und begeistert, wenn ich mit ihnen sprach. Ich empfand tiefe Bewunderung für sie, als ich ihr Maßhalten gegenüber ihrem gehassten Feinde und rohen Unterdrücker, dem Japaner, beobachtete. Selbst ein alleingehender Japaner wurde nicht angetastet, nur die Halbwüchsigen riefen gelegentlich: ›Buh-Buh! ...‹ Immer wieder muss ich zur hohen Ehre der Chinesen sagen, dass ich noch keinen Zwischenfall sah und noch von keinem hörte. Sie beachten die Feinde, die sie so lange Jahre quälten, ausplünderten und unterdrückten, überhaupt nicht.«[1881]

Einig waren sich die meisten westlichen Beobachter darin, dass es mit dem *Mut* der Chinesen nicht zum Besten steht. Allerdings werden die Beweggründe dafür sehr unterschiedlich gesehen. Für einen Entdeckungsreisenden ist dafür eine »tief verwurzelte physische Aversion gegen Risiken« verantwortlich.[1882] Ein deutscher Emigrant stuft die Abwesenheit von Mut nicht als Feigheit, sondern als eine Form von Klugheit ein: »Es stimmt, nach europäischem Maßstab zumindest, dass der Chinese durchaus unmilitärisch ist. Der chinesische Soldat geht mit dem Regenschirm aus buntem Ölpapier in Reih und Glied, die Waffen lässt er irgendwo liegen. Bei Schlechtwetter kämpft man nicht, nachts wird nicht geschossen. Aber kann man eine unmilitärische Haltung als Feigheit bezeichnen? Der natürliche Schutz des denkenden Menschen gegen jede Gewalt ist Klugheit, die ehrenhafteste und bewundernswerteste

MENTALITÄTEN UND CHARAKTEREIGENSCHAFTEN

aller Waffen. Der einfachste Chinese ist auf Grund seiner Erziehung bedachtsam und schlau. Er ist unüberwindlich in seiner Defensivkraft! Der Chinese wird jeden Gegner besiegen, zermürben, im Nerv treffen.«[1883] Anscheinend wurde chinesischer Mut von Westlern zumeist bei militärischen Einsätzen beurteilt, wie der gleiche Autor ausführt:

> »Doch was sich nun abspielte, war echtes China. Es kam zu keiner richtigen, offenen Schlacht, sondern: wo die einen voll Mut vorrücken, dort rücken die anderen aus. Wer wird sich auch gerne totschießen lassen? Mut ist immer nur etwas für ein in die Enge getriebenes Tier. In China verhandeln die Generale ewig und immer hinter den Kulissen der nicht geschlagenen Schlachten.«[1884]

Die *Toleranz* der Chinesen wird meist als groß beurteilt. »Das chinesische Volk war schon immer das toleranteste, was andere Rassen und Religionen angeht ... Es ist besonders hervorzuheben, dass die Völker Chinas die Größten waren, wenn es um die Ausübung des Geistes religiöser Toleranz ging ...«[1885] Die religiöse Toleranz der Chinesen scheint fast sprichwörtlich zu sein; ein amerikanischer Akademiker sieht diese allerdings eher als Ausfluss religiöser Indifferenz: »Sie haben Religion nie als so bedeutsam eingestuft, dass man einander deswegen tötet oder das Leben schwer macht. Einer der kennzeichnenden Charakterzüge ist in der Tat schon immer die religiöse Toleranz gewesen.«[1886] Ein Emigrant vermerkt in seinen Memoiren allgemeine chinesische Toleranz auch als probates Mittel für eine konfliktfreie Assimilation von Einwanderern:

> »Die Geschichte ist umso verständlicher, wenn man weiß, dass die Chinesen eine unendliche Toleranz in religiöser und menschlicher Beziehung denjenigen gegenüber haben, die sich als gebetene oder ungebetene Gäste unter ihnen niederlassen, solange sie nicht als Eroberer mit Kanonen erscheinen. Diese Toleranz hat bisher noch alle Einwanderer im Laufe der Jahrhunderte zu Chinesen gemacht. Wenn man mit einem Chinesen bespricht, dass China erobert werden könne, dann lächelt er nur überlegen.«[1887]

Religiöse Toleranz entspringe der chinesischen Weltanschauung, meint eine amerikanische Autorin, denn die Chinesen fühlten sich mehr zur Philosophie als zu einem bestimmten Glauben hingezogen, und »sie sind nicht anfällig für plötzliche Begeisterung oder emotionale Bekehrungen. Anderseits sind sie neuen Religionen gegenüber nicht abgeneigt. Sie sind daran interessiert und tolerant.«[1888]

Klatsch, Talent für Umwege, zur Täuschung sowie das Motto »Gleichgültigkeit«

Nach Ansicht vieler westlicher Beobachter ist bei Chinesen *Klatsch* genauso wichtig zum Überleben wie eine Schüssel Reis. »Gossip«, das englische Wort dafür, fällt in Schilderungen chinesischer Eigenheiten immer wieder. Ein amerikanischer Journalist bezeichnet den Hang zum Klatsch als die nach dem Humor zweitwichtigste Eigenschaft der Chinesen: »Niemandes Streit ist eine Privatangelegenheit, das ganze Dorf muss darüber debattieren und urteilen ... Dieser Klatsch deckt den ganzen Bereich menschlicher Angelegenheiten ab: von der Ernte über Steuern bis zur finsteren Verdrehung über Krieg, Frieden und Weltgeschichte.«[1889] Eine amerikanische Autorin weiß zu berichten: »Die Chinesen, wie ich schon sagte, genießen den Klatsch. Sie benutzen ihn nicht nur zum harmlosen Zeitvertreib, sondern wissen auch bestens, wie man ihn als Waffe einsetzt.«[1890] Als »geschmackloseste Klatschbasen der Welt« bezeichnete dieselbe Autorin einmal die Chinesen, als sie miterlebte, wie deren Klatsch auch vor Madame Chiang Kai-shek, der First Lady des Landes, nicht Halt machte.[1891] Auch unter den Emigranten gab es solche, die mit chinesischer Schwatzhaftigkeit in Berührung kamen: »In China gibt es keine Geheimnisse, engstes Zusammenleben vieler Familienmitglieder in wenigen Räumen, dazu die Hausangestellten, die auch geschwätzig sind, bringen es mit sich, dass selbst unbedeutende Ereignisse allgemeines Gesprächsthema werden. Wenn ich in den Garten gehend, Frau Hsi in ihrem Hause laut weinen hörte, erhielt ich sogleich von Ada (der Amah – Anm. d. Verf.) die Erklärung, Mr. Hsi habe eine zweite Frau nach Hause gebracht.«[1892]

»*Talent für Umschweife*« nannte der berühmte Missionar Arthur H. Smith in seinen »Chinese Characteristics« die Eigenheit der Chinesen, Dinge häufig nicht – wie der Westler es tun würde – direkt beim Namen zu nennen, sondern sie indirekt anzudeuten oder auch zu verschleiern, mit anderen Worten »um den Brei herumzureden«.[1893] Damit waren nicht wenige westliche China-Reisende im 20. Jahrhundert konfrontiert. Praktiziert wurde dieses Vorgehen beispielsweise, wenn jemand vorgab, krank zu sein. Eine amerikanische Journalistin konstatierte: «Teevee (T. V. Song – Anm. d. Verf.) hatte noch immer das Portfolio eines Finanzministers in der Hankow-Regierung inne, aber er war schon lange nicht mehr dabei. Gelegentlich galt er als ›krank‹ in Shanghai. ›Krank‹ zu sein ist der traditionelle chinesische Weg, um einer unangenehmen Situation zu entfliehen.«[1894] Ein österreichischer Arzt war es leid, ständig höflich zu sein, womit nichts erreicht wurde, und so besann er sich auf die westliche Art der Diskussion: »Wie eine drohende Wolke stand über mir die bevorstehende harte Auseinandersetzung mit dem Sanitätschef, mit dem ich dieses Mal nicht chinesisch zu reden gedachte.«[1895] Auch die nicht seltenen Schmeicheleien können indirekter Ausdruck eines Begehrens sein, wie ein Engländer feststellte: »Man weiß doch, wie schmeichlerisch die Chinesen sein können, wenn sie etwas wollen.«[1896]

In westlichen Schilderungen ist allerdings auch häufig von Offenheit und Ehrlichkeit der Chinesen die Rede. Ein Reiseschriftsteller etwa ist erstaunt, im Gästebuch eines Hotels den eigenhändigen Eintrag »Mr. Lu-wang-tschen and concubine« zu lesen.[1897] Einem Arzt und Journalisten, der sich hauptsächlich im Landesinnern aufgehalten hat, hat es besonders die Ehrlichkeit der einfachen Leute angetan:

»Hier war die absolute Ehrlichkeit der Kulis und der Bauern das Fundament, auf dem die morsche und korrupte Gesellschaftsordnung des Feudalismus ruhte; eine Ehrlichkeit, die nicht auf dem Boden einer moralisierenden Philosophie gewachsen war, die nicht von der Jenseitsfurcht christlicher Lehren lebte, sondern von dem Verantwortungsgefühl des arbeitenden Menschen für das Ganze, von dem er ein Teil ist. Diese Ehrlichkeit wächst aus der mühseligen Arbeit so natürlich hervor wie der Reis aus dem Säen und Pflügen. Ohne sie zerfiele das Dorf, und die Landstraße würde zum Dschungel.«[1898]

In die größten Schwierigkeiten gerieten Westler jeweils, wenn ihnen nicht klar war, ob ihr chinesisches Gegenüber die Wahrheit sagt, eine Ausrede bereithält oder schlichtweg lügt. Und diese Palette an Möglichkeiten bot sich hauptsächlich auf dem Parkett des Geschäftslebens, wo diese Unterscheidung nur begrenzt möglich war. »In ganz Asien hängt an allem Geschäftlichen eine Spur Betrug. Alle Handelsmethoden gelten als erlaubt und ehrlich, wenn die Gegenseite bereit ist, darauf einzugehen. Ehrlichkeit hin, Ehrlichkeit her, zum Handeln gehören immer zwei Partner.«[1899] Zu der Einsicht kam dieser Emigrant erst nach Belehrungen eines Old China Hand, wie er unumwunden zugibt:

> »›Wann gewöhnen Sie sich endlich hier in China die europäischen Moralbegriffe ab? In Asien sucht jeder einen jeden zu übervorteilen, das ist ein erlaubtes Geschäft und wird von keiner Seite geleugnet ... Aber christliche Prinzipien und Ehrlichkeit sind in China meistens verdammt wenig nützlich.‹«[1900]

Der Chinese besitzt nach Ansicht vieler Westler den besten Geschäftssinn. Als Händler seien sie in der ganzen Welt unübertreffbar, meinten selbst erfolgreiche Geschäftsleute in den 1930er Jahren.[1901] Man habe mit den Chinesen handeln müssen, bemerkte ein deutscher Emigrant, »wenn man das nicht tat, nahm man ihnen die ganze Freude am Geschäft, und man wurde von ihnen als Dummkopf angesehen, der weder den Wert des Geldes noch den der Ware kennt«.[1902] Eine russisch-jüdische Autorin zog es vor, mit Chinesen Geschäfte zu machen, denn »wenn man sich einmal als zuverlässig erwiesen« habe, »dann zeigten sie einem in künftigen Transaktionen ihr volles Vertrauen«.[1903] Diese Einschätzung wurde nicht von allen geteilt, zumindest in späteren Jahren nicht mehr. So erinnert sich ein Reiseschriftsteller mit Wehmut an vergangene Zeiten, als im Handel mit chinesischen Geschäftsleuten noch das Prinzip von Treu und Glauben geherrscht habe: »Heute wäre das nicht mehr möglich, denn heute gibt es nur mehr vereinzelte Exemplare der einst maßgebenden chinesischen Handelsherren (jenes Schlages Kaufmann, der nie sein Wort bricht und es als Beleidigung empfindet, wenn man ihn auffordert, es schriftlich zu bestätigen). Sein Ja oder Nein war verlässlichere Grundlage eines Geschäfts, als die sorgfältig verklausulierten, notariell beglaubigten Verträge, die jetzt üblich geworden sind.«[1904]

»China ist die älteste kapitalistische Demokratie der Welt. Hier blüht das Geschäftemachen seit Tausenden von Jahren, hier blüht heute noch unausrottbar jede Form von Spekulation«, schrieb ein deutscher Emigrant anlässlich der Begegnung mit seinem Makler über den chinesischen Geschäftssinn.[1905] Nebst der Spekulation erschienen die Chinesen den Westlern auch immer wieder als Meister der *Täuschung*, die es mit den »potemkinschen Dörfern« der Russen spielend aufnehmen konnten. Ein Emigrant etwa ließ sein neues Fotogeschäft durch einheimische Arbeiter ausmalen und frisch tapezieren. Nach wenigen Wochen bereits blätterte die Farbe ab und die Tropenhitze besorgte den Rest:

> »Das Ganze war nur eine Maskerade gewesen, die Luxuseinrichtung nichts als Blendwerk. Der Chinese ist Meister raffinierter Übertünchung von wertlosem Schund. Wenn man die Irreführung bemerkt, oder, nach europäischen Begriffen, hinter diese Art Betrügerei kommt, hat man sich schon allzu sehr an die asiatische Lebensweise gewöhnt und ist man schon zu abgestumpft, um noch etwas anderes zu tun, als die Achsel zu zucken.«[1906]

Man scheint allgemein sehr einfallsreich und flexibel zu sein, wenn es darum geht, Geschäfte zu machen. So beobachtete beispielsweise eine russische Jüdin in der Zeit der steigenden Inflation ein Jahr vor Ende des Zweiten Weltkrieges in Shanghai, wie ein Chinese mit einem Gepäckkarren zur Staatsbank fuhr und größere Scheine in kleinere umtauschte. Darauf verkaufte er die Scheine als Papierfetzen, »und weil Papier damals Mangelware war, machte er einen großen Gewinn mit seinem Handel«.[1907]

Was westlichen Besuchern immer wieder auffällt und sie als typisch chinesisch wahrnehmen, ist eine *Empfindungslosigkeit* gegenüber dem Schmerz. Ein Arzt machte die Beobachtung, dass die meisten chinesischen Soldaten bei den schwersten Verwundungen unglaublich ruhig und geduldig blieben. »Wenn also schon Charaktere verglichen werden sollten, muss ich sagen, dass der chinesische Mensch im Ertragen von Schmerzen Unvergleichliches zu leisten imstande war«, fasste er seine Erfahrungen zusammen.[1908] Dass diese Widerstandskraft gegenüber dem eigenen körperlichen Leiden auch für das Seelische gilt und einen für einen Abendländer erschreckenden Mangel an Empfinden für die seelischen oder körperlichen Schmerzen des Mitmenschen als Kehrseite hat, beschreibt ein Reiseschriftsteller:

> »Jene unglaubliche Grausamkeit, Empfindungslosigkeit des Chinesen gegenüber körperlicher (natürlich auch seelischer) Not des Mitmenschen hat seine Wurzel in seiner erstaunlichen Empfindungslosigkeit gegen den eigenen Schmerz ... Auch die schüchternste Bekundung der Absicht, Hilfe zu leisten, die Not des Nächsten zu lindern, die Härte und Grausamkeit des Schicksals von einem leidenden Nebenmenschen aufzuheben, erregt Widerspruch und Spott des Chinesen ...«[1909]

Eine allgemeine Art der *Gleichgültigkeit*, im Chinesischen so treffend mit dem Ausdruck »Mei you banfa« (»Da gibt's nichts zu machen«) wiedergegeben, ein apathisches Verhalten als Lebens- und Überlebensstrategie haben viele westliche Besucher des Landes festgestellt: »Das verzweifelte Aufgeben aller Hoffnungen, das zur Selbstverständlichkeit herabgewürdigte Sorgen und Bangen, die dauernde, lebenslange Fron, die Unkenntnis, die dumpfe, seelisch versklavte Inhaltslosigkeit des Lebens, das alles zwang zum ›Mei-yu fahdz‹, der trostlosen Gleichgültigkeit, der dauernden Resignation«, so beschreibt ein europäischer Emigrant diesen Zustand.¹⁹¹⁰ Diese verbreitete Teilnahmslosigkeit kann in gewissen Momenten offenbar auch sehr rasch in inneres Bewegtsein umschlagen, wie ein westlicher Besucher festhält: »Man mag den Fehler begehen zu glauben, dass die Chinesen ein phlegmatisches Volk sind. Aber dem ist nicht so, wie jedermann gesehen hat, wenn beispielsweise ein großes Feuer oder sonst ein ungewöhnlicher Anlass eine chinesische Masse zur Erregung bringen kann.«¹⁹¹¹

中國魂　V. Zur Essenz Chinas

Foucaults Heterotopie, Chinas »Anderssein« und die »Rätselhaftigkeit« des Landes
Als Heterotopien bezeichnete der französische Philosoph Michel Foucault Orte, »die anders sind«.[1912] Darunter reihte der Denker nebst Museen, Friedhöfen oder Kolonien sinnigerweise auch China ein. Im Gegensatz zu Utopien bedeuten Heterotopien wirkliche bzw. wirksame Orte, also diejenigen Orte in einer Gesellschaft, die deren Struktur ganz oder zum Teil zu ihrem eigenen internen Ordnungsprinzip machen. Damit knüpfte Foucault indirekt an das berühmte Diktum von Leibniz an, der das Reich der Mitte einen »anderen Globus« nannte. Die alte Theorie des »Andersseins«, die vor allem die Unterschiede zwischen China und der übrigen Welt betont, war lange Zeit der Tummelplatz der Sinologie, mit anderen Worten: Auffassungen des Andersseins zwischen dem Westen und China sind in der westlichen China-Forschung verbreitet. Auch bei einer Mehrzahl der in Teil zwei dieses Buches vorgestellten China-Reisenden sind sie zu finden, wobei einzelne eine solche Unterschiedlichkeit weniger stark oder gar nicht empfanden.

Ein amerikanischer Journalist betont die Eigenständigkeit der westlichen Kultur und Zivilisation, die sich von der im Fernen Osten grundlegend unterscheidet: »Wir Völker des Westens haben eine Kultur und Zivilisation aufgebaut. Sie sind weder perfekt noch vollständig, aber sie gehören zu uns. Sie trennen uns in jeder Hinsicht von Asien – insbesondere von den Zivilisationen Ost- und Südasiens. Unsere Haltung zu Gott, zu den Frauen, zur Familie, zum Individuum unterscheidet sich völlig von der ihrigen.«[1913] Er ist auch der Meinung, dass in Asien die Interessen viel mehr als im Westen auf ideelle, religiöse sowie Fragen des menschlichen Zusammenlebens gerichtet sind:

> »Das größte Ideal des Asiaten, wie es auch von Buddha ausgedrückt wurde, lag im Rückzug aus dem Fürstenreich hin zum Bettler. Der Asiate will wissen, was Du glaubst, was in Deinem Herzen steckt. Er kümmert sich nicht um Autos oder Mikrophone. Sie spielten in seinem Leben nie eine Rolle. Was ihm wichtig ist, ist der Wunsch, die Beziehungen von Mensch zu Mensch zu verstehen, vom Vater zum Kind, vom Bürger zum Staat, vom Untertan zum Herrscher, vom Individuum zu Gott.«[1914]

Für einen anderen amerikanischen Journalisten und später Akademiker wird im Westen viel zuviel von der Andersartigkeit und Unergründlichkeit des Ostens geredet. Er erkennt darin »sehr viel Menge an Mythos, wenn nicht leere Rhetorik, fabuliert von Europäern und Amerikanern im Osten, die sich wenig darum bemühten, diesen zu verstehen oder ihn von dessen Standpunkt her zu betrachten«. Für ihn ist klar, dass die im Osten lebenden Westler es genossen, eine romantische Vorstellung über sich selbst zu nähren, sie, die angeblich in einer mysteriösen, exotischen Umgebung lebten, nicht ohne den Reiz von ein wenig Gefahr. Trotz der Nähe zu China und dessen Bevölkerung entferne man sich von der Wirklichkeit dieses Landes:

> »Das Resultat lag in der Verbreitung einer romantischen, aber verbogenen Idee über den Osten, dessen Einwohner und ihr Leben. Tatsache ist, dass der Osten nicht ›farbiger‹, nicht spiritueller ist als der Westen ... Die Unterschiede, wie sie sind, liegen in den Institutionen, in denen das menschliche Gemeinwesen organisiert wird. Im Fundament sind die Unterschiede zwischen den Institutionen nicht größer als die Ähnlichkeiten.«[1915]

Der Chinese unterscheidet sich vom Westler nach Ansicht dieses Amerikaners in erster Linie dadurch, dass er keinen großen Wert auf Aktivität als solche legt. »In der Tat bewertet er Muße höher, während der Westler lediglich durch Aktivität funktioniert. Es geht ihm nicht darum, was für eine Aktivität es ist. Er muss einfach etwas tun, um sich lebendig zu fühlen, zu wachsen. Manchmal, wenn nicht sogar sehr oft, verliert er den Blick für das Ende der Aktivität. Der Chinese fragt instinktiv: Warum? Ist es der Mühe wert? ... Wir (Westler – Anm. d. Verf.) erreichen mehr, das ist richtig. Aber wie viel von dem ist es wert zu vollbringen, aus der Distanz her betrachtet? Wie viel würde man am Leben verlieren, wenn wir es nicht verwirklichten? Oder, wie wertvoll es auch sein mag: Sagen wir mal, wir erfüllten einen Fünftel weniger und lebten ein weniger fiebriges [fevered] Leben ... Was würde das ausmachen?«[1916]

Ein westlicher Diplomat wiederum sieht den Hauptunterschied zwischen dem Westen und China in der »hohen individuellen Intelligenz der Chinesen, die größer ist als in jedem anderen Volk, gekoppelt allerdings mit einer großen kollektiven Verrücktheit [foolishness]. Für dieses rätselhafte Paradox kann ich keine Erklärung liefern.«[1917] Unterschiede zwischen Morgen- und Abendland begründet er hingegen damit, dass in China »Zeit und Leben eine andere Bedeutung haben als im Westen«. Für einen österreichischen Übersetzer und Essayisten rührt die Essenz Chinas beziehungsweise der Unterschied zum Westen aus der antiken Geschichte, als die geistigen Vertreter beider Kulturkreise ihren je eigenen Weg aushoben und darauf weiterschritten:

> »In dem einen Kulturkreis waren also ethische Grundsätze, Verhaltensregeln und -normen unabdingbarer Bestandteil des Elementarunterrichts; in dem anderen das Studium von Gesetzesvorschriften, Bestimmungen über Eigentumsfragen, Erbangelegenheiten, Strafverfügungen usw. Die Richtschnur für ihre künftigen Denk- und Verhaltensweisen war demnach völlig anders vorgezeichnet für den Jüngling im alten Rom und im alten China, obgleich sie Zeitgenossen sein mögen.«[1918]

Eine österreichische Journalistin sieht die chinesische Gesellschaft von ethischen Vorstellungen bestimmt, die sich von der Urzeit bis heute nicht wesentlich verändert hätten und ihr trotz allen äußeren

Wandlungen eine große Kontinuität verliehen: »Das hohe ethische Gefühl ist Gemeingut des ganzen Volkes geworden, dieses Gefühl ist es, das die alte Kultur Chinas mit den modernen Bestrebungen verbindet. Durch die Gebundenheit an diese Ethik erscheint dem Chinesen altes Urgut als lebendige Gegenwart, aus der großen Vergangenheit schöpft er Lehren, die sein heutiges Leben und Handeln leiten. Dies ist Chinas großes Geheimnis: dass auch die modernste Zivilisation seine Kultur der Ethik nicht verdrängen kann, dass die Lehren seiner großen Meister noch heute Gültigkeit besitzen und nicht als längst überholt verschrien werden.«[1919] Selbst zur Zeit der »Hundert-Blumen-Bewegung« von 1957 nahm ein »Foreign Expert« noch die Verschiedenartigkeit der chinesischen Kultur wahr, deren spezifische Essenz: »Es war besonders schwierig für einen Ausländer. China war so groß, so komplex. Es galt nicht nur die Sprachbarrieren zu überwinden; auch die Kultur, die Sitten und Gewohnheiten, die Verhaltensregeln unterschieden sich von denjenigen im Westen beträchtlich.«[1920]

»Sie (die Chinesen – Anm. d. Verf.) spielen ein mir unbekanntes Instrument mit nie gehörten Schwingungen. Dabei habe ich ihre Kunstfertigkeit, ihre Emsigkeit, ihre Bescheidenheit und unfassbare Genügsamkeit bewundert. Es war ein Schauspiel, das ich nicht verstand, da mir die Einsicht in die seelischen Voraussetzungen der Handlung fehlte. Ich sah die Bühne im schlechten Rampenlicht zusammengetragenen Wissens. Sah Menschen agieren, hörte Komödianten tönen, die Dichtung aber blieb mir verschlossen.«[1921]

Diese Gedanken notiert ein Wiener Arzt in sein Tagebuch und beendet damit sein Kapitel »China, das ewige Rätsel«. Auch für einen deutschen Emigranten bleibt das Reich der Mitte eine Art Mysterium, obwohl er viele Jahre »im Schoß des chinesischen Volkes zugebracht« hat: »Aber die unergründliche Seele des chinesischen Menschen, das auf uralten Traditionen beruhende chinesische Leben, China, das Land auf alten Wegen, kenne ich noch immer nicht. China ist nicht ein Teil Asiens, nein, es ist ein Erdteil für sich.«[1922] Der deutsche Emigrant ist der Ansicht, dass der Einfluss der westlichen Moderne die alte chinesische Zivilisation zerstört habe, doch werde die echte Kultur ewig bestehen bleiben »und denen Gutes tun, die in dieser Erkenntnis mit den Menschen leben und nicht gegen sie.«

Ein Prager Reisejournalist erfährt ebenso, dass er zu gewissen chinesischen Verhaltensweisen keinen Zugang gewinnen kann und diese ihm letztlich unverständlich bleiben: »In meinem Pekinger Hotel teile ich dem Tafelboy seit Wochen zweimal täglich mit, dass ich keine Milch in den Kaffee will. Mit der Regelmäßigkeit einer Maschine gießt er mir dennoch welche ein. Und wenn ich ihn rechtzeitig verscheuche, wartet er einen unbeobachteten Augenblick ab, um sich von hinten heranzuschleichen und mir doch Milch einzugießen.«[1923]

»A Clash of Tempos«: Chinas Verhältnis zur Zeit

Gleich zweimal innerhalb eines halben Jahres (1930/31) beschäftigt sich ein amerikanischer Journalist mit einer Studie chinesischer Tempi in der »New York Times«. Nicht die völlige Aufhebung der Zeit, wie sie sich innerhalb einer Tradition des chinesischen Buddhismus herausgebildet hat, steht im Zentrum seiner Überlegungen. Denn auch dieser Besucher des Reichs der Mitte hat erfahren, dass die »gewöhnlichen« Chinesen ein ausgeprägtes Bewusstsein über den Wert der Zeit besitzen.[1924] Trotzdem stellt er fest, dass sich der Zeitbegriff in China von demjenigen im Abendland beträchtlich unterscheidet:

> »In denjenigen Gebieten Chinas, die frei sind von den Schrecken des Bürgerkriegs (...), bewegt sich das Leben in einem verlockenden, orientalischen Tempo, schnell genug, um das Stagnierende zu vermeiden, und langsam genug, um Muße, eine friedvolle Atmosphäre und die Behaglichkeit menschlicher Beziehungen zuzulassen – gerade so, dass die Annehmlichkeiten sanft und ungebunden sind.«[1925]

Für ihn bedeutet der philosophische Geist des Chinesen, dass dieser ihn dazu anhält, sich zurückzulehnen und nachzudenken, zu warten und sich zu wundern. »Vielleicht sind die Verwirrung im Osten und diejenige im Westen auf denselben Grund zurückzuführen: Vielleicht bewegen sich beide, in unterschiedlichen Tempi, zu schnell, ohne Kompass. Doch man erinnert sich, dass dieser in China erfunden worden ist.« Selbst im Vergleich Chinas mit Japan sieht er einen Unterschied im Verhältnis zur Zeit: »Die Japaner sind rege, flink und hart, die Chinesen geduldig, langsam und geschmeidig ... Die Japaner können sich selbst ein Ziel setzen, auch wenn es häufig tollkühn ist. Aber sie werden kämpfen, dieses zu erreichen, was für Hindernisse auch immer auftreten. Die Chinesen dagegen denken, dass schließlich mittels der reinen Kraft von Zahlen oder des ermüdenden Zeitfaktors sich alle Widerstände auflösen ... Für China haben sich immer alle Dinge mit Warten ergeben.«[1926] Eine amerikanische Journalistin sieht im gemächlichen chinesischen Tempo eine Überlegenheit dem Dasein und den damit verbundenen Nöten gegenüber, etwas, was für Westler nachahmenswert wäre, aber zugleich unerreichbar bleibt: »Und viele Leute sind krank. Aber niemand scheint sich gedrängt zu fühlen, außer mir selbst. Und ich mag die träge Art der Leute, die arm und krank sind und sogar im Sterben liegen. Weshalb können wir es nicht auch ein bisschen gemächlicher nehmen? Ich kann es nicht, aber ich würde es gerne.«[1927]

Eine ganz andere Sicht auf das Zeitverständnis seiner Landsleute hatte gemäß einer amerikanischen Schriftstellerin Charlie Song (Song Jiashu), der Vater der drei Song-Töchter: »China machte ihn ganz einfach ungeduldig, und deshalb hatte er eine Art, seine Dinge so zu machen, wie er es wollte, ohne auf China zu warten. Einer seiner Fimmel war beispielsweise die Pünktlichkeit, und er konnte sich nie mit dem chinesischen Zeitverständnis versöhnen, das so vage ist, dass es schon beinahe zum Vergessen verdammt ist. In einem Land, wo es zum guten Ton gehört, wenn man entweder zwei Stunden zu früh oder drei Stunden zu spät zu einem Treffen erscheint, besaß Song genügend Möglichkeiten, diejenigen Landsleute bitter und offen zu kritisieren, welche keinen Versuch unternehmen, seinen Tugenden nachzueifern.«[1928]

Ein deutscher Emigrant empfindet in der Begegnung mit der chinesischen Landschaft ein Gefühl von Zeitlosigkeit: »Plötzlich zieht die Straße in sanften Wellen zu einem so unsagbar schönen Hügelausblick hin, dass man zum Verweilen gezwungen wird. Was Zeit, was Eile? Hier muss der Körper rasten und das Auge genießen. Schönheit macht das Leben aus und Denken das Wesen der Seele.«[1929] Und für einen Prager Reiseschriftsteller sind diese »langsam arbeitenden Menschen charakteristischer für das Riesenreich China als die nervös-geschäftigen Politiker mit allen ihren Noten, Gesetzen und Völkerbundprotesten. Diese kann man stürzen, jene nicht. Jene wurzeln.« Und weiter fährt er fort:

> »Chinesen haben mehr Zeit als wir; sie leben gemächlicher und nehmen den Nachteil steter Verspätung gern für den Vorteil gesünderer Nerven in Kauf ... Dinge dauern in China ... Je länger ich hier bin, umso mehr wundere ich mich, dass die Chinesinnen ihre Babies in neun Monaten fertig bekommen. Sie sind flinker als die chinesischen Schneider. Ja, Dinge dauern in China ...«[1930]

Individualismus und Kollektivismus

In vielen Schilderungen westlicher Autoren über China wird der »östliche Kollektivismus« gerne dem »westlichen Individualismus« gegenübergestellt. Dabei wird übersehen, dass dieser in seiner ausgeprägten heutigen Form ein Produkt des 20. Jahrhunderts darstellt und dass sowohl im Taoismus als auch im Konfuzianismus teilweise sehr stark der Stellenwert des eigenen Selbst betont wird und beispielsweise der konfuzianische Literat sich in der Gesellschaft meist allein gelassen fühlte.[1931] Die Aufzeichnungen der China-Reisenden aus dem zweiten Teil dieses Buches ergeben zu dieser Frage ein vielfältiges und deshalb wohl der Wahrheit näher kommendes Bild als die Rede von den vom Kollektivdenken bestimmten fernöstlichen Gesellschaften.

Ein amerikanischer Journalist sieht bei den Chinesen einen ausgeprägten »individuellen Sinn von Anständigkeit [sense of decency]«, der allerdings mit einem »intensiven Individualismus« und einem geringen Interesse für die Belange des Gemeinwesens verbunden sein könne.[1932] Ein Landsmann von ihm erkennt im Verhalten von Dorfbewohnern ihm gegenüber, die im Gegensatz zu ihm nichts zu essen hatten, ein ausgesprochenes Bewusstsein für die Rechte des Individuums: »Ich wurde nicht belästigt. Ich wusste, ich würde es nicht. Zu viele Generationen des Respekts für die Rechte eines Individuums, für die Ordnung in den Beziehungen zwischen Individuen schützten mich.«[1933] Derselbe Autor ist der Auffassung, dass hinsichtlich der Organisation der Gesellschaft dem Individuum im Westen die Familie in China entspricht: »Tief im Innersten unterscheidet sich der Westen, zumindest von China, in der relativen Wichtigkeit, die dieser dem Individuum zugesteht ... In China dagegen ist die Familie die soziale Einheit ...«[1934] Noch viel weiter geht ein österreichischer Arzt, der den Individuumsbegriff für China überhaupt in Frage stellt: »In der chinesischen Menschheit ist es noch nicht zur Differenzierung des einzelnen Individuums gekommen; dort ist die Familie alles, das Individuum verschwindet in ihr.«[1935]

Zahlreich sind demgegenüber die westlichen Besucher im Land, die von einem ausgeprägten Individualismus der Chinesen berichten. Ein deutscher Journalist findet, der Individualismus sei eines der »größten Charakteristika« der Millionen Chinesen.[1936] Eine ähnliche Meinung vertritt eine amerikanische Reporterin: »Die Chinesen waren große Individualisten. Jedermann wusste das.«[1937] Für einen deutschen Emigranten, der sich »in den Chinesenmassen geborgen fühlte«, sind die Chinesen »die größten Individualisten unter der Menschheit«, die »schöpferischsten Wegbereiter zu persönlicher Lebensschönheit«. Selbst in der Politik herrsche eine »individualistische Persönlichkeitspolitik.« Über Mao schreibt er: »Um es nochmals zu sagen, in dieser ›wahren neuen Demokratie‹ ist Mao auch alles andere denn ein Kommunist ... Vielmehr erweist er sich darin als ein echter chinesischer Individualist. ... Er will nichts vom traditionellen chinesischen Individualismus antasten.«[1938] Zum Stellenwert des Individualismus im »neuen China« etwas gewundener äußert sich ein »Foreign Expert«: »[W]ährend man den Rechten des Individuums zwar Beachtung schenkt, wird der Sache der Gesellschaft als Ganzes Vorrang gegeben.« Und, eher mit propagandistischem denn realitätsnahem Unterton, glaubt er zu wissen, dass die Chinesen die »Ich-Kultur« ablehnen, er selbst ihre »Verachtung des selbstsüchtigen Individuums« bewundert.[1939]

Bei einer Theateraufführung wiederum konstatiert ein China-Besucher, dass das chinesische Publikum gar keine lebendigen Individuen zu sehen erwartet, sondern Rollenfiguren, die seinen Erwartungen und der Tradition entsprechen: »Schätzen wir die Individualität des Schauspielers und die nur ihm eigene künstlerische Auffassung, so ist den Chinesen das genaue Gegenteil erwünscht: die Unterdrückung der Persönlichkeit zugunsten von Maske und Tradition.«[1940]

China als Ort der Exotik und der Utopie

Nicht wenige China-Reisende betrachteten China als einen exotischen Schauplatz jenseits der Grenzen der eigenen Kulturgemeinschaft.[1941] Für die einen bedeutete die Reise dorthin vor allem eine Flucht vor sich selbst, für andere die Verwirklichung einer Sehnsucht, die man zu Hause nicht befriedigen konnte. Die Gruppe der Emigranten wiederum sah sich meist unfreiwillig für ein paar Jahre in die exotische Umgebung versetzt. Einem emigrierten Arzt brachte die Begegnung mit dem »exotischen China« einige Erkenntnisse über die Stellung der Westler in einem unterentwickelten Land und gleichzeitig ein verändertes Weltbild:

> »In den Eindrücken auf dieser Reise überwog das Exotische: fremde Trachten, unverständliche Schriftzeichen, erstaunliche Tempel, Reichtum und Luxus des Lebens in den Kolonien – des Lebens der ›Weißen‹ – und, im Gegensatz dazu, die Anonymität der dichtgedrängten Straßen, in

denen die Einheimischen eine farbenvolle, aber für die Augen des Ungeübten ungegliederte Masse bildeten. Dies alles verlegte den Blick für die Struktur dieser Welt. Als ich acht Jahre später die Reise nach Hause antrat, war mein Blick geschärft.«[1942]

Auf einen anderen österreichischen Arzt übte jede chinesische Stadt einen großen Zauber aus, sobald er das bedrückende soziale Elend vergessen konnte. Für ihn verbirgt sich hinter dem Gesehenen das Geheimnisvolle: »Da gab es Briefschreiber, Geschichtenerzähler, Schicksalsverkünder aller Art, Astrologen und eine Unmenge von Quacksalbern, die alle von dichten Gruppen umstanden waren. Jedes Geschäft, jeder Laden, jede Wirtschaft hatte große bunte Bänder, Fahnen und Transparente ausgehängt, die durch ihre Anschriften ein verzaubertes Durcheinander ergaben. Die Verwirrung war köstlich.«[1943]

Einige westliche Reisende atmeten im Reich der Mitte den Duft des Utopischen, etwa eine Schriftstellerin aus Czernowitz, die in China das Land ihres Geliebten erblickte, ihr »gelobtes Land«. Eine Deutsche ist so begeistert von der Andersartigkeit und Lebendigkeit Chinas, dass sie ihren Bruder dazu bringen möchte, die im Alltag sich offenbarende Lebens- und Geisteswelt dieses Landes selbst zu erfahren:

»Mich leitet vor allem der Gedanke, dass Du ganz unbedingt Asien kennenlernen musst. Es ist eine so ungeheure Horizonterweiterung, wirtschaftlich-politisch so fabelhaft interessant, ich halte es für wesentlicher und wichtiger als Amerika, und es ist wissenschaftlich so unerforscht, birgt so viel Material, dass man Großes damit leisten kann, abgesehen von allen menschlichen Interessen ... Das China-Straßenleben ist begeisternd, Lastenträger, Blumenverkäufer, offene Läden, offene Garküchen, Kinder, beschreiben kann man's nicht, aber es ist eine Sache, von der man jetzt schon weiß, dass man später in Deutschland große Sehnsucht danach haben wird. Ich glaube, wenn Ihr kämt, wäre es *die* Reise Deines Lebens.«[1944]

Gelobtes Land statt »gelbe Gefahr«?

China hatte zu verschiedenen Zeiten und an unterschiedlichen Orten während des 20. Jahrhunderts das Interesse westlicher Besucher geweckt. Manchmal war diese Beachtung politisch bedingt, bisweilen hatte es auch mit den vom Westen angeblich so unterschiedlich interpretierten Lebenswelten der Chinesen zu tun. Klischees und Vorurteile resultierten dabei häufig aus eigenen Wunschvorstellungen, die eher mit der eigenen – unbewältigten – Realität und weniger mit China zu tun hatten. Das Jahr 1927 in China (Hankou, das »neue Jerusalem«) bedeutete für die europäischen und amerikanischen Linken ein Versuchslabor für den Export einer Weltrevolution, die sich nun endgültig auch im Fernen Osten durchzusetzen schien. »China's Millions« (Strong, 1928) ließen das westliche Publikum zum ersten Mal die Möglichkeiten des chinesischen »Umschlagplatzes« erahnen. Angesichts der japanischen

Aggression in den 1930er Jahren sympathisierten etliche westliche China-Besucher mit dem Reich der Mitte, den heldenhaften Anstrengungen seiner Bewohner, die Angreifer zu vertreiben. Die kleine ausländische Gemeinde der jüdischen Mitbürger Shanghais erinnerte in jenen Zeiten an das »Erwachen Asiens« oder an »Konfuzius – das Licht Asiens«: das Reich der Mitte wurde zum ersten Mal von Ausländern als aufstrebende Macht wahrgenommen, der man mit gebührender Achtung begegnen wollte, um es in der Zukunft mit China nicht zu verspielen. Die Büchertitel der 1940er Jahre über China (»My Life in China«, »Forever China«, »Battle Hymn of China« usw.) zeigten ebenso die mentale Verbundenheit einiger Westler mit dem von Krieg und Elend heimgesuchten Land sowie die Achtung vor dessen Leistungen und Menschenopfern angesichts eines brutal auftretenden Aggressors.

Der Mythos »Yan'an« wiederum trug schon fast paradiesartige Züge. Nach der Machtübernahme der Kommunisten 1949 änderten sich zwar die chinesischen Herrschaftsstrukturen, doch gab es immer noch – und wieder neu – Westler, die im Reich der Mitte die Verwirklichung einer Utopie, ihr »gelobtes Land« sahen, wie es beispielsweise im Titel von Eva Siaos »China – mein Traum, mein Leben« zum Ausdruck kommt. Wie 1927 gesellten sich zumindest in den Gründungsjahren der Volksrepublik zu den gewaltigen Herausforderungen etliche romantische Vorstellungen, und auch in dieser Zeit projizierten viele Westler ihre eigenen Wünsche und Idealvorstellungen ins Riesenreich, jenen abendländischen Wirtschaftsführern nicht unähnlich, die nach Deng Xiaopings Öffnungspolitik Ende der 1970er Jahre angesichts möglicher Riesengewinne vom Milliardenmarkt China schwärmten, zugleich aber auch das Gespenst vom Konkurrenten und ernst zu nehmenden Rivalen der westlichen Welt an die Wand malten. Und wie schon vor Jahrzehnten liegt es auch heute wieder an der Wahrnehmung des Abendländers, wie er China sehen will: als »gelbe Gefahr« oder als gelobtes Land, als Bedrohung oder als Weltheil.

Schlussteil

In diesem Buch wurden die Erfahrungen einer ausgesuchten Gruppe westlicher Besucher und Reisender im China des 20. Jahrhundert dargestellt. Deren Grundlage bildete ein Netz von Räumen, Zeiten, Biographien, Ideen und Wahrnehmungen, die in wechselseitiger Abhängigkeit zueinander stehen. Das Ziel lag dabei in der Annäherung an eine für viele Westler noch immer sehr fremde, außerhalb ihrer eigenen Welt liegende Wirklichkeit. Mit den Worten des Historikers Thomas Lahusen gesprochen, ging es in dieser Arbeit nicht um eine weitere Ansammlung an »knowledge« (»savoir«), sondern um ein zusätzliches Maß an »knowing« (»connaissance«) über ein Land, das das Abendland seit Jahrhunderten unter dem Namen China kennt.[1945] Die Unterscheidung ist in diesem Falle von großer Bedeutung, ermöglicht sie doch, Vielfältigkeiten, Schattierungen und Nuancen des Untersuchungsgegenstandes besser wahrzunehmen. Überdies dürfte beim Leser das Bewusstsein dafür geschärft worden sein, dass »Wahrheit« letztlich nur relativ sein kann.

»Thick and thin description« (C. Geertz)

Der Kulturanthropologe Clifford Geertz forderte für die Betrachtung eines bestimmten Kulturnetzes die Anwendung der Methode der tiefschürfenden Beschreibung (»thick description«).[1946] Damit kritisierte er die oft ungenügende, weil wenig eingehende Art der Untersuchung (»thin description«), um hinter einer bestimmten Handlung den dazugehörigen Sinn zu finden. Seine Idee war, hinter dem Offensichtlichen das Verborgene, nicht unmittelbar Einsichtige zu entdecken. Geertzs Theorie lässt sich gut auf die Wahrnehmung chinesischer Eigenheiten durch westliche Ausländer anwenden. Wollen wir zu verstehen versuchen, was sich hinter sozialen und politischen Handlungen verbirgt, weshalb China sich in dieser oder jener Situation so und nicht anders verhalten hat, dann besteht die Aufgabe darin, hinter der vordergründig offensichtlichen Wirklichkeit die geistigen Konzepte der dahinter stehenden Subjekte, ihr kulturelles und ideelles Umfeld zu erkennen und ihre individuellen Biographien mit einzubeziehen. Dadurch erst gelangen wir zu einem einigermaßen adäquaten, differenzierten Bild der sogenannten Andersartigkeit und verfallen nicht schnellen, vorurteilsbehafteten, generalisierenden Urteilen.

Die Erfahrungen und Darstellungen der im zweiten Teil vorgestellten China-Reisenden haben dem heutigen Leser differenzierte Eindrücke über ein Land und dessen Bevölkerung vermittelt, die in ihrer Vielfalt deutlich über das vereinfachte Bild hinausgehen, das weit bis ins 20. Jahrhundert hinein (und sogar bis heute) über den »Koloss China«, den »Chinaman« oder die »gelbe Flut« bekannt war. Ähnlich dem Gleichnis vom Elefanten, bei dem Blinde je nach Ort des Abtastens sich ihr eigenes Bild über dieses Tier machen – der eine hält den Dickhäuter für eine Wand, der andere für eine Säule, ein dritter für das Blatt eines Baumes –, zeigte und zeigt China jedem differenziert wahrnehmenden Menschen ein eigenes Gesicht. Deutlich wird durch diese Vielzahl an Bildern, dass das Beimessen von Bedeutung nicht nach dem Kriterium der Wahrheit geschieht, sondern in der jeweils gültigen Plausibilität des Beobachters liegt, damit abhängig ist etwa von dessen Herkunft oder subjektivem Interesse. In dieser Hinsicht erinnert die Thematik an den 1950 unter der Regie von Akira Kurosawa gedrehten Film »Rashomon«, in dem es darum ging zu zeigen, wie verschiedene Personen ihre Version derselben Geschichte bildeten, je nach geistiger Situation und inneren Bedürfnissen. Jede Aussage eines Subjekts über eine Wahrnehmung ist das Produkt aus bereits (infolge eigener Biographie, individueller Erfahrungen, herrschender Geistesströmungen u. a.) vorfiltrierten Eindrücken. So kann z. B., was dem einen sein Wunsch-, dem anderen ein Zerrbild sein.

Das gesamte 20. Jahrhundert als Zeitspanne der Untersuchung erlaubt es, den Blickwinkel auf größere Zusammenhänge zu richten und auch längerfristige Prozesse in der Begegnung zwischen Ost und West im Reich der Mitte zu verfolgen. Der in New York lehrende Historiker Tony Judt sprach einmal davon, dass es eine der großen Schwächen von Teilen der europäischen Geschichtsschreibung sei, das Jahr 1945 als Jahr null zu bezeichnen, »als ob nichts, was vorher geschehen war, für das relevant wäre, was folgen würde«.[1947] Einen ähnlichen Fehler begehen diejenigen, die das Jahr der »Befreiung« in China (1949) immer nur als Bruch und Beginn einer radikal neuen Politik bezeichnen. Auch viele chinesische Historiker bezeichnen 1949, das Jahr von Maos Sieg über die Guomindang, als Beginn einer neuen Hoffnung. Doch gibt es gerade in der Frage der westlichen Wahrnehmung Chinas Kontinuitäten, die es nahelegen, das Jahr 1949 nicht immer nur als Zäsur in der modernen chinesischen Geschichte anzusehen.[1948] Die Beobachtung von Gesellschaftsstrukturen, Lebenseinstellungen, Verhaltensweisen, Sitten und Gebräuchen bietet dafür einen geeigneten Ansatzpunkt. Überdies eröffnet der Blick auf einen größeren Zeitrahmen den Vorteil des Vergleichs, so etwa zwischen den Ereignissen von 1927 und denjenigen von 1989, in denen sich beide Male unzufriedene Chinesen mit ihren Forderungen gegenüber ihrer Regierung Luft zu verschaffen suchten – und scheiterten.

Engagement und Distanzierung (N. Elias)
Eine weitere Einsicht, die sich nach der Lektüre dieses Buches ergibt, betrifft das unmittelbare Verhältnis zwischen Ost und West auf dem chinesischen Schauplatz. Der Soziologe Norbert Elias forderte so-

wohl Engagement als auch Distanzierung für die Haltung des Beobachters eines Ereignisses oder einer Handlung.[1949] Auch wenn das von Elias verlangte Mindestmaß an Distanzierung bei den westlichen China-Besuchern nicht immer eingehalten worden ist, kann man doch sagen, dass das Engagement und die Erfahrungen von Revolutionspilgern, Abenteurern, Journalisten, Flüchtlingen u. a. dazu beigetragen haben, die Distanz zwischen dem Reich der Mitte und dem Abendland zu verringern und möglicherweise gar Verbindendes freizulegen. Mitunter helfen atmosphärische Schilderungen von Lebenswelten oder die Aufzeichnung von politischen und kulturellen Netzwerken, um besser zu verstehen, weshalb aus China geworden ist, was es heute ist, vielleicht sogar um wahrzunehmen, dass das Andere oft so anders gar nicht ist. Bis 1949 waren es lediglich einige wenige Westler, bei denen eine intensive gedankliche Auseinandersetzung mit dem Land stattfand. Die Mehrzahl der Old China Hands lebte getrennt von ihrer fremden Umgebung, abgesondert von denen, die ihnen Gastrecht zu bieten hatten. Jene Minderheit hingegen erlangte, rückblickend betrachtet, eher Bedeutung als Übermittler chinesischer Lebensweisen und -vorstellungen denn als aktive Mitgestalter während der komplizierten Etappen der chinesischen Revolution. Einige Westler hatten sich seit den 1920er Jahren intensiv an diesem revolutionären Weg beteiligt; doch obwohl die »Saat« durchaus abendländisch war, muss das »Produkt« letztlich als chinesisch bezeichnet werden.

Die Gruppe der Flüchtlinge oder etwa jene der »Spanienärzte« war in der Regel fast völlig unvorbereitet auf die Ankunft im Reich der Mitte und stand so auch bedeutend weniger unter dem Einfluss antichinesischer Literatur als z. B. die Old China Hands, denen unter Umständen der Inhalt der marktschreierischen Werke eines Sax Rohmer oder eines Rodney Gilbert seit Kindesbeinen vertraut war. Dieses Fehlen eines meist negativen Vorurteils erlaubte einigen von ihnen eine weit objektivere Fremdwahrnehmung, die zudem begünstigt war durch eine erhöhte Selbstreflexion infolge der eigenen Verletzlichkeit und unsicheren Stellung in der westlichen Gemeinde Chinas. Durch das »doppelte Exil« entwickelte sich bei einigen in besonderem Maße die Fähigkeit, über das Produkt der eigenen Geisteshaltung gegenüber dem Fremden zu reflektieren. In individuellen Begegnungen zwischen West und Ost konnte bisweilen die Entdeckung gemacht werden, dass die Wahrnehmung der Andersartigkeit dort aufhörte, wo Aspekte der Humanität in den Vordergrund traten – eine wohltuende Abkehr von der Feststellung, dass der Normalfall westlicher Wahrnehmungen Chinas auf dem Missverständnis aufbaut(e). Die Aufzeichnung menschlicher Gesichtspunkte im Verhältnis zwischen Morgen- und Abendland gehörte mit zu den Untersuchungen über ein Forschungsthema, das im Allgemeinen vorwiegend unter politischen Gesichtspunkten abgehandelt wird.

»Fische im Ozean« (E. H. Carr)

Historische Ereignisse wurden dem Leser bewusst nicht in chronologischer Reihenfolge nacherzählt, sondern wurden indirekt durch die Aufzeichnung ineinander führender Lebenswelten vermittelt. Fakten aus der Geschichte, das ist jedem zeitgenössischen Leser bewusst, sind immer unvollständig und stammen aus unterschiedlichen, manchmal einander widersprechenden Quellen. Es ist die Sache des Historikers, das Durcheinander an Gegebenheiten zu ordnen und die wichtigen von den unwichtigen zu trennen. Dass er allerdings meist diejenigen Fakten findet, die er sucht, hatte schon der Brite Edward Hallett Carr erkannt. Gerade deshalb ist es umso dringlicher, den Ozean nicht nur nach Fischen zu durchforsten, sondern auch die Umgebung des Wassers zu analysieren.[1950]

Mit der Darstellung des Lebensgangs westlicher China-Reisender, dem Nachzeichnen von Lebensumständen in denjenigen Orten, wo sich Begegnungen mit Chinesen ergaben, sollten Einsichten in geschichtliche Vorgänge in diesem Land in ihrer Vielfältigkeit und Einmaligkeit gewonnen werden. Lediglich das mühsame Entwirren von Kreuzungen (z. B. zwischen Ost und West), Bindungen (z. B. des Marxismus in China), Brüchen (z. B. durch den Kalten Krieg) oder Parallelen (z. B. zwischen jüdischen und chinesischen Flüchtlingen) kann unter Umständen dem Leser neue Perspektiven für ein besseres Verständnis der heutigen Vorgänge im Reich der Mitte öffnen. Wertvolle Dokumente bildeten für diese »neuen« Sichtweisen die schriftlichen Zeugnisse aller Art, in denen westliche China-Beobachter im 20. Jahrhundert ihre Wahrnehmungen und Erfahrungen festgehalten und sie damit heutigen Zeitgenossen hinterlassen haben. Sie relativieren auf eindrückliche Weise jene Darstellungen, die von sogenannten China-Kennern jahrzehntelang als Wahrheit über China verbreitet wurden. Es waren dies oft Leute, die entweder nie einen Schritt in dieses Land getan haben oder die über die übliche Überlegenheitshaltung kaum je hinausgekommen sind. Statt eines abstrakten China in groben Zügen entstand so ein China mit vielen Gesichtern und feinen Schattierungen.

Einige der in diesem Buch vorgestellten China-Reisenden haben durch ihre eingehenden Kenntnisse chinesischer Eigenheiten Theoriediskussionen vorweggenommen, die erst weit in der zweiten Hälfte des 20. Jahrhunderts von der Wissenschaft geführt wurden. Zu erwähnen ist etwa, dass die Problematik von Edward Saids Orientalismus-Theorie bereits fünfzig Jahre vor ihrer Verbreitung im Westen von China-Besuchern thematisiert wurde. Auch die These des amerikanischen Politikwissenschafters Samuel Huntington über den »Zusammenprall der Kulturen« hat in den Auseinandersetzungen von China-Reisenden mit der Fremde ihre Vorläufer. Sein Gedanke, in der gleichen Formulierung, bildete beispielsweise die Grundlage der Dankesrede des Journalisten George Sokolsky anlässlich der Verleihung des Ehrendoktors der Universität Notre Dame im Jahre 1946. Kulturrelativistische Ansätze, z. B. die Überzeugung von der Unmöglichkeit einer allumfassenden, universell gültigen Ethik, tauchten in den Überlegungen der in Teil zwei vorgestellten Protagonisten häufig auf. Diese waren auch bemüht, das im Allgemeinen bei den Old China Hands so verbreitete ethnozentrische Denken aufzuweichen – mit nicht geringem Erfolg.

Westliche China-Historiographie

Die amerikanische und die europäische Geschichtsschreibung vor dem Zweiten Weltkrieg neigten dazu, die chinesische Vergangenheit unter einem Blickwinkel zu betrachten, der den Westen unmittelbar betraf: Opiumkrieg, Handelsaustausch, Boxeraufstand, Missionarswesen, das Leben in den Vertragshäfen und Ähnliches. Die Fixierung auf solche aus westlicher Sicht relevante Schwerpunkte rührte auch daher, dass chinesische Quellen für viele Forscher aus verschiedenen Gründen unerreichbar waren, eine Beschäftigung mit rein innerchinesischen Vorgängen damit fast unmöglich erschien. In jener Epoche setzte man westlich mit »modern« und »wichtig«, chinesisch mit »traditionell« und »rückständig« gleich. In den 1950er und 1960er Jahren – inzwischen gab es gut ausgebildete China-Spezialisten, die allenfalls gar im Reich der Mitte ihr Sprachtraining absolviert hatten – entwickelten sich vor allem drei Ansätze, die alle zwar ebenfalls von einer westlichen Sichtweise geprägt waren, nun jedoch zum Ziel hatten, nicht nur die unmittelbar mit dem Westen zusammenhängenden Vorgänge in China zu untersuchen: der sogenannte »Auswirkungs-Antwort-Ansatz«, der »Modernisierungsansatz« sowie der »Imperialismusansatz«.[1951] Erst in den 1970er Jahren gewinnt ein China-zentrierter Ansatz an Gewicht, der davon ausgeht, dass das Verständnis von Chinas Geschichte in deren eigenen Bedingungen zu suchen sei, westliche Einflüsse damit als zweitrangig anzusehen seien.[1952]

Die Schilderungen von einem relativen Entwicklungsstillstand im Land von in Teil zwei vorgestellten China-Reisenden ähneln beispielsweise den Theoriedebatten der 1950er und 1960er Jahre und entsprechen der seit dem 19. Jahrhundert und früher bestehenden Perzeption Chinas als im Vergleich zum dynamischen Westen »statische Gesellschaft« (wie bei Hegel, Marx und Weber). Neu war hingegen bei einigen dieser China-Reisenden eine empathischere Herangehensweise, die sich wohltuend von der üblichen Auffassung vom »zivilisierten Westen« und dem »barbarischen China« abhob. Ihre Berichte vermochten zumeist nicht das nach wie vor geltende Prinzip vom »unveränderlich gebliebenen China« im Vergleich mit dem sich ständig modernisierenden Westen in Frage zu stellen, doch gaben sich die Betreffenden Mühe, die eigene Sichtweise kritisch zu hinterfragen und dem chinesischen »Zustand« mehr Verständnis entgegenzubringen. Für die meisten – wie auch für die Mehrzahl der Sinologen und China-Wissenschafter jener Zeit – war klar, dass eine Modernisierung Chinas zwangsläufig mit einem Zusammenbruch der traditionellen chinesischen Gesellschaft einhergehen müsse.[1953] Einzelne sahen allerdings Konfuzianismus und Modernisierung nicht als unvereinbar an. Mit dieser Meinung standen sie jenen Gelehrten nahe, welche in den 1980er Jahren neokonfuzianisches Gedankengut vertraten und der Ansicht waren, dass angesichts einer Reihe von Zwangslagen sich die chinesische Gesellschaft auch ohne westliche »Einmischung« zur Moderne hin würde transformieren können. Den »Modernisierungsansatz«, die Meinung, die Modernisierung Chinas sei allein des westlichen Einflusses wegen erfolgt, versuchten einige »Foreign Experts« als amerikanische Rechtfertigung der eigenen Politik in Ostasien zu entlarven. Auch sie stimmten darin mit wissenschaftlichen Arbeiten von China-Spezialisten überein, denen man weit weniger Propagandatätigkeit vorwerfen konnte als jenen im fernen Beijing lebenden »westlichen Marionetten der chinesischen Regierung«.[1954] Dem neuesten Forschungsansatz westlicher China-Geschichtsschreibung, der das Reich der Mitte aus den ihm eigenen Perspektiven zu untersuchen fordert, haben sich mittelbar auch einige jüdische China-Reisende verpflichtet gefühlt. Trotz ihrer westlichen Herkunft versuchten sie, das Land von innen zu sehen und zu verstehen. In der Folge stand bei einigen von ihnen auch nicht die kulturelle Andersartigkeit, beispielsweise im Sinne eines autoritären China im Vergleich zum toleranten Westen, im Vordergrund, sondern die Frage nach gemeinsamen menschlichen und ideellen Werten in Ost und West. Einem deutsch-jüdischen Emigranten z. B. dürfte der chinesische Flüchtling bisweilen auch menschlich weit näher gestanden sein als sein sephardischer, schwerreicher Glaubenskollege. Und ein Intellektueller wie Isaacs hatte mit dem Schriftsteller Mao Dun gewiss engere Berührungspunkte als mit einem Missionar aus der gleichen Heimatstadt. Einige jüdische China-Reisende trugen damit in einem hohen Maße zur Auflösung des scharfen west-östlichen Gegensatzes bei, obwohl auch bei ihnen kulturelle Unterschiede und kulturell bedingte Missverständnisse immer wieder zu einer Wahrnehmung in Kategorien des »wir« und »sie« führten.

Verfeinerte Wahrnehmung Chinas: ein »jüdisches Jahrhundert«?
Im Gegensatz dazu, dass es im Westen aufgrund historischer Ereignisse Perioden unterschiedlicher China-Perzeption gibt, wie sie etwa in Isaacs' »Images of Asia« dargestellt werden, sind in den direkten Wahrnehmungen des Landes und seiner Bewohner durch jüdische China-Reisende kaum zeitbedingte Strömungen feststellbar.[1955] Ebenso ist bei ihnen die Stereotypisierung geringer als im Westen selbst. Je mehr auch die Besucher mit China zu tun haben, desto positiver ist im Allgemeinen ihr Bild vom Reich der Mitte und desto weniger einseitig sind ihre Ansichten über das Land: Hinweise auf die »gelbe Gefahr« beispielsweise fehlen völlig. Indem einige der im zweiten Teil vorgestellten Westler sich nicht nur – wie bis zur Mitte des 20. Jahrhunderts üblich – in den Konzessionsgebieten der Vertragshäfen aufgehalten haben, entstanden bedeutend vielfältigere Ansichten von China. Aus der Gruppe der europäischen Flüchtlinge ragen z. B. einzelne Vertreter hervor, denen es in ihren Beschreibungen gelang, »die Chinesen« von der im Westen gängigen Stereotypisierung zu befreien, sie gar ein bisschen zu individualisieren. Das liegt wohl auch am biographischen Hintergrund bzw. der geographischen Herkunft einzelner China-Reisender, denen eine Art multikulturelle Sensitivität mit in die Wiege gelegt worden war. Dadurch, dass einige Emigranten dank ihrer – häufig erzwungenen – Nähe zu den Chinesen hinter das gängige »Chinesenbild« zu schauen imstande waren, waren sie gleichzeitig in der Lage, Differenzierungen vorzunehmen, die eine Auflösung oder zumindest eine Art Dekonstruktion der nach Vereinfachung strebenden Stereotypisierung bedeuteten.

Dank Reise-, Handels- und Spionageaktivitäten nahmen etliche China nicht mehr als riesigen, einheitlichen Koloss wahr, sondern bemühten sich, die geographische und kulturelle Vielfalt des Landes zu entdecken. Ein feines Potpourri statt eines groben Phantombildes ist das Resultat. Ähnlich vielschichtig sahen westliche China-Reisende beispielsweise auch die Kommunistische Partei, zumindest bis 1949. Das Erkennen und Erklären unterschiedlicher Strömungen innerhalb dieser Bewegung in den 1920er und 1930er Jahren (etwa durch Harold Isaacs), stellt eine Meisterleistung jener Zeit dar, die auch heute noch manch einem »Chinawatcher« gut anstände. Mit einer derart behutsamen und differenzierenden Betrachtungsweise könnten viele Missverständnisse hinsichtlich Chinas vermieden und mit vereinfachten Sichtweisen mittels wenig aussagefähiger Begriffe wie »Menschenrechte in China«, »Chinas Wirtschaftsboom« usw. aufgeräumt werden.

Einzelne aus der Gruppe der »Foreign Experts« machten sich Ansichten zu eigen, wie sie Ende der 1980er Jahre erst bei den Vertretern der »Postcolonial Studies«, wie beispielsweise Gayatri Spivak, der in Kalkutta geborenen und in den USA lehrenden feministischen Marxistin, zu finden sind: »Was wir fordern ist, dass ... diejenigen, die einen hegemonialen Diskurs führen, ihre eigene Position dehegemonisieren und selbst lernen, wie man die Position des unterlegenen Andern einnehmen könnte.«[1956] Auch die von der »Postcolonial Studies«-Schule geforderte Reflexion über die eigene Stellung in der Fremde, das das eigene Denken und Schreiben beeinflussende Weltbild, allgemein über die Faktoren, die sich auf die Interaktion mit dem Andern – in diesem Fall den Chinesen – auswirken, gehören für etliche der in diesem Buch vorgestellten China-Besucher (z. B. Isaacs, Sokolsky, White) zum selbstverständlichen Rüstzeug, um China besser verstehen zu können.

Die einst vom Westen als rätselhaft wahrgenommene »Seele Chinas« entzaubert sich angesichts von Modernisierung und Globalisierung ständig, doch bedeutet dies keineswegs, dass damit auch die Ursachen, welche eine solche Mystifizierung überhaupt ermöglichten, sich vollständig ins Nichts aufgelöst haben. Bedeutsam ist es, sich über die Hintergründe einer Verblendung oder – im negativen Falle – der Verteufelung Chinas Klarheit zu verschaffen. Die in Teil zwei dieses Buches vorgestellten jüdischen China-Reisenden waren in vielerlei Hinsicht selbstkritischer eingestellt als die heutigen westlichen Besucher im Reich der Mitte, vielleicht auch in gewissem Sinne bescheidener – »humble«, wie es in englischer Sprache treffender ausgedrückt wird – gegenüber einem Land mit einer mehrtausendjährigen Geschichte und Kultur. Ihre Einstellung hob sich wohltuend ab von heutigen Zeitgenossen, die glauben, China dadurch zu verstehen, dass sie ihre eigenen Wünsche, Schwächen, Ängste oder auch Launen als Mittel zum »Verständnis« des Fremden einsetzen.

Der China-Historiker Jonathan Spence bezeichnete die Zeit von der Mitte des 16. bis ungefähr zur Mitte des 17. Jahrhunderts angesichts der jesuitischen Missionare als das »katholische Jahrhundert«, welches abgelöst worden sei durch aus Gründen des Handels erfolgte Seefahrten protestantischer Reisender aus Holland und England. Vielleicht könnte man in der Fortsetzung das 20. Jahrhundert in der Begegnung zwischen China und dem Westen als »jüdisches Jahrhundert« bezeichnen. Dies nicht nur, weil viele China-Besucher jüdischer Herkunft das Reich der Mitte als ein »gelobtes Land« betrachteten, sondern vor allem auch deshalb, weil dank ihrer sehr individuellen, empfindsamen Wahrnehmung Deutungen über China überliefert worden sind, die bis heute als wertvoll und einzigartig erscheinen.

Literaturverzeichnis

Kurztitel sind *kursiv* gesetzt.

Bücher:

Abend, Hallett (1944). My Years in *China*, 1926–1941. John Lane The Bodley Head. London.
Acton, Sir Harold (1985). *Memoirs* of An Aesthete. A Hamish Hamilton Paperback. 2nd edition. London.
Adler, Solomon (1957). The *Chinese Economy*. Routledge & Kegan Paul Ltd. London.
Adressbuch der Emigranten-Betriebe in Shanghai aus Handel, Industrie, Gewerbe und Handwerk (1940). (Ohne Verlagsangabe). Shanghai.
Almanach (1933/34). Herausgeber: Schanchaiski jewreiski klub. Shanghai.
Alekseev, V. M. (1989). *China* im Jahre 1907. Ein Reisetagebuch. Kiepenheuer. Leipzig, Weimar.
All about Shanghai and Environs. A Standard Guide Book (1934/35). The University Press. Shanghai. (Reprinted by Oxford University Press 1983).
Alley, Rewi (1997). An *Autobiography*. New World Press. Beijing.
Almanac-Shanghai (1946/47). Published by »Shanghai Echo«. Publishing Co. Shanghai.
Altman, Avraham (2000). *Controlling the Jews*, Manchukuo Style, in: Malek, *Kaifeng ... to Shanghai*, S. 279–317.
Alymow, Sergej (1932). *Schanghai*. Büchergilde Gutenberg. Berlin.
Arlington, Lewis C./Lewisohn, William (1935). In *Search of Old Peking*. Henri Vetch. The French Bookstore. Peking.
Armbrüster, Georg/Kohlstruck, Michael/Mühlberger, Sonja, Eds. (2000). *Exil Shanghai* 1938–1947. Jüdisches Leben in der Emigration. Hentrich & Hentrich. Teetz.
Arsenjew, Wladimir (2003). Der Taigajäger *Dersu Usala*. Unionsverlag. Zürich.
Ash, Timothy *Garton* (1999). Zeit der *Freiheit*. Aus den Zentren von Mitteleuropa. Carl-Hanser-Verlag. München, Wien.
Ashcroft, Bill/Griffiths, Gareth/Tiffin, Helen (2000). *Post-Colonial Studies*. The Key Concepts. Routledge. London and New York.
Asiaticus (1928). Von *Kanton bis Schanghai* 1926–27. Agis-Verlag. Wien, Berlin.
Avshalomov, Jacob and Aaron (2001). Avshalomov's *Winding Ways*. Composers Out of China. A Chronicle. Xlibris Corporation. Philadelphia.
Bakich, Olga (1994). *Charbin*: »Russland jenseits der Grenzen« in Fernost, in: Schlögel, *Exodus*, S. 304–328.
Balinska, Marta A. (1998). For the *Good* of Humanity. Ludwik Rajchman. Medical Statesman. Central University Press. Budapest.
Baring, Maurice (1905). With the Russians in *Manchuria*. Methusen & Co. London.

Barkmann, Udo B. (1999). Geschichte der *Mongolei* oder Die »mongolische Frage«. Die Mongolen auf ihrem Weg zum eigenen Nationalstaat. Bouvier-Verlag. Bonn.

Barrett, David D. (1970). *Dixie Mission*: The United States Army Observer Group in Yenan, 1944. Center for Chinese Studies. University of California. Berkeley.

Bauer, Wolfgang (1974). *China* und die Hoffnung auf Glück. Paradiese, Utopien, Idealvorstellungen in der Geistesgeschichte Chinas. Deutscher Taschenbuch-Verlag. München.

Baum, Vicky (1997). Hotel *Shanghai*. Kiepenheuer & Witsch. Köln.

Baumer, Christoph (1996). *Geisterstädte* der Südlichen Seidenstraße. Entdeckungen in der Wüste Takla-Makan. Belser-Verlag. Stuttgart, Zürich.

Bays, Daniel H., Ed. (1987). *Foreigners* in Areas of China Under Communist Jurisdiction Before 1949. Biographical Notes and a Comprehensive Bibliography of the Yenan Hui by Margaret Stanley. With an Introduction by Helen Foster Snow. The Center for East Asian Studies. The University of Kansas.

Bays, Daniel H., Ed. (1996). *Christianity in China*. From the Eighteenth Century to the Present. Stanford University Press. Stanford.

Ben-Eliezer, Judith (1985). *Shanghai Lost*, Jerusalem Regained. Steimatzky. Jerusalem.

Bennett, Milly (1993). *On Her Own*. Journalistic Adventures from San Francisco to the Chinese Revolution 1917–1927. Edited and Annotated by Tom Grunfeld. M. E. Sharpe. Armonk NY, London.

Benz, Wolfgang/Neiss, Marion, Hrsg. (1997). Die *Erfahrung* des Exils. Exemplarische Reflexionen. Metropol Verlag. Berlin.

Berlin, Howard M. (2000). The *Charlie Chan* Film Encyclopedia. McFarland & Company, Inc. Jefferson. North Carolina.

Bertrand, Gabrielle (1937). Seule dans *L'Asie Troublée*. Mandchoukuo-Mongolie 1936/37. Librairie Plon. Paris.

Betta, Chiara (1999). Silas Aaron Hardoon and Cross-Cultural Adaptation in Shanghai, in: Goldstein, *Jews of China*, Vol. I, S. 216–229.

Betta, Chiara (2000). *Myth and Memory*. Chinese Portrayal of Silas Aaron Hardoon, Luo Jialing and the Aili Garden between 1924 and 1995, in: Malek, *Kaifeng ... to Shanghai*, S. 375–400.

Beveridge, Albert (1903). The *Russian* Advance. Harper & Brothers Publishers. New York and London.

Bickers, Robert (1999). *Britain* in China. Manchester University Press. Manchester and New York.

Bitterli, Urs (1989). *Cultures in Conflict*: Encounters Between European and Non-European Cultures, 1492–1800. Stanford University Press. Stanford.

Bliss, Charles K. (1965). *Semantography* (Blissymbolics). Eigenverlag. Sydney (1. Auflage: 1949).

Bliss, Charles K. (1970). The *Invention and Discovery* that will change our Lives. Eigenverlag. Sydney.

Bloch, David Ludwig (1997). *Holzschnitte*. Mukeji. Woodcuts. Shanghai 1940–1949. Herausgegeben von Barbara Hoster, Roman Malek und Katharina Wenzel-Teuber. Eine gemeinsame Veröffentlichung des China-Zentrums und des Instituts Monumenta Serica. Steyler Verlag. Nettetal.

Blum, Klara (1951). Der *Hirte* und die Weberin. Ein Roman aus dem heutigen China. Greifenverlag. Rudolstadt.

Bodley, R. V. C. (1934). Indiscreet *Travels* East (Java, China and Japan). Jarrolds Publishers. London.

Bonnard, Abel (1927). In *China* 1920/21. E .P. Dutton and Company. New York.

Bonner, Joey (1986). *Wang Kuo-wei*: An Intellectual Biography. Harvard University Press. Cambridge, MA.

Brady, Anne-Marie (2002). *Making the Foreign Serve China*: Managing Foreigners in the People's Republic. Rowman and Littlefield. Buffalo.

Brandt, Conrad/Schwartz, Benjamin/Fairbank, John K. (1952). A Documentary History of *Chinese Communism*. George Allen & Unwin Ltd. London.

Braun, Otto (1973). *Chinesische Aufzeichnungen*. Dietz-Verlag. Berlin.

Bredon, Juliet (1931). *Peking*. A Historical and Intimate Description of Its Chief Places of Interest. Kelly and Walsh, Ltd. Shanghai.

Bresler, Boris (1999). *Harbin's Jewish Community*, 1898–1958: Politics, Prosperity, and Adversity, in: Goldstein, *Jews of China*, Vol. I, S. 200–215.

Bridge, Ann (1989). Peking *Picnic*. Virago Press. London.

Buber, Martin (1962). *Werke*. Erster Band: Schriften zur Philosophie. Kösel-Verlag. München.

Buber-Neumann, Margarete (1985). Von Potsdam nach Moskau – *Stationen* eines Irrweges. Fischer-Taschenbuch-Verlag. Frankfurt a. M.

Buck, Pearl (1931). The *Good Earth*. Großet & Dunlap. New York (in deutscher Sprache: *Die gute Erde*, hier nach der Fassung von 2004, München, dtv).

Canham, Erwin D. (1958). *Commitment to Freedom*: The Story of the Christian Science Monitor. Houghton Mifflin Company. Boston.

Carl, Katherine A. (1905). *With the Empress Dowager of China*. The Century Co. New York.

Carpenter, Edmund, Ed. (1986). Materials for the Study of *Social Symbolism* in Ancient & Tribal Art. A Record of Tradition & Continuity based on the Researches & Writings of Carl Schuster. Band 1. Rock Foundation. New York.

Carr, Edward Hallett (1961). *What is History?* Vintage Books. New York.

Carter, Carolle J. (1997). Mission to *Yenan*. American Liaison with the Chinese Communists 1944–1947. The University Press of Kentucky. Lexington.

Cassel, Susie Land, Ed. (2002). The *Chinese* in America: A history from Gold Mountain to the new millenium. Alta Mira Press. Oxford.

Ch'en, Jerome (1979). *China and the West*. Society and Culture 1815–1937. Hutchinson & Co. London.

Chen, Hansheng [Han-seng] (1936). Landlord and Peasant in China. International Publishers. New York.

Chen, Percy (1979). *China Called Me*. My Life Inside the Chinese Revolution. Little, Brown and Company. Boston, Toronto.

Chiang, Kai-shek, Madame (1978). *Conversations* With Mikhail Borodin. Free Chinese Center. London.

Churchman, Michael, Ed. (1988). Laurence *Sickman*. A Tribute. The Nelson-Atkins Musuem of Art. Kansas City.

Clausen, Soren/Thogersen, Stig (1995). The *Making of a Chinese City*: History and Historiography in Harbin. M.E. Sharpe. Armonk N.Y.

Clifford, Nicholas R. (1991). *Spoilt Children* of Empire. Westerners in Shanghai and the Chinese Revolution of the 1920s. University Press of New England. Hanover and London.

Cohen, Israel (1925). The *Journal* of a Jewish Traveller. John Lane the Bodley Head Ltd. London.

Cohen, Paul A. (1984). *Discovering History* in China. American Historical Writing on the Recent Chinese Past. Columbia University Press. New York.

Cohen, Paul A. (2003). *China Unbound*. Evolving perspectives on the Chinese past. Routledge Curzon. London, New York.

Cohen, Warren (1978). The *Chinese Connection*. Roger S. Greene, Thomas W. Lamont, George Sokolsky and American-East Asian Relations. Columbia University Press. New York.

Colquhoun, Archibald R. (1900). Overland to *China*. Harper & Brothers Publishers. New York and London.

Cook's Guide to Peking, North China, South Manchuria and Korea. With Maps, Plans and Illustrations (1924). Published by Thomas Cook & Son. Shanghai.

Cosman, Tania Manooiloff (1995). *My Heritage* with Morning Glories: A White Russian Growing up in China. Creative Communication Services. Washington.

Crook, David and Isabel (1959). *Revolution* in a Chinese village: The Mile Inn. Routledge & Kegan Paul Ltd. London.

Crook, Isabel and David (1979). An Anglo-Canadian Couple's *30 Years in New China*, in: Living in China by Twenty Authors from Abroad (ohne Herausgeber). New World Press. Beijing

Crow, Carl (1940). *Foreign Devils* in the Flowery Kingdom. Harper & Brothers Publishers. New York, London.

Cuthbertson, Ken (1998). *Nobody Said Not to Go*. The Life, Loves and Adventures of Emily Hahn. Faber and Faber. Boston, London.

Davies, John Paton (1972). *Dragon by the Tail*. American, British, Japanese, and Russian Encounters with China and one another. W. W. Norton & Company. New York.

Deacon, Richard (1974). The *Chinese Secret Service*. Taplinger Publishing Co. New York.

Deakin, F. W./Storry, G. R. (1966). The Case of *Richard Sorge*. Harper & Row. New York.

Degener, Herrmann A. L. Hsg. (1935). *Wer ist's?* 10. Ausgabe. Verlag H. Degener. Berlin.

Dicker, Herman (1962). *Wanderers and Settlers* in the Far East. A Century of Jewish Life in China and Japan. Twayne Publishers, Inc. New York.

Dien, Albert E., Ed. (1996). *Sino-Judaica*. Occasional Papers of the Sino-Judaic Institute. Vol. Two. Sino-Judaic Institute. Menlo Park.

Dikötter, Frank (1992). The Discourse of *Race* in Modern China. Hurst. London.

Diment, Galya/Slezkine, Yuri, Eds. (1993). Between *Heaven* and Hell. The Myth of Siberia in Russian Culture. St. Martin's Press. New York.

Diner, Dan (1999). Das *Jahrhundert* verstehen. Eine universalhistorische Deutung. Luchterhand-Literaturverlag. München.

Dohlsen, James H. (1984). *Bucking the Ruling Classes*. Jim Dolsen's Story. Philadelphia (Eigenverlag).

Donovan, John F. (1967). The *Pagoda* and the Cross. Scribner's. New York.

Drage, Charles (1954). *Two-Gun Cohen*. Jonathan Cape. London.

Dreifuß, Alfred (1980). *Schanghai* – Eine Emigration am Rande, in: Exil in den USA (Autorin: Eike Middell). Röderberg-Verlag. Frankfurt a. M., S. 449–516.

Durdin, Tillman/Reston, James/Topping, Seymour (1971). The New York Times. Report from *Red China*. Quadrangle Books. New York.

Eber, Irene (1986). *Passage* Through China. The Jewish Communities of Harbin, Tientsin and Shanghai. Beth Hatefutsoth. The Nahum Goldmann Museum of the Jewish Diaspora. Tel Aviv.

Eber, Irene (2000). The Hebrew University's Research Project on Jewish Communities in *Modern China*, in: Goldstein, *Jews of China*, Vol. II, S. 127–134.

Einstein, Lewis (1968). A *Diplomat* Looks Back. Edited by Lawrence E. Gelfand, with a Foreword by George F. Kennan. Yale University Press. New Haven and London.

Elder, Chris (1997). *Old Peking*: City of the Ruler of the World. Oxford University Press. Hongkong, Oxford, New York.

Elias, Norbert (1983). *Engagement* und Distanzierung. Hrsg. und übersetzt von Michael Schröter. Suhrkamp-Verlag. Frankfurt a.M.

Emigranten-Adressbuch (1939). New Star Company. Shanghai. (Nachdruck 1995: Old China Hand Press. Hongkong, Shanghai.)

Encyclopaedia Judaica (1972). Keter Publishing House. Jerusalem.

Encyclopaedia Judaica. CD-ROM Edition. Judaica Multimedia Ltd. Keter Publishing House. Jerusalem.

Epstein, Israel (1939). *The People's War*. Victor Gollancz. London.

Epstein, Israel (1947). The *Unfinished Revolution*. Little Brown and Company. Boston.

Epstein, Israel (1979). *Vignettes* of Past and Present, in: Living in China by Twenty Authors from Abroad (ohne Herausgeber). New World Press. Beijing.

Epstein, Israel (1983). Tibet Transformed. New World Press. Beijing.

Epstein, Israel (1995). Woman in World History. *Soong Ching Ling* (Mme. Sun Yatsen). New World Press. Beijing (2nd edition).

Epstein, Israel (1997). From Opium War to Liberation. China Today Press. Beijing (4th edition).

Epstein, Israel (2000). On Being a *Jew* in China: A Personal Memoir, in: Goldstein, *Jews of China*, Vol. II, S. 85–97.

Epstein, Israel (2005). My China Eye. Memoirs of a Jew and a Journalist. Long River Press. San Francisco.

Erling, Johnny, Hrsg. (1980). *Im Geist Yanans*. Dr. Robitscher-Hahn in Briefen, Gedichten und Selbstzeugnissen. China-Studien- und Verlagsgesellschaft. Frankfurt a. M., Berlin.

Eudin, Xenia Joukoff/North, Robert H., Eds. (1957). *Soviet Russia and the East* 1920–1927. A Documentary Survey. Stanford University Press. Stanford.

Evans, Les/Block, Russell, Eds. (1976). Leon *Trotsky on China*. Introduction by Peng Shu-tse. Monad Press. New York.

Fairbank, John King (1964). *Trade and Diplomacy* on the China Coast. The Opening of the Treaty Ports. Harvard University Press. Cambridge.

Fairbank, John K. (1991). *Geschichte des modernen China* 1800–1985. Deutscher Taschenbuch-Verlag. 2. Auflage. München.

Fang, Jianchang (2000). Neimenggu, Liaoning, Beijing, Tianjin yi Qingdao *Youtairen shi* (1911–1949 nian) [Geschichte der Juden in der inneren Mongolei, Liaoning, Beijing, Tianjin und Qingdao (1911–1949)], in: Malek, *Kaifeng ... to Shanghai*, S. 229–273.

Fang, Weigui (1999). *Die Seele Chinas*: Eine Mystifikation. Über Genese und Merkmale der kollektiven Vorstellungen vom anderen Land, in: Martin/Hammer, *China-Wissenschaften*, S. 99–114.

Finnane, Antonia (1999). *Far From Where?* Jewish Journeys from Shanghai to Australia. Melbourne University Press. Carlton South.

Fischer, Kurt Rudolf (1987). Emigration nach *Shanghai*, in: Stadler, *Vernunft*, S. 487–498.

Fishel, Wesley R. (1952). The End of *Extraterritoriality* in China. University of California Press. Berkeley, Los Angeles.

Foreign Relations of the United States. Diplomatic Papers, 1932, Vol. IV (1947/48). Government Printing Office. Washington D.C.

Franke, Wolfgang (1968). *China and the West*. University of South Carolina Press. Columbia.

Freeman-Mitford/Algernon Bertram/Baron Redesdale (1900). The *Attache at Peking*. Macmillan and Co. London, New York.

Freudmann, Walter (1947). *Tschi-Lai!* – Erhebet Euch! Erlebnisse eines Arztes in China und Burma 1939–45. Verlag Neue Zeit. Linz.

Freyeisen, Astrid (2000). *Shanghai* und die Politik des Dritten Reiches. Königshausen & Neumann. Würzburg.

Ganther, Heinz (1942). *Drei Jahre Immigration* in Shanghai. Shanghai Modern Times Publishing House. Shanghai.

Geertz, Clifford (1973). The *Interpretation of Cultures*. Selected Essays by Clifford Geertz. Basic Books, Inc. New York.

Gilbert, Rodney (1926). What's Wrong with *China*. Frederick A. Stokes Company. New York.

Giles, Herbert Allen (1902). *China and the Chinese*. The Columbia University Press. New York.

Ginsbourg, Sam (1982). My First *Sixty Years* in China. New World Press. Beijing.

Goldstein, Jonathan, Ed. (1999). *China and Israel*, 1948–1998. A Fifty Year Retrospective. Praeger. Westport, London.

Goldstein, Jonathan, Ed. (1999). The *Jews of China*. Volume One. Historical and Comparative Perspectives. M. E. Sharpe. Armonk, London.

Goldstein, Jonathan, Ed. (2000). The *Jews of China*. Volume Two. A Sourcebook and Research Guide. With a Bibliography by Frank Joseph Shulman. M. E. Sharpe. Armonk, London.

Gould, Randall (1945). *China in the Sun*. Doubleday and Company. Garden City, N. Y.

Granet, Marcel (1985). Das chinesische *Denken*. Inhalt – Form – Charakter. Suhrkamp-Verlag. Frankfurt a. M.

Griffin, Patricia (1976). The Chinese Communist *Treatment* of Counterrevolutionaries: 1924–1949. Princeton University Press. Princeton, New Jersey.

Grousset, René (1986). Die *Reise nach Westen* oder wie Hsüan-Tsang den Buddhismus nach China holte. Diederichs. Köln.

Gruner, Fritz (1992). *Egon Erwin Kisch* und China. Eine Betrachtung zum Buch *China geheim* ein halbes Jahrhundert nach seinem Erscheinen, in: Hsia/Hoefert, *Brückenschläge*, S. 179–188.

Guide to Shanghai (1940). American Express Co. Inc. Shanghai.

Haan, J. H. (1993). The Origins of the Roads and *Roadnames* in Foreign Shanghai: The French Concession. The Sino-Western Miscellany. Vol. 2. Amsterdam.

Habel, Walter (1970). *Wer ist wer?* Das Deutsche Who's Who. XVI. Ausgabe von Degeners Wer Ist's? Bd. 1 – Bundesrepublik Deutschland, Westberlin. Verlags GmbH. Berlin.

Hacohen, David (1985). *Time to Tell*. An Israeli Life, 1898–1984. A Herzl Press Publication. Cornwall Books. New York, London, Toronto.

Hahn, Emily (1941). The *Soong Sisters*. Doubleday, Doran & Co. New York.

Hahn, Emily (1942). *Mr. Pan*. Doubleday, Doran & Co. New York.

Hahn, Emily (1946). *China A to Z*. Franklin Watts Inc. New York.

Hahn, Emily (1946). *Hong Kong Holiday*. Doubleday, Doran & Co. New York.

Hahn, Emily (1955). *Chiang Kai-shek*. An Unauthorized Biography. Doubleyday, Doran & Co. New York.

Hahn, Emily (1968). The *Cooking* of China. Time-Life Books. New York.

Hahn, Emily (1988). *China To Me*. Beacon Press (paperback). Boston (first edition: 1944).

Hahn, Emily (2000). *No Hurry to Get Home*. The Memoir of the *New Yorker* Writer Whose Unconventional Life and Adventures Spanned the Twentieth Century. Seal Press. Seattle. (Dieses Buch wurde ursprünglich unter dem Titel »Times and Places« veröffentlicht.)

Handbuch für die jüdische Auswanderung (1938). Philo-Atlas. Jüdischer Buchverlag. Berlin.

Hanke, Ken (1989). *Charlie Chan* at the Movies. History, Filmography, and Criticism. McFarland & Company, Inc. Jefferson, North Carolina and London.

Harvey, Edwin D. (1933). The *Mind* of China. Yale University Press. New Haven.

Haumann, Heiko, Hrsg. (1998). Der *Traum* von Israel. Die Ursprünge des modernen Zionismus. Beltz Athenäum Verlag. Weinheim.

Haupt, Adolf (1927). Guide Book on *Tsingtao* and its Vicinity. Catholic Mission Press. Tsingtao.

Haw, Stephen G. (1995). A Traveller's History of *China*. The Windrush Press. Gloucestershire.

Haydon, Anthony P. (1976). *Sir Matthew Nathan*: British Colonial Governor and Civil Servant. University of Queensland Press. St. Lucia, Queensland.

Head, William P. (1987). *Yenan*. Colonel Wilbur Peterkin and the American Military Mission to the Chinese Communists, 1944/45. Documentary Publications. Chapel Hill.

Hegel, Georg Wilhelm Friedrich (1970). Vorlesungen über die *Philosophie der Geschichte*. Bd. 12. Werkausgabe. Suhrkamp-Verlag. Frankfurt a. M.

Heppner, Ernest G. (1995). *Shanghai Refuge*. A Memoir of the World War II Jewish Ghetto. University of Nebraska Press. Lincoln, London.

Herder, Johann Gottfried (1787). Ideen zur *Philosophie* der Geschichte der Menschheit. Dritter Teil. Johann Friedrich Hartknoch. Riga und Leipzig.

Hesse, Herman (1987). Das *Glasperlenspiel*. Gesammelte Werke in zwölf Bänden. Neunter Band. Suhrkamp-Taschenbuch. Frankfurt a. M.

Hibbert, Christopher (1970). The *Dragon Wakes*. China and the West 1793–1911. Penguin Books. Harmondsworth, New York.

Hinrichs, Jan Paul, Ed. (1987). Russian Poetry and Literary Life in Harbin and Shanghai 1930–1950. The Memoirs of Valerij *Perelesin*. Editions Rodopi B. V. Amsterdam.

Hinzelmann, Hans Heinz (1948). *O China*. Land auf alten Wegen. Wahrhaftige Entdeckungen auf einer west-östlichen Lebensfahrt. Schlösser-Verlag. Braunschweig.

Hinzelmann, Hans Heinz (1950). *Chinesen* und fremde Teufel. Der Roman von den fünftausendjährigen Geheimnissen in China. C.-Grote-Verlag. Hamm.

Hobsbawm, Eric (1998). Das *Zeitalter* der Extreme. Weltgeschichte des 20. Jahrhunderts. Deutscher Taschenbuch-Verlag. München.

Hoefert, Sigfrid (1992). Zum *China-Bild* in der DDR-Literatur: Volker Braun, Christoph Hein und Stephan Hermlin, in: Hsia/Hoefert, *Brückenschläge*, S. 189–198.

Holitscher, Arthur (1926). *Das unruhige Asien*. Reise durch Indien – China – Japan. S.-Fischer-Verlag. Berlin.

Holmes, Burton (1998). *Peking*. Eds.: Fred L. Israel and Arthur M. Schlesinger jr. Chelsea House Publishers. Philadelphia.

Hong, Xiao (1986). Market Street. A Chinese Woman in *Harbin*. Translated by Howard Goldblatt. University of Washington Press. Seattle and London.

Hopkirks, Peter (1984). *Foreign Devils* on the Silk Road. The Search for the Lost Cities and Treasures of Chinese Central Asia. Oxford University Press. Oxford.

Horn, Joshua S. (1969). *Away with all pests*. An English surgeon in People's China: 1954–1969. Monthly Review Press. New York/London.

Hornby, Sir Edmund (1928). Sir Edmund Hornby – An *Autobiography*. Constable & Co. London.

Hosali, Priya (2000). *Butler English*: Form and Function. B. R. Publishing Corporation. Delhi.

How to See *Tsingtao*. Shanghai (1937). Japan Tourist Bureau. Manchuria Branch.

Hsia, Adrian/Hoefert, Sigfrid (1992). Fernöstliche *Brückenschläge*. Zu deutsch-chinesischen Literaturbeziehungen im 20. Jahrhundert. Peter Lang. Bern, Berlin, Frankfurt/M. u. a.

Hsü, Immanuel C. Y. (2000). The *Rise of Modern China*. Oxford University Press. New York, Oxford.

Hundhausen, Vincenz (1938). Schlaglichter auf *China*. Überlegungen eines unbefangenen Chinadeutschen aus den Jahren 1925–1932. Verlag der Pappelinsel-Werkstatt bei Peking. Peking.

Isaacs, Harold R. (1958). *Scratches* on Our Minds. American Views of China and India. John Day Company. New York.

Isaacs, Harold R. (1972). *Images* of Asia. American Views of China and India. Harper & Row. New York u. a. (ursprünglich: Scratches on Our Minds, 1958).

Isaacs, Harold R. (1985). *Re-Encounters* in China. Notes of a Journey in a Time Capsule. Joint Publishing Co. Hongkong.

Isaacs, Harold R., Ed. (1974). *Straw Sandals*. Chinese Short Stories 1918–1933. MIT Press. Cambridge, Massachussetts.

Isaacs, Harold Robert (1968). The *Tragedy* of the Chinese Revolution. 2nd Revised Edition. Atheneum. New York.

Isaacs, Harold Robert, Ed. (1932). Five Years of Kuomintang Reaction. Reprinted from the special May Edition of the CHINA FORUM. Shanghai.

Jackson, Stanley (1968). The *Sassoons*. E. P. Dutton & Co. New York.

Jacobs, Dan N. (1981). *Borodin*. Stalin's Man in China. Harvard University Press. Cambridge, MA and London.

Jensen, Fritz (1949). *China siegt*. Stern-Verlag. Wien. (Eine weitere Auflage dieses Buches erschien 1950 im Dietz-Verlag, Ost-Berlin.)

Jensen, Fritz (1955). *Opfer und Sieger*. Nachdichtungen, Gedichte und Berichte. Dietz Verlag. Berlin (Ost).

Jespersen, Christopher T. (1996). American *Images* of China 1931–1949. Stanford University Press. Stanford.

Johnson, Chalmers (1962). *Peasant Nationalism* and Communist Power. Stanford University Press. Stanford.

Johnson, Chalmers (1990). An *Instance of Treason*. Ozaki Hotsumi and the Sorge Spy Ring. Stanford University Press. Stanford.

Johnston, Tess/Erh, Deke (1993). *A Last Look*. Western Architecture in Old Shanghai. Old China Hand Press. Hongkong.

Johnston, Tess/Erh, Deke (1994). *Near to Heaven*. Western Architecture in China's Old Summer Resorts. Old China Hand Press. Hongkong.

Johnston, Tess/Erh, Deke (1996). *Far from Home*. Western Architecture in Shanghai's Northern Treaty Ports. Old China Hand Press. Hongkong.

Johnston, Tess/Erh, Deke (2000). *Frenchtown Shanghai*. Western Architecture in Shanghai's Old French Concession. Old China Hand Press. Hongkong.

Jullien, François (2002). Der *Umweg* über China. Ein Ortswechsel des Denkens. Merve-Verlag. Berlin.

Kafka, Franz (1948). Beim Bau der *Chinesischen Mauer*. Kiepenheuer. Berlin.

Kaim, Julius Rudolf (1963). Damals in *Schanghai*. Kaiser, Kaufleute und Kommunisten. Prestel-Verlag. München.

Kaminski, Gerd (1983). *China gemalt*. Chinesische Zeitgeschichte in Bildern Friedrich Schiffs. Europa-Verlag. Wien.

Kaminski, Gerd (1993). *General Luo* genannt Langnase. Das abenteuerliche Leben des Dr. med. Jakob Rosenfeld. Löcker-Verlag. Wien.

Kaminski, Gerd (2001). Der Blick durch die Drachenhaut. *Friedrich Schiff*: Maler dreier Kontinente. Holzhausen. Wien.

Kaminski, Gerd, Hrsg. (2003). *Ich kannte sie alle*. Das Tagebuch des chinesischen Generals Jakob Rosenfeld. Aufgefunden und ausgewählt von Ann Margaret Frija-Rosenfeld. Löcker-Verlag. Wien.

Kaminski, Gerd/Unterrieder, Else (1980). *Von Österreichern und Chinesen*. Europa-Verlag. Wien, München, Zürich.

Kampen, Thomas (1997). Deutsche und österreichische *Kommunisten* im revolutionären China (1925–1949), in: Jahrbuch für Historische Kommunismusforschung, Akademie-Verlag. Berlin, S. 88–104.

Karlinsky, Simon, Ed. (1973). Anton *Chekhov*'s Life and Thought. Selected Letters and Commentary. Harper & Row. New York u. a.

Kates, George N. (1952). The *Years* that Were Fat. Peking 1933–1940. Harper & Brothers Publishers. New York.

Katz, Richard (1931). *Funkelnder Ferner Osten!* Erlebtes in China – Korea – Japan. Verlag Ullstein. Berlin.

Kern, Martin (1999). Die *Emigration* der Sinologen 1933–1945. Zur ungeschriebenen Geschichte der Verluste, in: Martin/Hammer, *China-Wissenschaften*, S. 222–242.

King, Frank H. H. (1988a). The *Hongkong Bank* between the Wars and the Bank Interned 1919–1945. Return from Grandeur. Vol. III of The History of the Hongkong and Shanghai Banking Corporation. Cambridge University Press. Cambridge, New York, Melbourne.

King, Frank H. H. (1988b). The *Hongkong Bank* in the Period of Development and Nationalism, 1941–1984. From Regional Bank to Multinational Group. Vol. IV of The History of the Hongkong and Shanghai Banking Corporation. Cambridge University Press. Cambridge, New York, Melbourne.

Kipling, Rudyard (1899). Poems and *Ballads*. H. M. Caldwell Company. Oriental Edition New York and Boston.

Kirtland, Lucian S. (1926). Finding the *Worth While* in the Orient. Robert M. McBride & Company. New York.

Kisch, Egon Erwin (1949). *China geheim*. Aufbau-Verlag. Berlin (Ost).

Klehr, Harvey, Ed. (1995). The *Secret World* of American Communism. Yale University Press. New Haven, London.

Klehr, Harvey, Ed. (1998). The *Soviet World* of American Communism. Yale University Press. New Haven, London.

Klehr, Harvey/Radosh, Ronald (1996). The *Amerasia* Spy Case. Prelude to McCarthyism. The University of North Carolina Press. Chapel Hill, London.

Kleinsteuber, Hans J. (1991). *Stereotype*, Images und Vorurteile – Die Bilder in den Köpfen der Menschen, in: Trautmann, Günter, Hrsg. Die hässlichen Deutschen: Deutschland im Spiegel der westlichen und östlichen Nachbarn. Darmstadt, S. 60–68.

Klingaman, William K. (1996). Encyclopedia of the *McCarthy Era*. Facts on File, Inc. New York.

Kneucker, Alfred (1949). Richtlinien einer Philosophie der *Medizin*. Maudrich. Wien.

Kneucker, Alfred (1984). Zuflucht in *Shanghai*. Aus den Erlebnissen eines österreichischen Arztes in der Emigration 1938–1945. Bearbeitet und herausgegeben von Felix Gamillscheg. Böhlau Verlag. Wien, Köln, Graz.

Koo, Hui-Lan [Madame Wellington Koo] (1943). An *Autobiography* as told to Mary Van Rensselaer Thayer. Dial Press. New York.

Kotkin, Stephen/Wolff, David, Eds. (1995). Rediscovering *Russia in Asia*. Siberia and the Russian Far East. M. E. Sharpe. Armonk and London.

Kranzler, David (1976). *Japanese, Nazis & Jews*. The Jewish Refugee Community of Shanghai, 1938–1945. Yeshiva University Press. New York.

Krasno, Rena (1992). *Strangers* Always. A Jewish Family in Wartime Shanghai. Pacific View Press. Berkeley.

Kreissler, Françoise (1989). L'action culturelle allemande en *Chine*. De la fin du XIXème siècle à la Seconde Guerre Mondiale. Editions de la Maison des Sciences de l'Homme. Paris.

Kreissler, Françoise (2000). Ein Journalist im Exil in Shanghai: Adolph J. Storfer und die Gelbe Post, in: Malek, *Kaifeng ... to Shanghai*, S. 511–524.

Krüger, Joachim (2001). Das *China-Bild* in der DDR der 50er Jahre, in: Bochumer Jahrbuch zur Ostasienforschung. Herausgegeben von der Fakultät für Ostasienwissenschaften der Ruhr-Universität Bochum, S. 257–273.

Kubin, Wolfgang, Hrsg. (1995). Mein *Bild* in deinem Auge. Exotismus und Moderne: Deutschland – China im 20. Jahrhundert. Wissenschaftliche Buchgesellschaft. Darmstadt.

Kublin, Hyman (1971). Studies of the *Chinese Jews*. Selections from Journals. Compiled with Preface and Introductions by Hyman Kublin. Paragon Book Reprint Corp. New York.

Kuttner, Fritz A. (1958). A »*Pythagorean*« *Tone-System* in China – Antedating the Early Greek Achievements by Several Centuries. Bericht über den Siebenten Internationalen Musikwissenschaftlichen Kongress in Köln. Sonderdruck. Bärenreiter-Verlag. Kassel, Basel u. a.

Kuttner, Fritz A. (1990). The *Archaeology* of Music in Ancient China: 2000 Years of Acoustical Experimentation 1400 B.C. – A.D. 750. Paragon House. New York.

Lackner, Michael (1998). *Konfuzianismus von oben?* Tradition als Legitimation politischer Herrschaft in der VR China, in: Herrmann-Pillath, Carsten u. a. Hrsg. Länderbericht China. Politik, Wirtschaft und Gesellschaft im chinesischen Kulturraum. Bundeszentrale für politische Bildung. Bonn. Schriftenreihe Band 351, S. 425–448.

Lahusen, Thomas, Ed. (2001). *Harbin* and Manchuria: Place, Space, and Identity. The South Atlantic Quarterly, Vol. 99, Number 1, 2000. Special Issue. Duke University Press. Durham.

Lang, Olga (1946). *Chinese Family* and Society. Yale University Press. New Haven.

Lang, Olga (1967). *Pa Chin* and His Writings. Chinese Youth between the two Revolutions. Harvard University Press. Cambridge, MA.

Lange, Thomas (1995). Exotische *Wahlverwandtschaften* – Dshu Bailans jüdisches China, in: Kubin, *Bild*, S. 187–218.

Langewiesche, Dieter (1986). *Sozialgeschichte* und Politische Geschichte, in: Sozialgeschichte in Deutschland. Hrsg. Von Wolfgang Schieder und Volker Sellin. Bd. 1. Vandenhoeck & Ruprecht. Göttingen, S. 9–32.

Lattimore, Owen (1935). *Manchuria*. Cradle of Conflict. The Macmillan Company. New York.

Lefebvre, Henri (1991). *The Production of Space*. Basil Blackwell. Oxford.

Leland, Charles L. (1910). *Pidgin-English* Sing-Song or Songs and Stories in The China-English Dialect. With a Vocabulary. 8th Edition. Kegan Paul, Trench, Trübner & Co. London.

Lensen, George Alexander, Ed. (1964). *Revelations* of a Russian Diplomat. The Memoirs of Dmitrii I. Abrikossow. University of Washington Press. Seattle.

Leslie, Donald Daniel/Meyer, Maisie (1996). The *Shanghai Society* for the Rescue of the Chinese Jews, in: Dien, *Sino-Judaica*, S. 47–66.

Leutner, Mechthild/Titarenko, M. L. Herausgeberrat (1996). RKP(B), Komintern und die *national-revolutionäre Bewegung in China*. Dokumente. Band 1: 1920–1925. Russisches Zentrum für die Archivierung und Erforschung von Dokumenten zur neuesten Geschichte. Ostasiatisches Seminar der Freien Universität Berlin. Ferdinand Schöningh. Paderborn, München, Wien, Zürich.

Leutner, Mechthild/Titarenko, M. L. Herausgeberrat (1998). RKP(B), Komintern und die *national-revolu-*

tionäre Bewegung in China. Dokumente. Band 2: 1926/27. Russisches Zentrum für die Archivierung und Erforschung von Dokumenten zur neuesten Geschichte. Ostasiatisches Seminar der Freien Universität Berlin. LIT Verlag. Münster.

Levenson, Joseph R. (1968). Confucian China and Its Modern Fate: A Trilogy. University of California Press. Berkeley, Los Angeles, London.

Leventhal, Dennis A. (1985). *Sino-Judaic Studies:* Whence and Whither. An Essay and Bibliography and the Kadoorie Memoir. The Jewish Historical Society of Hongkong.

Levy, Daniel S. (1997). *Two-Gun Cohen.* A Biography. St. Martin's Press. New York.

Liberman, Yaacov (1997). *My China.* Jewish Life in the Orient 1900–1950. Gefen Publishing House. Jerusalem, New York.

Lin, Yutang (1937). The *Importance* of Living. The John Day Company. New York.

Lippa, Ernest M. (1953). I was a *Surgeon* for the Chinese Reds. George G. Harrap & Co. London, Toronto, Sydney.

Lippmann, Walter (1922). *Public Opinion.* G. Allen & Unwin. London.

Lo, Hui-min, Ed. (1978). The correspondence of G. E. *Morrison.* 1912–1920. Vol. II. Cambridge University Press. Cambridge.

Löwenthal, Rudolf (1940). The *Religious Periodical Press* in China. Zhongguo zongjiao qikan. Published by the Synodal Commission in China. Peking.

Lustiger, Arno (1989). *Schalom Libertad!* Juden im spanischen Bürgerkrieg. Athenäum. Frankfurt a. M.

Lyman, Darryl (1997). Great *Jewish Families.* Jonathan David Publishers, Inc. Middle Village, New York.

Mac Kinnon, Stephen/Frieden, Oris (1987). *China Reporting.* An Oral History of American Journalism in the 1930s and 1940s. University of California Press. Berkeley, Los Angeles, London.

Mackerras, Collin (1989). Western *Images* of China. Oxford University Press. Oxford, New York, Toronto u. a.

MacKinnon, Janice R./MacKinnon, Stephen R. (1988). *Agnes Smedley:* The Life and Times of an American Radical. University of California Press. Berkeley.

Malek, Roman, Ed. (2000). From *Kaifeng ... to Shanghai.* Jews in China. Joint Publication of the Monumenta Serica Institute and the China-Zentrum, Sankt Augustin. Steyler-Verlag. Nettetal.

Malraux, André (1933). *La condition humaine.* Gallimard. Paris.

Marcus, Jacob Rader, Ed. (1994). *American Jewish Biography.* Vol. 2. Carlson Publishing. Brooklyn/New York.

Martin, Brian G. (1996). The Shanghai *Green Gang.* Politics and Organized Crime, 1919–1937. University of California Press. Berkeley.

Martin, Helmut/Hammer, Christiane, Hrsg. (1999). *China-Wissenschaften* – Deutschsprachige Entwicklungen. Geschichte, Personen, Perspektiven (Referate der 8. Jahrestagung 1997 der Deutschen Vereinigung für Chinastudien). Mitteilungen des Instituts für Asienkunde. Hamburg.

Maynard, Isabelle (1996). *China Dreams*. Growing Up Jewish in Tientsin. University of Iowa Press. Iowa City.

McCarthy, Joseph R. (1952). *McCarthyism*: The Fight for America. National Weekly, Inc. New York.

Mehnert, Klaus (1964). *Peking und Moskau*. Deutscher Taschenbuch-Verlag. München.

Meisner, Maurice/Murphey, Rhoads, Eds. (1976). The *Mozartian Historian*. Essays on the Works of Joseph R. Levenson. University of California Press. Berkeley, Los Angeles, London.

Meng, Weiyan (1995). *Willi Tonn*: The Fighting Scholar of Shanghai, in: Sino-Judaica. Occasional Papers of the Sino-Judaic Institute. Vol. Two, S. 111–128. Menlo Park CA.

Menques, Alexander, pseud. Peter Berton (2000). *Growing Up Jewish* in Manchuria in the 1930s: Personal Vignettes, in: Goldstein, *Jews of China*, Vol. II, S. 70–84.

Meyer, Maisie (2000). The *Sephardi Jewish Community* of Shanghai and the Question of Identity, in: Malek, *Kaifeng ... to Shanghai*, S. 345–373.

Millard, Thomas F. (1916). Our Eastern *Question*. America's Contact with the Orient and the Trend of Relations with China and Japan. The Century Co. New York.

Miller, I. L. (1932). The *Chinese Girl*. Peiyang Press. Tientsin.

Milton, David/Dall Milton, Nancy (1976). The *Wind Will Not Subside*. Years in Revolutionary China 1964–1969. Pantheon Books. Random House. New York.

Ming, Wang (1976). *Mao's Betrayal*. Progress Publishers. Moskau.

Mirsky, Jeannette (1977). *Sir Aurel Stein*. Archaeological Explorer. The University of Chicago Press. Chicago, London.

Modlhammer, Franz Ludwig (1938). *Moscow's Hand* in the Far East. Nippon Dempo Tsushinsha. Tokyo.

Monnet, Jean (1976). *Mémoires*. Fayard. Paris.

Morrison, Hedda (1999). A Photographer in *Old Peking*. Oxford University Press. Oxford, New York, Hongkong.

Moustafine, Mara (2002). Secrets and Spies. The *Harbin Files*. A Vintage Book, Random House. Sydney, New York, Toronto.

Murphey, Rhoads (1953). *Shanghai* – Key to Modern China. Harvard University Press. Cambridge.

Nathan, Andrew (1976). *Peking Politics* 1918–1923: Factionalism and the Failure of Constitutionalism. University of California Press. Berkeley.

Needham, Joseph (1962). *Science and Civilisation* in China. Vol. IV. Physics and Physical Technology, Part I: Physics. Cambridge University Press. Cambridge.

Needham, Joseph (1969). *Within the Four Seas*. The Dialogue of East and West. George Allen & Unwin Ltd. London.

Needham, Joseph (1979). *Wissenschaftlicher Universalismus*. Über Bedeutung und Besonderheit der chinesischen Wissenschaft. Suhrkamp-Taschenbuch-Verlag. Frankfurt a. M.

Needham, Joseph (1984). *Wissenschaft und Zivilisation* in China. Band 1 der von Colin A. Ronan bearbeiteten Ausgabe. Suhrkamp-Verlag. Frankfurt a. M.

Neils, Patricia (1990). China Image in the Life and Times of Henry Luce. Rowman & Littlefield Publishing Inc. Savage.

Newman, Robert P. (1992). Owen *Lattimore* and the »Loss« of China. University of California Press. Berkeley, Los Angeles, Oxford.

Nichols, Johanna (1980). *Pidginization* and Foreigner Talk: Chinese Pidgin Russian, in: Traugott, *Papers*, S. 397–407.

Nichols, Johanna (1986). The Bottom Line: Chinese *Pidgin* Russian, in: Wallace/Nichols, *Evidentiality*, S. 239–255.

Nichols, Johanna (1993). Stereotyping Interethnic Communication: The *Siberian Native* in Soviet Literature, in: Diment/Slezkine, *Heaven*, S. 185–214.

North Manchuria and the Chinese Eastern Railway (1982). Reprint. Originally Published in Harbin 1924 by the Printing Office of the Chinese Eastern Railroad. A Garland Series: China during the Interregnum 1911–1949. Ed. By Ramon H. Myers. Hoover Institution. Garland Publishing, Inc. New York & London.

Northern China. The Valley of the Blue River. Korea (1912). Madrolle's Guide Books. Hachette & Company. Paris, London.

Osterhammel, Jürgen (1997). *Shanghai*, 30. Mai 1925. Die Chinesische Revolution. Deutscher Taschenbuch-Verlag. München.

Oudendyk, William J. (1939). Ways and By-Ways in *Diplomacy*. Peter Davies. London.

Pan, Guang/Wang, Jian (2002). Yi ge ban shiji yilai de *Shanghai youtairen*. [Juden in Shanghai seit eineinhalb Jahrhunderten]. Shehui kexue wenxian chubanshe [Verlag für historische Dokumentation der Akademie der Sozialwissenschaften]. Shanghai.

Pan, Ling (1982). In Search of *Old Shanghai*. Joint Publishing Co. Hongkong.

Pan, Lynn, Ed. (2000). The *Encyclopedia* of the Chinese Overseas. Archipelago Press. Landmark Books. Singapore.

Peck, Graham (1945). Through *China's Wall*. William Collins. London.

Peffer, Nathaniel (1927). The *White Man's Dilemma*. Climax of the Age of Imperialism. The John Day Company. New York.

Peffer, Nathaniel (1930). The *Collapse* of a Civilization. The John Day Company. New York.

Peffer, Nathaniel (1968). The *Far East*. A Modern History. The University of Michigan Press. Ann Arbor.

Perelomov, Leonard S./Martynov, Aleksandr (1983). *Imperial China:* Foreign-policy conceptions and methods. Progress Publishers. Moskau.

Peyrefitte, Alain (1974). Wenn sich China erhebt ... erzittert die Welt. Paul-Zsolnay-Verlag. Wien, Hamburg.

Philipp, Michael (1996). Nicht einmal einen *Thespiskarren*. Exiltheater in Shanghai 1939–1947. Schriftenreihe des P.-Walter-Jacob-Archivs, Heft 4. Herausgegeben von der Hamburger Arbeitsstelle für deutsche Exilliteratur. Hamburg.

Philipp, Michael/Seywald, Wilfried, Hrsg. (1996). Hans Schubert/Mark Siegelberg. »Die Masken Fallen« – »Fremde Erde«. *Zwei Dramen* aus der Emigration nach Shanghai 1939– 1947. Schriftenreihe des P.-Walter-Jacob-Archivs, Heft 5. Herausgegeben von der Hamburger Arbeitsstelle für deutsche Exilliteratur. Hamburg.

Pollak, Michael, Ed. (1988). The *Sino-Judaic* Bibliographies of Rudolf Loewenthal. Hebrew Union College Press, in association with the Sino-Judaic Institute. Cincinnati, Palo Alto.

Porter, Edgar A. (1997). The *People's Doctor*. George Hatem and China's Revolution. University of Hawai'i Press. Honolulu.

Pott, F. L. Hawks (1937). A Short History of *Shanghai*: Being an Account of the Growth and Development of the International Settlement. Kelly and Walsh. Shanghai.

Powell, John B. (1945). *My Twenty Five Years* in China. The Macmillan Company. New York.

Publications of the Committe on Un-American Activities (1970). 1955 through 1968. Supplement to Cumulative Index. Prepared and released by the Committee on Un-American Activities, U.S. House of Representatives. Washington D.C.

Putnam Weale, B. L. (1907). *Manchu and Muscovite*. Being Letters from Manchuria written during the Autumn of 1903. MacMillan and Co. London and New York.

Putnam Weale, B. L., Ed. (1907). Indiscreet *Letters* from Peking. Dodd, Mead and Company. New York.

Qu, Wei/Li, Shuxiao, Eds. (2003). *Youtairen* zai Ha'erbin. The Jews in Harbin. Social Sciences Documentation Publishing Hourse. Beijing.

Quested, Rosemary K. I. (1982). »Matey« *Imperialists?* The Tsarist Russians in Manchuria 1895–1917. Centre of Asian Studies. University of Hong Kong. Hongkong.

Rand, Peter (1995). *China Hands*. The Adventures and Ordeals of the American Journalists Who Joined Forces with the Great Chinese Revolution. Simon & Schuster. New York, London, Toronto.

Ransome, Arthur (1927). The *Chinese Puzzle*. Allen and Unwin. London.

Rasmussen, O. D. (1925). *Tientsin*. An Illustrated Outline History. The Tientsin Press. Tientsin.

Rea, George Bronson (1935). The Case For *Manchoukuo*. D. Appleton Century Company. New York, London.

Reed, John (1919). *Ten Days* that shook the World. With a Foreword by V. I. Lenin. Boni and Liveright. New York.

Reifler, Erwin (1962). The *Chinese-English* Machine Translation Project at the University of Washington. Final Report to the National Science Foundation. Seattle, Washington.

Rickett, Allyn and Adele (1957). *Prisoners* of Liberation: Four Years in a Chinese Communist Prison. Cameron Associates. New York.

Riemann (1967). *Musik-Lexikon*. Hrsg. von Wilibald Gurllit. Schott Söhne. Mainz.

Rigney, Harold (1956). Four Years in a *Red Hell*: The Story of Father Rigney. Regnery Press. Chicago.

Ristaino, Marcia R. (2001). *Port of Last Report*. The Diaspora Communities of Shanghai. Stanford University Press. Stanford.

Ristaino, Marcia R. (1994). *Shanghai: Russische Flüchtlinge* im »gelben Babylon«, in: Schlögel, Exodus, S. 329–345.

Rittenberg, Sidney/Bennett, Amanda (1993). The *Man Who Stayed Behind*. Simon & Schuster. New York, Toronto u. a.

Rosdy, Paul (1999). Adolf Josef *Storfer*, Shanghai und die Gelbe Post. Dokumentation zum Reprint der Gelben Post. Verlag Turia + Kant. Wien.

Rosenson, Harriet P. (1999). *Jewish Musicians* in Shanghai: Bridging Two Cultures, in: Goldstein, *Jews of China*, Vol. I, S. 239–250.

Roth, Cecil (1961). The *Sassoon Dynasty*. Robert Hale Ltd. London.

Rudolph, Julius (1940). *Shanghai – City of Refuge*. Jewish Refugees in Shanghai. Edited, Revised by Anna Ginsbourg. China Weekly Press. Shanghai.

Saich, Tony (1991). The *Origins* of the First United Front in China. The Role of Sneevliet (Alias Maring). 2 Vols. E. J. Brill. Leiden, New York, Kopenhagen, Köln.

Saich, Tony (o. J.). The *Chinese Communist Party During the Era of the Comintern* (1914–1943), in: Rojahn, J., Ed. (to be published). The Role of the Comintern. Forthcoming. (z.Zt. auf: http://www.ksg.harvard.edu/cbg/research/a.saich_iish_chinese.communist.party.pdf).

Saich, Tony, Ed. (1996). The Rise to Power of the *Chinese Communist Party*. M. E. Sharpe. Armonk & London.

Said, Edward (1978). *Orientalism*. Routledge & Kegan. London.

Sardar, Ziauddin (2002). Der fremde *Orient*. Geschichte eines Vorurteils. Verlag Klaus Wagenbach. Berlin.

Scherner, Helga (2001). *Asiaticus* – eine Unperson?, in: Bochumer Jahrbuch zur Ostasienforschung, Bd. 25. Herausgegeben von der Fakultät für Ostasienwissenschaften der Ruhr-Universität Bochum, S. 243–256.

Schlögel, Karl, Hrsg. (1994). Der große *Exodus*. Die russische Emigration und ihre Zentren 1917 bis 1941. Verlag C. H. Beck. München.

Schuman, Julian (1956). *Assignment* China. Whittier Books, Inc. Publishers. New York.

Schuster, Carl/Carpenter, Edmund, Eds. (1996). *Patterns* That Connect. Social Symbolism in Ancient & Tribal Art. Harry N. Abrams Inc. New York.

Schwartz, Benjamin I. (1951). *Chinese Communism* and the Rise of Mao. Harvard University Press. Cambridge MA.

Schwartz, Benjamin I. (1987). The *Primacy* of the Political Order in East Asian Societies. Some Preliminary Generalizations, in: Schram, Stuart R., Ed. Foundations and Limits of State Power in China. School of Oriental and African Studies. University of London. London, Hongkong.

Schwarz, Ernst (1994). Die *Weisheit* des Alten China. Mythos – Religion – Philosophie – Politik. Kösel-Verlag. München.

Schwarz, Ernst, Hrsg. (1980). *Daudedsching*. Laudse. Deutscher Taschenbuch-Verlag. München.

Schwarz, Ernst, Hrsg. (1981). *So sprach der Weise*. Rütten und Loening. Berlin.

Schwarz, Ernst, Hrsg. (1984). *Ruf der Phönixflöte*. Rütten und Loening. Berlin.

Schwarz, Ernst, Hrsg. (1999). *Bi-Yän-Lu*. Aufzeichnungen des Meisters vom Blauen Fels. Kösel-Verlag. München.

Scidmore, Eliza Ruhamah (1900). *China*. The Long-Lived Empire. MacMillan & Co. London.

Segalen, Victor (1971). *René Leys*. Gallimard. Paris.

Selden, Marc (1971). The *Yenan Way* in Revolutionary China. Harvard University Press. Cambridge.

Seligman, Scott D. (1999). Chinese Business *Etiquette*. A Guide to Protocol, Manners, and Culture in the People's Republic of China. Warner Books. New York.

Selle, Earl Albert (1948). *Donald of China*. Harper & Brothers Publishers. New York and London.

Sergeant, Harriet (1990). *Shanghai*. Collision. Point of Cultures 1918/1939. Crown Publishers. New York.

Seywald, Wilfried (1987). *Journalisten* im Shanghaier Exil 1939–1949. Wolfgang-Neugebauer-Verlag. Salzburg.

Shambaugh, David (1997). Building the Party-State in *China*, 1949–1965: Bringing the Soldier Back In, in: Cheek, Timothy/Saich, Tony J. Hrsg. New Perspectives on State Socialism in China. Armonk. New York, London, S. 125–150.

Shapiro, Michael (1958). *Changing China*. Lawrence & Wishart. London.

Shapiro, Sidney (1979). An American in China. Thirty Years in the People's Republic. New World Press. Beijing.

Shapiro, Sidney (1981). *Experiment in Sichuan*. A Report on Economic Reform. New World Press. Beijing.

Shapiro, Sidney (2000). *I Chose China*. The Metamorphosis of a Country and a Man. Hippocrene Books, Inc. New York.

Shapiro, Sidney, Ed. (1984). Jews in Old China. Studies by Chinese scholars. Translated, compiled and edited by Sidney Shapiro. Hippocrene Books. New York.

Sheean, Vincent (1937). *Personal History*. Garden City Publishing Co. New York.

Shickman-Bowman, Zvia (1999). The Construction of the *Chinese Eastern Railway* and the Origin of the Harbin Jewish Community, 1898–1931, in: Goldstein, *Jews of China*, Vol. I, S. 187–199.

Siao, Eva (1956). *Peking*. Eindrücke und Begegnungen. Eingeleitet von Bodo Uhse. Sachsenverlag. Dresden.

Siao, Eva (1996). China. *Photographien* 1949–1967. Herausgegeben von Reinhold Misselbeck. Edition Braus. Museum Ludwig. Köln.

Siao, Eva (1997). *China* – mein Traum, mein Leben. Econ-Taschenbuch-Verlag. Berlin. (Die erste Auflage stammt aus dem Jahre 1990.)

Siao, Eva/Hauser, Harald (1957). *Tibet*. F. A. Brockhaus. Leipzig.

Sickman, Laurence/Soper, Alexander (1956). The *Art and Architecture* of China. Pelican History of Art. London.

Sitwell, Osbert (1939). *Escape with me!* An Oriental Sketch-Book. MacMillan & Co. London.

Sketches In and Around Shanghai, etc. (1894). Printed at the »Shanghai Mercury« and »Celestial Empire« Offices. Shanghai.

Smedley, Agnes (1943). *Battle Hymn* of China. Alfred A. Knopf. New York.

Smith, A. H. (1894). Chinese *Characteristics*. Fleming H. Revell Co. New York, Chicago, Toronto.

Snow, Edgar (1937). *Red Star over China*. Victor Gollancz. London.

Sokolsky, George E. (1932). The *Tinder Box* of Asia. Doubleday, Doran & Co. Garden City, New York.

Sokolsky, George E. (1935). *We Jews*. Doubleday, Doran & Co. New York.

Song, Anna, Ed. (2004). The *Jews in Tianjin*. China Intercontinental Press. Beijing.

Soothill, William E. (1974). *China and the West*. A Sketch of their Intercourse. Curzon Press. London.

Sopher, Arthur/Sopher, Theodore (1939). The Profitable Path of *Shanghai Realty*. Printed by The Shanghai Times. Shanghai.

Spence, Jonathan (1969). The *China Helpers*. Western Advisers in China 1620–1960. The Bodley Head. London, Sydney, Toronto.

Spence, Jonathan (1990). Western *Perceptions* of China from the Late Sixteenth Century to the Present, in: Ropp, Paul S. Ed. (1990). Heritage of China: Contemporary Perspectives on Chinese Civilization. University of California Press. Los Angeles and Oxford.

Spence, Jonathan (1998). *The Chan's Great Continent*. China in Western Minds. W.W. Norton & Company. New York, London.

Spence, Jonathan D. (1990). The *Search for Modern China*. W. W. Norton & Company. New York, London.

Spence, Jonathan D. (1995). *Chinas Weg* in die Moderne. Carl-Hanser-Verlag. München, Wien.

Spivak, Gayatri (1990). *The post-colonial critic*: Interviews, strategies, dialogues. Routledge. New York.

Spunt, George (1968). *A Place in Time*. G. P. Putnam's Sons. New York.

Spunt, George (1980). The Step-by-Step *Chinese Cookbook*. Penguin Books. New York.

Stadler, Friedrich Hrsg. (1987). Vertriebene *Vernunft* I: Emigration und Exil österreichischer Wissenschaft 1930–1940. Jugend und Volk. München.

Stadler, Friedrich Hrsg. (1988). Vertriebene *Vernunft* II: Emigration und Exil österreichischer Wissenschaft 1930–1940. Jugend und Volk. München.

Standaert, Nicolas, Ed. (2000). Handbook of *Christianity* in China. Vol. 1: 635–1800. Brill. Leiden, Boston, Köln.

Stein, Aurel (1998). On Ancient *Central Asian Tracks*. Book Faith India. Delhi (Erstdruck: MacMillan. London, 1933).

Stein, Guenther (1936). *Far East* in Ferment. Methuen & Co. London.

Stein, Gunther (1945). The Challenge of *Red China*. McGraw Hill Book. New York, London.

Stern, Hellmut (1997). *Saitensprünge*. Die ungewöhnlichen Erinnerungen eines Musikers, der 1938 von Berlin nach China fliehen musste, 1949 nach Israel einwanderte, ab 1956 in den USA lebte und schließlich 1961 zurückkehrte als Erster Geiger der Berliner Philharmonie. Transit-Buchverlag. Berlin.

Stilwell, Joseph W. (1948). The *Stilwell Papers*. Edited by Theodore White. William Sloane. New York.

Strauss, Herbert A. (et al.), Hrsg. (1980). *Biographisches Handbuch* der deutschsprachigen Emigration nach 1933. Vol. I. Herausgegeben vom Institut für Zeitgeschichte, München. K. G. Saur. München, New York, London.

Strauss, Herbert A. (et al.), Hrsg. (1983). *Biographisches Handbuch* der deutschsprachigen Emigration nach 1933. Vol. II. Herausgegeben vom Institut für Zeitgeschichte, München. K. G. Saur. München, New York, London.

Strauss, Herbert A. (et al.), Hrsg. (1983). *International Biographical Dictionary* of Central European Emigrés 1933–1945. Vol II. K. G. Saur, München, New York, London, Paris.

Straw, David (1989). *Rickshaw Beijing*. City People and Politics in the 1920s. University of California Press. Berkeley, Los Angeles, London.

Strong, Anna Louise (1928). *China's Millions*. Coward McCann, Inc. New York.

Strong, Anna Louise (1928). *China-Reise*. Mit Borodin durch China und die Mongolei. Neuer Deutscher Verlag. Berlin.

Swallow, Robert W. (1927). Sidelights on *Peking Life*. China Booksellers Ltd. Peking.

Swanberg, W. A. (1972). Luce and His Empire. Charles Scribner's Sons. New York.

Tandler, Julius (1935). *Volk in China*. Erlebnisse und Erfahrungen. Thalia-Verlag. Wien.

Taylor Headland, Isaac (1901). The *Chinese* Boy and Girl. Fleming H. Revell Co. New York, Chicago, Toronto.

Taylor Headland, Isaac (1914). *Home Life* in China. Methusen & Co., Ltd. London.

Thompson, Edward T., Ed. (1992). *Theodore H. White* at Large. The Best of His Magazine Writing, 1939–1986. Pantheon Books. New York.

Tikhvinsky, S. L., Ed. (1985). *Chapters* from the History of Russo-Chinese Relations. 17th– 19th Centuries. Progress Publishers. Moskau.

Timkovskii, Egor Fedorovich (1827). *Travels* of the Russian mission through Mongolia to China, and residence in Peking, in the years 1820/21. With corrections and notes by Julius von Klaproth. Longman, Rees, Orme, Brown, and Green. London.

Tokayer, Marvin/Swartz, Mary (1996). The *Fugu Plan*. The Untold Story of the Japanese and the Jews During World War Two. Weatherhill, Inc. New York and Tokyo.

Tonn, Willy, Ed. (1951). *Lao-tse*. Tao Tê King. Übertragung und Kommentar von Victor von Strauss. Manesse-Verlag. Zürich.

Traugott, Elizabeth C. et al., Ed. (1980). *Papers* from the 4th International Conference on Historical Linguistics. Amsterdam Studies in the Theory and History of Linguistic Science IV. Current Issues in Linguistic Theory. Vol. 14. John Benjamins B. V. Amsterdam.

Trauzettel, Rolf (1995). *Exotismus* als intellektuelle Haltung, in: Kubin, *Bild*, S. 1–16.

Trebitsch-Lincoln, Ignatius Timotheus (1916). *Revelations* of an International Spy. R. M. McBride & Co. New York.

Trebitsch-Lincoln, Ignatius Timotheus (1932). The *Autobiography* of an Adventurer. Henry Holt and Company. New York.

Trebitsch-Lincoln, Ignatius Timotheus [alias Chao Kung] (1932). *Can War Be Abolished?* Kelly & Walsh. Shanghai.

Trebitsch-Lincoln, Ignatius Timotheus [alias Chao Kung] (1934). The *Human Tragedy*. Selbstverlag. Shanghai.

Tuchman, Barbara (1982). In *Geschichte* denken. Essays. Claaßen-Verlag. Düsseldorf.

Tuchman, Barbara (1988). *Sand gegen den Wind*. General Stilwell und die amerikanische Politik in China 1911–1945. Fischer-Taschenbuch-Verlag. Frankfurt a.M.

Ulmen, Gary L. (1978). The *Science* of Society. Toward an Understanding of the Life and Work of Karl August Wittfogel. Mouton Publishers. The Hague, Paris, New York.

Unschuld, Paul U. (2003). *Was ist Medizin?* Westliche und östliche Wege der Heilkunst. Verlag C. H. Beck. München.

Varè, Daniele (1947). *Laughing Diplomat*. Reprint. John Murray. London.

Vladimirov, Petr P. (1974). *China's Special Area* 1942–1945. Allied Publishers. Bombay, Calcutta, New Delhi.

Voltaire (1963). *Essai* sur les mœurs et l'esprit des nations et sur les principaux faits de l'histoire depuis Charlemagne jusqu'à Louis XIII. Tome II. Ed. R. Pomeau. Paris.

Von Senger, Harro (1996). *Strategeme*. Anleitung zum Überleben. Chinesische Weisheit aus drei Jahrtausenden. Deutscher Taschenbuch-Verlag. München.

Wallace, Chafe/Nichols, Johanna, Eds. (1986). *Evidentiality*: The Linguistic Coding of Epistemology. Vol. XX. Ablex Publishing Corporation. Norwood New Jersey.

Walravens, Hartmut (1999). *Vincenz Hundhausen* (1878–1955). Leben und Werk des Dichters, Druckers, Verlegers, Professors, Regisseurs und Anwalts in Peking. Harrassowitz-Verlag. Wiesbaden.

Walravens, Hartmut (2000). *Vincenz Hundhausen* (1878–1955). Das Pekinger Umfeld und die Literaturzeitschrift »Die Dschunke«. Harrassowitz-Verlag. Wiesbaden.

Wang, Fan-hsi (1980). Chinese Revolutionary *Memoirs* 1919–1949. Translated and with an introduction by Gregor Benton. Oxford University Press. Oxford, New York, Toronto.

Wasserstein, Bernard (1988). The Secret Lives of *Trebitsch Lincoln*. Yale University Press. New Haven, London.

Wasserstein, Bernard (1998). Secret War in *Shanghai*. Houghton Mifflin Co. Boston, New York.

Watts, Alan (2003). Der Lauf des Wassers. Die Lebensweisheit des Taoismus. Insel-Verlag. Frankfurt a. M.

Watzlawick, Paul (1976). Wie wirklich ist die *Wirklichkeit?* Wahn – Täuschung – Verstehen. Verlag R. Piper & Co. München/Zürich.

Weber-Schäfer, Peter (1995). *Ostasien verstehen*: Möglichkeiten und Grenzen, in: Bochumer Jahrbuch zur Ostasienforschung, Bd. 19. Herausgegeben von der Fakultät für Ostasienwissenschaften der Ruhr-Universität Bochum, S. 3–14.

Weiß, Ruth (1985). *Lu Xun*. A Chinese Writer for All Times. New World Press. Beijing.

Weiß, Ruth (1999). Am *Rande* der Geschichte. Mein Leben in China. Zeller-Verlag. Osnabrück.

Werner, Ruth (1977). *Sonjas Rapport*. Verlag Neues Leben. Berlin (Ost).

White, Theodore H. (1978). In *Search of History*. A Personal Adventure. Harper & Row. New York. (In dieser Arbeit wird jeweils aus der Ausgabe von Warner Books, 1979, zitiert.)

White, Theodore H./Jacoby, Annalee (1946). *Thunder* Out of China. William Sloane. New York.

Wilbur, Martin C./How, Julie Lien-ying, Eds. (1972). Documents on Communism, Nationalism, and *Soviet Advisers* in China 1918–1927. Papers Seized in the 1927 Peking Raid. Octagon Books. New York.

Wilbur, Martin C./How, Julie Lien-ying, Eds. (1989). *Missionaries of Revolution*. Soviet Advisers and Nationalist China 1920–1927. Harvard University Press. Cambridge, MA and London.

Wilhelm, Richard (1926). Die Seele Chinas. Reimar-Hobbing-Verlag. Berlin.

Wilkinson, E. S. (1934). Shanghai *Country Walk*. 2nd Edition. North-China Daily News & Herald Ltd. Shanghai.

Willoughby, Charles A. (1952). *Shanghai Conspiracy*. The Sorge Spy Ring. Moscow – Shanghai – Tokyo – San Francisco – New York. E. P. Dutton & Co. New York.

Wolff, David (1995). *Russia Finds Its Limits*. Crossing Borders into Manchuria, in: Kotkin/Wolff, S. 40–54.

Wolff, David (1999). To the *Harbin* Station. The Liberal Alternative in Russian Manchuria, 1898–1914. Stanford University Press. Stanford.

Yang, Zhidong (1995). *Klara Blum* – Zhu Bailan (1904–1971). Leben und Werk einer österreichisch-chinesischen Schriftstellerin. Peter-Lang-Verlag. Frankfurt a. M. u. a.

Yang, Zhidong, Hrsg. (2001). *Klara Blum*. Kommentierte Auswahledition. Böhlau Verlag. Wien, Köln, Weimar.

Yu, Maochun (1996). *OSS in China*. Prelude to Cold War. Yale University Press. New Haven and London.

Zimmer, Thomas (2001). Das *China-Bild* der »Insider« – Kontinuität und Wandel in der Wahrnehmung des »erlebten« China durch Auswanderer, Erlebnishungrige und Forscher, in: Bochumer Jahrbuch zur Ostasienforschung, Bd. 25. Herausgegeben von der Fakultät für Ostasienwissenschaften der Ruhr-Universität Bochum, S. 275–288.

Zeitschriftenartikel:

Asiaticus (1938). »Asiaticus« *Criticizes* »Red Star over China« and »Asiaticus« Holds his Ground, in: Pacific Affairs, Vol. XI, No. 2, June, S. 237–244 und 248–252.

Bakich, Olga (2001). *Emigré Identity*: The Case of Harbin, in: Lahusen, *Harbin*, S. 51–78.

Bickers, Robert A./Wasserstrom, Jeffrey N. (1995). Shanghai's *»Dogs and Chinese Not Admitted«* Sign: Legend, History and Contemporary Symbol, in: The China Quarterly, Nr. 142, June, S. 444–466.

Brady, Anne-Marie (1996). *Red and Expert*: China's »Foreign Friends« in the Great Proletarian Cultural Revolution 1966–1969, in: China Information, Vol. XI, Nos. 2/3 (Autumn/Winter), S. 110–137.

Brady, Anne-Marie (1997). *Who Friend, Who Enemy?* Rewy Alley and the Friends of China, in: The China Quarterly, No. 151, September, S. 614–632.

Brady, Anne-Marie (2000). »Treat *Insiders and Outsiders* Differently«: The Use and Control of Foreigners in the PRC, in: The China Quarterly, No. 164, December, S. 943–964.

Cammann, Schuyler (1972). In Memoriam *Carl Schuster*, Ph.D. (1904–1969), in: Textile Museum Journal, 3:3, S. 2–4.

Eber, Irene (1994). Martin *Buber* and Taoism, in: Monumenta Serica, Vol. XLII, S. 445–464.

Embacher, Helga/Reiter, Margit (2001). *Schmelztiegel Shanghai?* – Begegnungen mit dem »Fremden«, in: Zwischenwelt, 18. Jg. Nr. 1, Februar, S. 40–45.

Erling, Johnny (1977). Frau Dr. Magdalena *Robitscher-Hahn*. Als Ärztin in den Bergen von Shanxi, in: Das neue China, Nr. 20, 1. Dezember, S. 3–8.

Giardinelli, Alisa (2002). *Emigre*. The College as a Place of Refuge. Swarthmore College Bulletin. Dezember, S. 34–40.

Glassgold, Cook (1977). *The Last of the Jews* in China, in: Jewish Digest, January, S. 74–76.

Granich, Max (1938). Days of *Humiliation* are over, in: China Today, May, Vol. 4, No. 8, S. 6.

Hahn, Emily (1935). The *China Boom*, in: T'ien Hsia Monthly, Vol. 1, No. 3, October, S. 191–206.

Hahn, Emily (1936). *Revolt in Shanghai*. A Story, in: Harper's Monthly Magazine, Vol. 172, March, S. 449–456.

Hahn, Emily (1940). *Introduction* to a War, in: The New Yorker, 16. Jhg., 28. September, S. 24/25.

Hahn, Emily (1944). Notes on *Madame Chiang*, in: The American Mercury, No. 249, September, S. 298–305.

Hsia, Adrian (1986). *Bertolt Brechts* Rezeption des Konfuzianismus, Taoismus und Mohismus im Spiegel seiner Werke, in: Zeitschrift für Kulturaustausch, Nr. 3, S. 350–360.

Huntington, Samuel P. (1993). The *Clash of Civilizations?*, in: Foreign Affairs, Summer, S. 22–49.

Isaacs, Harold R. (1935). *Perspectives* of the Chinese Revolution: A Marxist View, in: Pacific Affairs, Vol. 8, Issue 3, September, S. 269–283.

Judt, Tony (1998). Europas *Nachkriegsgeschichte* neu denken, in: Transit. Europäische Revue, Heft 15, Herbst, S. 3–11.

Kaminski, Gerd (1998). Friedrich Schiff: *Künstler* und Chinapionier mit dem Zeichenstift. Zur großen Schiff-Retrospektive in Shanghai, August 1998, in: China Report, Nr. 129-130, S. 53–64.

Kampen, Thomas (1995). Von *Asiaticus bis Zaisser*. KPD-Mitglieder in China, in: Das neue China, Nr. 2, Juni, S. 31–34.

Kampen, Thomas (2000). *Berlin – Shanghai – Shenyang*. Zum Tode von Ruth Werner, in: Das neue China, Nr. 3, September, S. 32/33.

Kampen, Thomas (2001). *Xie Weijin* und die Gebrüder Kisch. Der zwanzigjährige Europaaufenthalt eines chinesischen Kommunisten, in: Das neue China, Nr. 2, Juni, S. 27/28.

Kubin, Wolfgang (1999). Nur *Chinesen* verstehen China. Zum Problem eines Verständnisses zwischen Ost und West, in: China-Report, Nr. 31, 15. Juli, S. 1–4.

Lahusen, Thomas (1998). *A Place Called Harbin*: Reflections on a Centennial, in: China Quarterly, Nr. 154 (June), S. 400–410.

Lahusen, Thomas (2001). Dr. *Fu Manchu* in Harbin, in: Lahusen, *Harbin*, S. 143–161.

Lahusen, Thomas (2001). *Introduction*, in: Lahusen, *Harbin*, S. 1–5.

Li, Yang (1992). *Dr. Hans Müller* – ein außergewöhnlicher Kämpfer im weißen Kittel, in: Beijing Rundschau, Nr. 28, S. 29–32.

Litten, Frederick S. (1994). *The Noulens Affair*, in: The China Quartely, Nr. 138, June, S. 492–512.

Messmer, Matthias (2002). Chinas andere *Wirklichkeiten*. Das Reich der Mitte in den Augen der ehemaligen »Foreign Experts«, in: China-Report, Nr. 36, 15. Januar, S. 21–24.

Messmer, Matthias (2002). Von der *Konkubine* zum Transvestiten. Zur sexuellen Revolution im Reich der Mitte, in: Das neue China, Nr. 1, März, S. 27–30.

Nathan, Andrew J. (1972). *Imperialism's Effects* on China, in: Bulletin of Concerned Asian Scholars, Vol. 4, No. 4, December, S. 3–8.

Neugebauer, Rosamunde (1997). *Kunst im Exil*. David Ludwig Bloch in Shanghai, in: China Heute XVI, Nr. 5 (93), S. 153–160.

Patka, Marcus G. (2001). *Feng Shan Ho* – der chinesische Konsul in Wien von 1937 bis 1940, in: Zwischenwelt, 18. Jg. Nr. 1, Februar, S. 38/39.

Peffer, Nathaniel (1921). *East Meets West* at Washington, Decorations from the Chinese, in: The Century Magazine, Vol. 103, S. 49–63.

Peffer, Nathaniel (1921). *What About China?*, in: The Nation, Vol. 113, No. 2942, S. 591/592.

Peffer, Nathaniel (1922). *Currents and Characters in China*, in: Asia, January 22, S. 41–46.

Peffer, Nathaniel (1922). *Shantung* and the Conference, in: The Nation, Vol. 114, No. 2948, S. 12.

Peffer, Nathaniel (1924). *China's Search* for a Dictator, in: The Independent, Vol. CXIII, Nr. 3882, October 25, S. 305–307.

Peffer, Nathaniel (1927). The *Chinese Philosophy of Life*, in: Current History, Vol. XXVL, No. 3, June, S. 431–433.

Peffer, Nathaniel (1929). *What Next in China?* I. Relations with the Great Powers, in: The New Republic, July 17, S. 225–227.

Peffer, Nathaniel (1930). The *Death of Chinese Civilization*, in: Harper's Monthly Magazine, Vol. 160, March, S. 499–506.

Peffer, Nathaniel (1932). The *Chinese Idea of Communism*, in: Current History, Vol. XXXVI, July, S. 400–404.

Peffer, Nathaniel (1934). *How Not to Understand the East*, in: Asia, April, S. 197–200.

Pye, Lucian W. (1993). How *China's Nationalism* was Shanghaied, in: The Australian Journal of Chinese Affairs, Issue 29, January, S. 107–133.

Qiu, Chengzhong (1990). »*Mi-Daifu*« – ein Leben für China. Der deutsche Arzt Prof. Dr. Hans Müller: »Ich bin ein Chinese«, in: China heute (China Today), März, S. 42–45.

Rain, Leo, J. (2001). *Dr. Jacob Rosenfeld*: A Jewish Commander in a Chinese Army, 1903–1952, in: Western States Jewish History, Vol. XXXIII, No. 4, Summer, S. 291–302.

Reifler, Erwin (1944). Etude sur l'*Etymologie* des caractères chinois, in: Bulletin de l'Université l'Aurore, Série III, Tome 5, No. 1, S. 1–11.

Reifler, Erwin (1949). Le Conte étrange de la *solitude du soleil*, in: Bulletin de l'Université l'Aurore, ohne detaillierte Datumsangaben, S. 246–254.

Reifler, Erwin (1949–55). »*Ever Think of Your Ancestors!*«. A Pious Interpretative Fraud of Early Confucianism and Its Consequences for the Formal and Semantic Interpretation of the Wen Wang Ode, in: Monumenta Serica, Vol. XIV, S. 340–373.

Reifler, Erwin (1954). *Linguistic Analysis* and Comparative Semantics, in: ETC. A Review of General Semantics. Vol. XII, No. 1, S. 33–36.

Rosdy, Paul (2001). *Emigration und Film*, in: Zwischenwelt, 18. Jg. Nr. 2, August, S. 61–65.

Sampson, Robert D. (2002). *Red Illini*: Dorothy Day, Samson Raphaelson, and Rayna Simons at the University of Illinois, 1914–1916, in: Journal of Illinois History, Vol. 5, Number 3, S. 170–196.

Schiff, Fred (1941). *Grenzen* der Malerei, in: Der Kreis. Monatsschrift für Kultur, Jahrgang 1, Nr. 1, Dezember, S. 20–23.

Schuster, Carl (1935). Some *Peasant Embroideries* from Western China, in: Embroidery, September, S. 87–96.

Schuster, Carl (1937). Peasant *Embroideries* of China, in: Asia, January, S. 26–31.

Sheean, Vincent (1927). Some *People from Canton*, in: Asia, October, S. 812–817.

Silverstein, Josef and Lynn (1978). David *Marshall* and Jewish Emigration from China, in: The China Quarterly, September, S. 647–654.

Sokolsky, George (1928). Letters from Abroad. *Jews in China*, in: Menorah Journal, Vol. 15, November, S. 453–456.

Stein, Gunther (1945). The *Other China*, in: Foreign Affairs, October, S. 62–74.

Stein, Gunther (1946). An Interpretation of *China's Conflict*, in: The Yale Review, Vol. 35, June, No. 4, S. 633–648.

Tonn, Will Y. (1941). *Chinese Chess*, in: The China Digest, September – October, S. 20–23.

Tonn, Will Y. (1942). The *Chinese Laughs!*, in: The China Digest, January, S. 20–23.

Walravens, Hartmut (1994). Martin Buber und Willy *Tonn* und ihre Beiträge zur Kenntnis der chinesischen Literatur, in: Monumenta Serica, Vol. XLII, S. 465–481.

Wolff, David (2001). *Bean* There: Toward a Soy-Based History of Northeast Asia, in: Lahusen, *Harbin*, S. 241–252.

Zeitschriften und Zeitungen:

8-Uhr-Abendblatt, Shanghai.

Amerasia, New York.

American Hebrew, New York.

Asia. The American Magazine of the Orient, New York.

Asiana. A Monthly News Review, Shanghai.

Aufbau, New York.

Beijing Rundschau, Beijing.

Bulletin of Concerned Asian Scholars, Cedar MI.

China Daily, Beijing.

China heute, (deutsche Ausgabe von China Today), Beijing.

China heute, St. Augustin.

China Information, Leiden.

China Quarterly, London.

China Reconstructs (später: China Today), Beijing.

China Report, Wien.

China Today, New York.

China-Report, Konstanz.

Christian Science Monitor, Boston.

Current History. A Monthly Magazine, published by the »New York Times«, New York.

Das neue China, Berlin.

Der Kreis. Monatsschrift für Kultur, Shanghai.
Deutsche Shanghai Zeitung, Shanghai.
Die Gelbe Post, Shanghai.
Die Laterne, Shanghai.
Die Neue Zeit, Shanghai.
Die Tribüne, Shanghai.
Die Weiße Fahne, Stuttgart.
Embroidery. The Journal of the Embroiderers' Guild, London.
ETC. A Review of General Semantics, New York.
Far Eastern Economic Review, Hongkong.
Forbes Magazine, New York.
Foreign Affairs, published by the Council on Foreign Relations, New York.
Future, Shanghai.
Harper's Monthly Magazine, New York.
Israel's Messenger, Shanghai.
Jewish Digest, New York.
Jewreiskaja Shisn, Harbin.
Life Magazine, New York.
Menorah Journal, New York.
Monumenta Serica, St. Augustin.
Nascha Shisn, Shanghai.
Newsweek Magazine, New York.
North China Daily News, Shanghai.
North China Herald, Shanghai.
Pacific Affairs, University of British Columbia.
Peking & Tientsin Times, Tianjin.
Peking Post (Beijing xin bao), printed and published by the Proprieto: L.S. Regine at the Pei-Yang Trading Co, North.Glacis, Peking.
Profil. Österreichisches Nachrichtenmagazin, Wien.
S.Z. am Mittag, Shanghai.
Shanghai Jewish Chronicle, Shanghai.
Shanghai Journal – Die Neue Zeit, Shanghai.
Shanghai Woche, Shanghai.
Shanghaier Morgenpost, Shanghai.
Sin Wan Pao (Xinwen bao), Shanghai.
Sunday News, London.

Swarthmore College Bulletin, Swarthmore PA.
Textile Museum Journal, Washington D.C.
The American Mercury, New York.
The Australian Journal of Chinese Affairs, Canberra.
The Cathay, Shanghai.
The Century Magazine, New York.
The China Digest, Shanghai.
The China Press, Shanghai.
The China Weekly Review (später: China Monthly Review), Shanghai.
The Independent, Boston MA.
The Jewish Call, Shanghai.
The Jewish Chronicle, London.
The Nation, New York.
The National Geographic Magazine, Washington D.C.
The New Republic, Washington D.C.
The New York Times, New York.
The New Yorker, New York.
The Shanghai Evening Post & Mercury, Shanghai.
The Shanghai Herald, Shanghai.
The South Atlantic Quarterly, Durham.
The Times, London.
The Voice of China, Shanghai.
The Wall Street Journal, New York.
Transit. Europäische Revue, Wien.
Western States Jewish History, Woodland Hills CA.
Westnik rossijskogo emigrantskogo komiteta w Schanchai, Shanghai.
Ye Olde Grammarian, Tianjin.
Zeitschrift für Kulturaustausch, Stuttgart.
Zwischenwelt (Literatur, Widerstand, Exil), Wien.

Archivmaterialien:
I. Shanghai Municipal Archives (SMA), Shanghai:
Shanghai Municipal Council (International Settlement): U1
Conseil Municipal (Concession Française): U38
L'Université Aurora: Q244

St. John's University: Q243
China Welfare Fund (Zhongguo fulijijinhui): U143

II. Archive of the Fudan University:
The Fuh-Tan Banner, 1920er Jahre

III. Hoover Archives, Stanford:
Sino-Judaic Institute Collection
Rena Krasno Collection
Ron Bulatoff Collection
Ben Levaco Collection
Frederick E. Fuhrman Collection
Georges Spunt Collection
George E. Sokolsky Collection
Wang Fan-hsi Collection
Alfred Kohlberg Collection
Milly Bennett (Mitchell) Collection
Karl August Wittfogel Collection
Alfred Kohlberg Collection

IV. Center for Jewish History, New York:
A: Leo Baeck Institute (Archiv):
Hertha Beuthner Collection, ME 57
Hans Jacoby Collection, ME 774 sowie AR 4847
Fritz Friedländer Collection, ME 760 sowie AR 7201
Theodor Friedrichs Collection, ME 160
David Ludwig Bloch Collection, AR 7199
Rudolf Katz Collection, AR 1658
Willy Tonn Collection, AR 7259
Eva Lesser Stricks Collection, AR 10582
B: YIVO Institute for Jewish Research (Archiv):
Shanghai Collection 1926–1948 (RG 243)
Leo Gershevich Collection (RG 273)
HIAS-HICEM Main Offices Records, 1911–51 (RG 245.4 XVc Far East)
Meir Birman Collection (RG 352)

V. Archives of the American Jewish Joint Distribution Committee (AJDC), New York:
Catalogue/Record Group: 1933–1944: Files 456–503
Folder: China General (1965–1989)

VI. National Archives (NARA), College Park MD:
RG 59: Central Files (correspondence with US diplomatic and consular offices in foreign countries)
RG 263: Central Intelligence Agency CIA Files, darin: Shanghai Municipal Police (SMP) Files

VII. Harvard University Archives, Cambridge MA:
Theodore H. White Paper (HUM 1.10)

VIII. Persönliches Archiv von Prof. David Kranzler, Brooklyn:
Siegel, Manuel: AJDC-Report from Shanghai, 4. November 1945
Siegel, Manuel: AJDC-Report from Shanghai, 22. Oktober 1945
Artikel aus diversen Shanghaier Zeitungen
Birman-Report vom 16. Januar 1940
Department of State, Memorandum of Conversation, 31. August 1939 and Letter to Dr. Hu Shi, May 31, 1939

IX. Persönliches Archiv von Rabbiner Marvin Tokayer, Great Neck NY:
»A Warning to all Chinese, Japanese and Gentile Alike: The Chosen Peoole have invaded Shanghai!« (1939). Antisemitisches Flugblatt
Levaco, Benjamin M. (1979). My 35 Years in the Far East – 1915/1950. Spring Valley, New York. Unpublished Manuscript

X. Persönliches Archiv von Jacob Avshalomov, Portland OR:
Avshalomov, Aaron (1945?). *Thoughts* on Chinese Music. Unpublished manuscript
Avshalomov, Aaron (1945). »*The Great Wall*« and the Problem of Chinese Music Drama, an article written in English for the synopsis to the première of the musical drama in Shanghai on November 24, 1945

XI. Persönliches Archiv von Peter Rand, Boston MA:
Briefwechsel zwischen Harold Isaacs und Viola Robinson

XII. Persönliches Archiv von Prof. Tom Grunfeld, New York:
Briefwechsel zwischen Rayna Prohme und ihrer Mutter sowie mit ihrem ersten Mann Samson Raphaelson

XIII. Persönliches Archiv von Carol H. Goodfriend, New York:
Vorträge, Manuskripte, Dokumente und Notizen von Dr. Fritz A. Kuttner

XIV. Columbia University Archives, New York:
George Sokolsky Collection

XV. Massachusetts Institute of Technology (MIT) Archives, Cambridge MA:
Harold Robert Isaacs Papers, 1928–1986, MC 190

XVI. The Lilly Library, Indiana University, Bloomington IN:
Emily Hahn Collection, Hahn mss, I, II, III

XVII. New York University, Tamiment (T. Library and Robert F. Wagner Labor Archives):
Grace Maul Granich & Max Granich Papers 1929–1993 (Tamiment 255)

XVIII. American Jewish Archives, Cincinatti OH:
Samuel Sokobin Collection

XIX. National Library of Australia, Parkes ACT:
Papers of Harold Williams, Papers of Samuel Sokobin (MS 6681, Box 17, Series 1, Folder 117)

XX. University of Washington Archives, Seattle:
Papers of Erwin Reifler

XXI. Library of Congress – Manuscript Division:
Paul Federn Papers

XXII. Swarthmore College Archives, Swarthmore PA:
Olga Lang Papers

Unveröffentlichte Dokumente:
Avshalomov, Jacob (1998). A *Revival* of Aaron Avshalomov's Music. Unpublished manuscript. By courtesy of Jacob Avshalomov.
Berton, Peter (o.J.). *Cultural Life in Harbin* in the 1930s. Unfinished manuscript.

Betta, Chiara (1997). Silas Aaron *Hardoon* (1851–1931): Marginality and Adaptation in Shanghai. Ph.D. Thesis. London School of Economics. London.

Carter, James Hugh (1998). Nationalism in an International City: Creating a Chinese *Harbin*, 1916–1932. Ph.D. thesis. Yale University. New Haven.

Fiszman, Joseph R. (1992). The Quest for Status: Polish-Jewish Refugees in *Shanghai*, 1941–1949. Paper prepared for Symposium at the John K. Fairbank Center for Asian Research, Harvard University, August 16–18, 1992.

Fogel, Joshua A. (1992). The Jewish Community of *Harbin*, 1898–1950. Prepared for presentation at the Symposium on Jewish Diasporas in China.

Friedländer, Fritz (o.J.). *Bruchstück* der Geschichte Ulrich Sanders. Eine Chronik von 1932–1945. Leo Baeck Institute. Fritz Friedländer Collection AR 7201.

Friedrichs, Theodor (1963). *Tagebuch* des Dr. Theodor Friedrichs. Leo Baeck Institute. Theodor Friedrichs Collection ME 160.

Grunfeld, Adalbert Tomasz (1985). *Friends of the Revolution*. American Supporters of China's Communists, 1926–1939. Dissertation New York University. New York.

Grunfeld, Tom A. (1997). *Comrades in Arms*: The Chinese Communist Party's American Friends, 1929–1939. Unpublished manuscript. 35th International Congress of Asian and North African Studies, 7-12 July 1997. Budapest.

Grunfeld, Tom A. (1999). The *Chinese Communist Party* and Revolutionary Internationalism: The Case of Rayna Prohme, 1925–1927. Unpublished manuscript. HSTCC International Conference at Ca'Foscari University, 30 June – 3 July 1999. Venice.

Hahn, Emily (o.J.). *Chinese Women* (Title to be changed, I should think). Unveröffentlichtes Manuskript, in: Hahn mss. II, Manuscripts Department, Lilly Library, Indiana University. Bloomington.

Hirson, Baruch (o.J.). From Cape Town to Shanghai. The Life of *Cecil Frank Glass*. In Pursuit of Revolution, 1901–1988. Unpublished manuscript. London.

Kerpen, Karen Shaw (1981). *Voices in a Silence*: American Organizations that worked for Diplomatic Recognition of the People's Republic of China by the United States, 1945–1979. Dissertation New York University. New York.

Knodel, Arthur J./Hirson, Baruch, Eds. (o.J.). Rayna *Prohme*: Letters from the Chinese Revolution. Unpublished manuscript. London, Los Osos CA.

Lang, Olga (o.J.). *My life in Germany* before and after January 30, 1933. Archives of Swarthmore College (PA).

Lewis, Gregory (1999). *Shades* of Red and White: The Life and Political Career of Ji Chaoding, 1903–1963. Dissertation. Arizona State University.

Meyer, Maisie J. (1994). The *Sephardi Jewish Community* of Shanghai, 1845–1939: The Question of Identity. Ph.D. Thesis. London School of Economics. London.

Schuster, Carl (1967). *Relations* of a Chinese Embroidery Design: Eastern Europe and Western Asia, South-East Asia (The Dong-Son Culture) and Melanesia. Symposium at Columbia University on August 24. New York.

Schwarz, Ernst (2004). Beschmutzt und schlammig ist die Welt. Eine Lange Nacht über Dichtung und Exil. Manuskript einer Sendung des DeutschlandRadio Berlins sowie des Deutschlandfunks vom 10./11. September bzw. 11./12. September 2004 (Regie: Dr. Stefan Hilsbecher).

Service, John S. (1981). State Department *Duty in China*, The McCarthy Era, and After, 1933–1977. An Interview Conducted by Rosemary Levenson. With an Introduction by John K. Fairbank. University of California. The Bancroft Library. Berkeley.

Shluger Forman, Leona/Morris Schwartz, Monica (1975). The Russian Jews of *Tientsin*, China, 1900–1950. Oral Presentation. University of Chicago, Hillel Foundation.

Südwestfunk Hörspiel vom 20. September 1996 (14.05–14.30 Uhr, S2). Fluchtpunkte – Deutsche Lebensläufe in Shanghai, nachgezeichnet von Ursula Krechel. Hier: Lothar Brieger – Kunsthistoriker.

Weiß, Ruth (1933). Vorträge (teilweise am Radio ausgestrahlt) vom 10. November 1932; 28. Januar 1933; 6. April 1933; 5. September 1933 in Wien. Unveröffentlichte Manuskripte. Beijing.

Wilson, Ira (1972). *Harold Isaacs*: Scratches on his Mind, 1930–1934. Unpublished manuscript. MIT Archives, Harold Isaacs Papers, MC 190 (Box 30).

Yu, Miin-ling L. (1995). *Sun Yat-sen University* in Moscow 1925–1930. Dissertation New York University. New York.

Anmerkungen

1   Der Terminus »Old China Hand« kann unterschiedliche Bedeutungen umfassen. Im Folgenden lehnt er sich an die von Harold Isaacs vorgenommene Begriffsbestimmung an: »[Der Begriff] bezeichnete den Einwohner der einstigen Vertragshäfen, der nie über die Anschauungen und Haltungen des letzten Jahrhunderts hinausgewachsen ist. Er wurde normalerweise zur Beschreibung des ehemaligen [veteran] britischen Geschäftsmannes verwendet, seiner Lebensart und seines Benehmens, das viele Amerikaner später nachzuahmen neigten. Später wurde der Begriff in den USA für all diejenigen angewendet, die in China während der guten alten Tage vor Mao Zedong gelebt hatten ...« (Isaacs, *Images* [1972], S. 150).
2   Watzlawick, *Wirklichkeit* (1976).
3   Siehe darüber beispielsweise: Mackerras, *Images* (1989), S. 2ff.
4   Said, *Orientalism* (1978). Über Saids These (inklusive deren Kritik) gibt es eine Fülle an Literatur. Siehe darüber beispielsweise das Literaturverzeichnis in: Sardar, *Orient* (2002), S. 179ff.
5   Jullien, *Umweg* (2002), S. 44.
6   Über die Schlüsselbegriffe der Theorie(n) der »Postcolonial Studies« siehe etwa: Ashcroft/Griffiths/Tiffin, *Post-Colonial Studies* (2000). In diesem Standardwerk finden sich im Stichwortverzeichnis z. B. etliche Einträge unter »Indien« oder »Afrika«, dagegen lediglich einer zu »China«. Auch in anderen Büchern wird China nie als Kolonie bezeichnet, die Konzessionsgebiete in den Vertragshäfen hingegen als »Kolonie-ähnliche« Gebilde.
7   Kubin, *Chinesen* (1999), S. 3. Kubin zitiert darin eine Reihe von Werken, die sich mit der philosophischen Frage des Verstehens, der Wahrheit und der Interpretation ganz allgemein beschäftigen.
8   Bei diesem Autor handelt es sich um Peter Weber-Schäfer, emeritierter Professor für die Politik Ostasiens an der Universität Bochum. Er vertritt diese Meinung in: Weber-Schäfer, *Ostasien verstehen* (1995), S. 4ff. Der Autor redet hier allerdings nicht einem falschen Kulturrelativismus das Wort, sondern begründet seine Ansicht mit der Unvermeidlichkeit des sogenannten Eurozentrismus. Gleichzeitig macht er die interessante Feststellung, dass es eine spezifisch europäische Neugierde auf das Fremde, das Andersartige gibt, ein Phänomen, das seiner Ansicht nach in keiner der nichteuropäischen Kulturen entstanden ist (S. 11).
9   Buck, *Die gute Erde* (2004), S. 115.
10 Das Konzept einer integrativen Sozialgeschichte entwarf der Historiker Werner Conze in den 1950er Jahren. Unter anderem forderte er, »überkommene Trennungskategorien wie ›politische Geschichte‹ und ›Geistesgeschichte‹ einerseits, ›Sozial- und Wirtschaftsgeschichte‹ andererseits, ... zu überprüfen und zu überwinden«. Hier zitiert in: Langewiesche, *Sozialgeschichte* (1986), S. 14.
11 Der Begriff »Lebenswelt« lehnt sich an die Definition des Historikers Heiko Haumann an, der darunter »die Schnittstelle zwischen individuellen Gefühlen, Wahrnehmungs-, Denk- und Verhaltensweisen auf der einen Seite und strukturellen Einflüssen sowie einem Netz gesellschaftlicher Beziehungen, Zusammenhänge und Mechanismen auf der anderen« versteht. Zitiert aus: Haumann, *Traum* (1998), S. 15.
12 Unter den sogenannten Vertragshäfen versteht man jene (nicht notwendigerweise an der Küste gelegenen) Orte, die im Gefolge des gewaltsamen Zutritts der europäischen Mächte von der Mandschu-Dynastie unter Zwang für den Außenhandel geöffnet werden mussten.
13 Der Begriff »jüdischer Abstammung« bedeutet hier: »nach jüdischer Tradition«, d. h., ein Jude gilt dann als Jude, wenn seine Mutter Jüdin ist oder der Betroffene nach formell korrektem Ritus zur jüdischen Religion übergetreten ist. Viele der im zweiten Teil vorgestellten Personen würden sich selbst vielleicht nicht (mehr) als Juden bezeichnen, keine Religionszugehörigkeit angeben oder sich als ungläubig bezeichnen.

Anmerkungen

14 Hier zitiert aus: Tim und Struppi: Der Blaue Lotos. Carlsen-Verlag, Hamburg, S. 45 (»Der Blaue Lotos« erschien zuerst in der belgischen Zeitschrift »Le Petit Vingtième« in den Jahren 1934/35).

15 Den Unterschied zwischen Bildern und Stereotypen erläutert der Politikwissenschafter Kleinsteuber wie folgt: »Images knüpfen wie Stereotypen an reale Situationen an, reichen aber bewusst weit darüber hinaus. Images sind Bilder, ursprünglich vor allem von Produkten, denen eine besondere Eigenschaft zugeordnet ... wird.« Zitiert aus: Kleinsteuber, *Stereotype* (1991), S. 64.

16 Vorwort von Ritchie Robertson in: Bitterli, *Cultures in Conflict* (1989), S. 2.

17 Alain Peyrefitte schrieb 1973 das Buch »Quand la Chine s'éveillera ...« (1973), in deutscher Fassung: »Wenn sich China erhebt ... erzittert die Welt«.

18 Dieser Ausdruck stammt von Jonathan Spence, in: Spence, *Chan's Great Continent* (1998), S. 19ff.

19 Herder, *Philosophie* (1787), S. 15f.

20 Über die rechtlichen Unterschiede zwischen einer Konzession (»zujie«) und einer internationalen Niederlassung (»juliudi«) sowie deren Entstehungsgeschichte siehe: Fishel, *Extraterritoriality* (1952), S. 5–11.

21 Franke, *China and the West* (1968), S. 71f. Der Vertrag von Nanjing sah die Öffnung von fünf sogenannten Vertragshäfen für den westlichen Handel vor: Guangzhou (Kanton), Xiamen (Amoy), Fuzhou (Foochow), Ningbo (Ningpo) sowie Shanghai.

22 Fairbank, *Geschichte des modernen China* (1991), S. 133.

23 Vgl. dazu: Lahusen, *A Place Called Harbin* (1998), S. 402f. Lahusen wiederum bezieht sich auf Lefebvre, *The Production of Space* (1991), der auf den wichtigen Unterschied zwischen »place« und »space« hinweist.

24 Der Missionar W. E. Soothill nennt – aufgrund von Zollangaben – für das Jahr 1921 beispielsweise folgende Zahlen: »British 9'298, American 8'230, French 2'453, Portuguese 3'493, German 1'255, other Europeans 3'164. These figures do not include Russians, mostly refugees, numbering 68'250, nor the Japanese, numbering 144'434.« In: Soothill, *China and the West* (1974), S. 207.

25 Dieser Aussage zum Trotz hat die Literatur über die Beziehungen zwischen China und dem Westen fast unübersichtliche Züge angenommen, von wissenschaftlich fundierten Standardwerken über persönliche Memoiren bis hin zu fiktionalen Darstellungen. Eine detaillierte bibliographische Auswahl findet sich in Ch'en, *China and the West* (1979), S. 453ff. oder Hibbert, *Dragon Wakes* (1970), S. 395ff.

26 Scidmore, *China* (1900), S. 61.

27 Über die Geschichte Pekings unter den verschiedenen Namen der Stadt siehe: Arlington/Lewisohn, *Search of Old Peking* (1935), S. 335ff. Hier nur ganz kurz zur Namensgebung im 20. Jahrhundert: Bis 1927 hieß die Stadt Peking (= nördliche Hauptstadt); nach der Verlegung der Hauptstadt nach Nanking (= südliche Hauptstadt) wurde die Stadt von Chiang Kai-shek in Peiping (Beiping) umgetauft, was »nördlicher Frieden« bedeutet. 1949 wurde die Stadt schließlich von den Kommunisten wieder in Peking (Beijing) umbenannt.

28 Needham, *Within the Four Seas* (1969), S. 12.

29 Zur Struktur und Geschichte der in konzentrischen Quadern angelegten Architektur Pekings siehe beispielsweise verschiedene Karten in: Arlington/Lewisohn, *Search of Old Peking* (1935).

30 Bei diesem Ereignis handelte es sich um den Empfang ausländischer Gesandter aus Anlass des 60. Geburtstags der Kaiserinwitwe. Siehe darüber: Franke, *China and the West* (1968), S. 110.

31 Voltaire, *Essai* (1963), S. 325.

32 Holmes, *Peking* (1998), S. 116.

33 Scidmore, *China* (1900), S. 109.

34 Siehe darüber die sehr persönlichen und präzisen Beobachtungen und lebensnahen Schilderungen der amerikanischen Malerin am kaiserlichen Hof: Carl, *With the Empress Dowager of China* (1905).

35 Bibliographische Angaben über Publikationen von Chinareisenden aus jener Zeit finden sich beispielsweise in Arlington/Lewisohn, *Search of Old Peking* (1935), S. 343ff. oder Elder, *Old Peking* (1997), S. 297ff.
36 Cook's Guide to Peking (1924), S. 1.
37 Holmes, *Peking* (1998), S. 66.
38 Beispielsweise fand Zhang Xun, kaiserlicher General und Anhänger der Qing-Dynastie, politisches Asyl in der Gesandtschaft der Niederlande, nachdem er im Jahre 1917 vergeblich die Wiedereinführung der Monarchie gefordert hatte.
39 Lensen, *Revelations* (1964), S. 152.
40 Eine Kopie dieses detaillierten Planes findet sich in Bredon, *Peking* (1931), zwischen S. 196 und S. 197. Über Bichurin und seine Bedeutung als einer der berühmtesten russischen Sinologen siehe: Wolff, *Harbin* (1999), S. 182f.
41 Arlington/Lewisohn, *Search of Old Peking* (1935), S. 195.
42 Eine Kopie dieser Karte findet sich im Umschlagdeckel zu Bredon, *Peking* (1931).
43 Putnam Weale, *Letters* (1907), S. 140.
44 Siehe beispielsweise in Peking Post, 14. Januar 1910, S. 1.
45 Ebd., S. 1.
46 Ebd., S. 1.
47 Cook's Guide to Peking (1924), Anzeigenteil.
48 Peking Post, 14. Januar 1910, S. 6.
49 Peking Post, 18. Januar 1910, S. 1.
50 Peking Post, 8. Februar 1910, S. 2.
51 Spence, *Search for Modern China* (1990), S. 329.
52 Cook's Guide to Peking (1924), Anzeigenteil.
53 Peking Post, 14. Januar 1910, S. 3.
54 Peking Post, 19. Januar 1910, S. 6.
55 Die Ausgabe vom 14. Januar 1910 (S. 6) verzeichnete beispielsweise für das Wagon-Lits-Hotel zwanzig, für das Hôtel de Pékin sieben Gäste.
56 Lensen, *Revelations* (1964), S. 154.
57 Varè, *Laughing Diplomat* (1947), S. 86.
58 Hornby, *Autobiography* (1928), S. 227.
59 Lensen, *Revelations* (1964), S. 162 beziehungsweise S. 153.
60 Varè, *Laughing Diplomat* (1947), S. 382.
61 Ebd., S. 86f.
62 Bridge, Peking *Picnic* (1989), S. 33.
63 Lensen, *Revelations* (1964), S. 152.
64 Ebd., S. 159.
65 Peck, *China's Wall* (1945), S. 19.
66 Freeman-Mitford, *Attache at Peking* (1900), S. 88, 111, 339.
67 Kirtland, *Worth While* (1926), S. 155f.
68 Als einer der ersten europäischen Gelehrten hatte sich der Missionar Richard Wilhelm mit der »Seele Chinas« auseinandergesetzt. 1926 erscheint sein mit vielen Bildern (Images) beladenes, aufsehenerregendes Buch »Die Seele Chinas«. Über die Genese und die Merkmale dieses mystischen Begriffs siehe: Fang, *Die Seele Chinas* (1999).

Anmerkungen

69　Lensen, *Revelations* (1964), S. 163.
70　Ebd., S. 165.
71　Einstein, *Diplomat* (1968), S. 99.
72　Bonnard, *China* (1927), S. 96.
73　Oudendyk, *Diplomacy* (1939), S. 59.
74　Smith, *Characteristics* (1894), S. 73.
75　Über Schall und Verbiest siehe: Spence, *China Helpers* (1969), S. 3ff.
76　W. A. P. Martin und Gilbert Reid werden im Allgemeinen als Vertreter derjenigen Missionare betrachtet, denen säkulare Arbeit in China ebenso wichtig erschien wie die »Rettung von Seelen«. Siehe dazu: Bays, *Christianity in China* (1996), S. 88f. Legge wiederum, ursprünglich ebenfalls in Missionarsdiensten stehend, später Professor in Oxford, gilt dank seiner Übersetzungen der chinesischen Klassiker in die englische Sprache als wichtigste Figur im kulturellen Austausch zwischen China und dem Westen und als einer der »Giganten« innerhalb der Sinologie.
77　Varè, *Laughing Diplomat* (1947), S. 377.
78　Ebd., S. 390.
79　Straw, *Rickshaw Beijing* (1989), S. 15.
80　Arlington/Lewisohn, *Search of Old Peking* (1935), S. 1.
81　Bredon, *Peking* (1931), S. 474.
82　Sickman/Soper, *Art and Architecture* (1956).
83　Churchman, *Sickman* (1988), S. 29ff.
84　Giles, *China and the Chinese* (1902).
85　Siehe beispielsweise Taylor Headland, *Home Life* (1914) oder *Chinese* (1901) sowie Harvey, *Mind* (1933).
86　THeadland, *Home Life* (1914), S. vii.
87　Smith, *Characteristics* (1894), S. 330.
88　Ebd., S. 316f. Im Originaltext heißt es: »What the Chinese lack is not intellectual ability. It is not partience, practicability, nor cheerfulness, for in all these qualities they greatly excel. What they do lack is Character and Conscience.«
89　Siehe über Hundhausen: Walravens, *Vincenz Hundhausen* (1999).
90　Siehe über Wilberg und die Literaturzeitschrift »Die Dschunke«: Walravens, *Vincenz Hundhausen* (2000).
91　Siehe einige seiner Beiträge in Hundhausen, *China* (1938).
92　Swallow, *Peking Life* (1927), S. 35ff.
93　Ebd., S. 77ff.
94　Kates, *Years* (1952), S. 87.
95　Sitwell, *Escape with me!* (1939), S. 202f.
96　Peck, *China's Wall* (1945), S. 35f.
97　Spence, *Search for Modern China* (1990), S. 475.
98　Siehe über die Geschichte des Legationsquartiers: The China Weekly Review (CWR), 2. März 1940, S. 15–17.
99　Spence, *Search for Modern China* (1990), S. 633ff.
100　Durdin/Reston/Topping, *Red China* (1971), S. 10.
101　Siehe beispielsweise: New York Times, 8. Dezember 1959 (»China Travel Ban Stays in Effect«).
102　Der Begriff »Weißrusse« meint in dieser Arbeit nie die ethnische Volkszugehörigkeit, sondern wird als politischer Terminus im Unterschied zu den »roten Russen«, den Bolschewiki, verwendet.

Anmerkungen

103 Gemäß einer Volkszählung aus dem Jahre 1925 wohnten im International Settlement 29.848 Ausländer, in der Concession Française 7.790 (in: Clifford, *Spoilt Children* (1991), S. 40f.). Cook's Guide to Peking nennt für den ungefähr gleichen Zeitraum in Peking eine Anzahl von 800, siehe in: Cook's Guide to Peking (1924), S. 9. Bei diesem Vergleich muss allerdings berücksichtigt werden, dass sich unter den in Shanghai lebenden Ausländern ungefähr 14.000 Japaner befanden.

104 Ebd., S. 41.

105 Siehe etwa: *All about Shanghai* (1934/35).

106 Pan, *Old Shanghai* (1982), S. 58ff.

107 Murphey, *Shanghai* (1953), S. 9.

108 Zitiert in: Clifford, *Spoilt Children* (1991), S. 33.

109 Siehe über die westliche Architektur Shanghais: Johnston/Erh, *A Last Look* (1993). Unter dem Bund verstand man in den Vertragshäfen die (meist mit kolonialen Prachtbauten geschmückte) Uferstraße, dort, wo die Schiffe ihre Frachten ein- und ausluden.

110 Clifford, *Spoilt Children* (1991), S. 66. Die britische »North-China Daily News« (NCDN) darf nicht als Sprachrohr der englischen Regierung bezeichnet werden. Sie widerspiegelte eher die Meinung des SMC, obwohl auch diese Feststellung nicht exakt zutrifft. Die Zeitung bezeichnete sich selbst als »Independent but Impartial«.

111 »Guest List for the 1934 voyage of the S.S. President Coolidge sailing from Los Angeles to Hongkong, via San Francisco, Honolulu, Yokohama, Kobe, Shanghai«, in: Hoover Archives, Sino-Judaic Institute Collection, Box 5.

112 Siehe über die westliche Architektur der Concession Française: Johnston/Erh, *Frenchtown Shanghai* (2000).

113 Siehe über die Namensgebung von Straßen in der Concession Française: Haan, *Roadnames* (1993).

114 Siehe über die sogenannten Weißrussen in Shanghai: Ristaino, *Shanghai: Russische Flüchtlinge* (1994), S. 329–345, sowie Ristaino, *Port of Last Resort* (2001).

115 North-China Herald, April 1927 (Special Edition), S. 8. Der »North-China Herald« war die Wochenausgabe der NCDN.

116 Über die »Grüne Bande« und deren Verbindungen zu den Behörden der Concession Française siehe: Martin, *Green Gang* (1996) oder auch Clifford, *Spoilt Children* (1991), S. 267f.

117 Zitiert aus: Pan, *Old Shanghai* (1982), S. 99.

118 Jonathan Spence beispielsweise schreibt: »[W]ith the knowledge (and at time the assistance) of the foreign-concession authorities.« (Spence, *Search for Modern China* [1990], S. 353). Nicholas Clifford ist in seinem Urteil etwas vorsichtiger: Clifford, *Spoilt Children* (1991), S. 256.

119 Rosenson, *Jewish Musicians* (1999), S. 242.

120 Pan, *Old Shanghai* (1982), S. 94, sowie Korrespondenz mit der Autorin vom 25. November 2002.

121 Wilkinson, *Country Walks* (1934), Preface.

122 Kein Geringerer als der spätere China-Gelehrte Joseph Needham war es, der in seiner damaligen Eigenschaft als »Acting Commissioner of Public Works« in einem Brief vom 9. October 1925 an den Sekretär des Public Work Department schrieb: »…I may say that neither I nor any member of my staff has any recollection of such a notice having been posted in the Municipal Parks, and I think it is quite safe to say that the statememt is absolutely false.« In: SMA, U1-3-2908, S. 4.

123 Siehe über Geschichte und Spätfolgen dieses Schildes: Bickers/Wasserstrom, *Dogs and Chinese Not Admitted* (1995), S. 444–466. Die »Peking & Tientsin Times« vermerkte bereits 1927, dass ein solches Schild nie existierte (Peking & Tientsin Times, 14. März 1927, o. S.). Auch der Amerikaner Carl Crow, langjähriger Bewohner Shanghais, Journalist und Geschäftsmann, wies 1940 öffentlich darauf hin, dass er ein Schild mit solchem Wortlaut nie gesehen habe (Crow, *Foreign Devils* [1940], S. 196ff.).

559

ANMERKUNGEN

124 Siehe darüber die Dokumente in den Shanghai Municipal Archives (SMA): U1-3-868 bis 871.
125 SMA, U1-3-868, S. 127: List of applications from Chinese or for Chinese, to use Parks, 3. November 1925.
126 SMA, U1-3-868, S. 28–30: List of Chinese Local Officials vom 1. März 1923.
127 NCDN, 31. Juli 1926, o. S.
128 NCDN, 2. August 1926, o. S.
129 SMA, U1-3-868, S. 107: Letter from Mr. Baen Lee to Stirling Fessenden, 30. Juli 1924.
130 SMA, U1-3-2434, verschiedene Briefe, verfasst zwischen 1926 und 1928.
131 SMA, U1-3-2434, S. 142: Letter from the Acting Commissioner of Public Health, 21. September 1928.
132 SMA, U1-3-1690, S. 24: Letter from Dr. Hua-Chuen Mei to the Acting Secretary of the SMC, 23. Juli 1924.
133 SMA, U1-3-1690, S. 31: Letter from G. G. Lu to E. S. B. Rowe, Secretary of the SMC, 7. September 1925.
134 SMA, U1-3-2512, S. 262: Schools for Chinese in the International Settlement under Chinese control, September 1929.
135 SMA, U1-16-1113, S. 12: Report über Chinese Schools vom 26. September 1929.
136 *All about Shanghai* (1934/35), S. 65.
137 Unter den jährlichen Schulberichten der Fudan-Universität (»The Fuh-Tan Banner«) aus den 1920er Jahren finden sich unter anderem folgende Namen ausländischer Professorinnen und Professoren: Mrs. E. R. Adamson, Mrs. L. E. C. Kempton, Mr. John F. Howard, Miss Maude Oyler, Miss Mildred Crane.
138 SMA, U1-3-2625, S. 2: Memorandum von Henry Cockburn vom 18. Mai 1899.
139 Siehe über die Geschichte und Arbeitsweise der Mixed Courts: Clifford, *Spoilt Children* (1991), S. 29ff., 147ff. sowie S. 266.
140 SMA, U1-4-1192, S. 184f.: Memorandum on The Chinese Courts in the Settlement [Confidential], 16. Februar 1938.
141 Siehe beispielsweise SMA, U1-3-2882, S. 92f.: Brief des Commissionar of Revenue [Confidential] an den Secretary des Revenue Office, 7. September 1925.
142 Siehe etwa SMA, U1-3-800, S. 13/14 sowie 61/62 (Beschwerden aus den Jahren 1928 und 1932 an das Public Health Department des SMC).
143 Conseil Municipal, U38-1-1256: Letter to the French Municipal Council vom 11. Januar 1924.
144 SMA, U1-3-773, o. J. (wahrscheinlich 1919/1920)
145 North-China Herald, April 1927 (Special Edition), S. 10.
146 Diese Zweiteilung beschreibt der renommierte China-Journalist Randall Gould zutreffend: »Anyone who regarded the Chinese as human beings and other than docile servants (›good‹ Chinese) or Russian-inflamed menaces (›bad‹ Nationalist Chinese) was not merely queer, but a downright menace to the smug welfare of his fellow foreigners.« (Gould, *China in the Sun* [1945], S. 121).
147 Clifford, *Spoilt Children* (1991), S. 26f.
148 In vorwurfsvollem Ton warf beispielsweise der Leitartikel unter dem Titel »Our Message« des »North-China Herald« vom April 1927 (Special Edition, S. 1) den westlichen Regierungen vor, das Schicksal Chinas sei diesen wichtiger als das der eigenen Landsleute im Fernen Osten.
149 Zitiert in: Wasserstein, *Shanghai* (1998), S. 13.
150 Gilbert, *China* (1926), S. 49.
151 Ransome, *Chinese Puzzle* (1927), S. 28–32.
152 SMA, Q244-32: Le Ministre de France en Chine, à Monsieur le Consul de France, à Changhai, 16. September 1919.

Anmerkungen

153 In einem Artikel in »The China Weekly Review« hieß es: »It may not be generally realized, but as a general rule, what American think about China is what the missionaries tell them about it.« CWR, 9. April 1927, S. 142f.
154 So zumindest die Meinung des Presbyterianers E. C. Lobenstine im »China Mission Yearbook of 1925«, zitiert nach: Clifford, *Spoilt Children* (1991), S. 52.
155 SMA, Q243-814: Memorandum for Department of Missions, o. J. (wahrscheinlich 1928/29).
156 Vgl. Pott, *Shanghai* (1937).
157 Alleine im International Settlement zählte man im Jahre 1924 knapp 30 ausländische Zeitungen (Clifford, *Spoilt Children* [1991], S. 65).
158 Siehe darüber seine Schilderungen in: Rea, *Manchoukuo* (1935).
159 Millard, *Question* (1916).
160 Über seine Erfahrungen in China siehe: Powell, *My Twenty Five Years* in China (1945).
161 CWR, 12. Oktober 1935, S. 1.
162 CWR, 20. November 1937, S. 275.
163 CWR, 2. Febaury 1935, S. 336. Lin Yutang gründete 1932 in Shanghai eine satirische Halbmonatszeitschrift, die sich – obwohl von links und rechts angegriffen – großer Beliebtheit erfreute. Einige seiner Artikel erschienen jeweils gleichzeitig in der englischsprachigen, in Shanghai herausgegebenen Zeitschrift »China Critic«.
164 CWR, 18. Juli 1936, S. 233f.
165 CWR, 11. Januar 1947, S. 166f.
166 CWR, 6. Juli 1946, S. 115.
167 CWR, 27. Februar 1937, S. 456.
168 CWR, 18. April 1936, o. S.
169 CWR, 9. März 1940, S. 54
170 CWR, 18. Mai 1935, S. 394.
171 CWR, 21. September 1946, S. 78.
172 CWR, 1. Februar 1947, o. S.
173 Alymow, *Schanghai* (1932).
174 Baum, *Shanghai* (1997).
175 Malraux, *La condition humaine* (1933), S. 275.
176 SMA, U1-3-2511, S. 24: Letter to the Shanghai Municipal Council vom 25. März 1926.
177 SMA, U1-3-2195, S. 58: Report of Child Labour Commission, datiert vom 9. Juli 1924.
178 NCDN, 30. März 1926, o. S.
179 SMA, U1-3-2196, S. 250: Letter from John W. Wood to Rt. Rev. F. R. Graves vom 18. Mai 1927.
180 SMA, U1-3-4334, S. 5–13: Minutes of a Special Meeting of the Consular Body Meeting on February 5, 1932 at the American Consulate General [Confidential].
181 SMA, U1-3-4320, S. 6: Letter from J. R. Jones, Secretary of the SMC, to Mr. N. L. Sparke, 5. Februar 1932.
182 SMA, U1-3-4327, S. 28: Letter from the Commissioner of the Police to the Secretary of the SMC, 20. April 1932.
183 SMA, U1-3-735, S. 24: Letter from the Commissioner of Police to the Secretary of the SMC, 28. Juni 1922.
184 SMA, U38-1-1256: Letter from the Principal of the Kiangsu Second Normal School to De La Grade Esq., Consul of France, vom 26. Mai 1922 sowie Antwortschreiben vom 6. Juni 1922.
185 SMA, U38-1-1255: Letter from R. Le Pris, Le Président du Conseil, to Monsieur R. Beau, Consul de France, vom 19. April 1920, S. 48 sowie Anhang: Extrait de la Décision du Conseil en date du 12 Avril 1920, S. 51.
186 SMA, U1-16-4289, S. 8: Public Health Department 1929, Kliene's Report.

Anmerkungen

187 Ebd., S. 9.
188 Siehe beispielsweise: SMA, U1-3-652, S. 21–25: Letter from Chas. Kliene to G. M. Mc Kee, Acting Secretary of the SMC, 2. August 1928 oder S. 67–71: Letter from Chas. Kliene to L. C. Harley, Superintendent of Education, 14. September 1931.
189 SMA, U1-3-652, S. 23: Letter from Chas. Kliene to G. M. Mc Kee, Acting Secretary of the SMC, 2. August 1928.
190 Während die englische Sprache in Indien seit Mitte des 19. Jahrhunderts gelehrt und von Intellektuellen gesprochen wurde, dauerte es in China bedeutend länger, bis man sich für ausländische Sprachen und sozialkulturelle Phänomene des Westens zu interessieren begann.
191 *Sketches In and Around Shanghai* (1894), S. 88.
192 Siehe über die Entstehung, Entwicklung und Funktion des Pidgin das Buch von: Hosali, *Butler English* (2000).
193 *All about Shanghai* (1934/35), S. 120ff.
194 Ein Pidgin-Englisch-Vokabelverzeichnis findet sich im Anhang eines der besten und amüsantesten Bücher zu diesem Thema: Leland, *Pidgin-English* (1910), S. 119ff.
195 Leland, *Pidgin-English* (1910), S. 98.
196 Über die Geschichte der Juden in China, insbesondere in Shanghai, sind in den vergangenen Jahren Dutzende Arbeiten veröffentlicht worden. Stellvertretend sollen hier zwei Titel angegeben werden, in denen sich umfassende bibliographische Angaben zu Spezialthemen wie »Kaifenger Juden«, »japanische Judenpolitik«, »jiddische Kultur in China« usw. finden. Siehe: Malek, *Kaifeng ... to Shanghai* (2000) sowie Goldstein, *Jews of China* (1999/2000).
197 Siehe über die Geschichte der sephardischen Juden in China: Meyer, *Sephardi Jewish Community* (1994).
198 Über die Sassoons siehe: Jackson, *Sassoons* (1968); Roth, *Sassoon Dynasty* (1961) oder Lyman, *Jewish Families* (1997).
199 Die Firma Cathay Land Company (im Besitze von E. D. Sassoon and Co.) beispielsweise war verantwortlich für den Bau der Cathay Mansions, des Metropole Hotel, des Embankment House, des Grosvenor House sowie des Hamilton House, einiger der architektonischen Wahrzeichen Shanghais. Zwei der Luxushotels Shanghais, das Cathay-Hotel (Sassoon House) und das Palace Hotel, beide am Bund gelegen, gehörten ebenfalls in den Besitz des sephardischen Unternehmens. Sir Victor Sassoon war es, der in den kritischen Tagen der japanischen Bedrohung im Jahre 1932 dem SMC anbot, zwei Flugzeuge für das Shanghai Volunteer Corps zu stiften, ein Angebot, welches dieser (ähnlich wie 1927) aus politisch-rechtlichen Gründen ablehnte (siehe dazu: SMA U1-3-4322, S. 22f.: Suggested Organization of S.V.C. Air Arm [secret], to the Chairman S.M.C., 1. Februar 1932 sowie Remarks by the Secretary for the Information of Members [confidential], 3. Februar 1932). Sir Jacob Sassoon wiederum zeichnete verantwortlich für den Bau der Ohel Rachel Synagoge (IM, 10. Juni 1938, S. 19), während die zweite Synagoge der sephardischen Juden in Shanghai, Beth Aharon, ein Vermächtnis von Silas Hardoon an die jüdische Gemeinde darstellte. Hardoon war es auch, der 1928 dem SMC das Rathaus abkaufte (Israel's Messenger [IM], 4. Oktober 1929, S. 4). Sir Elly Kadoorie schließlich initiierte das (nicht verwirklichte) »Gartenstadtprojekt«, ein eindrucksvoll anmutendes Vorhaben, gemäß dem eine ganze Stadt – mit Schulen, Universitäten, Spitälern, Theatern, Bankhäusern usw. – im damaligen Palästina zur Auszeichnung des fernöstlichen Judentums innerhalb der Diaspora hätte errichtet werden sollen (IM, 28. September 1924, S. 19).
200 Angaben gemäß Interview mit Saul Nissim, 26. August 2002.
201 Meyer, *Sephardi Jewish Community* (2000), S. 368.
202 Bickers, *Britain* (1999), S. 71.

203 Leslie/Meyer, *Shanghai Society* (1995), S. 47–66.
204 IM, 1. Dezember 1922, S. 10.
205 IM, 7. Dezember 1928, S. 8.
206 IM, 1. April 1934, S. 19.
207 Publiziert in: IM, 29. Oktober 1920, o.S.
208 Sun Yat-sens Brief wurde publiziert in: IM, 4. Juni 1920, o. S.
209 Brief von Sophia Toeg an Israel Cohen, General Secretary of the Zionist Organization, vom 3. Juni 1929, in: Hoover Archives, Sino-Judaic Institute Collection, Box 5.
210 IM, 6. Oktober 1936, S. 7.
211 Vgl. beispielsweise IM, 3. Februar 1924, S. 15 (Anti-Semitism in China); IM, 5. März 1926, S. 9f. (Is Bolshevism a Jewish Cult?); IM, 6. August 1926, S. 8f. (Anti-Semitic Campaign in China); IM, 5. August 1927, S. 13f. (China in the Grip of the Reds); IM, 2. Dezember 1927, S. 7f. (Anti-Semitism in China? – A Local Outrage).
212 Siehe dazu beispielsweise den Artikel unter der Überschrift »Old China and New China – Need for an Entente Cordiale between Great Britain and China« in: IM, 1. April 1927, S. 9f.
213 Siehe etwa den Beitrag »China, Awake! And do your Duty!« in: IM, 6. Mai 1927, S. 7f.
214 »The Yellow Peril« von R. D. Abraham, in: IM, 4. Mai 1906, S. 8f.
215 Siehe beispielsweise den Leserbrief eines gewissen T. W. Loh in CWR, 24. Dezember 1938, S. 105. Unter dem Titel »Ansichten eines chinesischen Nationalisten« notierte ein anderer Artikelschreiber, dass Juden, obwohl sie die amerikanische oder britische Staatsbürgerschaft besäßen, »... cannot forget that they are Jews as well«. (IM, 3. Februar 1924, S. 16).
216 IM, 2. Juni 1933, S. 7. Der gesamte Inhalt dieses Protestschreibens ist abgedruckt in: Kreissler, *Chine* (1989), S. 265–67.
217 IM, 1. Juni 1928, S. 5.
218 Bodley, *Travels* (1934), S. 136.
219 IM, 28. September 1924, S. 19. Gonda, Architekt unter anderem des Kaufhauses Sun Sun sowie des Capitol Buildings, skizzierte auch den Entwurf für das Gartenstadtprojekt im damaligen Palästina. Rabinovich war unter anderem Architekt der 1927 in Hongkou erbauten Ohel Moshe Synagoge, der Doumer Apartments (IM, 22. November 1940, S. 3) sowie in späteren Jahren Baumeister der zur Erinnerung an die aus China stammenden Immigranten erstellten Synagoge in Tel Aviv. Über Rabinovich siehe Krasno, *Strangers* (1992), S. 145–47 und 168f.
220 IM, 1. Juni 1928, S. 9.
221 IM, 5. April 1929, S. 7.
222 Über die russisch-jüdische Bevölkerung in Shanghai siehe: Dicker, *Wanderers and Settlers* (1962), S. 69–73.
223 Wenn im Folgenden von »russischen Juden« die Rede ist, versteht der Verfasser darunter nicht die ethnische Herkunft, sondern die Gesamtheit der Juden des russischen Zarenreichs, also auch etwa baltische Juden oder Juden aus Georgien.
224 Sokolsky, *Jews in China* (1928), S. 455. Siehe auch Kranzler, *Japanese, Nazis & Jews* (1976), S. 58. Befunde zu nicht ganz sauberen Geschäften liefert auch das Studium von Akten der Shanghai Municipal Police SMP (National Archives [NARA], Washington, RG 263). Siehe beispielsweise: NARA, RG 263, SMP: File 4341, File 8217, File 8631.
225 Vgl. beispielsweise: NARA, RG 263, SMP: File 3314, File 3956, File 9341, File 9931.
226 NARA, RG 263, SMP: File 4490.
227 Siehe darüber auch: Wasserstein, *Shanghai* (1998).

ANMERKUNGEN

228 Interview mit der Tochter von Rabbi Ashkenazi, Esther Funk, 9. Juli 2002.
229 Kranzler, *Japanese, Nazis & Jews* (1976), S. 64.
230 Vestnik rossijskogo emigrantskogo komiteta v Shanchaj, No. 2, Februar 1942, in: Hoover Archives, Ron Bulatoff Collection.
231 *Almanach* (1933/34), S. 161–168.
232 Exhibition of Paintings by J. Fein – Catalogue, Shanghai 1942: 31. Mai bis 15. Juni, in: YIVO Institute, Shanghai Collection, RG 243: 506-3.
233 Shanghai Jewish Chronicle, Sonderausgabe vom März 1940, S. 17.
234 IM, 5. April 1929, S. 13 sowie »The Cathay – Magazine and Shopper's Guide«, 16. Juli 1935, in: Hoover Archives, Rena Krasno Collection, Box 2.
235 »The Cathay – Magazine and Shopper's Guide«, 1. März 1934, in: Leo Baeck Institute, David Ludwig Bloch Collection, AR 7199, Box 1, Folder 6.
236 Siehe beispielsweise das Faltblatt des Cathay-Hotels (o. Jg.), in: Hoover Archives, Ron Bulatoff Collection.
237 ORT in China 1941–1947, Shanghai 1947, in: YIVO Institute, Shanghai Collection, RG 243: 506-2
238 Vgl. etwa: Recital by young pupils of Prof. Chao Mei-Pa and Prof. Lazareff: Jean Sung, Zika Goldberg, Amy Chen, 22. Mai 1942, Chinese Y.M.C.A., in: YIVO Institute, Shanghai Collection, RG 243.
239 Vgl. darüber beispielsweise ein Schreiben von Sophia Toeg, Präsidentin der Shanghai Zionist Association, abgedruckt in: IM, 6. Oktober 1936, S. 8.
240 IM, 4. April 1930, S. 16f.
241 IM, 16. Dezember 1921, S. 1 bzw. IM, 3. August 1923, S. 2.
242 IM, 5. Oktober 1934, S. 9.
243 Als Standardwerk zur Geschichte und Existenz der europäisch-jüdischen Flüchtlinge in Shanghai gilt: Kranzler, *Japanese, Nazis & Jews* (1976). Eine neuere, ebenfalls umfassende Publikation in deutscher Sprache ist: Armbrüster/Kohlstruck/Mühlberger, *Exil Shanghai* (2000).
244 *Handbuch* (1938), o. S.
245 Diese Meinung vertraten durchwegs alle der von mir interviewten Flüchtlinge.
246 Siehe über das Studium chinesischer Studenten an Moskaus Sun Yat-sen Universität: Yu, *Sun Yat-sen University* (1995).
247 Leo Baeck Institute, Hertha Beuthner Collection, ME 57, S. 16. Die negativen Eindrücke der Berlinerin Hertha Beuthner bei der Ankunft in Shanghai stellen keinen Einzelfall dar; allerdings formulierten andere Flüchtlinge ihre ersten Shanghai-Erfahrungen in der Regel etwas weniger derb.
248 Leo Baeck Institute, Hans Jacoby Collection, ME 774, S. 6ff.
249 Das »Ghetto Hongkou« wie das »Designated Area for Stateless Refugees« auch genannt wurde (obwohl in der Proklamation weder das Wort »Jude« noch »Ghetto« vorkamen) richtete sich an alle Flüchtlinge, die *nach* 1937 nach Shanghai gelangten, d. h. an alle aus Deutschland beziehungsweise Österreich und der Tschechoslowakei, aus Ungarn, dem früheren Polen sowie aus den baltischen Staaten stammenden Personen ohne Nationalität.
250 So die Betitelung Shanghais durch den Berliner Lehrer, Publizisten und Mitherausgeber der »Zeitschrift für die Geschichte der Juden in Deutschland«, Fritz Friedländer, in: Leo Baeck Institute, Fritz Friedländer Collection, ME 760, S. 168.
251 Siehe: Paul Komors 12 Lebensregeln, in: Shanghai Jewish Chronicle, 4. August 1940, o. S.
252 Merkblatt vom 1. Januar 1939, in: YIVO Institute, Shanghai Collection, RG 243.

Anmerkungen

253 The Shanghai Herald, 29. August 1941, o. S.
254 Bei diesem handelt es sich um den Berliner Journalisten Kurt Lewin, siehe in: Leo Baeck Institute, Fritz Friedländer Collection, AR 7201, Box 1.
255 Dies ist eine Strophe aus dem Gedicht »Kommt einer von ferne«.
256 Tagebuchnotiz von Emmi Friedrichs, in: Leo Baeck Institute, Theodor Friedrichs Collection, ME 160, S. 137.
257 Leo Baeck Institute, Hans Jacoby Collection, ME 774, S. 23. Der in Dresden geborene Maler Jacoby (siehe unten) wohnte bis Februar 1943 außerhalb des »Ghettos« Hongkou in der Concession Française, jedoch in einer durchwegs von Chinesen bewohnten Straße. Der Verweis auf ein chinesisches Visum schafft einige Verwirrung, da zur Einreise nach Shanghai kein solches Zertifikat erforderlich war, wobei allerdings bis heute unter Fachleuten umstritten ist, inwieweit zum Verlassen Deutschlands ein Visum benötigt wurde und in welchem Umfang solche auch vom chinesischen Generalkonsul in Wien ausgestellt wurden. Siehe darüber beispielsweise: Patka, *Feng Shan Ho* (2001), S. 38.
258 Die Gelbe Post, Heft 5, 1. Juli 1939, S. 121.
259 *Adressbuch* (1940), in: Leo Baeck Institute, David Ludwig Bloch Collection, AR 7199, Box 1, Folder 6.
260 »No Refugees« oder »refugees are not desired« hieß es immer öfter in den Inseraten der englischsprachigen Presse: Viele Westler befürchteten, die »Hitler-Flüchtlinge« würden das Image des »weißen Mannes« unter den Einheimischen gefährden. Siehe darüber die Artikel in: The Shanghai Herald, 11. September 1941, o. S. oder das 8-Uhr-Abendblatt, 30. November 1940, S. 5; vgl. über das Verhältnis zwischen den verschiedenen jüdischen Gruppen Shanghais hinsichtlich des Vorwurfs, die Flüchtlinge würden durch ihr Verhalten zu einem Gesichtsverlust der »weißen Rasse« bei den Chinesen führen: Kranzler, *Japanese, Nazis & Jews* (1976), S. 158f. Hingegen fand sich keine chinesischsprachige Zeitung, in deren Spalten Personen aufgrund ihrer Nationalität von einer möglichen Arbeitsstelle ausgeschlossen wurden, siehe: Birman-Report, 16. Januar 1940 (Archiv Kranzler).
261 Der Reiseführer »*All about Shanghai*« (1934/35), S. 118, gibt beispielsweise für 1933 die Zahl von 5715 »abandoned bodies« an, »which are left on vacant lots for collection and burial by benevolent societies«.
262 Der Dresdner Flüchtling Hans Jacoby äußert sich in seinen Aufzeichnungen (er ist darin bei weitem kein Einzelfall) beispielsweise ziemlich abwertend über die sephardischen Juden. »Empörend erscheint die Haltung der zahlreichen und meist recht wohlhabenden arabischen Juden. Die meisten von diesen sind schon in der dritten Generation hier. Sie sind die Nachkommen von Juden, die aus Bagdad einwanderten. Kulturell sind sie lächerlich tiefstehend. Man spricht darüber, wie ihre Vermögen erworben wurden. Der kürzlich verstorbene L. H. (Hardoon – Anm. d. Verf.) hinterließ angeblich $ 700 Millionen, war aber als der größte Geizkragen verschrien und gab angeblich nie in seinem Leben einen Cent für charitative Zwecke. Sir Viktor Sassoon, ein Multimillionär, dem halb Shanghai gehört, beschäftigte kaum eine Handvoll Emigranten in seinen zahlreichen Betrieben. Die sind jetzt alle von den Japanern beschlagnahmt worden, Sir Viktor ist noch zur rechten Zeit verschwunden. Sir Elly Kadoorie und Ellis Hajim sind noch da, englische Bürger. Sir Elly's Sohn Horace ist ein Mann besseren Schlages, er baute eine schöne Schule für die Kinder der Emigranten in Hongkew.« Aus: Leo Baeck Institute, Hans Jacoby Collection, ME 774, S. 92f. Eine ähnliche Meinung wie Jacoby vertrat beispielsweise der Vertreter des American Jewish Joint Distribution Committee (AJDC) nach dem Krieg in Shanghai, Manuel Siegel, in seinem »Report from Shanghai«, 4. November 1945, S. 3f. (Archiv Kranzler). Vgl. auch den Artikel »20 Wochen in Shanghai«, in: Shanghai Woche, 28. Juli 1939, S. 1.
263 Shanghai Woche, 30. März 1939, o. S. (Großbuchstaben im Original).
264 Übersetzt und abgedruckt in: 8-Uhr-Abendblatt, 5. Februar 1942, o. S.
265 YIVO Institute, Shanghai Collection, RG 243.

Anmerkungen

266 The Shanghai Herald, 28. August 1941, o.S.
267 Dies ist die Meinung der überwiegenden Zahl der von mir interviewten ehemaligen Flüchtlinge.
268 Interview mit Michael W. Blumenthal, 8. Juli 2001.
269 Über die Ursprünge und Auswirkungen des Nationalsozialismus in Shanghai siehe: Freyeisen, *Shanghai* (2000).
270 Siehe beispielsweise das Flugblatt »A Warning to all Chinese, Japanese and Gentile Alike: The Chosen People have invaded Shanghai!«, 1939 (Archiv Tokayer); oder der eine antijüdische Rede von Wang Jingwei zusammenfassende Beitrag über »Jüdische Charaktereigenschaften« (Youtairen xingge) in der Shanghaier Tageszeitung »Sin Wan Pao« (Xinwen bao) vom 15. Februar 1943, S. 3.
271 Zitiert in: Spence, *Search for Modern China* (1990), S. 402.
272 Owen Lattimore, einer der bekanntesten China-Kenner und politischer Berater von Chiang Kai-shek, berichtete, dass zwei amerikanische Verkehrsexperten jüdischer Herkunft China besucht hätten und die chinesische Seite sich überrascht darüber gezeigt habe, dass die amerikanische Regierung Vertreter eines niedrigeren Status ins Reich der Mitte gesandt habe, was sie sich nur damit habe erklären können, »that the United States also regarded China as an inferior country«. (Memorandum of talk between Mr. Landau and Owen Lattimore, 5. Mai 1942, AJDC – Archiv Kranzler).
273 Schreiben des Präsidenten der jüdischen Gemeinde Shanghais, Sigmund Fischel, an Chinas Präsidenten, in: Shanghai Echo, 31. Oktober 1946, S. 1.
274 Die Neue Zeit, 12. Februar 1946, S. 1.
275 NCDN, 17. Dezember 1945, o. S. Die Verordnung wurde auf Druck des Auslandes allerdings nicht unmittelbar und in abgeschwächter Form durchgeführt.
276 Shanghai Echo, 28. April 1946, S. 2.
277 Einige der von mir interviewten Flüchtlinge sprachen von kleineren Zusammenstößen mit chinesischen Jugendlichen nach dem Ende des Zweiten Weltkrieges, spontanen Aktionen der Unzufriedenheit, welche die Emigranten als Manifestationen im Zuge der allgemein verbreiteten Stimmung »Asien den Asiaten« einstuften. Streitereien zwischen Flüchtlingen und Chinesen hatten auch damit zu tun, dass die Flüchtlinge in Hongkou Wohnungen belegten, die vor der Zuweisung des »Designated Area« chinesischen Familien gehörten. Und schließlich wollten viele Chinesen nicht einsehen, weshalb die jüdischen Flüchtlinge in den Genuss von UNO-Hilfsmitteln im Rahmen des UNRRA-Programmes für China (1945–1948) gelangen sollten.
278 Shanghai Echo, 5. Mai 1946, S. 3.
279 Letter No. 351 from AJDC Shanghai to AJDC New York vom Dezember 1948 (Archiv Kranzler). Aus Peking wurde im gleichen Jahr von einer muslimischen antijüdischen Demonstration berichtet, auf der auch Pekings Bürgermeister eine Rede hielt (NCDN, 14. Juni 1948, o. S.)
280 Die Laterne, 21. Juni 1941, S. 3.
281 Die Gelbe Post, 1. Mai 1939, S. 2.
282 Shanghai Echo, 11. November 1946, S. 4.
283 Die Gelbe Post, 1. Juli 1939, S. 100f.
284 Tuchman, *Sand gegen den Wind* (1988), S. 13.
285 8-Uhr-Abendblatt, 29. September 1940, S. 3.
286 8-Uhr-Abendblatt, 19. September 1940, S. 3.
287 *Almanac* (1946/7), S. 85.
288 Siehe beispielsweise: Bodley, *Travels* (1934), S. 143 bzw. 171.

289 Shanghai Journal – Die Neue Zeit, 2. Februar 1946, S. 4.
290 Abgedruckt in: Shanghai Jewish Chronicle, 14. Januar 1941, o. S.
291 Siehe beispielsweise: Shanghai Jewish Chronicle, 29. Dezember 1940, S. 7 oder vom 11. Mai 1941, o. S.
292 Die Neue Zeit, 27. Oktober 1946, o. S.
293 Publiziert in: IM, 3. November 1933, S. 9.
294 Siehe darüber: Kranzler, *Japanese, Nazis & Jews* (1976), S. 169–266, oder noch aktueller: Altman, *Controlling the Jews* (2000), S. 279–317.
295 Plan for the Immigration of Central European Immigrants into China submitted by Mr. Jacob Berglas, Cathay Hotel, Shanghai, June 15, 1939, in: AJDC-Archiv, Catalogue/Record Group: 1933–1944, File: 458. Die »New York Herald Tribune« publizierte am 21. Juni 1939 einen Artikel über den Plan; die »Shanghai Woche« am 23. Juni 1939 sowie »The China Weekly Review« am 22. Juli 1939.
296 YIVO Institute, HIAS-HICEM, RG 245.4 (Note: Relative to proposals made by the General Consul of China in Paris about Jewish immigration to the south-western region of that country, strictly confidential, April 27, 1939). Die HICEM ist die 1927 mit Sitz in Paris gegründete Vereinigung der jüdischen Emigrantenhilfsorganisationen HIAS (Hebrew Immigrant Aid Society, New York), JCA (Jewish Colonization Association, Paris) und EMIDIRECT (Vereinigtes Komitee für jüdische Auswanderung, Berlin).
297 Ebenda, S. 2.
298 Department of State – Memorandum of Conversation, 31. August 1939 and Copy of Letter to Dr. Hu Shi, Chinese Ambassador to the USA, by Maurice William of the American Bureau for Medical Aid to China, 31. Mai 1939 (Archiv Kranzler).
299 Text of a Telegraphic Message From the Ministry of Foreign Affairs, Chungking, May 6, 1939 (Archiv Kranzler).
300 Brief von Sir Lawrence Kadoorie an Mr. A. Frieder, The S. Frieder & Sons Co., Manila, vom 2. August 1939 aus Hongkong sowie Brief von Sir Victor Sassoon vom 5. August 1939 an Mr. Landau, New York, beide in: AJDC-Archiv, Catalogue/Record Group: 1933–1944, File: 458.
301 Die Mir Jeschiwa, benannt nach dem Städtchen Mir im heutigen Weißrussland, umfasste mehr als die Hälfte aller polnischen Flüchtlinge in Shanghai, nämlich etwa 500 Personen. Über die polnisch-jüdischen Flüchtlinge siehe: Fiszman, *Shanghai* (1992).
302 Kurt Rudolf Fischer, in späteren Jahren Philosophieprofessor an der Wiener Universität, notierte in seinen »Shanghaier-Erinnerungen«: »Was nun die Intelligenz unter den Emigranten betrifft, so wäre Folgendes zu sagen: Prominente gab es keine, wie schon erwähnt. In dieser Sparte kann Shanghai nicht mit den USA oder England verglichen werden, aber auch nicht einmal mit Skandinavien oder Südamerika.« (Fischer, *Shanghai* [1987], S. 489).
303 Diese Feststellung soll die Notlage der »Ghettobewohner« keineswegs leugnen, im Gegenteil. Gerade unter den Bedürftigsten befanden sich Journalisten, die die schwere Zeit in Shanghai nicht überlebten.
304 Es darf nicht vergessen werden, dass selbst nach der Errichtung des »Designated Area« im Frühjahr 1943 noch immer ungefähr 100.000 Chinesen im gleichen Gebiet lebten, das den jüdischen Flüchtlingen zugewiesen worden war. Siehe: Kranzler, *Japanese, Nazis & Jews* (1976), S. 491.
305 Hinzelmann, *O China* (1948), S. 83–100.
306 In Interviews mit Flüchtlingen ist häufig von Erpressungsversuchen von Behörden oder ehemaligen Compradores die Rede, indem eine Ausreise erst dann gestattet wurde, wenn eine bestimmte Geldsumme bezahlt oder ganze Betriebe ohne Entschädigung an den chinesischen Staat überschrieben und gar noch zusätzliche Strafsummen (»Wiedergutmachung für die Ausbeutung von Chinesen während der Kolonialzeit«) bezahlt wurden.

ANMERKUNGEN

307 Brief von R. D. Abraham an David Marshall [private and confidential] vom 25. Juni 1956, in: AJDC-Archiv, Catalogue/Record Group: 1933–1944, File: 474. Abraham fügte eine Liste bei, aus der ersichtlich ist, dass von den 543 Personen mehr als 400 Juden die sowjetische Staatsbürgerschaft besaßen, jedoch nicht vorhatten, in ihre ehemalige Heimat zurückzukehren.
308 Silverstein, *Marshall* (1978), S. 653.
309 AJDC-Archiv, Folder: China General (1965–1989).
310 Bodley, *Travels* (1934), S. 135 bzw. *All about Shanghai* (1934/35), S. 43.
311 *All about Shanghai* (1934/35), S. 145.
312 Siehe beispielsweise in: Peking Post, 14. Januar 1910, S. 8.
313 So zitiert in: Holmes, *Peking* (1998), S. 51.
314 Clifford nennt für das Jahr 1920 eine Anzahl von 8700 Ausländern in Tianjin (Clifford, *Spoilt Children* [1991], S. 7), wobei die Hälfte Japaner waren; Cook's Guide to Peking (1924), S. 96, gibt die Zahl von 6000 für 1924 an, und Bickers schließlich erwähnt für 1938 die Zahl von 5400 Ausländern (Bickers, *Britain* [1999]), S. 137).
315 Holmes, *Peking* (1998), S. 48f.
316 Bodley, *Travels* (1934), S. 157. Das Zitat von Kirtland findet sich in: Kirtland, *Worth While* (1926), S. 128.
317 Johnston/Erh, *Far from Home* (1996), S. 66.
318 Scidmore, *China* (1900), S. 29.
319 Freeman-Mitford, *Attache at Peking* (1900), S. 50ff.
320 Bodley, *Travels* (1934), S. 156.
321 Johnston/Erh, *Far from Home* (1996), S. 70f.
322 Bodley, *Travels* (1934), S. 154.
323 Bickers, *Britain* (1999), S. 138.
324 Siehe über das Kolportieren negativer China-Bilder jener Zeit in: Bickers, *Britain* (1999), S. 43ff.
325 Die Story vom »Tientsin ghost« wird wiedergegeben in: Scidmore, *China* (1900), S. 27f.
326 Siehe etwa einen Artikel in: Peking & Tientsin Times, 28. Februar 1927, o. S. Eine ungewöhnlich ausdrucksvolle Beschreibung einer öffentlichen Exekution in Peking, allerdings um 1865 herum, liefert: Freeman-Mitford, *Attache at Peking* (1900), S. 193ff.
327 Bodley, *Travels* (1934), S. 199.
328 Die israelische Historikerin Irene Eber nennt eine Zahl von 2500 (ohne Jahresangabe), in: Eber, *Passage* (1986), S. X. Beim chinesischen Akademiker Fang Jianchang findet sich (beruhend auf einer amerikanischen Quelle) für das Jahr 1935 eine Zahl von 3500, in: Fang, *Youtairen shi* (2000), S. 255. Ein Augenzeuge im Jahre 1933 notiert etwas mehr als 2000 Personen (in: American Hebrew, 24. März 1933, S. 321). Über die Tianjiner Juden erschien in China ein Bildband: Song, *Jews in Tianjin* (2004).
329 Shluger Forman/Morris Schwartz, *Tientsin* (1975), S. 9f. Diese Behauptung findet sich aus verständlichen Gründen an keiner anderen Stelle. Die beiden Autorinnen, beide in Tianjin geboren, gelangten über zahlreiche Interviews zu diesem Ergebnis. Gemäß Aussage von Befragten befanden sich jüdische Bordelle vor allem in der Fuchow Road sowie der Dickinson Road. Die Betreiber dieser Freudenhäuser seien sowohl von ihren eigenen Glaubensbrüdern wie von anderen Ausländern geächtet worden.
330 Von zwei solchen Schicksalen wird berichtet in: Shluger Forman/Morris Schwartz, *Tientsin* (1975), S. 8f.
331 Zitiert in: Shluger Forman/Morris Schwartz, *Tientsin* (1975), S. 11.
332 Zum Alltagsleben der Juden von Tianjin, siehe: Shluger Forman/Morris Schwartz, *Tientsin* (1975), S. 17ff.
333 Shluger Forman/Morris Schwartz, *Tientsin* (1975), S. 5.

334 Ebd., S. 14.
335 Peking & Tientsin Times, 27. Oktober 1931, o. S. Der Beitrag mit dem Titel »The New Jewish Settlements in China« wurde verfasst aufgrund einer Rede von Lazar Epstein, dem Vater Israel Epsteins (siehe unten).
336 Fang Jianchang beispielsweise listet die Fächer auf, welche an der jüdischen Schule von Tientsin unterrichtet wurden. Das Angebot reicht von jüdischer Geschichte über russische Sprache hin zu Algebra. Unterrichtssprache war Englisch. Siehe in: Fang, *Youtairen shi* (2000), S. 257. Israel Epstein, in Tianjin aufgewachsen, vermerkt, dass in den Schulen der Konzessionsmächte kaum etwas über China, dessen Kultur oder Sprache vermittelt wurde (Epstein, *Jew* [2000], S. 89).
337 Ye Olde Grammarian, Vol. I, No. 1, August 1935, S. 10, in: Hoover-Archives, Ben Levaco Collection, Box 2. Eine andere Antwort auf die gleiche Frage lautete: «The Emperor Chiang Kai-shek, the Empress, and the Prime Minister».
338 Johnston/Erh, *Far from Home* (1996), S. 67.
339 Oudendyk, *Diplomacy* (1939), S. 203f.
340 Rasmussen, *Tientsin* (1925), S. 263.
341 Peking & Tientsin Times, 26. September 1902, o. S.
342 Epstein, *Jew* (2000), S. 89.
343 So der Ausspruch des Vaters einer 1929 in Tianjin geborenen russischen Jüdin, Isa Zimmerman; siehe in: Maynard, *China Dreams* (1996), S. 22.
344 Brief von L. Gershevich an L. Weinschenker, Vorsitzender des Fur Trade Boycott Committee in New York, vom 18. Oktober 1935, in: YIVO Institute, Leo Gershevich Collection, RG 273, Box 2.
345 Tientsin Hebrew Association – Coronation Day. 12. Mai 1937, in: YIVO Institute, Leo Gershevich Collection, RG 273, Box 1.
346 Siehe über die Behandlung der Juden in Tianjin durch die Japaner in: Fang, *Youtairen shi* (2000), S. 259ff. Der damalige Vertreter der jüdischen Gemeinde Tianjins und gleichzeitige Ansprechpartner der Japaner, Zelig Belokamen, wurde in späteren Jahren Honorarkonsul Israels in Südkorea.
347 Zitiert in: Shluger Forman/Morris Schwartz, *Tientsin* (1975), S. 26.
348 Anonymer Brief aus Tianjin (möglicherweise von Lasar D. Epstein) an Leo Gershevich, der bereits in die USA emigriert war, vom 28. Juli 1946, in: YIVO Institute, Leo Gershevich Collection, RG 273, Box 6.
349 Die Geschichte von Marcel Leopold liegt noch weitgehend im Dunkeln. Leopold desertierte angeblich während des Ersten Weltkrieges aus der französischen Armee und verschaffte sich aufgrund falscher Angaben einen schweizerischen Pass in Tianjin. Sein Reichtum – so wird behauptet – gründete auf betrügerischen Machenschaften, vermutlich Schmuggel. Siehe über Leopold in: Fang, *Youtairen shi* (2000), S. 264, oder in: Johnston/Erh, *Far from Home* (1996), S. 72f.
350 Letter from A. H. Fuchs, Hon. Secretary of the Tientsin Hebrew Association, to Mr. V. J. Zirinsky, 22. November 1955, in: AJDC-Archiv, Catalogue/Record Group: 1933–1944, File: 474.
351 Holmes, *Peking* (1998), S. 50.
352 U.S. Department of Commerce. Treaty Ports of China, in: Johnston/Erh, *Far from Home* (1996), o. S. Später stieg die Zahl auf knapp einhundert Vertragshäfen.
353 Siehe dazu beispielsweise: Bickers, *Britain* (1999), S. 74ff.
354 Zitat eines Old China Hand in: Fairbank, *Trade and Diplomacy* (1964), S. 161.
355 Haupt, *Tsingtao* (1927), S. 46f.
356 Johnston/Erh, *Far from Home* (1996), S. 95.

Anmerkungen

357 Fang, *Youtairen shi* (2000), S. 266. Die ersten Juden Qingdaos stammten aus Deutschland. Es handelte sich zumeist um Kaufleute, Bankangestellte und Diplomaten. Nach der Oktoberrevolution allerdings stellten die russischen Juden die Mehrheit in der jüdischen Gemeinde von Qingdao dar.

358 Haupt, *Tsingtao* (1927), S. 10f.

359 *Tsingtao* (1937), S. 1f.

360 Future (published by the Shanghai Jewish Youth Community Center), Vol. 1, September 1947, No. 8, S. 20.

361 Zitiert in: Johnston/Erh, *Far from Home* (1996), S. 101.

362 Cook's Guide to Peking (1924), S. 100.

363 Zitiert aus: What Days and Nights are alike in Peitaiho, in: The Grammarian. Autumn Term 1931, Vol. 1, No. 5 (Hoover Archives, Ben Levaco Collection, Box 1).

364 Bickers, *Britain* (1999), S. 92.

365 Bodley, *Travels* (1934), S. 189. Über die Gräfin Ciano und ihre Präsenz in Beidaihe beziehungsweise deren Affäre mit Zhang Xueliang, dem jungen Marschall, berichtet die Frau von Wellington Koo in: Koo, *Autobiography* (1943), S. 238–240. Wellington Koo galt zu seiner Zeit als einer der brillantesten politischen Köpfe, die China je besaß. Während des Zweiten Weltkrieges war Koo Botschafter der nationalistischen Regierung in Paris (1936–41) und London (1941–46), danach Vertreter der Republik China in den USA (1946–56).

366 Johnston/Erh, *Near to Heaven* (1994), S. 11.

367 Ebd., S. 13.

368 *Northern China* (1912), S. 251. Manzhouli gehört heute geographisch betrachtet zur autonomen Region Innere Mongolei und nicht zur Provinz Heilongjiang.

369 Kirtland, *Worth While* (1926), S. 113.

370 Lattimore, *Manchuria* (1935), S. 41ff.

371 Siehe über seine Erfahrungen in: Oudendyk, *Diplomacy* (1939), S. 88ff.

372 Colquhoun, *China* (1900), S. 217.

373 Über die Eroberung Sibiriens sowie die Entdeckung Asiens durch Russland siehe: Kotkin/Wolff, *Russia in Asia* (1995). Dieser Sammelband bietet zusätzlich reiche bibliographische Angaben zu diesem Thema.

374 Zitiert aus: Karlinsky, *Chekhov* (1973), S. 167.

375 Standaert, *Christianity* (2000), S. 367.

376 Timkovskii, *Travels* (1827).

377 Alekseev, *China* (1989).

378 Zur Entwicklung der russischen Sinologie seit dem 18. Jahrhundert siehe: Wolff, *Harbin* (1999), S. 181ff.

379 Quested, *Imperialists?* (1982).

380 Eine der besten Dokumentationen zur CER findet sich in: *North Manchuria and the Chinese Eastern Railway* (1982).

381 Obwohl die UdSSR und China in diesem Abkommen vom Mai 1924 – unterzeichnet von Lew M. Karachan auf sowjetischer und von Wellington Koo auf chinesischer Seite – die Aufnahme diplomatischer Beziehungen vereinbarten, behielt Moskau nach wie vor die Schlüsselkontrolle über die CER. Allerdings wurde der chinesischen Seite eine begrenzte »Mitverwaltung« in Aussicht gestellt. Siehe den Text des Abkommens in: Eudin/North, *Soviet Russia and the East* (1957), S. 247f. Ein ähnliches Abkommen unterzeichnete Moskau mit Marschall Zhang Zuolin, der zu jenem Zeitpunkt faktisch die Kontrolle über die Mandschurei ausübte.

382 Über die verschiedenen Bauvorhaben und späteren Linienführungen, siehe: Spence, *Search for Modern China*, (1990), S. 251ff. sowie S. 328f.

ANMERKUNGEN

383 Leo Baeck Institute, Hertha Beuthner Collection, ME 57, S. 9.
384 Wenn im Folgenden von »Chinesen« die Rede ist, sind damit nicht ausschließlich Hanchinesen gemeint. Bereits gegen Ende des 19. Jahrhunderts machten »reine« Mandschus nur noch etwa 5 % der Bevölkerung der Mandschurei aus (Colquhoun, *China* [1900], S. 200).
385 Siehe darüber die Schilderung eines französischen Konsularbeamten aus dem Jahre 1903, zitiert in: Wolff, *Harbin* (1999), S. 9.
386 »Russe« oder »russisch« meint im Folgenden nicht die Nationalitätszugehörigkeit (»russkije«), sondern subsumiert die Angehörigen der unterschiedlichsten Völker des gesamten russischen Imperiums, also Tataren, Griechen, Armenier, Juden usw.
387 Carter, *Harbin* (1998), S. 15ff.
388 Siehe über die Zahlen: Carter, *Harbin* (1998), S. 32, beziehungsweise Shickman-Bowman, *Chinese Eastern Railway* (1999), S. 188.
389 Quested, *Imperialists?* (1982), S. 25.
390 Zitiert in: Quested, *Imperialists?* (1982), S. 44.
391 Ebd., S. 97f. Quested berichtet von Fällen, in denen russische Truppen Chinesen ausraubten oder sogar gewalttätig wurden. Einige Soldaten sollen der Meinung gewesen sein, dass die »Chinesen keine Seele besäßen«. (S. 124).
392 Zur Geschichte der Sojabohne und ihrer Verbreitung über die Grenzen der Mandschurei hinaus siehe Wolff, *Bean* (2001), S. 241ff.
393 Vgl. etwa Beveridge, *Russian* (1903), S. 16 und 32; Baring, *Manchuria* (1905), S. 47; siehe eine Reihe von Beispielen in: Quested, *Imperialists?* (1982), S. 125ff.
394 Beveridge, *Russian* (1903), S. 16; Lattimore, *Manchuria* (1935), S. 247.
395 Times (London), 22. Oktober 1902, S. 3.
396 Lattimore, *Manchuria* (1935), S. 247.
397 Das Bild der Badenixe findet sich in: Lahusen, *Harbin* (2001), S. 77; die Aufnahme mit dem Titel »Another picture of the Prince at Harbin« in: Hoover Archives, Frederick E. Fuhrman Collection.
398 Interview mit Gregory Großman, 22. August 2002. Das chinesische Pidgin-Russisch wurde von europäischen Flüchtlingen deshalb »moja-twoja« genannt, weil im Allgemeinen das russische Possessivpronomen anstelle des Personalpronomens verwendet wurde.
399 Beveridge, *Russian* (1903), S. 253.
400 Elemente aus dem chinesischen Pidgin-Russisch finden sich bei Dialogen mit Einheimischen aus Sibirien immer wieder in russischen Reisebeschreibungen. Über die komplizierte Abgrenzung des chinesischen Pidgin-Russisch zu lokalen sibirischen Dialekten sowie ihre gegenteilige Beeinflussung siehe: Nichols, *Siberian Native* (1993), S. 185–213. Als eine der bekanntesten Reiseschilderungen, die auch die Problematik des Pidgin-Russisch behandelt, gilt der Bericht des russischen Offiziers Wladimir Arsenjew unter anderem über seine Beziehung zum Taigajäger Dersu Usala (Arsenjew brach 1902 zu einer Expedition ins unwegsame Grenzgebiet am Ussuri auf). Obwohl beide Akteure gegensätzliche Weltanschauungen vertreten, verfügen sie über die wunderbare Gabe, die Kultur des andern zu respektieren. Die Kombination von wissenschaftlichem Reisebericht und Abenteuerroman wirft zudem ganz allgemein das Thema der Begegnung zwischen östlicher und westlicher Zivilisation auf. Dersu Usala, auch Name eines 1975 durch den japanischen Regisseur Akira Kurosawa gedrehten Films, leistete den Russen als Pfadfinder auf ihrer Reise ins chinesisch-russische Grenzgebiet wertvolle Dienste. Siehe: Arsenjew, *Dersu Usala* (2003).

ANMERKUNGEN

401 Nichols, *Pidgin* (1986), S. 240. Über einige grammatikalische Grundregeln des chinesischen Pidgin-Russisch siehe Nichols, *Pidginization* (1980), S. 398f. Hinsichtlich des Verhältnisses zwischen Russen und Chinesen ist etwa interessant, dass statt des Infinitivs zumeist der Imperativ verwendet wurde.

402 Baring, *Manchuria* (1905), S. 47.

403 Quested, *Imperialists?* (1982), S. 137. Den Ausdruck »kuss-kuss« hatten russische Armeeangehörige in Turkestan aufgeschnappt.

404 The National Geographic Magazine, Vol. XV, 1904, S. 113.

405 Siehe etwa: Clausen/Thogersen, *Making of a Chinese City* (1995).

406 Putnam Weale, *Manchu and Muscovite* (1907), S. 141, 147.

407 Wolff, *Russia Finds Its Limits* (1995), S. 40.

408 Wolff, *Harbin* (1999), S. 92. Für dasselbe Jahr schätzte der russische Kommunalstatistiker Harbins die Zahl von 45.000 Einwohnern in der Chinesenstadt Fujiadian.

409 Quested, *Imperialists?* (1982), S. 93, sowie das Zitat des britischen Konsuls S. 262.

410 Über die architektonischen Schöpfungen des Westens in Harbin siehe: Johnston/Erh, *Far from Home* (1996), S. 12–38.

411 Die Fotografie mit dem Pferdeschlitten sowie die japanische Postkarte finden sich in: Lahusen, *Harbin* (2001), S. 117 bzw. 77; die chinesische Karte aus dem Jahre 1901 in: Wolff, *Harbin* (1999), Illustration section.

412 Putnam Weale, *Manchu and Muscovite* (1907), S. 149.

413 Lahusen, *A Place Called Harbin* (1998), S. 404.

414 Zitiert in: Quested, *Imperialists?* (1982), S. 200.

415 Quested, *Imperialists?* (1982), S. 281.

416 Die »Peking & Tientsin Times« etwa betitelte in ihrer Ausgabe vom 30. Oktober 1920 ein Editorial mit »Die Abschaffung der Exterritorialität: barbarisches Verhalten der Chinesen«.

417 Diverse Beispiele werden zitiert in: Carter, *Harbin* (1998), S. 173ff. Beizufügen ist, dass die Russen in Harbin ihre Rechte vollständig verloren hatten (die Sowjetregierung verzichtete 1924 formell auf ihre Rechte in China), während die meisten anderen westlichen Ausländer zumindest noch über exterritoriale Rechte verfügten und nicht von einem chinesischen Gericht belangt werden konnten.

418 Siehe dazu ausführlich: Carter, *Harbin* (1998), S. 192ff.

419 Hong, *Harbin* (1986), S. 124f. Auf dieses Buch stieß ich dank Thomas Lahusen.

420 Quested, *Imperialists?* (1982), S. 127. In ihrem Falle handelte es sich um einen russischen Ingenieur der CER, der gemäß chinesischem Ritus geheiratet hatte. Zum gleichen Resultat wie Quested gelangt Tess Johnston, die in ihrer Bildersammlung eine einzige Aufnahme einer gemischten Ehe findet (Johnston/Erh, *Far from Home* [1996], S. 32).

421 Die russischsprachigen Einwohner Harbins (»Harbinzy«) leben heute verteilt über die ganze Welt, von Amerika über Australien bis nach Israel. Die größten Zentren zur Erforschung der russischen Geschichte Harbins befinden sich in Kalifornien und Toronto.

422 Zu dieser Einschätzung auch: Quested, *Imperialists?* (1982), S. 270.

423 Unter den mehr als ein Dutzend jüdischen Zeitungen Harbins existierte lediglich eine in jiddischer Sprache, nämlich »Der Weiter Misroch« (»Der Ferne Osten«), der Rest wurde in russischer Sprache publiziert. Allerdings gaben in einer Umfrage aus dem Jahre 1897 97 % der Befragten Jiddisch als ihre Muttersprache an (Wolff, *Harbin* [1999], S. 102 bzw. 222). In den folgenden Jahren ging jedoch der Trend deutlich zum Gebrauch des Russischen hin.

424	Bakich, *Charbin* (1994), S. 307. Gemäß Bakich, selbst in Harbin geboren und später an der Universität von Toronto lehrend, lebten 1929 in Harbin (ohne Fujiadian) ungefähr 160.000 Menschen, davon knapp 100.000 Chinesen und 60.000 Russen (wobei davon wiederum die eine Hälfte aus sogenannten Weißrussen bestand, die andere aus solchen, die die sowjetische Staatsbürgerschaft angenommen hatten). Die Anzahl der Russen nahm in der zweiten Hälfte der 1930er Jahre im Gefolge der japanischen Expansionspolitik ab, bis sie sich um 1941 auf ungefähr 30.000–40.000 verringert hatte.
425	Die Zahlen stammen aus: Wolff, *Harbin* (1999), S. 96. Irene Eber setzt die Zahl etwas höher an: Für 1908 nennt sie eine Anzahl von 8000 in Harbin lebender Juden (Eber, *Passage* [1986], S. XI).
426	Diese Zahl wird genannt in: Shickman-Bowman, *Chinese Eastern Railway* (1999), S. 191.
427	Zitiert in: Quested, *Imperialists?* (1982), S. 266f. und Wolff, *Harbin* (1999), S. 104. Allerdings soll diese »Regel« der Nichteinstellung von Juden und Polen im Dienste der CER nur bis zum Beginn des Ersten Weltkrieges gegolten haben.
428	In seiner Abhhandlung zur jüdischen Geschichte der Stadt berichtet David Wolff von einem einzigen Fall, in dem die chinesische Handelskammer – wohl als Resultat russischer Propaganda – in antisemitische Aktivitäten verwickelt war (siehe: Wolff, *Harbin* [1999], S. 100f.).
429	Cohen, *Journal* (1925), S. 171.
430	Menquez, *Growing Up Jewish* (2000), S. 76.
431	Bresler, *Harbin's Jewish Community* (1999), S. 201.
432	Über die Identität Harbins als »Bastion der weißen Emigration« siehe: Bakich, *Emigré Identity* (2001), S. 51–78. Die Stadt beherbergte in den 1920er Jahren für mehr oder weniger lange Zeit einige der illustren Führer der weißrussischen Bewegung, wie etwa Admiral A. W. Koltschak oder Ataman G. M. Semjonow.
433	Über das Leben und Schaffen des vielseitigen Dichters und Übersetzers, der schließlich in Brasilien seine letzte Wirkungsstätte fand, siehe: Hinrichs, *Valerij Perelesin* (1987).
434	Menquez, *Growing Up Jewish* (2000), S. 78.
435	Berton, *Cultural Life in Harbin* (o. J.), o. S.
436	Bakich, *Charbin* (1994), S. 327.
437	Menquez, *Growing Up Jewish* (2000), S. 74.
438	Interview mit Gregory Grossman, 22. August 2002.
439	So gemäß den Memoiren des polnischen Konsuls in Qiqihar, zitiert in: Lahusen, *Fu Manchu* (2001), S. 145.
440	Fogel, *Harbin* (1992), S. 3.
441	Zur jüdischen Presse in Harbin, aber auch in Shanghai und Tianjin siehe: Löwenthal, *Religious Periodical Press* (1940), S. 262ff.
442	Jewreiskaja shisn, 20. Mai 1927, o. S.
443	Jewreiskaja shisn, 6. Februar 1927, o. S.
444	Needham, *Within the Four Seas* (1969), S. 11f.
445	Menquez, *Growing Up Jewish* (2000), S. 75.
446	Bertrand, *L'Asie Troublée* (1937), S. 67f.
447	Acton, *Memoirs* (1985), S. 272.
448	De Croisset, *Wounded Dragon* (1937), S. 155 und 206.
449	Lahusen, *Fu Manchu* (2001), S. 149.
450	Dicker, *Wanderers and Settlers* (1962), S. 29.
451	Fairbank, *Trade and Diplomacy* (1964), S. 462.

ANMERKUNGEN

452   Shickman-Bowman, *Chinese Eastern Railway* (1999), S. 192ff.
453   Vgl. dazu das Kapitel »Manipulated by the Japanese«, in: Altman, *Controlling the Jews* (2000), S. 305ff. Über das Verhältnis zwischen Juden und Japanern während des Zweiten Weltkrieges siehe auch: Tokayer/Swartz, *Fugu Plan* (1996).
454   Jewreiskaja shisn, Nr. 8, 1938, S. 18f., zitiert in: Altman, *Controlling the Jews* (2000), S. 307.
455   Bresler, *Harbin's Jewish Community* (1999), S. 211. Der sowjetische Geheimdienst NKWD hatte bereits früher, im Jahre 1937, einen Befehl erlassen, wonach sogenannte »Harbinzy« – hier als Bezeichnung für in die UdSSR zurückgekehrte Personen aus Harbin gemeint – liquidiert werden müssten. Siehe dazu: Moustafine, *Harbin Files* (2002), S. 203ff. Bei Kaufman, einem ursprünglich zum Arzt ausgebildeten russischen Juden, kam hinzu, dass dieser während des Bürgerkriegs unter Admiral Koltschak, einem der Heerführer der weißen Truppen, Dienst tat (siehe: Cohen, *Journal* [1925], S. 176).
456   Moustafine, *Harbin Files* (2002), S. 265f. Moustafine, selbst in Harbin als Kind von Eltern mit tatarischer, russischer und jüdischer Herkunft geboren, beschreibt in ihrem Buch unter anderem die Geschichte ihres Großonkels Abraham, der sich häufig geschäftlich in der Mandschurei aufhielt und in den 1930er Jahren zu einem Agenten des sowjetischen Geheimdienses NKWD ausgebildet wurde.
457   Mehnert, *Peking und Moskau* (1964), S. 265.
458   Siehe über die Argumentationsweise dieser chinesischen Kreise: Lahusen, *A Place Called Harbin* (1998), S. 406f.
459   Fang Jianchang notiert, dass sich insbesondere unter den sowjetischen Konsulatsangehörigen in Manzhouli und Haila'er nicht wenige Juden befunden hätten (Fang, *Youtairen shi* [2000], S. 231). Allerdings unterlaufen ihm in seinem Beitrag einige Patzer, etwa der, dass der sowjetische stellvertretende Außenminister und China-Kenner Lew M. Karachan Jude gewesen sei (Karachan entstammte in Wirklichkeit einer reichen armenischen Familie).
460   Fairbank, *Geschichte des modernen China* (1991), S. 13.
461   Siehe dazu: Pye, *China's Nationalism* (1993), insbesonders das Kapitel »The Maligned Treaty-Port Chinese«, S. 115ff.
462   Sun hatte bereits nach dem Tod Yuan Shikais im Jahre 1916 in Kanton eine Militärregierung mit einem Rumpfparlament und ihm selbst als Führer gegründet. Doch entzogen ihm die Militärs bald ihre Unterstützung, und er sah sich im Mai 1918 genötigt, die Guangzhou-Regierung zu verlassen.
463   Zur Geschichte der Verbindungen zwischen der 1919 von Lenin zum Zwecke der Weltrevolution gegründeten Komintern und der Guomindang bzw. zur Geschichte und Entwicklung des sowjetischen Einflusses in China gibt es eine Fülle an Literatur. Genannt seien hier einige der umfangreichsten Werke: Eudin/North, *Soviet Russia* (1957); Wilbur/How, *Soviet Advisors* (1972); Wilbur/How, *Missionaries of Revolution* (1989); zu den Ursprüngen der ersten Einheitsfront zwischen GMD und der KP Chinas siehe: Saich, *Origins* (1991); zum Aufstieg der Kommunistischen Partei Chinas: Brandt/Schwartz/Fairbank, *Chinese Communism* (1952), Schwartz, *Chinese Communism* (1951) sowie Saich, *Chinese Communist Party* (1996). Besonders wertvolle Dokumente stellen russische Quellen dar, die im Zuge der Öffnung von Archiven in Moskau publiziert und auch ins Deutsche übersetzt wurden: Leutner/Titarenko, *National-revolutionäre Bewegung in China* (1996 bzw. 1998). Die von Wilbur/How publizierten, faszinierende Einblicke in das »chinesische« Leben der russischen Berater gebenden Dokumente sind anlässlich des Überfalls von Truppen des Kriegsherrn Zhang Zuolin auf die sowjetische Botschaft in Peking im April 1927 sichergestellt worden.
464   Jacobs, *Borodin* (1981), S. 111.

465 Dessen Wortlaut wird zitiert in: Eudin/North, *Soviet Russia and the East* (1957), S. 141.
466 Fairbank, *Geschichte des modernen China* (1991), S. 215.
467 Wilbur/How, *Missionaries of Revolution* (1989), S. 13.
468 Allerdings muss erwähnt werden, dass auch die »sowetniki«, wenn es die praktische Situation erforderte oder es politisch brenzlig wurde, die Sicherheiten der Konzessionsgebiete in Anspruch nahmen. Beispielsweise sandten die Berater ihre Frauen und Kinder anlässlich der angespannten Situation in Kanton im Sommer 1925 zur Sicherheit nach Hongkong.
469 Ein weiterer sowjetischer »Stützpunkt« war Kalgan (Zhangjiakou) an der Grenze zur Inneren Mongolei, wo der christliche General Feng Yuxiang herrschte, dessen Truppen (die Guominjun) Moskau seit März 1925 unterstützte. Eine andere Beratergruppe wiederum hielt sich in Kaifeng in der Provinz Henan auf, wo sich Truppenteile der sogenannten Zweiten Guominjun befanden.
470 Zitiert in: Wilbur/How, *Missionaries of Revolution* (1989), S. 14. Blücher wurde auch von Chiang Kai-shek selbst nach der aus gesundheitlichen Gründen erfolgten Rückkehr des Russen 1926 in die UdSSR hoch geschätzt. Der 1889 geborene Blücher war ein revolutionärer Veteran, der bereits unter dem Zaren gedient hatte, später für die Sache der Bolschewiken im Bürgerkrieg gegen die Generäle Koltschak und Wrangel kämpfte. Nach seiner Rückkehr in die UdSSR war er Oberbefehlshaber der sowjetischen Truppen im Fernen Osten. Wie viele andere verschwand er während der Zeit der stalinistischen Säuberungen Ende der 1930er Jahre.
471 Abend, *China* (1944), S. 13.
472 Buber-Neumann, *Stationen* (1985), S. 183.
473 Neben Hankow, wo auch die ausländischen Konzessionen angesiedelt waren, gehören Wuchang sowie Hanyang zum städtischen Konglomerat Wuhan mit heute mehr als sieben Millionen Einwohnern.
474 Nicholas Clifford spricht im Zusammenhang mit Hankow zweimal vom »New Jerusalem« (Clifford, *Spoilt Children* [1991], S. 178 und 238). Der dem neuen Testament (Offenbarung) entlehnte Ausdruck errang insbesondere im amerikanischen Protestantismus eine gewisse Popularität. Hier dient er als Metapher für eine Stadt, die von den revolutionär gesinnten Akteuren jener Monate als Vorwegnahme des himmlischen »neuen Jerusalem« betrachtet wurde.
475 Bickers, *Britain* (1999), S. 139.
476 Johnston/Erh, *Far from Home* (1996), S. 123.
477 People's Tribune, 7. Juni 1927, S. 3.
478 Siehe zur Charakterisierung dieser Charakterköpfe, welche den Nukleus der Regierung in Hankow bildeten: Ransome, *Chinese Puzzle* (1927), S. 63ff.
479 Strong, *China's Millions* (1928), S. 38.
480 Die Übereinkunft zwischen dem Vertreter Englands, Owen O'Malley (der in Begleitung des erfahrenen China-Spezialisten Eric Teichman war), und Chinas Außenminister Eugene Chen wird, je nach politischem Standpunkt, heute unterschiedlich bewertet. Fest steht, dass O'Malley die Zeichen der Zeit erkannte und damit die bis zu jenem Zeitpunkt herrschende Meinung relativierte, China könne sich lediglich unter westlicher Vormundschaft entwickeln. Die Inkraftsetzung des Abkommens beinhaltete einige diplomatische Kunststücke (siehe etwa in: Clifford, *Spoilt Children* [1991], S. 191). Wenige Monate später musste O'Malley wegen einer undurchsichtigen Finanzaffäre zurücktreten und aus China abreisen. Seine Frau, unter dem Pseudonym Ann Bridge bekannt, schrieb, um die Familie über Wasser zu halten, verschiedene erfolgreiche Romane, darunter etwa den Klassiker »Peking Picnic«.
481 Peking & Tientsin Times, 22. Februar 1927, o. S.

Anmerkungen

482　Strong, *China's Millions* (1928), S. 30.
483　Zitiert in: Spence, *Chinas Weg* (1995), S. 431 bzw. 435.
484　Bickers, *Britain* (1999), S. 140.
485　Vgl. dazu in: Ransome, *Chinese Puzzle* (1927), S. 142f.
486　Selden, *Yenan Way* (1971), S. 177. In einer revidierten Fassung von 1995 charakterisiert Selden die Politik der KP Chinas bedeutend negativer, nämlich als »Volksmobilisierung« bzw. »repressive commandism«. Unter Massenlinie versteht man die enge Verbindung zwischen Partei und Volk (die Partei und ihre Armee als »Fisch im Wasser des Volkes«).
487　So etwa zitiert in: Smedley, *Battle Hymn* (1943), S. 179.
488　Bays, *Foreigners* (1987). Diese äußerst informative Zusammenstellung der sogenannten »Yenan Hui« nennt eine Zahl von 145 Ausländern, die sich vor 1949 mehrere Tage bis mehrere Jahre in Gebieten unter der Jurisdiktion der Kommunisten aufgehalten haben. Nicht eingerechnet in dieser Zahl sind Mitarbeiter der internationalen Hilfsorganisation UNRRA sowie der jeweiligen nationalen Ableger.
489　Über die Gründe der Kaltstellung Brauns nach der sogenannten Zunyi-Konferenz im Januar/Februar 1935 gibt es verschiedene Spekulationen. Die offizielle Version, d. h. diejenige Maos, spricht von dessen schlechten militärischen Strategieentscheiden sowie seinem autoritären Führungsstil. Die chinesische Geschichtsschreibung schiebt Braun generell die Schuld am Verlust der Basis in Jiangxi in die Schuhe. Andere Kommentatoren nennen das Faktum, dass Braun Ausländer war, als möglichen Grund für dessen »Degradierung«. Braun kehrte 1939 nach Moskau und später nach Deutschland, in die damalige DDR, zurück. Über seine Erfahrungen im Reich der Mitte schrieb er ein Buch: *Chinesische Aufzeichnungen* (1973).
490　Porter, *People's Doctor* (1997), S. 57. Porter liefert eine spannende Biographie über den nach Norman Bethune wohl bekanntesten ausländischen Arzt in China, der wie kein Zweiter fast unbegrenzten Zugang zu Chinas Staatsführung besaß.
491　Die langjährige »Widerstandsbasis« Yan'an wurde erst 1947 von Truppen Chiang Kai-sheks eingenommen, nachdem die Kommunisten ihre Zelte abgebrochen und neue Stützpunkte in der Mandschurei, insbesondere in Harbin, aufgebaut hatten.
492　Snow, *Red Star Over China* (1937). Snow, der seit 1932 mit seiner Frau Helen Foster (Nym Wales) in Peking wohnte, lebte vier Monate zusammen mit den Kommunisten, allerdings in Bao'an und nicht in Yan'an. In jenen Tagen kamen seine stundenlangen Interviews mit Mao und anderen Revolutionsführern der Bewegung zustande. Snows Geschichte in China wird rekonstruiert in: Rand, *China Hands* (1995), S. 133–188.
493　Smedley, *Battle Hymn* (1943), S. 178.
494　Porter, *People's Doctor* (1997), S. 103. Diese Biographie ist 1958 in deutscher Sprache in Berlin (Ost) unter dem Titel »Der Große Weg. Das Leben Marschall Tshu Tehs« erschienen.
495　The China Weekly Review, 15. Dezember 1945, S. 52.
496　Barrett, *Dixie Mission* (1970), S. 31f. bzw. S. 83.
497　Davies, *Dragon* (1972), S. 369.
498　Zitiert in: Yu, *OSS in China* (1996), S. 254.
499　Barrett, *Dixie Mission* (1970), S. 30.
500　Carter, *Yenan* (1997), S. 40f.
501　Sowohl John Davies wie auch John Stuart Service, beide Mitarbeiter der US-Botschaft in Chongqing und General Stilwell als politische Berater zugeteilt, sprachen beispielsweise dank ihres langjährigen Aufenthaltes im Reich der Mitte ein perfektes Chinesisch. Beide waren zudem Söhne von Missionarseltern und in China geboren.

ANMERKUNGEN

502 Barrett, *Dixie Mission* (1970). Bilderteil.
503 Davies, *Dragon* (1972), S. 363.
504 Barrett, *Dixie Mission* (1970), S. 35.
505 Carter, *Yenan* (1997), S. 205.
506 Head, *Yenan* (1987), S. 127.
507 Der Ausspruch »that confused Oriental environment« stammt von Admiral William D. Leahy, dem Vorsitzenden des Generalstabs und späteren Botschafter der USA bei der Vichy-Regierung.
508 General Albert Wedemeyer, Nachfolger General Stilwells im Oktober 1944, gab in einem späteren Interview zu, dass sein persönlicher Besuch in Yan'an womöglich von den kommunistischen Führern mit besonderem Wohlwollen aufgenommen worden wäre (Carter, *Yenan* [1997], S. 225).
509 Carter, *Yenan* (1997), S. 224.
510 Vladimirov, *China's Special Area* (1974), S. 140.
511 Wladimirow, der sich zwischen 1942 und 1945 in Yan'an aufhielt, war gleichzeitig als Komintern-Agent auch einziger Kontaktmann Stalins zu Mao Zedong. Während Stalin nach der zweiten Einheitsfront von 1937 Chiang Kai-shek mit Waffen und Beratern unterstützte, setzte Mao alles daran, den von Moskau favorisierten Wang Ming zu entmachten. Als allerdings die Komintern 1943 aufgelöst wurde, kühlten sich die Beziehungen zwischen Moskau und Yan'an weiter ab. Wladimirow wurde 1948 zum Generalkonsul in Shanghai ernannt und 1952 zum sowjetischen Botschafter in Burma.
512 Vladimirov, *China's Special Area* (1974), S. 101, 170, 182, 237, 343.
513 Zitiert in: Spence, *Chan's Great Continent* (1998), S. 219.
514 Hobsbawm, *Zeitalter* (1998), S. 578.
515 Barrett, *Dixie Mission* (1970), S. 85.
516 Siehe über die Strategem-Kultur der Chinesen: Von Senger, *Strategeme* (1996).
517 Yu, *OSS in China* (1996), S. 43f. und 167f. Gemäß neuesten Erkenntnissen soll ein chinesischer (kommunistischer) Agent beispielsweise den Überfall Deutschlands auf die Sowjetunion vor dem Unternehmen Barbarossa Zhou Enlai mitgeteilt haben.
518 Vladimirov, *China's Special Area* (1974), S. 130.
519 Der Ausdruck »romantisch« wird von jenen Journalisten häufig verwendet, die damals im Jahre 1938, auf dem Höhepunkt des chinesischen Widerstands gegen Japan, in Hankou mit dabei waren.
520 Einige Veteranen der Shanghaier Journalistenszene, wie beispielsweise die Amerikaner John B. Powell (»China Weekly Review«) oder Randall Gould (»United Press«) zogen es vor, ihre Ausgangsbasis in Shanghai beizubehalten.
521 Nach Pearl Harbor (Dezember 1941) blieb als einzige Verbindung von Chongqing zur Außenwelt lediglich die Fluglinie nach Hongkong übrig, die allerdings nicht einmal jedem Journalisten offenstand.
522 Berichte dieser Art finden sich beispielsweise in: CWR, 9. August 1941, S. 304f., sowie 16. August 1941, S. 338ff.
523 Während einer solchen Bombennacht wurde beispielsweise das Haus von Peggy und F. Tillman Durdin vollständig zerstört. Die beiden konnten sich, ebenso wie ihr Gast Edgar Snow, rechtzeitig durch die Flucht in einen Unterstand retten (Peggy Durdin in: Mac Kinnon/Friesen, *China Reporting* [1987], S. 51f.). Die japanischen Bombenangriffe wurden nach Pearl Harbor immer seltener, da Nippons Luftwaffe Einsätze an anderen Fronten im pazifischen Raum als wichtiger erachtete denn in Chongqing.
524 CWR, 23. August 1941, S. 368.
525 Das Informationsministerium, dessen stellvertretender Leiter Hollington Tong einer der treuesten Günstlinge

Anmerkungen

Chiang Kai-sheks war, verlangte die Assoziierung eines Journalisten mit einer Nachrichtenagentur oder zumindest einer anerkannten Zeitung. Tong wurde in späteren Jahren Botschafter der Republic of China (Taiwan) in den USA.

526 Christopher Rand, OWI-Mitarbeiter und später Korrespondent der »New York Herald Tribune«, zitiert in: Mac Kinnon/Friesen, *China Reporting* (1987), S. 61f.

527 John Fairbank, zitiert in: Mac Kinnon/Friesen, *China Reporting* (1987), S. 183f.

528 Im Allgemeinen galt Henry Luce, Gründer und Chefredakteur von »Time« und anderen Zeitschriften, als derjenige Mann in den USA, der mit seinem Medienimperium die Perzeption Chinas in den USA in den Kriegsjahren maßgeblich mitprägte. Er, der ständige Warner vor der Ausbreitung des Kommunismus in Asien und eifrige Befürworter eines christlich geprägten China, unterstützte und rechtfertigte vor dem amerikanischen Publikum wie kaum ein anderer die Politik Chiang Kai-sheks. Dank seines Einflusses, unter anderem bei der Gründung und Finanzierung der von Madame Chiang Kai-shek mitgeführten Organisation United China Relief, welche die Amerikaner über die Kriegsbedingungen in China informierte, gewann er das vollständige Vertrauen des Generalissimo. Dieses soll so weit gegangen sein, dass er mit einer Ehrerbietung in China empfangen wurde, wie sie nicht einmal Jawaharlal Nehru entgegengebracht wurde (zitiert in: Jespersen, *Images* [1996], S. 161). Über die Frage, inwieweit die Berichterstattung in Henry Luces Medienimperium als objektiv bezeichnet werden kann, ist die amerikanische Historikerzunft nach wie vor gespalten. Während vieler Jahre galt W. A. Swanbergs Arbeit (Luce and His Empire, 1972) als mustergültig bei der Verfechtung der These, wonach Luce als einer der größten Propagandisten Amerikas betrachtet werden muss (und damit die verheerende US-Politik in China mitverschuldete). Eine neuere Arbeit von Patricia Neils (China Image in the Life and Times of Henry Luce, 1990) behauptet gerade das Gegenteil, wonach Luce der Wahrheit in der Beurteilung der chinesischen Verhältnisse ziemlich nahe kam. Zur »Verteidigung« von Luce muss schließlich erwähnt werden, dass weder in »Time« noch in »Life« je irgendwelche Artikel der Bewunderung für den Demagogen McCarthy abgedruckt wurden.

529 Yu, *OSS in China* (1996), S. 92.

530 Diese selbstkritischen Worte John Fairbanks, der in China unter anderem auch für den amerikanischen Nachrichtendienst OSS gearbeitet hatte (bevor er ins OWI wechselte), fielen anlässlich eines Symposiums ehemaliger China-Korrespondenten im Jahre 1982, zitiert in: Mac Kinnon/Friesen, *China Reporting* (1987), S. 184.

531 Theodore White, zitiert in: Mac Kinnon/Friesen, *China Reporting* (1987), S. 184.

532 Siehe über die China-Bilder vergangener Jahrhunderte: Spence, *Chan's Great Continent* (1998).

533 Mark Twain war selbst nie in China, kam jedoch mit Chinesen in Kontakt, die zur Arbeitssuche in die USA emigriert waren. Fast selbstverständlich übernahm Twain *(Roughing It, 1913)* damals die gängigen negativen Stereotypen in seiner Darstellung chinesischer Charaktere. Auch Karl May war zeit seines Lebens nie in China gewesen, und auch er wiederholte in seinem Abenteuerroman *Der blau-rote Methusalem* (1951) die im 19. Jahrhundert gängigen Klischees über China und die Chinesen, ohne allerdings, im Gegensatz zu Hegel oder Herder, chinafeindlich zu sein. Der Franzose Pierre Loti, ein ehemaliger Marineoffizier, dessen Liebe zu China und insbesondere zu Peking in seinem Werk *(Les derniers jours de Peking, 1914)* zum Ausdruck kommt, kennt das Land aus eigener Erfahrung. Der Schriftsteller und Diplomat Paul Claudel, selbst viele Jahre im Fernen Osten lebend, sucht in seinen detaillierten Beschreibungen (die erst später herausgegeben wurden) die Essenz Chinas, das, was seiner Ansicht nach China ausmacht (siehe über einzelne dieser Personen und ihr Verhältnis zu China: Spence, *Chan's Great Continent* [1998], S. 123ff. und S. 145ff.).

534 Zwischen 1916 und 1920 standen ungefähr 150.000 chinesische Arbeiter im Dienste der Kriegsindustrie von

Frankreich und England, und selbst Russland warb zwischen 1915 und 1917 mehr als 50.000 Chinesen – über offizielle Abkommen mit chinesischen Stellen – an (Pan, *Encyclopedia* [2000], S. 64f.). Chinesen wurden von den Briten zwischen 1904 und 1906 bereits zur Arbeit in den südafrikanischen Goldminen angeheuert.

535 Bickers, *Britain* (1999), S. 52.
536 Siehe darüber etwa: Cassel, *Chinese* (2002), S. 77ff. Amerikaner nahmen im Bewusstsein der Chinesen aus verschiedenen Gründen einen anderen Stellenwert ein als die Europäer: Zum einen hatten mehr chinesische Studenten die Möglichkeit, in Amerika als anderswo zu studieren. Amerikanische Missionare öffneten mehr Schulen und Spitäler in China als Kirchenvertreter anderer Staaten. Und schließlich besaß Amerika (zumindest bis zum Zweiten Weltkrieg) bei den Chinesen in Fragen von Demokratie und Eigenständigkeit eine höhere Glaubwürdigkeit als die europäischen Kolonialreiche mit ihrer monarchischen Vergangenheit.
537 Über die Entstehung Charlie Chans (sein »Erfinder« ist Earl Derr Biggers, ein amerikanischer Krimiautor) und seine Erfolgsgeschichte siehe: Hanke, *Charlie Chan* (1989) oder Berlin, *Charlie Chan* (2000).
538 Buck, *Good Earth* (1931); Malraux, *La condition humaine* (1933); Segalen, *René Leys* (1971).
539 Die sogenannte Ti-yong-Idee, nach den chinesischen Zeichen »ti« für Substanz und »yong« für praktischen Zweck, entstand gegen Ende des 19. Jahrhunderts in China aus der Überzeugung heraus, nur westliches Know-how könne dem Reich der Mitte helfen, eine Modernisierung des Landes erfolgreich durchzusetzen. Die Formel lautete: Chinas Lehren dienen innerer Substanz, die Lehren des Westens dagegen praktischen Zwecken.
540 Spence, *Search for Modern China* (1990), S. 397.
541 Hsia, *Bertolt Brecht* (1986), S. 350ff.
542 Hesse, *Glasperlenspiel* (1987), S. 132. Der Wahlchinese wird im »Glasperlenspiel« als Knechts »älterer Bruder« bezeichnet.
543 Kafka, *Chinesische Mauer* (1948). Diese Kurzgeschichte wurde erst nach Kafkas Tod veröffentlicht (und von Max Brod herausgegeben).
544 Zur Rezeption Chinas durch westliche Dichter und Schriftsteller siehe den einen vorzüglichen Überblick bietenden Sammelband von Hsia/Hoefert, *Brückenschläge* (1992), oder auch Spence, *Perceptions* (1990).
545 Joseph Needham nennt das »spiritual pride« sowie »psychology of dominance«, in: Needham, *Within the Four Seas* (1969), S. 11f.
546 Diner, *Jahrhundert* (1999), S. 9.
547 Tuchman, *Geschichte* (1982), S. 95.
548 Brief von Michel Speelman, Vorsitzender des Committee for the Assistance of European Jewish Refugees in Shanghai, an M. C. Troper, Vorsitzender des AJDC in New York, vom 4. März 1940, in: Kranzler-Archiv.
549 Unter anderem äußerte sich Sassoon dahingehend, dass sich das japanische Volk wegen des drohenden wirtschaftlichen Kollapses bald gegen die eigene Armee stellen werde (zitiert in: Peiping Chronicle, 28. Februar 1940, o. S., Archiv Kranzler).
550 Leserbrief von Dr. A. J. Kaufman, Vorsitzender der jüdischen Gemeinde von Harbin, in einem nicht identifizierbaren Zeitungsartikel (in englischer Sprache) vom März 1940 (Archiv Kranzler). Kaufman will den Leser davon überzeugen, dass die Presse Sir Victor falsch verstanden hat.
551 Allerdings wird in einem Artikel vom 8. Mai 1940 in der projapanischen Zeitung »Peiping Chronicle« unter der Überschrift »Sir Victor Sassoon on the Far East« berichtet, dass sich Sir Victor für eine Versöhnung Chiang Kai-sheks mit Wang Jingwei, dem Präsidenten der japanischen Marionettenregierung, ausgesprochen habe und für einen Friedensvertrag zwischen China und Japan eingetreten sei. Diese Meldung konnte allerdings nirgendwo sonst verifiziert werden.

Anmerkungen

552 Sir Victor war unter anderem in den 1920er Jahren Mitglied einer Kommission im Auftrag der britischen Krone, welche die Arbeitsbedingungen, die Gesundheit und den Lebensstandard von Arbeitern in Indien sowie deren Verhältnis zu den Arbeitgebern untersuchte (Lyman, *Jewish Families* [1997], S. 23).

553 Jackson, *Sassoons* (1968), S. 238.

554 Eber, *Modern China* (2000), S. 127. Die Autorin des Beitrages, Historikerin an der Universität von Jerusalem, äußert die Vermutung, dass es vielleicht gar Beziehungen der beiden Sassoon-Häuser zur Marionettenregierung von Wang Jingwei gegeben habe.

555 Der Handel mit Opium wurde 1917 offiziell für illegal erklärt, was allerdings nichts daran änderte, dass sich weiterhin Einzelne daran bereicherten.

556 Brief an O. M. Green, Herausgeber der »North-China Daily News«, vom 21. Dezember 1912, zitiert aus: Lo, *Morrison* (1978), o. S.

557 King, *Hongkong Bank* (1988a), S. 409.

558 King, *Hongkong Bank* (1988b), S. 252.

559 In einem Brief Victor Sassoons an Emily Hahn (Mrs. Charles Boxer) vom 11. Juli 1950 schreibt dieser in ironischem Ton über die »Übergabe« seiner Besitztümer an die Kommunisten: »We are negotiating to make a present of our assets to the Russians, on condition that they take over all liablities and get my Staff out. The net difference is that it has cost us nearly a Quarter of a Million Pounds during the year.« (aus: Emily Hahn Collection, The Lilly Library, Indiana University, Hahn mss; Correspondence with Victor Sassoon).

560 Meyer, *Sephardi Jewish Community* (1994), S. 141. Diese Einseitigkeit wurde in späteren Jahren durch eine großzügige Unterstützung der Kadoories für die jüdische Flüchtlingsgemeinde (unter anderem mit der Gründung der sogenannten Kadoorie-Schule im Jahre 1939, auch unter dem Namen Shanghai Jewish Youth Association School) ausgeglichen.

561 Aus »The Kadoorie Memoir«, in: Leventhal, *Sino-Judaic Studies* (1985), S. 89.

562 IM, 4. Juli 1924, S. 9ff.

563 Siehe darüber: Meyer, *Sephardi Jewish Community* (1994), S. 256. Das Projekt der Gartenstadt stammte von Elly Kadoorie selbst, sollte diese doch in Erinnerung an seine in Shanghai verstorbene Gattin erbaut werden. Die zur Finanzierung landwirtschaftlicher Siedlungen in Palästina gegründete Gesellschaft Keren Hajessod wehrte sich gegen dieses »zweckgebundene«, außerhalb der Kontrolle der zionistischen Autoritäten geplante Projekt.

564 Ein Beispiel wird zitiert in: Chen, *China Called Me* (1979), S. 296.

565 Zitiert etwa in: The Wall Street Journal, 2. März 1977, S. 1.

566 Forbes Magazine, 19. Dezember 1983, S. 117.

567 Brief von Lawrence Kadoorie vom 31. Juli 1990 an Rabbiner Marvin Tokayer (Archiv Tokayer).

568 Far Eastern Economic Review, 9. Juli 1992, S. 63.

569 Allerdings weist Rabbiner Marvin Tokayer – gemäß einem Gespräch mit Lord Kadoorie – in einem Interview am 17. April 2002 darauf hin, dass dieser jahrzehntelang gezögert hatte, den Lockrufen der Führung in Peking nachzugeben und seiner ehemaligen »Heimatstadt« Shanghai einen Besuch abzustatten. Allzu schmerzlich dürften die Erinnerungen an die Jahre der Machtübernahme der Kommunisten gewesen sein, in denen das Wirtschaftsimperium seines Vaters buchstäblich über Nacht von den neuen Herren ohne Entschädigung und mit erpresserischen Mitteln enteignet wurde.

570 Auf Druck arabischer Kunden sah sich die HSBC genötigt, Lord Lawrence den Rücktritt nahezulegen.

571 Sergeant, *Shanghai* (1990), S. 127. Ähnliches wurde von den Briten über Sir Victor berichtet: »He was Jewish but one couldn't very well snub a man who played golf with the Prince of Wales.« Ebd., S. 131.

572 IM, 4. Juli 1924, S. 8. In diesem Artikel wird auch berichtet, dass Hardoon auf Einladung der chinesischen Regierung nach Peking reiste und dort mit dem Präsidenten (gemeint ist Cao Kun, der nominelle Führer der damals über Peking herrschenden Zhili-Fraktion) dinierte.

573 Zitiert in: Betta, *Myth and Memory* (2000), S. 375.

574 Die Vermählung soll angeblich nach chinesischen und jüdischen Riten durchgeführt worden sein, obwohl nie eine Ketubba, ein jüdischer Ehevertrag, gefunden wurde. Dieser Umstand führte nach dem Tod Hardoons zu einem großen Streit der Nachkommen über sein Erbe. Erst 1928 fand die offizielle Zivilhochzeit im Beisein des britischen Generalkonsuls in Shanghai statt.

575 Betta, *Hardoon* (1999), S. 220.

576 Betta, *Hardoon* (1997), S. 132ff. Als prominentestes Beispiel unter den Revolutionären (allerdings nicht solchen, die vor Verfolgung Schutz suchten) galt Sun Yat-sen, den Hardoon 1911 und 1912 sowie in den frühen 1920er Jahren jeweils für kurze Zeit in seinem Zuhause beherbergte und dessen Bewegung er finanziell unterstützte. Sun führte im Dezember 1911 im Aili-Garten mit verschiedenen Revolutionären und lokalen Militärmachthabern Gespräche über die politische Zukunft des Landes. Nicht weniger wichtig war auch das Exil des ehemaligen Generalgouverneurs von Hunan und Hubei. Dieser, der Mandschu-Beamte Ruizheng, musste beim Ausbruch der Revolution 1911 aus Wuhan fliehen und fand bei seinem langjährigen Freund Hardoon im Aili-Garten Zuflucht. Es scheint auch sehr wahrscheinlich zu sein, dass Hardoon 1915/16 finanziell diejenigen Personen unterstützte, die sich Yuan Shi-kais Traum, Kaiser zu werden, widersetzten, wie beispielsweise Cen Qunxuan.

577 Siehe über die Zeit der Militärmachthaber: Nathan, *Peking Politics* (1976).

578 Betta, *Hardoon* (1997), S. 155.

579 Die Vierte-Mai-Bewegung (im Jahre 1919) umfasst im Allgemeinen die Neue Kulturbewegung sowie die Demonstrationen von 1919 gegen die Versailler Verträge. Bei dieser radikalen Bewegung ging es um die Schaffung einer neuen Literatursprache (»baihua«), die Annahme westlichen Gedankenguts, die Förderung wissenschaftlicher Erkenntnisse und generell um eine Kritik am chinesischen Kulturerbe. Der Philosoph Hu Shi beispielsweise vertrat die Meinung, dass lediglich die Beseitigung aller Reste konfuzianischen Denkens und Verhaltens es China ermöglichen werde, sich in eine moderne Industrienation nach westlichem Typus zu verwandeln.

580 Luo Jialing galt als leidenschaftliche Buddhistin. Ihr Mann jedoch konvertierte, entgegen Vermutungen und Gerüchten, nie zum buddhistischen Glauben.

581 Betta, *Hardoon* (1997), S. 177.

582 Ebd., S. 178.

583 Bonner, *Wang Kuo-wei* (1986), S. 195, zitiert in: Betta, *Hardoon* (1997), S. 179.

584 Nebst den Grundstücken in Shanghai und Hangzhou verfügte das Ehepaar Hardoon seit 1924 auch in Peking über eine herrschaftliche Residenz, die früher niemand Geringerem als General Zhang Xun gehörte, der im Jahre 1917 für kurze Zeit den letzten Mandschu-Kaiser Pu Yi wieder in Amt und Würden einsetzen wollte. Siehe über den Kauf dieses Palastes durch Hardoon: IM, 26. September 1924, S. 14.

585 Zu den sechs konfuzianischen Klassikern gehören das Buch der Lieder (»Shijing«), das Buch der Dokumente (»Shujing«), das Buch der Wandlungen (»Yijing«), das Buch der Riten (»Liji«), das Buch der Musik (»Yuejing«) sowie die Frühlings- und Herbst-Annalen (»Lüshi Chunqiu«). In Hardoons Hochschule wurden zusätzlich die Weisheiten des Cangjiao (die Schriften des Weisen Cang Jie) gelehrt.

586 Wang Guowei (1877–1927) hatte sich – ähnlich wie die politischen Reformer – um die Jahrhundertwende

westlichen Gedanken geöffnet, auch wenn er diesen oftmals kritisch gegenüberstand. Nach dem Studium der Werke Kants, Nietzsches und Schopenhauers versuchte er auf Grundlage der dabei gewonnenen Einsichten eine Neubewertung der literarischen Traditionen Chinas vorzunehmen. Der Linguist Zhang Binglin (1869–1936) seinerseits gab 1928 einen erweiterten Drei-Zeichen-Klassiker heraus, eine vermutlich aus der Mongolenherrschaft stammende Fibel, die mittels Rückgriff auf konfuzianisches Gedankengut und einfachster Sätze nicht nur zur Verbreitung des Lesens und Schreibens, sondern auch als Anleitung zu richtigem sozialem Verhalten dienen sollte.

587 Betta, *Hardoon* (1997), S. 187ff. Im Dezember 1922 entschlossen sich die Hardoons, die Cangsheng Mingzhi Daxue zu schließen.

588 Betta, *Hardoon* (1997), S. 195 und 197.

589 Diese Beobachtung teilte David B. Rabinovich seiner Tochter Rena Krasno mit, einer in Shanghai aufgewachsenen aschkenasischen Jüdin. Siehe in: Krasno, *Strangers* (1992), S. 158. Ein Porträt Hardoons als Qing-Beamter findet sich beispielsweise in: Betta, *Hardoon* (1997), S. 201.

590 Betta, *Hardoon* (1997), S. 76.

591 Zitiert in: IM, 3. Juni 1927, S. 9.

592 IM, 1. Januar 1934, S. 17. Allerdings hatte Hardoon für seine sephardischen Glaubensbrüder zu Ehren seines Vaters 1927 eine wunderschöne Synagoge, Beth Aharon, bauen lassen, die in den 1980er Jahren abgerissen wurde.

593 Über die Begräbnisfeierlichkeiten beziehungsweise die Monate dauernden Erbstreitigkeiten (die kinderlosen Hardoons hatten mehrere chinesische Kinder adoptiert) zwischen der Witwe Hardoons und der jüdischen Gemeinde Shanghais siehe Betta, *Hardoon* (1997), S. 230ff., beziehungsweise Meyer, *Sephardi Jewish Community* (1994), S. 42ff.

594 Die Person Hardoon in der chinesischen Literatur- und Geschichtsschreibung wird untersucht in: Betta, *Myth and Memory* (2000), S. 375–400.

595 Über bestimmte Grundpolaritäten im chinesischen Denken siehe: Bauer, *China* (1974), S. 463ff.

596 Meyer, *Sephardi Jewish Community* (1994), S. 212.

597 Bekannt ist beispielsweise ein Treffen der Sopher-Brüder mit Sun Chuanfang, dem einflussreichen Kriegsherrn und nominellen Herrscher über Shanghai in jenen für die Ausländer kritischen Monaten des Winters 1926/1927. Diese Begegnung wird erwähnt in: Pan/Wang, *Shanghai youtairen* (2002), S. 168f. Die Zeitung »The China Press« wird 1930 von chinesischen Geschäftsleuten aufgekauft.

598 IM, 6. Oktober 1936, S. 9.

599 IM, 1. November 1935, S. 7.

600 Sopher/Sopher, *Shanghai Realty* (1939).

601 Sopher/Sopher, *Shanghai Realty* (1939), S. 10.

602 IM, 4. Januar 1935, S. 8f.

603 Dies hatte damit zu tun, dass Ezra verschiedene Male vor Gericht stand: wegen Gewalt gegenüber seiner ersten Frau sowie wegen angeblicher Drogendelikte. Besonders brisant war seine Klage gegen die von den Sopher-Brüdern herausgegebene »China-Press« im Jahre 1926, die vom Gericht (US Court for China) abgewiesen wurde. Siehe darüber etwa IM, 7. Mai 1926. Über den im damaligen Shanghai ziemlich berühmten Opiumfall vor dem Mixed Court siehe: Clifford, *Spoilt Children* (1991), S. 30f. oder auch IM, 5. Februar 1926, S. 10ff.

604 IM, 6. Oktober 1936, S. 12.

605 IM, 6. Oktober 1936, S. 12f. Dass Ezra offensichtlich mit Vorliebe japanische Bildungseinrichtungen in Shanghai

als Plattform für seine Reden auswählte, um seine panasiatischen Ideen zu vermitteln, sei hier lediglich am Rande vermerkt. Nebst dem Vortrag zum Thema »Buddha: The Light of Asia« hielt Ezra auch Vorträge mit dem Titel »Confucius: The Light of Asia« (siehe IM, 1. Juli 1934, S. 12ff.), »The Awakening of Asia« (siehe IM, 1. Januar 1934, S. 10ff.) beziehungsweise »Civilization's Debt to Asia« (siehe IM, 1. April 1934, S. 18ff.). Die ersten drei Reden hielt Ezra im japanischen Tung Wen (Dong wen) College, die letztgenannte anlässlich einer Veranstaltung des japanischen YMCA in Shanghai.

606 Zitiert aus: Zhongguo zhexue shi yanjiu (Geschichte der chinesischen Philosophie), 1988, No. 1, in: Lackner, *Konfuzianismus von oben?* (1998), S. 432.
607 Krasno, *Strangers* (1992).
608 Erinnert sei beispielsweise an die Shanghaier »Nascha Shisn« oder an die Harbiner »Jewreiskaja Shisn« (siehe Teil 1).
609 Krasno, *Strangers* (1992), S. xiii.
610 Diese Angaben finden sich in: NARA, RG 263, SMP, File D 7088.
611 The Shanghai Evening Post & Mercury, 11. November 1935, o. S.
612 Auch war es Anna Ginsbourg, die die bereits erwähnten Beiträge »Über die Lage der Rikschas in Shanghai« sowie die »Bewahrung der Moral im chinesischen Strafrecht« im *Almanach* (1933/34), S. 161–168 verfasste. Bezüglich der Lage der Rikschas plädierte Ginsbourg für deren Abschaffung, sofern ein vollwertiger und akzeptabler Arbeitsersatz für die Betreiber dieses Gefährts – in Form eines noch zu entwickelnden Taxis – gefunden würde. Die endgültige Beseitigung der Rikschas, zumindest in der Großstadt Shanghai, vermeldete im Jahre 1956 die chinesische Nachrichtenagentur Xinhua (zitiert in: New York Times, 27. Februar 1956, S. 18).
613 CWR, 13. Februar 1937, S. 376.
614 CWR, 28. März 1936, S. 115.
615 Needham, *Within the Four Seas* (1969), S. 24. Ginsbourg stellte sich auch eindeutig auf die Seite derer, die die baldige Auflösung der exterritorialen Rechte für Ausländer in China forderte. In einem Beitrag (CWR, 13. September 1941, S. 52) bezeichnete sie die Exterritorialität als »gross injustice« [grobe Ungerechtigkeit].
616 CWR, 16. November 1935, S. 388.
617 Siehe etwa in: CWR, 18. Februar 1939, S. 368.
618 Die China Defense League (»Baowei Zhongguo tongmeng«) wurde von Madame Sun 1938 in Hongkong mit dem Ziel medizinischer und anderer Hilfe für die chinesischen Truppen, insbesondere in den »befreiten Gebieten«, gegründet. Die Idee der Chinese Industrial Cooperatives (Chinesisch: 工合 gonghe, Deutsch: zusammen arbeiten) wiederum stammte von Helen Foster Snow und wurde aufgenommen von ihrem Mann sowie insbesondere vom Neuseeländer Rewy Alley, der das erste Komitee im April 1938 gründete. Die Gonghe-Bewegung war bestrebt, die durch die Bombardements der Japaner in den großen Städten wie Shanghai arbeitslos gewordenen Arbeiter und Flüchtlinge in genossenschaftlichen Kleinbetrieben zu beschäftigen.
619 CWR, 7. Dezember 1946, S. 14.
620 In Australien lebte Ginsbourg unter dem Namen Anna Frenkel. Sie war eine der Zeitzeuginnen im Dokumentarfilm »Escape to the Rising Sun«, der in den 1990er Jahren gedreht wurde. Siehe Finnane, *Far From Where?* (1999), S. 237.
621 Rudolph, *Shanghai – City of Refuge* (1940).
622 Our Life, 9. Juli 1943, S. 2.
623 Ben-Eliezer, *Shanghai Lost* (1985), S. 28.

Anmerkungen

624 Sun Fo, Sun Yat-sens Sohn aus erster Ehe, mehrere Male Premierminister unter Chiang Kai-shek und nach dem Zweiten Weltkrieg für kurze Zeit amtierender Außenminister, unterstützte »as a lover of democracy« in einem Brief an Judith Hasser die Position seines Vaters zur Gründung einer jüdischen Heimstätte in Palästina. Siehe: Ben-Eliezer, *Shanghai Lost* (1985), S. 348. Der weitergehende Plan Hassers, chinesische Militärs für Waffentransporte nach Israel anzufragen, wurde wegen der irgunfeindlichen Politik David Ben-Gurions fallengelassen.

625 Ben-Eliezer, *Shanghai Lost* (1985), S. 380. In Israel heiratete Hasser den Politiker Ari Ben Eliezer von der Cherut-Partei.

626 Spunt, *A Place in Time* (1968), S. 24.

627 Ebd., S. 50. Anscheinend vergaß Georges' Mutter, ihre um den Hals gehängte Medaille mit einem Bildnis von Maria und dem Jesuskind rechtzeitig zu entfernen. Georges Spunt selbst bezeichnete in späteren Jahren seine religiöse Einstellung einmal als »irreligious«. Brief von Georges Spunt an Ron Bulatoff, 21. Januar 1988, in: Hoover Archives, Georges Spunt Collection, Box 1.

628 Spunt, *A Place in Time* (1968), S. 72.

629 Ebd., S. 98. In einem Gespräch mit seinem Sohn verweist Maximilian Spunt darauf, dass der Westler den Chinesen ihr Land weggenommen und eigene Gesetze aufgestellt habe.

630 Ebd., S. 262 und 265.

631 Brief von Georges Spunt an Ron Bulatoff, 29. August 1987, in: Spunt Collection, Box 1.

632 Spunt, *Chinese Cookbook* (1980).

633 Lunyu (Gespräche), Buch X, 7 beziehungsweise 8. Die englische Übersetzung stammt von Arthur Waley (The Analects of Confucius, 1938), die deutsche von Richard Wilhelm (Gespräche – Lun Yü, Kungfutse, 1910).

634 Siehe zu all diesen biographischen Angaben: Avshalomov, *Winding Ways* (2001), S. 35–44, sowie Avshalomov, *Revival* (1998), S. 2–4.

635 New York Times, 28. April 1965, S. 45.

636 Gedanken eines chinesischen Musikkritikers; Lose Blatt-Sammlung, o. J. (Archiv Avshalomov).

637 Avshalomov, *Winding Ways* (2001), S. 65.

638 Avshalomov, *Thoughts* (1945?), S. 2.

639 Musikkritiken in westlichen Zeitungen Shanghais finden sich mehrere in: Avshalomov, *Winding Ways* (2001), oben genannte auf Seite 72 (»Soul of the Ch'in Thrills Audience«).

640 Gedanken eines chinesischen Musikkritikers; Lose Blatt-Sammlung, o. J. (Archiv Avshalomov).

641 Avshalomov, *Thoughts* (1945?), o. S.

642 Avshalomov, *Winding Ways* (2001), S. 94.

643 Ebd., S. 75.

644 Ebd., S. 132.

645 Chinese Music Research Institute presents its orchestra in a Grand Concert of Classical Chinese Music at the Lyceum Theatre, Shanghai, 8. April 1941, in: Leo Baeck Institute, David Ludwig Bloch Collection, AR 7199, Box 1, Folder 4.

646 Avshalomov, *The Great Wall* (1945), o. S. (Archiv Avshalomov).

647 Alle diese Kritiken finden sich in Auszügen in: Comments on the »Great Wall«; Lose Blatt-Sammlung, o. J. (Archiv Avshalomov).

648 Mon Chang Nyu and its critics; Lose Blatt-Sammlung, o. J. (Archiv Avshalomov).

649 Copy of letter from Madame Sun Yat Sen who sponsored a performance of »The Great Wall« in aid of Chinese Artists (Welfare Fund Committee), Shanghai 1946; Lose Blatt-Sammlung (Archiv Avshalomov).

ANMERKUNGEN

650   Die Angaben über Avshalomovs Verbindungen zu kommunistischen Persönlichkeiten jener Zeit in Shanghai sind nicht eindeutig überprüfbar. Sein Sohn Jacob gibt selbst zu, dass die Briefe, die ihm sein Vater aus China nach Amerika schrieb, häufig sehr unbestimmt abgefasst waren, was er allerdings der Zensur der nationalistischen Regierung zuschrieb (Avshalomov, *Winding Ways* [2001], S. 215). In einem Artikel in der Zeitschrift »China Reconstructs« (Januar 1984, S. 55) wird gar die Behauptung aufgestellt, Avshalomov habe während der Besetzung Shanghais durch die Japaner den Wunsch geäußert, sich in die befreiten Gebiete der kommunistischen Neuen Vierten Armee in der Provinz Jiangxi durchzuschlagen, um dort künstlerisch beziehungsweise propagandistisch tätig zu werden. Über die Oper »Bai mao nü« siehe den Artikel in: CWR, 27. August 1949, S. 235. »Bai mao nü« war eine der acht von Jiang Qing, Maos Witwe, inszenierten sogenannten »Modellopern«.
651   Avshalomov, *Winding Ways* (2001), S. 227.
652   Über die Druckversuche von Madame Chiangs General (namens Huang) auf Avshalomov siehe die Briefe an seinen Sohn vom 6. und 15. April 1947, in: Avshalomov, *Winding Ways* (2001), S. 248f.
653   Avshalomov, *Thoughts* (1945?), S. 1.
654   L. H. Goldman: Benjamin M. Levaco – A Brief Biographical Statement, S. 2 (1998), in: Hoover Archives, Ben Levaco Collection, Box 2.
655   Lattimore, *Manchuria* (1935), S. 224.
656   Benjamin M. Levaco: The Pros & Cons of Being »The Honored Guest«, S. 3 (1991), in: Hoover Archives, Ben Levaco Collection, Box 2 (Adventures).
657   Benjamin M. Levaco: The Last Stop (1991), in: Hoover Archives, Ben Levaco Collection, Box 2 (Adventures).
658   Levaco, *35 Years* (1979), S. 13 (Archiv Tokayer).
659   Maynard, *China Dreams* (1996). Maynards Mädchenname lautet Zimmerman.
660   Ebd., S. 58.
661   Ebd., S. 152.
662   Brief von Emanuel Muravchik (Jewish Labour Committee, New York) an Frederick Scheid vom 23. August 1950, in: YIVO Institute, Birman Collection, RG 352 (Serie 15.144).
663   YIVO Institute, Birman Collection, RG 352 (Serie 15.147).
664   HICEM hatte ihren Sitz in Paris und vereinigte seit 1927 die Emigrantenhilfsorganisationen HIAS (Hebrew Immigrant Aid Society, New York), JCA (Jewish Colonization Association, Paris) und EMIDIRECT (Vereinigtes Komitee für jüdische Auswanderung, Berlin).
665   Beilage zum Ausreisegesuch von Meir Birman an das amerikanische Konsulat in Shanghai, ohne Datum, in: YIVO Institute, Birman Collection, RG 352 (Serie 15.144).
666   Birman-Report an HICEM, Paris, vom 28. Februar 1935, in: YIVO Institute, Birman Collection, RG 352 (Serie 15.144).
667   Birman-Report an HICEM, Paris, vom 5. April 1940 (Report for the year 1939), in: YIVO Institute, Birman Collection, RG 352 (Serie 15.144). Beispielsweise wandte sich Birman im Dezember 1939 an einen gewissen John L. Galloway in Macao, der ihm dringend davon abriet, auch nur einen einzigen Flüchtling in die portugiesische Kolonie zu schicken (YIVO Institute, HIAS-HICEM, RG 245.4, XVc).
668   Aufbau, 20. Mai 1949, S. 5.
669   Ebd., S. 5f.
670   Liberman, *My China* (1997), S. 39.
671   Ebd., S. 68.
672   Ebd., S. 84.

673 Ebd., S. 12.

674 Diese Aussage wurde mir gegenüber in einem Telefongespräch mit John W. Powell, dem Sohn John B. Powells und späteren Herausgeber der »China Weekly Review«, im November 2002 gemacht. Schneierson selbst relativierte seine frühere Aussage in einem Schreiben an den Verfasser folgendermaßen: »My ›größte Fehler‹, as I see it today, is an overstatement. I have taken root among the Russian people, have learned to respect them, their contributions to science, their way of life. Live out my remaining few years with a Russian wife quite happily.« (Brief von Vic Schneierson an den Verf., Moskau, den 12. Januar 2004).

675 CWR, 3. Mai 1947, S. 266. In China besaß die staatliche, d. h. Guomindang-dominierte CNRRA (Chinese National Relief and Rehabilitation Administration) eine eigentliche Monopolstellung hinsichtlich der von der UNRRA (United Nations Relief and Rehabilitation Administration) für China bestimmten Güter und Mittel. Die CNRRA hatte naturgemäß kein Interesse daran, Hilfsgüter in die von den Kommunisten »befreiten Gebiete« zu senden. Dort hatten deshalb Verantwortliche eine eigene Organisation, CLARA (China Liberated Areas Relief Association), mit dem Ziel gegründet, für die »eigene« Bevölkerung zu sorgen, aber auch um direkt mit der UNRRA über eine gerechtere Verteilung der Güter innerhalb Chinas zu verhandeln. Siehe darüber: Epstein, *Soong Ching Ling* (1995), S. 444f.

676 CWR, 31. Mai 1947, S. 381f.

677 CWR, 28. September 1946, S. 108.

678 Brief von Vic Schneierson an den Verf., Moskau, den 12. Januar 2004.

679 Siehe dazu: Tikhvinsky, *Chapters* (1985); Perelomov/Martynov, *Imperial China* (1983); Wang, *Mao's Betrayal* (1976). Nebst diesen Chinas Geschichte und Politik betreffenden Werken übersetzte Schneierson in seiner vierzigjährigen Arbeit bei Progress Publishers auch Hunderte anderer Bücher aus dem Russischen ins Englische. »I am sorry to say today, quite a member of political books extolling the Soviet Union«, meint er dazu in einem Brief vom 12. Januar 2004 aus Moskau an den Verfasser.

680 Während Israel Cohen von L. S. Regine als einem russischen Juden spricht (Cohen, *Jewish Traveller* [1925], S. 192), ortet ihn Avshalomov als »tschechischen Buchhändler«, der zu Beginn des 20. Jahrhunderts nach China gelangt sei und dort dreißig Jahre lang gelebt habe (Avshalomov, *Winding Ways* [2001], S. 55).

681 Peking Post, 14. Januar 1910, S. 4.

682 Ebd., S. 4.

683 Peking Post, 19. Januar 1910, S. 4.

684 Peking Post, 4. Februar 1910, S. 4.

685 Peking Post, 8. Februar 1910, S. 4.

686 George Sokolsky, 1956 typoscript, S. 1–10, in: George E. Sokolsky Collection, Oral History Collection, Columbia University.

687 New York Times, 14. Dezember 1962, S. 16.

688 George Sokolsky, Stalin and China (Miscellaneous Articles 1958–1962), Columbia University, George E. Sokolsky Collection, Box 6, S. 1.

689 NARA, RG 263, SMP, File IO 2672. In einem Bericht vom 30. April 1919 wird erwähnt, dass Sokolsky gegenüber einer Dame erklärt habe, er sei ein Bolschewist, der dieses Ideengut in China zu verbreiten gedenke. Bevor Sokolsky nach Shanghai kam, lebte er eine Zeit lang in Tianjin, wo er eine ungewöhnliche Beziehung zur lokalen Polizei aufbaute und dem dortigen Chef – nach eigenen Angaben – als Berater zur Verfügung stand.

690 Zu Sokolskys »Vertrauten« gehörten u. a. John MacMurray, Leiter der Far Eastern Division of the Department of State und später (1925–28) Minister to China, sowie Edwin Cunningham, US-Generalkonsul in Shanghai. John

Magruder, ein amerikanischer Militärattaché in China, bezeichnete Sokolsky als »den bestinformierten Journalisten in China, was die Situation im Tal des Yangtse betrifft«. (Zitat in: Cohen, *Chinese Connection* [1978], S. 139).

691 Brief von Sok an Eugene Chen, 4. Mai 1923, in: Hoover Archives, George Sokolsky Collection, Box 35 (Correspondence).

692 William Henry Donald, seit 1904 in China lebend, war einer der zahlreichen ausländischen Berater Chiang Kai-sheks, neben Owen Lattimore wohl der berühmteste. Siehe dazu: Selle, *Donald of China* (1948). In Selles Buch wird Sokolsky als scharfsinniger, »top-ranking American columnist« bezeichnet (S. 224).

693 Siehe darüber ausführlich in: Cohen, *Chinese Connection* (1978), S. 77f.

694 Brief von Sok an Hu Shi, 22. Oktober 1931, S. 3, in: Hoover Archives, George Sokolsky Collection, Box 64.

695 Sokolsky, *We Jews* (1935), S. xi bzw. xiv.

696 The China Weekly Review, 1. Oktober 1921, o. S. (Soks Artikel erscheint hier unter dem Pseudonym G. Gramada).

697 Brief von Sok an John B. Powell, 14. September 1921, in: Hoover Archives, George Sokolsky Collection, Box 97.

698 Brief von Sok an W.H. Donald, 7. November 1921, in: Hoover Archives, George Sokolsky Collection, Box 43.

699 North China Daily News, 6. Juni 1924, o. S.

700 Brief von Sok an T. V. Song, 9. Juli 1928, in: Hoover Archives, George Sokolsky Collection, Box 108.

701 Brief von Sok an T. V. Song, 9. April 1930, in: Hoover Archives, George Sokolsky Collection, Box 108.

702 Brief von Sok an T. V. Song, 10. Januar 1930, in: Hoover Archives, George Sokolsky Collection, Box 108.

703 Brief von Sok an T. V. Song, 9. April 1931, in: Hoover Archives, George Sokolsky Collection, Box 108.

704 Im Jahre 1929 entging Sokolsky nur knapp einem Landesverweis durch die chinesische Regierung. Hinter dem Versuch, Sokolsky aus China auszuweisen, soll der rechte Flügel der Guomindang, die sogenannte Central Clique (CC) der Brüder Chen Guofu und Chen Lifu, gestanden haben (Cohen, *Chinese Connection* [1978], S. 167).

705 Zu denjenigen, die Sokolosky eine projapanische Haltung nachsagten, gehörten die beiden amerikanischen Journalisten Thomas F. Millard und John B. Powell, die beide der Guomindang-Politik nahestanden und selbst gerne die Position eines Beraters für die chinesische Regierung übernommen hätten. Sokolsky hatte wohl einige gute Kontakte zu japanischen Politikern, insbesondere zum gemäßigten Außenminister Baron Kijuro Shidehara, doch hatte er niemals den japanischen Angriff auf Shanghai 1932 oder gar den Krieg Nippons gegenüber China gerechtfertigt. Nachteilig betreffend den Vorwurf, projapanisch zu sein, wirkte sich für Sokolsky beispielsweise seine Freundschaft mit George Bronson Rea aus, dem späteren Bevollmächtigen der »Regierung von Manchukuo« in den USA. Allerdings wird aus Briefwechseln zwischen den zwei sehr ungleichen Personen ersichtlich, dass Sokolsky keineswegs mit Reas Positionen im Fernen Osten übereinstimmte, wie etwa in einem Brief von Sok an G. B. Rea vom 25. April 1929 deutlich wird (Hoover Archives, George Sokolsky Collection, Box 98). Darin heißt es unter anderem: »Our policy must be to help the Nanking Government, particularly Sun Fo and T.V. Song and we cannot make their burdens heavier by strengthening their enemies.«

706 Zitiert in: Cohen, *Chinese Connection* (1978), S. 168.

707 Brief von Sok an T. V. Soong vom 6. Juli 1931, Hoover Archives, George Sokolsky Collection, Box 108.

708 Brief von Sok an T. V. Soong vom 7. Oktober 1932, Hoover Archives, George Sokolsky Collection, Box 108.

709 Brief von Sok an Hu Shi vom 12. September 1930, Hoover Archives, George Sokolsky Collection, Box 64.

710 Ebenda.

711 Brief von Sok an Hu Shi vom 19. Januar 1932, Hoover Archives, George Sokolsky Collection, Box 64. Bereits zwei Jahre früher hatte Sok in einem Artikel für die »New York Times« die Idee einer Dreiteilung Chinas in verschiedene Zonen vorgebracht und diskutiert, damals allerdings aufgrund der unterschiedlichen wirtschaftlichen

ANMERKUNGEN

Entwicklung des Landes. Siehe New York Times, 30. November 1930, S. XX3. Auch gegenüber John B. Powell äußert er sich ähnlich, indem er diesem die rhetorische Frage stellt: »Might not a smaller China garner that strength which a larger China has been unable to produce?« (Brief von Sok an J. B. Powell vom 10. April 1933, Hoover Archives, George Sokolsky Collection, Box 97). Die Idee einer föderalen Struktur Chinas, die auch einige Kriegsherrn befürworteten, widersprach wiederum den Vorstellungen Sun Yat-sens, der darin eine Gefahr für die Einheit Chinas sah.

712 Brief von Sok an J. B. Powell vom 10. April 1933, Hoover Archives, George Sokolsky Collection, Box 97.
713 Brief von Sok an Ludwik Rajchman vom 30. Juli 1931, Hoover Archives, George Sokolsky Collection, Box 98.
714 Sokolsky, *Tinder Box* (1932), S. viii.
715 Brief von T. V. Song an Sok vom 30. August 1932, Hoover Archives, George Sokolsky Collection, Box 108.
716 Brief von Sok an T. V. Soong vom 7. Oktober 1932, Hoover Archives, George Sokolsky Collection, Box 108.
717 Osterhammel, *Shanghai* (1997), S. 120.
718 Sokolsky, *Tinder Box* (1932), S. 346f.
719 Ebenda, S. 342.
720 Asia, XXXII, Dezember 1932, S. 620–26. Genau diese Einschätzung trifft auf Deng Xiaopings Vision vom Sozialismus mit chinesischen Charakteristiken zu.
721 Siehe zum Begriff »China-Lobby« und seinen Protagonisten beziehungsweise allgemein zur Diskussion über das Thema »Who lost China?«: Klingaman, *McCarthy Era* (1996).
722 New York Times, 30. April 1967, S. 238.
723 Cohen, *Chinese Connection* (1978), S. 272.
724 Ebenda, S. 282f.
725 The Clash of Civilizations. An Address by George E. Sokolsky. Delivered at the Annual Commencement Exercises at the University of Notre Dame, 30. Juni 1946, in: Hoover Archives, George Sokolsky Collection, Box 108.
726 Huntington, *Clash of Civilizations?* (1993).
727 George Sokolsky, Autobiography – Working Copy, (Miscellaneous Articles 1947–51), Columbia University, George E. Sokolsky Collection, Box 6.
728 Klingaman, *McCarthy Era* (1996), S. 344.
729 George Sokolsky, The Conservative Man, Chapter III: Can Man Stand Alone? (Unused Articles), Columbia University, George E. Sokolsky Collection, Box 15, S. 21f.
730 Transcript of Remarks by George E. Sokolsky on Mike Wallace's Television Program, Station WNTA, Part II – 22. März 1960, S. 5ff. (Miscellaneous Articles), Columbia University, George E. Sokolsky Collection, Box 9.
731 Needham, *Wissenschaftlicher Universalismus* (1979), S. 260–293, hier besonders S. 267.
732 George Sokolsky: The Bolshevik Revolution (Section III), S. 19, November 1947, in: Hoover Archives, George Sokolsky Collection, Box 133 (Adresses, Counter-Subversion Seminar Sponsored by American Commission, The American Legion). In diesem Vortrag bezeichnet Sok interessanterweise Lenin als eine »Asiatic person«. Dies erleichtert ihm wohl die Gleichstellung der Herrschaftsstruktur von marxistischer und »orientalischer Despotie«.
733 Die Briefwechsel zwischen Sok und Madame Chiang Kai-shek sind abgedruckt in: Hoover Archives, George Sokolsky Collection, Box 35.
734 Solche Reden und Artikel befinden sich z. B. in: Hoover Archives, George Sokolsky Collection, Box 136.
735 New York Times, 14. Dezember 1962, S. 16.
736 Zitiert aus einem Brief von Harold Isaacs an Warren Cohen vom 24. Oktober 1972, in: MIT Archives, Harold R.

Isaacs Papers, Box 29. Über Peffer selbst ist wenig bekannt, erwähnt wird er beispielsweise in: Marcus, *American Jewish Biography* (1994), o. S.

737 Peffer, *The Far East* (1968), S. 7f. Die erste Auflage dieses Buches erschien 1958, fast 30 Jahre nach Peffers zweitem, längerem China-Aufenthalt.
738 Peffer, *Chinese Philosophy of Life* (1927), S. 431f.
739 Ebd., S. 433.
740 Siehe etwa in: Peffer, *Far East* (1968), S. 43; Peffer, *White Man's Dilemma* (1927), S. 37.
741 Peffer, *East Meets West* (1921), S. 61.
742 Peffer, *What Next in China?* (1929), S. 226.
743 Peffer, *What About China?* (1921), S. 591.
744 Peffer, *White Man's Dilemma* (1927), S. 34.
745 Ebd., S. 292.
746 Ebd., S. 304.
747 Peffer, *Death of Chinese Civilization* (1930); Said, *Orientalism* (1978).
748 Peffer, *Death of Chinese Civilization* (1930), S. 499.
749 Ebd., S. 499.
750 Peffer, *Currents and Characters* (1922), S. 41.
751 Peffer, *How Not to Understand the East* (1934), S. 197.
752 Ebd., S. 199.
753 Peffer, *Collapse* (1930), S. 8.
754 New York Times, 7. November 1943, S. SM7.
755 Ebd., S. SM7.
756 New York Times, 14. Mai 1944, S. 8.
757 New York Times, 14. November 1948, S. 12.
758 New York Times, 10. August 1952, S. SM11.
759 Ebd., S. SM43.
760 Peffer, *Chinese Idea of Communism* (1932), S. 403. In diesem Artikel notierte Peffer eingangs: »Inherently there is something incongruous in the fact of communism in China. It is theoretically demonstrable that for social, economic and psychological reasons, China is impenetrable to so alien a doctrine. Yet the fact is there; communism, or what calls itself communism, has planted itself and is spreading.« (S. 400).
761 Siehe New York Times vom 4. März 1949, S. 14; 11. Februar 1951, S. 3; 4. Oktober 1954, S. 26.
762 New York Times, 18. Februar 1955 , S. 20 bzw. 29. April 1959, S. 32.
763 New York Times, 28. Juni 1961, S. 34. In diesem Artikel schlägt Peffer vor, der Volksrepublik China den Sitz im UN-Sicherheitsrat als Vertretung Chinas anzubieten, Taiwan jedoch den Sitz in der Generalversammlung zu belassen.
764 New York Times, 14. April 1964, S. 37.
765 Folder: Poems, TRAVEL (zum 60. Geburtstag, d. h. 1970) by Harold R. Isaacs, in: MIT Archives: Harold R. Isaacs Papers, Box 25.
766 Folder: Obituaries, 1986: In memory of Harold R. Isaacs, Poem WORDS read by Robert Isaacs, in: MIT Archives: Harold R. Isaacs Papers, Box 23. Harold Isaacs schrieb insbesondere in seinem zweiten Lebensabschnitt häufig Gedichte für seine Familie, Freunde und Bekannte.
767 Brief von Harold Isaacs an Maurice E. vom 11. Oktober 1951, in: MIT Archives: Harold R. Isaacs Papers, Box 27. In

diesem Brief geht es um eine Anfrage eines gewissen Maurice E. an Isaacs, ob dieser ihm eine eidesstattliche Erklärung (Affidavit) schreiben könne, worin es heißen soll, dass er, Maurice E., nie Mitglied der Kommunistischen Partei war.

768 Isaacs selbst nahm diese für einen Akademiker doch eher ungewöhnliche Laufbahn mit dem ihm eigenen Humor wahr: »Actually, as you gathered I have been concerned with matters of identity and politics, and I suppose it's quite appropriate that M.I.T. more than any other single institution I've been connected with in my life has tinkered with my own identity, and I can well remember when I first came up here. Max Milliken would be introducing the staff to visiting VIPs of one sort or another, and he would go down the line and say, ›this is Professor Pool; he's a political scientist; this is Professor Bauer, he's a psychologist; here's Professor Rodan, he's an economist, and this is Harold Isaacs, he's a ...‹ and Max would always stumble and in the act of stumbling, I would step forward, ›glad to meet you‹, and let the embarrassment go by.« (Zitiert aus: Retirement notes by Harold Isaacs, 19. Mai 1976, S. 1, in: MIT Archives: Harold R. Isaacs Papers, Box 23).

769 Die Selbsteinschätzung, als Mensch (in früheren Jahren) und Akademiker (während seiner Laufbahn in den USA) jemand Randständiger zu sein, ja sogar sein Bestehen darauf, kommt häufig vor in seinen Briefen aus China an seine Freundin und spätere Frau und auch anderswo, beispielsweise in einem 1975 verfassten Brief an die in Jerusalem lehrende Historikerin Irene Eber: »I have been long accustomed to, even insisted upon, being marginal.« (Brief von Isaacs an Irene Eber vom 6. September 1975, in: MIT Archives: Harold R. Isaacs Papers, Box 29). Selbst in seiner Abschiedsrede anlässlich der Pensionierung drückt er den Dank an das MIT aus, »to cherish my marginality and my outsiderness«. (Zitiert aus: Retirement notes by Harold Isaacs, 19. Mai 1976, S. 1, in: MIT Archives: Harold R. Isaacs Papers, Box 23).

770 Isaacs, *Tragedy* (1968), S. 294.

771 New York Times, 31. Juli 1932, S. 7. Beim Abgeordneten handelte es sich um den Kongressmann Fiorello La Guardia, dem späteren Bürgermeister New Yorks (1933–45).

772 So gemäß Professor Lucian W. Pye, in: Obituaries: In memory of Harold R. Isaacs, Remembrance by Lucian W. Pye, S. 5, in: MIT Archives: Harold R. Isaacs Papers, Box 23. Noch 1931 ist Isaacs der festen Überzeugung, dass das Leben der Menschen durch die Geschichte geprägt ist: »Won't you see that all this life of ours is created by an historical process ...? That taken by itself, this ›life of ours‹ ... was created by history?« Brief von Harold R. Isaacs (HRI) an Viola Robinson (VR) vom 23. Dezember 1931. Ein umfangreicher Briefwechsel zwischen Harold Isaacs und Viola Robinson befindet sich im persönlichen Archiv von Peter Rand (Belmont, Massachusetts), der dem Verfasser in dankenswerter Weise zur Verfügung gestellt wurde (im Folgenden verwendet unter »Brief von HRI an VR«).

773 Dies beispielsweise tat Andrew Nathan, Politologe an der Columbia University, in einem wissenschaftlich gut fundierten Aufsatz in: Nathan, *Imperialism's Effects* (1972), S. 4ff. Seine Argumentation geht dahin, dass der Imperialismus zwar eine tiefgehende Wirkung in der Psyche der Chinesen hinterlassen hat, es jedoch keinen direkten Zusammenhang zwischen Imperialismus und Niedergang der chinesischen Wirtschaft bzw. des politischen Systems gibt, wie das von Isaacs (und anderen) behauptet wird. Trotz seiner fundamentalen Kritik verfügt Nathan über das Format, Isaacs Buch »The Tragedy of the Chinese Revolution« als herausragendes [superb] Werk zu würdigen.

774 Der Südafrikaner Frank Glass, Trotzkist und einstiger Mentor und Freund Isaacs' in Shanghai (siehe nachfolgende Abschnitte), schreibt 1976 nach einer überraschenden Begegnung mit Isaacs an den chinesischen Trotzkisten Wang Fanxi beispielsweise in despektierlichem Ton über seinen ehemaligen Schützling: »He is now a full-fledged petty-bourgeois ideologist, infected with all the prejudices, stupidities and cowardise of

that middle-of-the-road social class. Isaacs seemed quite promising to me when first we met some 40 years ago, but the pull of adverse influences has proved too strong for him to overcome. I doubt that we shall meet again.« (Zitiert aus: Brief von Frank Glass an Wang Fan-hsi vom 12. Juni 1976, in: Hoover Archives, Wang Fan-hsi Collection).

775 Brief von Isaacs an Ira Wilson vom 2. Februar 1976, in: MIT Archives: Harold R. Isaacs Papers, Box 30.
776 Jerusalem, Oct. 30-80, Gedankennotiz, in: MIT Archives: Harold R. Isaacs Papers, Box 40.
777 Wilson, *Harold Isaacs* (1972), S. 2.
778 Brief von Isaacs an »Dear Alexandra« vom 28. Juni 1982, in: MIT Archives: Harold R. Isaacs Papers, Box 26.
779 Gedankennotiz von Isaacs vom 6. April 1971, in: MIT Archives: Harold R. Isaacs Papers, Box 28.
780 Tong war es (nach Ansicht Isaacs), der ihm während des Zweiten Weltkrieges, als er für das Nachrichtenmagazin »Newsweek« arbeitete, ein neuerliches Einreisevisum nach China verweigerte (New York Times, 23. Juli 1945, S. 3).
781 Notiz von Isaacs über Hollington Tong vom 17. April 1958, in: MIT Archives: Harold R. Isaacs Papers, Box 28.
782 Brief von Harold Isaacs (HRI) an Viola Robinson (VR) vom 10. Feburar 1931, S. 3.
783 Brief von HRI an VR vom 4. Mai 1931.
784 Brief von HRI an VR vom 26. Mai 1931.
785 Über das Leben der Agnes Smedley siehe etwa Kinnon, *Agnes Smedley* (1989); eine Biographie von Frank Glass schrieb Baruch Hirson: Hirson, *Cecil Frank Glass* (o. J.). Im Stalin-Trotzki-Konflikt setzte Glass auf Trotzki und wurde deshalb von der KP Südafrikas ausgeschlossen. In Shanghai war er unter anderem als Tass-Korrespondent tätig, verfasste jedoch auch Beiträge für Powells »The China Weekly Review«. Bis zu seinem Lebensende (er starb 1988 in Los Angeles) blieb Glass ein überzeugter Anhänger des 1940 ermordeten russischen Revolutionärs. Glass schrieb unter dem Namen Li Fu-ren (Li Fu-jen) etliche Beiträge in trotzkistischen Zeitschriften wie »The Militant«, »New International«, »New Masses« oder »Fourth International«. Der Verfasser dankt Professor Tom Grunfeld, State University, New York, für die Einsichtnahme in dieses wertvolle Dokument.
786 Deakin/Storry, *Richard Sorge* (1966), S. 71.
787 Brief von HRI an VR vom 5. Juni 1931.
788 Isaacs, *Re-Encounters* (1985), S. 29.
789 Brief von HRI an VR vom 13. Juni 1931.
790 Brief von HRI an VR vom 16. Juni 1931.
791 Brief von HRI an VR vom 18. Juni 1931.
792 Brief von HRI an VR vom 22. Juni 1931.
793 Brief von HRI an VR vom 22. Juni 1931.
794 Brief von HRI an VR vom 1. Juli 1931.
795 Brief von HRI an VR vom 24. Juli 1931.
796 Brief von HRI an VR vom 24. Juli 1931.
797 Brief von HRI an VR vom 24. Juli 1931. Die Großbuchstaben entsprechen dem Original.
798 Brief von HRI an VR vom 11. August 1931.
799 Brief von HRI an VR vom 26. August 1931.
800 Brief von HRI an VR vom 26. August 1931.
801 Brief von HRI an VR vom 1. September 1931.
802 Brief von HRI an VR vom 1. September 1931.
803 Brief von HRI an VR vom 8. September 1931.

Anmerkungen

804 Brief von HRI an VR vom 24. Oktober 1931.
805 Brief von HRI an VR vom 24. Oktober 1931.
806 Da es sich bei dieser Arbeit in erster Linie um politische Bestrebungen handelte, war keine finanzielle Entschädigung für Isaacs und Glass vorgesehen. Deshalb war Isaacs als Lohnarbeiter bei der französischen Nachrichtenagentur Havas (als Übersetzer) tätig, Glass bei der sowjetischen Nachrichtenagentur Tass. Diese finanzielle Regelung erlaubte es Isaacs, eine gewisse Unabhängigkeit von seinen »Auftraggebern« zu bewahren.
807 Far Eastern Press Correspondence, 3. Januar 1932 (Archiv Peter Rand).
808 Siehe über den spannenden und nie ganz gelösten Fall des Ehepaars Noulens alias Ruegg (Rüegg) alias Jakow Rudnik bzw. Tatjana Moisejenko (so ihre richtigen Namen): Litten, *The Noulens Affair* (1994). Dem Komitee zur Freilassung des Ehepaars Ruegg gehörten u. a. auch Bert Brecht, Albert Einstein, Lion Feuchtwanger und andere berühmte Persönlichkeiten an.
809 Isaacs, *Five Years* (1932).
810 Kinnon, *Agnes Smedley* (1989), S. 83f.
811 Brief von HRI an VR vom 14. Februar 1932. Die vielen Auslassungszeichen (...) sind typisch für Isaacs Schreibstil.
812 Im Archiv der Shanghai Municipal Police findet sich zahlreiches Material über Isaacs und Glass, und zwar sowohl aus britischen Beständen wie auch aus der Concession Française. In einem Dokument beispielsweise heißt es: »En Juin 1931, GLASS fit avec H.R. ISAACS un voyage à Hankow, à Chungking et à Chengtu. C'est au cours de ce voyage que GLASS semble avoir amené ISAACS à adopter les idées de MARX et de LENINE.« (Rapport 490/2, Services de Police, 20. April 1934, in: NARA, RG 263, SMP: File 2AV-2). In einem Dokument der Briten wiederum wird Isaacs Unterstützung im Noulens-Fall buchstäblich unter die Lupe genommen, mittels täglicher Überwachung seiner Person: wo er gegessen hat, wann er zur Post ging etc. (Subject: Surveillance maintained over Harold R. Isaacs, 31.12.1932, in: NARA, RG 263, SMP [ohne Filenummerm, Box 19). Ein anderes interessantes Dokument beleuchtet die Angst der (in diesem Fall britischen) Behörden, das Beispiel »China Forum« könnte auch in anderen englischen Kolonien Schule machen: Man sorgte dafür, dass Adressaten in Indien, im malayischen Staatenbund und selbst in Großbritannien die von Isaacs herausgegebene Zeitschrift nicht erhielten (siehe: NARA, RG 263, SMP: File 2713).
813 Siehe den ausführlichen Bericht zu diesen Vorgängen um Isaacs in: *Foreign Relations of the United States* 1932, Far Eastern Volume (Vol. IV), 1947/48, S. 654–665.
814 Zitiert aus: Deutsche Shanghai Zeitung vom 16. Mai 1933, o. S., in: MIT Archives: Harold R. Isaacs Papers, Box 26.
815 Brief von HRI an VR vom 6. März 1932.
816 Isaacs schreibt Chen Duxiu (der bis 1937 von der Nationalregierung eingekerkert ist und 1942 vereinsamt in der Nähe von Chongqing stirbt) einige Jahre später aus New York einen Brief, in dem er auf seine Weigerung, diesen zu verleumden, zu sprechen kommt: »Dear Comrade Chen Tu-hsiu ... It has always been my regret that it was never possible for me to meet you. It is with satisfaction that I remember that it was my refusal to write a slanderous attack on you at the time of your arrest which helped lead to my subsequent break with the Stalinists.« (Brief vom 22. Juli 1937, in: MIT Archives: Harold R. Isaacs Papers, Box 26).
817 Wang, *Memoirs* (1980), S. 172. Wang Fanxi (ursprünglich Fan-hsi), geboren 1907 in der Nähe von Hangzhou, war einer der bekanntesten Vertreter der trotzkistischen Linie innerhalb der Kommunistischen Partei Chinas. Für seine dem damaligen (und heutigen) Trend der KP Chinas widersprechenden Überzeugungen (die Trotzkis und nicht Stalins Standpunkte in der China-Frage übernahmen), wurde er aus der Partei ausgeschlossen und verbrachte die meiste Zeit der 1930er Jahre in Haft (die Anhänger Trotzkis wurden als »linke Opposition«

betitelt). Auch innerhalb der trotzkistischen Bewegung Chinas kam es zu etlichen Richtungskämpfen und Zersplitterungen. 1949, im Jahr von Maos Sieg, floh Wang mit seinen Gefolgsleuten aus der neu gegründeten Volksrepublik nach Macao (viele Trotzkisten wurden oder blieben inhaftiert). Seit 1975 lebte Wang in Leeds, England, wo er im Dezember 2002 starb.

818 Brief von Isaacs an das Central Committee of the Chinese Communist Party vom 20. Mai 1934, in: MIT Archives: Harold R. Isaacs Papers, Box 26.

819 Brief von Isaacs an Frank Glass vom 21. November 1934, in: MIT Archives: Harold R. Isaacs Papers, Box 27.

820 Bevor Isaacs mit seiner Frau in die USA zurückkehrt, machen sie einen Zwischenhalt in Norwegen, wo das Ehepaar zusammen mit Trotzki und seiner Frau Natalja eine ganze Woche verbringt. Siehe darüber ausführlicher: Rand, *China Hands* (1995), S. 129f., oder – mit einem Schwerpunkt auf der theoretischen Diskussion zwischen Isaacs und Trotzki bezüglich der Ereignisse in China: Evans/Block, *Trotsky on China* (1976), S. 541–546. Bis zur Publikation von »The Tragedy of the Chinese Revolution« unterhält Isaacs einen Briefwechsel mit dem russischen Revolutionär, den er jeweils »Dear Comrade Trotsky« anredet (siehe etwa den Brief vom 1. November 1937, in: MIT Archives: Harold R. Isaacs Papers, Box 27). Trotzki schrieb auch das Vorwort der Erstausgabe von Isaacs »Tragedy«. In der Einleitung zur ersten überarbeiteten Version (1951) schreibt Isaacs, dass er noch immer »großen Respekt« vor einigen von Trotzkis Vorstellungen hege, »although I reject the Bolshevism of which Trotsky became the most authentic spokesman«. (Isaacs, *Tragedy* [1968], S. xviii).

821 Bei diesem chinesischen Freund handelt es sich um den ehemaligen Trotzkisten Liu Jen-ching (Liu Renjing), auch unter dem Namen Niel Shih bekannt, der 1935 von KMT-Schergen festgenommen wurde, anlässlich der Flucht von Chiang Kai-shek aus Nanjing vor den heranrückenden Japanern jedoch wieder freikam. In der heutigen Geschichtsschreibung chinesischer Trotzkisten wird er gemeinhin als Verräter gebrandmarkt.

822 In seinen bahnbrechenden Untersuchungen enthüllte Isaacs nicht nur Stalin als den Verräter an der chinesischen Revolution, sondern er entlarvte auch ein von KMT-Truppen verübtes Massaker an kommunistischen Intellektuellen (darunter der Ehemann von Ding Ling) im Februar 1931 in Shanghai als Komplott der Führung der KP Chinas, um unliebsame Kritiker aus den eigenen Reihen mundtot zu machen. Siehe dazu ausführlicher Isaacs, *Re-Encounters* (1985), S. 3, 15, 22f., 33ff. oder in Isaacs, *Tragedy* (1968), S. 334f.

823 »The Tragedy of the Chinese Revolution« gilt in der amerikanischen China-Historiographie als ein Musterbeispiel für die marxistische Interpretation der geschichtlichen Entwicklung im Reich der Mitte. In Isaacs Werk wird die Annahme vertreten, der Imperialismus sei die treibende Kraft für die politischen und wirtschaftlichen Veränderungen in China gewesen. Doch damit nicht genug: Diese Auffassung impliziert, dass der westliche Imperialismus Chinas reaktionäre Kräfte unterstützt hat und damit für die negativen Auswirkungen auf die Entwicklung des Landes verantwortlich sei. Isaacs' Verständnis der chinesischen Revolution von 1927 – insbesondere in der Einschätzung ihrer Akteure – weicht beispielsweise deutlich von den Auffassungen Nathaniel Peffers ab: Vgl. dazu beispielsweise Isaacs, *Perspectives* (1935). Dieser Artikel von Isaacs wurde sowohl von der chinesischen als auch der sowjetischen Regierung verboten. Direkt mit Peffer bzw. dessen Artikel »Chinese Idea of Communism« (Currenty History, Juli 1932) setzt sich Isaacs kritisch auseinander in: Communism in China (unpubliziert?), 2. Oktober 1932, in: MIT Archives: Harold R. Isaacs Papers, Box 26.

824 Brief von Isaacs an »Dear Don« vom 21. April 1973, in: MIT Archives: Harold R. Isaacs Papers, Box 28.

825 Brief von HRI an VR vom 28. Juni 1943, in: MIT Archives: Harold R. Isaacs Papers, Box 23.

826 Brief von Isaacs an »Dear Ronny« vom 22. Juli 1944 (auf dem Flug von Colombo nach Bangalore), in: MIT Archives: Harold R. Isaacs Papers, Box 24.

827 Brief von Isaacs an »Dear Ronny« vom 4. August 1944, in: MIT Archives: Harold R. Isaacs Papers, Box 24.

Anmerkungen

828 Newsweek, 23. April 1945, S. 60. Über Isaacs' nicht immer reibungslose Beziehung mit den »Newsweek«-Editoren – etwa bezüglich dessen Berichterstattung im Zusammenhang mit der Absetzung von General Stilwell im Frühherbst 1944 – berichtet: Rand, *China Hands* (1995), S. 246ff. Darin wird auch eine Begegnung Isaacs' mit Roosevelts Sondergesandten (und späterem Botschafter) Patrick Hurley, der im November 1944 eine Einigung zwischen Chiang Kai-shek und den Kommunisten ermöglichen sollte – geschildert. Isaacs, nie verlegen um eine direkte Wortwahl, schreibt über Hurley: »He is either a senile idiot or just senile or just an idiot. Or possibly one of those creatures whose mind does not begin to function before 9 a.m.« (S. 249).

829 In einem Brief an Viola schreibt Isaacs über die Kommunisten (nach einem persönlichen Gespräch mit Zhou Enlai in Chongqing Anfang 1945): »They are efficient. They are ruthless. They will play any card any time. They will play for and with anybody if it will serve their ends. They are much to be counted on. They are much to be feared.« Zitiert in: Rand, *China Hands* (1995), S. 250.

830 Isaacs besaß das Glück, mit Hilfe persönlicher Beziehungen den Verfolgungen im Rahmen der McCarthy-Hysterie zu entkommen. Über die Beschuldigungen gegenüber Owen Lattimore, den McCarthy in einer seiner berüchtigten Reden im März 1950 als den russischen Top-Spion in Amerika par excellence bezeichnete, schrieb Isaacs an einen Freund drei Jahre später: »For all that I have no use for Lattimore, I feel this indictment carries with it a quality of vicious persecution that bears no real relation to Lattimore's guilt, such as it is.« (Brief von Isaacs an »Dear Milton« vom 7. Januar 1953, in: MIT Archives: Harold R. Isaacs Papers, Box 28).

831 So Enid Schoettle, in: Obituaries: In memory of Harold R. Isaacs, Remembrance by Enid Schoettle, S. 6, in: MIT Archives: Harold R. Isaacs Papers, Box 23.

832 Ursprüngliches Zitat von William Jones, aus: Retirement notes by Harold Isaacs, 19. Mai 1976, S. 1, in: MIT Archives: Harold R. Isaacs Papers, Box 23.

833 Brief von Isaacs an »Dear Ronny« vom 4. August 1953, in: MIT Archives: Harold R. Isaacs Papers, Box 24.

834 So Enid Schoettle, in: Obituaries: In memory of Harold R. Isaacs, Remembrance by Enid Schoettle, S. 8, in: MIT Archives: Harold R. Isaacs Papers, Box 23.

835 Christian Science Monitor, 9. Mai 1950, S. 3.

836 Isaacs, *Scratches* (1958). Das Buch erscheint vier Jahre später unter dem Titel »Images of Asia« bei Capricorn Books und 1972 in einer Neuauflage bei Harper & Row (ebenfalls unter dem Titel »Images of Asia«).

837 Isaacs, *Images* (1972), S. 35.

838 In einem Brief an Warren Cohen vom 24. Oktober 1972 schreibt Isaacs über Sokolsky: »He was a sharp fellow, to be sure, but no one's hero but his own.« In: MIT Archives: Harold R. Isaacs Papers, Box 29.

839 Lippmann, *Public Opinion* (1922), Kapitel 27 (o. S.).

840 Brief von Isaacs an Yu Xinhui vom 22. April 1982, in: MIT Archives: Harold R. Isaacs Papers, Box 26.

841 Isaacs, *Straw Sandals* (1974). Nebst einer Auswahl an Kurzgeschichten von sechzehn Autoren und Autorinnen finden sich in diesem Band auch biographische Daten zu all diesen Personen, ein Vorwort von Lu Xun sowie die Einleitung von Isaacs, der den sozial- und kulturgeschichtlichen Hintergrund zur Entstehung dieser einzigartigen Essaysammlung bietet. Dieses Buch wurde deshalb erst mit so großer Verspätung herausgegeben, weil der ursprünglich vorgesehene Verleger »entdeckt« hatte, dass Isaacs ein »Feind des Volkes« sei und das amerikanische Publikum keinen Kommunisten als Herausgeber akzeptieren würde.

842 Brief von Isaacs an Lu Sin (Lu Xun) und Mao Tun (Mao Dun) vom 23. November 1934, in: MIT Archives: Harold R. Isaacs Papers, Box 41.

843 Kopie eines Papierschnitzels auf einer Gedankennotiz von Isaacs vom 4. März 1976, in: MIT Archives: Harold R. Isaacs Papers, Box 25. Der Zettel stammt von Madame Sun; doch wer sich so vehement seinem Besuch in China widersetzt, bleibt ein Geheimnis. Mit »Verräter« ist Isaacs gemeint.

844 Isaacs, *Re-Encounters* (1985).
845 Die Schriftstellerin Ding Ling war lediglich 23 Jahre alt, als sie mit der Erzählung »Das Tagebuch der Sophia« (1927) berühmt wurde. Sie hatte sowohl unter der Guomindang als auch unter den Kommunisten ein äußerst schweres Los zu tragen. 1958 etwa wurde sie in die Mandschurei verbannt, saß mehrere Jahre im Gefängnis und wurde erst 1979 wieder rehabilitiert. Ihr Kollege Mao Dun passte sich der jeweiligen Parteilinie besser an, was es ihm ermöglichte, die Kulturrevolution unbeschadet zu überstehen. Chen Hansheng, einer der berühmtesten Wirtschaftswissenschafter Chinas jener Zeit (noch heute gilt sein Buch »Landlord and Peasant in China« [1936] als wichtige Quelle zur Erforschung der Bauernrebellion in China), wurde während der Kulturrevolution als Mitglied von Chiang Kai-sheks rechtsextremer CC-Clique gebrandmarkt (dies, obwohl er einst Mitglied der Komintern war).
846 Isaacs, *Re-Encounters* (1985), S. 155f.
847 Brief von John Fairbank an Isaacs vom 7. Juni 1982, in: MIT Archives: Harold R. Isaacs Papers, Box 40.
848 Brief von Isaacs an »Dear Alexandra« vom 23. Dezember 1982, in: MIT Archives: Harold R. Isaacs Papers, Box 26.
849 New York Times, 10. Juli 1986, S. B8.
850 Isaacs, *Re-Encounters* (1985), S. 47.
851 Brief von HRI an VR vom 10. April 1932. In diesem Brief nimmt Isaacs Auffassungen (und eine Kritik an Sigmund Freud) vorweg, die später der Wiener Psychologe und vor allem in den USA bekannt gewordene Viktor E. Frankl in seiner Schule der sogenannten Logotherapie vertreten sollte.
852 Draft for ADA Foreign Policy Statement, 20. Mai 1953, in: MIT Archives: Harold R. Isaacs Papers, Box 28. Unterstreichungen im Original.
853 Isaacs, *Re-Encounters* (1985), S. 124.
854 White, *Search of History* (1979), S. 119f.
855 Encyclopaedia Judaica, CD-Rom-Edition, Eintrag: »White, Theodore H«.
856 White, *Search of History* (1979), S. 19.
857 Ebenda, S. 24.
858 Brief von White an »Mom and Gladys and Bobby« vom 1. Juni 1940, zitiert in: Theodore H. White Papers, Harvard University Archives, Box 2, Folder 10.
859 In Whites eigenen Worten klingt das folgendermaßen: »I do not believe in inherited *racial* characteristics beyond the physical ones; but inherited *cultural* characteristics seem to me to be irrepressible.« Zitiert aus: White, *Search of History* (1979), S. 25.
860 White, *Search of History* (1979), S. 46.
861 Ebd., S. 50.
862 Ebd., S. 55.
863 Ebd., S. 4.
864 Ebd., S. 67.
865 Brief von White an Dean Hanford vom Juli 1939 (mit Kopie an John Fairbank), in: Theodore H. White Papers, Harvard University Archives, Box 2, Folder 6.
866 White, *Search of History* (1979), S. 69.
867 Brief von White an Unbekannt vom 3. Juni 1940, in: Theodore H. White Papers, Harvard University Archives, Box 2, Folder 8.
868 White, *Search of History* (1979), S. 89.

Anmerkungen

869 White/Jacoby, *Thunder* (1946), S. 65f.
870 White, *Search of History* (1979), S. 92.
871 Ebd., S. 101.
872 Brief von White an John K. Fairbank (1940), in: Theodore H. White Papers, Harvard University Archives, Box 2, Folder 23.
873 Brief von White an »Mama, Gladys and Bobby« vom 26. Januar 1941, in: Theodore H. White Papers, Harvard University Archives, Box 2, Folder 26.
874 Brief von White an Unbekannt vom 11. Juli 1943, in: Theodore H. White Papers, Harvard University Archives, Box 4, Folder 12. In einem anderen Brief an einen Freund in den USA schreibt er, dass er weder bei »Time« noch in der Armee irgendwelche antisemitischen Vorfälle erlebt habe (Brief von White an »Gladys« vom 2. April 1942, in: Theodore H. White Papers, Harvard University Archives, Box 4, Folder 2).
875 Brief von White an Gerson-Herzel vom 4. Oktober 1940, in: Theodore H. White Papers, Harvard University Archives, Box 2, Folder 12.
876 Stilwell, *Stilwell Papers* (1948).
877 White, *Search of History* (1979), S. 104.
878 Ebd., S. 72.
879 Brief von White an Mr. Walsh aus dem Jahre 1943, in: Theodore H. White Papers, Harvard University Archives, Box 4, Folder 10.
880 Bericht (ohne Empfänger, ohne Titel) von White vom 25. März 1940, S. 7, in: Theodore H. White Papers, Harvard University Archives, Box 2, Folder 8.
881 Brief von White an Dr. Wang Shih-chieh, Minister of Publicity, vom 15. September 1943, in: Theodore H. White Papers, Harvard University Archives, Box 4, Folder 3.
882 White/Jacoby, *Thunder* (1946), S. 169.
883 White, *Search of History* (1979), S. 147.
884 Ebd., S. 153.
885 Brief von White an Till and Peg Durdin vom 1. Juni 1943, in: Theodore H. White Papers, Harvard University Archives, Box 4, Folder 11.
886 Zitiert in: Epstein, *Jew* (2000), S. 95.
887 Brief von White an Unbekannt vom 11. Juli 1943, in: Theodore H. White Papers, Harvard University Archives, Box 4, Folder 12.
888 Siehe dazu etwa sein Artikel im Magazin »Life« (das ebenfalls zum Medienimperium Luces gehörte) vom 1. Mai 1944, o. S.
889 Zitiert aus einem Brief von HRI an seine Frau Viola (in: Rand, *China Hands* [1995], S. 241).
890 White, *Search of History* (1979), S. 183f.
891 Zitiert in: Davies, *Dragon* (1972), S. 366.
892 White, *Search of History* (1979), S. 201.
893 Brief von White an »Mama and Gladys« vom 17. Juli 1945, in: Theodore H. White Papers, Harvard University Archives, Box 4, Folder 12.
894 Ausspruch eines amerikanischen Brigadegenerals anlässlich einer Besprechung mit Theodore White in Chongqing, in: White, *Search of History* (1979), S. 240.
895 White/Jacoby, *Thunder* (1946), S. XV.
896 Ash, *Freiheit* (1999), S. 15.

Anmerkungen

897 Das amerikanische Außenministerium verbot von den 1950er bis zu Beginn der 1970er Jahre – als noch keine diplomatischen Beziehungen zwischen den USA und der VR China bestanden – amerikanischen Staatsbürgern die Reise nach China. Ausnahmen machte das State Department für 24 (später 32) Presse-Institutionen, die bereits vor dem Krieg in China stationiert waren. In einem Kommuniqué vom 22. August 1957 hieß es: »Those traveling to mainland China do so knowing that they face abnormal personal risks due to the failure of the Chinese Communist regime to treat American citizens in accordance with the accepted code of civilized nations.« (Department of State for the Press, No. 473, 22. August 1957, in: Theodore H. White Papers, Harvard University Archives, Box 15, Folder 13). Die chinesische Regierung ihrerseits weigerte sich, mit einer einzigen Ausnahme, Visa für Gesuchsteller einer der vom State Department erwähnten Presse-Institutionen auszustellen.

898 Brief von White an Prof. Robert Bowie, Harvard University, vom 19. Januar 1958, in: Theodore H. White Papers, Harvard University Archives, Box 15, Folder 11.

899 Brief von White an »My Dear Premier Chou En-lai« vom 30. März 1960, in: Theodore H. White Papers, Harvard University Archives, Box 15, Folder 13.

900 So beispielsweise schickte White Kopien dieses Briefes an Wang Bingnan, Botschafter Chinas in Polen (1955–64) und Beauftragter seiner Regierung für die damals einzigen offiziellen Kontakte mit den Amerikanern. Wang Bingnan war eine zeitlang mit der Deutschen Anna von Kleist verheiratet, die in späteren Jahren an der Humboldt-Universität in Berlin dozierte. Wang Bingnan selbst war nach der Kulturrevolution Vorsitzender der Association for Friendship with Foreign Countries (bis 1986). Eine weitere Depesche schickte White an den Neuseeländer Rewy Alley, der nach 1949 als Foreign Expert in den Dienst der kommunistischen Regierung trat. Der Brief kam an ihn zurück mit dem Vermerk »Adressat unbekannt«.

901 Brief von Livingston T. Merchant, Under Secretary of State for Political Affairs, an Theodore White vom 5. März 1960, in: Theodore H. White Papers, Harvard University Archives, Box 15, Folder 12.

902 Brief von White an A. Doak Barnett, Ford Foundation, vom 21. April 1960, in: Theodore H. White Papers, Harvard University Archives, Box 15, Folder 12.

903 Brief von White an »Dear Mr. Chairman« vom 8. Februar 1963, in: Theodore H. White Papers, Harvard University Archives, Box 15, Folder 12.

904 Brief von White an »Dear Premier Chou« vom 11. April 1967, in: Theodore H. White Papers, Harvard University Archives, Box 15, Folder 13.

905 Thompson, *Theodore H. White* (1992), S. 134. Dieses Zitat stammt aus einem Beitrag, den White am 17. Juli 1972 für die Zeitschrift »Life« verfasst hat.

906 White, *Search of History* (1979), S. 125.

907 Brief von White an »My Dear Mr. Prime Minister« vom 19. August 1975, in: Theodore H. White Papers, Harvard University Archives, Box 15, Folder 13.

908 Über die Begegnung Whites mit Huang Hua berichtet dieser in einer Aktennotiz (20. September 1975, ohne Titel), in: Theodore H. White Papers, Harvard University Archives, Box 37, Folder 8.

909 Über die Begegnung Whites mit Huang Hua berichtet dieser in einer Aktennotiz (14. Februar 1976, ohne Titel), in: Theodore H. White Papers, Harvard University Archives, Box 37, Folder 8.

910 Brief von White an Zbigniew Brzezinski vom 15. Januar 1979, in: Theodore H. White Papers, Harvard University Archives, Box 42, Folder 3.

911 Brief von White an Wang Bingnan vom 3. Dezember 1982, in: Theodore H. White Papers, Harvard University Archives, Box 46, Folder 8.

Anmerkungen

912 Thompson, *Theodore H. White* (1992), S. 139. Dieses Zitat stammt aus einem Beitrag mit dem Titel »China after the Terror«, den White im Oktober 1983 für die Zeitschrift »Reader's Digest« verfasst hat.

913 Brief von White an »His Excellency Peng Zhen« vom 7. Februar 1983, in: Theodore H. White Papers, Harvard University Archives, Box 46, Folder 9. Kurz nach Teddys China-Besuch wurde Peng im Juni 1983 zum Vorsitzenden des Nationalen Volkskongresses gewählt.

914 Thompson, *Theodore H. White* (1992), S. 153.

915 Ebenda, S. 156.

916 New York Times, 10. Februar 1985, S. 2.

917 New York Times, 16. Mai 1986, S. A1.

918 Brief von White an »Mama, Gitty and Bobby« vom 23. Januar 1940, in: Theodore H. White Papers, Harvard University Archives, Box 2, Folder 7.

919 Acton, *Memoirs* (1985), S. 288.

920 Cuthbertson, *Nobody Said Not to Go* (1998), S. 19.

921 Hahn, *China To Me* (1988), S. 2.

922 Diese Angaben macht Cuthbertson in seiner Hahn-Biographie: Cuthbertson, *Nobody Said Not to Go* (1998), S. 141.

923 Auch Emily Hahn selbst schrieb für diese Zeitschrift, siehe beispielsweise Hahn, *China Boom* (1935), S. 191–206.

924 Hahn, *No Hurry to Get Home* (2000), S. 220f.

925 New York Times, 10. Dezember 1944, S. BR5.

926 Hahn, *China To Me* (1988), S. 9f.

927 Hahn, *Revolt in Shanghai* (1936), S. 451. In dieser Geschichte werden die Pronomen »They« oder »Them« als Synonyme für »die Chinesen« von Emily Hahn mit Absicht durchwegs groß geschrieben.

928 Ebd., S. 456.

929 Hahn, *Mr. Pan* (1942).

930 Zitiert in: Cuthbertson, *Nobody Said Not to Go* (1998), S. 161.

931 New York Times, 10. Dezember 1944, S. BR5.

932 Hahn, *China To Me* (1988), S. 130.

933 Hahn, *Introduction* (1940), S. 24.

934 Hahn, *China To Me* (1988), S. 156.

935 Hahn, *Soong Sisters* (1941). Vgl. auch den Brief von Sir Victor Sassoon an »My dear Mickey« vom 20. November 1939, in: Emily Hahn Collection, The Lilly Library, Indiana University, Hahn mss; Correspondence with Victor Sassoon. Sir Victor bemängelte die Leblosigkeit des Textes (wohlgemerkt, es handelt sich dabei um die Urfassung) und monierte, es handle sich lediglich um einen geschichtlichen Abriss.

936 Hahn, *Hong Kong Holiday* (1946).

937 Siehe die verschiedenen Briefwechsel mit Walter Judd in: Emily Hahn Collection, The Lilly Library, Indiana University, Hahn mss. II. Unter den Namen dieses geplanten Komitees figurierten beispielsweise – nebst Walter Judd – Lin Yutang oder Henry Luce mit Gattin. Mit Fragezeichen versehen sind Nathaniel Peffer und Pearl S. Buck aufgelistet. Hahns Pro-Chiang Kai-shek-Gesinnung wird etwa verdeutlicht in ihrer Rede anlässlich einer Benefizveranstaltung der Organisation China Relief am 10. Oktober 1944 in Bridgeport (Connecticut), siehe dazu: Speech by Miss Emily Hahn, in: Hoover Archives, Alfred Kohlberg Collection, Box 76 (Hahn).

938 Hahn, *China A to Z* (1946).

939 Hahn, *Chiang Kai-shek* (1955).
940 Hahn, *Cooking* (1968).
941 Brief von Randall Gould an »Dear Mickey« vom 15. Mai 1945, in: Emily Hahn Collection, The Lilly Library, Indiana University, Hahn mss.
942 Brief von Edgar Snow an »Dear Mickey« vom 18. April 1956, in: Emily Hahn Collection, The Lilly Library, Indiana University, Hahn mss. II.
943 The New Yorker, 10. März 1997, o. S.
944 In einem Brief Emily Hahns an Randall Gould vom 7. Mai 1945 bezeichnet Mickey Stein als »well known as an opportunist who has changed around often, and he thought the profitable time had come to be red«, in: Emily Hahn Collection, The Lilly Library, Indiana University, Hahn mss. In einem anderen Brief Mickeys an Walter Judd vom 14. November 1945 schreibt sie über Stein (und einen anderen Journalisten), »that they have never let the truth stand in the way of what they want to say«, in: Emily Hahn Collection, The Lilly Library, Indiana University, Hahn mss. II.
945 Strauss, *Biographisches Handbuch* (1983), S. 1112.
946 Stein, *Far East* (1936), S. 177.
947 Vgl. beispielsweise: Christian Science Monitor, 8. Mai 1943, S. 2f. bzw. 31. März 1945, S. 3.
948 Stein, *Red China* (1945).
949 The China Weekly Review, 15. Dezember 1945, S. 51f.
950 Stein, *Other China* (1945), S. 62.
951 Stein, *China's Conflict* (1946), S. 635.
952 New York Times, 16. Dezember 1948, S. 22.
953 New York Times, 11. Februar 1949, S. 1.
954 Zitiert in: New York Times, 12. Februar 1949, S. 1.
955 Willoughby, *Shanghai Conspiracy* (1952). Eine Menge an Informationen über Willoughby liefert: Johnson, *Instance of Treason* (1990).
956 Ebd., S. 77. Willoughby schreibt (zu Recht), dass Günther Stein »is a man about whom too little is known«.
957 McCarthy, *McCarthyism* (1952), S. 5–7.
958 Canham, *Commitment to Freedom* (1958), S. 342f.
959 New York Times, 11. August 1951, S. 5. Willoughby hatte überdies den Vorwurf erhoben, Stein sei im Frühjahr 1950 von der französischen Geheimpolizei wegen angeblicher Spionage für die UdSSR festgenommen worden.
960 Haydon, *Sir Matthew Nathan* (1976), S. 108.
961 Ebd., S. 106.
962 Ebd., S. 122.
963 The Jewish Chronicle, 21. April 1939, S. 12.
964 Einige wenige biographische Angaben über Israel Cohen finden sich in: Encyclopaedia Judaica (1972), Vol. 5, S. 677.
965 Cohen, *Journal* (1925), S. 127.
966 Ebd., S. 130.
967 Ebd., S. 168.
968 Ebd., S. 186.
969 Ebd., S. 194.

Anmerkungen

970 Biographische Angaben über diese vier Personen sind sehr spärlich und verstreut zu finden. Lediglich über Adolph C. Glassgold, genannt Cook, finden sich einige Eckdaten zu seiner Person in Beiträgen der »New York Times«.

971 Siehe über die von den Flüchtlingen hoch geschätzte Arbeit der Laura Margolis: Heppner, *Shanghai Refuge* (1995), inbesondere S. 93–100. Auch Kranzler trägt Margolis' Bedeutung für die Verbesserung des Schicksals der Flüchtlinge Rechnung, in: Kranzler, *Japanese, Nazis & Jews* (1976), besonders S. 458–468 (die Schreibweise lautet bei ihm »Margolies«).

972 Laura Margolis Jarblum in einem Interview mit Menahem Kaufman am 26. April 1976, in: AJDC-Archiv, Folder: China General (1965–1989), Laura Margolis Jarblum Files.

973 Ebd., S. 5.

974 Margolis setzte nach ihrem kurzen China-Aufenthalt ihre Karriere als »Helferin« notleidender jüdischer Menschen fort, zuerst in Belgien und später in Frankreich (New York Times vom 11. April 1947, S. 28 sowie vom 22. Dezember 1951, S. 4).

975 Manuel Siegel-Report from Shanghai, 22. Oktober 1945, S. 3 (Archiv Kranzler).

976 Brief von Manuel Siegel an Moses Leavitt, AJDC, New York, vom 4. Dezember 1945, S. 3, in: AJDC-Archiv, Catalogue/Record Group: 1933–1944, File: 464.

977 New York Times, 7. Februar 1947, S. 5.

978 Report von Charles Jordan an Moses Leavitt vom 28. Mai 1946, S. 1, in: AJDC-Archiv, Catalogue/Record Group: 1933–1944, File: 465.

979 Ebd.

980 Final Summary on the Shanghai Situation as of April 10, 1948 (by Charles Jordan), in: Archiv Kranzler. Charles Jordan setzte seine Karriere beim AJDC fort, zuerst als Direktor der Vertretung in Ungarn (1950/51), dann in Frankreich. Später amtierte er als Generaldirektor des AJDC. 1967 wird er in Prag – vermutlich durch einen Araber und nicht, wie ursprünglich angenommen, durch den tschechoslowakischen Geheimdienst – umgebracht (siehe dazu: New York Times, 28. August 1967, S. 31 sowie vom 26. Januar 1968, S. 23).

981 Letter No. 351 von Adolph C. Glassgold an AJDC New York vom 23. Dezember 1948, in: Archiv Kranzler.

982 Letter No. 398 von Adolph C. Glassgold an AJDC New York vom 25. Februar 1949, in: Archiv Kranzler. Der China Welfare Fund (Zhongguo fulihui) war die Nachfolgeorganisation von Madame Suns China Defense League. Die Institution hatte den Zweck, der notleidenden chinesischen Bevölkerung Hilfeleistungen zukommen zu lassen (und gleichzeitig eine Verbindung zu den »befreiten Gebieten« aufrechtzuerhalten).

983 Bericht von Adolph Glassgold an Moses Leavitt vom 8. Juli 1951, S. 2, in: AJDC-Archiv, Catalogue/Record Group: 1933-1944, File: 472.

984 Glassgold, *Last of the Jews* (1977), S. 76. Glassgold durchlebte eine äußerst vielseitige Karriere, unter anderem als Kunstexperte, Herausgeber von Kunstzeitschriften, Lehrer, Museumskurator und eben als Vertreter internationaler Hilfsorganisationen. Er starb 1985 in Boston (siehe: New York Times, 15. Februar 1985, S. A24).

985 Während der Zeit der McCarthy-Inquisition forschten das FBI und andere interessierte Behörden jahrelang vergeblich nach der Identität von Asiaticus. Siehe dazu beispielsweise: Newman, *Lattimore* (1992), S. 451ff.

986 Die meisten Angaben über Shippes Leben stammen aus: Scherner, *Asiaticus* (2001), hier S. 244.

987 Asiaticus, *Kanton bis Shanghai* (1928).

988 Von diesen Zusammenkünften berichten etwa: Weiss, *Rande* (1999), S. 92; oder Alley, *Autobiography* (1997), S. 80.

989 Die Begegnung Shippes mit Wittfogel hatte ein Nachspiel, als Ersterer bereits tot ist: Nach dem Abschluss des deutsch-sowjetischen Nichtangriffspakts von 1939 bricht Wittfogel mit dem Kommunismus und entwickelt sich zu einem seiner schärfsten Kritiker. Während der McCarthy-Ära und der Hearings vor dem amerikanischen Kongress nimmt Wittfogel, der seit 1947 (bis 1966) an der University of Washington in Seattle chinesische Geschichte lehrt, seine Bekanntschaft mit Shippe zum Anlass, gegen den China-Experten und »Top-Spion« Owen Lattimore auszusagen. Wittfogels 1957 erschienenes Buch »Die orientalische Despotie« gilt bei vielen, insbesondere linken Kommentatoren, als Propagandawerk gegen die Sowjetunion und China. Über Wittfogel und sein Werk, insbesondere auch über China, siehe: Ulmen, *Science* (1978).

990 Zum wissenschaftlichen Beirat des Institute of Pacific Relations gehörte unter anderem auch der chinesische Gelehrte Hu Shi. Owen Lattimore amtierte zwischen 1933 und 1940 als Herausgeber von »Pacific Affairs«.

991 Asiaticus, *Criticizes* (1938), S. 237–244 und 248–252.

992 Scherner, *Asiaticus* (2001), S. 254. Siehe über die Debatte zwischen Shippe und Snow auch: Klehr, *Soviet World* (1998), S. 336–341.

993 Alfred Dreifuß schreibt, Shippe sei von der Komintern als Brandler-Anhänger ausgeschlossen, 1941 allerdings vom damaligen Generalsekretär Georgi Dimitroff wieder rehabilitiert worden (Dreifuß, *Schanghai* [1980], S. 471).

994 CWR, 10. April 1937, S. 217.

995 Zitiert in: Scherner, *Asiaticus* (2001), S. 252.

996 Die Neue Vierte Armee bildete sich aus den Überlebenden der während des Langen Marsches zu Guerilla-Aktionen in Zentralchina zurückgebliebenen kommunistischen Streitkräfte.

997 Siehe darüber ausführlich das Werk des in der US-Historikerzunft als konservativ geltenden Zeitgeschichtlers Harvey Klehr: Klehr/Radosh, *Amerasia* (1996). Die Zeitschrift wurde damals vom Intellektuellen und großen Verehrer der kommunistischen Revolution in China, Philip Jaffe, herausgegeben. Dieser stand unmittelbar am Ende des Zweiten Weltkrieges unter Beobachtung des FBI (man vermutete in ihm einen Sowjetspion), ein Faktum, das dem damaligen Angestellten der US-Botschaft in Chongqing und Mitarbeiter General Stilwells, John Stewart Service, unbekannt war und zum Verhängnis wurde. Letzterer hatte Jaffe 1945 von ihm verfasste politische (die Guomindang kritisierende) Berichte aus China überreicht, damit sie dieser in der Zeitschrift »Amerasia« veröffentliche. Service wurde festgenommen und der Spionage angeklagt (was ihm nicht nachgewiesen werden konnte). Die Kampagne der China-Lobby dauerte mehrere Jahre, und schließlich sah sich Außenminister Dean Acheson 1951 unter dem Druck der Öffentlichkeit gezwungen, Service wegen eines angeblichen Sicherheitsrisikos vom diplomatischen Dienst zu suspendieren. Erst 1957, als die Paranoia der McCarthy-Ära vorüber war, sprach sich das oberste Gericht der USA in einem Urteil gegen diese »unangebrachte« Entlassung aus.

998 In China selbst wird Shippe auch heute noch verehrt. Siehe beispielsweise den Artikel »He Died on China's Soil«, in: China Reconstructs, Dezember 1979, S. 16–19. Sein Buch »Von Kanton bis Schanghai 1926–1927« wurde 1986 auch unter dem Titel »Xibo wenji« [Gesammelte Arbeiten von Shippe] in Jinan (Provinz Shandong) herausgegeben.

999 Die folgenden biographischen Angaben über Max Granich und seine (nichtjüdische) Frau Grace (Maul) stammen hauptsächlich aus folgenden Quellen: Grace Maul Granich and Max Granich Papers 1929–1993, in: New York University, Tamiment (Labor Archives). Überdies dankt der Verfasser an dieser Stelle Prof. Tom Grunfeld (New York) für die große Unterstützung bei den Nachforschungen zu Max Granich sowie den politisch-gesellschaftlichen Konstellationen jener Zeit. Details über die »Amerikanischen Freunde der chinesischen Revoluti-

Anmerkungen

on« entnimmt der Leser Grunfelds Dissertation: Grunfeld, *American Supporters* (1985) sowie seinem unveröffentlichten Manuskript: Grunfeld, *Comrades in Arms* (1997). Letzteres wurde dem Verfasser in dankenswerter Weise zur Verfügung gestellt.

1000 Autobiographical Typescript Max Granich (1974), Tape 6, page 2, in: Grace Maul Granich and Max Granich Papers 1929–1993 (New York University, Tamiment): »At the time, Lenin was a figure for me. A great figure, because after all the man was a philosopher, an economist, a likeable man, a man who had human qualities ...«

1001 Autobiographisches Manuskript von Grace Granich (o. J.), o. S., in: Grace Maul Granich and Max Granich Papers 1929–1993 (New York University, Tamiment).

1002 Ebd., o. S.

1003 Einige Monate später gelingt Max sogar das politische Kunststück, die Zeitschrift beim Central Publicity Committee der Guomindang in Nanjing zu registrieren. Über das Engagement der KPUSA, der Komintern bzw. von Agnes Smedley bei der Gründung der »Voice of China« siehe: Klehr, *Secret World* (1995), S. 60ff.

1004 Brief vom 12. Juli 1937 (Department of State, Division of Far Eastern Affairs, ohne Unterschrift), in: Grace Maul Granich and Max Granich Papers 1929–1993 (New York University, Tamiment).

1005 Über die »Voice of China« beziehungsweise das Ehepaar Granich wird sowohl im amerikanischen Außenministerium als auch in der Shanghai Municipal Police im Laufe seines Shanghaier Aufenthaltes ein Berg von Akten gesammelt, der dem über Harold Isaacs und sein »China Forum« in nichts nachsteht. Kopien über die Briefwechsel des State Departments mit dem Generalkonsulat finden sich in: Grace Maul Granich and Max Granich Papers 1929–1993 (New York University, Tamiment). Interessant ist, dass das State Department immer wieder darauf hinweist, dass die Granichs über exterritoriale Rechte verfügen, wohingegen Clauss diese am liebsten aberkennen würde (eine Maßnahme, die er schließlich durch den Entzug der Registierung von »Voice of China« ersetzte). Eine Fülle an Dokumenten der SMP, welche minutiös (und, was Tatsachen betrifft, meist korrekt) Buch führt über das Ehepaar Granich, findet sich in: NARA, RG 263, SMP: File 7298 (Eastern Publishing Company and Max Granich. Enquiry from H.B.M. Consulate-General dated 15th June, 1937). Allerdings täuscht sich der Agent des SMP doch in einigen Fällen: Zum einen nimmt er an, dass die meisten Artikel aus der Feder von Max stammen (in Wirklichkeit jedoch wurden sie von Grace verfasst); zum andern glaubt er, dass sich hinter dem Pseudonym von Nym Wales Agnes Smedley verbirgt (tatsächlich war es Helen Foster Snow).

1006 Autobiographical Typescript, Max Granich (1981/82), page 104, in: Grace Maul Granich and Max Granich Papers 1929–1993 (New York University, Tamiment).

1007 Das Haus von Madame Sun wurde deshalb von Angehörigen der Guomindang umstellt, weil diese damit ein Pfand in der Hand haben wollten, um den in Xi'an gefangen genommenen Chiang Kai-shek freizupressen.

1008 China Daily, 30. Mai 1981, o. S. Dem Komitee gehörten unter anderem folgende Ausländer an: Sol Adler, Rewi Alley, Ruth Coe, Israel Epstein, Talitha Agnes Gerlach, Max Granich, Han Suyin, George Hatem, Hoang Van Hoan, Joris Ivens, Marceline Loridan, Annaliese Martens (Anna Wang), Seimin Miyazaki, Hans Müller, Helen Rosen, Samuel Rosen, Kinkazu Saionji, Lois Wheeler Snow (die zweite Frau von Edgar Snow) und Helen Foster Snow.

1009 Granich, *Humiliation* (1938), S. 6.

1010 Verschiedene (anfänglich eher linksorientierte) amerikanische Organisationen setzten sich nach dem Ende des Bürgerkriegs für eine rasche diplomatische Anerkennung der Volksrepublik China ein. Siehe dazu: Kerpen, *Voices in a Silence* (1981).

1011 Über europäische China-Reisende, die im Auftrag des »Weltkommunismus« ins Reich der Mitte pilgerten, siehe den faszinierenden Beitrag von Kampen, *Kommunisten* (1997) oder von demselben Autor: Kampen, *Asiaticus bis Zaisser* (1995).

Anmerkungen

1012 Werner, *Sonjas Rapport* (1977).
1013 Ebd., S. 32.
1014 Ebd., S. 39.
1015 Ebd., S. 39.
1016 China kannte zwar bereits seit der Tang-Dynastie eine eigene Art von Holzschnittkunst, die allerdings damals noch nicht für die bildkünstlerische Wiedergabe gesellschaftlicher Phänomene verwendet wurde. Zum Massenmedium wurde sie erst durch den Import aus Europa. Sie entwickelte sich in der Folge weiter, und es entstanden eigene, chinesische Techniken. Diese Kunstrichtung spielte noch relativ lange, bis zum Ende des Bürgerkriegs, eine wichtige Rolle, ehe die kommunistische Plakatkunst die »Erziehung der Massen« übernahm. Siehe etwa: CWR, 17. Mai 1947, S. 320ff. (The Woodcut Speaks For The People) oder CWR, 20. August 1949, S. 222f. (The Chinese Woodcut).
1017 Werner, *Sonjas Rapport* (1977), S. 105f.
1018 Ebd., S. 115.
1019 Ruth Werner in einem Brief an ihre Eltern, zitiert in: Werner, *Sonjas Rapport* (1977), S. 176.
1020 Werner, *Sonjas Rapport* (1977), S. 191.
1021 Über das China-Bild in der DDR der 1950er Jahre siehe: Krüger, *China-Bild* (2001), S. 257–273, oder noch etwas spezieller: Hoefert, *China-Bild* (1992), S. 189–198.
1022 Werner, *Sonjas Rapport* (1977), S. 291.
1023 New York Times, 23. Juli 2000, S. 27. Mehr über das Leben von Ruth Werner, siehe in: Kampen, *Berlin – Shanghai – Shenyang* (2000), S. 32/33.
1024 Balinska, *Humanity* (1998). Die Autorin dieses Buches ist – Objektivität soll deswegen allerdings nicht per se angezweifelt werden – die Enkelin von Ludwik Rajchman. Die meisten biographischen Angaben über Rajchman stammen aus Balinskas Buch.
1025 Balinska erwähnt, dass bereits beide Elternteile (Aleksander Rajchman und Melania Hirszfeld) ohne das Jiddische und/oder Hebräische aufgewachsen seien. Die beiden Familien dürften wohl schon im 18. Jahrhundert oder noch früher zum Katholizismus übergetreten sein, freiwillig oder unfreiwillig.
1026 Balinska, *Humanity* (1998), S. 80.
1027 Diese Zahl wird angegeben in: Spence, *Chinas Weg* (1995), S. 511 (gemäß Daten der Nanjinger Regierung lebten 1936 knapp 480 Millionen Menschen in China).
1028 Zitiert in: Balinska, *Humanity* (1998), S. 88.
1029 Zitiert in: Balinska, *Humanity* (1998), S. 91.
1030 Monnet, *Mémoires* (1976), S. 135.
1031 Ebd., S. 130.
1032 Zitiert in: Balinska, *Humanity* (1998), S. 100.
1033 Zitiert in: Balinska, *Humanity* (1998), S. 131.
1034 Das Gesetz wurde am 11. März 1941 vom US-Kongress verabschiedet.
1035 Brief an Außenminister August Zaleski vom 22. Februar 1944, in: Balinska, *Humanity* (1998), S. 168.
1036 New York Times, 28. November 1950, S. 10. In der März-Session des Executive Board von Unicef hatten die Vertreter der UdSSR sowie Polens (Rajchman) und der Tschechoslowakei die Sitzung aus Protest verlassen, danach entschied sich eine Mehrheit für die Beibehaltung des Sitzes zugunsten des Vertreters der nationalchinesischen Regierung. Im November desselben Jahres wurde Beijings Ersuchen um einen Übergabe des Sitzes, von Rajchman im Rat vorgebracht, erneut abgelehnt (bzw. es kam keine Mehrheit zustande).

Anmerkungen

1037   New York Times, 25. Juli 1965, S. 69.
1038   Die biographischen Angaben über Rudolf Katz finden sich in: Leo Baeck Institute, Rudolf Katz Collection, AR 1658. In dieser Sammlung befindet sich auch dessen Tagebuch über die China-Reise von 1933/34. Katz ist jüdischer Herkunft, bezeichnete sich selbst jedoch als konfessionslos. Vgl. auch: Strauss, *Biographisches Handbuch* (1980), S. 353.
1039   Chinesisches Tagebuch (Diary) von Rudolf Katz, Eintrag vom 9. November 1933, in: Leo Baeck Institute, Rudolf Katz Collection, AR 1658.
1040   Chinesisches Tagebuch (Diary) von Rudolf Katz, Eintrag vom 21. Januar 1934, in: Leo Baeck Institute, Rudolf Katz Collection, AR 1658.
1041   Chinesisches Tagebuch (Diary) von Rudolf Katz, Eintrag vom 31. Januar 1934, in: Leo Baeck Institute, Rudolf Katz Collection, AR 1658. Die Kampagne zur »Bildung der Massen« kann als Vorgängerin zumindest im Bereich der Erziehung der 1934 von Chiang Kai-shek initiierten »Bewegung Neues Leben« betrachtet werden.
1042   Chinesisches Tagebuch (Diary) von Rudolf Katz, Eintrag vom 3. Juni 1934, in: Leo Baeck Institute, Rudolf Katz Collection, AR 1658.
1043   Chinesisches Tagebuch (Diary) von Rudolf Katz, Eintrag vom 26. Mai 1934, in: Leo Baeck Institute, Rudolf Katz Collection, AR 1658.
1044   Chinesisches Tagebuch (Diary) von Rudolf Katz, Eintrag vom 21. Mai 1934, in: Leo Baeck Institute, Rudolf Katz Collection, AR 1658.
1045   Zurück in Deutschland, wird Katz 1947 Justizminister von Schleswig-Holstein und 1951 Richter am Bundesverfassungsgericht. Er stirbt 1961.
1046   Diese Antwort gab Borodin einst dem amerikanischen Journalisten Vincent Sheean auf dessen Frage nach seiner Herkunft, zitiert aus: Sheean, *People from Canton* (1927), S. 812.
1047   Die biographischen Angaben über Borodin stammen zumeist aus: Jacobs, *Borodin* (1981).
1048   Siehe dazu Saich, *Chinese Communist Party During the Era of the Comintern* (forthcoming).
1049   Zitiert in: Leutner/Titarenko, *National-revolutionäre Bewegung in China* (1996), S. 396.
1050   Ebd., S. 324. (Brief von L. M. Karachan an M. M. Borodin vom 6. Oktober 1923).
1051   Spence, *China Helpers* (1969), S. 187.
1052   Aus Notizen und Informationsberichten von M. M. Borodin (nicht vor dem 16. Februar 1924), zitiert in: Leutner/Titarenko, *National-revolutionäre Bewegung in China* (1996), S. 468–470.
1053   Ebd., S. 469f.
1054   Zitiert in: Spence, *China Helpers* (1969), S. 188.
1055   Hsü, *Rise of Modern China* (2000), S. 522f.
1056   Aus Notizen und Informationsberichten von M. M. Borodin (nicht vor dem 16. Februar 1924), zitiert in: Leutner/Titarenko, *National-revolutionäre Bewegung in China* (1996), S. 468.
1057   Über die Autorschaft dieses Testaments (inklusive der Möglichkeit seiner Aufsetzung durch Borodin) wird seit Suns Tods in der Historikerzunft gestritten. Siehe dazu: Jacobs, *Borodin* (1981), S. 169f.
1058   Zitiert in: Spence, *China Helpers* (1969), S. 193.
1059   Aus Notizen und Informationsberichten von M. M. Borodin (nicht vor dem 16. Februar 1924), zitiert in: Leutner/Titarenko, *National-revolutionäre Bewegung in China* (1996), S. 474.
1060   Über die weiteren Punkte dieses Übereinkommens siehe: Hsü, *Rise of Modern China* (2000), S. 527.
1061   Zitiert in: Spence, *China Helpers* (1969), S. 196.
1062   Dass Borodin chinesische Gewalt gegenüber Ausländern anfänglich eher ablehnte (und erst später begrüßte,

als er merkte, dass die Engländer ohnehin vorhatten, sich zurückzuziehen), beschreibt: Clifford, *Spoilt Children* (1991), S. 180f.

1063 Strong, *China's Millions* (1928), S. 36f.

1064 Diese Charakterisierung Borodins stammt von Vincent Sheean, in: Sheean, *Personal History* (1937), S. 203f.

1065 Bennett, *On Her Own* (1993), S. 220ff.

1066 Siehe über diese Vermutung: Bennett, *On Her Own* (1993), S. 255. Bennetts Ansicht wird dadurch gestützt, dass im Juni 1927 Solomon Losowski, der spätere stellvertretende sowjetische Außenminister, Hankow besucht und zur Weltrevolution (damals ganz auf der Linie von Trotzkis »permanenter Weltrevolution«) aufruft, was Borodin zum damaligen Zeitpunkt für China ablehnt.

1067 Chiang, *Conversations* (1978), S. 9.

1068 Aus dem Interview eines Journalisten mit Borodin kurz vor dessen Abreise aus China, zitiert in: Jacobs, *Borodin* (1981), 279.

1069 Die Strecke von Ulan Bator nach Ulan Ude ist Borodin geflogen. Fanny Borodin wurde später – nach einem Gerichtsbeschluss und auf Betreiben des amerikanischen Senators (und Mitglied der Forschungsexpedition, die 1911 Machu Picchu entdeckte) Hiram Bingham – freigelassen und kehrte ebenfalls, als Nonne verkleidet, in die UdSSR zurück (New York Times, 23. August 1927, S. 10). Über Fanny Borodins Festnahme siehe beispielsweise den Artikel »Madame Borodin«, in: Peking & Tientsin Times, 11. März 1927 (o. S.). Die Zeitung der Old China Hands scheint wegen der Entführung der Frau des »berüchtigten bolschewistischen Beraters« nicht allzu viele Tränen zu vergießen.

1070 Der deutsche Autor Modlhammer traf Borodin und seine Gruppe in der Eisenbahn auf dem Weg zurück nach Moskau. In seinem Buch bezeichnet der Deutsche Borodin als »notorious veteran of the Jewish terrorists«. Siehe dazu: Modlhammer, *Moscow's Hand* (1938), o. S. Der Verfasser dankt Prof. Tom Grunfeld für den Verweis auf dieses in Japan erschienene Buch.

1071 Strong, *China-Reise* (1928), S. 126. Borodins Verhältnis zu den westlichen Missionaren in China scheint nicht schlecht gewesen zu sein. Dies kommt in einem Gespräch von E. W. Wallace, dem Generalsekretär der China Christian Educational Association, mit Borodin im Januar 1927 zum Ausdruck, siehe in: SMA, U243–711: Christian Schools unter the Nationalist Government. A Report of a Visit to Wuhan, January 8-18, 1927 (3. Views of Comrade Borodin).

1072 Leutner/Titarenko, *National-revolutionäre Bewegung in China* (1998), S. 1179.

1073 Überdies gibt Anna Louise Strong in ihren Aufzeichnungen Borodins Ansichten zur chinesischen Revolution (vorgetragen während der Rückreise in die UdSSR) wieder, mit denen er eher dem Standpunkt Trotzkis als demjenigen Stalins nahestand. Siehe Strong, *China-Reise* (1928), S. 52f.

1074 Jacobs, *Borodin* (1981), 309ff.

1075 Mehnert, *Peking und Moskau* (1964), S. 252.

1076 Strong kehrte in den 1950er Jahren in ihr geliebtes China zurück und war beispielsweise 1959 dabei, als die Volksbefreiungsarmee antichinesische Demonstrationen in Tibet niederschlug. Bis zu ihrem Tod 1970 im Alter von 84 Jahren lebte sie in Beijing.

1077 New York Times, 3. September 1953, S. 21.

1078 Brief von Rayna Prohme an Helen Freeland vom 19. März 1927, in: Knodel/Hirson, *Prohme* (o. J.), S. 56. Dieser Brief ist Teil eines unveröffentlichten Manuskripts mit dem Titel »Rayna Prohme: Letters from the Chinese Revolution«, presented by Arthur J. Knodel and Baruch Hirson. Der Verfasser dankt der Witwe von Baruch Hirson für die Genehmigung, aus diesem Manuskript ihres verstorbenen Ehemanns zu zitieren, und gleichzeitig Prof. Tom Grunfeld für den Kontakt zu Yael Hirson in London.

Anmerkungen

1079 Die folgenden biographischen Angaben über Prohme stützen sich hauptsächlich auf Knodel/Hirson, *Prohme* (o. J.), sowie Grunfeld, *Chinese Communist Party* (unveröffentlichtes Manuskript, 1999). Bezüglich biographischer Details gibt es einige kleine Unterschiede zwischen den beiden Dokumenten, so beispielsweise spricht Grunfeld von den Simons (Raynas Familienname) als einer böhmisch-jüdischen Familie, während Knodel/Hirson im Falle des Vaters Joseph Simons von einem jüdischen Geschäftsmann britischer Herkunft berichten.

1080 Zitiert in: Knodel/Hirson, *Prohme* (o. J.), S. 7. Über Raynas Studienzeit und das Leben an der University of Illinois siehe: Sampson, *Red Illini* (2002).

1081 Brief von Rayna an ihre Schwester Grace (die spätere Frau des südafrikanischen Trotzkisten Frank Glass), ohne Datumsangabe, zitiert in: Knodel/Hirson, *Prohme* (o. J.), S. 10.

1082 Zitiert aus dem Artikel »We Met at Sea«, in: American Review, Nr. 2, May–June 1924, in: Knodel/Hirson, *Prohme* (o. J.), S. 10.

1083 Bennett, *On Her Own* (1993), S. 74.

1084 Brief von Rayna Prohme an Helen Freeland vom 8. September 1926, in: Knodel/Hirson, *Prohme* (o. J.), S. 16.

1085 Ebd., S. 18f.

1086 Brief von Rayna Prohme an Helen Freeland vom 22. Oktober 1926, in: Knodel/Hirson, *Prohme* (o. J.), S. 22.

1087 Ebd., S. 21.

1088 Brief von Rayna Prohme an Helen Freeland vom 12. Dezember 1926, in: Knodel/Hirson, *Prohme* (o. J.), S. 27.

1089 Brief von Rayna Prohme an Helen Freeland vom 29. Oktober 1926, in: Knodel/Hirson, *Prohme* (o. J.), S. 24.

1090 Brief von Rayna Prohme an Helen Freeland vom 4. Januar 1927, in: Knodel/Hirson, *Prohme* (o. J.), S. 32.

1091 Brief von Rayna Prohme an Helen Freeland vom 19. Februar 1927, in: Knodel/Hirson, *Prohme* (o. J.), S. 52f.

1092 Sheean, *Personal History* (1937), S. 216. Sheean verliebte sich in Rayna Prohme und stand ihr bis zu ihrem Tod in Moskau im November 1927 zur Seite. Seine Journalistenkarriere verlief steil: Während des Zweiten Weltkrieges kam er für kurze Zeit nach China zurück. Er war Zeuge der Ermordung Mahatma Gandhis in Delhi. Erschüttert vom Mord an Kennedy 1963, kehrte er den USA den Rücken und zog mit seiner Frau nach Italien, wo er 1975 starb.

1093 Gould, *China in the Sun* (1945), S. 69.

1094 People's Tribune, 19. April 1927, S. 2. Die Durchsicht mehrerer Exemplare der »People's Tribune« ergibt am 12. Juni 1927 (S. 3) unter anderem eine kuriose Meldung (die einzige mit jüdischem Bezug), wonach nämlich das einhundertjährige jiddische Theater von London abgerissen werde, um dem Bau eines Kinos Platz zu machen. Es kann gut sein, dass Rayna Prohme im Fernen Osten sich plötzlich familiärer Wurzeln besann.

1095 Madame Suns »Statement« wird unter anderem auch abgedruckt in: Hankow Herald, 19. Juli 1927, S. 1.

1096 Es ist unklar, ob Rayna Madame Sun auf dieser Reise wirklich begleitet hat, wie das beispielsweise erwähnt wird in: Bennett, *On Her Own* (1993), S. 285f. Eher wahrscheinlich ist, dass Rayna etwas später aus Hankou abreiste, da sie noch einige Tage zusammen mit Borodin in Kuling (Lushan), dem berühmten »britischen« Kurort, weilte.

1097 Brief von Rayna Prohme an Samson Raphaelson vom August 1927, zitiert in: Grunfeld, *Chinese Communist Party* (1999), S. 30.

1098 Brief von Rayna Prohme an Bill Prohme vom 30. August 1927, in: Knodel/Hirson, *Prohme* (o. J.), S. 83.

1099 Brief von Rayna Prohme an Helen Freeland vom 28. September 1927, in: Knodel/Hirson, *Prohme* (o. J.), S. 100.

1100 Siehe dazu: New York Times, 29. September 1927, S. 11 (»Chen Weds in Moscow«).

1101 Jacobs, *Borodin* (1981), S. 304.

1102	Brief von Rayna Prohme an Bill Prohme vom 22. September 1927, in: Knodel/Hirson, *Prohme* (o. J.), S. 97.
1103	Sheean, *Personal History* (1937), S. 278.
1104	Die Nichtteilnahme Borodins wird von unterschiedlichen Autoren verschieden begründet. Während die einen der Ansicht sind, es wäre für Borodin politisch ungeschickt gewesen, dem Begräbnis Prohmes beizuwohnen, sprechen andere von der angeblichen Abneigung des Revolutionärs gegen Bestattungszeremonien.
1105	Bennett, *On Her Own* (1993), S. 226.
1106	New York Times, 22. November 1927, S. 4. Der Verweis auf John Reed mag dadurch entstanden sein, dass Anna Louise Strong in ihrer Grabesrede diesen Vergleich zwischen Reed und Prohme anstellte. Reed schrieb über seine Erfahrungen aus jener Zeit in: Reed, *Ten Days* (1919). Auszüge aus Strongs Rede finden sich in: Knodel/Hirson, *Prohme* (o. J.), S. 2f.
1107	Knodel/Hirson, *Prohme* (o. J.), S. 2.
1108	In der Zeit des Ersten Weltkrieges schien es für nicht wenige Einwanderer aus Europa in der Neuen Welt vorteilhaft zu sein, ihre deutsch klingenden Namen zu anglisieren. Im Falle der Familie Bremler entschloss man sich für den Namen »Bennett«.
1109	Die biographischen Angaben zu Bennett alias Bremler alias Mitchell – so der Name ihres ersten Ehemanns, unter dem sie etwa auch in Jacobs, *Borodin* (1981) figuriert – stammen aus ihrem eigenen biographischen Nachlass, den Prof. Tom Grunfeld editiert und mit zahlreichen wertvollen Anmerkungen versehen hat: Bennett, *On Her Own* (1993). Bei diesen Aufzeichnungen handelt es sich eher um (1938) zu Papier gebrachte Gedanken (aus Notizen und Tagebucheinträgen), als um eine eigentliche Autobiographie. In Vincent Sheeans Buch »Personal History« wird Milly zwar erwähnt (S. 230), doch bleibt sie dort namenlos.
1110	Bennett, *On Her Own* (1993), S. 13.
1111	Ebd., S. xix.
1112	Ebd., S. xx.
1113	Ebd., S. xix.
1114	Ebd., S. xix.
1115	Ebd., S. 68.
1116	Ebd., S. 70f.
1117	Dolsen lebte von 1927 bis 1931 als Agent für sowjetische Organe in China. Im Alter von knapp einhundert Jahren schrieb er seine Autobiographie: *Bucking the Ruling Classes* (1984), ein Buch, das wenig Wahres enthält, dafür umso größere Fragen aufwirft. Dolsen gab damals, im Auftrage der Prohmes, die Pekinger »People's Tribune« heraus. Wilbur Burton war eine Zeit lang Milly Bennetts Geliebter. Später heiratete er Grace Simons, Rayna Prohmes Schwester (deren zweiter Mann Frank Glass war).
1118	Bennett, *On Her Own* (1993), S. 91.
1119	Bennett, *On Her Own* (1993), S. 112.
1120	Bei den Vorfällen von Nanjing vom 24. März 1927, in denen verschiedene westliche Vertretungen von Soldaten in Uniform der Nationalisten geplündert wurden, ist bis heute unklar, wem die Attacken zugeschrieben werden müssen. Chiang Kai-shek distanzierte sich später davon und bezichtigte die Kommunisten des Überfalls auf die Ausländer, eine Version, die von Letzteren bestritten wird. Die meisten westlichen Mächte machten Chiang Kai-shek für die Vorfälle vom 24. März verantwortlich. Milly Bennett wird für kurze Zeit in ihrem Hotelzimmer festgehalten (später festgenommen und des Umsturzes der Regierung angeklagt), bevor sie die Hauptstadt verlassen durfte. Über diesen Vorfall berichtet Randall Gould in einem Artikel in »The Hanford Sentinel Daily«, 8. April 1927, o. S. (Kopie in: Hoover Archives, Milly Bennett (Mitchell) Collection, Box 1).

ANMERKUNGEN

1121 Bennett, *On Her Own* (1993), S. 167.

1122 Ebd., S. 175.

1123 Zitiert in: Grunfeld, *Chinese Communist Party* (1999), S. 26.

1124 Bennett, *On Her Own* (1993), S. 288.

1125 Gespräch Milly Bennetts mit Liu Shaoqi, zitiert in: Bennett, *On Her Own* (1993), S. 274.

1126 So beispielsweise in: San Francisco News (o. J.). Kopien ihrer Beiträge finden sich in: Hoover Archives, Milly Bennett (Mitchell) Collection, Box 7.

1127 Die Trauung hatte lediglich den Zweck, Konstantinow vor Verfolgung zu schützen, was allerdings misslang (er wurde in ein sibirisches Arbeitslager geschickt).

1128 Brief von Milly Bennett an »Dear Harry, dear Leila« (o. J.), in: Hoover Archives, Milly Bennett (Mitchell) Collection, Box 1. Dieses Eingeständnis führt nicht dazu, dass Milly die Politik der KPdSU ablehnt, im Gegenteil. Im selben Brief schreibt sie, sie könne sich vorstellen, eben dieser Partei beizutreten.

1129 Brief von Milly Bennett an »Dear Alfreda and Lester« (o. J.), in: Hoover Archives, Milly Bennett (Mitchell) Collection, Box 1.

1130 New York Times, 8. Dezember 1935, S. E4. Eine andere Geschichte (über die Rolle der Frauen in der Sowjetgesellschaft) schrieb Milly im gleichen Jahr für die New York Times (10. November 1935, S. 12).

1131 New York Times, 7. November 1960, S. 35.

1132 NARA, RG 263, SMP: File 5607 (Memorandum on Trebitsch Lincoln, o. J.). Über Trebitsch-Lincolns Leben gibt es eine recht ansehnliche Fülle an Literatur. Die beste, weil am gründlichsten (und anhand von Primärquellen) erforschte Biographie liefert der britische Historiker Wasserstein, siehe: Wasserstein, *Trebitsch Lincoln* (1988).

1133 Trebitsch-Lincoln, *Revelations* (1916); Trebitsch-Lincoln, *Autobiography* (1932). Dieses Buch erschien bereits 1931 unter dem Titel »Der größte Abenteurer des XX. Jahrhunderts!?« in deutscher Sprache in Wien.

1134 Aus einer Rede Trebitsch-Lincolns vom 29. April 1932 in Shanghai zum Thema »The Message of the Buddha to a Shipwrecked World«, aufgezeichnet in einem Report der SMP vom 2. Mai 1932 (S. 3), in: NARA, RG 263, SMP: File 5607.

1135 Dieses Zitat – es stellt bezüglich der Charakterisierung Trebitsch-Lincolns durch andere eher die Regel denn die Ausnahme dar – stammt aus seinem Buch: Disgrace Abounding, London 1939, und findet sich in: Deacon, *Chinese Secret Service* (1974), S. 209. Deacon ist das Pseudonym von G.D. McCormick.

1136 Trebitsch nennt sich fortan I. T. T. Lincoln, eine Anspielung auf seine Bewunderung für Präsident Abraham Lincoln.

1137 Zitiert in: Wasserstein, *Trebitsch Lincoln* (1988), S. 72.

1138 Zitiert in: Wasserstein, *Trebitsch Lincoln* (1988), S. 126.

1139 Max Bauer versprach Trebitsch 1924, ihm nach China zu folgen (als Militärberater für Wu Peifu). Doch blieb er zwischenzeitlich in Moskau stecken (möglicherweise als Revanche für Trebitschs Verrat an der Weißen Internationale). Ende 1927 traf Bauer – dieses Mal auf Drängen von Chiang Kai-shek – tatsächlich in China ein, um der Guomindang Ratschläge betreffend Industrie, Rüstung und militärische Taktik zu geben. 1929 starb Bauer während eines Feldzugs gegen die Militärmachthaber von Guangxi an den Folgen von Pocken.

1140 Trebitsch-Lincoln, *Autobiography* (1932), S. 226.

1141 Zitiert in: Wasserstein, *Trebitsch Lincoln* (1988), S. 199. In seinen autobiographischen Aufzeichnungen schreibt Trebitsch: »Mit diesen Mitteln (der Organisation Chinas auf wirtschaftlichem und militärischem Gebiet – Anm. d. Verf.) beabsichtigte ich, mich für all das zu rächen, was England mir angetan hatte.« Siehe in: Trebitsch-Lincoln, *Autobiography* (1932), S. 237. In einem Polizeirapport (SMP) aus dem Jahre 1927 heißt es über seine Absicht, in China Fuß zu fassen: »I had no fixed intention except that I thought I could solve China's problems.« (NARA, RG 263, SMP: File 5607).

1142 Trebitsch-Lincoln, *Autobiography* (1932), S. 240.

1143 Zitiert in: NCDN, 14. September 1925, o. S. (in: NARA, RG 263, SMP: File 5607).

1144 Trebitsch-Lincoln, *Autobiography* (1932), S. 272.

1145 Die Charakterisierung in Anführungszeichen stammt vom englischen Generalkonsul in München vom November 1923, zitiert in: Wasserstein, *Trebitsch Lincoln* (1988), S. 206.

1146 So etwa die Sunday News vom 25. April 1926 (o. S.), die einen Bericht unter dem Titel »My Plan to Reorganise China« veröffentlichte. Der Untertitel lautete: »How I brought a Defeated General Back to Power, United Two Armies, and Kept the War Going. By Trebitsch Lincoln, Ex-M.P.«.

1147 Zitiert in: Wasserstein, *Trebitsch Lincoln* (1988), S. 220.

1148 Zitiert in: Wasserstein, *Trebitsch Lincoln* (1988), S. 221.

1149 Trebitsch-Lincoln (Chao Kong), *Can War Be Abolished?* (1932), S. 64f. An anderer Stelle schreibt Trebitsch: »I am out of it, I have fled into the VOID (das Nichts – Anm. d. Verf.).« (S. 59). Als eines der größten Probleme der Menschheit bezeichnet Trebitsch das Streben des Individuums nach Glück [happiness], der Versuch, jederzeit die persönlichen Wünsche zu erfüllen. In einem Pamphlet beschreibt er das Leiden als die größte menschliche Tragödie: Trebitsch, *Human Tragedy* (1934), S. 3.

1150 Die theosophische Gesellschaft wurde 1875 von Helena Blavatsky gegründet. 1879 wurde der Sitz nach Indien verlegt. Anfänglich war die theosophische Gesellschaft stark spiritistisch geprägt. Nach der Hinwendung von Frau Blavatsky zum Buddhismus und Kontakten zu tibetischen Meistern verstärkte sich der buddhistische Einfluss. Unter Blavatskys Nachfolgerin Annie Besant erfolgte eine Hinwendung zum Hinduismus. Hinzu kommt eine Reihe von Elementen aus westlichen okkulten Strömungen und aus der Kabbala.

1151 Zitiert in: Wasserstein, *Trebitsch Lincoln* (1988), S. 229.

1152 Aus einem britischen Polizeireport (Paraphrase Secret) von Tianjin nach Shanghai vom 2. November 1927, in: NARA, RG 263, SMP: File 5607. Die Namen sind im Orginal groß geschrieben.

1153 Siehe über die Inkarnationshypothese den Bericht des britischen Generalkonsuls in Chongqing vom September 1938, zitiert in: Wasserstein, *Trebitsch Lincoln* (1988), S. 271. Die »New York Times« schreibt anlässlich von Trebitschs Tod, dieser habe sich erhofft, mit Hilfe der Japaner dereinst den Platz des Dalai Lama in Lhasa einzunehmen (NYT, 9. Oktober 1943, S. 13).

1154 Trebitsch-Lincoln, *Autobiography* (1932), S. 291.

1155 Wasserstein, *Trebitsch Lincoln* (1988), S. 243.

1156 Zitiert in: NCDN, 16. Februar 1932, o. S. (in: NARA, RG 263, SMP: File 5607).

1157 Im Januar 1934 biedert sich Trebitsch beispielsweise unverblümt dem deutschen Reichskanzler an, indem er den Führer als einen Mann von Vision bezeichnet (was dem ehemaligen ungarischen Juden dennoch kein deutsches Visum einbringt). Zu Beginn des Jahres 1941 versucht sich Trebitsch als internationaler Spion, was immerhin zu einem persönlichen Gespräch mit Joseph Meisinger, dem berüchtigten SS-Mann im Fernen Osten (und Polizeiattaché beim deutschen Konsulat in Shanghai), führt. Dieser hatte die »glorreiche« Idee, Trebitsch als Mittelsmann nach Tibet zu schicken, um unter den dortigen geistlichen Würdenträgern für deutsche Pläne zu werben. Trebitsch versprach Meisinger, seine übernatürlichen Fähigkeiten dadurch unter Beweis zu stellen, dass bei seinem Besuch in Berlin in Anwesenheit des Führers plötzlich drei weise tibetische Männer erscheinen würden. Die Ideen des merkwürdigen Gespanns Meisinger/Trebitsch wurden vom deutschen Außenministerium nicht weiter verfolgt. Siehe über Meisingers Umtriebe in Shanghai unter anderem: Was-

ANMERKUNGEN

serstein, *Shanghai* (1998) oder Freyeisen, *Shanghai* (2000). Joseph Meisinger, der »Schlächter von Warschau«, wurde nach dem Krieg zum Tode verurteilt und 1947 in Polen hingerichtet.

1158 Siehe darüber: New York Times, 31. Dezember 1933, S. E8.
1159 Shanghai Municipal Police Report vom 23. Januar 1935 on ›Activities of Abbot Chao Kung (Trebitsch Lincoln)‹, in: NARA, RG 263, SMP: File 5607. In diesem Bericht wird auch Dr. Walter Fuchs, ein ehemaliger (jüdischer) Mitarbeiter des deutschen Generalkonsulats in Shanghai, als Sponsor Trebitschs erwähnt.
1160 Kisch, *China geheim* (1949), S. 93.
1161 Siehe dieses Pamphlet der League of Truth (No. 2) in: Shanghai Evening Post & Mercury, 12. Dezember 1937, o. S., in: NARA, RG 263, SMP: File 5607. Über Trebitschs Gründung der League of Truth siehe auch: CWR, 4. Dezember 1937, S. 1f. An anderer Stelle wirbt Trebitsch für eine Lösung der chinesischen Situation mit dem Vorschlag, den japanischen Kaiser als Regenten des Reichs der Mitte einzusetzen, siehe in: Shanghai Evening Post & Mercury, 27. April 1938, o. S., in: NARA, RG 263, SMP: File 5607.
1162 New York Times, 18. Oktober 1937, S. 16.
1163 Zitiert in: New York Times, 18. Juli 1938, S. 15.
1164 Trebitsch erhält kein Visum für Amerika, um ein Treffen mit Roosevelt zu realisieren (siehe: New York Times, 7. Januar 1940, S. 45).
1165 So (auszugsweise) zitiert in: New York Times, 20. Dezember 1939, S. 5 (»Ex-Spy Warns World of Buddhist Wrath«).
1166 Zitiert in: Leo Baeck Institute, Hans Jacoby Collection, ME 774, S. 178.
1167 Our Life (Beilage von Nascha Shisn in englischer Sprache), 7. Juli 1943, S. 2.
1168 Encyclopaedia Judaica (1972), S. 1364.
1169 Wasserstein, *Trebitsch Lincoln* (1988), S. 290.
1170 Cohens Geburtsort wird in den meisten Geschichten über ihn mit London angegeben. Doch scheint es eher so gewesen zu sein, dass sein Vater, Josef Leib Miaczyn, Polen Richtung England vor der Geburt von Abraham verlassen hat und seine Frau Sheindel Lipshitz mit dem Baby und der Tochter einige Monate später nachzog. Cohen selbst sprach immer von London als seinem Geburtsort (weshalb er wohl auch sein Geburtsjahr im Jahr 1889 ansiedelte). Der Artikel in der »New York Times« erschien am 27. Juni 1954, S. BR 10.
1171 Zitiert in: Levy, *Two-Gun Cohen* (1997), S. 144. Die meisten Angaben über Morris Cohen stammen aus Levys sorgfältig recherchierter Biographie. Dem amerikanischen Journalisten Levy ist es zu verdanken, dass viele Gerüchte über »Two-Gun Cohen« entmystifiziert und von Cohen selbst aufgebauschte Geschichten – in seinem »eigenen« Werk »Two-Gun Cohen« (verfasst von Charles Drage, 1954) – relativiert wurden.
1172 Drage, *Two-Gun Cohen* (1954), S. 36. Die in diesem Buch wiedergegebenen Gefühlsstimmungen Cohens dürften der Wahrheit eher näher kommen als die publikumswirksam ausgebreiteten Details über Cohens Einfluss in China. So ist es beispielsweise nicht wahr, dass Cohen Sun Yat-sen bereits in Kanada getroffen hat (er lernte den Vater der chinesischen Republik erst 1922 in Kanton kennen).
1173 Drage, *Two-Gun Cohen* (1954), S. 37.
1174 Ebd., S. 83.
1175 Ebd., S. 85.
1176 Brief von T. V. Song an Georg Sokolsky vom 10. Juli 1926, in: Hoover Archives, George Sokolsky Collection, Box 108.
1177 So ein Schreiben des britischen Generalkonsuls von Kanton vom September 1928, zitiert in: Levy, *Two-Gun Cohen* (1997), S. 163.

1178	Über die Ernennung zum Generalmajor siehe: Levy, *Two-Gun Cohen* (1997), S. 187. Die New York Times wählte 1932 für einen Artikel über Cohen den Titel »Gen. Cohen a Leader in the Chinese Army« (NYT, 6. März 1932, S. 4).
1179	Zitiert in: Levy, *Two-Gun Cohen* (1997), S. 196.
1180	Ebd., S. 237.
1181	Siehe darüber: Goldstein, *China and Israel* (1999), S. 5f. Ein anderer Jude, der israelische Botschafter in Burma David Hacohen, war es, der sich Mitte der 1950er Jahre (vergeblich) bemühte, seine Regierung von der Notwendigkeit diplomatischer Beziehungen zum kommunistischen China zu überzeugen (Israel hatte China unmittelbar nach Ausrufung der Volksrepublik anerkannt). Siehe darüber Hacohen, *Time to Tell* (1985), S. 219ff.
1182	Noch vor dem Ende des chinesischen Bürgerkriegs wandte sich die jüdische Gemeinde von Tianjin an Cohen mit der Bitte, er möge sich bei der chinesischen Regierung und bei westlichen Konsulaten für ihre Auswanderung einsetzen. Selbst 1956 noch drängte der Vorsitzende der jüdischen Gemeinde von Shanghai den sich im Land aufhaltenden Cohen, sich für ihr Schicksal einzusetzen (siehe: Brief von R. D. Abraham an Charles Jordan, vom 3. Juli 1956, in: AJDC-Archiv, Catalogue/Record Group: 1933–1944, File: 474).
1183	Über den Besuch Cohens in Taiwan schreibt der Korrespondent der »New York Times«: »Er (Cohen – Anm. d. Verf.) lungerte in der Hotellobby herum und ermüdete mich mit seinen Geschichten. In der Tat war er eine gottverdammte Pest. Er war immer der Held dieser Geschichten. Wenn er erzählte, schien es, als wäre er verantwortlich für die gesamte Revolution Sun Yat-sens ... Ich hatte seine Geschichten zu ertragen ... Ich konnte ihn nicht meiden.« (Zitiert in: Levy, *Two-Gun Cohen* [1997], S. 263).
1184	Zitiert in: Levy, *Two-Gun Cohen* (1997), S. 266.
1185	So etwa in der New York Times, 4. Januar 1956, S. 4.
1186	Cohen in einem Interview mit der Volkszeitung (Renmin ribao) vom 19. November 1956, zitiert in: Levy, *Two-Gun Cohen* (1997), S. 278.
1187	So der New Yorker Sidney Shapiro, zitiert in: Levy, *Two-Gun Cohen* (1997), S. 196. Sidney Rittenberg schrieb über Morris Cohen: «It impressed me with the fact that the man was uneducated and you might say uncultured, but he was a very keen observer, very sharp.« (Ebd., S. 284) Besonders fasziniert schien Rittenberg von Cohens Fähigkeit zu sein, von kurzen optischen Eindrücken auf den Gesamtzustand einer Gesellschaft zu schließen. So soll Cohen ihm gesagt haben: »[Früher] hatte niemand einem Ausländer in die Augen geschaut. Ich benötige keine Statistiken. Ich schaue mir die Leute an und entscheide mich, wie es um den Zustand des Landes steht.«
1188	The London Times, 7. Dezember 1966, o. S. (Archiv Tokayer).
1189	Drage, *Two-Gun Cohen* (1954), S. 138.
1190	New York Times, 14. September 1970, S. 39.
1191	Übersetzung der offiziellen Anerkennung des amerikanischen Generalkonsuls Samuel Sokobin durch den japanischen Kaiser Hirohito vom 29. April 1940, in: American Jewish Archives, Samuel Sokobin Collection. Der Verfasser dankt Melinda McMartin für die Zusendung von Archivmaterialien aus der Sammlung Sokobin.
1192	In der Pinyin-Lautumschrift werden die Orte folgendermaßen geschrieben: Beijing, Tianjin, Shanghai, Nanjing, Dandong, Chongqing, Zhangjiakou, Shantou, Shenyang, Harbin, Fuzhou und Qingdao.
1193	Biographische Daten über Samuel Sokobin ausfindig zu machen, gestaltete sich äußerst schwierig. Einige wenige Hinweise erhielt ich von Michael Pollak (Dallas, Texas), der Sokobin noch persönlich gekannt hatte. Sokobins einzig noch lebender Nachkomme dürfte sein Neffe Rabbi Alan Mayor Sokobin (Sylvania, Ohio) sein, der es mir freundlicherweise ermöglichte, Einsicht in Archivmaterialien der National Library of Australia zu

ANMERKUNGEN

bekommen. Rabbi Sokobin schrieb dem Verfasser am 29. Mai 2002, dass »sein Onkel leider eine sehr private Person gewesen sei«. Samuel Sokobin war verheiratet mit Hannah Badanovsky, die ihm 1922 eine Tochter gebar (ebenfalls inzwischen verstorben). Nach dem Tod seiner ersten Frau heiratete Sokobin eine französische Modedesignerin, die im August 2001 verstarb. Einige wenige Daten über Sokobin bietet Kublin, *Chinese Jews* (1971), S. 171f. Die meisten Angaben, so etwa zu Sokobins Laufbahn in China, entnahm ich verschiedenen Schriftstücken der amerikanischen konsularischen Vertretungen in China, die sich in den National Archives (College Park, Maryland) befinden.

1194 Einige der Prüfungsblätter Sokobins finden sich in: NARA, RG 59, Decimal File 1910–29/123 So 3, Box 1662.

1195 Brief von Sokobin an: The Honorable The Secretary of State, 8. Juli 1919, S. 2, in: NARA, RG 59, Decimal File 1910–1929/123 So 3/22. Sokobins Gesuch wird nicht bewilligt. Stattdessen wird er wenige Monate später für kurze Zeit nach Chongqing in die Provinz Sichuan beordert.

1196 Siehe zur Geschichte der Äußeren Mongolei: Barkmann, *Mongolei* (1999).

1197 Siehe dazu: Diverse Berichte Sokobins an das State Department: NARA, RG 59, Decimal File 1910-1929/893.00/3958 und 4136; 893.00 B/12; 893.00 B/19; 033.6193 J59.

1198 Siehe etwa den Bericht Sokobins, »Conditions in Urga, Mongolia« vom 17. Mai 1921, in: NARA, RG 59, Decimal File 1910–1929/123 So 3/75.

1199 Siehe beispielsweise den Bericht »Safe Arrival of American Moving ...« Sokobins vom 17. April 1924, in: NARA, RG 59, Decimal File 1910–1929/033.11 T68.

1200 Siehe dazu den Bericht Sokobins (in dem er diese Angabe dementiert) an den amerikanischen Gesandten Jacob Schurman in Beijing vom 16. August 1922, in: NARA, RG 59, Decimal File 1910-1929/123 So 3/92.

1201 Bei diesem Fall ging es um den tschechoslowakischen Bürger Karl Kunhart, der (von Sowjetrussen) beschuldigt wurde, der Politik Moskaus in der Mongolei gegenüber feindlich eingestellt zu sein. Kunharts Frau bezichtigte Sokobin, in die Entführung ihres Ehemannes verwickelt gewesen zu sein (siehe dazu: NARA, RG 59, Decimal File 1910–1929/393.1121 – Williams Robert N./13).

1202 Der Fall Charles Coltman schlug damals hohe Wellen, wobei Sokobins Schilderung über Coltmans Tod von derjenigen der chinesischen Behörden stark abwich (siehe dazu: NYT, 24. Dezember 1922, S. 3; 15. Februar 1923, S. 24; 29. April 1923, S. 16). Die Affäre, welche das Verhältnis zwischen China und den USA stark belastete, wurde schließlich durch entsprechende Versprechungen Chinas »bereinigt« (NYT, 29. April 1923, S. 16).

1203 Sokolsky war damals Mitarbeiter bei der Zeitschrift »Far Eastern Review«, die sich in dieser Zeit sehr intensiv mit der Thematik des Baus von Eisenbahnlinien befasste. Siehe dazu den Bericht von Sokobin »Railway Map of China« vom 27. September 1926, in: NARA, RG 59, Decimal File 1910–1929/893.77/2465.

1204 Siehe dazu den Bericht von Sokobin, »American Woman and Child Ill-treated ...« vom 7. Februar 1927, in: NARA, RG 59, Decimal File 1910–1929/393.11/528.

1205 Siehe darüber die folgenden Berichte Sokobins an das State Department: NARA, RG 59, Decimal File 1910–1929/893.00/9579; 893.00/9759; 893.00/9785; 493.11/1389; 393.1164/108; 393.1164 Foochow College; 393.11/973. In einem Report vom 23. April 1928 macht Sokobin das Außenministerium auf die verbesserten Beziehungen zwischen Chinesen und Ausländern aufmerksam: 393.11/821.

1206 Bericht vom 16. April 1929, in: NARA, RG 59, Decimal File 1910–1929/893.40/6. Sokobin erklärt die Besonderheit dieses Berichts damit, dass »ordinary consular political reports appear too often to dwell largely on matters of superficial interest and of ephemeral value and seldom get under the surface of events«.

1207 Bericht vom 1. Februar 1928, S. 19f., in: NARA, RG 59, Decimal File 1910–1929/693.001/279. Dessen Empfänger markierte exakt diesen Abschnitt mit dem Verweis »Entfernen«! Ein weiterer Abschnitt mit dem Titel »Comparison of Political Conditions« wurde ebenfalls mit »Entfernen« gekennzeichnet und als »strictly confidential« eingestuft. Sokobin preist im Text die Politik Zhang Zuolins in der Mandschurei, der trotz seines Charakters (Sokobin bezeichnet ihn als »illiterate ruffian«) für das Wohl seines Landes und der Bevölkerung arbeite.

1208 Die New York Times berichtete, Sokobin sei – wegen des ungünstigen Klimas in Fuzhou – an einer tuberkulösen Lungenentzündung erkrankt, siehe: NYT, 10. April 1930, S. 11.

1209 Siehe darüber die folgenden Berichte Sokobins an das State Department: NARA, RG 59, Decimal File 1930–1939/893.504/124; 893.4212/5.

1210 Aus heutiger Sicht besonders kurios erscheint die Bekämpfung von Drogentätern durch die Polizei von Qingdao: In einem Report vom 5. Oktober 1935 berichtet Sokobin, dass Drogensüchtigen das Wort 毒 (du) für Gift aufs Handgelenk tätowiert werde (aus: U.S. State Department Files 1930–39, Microfilm A 575.3 [Reel 42], in: Harvard, Lamont Library).

1211 Diese Angaben machte der amerikanische Generalkonsul in Kobe, Jerome Holloway Jr., in einem Brief vom 28. März 1973 an einen Freund Sokobins (aus: National Library of Australia, Papers of Harold Williams/Samuel Sokobin).

1212 Sokobin gibt in einem erklärenden Bericht an das State Department zu, nicht mit einer unmittelbaren Besetzung Qingdaos durch die Japaner gerechnet zu haben, weist jedoch den Ausdruck »Widersetzung« vehement zurück (siehe: NARA, RG 59, Decimal File 1930–1939/123 So 3/522). In einem der Schreiben eines Missionars, welches voller Lob über Sokobin war (und das vom Vizekonsul als Kopie nach Washington gesendet wurde), heißt es unter anderem: »We have written to Secretary Hull and expressed to him our appreciation of these many courtesies from you (gemeint ist Sokobin – Anm. d. Verf.) in connection with situations we have met here. We want to tell to you too, that we are appreciative of a Consul like Mr. Sokobin. We pray daily that our God of Abraham, Isaac and Jacob, shall bless our good Consul, Mr. Sokobin, in a special way.« (in: NARA, RG 59, Decimal File 1930–1939/123 So 3/504).

1213 Zitiert aus: Foreign Service Journal, March 1973, S. 24 (in: National Library of Australia, Papers of Harold Williams/Samuel Sokobin). Diese Passage findet sich wieder in: Kahn, *China Hands* (1975), S. 303.

1214 John Service erinnert sich an Samuel Sokobin während eines Interviews im Rahmen eines Oral History Projects der University of Berkeley 1977/78. Nebst seiner Charakterisierung Sokobins als »a bit out of step« schreibt er über ihn: »He did not have any great reputation as a Chinese scholar or linguist, but I think he kept up his Chinese better than most other people. He still reads fairly well.« (aus: Service, *Duty in China* [1981], S. 492).

1215 New York Times, 5. Dezember 1967, S. 50.

1216 Einstein, *Diplomat* (1968).

1217 Ebd., S. 87.

1218 Ebd., S. 89. Hier spricht Einstein sozusagen mit vorausschauendem Blick, denn zu seiner Zeit in Peking war Präsident Taft, ein Republikaner, an der Macht (1909–1913).

1219 Ebd., S. 88.

1220 Ebd., S. 99f.

1221 Ebd., S. 104.

1222 Eine Bibliographie seiner Bücher und Artikel findet sich in: Einstein, *Diplomat* (1968), S. 251ff.

1223 Einstein, *Diplomat* (1968), S. xxxiii. Die Sybariter, Einwohner der antiken Stadt Sybaris, waren als Schlemmer verrufen.

1224 Zitiert aus: Mirsky, *Sir Aurel Stein* (1977), S. 1.

1225 Zitiert aus einem Gespräch Hopkirks mit dem Direktor des chinesischen Instituts für Archäologie zu Beginn der 1980er Jahre, in: Hopkirk, *Foreign Devils* (1984), S. 6.

Anmerkungen

1226 Marc Aurels Onkel, der Bruder seiner Mutter, war Professor Ignaz Hirschler (1823–91), ein anerkannter Augenchirurg. Er setzte sich – unter anderem auch als Vorsitzender der jüdischen Gemeinde Budapests – zeitlebens für die Rechte der Juden in der Habsburgermonarchie ein.
1227 Grousset, *Reise nach Westen* (1986), S. 46.
1228 Siehe über diese verlassene Gegend im heutigen Xinjiang den Bildband von Baumer, *Geisterstädte* (1996).
1229 Mirsky, *Sir Aurel Stein* (1977), S. 462.
1230 Stein, *Central Asian Tracks* (1998), S. 36.
1231 Siehe darüber: Hopkirk, *Foreign Devils* (1984), S. 156ff. Stein selbst schreibt darüber das Kapitel »Discoveries in a Hidden Chapel«, in: Stein, *Central Asian Tracks* (1998), S. 155ff.
1232 Baumer, *Geisterstädte* (1996), 146.
1233 Zitiert in: Hopkirk, *Foreign Devils* (1984), S. 175f.
1234 So Vincenz Hundhausen in einem Essay aus dem Jahre 1932 in: Hundhausen, *China* (1938), S. 152.
1235 Zitiert in: Hopkirk, *Foreign Devils* (1984), S. 238.
1236 New York Times, 29. Oktober 1943, S. 19.
1237 Diese Aufnahme von Carl Schuster und einer Frau aus Sichuan enthält die Vorderseite von: Schuster/Carpenter, *Patterns* (1996).
1238 Diese und andere biographische Angaben über Carl Schuster finden sich in: Cammann, *Carl Schuster* (1972), S. 2ff. In diesem Nachruf ist auch eine umfangreiche Liste der Publikationen Schusters angeführt. Die Jahreszahlen für Schusters Aufenthalt in China (laut Cammann 1931–33) stimmen allerdings nicht überein mit Schusters eigenen Angaben (1929–32). Baron Alexander Wilhelm von Stael-Holstein (1876–1937) war ein berühmter Orientalist, Indologe und Professor für Sanskrit und tibetanische Sprachen. Während Schusters Jahren in China amtierte er als Direktor des Harvard-Indian Instituts in Peking und gleichzeitig als Berater der chinesischen Regierung in Hochschulfragen.
1239 Carpenter, *Social Symbolism* (1986), S. 23. Bei diesem Buch handelt es sich um das umfangreiche Werk von Carl Schuster, das sein Freund und Berufskollege Edmund Carpenter nach dessen Tod zusammengestellt und in insgesamt 12 riesigen Bänden herausgegeben hat. Carpenters Buch »Patterns that Connect« (1996) ist eine Kurzfassung dieses Schuster'schen Universalwerks.
1240 Die Dissertation Schusters (als Manuskript) findet sich zusammen mit Hunderten von Dokumenten, bibliographischen Angaben, Briefen sowie Fotonegativen im Museum für Völkerkunde in Basel (Archiv Schuster). Aus dem Bestand dieses Museums stammt auch die Mehrzahl der hier zitierten Publikationen von bzw. über Carl Schuster.
1241 Diese Meinung vertritt Schuster auch in zahlreichen wissenschaftlichen Artikeln, z. B. in: Schuster, *Peasant Embroideries* (1935), S. 87, oder – ausführlicher – anlässlich eines Symposiums zur frühen chinesischen Kunst an der New Yorker Columbia University: Schuster, *Relations* (1967).
1242 Schuster, *Peasant Embroideries* (1935), S. 93.
1243 Josef Strzygowski (1862–1941), Schusters Doktorvater, war polnischer Kunsthistoriker und Gründer des Kunsthistorischen Instituts der Universität Wien. Er erkannte die Bedeutung vorderasiatischer Kunst bei der Erklärung spätantiker und mittelalterlicher Formprinzipien. Allerdings wurden seine Ausführungen später von rassisch geprägten Theorien überlagert. Die anthropologische Schule des Diffusionismus wiederum ging davon aus, dass sich Zivilisationsformen von einer Kultur auf die andere fortsetzten, da der Mensch grundsätzlich konservativ sei und ihm Kreativität fehle.
1244 Schuster, *Embroideries* (1937), S. 30f.

1245 Der in Ceylon geborene Ananda K. Coomaraswamy (1877–1947) gilt als einer der berühmtesten Kunsthistoriker des 20. Jahrhunderts, vor allem was die kulturelle Auseinandersetzung zwischen Ost und West betrifft. Bis zu seinem Tod diente er, der 36 Sprachen verstand, dem Boston Museum of Fine Arts als dessen Direktor.

1246 Beim Strukturalismus handelt es sich um eine vom französischen Soziologen Lévi-Strauss entwickelte Theorie über die Beziehungen zwischen der Struktur einer Sprache und der Kultur einer Gesellschaft, die davon ausgeht, dass »Kulturerscheinungen in einer anderen Ordnung der Wirklichkeit Phänomene vom gleichen Typus wie die sprachlichen« sind.

1247 Carl Schuster in einem Artikel zu Ehren Coomaraswamys, zitiert in: Carpenter, *Social Symbolism* (1986), S. 35.

1248 Katz, *Funkelnder Ferner Osten!* (1931), S. 5. Den Buchdeckel prägen die in oranger Farbe gemalten Schriftzeichen 灿 烂 远 东 als Übersetzung des Titels ins Chinesische. Kurze biographische Angaben über Katz finden sich in: Strauss, *International Biographical Dictionary* (1983), S. 602.

1249 Katz, *Funkelnder Ferner Osten!* (1931), S. 5f.

1250 Ebd., S. 15.

1251 Ebd., S. 21.

1252 Ebd., S. 28.

1253 Ebd., S. 37. Der Grund der Besiedlung durch die Deutschen beziehungsweise der Besetzung der Bucht von Jiaozhou (Kiautschau) durch deutsche Marinetruppen, nämlich die Ermordung zweier Missionare, wird lediglich am Rande erwähnt.

1254 Ebd., S. 41.

1255 Ebd., S. 52.

1256 Ebd., S. 91.

1257 Ebd., S. 105 bzw. 108.

1258 Ebd., S. 298.

1259 Nebst »Funkelnder Ferner Osten!« verfasste Katz weitere populäre Reisereportagen wie beispielsweise »Ein Bummel um die Welt: 2 Jahre Weltreise auf Kamel und Schiene, Schiff und Auto« (1927) oder »Mein Inselbuch: Erste Erlebnisse in Brasilien« (1950).

1260 Holitscher, *Das unruhige Asien* (1926). Biographische Angaben zu Holitscher liefert: Strauss, *International Biographical Dictionary* (1983), S. 532f. Eine Dissertation über Holitscher stammt von Marianne Bruchmann und ist 1972 mit dem Titel »Arthur Holitscher: Ein Dichter zwischen Literatur und Politik« erschienen.

1261 Strauss, *International Biographical Dictionary* (1983), S. 533. Holitscher war eine Zeit lang überdies eng mit linken Gruppierungen innerhalb der jüdischen Arbeiterbewegung in Palästina verbunden. In derselben Enzyklopädie wird darauf hingewiesen, dass er 1915 offiziell auf seine jüdische Religionszugehörigkeit verzichtet hat.

1262 Holitscher, *Das unruhige Asien* (1926), S. 196.

1263 Ebd., S. 212.

1264 Ebd., S. 221 bzw. 225.

1265 Ebd., S. 249.

1266 Ebd., S. 258.

1267 Ebd., S. 264.

1268 Ebd., S. 270.

1269 Ebd., S. 284.

Anmerkungen

1270 Ebd., S. 287.
1271 Ebd., S. 288.
1272 Werner, *Sonjas Rapport* (1977), S. 103. Dank Ruth Werner fand Kisch auch recht schnell Kontakt zu den revolutionär gesinnten chinesischen Intellektuellen wie Mao Dun oder Lu Xun, aber auch zu Madame Sun (siehe dazu: Gruner, *Egon Erwin Kisch* [1992], S. 184f.).
1273 Der Ausdruck »Kunst- und Kampfform« ist einer Rede Kischs aus dem Jahre 1935 in Paris entlehnt.
1274 Thomas Kampen weist darauf hin, dass in der Originalausgabe von »China geheim« (Erich-Reiss-Verlag, Berlin 1933) das erste Kapitel »Ein Schnellzug wittert Morgenluft« fehlt (Kampen, *Xie Weijing* [2001], S. 28). Dieses Kapitel gibt dem Leser Auskunft darüber, dass Kisch mit der transsibirischen Eisenbahn, d. h. über Moskau, nach China gelangt ist, was im damaligen historisch-politischen Kontext nicht für Objektivität sprach (so erzeugte das Buch hingegen den Eindruck, Kisch sei über den Seeweg via Indien, die »normale« Route nach Shanghai gelangt). Das besagte Kapitel wurde 1949 vom Aufbau-Verlag wieder hinzugefügt. Willi Münzenberg stand im Übrigen 1933 wegen der Affäre Ruegg in engem Briefkontakt mit Harold Isaacs, wie verschiedene Dokumente der Shanghai Municipal Police belegen (etwa in: NARA, RG 263, SMP, File D 2510 oder 3956). Die SMP vermerkte auch die Ankunft von Edmond (sic!) Erwin Kisch in Shanghai (NARA, RG 263, SMP, File D 2919).
1275 Kisch, *China geheim* (1949), S. 215f.
1276 Ebd., S. 195.
1277 Ebd., S. 251. Mei Lanfang wurde gemäß Angaben von Kisch in den USA der Ehrendoktor verliehen.
1278 Im gleichen Jahr des Erscheinens der Erstausgabe von »China geheim« (1933) wird Egon Erwin Kisch von der Gestapo verhaftet und ins berüchtigte Moabiter Gefängnis gesteckt, aus dem er erst dank des energischen Protests der tschechoslowakischen Regierung freikommt. Danach flüchtet er nach Paris, nimmt am Spanischen Bürgerkrieg teil, emigriert 1939 nach Mexiko. 1946 kehrt er zurück in seine Geburtsstadt Prag.
1279 Siehe darüber Lustiger, *Schalom Libertad!* (1989).
1280 Fritz Jensen wird beispielsweise erwähnt in: Stadler, *Vernunft* (1988), S. 808, oder in: Kaminski/Unterrieder, *Von Österreichern und Chinesen* (1980), S. 813ff. Zu den »Spanienärzten«, die später in China tätig waren, zählen unter anderem: Der Pole S. Flato (Mojzesz Flato), der nach dem Krieg im polnischen Gesundheitsministerium arbeitete, der Spionage beschuldigt wurde und später an der Botschaft in Beijing arbeitete, oder der Tscheche František Kriegel, in den 1960er Jahren ein Exponent des Prager Frühlings.
1281 Jensen, *China siegt* (1949), S. 10. Die Einschätzung, wonach die Chinesen (zumindest die Vertreter der Guomindang) die »Spanienärzte« nicht eben besonders willkommen hießen, wurde von anderen Berufskollegen geteilt. Das hatte auch damit zu tun, dass diese links gesinnten »Spanienärzte« in chinesischen Augen als Deserteure galten, da sie, im eigenen Land rassisch und politisch verfolgt, einfach ausgewandert seien. Jensen erwähnt in diesem Zusammenhang explizit einen gewissen Gesichtsverlust.
1282 Der Verfasser hatte die Möglichkeit, mit der Witwe Jensens am 7. September 2001 in Beijing ein Interview zu führen. Wang Wu An hatte in späteren Jahren im Gesundheitsministerium der VR China eine hohe Stelle inne.
1283 Jensen, *China siegt* (1949), S. 137.
1284 Ebd., S. 88f.
1285 Ebd., S. 9f.
1286 Jensen, *Opfer und Sieger* (1955), S. 6. Dieser (politische, propagandistische) Band ist eine Sammlung ausgewählter Gedichte und Essays. Im Kapitel »Gedichte aus China und Vietnam« lässt Jensen beispielsweise (ne-

ben einer eigenen Auswahl) den Tang-Dichter Bai Juyi zu Wort kommen (in seinen Anklagen gegen das Elend der einfachen Leute). Auch findet sich darin Lyrik von Mao Zedong (z. B. »Der Lange Marsch«) oder von Chen Yi, dem Bürgermeister von Shanghai (bis 1958) und späteren Außenminister.

1287   Walter Freudmann wird etwa erwähnt in: Kaminski/Unterrieder, *Von Österreichern und Chinesen* (1980), S. 813ff., oder auch in: *International Biographical Dictionary* (1983), S. 192 (nicht einmal über Geburtsort und Geburtsjahr von Freudmann ist etwas bekannt). Freudmann war nach der Rückkehr aus dem Fernen Osten 1945 als Arzt in Wien tätig. Über sein Todesjahr ist nichts bekannt.

1288   Freudmann, *Tschi-Lai!* (1947). Der Ausspruch »Tschi-Lai« 起来 (Erhebet Euch!) ist Teil der 1. Strophe aus dem sogenannten »Marsch der mandschurischen Freiwilligen« (1933) zur Zeit der japanischen Invasion, welcher später zur chinesischen Nationalhymne erklärt wurde.

1289   Ebd., S. 6.

1290   Ebd., S. 25.

1291   Ebd., S. 21.

1292   Ebd., S. 81.

1293   Ebd., S. 76f.

1294   Ebd., S. 35.

1295   Ebd., S. 44.

1296   Ebd., S. 63. Die Beschreibung »Auf chinesischen Straßen« entstand auf der Fahrt von Guizhou nach Changsha in der Provinz Hunan.

1297   Ebd., S. 96.

1298   Ebd., S. 69.

1299   Ebd., S. 198.

1300   Ebd., S. 220.

1301   Die meisten biographischen Angaben über Robitscher-Hahn stammen aus dem Archiv des New Yorker Center for Jewish History, und zwar in: Leo Baeck Institute, Magdalena Robitscher-Hahn Collection, AR 25012. In den Archivschachteln finden sich Zeitschriften- und Zeitungsartikel über Robitscher-Hahn, wie beispielsweise: Erling, *Robitscher-Hahn*, 1977, S. 3–8; Informationsblatt der Gesellschaft für Deutsch-Chinesische Freundschaft, Nr. 2, September 1973, S. 12–23; Frankfurter Rundschau, 18. September 1976, S. 16.

1302   Das Buch »Im Geist Yanans« erscheint drei Jahre nach Robitscher-Hahns Tod: Erling, *Im Geist Yanans* (1980). Über Shanghai siehe S. 6.

1303   Ebd., S. 9.

1304   Yan Xishan (1883–1960), einer der schillerndsten Warlords, spielte in den Jahren der Republik eine prominente Rolle, indem er sich weder den Nationalisten noch den Kommunisten anschloss (obwohl er offiziell den Titel eines Kommandanten einer Guomindang-Armee trug, in den späten 1930er Jahren allerdings mit der 8. Marscharmee paktierte). Für ihn schien es vor allem entscheidend zu sein, seine Provinz Shanxi von Fremden freizuhalten (die er 1912 von Yuan Shikai sozusagen als Gouverneursbesitz erhalten hatte). Während der Xi'an-Affäre stand er auf Seiten Zhang Xueliangs, um den Generalissimo zum Bündnis mit den Kommunisten gegen die Japaner zu bewegen. Nach dem Zweiten Weltkrieg verbündete er sich mit Chiang Kai-shek und schlug kommunistische Attacken mit von ihm festgenommenen japanischen Truppen zurück (bis er schließlich 1949 aufgeben und sein geliebtes Taiyuan Richtung Taiwan verlassen musste).

1305   Erling, *Im Geist Yanans* (1980), S. 37f.

1306   Ebd., S. 124.

ANMERKUNGEN

1307 Brief vom 21. November 1946, abgedruckt in: Erling, *Robitscher-Hahn*, 1977, S. 5.

1308 Interview mit Robitscher-Hahn, in: Erling, *Robitscher-Hahn*, 1977, S. 8.

1309 Brief vom 17. Februar 1947 an ihren Sohn, in: Leo Baeck Institute, Magdalena Robitscher-Hahn Collection, AR 25012, Box 4.

1310 Erling, *Im Geist Yanans* (1980), S. 126.

1311 Zitiert in Erling, *Im Geist Yanans* (1980), S. 138.

1312 NARA, RG 263, SMP, File D 3854 (Memorandum on Dr. Reifler vom 15.2.1933). Im SMP-Archiv befinden sich mehrere Einträge über Erwin Reifler.

1313 Biographische Angaben über Reifler sowie einige ältere wissenschaftliche Abhandlungen desselben erhielt der Verfasser dankenswerterweise durch die Hilfe von Reiflers Ehefrau Henrietta, mit der er am 22. März 2002 in Trevose, Pennsylvania, ein Gespräch führte. Reiflers wissenschaftlicher Nachlass befindet sich an der University of Washington in Seattle. Wertvolles biographisches Material über Reifler findet sich überdies im Archiv der Hoover Institution in Stanford unter der Akte »Karl August Wittfogel« (darin übrigens auch ein bibliographisches Verzeichnis von Reiflers Schriften). Botschafter Rosthorn selbst wurde 1922 Honorarprofessor an der Universität Wien, wo er das Fach Chinesische Sprache und Philosophie unterrichtete.

1314 Eine andere Quelle (Who's Who in American Jewry, o. J.) nennt eine Tätigkeit Reiflers als Assistent des österreichischen Gesandten des Völkerbundes in Shanghai.

1315 Über dieses Ereignis berichtet der »Israel's Messenger« vom 13. Oktober 1939, S. 10.

1316 Israel's Messenger, 20. Dezember 1940, S. 24f.

1317 In diesem Kapitel ist unter anderem von den Sinitern die Rede, die von einigen Bibelwissenschaftern für Chinesen gehalten werden. Von den Sinitern ist auch in Jesaja, Kapitel 49, Vers 12 wieder die Rede.

1318 Israel's Messenger, 20. Dezember 1940, S. 2.

1319 Die Theorie der Entlehnung besagt, dass gewisse Zeichen zum Zweck der Erzeugung neuer Wörter von anderen Wörtern entliehen worden sind, selbst also bei deren Wortschöpfung kein eigenständiges Zeichen dafür vorgesehen war. Reifler hält dem entgegen, dass diese Theorie wissenschaftlich unhaltbar sei, weil nämlich der mit dem Lehnwort unvereinbar scheinende Sinnzusammenhang an sich bereits in diesem Zeichen angelegt ist. So beispielsweise sieht er im Zeichen 可 (ke) nebst der Verbbedeutung »getragen sein, unterstützt sein, erlaubt sein, können, fähig sein« usw. auch die Bedeutung eines Pronomens oder eines Adverbs, wie z. B. im Ausdruck des Philosophen Zhuangzi 无何之乡 (Einöde), wobei hier das Zeichen 何 (he) als Ausdruck eines Pronominaladjektivs laut Reifler die Bedeutung von Wahrscheinlichkeit hat, die wiederum mit dem Zeichen 可 ausgedrückt wird. Dieser Beitrag findet sich in: Reifler, *Etymologie* (1944), S. 1ff.

1320 Reiflers Gedanken finden sich unter dem Titel »Chinese Characters vs. Romanization« in: CWR, 6. Juli 1946, S. 119f.

1321 Siehe diese Abhandlung in: Reifler, *solitude du soleil* (1949), S. 246–254. Reifler scheint dem Ursprung des Zeichens für »Sonne« bis an sein Lebensende nachgegangen zu sein, wie etwa auch ein Schreiben an den Harvard-Professor Harry Wolfson vom 15. Mai 1959 bezeugt (siehe in: Erwin Reifler Collection, Box 1, Folder 21, 644-3-78-10).

1322 Auch in diesem Beitrag nimmt Reifler andere Sprachen zur Untermauerung seiner Thesen zu Hilfe. So etwa bedeutet das französische »mouton« Schaf, im Plural wird es hingegen als »Schaumkronen« wiedergegeben. Ähnlich verhält es sich auch im Russischen mit dem Ausdruck »wolna« für Welle, das – in übertragenem Sinne – auch mit »Wolle« übersetzt werden kann. Als weiteres Beispiel für Homophone mit semantischer Verbindung nennt Reifler etwa das deutsche Wort »Gegend«, welches ursprünglich von »gegen« komme, ähnlich im

Chinesischen das Wort 乡 (xiang). Diese Abhandlung findet sich in: Reifler, *Linguistic Analysis* (1954), S. 33–36.

1323   Siehe die von der amerikanischen Handelskammer in Shanghai herausgegebenen Unterlagen zur »Reifler Methode« in: Erwin Reifler Collection, Box 1, Folder 1, 644-2-78-9. Aus diesen Dokumenten geht zudem hervor, dass Reifler während seines Aufenthalts sowohl in Shanghai wie in Hongkong als Referent verschiedener Institutionen auftrat (u. a. Rotary Club, Royal Asiatic Society).

1324   Auf eine Frage Joseph Needhams, worin sich Reifler von anderen Philologen und Sinologen unterscheide, antwortet dieser in einem Brief vom 28. Mai 1946 wie folgt: »Sie mögen sich daran erinnern, dass ich sagte, es liege an meinem gewollten Bemühen, reine Phantasie und Vermutungen auszuschließen und in meiner Arbeit lediglich logische und philologische Vernunft ... anzuwenden.« (siehe in: Erwin Reifler Collection, Box 1, Folder 21, 644-2-78-9).

1325   Zu diesen Großprojekten findet sich im Archiv der University of Washington umfangreiches Material, so beispielsweise: Studies in Mechanical Translation. Report on the First Conference on Mechanical Translation, June 17-20, 1952 at the M.I.T. in Cambridge by Erwin Reifler (Erwin Reifler Collection, Box 1, Folder Writings of ER, 644-6-86-19). Speziell über das chinesisch-englische Übersetzungsprojekt siehe: Reifler, *Chinese-English* (1962).

1326   Seinen Wunsch, von Seattle wegzukommen, wo er sich wegen seines eher ungewöhnlichen Forschungsinteresses akademisch isoliert fühlte, tat er beispielsweise in einem Brief vom 21. Juni 1963 an Karl A. Wittfogel kund (in: Hoover Archives, Karl A. Wittfogel Collection). Die Forschungen Reiflers zur Metrologie umfassten etwa die philologischen und mathematischen Probleme von Standardmaßen im alten China, in Ägypten und im biblischen Israel. Reifler publizierte gelegentlich auch in »Monumenta Serica«, der Zeitschrift des einstigen Instituts Monumenta Serica, einer 1934 gegründeten »ausländischen« sinologischen Institution der katholischen Furen-Universität in Peking, doch allerdings erst nach der Verlegung dieses Instituts nach Deutschland (siehe z. B. Reifler, *Ever Think of Your Ancestors!* [1949–55], S. 340–373).

1327   Die biographischen Angaben über Olga Lang wurden mir freundlicherweise von Herrn Ted Wahl, dem Ehemann einer langjährigen Freundin Langs, vermittelt. Bei dieser 1917 geborenen Dame handelt es sich um Tatjana Manooiloff Cosman, eine russische Waise. Adoptiert wurde Tatjana zuerst von einer russischen Familie in der Mandschurei, die das Mädchen an einen Opiumhändler weiterverkaufte. In Peking angelangt, arbeitete sie als Kabarettmädchen und Taxi-Tänzerin, ehe sie von der bekannten Sozialarbeiterin Ida Pruitt, der Tochter einer amerikanischen Missionarsfamilie, aufgenommen wurde (vgl. dazu den Nachruf auf Ida Pruitt in: New York Times, 11. August 1985, S. 36). Cosman war später – wie Olga Lang – am Swarthmore College in Pennsylvania tätig, und zwar als Dozentin für russische Sprache. Der Verfasser dankt Ted Wahl (Media, PA) für verschiedene Dokumente, inklusive Kopien von Aufnahmen aus dem China der 1930er Jahre.

1328   Lang, *My Life in Germany* (o. J.), S. 5. Kopien dieses unveröffentlichten Manuskripts wurden mir dankenswerterweise durch Ms. Pat O'Donnell vom Archiv des Swarthmore College (PA) zugeschickt. Es existiert ein weiteres, ebenfalls nicht publiziertes Manuskript von Olga Lang, in dem sie ihre Erinnerungen an die Zeit der Besetzung ihrer Geburtstadt Jekaterinoslaw durch die Machno-Armee im Jahre 1919 zu Papier bringt. Leider sind (bisher) keine schriftlichen Aufzeichnungen Olga Langs über ihre Erfahrungen in China aus den Jahren 1934–1937 aufgefunden geworden. Lang galt zu Lebzeiten als äußerst verschlossene Person, wenn es um Fragen ihrer persönlichen Vergangenheit ging.

1329   Siehe Unterlagen von Ted Wahl, hier: Olga Abramovna Lang, Biographical sketch.

1330   Lang, *Chinese Family* (1946). Der Schutzumschlag der Originalausgabe zeigt eine einfache, hübsche Skizze eines Familienoberhaupts, das sein Haus (zur Arbeit? für immer?) verlässt, im Türbogen seine Frau und zwei Kinder hinter sich lassend. Daneben steht der Titel in chinesischen Schriftzeichen übersetzt: 中国之家庭

ANMERKUNGEN

与社会. 1968 erscheint eine zweite Auflage. Im Vorwort der Autorin wird unter anderem auch Ida Pruitt und Nathaniel Peffer der Dank für die Mithilfe beim Zustandekommen des Buches ausgesprochen. Zahlreiche Dokumente des Peking Union Medical College, wo Pruitt Leiterin der Sozialdienste war, dienten Lang als Basis für ihre Forschungen über die chinesische Familie (siehe dazu: Cosman, *My Heritage* [1995], S. 158f.).

1331 Lang, *Pa Chin* (1967).

1332 Ebd., S. 121.

1333 New York Times, 28. Januar 1968, BR 3. Die Rezension stammt von Mary Wright, der bekannten Historikerin und China-Spezialistin an der Yale-Universität.

1334 Giardinelli, *Emigre* (2002), S. 39f.

1335 Eine große Auswahl an Werken Schiffs findet sich in: Kaminski, *China gemalt* (1983); Kaminski, *Schiff* (2001); Kaminski/Unterrieder, *Von Österreichern und Chinesen* (1980), S. 753ff. Aus diesen Texten stammen auch die biographischen Angaben über den Wiener Künstler.

1336 Aus einem Manuskript Schiffs (o. J.), zitiert in: Kaminski, *China gemalt* (1983), S. 12.

1337 Sapajou war das Pseudonym für Georgi A. Sapojnikoff, einem ehemaligen Leutnant der zaristischen Armee, der während des Ersten Weltkrieges schwer verwundet wurde. In den 1920er Jahren fand er – wie viele Weißrussen – Zuflucht in Shanghai, wo er seit 1925 als Karikaturist für die englischsprachige »North-China Daily News« über einen Zeitraum von mehr als fünfzehn Jahren tätig war. Sapajou war weit über Shanghai hinaus unter anderem bekannt für seine Skizzen, die das dekadente Leben der Old China Hands darstellten. Kurz nach seiner Ausreise aus China starb er 1949 in einem Flüchtlingslager auf den Philippinen.

1338 Schiff in einem Brief vom 21. März 1946 an »Dear Maureen«, zitiert in: Kaminski, *Künstler* (1998), S. 60.

1339 Skizzen darüber finden sich etwa in: The China Weekly Review, 4. Dezember 1937 (o. J.) oder 5. Februar 1938 (o. J.).

1340 Der Schiff-Experte Kaminski schreibt über dessen Verhältnis zum Judentum: »Der Anschluss des Jahres 1938 trifft Friedrich Schiff doppelt: als Humanist und Weltbürger, der er war, und als Jude. Sein Judentum hatte er früher kaum betont. Es war ihm als Mitglied einer assimilierten getauften jüdischen Familie auch wenig bewusst geworden.« (Kaminski, *Schiff* [2001], S. 43). 1938 holt Schiff seine 75-jährige Mutter nach Shanghai, die dort als Schauspielerin für die Emigranten und die jüdische Schule auftritt. An anderer Stelle schreibt Kaminski, dass dem Maler die Freimaurerei mehr bedeutet habe als das Judentum.

1341 Schiff, *Grenzen* (1941), S. 20ff.

1342 Schiff in einem Vortrag in Buenos Aires vor der Vereinigung britischer Künstler am 28. Juli 1949, zitiert in: Kaminski, *Künstler* (1998), S. 62. 1953 kehrt Schiff endgültig nach Wien zurück, wo man ihn allerdings nicht mehr kennt. Zu solchen beruflichen Sorgen (die er allerdings als Angestellter einer Werbefirma zumindest teilweise abstreifen kann) gesellen sich persönliche Lasten hinzu, wie die Geburt einer mongoloiden Tochter und eine Infektion mit der Kinderlähmung. 1968 stirbt Schiff in der Donaustadt an Krebs.

1343 Stadler, *Vernunft* (1988), S. 815–818. Aus diesem Beitrag stammen auch die Lebensdaten zu Tandler, über den es von Karl Sablik eine Biographie, »Julius Tandler. Mediziner und Sozialreformer« (Wien, 1983), gibt.

1344 Shanghai Municipal Police Report, 19. Februar 1935; dieser Bericht entstand aufgrund einer Anfrage des niederländischen Konsulats betreffend die Rückkehr Tandlers via Holländisch-Indien nach Europa, in: NARA, RG 263, SMP, File D 5741.

1345 Siehe dazu: Stadler, *Vernunft* (1988), S. 816.

1346 Nicht ganz uninteressant ist die Tatsache, dass die Nationalregierung zu jener Zeit (1933/34) die Dienste des einstigen deutschen Generalstabschefs Hans von Seeckt in Anspruch nahm, der im Auftrage Chiang Kai-sheks als Chefberater die militärischen Bedürfnisse Chinas erschließen sollte. Die gleichzeitige Inanspruchnahme von Persönlichkeiten ganz unterschiedlicher politischer Richtungen schien den praktisch denkenden Chinesen, vor allem Chiang Kai-shek mit seinem Ziel, China zu modernisieren, nicht hinderlich zu sein.

1347 In der Zeitung »The China Press« vom 19. März 1934 lautet die Überschrift: »Shanghai ›U‹ Man Arrested by Fascists«, im »Peiping Chronicle« vom 20. März 1934 heißt es: »Arrest Causes Surprise Here«.

1348 In China wird die Meldung mit einigen Tagen Verspätung verbreitet, so etwa durch die »Shanghai Times« am 17. September 1936 unter dem Titel »Dr. Julius Tandler Dies in Moscow«.

1349 Tandler, *Volk in China* (1935).

1350 Ebd., S. 8.

1351 Die Wienerin Ruth Weiss, eine der »Foreign Experts«, die nach 1949 in China geblieben ist, schrieb in ihrer Biographie, dass der Neuseeländer Rewy Alley sie zusammen mit Tandler in Shanghai durch Fabriken geführt habe, »die ein Inferno an Ausbeutung, Missständen und Unmenschlichkeit darstellten«. (Weiss, *Rande* [1999], S. 281).

1352 Tandler, *Volk in China* (1935), S. 33.

1353 Ebd., S. 47.

1354 Trotz größter Anstrengungen und Nachforschungen ist es dem Verfasser nicht gelungen, möglicherweise bestehende persönliche Dokumente über Löwenthals Erfahrungen in China ausfindig zu machen. Wenige Unterlagen – zumeist über Löwenthals Beschäftigung mit der Turksprache und -literatur sowie einige bibliographische Angaben zu russischer Geschichte und Kultur in Mittelasien – finden sich in der Special Collections Division der Georgetown University Library in Washington. Einige biographische Angaben sowie seine Forschungen zur Bibliographie der Juden in China finden sich in: Pollak, *Sino-Judaic* (1988), S. viii. Michael Pollack dankt der Verfasser für seine persönlichen Eindrücke von Begegnungen mit Löwenthal. Letzterer verbrachte knapp fünfzehn Jahre in China (er erhielt die chinesische Staatsbürgerschaft), bevor er nach dem Zweiten Weltkrieg erneut emigrierte, dieses Mal in die USA, wo er zuerst an der Cornell, später an der Georgetown University lehrte und gleichzeitig als Experte für sowjetisch-chinesische Beziehungen galt. Ein Nachruf über den in den 1990er Jahren verstorbenen außergewöhnlichen Zeitgenossen von Michael Pollak erschien in Monumenta Serica (Bd. 45, 1997, S. 415ff.), versehen mit einem ausführlichen Verzeichnis der Schriften Löwenthals.

1355 Siehe z. B. Neue Zürcher Zeitung, 19./20. August 2000, S. 65. Der Verfasser dankt an dieser Stelle Blochs Tochter, Lydia Abel (Nürnberg), für die Zusendung hilfreicher Materialien nicht nur über das Werk ihres Vaters, sondern auch allgemein über die Situation der Flüchtlinge in Shanghai. Frau Abel war es auch, welche den Verfasser anlässlich einer Ausstellung von Blochs Arbeiten im Jüdischen Museum in München im Sommer 2000 mit dem inzwischen verstorbenen Künstler zusammenbrachte.

1356 So zitiert in: Neugebauer, *Kunst im Exil* (1997), S. 160.

1357 Aus Anlass des 25-Jahr-Jubiläums der »ehemaligen Shanghaier«, aus: Programm der Erinnerungsfeier vom 21. Oktober 1973 in New York, in: David Ludwig Bloch Collection, AR 7199, Box 3, Folder 3.

1358 Auf einem Foto aus dem Jahre 1941 sieht man Bloch beim Malen auf der Straße, umgeben von einer Schar Kinder, der Künstler in Krawatte und Lackschuhe gekleidet, von den Chinesen neugierig, aber nicht unfreundlich beäugt (Faltprospekt des Jüdischen Museums München anlässlich der Ausstellung zum 90. Geburtstag des Künstlers, 19.7.–14.12.2000).

1359 An dieser Einteilung der Bloch'schen Holzschnitte orientiert sich auch das Buch mit einer Auswahl der von Bloch während seines China-Aufenthalts angefertigten Arbeiten: Bloch, *Holzschnitte* (1997). Den fünften Zyklus nennen die Herausgeber »China«, wohingegen der Künstler diesen einfach als »Szenen« betitelt.

Anmerkungen

1360 Shanghaier Morgenpost, 14. November 1941, S. 5.

1361 Asiana, January 1943, Vol. III, No. 20, S. 46f.

1362 Shanghai Jewish Chronicle, 18. Dezember 1942, S. 5.

1363 In einem Gespräch des Verfassers mit dem Künstler am 18. Juli 2000 in München. Bloch stirbt am 16. September 2002 im Alter von 92 Jahren in den USA, nachdem er in den letzten Jahren seines Lebens in Deutschland dank des Engagements seiner Tochter noch eine gewisse Anerkennung für sein Lebenswerk hat erfahren dürfen.

1364 Jacoby war als Skizzenmaler ausgebildet (von 1933 bis 1938 war es ihm amtlich verboten zu malen), emigrierte 1938 nach Holland, wo er in einem Flüchtlingslager interniert wurde. Der Dresdner kam 1940 nach Shanghai und verließ die Hafenstadt sieben Jahre später Richtung Amerika. Während seiner China-Jahre führte er regelmäßig Tagebuch, dessen Einträge er später ordnete und in Auszügen 1977 niederschrieb (jedoch nicht veröffentlichte). Das Manuskript findet sich in: Leo Baeck Institute, Hans Jacoby Collection, ME 774.

1365 Leo Baeck Institute, Hans Jacoby Collection, ME 774, S. 97.

1366 Paulick schrieb in der Zeitung »The Voice of China« unter dem Namen Peter Winsloe über die Lage in China, im Besonderen über den von den Kommunisten geführten Kampf (siehe: Dreifuß, Schanghai [1980] S. 470f.).

1367 Ebd., S. 298.

1368 Ebd., S. 283.

1369 Ebd., S. 411.

1370 Jacoby selbst notierte in seinen Aufzeichnungen, dass ihm, um Geld zu verdienen, nichts anderes übrig blieb, »als das zu malen was leicht verkäuflich ist, nämlich europäische Landschaften. Einst lernte ich, kopieren sei unsittlich. Letztlich kopierte ich aber trotzdem nach bunten Drucken, die ich irgendwo fand. Verkaufte die Bilder fast alle an einen chinesischen Kunsthändler«. (Leo Baeck Institute, Hans Jacoby Collection, ME 774, S. 93f.).

1371 In all den Untersuchungen über das Exiltheater Shanghai ist dem Verfasser keine einzige künstlerische Äußerung zu Gesicht gekommen, die sich mit China oder chinesischen Themen beschäftigt hätte. Das gilt auch für entsprechendes Quellenmaterial aus der damaligen Zeit wie z. B. den Almanac-Shanghai (1946/47), den Überblick des Dramaturgen Alfred Dreifuß, »Unser Theater«, in der Sondernummer des »Shanghai-Herald« vom April 1946 (S. 13–15) oder Heinz Ganthers Bericht über »Das künstlerische Schaffen« in seinem Buch Drei Jahre Immigration (1942). Auch die auf seiner eigenen Biographie fußende, politisch gefärbte Darstellung des 1902 in Stuttgart geborenen Alfred Dreifuß, eines der aktivsten Künstler im damaligen Exiltheater Shanghai, weist keinerlei Bezug zu China auf: Dreifuß, Schanghai (1980). Das liegt auch daran, dass Dreifuß eine in europäischen Belangen äußerst engagierte Persönlichkeit war, er sich im Kreis aktiver Kommunisten und Antifaschisten bewegte (Dreifuß kehrte nach der Emigration in Shanghai nach Deutschland zurück und war Chefdramaturg an mehreren Bühnen in der DDR). Die beste wissenschaftliche Gesamtdarstellung über das Theaterleben in Shanghai gibt Philipp, Thespiskarren (1996).

1372 Siehe dazu die ausgezeichnete Darstellung zu diesem Stück und seiner Entstehungsgeschichte in: Philipp/Seywald, Zwei Dramen (1996). Siegelberg kam 1895 in Kiew zur Welt und emigrierte während seiner Jugendjahre nach Wien. Nach verschiedenen Aufenthalten in Konzentrationslagern im Gefolge des Anschlusses gelang ihm die Flucht nach Shanghai. Nach dem Krieg lebte er in Australien und kehrte Ende der 1960er Jahre nach Wien zurück. Über sein Stück »Die Masken fallen« (insbesondere über die Kontroverse, ob das Stück aufgeführt werden soll oder darf) findet sich auch eine Sammlung an Dokumenten und Korrespondenzschreiben in: NARA, RG 263, SMP, File N 309 C.

1373 Shanghai Herald, April 1946 (Sondernummer), S. 16–17.
1374 *Almanac*-Shanghai (1946/47), S. 103. Henry Margolinsky in seinem Beitrag »Musikalische Charakterköpfe in Shanghai«.
1375 Das Konzert fand am 1. April 1948 statt und erhielt anscheinend gute Kritiken (über Karl Steiner und seinen Lebensweg siehe: Leo Baeck Institute, Karl Steiner Collection, AR 10080). Steiner verlässt Shanghai 1949 und beginnt in Kanada ein neues Leben, nachdem er erfahren hat, dass praktisch seine gesamte Familie von den Nationalsozialisten ausgerottet worden war.
1376 Hellmut Stern veröffentlichte später ein Buch mit Erinnerungen, unter anderem an seine Jugendjahre in China. Siehe dazu: Stern, *Saitensprünge* (1997). Ein kurzes Kapitel von Stern findet sich auch in: Benz/Neiss, *Erfahrung* (1997), S. 127–153 (Flucht und Heimkehr).
1377 Stern, *Saitensprünge* (1997), S. 47f.
1378 Ein Südwestfunk-Hörspiel (S 2) vom 20. September 1996 mit dem Titel »Fluchtpunkte – Deutsche Lebensläufe in Shanghai, 4. Lothar Brieger« verrät unter anderem (mit Hilfe von Kürschners Gelehrtenlexikon und einem Zeitungsartikel aus den 1950er Jahren), dass Brieger Redakteur im Verlagshaus Ullstein war, zwischen 1911 und 1914 die Zeitschrift »Gesellschaft und Persönlichkeit« herausgab sowie sonst allerlei publizierte (z. B. über August Rodin, Max Klinger oder ein Buch mit dem Titel »Das Frauengesicht in der Gegenwart«). Wie anderen akademisch hervorragend qualifizierten Juden ist ihm in der Zeit der Weimarer Republik eine Professorenstelle versagt geblieben.
1379 Gelbe Post, 1. Jg., 5. Heft, 1. Juli 1939, S. 107.
1380 Ebd., S. 109.
1381 Shanghai Herald, ohne Datumsangabe (Archiv Kranzler).
1382 Zitiert aus: Die Neue Zeit, Nr. 27, 2. Februar 1946, S. 4.
1383 Shanghai Herald, April 1946 (Sondernummer), S. 18.
1384 Aus dem Nachruf in der »Weltbühne«, Nr. 11, 15. März 1949, o. S. (zitiert in: Südwestfunk-Hörspiel (S 2) vom 20. September 1996, Skriptum, S. 18). Die »Weltbühne« bezeichnet Brieger als »lebendige Enzyklopädie des umfangreichen Gebietes der Literatur, der bildenden Kunst, der Kunstgeschichte«.
1385 Zitiert aus dem Artikel eines gewissen O. Rapoport in: Nascha Shisn, 27. Oktober 1944, S. 3.
1386 Der Lebenslauf von Willy Tonn findet sich – zusammen mit einer schier unüberblickbaren Fülle an Dokumenten und Materialien – im Archiv des Leo Baeck Institutes unter: Willy Tonn Collection, AR 7259 (Folder 1).
1387 Meng, *Willi Tonn* (1995), S. 112. Die Rede ist von »orientalischen Kraftpillen« bzw. vom Medikament »Orpuvil«, einem Mittel gegen Magerkeit.
1388 Die Weiße Fahne, 10. Jg., Heft 4, 1. April 1929, S. 212–215. Die Zeitschrift wurde in Stuttgart herausgegeben und nennt sich im Untertitel »Zeitblätter für Verinnerlichung und Vergeistigung«. Das »Buch von ewiger Reinheit und Ruhe« (常清静经) wird der mythischen Königsmutter des Westens (Xiwangmu) – etwa 2000 v. Chr. – zugeschrieben und gilt nach Laotses Taoteking (Daodejing, 道德经) als das zweitwichtigste Werk taoistischer Philosophie. Allerdings wird es heute vergleichsweise selten zitiert. So findet es sich beispielsweise nicht einmal in der Bibliographie des vom amerikanischen Religionsphilosophen Alan Watts herausgegebenen Buches »Der Lauf des Wassers. Die Lebensweisheit des Taoismus« (2003). Astrologie und Mystik scheinen Tonn seit je fasziniert zu haben, wie beispielsweise auch verschiedene Horoskope (z. B. der deutschen Politiker Ebert, Hindenburg und Ludendorff) im Archiv des Leo Baeck Institutes bezeugen.
1389 The China Press, 31. August 1946, S. 1.
1390 Über Willy Tonns verschiedenste Arbeitgeber in der damaligen Shanghaier Pressewelt siehe z. B. Seywald,

Anmerkungen

Journalisten (1987), S. 228ff. und 359. Tonn war unter anderem Chefredakteur der sich an das chinesische Publikum richtenden Zeitschriften »An Chüan [Anquan, 安全 Sicherheit] Fortnightly« sowie »Buddhist China Monthly«.

1391 Gelbe Post, 1. Jg., Heft 5, 1. Juli 1939, S. 98.
1392 Die fünf Beziehungen sind – gemäß dem Philosophen Mencius (Mengzi, 3A.4), einem Schüler des Konfuzius – das rechte Verhältnis zwischen Vater und Sohn, Herrscher und Minister (Untertan), Mann und Frau, Älteren und Jüngeren sowie zwischen Kamerad und Freund. Zu den fünf Kardinaltugenden zählen die Humanität (仁), Gerechtigkeit (义), Höflichkeit (礼), Weisheit (智) und Zuverlässigkeit (信).
1393 Gelbe Post, 1. Jg., Heft 5, 1. Juli 1939, S. 98.
1394 Einen Eindruck über die Vielseitigkeit Tonn'scher Schreibaktivitäten gibt eine Auflistung des größten Teils seiner Arbeiten, in: Walravens, *Tonn* (1994), S. 473ff.
1395 Shanghai Jewish Chronicle, 5. Dezember 1941, S. 4.
1396 Diese Liste findet sich in: Leo Baeck Institute, Willy Tonn Collection, AR 7259, Box 2, Folder 2/11.
1397 The Shanghai Evening Post, 18. Mai 1943, o. S.
1398 Tonn, *Chinese Chess* (1941), S. 21.
1399 Shanghai Jewish Chronicle, 23. Januar 1942, S. 4.
1400 Gelbe Post, 1. Jg., Heft 4, 16. Juni 1939, S. 81.
1401 The Unifying Spirit of Asiatic Culture by W. Y. Tonn, S. III (Manuskript), in: Leo Baeck Institute, Willy Tonn Collection, AR 7259, Box 2, Folder 2/10.
1402 Gustav Mahler in der Kunstbetrachtung Ostasiens, von W. Y. Tonn, S. III (Manuskript), in: Leo Baeck Institute, Willy Tonn Collection, AR 7259, Box 3, Folder 3/6 Add. 10. Mahler hat in einem seiner bedeutendsten Werke, dem »Lied von der Erde«, sieben chinesische Gedichte vertont.
1403 Max Liebermann in der Kunstbetrachtung Ostasiens, von W.Y. Tonn, S. II (Manuskript), in: Leo Baeck Institute, Willy Tonn Collection, AR 7259, Box 3, Folder 3/6 Add. 10. Der Ausdruck »chi-yun« (Pinyin: qiyun 气韵) bedeutet die »künstlerische Idee« bzw. die ästhetische Aussagekraft hinter einem Kunstwerk, eben der Ton der Atmosphäre, das wesentliche Axiom chinesischer Kunst.
1404 Shanghai Jewish Chronicle, 14. Juni 1942, S. 7 (Heinrich Heine in der Kunstauffassung Ostasiens, von W. Y. Tonn). An anderer Stelle schreibt Tonn: »The idea, the spirit will come first, and a human being is only one subject among ten thousands of beings in nature ... A human being is not as important and placed above nature as in Europe, and nature itself is no art.« (aus: The Conception of Chinese Poetry by W. Y. Tonn, S. IV (Manuskript), in: Leo Baeck Institute, Willy Tonn Collection, AR 7259, Box 5).
1405 Das Asia-Seminar befand sich in Hongkou an der 630 Muirhead Rd. (»just a small room, no water and W.C.«) und bot Kurse und Vorlesungen unter anderem zu folgenden Themen an: Chinesische Lyrik (W. Y. Tonn), Indische Atemgymnastik (C. Bersu), Chinesisches Eheleben (E. Strauss), Soziale Ethik im Judentum (M. Rosenfeld), Metaphysik der Medizin (A. Kneucker), Klassik und Romantik (L. Brieger), Relativitiätstheorie (Th. Weiner), Geschichte der Baukunst (L. Bonzen) oder Foto und Film (C. Bliss). Diese Kurse wurden im Frühlingssemester 1945 angeboten (siehe: Vorlesungsverzeichnis des Asia-Seminars, in: Leo Baeck Institute, Willy Tonn Collection, AR 7259, Box 1, Folder 1/12). Tonn selbst schrieb 1946, dass jedes Semester ungefähr 520–720 Personen die Vorlesungen »seiner« Volkshochschule besucht hätten (zitiert in: Meng, *Willi Tonn* [1995], S. 115). Im Februar 1947 hielt bespielsweise der amerikanische Botschafter in China, Leighton Stuart, einen Vortrag am Asia Seminar.
1406 Der Artikel »Sinologist Says Foreign Life in City Below Par« erschien im »Shanghai Herald«, 22. Oktober 1945, S. 2 (Kopie in: Leo Baeck Institute, Willy Tonn Collection, AR 7259, Box 3, Folder 3/6 Add. 6).

1407 Kneucker, *Shanghai* (1984), S. 156. In Kneuckers Buch (der Autor selbst bezeichnet sein Werk als einen dokumentarischen Roman) heißt Willy Tonn Dr. Bronner. Ähnliches über Tonn weiß Hans Jacoby zu berichten, wenn er schreibt: »Es kam vor, dass Tonn in Hausschuhen ins Seminar kam, ein andermal voll angezogen, aber ohne Hemd, Kragen oder Kravatte. Bao-Bao (seine Amah – Anm. d. Verf.) hatte ihm wahrscheinlich kein Hemd vorbereitet, und solche Kleinigkeiten bemerkte er nicht. Keiner seiner Hörer lässt eine Bemerkung fallen, man ahnt, dass seine anscheinende Geistesabwesenheit höchste Konzentration ist. Tonn ist frei von jedem Gelehrtenhochmut. In privater Unterhaltung ist er sehr nett und ausgesprochen liebenswürdig.« (Leo Baeck Institute, Hans Jacoby Collection, ME 774, S. 223).

1408 Zitiert aus 1946 verfassten Briefen an einen Professor in Colorado, in: Meng, *Willi Tonn* (1995), S. 115.

1409 Selbst in Japan möchte Tonn einen Ableger seines Asia-Seminars gründen, »um den Samen der amerikanischen Demokratie zu verbreiten«, allerdings nicht mittels überstürzter und gewaltsamer Methoden, sondern via kulturelle Überzeugungsarbeit (siehe: Education Plan for Japan, by Will [!] Y. Tonn, in: Leo Baeck Institute, Willy Tonn Collection, AR 7259, Box 1, Folder 1/10).

1410 Brief von Willy Tonn an einen gewissen E. A. Alexander vom 5. September 1949, in: Leo Baeck Institute, Willy Tonn Collection, AR 7259, Box 1, Folder 1/10.

1411 Siehe beispielsweise seinen Brief an einen gewissen Herrn Haubold vom 12. Februar 1956, in: Leo Baeck Institute, Willy Tonn Collection, AR 7259, Box 2, Folder 2/9.

1412 Nachruf eines gewissen Dr. Uri Baer mit dem Untertitel »Die Heimat nahm ihn nicht mit offenen Armen auf«, in der israelischen Zeitung »Jedioth Chadashoth«, 31. Dezember 1957, S. 3 (Kopie in: Leo Baeck Institute, Willy Tonn Collection, AR 7259, Box 1, Folder 1/2).

1413 Needham vertrat die Ansicht, dass der Taoismus einen ebenso bedeutenden Platz im Hintergrund der chinesischen Weltsicht einnimmt wie der Konfuzianismus, »und ohne eine Einschätzung dieses Denkens wird man die chinesische Wissenschaft und Technologie kaum verstehen können«. (Needham, *Wissenschaft und Zivilisation* [1984], S. 113).

1414 Tonn, *Lao-tse* (1951). In der Erstausgabe von 1951 figurierte nach dem Namen W. Y. Tonn der Zusatz »ehm. Professor f. Chines. Sprachwissenschaft Tsinan Staats-Universität, Schanghai«, eine Bescheinigung, die etwa in der 9. Auflage von 1992 weggelassen wurde.

1415 Tonn vertritt die These z. B. in seinem Manuskript »The first immigration of Jews in China« (in: Leo Baeck Institute, Willy Tonn Collection, AR 7259, Box 2, Folder 2/2). Diese JHWH-Tao-Identifikations-These wird von den meisten Sinologen bis zum heutigen Zeitpunkt abgelehnt bzw. für unwahrscheinlich angesehen.

1416 Über Martin Buber und den Taoismus siehe: Eber, *Buber* (1994), S. 445–464. Tonns Beziehung zu Buber bezüglich dessen Schriften über den Taoismus betreffen selbstverständlich spätere Ausgaben der erwähnten Publikationen, wie z. B. die »Reden und Gleichnisse des Tschuang-Tse« im Manesse Verlag von 1951, wo Buber in der Vorbemerkung einen Dank an Willy Tonn »für die zweckdienliche Umschrift der chinesischen Namen« ausspricht. Ob diese verhältnismäßig geringschätzige Dankerbietung an Tonn mit einem von diesem am 5. Juli 1950 verfassten, in etwas bissigem Ton formulierten Brief an Buber zu tun hat, konnte nicht mehr ermittelt werden (siehe Tonns Brief in: Leo Baeck Institute, Willy Tonn Collection, AR 7259, Box 1, Folder 1/7).

1417 Siehe dazu etwa Bubers Kapitel »Die Lehre vom Tao«, in: Buber, *Werke* (1962), S. 1021–1051.

1418 Das Manuskript findet sich in: Leo Baeck Institute, Willy Tonn Collection, AR 7259, Box 2, Folder 2/11.

1419 Gelbe Post, 1. Jg., Heft 4, 16. Juni 1939, S. 94.

1420 Nachruf von Afred Polgar, zitiert in: Stadler, *Vernunft* (1987), S. 171.

1421 Auch hier gehen die Ansichten auseinander, welche Fächer Storfer studiert hat (siehe z. B. Stadler, *Vernunft*,

ANMERKUNGEN

[1987], S. 172 bzw. im Nachruf des österreichischen Publizisten Josef Kalmer: »Storfer und die Wiener Sprache«, in: China Daily Tribune, 23. April 1946, o. S.). Fest steht lediglich, dass Storfer das Studium in keinem dieser Fachgebiete abgeschlossen hat.

1422 Biographische Angaben über Storfer – soweit sie bis heute überhaupt vollständig sind – finden sich, nebst einer Fülle an weiteren wertvollen Hinweisen, beispielsweise in: Kreissler, *Storfer* (2000), S. 511ff. Eine schöne Einführung zu Storfer bietet auch die Dokumentation von Rosdy, *Storfer* (1999). Rosdy schuf den Dokumentarfilm »The port of last resort« (Zuflucht in Shanghai), ein historisches Filmzeugnis über die jüdische Emigration in Shanghai. Rosdy ist auch der Initiator für den Reprint der Sammlung von insgesamt sieben Ausgaben der »Gelben Post«, welche im Wiener Verlag Turia + Kant 1999 erschienen ist.

1423 So im Nachruf von Alfred Polgar, in: Stadler, *Vernunft* (1987), S. 172f.

1424 Vgl. dazu den Brief von Storfer an Fritz Wittels, einen bekannten Psychoanalytiker und Freund Storfers, vom 7. September 1938, in: Library of Congress, Manuscript Division: Paul Federn Papers, Cont. 17. Wegen des sogenannten Quotensystems würde er, Storfer, als rumänischer Staatsangehöriger »vielleicht in 10–12 Jahren (mit der Einreise in die USA – Anm. d. Verf.) drankommen«. Die relativ wohlwollende Haltung der Schweizer Behörden – auf der anderen Seite – habe sich »in Ärger und Gereiztheit umgewandelt«.

1425 Bericht Storfers vom 18. Januar 1939 von seinen ersten Eindrücken in Shanghai, in: Library of Congress, Manuscript Division: Paul Federn Papers, Cont. 17. Die unterstrichene Passage im Original findet sich so.

1426 In der ersten Ausgabe der »Gelben Post« schreibt Storfer: »Noch einige Worte über den Namen ›Gelbe Post‹. Man lege ihn nicht aus und nichts in ihn hinein. Tiefere Bedeutung suche man nicht hinter ihm. Er hat weder mit der ›gelben Rasse‹, noch mit dem ›gelben Fleck‹, noch dem Schwarz-Gelb der einstigen österreichisch-ungarischen Monarchie etwas zu schaffen ... Es ist experimentell festgestellt worden, dass schwarzer Druck auf gelbem Papier die dem Auge günstigste Zusammenstellung darstellt.« (Gelbe Post, 1. Jg., Heft 1, 1. Mai 1939, S. 1).

1427 Gelbe Post, 1. Jg., Heft 1, 1. Mai 1939, S. 2.

1428 Gelbe Post, 1. Jg., Heft 1, 1. Mai 1939, S. 2.

1429 Brief von Storfer an Fritz Wittels vom Juli 1941, in: Library of Congress, Manuscript Division: Paul Federn Papers, Cont. 17.

1430 Zitiert in: Stadler, *Vernunft* (1987), S. 171.

1431 Die Recherche über Fritz Kuttner erwies sich für den Verfasser als eine der aufwendigsten für diese Arbeit. Die Nachforschung nach dem Leben Kuttners führte lediglich mit viel Glück und durch die Hilfe etlicher Personen zum Erfolg. Den Namen »Kuttner« erwähnte der Shanghaier Wissenschafter und Erforscher der Musikszene Shanghais in den 1930er und 1940er Jahre, Xu Buzeng, mir gegenüber zum ersten Mal im Jahre 2001, mit dem Hinweis, er habe gehört, dessen private Papiere [personal papers] befänden sich an der Butler Library in Columbia. Meine Nachforschungen in New York (2002) bei John McNees, dem Verantwortlichen an ebendieser Bibliothek für die Anschaffung privater Bestände, ergaben, dass dieser wohl von einem gewissen Kuttner gehört habe, er jedoch keine Erkenntnisse über den genauen Standort dieser Dokumentation habe. Allerdings verwies er mich weiter an eine gewisse Frau Carol Goodfriend, die ihm vor Monaten in dieser Sache geschrieben habe. Diese Dame war es schließlich, bei der ich das Gros der persönlichen Unterlagen Kuttners einsehen durfte und der ich für all ihre Unterstützung und Informationen zu großem Dank verpflichtet bin.

1432 Über die sogenannten »lü«, die zwölf durch Quintschnitte auseinander entstehenden Töne des chinesischen Tonsystems, siehe: Riemann, *Musik-Lexikon* (1967), S. 535. Unter dem bibliographischen Abschnitt zum Eintrag der »Lü« wird u. a. auch eine Publikation von Felix Kuttner erwähnt: Kuttner, ›Pythagorean‹ *Tone-System* (1958).

1433	Kopien von Diplomen und anderen persönlichen Dokumenten finden sich im Besitze des Verfassers. Carol Goodfriend ist es wiederum, die nebst diesen wertvollen Zeugnissen auch manch interessante Anekdote und Geschichte über Fritz Kuttner zu erzählen wusste.
1434	Shanghai Jewish Chronicle, 20. Dezember 1942, o. S. Bei dieser Ausstellung wurden Originalausgaben großer westeuropäischer Musiker gezeigt, so unter anderem alte Notendrucke von Mozart, Johann Strauß Vater, Mendelssohn-Bartholdy und anderen.
1435	Zitiert aus dem Schreiben des französischen Generalkonsulats (eine gewisse Madame Roland de Margerie) vom 28. April 1943 an Unbekannt (»to the authorities«). Kopie im Besitze des Verfassers. Kuttners Musikalienladen befand sich an der Adresse 1372 Av. Joffre, der heutigen Huai Hai Lu. Sein Wohnsitz lag damals gemäß einer anderen Verordnung an der Brenan Rd. 36-G (der heutigen Changning Lu). Ein Schreiben der französischen Radiostation in Shanghai vom 7. März 1944 vermerkt, Fritz Kuttner halte in der Sendung »Art and Culture« wöchentlich Vorträge, im damaligen Falle in einer Serie Beethovens 32 Klaviersonaten zu kommentieren. Da Kuttners Wohnadresse nach wie vor mit Brenan Rd. angegeben wird, ist anzunehmen, dass Kuttner sehr viel länger als andere Flüchtlinge außerhalb des »Ghettos« gewohnt hat.
1436	»Remarks on the Sociology of Chinese Music« von Fritz Kuttner, S. 2 (o. J.), in: Archiv Goodfriend.
1437	Notiz von Kuttner, o. J., in: Archiv Goodfriend.
1438	Konfuzius ordnete der Musik einen bestimmenden Einfluss auf Herz und Gedanken des Menschen zu, weshalb er die Musik auch in den Mittelpunkt seiner Regierungspolitik gestellt hat. Allerdings dürfte Konfuzius an der Schaffung des Buchs der Lieder (shijing, 诗经) keinen großen Anteil gehabt haben.
1439	So Kuttner etwa in einem Vortrag im April 1965 zum Thema »The Rise of Music in Ancient China« in Bloomington und Ann Arbor, S. 2, in: Archiv Goodfriend.
1440	Manuskript »Music – a medium for the approach and understanding between races and nations«, S. 2 (Vortrag, gehalten am 18. Mai 1945 an der St. John's University, in: Archiv Goodfriend).
1441	Ebd., S. 8.
1442	Ebd., S. 11.
1443	Leo Baeck Institute, Eva Lesser Stricks Collection, AR 10582, Box 2. In diesem Dokument findet sich ein Programm aus den Jahren 1946/47, in dem Kuttner als Redner über Tschaikowsky und Liszt aufgeführt ist.
1444	Vgl. dazu auch: Rosenson, *Jewish Musicians* (1999), S. 245f. Kuttner schrieb nicht nur (übrigens durchaus scharfzüngige) Kritiken zu Auftritten westlicher Künstler, sondern auch über Konzerte chinesischer Musiker, z. B. in: China Press, 11. Januar 1949, S. 2; 18. Januar 1949, S. 5.
1445	Introduction to Professor Wei Chung Loh's Recital of Classical Chinese Music, at the USIS on Friday, April 18, 1947, by Dr. F. A. Kuttner, Professor St. John's University, S. 1, in: Archiv Goodfriend.
1446	So etwa in: The Archeology of Chinese Music, Lecture No. 2 for Ann Arbor, April 14, 1965, S. 7f., in: Archiv Goodfriend.
1447	In einem Resümee mit dem Titel »Supporting Schedule No. 1« (o. J.) listet Kuttner seine Forschungsinteressen auf, nebst den genannten finden sich darunter folgende fünf: 1. Das pythagoreische Tonsystem im alten China; 2. Zusammenarbeit zwischen Musikwissenschaft und Archäologie; 3. Akustische Fähigkeiten und Techniken im Alten China; 4. Die Akustik der chinesischen archaischen Bronzeglocken und Tonsteine; 5. Die musikwissenschaftliche Interpretation des traditionellen chinesischen Lü-Systems der Standard-Stimmpfeifen. Bezüglich seines Interesses für die Jade-Bi-Scheiben gibt Kuttner an, dass ein 1953 erschienener Artikel von ihm zu diesem Thema einer seiner »wichtigsten Publikationen im Bereich der akustischen Experimente im Alten China« war.

Anmerkungen

1448 Kuttner wird beispielsweise zitiert in: Christian Science Monitor, 17. Oktober 1949, o. S. (»Future of Note Seen for Chinese Music«), in der New York Times vom 15. März 1959, o. S. (»The Two Sides of the Stereophonic Disk«) oder in einigen Kurzmeldungen in der jüdischen Zeitung »Aufbau«. In einem handschriftlichen Dokument von Kuttner finden sich die Reiseziele seiner Vortragstour durch Europa im Jahre 1965: Schweden, Deutschland und die Schweiz. Kuttner führte übrigens bis zu seinem Tod eine ausgedehnte Korrespondenz mit dem berühmten britischen Musikethnologen Laurence Picken.

1449 Needham, *Science and Civilisation* (1962), S. 176.

1450 Kuttner, *Archaeology* (1990).

1451 Kuttner selbst hat dieses Ergebnis anhand von Messungen Anfang der 1950er Jahre im Royal Ontario Museum of Archaeology in Toronto gefunden. Er untersuchte dabei einen Satz von Klangsteinen, die aus den Gräbern der Fürsten von Han (in Luoyang) stammten, die etwa um die Mitte des 6. Jahrhunderts v. Chr. geschlossen worden waren. Ob das pythagoreische Tonsystem eine in China selbst entwickelte Methode darstellt oder ob es aus Mittelasien stammte und sich ost- wie westwärts ausbreitete, konnte bis heute nicht festgestellt werden. Interessant ist auch, dass sich China trotz der Kenntnis dieses Tonsystems dafür entschieden hatte, sich auf die Pentatonik, die fünfstufige Tonreihe, zu konzentrieren, wahrscheinlich, so Kuttner, wegen einer »tiefen und erhabenen [sublime] philosophischen Idee, eines mystisch-religiösen Glaubens ... [und] wegen dümmlichem Aberglauben und Konservativismus seitens professioneller Musiker«, (in: Introduction to Professor Wei Chung Loh's Recital of Classical Chinese Music, at the USIS on Friday, April 18, 1947, by Dr. F. A. Kuttner, Professor St. John's University, S. 2, in: Archiv Goodfriend). Kuttner vertrat seine – heute allgemein anerkannte – These vom pythagoreischen Tonsystem in China in verschiedenen Artikeln sowie auf wissenschaftlichen Foren, z. B. auf dem Siebten Internationalen Kongress der Musikwissenschaftler am 27. Juni 1958 in Köln, oder im Manuskript »Musik of China« (o. J., gemäß Notiz 1964 publiziert), S. 2 (Archiv Goodfriend). Im Gegensatz zu Kuttner vertrat etwa der französische Sinologe Edouard Chavannes die Meinung, die Chinesen hätten die rechnerische Grundlage ihrer Musiktheorie nicht mit eigenen Mitteln entdeckt. Einen Mittelweg (sowie eine wissenschaftliche Auseinandersetzung mit der Beziehung zwischen Musik und Zahl in der chinesischen Geistesgeschichte) bietet der Philosoph und Religionshistoriker Marcel Granet an, in: Granet, *Denken* (1985), S. 155–187.

1452 Strauss, *International Biographical Dictionary* (1983), S. 117. Karl Blitz wird auch erwähnt in: Rosdy, *Emigration und Film* (2001), S. 61–65. Leider konnten keine weiteren Angaben über Blitz gefunden werden.

1453 Bliss, *Semantography* (1965), S. 217.

1454 Das soll nicht bedeuten, dass Bliss keine Fremdsprachen gesprochen hat. Dies hat er wohl getan, allerdings nicht über ein reguläres Studium in der Schule, sondern, etwa im Falle des Italienischen, während des Ersten Weltkrieges als Soldat in Italien.

1455 Bliss, *Semantography* (1965), S. 219. Der Satz im (englischen) Original ist von Bliss unterstrichen. Bliss war auch davon überzeugt, dass die internationalen Konzessionen für China und seine Bevölkerung eine der größten Segnungen in der Geschichte darstellten (»Shanghai was an oasis, a heaven of refuge, the only place where peace and order and health were maintained«).

1456 Ebd., S. 218.

1457 Zur Einteilung der chinesischen Schriftzeichen in sechs Klassen siehe: Needham, *Wissenschaft und Zivilisation* (1984), S. 19–23. Im Vergleich zum Chinesischen, wo nur zirka fünf Prozent der Schriftzeichen Piktogramme und Symbole sind, ist bei Bliss in seiner Schrift der Anteil von Symbolen bedeutend höher (zumal bei ihm die Lautkomponente, die sogenannten determinativen Phonetika, wegfällt, die in der chinesischen Schrift den größten Teil ausmacht).

Anmerkungen

1458 Bliss, *Semantography* (1965), S. 219.

1459 Ebd., S. 101.

1460 Bliss, *Semantography* (1965), Buchumschlag. Sowohl die erste Auflage (1949) wie die zweite erschienen im Eigenverlag.

1461 Bliss, *Invention and Discovery* (1970), S. 394. In diesem Buch rechnet Bliss auch indirekt mit der Führung der Volksrepublik China ab, wenn er etwa schreibt: »They (the professors – Anm. d. Verf.), too, talk of the ›people's republic of China‹ though they know that the Chinese people cannot choose nor chase their misrulers and misleaders.« (S. 45).

1462 In den meisten Publikationen tritt Schwarz entweder als Herausgeber und Übersetzer auf, z. B. in: Schwarz, *Daudedsching* (1980); Schwarz, *Ruf der Phönixflöte* (1984); Schwarz, *So sprach der Weise* (1981); Schwarz, *Bi-Yän-Lu* (1999). Beim letzten Werk handelt es sich um die von Yuanwu Keqin zusammengestellte »Niederschrift von der smaragdenen Felswand«, einen Zen-buddhistischen Text aus dem 12. Jahrhundert n. Chr. »Der Ruf der Phönixflöte« ist eine Sammlung klassischer chinesischer Prosa, während »So sprach der Weise« chinesische Lebensweisheiten zum Besten gibt. Daudedsching ist Schwarz' Schreibweise für das »Taoteking« von Meister Laotse.

1463 Embacher/Reiter, *Schmelztiegel Shanghai?* (2001), S. 44. Die beiden österreichischen Historikerinnen widmen Ernst Schwarz lediglich acht Zeilen eines längeren Aufsatzes über die Begegnung mit dem »Fremden«. Allerdings war es dieser Artikel, der den Ausgangspunkt meiner Nachforschungen über Schwarz bildete. Vergeblich versuchte ich mehrere Male, telefonisch oder brieflich einen persönlichen Kontakt mit Ernst Schwarz herzustellen.

1464 Ernst Schwarz wird im Artikel von Kern, *Emigration* (1999), S. 238 unter der Rubrik »Biographische Skizzen« erwähnt.

1465 Über die Agententätigkeit von Ernst Schwarz (Tarnname »Karl Weber«) in Diensten der Stasi berichtete das österreichische Nachrichtenmagazin »Profil« in zwei Ausgaben: Nr. 44 (31. Oktober 1994, S. 47–50) sowie Nr. 3 (15. Januar 1996, S. 35–37). Die erste Nummer unter dem Titel »Unser Mann in Ostberlin« beschrieb ausführlich das Doppelleben des Ernst Schwarz und dessen Glauben »an den guten Kern des sozialistischen Systems«. Schwarz wird von der Stasi selbst als »Abschöpfagent« bezeichnet, der (dank seiner guten Beziehungen zu Ministern, Botschaftern und selbst zur Familie von Bundeskanzler Kreisky) jahrzehntelang über »Interna im Wiener Außenamt, über vertrauliche Analysen der Botschaften und über die politischen Ansichten seiner Gesprächspartner nach Ostberlin« berichtet (S. 49). »Profil« erwähnt auch die Mitarbeit von Schwarz beim Versuch des ostdeutschen Ministeriums für Staatssicherheit, das in den 1980er Jahren sich anbahnende Tauwetter zwischen der Bundesrepublik Deutschland und China zu stören (S. 50).

1466 Die Sendung »Beschmutzt und schlammig ist die Welt. Eine Lange Nacht über Dichtung und Exil« wurde am 10./11. September 2004 im Deutschlandradio Berlin ausgestrahlt. Dazu gibt es ein Manuskript, aus dem im Folgenden zitiert wird. Mit keinem Wort geht Schwarz darin auf seine Zeit als Stasi-Spitzel ein.

1467 Ebd., S. 29.

1468 Schwarz, *Weisheit* (1994), S. 8. Eine der Besonderheiten von Schwarz ist übrigens der Versuch, anstelle des heutzutage zumeist gebräuchlichen Pinyins in seinen Werken eine eigene Lautumschrift einzuführen, die zwar der Aussprache des jeweiligen Wortes näherkommen mag, aber auch große Verwirrung stiftet (so schreibt er etwa Mau Dse-dung statt Mao Zedong oder Si-ma Tschjän statt Sima Qian).

1469 Schwarz, *Weisheit* (1994), S. 21–27. Needham vertritt seine Theorie im Kapitel »Menschliche Gesetze und die Gesetze der Natur«, in: Needham, *Wissenschaftlicher Universalismus* (1979), S. 260–293.

ANMERKUNGEN

1470 Schwarz, *Weisheit* (1994), S. 74.
1471 Ebd., S. 391. Von einem »ruhelosen Leben« spricht Schwarz selbst in seinem Vorwort (S. 13).
1472 Die Zahl von ungefähr achtzig Personen nennt: Seywald, *Journalisten* (1987), S. 168. Bei Seywald wird die Frage des Exiljournalismus, auf die hier nicht eingegangen wird, ausführlich diskutiert.
1473 Degener, *Wer ist's?* (1935), S. 684.
1474 Habel, *Wer ist wer?* (1970), S. 508.
1475 Über diese Vorfälle berichtet Hinzelmann selbst in seinem Buch »O China. Land auf alten Wegen« (1948), S. 40ff. Seywald ist der Ansicht, die Zerstörung des Fotoateliers gründe auf der Begleichung von alten persönlichen Rechnungen, da sich Hinzelmann angeblich mit dem Herausgeber der »Shanghai Woche« und später des »8-Uhr-Abendblattes«, Wolfgang Fischer, verkracht habe (Seywald, *Journalisten* [1987], S. 88f.).
1476 Die bürgerlich-sozialistische Antifaschismusarbeit in Shanghai war im Vergleich mit der Konspirationstätigkeit kommunistisch gesinnter Widerstandskämpfer relativ unbedeutend. Über Letztere wird ausführlich berichtet in: Dreifuß, *Schanghai* (1980), S. 470ff. Zu dieser Gruppe gehörten u. a. Hans Shippe, Richard Paulick, Anna Wang, Ruth Werner, Irene Wiedemeyer oder Hans (Johannes) König, ein KPD-Mitglied mit langjähriger Parteierfahrung (und späterer Botschafter der DDR in China sowie stellvertretender Außenminister).
1477 Hinzelmann, *O China* (1948), S. 131.
1478 Ebd., S. 139.
1479 Ebd., S. 92f.
1480 Der Name von Hans Hinzelmann findet sich – ein Zufall – auf der Passagierliste desselben Schiffes (der »Marine Lynx«), auf dem auch die Berlinerin Sonja Mühlberger in ihre Heimat zurückkehrte, wie diese mir in einem Schreiben vom 17. August 2002 mitgeteilt hat.
1481 Ebd., S. 183f.
1482 Ebd., S. 169.
1483 Hinzelmann, *Chinesen* (1950), S. 204ff. Auch konnte es nicht Sun Yat-sen sein, der Chiang Kai-shek zur Niederschlagung des kommunistischen Aufstands in Kanton vom Dezember 1927 gratulierte, da der Gründer der Guomindang bereits am 12. März 1925 verstorben ist. Auch schlichen sich bei Hinzelmann einige Übersetzungsfehler ein, wie z. B. bei der Übertragung der Begriffe »Guomindang« (Volksmehrheit statt Nationalpartei) oder »Fengshui« (böses Schicksal statt Wind-Wasser).
1484 Hinzelmann, *Chinesen* (1950), S. 128.
1485 Ebd., S. 103. Dieser Vorfall aus dem Jahre 1870 (als Tianjin-Massaker bekannt) führte zur Ermordung des französischen Konsuls Henri Fontanier und im Anschluss daran zu einer französischen Vergeltungsaktion (siehe darüber: Spence, *Chinas Weg* [1995], S. 254f.).
1486 Hinzelmann, *Chinesen* (1950), S. 196.
1487 Ebd., S. 240.
1488 Unter dem knapp einem Dutzend Bücher von Julius R. Kaim sind die Folgenden zu nennen: »Die Philosophie Spinozas« (München 1921); »Geist des Morgenlandes« (Dessau 1927); »Völkerpsychologische Charakterstudien. Beiträge zur Psychologie der Morgenländer« (Leipzig 1927); »1001 Nacht – heute. Menschen und Mächte im Orient« (Wien, Leipzig 1937).
1489 Seywald, *Journalisten* (1987), S. 188.
1490 Gelbe Post, 1. Jg., 1. Heft, 1. Mai 1939, S. 18.
1491 Ebd., S. 19.

ANMERKUNGEN

1492 Gelbe Post, 1. Jg., 2. Heft, 16. Mai 1939, S. 38.
1493 Gelbe Post, 1. Jg., 3. Heft, 1. Juni 1939, S. 56.
1494 Kaim, *Schanghai* (1963).
1495 Was an Biographischem über Frank bekannt ist, wird hier einem unveröffentlichten Manuskript von Fritz Friedländer entnommen, das zitiert wird in: Seywald, *Journalisten* (1987), S. 196.
1496 Shanghai Journal – Die Neue Zeit, Nr. 1., 6. Januar 1946, S. 1.
1497 Der 1908 in Berlin geborene Lewin, der ursprünglich eine Schauspielerschule abgeschlossen hatte, fühlte in Shanghai ständig eine Art Resignation, die ihm schwer zu schaffen machte. Zurück in Berlin, vernichtete er seine zahlreichen Gedichte und Geschichten, um mit der Vergangenheit endgültig zu brechen (siehe dazu: Seywald, *Journalisten* [1987], S. 191). Dem 1905 in Magdeburg geborenen Dawison – von Beruf Volkswirtschafter, Übersetzer und Journalist – fehlte in Shanghai schlichtweg das Zuhause. Die Einsamkeit sowie eine sich steigernde Apathie trieben ihn 1942 in den selbst gewählten Tod (siehe über ihn: Seywald, *Journalisten* [1987], S. 186f.). In einem Artikel mit der Überschrift »Ein Jahr Shanghai. Eine seelische Bilanz« beschreibt Dawison seine psychischen Probleme aufgrund des faktischen Fremdseins (Die Tribüne, No. 2, 3. Februar-Woche 1940, S. 35–38).
1498 Shanghai Journal – Die Neue Zeit, Nr. 27, 2. Februar 1946, S. 4.
1499 Die Tribüne, No. 6, 2. März-Woche 1940, S. 173.
1500 Ebd., S. 189. Der Beitrag ist mit »Klewing« unterzeichnet, doch kann aus Sprache und Zusammenhang gefolgert werden, dass es sich dabei um Kurt Lewin handeln muss. 497 bis 484 v. Chr. befand sich Konfuzius auf Wanderschaft, nachdem der Herzog Ding aus dem Staate Lu vom Herrscher des Nachbarlands Qi angeblich mit 80 Singmädchen bestochen worden war, damit er sich von den Regierungsgrundsätzen des Konfuzius abwende.
1501 8-Uhr Abendblatt, 8. November 1940, S. 3.
1502 S.Z. am Mittag (Shanghaier Zeitung am Mittag), 8. Dezember 1939, S. 5 (Dawison war bei dieser Zeitung verantwortlich für das Wirtschaftsressort).
1503 Dieses unpublizierte Manuskript befindet sich im Leo Baeck Institute unter: Fritz Friedländer Collection AR 7201, Box 2. Gebraucht Friedländer in dieser Lebensgeschichte bis in den März 1939 das Pseudonym des Ulrich Sander, so ändert sich dies abrupt mit der Ankunft in Shanghai (dann spricht er von »ich und meine Frau«).
1504 Biographisches über Friedländer findet sich u. a. in: Strauss, *Biographisches Handbuch* (1980), S. 199f.
1505 Friedländer, *Bruchstück* (o. J.), S. 328.
1506 Kaminski/Unterrieder, *Von Österreichern und Chinesen* (1980), S. 828ff. Dass das Leben von Jakob Rosenfeld im Westen überhaupt bekannt geworden ist, hat die Öffentlichkeit in erster Linie dem Wiener Völkerrechtsprofessor Gerd Kaminski zu verdanken. Dieser hat zwei Bücher über das abenteuerliche Leben des Wiener Arztes veröffentlicht: Kaminski, *General Luo* (1993), sowie Kaminski, *Ich kannte sie alle* (2002). In den USA erschien vor einigen Jahren ebenfalls ein Beitrag über Rosenfeld, der sich allerdings hauptsächlich auf Kaminskis Untersuchungen stützt: Rain, *Dr. Jacob Rosenfeld* (2001).
1507 Aus einem Brief von Marschall Chen Yi, dem Kommandeur der Neuen Vierten Armee und späteren Außenminister Chinas, an Rosenfeld, zitiert aus: China Reconstructs, September 1977, S. 29.
1508 Zitiert in: Kaminski, *General Luo* (1993), S. 103.
1509 Zitiert in: Kaminski, *General Luo* (1993), S. 112.
1510 Zitiert in: Kaminski, *Ich kannte sie alle* (2002), S. 181f.
1511 Zitiert in: Kaminski, *General Luo* (1993), S. 187.

Anmerkungen

1512 Dabei handelt es sich um: Kaminski, *Ich kannte sie alle* (2002).

1513 Kneucker, *Shanghai* (1984), S. 39. Kneucker selbst betitelte sein Manuskript, das er noch während seines Aufenthalts in Shanghai vollendet hatte, mit »Shanghai – Stadt über dem Meer. Ein dokumentarischer Roman«. Sein Sohn meint, das Buch sei »weniger autobiographisch zu lesen, als es zunächst erscheinen mag« (zitiert aus: Stadler, *Vernunft* [1988], S. 829). Kurt R. Fischer, ebenfalls ein Shanghai-Flüchtling, bezeichnet in seinem Nachwort zu Kneuckers Buch dieses ausdrücklich als »biographischen Roman«.

1514 Über die traditionelle chinesische Medizin und ihr Verhältnis zur westlichen Medizin sowie deren Wertschätzung im Abendland siehe: Unschuld, *Was ist Medizin?* (2003), S. 268ff.

1515 Kneucker, *Medizin* (1949), S. 15.

1516 Zitiert aus Friedrichs' unveröffentlichem Manuskript »Tagebuch des Dr. Theodor Friedrichs«, in: Leo Baeck Institute, Theodor Friedrichs Collection, ME 160, S. 223.

1517 Friedrichs, *Tagebuch* (1963), S. 87.

1518 Lippa, *Surgeon* (1953). Der Autor änderte seinen Vornamen von Ernst in Ernest um. Das Buch erschien überdies sechs Jahre später in einer deutschen Übersetzung unter dem Titel »Chirurg hinter dem Bambusvorhang« (Olten, Stuttgart 1959).

1519 Lippa wird lediglich erwähnt in: Zimmer, *China-Bild* (2001), S. 278f. Der Autor schreibt: »Lippas Motive für seine ›Kommunistenfresserei‹ [...] sind mitunter nicht ganz einleuchtend. Möglicherweise gibt es Ursachen dafür in Erfahrungen des Autors, die er dem Leser vorenthält.« Weiter bemängelt Zimmer, dass in den Aufzeichnungen Lippas eine Lücke von 4 bis 5 Jahren klafft.

1520 Lippa, *Surgeon* (1953), S. 22.

1521 Im Folgenden soll – wie in der Fachliteratur zu diesem Thema üblich – der englische Begriff »Foreign Experts« statt des deutschen Ausdrucks »ausländische Experten« verwendet werden. Der (hochpolitische) Titel »ausländischer Freund« (外国朋友) wurde von der chinesischen Regierung seit Beginn der 1950er Jahre an Ausländer vergeben, die sich nach der Machtübernahme der Kommunisten als Propagandisten, Übersetzer, Lehrer, Ingenieure, Agronomen oder Techniker in den Dienst der neuen Regierung gestellt hatten. Als Varianten mit geringfügigem Bedeutungsunterschied existierten auch die Titel »Foreign Experts« (外国专家), »International Friends« (国际朋友), »Old Friend of the Chinese People« (中国人民的老朋友) oder – als höchste Auszeichnung – »Internationalist« (国际主义者/国际主义战士).

1522 Siehe über die Institution der »Foreign Experts« sowie ihre Bedeutung im Kontext chinesischer Innen- und Außenpolitik die verschiedenen Beiträge der Neuseeländerin Anne-Marie Brady: *Red and Expert* (1996); *Insiders and Outsiders* (2000); *Who Friend, Who Enemy?* (1997); *Making the Foreign Serve China* (2002). Vgl. auch meinen Beitrag: Messmer, *Wirklichkeiten* (2002).

1523 Mit Israel Epstein führte ich zwei persönliche Gespräche (am 30. Mai sowie 2. Juni 2001) und unterhielt seither regelmäßigen Briefkontakt. Angaben zu seinem Leben ergaben sich aus diesen Kontakten sowie aus seinem eigenen Beitrag in: Epstein, *Jew* (2000).

1524 Epstein, *The People's War* (1939). Zum Left Book Club gehörten – neben Gollancz – auch Parlamentsabgeordnete der Labour Party sowie der Politikwissenschafter Harold Laski. Gollancz bemühte sich während des Zweiten Weltkrieges mit allen Mitteln, möglichst vielen Juden die Ausreise aus Deutschland zu ermöglichen. Nach Kriegsende geriet er mit George Orwell in Streit, da er sich weigerte, dessen Romane »Animalfarm« und »1984« zu verlegen. Während der »Luftschlacht um England« wurde ein Großteil der Lagerräumlichkeiten von Gollancz' Verlagshaus bombardiert und dabei auch die Mehrzahl der Exemplare von Epsteins Buch vernichtet.

1525 CWR, 25. November 1939, S. 488. Beim Rezensenten handelte es sich um John B. Powell, den Verleger dieser

Wochenzeitung. Powell lobt zwar Epsteins umfangreiche Dokumentation, bemängelt jedoch den propagandistischen Ton des Autors.

1526 Siehe z. B. Johnson, *Peasant Nationalism* (1962).

1527 Epstein, *Unfinished Revolution* (1947). Neben dem englischen Titel stehen die chinesischen Zeichen: 革命尚未成功 (Die Revolution ist noch nicht erfolgreich).

1528 New York Times, 22. Juni 1947, S. 172.

1529 Verschiedene Beiträge etwa in der »New York Times« erwähnen den negativen Einfluss von Epsteins Büchern auf einflussreiche Persönlichkeiten, etwa auf Mitglieder des Institute of Pacific Relations, in dessen Auftrag Epstein ebenfalls Dokumentationen – z. B. »Notes on Labor Problems in Nationalist China« (1949) – zusammengestellt hat.

1530 Israel Epstein im Gespräch mit dem Verfasser am 30. Mai 2001 in Beijing.

1531 Siehe etwa den Bericht Epsteins in: Epstein, *Vignettes* (1979), S. 277ff. Er fasst darin seine Augenzeugenberichte von Reisen nach Tianjin, Shanghai, Beijing, Guangzhou und Tibet zusammen.

1532 China Monthly Review, January 1952, S. 38f.

1533 Bei diesen handelt es sich – neben Epstein – um Eva Siao, Ruth Weiss, Sidney Shapiro und Richard Frey.

1534 China Reconstructs, Vol. XXXIV, No. 7, July 1985, S. 35.

1535 Epstein wird bei chinesischen Historikern und Journalisten zudem regelmäßig erwähnt, wenn es um die »jüdische Existenz« im China des 20. Jahrhunderts geht, etwa in: Pan, *Shanghai youtairen* (2001) oder in: Qu/Li, *Youtairen* (2003). Noch im Sommer 2004 erscheint in der Tageszeitung »Renmin ribao« (23. Juni) ein Beitrag, der Epsteins Memoiren ankündigt, welche seine schwierigsten Jahre im Reich der Mitte während der Kulturrevolution zum Thema haben. Das Buch erscheint im Jahre 2005 auch in englischer Sprache unter dem Titel »My China Eye«.

1536 Diese Eindrücke stammen von einem Besuch des Autors bei Shapiro am 25. Mai 2001 in Beijing.

1537 Zu Shapiros Übersetzungen vom Chinesischen ins Englische gehören unter anderem die Werke »Outlaws of the Marsh« (Chinesisch: 水浒传, Deutsch: Die Räuber vom Liangshan-Moor), ein Klassiker aus der Yuandynastie, oder »Family« (Chinesisch: 家) von Ba Jin. Shapiro bezeichnete einst die Übersetzung dieses Buches als »my ticket to heaven«. Das Buch über die Kaifenger Juden (»Jews in Old China«) erschien 1984 in den USA.

1538 Shapiro, *I Chose China* (2000), S. 265. Dieses Buch ist eine aufgearbeitete Fassung seiner früheren Autobiographie »An American in China«, von 1979.

1539 Siehe dazu etwa: China Monthly Review, August 1951, S. 68f., oder November 1951, S. 260.

1540 Shapiro, *I Chose China* (2000), S. 159.

1541 Shapiro, *Experiment in Sichuan* (1981), beispielsweise S. 6, 31, 46.

1542 Shapiro, *I Chose China* (2000), S. 274.

1543 Gespräch mit Sidney Shapiro am 25. Mai 2001 in Beijing.

1544 Mit dem Etikett »Lügner« wird er von Sidney Shapiro versehen (»a slippery liar«), siehe in: Shapiro, *I Chose China* (2000), S. 298f. Auch von anderen ehemaligen »Foreign Experts« wird ihm – wie ich in etlichen Gesprächen erfahren habe – kein gutes Zeugnis ausgestellt. Vgl. auch: Weiss, *Rande* (1999), S. 410. Darin schreibt Ruth Weiss, Ministerpräsident Zhou Enlai habe in einer Rede vom 8. März 1973 Rittenberg als »Übeltäter« bezeichnet. Den Ausdruck »a maverick of remarkable charm« findet sich in: Milton/Dall, *Wind Will Not Subside* (1976), S. 101. Dieser Augenzeugenbericht des amerikanischen Ehepaars gilt in der Fachwelt als eines der besten ausländischen Zeugnisse über die Verhältnisse in China während der Kulturrevolution, zumindest in den ersten paar Jahren.

1545 Milton/Dall, *Wind Will Not Subside* (1976), S. 304. Rittenberg selbst stellt dieses Gerücht selbstverständlich

Anmerkungen

in Abrede. Rittenberg, *Man Who Stayed Behind* (1993), S. 443. Überdies will er dem Leser glaubhaft machen, er habe im Gefängnis nach Zhou Enlais Tod geweint. Allerdings kann der Angeklagte selbst nicht erklären, weshalb er – im Gegensatz zu den anderen während der Kulturrevolution inhaftierten Ausländern – erst vier Jahre später, im November 1977, aus dem Gefängnis entlassen wurde.

1546   Rittenberg, *Man Who Stayed Behind* (1993), S. 17.

1547   Ebd., S. 74.

1548   Rittenberg hatte Anna Louise Strong 1948 in Yan'an als Übersetzer bei ihren Gesprächen mit Mao geholfen. Rittenberg glaubt, seine Festnahme sei auf Geheiß der Sowjets erfolgt, wobei er selbst nie in der UdSSR war.

1549   Siehe dazu das Buch von: Griffin, *Treatment* (1976). In den USA erschien in den 1950er bis 1970er Jahren eine Reihe von Büchern, die von Westlern geschrieben waren, welche eine Gefangenschaft im roten China hinter sich hatten, wie z. B. Rickett, *Prisoners* (1957); Rigney, *Red Hell* (1956) oder Donovan, *Pagoda* (1967).

1550   Bei diesem offiziellen Übersetzungsauftrag handelte es sich um Band IV der gesammelten Werke Maos, welcher zeitlich das Ende des Bürgerkriegs sowie die ersten Jahre der Volksrepublik umfasste. Zum Übersetzungsteam gehörten von westlicher Seite auch Israel Epstein, Frank Coe, Michael Shapiro sowie Sol Adler.

1551   Rittenberg, *Man Who Stayed Behind* (1993), S. 372ff.

1552   Ebd., S. 446.

1553   Solomon Adler – oder Sol, wie er genannt wurde – wird beispielsweise erwähnt in: Milton/Dall, *Wind Will Not Subside* (1976), S. 8 und 101. Ansonsten ist praktisch nichts über Adler bekannt. Meine Angaben über ihn stammen aus einem Gespräch, das ich mit seiner Frau Pat am 6. September 2001 in Beijing geführt habe.

1554   Siehe über Ji Chaoding: Lewis, *Shades* (1999).

1555   Adlers Name findet sich, wie unter anderem auch diejenigen von Israel Epstein, Günther Stein, Max Granich und Sidney Rittenberg, in der Publikation des Committee on Un-American Activities des amerikanischen Repräsentantenhauses (*Publications* [1970], S. 21).

1556   Adler, *Chinese Economy* (1957).

1557   New York Times, 11. Juli 1970, S. 5.

1558   Obwohl ich mehrere Male mit dessen Sohn Michael in Beijing telefonisch gesprochen habe, gelang es mir nicht, ihm detaillierte Angaben über die Biographie seines Vaters zu entlocken. Professor Tom Grunfeld teilte mir mit, die Publikation einer Autobiographie des im Jahre 2001 verstorbenen David Crook sei von Prof. Carolyn Wakeman (UCLA) seit langem in Vorbereitung, jedoch noch nicht erfolgt (der voraussichtliche Titel lautet: »Principled Pursuit: A Journey from Barcelona to Beijing«).

1559   Hirson, *Cecil Frank Glass* (o. J.), S. 132.

1560   Crook, *Revolution* (1959).

1561   Crook, *30 Years* (1979), S. 59.

1562   Die Angaben über Michael Shapiro stammen von seiner Witwe Liu Jing He, mit der ich am 5. September 2001 in Beijing ein Gespräch geführt habe.

1563   Shapiro, *Changing China* (1958).

1564   Die (spärlichen) Informationen über Tannebaum wurden mir von seiner Witwe Yuanchi Chen zur Verfügung gestellt. Gerald Tannebaum verstirbt im Jahre 2001 in Santa Barbara.

1565   Foster Parents' Plan (FPP), stationiert in New York, führte ähnliche Projekte wie in China auch in Europa durch. Auf einem Informationsblatt des FPP werden in der Liste »Sponsors and Foster Parents« unter anderem Ella Fitzgerald, Herbert Hoover, Thomas Mann und Thornton Wilder aufgeführt. Siehe: SMA, U143 191 (Briefe vom 21.6.1949 bis 13.11.1950).

1566 Brief von Tannebaum an Edna Blue, die Vorsitzende von FPP in New York, vom 15. September 1949, in: U143 191 (Briefe vom 21.6.1949 bis 13.11.1950).

1567 Brief von Tannebaum an Edna Blue vom 15. Februar 1950, in: U143 191 (Briefe vom 21.6.1949 bis 13.11.1950).

1568 Der Artikel »By Rickshaw to Communist China« erschien in: CWR, 22. Januar 1949, S. 188f. Über den damals in den USA hohe Wellen schlagenden Powell-Schuman-Fall findet sich eine Menge an Informationen in: Hoover Archives, Alfred Kohlberg, Box 144 (Powell). In diesem Prozess ging es nicht nur um die Beschuldigung von Schuman und den Powells bezüglich der biologischen Kriegsführung der USA, sondern auch um die Publikation von Leserbriefen in der CWR, die angeblich von amerikanischen Kriegsgefangenen (POW) an ihre Angehörigen geschrieben wurden, um der Welt zu beweisen, wie menschlich die chinesische Regierung Kriegsgefangene behandle.

1569 Diese biographischen Angaben stammen von Jonathan Zatkin, einem in Beijing lebenden Amerikaner und Stiefsohn von Julian Schuman. Mit ihm führte ich am 30. Mai 2001 in Beijing ein Gespräch. Julian Schuman trug nicht den offiziellen Titel eines »Foreign Expert«, wurde jedoch gleichfalls von der kommunistischen Führung für seine Tätigkeiten im Dienste der chinesischen Regierung geschätzt. Zatkin deutete an, dass sich Schuman in seiner Rolle als »polisher« nicht immer glücklich gefühlt habe, »da er wusste, Propaganda zu verbreiten«. 1963 kehrte Schuman auf Drängen von Israel Epstein nach China zurück (nachdem er seinen Pass wieder erhalten hatte). Nach Beginn der sogenannten Ping-Pong-Diplomatie (1971) schrieb Schuman gelegentlich für westliche Zeitungen (»Seattle Times«, »Los Angeles Times«, »San Francisco Chronicle«). Im Gegensatz zu anderen Westlern wurde Schuman während der Kulturrevolution nicht behelligt. 1977 verließ er China, um seine Frau wegen eines Spitalaufenthalts in die USA zu begleiten. Nach 1980 arbeitete er wiederum in Beijing, dieses Mal als Reporter für die englischsprachige »China Daily«. Nach einem Schlaganfall 1992 blieb er bis ans Ende seines Lebens 1995 hospitalisiert.

1570 Siehe CWR, 30. April 1949, S. 200ff. (dieser Artikel wurde von den nationalistischen Behörden zensuriert bzw. einige Wörter einfach mit schwarzer Tinte übermalt); CWR, 11. Februar 1950, S. 170ff. sowie 25. Februar 1950, S. 189f. In diesem Beitrag prophezeit Schuman die »Befreiung« der Insel »in den nächsten paar Wochen«.

1571 China Monthly Review, Februar 1953, S. 195.

1572 Schuman, *Assignment* (1956), S. 9.

1573 Ebd., S. 178.

1574 Ebd., S. 217.

1575 Alle Angaben über Sam Ginsbourg sind dessen Autobiographie »My First Sixty Years in China« (1982) entnommen.

1576 Nichts erwähnt Sam Ginsbourg in seiner Lebensgeschichte von seinem Bruder Mark Julius Ginsbourg (außer der Tatsache, dass dieser 1909 in Barim geboren sei). Mark reiste bereits 1929 in die USA, wo er an der Columbia University studierte und später als Korrespondent der »Washington Post« nach Shanghai zurückkehrte. Bereits während dieser Zeit nannte er sich Mark Gayn. Sein Name wird im Zusammenhang mit der »Amerasia-Spionage-Affäre« unmittelbar nach Ende des 2. Weltkrieges erwähnt (siehe: Klehr/Radosh, *Amerasia* [1996], S. 50ff.).

1577 Ginsbourg, *Sixty Years* (1962), S. 208.

1578 Ebd., S. 81.

1579 Ebd., S. 209. An anderer Stelle verteidigt er beispielsweise die »Kampagne der Drei Anti« (1951) und die »Kampagne der Fünf Anti« (1953).

1580 Ebd., S. 368.

1581 Über Hans Müller existieren einige Artikel in der Beijinger Zeitschrift »Weisheng zhenggong yanjiu« (For-

ANMERKUNGEN

schung über Hygiene und politisch-ideologische Arbeit); z. B. Nr. 1–4, 1988. Ich führte am 31. Mai 2001 in Beijing ein Gespräch mit seiner Witwe und Krankenschwester, der Japanerin Koyko Nakamura-Müller (die Hans Müller 1948 in Tianjin geheiratet hat). Frau Nakamura wies mich darauf hin, dass ihr 1994 verstorbener Ehemann einer gemischten Familie entstammte: Lediglich Hans Müllers Vater war jüdischer Herkunft.

1582 Diese und andere biographische Angaben entstammen zwei Artikeln über Hans Müller: Qiu, *Mi-Daifu* (1990), S. 45; und Li, *Dr. Hans Müller* (1992), S. 32.

1583 Mit Richard Frey alias Stein führte ich am 24. Mai sowie am 1. Juni 2001 ein Interview in Beijing. Bei diesem Gespräch war auch seine aus Chongqing stammende Frau anwesend. Alle biographischen Angaben basieren auf dieser Begegnung. Der Wiener änderte seinen Namen deshalb, weil seine Eltern, ebenfalls nach Shanghai emigriert, nicht gefährdet werden sollten, als der Sohn in die »befreiten Gebiete« aufbrach. Richard Frey war in seinen Äußerungen sehr zurückhaltend, als es um seine eigene Biographie ging.

1584 Horn, *Away with all pests* (1969). Leider sind diesem Buch keine detaillierten biographischen Angaben zu entnehmen.

1585 Ebd., S. 36.

1586 Ebd., S. 80.

1587 Siao, *China* (1997), S. 568.

1588 Einzelne biographische Angaben stammen aus einem Interview, das ich am 2. Juni 2001 in Beijing mit Eva Siao wenige Monate vor ihrem Tod geführt habe.

1589 Siao, *Peking* (1956); Siao/Hauser, *Tibet* (1957).

1590 Siao, *China* (1997), S. 266.

1591 Ebd., S. 570.

1592 Gespräch mit Eva Siao am 2. Juni 2001 in Beijing.

1593 Siehe etwa den Bildband von Siao, *Photographien* (1996), und im Vergleich dazu Morrison, *Old Peking* (1999).

1594 Ich habe Ruth Weiss am 6. September 2001 im Freundschaftshotel in Beijing aufgesucht. Sie lag schwerkrank im Bett und war kaum mehr ansprechbar. Die chinesische Staatsbürgerschaft erhielt sie 1939 von der Guomindang-Regierung verliehen.

1595 Weiss, *Rande* (1999), S. 36. Ihre Autobiographie ist sehr locker abgefasst. Unmittelbar, wie in einer direkten Unterhaltung und manchmal etwas lässig und hemdsärmelig, berichtet sie über ihr Leben. Das schmälert allerdings nicht den Wert des Buchs als zeitgenössisches Dokument. Zusätzlich finden sich biographische Angaben über sie in: Weiss, *Lu Xun* (1985), S. 5–18.

1596 Radiovortrag vom 28. Januar 1933 von Ruth Weiss zum Thema: »Was hat China dem 20. Jahrhundert zu sagen?« (unveröffentlichtes Manuskript, das dem Verfasser freundlicherweise von Herrn Dierk Detje, Beijing, zur Verfügung gestellt worden ist).

1597 Neues Wiener Tageblatt, 31. Januar 1933 (o. S.) bzw. vom 21. August 1933 (o. S.); jüdische Wochenschrift »Die Wahrheit«, 30. Juni 1933 (o. S.) bzw. 14. Juli 1933 (o. S.). Alle diese Beiträge stammen aus dem Archiv von Ruth Weiss und wurden mir von Herrn Detje in Kopien überlassen.

1598 Siehe z. B. »Der Gefahrenherd im Fernen Osten« (in: Neues Wiener Tageblatt, 7. Dezember 1933, o. S.) oder – in der gleichen Zeitung – »Europäer in Schanghai« (20. Januar 1934); China Weekly Review vom 23. Dezember 1933, S. 152 unter dem Titel »Do We Want More Political Troubles?«

1599 Weiss, *Rande* (1999), S. 314f. Weiss ist – im Gegensatz zu vielen anderen »Foreign Experts« – nie der KP Chinas beigetreten.

1600 Ebd., S. 360. Ruth Weiss starb im März 2006 in Beijing.

1601 Diese Verse stammen aus dem Gedicht »Das nationale Lied«. Es ist (in Auszügen) abgedruckt in: Yang, *Klara Blum* (1996), S. 25. Lange Zeit war der Name Klara Blum in Westeuropa unbekannt. Bevor sich die chinesische Germanistin Zhidong Yang zu Beginn der 1990er Jahre intensiv mit Blum auseinanderzusetzen begann, machte etwa der chinesische Germanist Adrian Hsia auf das außergewöhnliche Schicksal der österreichisch-jüdischen Schriftstellerin aufmerksam (siehe z. B. in: Die Zeit, 5. Januar 1990, o. S.), gefolgt vom Germanisten und Ethnologen Thomas Lange, in: Lange, *Wahlverwandtschaften* (1995). Die biographischen Informationen über Klara Blum basieren vorwiegend auf den Angaben in diesen Büchern. Eine umfangreiche Liste der Publikationen von Klara Blum findet sich bei Zhidong Yang.

1602 Zitiert aus: Yang, *Klara Blum* (1996), S. 6.

1603 Erst 1990, zwanzig Jahre nach Klara Blums Tod, wird bestätigt, was viele Freunde schon früher angenommen hatten: Zhu wurde kurz vor seiner Ausreise nach China im Jahre 1938 von Beamten des sowjetischen Innenministeriums verhaftet und zu acht Jahren Zuchthaus verurteilt. Gemäß Archivangaben stirbt er 1943 in einem sibirischen Arbeitslager. Klara Blum gab bis zu ihrem Lebensende die Hoffnung nicht auf, ihren Geliebten zu finden.

1604 Blum, *Hirte* (1951). Siehe über den Roman: Yang, *Klara Blum* (1996), S. 162–192.

1605 Bei dieser Legende, die zum ersten Mal im Shijing (诗经), dem klassischen Liederbuch, erwähnt wird, geht es um zwei Sternbilder, nämlich den Kuhhirten Niulang und die Weberin Zhinü, die sich lediglich einmal im Jahr sehen können. Ihr Schicksal ähnelt für Klara Blum dem der beiden Sternbilder in diesem Märchen.

1606 Zitiert in: Yang, *Klara Blum* (1996), S. 20.

1607 Siehe eingehend in: Lange, *Wahlverwandtschaften* (1995), S. 194.

1608 Ebd., S. 194.

1609 Yang, *Klara Blum* (1996), S. 61f.

1610 George Sokolsky, Ladies and Gentlemen (Working Copy, ohne Datum), in: Speeches and Radio Talks, Columbia University, George E. Sokolsky Collection, Box 8, S. 2.

1611 Hinzelmann, *O China* (1948), S. 173f.

1612 White, *Search of History* (1979), S. 91.

1613 Zitiert aus: Liberman, *My China* (1997), S. 163.

1614 Shanghai Woche, Nr. 1, 30. März 1939, o. S.

1615 Hinzelmann, *O China* (1948), S. 177.

1616 Brief von Rayna Prohme an Helen Freeland vom 12. Dezember 1926, in: Knodel/Hirson, *Prohme* (o. J.), S. 27.

1617 Holitscher, *Das unruhige Asien* (1926), S. 231.

1618 Friedländer, *Bruchstück* (o. J.), S. 307.

1619 Friedrichs, *Tagebuch* (1963), S. 87.

1620 Shanghai Journal – Die Neue Zeit, Nr. 27, 2. Februar 1946, S. 4 (wahrscheinlich von Kurt Lewin).

1621 Kisch, *China geheim* (1949), S. 140.

1622 Katz, *Funkelnder Ferner Osten!* (1931), S. 111f.

1623 Cohen, *Journal* (1925), S. 193.

1624 Drage, *Two-Gun Cohen* (1954), S. 196.

1625 Einstein, *Diplomat* (1968), S. 88.

1626 8-Uhr Abendblatt, 5. Dezember 1940, S. 3

1627 Levy, *Two-Gun Cohen* (1997), S. 118.

1628 Freudmann, *Tschi-Lai!* (1947), 127.

Anmerkungen

1629 Peking Post, 1. Februar 1910, S. 2 (Artikel wohl von L. S. Regine).
1630 Freudmann, *Tschi-Lai!* (1947), S. 8.
1631 Bennett, *On Her Own* (1993), S. 126.
1632 Holitscher, *Das unruhige Asien* (1926), S. 198.
1633 Rittenberg, *Man Who Stayed Behind* (1993), S. 22.
1634 Jensen, *China siegt* (1949), S. 212.
1635 Friedländer, *Bruchstück* (o. J.), S. 241.
1636 Hahn, *Hong Kong Holiday* (1946), S. 261f.
1637 Maynard, *China Dreams* (1996), S. 12.
1638 Bennett, *On Her Own* (1993), S. 93.
1639 Einstein, *Diplomat* (1968), S. 93.
1640 Leo Baeck Institute, Hans Jacoby Collection, ME 774, S. 26.
1641 Hinzelmann, *O China* (1948), S. 20.
1642 Friedrichs, *Tagebuch* (1963), S. 91.
1643 Voltaire, *Essai* (1963), S. 807.
1644 Ch'en, *China and the West* (1979), S. 232.
1645 *All about Shanghai* (1934/35), S. 71.
1646 Holitscher, *Das unruhige Asien* (1926), S. 250.
1647 Schiff in einem Brief vom 21. März 1946 an »Dear Maureen«, zitiert in: Kaminski, *Künstler* (1998), S. 60.
1648 Hinzelmann, *O China* (1948), S. 22.
1649 Hahn, *Chinese Women* (o. J.), S. 3.
1650 Ebd., S. 7.
1651 Radiovortrag vom 5. September 1933 von Ruth Weiss zum Thema: »Frauenleben in China« (unveröffentlichtes Manuskript, das dem Verfasser freundlicherweise von Herrn Dierk Detje, Beijing, zur Verfügung gestellt worden ist).
1652 George Sokolsky, The Conservative Man, Chapter III: Can Man Stand Alone? (Unused Articles), Columbia University, George E. Sokolsky Collection, Box 15, S. 18f.
1653 Miller, *Chinese Girl* (1932). Miller ist das Pseudonym für Mr. Grin, Herausgeber der russischen Zeitung »Nasha Zaria«.
1654 Dikötter, *Race* (1992), S. 59.
1655 Benjamin M. Levaco: The Pros & Cons of Being »The Honored Guest«, S. 4 (1991), in: Hoover Archives, Ben Levaco Collection, Box 2 (Adventures).
1656 Brief von Theodore White aus dem Jahre 1940 (ohne Adressat), aus: Theodore H. White Papers, Harvard University Archives, Box 2, Folder 7.
1657 Hinzelmann, *O China* (1948), S. 154.
1658 Hahn, *China To Me* (1988), S. 89.
1659 Brief von Rayna Prohme an Helen Freeland vom 19. Februar 1927, in: Knodel/Hirson, *Prohme* (o. J.), S. 53.
1660 Freudmann, *Tschi-Lai!* (1947), S. 86.
1661 Kaminski, *Ich kannte sie alle* (2003), S. 176.
1662 Siehe zur sexuellen Revolution im Reich der Mitte: Messmer, *Konkubine* (2002).
1663 George Sokolsky, The Conservative Man, Chapter III: Can Man Stand Alone? (Unused Articles), Columbia University, George E. Sokolsky Collection, Box 15, S. 13.
1664 New York Times, 2. August 1931, S. SM5 (von George Sokolsky).

ANMERKUNGEN

1665   Sokolsky, *Tinder Box* (1932), S. 17.
1666   Peffer, *Far East* (1968), S. 22.
1667   White/Jacoby, *Thunder* (1946), S. 23.
1668   Tandler, *Volk in China* (1935), S. 21.
1669   Hahn, *Soong Sisters* (1941), S. 134.
1670   The China Weekly Review, 28. März 1936, S. 113 (von Anna Ginsbourg).
1671   New York Times, 2. August 1931, S. SM5 (von George Sokolsky).
1672   Katz, *Funkelnder Ferner Osten!* (1931), S. 42f.
1673   Freudmann, *Tschi-Lai!* (1947), S. 131.
1674   Aus Notizen und Informationsberichten von M. M. Borodin von 1924, zitiert in: Leutner/Titarenko, *National-revolutionäre Bewegung in China* (1996), S. 474.
1675   George Sokolsky, Asia for the Asiatics, o. J. (Working Copy, The American Mercury), Columbia University, George E. Sokolsky Collection, Box 18, S. 13.
1676   Weiss, *Rande* (1999), S. 517.
1677   Peffer, *Far East* (1968), S. 23.
1678   Freudmann, *Tschi-Lai!* (1947), S. 63.
1679   Blum, *Hirte* (1951), S. 28.
1680   Leo Baeck Institute, Hans Jacoby Collection, ME 774, S. 284f.
1681   Friedrichs, *Tagebuch* (1963), S. 251.
1682   Kisch, *China geheim* (1949), S. 240.
1683   Katz, *Funkelnder Ferner Osten!* (1931), S. 57.
1684   George Sokolsky, Assumptions, o. J. in: Miscellaneous Articles, Columbia University, George E. Sokolsky Collection, Box 9, S. 1.
1685   Epstein, *Unfinished Revolution* (1947), S. 25.
1686   Samuel Sokobin in seinem Monthly Political Report for January aus Qingdao vom 6. Februar 1936, S. 5 (aus: Confidential U.S. State Department Central Files China: Internal Affairs, 1930–1939).
1687   Peking Post, 6. Februar 1910, S. 4 (Artikel wohl von L. S. Regine).
1688   Holitscher, *Das unruhige Asien* (1926), S. 256.
1689   Shanghai Journal – Die Neue Zeit, Nr. 27, 2. Februar 1946, S. 1 (von Ladislaus Frank).
1690   Shanghai Journal – Die Neue Zeit, Nr. 29, 6. Februar 1946, S. 3 (von Kurt Lewin).
1691   Lin, *Importance* (1937), S. 47.
1692   Zitiert aus: Karlinsky, *Chekhov* (1973), S. 168.
1693   Brief von Rayna Prohme an Samson Raphaelson vom 17. Dezember 1926 (dieser Brief wurde mir freundlicherweise von Prof. Tom Grunfeld zur Verfügung stellt).
1694   Benjamin M. Levaco: The Pros & Cons of Being »The Honored Guest«, S. 1 (1991), in: Hoover Archives, Ben Levaco Collection, Box 2 (Adventures).
1695   Freudmann, *Tschi-Lai!* (1947), 45.
1696   Ebd., S. 106.
1697   Trebitsch-Lincoln, *Autobiography* (1932), S. 248.
1698   Einstein, *Diplomat* (1968), S. 100.
1699   White, *Search of History* (1979), S. 71f.
1700   Katz, *Funkelnder Ferner Osten!* (1931), S. 124.

Anmerkungen

1701 Ebd., S. 124.
1702 Friedländer, *Bruchstück* (o. J.), S. 308.
1703 Friedrichs, *Tagebuch* (1963), S. 104.
1704 Hahn, *Cooking* (1968), S. 7.
1705 Giles, *China and the Chinese* (1902), S. 194.
1706 Holitscher, *Das unruhige Asien* (1926), S. 285.
1707 Leo Baeck Institute, Hans Jacoby Collection, ME 774, S. 82.
1708 Hinzelmann, *O China* (1948), S. 133.
1709 Ebd., S. 132.
1710 Shapiro, *Changing China* (1958), S. 11.
1711 White/Jacoby, *Thunder* (1946), S. 23f.
1712 Horn, *Away with all pests* (1969), S. 32.
1713 Thomson, *Theodore White* (1992), S. 151.
1714 Schwartz meinte damit, dass in China spätestens seit Gründung des Einheitsstaates 221 v. Chr. dem Politischen eine so zentrale Stellung zukam wie in keiner anderen Zivilisation (siehe: Schwartz, *Primacy* [1987], S. 1–10).
1715 Thompson, *Theodore White* (1992), S. 143 bzw. Theodore White in einer handschriftlichen Notiz, in: Theodore H. White Papers, Harvard University Archives, Box 222, Folder 2.
1716 Zitiert aus einem Brief von Harold Isaacs an Hon-chan vom 3. März 1971, in: MIT Archives, Harold R. Isaacs Papers, Box 28.
1717 Zitiert aus: Wilson, *Harold Isaacs* (1992), S. 19.
1718 Brief von Sokolsky an Hu Shi, 22. Oktober 1931, S. 3, in: Hoover Archives, George Sokolsky Collection, Box 64.
1719 Eine – allerdings nur mit Einschränkungen gültige – Ausnahme bildet allenfalls das Buch von Katz, *Funkelnder Ferner Osten!* (1931).
1720 *Israel's Messenger*, 4. Mai 1906, S. 8f.
1721 Hinzelmann, *O China* (1948), S. 172
1722 Peffer, *Collapse* (1930), S. 168.
1723 Weiss, *Rande* (1999), S. 359.
1724 Theodore White: Bericht über eine Begegnung mit Huang Hua auf der chinesischen Botschaft in den USA, 14. Februar 1976, in: Theodore H. White Papers, Harvard University Archives, Box 37, Folder 8.
1725 Hinzelmann, *Chinesen* (1950), S. 153f. bzw. 161.
1726 White/Jacoby, *Thunder* (1946), S. 34.
1727 Drage, *Two-Gun Cohen* (1954), S. 113.
1728 Hinzelmann, *Chinesen* (1950), S. 195.
1729 Holitscher, *Das unruhige Asien* (1926), S. 287.
1730 Peffer, *Collapse* (1930), S. 41.
1731 Ebd., S. 81f.
1732 Stein, *Far East* (1936), S. 185.
1733 Peffer, *Collapse* (1930), S. 148.
1734 *New York Times*, 7. November 1943, S. SM7 (von Nathaniel Peffer).
1735 Peffer, *Collapse* (1930), S. 29f.
1736 *New York Times*, 2. August 1931, S. SM5 (von George Sokolsky).
1737 Brief von Sokolsky an Hu Shi, 12. September 1930, S. 4, in: Hoover Archives, George Sokolsky Collection, Box 64.

1738 Hinzelmann, *Chinesen* (1950), S. 128.
1739 Hinzelmann, *O China* (1948), S. 13f.
1740 Kneucker, *Shanghai* (1984), S. 218.
1741 Katz, *Funkelnder Ferner Osten!* (1931), S. 84.
1742 Hinzelmann, *O China* (1948), S. 194.
1743 Diese Zitate stammen aus: Sopher/Sopher, *Shanghai Realty* (1939), S. 45 bzw. 55.
1744 Freudmann, *Tschi-Lai!* (1947), 110.
1745 White/Jacoby, *Thunder* (1946), S. 201f.
1746 Ebd., S. 22f.
1747 Erling, *Im Geist Yanans* (1980), S. 10.
1748 Vertraulicher Brief von Gerald Tannebaum an Edna Blue, die Vorsitzende von FPP in New York, vom 1. Dezember 1948, in: U 143/190xia (29.9.1948 bis 11.5.1949).
1749 Ginsbourg, *Sixty Years* (1982), S. 351.
1750 Thompson, *Theodore White* (1992), S. 140.
1751 Diese These vertritt unter anderem auch Jürgen Osterhammel, in: Osterhammel, *Shanghai* (1997).
1752 White/Jacoby, *Thunder* (1946), S. 58.
1753 Hinzelmann, *O China* (1948), S. 27.
1754 Brief von Sok an T. V. Song, 9. April 1930, in: Hoover Archives, George Sokolsky Collection, Box 108.
1755 Hinzelmann, *Chinesen* (1950), S. 128ff.
1756 Holitscher, *Das unruhige Asien* (1926), S. 236f.
1757 Hahn, *Chiang Kai-shek* (1955), S. 111.
1758 Kisch, *China geheim* (1949), S. 37f.
1759 Peffer, *Far East* (1968), S. 24.
1760 Ebd., S. 24.
1761 Epstein, *Unfinished Revolution* (1947), S. 30.
1762 China's Attitude toward Foreigners (unpublished manuscript, o. J.) von George Sokolsky in: Hoover Archives, George Sokolsky Collection, Box 126 (Writings and Speeches).
1763 Sokolsky, *Tinder Box* (1932), S. 16.
1764 People's Tribune, 14. April 1927, S. 2 (geschrieben vermutlich von Rayna Prohme).
1765 Tandler, *Volk in China* (1935), S. 39.
1766 Vortrag vom 6. April 1933 von Ruth Weiss zum Thema: »Was hat China dem 20. Jahrhundert zu sagen?« (unveröffentlichtes Manuskript, das dem Verfasser freundlicherweise von Herrn Dierk Detje, Beijing, zur Verfügung gestellt worden ist).
1767 Brief von Meir Birman an HICEM, Paris, vom 16. Januar 1940, in: YIVO Institute, Birman Collection, RG 352 (Serie 15.144).
1768 Leo Baeck Institute, Hans Jacoby Collection, ME 774, S. 158.
1769 Hinzelmann, *Chinesen* (1950), S. 90 bzw. 127.
1770 AJDC Yiddish Press Conference With Manuel Siegel vom 24. Januar 1946, in: AJDC-Archiv, Catalogue/Record Group: 1933–1944, Folder: 465.
1771 The China Weekly Review, 7. Dezember 1946, S. 14 (Artikel von Anna Ginsbourg).
1772 Brief von Samuel Sokobin an: The Honorable The Secretary of State, 21. August 1922, S. 2, in: NARA, RG 59, Decimal File 1910–1929/033.6193 J59.
1773 The China Weekly Review, 11. Dezember 1937, S. 48 (Artikel von Anna Ginsbourg).

ANMERKUNGEN

1774 Brief von Theodore White an Zbigniew Brzezinski vom 15. Januar 1979, in: Theodore H. White Papers, Harvard University Archives, Box 42, Folder 3.
1775 Freudmann, *Tschi-Lai!* (1947), S. 119.
1776 Katz, *Funkelnder Ferner Osten!* (1931), S. 66.
1777 Holitscher, *Das unruhige Asien* (1926), S. 234.
1778 Peffer, *Collapse* (1930), S. 200.
1779 Bericht von M. M. Borodin anlässlich von Sitzungen der Kommission des Politbüros des ZK der KPdSU(B), Peking 15. und 17. Februar 1926, zitiert in: Leutner/Titarenko, *National-revolutionäre Bewegung in China* (1998), S. 170.
1780 Hinzelmann, *Chinesen* (1950), S. 64.
1781 Hahn, *China to Me* (1988), S. 97.
1782 Kisch, *China geheim* (1949), S. 107.
1783 Friedrichs, *Tagebuch* (1963), S. 161.
1784 Brief von Teddy White an einen gewissen Colonel Neil D. Van Sickle vom 3. April 1958, in: Theodore H. White Papers, Harvard University Archives, Box 14, Folder 22.
1785 Peffer, *Far East* (1968), S. 9f.
1786 Shapiro, *Changing China* (1958), S. 11.
1787 Sokolsky, *Tinder Box* (1932), S. 346f.
1788 Peffer, *Chinese Idea of Communism* (1932), S. 404.
1789 White/Jacoby, *Thunder* (1946), S. 202.
1790 Hegel, *Philosophie der Geschichte* (1970), z. B. S. 166.
1791 Peffer, *Far East* (1968), S. 23.
1792 Peffer, *Collapse* (1930), S. 14f.
1793 Freudmann, *Tschi-Lai!* (1947), 113.
1794 Katz, *Funkelnder Ferner Osten!* (1931), S. 106f.
1795 Schuster, *Embroideries* (1937), S. 30.
1796 White, *Search of History* (1979), S. 153.
1797 Jensen, *China siegt* (1949), S. 24.
1798 Katz, *Funkelnder Ferner Osten!* (1931), S. 52.
1799 Seligman, *Etiquette* (1999), S. 197–211 (Kapitel 9).
1800 New York Times, 14. Februar 1932, S. SM3 (Artikel von George Sokolsky).
1801 New York Times, 31. Dezember 1950, o. S. (Artikel von Nathaniel Peffer).
1802 New York Times, 28. Oktober 1945, o. S. (Artikel von Emily Hahn). Nach Europa scheint der Ausdruck »das Gesicht verlieren« im Gefolge des Expeditionsfeldzugs gegen die Boxer gekommen zu sein.
1803 George Sokolsky, Face in the Orient (Address before the Diamond Anniversary Convention of the American Bankers Association, New York, September 26, 1950, S. 6), aus: Columbia University, George E. Sokolsky Collection, Box 6.
1804 Stein, *Red China* (1945), S. 352.
1805 Einstein, *Diplomat* (1968), S. 93.
1806 Samuel Sokobin in einem Brief vom 9. August 1919 aus Antung an den amerikanischen Gesandten in Peking, Paul S. Reinsch (aus: Records of the Department of State Relating To Political Relations Between China and Other States 1910–29, M 341, Rolle 28).
1807 Katz, *Funkelnder Ferner Osten!* (1931), S. 85.

1808 Gelbe Post, 1. Jg., 6. Heft, Ende Juli 1939, S. 127 (Artikel von Adolf J. Storfer).
1809 Schuman, *Assignment* (1956), S. 23.
1810 Brief von Charles A. Jordan an Moses A. Leavitt vom 15. August 1947, S. 2, in: AJDC-Archiv, Catalogue/Record Group: 1933–1944, Folder 465.
1811 Zitiert aus: Jerusalem Post, 27. April 2001, o. S.
1812 Aus einem Vortrag von George Sokolsky (Section III. The Bolshevik Revolution) im November 1947 (Counter-Subversion Seminar sponsored by the American Commission of the American Legion), S. 19, in: Hoover Archives, George Sokolsky Collection, Box 133.
1813 Holitscher, *Das unruhige Asien* (1926), S. 285.
1814 Hinzelmann, *O China* (1948), S. 27.
1815 Israel's Messenger, 6. Oktober 1936, S. 12 (Artikel von N. E. B. Ezra).
1816 Scott Seligman widmet in seinem 1999 erschienenen Buch »Chinese Business Etiquette« dem Thema der »Guanxi« mehr als fünfzehn Seiten: Seligman, *Etiquette* (1999), S. 180–196 (Kapitel 10).
1817 Katz, *Funkelnder Ferner Osten!* (1931), S. 24.
1818 Isaacs, *Re-Encounters* (1985), S. 122.
1819 Hinzelmann, *O China* (1948), S. 131f.
1820 Gelbe Post, 1. Jg., 5. Heft, 1. Juli 1939, S. 110 (Artikel von Lothar Brieger).
1821 Drage, *Two-Gun Cohen* (1954), S. 135.
1822 Autobiographical Typescript, Max Granich (1981/82), S. 79, in: Grace Maul Granich and Max Granich Papers 1929–1993 (New York University, Tamiment).
1823 Hinzelmann, *O China* (1948), S. 14.
1824 Horn, *Away with all pests* (1969), S. 35.
1825 Blum, *Hirte* (1951), z. B. S. 241, 249, 256.
1826 Peffer, *Chinese Philosophy of Life* (1927), S. 432.
1827 Tonn, *Chinese Laughs!* (1942), S. 20.
1828 Chinas Meister des Humors, Lin Yutang, wies einst verschiedenen Völkern eine Art Charakterformel zu, den Chinesen etwa R4D1H3S3. Der Buchstabe »R« bedeutet bei Lin Sinn für »Reality«; »D« steht für »Dreams« (Idealismus); mit »H« bezeichnet er »Humor«, während »S« für »Sensitivity« steht. Die Nummern geben den jeweiligen Grad an, also z. B. die »4« für ungewöhnlich hoch oder die »1« für niedrig. Siehe: Lin, *Importance* (1937), S. 6f.
1829 Sokolsky, *Tinder Box* (1932), S. 4.
1830 White/Jacoby, *Thunder* (1946), S. 26.
1831 Ebd., S. 112.
1832 George Sokolsky, The Romance of Mayling Soong and Chiang Kai-shek (Working Copy, o. J. S. 9), Columbia University, George E. Sokolsky Collection, Box 7.
1833 Peffer, *Collapse* (1930), S. 28f.
1834 Peffer, *Shantung* (1922), S. 12.
1835 Peffer, *China's Search* (1924), S. 305.
1836 Brief von Harold Isaacs an Frank Glass vom 16. Januar 1935, in: MIT Archives: Harold R. Isaacs Papers, Box 27.
1837 Bennett, *On Her Own* (1993), S. 281.
1838 Sopher/Sopher, *Shanghai Realty* (1939), S. 65.
1839 Sokolsky, *Tinder Box* (1932), S. 4.

Anmerkungen

1840   Peffer, *Far East* (1968), S. 9.
1841   Peffer, *Collapse* (1930), S. 199.
1842   Stein, *Central Asian Tracks* (1998), S. 23.
1843   Holitscher, *Das unruhige Asien* (1926), S. 287.
1844   Samuel Sokobin in seinem Monthly Political Report for September aus Qingdao vom 5. Oktober 1935, S. 2 (aus: Confidential U.S. State Department Central Files China: Internal Affairs, 1930–1939).
1845   Hahn, *China To Me* (1988), S. 369.
1846   Stein, *Red China* (1945), S. 131.
1847   Thompson, *Theodore White* (1992), S. 157.
1848   Der Artikel (o. J.) stammte aus der Feder von Lung Ying-tai, einer heute auf Taiwan lebenden und in Hongkong tätigen Intellektuellen und bekannten Autorin.
1849   Katz, *Funkelnder Ferner Osten!* (1931), S. 22f.
1850   Hinzelmann, *O China* (1948), S. 177.
1851   Friedländer, *Bruchstück* (o. J.), S. 308.
1852   Adler, *Chinese Economy* (1957), S. 2.
1853   Freudmann, *Tschi-Lai!* (1947), 172.
1854   Tandler, *Volk in China* (1935), S. 22f.
1855   Friedrichs, *Tagebuch* (1963), S. 88.
1856   Kaim, *Shanghai* (1963), S. 122.
1857   Aus Notizen und Informationsberichten von M. Borodin, zitiert in: Leutner/Titarenko, *National-revolutionäre Bewegung in China* (1996), S. 491.
1858   Drage, *Two-Gun Cohen* (1954), S. 68.
1859   Holitscher, *Das unruhige Asien* (1926), S. 246.
1860   Zitiert aus: Lensen, *Revelations* (1964), S. 199.
1861   Oudendyk, *Diplomacy* (1939), S. 110.
1862   Hahn, *Revolt in Shanghai* (1936), S. 455.
1863   Friedrich Schiff in einem Vortrag in Buenos Aires vor der Vereinigung britischer Künstler am 28. Juli 1949, zitiert in: Kaminski, *Künstler* (1998), S. 62
1864   Holitscher, *Das unruhige Asien* (1926), S. 221, 225, 264.
1865   Peffer, *Far East* (1968), S. 10.
1866   Ludwik Rajchman, zitiert in: Balinska, *Good* (1998), S. 87.
1867   Werner, *Sonjas Rapport* (1977), S. 173.
1868   Hinzelmann, *O China* (1948), S. 164.
1869   Radiovortrag vom 28. Januar 1933 von Ruth Weiss zum Thema: »Was hat China dem 20. Jahrhundert zu sagen?« (unveröffentlichtes Manuskript, S. 4).
1870   Leo Baeck Institute, Hans Jacoby Collection, ME 774, S. 395f.
1871   Friedrichs, *Tagebuch* (1963), S. 66.
1872   Die Laterne, 21. Juni 1941, S. 9.
1873   Gespräch mit Sidney Shapiro am 25. Mai 2001 in Beijing.
1874   Einstein, *Diplomat* (1968), S. 97.
1875   Shapiro, *I Chose China* (2000), S. 32.
1876   Liberman, *My China* (1997), S. 48.

1877 Hahn, *Chiang Kai-shek* (1955), S. 25.
1878 Harold Isaacs: Report from China: Crux of the Pacific War (o. J.), S. 2, in: MIT Archives: Harold R. Isaacs Papers, Box 24.
1879 George Sokolsky, Asia for the Asiatics, o. J. (Working Copy, The American Mercury), Columbia University, George E. Sokolsky Collection, Box 18, S. 11.
1880 Hahn, *Chiang Kai-shek* (1955), S. 57.
1881 Leo Baeck Institute, Hans Jacoby Collection, ME 774, S. 411 und 414.
1882 Stein, *Central Asian Tracks* (1998), S. 185.
1883 Hinzelmann, *O China* (1948), S. 73f.
1884 Hinzelmann, *Chinesen* (1950), S. 195.
1885 Sopher/Sopher, *Shanghai Realty* (1939), S. 382.
1886 Peffer, *White Man's Dilemma* (1927), S. 37.
1887 Leo Baeck Institute, Hans Jacoby Collection, ME 774, S. 183.
1888 Hahn, *Chiang Kai-shek* (1955), S. 21.
1889 White/Jacoby, *Thunder* (1946), S. 26.
1890 Hahn, *China To Me* (1988), S. 93.
1891 Hahn, *Madame Chiang* (1944), S. 305.
1892 Leo Baeck Institute, Hans Jacoby Collection, ME 774, S. 45.
1893 Smith, *Characteristics* (1894), S. 65–73. Der Originalausdruck bei Smith lautet »Talent for Indirection«, wobei »indirection« bisweilen auch als »Unwahrheit« übersetzt werden kann.
1894 Bennett, *On Her Own* (1993), S. 259.
1895 Freudmann, *Tschi-Lai!* (1947), 163.
1896 Drage, *Two-Gun Cohen* (1954), S. 44.
1897 Katz, *Funkelnder Ferner Osten!* (1931), S. 132.
1898 Jensen, *China siegt* (1949), S. 10f.
1899 Hinzelmann, *O China* (1948), S. 12f.
1900 Ebd., S. 18.
1901 Sopher/Sopher, *Shanghai Realty* (1939), S. 10.
1902 Friedrichs, *Tagebuch* (1963), S. 83.
1903 Ben-Eliezer, *Shanghai Lost* (1985), S. 117.
1904 Katz, *Funkelnder Ferner Osten!* (1931), S. 17.
1905 Hinzelmann, *O China* (1948), S. 50.
1906 Ebd., S. 19.
1907 Ben-Eliezer, *Shanghai Lost* (1985), S. 191.
1908 Freudmann, *Tschi-Lai!* (1947), 191.
1909 Holitscher, *Das unruhige Asien* (1926), S. 286.
1910 Gelbe Post, 1. Jg., 3. Heft, 1. Juni 1939, S. 56 (Artikel von Julius Kaim).
1911 Peking Post, 8. Februar 1910, S. 4 (Artikel wohl von L. S. Regine).
1912 Der Begriff der Heterotopie wird in Foucaults Buch »Die Ordnung der Dinge« (Frankfurt, 1971, S. 20) diskutiert, hier zitiert in: Jullien, *Umweg* (2002), S. 173.
1913 George Sokolsky, Asia for the Asiatics, o. J. (Working Copy, The American Mercury), Columbia University, George E. Sokolsky Collection, Box 18, S. 14.
1914 George Sokolsky, Face in the Orient (Address before the Diamond Anniversary Convention of the American

Bankers Association, New York, September 26, 1950, S. 14), aus: Columbia University, George E. Sokolsky Collection, Box 6.
1915 Peffer, *Far East* (1968), S. 7f.
1916 Peffer, *Chinese Philosophy of Life* (1927), S. 433.
1917 Einstein, *Diplomat* (1968), S. 106.
1918 Schwarz, *Weisheit* (1994), S. 20.
1919 Vortrag vom 28. Januar 1933 von Ruth Weiss zum Thema: »Was hat China dem 20. Jahrhundert zu sagen?« (unveröffentlichtes Manuskript, das dem Verfasser freundlicherweise von Herrn Dierk Detje, Beijing, zur Verfügung gestellt worden ist).
1920 Shapiro, *I Chose China* (2000), S. 106.
1921 Tandler, *Volk in China* (1935), S. 8.
1922 Hinzelmann, *O China* (1948), S. 136.
1923 Katz, *Funkelnder Ferner Osten!* (1931), S. 95.
1924 Diese Argumentation wird etwa erörtert in: Needham, *Wissenschaftlicher Universalismus* (1979), S. 226f. Darin führt Needham aus, dass die chinesische Kultur seit je über ein sehr ausgeprägtes Zeitempfinden verfügt.
1925 New York Times, 2. August 1931, S. SM5 (von George Sokolsky).
1926 New York Times, 3. Januar 1932, S. SM6 (von George Sokolsky).
1927 Brief von Rayna Prohme an ihre Schwester Grace, o. J., in: Knodel/Hirson, *Prohme* (o. J.), S. 10.
1928 Hahn, *Soong Sisters* (1941), S. 27.
1929 Hinzelmann, *O China* (1948), S. 175.
1930 Katz, *Funkelnder Ferner Osten!* (1931), S. 50, 92f. bzw. 42.
1931 Siehe über den Individualismus in der taoistischen Lehre bei: Bauer, *China* (1974), S. 76ff. Zum sittlichen Ideal des »weisen« Menschen, des Edlen, in der konfuzianischen Lehre gehörten beispielsweise die Forderungen nach Strenge, Ernst und Respekt gegenüber sich selbst.
1932 Sokolsky, *Tinder Box* (1932), S. 3 und 22.
1933 Peffer, *Chinese Philosophy of Life* (1927), S. 433.
1934 Peffer, *Far East* (1968), S. 21.
1935 Tandler, *Volk in China* (1935), S. 40.
1936 Stein, *China's Conflict* (1946), S. 635.
1937 Bennett, *On Her Own* (1993), S. 309.
1938 Hinzelmann, *Chinesen* (1950), S. 171 bzw. 211 und 236.
1939 Shapiro, *I Chose China* (2000), S. 20 bzw. 332.
1940 Katz, *Funkelnder Ferner Osten!* (1931), S. 112.
1941 Über den Begriff des Exotismus siehe beispielsweise: Trauzettel, *Exotismus* (1995).
1942 Jensen, *China siegt* (1949), S. 23.
1943 Freudmann, *Tschi-Lai!* (1947), S. 21.
1944 Werner, *Sonjas Rapport* (1977), S. 78f.
1945 Lahusen, *Introduction* (2001), S. 3.
1946 Geertz, *Interpretation of Cultures* (1973).
1947 Judt, *Nachkriegsgeschichte* (1998), S. 9.
1948 Eine ähnliche Ansicht (allerdings in militärisch-politischen Fragen) vertritt beispielsweise der Politikwissenschafter David Shambaugh, in: Shambaugh, *China* (1997), S. 125.

1949 Elias, *Engagement* (1983).
1950 Der britische Historiker und Experte für die Geschichte der internationalen Beziehungen E. H. Carr erinnerte seine Leser einmal daran, dass Fakten »wie Fische in einem großen und manchmal unzugänglichen Ozean herumschwimmen ... Was der Historiker von diesen fängt, hängt davon ab ... an welcher Stelle des Ozeans er fischen geht und welche Ausrüstung er dabei verwendet. Diese beiden Faktoren bestimmen sich natürlich nach Art des Fisches, den er zu fangen gedenkt.« (Carr, *What is History* [1961], S. 26.)
1951 Über diese drei Ansätze westlicher China-Geschichtsschreibung siehe: Cohen, *Discovering History* (1984). Paul Cohen, emeritierter Professor für asiatische Studien am Wellesley College, hat in diesem umfassenden Werk die impliziten Annahmen und kulturellen Voreingenommenheiten westlicher Historiker China gegenüber untersucht. Als »Western impact – Chinese response approach« bezeichnet Cohen den Ansatz, der westlich-chinesische Beziehungen als eine Art Einbahnstraße darstellt, nämlich als westliche Herausforderung und daraus resultierende chinesische Reaktion. Der zweite Ansatz (»tradition-modernity approach«) geht davon aus, dass die Modernisierung in China allein aufgrund des westlichen Einflusses eingetreten sei. Beim dritten Ansatz (»imperialism-revolution approach«) ist man der Meinung, dass erst mit Einbruch des westlichen Imperialismus in China das Reich der Mitte aus seiner Lethargie herausgetreten sei beziehungsweise entscheidende Veränderungen in der Wirtschafts- und Gesellschaftsstruktur des Landes stattgefunden hätten.
1952 Über diesen neuesten Ansatz in der westlichen China-Historiographie siehe: Cohen, *China Unbound* (2003), insbesondere S. 4ff.
1953 Einer der bedeutendsten, bis heute jedoch wenig bekannten Sinologen, Joseph Levenson, vertrat die in den 1950er und 1960er Jahren gängige Überzeugung, dass Konfuzianismus und Modernität unvereinbar sind. Über ihn und sein Monumentalwerk »Confucian China and Its Modern Fate. A Trilogy« (1968) siehe den anlässlich seines frühen Todes herausgegebenen Band von: Meisner/Murphey, *Mozartian Historian* (1976).
1954 Einer dieser China-Spezialisten war beispielsweise der Amerikaner James Peck, der in mehreren wissenschaftlichen Beiträgen die Ansicht vertrat, der »Modernisierungsansatz« sei nicht nur ein intellektuelles Konstrukt, sondern auch ungeeignet und schädlich. Zudem werde er von »China-Spezialisten« missbraucht, um Amerikas politische, militärische und wirtschaftliche Intervention in Asien nach dem Zweiten Weltkrieg zu rechtfertigen. Siehe die Diskussion darüber in: Cohen, *Discovering History* (1984), S. 98ff.
1955 Isaacs beispielsweise bezeichnet die Jahre 1905–1937 in der Begegnung Amerikas mit China als »Zeitalter des Wohlwollens«, 1937–1944 als »Zeitalter der Bewunderung«, 1944–1949 als »Zeitalter der Ernüchterung« und ab 1949 als »Zeitalter der Feindschaft«. Siehe Isaacs, *Images* (1972), S. 71. Interessant ist auch seine Übersicht über Charakterzüge, welche Westler im Laufe der Zeit Chinesen zugewiesen haben: Im Jahr 1942 z. B. nannten bei einer Umfrage 48 Personen Chinesen tapfer, 1966 waren es gerade noch 7 Personen. Dafür verfünffachte sich im gleichen Zeitraum die Zahl derer, die Chinesen als »heimtückisch« bezeichneten (S. xviii).
1956 Spivak, *The post-colonial critic* (1990), S. 121.

Namensverzeichnis

Abel-Rémusat, Jean-Pierre 397
Abend, Hallett 162
Abraham, R.D. 117
Abrikossow, Dmitri 32, 36, 39, 41, 496
Acheson, Dean 232, 258
Acosta, Uriel 427
Acton, Sir Harold 154, 191, 280
Adler, Solomon 435f.
Alcock, Sir Rutherford 190
Aleksejew, Wassili M. 138
Alexander der Grosse 348
Alexander II. (Zar) 305
Alley, Rewy 300f., 362, 446
Alymow, Sergei 80
Andersson, Johan Gunnar 48
Arendt, Hannah 159
Aristoteles 394
Arlington, Lewis 209
Ash, Timothy Garton 275
Ashkenazi, Meir 98, 101
Atschair, Aleksei 151
Auer, Leopold 151
Ausländer, Rose 406
Avshalomov, Aaron 208–216

Ba, Jin (Li Yaotang) 375
Babel, Isaak 443
Bach, Johann Sebastian 387
Baeck, Leo 418
Bakich, Olga 152
Bakunin, Michail A. 375
Balinska, Martha 304, 306
Baring, Maurice 141, 143
Barrett, David 173f., 177, 286
Barton, Sidney 70, 76
Bauer, Max 168, 330
Baum, Vicky 80, 286

Beethoven, Ludwig van 209, 387
Bennett, Milly (Mildred J. Bremler) 324–328
Berg, Alban 387
Berglas, Jacob 115
Bertrand, Gabrielle 154
Bethune, Norman 361, 369, 422
Beveridge, Albert 141, 143
Bialik, Chaim Nachman 98, 269
Bichurin, Iakinf 33
Birman, Meyer Eliash 218–220
Blavatsky, Helena 332
Blitz (Bliss), Karl 405–408
Bloch, David Ludwig 382–385
Blücher, Wassili (Galen) 162, 315
Blum, Klara 447–449
Bo, Gu (Qin Bangxian) 169
Bodley, R. V. C. 117, 119f., 122
Bonnard, Abel 43
Borodin, Alexander 211
Borodin, Michail 164, 166, 310–319, 321f., 324, 327f., 337
Boxer, Charles 285
Brandler, Heinrich 295
Braun, Otto 169, 171, 302
Brecht, Bertolt 189, 374, 386
Bredel, Willy 189
Bretschneider, Emil 33
Bridge, Ann 38
Brieger, Lothar 388–390, 398, 400
Bronson Rea, George 77
Browder, Earl 166, 298f.
Brown, Mendel 371
Brzezinski, Zbigniew 278
Buber, Martin 396f.
Bucharin, Nikolai I. 252
Buck, Pearl S. 16, 52, 79, 188, 212, 247, 259, 286, 308, 421, 476
Bunin, Iwan 151

Namensverzeichnis

Burke, Thomas 121, 188
Burlingame, Anson 190
Burton, Wilbur 204, 326

Cai, Yuanpei 253
Canetti, Elias 189
Cang Jie 198
Carl, Katherine 30
Carr, Edward Hallett 515f.
Carter, Jimmy 278
Chagall, Marc 311
Chan, Charlie 188
Chaplin, Charlie 64
Chen, Boda 434
Chen, Duxiu 75, 160, 254, 311, 314, 318
Chen, Eugene 166, 168, 226, 306, 317, 319, 321–325, 327f.
Chen, Hansheng 261
Chen, Jitang 337
Chen, Yi 96, 173, 421f.
Chennault, Claire 80, 182, 269
Chiang, Ching-kuo (Jiang Jingguo) 319, 362
Chiang, Kai-shek 55, 63, 65, 71f., 75, 81, 93–95, 110, 113, 135, 153, 162–164, 168, 170–173, 177f., 182f., 193, 196, 198, 207, 214, 226f., 229, 234, 243, 247–249, 251, 255, 268, 271–274, 284–287, 296, 306, 310, 314–316, 318f., 322f., 327, 337, 342f., 362, 400, 413, 420, 431, 438, 456, 473, 477, 479, 482, 487, 500
Chorvat, Dmitri L. 145, 150
Chrustschow, Nikita S. 235
Churchill, Winston 110, 329
Ciano, Conte Galeazzo 361
Ciano, Edda 134
Cixi (Kaiserin) 29f., 39, 45, 413
Clark Kerr, Sir Archibald 178, 269
Claudel, Paul 187f.
Cockburn, Henry 69
Cohen, Albert 102
Cohen, Israel 291
Cohen, Morris Abraham 335–339
Cohen, Warren 233
Cohn, Roy 232
Colquhoun, Archibald 137

Coomaraswamy, Ananda 352
Crook, David 436
Crow, Carl 120
Cunningham, Edwin 254
Curzon, Lord George 13, 184, 348
Cuthbertson, Ken 280, 283

Dalai Lama 332
Davies, John 173f.
Dawison, Walter 416–418
Day, Dorothy 320
De Croisset, Francis 154
De Gaulle, Charles 183, 266
De Rothschild, Baron Lionel 290
Defoe, Daniel 207
Dehergne, Joseph 76, 373
Deng, Xiaoping 56, 176, 195, 205, 278, 410, 430, 435, 442, 456
Detring, Gustav 190
Dewey, John 46
Dickens, Charles 207
Dietz, Karl 448
Diner, Dan 191
Ding, Ling 248, 253, 261, 288, 303, 456
Disraeli, Benjamin 290
Dollfuss, Engelbert 420
Dolsen, James 326
Donald, William H. 226, 284
Doriot, Jacques 166
Dostojewski, Fjodor M. 166
Drage, Charles 338
Drummond, Sir Eric 305
Dsershinski, Feliks 357
Du, Weiming (Tu Wei-ming) 203
Du, Yuesheng 63, 84, 135, 207, 299, 446
Dulles, John Foster 288
Duncan, John 153
Durdin, Tillman 178, 247, 271, 284

Edward VII. (König) 127
Ehrenburg, Ilja 302, 444
Einstein, Albert 64, 116

Namensverzeichnis

Einstein, Lewis 42, 344–346
Elbaum, Moshe 108
Elgin, Lord James Bruce 190, 218, 347
Elias, Norbert 514f.
Elman, Mischa 64, 207
Endicott, James 222, 284
Engels, Friedrich 252, 296
Epstein, Israel 339, 427–431, 436, 438, 441
Epstein, Lazar 126, 428
Ezra, Edward 292
Ezra, Nissim Elias Benjamin 94f., 99, 202, 203

Fairbank, John K. 155, 158, 181, 184, 261, 265, 266, 275, 429, 435, 473
Fein, Josef 101
Feng, Yuxiang 296, 317, 322
Fessenden, Sterling 67, 83
Feuchtwanger, Lion 448
Figner, Nikolai 151
Fischer, Paul 385
Flusser, Vilém 382
Foch, Ferdinand 326
Forman, Harrison 270
Foucault, Michel 14, 504
Franco, Francisco 289, 362
Frank, Anne 217
Frank, Ladislaus 416f.
Franz Josef (Kaiser) 376
Freeman-Mitford, A. B. (Baron Redesdale) 40, 121
Freud, Sigmund 116, 398, 400
Freudmann, Walter 364–367, 419, 422
Frey (Stein), Richard 441f., 447
Friedländer, Fritz 416, 418f.
Friedrichs, Theodor 424f.
Frisch, Max 189

Gauguin, Paul 496
Gauss, Clarence 300f.
Geertz, Clifford 513
George VI. (König) 128
Gerechter, Ruth 382
Gershevich, Lev 124

Gilbert, Rodney 74, 515
Giles, Herbert Allen 50, 468
Ginsbourg, Anna 204f., 213, 221, 335
Ginsbourg, Sam 439f.
Glass, Frank 248–253, 256
Glassgold, Adolph C. 293f.
Glasunow, Aleksandr 151
Glinka, Michail I. 154
Goddard, Paulette 64
Goehrke, Carsten 19
Gold, Michael (Irwin Granich) 320
Goldfaden, Abraham 292
Goldman, Emma 225
Gollancz, Viktor 428
Gonda, Charles H. 96
Goodnow, Frank J. 191
Gordon, Charles G. 121, 190
Gorki, Maksim 98, 183, 253, 302, 368
Gould, Randall 166, 286, 326
Grabau, Amadeus W. 48
Gran, Emmanuel 204
Granich, Max 298–302, 430, 436, 446
Graves, Frederick R. 83
Green, O.M. 62
Gropius, Walter 385
Gu, Hongming (Ku Hung-Ming) 51
Guangxu (Kaiser) 30
Gunther, John 284
Guo, Moruo 301, 362, 430
Gützlaff, Karl 190

Hahn, Emily 279–287, 338
Haijm, Ellis 153
Hammer, Hedda 445
Handel, Ernst 385
Harding, Warren G. 346
Hardoon, Silas A. 102, 196–201, 204, 333f.
Hardy, Thomas 207
Hart, Sir Robert 190
Harvey, Edwin D. 50
Hasser, Judith 206
Hatem, George (Ma Haide) 171f., 175, 361

Namensverzeichnis

Hawks Pott, F.L. 76
Hay, John 48
Haydon, Anthony 290
Hazzard, Elliott 118
Headland, Isaac Taylor 50
Hedin, Sven 347
Hegel, Georg Wilhelm Friedrich 24, 187, 321, 483, 517
Heifetz, Jascha 64
Heiman, Max 385
Heine, Heinrich 189, 395
Hemingway, Ernest 325
Herder, Johann G. 24, 187
Hermlin, Stephan 189
Herzl, Theodor 114, 264
Hesse, Hermann 189
Hinzelmann, Hans Heinz 411–414
Hitler, Adolf 10, 211, 264, 287, 296f., 309, 333, 367, 387, 390, 403, 448
Hobsbawm, Eric 157, 177
Holitscher, Arthur 355–358, 377
Holmes, Burton 30, 119, 130
Hoover, Herbert 235
Horn, Joshua S. 442f.
Hornby, Sir Edmund 37
Horthy, Miklós 334, 398, 416
Hu, Hanmin 337
Hu, Shi 46, 75, 115, 226, 229f., 253, 281, 374
Huang, Hua 175, 273, 278
Huang, Zongyang 197f.
Hudec, Ladislaus 118
Hundhausen, Vincenz 51
Huntington, Samuel 234, 240, 260, 516
Hurley, Patrick 273
Huxley, Aldous 212

Ioffe, Adolf A. 161, 340
Isaacs, Harold R. 9, 244–263, 268f., 272f., 288, 299f., 318, 518f.
Izgour, Aba S. 127

Jacobs, Dan 310
Jacoby, Annalee 274

Jacoby, Hans 334, 385f., 390
Jensen, Fritz 361–367, 419, 422, 442
Ji, Chaoding 435f.
Jiang, Qing 435
Jiang, Zemin 430, 441
Jordan, Charles 293f.
Jovishoff, Albert 400
Judd, Walter 182, 285
Judt, Tony 514
Jullien, François 15

Kabalkin, R. M. 155
Kadoorie, Lord Lawrence 195, 204
Kadoorie, Sir Ellis 194
Kadoorie, Sir Elly 94, 102, 115, 153, 194, 196, 338
Kafka, Franz 189
Kaim, Julius R. 400, 414–416
Kalman, Emmerich 421
Kang, Youwei 120, 199
Kangxi (Kaiser) 45, 137
Kapp, Wolfgang 330
Karachan, Lew M. 160, 312, 323
Karloff, Boris 155
Kasanin, Mark 328
Kästner, Erich 302
Kates, George N. 52f.
Katz, Richard 352–356, 358f.
Katz, Rudolf 308–310
Kaufman, Abraham I. 153, 156
Keen, Victor 171
Kennan, George 275
Kennedy, John F. 266
Kerenski, Aleksandr 225, 311
Ketteler, Clemens August Freiherr von 187
King, Martin Luther jr. 260
Kipling, Rudyard 152
Kirtland, Lucian S. 119
Kisch, Bedřich 362
Kisch, Egon Erwin 333, 357–362, 368, 371, 377
Kiseleff, Rabbi Aron Moshe 150
Kissinger, Henry 56
Kliene, C. 86f.

Kneucker, Alfred W. 423
Kohlberg, Alfred 232
Kokoschka, Oskar 374
Kokowzew, Wladimir 149f.
Kollontai, Alexandra 310
Kollwitz, Käthe 189, 303
Konfuzius (Kongzi) 208, 260, 354, 392, 403, 414, 417, 490
Konstantinow, Jewgeni W. 328
Koo, Wellington (Gu Weijun) 68, 134, 338, 360
Krasno, Rena 203f.
Kraus, Karl 361
Kreisler, Fritz 64
Kropotkin, Pjotr A. 375
Krylow, Iwan 154
Kubilai Khan 23, 25, 187
Kuczynski, René Robert 302f.
Kun, Bela 330, 398
Kung, Ailing 229
Kung, H.H. (Kong Xiangxi) 110, 183, 193, 229, 318, 435, 482
Kurosawa, Akira 514
Kuttner, Fritz Alex 389, 401–405

Lahusen, Thomas 513
Lamb, Gene 341
Lang, Olga Abramovna 373–375, 446, 460
Lange, Thomas 449
Laotse (Laozi) 414, 477
Lattimore, Owen 137, 141f., 171, 216, 232, 242, 256, 347, 429
Lea, Homer 191
Leaf, Earl 171
Legge, James 45, 190
Leibniz, Gottfried Wilhelm 401, 504
Lemeschew, Sergei 151
Lenin, Wladimir I. 160, 225, 245, 296, 310, 314, 321, 330, 356, 414
Leopold, Marcel 129
Lessing, Gotthold Ephraim 386
Levaco, Michael 216
Levenson, Joseph 13
Lévi-Strauss, Claude 352
Lewin, Kurt 416f.
Lewin, Ossi 401

Lewisohn, William 209
Li, Bai (Li Bo) 127, 419
Li, Dazhao 46, 75, 160, 311, 321, 324, 326
Li, Hongzhang 119, 120f., 190, 414
Li, Jia'ao 148
Li, Jishen 337
Li, Keran 444, 452
Li, Peng 430, 441
Li, Xiannian 433
Liang, Qichao 120
Liberman, Jaacov 220f.
Liebermann, Max 394
Lin, Biao 129, 157, 173, 260, 273, 276, 421
Lin, Yutang 77, 253, 281, 400f., 418, 421, 466
Lindbergh, Charles 251f.
Lippa, Ernst M. 425–427
Lippmann, Walter 259, 439
Liu, Bocheng 441
Liu, Shaoqi 121, 327, 369f., 433, 456
Lloyd George, David 329
Loti, Pierre 187
Löwenthal, Rudolf 381
Lu, Xun 64, 248, 253, 260, 300, 303, 446, 456, 474
Luce, Henry 182, 268, 272, 275
Ludendorff, Erich 330
Luo, Jialing 197f.
Lytton, Lord 361

MacArthur, Douglas 269, 289
Macartney, George 348
Mahler, Gustav 394
Malraux, André 80f., 176, 188, 360
Mandel, Georges 307
Mann, Thomas 116, 444
Mann, Tom 166
Mao, Dun S. 64, 248, 253, 260f., 300, 400, 456, 518
Mao, Zedong 55, 57, 64, 79, 170, 173–178, 183, 222, 232, 235, 242, 247, 265f., 273, 276, 278, 288, 297, 300, 319, 338f., 381, 396, 413, 421f., 425, 427, 429–431, 433–435, 437f., 440, 443, 445, 447, 456, 476, 509, 514
Marcus, Erwin 387
Margolinsky, Henry 387

Namensverzeichnis

Margolis, Laura 293f.
Marshall, David 117
Marshall, George 175, 232, 368, 433
Martin, William Alexander P. 45, 190
Marx, Karl 160, 187, 245, 252, 257, 296, 321, 409, 414, 428, 517
Maul, Grace 299–302
Maurois, André 302
May, Karl 187
McCarthy, Joseph 233, 235, 242, 275, 289, 343, 438
McNamara, Robert 266
Meherally, Yusuf 258
Mehnert, Klaus 319
Mei, Lanfang 51, 79, 122, 214, 283, 360f., 444
Meinecke, Friedrich 418
Menzius (Mengzi) 414
Meyerbeer, Giacomo 316
Millard, Thomas F. 77, 246, 259, 300
Miller, I.L. 459
Mirsky, Jeannette 348
Mitchell, Mike 325
Moiseiwitsch, Benno 207
Monnet, Jean 266, 305f.
Montesquieu, Charles Louis de Secondat 187
Montgomery, John 260
Moon, Parker T. 246
Morgenthau, Henry 307
Morrison, George 36
Moses 392
Müller, Hans 440–442
Münzenberg, Willi 359
Muschg, Adolf 189
Mussin, Joseph 326
Mussolini, Benito 361, 367, 474
Mussorgski, Modest P. 328

Nabokow, Wladimir 151
Napoleon Bonaparte 417
Nathan, Sir Matthew 290–292
Needham, Joseph 153, 205, 234, 373, 396, 405, 410
Neruda, Pablo 444
Nesmelow, Arseni 151
Neumann, Heinz 163, 302

Nie, Er 215
Nie, Rongzhen 173, 433
Nixon, Richard 176, 275, 277
Nordau, Max 291
Noulens (J. Rudnik/T. Moisejenko) 253

O'Malley, Owen 166
Orluk, Fanya 310
Ossietzky, Carl von 296
Osterhammel, Jürgen 232
Ostwald, Martin 375
Oudendyk, William J. 43, 137, 496

Paci, Mario 64, 215
Palairet, Charles Michael 70
Panchen Lama 332
Paulick, Richard 385, 389
Pechkoff, Zenowi (Sinowi Peschkow) 183
Peck, Graham 40, 54
Peffer, Nathaniel 235–243, 247, 288
Pelliot, Paul 49, 347
Peng, Dehuai 173, 273, 441
Peng, Zhen 279, 421
Pereleschin, Waleri 151
Peter der Grosse (Zar) 33, 137
Peterkin, Wilbur 174
Petljura, Simon 375
Plechanow, Georgi W. 252
Polgar, Alfred 401
Polo, Marco 23, 187
Posdnejew, Dmitri 138
Powell, John B. 77, 226, 230, 267, 300
Powell, John W. 221, 438
Prohme, Rayna 319–328
Prohme, William 320–323
Pu, Yi 50, 120, 206, 229, 334
Puccini, Giacomo 445
Pythagoras 401

Qianlong (Kaiser) 265
Qin Shi Huangdi (Kaiser) 213, 481
Quested, Rosemary 141, 148

Rabinovich, David B. 99, 204
Rabinovich, Gabriel 96
Radek, Karl 295, 374
Rajchman, Ludwik 231, 304–309
Ransome, Arthur 74, 166
Raphaelson, Samson 320
Reed, Douglas 328
Reed, John 324
Regine, L.S. 223–225, 293
Reid, Gilbert 45
Reifler, Erwin 371–373, 376
Reinsch, Paul 190
Respighi, Ottorino 211
Ricci, Matteo 45
Riehmer, Horst 377
Rittenberg, Sidney 339, 432–435, 437
Robitscher-Hahn, Magdalena 367–370, 425, 426, 441
Roerich, Nicholas 154
Rohmer, Sax (Arthur S. Ward) 122, 155, 188, 515
Roosevelt, Franklin D. 110, 173, 232, 272f., 307, 334, 340
Roosevelt, Theodore 346
Rosenberg, Trude 296
Rosenfeld, Jakob 419–423
Ross, Sir Denison 350
Rowntree, Benjamin Seebohm 329
Roy, Manabendra Nath 166
Rubinstein, Arthur 64
Rudolph, Julius 205
Russell, Bertrand 46, 407

Sachs, Nelly 106
Said, Edward 14, 82, 239, 404, 516
Sanger, Margaret 46
Sapajou (Georgi A. Sapojnikoff) 377
Sassoon, David 91
Sassoon, Sir Jacob 291
Sassoon, Sir Victor 115, 192–196, 200, 204, 281, 285f.
Schainin, I. 102
Schaljapin, Fjodor 64, 146, 151
Schall, Johann Adam 45
Schiff, Friedrich 376–379, 382, 384
Schikman, L. 155

Schneierson, Vic 221–223
Schönberg, Arnold 387
Schoschana, Rosa 108
Schubert, Franz 209
Schuman, Julian 438f.
Schuster, Carl 350–353
Schwartz, Benjamin I. 471
Schwarz, Ernst 408–410
Schwarzbart, Samuel 375
Scidmore, Eliza R. 27
Segalen, Victor 188
Selden, Marc 170
Service, John Stewart 174, 232, 343
Seywald, Wilfried 414
Shapiro, Michael 436, 446
Shapiro, Sidney 339, 430–432, 437f.
Shaw, George Bernard 64, 335
Sheean, Vincent 166, 322, 324
Shen, Qizhen 298, 420
Shiel, M.P. 121, 188
Shippe, Hans (Asiaticus/Mojze Grzyb) 295–298, 301f., 319, 414, 420, 446
Siao, Eva 443–445, 447f., 511
Siao, San 443
Sickman, Laurence 49f., 55
Siegel, Manuel 293f.
Siegelberg, Mark 386
Simpson, Bertram Lenox (Putnam Weale) 34, 144, 146, 227
Sitwell, Sir Osbert 54, 191
Skidelski, Leon S. 155, 439
Smedley, Agnes 79, 171f., 178, 248, 252–254, 260, 283, 289, 298–300, 302, 446
Smith, Arthur Henderson 44, 51, 74, 500
Sneevliet, Hendricus (Maring) 311
Snow, Edgar 56, 79, 171, 178, 260, 273, 278, 283, 286, 288, 297, 300, 368, 427–429, 442
Snow, Helen Foster (Nym Wales) 300
Sokobin, Samuel 9, 340–346
Sokolow, Nahum 291
Sokolsky, George Ephraim 225–235, 240, 259, 263, 304, 306, 337, 340, 342, 430, 516, 519

Namensverzeichnis

Somerset Maugham, William 127, 212, 442
Song, Ailing 284f.
Song, Charlie (Song Jiashu) 507
Song, Meiling (Mme Chiang Kai-shek) 75, 81, 183, 226, 235, 241, 272, 284, 316, 400, 413
Song, Qingling (Mme Sun Yat-sen) S. 75, 79, 96, 166–168, 171, 189, 205, 214f., 229, 252–254, 260f., 285, 298, 300f., 303, 315, 322f., 337f., 364, 428–430, 436–438, 446, 456
Song, T. V. (Song Ziwen) S. 68, 166, 183, 227–229, 232, 270, 306, 317, 337, 435, 477, 500
Soper, Alexander 50
Sopher, Arthur 201f.
Sopher, Theodore 201f.
Sophokles 386
Sorge, Richard 289, 303f.
Soros, George 192
Spence, Jonathan 519
Spinoza, Baruch 427
Spivak, Gayatri 519
Spizyn, Aleksandr W. 146
Spunt, Georges 206, 207, 217
Stachanow, Aleksei G. 328
Stael-Holstein, Baron von 350
Stalin, Josef 110, 163, 167f., 225, 254f., 296, 310, 316f., 319, 414, 433, 487

Steele, Archibald T. 178
Stein, Gunther 287–290, 370, 425, 429
Stein, Marc Aurel 347–351, 353
Steiner, Karl 387
Stern, Hellmut 387f.
Stern, Manfred 302
Stilwell, Joseph W. 113, 173f., 182, 193, 269, 272f., 307
Storfer, Adolf Josef 397–401, 415
Strong, Anna Louise 79, 166, 222, 300, 315, 317–319, 322, 324, 327, 433
Strzygowski, Josef 351
Stuart, John Leighton 79
Sun, Chuanfang 198
Sun, Fo 166, 300, 322, 337
Sun, Yat-sen 64, 71, 94, 159–161, 163, 191, 198, 225, 227, 296, 310–314, 322, 336–340, 354f., 413, 456, 477

Sung, Farstan T. 325
Swallow, Robert W. 52

Taft, William H. 326
Tagore, Rabindranath 64, 194, 281, 326
Tai, Li (Dai Li) 183
Tandler, Julius 309, 362, 379–381, 423, 446
Tang En Po (Dang Enbo) 412
Tannebaum, Gerald 294, 437f.
Thomas, Norman 246
Toeg, Sophia 94
Tong, Hollington 247f., 267, 289
Tong, Sang 387
Tonn, Willy 384, 386, 390–397, 400, 410, 419
Trachtenberg, Wladimir D. 151, 388
Trebitsch-Lincoln, Ignácz 206, 212, 328–335, 350, 386
Tretjakow, Sergei 189, 445
Trotzki, Lew 168, 225, 252, 256, 315, 318, 356
Truman, Harry 232
Trumpeldor, Joseph 150
Tschaikowski, Pjotr I. 209, 316
Tschechow, Anton 127, 137, 466
Tschingis Khan 155
Tuchman, Barbara 307
Tucholsky, Kurt 296
Twain, Mark 187

Ular, Alexander 472
Ungern-Sternberg, Baron von 341

Van Dyk, Pater 318
Van Gogh, Vincent 496
Varè, Daniele 36, 38, 46, 190, 400
Verbiest, Ferdinand 33, 45
Vetch, Henri 209
Veysseyre, Paul 118
Vincent, John Carter 232
Vogel, Ezra 260
Voltaire, François-Marie A. 187, 457
Von Rosthorn, Arthur 371
Von Seeckt, Hans 168
Von Strauss, Victor 397

Von Tscharner, Eduard Horst 397

Wade, Sir Thomas 190
Waley, Arthur 349
Wallace, Edgar 122, 188
Wang, Bingnan 278, 436
Wang, Guangmei 433
Wang, Guowei 199
Wang, Jingwei 110, 163, 177, 315, 317, 400
Wang, Ming (Chen Shaoyu) 170, 223
Wang, Wu An 362
Wasserstein, Bernard 328, 335
Watzlawick, Paul 14
Weber, Max 410, 517
Webern, Anton 387
Wedemeyer, Albert C. 193, 214
Wei, Jingsheng 435
Weidenreich, Franz 48, 381
Weiner, Robert 260
Weiss, Ruth 300, 445–447
Weizmann, Chaim 291
Wen, Jiabao 430
Werner, Ruth 302–304, 318, 359
White, Theodore H. 263–280, 284f., 427, 519
Wiedemeyer, Irene 302
Wieger, Leonard 76
Wilberg, Erich 51
Wilhelm II. (Kaiser) 120, 187
Wilhelm, Hellmut 51
Wilkinson, E.S. 65
Willoughby, Charles A. 289f., 303
Wilson, Woodrow 326, 344
Witte, Sergei 149f.
Wittfogel, Karl August 296, 373–375, 485
Wladimirow, Pjotr 175–177, 288
Woitinksi, Grigori 311
Woodhead, H.G.W. 127, 251
Wright, Mary 55
Wu, C.C. 337
Wu, Peifu 331f., 400
Wu, Tiecheng 337
Wunsch, Herbert 204

Xiao, Hong 148
Xu, Zhimo (Hsu Tsu-Mo) 51, 281
Xuan Zang 348

Yan, Xishan 368
Yang, Sen 331
Yang, Zhidong 449
Ye, Ting 298, 421
Yeaton, Ivan 173f.
Yuan, Shikai 35, 120, 198, 226, 336, 340, 477

Zaisser, Wilhelm 302
Zau, Sinmay (Shao Xunmei) 281, 284
Zetkin, Clara 324
Zhang, Binglin 199
Zhang, Xueliang 154, 171
Zhang, Zongchang 361
Zhang, Zuolin 46, 209, 317, 321, 324–326, 341f.
Zhao, Ziyang 432
Zhou, Enlai 64, 117, 120, 162, 169f., 172–174, 178, 183, 263, 266, 273, 275–277, 298, 362, 364, 369, 430, 432, 456
Zhu, De 169, 172, 174, 273, 278, 369, 456
Zhu, Rongji 441
Zhu, Xiangcheng 447f.
Zimmerman, Isabelle 217f.
Zweig, Arnold 189, 444
Zwetajewa, Marina 151

Abbildungsverzeichnis

Die Abbildungen auf den Seiten 3, 12, 22, 23, 186, 187, 450, 451, 470, 512, 513 und 520 (alle im Original farbig) stammen von Gao Wengang, einem zeitgenössischen Maler aus der Provinz Liaoning. Gao spezialisiert sich insbesondere auf Sujets aus der Zeit vor Gründung der Volksrepublik China. Seine Bilder sind dem Verfasser freundlicherweise von der Wan Fung Art Gallery in Beijing zur Verschmückung dieses Buches zur Verfügung gestellt worden.

Die Abbildung auf Seite 383 stammt vom Künstler David Ludwig Bloch und ist dem Verfasser freundlicherweise von Frau Lydia Abel (Nürnberg) zur Verfügung gestellt worden.

Das Bild auf Seite 387 zeigt ein Plakat eines Konzerts des Shanghai Symphony Orchestra. Es stammt aus der Sammlung des Filmemachers Paul Rosdy (Wien).

Die Karikaturen auf den Seiten 39, 52, 53, 84, 205, 209, 463, 465, 484 und 503 stammen vom Russen Georgi A. Sapojnikoff (Sapajou), der mehr als 15 Jahre im Shanghai der 1920er bis 1940er Jahre als Künstler tätig war. Die Karikaturen wurden u.a. in Carl Crows »Four Hundred Million Customers« (New York, 1937), »Foreign Devils« (New York, 1940) sowie Shamus A'Rabbitts »China Coast Ballads« (Shanghai, 1938) abgedruckt.

Hans-Heinrich Nolte
Weltgeschichte
Imperien, Religionen und Systeme
15.–19. Jahrhundert

2005. 170 x 240 mm.
372 S. 22 s/w-Abb. Gb.
Euro 29.90
ISBN 3-205-77440-X

Die Europäer waren nicht klüger als die Inder und nicht militaristischer als die Azteken. Sie haben nicht mehr neue Technologien entwickelt als die Chinesen und nicht härter gearbeitet als die Afrikaner auf den Plantagen der Karibik oder in den Haushalten der muslimischen Welt. Warum steht Europa 1815 so groß da und stürzt 1914 so tief in den Abgrund?

Hans Heinrich Nolte analysiert die entscheidenden Momente des Aufbruchs der Menschheit in die Moderne und vereint, beeindruckend kenntnisreich, afrikanische, osmanische, indische, chinesische und europäische Kultur und Geschichte zu einer Weltgeschichte des 15. bis 19. Jahrhunderts.

Wiesingerstrasse 1, A-1010 Wien, Telefon (+43 1) 3302427, Fax 3302432

Alexander Pechmann
Peking 1900

Paula von Rosthorns Erinnerungen an den Boxeraufstand, März bis August 1900.

2001. 17 x 24 cm.
142 S. 2 Karten. Br.
ISBN 978-3-205-99401-5

Der Augenzeugenbericht Paula von Rosthorns von der Belagerung des Gesandtschaftsviertels in Peking im Sommer des Jahres 1900 ist ein aufschlussreiches und spannendes Dokument der Kolonialgeschichte, insbesondere der Geschichte der k. u. k. Gesandtschaft in China. Unmittelbar nach den Ereignissen niedergeschrieben, belegt das Dokument die Einseitigkeit und Lückenhaftigkeit der englischen und amerikanischen Darstellungen des Boxeraufstandes. Der chronologische Ablauf der Ereignisse, die katastrophalen Zustände und der Lebensalltag in dem ständig unter Beschuss stehenden Stadtviertel, die kleinlichen Streitereien zwischen den Nationalitäten, die blutigen Details des Krieges werden unerschrocken und mit überraschender Genauigkeit geschildert. Nicht ohne Ironie werden die manchmal absurd erscheinenden Verhaltensweisen der Europäer dargestellt. Wohl einzigartig in der Erinnerungsliteratur zum Boxeraufstand ist die offene Kritik am Verhalten der Kolonialmächte, die im Vorwort von Arthur von Rosthorn zum Ausdruck kommt.

Wiesingerstrasse 1, 1010 Wien, Telefon (01) 330 24 27-0, Fax (01) 330 24 32

Georg Baur
China um 1900
Aufzeichnungen eines Krupp-Direktors

Die Tagebücher und Briefe des Krupp-Ingenieurs Georg Baur, der 1890–1893 und 1911–1913 als technischer Vertreter in China lebte, gewähren einen detaillierten Einblick in die Verhältnisse des Landes in einer der interessantesten Perioden seiner Geschichte. Sie beschreiben die frühen Versuche industrieller Modernisierung, das Leben der Deutschen und anderer Ausländer in der nordchinesischen Stadt Tianjin sowie die Wirren der Revolutionszeit 1911 und die Anfangsjahre der 1912 gegründeten Republik China.
Die Tagebücher sind vom Autor mit Zeichnungen illustriert und von der Herausgeberin mit ausführlichen Erläuterungen versehen worden. Ein Vorwort beleuchtet zusätzlich die Hintergründe von Baurs Wirken für die Firma Krupp in China.

Herausgegeben und kommentiert von Elisabeth Kaske
2005. IV, 782 Seiten.
Mit zahlreichen Zeichnungen
des Verfassers. Gebunden.
ISBN-10 3-412-19305-4
ISBN 978-3-412-19305-8

Ursulaplatz 1, D-50668 Köln, Telefon (0221) 91390-0, Fax 91390-11